Gesundheit. Polit
Wirtschaft

MW01245867

Reihe herausgegeben von

Ernst-Wilhelm Luthe, Emmerthal, Deutschland

John N. Weatherly, NEWSTAND Management Akademie, Berlin, Deutschland

Der Gesundheitssektor ist in politischer, ökonomischer und gesellschaftlicher Hinsicht eine einzige Herausforderung. In entwickelten Gesellschaften wird er zunehmend zum eigentlichen Motor für wirtschaftliches Wachstum, enthält er als Kostentreiber gleichzeitig viel politischen Sprengstoff und ist er für die Zukunft einer alternden Gesellschaft schlechthin konstitutiv. Vor allem aber ist der Gesundheitssektor viel mehr als bloße Krankenbehandlung: als *Prävention, Rehabilitation* und *Pflege* verweist er auf den gesamten ihn umgebenden sozialen Kontext, als *Organisation* auf ein in steter Veränderung begriffenes System der Koordination und Vernetzung von Behandlungsleistungen und als *medizinisches Experimentierfeld* auf die Grenzen dessen, was von Politik und Gesellschaft noch verantwortet werden kann. Der Gesundheitssektor ist nach allem ein Thema, das nicht nur Medizinern vorbehalten sein kann und zweifellos auch Politiker, Juristen, Betriebs- und Volkswirte, Sozialwissenschaftler sowie zahlreiche weitere Disziplinen betrifft. Mit wachsender Einsicht in die Komplexität des Gegenstandes aber ist mittlerweile deutlich geworden, dass auch dies nicht reicht. Wer den Gesundheitssektor verstehen und hier wirksam handeln will, für den ist der isolierte Blickwinkel einer einzigen Fachdisziplin grundsätzlich unzureichend. Mehr denn je ist der kombinierte Sachverstand gefragt. Dies ist für die neue Buchreihe tonangebend. Leitbild ist der *interdisziplinäre Diskurs* auf der Suche nach Lösungen für einen in der Gesamtheit seiner Strukturen und Prozesse nur noch schwer zu durchdringenden Gesellschaftsbereich. In dieser Hinsicht wäre bereits viel gewonnen, wenn es gelänge, einen Blick über den eigenen Tellerrand zu werfen und divergierende Perspektiven zusammenzuführen. Ein Dankesgruß in die Zukunft sei bereits jetzt an alle Leser und Autoren gerichtet, die mit konstruktiver Kritik, Anregungen, Verbesserungsvorschlägen und natürlich eigenen Publikationen einen persönlichen Beitrag zum Gelingen der Buchreihe und damit letztlich zur Fortentwicklung des Gesundheitssektors leisten wollen.

Michael Simon

Der Einfluss des Neoliberalismus auf die deutsche Gesundheitspolitik

Das Beispiel der gesetzlichen Krankenversicherung

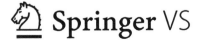 Springer VS

Michael Simon
Hochschule Hannover
Hannover, Deutschland

ISSN 2625-1515   ISSN 2625-1523   (electronic)
Gesundheit. Politik – Gesellschaft – Wirtschaft
ISBN 978-3-658-41098-8   ISBN 978-3-658-41099-5   (eBook)
https://doi.org/10.1007/978-3-658-41099-5

Die Deutsche Nationalbibliothek verzeichnet diese Publikation in der Deutschen Nationalbibliografie; detaillierte bibliografische Daten sind im Internet über http://dnb.d-nb.de abrufbar.

Planung/Lektorat: Katrin Emmerich
Springer VS ist ein Imprint der eingetragenen Gesellschaft Springer Fachmedien Wiesbaden GmbH und ist ein Teil von Springer Nature.
Die Anschrift der Gesellschaft ist: Abraham-Lincoln-Str. 46, 65189 Wiesbaden, Germany

Inhaltsverzeichnis

Einleitung: Der marktorientierte Umbau des deutschen Gesundheitswesens

Das deutsche Gesundheitswesen befindet sich seit etwa drei Jahrzehnten in einem Umbauprozess, der dazu führt, dass zunehmend mehr Bereiche nach marktwirtschaftlichen Grundsätzen organisiert werden und private gewinnorientierte Anbieter in Bereiche vordringen, die ihnen zuvor nicht oder nur in geringem Maße zugänglich waren. Der Prozess vollzieht sich nicht in allen Bereichen des Gesundheitswesens gleich. Er verläuft in den verschiedenen Bereichen unterschiedlich, sowohl im zeitlichen Verlauf als in der Art und Weise wie er stattfindet.

Zudem gab es in den verschiedenen Bereichen auch unterschiedliche Phasen. Es gab Phasen eines forcierten marktorientierten Umbaus, aber auch Phasen, in denen der Umbau gestoppt oder partiell wieder rückgängig gemacht wurde. Dies hat seine Ursache unter anderen auch darin, dass der marktwirtschaftliche Umbau in einzelnen Bereichen Thema öffentlicher Debatten, medialer Berichterstattung und auch politischer Auseinandersetzungen wurde und auf deutliche öffentliche Kritik stieß. So löste die Privatisierung öffentlicher Krankenhäuser in der Vergangenheit immer wieder auch Proteste in den betroffenen Kommunen aus, über die teilweise auch bundesweit berichtet wurde. Nachdem private Investoren damit begonnen haben, Praxen niedergelassener Ärzte und Zahnärzte aufzukaufen, um sie zu gewinnorientierten Praxisketten zusammenzuschließen oder die jeweiligen Arztsitze in ihren Medizinischen Versorgungszentren' (MVZ) zusammenzulegen, regt sich in der organisierten Ärzteschaft Widerstand und kommt auch aus Teilen der Politik die Forderung, dieser Entwicklung entgegenzutreten.

Im Bereich der ambulanten Pflege und der Pflegeheime vollzog sich der Umbau in den 1990er Jahren hingegen eher ‚geräuschlos' und wurde nicht Thema öffentlicher kritischer Debatten. Sicherlich auch deshalb, weil bei der Einführung der Pflegeversicherung der Blick vor allem auf die neuen Leistungen gerichtet

M. Simon, *Der Einfluss des Neoliberalismus auf die deutsche Gesundheitspolitik*, Gesundheit. Politik – Gesellschaft – Wirtschaft, https://doi.org/10.1007/978-3-658-41099-5_1

war. Dass das Pflegeversicherungsgesetz auch dem Ziel diente, die ambulante und stationäre pflegerische Versorgung nach marktwirtschaftlichem Vorbild zu organisieren und das Vordringen privater gewinnorientierter Anbieter zu fördern, erschließt sich erst bei genauerer Lektüre des Gesetzes und blieb der öffentlichen Wahrnehmung weitgehend verborgen.

Auch wenn es keine einheitliche, alle Bereiche gleichzeitig und in gleichen Umfang erfassende Entwicklung gab, so zeigt sich bei der Betrachtung des Gesamtzeitraumes der letzten drei Jahrzehnte doch ein deutlich erkennbarer Trend hin zu einem marktwirtschaftlichen Umbau. ‚Marktwirtschaftlicher Umbau' meint hier eine Umgestaltung, die die Anwendung der Funktionsmechanismen von Markt und Wettbewerb auf den betroffenen Bereich zum Ziel hat. Im Zentrum steht dabei die Anwendung eines zentralen Grundprinzips, das als ‚Marktprinzip' bezeichnet werden kann. Auf einem Markt werden Tauschgeschäfte vollzogen, es werden Waren gegen Geld getauscht. Waren sind nur im Tausch gegen Geld zu erhalten.

Das traditionelle Modell der Versorgung Kranker und Pflegebedürftiger folgt hingegen anderen Grundsätzen. Ausgehend von der in sozialen Lebenswelten, Tradition, religiöser Überzeugung etc. verwurzelten Überzeugung, dass Kranken und Pflegebedürftigen aus moralischen Gründen zu helfen ist, werden sie versorgt und behandelt, ohne dass dafür von den Kranken eine direkte Gegenleistung in Form von Geld erwartet oder verlangt wird. Die Finanzierung derjenigen, die Kranke und Pflegebedürftige versorgen, erfolgt aus öffentlichen Mitteln, seien es Steuern oder Beiträge zu Religionsgemeinschaften oder auch private Spenden. In der christlichen Religion tritt diese moralische Überzeugung in dem Gebot der Nächstenliebe in Erscheinung, die auch wesentlicher Bestandteil des Wertefundaments ist, auf dem die europäische Tradition der Krankenversorgung seit dem Mittelalter aufbaut.

Dieser Tradition folgte auch die Finanzierung der Krankenhäuser, ambulante Pflegeeinrichtungen und Pflegeheime in der Bundesrepublik bis in die 1980er Jahre hinein. Sie erhielten Jahresbudgets, die sich an ihren Selbstkosten orientierten und wurden somit im Grundsatz wie andere Einrichtungen der öffentlichen Daseinsvorsorge und Infrastruktur finanziert, ähnlich wie beispielsweise die Feuerwehr, Schulen, Bibliotheken etc.[1] Dies galt nicht nur für Einrichtung in öffentlicher Trägerschaft, sondern auch für freigemeinnützige Einrichtungen in der Trägerschaft von Religionsgemeinschaften und Wohlfahrtsverbänden, deren

---

[1] Zwar wurden tagesbezogene Pflegesätze gezahlt, die waren jedoch nur Abschlagszahlungen auf das vereinbarte Budget.

Engagement in der Krankenversorgung und Pflege religiösen und karitativen Zielen folgte und die dafür Mittel aus öffentlichen Haushalten erhielten.[2] Private gewinnorientierte Einrichtungen spielten noch bis Ende der 1980er Jahre keine oder nur eine sehr randständige Rolle.

In den 1980er Jahren setzte dann ein gesundheitspolitischer Wandel ein, der zu einer Abkehr vom sogenannten ‚Selbstkostendeckungsprinzip' und einer Hinwendung zu marktanalogen Vergütungssystemen führte. Im Krankenhausbereich wurden selbstkostenbasierte Budgets abgeschafft und durch pauschalierte Entgelte für Einzelleistungen oder einzelne Leistungskomplexe ersetzt, die analog zur Marktrhetorik als ‚Preise' und ‚Preissysteme' bezeichnet wurden.

Die Umstellung hatte vor allem zum Ziel, Gewinne und Verluste entstehen zu lassen, die den jeweiligen Einrichtungen verbleiben. Die Aussicht auf Gewinnerzielung machte Krankenhäuser, ambulante Pflege und Pflegeheime für private gewinnorientierte Unternehmen attraktiv, mit der Folge, dass der Anteil privater gewinnorientierter Einrichtungen in diesen Bereichen ab Anfang der 1990er Jahre kontinuierlich zunahm.

Anfang der 1990er Jahre befanden sich im vereinten Deutschland lediglich 15 % der Allgemeinkrankenhäuser in privater Trägerschaft, wobei es sich weit überwiegend um kleine und kleinste sogenannte Belegkliniken handelte mit zumeist deutlich unter 50 Betten, die für die Sicherstellung einer ausreichenden Krankenhausversorgung unbedeutend waren (Simon 2018). Ihr Anteil lag bei etwa 4 % des Bettenbestandes. Mittlerweile befinden sich bereits fast 40 % der Krankenhäuser und 20 % der Betten in privater Trägerschaft.

Dieser deutliche Zuwachs war nicht Folge einer ‚Marktöffnung' für neue Kliniken, sondern Ergebnis einer Vielzahl von Privatisierungen öffentlicher und freigemeinnütziger Krankenhäuser. Die Krankenhausversorgung ist in Deutschland kein frei zugänglicher Markt, sondern ein durch staatliche Krankenhausplanung hochgradig regulierter Bereich.[3] Zugang haben nur Kliniken, die in den jeweiligen Landeskrankenhausplan aufgenommen sind. Insofern können nicht einfach neue private Klinken eröffnet und betrieben werden. Der Zugang zur Krankenhausversorgung war und ist privaten Trägern nur möglich durch die Übernahme von Kliniken, die bereits in den Krankenhausplan aufgenommen sind. Und das waren im Fall der mittelgroßen und großen Kliniken Anfang der 1990er Jahre nur öffentliche und freigemeinnützige Einrichtungen.

Damit öffentliche und freigemeinnützige Kliniken von privaten Trägern übernommen werden konnten, musste die Krankenhausfinanzierung dahingehend

---

[2] Für die Krankenhausversorgung vgl. Simon (2000, 2018).

[3] Zum Überblick über das Krankenhausrecht vgl. u. a. Szabados (2009).

geändert werden, dass diese Kliniken ihre Kosten nicht mehr gedeckt erhalten, defizitär werden und dadurch für ihre Träger zu einem Verlustrisiko, so dass diese zum Verkauf an private Unternehmen bereit sind. Das wurde durch die Abschaffung des Selbstkostendeckungsprinzips erreicht und damit die Voraussetzung für die Entstehung privater Klinikketten geschaffen.[4]

Kern des Erfolgsgeheimnisses privater gewinnorientierter Klinikketten war und ist die Senkung der Kosten, vor allem der Personalkosten. Da diese Klinikketten in den Anfängen zumeist nicht an bestehende Tarifverträge gebunden waren, konnten sie trotz niedriger Krankenhausvergütungen Gewinne erzielen, die sie für renditeorientierte Investoren attraktiv machte und was ihnen die Übernahme weiterer Kliniken ermöglichte. Und da es keine verbindlich einzuhaltenden Vorgaben für die Personalbesetzung gab, konnten mit Personalabbau und Unterbesetzung Gewinne erzielt werden.

Die ambulante Pflege wurde bis Ende der 1980er Jahre in der Bundesrepublik fast ausschließlich durch Sozialstationen in öffentlicher oder freigemeinnütziger Trägerschaft oder durch kirchliche Gemeindestationen und Gemeindeschwestern erbracht (Grunow et al. 1979; Wohlleber et al. 1991). Erst die Einführung gesonderter, ab 1991 zunächst von den Krankenkassen und ab 1995 von den Pflegekassen gezahlter Vergütungen für Pflegeleistungen schuf einen Markt für die ambulante Pflege und führte zu einem Gründungsboom privater Pflegedienste (Gerste/Rehbein 1998). Ähnlich verlief die Entwicklung in der stationären Langzeitpflege durch Pflegeheime nach Einführung der stationären Leistungen der Pflegeversicherung ab 1996.

Bei der Einführung der Pflegeversicherung war das Ziel der Schaffung eines Marktes deutlich erkennbar. Anders als für die ambulante ärztliche Versorgung und Krankenhausversorgung wurde für die ambulante und stationäre pflegerische Versorgung keine staatliche oder halbstaatliche Angebotsplanung eingeführt. Dieser Bereich wurde dadurch zu einem für neue Anbieter offenen Markt. Der ‚Marktzugang' erfolgt nicht durch staatliche Zulassung, sondern durch Abschluss eines Versorgungsvertrages mit den Pflegekassen. Die Hürde für den ‚Markteintritt' ist niedrig, es müssen nur wenige und zudem auch nur geringe Qualitätsanforderungen erfüllt werden.

Das Pflegeversicherungsgesetz gab den Pflegekassen ausdrücklich vor, Versorgungsverträge vorrangig mit privaten und freigemeinnützigen Einrichtungen zu schließen (§ 11 Abs. 2 SGB XI). Zudem wurde den öffentlichen und freigemeinnützigen Trägern von Pflegeeinrichtungen faktisch verboten, ihre Einrichtungen

---

[4] Zum Überblick über die Entwicklung seit Anfang der 1990er Jahre vgl. Simon (2000).

durch Zuschüsse zu unterstützen, denn dadurch würden ‚Wettbewerbsverzerrungen' verursacht, die private Einrichtungen benachteiligen, die keine öffentlichen Trägerzuschüsse erhalten. Da private Pflegedienste und Heime an keine Tarifverträge gebunden waren, konnten sie unterdurchschnittliche Gehälter zahlen und in dem nach Einführung der Pflegeversicherung entstehenden Preiswettbewerb durch niedrige Preise Erfolge erzielen. In einem so personalintensiven Bereich wie der ambulanten und stationären Pflege waren und sind Personalkosten auch heute noch ein sehr wichtiger, wenn nicht sogar entscheidender Wettbewerbsfaktor. Es dauerte mehr als zwei Jahrzehnte, bis die Politik auf den immer stärker gewordenen öffentlichen Druck reagierte und in diesem Bereich einen Mindestlohn einführte und schließlich auch die Einhaltung von Tarifverträgen zur Voraussetzung für den Abschluss von Versorgungsverträgen mit Pflegekassen machte.

Die Einführung einer Pflegeversicherung, die das Ziel hatte, die ambulante und stationäre Pflege nach dem Marktmodell zu organisieren, führte dazu, dass der Anteil privater gewinnorientierter Einrichtungen in der ambulanten Pflege von praktisch Null vor 1991 auf mittlerweile fast 70 % gestiegen ist (Simon 2021). Im Bereich der Pflegeheime liegt der Anteil privater Träger inzwischen bei mehr als 40 %. Öffentliche Träger, in diesem Bereich ausschließlich kommunale, spielen fast keine Rolle mehr. Ihr Anteil liegt in der stationären Langzeitpflege bei noch nicht einmal fünf Prozent und in der ambulanten Pflege nur noch bei etwas über einem Prozent der Einrichtungen.

Eine der schwerwiegendsten Folgen der Vermarktlichung dieses Bereiches ist mittlerweile auch in der öffentlichen Wahrnehmung angekommen und seit Jahren Thema politischer Debatten. Die Verschlechterung der Arbeitsbedingungen in der Pflege, vor allem die Unterbesetzung und chronische Arbeitsüberlastung sowie die geringe Entlohnung, haben dazu geführt, dass es zunehmend schwieriger wurde, qualifiziertes Pflegepersonal zu halten und neues zu gewinnen. Mittlerweile erscheinen erste Medienberichte, dass Heime aufgrund von Pflegepersonalmangel schließen müssen.

Die ambulante ärztliche Versorgung war bisher vom marktorientierten Umbau noch nicht erfasst, sieht man davon ab, dass die Versorgung traditionell durch Arztpraxen einzelner Ärzte erbracht wird, die dabei nicht nur Arzt, sondern auch Kleinunternehmer sind. Als Freiberufler genießen sie jedoch einen Sonderstatus, der sie von gewinnorientierten Unternehmen unterscheidet. Zweck ihrer Tätigkeit ist nicht ein erwerbswirtschaftlicher, sondern die Ausübung ärztlicher Tätigkeit, und darin unterliegen sie dem ärztlichen Berufsrecht und Berufsethos. Wollen sie an der Versorgung von Versicherten der gesetzlichen Krankenversicherung teilnehmen, so müssen sie Mitglied der jeweils zuständigen Kassenärztlichen Vereinigung sein, die als Körperschaft des öffentlichen Rechts verfasst ist und deren Aufsicht und Kontrolle alle Vertragsärzte unterliegen.[5]

In neuerer Zeit ist nun auch im Bereich der ambulanten ärztlichen und zahnärztlichen Versorgung zu beobachten, dass private Investoren Arztsitze und Arztpraxen aufkaufen und Praxisketten aufbauen. Zwar ist der Anteil von Praxen und Medizinischen Versorgungszentren, die von gewinnorientierten Unternehmen übernommen wurden, noch relativ gering, er weist jedoch deutliche Steigerungsraten auf (KBV 2020; Korzilius 2018).

Der marktorientierte Umbau des deutschen Gesundheitswesens hat bislang vor allem Auswirkungen auf die Arbeitsbedingungen der Beschäftigten in den betreffenden Bereichen und Einrichtungen. Dies gilt nicht nur für die Beschäftigten in privaten und privatisierten Krankenhäusern und Pflegeeinrichtungen, sondern auch für die Beschäftigten von Einrichtungen in öffentlicher und freigemeinnütziger Trägerschaft. Auch deren Arbeitsbedingungen wurden in den letzten zwei bis drei Jahrzehnten teilweise massiv verschlechtert, sei es durch Tarifflucht, Gehaltssenkungen, Personalabbau und Arbeitsverdichtung oder die Beeinflussung patientenbezogener Entscheidungen durch ökonomische Kalküle (für den Krankenhausbereich vgl. Simon 2020).

Im Fall der öffentlichen und freigemeinnützigen Einrichtungen steht dabei in der Regel die Verhinderung von Defiziten im Vordergrund, die eine Insolvenz und Schließung des Krankenhauses oder der Pflegeeinrichtung oder eine Privatisierung zur Folge haben können. Im Fall der privaten gewinnorientierten Einrichtungen ist es die Realisierung angestrebter oder von Investoren und Konzernzentralen vorgegebener Renditeziele.

Da sich die Arbeitsbedingungen in Einrichtungen der direkten Versorgung von Patienten und Pflegebedürftigen unmittelbar auch auf die Versorgung und deren Qualität auswirken, muss davon ausgegangen werden, dass sich diese Entwicklungen auch negativ auf die Versorgungsqualität auswirken. Allerdings liegen dazu mangels valider Daten keine vertrauenswürdigen bundesweiten Forschungsergebnisse vor. Die Vielzahl der in den letzten Jahren erschienen Medienberichte und Erfahrungsberichte von Beschäftigten weisen jedoch sehr deutlich darauf hin, dass es sowohl in vielen Krankenhäusern als auch in Pflegeeinrichtungen erhebliche negative Auswirkungen auf die Qualität der Versorgung gibt.

Am deutlichsten tritt dies gegenwärtig im Fall der Pflege in Krankenhäusern und Pflegeeinrichtungen zutage. Die zahlreichen politischen Interventionen der letzten Jahre zur Verbesserung der Arbeitsbedingungen des Pflegepersonals in

---

[5] Zum System der ambulanten ärztlichen Versorgung vgl. Simon (2021).

Kliniken und Pflegeheimen sind Ergebnis einer langjährigen und breiten medialen und öffentlichen Diskussion und zeigen den erheblichen Handlungsdruck der Politik.

Auch die Arbeitsbedingungen im ärztlichen Dienst der Krankenhäuser haben sich infolge des marktorientierten Umbaus deutlich verschlechtert. Besonders belastend empfinden große Teile der Ärzteschaft dabei einen Prozess, der unter dem Leitbegriff ‚Ökonomisierung' kritisiert wird. Die in den Jahren 2003 bis 2005 vollzogene Umstellung der Krankenhausfinanzierung auf Fallpauschalen hat zur Folge, dass Kliniken seitdem nur dann wirtschaftlich überleben können, wenn sie ausreichend abrechenbare Fälle ‚produzieren' und mit ihren ‚Produktionskosten' unter den an Durchschnittskosten orientierten Fallpauschalen bleiben.

Die Verwendung von Begriffen, die aus der industriellen Produktion entlehnt sind, ist durchaus angemessen, da sich dieses Vergütungssystem eindeutig und leicht erkennbar am Modell der industriellen Massenproduktion orientiert. Der Ärzteschaft kommt in einem solchen System insofern eine zentrale Rolle zu, als Ärztinnen und Ärzte durch die Diagnosestellung und Therapieentscheidungen zugleich auch über die wirtschaftliche Zukunft der Klinik entscheiden. Vor diesem Hintergrund ist es naheliegend, dass die ökonomische Leitung einer Klinik versucht, auf ärztliche Entscheidungen Einfluss zu nehmen, damit die mit den Kassen vereinbarten Fallzahlen und Arten von Fallpauschalen am Jahresende auch tatsächlich erreicht werden und so das finanzielle Überleben der Klinik gesichert wird.

Dieser Druck kann dazu führen, dass sich ärztliche Entscheidungen über die Behandlung von Patienten nicht primär am Wohl der Patienten orientieren, sondern auch oder primär an wirtschaftlichen Zielen des Krankenhauses. Das kann sowohl zur Durchführung medizinisch nicht notwendiger Operationen als auch zur Unterlassung medizinisch angezeigter Therapien führen. Beides widerspricht der ärztlichen Berufsethik. Ärzteorganisationen und auch der Deutsche Ärztetag als höchster Vertretung der deutschen Ärzteschaft kritisieren diese Entwicklungen seit Jahren als ethisch hochgradig kritikwürdige ‚Ökonomisierung' und fordern Änderungen der Krankenhausfinanzierung, in der sie die Hauptursache der Ökonomisierung sehen (vgl. u. a. Deutscher Ärztetag 2016a; Deutscher Ärztetag 2016b, 2019).

Nachdem private Investoren auch in die ambulante ärztliche und zahnärztliche Versorgung vordringen, wird eine ähnliche Entwicklung der Ökonomisierung ärztlicher Entscheidungen auch für den Bereich der gewinnorientierten

Investoren-MVZ befürchtet. Erste Hinweise auf entsprechende Tendenzen, insbesondere die Durchführung medizinisch nicht notwendiger Behandlungen als Teil des Geschäftsmodells, liegen bereits vor (IGES 2020, 2022).

Zur Bedeutung der gesetzlichen Krankenversicherung für einen marktorientierten Umbau des deutschen Gesundheitswesens

So problematisch und teilweise auch gefährlich diese oben aufgezeigten Entwicklungen auch sind, insgesamt wurde noch kein wirklich radikaler marktwirtschaftlicher Umbau des deutschen Gesundheitswesens vollzogen. Dem steht vor allem eine für das deutsche Gesundheitswesen zentrale Institution entgegen: die gesetzliche Krankenversicherung. Das oben angesprochene für eine Marktwirtschaft zentrale Prinzip, dass es Waren und Dienstleistung nur im Tausch gegen die Zahlung des Preises gibt, gilt im deutschen Gesundheitswesen für knapp 90 % der Bevölkerung nicht. In der gesetzlichen Krankenversicherung haben alle Versicherten einen Rechtsanspruch auf alle medizinisch notwendigen Sachleistungen. Den Preis der in Anspruch genommenen Leistungen zahlt die jeweilige Krankenkasse an die betreffenden Leistungserbringer.

Insofern wird der angesprochene marktwirtschaftliche Umbau für die GKV-Versicherten – wenn überhaupt – nur indirekt erfahrbar, beispielsweise wenn ein Krankenhaus im unmittelbaren Umfeld privatisiert wird oder schließt, man selbst einer Krankenhausbehandlung bedarf und den Eindruck gewinnt, dass die vorgeschlagene oder durchgeführte Behandlung medizinisch nicht notwendig war, oder der langjährige Hausarzt seine Praxis an eine Investorengruppe verkauft und der Arztsitz in ein Investoren-MVZ verlegt wird, oder Angehörige in einem Pflegeheim nicht ausreichend gepflegt werden, weil das Personal unbesetzt und nicht ausreichend qualifiziert ist und anderes mehr.

Da die Krankenkassen als Träger der gesetzlichen Krankenversicherung Körperschaften des öffentlichen Rechts sind und rechtlich den Status von Behörden der mittelbaren Staatsverwaltung haben, stehen sie einer vollständigen Vermarktlichung des Gesundheitswesens entgegen. Krankenkassen sind eben keine Versicherungsunternehmen, sondern unterstehen dem allgemeinen Verwaltungsrecht. Bei ihren Entscheidungen gegenüber Versicherten handelt es sich um Verwaltungsakte, die mit einer Rechtsbehelfsbelehrung zu versehen sind und gegen die Versicherte Widerspruch einlegen können, der dann gegebenenfalls einem mit Versichertenvertretern besetzten Widerspruchsausschuss der Kasse vorgelegt und von diesem entschieden wird. Und falls die Entscheidung nicht im

Sinne eines Versicherten ausfällt, bleibt noch die Möglichkeit einer gerichtlichen Anfechtung vor einem Sozialgericht. Für Verhandlungen eines Sozialgerichts besteht in der ersten Instanz kein Anwaltszwang, somit sind solche Klagen zumindest in der ersten Instanz für die klagenden Versicherten kostenfrei.

Diese Ausführungen sollten deutlich machen, dass es sich bei der gesetzlichen Krankenversicherung um eine staatliche Institution handelt, eine staatliche Sozialversicherung, die von Behörden durchgeführt wird, die – wie die allgemeine staatliche Verwaltung – allen rechtsstaatlichen Auflagen unterliegt, die auch für Ordnungsämter, Finanzämter oder Gesundheitsministerien etc. gelten.

Betrachtet man allerdings das Auftreten von Krankenkassen und insbesondere deren Selbstdarstellung auf ihren Internetseiten, so kann diese Feststellung irritieren. Krankenkassen stellen sich in der Öffentlichkeit und auch ihren Versicherten gegenüber mittlerweile vielfach in einer Art und Weise dar, die mehr einem privaten Versicherungsunternehmen entspricht als einer staatlichen Behörde. Nun mag man darauf entgegnen, dass dies einem allgemein gewandelten Bild des Staates folgt, der nicht mehr als Obrigkeitsstaat seine Bürger bevormundet und kommandiert, sondern sich als ‚Dienstleister' für seine Bürger begreift und darstellt.

Im Fall der Krankenkassen verkennt ein solcher Einwand jedoch die in diesem Wandel enthaltene Gefahr. Wenn sich Krankenkassen am Modell der privaten Versicherungen orientieren und entsprechend agieren, kann dies dazu führen, dass es irgendwann als folgerichtig erscheint, die Krankenkassen tatsächlich in private Unternehmen umzuwandeln. Damit aber würde die von den Krankenkassen gebildete ‚Schutzmauer' gegenüber einem vollständigen marktwirtschaftlichen Umbau des deutschen Gesundheitswesens fallen. Der Weg in radikalen marktwirtschaftlichen Umbau des deutschen Gesundheitswesens wäre frei.

Diese Zukunftsaussicht mag auf den ersten Blick weit hergeholt und sehr unwahrscheinlich wirken. Wer sich jedoch näher mit der Entwicklung der gesetzlichen Krankenversicherung beschäftigt hat, wird wissen, dass diese Ausführungen einen realen Hintergrund haben. Betrachtet man die Entwicklung der gesetzlichen Krankenversicherung seit Anfang der 1990er Jahre, wird erkennbar, dass bereits zahlreiche Schritte in Richtung einer Umwandlung der Krankenkassen in private Versicherungsunternehmen vollzogen wurden. Der oben angesprochene marktwirtschaftliche Umbau hat auch bereits die gesetzliche Krankenversicherung erfasst.

Die Entwicklung wurde eingeleitet durch das *Gesundheitsstrukturgesetz* 1992.[6] Es enthielt die Grundsatzentscheidung für die Einführung von Wettbewerb in die gesetzliche Krankenversicherung. Bis zur Umsetzung dieses Beschlusses im Jahr 1996 gab es eine weitgehend gesetzlich geregelte Zuweisung von Mitgliedern zu bestimmten Kassenarten. So standen beispielsweise die Ersatzkassen nur Angestellten und bestimmten Gruppen von Arbeitern offen. Lediglich die Ortskrankenkassen waren für alle GKV-Mitglieder geöffnet. Diese Unterschiede in der Zuweisung und Zugänglichkeit von Krankenkassen für verschiedene Gruppen von GKV-Mitgliedern führte in den 1980er Jahren zu immer größer werdenden Beitragssatzunterschieden. Die Spanne reichte Ende der 1980er Jahre von acht Prozent bis sechzehn Prozent (GKV-Enquêtekommission 1990c: 188).

Das Problem der Beitragssatzunterschiede hätte relativ einfach gelöst werden können, indem alle Krankenkassen zu einer einzigen Krankenkasse auf Bundesebene zusammengefasst werden, in der dann alle Mitglieder denselben Beitragssatz zahlen. Die Einführung einer ‚Einheitskrankenkasse' wurde jedoch von den Vorständen der Krankenkassen entschieden abgelehnt. Dabei dürfte eine nicht zu unterschätzende Rolle gespielt haben, dass die Zusammenfassung zu einer einzigen Kasse mit einer erheblichen Reduzierung von Vorstandpositionen verbunden gewesen wäre. Aber auch die Parteien der damaligen Regierungskoalition aus CDU/CSU und FDP wie auch die oppositionelle SPD lehnten die Einführung einer Einheitskasse ab.

Verfassungsrechtliche Gründe konnten dafür auf jeden Fall nicht angeführt werden, denn das Bundesverfassungsgericht hatte 1975 in einer Entscheidung ausdrücklich festgestellt, dass die Zusammenführung aller Kassen zu einer einzigen Krankenkasse mit dem Grundgesetz vereinbar wäre (BVerfGE 39, 302). Dies ist auch insofern nicht überraschend, als die Arbeitslosenversicherung seit ihrer Einführung 1928 aus nur einer einzigen Behörde besteht und auch die gesetzliche Rentenversicherung mittlerweile zu einer einzigen Verwaltungseinheit zusammengefasst ist.

Statt durch die Zusammenführung zur Einheitskrankenkasse wollte man eine Angleichung der Beitragssätze durch Öffnung aller Krankenkassen für alle Mitglieder und einem Wettbewerb aller Krankenkassen um alle Mitglieder erreichen. Damit folgte die Politik entsprechenden Vorschlägen von Gesundheitsökonomen, die diese wenige Jahre zuvor eingebracht hatten.

Der Beschluss für die Einführung des GKV-Wettbewerbs erfolgte 1992 im Rahmen des Gesundheitsstrukturgesetzes (GSG). Als ersten Schritt hin zu einer allgemeinen freien Wahl aller Mitglieder zwischen allen Kassen wurden die

---

[6] Zu Gesetzgebungsprozess und Inhalten des GSG vgl. u. a. Reiners (1993), Simon (2000).

Ersatzkassen durch Gesetz für alle GKV-Mitglieder geöffnet, und es wurde anderen Kassenarten wie Betriebskrankenkassen und Innungskrankenkassen die Möglichkeit eingeräumt, sich durch Satzungsbeschluss für alle GKV-Mitglieder zu öffnen.

Bereits bei der Beschlussfassung über die Einführung des GKV-Wettbewerbs war jedoch klar, dass dieser Schritt mit erheblichen Risiken verbunden ist. Wenn alle GKV-Mitglieder zwischen allen Krankenkassen wählen können, muss damit gerechnet werden, dass erhebliche Wanderungsbewegungen einsetzen, die zu einer massiven Verschärfung der ohnehin bereits bestehenden sozial ungleichen Verteilung zwischen den Kassen führen. Wenn sich gesunde, ledige und gut-verdienende Mitglieder in einem Teil der Kassen sammeln und alte, chronisch kranke, gering verdienende Mitglieder in einem anderen Teil, dann können Kassen mit hohem Anteil gesunder, lediger und gutverdienender Mitglieder ihre Beitragssätze senken und die anderen Kassen müssen ihre Beitragssätze anheben. In der Folge zahlen dann die gesunden, jungen, gutverdienenden Mitglieder die niedrigsten und die kranken, alten und geringverdienenden die höchsten Beiträge. Eine solche Entwicklung widerspräche dem sozialen Charakter der gesetzlichen Krankenversicherung fundamental und wäre aus sozialpolitischer Sicht inakzeptabel.

Anstatt deshalb auf die Einführung eines GKV-Wettbewerbs zu verzichten, wurde beschlossen, die Einführung des GKV-Wettbewerbs durch einen Risikostrukturausgleich (RSA) zu flankieren. Der RSA sollte unterschiedliche ‚Risikostrukturen' zwischen den Krankenkassen durch ein System von Finanztransfers ausgleichen. Der RSA wurde bereits 1994 eingeführt, damit er 1996 bei Eröffnung des Wettbewerbs bereits funktionsfähig sein konnte.

Der RSA wurde gemeinsam von CDU/CSU, FDP und SPD eingeführt, obwohl die gesetzliche Krankenversicherung damit dem Geschäftsmodell der privaten Krankenversicherung angenähert wird. Denn der RSA folgt in seiner Grundlogik der Art und Weise wie die private Krankenversicherung ihre Versicherungsprämien kalkuliert. Dies wird bereits an den Begriff des ‚Risikostrukturausgleich' sichtbar. Der Begriff impliziert die Vorstellung, dass es sich bei den GKV-Versicherten um ‚Risiken' handelt, die wie in der privaten Versicherungswirtschaft als ‚Versicherungsrisiken' versichert werden.

Die in der PKV übliche Kalkulation der Versicherungsprämien folgt dem sogenannten ‚Äquivalenzprinzip'. Danach sollte die Gesamtsumme der aus einem Versicherungsvertrag resultierenden Versicherungsleistungen der Gesamtsumme der während der Laufzeit des Versicherungsvertrages zu zahlenden Versicherungsprämien entsprechen. Die so kalkulierten Prämien werden in der privaten Versicherungswirtschaft als ‚risikoäquivalente' Versicherungsprämien bezeichnet.

Sie sind im Fall der privaten Krankenversicherung umso höher, je kränker ein Versicherungsnehmer bei Abschluss des Versicherungsvertrages ist. Diese Logik wurde 1994 mit der Einführung des Risikostrukturausgleichs auf die gesetzliche Krankenversicherung übertragen. Allerdings dient der RSA nicht dazu, risikoäquivalente Prämien zu kalkulieren, die die Versicherten zu zahlen haben, sondern um Finanztransfers zwischen den Kassen zu berechnen, die dem Ausgleich unterschiedlicher ‚Risikostrukturen‘ dienen sollen. Diese Berechnungen folgen jedoch der Grundlogik der Kalkulation risikoäquivalenter Prämien in der PKV, da sich die Ausgleichszahlungen zwischen den Kassen nach der Höhe der zu erwartenden Ausgaben je Versicherten richteten.

Die Konstruktion des ersten, 1994 eingeführten RSA sah allerdings noch keine direkte Berücksichtigung unterschiedlicher Morbiditätsstrukturen vor, sondern nur einen nachträglichen Einnahmen- und Ausgabenausgleich anhand von Versichertenmerkmalen wie Alter und Geschlecht. Diese Merkmale dienten als indirekte Indikatoren für Unterschiede in den Morbiditäts- und Kostenstrukturen. Dieser RSA konnte aufgrund dessen die tatsächlichen Kostenunterschiede und somit das individuelle ‚Versicherungsrisiko‘ – wenn überhaupt – nur sehr grob und unzureichend erfassen. Dadurch bot der erste RSA erheblichen Spielraum für Strategien der Risikoselektion, der vor allem von kleinen Betriebs- und Innungskrankenkassen genutzt wurde. In der Folge traten die oben erwähnten sozial ungleichen Wanderungsbewegungen auf, die trotz RSA zu erheblichen Beitragssatzunterschieden führten. Diese Strategien und ihre Auswirkungen waren eines der dominierenden Themen der gesundheitspolitischen Berichterstattung der zweiten Hälfte der 1990er Jahre und wurden auch in der wissenschaftlichen Literatur erörtert (Andersen/Schwarze 1998, 1999; Müller/Schneider 1997, 1998, 1999).

Trotz dieser massiven Fehlentwicklungen hielt auch die ab 1998 regierende rot-grüne Koalition am GKV-Wettbewerb fest. Die Ursache der Fehlentwicklung wurde nicht im Wettbewerb gesehen, sondern in einem nicht genug ausdifferenzierten RSA, dessen primärer Mangel die fehlende Berücksichtigung des Gesundheitszustandes sei. Um diesen Mangel zu beheben, wurde der Auftrag zur Entwicklung eines ‚morbiditätsorientierten Risikostrukturausgleichs‘ erteilt, dessen Einführung schließlich 2009 erfolgte.

Der 2009 eingeführte morbiditätsorientierte RSA berücksichtigte allerdings nicht das gesamte Krankheitsspektrum, sondern nur etwa 80 Krankheitsarten, die von besonderer finanzieller Relevanz für die GKV waren. Es war somit absehbar, dass auch dieser RSA Krankenkassen eine Vielzahl an Möglichkeiten für Strategien der ‚Risikoselektion‘ bot, um finanziell attraktive Mitglieder zu gewinnen und zu halten, und finanziell unattraktive Mitglieder vom Beitritt abzuhalten oder zum Wechsel in eine andere Kasse zu bewegen. Zudem zeigte sich sehr schnell, dass die im Wettbewerb stehenden und sich als ‚Unternehmen' begreifenden Krankenkassen auch auf anderen Wegen versuchen, ihre ‚Wettbe- werbsposition' auf einem als ‚GKV-Markt' begriffenen Feld zu verbessern. Dazu gehört beispielsweise die Einflussnahme auf niedergelassene Ärzte, um sie zur Kodierung bestimmter, hohe Zuweisungen aus dem RSA auslösender Diagnosen zu bewegen oder der Einsatz von Fehlinformationen, um Mitglieder vom Wechsel zu einer anderen Kasse abzuhalten oder Mitglieder anderer Kassen zum Wechsel zu veranlassen.

Auch diese Entwicklungen führten nicht zum Umdenken der Politik und einer Abkehr vom GKV-Wettbewerb, sondern dazu, dass die Krankenkassen mittlerweile in relevanten Bereichen nicht mehr dem Sozialrecht, sondern dem allgemeinen Wettbewerbsrecht und somit dem Wirtschaftsrecht unterstellt sind. Dies wiederum war im Grunde eine logische und absehbare Konsequenz der Einführung des GKV-Wettbewerbs. Wenn man Wettbewerb in einen Bereich einführt, braucht man Regulierungen, die wettbewerbswidriges Verhalten unter- binden und die Einhaltung von Wettbewerbsregeln durchsetzen können. Und das ist nun mal das allgemeine, für Unternehmen der Wirtschaft geltende Wettbewerbsrecht. Damit aber wurden die Krankenkassen gewinnorientierten Wirtschaftsunternehmen gleichgestellt und in Teilbereichen ihrer Tätigkeit auch wie Wirtschaftsunternehmen behandelt.

Da auch der 2009 eingeführte Morbi-RSA durch seine Beschränkung auf lediglich 80 Krankheitsarten eine Vielzahl von Möglichkeiten der Risikoselek- tion bot, wurde schließlich 2020 beschlossen, den RSA auf ein „Krankheits- Vollmodell" (BT-Drs. 19/15662: 2, 57) umzustellen, das alle Krankheiten erfasst (§§ 266, 267, 268 SGB V). Damit wurde ein weiterer Schritt zur Annäherung der Krankenkassen an das Geschäftsmodell der privaten Krankenversicherung vollzogen.

Seit 2009 ist der RSA kein System von Finanztransfers zwischen den Kranken- kassen mehr. Es gibt seitdem einen Gesundheitsfonds, in den die Krankenkassen ihre Beitragseinnahmen weiterleiten müssen und aus dem sie pro Versicherten auf Grundlage der Morbiditätsgruppen des RSA Zuweisungen erhalten. Diese Zuwei- sungen werden auf Grundlage der durchschnittlichen Kosten aller Versicherten einer Morbiditätsgruppe errechnet. Dass sich dieses Verfahren an der Kalkula- tion risikoäquivalenter Prämien der PKV orientiert wird im Gesetz mittlerweile auch sprachlich immer deutlicher. Es ist von „risikoadjustierten Zuweisungen" die Rede, die für Versicherte derselben „Risikogruppe" aufgrund von gleichen „Risikomerkmalen" gezahlt werden (§ 266 Abs. 1 SGB V).

Die Krankenkassen werden somit faktisch bereits durch risikoäquivalente Prämien finanziert, die jedoch im Unterschied zur privaten Krankenversicherung nicht von den Versicherten gezahlt werden, sondern vom Bundesamt für Soziale Sicherung aus den Mitteln des Gesundheitsfonds überwiesen werden. Sollten die Krankenkassen – irgendwann – in private Versicherungsunternehmen umgewandelt werden, stünde damit bereits ein hochgradig ausdifferenziertes System zur Kalkulation risikoäquivalenter Prämien zur Verfügung. Es fehlt zwar noch die in der PKV übliche Berechnung von Alterungsrückstellungen, die dafür notwendigen Daten liegen im RSA-System jedoch auch bereits vor, so dass deren Berechnung problemlos möglich wäre.

Zwar steht die Privatisierung der Krankenkassen gegenwärtig noch nicht auf der politischen Agenda, es gab seit den 1990er Jahren jedoch bereits eine Vielzahl von Einzelmaßnahmen und Schritten, durch die die Kassen der PKV immer weiter angenähert wurden. Die Einführung des GKV-Wettbewerbs und des RSA waren dabei nur Teil eines Gesamtprozesses. Durch den GKV-Wettbewerb und den RSA wurden die Kassen dazu veranlasst, sich nicht mehr als Teil der öffentlichen Verwaltung und Träger einer staatlichen Sozialversicherung zu begreifen und auch so öffentlich aufzutreten und zu agieren, sondern als ‚Unternehmen‘, die ‚Versicherungsprodukte‘ anbieten, um ‚Kunden‘ werben, spezielle Angebote für sozial und finanziell attraktive Versichertengruppen machen, gesundheitsbewussten Versicherten einen ‚Bonus‘ zahlen und ihren Mitgliedern im Fall von Überschüssen ‚Dividenden‘ ausschütten.[7]

Motor dieser Entwicklung waren politische Entscheidungen, durch die die gesetzliche Krankenversicherung sowohl bei den Leistungen als auch der Finanzierung der PKV angenähert wurde. Den Einstieg im Bereich der Leistungen vollzog die Regierungskoalition von CDU/CSU und FDP im Rahmen der sogenannten ‚Dritten Stufe der Gesundheitsreform‘ in den Jahren 1996 und 1997. Im Zentrum stand dabei die Einführung typischer PKV-Elemente in die GKV.

So wurde durch das *Erste GKV-Neuordnungsgesetz* ein Sonderkündigungsrecht der GKV-Mitglieder im Fall von Beitragserhöhungen eingeführt. Diese

---

[7] Beispielhaft sei hier aus einer Pressemitteilung der Techniker Krankenkasse zitiert: „Techniker Krankenkasse zahlt Mitgliedern auch für 2014 mehr als eine halbe Milliarde Euro Dividende" (TK 2013). Einen aufschlussreichen Eindruck von dieser Art des Selbstverständnisses vor allem von Führungskräften der Krankenkassen bieten die Beiträge in einem 2009 erschienen Sammelband von Gellner und Schmöller (2009). Um einen Eindruck vom gegenwärtigen Selbstverständnis der Krankenkassen als ‚Unternehmen‘ und die entsprechende Selbstdarstellung von Krankenkassen zu gewinnen, lohnt es sich, einen Blick in die ‚Geschäftsberichte‘ von Krankenkassen zu werfen, die auf ihren Internetseiten veröffentlicht werden.

Neuregelung folgte deutlich erkennbar dem Vertragsrecht der Privatversicherungen, das Versicherten im Fall einer Erhöhung der Versicherungsprämie üblicherweise ein Recht auf fristlose Kündigung des Versicherungsvertrages einräumt. Das *Zweite GKV-Neuordnungsgesetz* enthielt die Einführung von Beitragsrückzahlungen und Selbstbehalten in die GKV sowie die Einführung von Kostenerstattung als Wahloption für alle Mitglieder. Alle drei Regelungen sind typische Elemente der PKV. Beitragsrückerstattung und Selbstbehalte stehen in einem engen Zusammenhang zum Äquivalenzprinzip der PKV, da Beitragsrückzahlungen nur Versicherte erhalten können, die keine Kosten verursacht haben. Selbstbehalte führen zu einer Minderung der Versicherungsprämie, da die Versicherten alle anfallenden Kosten bis zu einer bestimmten vertraglich vereinbarten Höhe allein tragen. Kostenerstattung ist ein zentrales Grundprinzip der PKV und bedeutet die Abkehr von dem für die GKV grundlegenden und zentralen Sachleistungsprinzip. Zudem wurde den Krankenkassen die Möglichkeit eingeräumt, in ihrer Satzung sowohl zusätzliche Leistungen („erweiterte Leistungen") als auch den Ausschluss von Leistungen des gesetzlichen Leistungskataloges festzulegen (§§ 56 SGB V). Für zusätzlichen Leistungen wurde vorgegeben, dass die Kassen kostendeckende Beiträge zu kalkulieren haben, die nur die Mitglieder zu zahlen sind (§ 56 Abs. 4 SGB V).

Die Möglichkeit, durch Satzungsbeschluss zusätzliche Leistungen einzuführen oder Leistungen, die der gesetzliche GKV-Leistungskatalog vorsieht, zu streichen, zielt darauf, durch Unterschiede im Leistungsangebot der verschiedenen Krankenkassen die soziale Ungleichheit in der GKV zu verstärken. Die Auflösung des einheitlichen gesetzlichen Leistungskataloges und Zulassung sowie Förderung von Leistungsunterschieden ist eine quasi zwangsläufige Folge der Einführung von Wettbewerb in die GKV. Soll es sich dabei nicht nur um einen ‚Preiswettbewerb' handeln, bei dem allein die Beitragshöhe im Mittelpunkt steht, so muss zwangsläufig auch der gesetzliche Leistungskatalog für die einzelne Kasse zur Disposition gestellt werden. Nur so können sich Kassen durch jeweils spezifische Leistungsangebote von den anderen konkurrierenden Kassen unterscheiden. Erst wenn sowohl ein Wettbewerb über die Beitragshöhe als auch ein Wettbewerb über das Leistungsangebot – ein sogenannter ‚Leistungswettbewerb' – stattfindet, kann Wettbewerb seine volle Wirkung entfalten. Dass ein solcher GKV-Wettbewerb eine immer weiter zunehmende soziale Ungleichheit zur Folge hat, wird dabei von der jeweiligen Politik mindestens billigend in Kauf genommen, wenn nicht sogar als Ziel verfolgt.

Mehrere der Neuregelungen der Jahre 1996 und 1997 wurden von der ab 1998 regierenden rot-grünen Regierungskoalition wieder rückgängig gemacht, wenige Jahre später aber dann auf Druck der Unionsgeführten Mehrheit im Bundesrat im

Rahmen des GKV-Modernisierungsgesetzes 2003 wieder eingeführt oder durch eine andere spätere Regelung wieder aufgegriffen. Die heute noch weitgehend geltende Regelung erfolgte durch das GKV-Wettbewerbsstärkungsgesetz 2007. Es brachte die Einführung sogenannter ‚Wahltarife' für alle Krankenkassen, entweder als verpflichtend anzubieten oder als Option für die einzelnen Kassen. Zu diesen Wahltarifen gehört auch heute noch die Möglichkeit für Mitglieder, Kostenerstattung, Selbstbehalte oder Beitragsrückerstattung zu wählen und dafür Beitragsermäßigungen zu erhalten, die im Gesetz als ‚Prämienzahlungen' bezeichnet werden (§ 53 SGB V). Zudem gibt es die Möglichkeit für Mitglieder einen ‚Wahltarif' mit eingeschränkten Leistungen zu wählen, für den ein reduzierter Beitragssatz erhoben wird (§ 53 Abs. 7 SGB V).

Zwar ist das finanzielle Volumen dieser Wahltarife am gesamten Beitragsaufkommen auch heute noch nur sehr gering, entscheidend ist jedoch die Tatsache, dass solche typischen PKV-Elemente in die GKV eingefügt wurden, mit dem eindeutig erkennbaren Ziel, die Krankenkassen der PKV anzugleichen.

Ein weiterer sehr relevanter Bereich, durch den die Krankenkassen der PKV angeglichen werden, ist die bereits erwähnte Anwendung des allgemeinen Wettbewerbsrechts auf die Krankenkassen. Da die Krankenkassen als Körperschaften des öffentlichen Rechts Aufgaben der mittelbaren Staatsverwaltung wahrnehmen und das Sozialrecht ausführen, unterliegen sie seit jeher nicht nur dem Sozialrecht, sondern bei Streitfällen auch der Sozialgerichtsbarkeit.

Hier wurde ein Veränderungsprozess eingeleitet, der von weitreichender Bedeutung für die Zukunft der gesetzlichen Krankenversicherung werden kann. Für die Beziehungen der Krankenkassen zu ihren Versicherten gilt weiter uneingeschränkt das Sozialrecht, in Streitfällen ist die Sozialgerichtsbarkeit zuständig. Für die Beziehungen der Krankenkassen untereinander und einzelner Krankenkassen zu einzelnen Leistungserbringern findet mittlerweile jedoch das allgemeine Wettbewerbs- und Kartellrecht Anwendung. Damit wurde in den letzten zehn bis fünfzehn Jahren von Seiten der Politik nach und nach auf das Verhalten von Krankenkassen reagiert, die sich in ihrem Handeln gegenüber Leistungserbringern und auch gegenüber konkurrierenden Krankenkassen zunehmend rücksichtsloser agieren und dabei aggressive Geschäftspraktiken anwenden, wie sie auf privatwirtschaftlichen Wettbewerbsmärkten anzutreffen sind (vgl. dazu u. a. BVA 2018).

Trotz all dieser Entwicklungen sind die Krankenkassen als Träger einer staatlichen Sozialversicherung weiterhin Körperschaften des öffentlichen Rechts, so wie es Artikel 87 des Grundgesetzes vorgibt. Daraus sollte jedoch nicht abgeleitet werden, dass dies auch zukünftig mit Sicherheit so bleiben wird und eine Privatisierung der Krankenkassen vollständig undenkbar und ausgeschlossen ist.

Vor etwa zehn Jahren gab es sowohl in der Gesundheitspolitik als auch der wissenschaftlichen Literatur eine Debatte über die Zulassung privater Rechtsformen für Krankenkassen. Diese Debatte blieb jedoch der breiteren Öffentlichkeit weitgehend unbekannt und wurde auch in der sozialpolitischen Fachdiskussion kaum zur Kenntnis genommen.

Um nur einige Beispiele zu nennen: Im Rahmen dieser Diskussion sprach sich der langjährige Vorstandsvorsitzende der Techniker Krankenkasse, Norbert Klusen, in mehreren Zeitungsinterviews explizit für die Privatisierung der Krankenkassen aus (Klusen 2010, 2011, 2012a, 2012b, 2012c). Zwei Krankenkassen ließen von renommierten Gesundheitsökonomen und Juristen Gutachten erstellen, in denen Möglichkeiten zur Einführung privater Rechtsformen für Krankenkassen aufgezeigt wurden (Kingreen/Kühling 2013; Wille/Hamilton/et al. 2012b). Eine Verfassungsrechtlerin, die mittlerweile Richterin am Bundesverfassungsgericht ist, unterstützte das damals sehr intensiv diskutierte Reformmodell eines ‚einheitlichen Krankenversicherungsmarktes‘, in dem Krankenkassen nicht mehr Träger einer staatlichen Sozialversicherung sind, sondern Versicherungsunternehmen, die mit PKV-Unternehmen unter einheitlichen Wettbewerbsbedingungen um alle Versicherten konkurrieren (Wallrabenstein 2014). Ein mittlerweile führender Sozialrechtler sprach sich auf dem Juristentag 2012 explizit für die Privatisierung von Krankenkassen aus, ohne dass dies einen Sturm der Entrüstung zur Folge hatte (Kingreen 2012b).

Das Aufkommen dieser Diskussion und dass die Forderung nach Privatisierung der Krankenkassen überhaupt als diskussionswürdig akzeptiert wurde, war sicherlich auch Folge der damaligen politischen Situation. Die ab 2009 regierende Koalition aus CDU/CSU und einer damals marktradikal ausgerichteten FDP hatte mit dem 2010 beschlossenen GKV-Finanzierungsgesetz erste Schritte zur Umsetzung des Kopfpauschalenmodells der CDU vollzogen. Es wurde ein einkommensunabhängiger pauschaler Zusatzbeitrag eingeführt, der nur von den Mitgliedern zu zahlen war. Dies sollte nur ein erster Schritt sein. Langfristiges Ziel war die Abschaffung des einkommensabhängigen GKV-Beitrags und seine vollständige Ersetzung durch einkommensunabhängige Beitragspauschalen. Vor diesem Hintergrund konnten weitere Schritte eines Umbaus der gesetzlichen Krankenversicherung in Richtung der PKV möglich erscheinen.

Die Bundestagswahl 2013 ließ diese Erwartungen jedoch platzen. Die FDP fiel unter die Fünfprozenthürde und war im neuen Bundestag nicht mehr vertreten. Die CDU/CSU musste eine Große Koalition mit der SPD eingehen. Die SPD setzte durch, dass die Einführung einkommensunabhängiger Zusatzbeiträge wieder rückgängig gemacht wurde. Die damalige Diskussion über die Zulassung privater Rechtsformen für Krankenkassen ist seitdem weitgehend verstummt. Sie

kann jedoch jederzeit wieder von Neuem beginnen, wenn sich politische Orientierungen regierender Parteien ändern und eine Regierungskoalition gebildet
wird, die bereit ist, den marktorientierten Umbau des Gesundheitswesens und der
gesetzlichen Krankenversicherung voranzutreiben.

Marktorientierter Umbau und Neoliberalismus

Der seit etwa drei Jahrzehnten stattfindende marktorientierte Umbau ist kein
‚naturwüchsiger‘ Prozess, der sozusagen von allein in Gang kam und voranschreitet. Er ist das Ergebnis politischer Entscheidungen und folgt bestimmten,
primär wirtschaftspolitischen Ideen. Diese Ideen basieren letztlich auf der Vorstellung, dass Markt und Wettbewerb am besten geeignet seien, eine bedarfsgerechte
medizinisch-pflegerische Versorgung der Bevölkerung zu gewährleisten.

Die Vorstellung, dass Markt und Wettbewerb eine bedarfsgerechte medizinische Versorgung besser als staatliche Planung sicherstellen können und die
Leistungserbringung zunehmend mehr durch private Unternehmen erfolgen sollte,
war keineswegs immer schon leitend für die deutsche Gesundheitspolitik, auch
wenn dies vielen so erscheinen mag. Geht man in der Geschichte der Gesundheitspolitik der Bundesrepublik zurück, zeigt sich, dass diese Vorstellung erst
im Laufe der 1980er Jahre in die gesundheitspolitische Diskussion getragen
wurde, zunehmend an Einfluss gewann und in den 1990er Jahren zur dominanten
gesundheitspolitischen Sichtweise wurde.

Das Ziel eines marktorientierten Umbaus des Gesundheitswesens stammt nicht
originär aus der Politik, es wurde von Ökonomen über Publikationen und Prozesse der Politikberatung in die Gesundheitspolitik hineingetragen. Konzepte und
Vorschläge für einen marktorientierten Umbau des Gesundheitswesens trafen in
der alten Bundesrepublik vor allem in den Reihen der CDU/CSU und der FDP
auf Interesse. Alle drei Parteien traten traditionell für Marktwirtschaft und eine
mehr oder weniger wirtschaftsliberale Politik ein und waren insofern empfänglich
für die Forderung nach mehr Markt und Wettbewerb auch im Gesundheitswesen.

Im Fall der FDP gab es von Ende der 1960er bis Ende der 1970er Jahre
allerdings eine Phase, in der sie sich von ihrer zuvor vertretenen wirtschaftsliberalen Politik abgewendet hatte und für eine explizit ‚sozialliberale‘ Politik und
den Ausbau des Sozialstaates eintrat. Diese Umorientierung folgte einer für die
FDP neuen Erfahrung, die sie 1966 machen musste. Bis dahin hatte sie über
viele Jahre eine Regierungskoalition mit der CDU/CSU gebildet. Als diese 1965
aufgrund von Differenzen in der Haushaltspolitik zerbrach und die Union 1966
erstmals in der Geschichte der Bundesrepublik eine Große Koalition mit der SPD

einging, blieb für die FDP nur die Rolle einer kleinen und unbedeutenden Oppositionspartei. Dies eröffnete den Raum für eine interne Neuorientierung, die dem Ziel folgte, die Programmatik einem sich in der zweiten Hälfte der 1960er Jahre vollziehenden gesellschaftlichen Wandlungsprozesses anzupassen und der Partei durch eine Öffnung zur SPD hin zugleich auch eine zusätzliche Option für die Bildung von Regierungskoalitionen auf Bundes- und Landesebene zu eröffnen.

Damit wurde die programmatische Grundlage dafür gelegt, dass 1969 im Bund eine sozialliberale Regierungskoalition aus SPD und FDP unter Führung von Willy Brandt (SPD) als Bundeskanzler gebildet werden konnte. Diese Koalition vollzog in wenigen Jahren einen Ausbau des Sozialstaates, wie es ihn in diesem Umfang in der Bundesrepublik bis dahin nicht gegeben hatte und danach auch nicht wieder gab. Teil dieses sozialstaatlichen Ausbaus war auch ein Ausbau der gesetzlichen Krankenversicherung in Richtung einer Volksversicherung durch Einbeziehung der Studenten, der selbständigen Landwirte und der Behinderten in Werkstätten. Zudem wurde die finanzielle Grundlage der GKV durch Anhebung und jährliche Anpassung der Versicherungspflicht- und Beitragsbemessungsgrenze gestärkt. In der Wirtschaftspolitik orientierte sich die sozialliberale Koalition am Keynesianismus und setzte auf staatliche Interventionen und Maßnahmen zur Lenkung der Wirtschaft, um ihr Ziel einer Vollbeschäftigung zu erreichen.

Durch die Ölkrise des Jahres 1973 und die darauffolgende Wirtschaftskrise sowie den Zusammenbruch des internationalen Währungssystems von Bretton Woods änderten sich die wirtschaftlichen Rahmenbedingungen sozialliberaler Politik jedoch, und der Keynesianismus verlor international an Einfluss. In den Wirtschaftswissenschaften setzte international und auch in der Bundesrepublik ein Wandel ein, der von führenden Vertretern einer wirtschaftspolitischen Richtung vorangetrieben wurde, die in ihren Anfängen und teilweise auch noch bis in die 1970er Jahre hinein von ihren Anhängern selbst als ‚Neoliberalismus' bezeichnet wurde.

Der ab den 1970er Jahren einsetzende Siegeszug neoliberaler Ideen wurde auch dadurch begünstigt, dass in den 1970er Jahren mehreren führenden Vertretern dieser Richtung der sogenannte ‚Wirtschaftsnobelpreis' verliehen wurde.[8] Unter den Empfängern dieser Auszeichnung befanden sich der wohl einflussreichste Vordenker des Neoliberalismus, Friedrich August von Hayek, und der amerikanische Ökonom Milton Friedman. Hayek wurde Ende der 1970er Jahre

---

[8] Bei der als ‚Wirtschaftsnobelpreis' bezeichneten Auszeichnung handelt es sich entgegen weitverbreiteter Annahme nicht um einen Nobelpreis, der von den Mitgliedern der Schwedischen Akademie der Wissenschaften vergeben wird, sondern um einen Alfred-Nobel Gedächtnispreis, der von der schwedischen Reichsbank verliehen wird.

Berater der neu gewählten konservativen Premierministerin Margret Thatcher, und Friedman wurde Anfang der 1980er Jahre Berater von Ronald Reagan.

In Deutschland entwickelte sich der Sachverständigenrat zur Begutachtung der gesamtwirtschaftlichen Entwicklung (SVR-W) ab Mitte der 1970er Jahre zum zentralen Motor für einen neoliberalen Umbau der deutschen Wirtschaftswissenschaften, der in den folgenden Jahrzehnten zu einer fast uneingeschränkten Dominanz der Neoklassik führte.

Parallel zu dieser Entwicklung begann sich in der Bundesrepublik in der zweiten Hälfte der 1970er Jahre die Gesundheitsökonomie als wirtschaftswissenschaftliche Subdisziplin herauszubilden. Bereits in dieser Entstehungsphase zeichnete sich ein in der folgenden Zeit immer stärker werdender Einfluss neoliberaler Sichtweisen ab, der schließlich dominierend in dieser Wissenschaftsdisziplin wurde.

Vor dem Hintergrund der wirtschaftlichen und internationalen politischen Entwicklung vollzog sich in den 1970er Jahren in der FDP ein Richtungswechsel, der zu einer Rückkehr zur wirtschaftsliberalen Tradition der FDP führte und einen internen Machtwechsel zur Folge hatte. Der damalige FDP-Wirtschaftsminister Otto Graf Lambsdorff führte schließlich 1981 den Bruch der sozialliberalen Koalition herbei, um in eine Koalition mit der CDU/CSU wechseln und eine politische ‚Wende' zu einer stärker marktwirtschaftlich orientierten Politik vollziehen zu können.

Wie an späterer Stelle dieses Buches gezeigt, spielten neoliberale Ökonomen in der Vorbereitung des politischen Wechsels eine nicht unwesentliche Rolle. Sie waren Vordenker und Stichwortgeber für eine neoliberale Wende und nahmen über informelle Netzwerke auch direkt Einfluss auf die politische Meinungsbildung und somit letztlich auch auf politische Entscheidungen.[9]

Der 1981 vollzogene Regierungswechsel wirkte ausgesprochen ‚belebend' auf die politischen Aktivitäten neoliberaler Ökonomen, da sie nun erheblich mehr und deutlich besseren Zugang sowohl zu Politikern der Regierungsparteien als auch zu leitenden Ministerialbeamten hatten. Dies galt insbesondere auch für den Bereich der Gesundheitspolitik. Die Zahl der Publikationen neoliberaler

---

[9] So berichtete Lambsdorff 2007 in einem Vortrag zum 25-jährigen Jubiläum des Kronberger Kreises, eines hochgradig elitären und explizit neoliberalen Think Tanks, dass er wesentliche inhaltliche Anregungen von diesem Kronberger Kreis bezog: „Ich glaube, ich habe einfach den Kronberger Kreis kopiert, das war das Einfachste, weil es richtig war!" (Lambsdorff 2007: 39).

Gesundheitsökonomen stieg deutlich an und sie wurden von der Regierungspolitik eingeladen, Reformvorschläge zu machen.[10] Es wurden Expertengruppen und Kommissionen mit dem Auftrag eingerichtet, Reformkonzepte zu erarbeiten, die Grundlage zukünftiger gesundheitspolitischer Entscheidungen sein sollten. Eine besondere Rolle nahm dabei die Robert Bosch Stiftung ein, die ab Ende der 1970er Jahre die Entwicklung neoliberaler Reformvorschläge für den Bereich der Gesundheitspolitik finanziell förderte und organisatorisch unterstützte, beispielsweise durch die Finanzierung von Arbeitsgruppen, Buchreihen und Tagungen sowie die Einsetzung von Expertenkommissionen, deren Arbeit sie finanzierte.

In den 1980er Jahren entwickelten sich so immer einflussreicher werdende Netzwerke neoliberaler Ökonomen. An der Spitze dieser Netzwerke stand der Kronberger Kreis, ein elitärer kleiner Zirkel, der seit 1981 als Think Tank der Stiftung Marktwirtschaft fungiert. Die Stiftung wurde von zahlreichen Unternehmen der Wirtschaft finanziell unterstützt und unterhielt damals ein eigenes Institut und einen eigenen kleinen Verlag, dessen Hauptaufgabe die Verbreitung der Publikationen des Kronberger Kreises und des stiftungseigenen Institutes war.

Im Verlauf der 1980er Jahre veröffentlichte der Kronberger Kreis mehrere Publikationen, in denen er einen radikalen marktwirtschaftlichen Umbau für die verschiedensten Bereiche und die Privatisierung der in diesen Bereichen tätigen öffentlichen Institutionen und Unternehmen forderte. Zu diesen Bereichen zählte der öffentliche Nah- und Fernverkehr, die Wohnungswirtschaft, die Telekommunikation, die Energiewirtschaft, Rundfunk und Fernsehen, der Bereich der Hochschulen, die Landesbanken und Sparkassen und auch das Gesundheitswesen (Kronberger Kreis 1983, 1984a, 1984b, 1986a, 1986b, 1987a, 1987b, 1987c, 1988a, 1988b, 1989a, 1989b). Der Titel seiner programmatischen Publikation zum Gesundheitswesen, „Mehr Markt im Gesundheitswesen" (Kronberger Kreis 1988b), bot das Leitmotiv für die gesundheitspolitischen neoliberalen Diskussionsbeiträge und Reformvorschläge der 1980er Jahre insgesamt.

---

[10] So erschien beispielsweise Ende 1984 ein Schwerpunktheft des Bundesarbeitsblattes zum Thema „Ordnungspolitische Alternativen der Gesundheitspolitik" (Heft 12/1984). Die Zeitschrift wird vom BMA herausgegeben und das Schwerpunktheft wurde mit einem Vorwort des Sozialministers Blüm (CDU) eingeleitet. Darin gab er als Aufgabe des Heftes an, dass es Hochschullehrern „verschiedener Denkrichtungen" Gelegenheit zur Darstellung ihrer Vorstellungen geben sollte (Blüm 1984). Das Heft enthielt allerdings fast ausschließlich nur Beiträge von neoliberalen Ökonomen, die dem zentralen Leitmotiv ‚weniger Staat und mehr Markt' folgten (Cassel 1984; Gäfgen 1984; Henke 1984; Herder-Dornreich 1984; Münnich 1984; Oberender 1984).

Der Kronberger Kreis widmete sich allerdings erst relativ spät dem Gesundheitswesen. Zuvor hatte es bereits eine Vielzahl von Publikationen und Diskussionsbeiträgen gegeben, in denen Vorschläge für einen marktorientierten Umbau
des Gesundheitswesens gemacht wurden. Unter diesen waren vor allem die
Veröffentlichungen zweier Gruppierungen von besonderer Bedeutung, des Wirtschaftssachverständigenrates und einer informellen Gruppe neoliberaler Gesundheitsökonomen, die sich ‚Wissenschaftliche Arbeitsgruppe Krankenversicherung'
nannte.

Dem Wirtschaftssachverständigenrat ist durch § 2 des Sachverständigenratsgesetzes seit seiner Gründung 1963 ausdrücklich untersagt, politische Empfehlungen zu geben. Nach der neoliberalen Wende des SVR-W hielten sich dessen
Mitglieder jedoch zunehmend nicht mehr daran. Sie erhoben in ihren Jahresgutachten immer radikalere Forderungen nach einem Rückzug des Staates,
Privatisierung öffentlicher Unternehmen und Rückbau sozialstaatlicher Sicherungen und machten auch Vorschläge für einen marktwirtschaftlichen Umbau des
Gesundheitswesens (SVR-W 1983, 1985). Im Jahresgutachten 1983 beschränkte
sich der Rat noch auf den Vorschlag, PKV-Elemente wie Selbstbehalttarife und
Beitragsrückerstattung in die gesetzliche Krankenversicherung einzufügen und die
Krankenhausfinanzierung auf ein marktanaloges Preissystem umzustellen, das die
Entstehung von Gewinnen ermöglicht. Der Vorschlag zur Krankenhausfinanzierung griff Empfehlungen auf, die eine von der Robert Bosch Stiftung eingesetzte
‚Kommission Krankenhausfinanzierung' im selben Jahr in einem Zwischenbericht
vorgelegt hatte. In seinem Gutachten 1985 legte der Rat dann ein sehr umfassendes Reformkonzept vor, in dessen Mittelpunkt eine grundlegende Reform
der gesetzlichen Krankenversicherung stand, die letztlich zur Abschaffung der
GKV und Umwandlung der Krankenkassen in private Versicherungsunternehmen
führen sollte.

Die ‚Wissenschaftliche Arbeitsgruppe Krankenversicherung' wurde Mitte der
1980er Jahre von dem damals sehr einflussreichen neoliberalen Gesundheitsökonomen Peter Oberender und Wolfgang Gitter, einem der damals führenden
Sozialrechtler, gegründet. Oberender und Gitter waren 1987 mit Vorschlägen
für eine marktorientierte Reform der gesetzlichen Krankenversicherung an die
Öffentlichkeit gegangen (Gitter/Oberender 1987). Auf Anraten von Ministerialbeamten, zu denen sie regelmäßigen Kontakt pflegten, gründeten sie mit anderen
gleichgesinnten Ökonomen eine Arbeitsgruppe, die 1988 ein Reformkonzept vorlegte, das den Vorschlägen von Oberender und Gitter in weiten Teilen folgte
(Gitter et al. 1988). Diese Vorschläge wurden nun nicht mehr nur von zwei
Personen eingebracht, sondern von einer Gruppe damals und auch später recht
einflussreicher Wissenschaftler.

Zu den Mitgliedern der Arbeitsgruppe gehörten neben Oberender und Gitter die Gesundheitsökomen Klaus-Dirk Henke, seit 1986 Mitglied des Gesundheitssachverständigenrates der Bundesregierung, und Günter Neubauer, Mitglied der Kommission Krankenhausfinanzierung der Robert Bosch Stiftung und von 1991 bis 1998 Mitglied des Gesundheitssachverständigenrates, sowie die damals einflusssreichen Gesundheitsökonomen Eckhard Knappe, Leonhart Männer und Günter Sieben. In themenbezogenen Arbeitskreisen waren an der Entwicklung des Reformkonzeptes weitere Gesundheitskonomen beteiligt wie Dieter Cassel, Matthias Graf von der Schulenburg und Peter Zweifel, die in den folgenden Jahrzenten in verschiedener Weise und an verschiedenen Stellen in der Politikberatung aktiv waren oder die Ausbildung zukünftiger Gesundheitsökonomen durch Lehrbücher beeinflussten.

Im Zentrum des Reformkonzepts der Arbeitsgruppe stand der Vorschlag, die Pflichtmitgliedschaft in der gesetzlichen Krankenversicherung abzuschaffen und durch eine gesetzliche Pflicht zum Abschluss einer Krankenversicherung zu ersetzen, die eine Grund- oder Basisversorgung abdeckt. Alle ‚Krankenversicherungen', und damit waren sowohl die Krankenkassen als auch die privaten Krankenversicherung gemeint, sollten eine solche Basisversicherung anbieten und alle Versicherten sollten die freie Wahl zwischen ‚Versicherungen' haben.

Die Konsequenz einer solchen Reform wäre, dass die gesetzliche Krankenversicherung als staatliche Sozialversicherung abgeschafft würde und die Krankenkassen nicht mehr Träger einer staatlichen Sozialversicherung wären. Sie könnten nicht mehr als Körperschaften des öffentlichen Rechts geführt werden und müssten entweder alle geschlossen und abgewickelt oder – wenn sie weiter existieren sollen – in privatrechtliche Unternehmen umgewandelt werden.

Diese Konsequenz wurden jedoch weder von der Arbeitsgruppe Krankenversicherung noch von Oberender und Gitter, die denselben Vorschlag gemacht hatten, offengelegt. Auch der Wirtschaftssachverständigenrat und der Kronberger Kreis, die für das gleiche Reformkonzept warben, hatten diese Konsequenzen verschwiegen. Dass den genannten Gruppierungen und Wissenschaftlern diese Konsequenz nicht bewusst war, kann insofern ausgeschlossen werden, als ihre Texte an zahlreichen Stellen indirekte Hinweise darauf enthalten, dass die Abschaffung der GKV als Sozialversicherung und Umwandlung der Krankenkassen in private Unternehmen das eigentliche und zentrale Ziel der Reformvorschläge war. Im Fall der Arbeitsgruppe Krankenversicherung kommt hinzu, dass ihr mit Wolfgang Gitter ein sehr renommierter und versierter Sozialrechtler angehörte, der aufgrund seines Fachwissens um diese Konsequenz wissen musste.

Die Abschaffung der Pflichtmitgliedschaft in der gesetzlichen Krankenversicherung und Einführung einer allgemeinen Wahlfreiheit zwischen allen Anbietern von Krankenversicherungen ist allerdings nur möglich, wenn von allen Anbietern risikoäquivalente Prämien verlangt werden. Denn würde eine allgemeine Wahl- und Wechselmöglichkeit eingeführt, hätte dies umfangreiche Wanderungsbewegungen zur Folge. Würden die Krankenkassen weiter einkommensabhängige Beiträge erheben und eine beitragsfreie Familienversicherung anbieten, die privaten Krankenversicherungen hingegen risikoäquivalente Prämien für jede versicherte Person kalkulieren, also auch für Kinder und nicht erwerbstätige Ehegatten, hätte dies eine massive ‚Risikoentmischung' zulasten der früheren Krankenkassen zur Folge. Chronisch Kranke, Rentner, Geringverdiener, Familien mit mehreren Kindern etc. würden sich in den Krankenkassen sammeln und Gesunde, Junge, Hochverdiener, Alleinstehende würden die für sie günstige PKV wählen. Die Jungen könnten solange in der PKV bleiben, bis ein Wechsel in eine Krankenkasse für sie günstiger als die Weiterführung ihrer privaten Krankenversicherung wäre, also beispielsweise wenn sie eine Kinder bekommen oder wenn sie das Rentenalter erreichen. Ein solches System wäre nicht funktionsfähig und würde binnen kurzer Zeit zusammenbrechen. Das war auch den neoliberalen Gesundheitsökonomen bewusst.

Die direkte Umstellung vom bestehenden System auf ein System ohne die GKV als staatlicher Sozialversicherung mit einkommensabhängigen Beiträgen und beitragsfreier Familienversicherung war auch aus Sicht der damaligen neoliberalen Ökonomen nicht realisierbar. Eine solche Umstellung kann – wenn überhaupt – nur in mehreren aufeinander aufbauenden Schritten vollzogen werden. Als ersten Schritt sah das von den neoliberalen Ökonomen entwickelte Reformmodell vor, dass innerhalb der gesetzlichen Krankenversicherung vollständige Wahlfreiheit zwischen allen Krankenkassen eingeführt wird. Da auch bei der Einführung einer solchen GKV-internen Wahlfreiheit umfangreiche Wanderungsbewegungen von Mitgliedern zu erwarten waren, die zur finanziellen Destabilisierung der GKV führen würden, konnte die Wahlfreiheit nur eingeführt werden, wenn zwischen den Krankenkassen ein finanzieller Ausgleich stattfindet.

In Anlehnung an Modelle der Rückversicherung in der privaten Versicherungswirtschaft sahen die neoliberalen Vorschläge darum die Einführung eines ‚Risikostrukturausgleichs' innerhalb der GKV vor. Er sollte es ermöglichen, Wettbewerb zwischen den Krankenkassen einzuführen, ohne dass das GKV-System infolge der dann einsetzenden Wanderungsbewegungen und ‚Risikoentmischungen' zusammenbricht.

Die Einführung eines GKV-Wettbewerbs wiederum ist aus neoliberaler Sicht kein Selbstzweck und letztendliches Ziel, sondern nur ein Zwischenschritt. Durch den Wettbewerb untereinander würden sich die Krankenkassen – so die Erwartung der neoliberalen Ökonomen – zunehmend wie private Unternehmen auf einem

Markt begreifen und verhalten. Dadurch und den Risikostrukturausgleich, der sich deutlich erkennbar an der Methodik der PKV zur Kalkulation risikoäquivalenter Prämien orientierte, würden die Voraussetzungen geschaffen, dass in einem späteren Schritt die GKV-Versicherungspflichtgrenze und damit die Pflichtmitgliedschaft in der GKV abgeschafft und eine allgemeine Wahlfreiheit zwischen allen Anbietern einer Basis-Krankenversicherung eingeführt werden kann. Mit dem Risikostrukturausgleich steht den Krankenkassen dann eine Methodik zur Verfügung, die sie zur Kalkulation risikoäquvalenter Prämien einsetzen können.

Ihre Vorschläge publizierten die neoliberalen Wissenschaftler nicht nur, sie hatten auch Gelegenheit, sie im direkten Kontakt Entscheidern in Politik und Ministerien zu vermitteln. So waren Oberender und Gitter mehrfach Gast im damals für die Gesundheitspolitik zuständigen Bundesministerium für Arbeit und Sozialordnung (BMA) und führten Gespräche mit leitenden Beamten über die Inhalte einer von der Bundesregierung geplanten grundlegenden Reform der GKV. Als der Bundestag 1987 eine Enquête-Kommission einsetzte, die Vorschläge für eine „Strukturreform der gesetzlichen Krankenversicherung" erarbeiten sollte, gehörten Wolfgang Gitter, Günter Neubauer und Peter Oberender zu den Mitgliedern der Kommission. Günter Neubauer wurde zudem in den 1990er Jahren zum führenden Berater des Gesundheitsministeriums in krankenhauspolitischen Fragen. Er wurde 1991 in den Gesundheitssachverständigenrat und auch in mehrere Expertenkommissionen zur Reform der Krankenhausfinanzierung berufen und erhielt Gutachtenaufträge zur Frage der Ausgestaltung des geplanten Fallpauschalensystems.

Der erste große Schritt zur Umsetzung neoliberaler Reformvorschläge wurde von der Politik 1992 mit der Verabschiedung des Gesundheitsstrukturgesetzes (GSG) vollzogen. Es enthielt die Grundsatzentscheidungen für den Einstieg in die beiden zentralen neoliberalen Projekte im Bereich der Gesundheitspolitik, die Einführung eines GKV-Wettbewerbs und GKV-Risikostrukturausgleichs sowie den Grundsatzbeschluss für die Umstellung der Krankenhausfinanzierung auf ein vollständiges Fallpauschalensystem. Wenige Jahre später, im Jahr 1994, folgte die Einführung einer gesetzlichen Pflegeversicherung, deren zentrale Konstruktionelemente dem neoliberalen Reformmodell folgten. Sie wurde als zweigliedriges System aus sozialer und privater Pflegeversicherung eingeführt mit einem für beide Zweige geltenden Leistungskatalog. Die Leistungen der an die GKV angebundenen sozialen Pflegeversicherung sehen anders als in der GKV keinen Anspruch auf alle medizinisch-pflegerisch notwendigen Leistungen vor, sondern nur eine Basisabsicherung mit in der Höhe begrenzten Leistungssätzen. Wie bereits erwähnt, sah das Pflegeversicherungsgesetz keine staatliche Angebotsplanung vor und enthielt die explizite, heute noch geltende Vorgabe, dass die

Pflegekassen Versorgungsverträge vorrangig mit privaten und freigemeinnützigen Pflegediensten und Pflegeheimen abzuschließen haben.

An dieser Stelle schließt sich der Bogen zu dem eingangs aufgezeigten sich seit drei Jahrzehnten vollziehenden schleichenden marktorientierten Umbau des Gesundheitswesens. Das Gesundheitsstrukturgesetz marktierte den politischen Start, die konzeptionellen Grundlagen dafür waren jedoch bereits in den 1980er Jahren von einem immer einflussreicher gewordenen Netzwerk neoliberaler Ökonomen gelegt worden. Der Einfluss neoliberaler Netzwerke der wissenschaftlichen Politikbeeinflussung endete nicht mit der Ära Kohl, sondern fand seine Fortsetzung auch während der ab 1998 folgenden rot-grünen Regierungsperiode und der daran anschließenden Regierungskoalitionen und besteht bis in die heutige Zeit, auch wenn die Personen gewechselt haben und mittlerweile eine neue Generation neoliberaler Ökonomen die Weiterführung des Projekts übernommen hat.

Die verschiedenen eingangs beschriebenen Entwicklungen in Richtung eines marktorientierten Umbaus des Gesundheitswesens sind zwar in den letzten drei Jahrzehnten immer wieder auch thematisiert und kritisiert worden, jedoch ohne tiefergehende Analyse des Zusammenhangs zum Neoliberalismus als Ideengebäude und ohne sich mit dem Einfluss neoliberaler Netzwerke zu befassen.

Die These, dass der seit drei Jahrzehnten stattfindende marktorientierte Umbau des deutschen Gesundheitswesens seinen Ausgangspunkt in einem Reformmodell hat, das in den 1980er Jahren von neoliberalen Ökonomen entwickelt und erfolgreich in die gesundheitspolitische Diskussion eingebracht wurde, kann sich – dessen bin ich mir sehr wohl bewusst – wie eine ‚Verschwörungstheorie' wirken. Beim neoliberalen Reformmodell handelt es sich jedoch nicht um eine Art ‚Geheimpapier', das nur ‚Eingeweihten' bekannt ist. Alle in diesem Buch erwähnten und zitierten Publikationen sind allgemein und frei verfügbar, es sind Publikationen, die für eine Fachöffentlichkeit verfasst wurden. Das Buch basiert auf auch heute noch frei verfügbaren Veröffentlichungen und Quellen, und entsprechend der üblichen wissenschaftlichen Praxis sind diese Quellen alle mit intersubjektiv überprüfbaren Quellenhinweisen versehen.

Auch die in dem vorliegenden Buch erwähnten organisatorischen Strukturen neoliberaler Politikbeeinflussung waren keine Geheimbünde, die sich zu konspirativen Zusammenkünften an geheimen Orten trafen. Es waren legale öffentliche und halböffentliche Zusammenschlüsse. Sie konnten in die vorliegende Untersuchung nur deshalb einbezogen werden, weil ihre Existenz öffentlich bekannt war und sie in Publikationen genannt wurden.

Natürlich wirft die vorliegende Untersuchung die Frage auf, warum die neoliberalen Netzwerke ihre Überzeugungen und Vorschläge so erfolgreich in die Gesundheitspolitik einbringen konnten. Die Ergebnisse der historischen Rekonstruktion legen es nahe davon auszugehen, dass mehrere Faktoren dazu beitrugen:

- *Gemeinsam geteilte Überzeugungen:* Die Netzwerkbildung baute – und baut auch heute noch – auf gemeinsamen Grundüberzeugungen auf, die ihren zentralen Bezugspunkt im Ideengebäude des Neoliberalismus hatten und haben. Im Zentrum stand und steht dabei die Überzeugung, dass Markt und Wettbewerb auch im Gesundheitswesen zur Anwendung kommen sollten, da Markt und – vor allem – Wettbewerb am besten geeignet seien, eine bedarfsgerechte Allokation und effiziente Nutzung von Ressourcen zu gewährleisten. Daraus wiederum ergibt sich die Überzeugung, dass private gewinnorientierte Unternehmend am besten geeignet sind, eine effiziente und an Grundsätzen der Marktwirtschaft ausgerichtete medizinisch-pflegerische Versorgung anzubieten. Dies gilt auch für die soziale Sicherung im Krankheitsfall, so dass ein Umbau der gesetzlichen Krankenversicherung zu erfolgen hat, der sich am Geschäftsmodell der privaten Krankenversicherung orientiert.
- *Netzwerkbildung:* Beim Neoliberalismus handelt es sich nicht um eine ökonomische Theorie oder Theorierichtung, sondern primär um eine politische Bewegung, die politische Entscheidungen in ihrem Sinn beeinflussen will. Die Bewegung hat sich nie formal in Sinne einer politischen Partei formiert, sondern ist vor allem in informellen Netzwerken organisiert. Diese Netzwerke haben Vereine, Gesellschaften, Think Tanks, Institute der Politikberatung etc. gegründet, um ihre Ziele zu erreichen. Die Vereine, Gesellschaften etc. bieten die Möglichkeit, weitere Personen in die Netzwerke einzubeziehen und so die Einflusssphäre auszuweiten, und sie bieten die Möglichkeit unter dem Vereinsnamen Publikationsreihen erscheinen zu lassen und Tagungen durchzuführen, zu denen einflussreiche Gäste aus Politik und Verbänden eingeladen werden, denen in Vorträgen die Positionen des Vereins dargelegt und die in persönlichen Gesprächen für die Unterstützung der Ziele des Vereins gewonnen werden können. Die Think Tanks und Institute präsentieren sich als politisch unabhängige wissenschaftliche Einrichtungen und können so ihre neoliberalen Auffassungen und Botschaften als neueste wissenschaftliche Erkenntnisse und Forschungsergebnisse darstellen.
- *Mitgliedschaft in Gremien der formalen Politikberatung:* Ausgehend von diesen Netzwerken, ihren Publikationen und bestehenden Kontakten zu Akteuren der Politik und öffentlichen Verwaltung gelang es der Bewegung, zu erreichen, dass ihre Anhänger in wichtige und einflussreiche Gremien der formalen

Politikberatung berufen wurden, wie Sachverständigenräte, Beiräte von Ministerien und Expertenkommissionen. Die sehr effektive Vernetzung führte und
führt vielfach dazu, dass Mitglieder der informellen Netzwerke nicht nur
einem Gremium angehören, sondern zeitgleich in mehreren, und so einen noch
größeren Einflussradius haben.

- *Gutachten und Studien:* Ein weiteres sehr wichtiges Mittel der Beeinflussung
  von Politik und öffentlicher Meinung waren und sind Gutachten und Studien
  in Auftrag von Ministerien, Stiftungen und großen Interessenverbänden wie
  beispielsweise der Robert Bosch Stiftung in den 1980er Jahren und der Bertelsmann Stiftung in neuerer Zeit sowie Verbänden der Pharmaindustrie, der
  privaten Krankenversicherung oder der Krankenkassen. Gutachten und Studien neoliberaler Ökonomen oder Organisationen waren und sind auch heute
  noch ein außerordentlich wirksames Mittel der Politikbeeinflussung, da sie als
  interessenunabhängige wissenschaftliche Gutachten oder Studien präsentiert
  und wahrgenommen werden, über deren Inhalte in den Medien berichtet wird
  und die so einer breiten Öffentlichkeit oder zumindest einer Fachöffentlichkeit
  sowie einer Vielzahl von Akteuren der Gesundheitspolitik bekannt werden.
- *Erringung von Dominanz in den Wirtschaftswissenschaften:* Von nicht zu unterschätzender Bedeutung für den Erfolg neoliberaler Netzwerke insgesamt war
  auch in der Gesundheitspolitik die in den 1970er Jahren einsetzende Erringung einer Dominanz neoklassischer und neoliberaler Grundüberzeugungen
  in den deutschen Wirtschaftswissenschaften insgesamt und der deutschen
  Gesundheitsökonomie im Besonderen. Dies ermöglichte die Entstehung des
  Eindrucks, dass es sich bei den neoliberalen Positionen um die in den
  Wirtschaftswissenschaften insgesamt vorherrschende und allgemein geteilte
  Weltsicht handelt, die von einer Vielzahl ‚angesehener‘ Vertreter der Disziplin vertreten wird. In den Publikationen, Gutachten und Studien neoliberaler
  Ökonomen wurde dieser Eindruck auch dadurch vermittelt und verstärkt, dass
  sogenannte ‚Zitierkartelle‘ praktiziert wurden, bei denen die jeweiligen Autoren nur Veröffentlichungen solcher Autoren zitieren, die die jeweils vertretene
  eigene Position stützen. Hinweise auf andere oder gar widersprechende Auffassungen sucht man in neoliberalen Publikationen, Gutachten und Studien in
  der Regel vergeblich.

Die Vernetzung und Ausdifferenzierung in eine Vielzahl unterschiedlicher infor-
meller und formeller Organisationen und Organisationsstrukturen führte dazu,
dass neoliberale Ökonomen nicht als einzelne und deutlich erkennbare Gruppierung in Erscheinung traten, sondern als eine Vielzahl unterschiedlicher,

untereinander anscheinend nicht verbundener Personen und Organisationen, die –
eigentümlicherweise – alle dieselben Auffassungen und Positionen vertraten
und die gleichen Reformvorschläge unterbreiteten oder unterstützten. Dies war
jedoch kein Zufall, sondern Teil der Strategien neoliberaler Netzwerke. Die
entsprechende Strategie charakterisierte der erste Schatzmeister der Stiftung
Marktwirtschaft, Ulrich Weiss, rückblickend auf einer Jubiläumstagung des Kronberger Kreises zu dessen 25jährigem Bestehen als „getrennt marschieren, vereint
schlagen".

> „Ob sie dabei zusammen auftreten – bei fast jeder Veranstaltung der Stiftung tritt auch
> ein Mitglied des Kronberger Kreises in Erscheinung – oder nach der Devise „getrennt
> marschieren, vereint schlagen" verfahren: Entscheidend ist das Vorankommen in der
> gemeinsamen Sache" (Weiss 2007: 48).

Wegen der besonderen Bedeutung neoliberaler Netzerke der Politikbeeinflussung wird im Rahmen der vorliegenden Untersuchung immer wieder auch auf
Vernetzungen zwischen einzelnen Personen und Gruppierungen hingewiesen.

Die für dieses Buch durchgeführte Recherche zu den Ursprüngen des
neoliberalen Reformmodells ergab, dass dabei nicht in den 1980er Jahren ste-
hengeblieben werden darf. Die Anfang der 1980er Jahre begonnene neoliberale
Wende, war ein ‚roll back', der gegen die bis in die 1970er Jahre herrschende
Dominanz des Keyensianismus, das seit Ende der 1960er Jahre zu beobachtende
Erstarken der Sozialdemokratie und den von ihr vorangetriebenen Ausbau des
Sozialstaates gerichtet war. Die gesellschaftlichen und politischen Entwicklungen
seit Ende der 1960er Jahre wiederum sind nur zu verstehen, wenn man den Blick
weiter zurück richtet, in die 1960er und 1950er Jahre und letztlich bis in die
Nachkriegszeit.

Dies gilt in besonderem Maße auch für die deutsche Gesundheitspolitik. In
der ersten Hälfte der 1970er Jahre vollzog die seit 1969 regierende sozialliebe-
rale Koalition unter Bundeskanzler Willy Brandt einen Ausbau sozialstaatlicher
Sicherung, der unter anderem auch eine Ausweitung der gesetzlichen Krankenversicherung auf weitere Bevölkerungsgruppen beinhaltete, so dass die GKV danach
mehr als 90 % der Bevölkerung umfasste. Damit griff die Regierung Brandt ein
Projekt wieder auf, das kurz nach dem Ende des Zweiten Weltkrieges von den
DGB-Gewerkschaften und der SPD unter dem Leitgriff ‚Volksversicherung' inti-
iert und von den damaligen Besatzungsmächten unterstützt worden war (Hockerts
1980: 21–85; Stolleis 2003: 212–214). Es wurde jedoch durch eine relativ breite
bürgerliche Opposition erfolgreich blockiert, und die Wahl einer CDU-geführten

ersten Bundesregierung unter Konrad Adenauer bedeutete schließlich das Ende dieses Projektes.

Der Begriff ,Volksversicherung' stand damals für die Zusammenlegung aller Zweige der Sozialversicherung zu einer einzigen Sozialversicherung und die Ausweitung der Versicherungspflicht auf die gesamte Bevölkerung. Zwar wurde dieses Projekt durch die Adenauer-Regierung verhindert, es gab jedoch weiterhin eine breite politische Diskussion über die Notwendigkeit einer grundlegenden Reform des Systems der sozialen Sicherheit, die unter dem Leitbegriff ,Sozialreform' geführt wurde. Dabei übte das in Großbritannien kurz zuvor eingeführten staatlichen Gesundheitssystem (National Health System) eine große Anziehungskraft auf Sozialpolitiker aller Parteien aus.

Im Rahmen der noch bis Ende der 1950er Jahre geführten Diskussion über eine Sozialreform wurden mehrere Gutachten erstellt und breit diskutiert, die mit den darin enthaltenen Auffassungen Einfluss weit über die 1950er Jahre hinaus ausübten, der teilweise noch bis heute reicht. So legte eine vom Bundeskanzler Adenauer beauftragte Gruppe von Wissenschaftlern Reformvorschläge vor, die unter dem Begriff „Rothenfelser Denkschrift" in die sozialpolitische Diskussion eingingen und grundlegende Ideen und Konzeptelemente enthielten, die in den 1980er Jahren von neoliberalen Ökonomen wieder aufgegriffen wurden (Achinger et al. 1955). Im Zentrum der gesundheitspolitischen Vorschläge der Rothenfelser Denkschrift stand die Forderung nach Angleichung der gesetzlichen Krankenversicherung an das Geschäftsmodell der privaten Krankenversicherung und letztlich die Abschaffung der GKV als Sozialversicherung und ihre Ersetzung durch ein System der Armenfürsorge für Bedürftige und der privaten Vorsorge für alle anderen.

Das für die Sozialpolitik zuständige CDU-geführte Arbeitsministerium wollte die Sozialversicherung dagegen beibehalten und ausbauen und beauftragte Walter Bogs, damals Richter am Bundessozialgericht, mit einem Gutachten zur Zukunft der sozialen Sicherung (Bogs 1955). Bogs plädierte darin zwar für den Erhalt der Sozialversicherung, lieferte mit seiner Argumentation jedoch zugleich auch einen Ansatzpunkt für die Forderung nach Abschaffung der Sozialversicherung. Denn er charakterisierte die Sozialversicherung als in erster Linie ,Versicherung' und bezeichnete die Privatversicherung als die ,reine' Form von Versicherung. Die Sozialversicherung unterscheide sich von der Privatversichung letztlich nur dadurch, dass auch soziale Aspekte berücksichtige, da sie einkommensabhängige Beiträge und keine risikoäquivalenten Prämien erhebt und dadurch Einkommensumverteilungen vornimmt, die er als ,sozialen Ausgleich' bezeichnete.

Diese Auffassung über das ‚Wesen der Sozialversicherung' und auch Bogs
Begrifflichkeiten übernahm zunächst das Bundessozialgericht und daran anschließend auch das Bundesverfassungsgericht, dessen Rechtsprechung seit Anfang der
1960er Jahre darauf aufbaut (vgl. u. a. BVerfGE 11, 105; 14, 3; 17,1). Wenn
aber die Privatversicherung die ‚reine' Form von Versicherung ist, dann wird die
Sozialversicherung zur ‚unreinen' Form von Versicherung, die durch die Berücksichtigung sozialer Aspekte ‚verunreinigt' ist. Und wenn die Sozialversicherung
als ‚Privatversichung plus sozialen Ausgleich' durch Umverteilungen betrachtet
wird, dann ist es inhaltlich nicht weit bis zu einem nächsten Schritt, den die neoliberalen Ökonomen in den 1980er Jahren vollzogen. Sie forderten die Trennung
von ‚Versicherung' und ‚Umverteilung' und die Verlagerung aller Elemente der
Sozialversicherung, die soziale Aspekte berücksichtigen, in die Finanzierungsver-
antwortung des Staates, der für Umverteilung zuständig sei, die er durch Steuern
finanziert.

Der Nutzen einer solchen Argumentation für das neoliberaler Modell eines
marktwirtschaftlichen Umbaus der GKV liegt auf der Hand: Würde ein solcher
Schritt vollzogen, könnten alle als ‚versicherungsfremd' geltenden Leistungen der
GKV wie einkommensabhängige Beiträge und beitragsfreie Familienversicherung
aus der GKV entfernt werden. Einer Umwandlung der Krankenkassen in private Versicherungsunternehmen, die risikoäquivalente Prämien verlangen, stünde
kein sachlicher Grund mehr entgegen. Wer sich aufgrund chronischer Krankheit
oder geringen Einkommens eine private Krankenversicherung nicht leisten kann,
würde dann in einem solchen System staatliche Unterstützung nach dem Vorbild
der Armenfürsorge erhalten.

Auch wenn es weder Walter Bogs noch dem Bundesverfassungsgericht darum
ging, einen solchen Systemwechsel mit ihren Argumentationen zu begründen oder
zu legitimieren, wer die Sozialversicherung als ‚Versicherung' ansieht und so
definiert, dass sie letztlich als Abweichung von der Privatversicherung erscheinen muss, öffnet der neoliberalen Forderung nach Abschaffung der gesetzlichen
Krankenversicherung und Umwandlung des bestehenden Systems in ein reines
PKV-System die Tür, liefert dieser Forderung eine wesentliche argumentative
Grundlage.

Das in den 1980er Jahren entwickelte neoliberale Reformmodell baute an
zentraler Stelle auf der Argumentation auf, bei der gesetzlichen Krankenversicherung handele es sich um eine ‚Versicherung', deren ‚Versicherungscharakter'
gestärkt werden solle. Dies müsse vor allem dadurch geschehen, dass dem
‚Versicherungsprinzip' auch in der gesetzlichen Krankenversicherung Geltung
verschafft wird. Der Begriff ‚Versicherungsprinzip' stand und steht synonym

für das ,Äquivalenzprinzip' der Privatversicherung, wonach Versicherungsleistungen und Beitragszahlung über die gesamte Vertragslaufzeit betrachtet in einem Äquivalenz zueinander stehen sollen. Daraus ergibt sich die Kalkualtion risikoäquivalenter Prämien, deren Höhe vom versicherten Krankheitsrisiko abhängt. Je kränker ein Versicherungsnehmer und je höher seine Krankheitswahrscheinlichkeit bei Abschluss des Versicherungsvertrages ist, desto höher ist die zu zahlende Versicherungsprämie anzusetzen.

Diese kurzen Ausführungen sollen verdeutlichen, dass das ,Versicherungsprinzip' in diametralem Gegensatz zu den zentralen Prinzipien der gesetzlichen Krankenversicherung als staatlicher Krankenversicherung stehen. Insofern geht von der Annahme, es handele sich bei der gesetzlichen Krankenversicherung um eine Unterform oder Abweichung von der Privatversicherung, eine Gefahr für das Fortbestehen der gesetzlichen Krankenversicherung als Sozialversicherung aus.

Die Auffassung, bei der gesetzlichen Krankenversicherung handele es sich um eine ,Versicherung', wurde erst in den 1950er Jahren in der Bundesrepublik zur herrschenden Rechtsauffassung. Noch bis in die Weimarer Zeit hinein war vorherrschende und auch von den zuständigen obersten staatlichen Behörden vertretene Aufassung, dass es sich bei der deutschen Sozialversicherung nicht um eine Versicherung handele. Bereits unmittelbar nach Einführung der Sozialversicherung durch die Bismarck'sche Sozialgesetzgebung hatte eine juristische Diskussion über die ,Rechtsnatur' der damals noch als ,Arbeiterversicherung' bezeichneten Sozialversicherung eingesetzt. In dieser Debatte wurde zwar auch die Auffassung vertreten, bei der Arbeiterversicherung handele es sich um eine ,Versicherung', es setzte sich jedoch relativ bald die Auffassung durch, dass es sich bei ihr um eine Maßnahme staatlicher Fürsorge handele. Als solche war sie auch in der Kaiserlichen Botschaft von 1881 angekündigt worden. Diese Auffassung ging als sogenannte ,Fürsorge-Theorie' in die Diskussion ein, ihr wichtigster Vertreter war Heinrich Rosin, einer der führenden Sozialrechtler der Kaiserzeit (Rosin 1893).

Während die Auffassung, die Arbeiterversicherung sei eine ,Versicherung' vor allem mit dem Verweis darauf begründet wurde, dass der Versicherungsbegriff auch in den Gesetzen Verwendung fand, verwiesen die Vertreter der ,Fürsorge-Theorie' auf den tatsächlichen Gehalt der drei Gesetze, mit denen die gesetzliche Krankenversicherung, Unfallversicherung und Rentenversicherung eingeführt wurden.

Um es am Beispiel der gesetzlichen Krankenversicherung zu erläutern: Die Krankenkassen als Träger der staatlichen Sozialversicherung sind Körperschaften des öffentlichen Rechts, gehören zur mittelbaren Staatsverwaltung und haben die Aufgabe, das Sozialrecht auszuführen. Es gibt keinen privatrechtlichen Versicherungsvertrag, die Einbeziehung in den Schutz der Sozialversicherung erfolgt durch Gesetz. Auslösendes Merkmal für der Einbeziehung war in den Anfängen die Tatsache der Aufnahme einer abhängigen Beschäftigung und ist es auch heute noch für die weit überwiegende Zahl der GKV-Mitglieder. Mittlerweile wurde die GKV allerdings um eine Vielzahl weiterer Bevölkerungsgruppen erweitert. Auch für sie gilt allerdingss, dass die Einbeziehung nicht mittels Versicherungsvertrag, sondern durch Gesetz erfolgt. Anders als in der Privatversicherung gibt es keinen Zusammenhang zwischen Beitrag und Leistung. Die Beitragshöhe richtet sich nach der Höhe des beitragspflichtigen Einkommens. Dieser Grundsatz folgt dem für die Steuergesetzgebung zentralen sogenannten ‚Leistungsfähigkeitsprinzip'.

Die vor allem von Heinrich Rosin entwickelte Auffassung setzte sich während der Kaiserzeit weitgehend als herrschende Meinung durch und wurde unter anderem auch von führenden Staatsrechtlern wie Paul Laband vertreten (Laband 1901). Auch das Reichsversicherungsamt als oberste Reichsbehörde für die Sozialversicherung und damals auch noch oberste Rechtsprechungsinstanz in allen Fragen des Sozialrechts folgte dieser Rechtsauffassung. Zwei seiner Juristen, Kaskel und Sitzler, legten 1912 zudem eine Weiterentwicklung der bis dahin noch als ‚Fürsorge-Theorie' bezeichneten Auffassung vor (Kaskel/Sitzler 1912). Sie folgten dieser Theorie inhaltlich, plädierten jedoch dafür, den Begriff der ‚Fürsorge' nicht zu verwenden, da er zu sehr mit der traditionellen Armenfürsorge assoziiert sei. Sie zeigten auf, dass es sich bei der von Bismarck eingeführten Sozialversicherung eben gerade nicht um eine Fürsorge im Sinne eines Almosens handelt, sondern vielmehr um Rechtsansprüche, die der Staat den in die Sozialversicherung einbezogenen Personen einräumt. Dabei, so Kaskel und Sitzler, handele es sich um subjektive öffentliche Rechte, deren Gewährung der Einzelne vom Staat verlangen und gegebenenfalls auch gerichtlich gegen den Staat durchsetzen kann.

Diese Rechtsauffassung war auch noch bis zum Ende der Weimarer Zeit vorherrschend,[11] geriet nach Nazidiktatur und Zweitem Weltkrieg jedoch in Vergessenheit. Als Walter Bogs 1955 sein Gutachten zur „Grundfragen des Rechts der sozialen Sicherheit und seiner Reform" vorlegte, knüpfte er nicht an der bis zur Weimarer Zeit herrschenden Rechtauffassung an, sondern folgte vor allem dem Versicherungsökonomen Alfred Manes, der bereits in der Kaiserzeit die Auffassung vertreten hatte, bei der Sozialversicherung handele es sich um eine abweichende Form der Privatversicherung (Bogs 1955: 15–19). Die in Kaiserzeit und Weimarer Zeit vorherrschende Rechtsauffassung erwähnte Bogs nur mit

---

[11] Zu entsprechenden Literaturhinweisen vgl. Wallrabenstein (2009: 9).

wenigen Zeilen und beiläufig (ebd.: 23). Dies ist insofern bemerkenswert, als Bogs Sozialrechtler und Richter am Bundessozialgericht war.

Wie bereits erwähnt, wurde diese Auffassung, bei der Sozialversicherung handele es sich um eine Versicherung, vermittelt über die Rechtsprechung des Bundessozialgerichts zum Bestandteil der ständigen Rechtsprechung des Bundesverfassungsgerichts. Die wiederum lieferte gut drei Jahrzehnte später neoliberalen Ökonomen argumentative Unterstützung bei der Forderung nach Abschaffung der gesetzlichen Krankenversicherung als staatlicher Sozialversicherung.

Der Ausflug in die Geschichte sollte zum einen verdeutlichen, dass die Frage nach der Rechtsnatur der gesetzlichen Krankenversicherung nicht einfach mit dem Verweis auf die Verwendung des Versicherungsbegriffs in den betreffenden Gesetzen beantwortet werden darf. Vor allem aber sollte der Exkurs auf eine Diskussion und darin entstandene Erkenntnisse hinweisen, die in Vergessenheit geraten sind, obwohl sie Entscheidendes für das Verständnis einer für die deutsche Gesellschaft so wichtige Institution wie der gesetzlichen Krankenversicherung beitragen kann. Diese Erkenntnisse der sozialrechtlichen Diskussion der Kaiserzeit in Erinnerung zu bringen, ist darum auch eines der Anliegen des vorliegenden Buches.

Die auf Rosin und Kaskel/Sitzler aufbauende Sicht auf die gesetzliche Krankenversicherung bildet sozusagen den ‚Rahmen' für das vorliegende Buch. Das Buch wird darum durch ein Kapitel zur Frage nach der Rechtsnatur der gesetzlichen Krankenversicherung eröffnet, in dem auf die Diskussion der Kaiserzeit zurückgegriffen wird. Und es wird beendet mit einem Kapitel zur Frage der weiteren Entwicklung der gesetzlichen Krankenversicherung, bei deren Beantwortung auf diese Erkenntisse zurückgegriffen wird. Diese Sicht auf die gesetzliche Krankenversicherung eröffnet Perspektiven für die Weiterentwicklung der gesetzlichen Krankenversicherung, die sich ergeben können, wenn die gesetzliche Krankenversicherung nicht als ‚Versicherung' betrachtet wird, sondern als Teil eines Systems sozialer Rechte. Auch wenn das Gesamtsystem als ‚Sozialversicherung' bezeichnet wird, es ist tatsächlich ein System sozialer Rechte auf soziale Sicherheit. Die gesetzliche Krankenversicherung als Zweig dieses Systems gewährt allen, die in sie eingeschlossen sind, einen Rechtsanspruch auf eine bedarfsgerechte medizinisch-pflegerische Versorgung. Den Krankenkassen als Trägern dieses Zweiges der Sozialversicherung kommt dabei die Aufgabe zu, die Verwirklichung der sozialen Rechte im Bereich des Gesundheitswesens zu gewährleisten.

Die Verwendung des Begriffs ‚soziale Rechte' mag neu im Zusammenhang mit der gesetzlichen Krankenversicherung und ungewohnt erscheinen, da dieser Begriff bisher weder in der einschlägigen wissenschaftlichen Literatur zu Fragen des Gesundheitswesens oder der gesetzlichen Krankenversicherung noch in der gesundheitspolitischen Diskussion eine nennenswerte Rolle spielt. Er ist jedoch weder neu, noch ist er eine Art ‚Neuaufguss' der erwähnten Diskussion der Kaiserzeit.

Als 1975 das Projekt einer Zusammenführung des gesamten Sozialrechts in ein einziges Sozialgesetzbuch mit mehreren Teil-Büchern begonnen wurde und das erste dieser Bücher in Kraft trat, wurde dieses erste Bucg mit einem Abschnitt eröffnet, der mit „Soziale Rechte" überschrieben war. Die Festschreibung sozialer Rechte im SGB I folgte einer Entwicklungslinie, die zur Erklärung der UN-Menschenrechte aus dem Jahr 1948 zurückführt. Die Menschenrechtserklärung von 1948 enthält in Artikel 22 die Feststellung, dass jeder Mensch „das Recht auf soziale Sicherheit" hat und deshalb einen Anspruch darauf habe, „in den Genuß der wirtschaftlichen, sozialen und kulturellen Rechte zu gelangen" (Vereinte Nationen 1948). Die in der Menschenrechtserklärung noch allgemein deklarierten sozialen Rechte wurden 1966 durch den UN-Sozialpakt konkretisiert (Vereinte Nationen 1966). Zu den sozialen Rechten wird in Artikel 12 des Sozialpaktes auch ausdrücklich das Recht jedes Menschen auf ein Höchstmaß an Gesundheit und alle zur Verwirklichung dieses Rechts erforderlichen staatlichen Maßnahmen gezählt.

Zu den Unterzeichnerstaaten des UN-Sozialpaktes gehört auch die Bundesrepublik Deutschland. Der UN-Sozialpakt wurde 1966 von der Generalversammlung beschlossen und trat nach Ratifizierung durch die Mitgliedstaaten der UN 1976 in Kraft, dem Jahr, in dem auch das SGB I beschlossen wurde.

In seinen ersten beiden Paragraphen verpflichtete das 1976 in Kraft gesetzte Sozialgesetzbuch I das gesamte Sozialrecht auf das Ziel, soziale Rechte zu erfüllen. Diese Passagen des SGB I gelten auch heute noch. Auch heute noch gilt, dass die im ersten Abschnitt des SGB I aufgelisteten sozialen Rechte dem Ziel dienen, soziale Gerechtigkeit und soziale Sicherheit zu verwirklichen, um ein menschwürdiges Dasein zu sichern, Voraussetzungen für die freie Entfaltung der Persönlichkeit zu schaffen, Familien zu schützen, den Erwerb des Lebensunterhaltes durch eine frei gewählte Tätigkeit zu ermöglichen und besondere Belastungen des Lebens abzuwenden oder auszugleichen.

Allein diese, für das Sozialrecht zentralen Passagen zeigen bereits, dass es sich bei der Sozialversicherung insgesamt und der gesetzlichen Krankenversicherung in Einzelnen nicht um eine ‚Versicherung' handelt, die aus der Privatversicherung entstanden ist oder in Analoge zu ihr funktioniert. Die deutsche Sozialversicherung ist ein System sozialer Sicherheit, das vom Gesetzgeber und als legitimer Vertretung des Volkes gestaltet wird. Die soziale Sicherheit wird nicht als Almosen gewährt, sondern basiert auf sozialen Rechten, deren Erfüllung notfalls auch gegen den Staat eingeklagt werden kann. Die Sozialversicherung insgesamt oder

Teile der Sozialversicherung abschaffen zu wollen, ist insofern nicht weniger als das Vorhaben, soziale Rechte zu beseitigen. Die Geschichte soll zurückgedreht werden in eine Zeit vor Einführung dieser sozialen Rechte. Das vorliegende Buch soll einen Beitrag zur Verhinderung eines solchen Vorhabens leisten.

Zum Aufbau des Buches

Im Mittelpunkt des vorliegenden Buches steht die Untersuchung des Einflusses neoliberaler Ideen und Reformkonzepte auf die Gesundheitspolitik in der Bundesrepublik Deutschland. Die Untersuchung konzentriert sich auf die gesetzliche Krankenversicherung als wichtigster Institution des deutschen Gesundheitswesens.

Wie oben dargelegt, begann der neoliberale ‚roll-back' bereits in den 1970er Jahren und war im Bereich der Sozialpolitik eine Reaktion auf den Anfang der 1970er Jahre vollzogenen Ausbau des Sozialstaates. Für das Verständnis dieses ‚roll-back' ist es darum sinnvoll, auch die vorhergehende Zeit in den Blick zu nehmen. Da der Ausbau des Sozialstaates wiederum nur vor dem Hintergrund der vorhergehenden Jahrzehnte richtig einzuordnen ist, beginnt die historische Entwicklung in der unmittelbaren Nachkriegszeit. Dies ist im Fall der Gesundheitspolitik auch deshalb angebracht, da bereits in der Nachkriegszeit und der Gründungsphase der Bundesrepublik grundlegende Fragen der Ausgestaltung des Systems der sozialen Sicherheit diskutiert wurden, und diese Diskussion auch für das Verständnis des Einflusses neoliberaler Vorstellungen späterer Jahrzehnte von Relevanz ist. Bevor jedoch die Rekonstruktion der historischen Entwicklung seit 1945 beginnt, wird zunächst in zwei einleitenden Kapiteln auf die beiden für das vorliegende Buch zentralen Begriffe eingegangen: gesetzliche Krankenversicherung und Neoliberalismus.

Wie oben bereits ausgeführt, ist das Verständnis der gesetzlichen Krankenversicherung von zentraler Bedeutung für das hier behandelte Thema. In einem einleitenden Kapitel wird darum näher auf die Frage eingegangen, was die gesetzliche Krankenversicherung ist. Dabei wird von dem gegenwärtig vorherrschenden Verständnis ausgegangen, dass es sich bei ihr um eine ‚Versicherung' handelt, die sich von der Privatversicherung vor allem durch die Berücksichtigung sozialer Aspekte unterscheidet. Dem wird ein Verständnis gegenübergestellt, das in der Kaiserzeit vorherrschende Rechtsauffassung war. Danach handelt es sich bei der Sozialversicherung und somit auch der gesetzlichen Krankenversicherung um ein System sozialer Rechte, die der Staat all denjenigen gewährt, die in die Sozialversicherung eingeschlossen sind.

Die Klärung der Frage nach der Rechtsnatur der gesetzlichen Krankenversicherung ist insofern von zentraler Bedeutung, als sich aus ihrer Beantwortung weitreichende Konsequenzen für die Ausgestaltung und Zukunft der gesetzlichen Krankenversicherung ergeben. Wird die GKV als ‚Versicherung' begriffen, ist darin die argumentative Grundlage für die Forderung nach Abschaffung der gesetzlichen Krankenversicherung als staatlicher Sozialversicherung und Privatisierung der Krankenkassen bereits angelegt. Wird die gesetzliche Krankenversicherung hingegen als Teil eines Systems sozialer Rechte begriffen, wird deutlich, dass es sich bei dem Vorhaben, die Krankenkassen zu privatisieren und die GKV als staatliche Sozialversicherung abzuschaffen um den Versuch handelt, soziale Rechte zu beseitigen.

In einem zweiten einführenden Kapitel wird auf die Frage eingegangen, für was der Begriff ‚Neoliberalismus' steht. Der Begriff wird in der politischen Diskussion vielfach als eine Art ‚Kampfbegriff' und ohne Klarheit über seine genaue Bedeutung benutzt. Zwar gibt es mittlerweile eine sehr umfangreiche kritische wissenschaftliche Literatur zum Thema ‚Neoliberalismus', diese dürfte jedoch einem größeren Publikum – auch dem wissenschaftlichen – immer noch weitgehend unbekannt sein. Zudem wird der Begriff des ‚Neoliberalismus' in dieser Literatur keineswegs einheitlich definiert. Insofern erscheint es angebracht, in einem Buch über den Einfluss des Neoliberalismus auf die Gesundheitspolitik zunächst zu klären, was in diesem Buch unter ‚Neoliberalismus' verstanden wird, in welchem Sinn der Begriff hier verwendet wird.

Der sich daran anschließende Hauptteil des Buches befasst sich mit der historischen Entwicklung der Gesundheitspolitik seit 1945. Die Einbeziehung der Entwicklung seit dem Ende des Zweiten Weltkrieges soll verdeutlichen, dass die Sozial- und Gesundheitspolitik der Bundesrepublik nicht erst seit den 1980er Jahren unter dem Einfluss neoliberaler Ideen steht. Die Darstellung der historischen Entwicklung folgt in ihrer zeitlichen Strukturierung weitgehend der Abfolge von Regierungs- und Legislaturperioden auf Bundesebene. Die Darstellung bezieht auch allgemeine politische Entwicklungen ein, soweit dies zum Verständnis sinnvoll oder erforderlich ist.

Im Zentrum der Untersuchung stehen die 1980er Jahre und die in dieser Zeit erfolgte Entwicklung eines Reformmodells, das auf neoliberalen Ideen und Überzeugungen aufbaut und einen grundlegenden marktorientierten Umbau des Gesundheitswesens zum Ziel hat. Im vorliegenden Buch werden diese Vorstellungen und Reformvorschläge unter dem Leitbegriff ‚neoliberales Reformmodell' zusammengefasst, da sie trotz gewisser Unterschiede im Kern die gleichen zentralen Bestandteile aufweisen, auf die bereits oben kurz eingegangen wurde. Dieses neoliberale Reformmodell bildete die Grundlage für die Aktivitäten neoliberaler

Ökonomen in den verschiedensten Gremien und Strukturen der Politikberatung. Es diffundierte darüber in nahezu alle Bereiche der Gesundheitspolitik und entfaltete seine Wirkungen über Parteigrenzen hinweg, nicht nur in der CDU/CSU und FDP, sondern auch in der SPD und in den GRÜNEN. Das Reformmodell bot zentrale Orientierungen für die gesundheitspolitischen Entscheidungen ab Anfang der 1990er Jahre und wirkt bis in die heutige Zeit.

Entwickelt wurde dieses Reformmodell vor allem von führenden Vertretern einer neoliberal ausgerichteten Ökonomie, allen voran vom Wirtschaftssachverständigenrat, dem Kronberger Kreis und einer informellen Gruppierung, die sich ‚Wissenschaftliche Arbeitsgruppe Krankenversicherung' nannte. Wegen der besonderen Bedeutung dieser drei Gruppierungen werden deren Veröffentlichungen, in denen sie die entsprechenden Reformvorschläge publizierten, einer genaueren Betrachtung unterzogen. Dazu werden mehrfach auch längere Passagen wörtlich zitiert. An deren Beispiel wird gezeigt, wie die Protagonisten des neoliberalen Reformmodels Sprache einsetzten, um ihre wahren Ziele hinter belanglos oder harmlos wirkenden Formulierungen zu verstecken. Die ausgewählten längeren Passagen dienen insofern auch als Anschauungsmaterial, an dem gezeigt wird, wie Sprache von neoliberalen Akteuren eingesetzt wird und welche Implikationen hinter welchen Formulierungen versteckt sind. Dieses Ziel wäre mit einer sinngemäßen Wiedergabe der Quellen nicht in dem Maße zu verwirklichen, wie bei der Verwendung wörtlicher Zitate und deren anschließender Analyse.

Da Ziel des Buches ist, den Einfluss des Neoliberalismus auf die deutsche Gesundheitspolitik aufzuzeigen, darf die Untersuchung nicht bei der Analyse neoliberaler Publikationen und Reformkonzepte stehen bleiben, sondern muss den Blick auch darauf richten, ob und in welcher Form neoliberale Ideen und Reformvorschläge in politische Entscheidungen Eingang fanden. Zu diesem Zweck wurden alle relevanten Gesundheitsreformen von 1991 bis 2021 daraufhin analysiert, ob sie Elemente des neoliberalen Reformmodells enthalten und – wenn ja – welche dies waren. Die Darstellung erfolgt weitgehend chronologisch, enthält jedoch vereinzelt auch Exkurse zu wichtigen Themen, wenn dies notwendig erschien.

Zwar befasst sich das Buch vor allem mit dem Einfluss des Neoliberalismus auf die deutsche Gesundheitspolitik, aufgrund der oben vorgestellten Vorgehensweise ist es jedoch zugleich auch eine der bislang wohl umfangreichsten Darstellungen der Entwicklung der Gesundheitspolitik der Bundesrepublik Deutschland seit 1945. Allerdings ist die Darstellung aufgrund der Aufgabenstellung natürlich weitgehend auf die politische Ausgestaltung der gesetzlichen Krankenversicherung begrenzt.

Das Buch wird abgeschlossen mit einem Kapitel, in dem zwei Optionen der zukünftigen Entwicklung der gesetzlichen Krankenversicherung vorgestellt werden. Beide Optionen bauen auf dem im Eingangskapitel zur GKV vorgestellten Verständnis der gesetzlichen Krankenversicherung auf, nach dem es sich bei der gesetzlichen Krankenversicherung um ein System zur Gewährleistung und Erfüllung sozialer Rechte handelt. Die erste Option verbleibt auf dem traditionellen Pfad der GKV als Teil der Sozialversicherung und beinhaltet als zentrale Maßnahme die Zusammenführung aller Krankenkassen zu einer einzigen Bundeskrankenkasse. Der Nutzen einer solchen Maßnahme bestünde vor allem darin, dass es dann keine einzelnen Krankenkassen mehr gäbe, die in private Versicherungsunternehmen umgewandelt werden können. Ein solcher Schritt wäre mit dem Grundgesetz vereinbar, wie das Bundesverfassungsgericht 1975 in einer Entscheidung explizit festgestellt hat.

Die zweite Entwicklungsoption verlässt den traditionellen Pfad der GKV als Sozialversicherung und wäre ein Schritt in Richtung eines staatlichen Gesundheitssystems. Während die gesetzliche Krankenversicherung bei der ersten Option noch Sozial-,Versicherung' im herkömmlichen Verständnis bliebe und nur einen Teil der Bevölkerung umfasst, würde bei der zweiten Option die gesamte Wohnbevölkerung einbezogen. Die GKV würde den Schein einer ,Versicherung' verlieren, da es dann keine gesonderte Mitgliedschaft und auch kein Versicherungsverhältnis im sozialrechtlichen Sinn mehr gäbe, sondern nur noch ein durch staatliches Recht gestaltetes System sozialer Rechte auf eine für alle Menschen gleiche bedarfsgerechte Versorgung mit allen medizinisch und pflegerisch notwendigen Leistungen.

Diese Entwicklungsoption könnte auch das Problem der Existenz einer privaten Krankenvollversicherung lösen. Wenn alle Bürger einen Anspruch auf alle medizinisch notwendigen Leistungen haben, entzieht dies der privaten Krankenvollversicherung die Geschäftsgrundlage. Bei diesem Modell würde es sich jedoch nicht um eine ,Bürgerversicherung' in dem bisher verwendeten Sinn handeln, da die GKV dann keine ,Versicherung' mehr wäre, sondern ein System zur Gewährung und Verwirklichung sozialer Rechte. Es gäbe keine ,Versicherungspflicht' mehr, sondern nur noch gleiche Rechtsansprüche für alle Einwohner der Bundesrepublik Deutschland.

Einleitende Vorbemerkungen

Bevor mit der Untersuchung des zentralen Themas begonnen wird, sollen zunächst zwei zentrale Begriffe näher betrachtet und geklärt werden. Das Buch richtet sich nicht nur an Eingeweihte und Experten, die sich bereits eingehend mit der Gesetzlichen Krankenversicherung und dem Neoliberalismus beschäftigt haben, sondern auch an all diejenigen, die sich für die Thematik interessieren, jedoch bislang nur wenige oder keine speziellen Vorkenntnisse dazu verfügen. Insofern erscheint die Klärung dieser beiden Begriffe unerlässlich, um das Verständnis der vorliegenden Untersuchung zu erleichtern. Wer in Deutschland lebt, hat sicherlich eine Vorstellung davon, was die Gesetzliche Krankenversicherung (GKV) ist und wie sie funktioniert – zumindest im Groben. Was mit ‚Neoliberalismus‘ gemeint sein könnte, gehört hingegen nicht zum Alltagswissen. Der Begriff erscheint zwar in den letzten Jahren zunehmend häufiger in der öffentlichen, politischen und wissenschaftlichen Diskussion, wird allerdings in der Regel nicht näher erläutert und zudem auch mit unterschiedlicher Bedeutung verwendet. Insofern ist es für eine Untersuchung über den Einfluss des Neoliberalismus auf die Gesundheitspolitik erforderlich, vor dem Beginn der Untersuchung zunächst zu erklären, was mit ‚Neoliberalismus‘ gemeint ist und mit welcher Bedeutung der Begriff im Rahmen der Untersuchung verwendet wird.

Gesetzliche Krankenversicherung: Was sie ist und was sie nicht ist

Auf einführende Erklärungen zur gesetzlichen Krankenversicherung könnte verzichtet werden, wenn in der vorliegenden Untersuchung auf dem gängigen und

M. Simon, *Der Einfluss des Neoliberalismus auf die deutsche Gesundheitspolitik*, Gesundheit. Politik – Gesellschaft – Wirtschaft, https://doi.org/10.1007/978-3-658-41099-5_2

in einführenden Lehrbüchern verwendeten Verständnis des Begriffs und der Institution aufgebaut würde. Dies ist in der vorliegenden Untersuchung jedoch nicht der Fall, zumindest nicht uneingeschränkt. Die Untersuchung des neoliberalen Einflusses auf die deutsche Gesundheitspolitik wird an einen Punkt gelangen – und dies bereits bei der Betrachtung der 1950er Jahre – an dem die Frage auftaucht, ob es sich bei der gesetzlichen Krankenversicherung um eine ‚Versicherung' handelt, in dem Sinne wie der Begriff üblicherweise verwendet wird. Die Antwort kann naheliegend und einfach erscheinen, da der Begriff ‚Versicherung' Bestandteil des Namens dieses Zweiges der deutschen Sozialversicherung ist, und darüber hinaus das Gesamtsystem schließlich in allen dazu gehörenden Gesetzen als ‚Sozialversicherung' und somit auch als ‚Versicherung' bezeichnet wird.

Die Frage, ob es sich bei der gesetzlichen Krankenversicherung um eine Versicherung handelt, ist von zentraler Bedeutung für die hier vorgelegte Untersuchung. Denn die Antwort, dass die gesetzliche Krankenversicherung eine ‚Versicherung' ist, bietet den Ausgangspunkt für die neoliberale Forderung, dass in ihr dann auch das ‚Versicherungsprinzip' gelten müsse.

Mit ‚Versicherungsprinzip' wiederum ist der Grundsatz gemeint, dass der Umfang der Versicherungsleistungen dem Umfang der Beitragsleistungen zu entsprechen habe, dass beide äquivalent sein müssen. Deshalb wird das Prinzip in der Versicherungsfachsprache auch ‚Äquivalenzprinzip' genannt. Es ist zentrale Grundlage für die Kalkulation der Versicherungsprämien privater Versicherungen und somit auch für die Kalkulation risikoäquivalenter Prämien in der Privaten Krankenversicherung (PKV). Da die Versicherungsprämien in der PKV risikoäquivalent zu sein haben und die voraussichtlichen Kosten für Versicherungsleistungen chronisch kranker Menschen höher sind als die Kosten gesunder, müssen die Versicherungsprämien für chronisch kranke Versicherungsnehmer höher sein als für gesunde.

Auch ohne nähere Kenntnisse der Funktionsweise der Gesetzlichen Krankenversicherung dürfte bekannt sein, dass die gesetzliche Krankenversicherung nach einem grundsätzlich anderen Prinzip finanziert wird. Der individuelle Beitrag richtet sich nicht nach dem individuellen Krankheits- und Kostenrisiko, sondern allein nach dem beitragspflichtigen Einkommen als Maßstab für die finanzielle Leistungsfähigkeit des einzelnen Kassenmitglieds. Und mehr noch: Anders als in der PKV ist die Leistungsgewährung unabhängig von der Zahlung eines Beitrags. Kinder und nicht erwerbstätige Ehegatten oder Lebenspartner haben einen

Anspruch auf alle Leistungen der gesetzlichen Krankenversicherung obwohl sie keinen Beitrag zahlen.[1]

Diese kurzen Ausführungen dürften ausreichen, um die Relevanz der Frage deutlich zu machen, ob die gesetzliche Krankenversicherung eine ‚Versicherung' ist oder nicht. Im Fall der Verneinung bleibt allerdings die Frage, was sie ist, wenn sie keine Versicherung ist. Die Antwort auf die Frage ist in einer Diskussion zu finden, die vor mehr als hundert Jahren in den ersten Jahrzehnten nach Einführung der Sozialversicherung vor allem unter Juristen geführt wurde. Diese Diskussion ist leider so gut wie vollkommen in Vergessenheit geraten, obwohl sie zu Erkenntnissen führte, die ausgesprochen erhellend und auch heute noch von großer Bedeutung sind. In der damaligen Diskussion bildete sich eine herrschende Meinung heraus, nach der die Bismark'sche Sozialversicherung – und somit auch die GKV – keine Versicherung ist. Was sie stattdessen ist, soll nachfolgend herausgearbeitet werden.

Die Frage nach dem Charakter oder dem Wesen der gesetzlichen Krankenversicherung ist für die vorliegende Untersuchung von zentraler Bedeutung. Die Untersuchung wird zeigen, dass in den 1980er Jahren von neoliberalen Ökonomen ein Modell für eine grundlegende Reform der gesetzlichen Krankenversicherung (GKV) entwickelt wurde, das zum Ziel hat, die gesetzliche Krankenversicherung als staatliche Institution der sozialen Sicherung abzuschaffen und die Krankenkassen in private Versicherungsunternehmen umzuwandeln. Dieses Vorhabens wurde insbesondere auch mit der Behauptung begründet, die gesetzliche Krankenversicherung sei eine ‚Versicherung' und in ihr müsse folglich auch das ‚Versicherungsprinzip' gelten, womit das Äquivalenzprinzip der privaten Versicherungswirtschaft gemeint war (vgl. dazu v. a. Gitter et al. 1988; Gitter/Oberender 1987; Kronberger Kreis 1987a; SVR-W 1983, 1985).

Das Äquivalenzprinzip besagt, dass zwischen den Versicherungsleistungen einer Versicherung und den Versicherungsbeiträgen eines Versicherungsnehmers Äquivalenz zu bestehen habe. Die Summe der Gesamtheit der Versicherungsbeiträge während der Laufzeit eines Versicherungsvertrages soll dem Geldwert aller in dieser Zeit gewährten Leistungen entsprechen. Entsprechend dieses Prinzips verlangt die private Krankenversicherung sogenannte ‚risikoäquivalente' Versicherungsprämien (zum Geschäftsmodell der PKV vgl. Simon 2021). Deren Höhe wird auf Grundlage einer Schätzung des zu erwartenden Schadensrisikos der Versicherungsnehmer kalkuliert. Folglich sind risikoäquivalente Prämien für

---

[1] Der Vollständigkeit halber sei hier auf die Besonderheit des Krankengeldes hingewiesen. Einen Anspruch auf Krankengeld haben aus naheliegenden Gründen nur Personen, die erwerbstätig sind.

Versicherte, die bei Abschluss des Versicherungsvertrages an einer chronischen Krankheit leiden, höher als für gesunde, und sie sind umso höher, je schwerer die Krankheit ist.

In der gesetzlichen Krankenversicherung gilt für die Bemessung der Beiträge hingegen nicht das Äquivalenzprinzip, sondern das auch im Steuerrecht geltende Leistungsfähigkeitsprinzip. Maßgeblich für die Höhe des Beitrags ist nicht das zu erwartende Schadensrisiko, sondern die Höhe des beitragspflichtigen Einkommens.

Dieser eine Unterschied zwischen der privaten und der gesetzlichen Krankenversicherung dürfte bereits hinreichend deutlich machen, welche überragende Relevanz die Frage nach dem ‚Versicherungscharakter' der gesetzlichen Krankenversicherung hat, und welche Bedeutung der Forderung zukommt, auch in der gesetzlichen Krankenversicherung müsse das ‚Versicherungsprinzip' gelten.

Über die grundlegend unterschiedliche Art der Beitragsbemessung beziehungsweise Prämienkalkulation hinaus gibt es mehrere weitere fundamentale Unterschiede zwischen der privaten Krankenversicherung und der gesetzlichen Krankenversicherung (zu diesen Unterschieden vgl. Simon 2021).

- Die private Krankenversicherung basiert auf dem Abschluss eines privatrechtlichen Versicherungsvertrages. Die Mitgliedschaft in einer Krankenkasse gründet hingegen nicht auf einem Versicherungsvertrag, sie ist durch Gesetz vorgegeben.
- In der PKV muss für jede versicherte Person ein gesonderter Versicherungsvertrag abgeschlossen und eine gesonderte Versicherungsprämie gezahlt werden. In der GKV haben hingegen auch nicht erwerbstätige Familienangehörige einen Rechtsanspruch auf Leistungen, ohne dass für sie ein eigener Beitrag zu entrichten ist.
- Der privatrechtliche Versicherungsvertrag der PKV konstituiert ein sich wechselseitig bedingendes Verhältnis von Leistung und Gegenleistung. Ein Anspruch auf Versicherungsleistungen besteht nur, wenn die Gegenleistung in Form fristgerechter Prämienzahlung geleistet wurde. In der GKV hingegen sind die Leistungen von der Beitragszahlung grundsätzlich unabhängig und allein durch das Gesetz vorgegeben. Deutlich sichtbares Zeichen dafür ist beispielsweise der Arbeitgeberbeitrag. Die Arbeitgeber haben die Hälfte des Beitragssatzes zu tragen, ohne dass ihnen daraus irgendein Leistungsanspruch erwächst. Die Versicherten der GKV haben dagegen vom ersten Tag der Aufnahme eines abhängigen Beschäftigungsverhältnisses an einen Anspruch auf alle medizinischen Leistungen, ohne dass ein Beitrag gezahlt

wurde. Dieser Anspruch auf Leistungen besteht auch dann, wenn der Arbeitgeber seiner Pflicht zur Überweisung des GKV-Beitrags nicht nachkommt. Auch die bereits erwähnte beitragsfreie Mitversicherung von Familienangehörigen zeigt die grundsätzliche Unabhängigkeit des Leistungsanspruchs von der Beitragszahlung.

Trotz dieser fundamentalen Unterschiede wird die gesetzliche Krankenversicherung im Sozialrecht als „Krankenversicherung" bezeichnet und trägt somit den Versicherungsbegriff in ihren Namen. Dies ist seit ihren Anfängen der Fall. Eingeführt wurde die gesetzliche Krankenversicherung als Teil der Bismarck'schen Sozialgesetzgebung durch das 1883 beschlossene „Gesetz, betreffend die Krankenversicherung der Arbeiter".

Durch die Bismarck'sche Sozialgesetzgebung wurde der Grundstein für die deutsche Sozialversicherung gelegt, die damals noch als „Arbeiterversicherung" bezeichnet wurde, da sie vor allem der sozialen Sicherung weiter Teile der Arbeiterschaft diente. Allerdings waren auch bereits in der ersten Fassung des Krankenversicherungsgesetzes weite Teile der Angestellten in die soziale Sicherung einbezogen. Im Unterschied zu den Arbeitern, die alle einbezogen waren, galt die Versicherungspflicht für Angestellte nur für solche mit einem Einkommen bis zu einer im Gesetz genannten Einkommensgrenze.

Dass die Arbeiterversicherung als „Versicherung" bezeichnet wurde, sorgte bereits im Kaiserreich zu kontroversen Diskussionen über die Frage, ob es sich bei ihr tatsächlich um eine ‚Versicherung' handelt oder nicht (zum Überblick vgl. Rosin 1905).

Diese Diskussion ist jedoch fast vollständig in Vergessenheit geraten, obwohl sie sehr hilfreiche Erkenntnisse hervorbrachte, die auch für das Verständnis unserer heutigen Sozialversicherung im Allgemeinen und der gesetzlichen Krankenversicherung im Besonderen von Nutzen sind. Deshalb soll im Folgenden etwas näher auf die damalige Diskussion eingegangen werden, allerdings nicht in der Art einer rein historisch rekonstruierenden Darstellung, sondern als historischer Rückblick, der zugleich die aktuelle Relevanz dieser Diskussion und der dabei gewonnenen Erkenntnisse aufzeigt.

Nach Einführung der ersten drei Zweige der Sozialversicherung, der gesetzlichen Krankenversicherung, Unfallversicherung und Rentenversicherung, setzte innerhalb der Rechtswissenschaft und zwischen Rechtswissenschaftlern und einigen Vertretern der Wirtschaftswissenschaften eine kontroverse Diskussion ein über die Frage, ob es sich bei der Arbeiterversicherung um eine Versicherung im Rechtssinne handele (zum Überblick über die Diskussion vgl. Rosin 1908).

Von Seiten führender Ökonomen, wie beispielsweise Gustav Schmoller, sowie einem der ersten Versicherungsökonomen, Alfred Manes, wurde unteranderem mit dem Verweis auf die Verwendung des Versicherungsbegriffs in den Gesetzen vertreten, es handele sich bei der neu geschaffenen Arbeiterversicherung um eine Versicherung (Manes 1905; Schmoller 1904). Dem wurde jedoch entgegengehalten, dass nicht der Name der Gesetze für den Charakter der Arbeiterversicherung entscheidend sei, sondern ihr Inhalt. Und der belege eindeutig, dass die Arbeiterversicherung ihrer Rechtsnatur nach keine Versicherung ist (so u. a. Kaskel/Sitzler 1912; Laband 1901; Rosin 1893).

Vorherrschende Auffassung der Rechtswissenschaft der damaligen Zeit, die auch vom Reichsversicherungsamt als zuständiger Aufsichtsbehörde vertreten wurde, war, dass es sich bei der Arbeiterversicherung nicht um eine Versicherung handele, sondern um eine Einrichtung „staatlicher Fürsorge" (so u. a. Laband 1901: 265 ff.; 1919: 299 ff.; Rosin 1893: 255 ff.; 1908). Diese Auffassung ging als „Fürsorge-Theorie" der Arbeiterversicherung in die rechtswissenschaftliche Diskussion ein (vgl. dazu u. a. Tambert 1977; Wallrabenstein 2009).

Gestützt war die Auffassung auf die Aussagen der Kaiserlichen Botschaft von 1881 und die juristische Analyse der drei in den Jahren 1883 bis 1889 beschlossenen Gesetze. In der Kaiserlichen Botschaft vom 17. November 1881, die in der ersten Sitzung des neu gewählten Reichstages verlesen wurde und in der der Kaiser für die Unterstützung der geplanten Sozialgesetzgebung warb, wurde die Einführung einer Arbeiterversicherung als Maßnahme „staatlicher Fürsorge" bezeichnet, auf die die Hilfebedürftigen einen Anspruch haben (Wilhelm I. 1881: 2). Auch in dem 1882 vorgelegten Entwurf des Krankenversicherungsgesetzes wurde der Begriff der „Fürsorge" zur Charakterisierung der Leistungen der neuen Krankenversicherung der Arbeiter erwähnt, allerdings nur an einer einzigen Stelle (Reichsregierung 1882: 149).

Der Begriff der ‚Fürsorge' wurde jedoch weder in der Kaiserlichen Botschaft noch in den Gesetzesbegründungen im Sinne einer als Almosen gewährten öffentlichen Armenfürsorge verwendet, sondern als Begriff, der umschreiben sollte, dass der Staat mit der Arbeiterversicherung eine Verpflichtung anerkennt und erfüllt, für seine Bürger zu sorgen. „Staatliche Fürsorge" meinte folglich Leistungen, mit denen der Staat „für" seine Bürger „sorgt". Man kann diese Auffassung durchaus als eine Art Vorläufer dessen begreifen, was heute als Kern des Sozialstaatsprinzips bezeichnet wird: die aus dem Grundgesetz abgeleitete staatliche Verpflichtung zur Daseinsvorsorge für seine Bürger (Zacher 1987).

Die Kaiserliche Botschaft war von Ministerialbeamten entworfen und in ihrer Endfassung von Bismarck formuliert. In ihr kamen somit vor allem die Auffassungen des damaligen Reichskanzlers zum Ausdruck. Bismarck und seinen führenden Ministerialbeamten waren stark von den Schriften des führenden Staatsrechtslehrers des 19. Jahrhunderts, Lorenz von Stein, beeinflusst (zu dessen Einfluss auf die Bismarck'sche Sozialgesetzgebung vgl. u. a. Ritter 1991: 69–73). Lorenz von Stein kann als Vordenker des deutschen Sozialstaatsmodells gelten. Der Einfluss von Steins zeigte sich unter anderem auch in der Begründung des 1881 vorgelegten ersten Entwurfes für ein Unfallversicherungsgesetz, in der die Reichsregierung ausführte, bei der geplanten Arbeiterversicherung handele es sich nicht um etwas Neues,

> „sondern nur um eine Weiterentwickelung der aus der christlichen Gesittung erwachsenen modernen Staatsidee, nach welcher dem Staat neben der defensiven, auf den Schutz bestehender Rechte abzielenden, auch die Aufgabe obliegt, durch zweckmäßige Einrichtungen und durch Verwendung der zu seiner Verfügung stehenden Mittel der Gesammtheit, das Wohlergehen aller seiner Mitglieder und namentlich der schwachen und hülfsbedürftigen positiv zu fördern. Zu diesem Sinne schließt namentlich die gesetzliche Regelung der Armenpflege, welche der moderne Staat im Gegensatze zu dem des Alterthums und des Mittelalters, als eine ihm obliegende Aufgabe anerkennt, ein sozialistisches Moment in sich, und in Wahrheit handelt es sich bei den Maßnahmen, welche zur Verbesserung der Lage der besitzlosen Klassen ergriffen werden können, nur um eine Weiterentwickelung der Idee, welche der staatlichen Armenpflege zu Grunde liegt" (Reichsregierung 1881: 228).

Zwar wird die Arbeiterversicherung in dieser Passage in die Traditionslinie der Armenfürsorge gestellt, allerdings als eine Weiterentwicklung. Entscheidend für die Begründung der Arbeiterversicherung war der Leitgedanke, dass der Staat für das Wohlergehen seiner Bürger verantwortlich ist. Eine Formulierung, die bereits den Kern des heutigen Sozialstaatsverständnisses zum Ausdruck bringt.[2]

Die Bismarck'sche Sozialgesetzgebung wich in einem zentralen Punkt von der traditionellen Armenfürsorge ab. Die Armenfürsorge wurde als *Almosen* gewährt, ohne jeglichen Rechtsanspruch der Armen (Frerich/Frey 1996a; Sachße/Tennstedt 1998). Die durch die Bismarck'sche Sozialgesetzgebung eingeführte deutsche Sozialversicherung baut hingegen in allen ihren Bereichen auf dem Grundsatz

---

[2] Die immer noch weit verbreitete Einschätzung der Bismarck'schen Sozialgesetzgebung als eine Politik von ‚Zuckerbrot und Peitsche' wird der Komplexität der Entstehungsgeschichte, den Motiven der maßgeblichen Akteure und der Einbettung der Sozialgesetzgebung in Bismarcks übergreifendes Ziel einer inneren Reichsgründung nicht gerecht. Dies zeigen insbesondere die Ergebnisse der Forschung von Florian Tennstedt und die unter seiner Leitung zusammengetragene umfangreiche mehrbändige „Quellensammlung zur Geschichte der deutschen Sozialpolitik". Auf Grundlage seiner umfangreichen Forschung zur Geschichte der Sozialpolitik kam Tennstedt zu dem Ergebnis: „Die politische Realität war komplexer" (Tennstedt et al. 1994: XXXV).

auf, dass die in sie eingeschlossenen Personen einen *Rechtsanspruch* auf die gesetzlich zugesicherten Leistungen haben, der gegebenenfalls auch gegen den Staat auf gerichtlichem Weg eingeklagt werden kann.

Die wissenschaftliche Diskussion nach Einführung der Arbeiterversicherung kreiste jedoch nicht um die Frage, ob es sich bei ihr um die Fortsetzung der Tradition der Armenfürsorge handelt oder nicht, sondern – wie oben bereits erwähnt – um die Frage, ob die Arbeiterversicherung eine Versicherung im Rechtssinne ist. Ökonomen wie Schmoller und Manes vertraten die Auffassung, sie sei eine Versicherung wie die Privatversicherung auch. Während *Schmoller* diese Auffassung vor allem mit dem Verweis auf die Verwendung des Begriffs in den Gesetzen begründete, baute *Manes* seine Argumentation auf einer von ihm formulierten extrem weiten Definition des Versicherungsbegriffs auf. Als „Versicherung" definierte er alle

„auf Gegenseitigkeit beruhende wirtschaftliche Veranstaltungen zwecks Deckung zufälligen schätzbaren Vermögensbedarfs" (Manes 1905: 1).

Als Vermögen bezeichnete er die „Verfügungsgewalt über Sachgüter" (ebd.: 3). Verfügungsgewalt wiederum steht für Eigentum. Vermögensbedarf ist demnach der Bedarf an Eigentum über Sachgüter. Da jede auf Kooperation beruhende wirtschaftliche Tätigkeit auf Gegenseitigkeit der kooperierenden Akteure beruht, schließt diese Definition folglich alle Arten kooperativer wirtschaftlicher Tätigkeiten ein. Versicherung wäre somit eine wirtschaftliche Veranstaltung von mindestens zwei Personen, die die Deckung eines zukünftigen Bedarfs an Sachgütern zum Ziel hat. Nimmt man eine solche Definition ernst, dann ist letztlich jede wirtschaftliche Tätigkeit, die auf die Deckung eines zukünftigen Bedarfs an Sachgütern gerichtet ist, eine Versicherung. Da Manes „wirtschaftliche Veranstaltungen" nicht nur auf privatwirtschaftliche Unternehmen bezog, sondern auf alle Arten des Wirtschaftens, schloss seine Definition auch staatliche Einrichtungen und ausdrücklich auch die Sozialversicherung ein (ebd.: 2). In einem später erschienenen gesonderten Werk zur Sozialversicherung bezeichnete er die Sozialversicherung denn auch als „echte Versicherung (...) ebenso wie die zahlreichen Arten der Privatversicherung" (Manes 1928: 5).

Wissenschaftliche Begriffsdefinitionen sollen der Abgrenzung dienen, folglich vor allem auch aufzeigen, wo die Grenzen des definierten Begriffs sind. Manes Definition des Versicherungsbegriffs hingegen nimmt eine Entgrenzung des Versicherungsbegriffs vor. Damit ist er als wissenschaftlicher Begriff für die Abgrenzung von Versicherung gegenüber anderen Arten der wirtschaftlichen

Betätigung ungeeignet, weil zu unspezifisch.[3] Fragt man nach dem Sinn einer so weit gefassten Begriffsdefinition bieten sich im Fall von Manes zwei Erklärungen an.

Manes war einer der ersten Vertreter der Versicherungsökonomie, einer im Kaiserreich noch relativ jungen Teildisziplin der Wirtschaftswissenschaft. Er stand somit vor der Aufgabe, den Gegenstandsbereich der neuen Teildisziplin zu bestimmen. Je weiter er den Zuständigkeitsbereich der neuen Teildisziplin ausdehnte, desto weiter dehnte er auch seinen Anspruch auf Zuständigkeit aus. Man kann diesen Prozess durchaus mit dem Abstecken eines Claims vergleichen, da es um wissenschaftliche Zuständigkeit und damit letztlich auch um Bedeutung und Reputation im Wissenschaftsbereich und in der Gesellschaft ging.

Ein zweiter Grund erschließt sich, wenn man sich näher damit befasst, wie Manes die Versicherung charakterisiert (vgl. dazu Manes 1905, 1924, 1932). ,Versicherung' ist bei Manes keine mit Gewinnerzielungsabsicht verbundene Tätigkeit privater Unternehmen, die auf privatrechtlichen Versicherungsverträgen zwischen Versicherungsunternehmen und Versicherungsnehmern basiert, sondern eine wohltätige Veranstaltung, die lediglich der Selbsthilfe der Versicherten dient. Die Ansprüche der Versicherten auf Versicherungsleistungen richten sich demensprechend bei Manes auch nicht gegen das Versicherungsunternehmen, sondern gegen die Versichertengemeinschaft. Versicherungsunternehmen erfüllen nach Manes nur die Funktion von Vermittlern zwischen den Versicherten. Will man das private Versicherungsgeschäft so erscheinen lassen, braucht man eine Definition von ,Versicherung' die dies ermöglicht. In dieser Definition darf der privatrechtliche Charakter der Versicherungsunternehmen, der privatrechtliche Versicherungsvertrag zwischen Versicherer und Versicherungsnehmer, die Entstehung von Gewinnen aus dem Versicherungsgeschäft etc. nicht vorkommen.

Die Vertreter der Fürsorge-Theorie widersprachen der Zuordnung der Arbeiterversicherung – beziehungsweise später der Sozialversicherung – und vertraten die Auffassung, die Sozialversicherung gewähre staatliche Fürsorgeleistungen, allerdings nicht mehr als Almosen, sondern aufgrund eines vom Staat eingeräumten Rechtsanspruchs.

Führender Vertreter der Fürsorge-Theorie war der Jurist *Heinrich Rosin*. In seiner 1893 erschienen Einführung in das Recht der Arbeiterversicherung wies er darauf hin, dass es sich bei der neuen Arbeiterversicherung nicht um ein Tauschgeschäft und zweiseitiges Rechtsverhältnis wie in der Privatversicherung

---

[3] Rosin kritisierte Manes Definition denn auch dahingehend, dass man auf die „feste Umgrenzung des Rechtsbegriffs der Versicherung verzichtet, wenn man ihn so breit schlägt, dass auch die Arbeiterversicherung darin Platz findet" (Rosin 1908: 116).

handelte, sondern um zwei einseitige und letztlich voneinander unabhängige Rechtsverhältnisse (Rosin 1893). In der Privatversicherung stehen Beitragszahlung und Versicherungsleistung in einem zweiseitigen, sich wechselseitigen bedingenden Verhältnis. Die vertraglichen Leistungen der Versicherung werden nur gewährt, wenn der Versicherungsnehmer seine vertragliche Pflicht zur Beitragszahlung erfüllt hat. In der neu geschaffenen Arbeiterversicherung bestehe jedoch kein solches sich wechselseitig bedingendes Verhältnis (Rosin 1893: 255–268). Zum einen zahlten auch die Arbeitgeber einen Beitrag, ohne dass sie einen Anspruch auf Leistungen haben. Zum anderen seien die Leistungen von der Beitragszahlung der Arbeiter unabhängig. Leistungen würden auch gewährt, wenn keine Beiträge gezahlt wurden. Entscheidend für den Leistungsanspruch sei allein die Tatsache der abhängigen Beschäftigung. Die Richtigkeit dieser Rechtsauffassung konnte er auf seine umfassende Darstellung des Rechts der Arbeiterversicherung stützen. Die Vertreter der ‚Versicherungstheorie‘ konnten ihre Auffassung hingegen lediglich mit dem Hinweis auf die Verwendung des Versicherungsbegriffs in den Gesetzen begründen.

Der Rechtsauffassung Rosins folgte nicht nur das Reichsversicherungsamt (RVA), die für die Sozialversicherung zuständige oberste Verwaltungsbehörde und damals zugleich auch oberste Rechtsprechungsinstanz, sondern auch einer der führenden, wenn nicht gar *der* führende Staatsrechtler des Kaiserreichs, Paul Laband (Laband 1901: 268). Da auch zahlreiche namhafte Juristen der Rechtsauffassung Rosins folgten, kann die von Rosin entwickelte Rechtsauffassung durchaus als ‚vorherrschende Rechtsauffassung‘ zum Charakter der Sozialversicherung während des Kaiserreichs gelten (zu dieser Einschätzung vgl. auch Kaskel/Sitzler 1912). Auch noch in der Weimarer Republik galt die Sozialversicherung als Form staatlicher Fürsorge (Wallrabenstein 2009: 44).

Auf die kontroverse Diskussion der Kaiserzeit wird hier vor allem auch deshalb näher eingegangen, weil sie von erheblicher Relevanz für die rechtswissenschaftliche Diskussion und Rechtsprechung der Bundesrepublik Deutschland ist. Wie die Untersuchung der historischen Entwicklung der wissenschaftlichen und politischen Diskussion zeigen wird, folgt die bundesrepublikanische Rechtswissenschaft und auch die Rechtsprechung bis hin zum Bundesverfassungsgericht der Auffassung, dass die Sozialversicherung und somit auch die gesetzliche Krankenversicherung eine ‚Versicherung‘ ist.

Entscheidenden Anteil daran hat ein Gutachten von *Walter Bogs,* Sozialrechtler und Richter am Bundessozialgericht, das er 1955 im Auftrag des Bundesministeriums für Arbeit zur Frage einer grundlegenden Reform des Rechts der sozialen Sicherheit vorlegte. Darin folgte er explizit der Auffassung von Manes und stellte die Sozialversicherung in die Tradition der Privatversicherung, von der sie sich nach Bogs Darstellung nur durch einige Besonderheiten unterscheide. Zwar erwähnte Bogs auch die vorherrschende Rechtsauffassung der Kaiserzeit und verwies auf Rosin und Laband, allerdings nur kurz und am Rande. Seine gesamte Argumentation baute er allein auf einer Definition des Versicherungsbegriffs von Manes auf, die – darauf wurde bereits eingegangen – höchst zweifelhaft und fragwürdig ist.

Die von Bogs in seinem Gutachten vertretene Auffassung wurde 1957 vom Bundessozialgericht aufgegriffen und zur Grundlage einer Gerichtsentscheidung gemacht (BSGE 6, 213). Die darin enthaltene und von Bogs wörtlich übernommene Definition der Sozialversicherung als „Versicherung" wurde 1960 wiederum vom Bundesverfassungsgericht übernommen (BVerfGE 11, 105) und bildet seitdem die zentrale Grundlage und Bezugsgröße sowohl der Rechtswissenschaft als auch der gesamten Rechtsprechung zur Sozialversicherung. Anhand von Zitaten lässt sich diese Linie von Manes über Bogs zum Bundessozialgericht und zum Bundesverfassungsgericht und bis zur heutigen Sozialrechtsliteratur nachweisen.[4]

Die besondere Bedeutung dieser Verweisungskette und Übernahme der Auffassung von Manes für die vorliegende Untersuchung liegt nicht nur in der Wirkung auf die Rechtsprechung. Sie liegt insbesondere auch darin, dass die von Bogs entwickelte und von der Rechtswissenschaft übernommene Sicht auf die Sozialversicherung wichtige argumentative Grundlagen gelegt hat, auf denen die in den 1980er Jahren erfolgte Entwicklung eines neoliberalen Reformmodells für die Abschaffung der gesetzlichen Krankenversicherung aufbauen konnte. Dieses in den 1980er Jahren entwickelte Reformmodell wiederum ist nicht ‚lediglich Geschichte' in dem Sinne, dass es für die Gegenwart keine Relevanz mehr hat. Das Modell ist auch heute noch Orientierung für weite Teile der Gesundheitspolitik bei der Reform der gesetzlichen Krankenversicherung. Auf diesem Modell baute die 1992 beschlossene Einführung des GKV-Wettbewerbs und Risikostrukturausgleichs auf, beides auch heute noch zentrale prägende Bestandteile der gesetzlichen Krankenversicherung, die zu einer immer weiter voranschreitenden Angleichung der Krankenkassen an das Geschäftsmodell der privaten Krankenversicherung geführt haben. Wegen dieser besonderen Bedeutung wird im Verlauf

---

[4] Exemplarisch sei hier auf mehrere rechtswissenschaftliche Habilitationsschriften der letzten 20 Jahre verwiesen, die einen Überblick über die rechtswissenschaftliche Literatur bieten, die Kette von Bogs bis zur Rechtsprechung des Bundesverfassungsgerichts aufzeigen und ihre Argumentationen darauf aufbauen (Butzer 2001; Hase 2000; Rolfs 2000; Wallrabenstein 2009). Auch etablierte Einführungen in das Sozialrecht folgen noch heute der auf Bogs zurückgehenden Rechtsauffassung (vgl. u. a. Eichenhofer 2021; Kokemoor 2020; Muckel et al. 2019; Waltermann 2020).

der historischen Rekonstruktion auch noch ausführlicher auf das Gutachten von Bogs und die darin enthaltene Argumentation eingegangen.

Zunächst jedoch soll zu den Anfängen der gesetzlichen Krankenversicherung zurückgekehrt werden und sollen die wesentlichen Inhalte des Krankenversicherungsgesetzes von 1883 in einem kurzen Überblick vorgestellt werden. Die Darstellung befasst sich zwar primär mit den Merkmalen der gesetzlichen Krankenversicherung in ihrer ursprünglichen Form, sie dient zugleich aber als Ausgangspunkt für die Beantwortung der Frage nach ihrem heutigen Rechtscharakter. Denn alle wesentlichen Konstruktionselemente der gesetzlichen Krankenversicherung des Jahres 1883 gelten auch heute noch, mehr als hundert Jahre nach ihrer Einführung.

Für das Verständnis des Krankenversicherungsgesetzes von 1883 ist es wichtig zu bedenken, dass es bereits vor 1883 Krankenkassen gab. Dabei handelte es sich in der Regel um so genannte „Hilfskassen", die von Arbeitern, Handwerksgesellen etc. gegründet wurden und Einrichtungen einer genossenschaftlichen Selbsthilfe in der Rechtsform privater Vereine waren. Die Geschichte dieser Selbsthilfevereine reicht bis ins Mittelalter zurück und hat ihre Wurzeln in den mittelalterlichen Handwerkszünften der Meister, Bruderschaften der Handwerksgesellen und Knappschafskassen der Bergleute (Frerich/Frey 1996a; Ritter 1991; Tennstedt 1981).

Handwerkerzünfte und Gesellschafbruderschaften verloren im Laufe der Zeit jedoch ihre Bedeutung und verschwanden oder wandelten ihren Charakter. Die im 19. Jahrhundert entstandenen Hilfskassen der Arbeiter waren private Vereine, deren Mitgliedsbeiträge sich in der Regel jedoch nur die besserverdienenden Arbeiter leisten konnten. In großen Fabriken gab es darüber hinaus auch Betriebskrankenkassen, die von den Unternehmern gegründet waren und durch Beiträge sowohl der Arbeiter als auch der Unternehmer finanziert wurden. Im Verlauf des 19. Jahrhunderts wurden in zunehmend mehr deutschen Staaten die Gemeinden ermächtigt, durch Ortsstatut die Gründung von Hilfskassen für bestimmte Berufsgruppen zu erzwingen und eine Beitrittspflicht zu verfügen oder selbst entsprechende Einrichtungen zu schaffen und die nicht in einer Hilfskasse versicherten Personen zum Beitritt zu verpflichten.

Von all diesen Einrichtungen war bis in die 1870er Jahre hinein jedoch nur ein kleiner Teil der Arbeiter, Handwerker, Dienstboten etc. erfasst. Das Gesamtsystem war nicht in der Lage, auch nur eine halbwegs ausreichende soziale Sicherung im Fall von Krankheit sicherzustellen (Frerich/Frey 1996a). Auch ein 1876 vom Reich erlassenes Hilfskassengesetz konnte die Lage nicht bessern (Tennstedt 1981: 165 f.). Diese Problematik bildete den Hintergrund dafür, dass als Teil der neuen Arbeiterversicherung auch eine grundlegende Neuregelung der sozialen Sicherung für den Krankheitsfall erfolgte.

Das *Krankenversicherungsgesetz* (KVG) wurde 1882 in den Reichstag eingebracht, 1883 beschlossen und trat 1884 in Kraft.[5] Der Zweig der Krankenversicherung als Teil der Arbeiterversicherung hieß zunächst zwar „Krankenversicherung der Arbeiter", hier soll jedoch bereits seine spätere und heutige Bezeichnung als gesetzliche Krankenversicherung verwendet werden. Nachfolgend werden die zentralen Merkmale der durch das KVG 1883 eingeführten gesetzlichen Krankenversicherung vorgestellt.

Versicherungspflicht: Es wurde eine reichsweite Versicherungspflicht für die im Gesetz genannten Gruppen gewerblicher Arbeiter und Bergleute sowie Angestellte eingeführt. Arbeiter und Bergleute unterlagen der Versicherungspflicht uneingeschränkt, bei Angestellten war die Versicherungspflicht auf Beschäftigte begrenzt, deren Gehalt eine im Gesetz genannte Grenze nicht überschritt. Die Arbeitgeber wurden verpflichtet, alle bei ihnen beschäftigten Versicherungspflichtigen den für die Durchführung der Sozialversicherung zuständigen Stellen zu melden.

Krankenkassen: Die bestehenden Hilfskassen wurden, soweit sie die Anforderungen erfüllten, die durch das Gesetz gestellt wurden, in das neue System integriert. Allerdings blieben sie nicht privatrechtliche Vereine, sondern wurden zu Körperschaften des öffentlichen Rechts und Teil der Staatsverwaltung. Sie erhielten zwar ein eingeschränktes Recht auf Selbstverwaltung ihrer Angelegenheiten, wurden jedoch der staatlichen Aufsicht unterstellt. Sowohl die Gründung als auch die Schließung erfolgte durch Entscheidung der zuständigen staatlichen Behörde. Die Satzung und Festlegung der Beiträge und Leistungen bedurfte der Genehmigung durch die Aufsichtsbehörde. Das Gesetz sah als zulässige Arten von Krankenkassen vor: „Orts-Krankenkasssen", „Betriebs- oder Fabrik-Krankenkassen", „Innungs-Krankenkassen", „Knappschaftskassen" und „eingeschriebene Hilfskassen". Ortskrankenkassen waren zunächst strikt nach Berufen getrennt, später wurden sie für alle Berufe geöffnet.

Gemeinde-Krankenversicherung: Alle Gemeinden wurden durch Gesetz verpflichtet, eine „Gemeinde-Krankenversicherung" einzurichten. Es war ihnen folglich nicht mehr wie zuvor freigestellt, eine solche Kasse zu errichten. Kam eine Gemeinde der Verpflichtung nicht nach, konnte sie durch die zuständige vorgesetzte Behörde dazu verpflichtet werden. Die Gemeinde-Krankenversicherung diente als eine Art ‚Auffangkasse' für alle Versicherungspflichtigen, die nicht in

---

[5] Gesetz, betreffend die Krankenversicherung der Arbeiter. Vom 15. Juni 1883 (RGBl Nr. 9, S. 73).

einer der anderen Kassen versichert waren. Die Gemeinde-Krankenkasse war Teil der Gemeindeverwaltung und ihre Verwaltungskosten waren von der Gemeinde zu tragen. Die Gemeindekrankenversicherung wurde 1914 abgeschafft, und die für alle Berufe zuständigen Ortskrankenkassen übernahmen ihre Funktion als ‚Auffangkasse‘.

Leistungen: Alle Mitglieder einer Krankenkasse hatten einen Rechtsanspruch auf die im Gesetz genannten Leistungen. Als Mindestleistungen, die von allen Krankenkassen zu erbringen waren, galten die im Gesetz als Leistungen der Gemeinde-Krankenversicherung aufgeführten Leistungen. Dazu gehörten die Zahlung eines Krankengeldes in Höhe des „ortsüblichen Tagelohnes gewöhnlicher Tagelöhner" für maximal 13 Wochen und Sachleistungen der sogenannten „Krankenunterstützung" (§ 6 KVG). Zur Krankenunterstützung gehörten freie ärztliche Behandlung, Arzneimittel und Heilmittel (z. B. Brillen) sowie Krankenhausbehandlung. Die einzelne Kasse konnte in ihrer Satzung festlegen, dass auch Ehegatten und Kinder Krankenunterstützung erhalten. Zahlreiche der bestehenden Hilfskassen hatten dies bereits vor Inkrafttreten des Gesetzes in ihre Satzungen aufgenommen.

Finanzierung: Die Krankenkassen als Träger der gesetzlichen Krankenversicherung wurden durch Beiträge der Arbeitgeber und Arbeiter finanziert. Der Arbeitgeber hatte den Beitrag zu überweisen und durfte zwei Drittel des Beitrags vom Lohn des Arbeiters einbehalten. Ein Drittel musste der Arbeitgeber folglich selbst tragen. Die Beiträge waren als Prozentsatz des Arbeitslohnes zu erheben und von den Arbeitgebern an die Krankenkassen zu zahlen. Die Bezugsgröße unterschied sich zwischen den einzelnen Kassenarten. Die Gemeinde-Krankenkassen hatten ihren Beitrag in Prozent des „ortsüblichen Tagelohnes gewöhnlicher Tagearbeiter" (§ 22 KVG) zu erheben und die Orts-Krankenkassen in Prozent des durchschnittlichen Tagelohnes der Berufsgruppe, für die sie zuständig war. Betriebskrankenkassen erhoben ihren Beitrag in Prozent des tatsächlichen individuellen Lohnes. Dieser Unterschiede resultierten aus dem unterschiedlichen Kenntnisstand der verschiedenen Arten von Krankenkassen (Boetticher 1881: 624). Während die Betriebskrankenkassen den individuellen Lohn des einzelnen Arbeiters kannten und die Ortskrankenkassen den durchschnittlichen Lohn der betreffenden Berufsgruppe, war den Gemeinde-Krankenkassen weder das eine noch das andere bekannt, so dass sie nur den ortsüblichen Durchschnittslohn zugrunde legen konnten. Die Höhe des Beitrags war so zu bemessen, dass die Beitragseinnahmen zusammen mit sonstigen Einnahmen ausreichten, die Kosten der Leistungen und die Verwaltungsausgaben zu decken.

Selbstverwaltung: Die Krankenkassen hatten das Recht auf Selbstverwaltung ihrer Angelegenheiten, wozu vor allem die Festlegung einer Satzung und die Wahl des Kassenvorstandes gehörte. Der Vorstand wiederum entschied über die Einstellung des Personals der Krankenkasse. Alles musste allerdings im Rahmen der gesetzlichen Vorgaben erfolgen und unterlag einer strikten staatlichen Aufsicht durch die zuständigen Aufsichtsbehörden. Das Recht auf Selbstverwaltung war ein Zugeständnis an die lange Tradition der Selbstverwaltung der bestehenden Hilfskassen und folgte praktischen Erwägungen. Dabei spielte vor allem eine Rolle, dass zur Umsetzung des Krankenversicherungsgesetzes 1883 sehr umfangreiche neue Verwaltungsstrukturen geschaffen werden mussten. Der Aufbau einer vollkommen neuen Verwaltung für viele Tausend neu zu gründende Krankenkassen hätte folglich erheblichen Aufwand bedeutet. Der konnte eingespart werden, indem die Strukturen der vorhandenen Hilfskassen sowie Orts-, Innungs-, Betriebskrankenkassen genutzt wurden. Zudem verfügten die Selbstverwaltungsorgane der bestehenden Kassen über eine lange Erfahrung und die erforderliche Sachkenntnis, um die neue gesetzliche Krankenversicherung in kürzester Zeit aufzubauen und funktionsfähig zu machen. Insofern war es naheliegend, die vorhandenen Kassenstrukturen zu übernehmen und in die staatliche Verwaltung zu integrieren.

Staatliche Aufsicht und Rechtsprechung: Von zentraler Bedeutung für die Etablierung der neuen Strukturen war die Schaffung einer funktionsfähigen staatlichen Aufsicht. Wie bereits erwähnt, unterlagen die Krankenkassen einer umfassenden staatlichen Aufsicht in allen wesentlichen Bereichen. Zuständig für die Aufsicht waren die Gemeinden und die ihnen übergeordneten Verwaltungseinheiten auf Landesebene. Auf der Ebene des Reiches wurde ein für die gesamte Sozialversicherung zuständiges Reichsversicherungsamt (RVA) gebildet, das zugleich Aufsichtsbehörde und oberste Rechtsprechungsinstanz war. Eine eigene Sozialgerichtsbarkeit gab es damals noch nicht, sie wurde erst in der Bundesrepublik 1954 geschaffen.

Auf Grundlage der Darstellung der Inhalte des Krankenversicherungsgesetzes lässt sich nun auch die Frage, ob es sich bei der 1883 eingeführten gesetzlichen Krankenversicherung um eine „Versicherung" im Rechtssinne handelte, eindeutig mit einem Nein beantworten, und zwar aus folgenden Gründen:

- Was als „Versicherungspflicht" bezeichnet wurde, war nicht eine gesetzliche Pflicht zum Abschluss eines Versicherungsvertrages. Die Aufzählung der versicherungspflichtigen Personen im Gesetz war vielmehr eine Aufzählung von Personengruppen, denen ein Recht auf medizinische Leistungen und Lohnfortzahlung im Falle von Krankheit gewährt wurde.

- Der vom Staat eingeräumt Rechtsanspruch setzte mit der Aufnahme einer abhängigen Beschäftigung ein und war unabhängig von der Beitragszahlung. Der Anspruch der Krankenkasse auf Beitragszahlung bestand allein gegenüber dem Arbeitgeber, nicht gegenüber den versicherten Arbeitern. Der Rechtsanspruch der Versicherten auf Leistungen bestand auch dann, wenn der Arbeitgeber seiner Pflicht zur Zahlung des Krankenkassenbeitrags nicht nachkam.

- Der Beitrag wurde als Prozentsatz des Arbeitseinkommens erhoben und stand in keinerlei Zusammenhang zum individuellen Krankheitsrisiko der versicherten Arbeiter. Sofern in den Anfängen nicht das individuelle Arbeitseinkommen, sondern irgendein Durchschnittslohn für die Beitragserhebung verwendet wurde, hatte dies seine Ursache einzig in mangelnder Kenntnis der beitragserhebenden Kassen über die Höhe des individuellen Arbeitslohns. In dem Maße wie dieser Kenntnisstand in den folgenden Jahren und Jahrzehnten verbessert wurde, konnte der individuelle Beitrag zur Grundlage der Beitragsbemessung für alle GKV-Mitglieder werden, so wie es heute der Fall ist.

- Bereits in den Anfängen der gesetzlichen Krankenversicherung gab es eine beitragsfreie Mitversicherung von Familienangehörigen. Auch dies ist ein weiterer Beleg dafür, dass es in der gesetzlichen Krankenversicherung von Anfang an keine wechselseitige Bedingtheit von Beitrag und Leistung gab, wie sie für die Privatversicherung konstitutiv ist.

- Die Arbeiterversicherung insgesamt und somit auch die gesetzliche Krankenversicherung baute somit nicht auf einem zweiseitigen Rechtsverhältnis aus Leistung und Gegenleistung, Beitragszahlung und Leistungsanspruch auf. Es standen vielmehr zwei einseitige, voneinander unabhängige Rechtsverhältnisse nebeneinander, von denen das eine – der Rechtsanspruch auf Leistungen – der primäre, und das andere – die vom Staat auferlegte Pflicht zur Beitragszahlung – das davon abgeleitete, sekundäre war. Rosins Analyse, wie er sie in seiner Einführung in das Recht der Arbeiterversicherung vertreten hatte, ist folglich zuzustimmen (Rosin 1893: 255 f.).

- Entsprechend dem öffentlich-rechtlichen Charakter der Rechtsverhältnisse waren Träger der neuen Arbeiterversicherung Organisationen, die als Körperschaften des öffentlichen Rechts Aufgaben der mittelbaren Staatsverwaltung erfüllten. Ihr öffentlich-rechtlicher Charakter ergab sich zum einen daraus, dass der Rechtsanspruch auf Leistungen gegen den Staat gerichtet war und nicht gegen ein privates Versicherungsunternehmen. Es bedurfte folglich eines dem Staat direkt unterstellten Systems von Organisationen, die diese Rechtsansprüche erfüllten. Zum anderen erlegte das Gesetz bestimmten Gruppen der Bevölkerung eine gesetzliche Pflicht zur Zahlung von Beiträgen auf,

die zur Finanzierung der Leistungsansprüche dienten. Diese Beiträge einzuziehen war Aufgabe staatlicher Verwaltung, in diesem Fall der mittelbaren
Staatsverwaltung.

Dieses neue System als System staatlicher Fürsorge zu bezeichnen, wurde dem
besonderen Charakter der neuen Institution allerdings nicht gerecht. Die Leistungen waren keine Form der öffentlichen Armenunterstützung, die als Almosen
gewährt wurde. Im Zentrum der neuen Institution standen Rechtsansprüche, die
der Staat bestimmten Gruppen der Bevölkerung einräumte und die sich der Staat
verpflichtete, zu erfüllen. Das wiederum war etwas grundlegend Neues, das es so
weder in Deutschland noch in einem anderen Staat zuvor gegeben hatte. Insofern
standen die beteiligten Akteure der damaligen Zeit vor dem Problem und der
Aufgabe, für die weltweit einmalige und neue Institution Begriffe zu finden, die
ihren Charakter zutreffend beschreiben.

Diesem Problem war es sicher auch geschuldet, dass im Gesetz und in der
Fachdiskussion der damaligen Zeit solche Begriffe wie „Versicherung", „Ver-
sicherungszwang", „Versicherungspflicht", „Versicherungsleistungen" etc. verwendet wurden. Auch die Bezeichnung als „staatliche Fürsorge" resultierte
offensichtlich aus dem Problem, für diese neue Institution einen passenden
Begriff zu finden.

Wenn etwas grundlegend Neues geschaffen wird, bietet es sich an, dieses Neue
mit Begriffen zu beschreiben, die an Bekanntem anknüpfen. Und das waren nun
einmal „Versicherung" und „Fürsorge". Beides waren bereits vorhandene Modelle
der sozialen Absicherung. Das eine Modell war ein privatwirtschaftliches, das
andere ein seit Jahrhunderten bekanntes Prinzip der öffentliche Armenversorgung.
Allerdings war die neu geschaffene Arbeiterversicherung weder Fürsorge noch
Versicherung. Aber was war sie dann?

Einen wichtigen Beitrag für die Klärung dieser Frage leisteten Walter Kaskel
und Fritz Sitzler, zwei Juristen des Reichsversicherungsamtes, in ihrer 1912 vorgelegten Einführung in das Recht der Sozialversicherung. Darin folgten sie zwar
der Rechtsauffassung, dass es sich bei der Sozialversicherung um zwei einseitige
Rechtsverhältnisse handele, wandten sich aber gegen die Zuordnung der Sozialversicherung zur staatlichen Fürsorge. Die Leistungen der Sozialversicherung
seien

„keine öffentlichen Armenunterstützungen; denn sie werden nicht als ein Almosen
gewahrt, auf das der Empfänger keinen Anspruch hat, sondern auf Grund eines eigenen Rechtes, dessen Durchsetzung gegebenenfalls in einem gerichtlichen Verfahren
erstritten werden kann, §§ 118 RVO, 92 AVG" (Kaskel/Sitzler 1912: 48).

Die Besonderheit der Sozialversicherung gegenüber Fürsorge und Versicherung bestehe in der „Einräumung eines gegen den Staat gerichteten subjektiven öffentlichen Rechts" (Kaskel/Sitzler 1912: 37) für bestimmte Gruppen der Bevölkerung. Als subjektives öffentliches Recht gilt die durch öffentliches Recht verliehene Rechtsmacht eines Einzelnen, vom Staat ein bestimmtes Verhalten verlangen zu können. Das subjektive öffentliche Recht verpflichtet die zuständige Behörde zu einem bestimmten Verhalten gegenüber dem Berechtigten.

Die Erkenntnis, dass das Recht der Sozialversicherung allen Personen, die in sie als ‚Versicherungspflichtige' eingeschlossen sind, einen Rechtsanspruch auf die Leistungen der Sozialversicherung einräumt, war nicht vollkommen neu. Sie war im Grunde bereits in den Analysen von Rosin und Laband enthalten, da beide die Auffassung vertraten, es handele sich bei der Sozialversicherung um zwei einseitige Rechtsverhältnisse. Allerdings hatte Rosin das Rechtsverhältnis zwischen Staat und Sozialversicherten als eine „von Staatswegen zugesicherte Fürsorge" bezeichnet (Rosin 1893: 255). Von einem Rechtsanspruch des einzelnen Arbeiters gegenüber dem Staat war bei ihm nicht die Rede. Laband sprach von einem „Versorgungsanspruch des Arbeiters", der ihm vom Staat ‚verliehen' sei (Laband 1901: 268; 1919: 301 f.). Das kam der Analyse von Kaskel und Sitzler zwar sehr nahe, von einem subjektiven öffentlichen Recht der Sozialversicherten, das sie ermächtigt, vom Staat die Gewährung der im Gesetz zugesagten Leistungen zu verlangen und gegebenenfalls auch gerichtlich zu erstreiten, war bei Laband und Rosin allerdings nicht die Rede.

Primäres Anliegen der Vertreter der Fürsorge-Theorie war es, zu beweisen, dass es sich bei der Arbeiterversicherung beziehungsweise späteren Sozialversicherung nicht um eine Versicherung handelte. Der negativen Bestimmung, dass sie keine Versicherung ist, wurde als positive die Charakterisierung als staatliche Fürsorge entgegengestellt. Wie oben dargelegt konnte das jedoch keine überzeugende Antwort auf die Frage nach dem Charakter der Sozialversicherung sein, da es sich bei der Sozialversicherung eben nicht um staatliche Armenfürsorge handelte, die als Almosen gewährt wurde. Eine solche Sicht auf die Sozialversicherung war nicht hilfreich für die Erkenntnis der Besonderheit des neuen Systems, es erschwerte sie eher.

Die Erkenntnis, dass im Zentrum der Sozialversicherung die Einräumung eines subjektiven öffentlichen Rechts auf Leistungen der sozialen Sicherung steht, eröffnet hingegen die Möglichkeit, die entscheidende neue Qualität der Sozialversicherung deutlich zu machen und die einzelnen Elemente der neuen Institution in einen logisch-systematischen Zusammenhang zu bringen.

Ausgehend von ihrer Analyse beschrieben Kaskel und Sitzler das neue, durch die Einführung der Sozialversicherung geschaffene System der sozialen Sicherung wie folgt (Kaskel/Sitzler 1912: 40 f.):

- Mit der Einführung der Sozialversicherung wurde allen Personengruppen, die in die Liste der Versicherungspflichtigen aufgenommen waren, ein subjektives öffentliches Recht auf die im Gesetz genannten Leistungen der sozialen Sicherung eingeräumt. Dieses Recht ermächtigte sie, vom Staat die Erfüllung dieses Rechtsanspruchs zu verlangen und gegebenenfalls auch vor Gericht zu erstreiten.
- Um die Erfüllung dieses Rechtsanspruchs gewährleisten zu können, schuf der Staat öffentlich-rechtliche Einrichtungen, die als Träger der Sozialversicherung für die Erfüllung dieser Rechtsansprüche zuständig sind.
- Damit diese Organisationen in der Lage sind, die ihnen vom Staat übertragenen Aufgaben zu erfüllen und die gegen sie gerichteten Rechtsansprüche auf Sozialleistungen zu befriedigen, muss der Staat diese Organisationen mit den dafür notwendigen finanziellen Mitteln ausstatten. Zu diesem Zweck hat er sie mit dem Recht der Beitragserhebung ausgestattet. Bei dem Recht zur Beitragserhebung handelt es sich um ein den Trägern der Sozialversicherung übertragenes staatliches Hoheitsrecht, das sie benötigen, um die ihnen vom Staat übertragenen Aufgaben erfüllen zu können.
- Die Finanzierung der Sozialversicherung hat ihre Entsprechung in der Pflicht der Staatsbürger zur Entrichtung von Steuern. Die Aufbringung der finanziellen Mittel der Sozialversicherung folgt dem Grundsatz einer sozial gerechten, an der wirtschaftlichen Leistungsfähigkeit ausgerichteten Verteilung der Lasten (einkommensabhängige Beiträge), so wie er auch für die Erhebung von Steuern gilt.
- Wenn der Staat aus seinen Steuereinnahmen Zuschüsse an einzelne Zweige der Sozialversicherung zahlt, so hat dies seine Rechtfertigung darin, dass die Rechtsansprüche auf Leistungen der Sozialversicherung letztlich gegen den Staat als Repräsentant der Gesamtheit aller Staatsbürger gerichtet sind. Somit ist es folgerichtig, dass der Staat aus seinen Steuereinnahmen Zuschüsse an die Sozialversicherung leistet.[6]

---

[6] Die gesetzliche Rentenversicherung erhielt von Anfang an einen Reichszuschuss. Ursprünglich wollte Bismarck sogar, dass die Renten der Arbeiter vollständig aus allgemeinen Steuermitteln finanziert werden. Heute erhält auch die gesetzliche Krankenversicherung einen im Gesetz verankerten Zuschuss des Bundes.

Diese Beschreibung der deutschen Sozialversicherung war auf das im Kaiserreich geltende System bezogen, sie kann jedoch auch heute noch Geltung beanspruchen. Jeder einzelne der hier aufgeführten Punkte gilt auch heute noch. Die wissenschaftliche wie auch die gesundheitspolitische Diskussion in der Bundesrepublik ist allerdings beherrscht von der Auffassung, bei der Sozialversicherung im Allgemeinen und der gesetzlichen Krankenversicherung im Besonderen handele es sich um eine Versicherung, und Ursprung der Sozial-Versicherung sei die Privatversicherung. Die Erkenntnis, dass im Zentrum der Sozialversicherung ein gegen den Staat gerichteter Rechtsanspruch steht und es sich bei der Sozialversicherung um ein System zur Erfüllung dieses Rechtsanspruchs handelt, ist im Grunde vollständig in Vergessenheit geraten.

Dies ist umso bemerkenswerter, als der 1975 beschlossene erste Teil des Sozialgesetzbuches damit beginnt, dass er subjektive öffentliche Rechte auf die im Sozialrecht ausgewiesenen Leistungen aufzählt, die dort als „soziale Rechte" bezeichnet werden (§ 2 SGB I).[7] In § 4 SGB I wird die Sozialversicherung ausdrücklich genannt, und es wird festgestellt, dass alle, die in die Sozialversicherung eingeschlossen sind, ein Recht auf die Leistungen der Sozialversicherung haben. Wer in der Sozialversicherung versichert ist

„hat im Rahmen der gesetzlichen Kranken-, Pflege-, Unfall- und Rentenversicherung einschließlich der Alterssicherung der Landwirte ein Recht auf

1. die notwendigen Maßnahmen zum Schutz, zur Erhaltung, zur Besserung und zur Wiederherstellung der Gesundheit und der Leistungsfähigkeit und

2. wirtschaftliche Sicherung bei Krankheit, Mutterschaft, Minderung der Erwerbsfähigkeit und Alter" (§ 4 SGB I, Stand: 2023).

Es kann somit festgehalten werden, dass im Zentrum der gesetzlichen Krankenversicherung auch heute noch ein subjektives öffentliches Recht aller GKV-Versicherten auf alle Leistungen der „gesetzlichen Krankenversicherung" steht. Dieses Recht richtet sich letztlich gegen den Staat. Es wäre jedoch wenig wirksam, wenn es unspezifisch gegen ‚den Staat' im Allgemeinen gerichtet wäre. Dies würde die Frage aufwerfen, welcher Teil der Staatsverwaltung für die Erfüllung des Rechtsanspruchs verantwortlich ist und gegebenenfalls verklagt werden kann, wenn der Rechtsanspruch nicht erfüllt wird. Ist es der Bund, sind es die Länder oder die Gemeinden? Wenn es der Bund ist, welches Ministerium ist zuständig? All diese Fragen erübrigen sich, wenn es eine gesonderte Sozialverwaltung

---

[7] Die entsprechende Formulierung der ersten Fassung des SGB I gilt auch heute noch.

gibt, die die Aufgabe hat, dafür zu sorgen, dass die in den Gesetzen verankerten Rechtsansprüche auf Leistungen der sozialen Sicherung erfüllt werden. Krankenkassen sind auch heute noch keine Versicherungsunternehmen, sondern Behörden, für die das staatliche Verwaltungsrecht gilt. Sie haben als Teil der mittelbaren Staatsverwaltung die Aufgabe, staatliches Sozialrecht auszuführen.[8] Sie haben die Leistungsberichtigten zu erfassen, die Finanzierung sicherzustellen und dafür zu sorgen, dass die Träger dieser sozialen Rechte die ihnen zustehenden Leistungen erhalten. Entscheidungen der Krankenkassen über die Gewährung von Leistungen sind dementsprechend Verwaltungsakte, sie sind mit einer Rechtsbehelfsbelehrung und dem Hinweis auf das Recht des Widerspruchs gegen die Entscheidung zu versehen. Wie gegen jeden Verwaltungsakt haben Versicherte der GKV das Recht, auch gegen Entscheidungen ihrer Krankenkasse Widerspruch einzulegen und gegebenenfalls vor dem Sozialgericht zu klagen.[9]

Da die Kassen keine eigenen Einrichtungen betreiben dürfen, die die erforderlichen Sachleistungen erbringen, müssen sie Verträge mit Leistungserbringern schließen, in denen sich diese Leistungserbringer – Ärzte, Krankenhäuser, Pflegedienste, Physiotherapiepraxen etc. – verpflichten, den Versicherten der gesetzlichen Krankenversicherung alle medizinisch notwendigen Leistungen zu gewähren, auf die sie gemäß des GKV-Rechts einen Anspruch haben. Dafür zahlen die Krankenkassen an die Leistungserbringer vertraglich vereinbarte Vergütungen.

Vorschläge und Bestrebungen, die auf die Abschaffung der gesetzlichen Krankenversicherung und ihre Ersetzung durch ein reines PKV-System zielen, haben folglich nicht nur die Privatisierung der Krankenkassen zum Ziel, sie sind auf die Beseitigung dieses Gesamtsystems gerichtet. Das System subjektiver öffentlicher Rechte und staatlicher Sicherstellung ihrer Erfüllung soll durch ein privatwirtschaftliches System ersetzt werden, das Absicherung für den Krankheitsfall nur durch privatrechtliche Versicherungsverträge bietet und in dem einkommensabhängige Krankenkassenbeiträge durch risikoäquivalente Prämien ersetzt werden, die für jede zu versichernde Person und folglich auch für nicht erwerbstätige Familienmitglieder zu zahlen sind.

Würden die Krankenkassen privatisiert, hätte dies über die Frage der Krankenversicherung hinaus weitreichende Folgen für das gesamte Gesundheitssystem in Deutschland. Wie oben aufgezeigt, sind die Krankenkassen zentraler Bestandteil

---

[8] Vgl. hierzu insbesondere ein Grundsatzurteil des Bundesverfassungsgerichts aus dem Jahr 1975 (BVerfGE 39, 302).

[9] Zur ausführlichen Beschreibung des Gesamtsystems der sozialen Sicherung für den Fall von Krankheit und Pflegebedürftigkeit vgl. Simon (2021).

des Gesundheitssystems und prägen seinen Charakter insgesamt. Für ungefähr 90 % der Bevölkerung, die in die gesetzliche Krankenversicherung eingeschlossen sind, gibt es ein subjektives öffentliches Recht auf alle medizinisch notwendigen Leistungen, das sich der Staat verpflichtet hat, zu erfüllen. Würden die Krankenkassen als Verwaltungseinheiten der mittelbaren Staatsverwaltung abgeschafft und in private Versicherungsunternehmen umgewandelt, bräche das System sozialer Rechte für den Bereich der Versorgung im Fall von Krankheit und auch für Pflegebedürftigkeit zusammen. Privatisierte Krankenkassen können keine Aufgaben der mittelbaren Staatsverwaltung erfüllen, das heutige System öffentlich-rechtlicher Versorgungsverträge mit Leistungserbringern wäre hinfällig. Noch gilt für die Vertragsabschlüsse der Krankenkassen weitgehend der Grundsatz des ‚gemeinsam und einheitlich‘ für die Krankenkassen, das dazu dient sicherzustellen, dass alle Versicherten der GKV den gleichen Zugang zu allen medizinisch notwendigen Leistungen haben. Dieser Grundsatz wäre nicht mehr aufrecht zu erhalten und würde entfallen. Das dann entstehende neue Gesundheitssystem wäre von sozialer Ungleichheit in einem Maße geprägt, wie es bisher unbekannt ist.

Da sich ein Großteil der Menschen mit einer chronischen Krankheit und geringem Einkommen die risikoäquivalenten Versicherungsprämien nicht wird leisten können, wäre ein neues System der Armenfürsorge notwendig, das diesen Menschen Unterstützung gewährt, damit sie die notwendigen medizinischen Leistungen erhalten können. Krankheit würde für Menschen mit geringem Einkommen ein massives Armutsrisiko und chronisch Kranke würden zu Empfängern staatlicher Armenfürsorge.

Die Skizzierung der Folgen einer Privatisierung der Krankenkassen soll hier nicht weitergeführt werden. Die bisherigen Hinweise dürften hinreichend belegen, dass das deutsche Gesundheitssystem nach Abschaffung der gesetzlichen Krankenversicherung und Privatisierung der Krankenkassen ein grundlegend anderes wäre als heute.

Schlägt man den Bogen zurück zu den Anfängen der gesetzlichen Krankenversicherung, so wäre ein solcher Umbau ein Schritt, der 140 Jahre in die Vergangenheit zurückführen würde, zurück in die Zeit vor Einführung der gesetzlichen Krankenversicherung.

Angesichts dessen füllt sich der Begriff des Neoliberalismus mit sehr konkretem Inhalt, indem er seinen Charakter als Neo-Liberalismus in dem Sinne zeigt, dass er letztlich ein Zurück zum klassischen Wirtschaftsliberalismus der Zeit vor der Bismarck'schen Sozialgesetzgebung zum Ziel hat.

Neoliberalismus: Eine kurze Einführung

Im Zentrum des vorliegenden Buches steht die Frage nach dem Einfluss des Neoliberalismus auf die deutsche Gesundheitspolitik, untersucht am Beispiel der gesetzlichen Krankenversicherung. Zwar ist der Begriff ‚Neoliberalismus' heutzutage in der gesellschaftlichen und politischen Diskussion weit verbreitet. Er wird jedoch in unterschiedlicher Weise und mit unterschiedlichen Bedeutungen und für unterschiedliche Zwecke verwendet. Zudem gilt er vielen als pauschaler politischer Kampfbegriff ohne wissenschaftlichen Erkenntniswert und folglich als suspekt. Es kann insofern weder davon ausgegangen werden, dass es ein allgemein gleiches Verständnis dieses Begriffs gibt, noch dass dieser Begriff als wissenschaftlicher Begriff für ein empirisch nachweisbares und eingrenzbares Phänomen anerkannt ist.

Da es kein allgemein gültiges und bereits zum Bestand der Alltagssprache gehörendes Verständnis dieses Begriffs gibt, und er mit teilweise sehr unterschiedlicher Bedeutung verwendet wird, ist es für ein Buch zum Einfluss des Neoliberalismus unerlässlich, vor dem Beginn der Untersuchung zunächst zu erläutern, mit welcher Bedeutung der Begriff ‚Neoliberalismus' in diesem Buch verwendet wird, und zugleich auch nachzuweisen, dass es ‚Neoliberalismus' tatsächlich gibt. Dies ist die Aufgabe des folgenden Kapitels.

Dabei wird folgendermaßen vorgegangen. Zunächst wird auf die Problematik des Begriffs ‚Neoliberalismus' eingegangen. Da die mit der Verwendung des Begriffs verbundene Problematik eng mit der historischen Entwicklung des Neoliberalismus verknüpft ist wird sie mit einem Überblick über die Vorgeschichte, Entstehung und Entwicklung des Neoliberalismus als Ideengebäude und politische Bewegung verbunden. Daran anschließend wird auf den Neoliberalismus als Ideengebäude eingegangen und das Fundament dieses Ideengebäudes näher betrachtet.

Die Betrachtung konzentriert sich dabei auf zentrale Vorstellungen, die von besonderer Bedeutung für die vorliegende Untersuchung sind. Ziel ist es aufzuzeigen, warum es sich bei dem im Mittelpunkt der Untersuchung stehenden Reformprojekt der Abschaffung der gesetzlichen Krankenversicherung als staatlicher Sozialversicherung und Umwandlung der Krankenkassen in private Versicherungsunternehmen um ein ‚neoliberales' Projekt handelt. Die Bezeichnung dieses Vorhabens als ‚neoliberal' lässt sich daraus ableiten, dass es auf zentralen Vorstellungen und Zielen des Neoliberalismus basiert und diese im Bereich der Gesundheitspolitik umsetzen will.

Zunächst jedoch ist es notwendig, den Begriff ‚Neoliberalismus' zu klären. Dafür ist der Rückgriff auf die historische Entwicklung notwendig, da der Begriff zunächst von den Protagonisten des Neoliberalismus selbst und mit positiver Konnotation verwendet wurde. Diese Phase dauerte bis in die 1950er und 1960er Jahre an und auch in der Folgezeit wurde der Begriff von Vertretern neoliberaler Ideen noch vereinzelt als positiv konnotierte Selbstbeschreibung benutzt.

Allerdings gab es auch bereits in den 1960er und 1970er Jahren durchaus kritische wissenschaftliche Beiträge zum Neoliberalismus, in denen nicht nur die Ideen kritisiert wurden, sondern auch der Begriff ‚Neoliberalismus' als Bezeichnung Verwendung fand. So entbrannte beispielsweise Anfang der 1960er Jahre eine heftige Kontroverse um die Dissertation des Dominikanermönches Egon Edgar Nawroth, in der er den „Neoliberalismus" der deutschen Ausprägung, üblicherweise als Ordoliberalismus bezeichnet, und der amerikanischen Ausprägung der Chicago School of Economics scharf kritisierte (Nawroth 1962). Nawroth führte die Kritik auf einer grundsätzlichen philosophischen Ebene und kritisierte Inkonsistenzen und Fehlschlüsse in den Veröffentlichungen führender Vertreter des Neoliberalismus, insbesondere bei ihrer Konstruktion eines methodologischen Individualismus. Seine Kritik zielte auch darauf, der von Neoliberalen aufgestellten Behauptung zu widersprechen, es gebe inhaltliche Übereinstimmungen zwischen der Katholischen Soziallehre und dem Neoliberalismus. Seine Dissertation wurde von führenden Ordoliberalen sehr ernstgenommen und es fand 1963 ein Spitzentreffen zwischen führenden Vertreter des Ordoliberalismus (Rüstow, Röpke) und der Katholischen Soziallehre (u. a. Nell-Breuning) statt, in dem der Streit jedoch nicht beigelegt werden konnte. Die Gegensätze waren unüberbrückbar und die gegenseitigen Angriffe wurden fortgesetzt (Petersen 2008: 26).

Während Nawroths Dissertation weitgehend in Vergessenheit geriet und in der kritischen Literatur zum Neoliberalismus kaum Beachtung findet, haben die Vorlesungen Michel Foucaults, die er 1978/1979 zum Neoliberalismus hielt, erhebliche Wirkung entfaltet, allerdings mit deutlicher zeitlicher Verzögerung. Sie erschienen erst drei Jahrzehnte später in schriftlicher Form, in einer Phase, als das kritische Interesse am Neoliberalismus bereits durch andere Untersuchungen und Veröffentlichungen geweckt war (Foucault 2006).

Nachdem der Neoliberalismus international in den 1980er Jahren zunehmend erfolgreich geworden war, wurden die praktischen Implikationen der Ideen und Auswirkungen ihrer Umsetzung immer sichtbarer. In den 1990er Jahren vollzog sich daraufhin ein Wandel in der Begriffsverwendung. Der Begriff wurde nach und nach von Kritikern des Neoliberalismus mit kritischer Intention verwendet.

Diese Entwicklung war begleitet von einem erwachenden wissenschaftlich-kritischen Interesse am Phänomen ‚Neoliberalismus'. Fundierte kritische wissenschaftliche Beiträge waren allerdings noch selten (für die Bundesrepublik vgl. Plehwe/Walpen 1999; Walpen 2000).

Anfang der 2000er Jahre wuchs das kritisch-wissenschaftliche Interesse international und auch in Deutschland weiter an, da in den 1990er Jahren auch führende internationale Organisationen wie die Weltbank, der Internationale Währungsfonds und die Welthandelsorganisation ihre Politik an den Ideen und Vorschlägen des Neoliberalismus ausgerichtet hatten und die Folgen zunehmend kritisch diskutiert wurden. In Deutschland blieb das wissenschaftliche Interesse zwar immer noch recht überschaubar, brachte allerdings einige bemerkenswerte Bücher und Studien hervor (Müller et al. 2004; Ptak 2004; Schui/Blankenburg 2002; Speth 2004, 2006; Walpen 2004). Besonders hervorzuheben sind die sehr fundierten und materialreichen Studien von Ralf Ptak über den deutschen Ordoliberalismus und von Bernhard Walpen über die Entstehung und Entwicklung des Neoliberalismus insgesamt und insbesondere der Mont Pelerin Society als zentralem internationalen Knotenpunkt neoliberaler Netzwerke.

Auch noch Anfang der 2000er Jahre beschränkte sich das wissenschaftliche Interesse noch weitgehend auf wenige marktkritische Sozialwissenschaftler und Ökonomen. Dies änderte sich jedoch durch die weltweite Finanzmarktkrise der Jahre 2007/2008 und die in deren Folge in zahlreichen Ländern einsetzenden Wirtschaftskrisen. Die Verantwortung dafür wurde von einer zunehmend größer werdenden Gruppe von Wissenschaftlern, Journalisten und Politikern den neoliberalen Ideen zugeschrieben. Dadurch stieg das Interesse an diesen Ideen und der Frage, woher sie kamen, wer die Vordenker waren und wie sich ihr Einfluss so weit ausdehnen konnte, dass sie dominierend wurden für die Politik nicht nur von Regierungen weltweit, sondern auch der führenden internationalen Institutionen wie dem Internationalen Währungsfonds, der Weltbank und anderen supranationalen Organisationen und Strukturen, darunter auch der Europäischen Union.

Das seit der Finanzmarktkrise deutlich gestiegene politische und wissenschaftliche Interesse am Neoliberalismus führte zu in einer mittlerweile kaum noch überschaubaren Vielzahl an kritischen wissenschaftlichen Publikationen über die verschiedensten Aspekte des Neoliberalismus (um nur eine kleine Auswahl zu nennen: Audier/Reinhoudt 2019; Biebricher 2016, 2018, 2021; Butterwegge et al. 2017; Crouch 2011; Mirowski 2019; Mirowski/Plehwe 2009; Ötsch et al. 2017; Ötsch/Thomasberger 2009b; Prasad 2006; Slobodian 2019; Stedman Jones 2014; Ther 2016; Thomasberger 2012; Vogl 2010).

In den letzten gut zehn Jahren wurde der Begriff sowohl in der gesellschaftlichen als auch der wissenschaftlichen Diskussion zunehmend zu einem Leitbegriff für die Kritik an Ideen und Politiken, die als neoliberal im Sinne von ‚marktradikal' oder ‚marktfundamentalistisch' etc. angesehen werden. Dies hatte zur Folge, dass sich heute die Protagonisten neoliberaler Ideen gegen die Zuordnung zum Neoliberalismus und die Bezeichnung als ‚neoliberal' verwahren. ‚Neoliberalismus' wird heute im Grunde nur noch als Fremdzuweisung benutzt Es dürfte wohl kaum noch Wissenschaftler, Journalisten oder Politiker geben, die sich selbst als Neoliberale bezeichnen. Ist der Neoliberalismus deshalb ausgestorben, nicht mehr als inhaltliches Phänomen existent? Keineswegs. Ansonsten wäre auch ein Buch wie das vorliegende unsinnig.

Neoliberalismus als Ideengebäude und politische Bewegung

Neoliberalismus ist eine intellektuelle und politische Bewegung, die auf den Ideen des klassischen Wirtschaftsliberalismus aufbaut und ihn in ‚modernisierter' Fassung zur Leitidee für die Ausgestaltung nicht nur des Wirtschaftssystems, sondern auch für eine Umgestaltung der gesamten Gesellschaft machen will. Nicht nur die Wirtschaft soll nach dem Leitbild des ‚Marktes' als Marktwirtschaft organisiert werden, so wie es der Wirtschaftsliberalismus der ökonomischen Klassik wollte, die gesamte Gesellschaft soll nach den Funktionsprinzipien von Markt und Wettbewerb gestaltet werden.

In diesem Sinne ist Neoliberalismus ein Neo-Liberalismus, allerdings einer, der sich vom klassischen Wirtschaftsliberalismus unterscheidet, insofern er die Leitideen des Liberalismus zwar bewahren und durchsetzen will, jedoch in modernisierter Version, und das heißt vor allem mit einer neu bestimmten Rolle des Staates. Der Staat soll nicht mehr ein Staat des Laissez-faire sein, sondern ein starker Staat als Diener und Vorkämpfer von Markt und Wettbewerb. Dieses Verständnis lag auch der Entstehung des Begriffs zugrunde. Als Leitbegriff wurde er von Vertretern des Neoliberalismus, die später führend in dieser Bewegung wurden, auf einer Tagung im Jahr 1938 als Leitbegriff für ihre Ideen mehrheitlich beschlossen.

An den vorstehenden Ausführungen wird bereits sichtbar, dass Neoliberalismus in diesem Buch als zweifaches Phänomen behandelt wird: als inhaltliches Phänomen und organisationales Phänomen. Inhaltlich wird *Neoliberalismus* hier verstanden als ein *Ideengebäude* oder System von Ideen *und* als *intellektuelle Bewegung mit politischen Zielen.*

Der Begriff des *Ideengebäudes* wird hier gewählt, weil der bildhafte Vergleich verdeutlichen hilft, dass Neoliberalismus auf einem Fundament gemeinsam geteilter Ideen und Überzeugungen basiert, auf diesem Fundament jedoch durchaus unterschiedliche Flügel, Trakte, Zimmer etc. im Sinne von unterschiedlichen Schulen oder Richtungen aufgebaut wurden. Diese Ausdifferenzierungen in verschiedene Richtungen und Schulen führten dazu, dass es zwischen den unterschiedlichen Richtungen in der Vergangenheit durchaus auch inhaltliche Differenzen und sogar Streit gab, der jedoch auf Grundlage gemeinsam geteilter Grundüberzeugungen stattfand.

Ein Beispiel für inhaltliche Differenzen zeigt sich im Vergleich zwischen dem deutschen Ordoliberalismus der 1950er Jahre und dem ab den 1960er Jahren stärker in den Vordergrund tretenden Neoliberalismus der Chicago School of Economics, mit Milton Friedman als deren prominentestem Vertreter. Während die führenden Vertreter des Ordoliberalismus der Verhinderung von Kartellen und Monopolen durch eine staatliche ‚Ordnungspolitik' eine besondere Bedeutung beimaßen (Eucken 1952), war die Monopolbildung für Vertreter der Chicago School eher von untergeordneter Bedeutung und wurden Monopole privater Unternehmen als akzeptabel und auch nützlich angesehen (vgl. u. a. Friedman 1962/2004: 53). Dies hat auch Konsequenzen für die Bestimmung der Rolle des Staates. Während Ordoliberale wie Eucken für einen starken Staat als „ordnende Potenz" (Eucken 1952: 336) eintraten, standen Neoliberale wie Milton Friedman eher dem klassischen Staatskonzept des Laissez-faire nahe.

In der nachfolgenden Darstellung und Erörterung der Inhalte des Neoliberalismus wird versucht, das gemeinsame Fundament deutlich zu machen, Ausdifferenzierungen in verschiedene ‚Flügel', Schulen oder Richtungen werden nur in dem Maße angesprochen, wie dies für die hier vorgelegte Untersuchung erforderlich oder sinnvoll erscheint.

Neoliberalismus ist jedoch mehr als nur ein Ideengebäude. Er ist auch ein organisationales Phänomen, da er eine *intellektuelle Bewegung mit politischen Zielen* war und ist. Es ging den Vordenkern des Neoliberalismus nicht nur um die Formulierung von Vorstellungen über die Ausgestaltung einer den liberalen Grundsätzen genügenden Wirtschaftsordnung und ‚freien' Gesellschaft, ihr erklärtes Ziel war es, die gesellschaftliche Meinungsbildung und die politischen Entscheidungen so zu beeinflussen, dass ihre Ziele erreichbar werden.

Die zentralen Texte der Vordenker des Neoliberalismus, auf die nachfolgend bei der inhaltlichen Charakterisierung des Neoliberalismus zurückgegriffen wird, waren keine wissenschaftlichen, sondern originär politische Texte. Sie waren mehr oder weniger explizit als politische Interventionen gemeint und verfolgten deutlich erkennbar politische Ziele. In einigen Fällen wurde dies auch explizit von den Autoren offengelegt. So schrieb beispielsweise Friedrich A. von Hayek in der Einleitung zu seinem 1944 erschienen Buch „Der Weg zur Knechtschaft", es sei „ein politisches Buch" und dies wolle er auch nicht dadurch „verschleiern", dass er es als sozialphilosophischen Essay oder ähnliches bezeichne (Hayek 1944/1952: 15).

Die Bezeichnung als *intellektuelle Bewegung* ist daraus abgeleitet, dass es vor allem Intellektuelle waren, die die Ideen entwickelt haben und dass die Iden vor allem von Angehörigen intellektueller Berufe in den verschiedenen Bereichen der Gesellschaft verbreiteten wurden beziehungsweise werden. Dazu gehören in erster Linie Wissenschaftler und darunter vor allem Ökonomen, aber auch andere Angehörige intellektueller Beruf, insbesondere auch Journalisten, denen für die Verbreitung neoliberaler Ideen aus naheliegenden Gründen eine besondere Bedeutung zukommt.

Die hauptsächliche Form der Organisation der neoliberalen Bewegung sind Netzwerke. Neoliberale haben keine eigenen Parteien gegründet, ihre Aktivitäten zielten und zielen vielmehr auf die Beeinflussung politischer Akteure, damit diese im Sinne der Ideen und Ziele des Neoliberalismus denken und handeln. Diese Dimension des Neoliberalismus ist für die vorliegende Untersuchung von besonderer Bedeutung und wird im Rahmen der Rekonstruktion der historischen Entwicklung des neoliberalen Einflusses auf die deutsche Gesundheitspolitik in den jeweiligen Kapiteln an konkreten Beispielen aufgezeigt.

Auf die Bedeutung der Vernetzung für die Entstehung des Neoliberalismus wird auch bei der nachfolgenden kurzen Rekonstruktion der Entstehung und Entwicklung des Neoliberalismus eingegangen, indem auf persönliche Beziehungen und Vernetzungen zwischen den führenden Vordenkern des Neoliberalismus hingewiesen wird.

Ein Überblick über die Entstehung und Entwicklung des Neoliberalismus als Ideengebäude und intellektueller Bewegung ist für die vorliegende Untersuchung der deutschen Gesundheitspolitik auch insofern von Bedeutung, als dadurch die Einordnung der Entwicklungen im Bereich der Gesundheitspolitik in der Bundesrepublik seit Ende des Zweiten Weltkrieges in die Gesamtentwicklung des Neoliberalismus erleichtert wird. Es ist besser zu verstehen, warum es bereits in den 1950er Jahren erste Versuche einer Umgestaltung der gesetzlichen Krankenversicherung im Sinne neoliberaler Ideen gab, die jedoch erfolglos blieben. Vor dem Hintergrund der Gesamtentwicklung wird dann auch nachvollziehbar, warum der Einfluss des Neoliberalismus ab Mitte der 1970er Jahre immer mehr zunahm, dessen Ideen in den 1980er Jahren nach und nach dominanter wurden und schließlich in den 1990er Jahren die Vorherrschaft errangen.

Allein aus der Gesundheitspolitik heraus ist dies alles nicht zu erklären. Der Einfluss des Neoliberalismus auf die deutsche Gesundheitspolitik ist nicht aus ihr heraus von selbst entstanden, neoliberale Ideen und Überzeugungen wurden von neoliberalen Ökonomen hineingetragen. Dies wird sich insbesondere bei der Rekonstruktion der 1980er Jahre zeigen, als die Forderung nach ‚mehr Markt‘ und ‚mehr Wettbewerb‘ aus allgemeinen neoliberalen Prinzipien abgeleitet und als universelle Lösung für alle möglichen Probleme der Gesundheitspolitik und Krankenversorgung angepriesen wurde.

Die Entwicklung ‚im Kleinen‘ der bundesrepublikanischen Gesundheitspolitik stand in engem Zusammenhang zu der international zu beobachtenden Entwicklung ‚im Großen‘. Neoliberalismus war eben kein Phänomen der Gesundheitspolitik, sondern eine Bewegung zur umfassenden Umgestaltung westlicher Gesellschaften, deren Wirtschaft als Marktwirtschaft organisiert war.

Die neoliberale Sichtweise auf das Gesundheitssystem im Allgemeinen und die gesetzliche Krankenversicherung im Besonderen wurden in die deutsche Gesundheitspolitik ab Ende der 1970er Jahre sozusagen ‚deduktiv‘ eingeführt. Die Beweisführung für die Richtigkeit und Überlegenheit neoliberaler Reformvorschläge wurde von den führenden Protagonisten eines neoliberalen Umbaus aus allgemeinen Lehrmeinungen insbesondere der Neoklassik abgeleitet. Dies zeigt sich in besonderem Maße in den Gutachten des Wirtschaftssachverständigenrates der 1970er und 1980er Jahre sowie in den Schriften des Kronberger Kreises, eines Anfang der 1980er Jahre gegründeten höchst elitären und sehr einflussreichen neoliberalen Think Tanks, der binnen kurzer Zeit zum zentralen Knotenpunkt neoliberaler Netzwerke in der Bundesrepublik wurde (vgl. dazu die Analysen neoliberaler Netzwerke in Ötsch et al. 2017).

Um den Einfluss des Kronberger Kreises auf die deutsche Politik zu veranschaulichen, sei hier auf eine Anekdote verwiesen. Die 1969 gebildete sozialliberale Koalition aus SPD und FDP endete 1981, und Auslöser war ein provokatives Papier des damaligen Wirtschaftsministers Otto Graf Lambsdorff (FDP), in dem er eine radikale marktwirtschaftliche Wende der Politik forderte, die absehbar für die SPD nicht akzeptabel war. Das Papier sollte offensichtlich dazu dienen, den Bruch der Koalition herbeizuführen und dadurch den Weg für eine Koalition mit der CDU/CSU zu ebnen. Etwa 25 Jahre nach der Veröffentlichung seines Lambsdorff-Papiers erinnerte er sich in einem Vortrag an die Erstellung des Papiers und stellte fest:

„Ich glaube, ich habe einfach den Kronberger Kreis kopiert, das war das Einfachste, weil es richtig war!" (Lambsdorff 2007: 39)

Die historische Entwicklung

Neoliberalismus als Ideengebäude und intellektuelle Bewegung mit politischen Zielen ist in den 1920er und 1930er Jahren in Europa unter dem Eindruck einer tiefen Krise des Wirtschaftsliberalismus entstanden. Eine führende Rolle spielten dabei Wirtschaftswissenschaftler in Österreich, Deutschland, Frankreich und England. Zu einem geringen Teil waren an der Entwicklung auch Philosophen, Sozialwissenschaftler und Juristen beteiligt. Unter dem Eindruck tiefer wirtschaftlicher Krisen verloren der Kapitalismus und die Marktwirtschaft massiv an Zustimmung und Vertrauen und gerieten zunehmend in die Kritik. Marktwirtschaft und freie Märkte wurden in Frage gestellt und durch verschiedene politische Bewegungen in Gefahr.[10]

Um die gesellschaftlichen und politischen Bedingungen der Zeit nach dem Ersten Weltkrieg in Erinnerung zu bringen, unter deren Eindruck der Neoliberalismus als Ideengebäude und Bewegung entstand, dürften die nachfolgenden Hinweise ausreichen. Nach dem Ende des Ersten Weltkrieges folgte in Deutschland und auch in Österreich eine Phase politischer Instabilität und eines Erstarkens der politischen Arbeiterbewegung, die teilweise auch von bewaffneten Aufständen begleitet war, bis hin zur vorübergehenden Etablierung lokaler Arbeiterräte. Sozialdemokratische Parteien, damals noch stärker sozialistisch und kapitalismuskritisch ausgerichtet, gewannen an Einfluss und übernahmen teilweise auch Regierungsmacht. Es waren kommunistische Parteien in mehreren europäischen Ländern entstanden, darunter auch Deutschland und Österreich, die explizit für die Abschaffung des Privateigentums an Produktionsmitteln und der kapitalistischen Marktwirtschaft eintraten.

Nach der russischen Revolution wurde in der Sowjetunion ein System staatlicher Planwirtschaft aufgebaut, das Ausstrahlungswirkung auf die gewerkschaftliche und politische Arbeiterbewegung weltweit hatte und ein für die damalige Marktwirtschaft bedrohliches Gegenmodell bot. Vor dem Hintergrund der Wirtschaftskrisen der Nachkriegszeit Anfang der 1920er Jahre und schließlich der Weltwirtschaftskrise der Jahre ab 1929 wurden nicht nur Konzepte einer staatlichen Lenkung der Wirtschaft ‚politikfähig‘, sondern es erfolgte auch ein zunehmender Ausbau von Systemen der sozialen Sicherung, international unter dem Leitbegriff ‚Wohlfahrtsstaat‘ zusammengefasst.

---

[10] Einen Überblick über den historischen und gesellschaftlichen Kontext der Zeit nach dem Ersten Weltkrieg und dessen Bedeutung für die Entstehung des Neoliberalismus geben insbesondere Slobodian (2019: 43–81) und Walpen (2004: 45–83).

Von besonderer internationaler Bedeutung war dabei das Programm des ‚New Deal' in den USA. Nach seinem Wahlsieg im Jahr 1932 startete der demokratische Präsident Franklin D. Roosevelt eine Serie von Gesetzesinitiativen, die unter dem Leitbegriff ‚New Deal' firmierten und in den Jahren 1933 bis 1938 umfangreiche staatliche Eingriffe in die Wirtschaft sowie den Aufbau eines vergleichsweise umfassenden Systems der sozialen Sicherheit vorsahen. Der heute geläufige Begriff der sozialen Sicherheit geht auf diese Programmatik und das für die damalige amerikanische Sozialpolitik zentrale Gesetz zurück, den *Social Security Act* von 1935.

Roosevelts New Deal-Gesetze umfassten nicht nur die Einführung von Leistungen der sozialen Sicherheit, mit deutlichen Parallelen zur deutschen Sozialversicherung, sondern auch zahlreiche Maßnahmenpakete, durch die mittels öffentlicher Aufträge Arbeitsplätze und öffentliche Dienstleistungen für die Bürger geschaffen wurden.

Auch wenn Roosevelt die Marktwirtschaft keineswegs in Frage stellte, sondern mit seinen Programmen nur deren Krise überwinden wollte, so war die Politik des New Deal aus Sicht der Vordenker des Neoliberalismus dennoch gefährlich, weil die Freiheit der Märkte durch staatliche Eingriffe beschränkt wurde, und die staatliche Sozialpolitik durch die Gewährung unentgeltlicher, nicht durch private Unternehmen angebotener Sozialleistungen, in die Märkte eingriff. Durch Maßnahmen der sozialen Sicherung bei Arbeitslosigkeit wird die Funktion eines freien Arbeitsmarktes gestört und öffentliche Sozialleistungen entziehen den Märkten Nachfrage nach Waren und Dienstleistungen privater Unternehmen.

Die Veränderungen auf der Eben der Regierungspolitiken wurden ab Mitte der 1930er Jahren zudem durch eine zunehmende Abwendung relevanter Teile der Wirtschaftswissenschaften von den Theorien der ökonomischen Klassik oder Neoklassik begleitet. Es erfolgte eine Hinwendung zu einer Wirtschaftspolitik, die über staatliche Interventionen die Wirtschaft so lenken sollte, dass Wirtschaftskrisen zukünftig vermieden werden können. Leitfigur war der britische Ökonom John Maynard Keynes. Nach Veröffentlichung seines Hauptwerkes über eine „Allgemeine Theorie der Beschäftigung, des Zinses und des Geldes" im Jahr 1936 wurde der Keynesianismus international und auch in Deutschland zur führenden wirtschaftspolitischen Schule und Richtung.

Insgesamt waren die 1920er und 1930er Jahre des 20. Jahrhunderts durch eine ganze Reihe von Entwicklungen geprägt, die aus Sicht der Befürworter der kapitalistischen Marktwirtschaft bedrohlich erscheinen mussten. Hinzu kam das Erstarken faschistischer Bewegungen und deren Machtübernahme in mehreren europäischen Ländern, die vor allem für deutsche und österreichische Vertreter des Neoliberalismus auch ganz persönlich bedrohlich war Sie waren entweder aufgrund ihres jüdischen Glaubens oder der Ablehnung des Faschismus unmittelbar gefährdet und konnten sich nur durch Auswanderung retten.

Betrachtet man die Veröffentlichungen und Dokumente der Entstehungszeit und Anfänge des Neoliberalismus, so ist auffällig, dass sie deutlich erkennbar durch ein Gefühl des Bedrohtseins durch die ‚Feinde der Freiheit' geprägt sind. Sicherlich spielte dabei auch die persönliche Bedrohung durch den Faschismus eine Rolle. Zentral für das entstehende Ideengebäude des Neoliberalismus war jedoch die Bedrohung der kapitalistischen Marktwirtschaft, des Privateigentums an Produktionsmitteln und der Freiheit der Märkte, die zusammenfasst wurde als Bedrohung des ‚Liberalismus' und der Idee der Freiheit. Der Begriff des ‚Liberalismus' war und ist von zentraler Bedeutung für die Konstruktion des neoliberalen Gedankengebäudes und der Selbstwahrnehmung der neoliberalen Bewegung. Da der Begriff ‚Liberalismus' jedoch keineswegs eindeutig ist, erscheint es angebracht, darauf zunächst in einem kurzen Exkurs einzugehen.

Bei der Verwendung des Begriffs ‚Liberalismus' in der damaligen Zeit und auch heute ist zu bedenken, dass er mit teilweise sehr unterschiedlichen Bedeutungen verwendet wird. In Deutschland und auch weiten Teilen Europas wird der Begriff zumeist als Bezeichnung für ein politisches Konzept verwendet, das sowohl allgemeine bürgerliche und politische Freiheiten als auch wirtschaftliche Freiheit im Sinne freier und weitgehend unregulierter Märkte einschließt. Beides ist im ursprünglichen Sinn untrennbar miteinander verbunden, muss es jedoch nicht zwingend sein. Man kann für allgemeine politische Freiheiten sein, wie sie beispielsweise in der Menschrechtserklärung und im deutschen Grundgesetz festgeschrieben sind, ohne zugleich auch für freie und vor politischen Eingriffen geschützte Märkte zu sein.

Mit einem für politische Freiheiten eintretenden Liberalismus kann es auch vereinbar sind, für die Regulierung von Märkten oder sogar für die Abschaffung der Marktwirtschaft zu sein. Für die Bezeichnung eines solchen marktkritischen Liberalismus wird im Deutschen häufig das Adjektiv ‚linksliberal' benutzt, um diese politische Richtung von einem Liberalismus abzugrenzen, der unter Freiheit vor allem und in erster Linie die Freiheit unternehmerischen Handelns auf Märkten meint und als ‚Wirtschaftsliberalismus' bezeichnet wird.

Die Vordenker des Neoliberalismus verstanden unter ‚Liberalismus' eindeutig eine politische Konzeption, in der politische und wirtschaftlich Freiheiten untrennbar miteinander verbunden sind. Mehr noch: Aus ihrer Sicht war und ist die wirtschaftliche Freiheit unverzichtbare Grundlage aller anderen Freiheiten. Ohne Freiheit unternehmerischen Handelns und freie Märkte könne es überhaupt keine Freiheit geben (vgl. u. a. Eucken 1952: 275; Friedman 1962/2004: 27; Hayek 1944/1952: 31; Röpke 1958/1966: 150).

Ein solches Verständnis von ,Liberalismus' wird heute in Deutschland in der Regel als Wirtschaftsliberalismus bezeichnet, um ihn von einem Liberalismus abzugrenzen, der für allgemeine Freiheitsrechte eintritt, wie sie in der Menschenrechtserklärung der Vereinten Nationen oder dem Grundgesetz verankert sind.

Einer solchen Unterscheidung kann allerdings entgegengehalten werden, dass zu den allgemeinen Freiheitsrechten in rechtsstaatlichen Demokratien auch die Freiheit des Privateigentums an Produktionsmitteln, der Märkte und des Wettbewerbs gehört. In der Tat, aber der Liberalismus des Neoliberalismus schließt nicht alle in die allgemeinen Freiheitsrechte eingeschlossenen Freiheiten ein. Um nur ein Beispiel zu nennen: Die Vordenker des Neoliberalismus waren zumeist mehr oder weniger entschiedene Gegner der gewerkschaftlichen Koalitionsfreiheit. Dies ergibt sich letztlich aus der Ablehnung jeglicher Art von Kartell- oder Monopolbildung. Aus neoliberaler Sicht sind gewerkschaftliche Zusammenschlüsse Kartelle mit dem Zweck der Preisabsprache, und Streiks sind marktwidrige Anwendung von Zwang zur Durchsetzung von Preisen (Löhnen). Gewerkschaftliche Streiks sind gegen den Grundsatz gerichtet, dass sich Preise, und somit auch der Preis der Ware Arbeitskraft, nur im freien Spiel von Angebot und Nachfrage zwischen individuellen Marktteilnehmern bilden sollten und nicht durch kartellartige Zusammenschlüsse und Anwendung von Zwangsmaßnahmen (Streiks).

Auch die Vorstellungen des Neoliberalismus zu Staat und Demokratie stehen deutlich erkennbar in der Tradition des Wirtschaftsliberalismus und sind gegen grundlegende politische Freiheiten gerichtet. Die Vordenker des Neoliberalismus, allen voran Friedrich A. Hayek, waren erklärte Gegner der Idee des Wahlvolkes als oberstem Souverän in demokratischen Staaten. Dies lässt sich daraus erklären, dass in einer Staatsform, bei der das Wahlvolk mittels demokratischer Wahlen über alle Belange der Gesellschaft entscheidet, das Wahlvolk als oberster Souverän die größte potenzielle Bedrohung einer marktwirtschaftlichen Ordnung darstellt, da der Souverän in einer solchen Herrschaftsform sich auch von der marktwirtschaftlichen Ordnung abwenden und für eine andere Wirtschaftsordnung entscheiden kann.

Dementsprechend wandten sich die führenden Vordenker des Neoliberalismus gegen die Macht der ,Massen' und suchten nach Staatskonstruktionen, in denen dem Wahlvolk die Freiheit der Entscheidung über die Wirtschaftsordnung entzogen werden kann, denn:

„Demokratie und Freiheit sind nur dann auf die Dauer miteinander vereinbar, wenn alle, die das Stimmrecht ausüben, oder doch die meisten unter ihnen darin einig sind, daß es gewiss höchste Normen und Grundsätze des Staatslebens und der wirtschaftlichen Verfassung gibt, die dem demokratischen Entscheidungsverfahren entzogen sind" (Röpke 1958/1966: 107).

Dieser kurze Exkurs zum Liberalismus-Begriff erscheint hier vor allem auch deshalb erforderlich, weil nur vor diesem Hintergrund nachvollziehbar wird, warum die Vordenker des Neoliberalismus behaupteten, durch politische Bewegungen, die gegen die kapitalistische Marktwirtschaft gerichtet sind, werde die Freiheit insgesamt bedroht. Die Gleichsetzung der Freiheit der Wirtschaft und der Märkte mit politischer Freiheit im umfassenden Sinn, ist einer der zentralen ‚Kunstgriffe' des Neoliberalismus. Diese Gleichsetzung ermöglicht es, die marktwirtschaftliche Ordnung zum höchsten Wert überhaupt zu erklären, wodurch sie auch höher als beispielsweise die Staatsform der Demokratie gesetzt wird. Demokratie war für die führenden Vordenker des Neoliberalismus nur solange akzeptabel, wie sie die marktwirtschaftliche Ordnung unangetastet lässt. Erfüllt sie diese Bedingung nicht, sind zum Schutz der Marktwirtschaft andere Staatsformen vorzuziehen, denn das „liberale Prinzip" sei „mit demokratischen wie nicht-demokratischen Staatsformen vereinbar" (Röpke 1942/1948: 140).

Zwar gab es ab den 1920er Jahren in mehreren europäischen Ländern aufkommende faschistische Bewegungen und schließlich eine faschistische Machtübernahme in mehreren europäischen Ländern, ihnen galt jedoch nicht die primäre Besorgnis der Neoliberalen. Aus Sicht des sich entwickelnden und auch des ausgereiften Neoliberalismus geht die Hauptgefahr für die ‚Freiheit' der Wirtschaft und Gesellschaft von etwas aus, dass sie als ‚Kollektivismus' bezeichneten. Damit waren letztlich alle politischen Systeme gemeint, in denen ‚Kollektive' Herrschaft ausüben. Der Begriff bezog zwar auch eine sozialistische Staatsform ein, wie sie in der Sowjetunion herrschte, er war aber hauptsächlich gegen den ‚Kollektivismus' der westlichen Demokratien gerichtet. Bedrohlich daran ist aus neoliberaler Sicht der Umstand, dass in parlamentarischen Demokratien der Grundsatz gilt, dass Mehrheitsentscheidungen demokratisch legitimierter Parlamente bindend für die gesamte Gesellschaft und somit auch für die Wirtschaft und die Märkte zu sein haben.

Ein solches System ermöglicht es den demokratischen ‚Massen', kraft Wahlen und dadurch legitimierter Mehrheitsentscheidungen von Parlamenten in Wirtschaftsprozesse und die Freiheit der Märkte einzugreifen und – wenn die Mehrheit des Wahlvolkes und des legitimierten Parlamentes es für richtig und notwendig hält – gegebenenfalls auch das Privateigentum an Produktionsmitteln und die Marktwirtschaft abzuschaffen. Ein solches politisches System muss aus Sicht entschiedener Befürworter der Marktwirtschaft und freier Märkte als größte potenzielle Bedrohung für die Fortexistenz der Marktwirtschaft und freier Märkte gelten. Denn Marktwirtschaft braucht als unerlässliche Voraussetzung das durch staatliches Recht konstituierte Rechtsinstitut des Privateigentums an Produktionsmittel und den staatlichen Schutz von Markt und Wettbewerb. Will man der Gefahr, die von einer demokratisch verfassten Gesellschaft für die Marktwirtschaft ausgehen kann, innerhalb eines demokratischen Systems begegnen und verhindern, dass sich die Mehrheit des Wahlvolkes gegen Marktwirtschaft und freie Märkte entscheidet, muss man die öffentliche Meinung und politischen Akteure dahingehend beeinflussen, dass sie für den Erhalt der Marktwirtschaft und freier Märkte sind. Das war und ist ein zentrales Ziel des Neoliberalismus als politischer Bewegung, nicht nur in dessen Anfängen, sondern auch noch Jahrzehnte später und bis heute.

Hayek formulierte es in einer Veröffentlichung aus dem Jahr 1976 wie folgt: Angesichts der Dominanz des Keynesianismus bestehe

„gar keine Hoffnung auf Rückkehr zu einem freien System (…) weil es nirgends in der Welt eine organisierte politische Gruppe gibt, die für ein wirklich freies System eintritt" (Hayek 1976: 142).

Dies sei vor allem darauf zurückzuführen, dass Politiker von der öffentlichen Meinung abhängig sind.[11] Deshalb käme es darauf an, die öffentliche Meinung zu beeinflussen, was wiederum Aufgabe neoliberaler Ökonomen sei, denn:

„Die öffentliche Meinung in diesen Dingen ist das Werk von unseresgleichen, von Nationalökonomen und Wirtschaftsphilosophen vergangener Generationen, die die politische Atmosphäre geschaffen haben, in der sich die Politiker unserer Zeit bewegen müssen" (Hayek 1976: 142).

Und weiter:

„In dieser langen Sicht müssen wir unsere Aufgabe betrachten. Wir müssen uns mit den Meinungen befassen, die sich verbreiten müssen, wenn eine freie Gesellschaft erhalten oder wiederhergestellt werden soll, nicht mit dem, was im Augenblick

---

[11] Zur Einordnung dieses Zitates sei hier angemerkt, dass Hayek in dem hier zitierten Text insbesondere auch die bürgerlichen und konservativen Parteien wie beispielsweise die deutsche CDU/CSU kritisierte. Auch sie, so seine Feststellung, seien mittlerweile zu einer Wirtschaftspolitik bereit, die auch vor Eingriffen in den Wirtschaftsprozess nicht zurückschreckt. Im Fall der CDU/CSU traf dies damals durchaus zu. Allerdings war sie weiter uneingeschränkte Verteidigerin der Marktwirtschaft, nur eben nicht so radikal und rücksichtslos, wie es Hayek forderte.

durchführbar erscheint. Aber wenn wir uns so von den Vorurteilen, in die der Politiker eingefangen ist, losmachen müssen, so müssen wir doch kühl überlegen, was mit Überredung und Belehrung erreicht werden kann" (Hayek 1976: 143).

Diese Passagen stammen zwar aus dem Jahr 1976, sie können jedoch durchaus als Leitsätze für die vorhergehenden und nachfolgenden Jahrzehnte neoliberalen Wirkens gelten.

Gründungsakt und Geburtsstunde des Neoliberalismus als politischer Bewegung war, auch nach Ansicht seiner Anhänger, das ,Walter Lippmann Kolloquium', ein mehrtägiges Treffen im August 1938 in Paris. Der Namensgeber Walter Lippmann war einer der einflussreichsten Journalisten und Publizisten der USA der damaligen Zeit. Seine Buchveröffentlichungen wurden weit über die Grenzen der USA hinaus rezipiert. Er warb für einen reformierten Wirtschaftsliberalismus, in dem der Staat eine stärkere Rolle bei der Regulierung der Wirtschaft wahrnehmen sollte, als dies im Laissez-faire-Liberalismus vorgesehen war. In einem 1937 erschienen Buch mit dem Titel „The Good Society" (Lippmann 1937/1945) kritisierte er die Politik des ,New Deal' und stellte seine Vorstellung eines erneuerten Liberalismus vor.

Das Buch fand international breite Aufmerksamkeit, und als sich Lippmann im Sommer 1938 in Paris aufhielt, ergriff der französische Philosoph Louis Rougier die Initiative und organisierte ein mehrtägiges Treffen mit anderen gleichgesinnten Wissenschaftlern (zum Kolloquium selbst vgl. Audier/Reinhoudt 2019). Als verbindendes Element der Teilnehmerschaft kann die Überzeugung gelten, dass eine Wiederbelebung der Ideen des Liberalismus angestrebt wurde, allerdings gewisse Überarbeitungen liberaler Kernideen notwendig seien. Welche dies sein könnten und sollten, war Gegenstand der Vorträge und Diskussionen der Tagung.

An dem Treffen nahmen insgesamt 26 Personen aus verschiedenen Ländern teil, darunter überwiegend Ökonomen. Zu den Teilnehmern gehörten Personen, die zu zentralen Akteuren bei der Entwicklung des neoliberalen Ideengebäudes und beim Aufbau internationaler neoliberaler Netzwerke wurden. Dazu sind insbesondere zu zählen: die österreichischen Ökonomen *Friedrich August von Hayek* und *Ludwig von Mises* sowie die deutschen Ökonomen *Wilhelm Röpke* und *Alexander Rüstow* (zu den Teilnehmern und deren Verbindungen untereinander vgl. Audier/Reinhoudt 2019: 70–116). Sie werden hier insofern besonderes erwähnt, als sie nicht nur für die internationale Entwicklung des Neoliberalismus wichtige Beiträge leisteten, sondern auch für die Entwicklung des Neoliberalismus in Deutschland von besonderer Bedeutung waren.

Ludwig von Mises kam eine besondere Rolle als Wegbereiter der sich herausbildenden neoliberalen Netzwerke zu. Er war seit 1909 Leiter der Finanzabteilung der Niederösterreichischen Handels- und Gewerbekammer in Wien und seit 1918 außerplanmäßiger Professor an der Universität Wien. Seine Funktion in der Handelskammer übte er weiter aus und ergänzte seine Lehrtätigkeit durch ‚Privatseminare', die er in den Jahren von 1920 bis 1934 in den Abendstunden an seinem Arbeitsplatz durchführte (Slobodian 2019: 48 ff.). An diesen Privatseminaren nahmen insgesamt um die 50 Personen teil, darunter zahlreiche Ökonomen, die später Professoren in den verschiedensten Ländern und an den verschiedensten Universitäten wurden, darunter *Friedrich A. Hayek, Fritz Machlup* und der Engländer *Lionel Robbins,* allesamt spätere führende Vordenker und Vertreter des Neoliberalismus (Audier/Reinhoudt 2019: 95). Hayek und Mises verband darüber hinaus auch eine gemeinsame Berufstätigkeit in der Handelskammer, und 1927 gründeten beide gemeinsam ein Konjunkturforschungsinstitut, das Hayek leitete (Hayek-Gesellschaft 2022).

Auch der Initiator des Walter Lippmann Kolloquiums, *Louis Rougier,* hatte persönliche Verbindungen zur Wiener Intellektuellenszene der 1920er Jahre. Er war Mitglied des sogenannten ‚Wiener Kreises' gewesen, einer Gruppe von Wissenschaftlern aus den Bereichen der Philosophie, Naturwissenschaften, Sozialwissenschaften und Mathematik, die sich in den Jahren 1924 bis 1934 zu regelmäßigen Diskussionsrunden trafen und deren Grundorientierung als Logischer Empirismus oder – aus kritischer Sicht – als Positivismus in die Wissenschafts- und Philosophiegeschichte einging (vgl. u. a. Adorno/Horkheimer 1972). Insgesamt war Wien in den 1920er und auch noch zu Beginn der 1930er Jahre eines der intellektuellen Zentren Europas, und es bestanden sowohl wissenschaftlich-fachliche als auch persönliche Beziehungen zwischen den Kreisen und einzelnen Personen, die über die Zeit der gemeinsamen Diskussionen in Wien hinausreichten und wichtige Voraussetzungen schufen unter anderem auch für die Entstehung neoliberaler Netzwerke.

Auch zwischen *Wilhelm Röpke* und *Alexander Rüstow* bestanden seit den 1920er Jahren sowohl berufliche als auch persönliche Beziehungen, die sich weiter vertieften, als beide nach der Machtergreifung des Faschismus in Deutschland gemeinsam in die Türkei immigrierten (Audier/Reinhoudt 2019). *Alexander Rüstow* war in den ersten Jahren der Weimarer Republik als Ministerialbeamter im Wirtschaftsministerium tätig und hatte darüber Kontakte zu Mises und Hayek, die in dieser Zeit – wie erwähnt – in Österreich in halbstaatlichen Einrichtungen tätig waren und die Wirtschaftspolitik berieten. Rüstow kehrte nach dem Krieg in die Bundesrepublik zurück, wurde Professor an der Universität Heidelberg und war als einer der Vordenker des deutschen Ordoliberalismus in den 1950er Jahren Berater sowohl des Wirtschaftsministers Erhard als auch des Bundeskanzlers Adenauer.

Wilhelm Röpke war in den 1920er Jahren bis 1933 einer der bekanntesten deutschen Professoren für Wirtschaftswissenschaften und als Berater für verschiedene Regierungen der Weimarer Zeit tätig (Audier/Reinhoudt 2019: 102–105). Er immigrierte 1933 in die Türkei und wurde 1937 zum Professor am Institut für Internationale Studien in Genf berufen. Dort traf der mit Mises zusammen, der bereits 1934 in die Schweiz immigriert war und seitdem dort lehrte. Röpke war einer der führenden Vertreter des internationalen Neoliberalismus und wirkte von Genf aus sowohl an der deutschen Diskussion mit als auch an der Konstruktion der damaligen Europäischen Wirtschaftsgemeinschaft, aus der später die Europäische Union wurde (Slobodian 2019). Die ordoliberale Prägung des EU-Wettbewerbsrechts und dessen zentrale Stellung im Gefüge des EU-Rechts ist nicht zuletzt auch auf seinen Einfluss und den anderer Vertreter einer Richtung zurückzuführen, die als ‚Genfer Schule' des Neoliberalismus bezeichnet wird (ebd.).

Die Hinweise auf beruflich-fachliche und persönliche Beziehungen der Teilnehmer des Walter Lippmann Kolloquiums erfolgen hier auch, um deutlich zu machen, dass Vernetzungen für die Entstehung und Verbreitung des Neoliberalismus von besonderer und herausragender Bedeutung waren und auch heute noch sind. Nicht von ungefähr wird deshalb in der kritischen Neoliberalismus-Forschung und Literatur der Blick in besonderem Maße auf diese organisationale Dimension des Phänomens ‚Neoliberalismus' gerichtet (vgl. u. a. Mirowski 2019; Mirowski/Plehwe 2009; Slobodian 2019; Thomasberger 2012; Walpen 2004).

In der hier vorgelegten Untersuchung über den Einfluss des Neoliberalismus auf die deutsche Gesundheitspolitik seit 1945 wird die Bedeutung der Vernetzung darum auch – wo immer es angebracht erscheint – an konkreten Beispielen aufgezeigt. Dadurch soll deutlich gemacht und nachgewiesen werden, dass es sich bei den zahlreichen in den letzten Jahrzehnten an den verschiedensten Stellen und von den verschiedensten Akteuren publizierten Texten nicht um zusammenhanglose und inhaltlich unabhängig voneinander entstandene Interventionen handelte. Sie waren Teil einer Bewegung, die gemeinsame politische Ziele verfolgte und auch heute noch verfolgt, und deren einzelne Akteure sich oftmals persönlich kannten und untereinander durch gemeinsame berufliche oder wissenschaftliche Tätigkeit verbunden waren beziehungsweise sind. Das Eindringen neoliberaler Ideen in die deutsche Gesundheitspolitik und die Erringung von Dominanz dieses Denkens ist nur zu verstehen, wenn man es nicht als disparate Entwicklung zufällig zeitgleich erschienener Veröffentlichungen, Statements, Gutachten etc. betrachtet, sondern die vielfältigen Vernetzungen neoliberaler Akteure, vor allem neoliberaler Ökonomen, in den Blick nimmt.

Richtet man den Blick nicht auf diese Vernetzungen und persönlichen Beziehungen, kann leicht der Eindruck entstehen, die zahlreichen Interventionen neoliberaler Ökonomen seien das Ergebnis unabhängiger Erkenntnisprozesse, die alle – rein zufällig – zu denselben Ergebnissen geführt haben. Damit soll hier nicht einer Verschwörungstheorie das Wort geredet werden. Vernetzung ist nicht nur legitim, sondern eine weit verbreitete Dimension guter und erfolgreicher wissenschaftlicher Tätigkeit. Wenn es jedoch um politische Interventionen und die Durchsetzung politischer Ziele geht, kommt der Offenlegung von persönlichen und organisatorischen Verbindungen eine andere und für die Einschätzung politischer Interventionen wichtige Bedeutung zu.

Insofern kommt auch dem Walter Lippmann Kolloquium eine besondere Bedeutung zu. Es war zwar nach Art eines wissenschaftlichen, den Gedankenaustausch dienenden Zusammentreffens organisiert, es sollte jedoch eindeutig dazu dienen, Möglichkeiten einer koordinierten und international ausgerichteten Strategie zur Verteidigung und Erneuerung des Liberalismus zu suchen und mit deren Umsetzung zu beginnen. In seinem Einladungsschreiben hatte Rougier dargelegt, das Treffen solle dazu dienen, „die Bedingungen für eine Rückkehr zu einer liberalen Ordnung, die sich vom Manchester-liberalen Laissez-faire unterscheidet, zu erörtern" (Louis Rougier, zit.n. Audier/Reinhoudt 2019: 16).

In seinem Einleitungsvortrag zur Eröffnung der abschließenden Diskussion am letzten Tag des Treffens fasste Lippmann die Intention des Treffens und das zentrale Ziel einer aufzubauenden Bewegung zusammen:

„Es geht darum, bestimmte theoretische Thesen zu formulieren, die die Rückkehr des Liberalismus möglich machen (...) Eine fundamentale Voraussetzung muss es daher sind, den Liberalismus in einer Weise zu erneuern, das daraus eine neue Doktrin wird, die imstande ist, Fragen zu stellen und Antworten zu geben, die jedermann zufriedenstellen" (Lippman, zit.n. Audier/Reinhoudt 2019: 247).

Da ein solches Ideengebäude und eine politische Bewegung einen Leitbegriff braucht, der die Programmatik und Zielorientierung zutreffend beschreibt, wurde auch über die Frage diskutiert, welches ein geeigneter Leitbegriff sein könnte. Die Entscheidung fiel mehrheitlich für den Begriff ‚Neoliberalismus' (Audier/Reinhoudt 2019: 43). Damit sollte zum einen der Rückbezug und ein klares Bekenntnis zum klassischen Liberalismus zum Ausdruck gebracht werden, zum anderen sollte aber auch angezeigt werden, dass es sich um einen erneuerten Liberalismus handelt, der mit dem Prinzip des Laissez-faire bricht.

Der Aufbau einer internationalen Bewegung zur Erneuerung des Liberalismus konnte jedoch zunächst nicht in Angriff genommen werden, weil gut ein Jahr nach dem Kolloquium der Zweite Weltkrieg begann. Inhaltlich wurde das Projekt jedoch weiterverfolgt. Während des Krieges erschienen mehrere Bücher, die wegweisend für die Entwicklung des neoliberalen Ideengebäudes wurden.

An erster Stelle zu nennen ist sicherlich Hayeks Buch „Der Weg zur Knechtschaft" (Hayek 1944/1952). Hayek war seit 1932 Professor an der London School of Economics (LES) und einer der Hauptgegner des in Großbritannien bereits dominierenden Keynesianismus. Hayeks Buch war deutlich erkennbar nicht primär gegen den Hitlerfaschismus gerichtet, sondern gegen ‚kollektivistische' Tendenzen in den demokratischen westlichen Staaten, von denen nach seiner Einschätzung die größte Gefahr für die Freiheit der Marktwirtschaft ausgingen. Das Buch war offensichtlich mit Blick auf die Nachkriegsordnung geschrieben, von der Hayek befürchtete, dass sie weitere Bedrohungen für die Freiheit der Märkte und des Wettbewerbs bringen könnte.

Diese Befürchtung war durchaus nicht unbegründet. Unter dem Eindruck der Weltwirtschaftskrise hatte sich eine tendenziell kapitalismuskritische öffentliche Meinung entwickelt und in mehreren demokratischen Ländern erfolgte ein Ausbau des Wohlfahrtsstaates. Der ‚New Deal' der 1930er Jahre wurde bereits erwähnt. In England wurde während des Krieges im Zusammenhang mit der Frage des Wideraufbaus nach dem Krieg auch die Frage einer verbesserten sozialen Sicherung auf die Tagesordnung gesetzt.

Eine von der britischen Regierung eingesetzte Kommission unter Leitung von William Beveridge, bis 1937 Leiter der London School of Economics, legte 1942 einen Bericht mit Vorschlägen für eine umfassende Sozialreform vor (Beveridge 1942). Dazu gehörte der Vorschlag, eine Sozialversicherung aufzubauen und das Gesundheitswesen zu verstaatlichen. Der Kommissionsbericht ging in die Literatur als 'Beveridge Report' ein und wurde Grundlage für den Aufbau eines Systems sozialer Sicherung nach dem Ende des Krieges. Ein zentrales Element der damaligen Reformen war die Einführung eines staatlichen, durch Steuern finanzierten National Health Service (NHS). Dessen Einführung wurde von einer ab 1945 regierenden Labour-Regierung 1946 beschlossen und 1948 vollzogen.

Eine weitere, für Neoliberale in hohem Maße beunruhigende Entwicklung vollzog sich in den USA. Am 11. Januar 1944 entwarf der amerikanische Präsident Roosevelt in einer vor dem Kongress gehaltenen Rede zur Lage der Nation seine Vision der Nachkriegsgesellschaft (Stedman Jones 2014: 21 f.). Darin kündigte er in Analogie zur Erklärung politischer Grundrechte durch die Bill of Rights des Jahres 1789 in einer Art zweiter Grundrechteerklärung die Einführung sozialer Rechte an:

„We have accepted, so to speak, a second Bill of Rights under which a new basis of security and prosperity can be established for all regardless of station, race, or creed" (Roosevelt, zit.n. Stedman Jones 2014: 21).

Es folgte – in Analogie zur Bill of Rights von 1789 – eine Aufzählung einzelner Elemente eines sehr umfassenden Systems sozialer Sicherheit. Jede dieser Aufzählungen begann jeweils immer mit der Formulierung: „The right to" (ebd.), und dann folgte beispielsweise das Recht auf soziale Sicherheit im Fall von Krankheit, bei Arbeitslosigkeit, gegen Armut im Alter etc.

Bereits während des Zweiten Weltkrieges deutete sich somit an, dass es nach dem Ende des Krieges, einen Sieg der demokratischen Staaten vorausgesetzt, einen über das bisherige Maß deutlich hinausgehenden Ausbau des Wohlfahrtsstaates in den beiden damals führenden kapitalistischen Ländern geben könnte.

Insbesondere die Einführung eines staatlichen Gesundheitswesens in Großbritannien mit einer kostenlosen Krankenversorgung für alle Staatsbürger und mehr noch die Ankündigung sozialer Rechte durch Roosevelt standen in absolut diametralem Gegensatz zu den Überzeugungen und Zielen des Neoliberalismus. Hayeks Buch sollte vor dem Hintergrund dieser Entwicklungen gesehen und eingeordnet werden. Es war vor allem gegen diese sich abzeichnenden Entwicklungen gerichtet und sollte sie als Maßnahmen diskreditieren, die auf einen „Weg in die Knechtschaft" führen, in die Knechtschaft eines alles beherrschenden und die Freiheit insgesamt unterdrückenden kollektivistischen Staates.

Der NHS wurde dennoch eingeführt, und dass in den USA nach dem Ende des Krieges kein umfassendes System sozialer Rechte eingeführt wurde, war nicht auf das Erscheinen von Hayeks Buch zurückzuführen, sondern darauf, dass Roosevelt im April 1945 plötzlich verstarb und sein Vorhaben aus innenpolitischen Gründen nicht weiterverfolgt wurde.

Insgesamt war der Einfluss des Neoliberalismus auch nach dem Ende des Zweiten Weltkrieges immer noch sehr gering. Vor diesem Hintergrund lud Hayek 1946 drei Dutzend Gleichgesinnte zu einem Treffen im Frühjahr 1947 in ein Hotel am Genfer See ein, um über die Zukunft des Liberalismus zu diskutieren. Auf dem Treffen im April 1947 wurde eine Vereinigung gegründet die nach dem an einem Berg gelegenen Tagungsort ‚Mont Pelerin Society' (MPS) genannt wurde (zur MPS vgl. insbesondere Walpen 2004). Knapp die Hälfte der Teilnehmer hatten bereits am Walter Lippmann Kolloquium teilgenommen, darunter – neben Hayek – auch Ludwig von Mises und Wilhelm Röpke. Der britische Ökonom Lionel Robbins nahm ebenfalls teil, er war Teilnehmer von Mises Privatseminaren gewesen und auch zum Walter Lippmann Kolloquium eingeladen, konnte jedoch nicht teilnehmen. Robbins war es, der Hayek den Weg an die London School of Economics geebnet hatte.

Zu den Gründungsmitgliedern der MPS gehörten auch Walter Eucken und Milton Friedman sowie weitere Angehörige der Chicago School of Economics. Eucken wurde in den 1950er Jahren zum führenden Vertreter des Ordoliberalismus, der deutschen Variante des Neoliberalismus (zur Kritik des Ordoliberalismus vgl. u. a. Biebricher/Ptak 2020; Ptak 2004). Die Chicago School unter Führung von Friedman wurde ab den 1960er Jahren zur international führenden Strömung des Neoliberalismus (Butler 2014: 26–28).

Von der Gründung der MPS ging ein entscheidender Impuls für die Entwicklung einer internationalen Bewegung aus, die in den folgenden Jahrzehnten zum Aufbau einer Vielzahl von Instituten und Think Tanks und einer immer umfangreicher werdenden Vernetzung führte (zum Überblick vgl. Mirowski/Plehwe 2009; Prasad 2006; Stedman Jones 2014). Die MPS bildet dafür so etwas wie den zentralen Mittelpunkt.[12] Mirowski vergleicht diese internationalen Strukturen mit dem Modell der russischen Matroschka-Puppen, man öffnet die aus zwei Teilen bestehende erste äußere Puppe und stößt auf eine darunter steckende zweite, wenn man diese öffnet, wird eine dritte erkennbar etc. Die MPS kann in diesem Vergleich als die letzte kleine, im Inneren verborgene Puppe gelten.

Die MPS war von Anfang an eine geschlossene Gesellschaft, der man nicht einfach beitreten kann, sondern in die man nur auf Empfehlung aufgenommen wird. In den ersten Jahren entschied Hayek, der bis 1960 Präsident der Gesellschaft war, persönlich über die Aufnahme, später wurde eine Aufnahmeprozedur eingerichtet (Mirowski 2009: 430). Zentrale Bedingung für die Aufnahme war und ist die Übereinstimmung mit den Zielen der Society.

Auf der Gründungskonferenz gab es über den Charakter der MPS offenbar gegensätzliche Auffassungen. So soll sich der Philosoph und Wissenschaftstheoretiker Karl R. Popper, eines der Gründungsmitglieder, für Offenheit und einen Charakter als Netzwerk breiter wissenschaftlicher Diskussion ausgesprochen haben. Er unterlag jedoch Hayek, der durchsetzte, dass die MPS eine hochgradig elitäre und explizit geschlossene Gesellschaft ist (Walpen 2004: 101 ff.).

---

[12] Einen hervorragenden kritischen Einblick in und Überblick über die Entstehung und Entwicklung der MPS bietet die auf umfangreichen Archivrecherchen basierende Arbeit von Bernhard Walpen (2004: 101 ff.). Das Buch von Walpen ist m. E. auch heute noch eines der besten und materialreichsten Bücher über die Entstehung und Entwicklung sowie die Netzwerkstrukturen des Neoliberalismus.

Auf die weitere internationale Entwicklung des Neoliberalismus soll hier nicht eingegangen werden, sondern der Blick nur auf die Entwicklung in der Bundesrepublik gerichtet werden und dabei wiederum auf Aspekte, die für die vorliegende Untersuchung von Belang sind.

Während der Neoliberalismus in den 1950er und 1960er Jahren international weder in den Wirtschaftswissenschaften noch in der Politikberatung besonders erfolgreich war, gelang es der in Deutschland entstandenen Richtung des Ordoliberalismus in der Politikberatung der 1950er Jahre erheblich an Einfluss zu gewinnen (vgl. Ptak 2004). Führender Vertreter des Ordoliberalismus war der an der Universität Freiburg lehrende *Walter Eucken.* Dem Ordoliberalismus der ‚Freiburger Schule‘ zugerechnet werden eine Reihe weiterer Ökonomen, die an der publizistischen Verbreitung neoliberaler Ideen und der Politikberatung mitwirkten, wie die bereits erwähnten *Wilhelm Röpke* und *Alexander Rüstow* sowie *Franz Böhm* und *Leonhard Miksch.* Die prominentesten Vertreter dieser Richtung waren allerdings wohl eher der langjährige Wirtschaftsminister der Adenauer-Ära *Ludwig Ehrhard,* Professor der Wirtschaftswissenschaften, und sein Staatssekretär *Alfred Müller-Armack,* dem die Wortschöpfung ‚Soziale Marktwirtschaft‘ zugeschrieben wird.

Obwohl die Regierungen der 1950er Jahre von der CDU/CSU geführt wurden, die sich klar zur Marktwirtschaft bekannte, war die Sozialpolitik der Adenauer-Ära doch eine Phase des sozialstaatlichen Ausbaus. Zwar gab es innerhalb der Bundesregierung durchaus erkennbar neoliberale Vorstellungen, diese stießen jedoch auf den Widerstand vor allem des Arbeitnehmerflügels der Union, der einen Abbau des Sozialstaates erfolgreich verhindern konnte. Vorschläge für einen Rückbau der sozialen Sicherung gab es sehr wohl. Sie wurden innerhalb der Regierung vor allem vom Finanzministerium vertreten (Hockerts 1980). Dem stand vor allem das Arbeitsministerium gegenüber, dessen Führung dem Arbeitnehmerflügel der Union angehörte. In zentralen Entscheidungen konnte sich der Arbeitnehmerflügel durchsetzen.

Zu den zentralen Entscheidungen gehörte beispielsweise die 1957 beschlossene große Rentenreform, die nicht – wie von Neoliberalen gefordert – das Kapitaldeckungsverfahren einführte, sondern das Umlageverfahren, das von führenden Neoliberalen wie Wilhelm Röpke als kollektivistische ‚Umverteilung‘ entschieden abgelehnt wurde (Röpke 1958/1966: 260). Auch die ebenfalls 1957 beschlossene Einführung der Lohnfortzahlung für Arbeiter ist dazu zu rechnen. Der Versuch einer ersten deutlich von neoliberalen Vorschlägen geprägten großen Gesundheitsreform scheiterte hingegen trotz zweimaligem Anlauf Anfang der 1960er Jahre endgültig. Darauf wird in der vorliegenden Untersuchung noch näher eingegangen.

In den 1960er Jahren verloren die Ordoliberalen ihren früheren Einfluss auf die Wirtschaftspolitik. Nachdem Erhard als Bundeskanzler und Nachfolger Adenauers gescheitert war und die CDU/CSU 1966 eine Große Koalition mit der SPD gebildet hatte, ging die Leitung des Wirtschaftsministeriums an die SPD. Wirtschaftsminister wurde der SPD-Politiker und Ökonomie-Professor Karl Schiller, ein Anhänger des Keynesianismus.

Noch ungünstiger wurde die Lage für Anhänger des Ordoliberalismus nach Bildung der sozialliberalen Koalition aus SPD und FDP unter Führung des Bundeskanzlers Willy Brandt im Jahr 1969. Die Koalition war möglich geworden, nachdem in der FDP in der zweiten Hälfte der 1960er Jahre ein Umorientierungsprozess eingesetzt hatte, der zu einer politischen Annäherung an die SPD führte. Während der ersten Phase der sozialliberalen Koalition in den Jahren 1969 bis 1974 erfolgte ein Ausbau des Sozialstaates, wie es ihn in diesem Umfang in so kurzer Zeit in Deutschland seit Einführung der Sozialversicherung durch die Bismarck'sche Sozialgesetzgebung noch nicht gegeben hatte (zur Sozialpolitik der sozialliberalen Koalition vgl. u. a. Alber 1989).

Dies gilt in besonderem Maße auch für die Gesundheitspolitik. In den wenigen Jahren der Amtszeit Willy Brandts wurden mehrere Gesetze beschlossen, durch die die Mitgliedschaft in der gesetzlichen Krankenversicherung auf bis dahin nicht erfasste Bevölkerungsgruppen ausgedehnt und die GKV dadurch in Richtung einer Volksversicherung entwickelt wurde. Die Versicherungspflichtgrenze wurde angehoben, so dass ein erheblicher Teil der Angestellten mit höherem Einkommen in die GKV einbezogen und an der Finanzierung der Krankenkassen beteiligt wurde. Der Umfang der sozialen Sicherung im Fall von Krankheit wurde durch mehrere Gesetze erweitert und eine seit zwei Jahrzehnten überfällige Reform der Krankenhausfinanzierung beschlossen, um die dringend notwendige Modernisierung der Krankenhausversorgung zu ermöglichen.

Aus neoliberaler Sicht waren diese Entwicklungen in höchstem Maße beunruhigend, zumal sich das gesellschaftliche Klima deutlich nach links entwickelte. Sichtbar wurde dies nicht nur in den Wahlergebnissen von 1969 und der Wiederwahl Brandts im Jahr 1973, sondern auch an solchen Phänomenen wie dem Entstehen einer außerparlamentarischen und in weiten Teilen neomarxistischen Opposition, der Studentenbewegung und einem Erstarken der Gewerkschaftsbewegung (zur gesellschaftlichen und politischen Entwicklung dieser Zeit vgl. u. a. Hockerts 2006a).

Anfang 1970er Jahre verlor der Keynesianismus aufgrund international krisenhafter wirtschaftlicher Entwicklungen, die mit einer am Keynesianismus orientierten Wirtschaftspolitik nicht zu beherrschen waren, jedoch san Einfluss.

Neoliberale Ökonomen errangen nach und nach die Vorherrschaft, sowohl in den Wirtschaftswissenschaften als auch in der Politikberatung. Hilfreich für die Erringung einer zunehmenden Dominanz war dabei sicherlich auch, dass Friedrich A. Hayek im Jahr 1974 und Milton Friedman 1976 den sogenannten ‚Nobelpreis' für Wirtschaftswissenschaften erhielten. Bei diesem Preis handelt es sich entgegen weitverbreiteter Annahme jedoch nicht um einen Nobelpreis, der von den Mitgliedern der Schwedischen Akademie der Wissenschaften vergeben wird, sondern um einen Alfred-Nobel Gedächtnispreis, der von der schwedischen Reichsbank verliehen wird. Die Vorsitzenden der schwedischen Reichsbank der 1970er Jahre und folgenden Zeit waren erklärte Gegner des Schwedischen Wohlfahrtsstaatsmodells und einer von ihnen (Erik Lundberg) war zudem Mitglied der MPS (Ötsch et al. 2017: 85). Auch hieran zeigt sich die Bedeutung und der Nutzen internationaler neoliberaler Netzwerke.

Da in der Öffentlichkeit kaum bekannt war, dass es sich beim ‚Wirtschaftsnobelpreis' nicht um einen Nobelpreis handelt, führte dessen Verleihung an Hayek und Friedman zu einem erheblichen Reputationsgewinn für den Neoliberalismus insgesamt. Diesen beiden folgten mehrere Verleihungen des ‚Wirtschaftsnobelpreises' an weitere Vertreter des Neoliberalismus, insbesondere der Chicago School of Economics. Bis zum Jahr 2000 ging der ‚Wirtschaftsnobelpreis ‚an insgesamt ein knappes Dutzend neoliberaler Ökonomen (Ötsch et al. 2017: 85, Fußnote 256).

Zur Etablierung des Neoliberalismus als dominanter Orientierung in der Politikberatung westlicher Länder trug ebenfalls bei, dass Hayek nach dem Wahlsieg von Margaret Thatcher im Jahr 1979 führender Berater der konservativen Regierung wurde, und Milton Friedman nach der Wahl von Ronald Reagan zum US-Präsidenten im Jahr 1980 zu dessen Berater aufstieg. Die Politik der Amtszeit von Thatcher und Reagan war stark von den Ideen des Neoliberalismus geprägt (Prasad 2006; Stedman Jones 2014).

In Deutschland setzte Mitte der 1970er Jahre ein Umbruch in den Wirtschaftswissenschaften ein, bei dem der Wirtschaftssachverständigenrat als Motor und Antreiber wirkte. Unter den Bedingungen der sozialliberalen Koalition waren die Möglichkeiten der Einflussnahme auf die Regierungspolitik jedoch sehr eingeschränkt. Insofern musste aus neoliberaler Sicht ein Regierungswechsel als dringend notwendig erscheinen. Von der SPD war ein solcher grundlegender Wechsel nicht zu erwarten, insofern konnte eine ‚Wende' nur von der FDP ausgehen.

Innerhalb der FDP setzte dazu passend in den 1970er Jahren ein Prozess der Umorientierung in Richtung eines wirtschaftsliberalen Kurses ein, an der sich insbesondere auch neoliberal ausgerichtete Professoren der Wirtschaftswissenschaften beteiligten. Politisch angeführt wurde diese Bewegung von den beiden nach Karl Schiller amtierenden FDP-Wirtschaftsministern, zunächst von Hans Friedrichs (1972 bis 1977) und ab 1977 von Otto Graf Lambsdorff. Lambsdorff leitete schließlich 1981 mit einer Provokation den Bruch der sozialliberalen Koalition ein und ebnete dadurch den Weg in eine Koalition der nun wieder wirtschaftsliberal dominierten FDP mit der CDU/CSU unter einem Bundeskanzler Helmut Kohl.

Der Regierungswechsel von 1981/1982 erfolgte explizit mit dem Ziel, den Prinzipien der Marktwirtschaft wieder mehr Einfluss zu verschaffen und eine ,Wende' zu einer stärker marktorientierten Politik durchzusetzen (Kohl 1982). Dies galt auch für die Gesundheitspolitik. In der zweiten Hälfte der 1970er Jahre hatte sich mit der Gesundheitsökonomie eine wirtschaftswissenschaftliche Subdisziplin gebildet, die sich in weiten Teilen an der vom Neoliberalismus beeinflussten US-amerikanischen Gesundheitsökonomie orientierte. Organisatorisch unterstützt und finanziell gefördert wurde der Aufbau und Ausbau einer neoliberal geprägten Gesundheitsökonomie in der Bundesrepublik in den 1970er und 1980er Jahren vor allem durch die Robert Bosch Stiftung.

In den 1980er Jahren bildeten sich in Deutschland einflussreiche neoliberale Netzwerkstrukturen, und in diesem Zusammenhang auch ein mit der MPS vergleichbares Konstrukt an der Spitze, dem 1980er gegründeten Kronberger Kreis. Er fungiert offiziell als Think Tank der Stiftung Marktwirtschaft. Der Stiftung gehört eine Vielzahl deutscher Unternehmen an, die sie und somit auch den Kronberger Kreis und ein der Stiftung zugehöriges Institut finanzieren.

Der Kronberger Kreis war und ist auch heute noch hochgradig elitär und besteht in der Regel aus nur fünf oder sechs Mitgliedern, die nicht demokratisch von einem dazu legitimierten Gremium gewählt, sondern in einem von außen nicht transparenten Verfahren berufen werden. Die Erwartung oder gar Forderung nach Transparenz wäre jedoch insofern verfehlt, als es sich um privatrechtliche Strukturen handelt, die nicht aus öffentlichen, sondern aus privaten Mitteln finanziert werden. Insofern unterliegen sie keinerlei Transparenzverpflichtungen (zu Strukturen und Finanzierung neoliberaler Politikbeeinflussung in Deutschland vgl. u. a. Speth 2004, 2006).

Betrachtet man die Liste der bisherigen Mitglieder des Kronberger Kreises, so wird deutlich, dass es eine Vielzahl personeller Verbindungen und Vernetzungen des Kreises in zahlreiche formale Gremien der offiziellen Politikberatung und zentraler Institutionen der Finanz- und Wirtschaftspolitik gab und gibt, seien es der Wirtschaftssachverständigenrat, die Bundesbank, die Monopolkommission, die wissenschaftlichen Beiräte des Wirtschafts- und des Finanzministeriums oder auch die Beratungstätigkeit für Mitglieder der EU-Kommission. Darauf wird im Verlauf der vorliegenden Untersuchung an verschiedenen Stellen näher eingegangen, und es werden relevante Vernetzungen und persönliche Verbindungen aufgezeigt.

Dem Kronberger Kreis kommt für die Erringung politischer Dominanz neoliberaler Ideen auch insofern eine besondere Bedeutung zu, als er nicht nur organisatorisch ein zentraler Knotenpunkt war, sondern in den 1980er Jahren in mehreren Schriften auch eine Art Programm für den neoliberalen Umbau formulierte. Seine Schriftenreihe eröffnete er 1983 mit einer Art Grundsatzstatement unter dem Titel „Mehr Mut zum Markt" (Kronberger Kreis 1983). Es folgten Schriften, in denen eine marktwirtschaftliche Umorientierung gefordert wurde für die Verkehrspolitik (Kronberger Kreis 1984a), die Wohnungswirtschaft (Kronberger Kreis 1984b), die Finanz- und Steuerpolitik (Kronberger Kreis 1986a), die Arbeitsmarktpolitik (Kronberger Kreis 1986b), die Gesundheitspolitik (Kronberger Kreis 1987a), die Telekommunikation (Kronberger Kreis 1987b), die Alterssicherung (Kronberger Kreis 1987c), die Energiepolitik (Kronberger Kreis 1988b), die Medienpolitik (Kronberger Kreis 1989a), die Wissenschaftspolitik (Kronberger Kreis 1989b) und die öffentliche Verwaltung (Kronberger Kreis 1991).

All dies waren keine belanglosen Meinungsäußerungen weltfremder Ökonomieprofessoren. Wie erwähnt, handelte es sich bei den Mitgliedern des Kronberger Kreises um Akteure, die in verschiedenen formalen Gremien der Politikberatung mitwirkten und auf vielfache Weise nicht nur in den Wirtschaftswissenschaften, sondern auch in der Politikberatung und Politik vernetzt waren. Insofern kann es nicht erstaunen, dass die Regierung Kohl zahlreiche der Empfehlungen des Kreises umsetzte, so beispielsweise die Abschaffung des Postmonopols und formale Privatisierung der Post durch Umwandlung in eine Aktiengesellschaft, ebenso wie die Umwandlung der Deutschen Bahn in eine AG, deren Börsengang allerdings bislang noch nicht erreicht werden konnte.

In der Gesundheitspolitik wurden in den 1980er Jahren erste, allerdings noch zaghafte Schritte zur Umsetzung neoliberaler Vorschläge unternommen. Der erste große Schritt erfolgte mit dem 1992 beschlossenen Gesundheitsstrukturgesetz. Es enthielt zwei zentrale Elemente, die neoliberalen Vorschlägen folgten: die Einführung des GKV-Wettbewerbs und die Entscheidung für die Umstellung der Krankenhausfinanzierung auf Fallpauschalen. Die Einführung von Wettbewerb zwischen den Krankenkassen sollte bewirken, dass sich die Kassen wie private Unternehmen auf einem Markt verhalten, und die Umstellung der Krankenhausfinanzierung auf Fallpauschalen basierte auf der Vorstellung, dass die Krankenhausversorgung nicht mehr durch staatliche Planung, sondern – analog zu Märkten – über Preise gesteuert werden sollte. Krankenhäuser sollen sich in dieser Vorstellungswelt analog zu privaten Wirtschaftsunternehmen am wirtschaftlichen Eigennutzen orientieren und nur solche Leistungen anbieten, die sich für sie rentieren.

International gelang dem Neoliberalismus in den 1990er Jahren in zahlreichen Ländern der Durchbruch. Seine Ideen und seine Weltanschauung wurden in einem zuvor nicht gekannten Ausmaß zur dominierenden Orientierung der internationalen politischen und gesellschaftlichen Eliten. Ein Dokument, in dem dies exemplarisch festgehalten wurde und das als Symbol für die damalige neoliberale Ausrichtung der führenden internationalen Insitutionen galt, war das sogenannte ,Washington Consensus Paper' (Williamson 1990). Für die Vorbereitung einer internationalen Konferenz zur Schuldenkrise südamerikanischer Staaten erstellte ein Mitarbeiter eines amerikanischen Think Tank 1989 ein Papier, in dem er zusammentrug, was unter den führenden Akteuren internationonaler Organisationen wie der Weltbank, dem Internationalen Währungsfonds, der Welthandelsorganisation etc. an wirtschaftspolitischen Überzeugungen und Reformvorstellungen vorherrschte. Das Papier listete das gesamte Spektrum neoliberaler Vorstellungen zur Wirtschafts-, Sozial- und Finanzpolitik auf Dazu gehörte insbesondere die Kürzung der Staatsausgaben, der Abbau von Sozialleistungen, die Privatisierung öffentlicher Unternehmen und Einrichtungen, die Deregulierung von Märkten, die Abschaffung von Preisregulierungen und der Verzicht auf Handelsbeschränkungen. Das Papier beschrieb die Leitlinien für die Politik der großen internationalen Institutionen, deren Befolgung diese Institutionen von nationalen Regierungen verlangten und auch durchsetzten.

Zur Erringung einer weltweiten Dominanz des Neoliberalismus trug auch wesentlich bei, dass Ende der 1980er Jahre und Anfang der 1990er Jahre die Sowjetunion und die von ihr beherschten politischen Systeme in Osteuropa zusammenbrachen und in den ehemaligen Ostblockstaaten die Marktwirtschaft eingeführt wurde (zum Transformationsprozess vgl. Ther 2016). Marktwirtschaft wurde somit, abgesehen von sehr wenigen Ausnahmen, zur einzig existierenden Wirtschaftsordung, was die neoliberale Behauptung stützte, dass freie Märkte und Wettbewerb die bestmögliche und einzig richtige Art der Organisation der Wirtschaft seien.

In Deutschland wurde der neoliberale Umbau der Gesellschaft nach dem Ende der konservativ-wirtschaftsliberalen Koalition von CDU/CSU und FDP durch die ab 1998 regierende rot-grüne Koalition unter Gerhard Schröder fortgesetzt und in Teilen sogar noch radikalisiert. Die SPD hatte sich, wie auch andere Sozialdemokratien international in den 1990er Jahren, dem Neoliberalismus zunehmend

angenähert und – um einen Begriff aus der kritischen Literatur zu verwenden – zu
einer „Marktsozialdemokratie" entwickelt (Nachtwey 2009).

Deutlich sichtbares Zeichen für die offen neoliberale Orientierung der Sozi-
aldemokratie in Großbritannien und Deutschland Ende der 1990er Jahre war
das 1998 vorgelegte sogenannte ‚Schröder/Blair-Papier', in dem der britische
Labourführer und Premierminister Tony Blair und Gerhard Schröder als SPD-
Vorsitzender und seit 1998 amtierender Bundeskanzler ein klares Bekenntnis zum
Neoliberalismus ablegten.

> „Wir müssen unsere Politik in einem neuen, auf den heutigen Stand gebrachten wirt-
> schaftlichen Rahmen betreiben, innerhalb dessen der Staat die Wirtschaft nach Kräf-
> ten fördert, sich aber nie als Ersatz für die Wirtschaft betrachtet. Die Steuerungsfunk-
> tion von Märkten muß durch die Politik ergänzt und verbessert, nicht aber behindert
> werden" (Schröder/Blair 1999: 1).

> „Wettbewerb auf den Produktmärkten und offener Handel sind von wesentlicher
> Bedeutung für die Stimulierung von Produktivität und Wachstum. Aus diesem Grund
> sind Rahmenbedingungen, unter denen ein einwandfreies Spiel der Marktkräfte mög-
> lich ist, entscheidend für wirtschaftlichen Erfolg und eine Vorbedingung für eine
> erfolgreichere Beschäftigungspolitik" (Schröder/Blair 1999: 5).

Zwar tauchte der Begriff ‚Neoliberalismus' in dem Papier nicht auf, inhaltlich
ließ das Papier aber keine Zweifel darüber, dass beide eine neoliberale Politik anstrebten. Dies wurde allein auch an der Bezeichnung ihrer in dem Papier
vorgelegten Programmatik als „neue angebotsorientierte Agenda für die Linke"
sichtbar (Schröder/Blair 1999: 4). Damit nahmen sie explizit auf das neoliberale Konzept der ‚supply-side economics' Bezug, die in Deutschland seit Mitte
der 1970er als ‚angebotsorientierte Wirtschaftspolitik' zu den zentralen Forderungen neoliberaler Ökonomen, allen voran des Wirtschaftssachverständigenrates
gehörte.

Passend zum Konzept der angebotsorientierten Wirtschaftspolitik enthielt das
Papier die Ankündigung von Reformen der sozialen Sicherungssysteme, die dem
Ziel dienen sollten, die Wirtschaft von Lohnnebenkosten zu entlasten und die
Arbeitsmärkte zu flexibilisieren. Zum Programm der neoliberalen Sozialdemo-
kratie gehörte auch die Deregulierung der internationalen Kapitalmärkte, die
schließlich zur weltweiten Finanzmarktkrise der Jahre 2007/2008 führte.

Das Schröder/Blair-Papier war in Deutschland programmatische Grundlage für
die als Hartz-Gesetze in die Geschichte eingegangenen Arbeitsmarktreformen und
die Rentenreform unter Leitung des damaligen Arbeitsministers Walter Riester,
mit der Einführung einer staatlich geförderten kapitalmarktbasierten Zusatzrente.

Auch die Gesundheitspolitik der Jahre 1998 bis 2005 zeigte eine deutliche neoliberale Handschrift. Die Einführung des GKV-Wettbewerbs war bereits 1992 gemeinsam von CDU/CSU, FDP und SPD beschlossen worden. Die SPD war dabei sogar die treibende Kraft gewesen, die auf eine möglichst schnelle Einführung gedrängt hatte. Dementsprechend wurde auch nach dem Regierungswechsel am GKV-Wettbewerb festgehalten, obwohl sich bereits unmittelbar nach seiner Einführung im Jahr 1996 eine Vielzahl von Fehlentwicklungen gezeigt hatten.

Ähnlich verhielt es sich mit der Umstellung der Krankenhausfinanzierung auf ein Fallpauschalensystem. Sie war in GSG 1992 gemeinsam mit der SPD beschlossen worden. Nachdem erste Schritte zur Entwicklung eines deutschen Systems Mitte der 1990er gescheitert waren, entschied die rot-grüne Regierung, ein international bereits erprobtes System zu übernehmen und vollendete das neoliberale Projekt mit dem Fallpauschalengesetz 2002.

Der scheinbar unaufhaltsame internationale Siegeszug des Neoliberalismus erlitt jedoch durch die weltweite Finanzmarktkrise und daran anschließende Wirtschaftskrise der Jahre 2007 bis 2009 einen deutlichen Dämpfer. Allerdings führte auch dies nicht zu einer allgemeinen Abkehr vom Neoliberalismus, wie viele seiner Kritiker wünschten oder sogar vorhersagten (Crouch 2011; Mirowski 2019).

Immerhin kann jedoch festgestellt werden, dass die Kritik am Neoliberalismus als Ideengebäude und Weltanschauung in den letzten zehn Jahren deutlich zugenommen hat. Mittlerweile wird der Begriff, wenn er verwendet wird, fast ausnahmslos mit kritischer Intention und negativer Konnotation verwendet. Er ist zu einem politischen Kampfbegriff gegen eine Politik der Vermarktlichung, Privatisierung, Ökonomisierung etc. geworden und wird von seinen Anhängern, wenn sie mit diesem Etikett belegt werden, zumeist als intellektuelles Schimpfwort empfunden (Williamson 2004: 2).

Dennoch ist der Einfluss des Neoliberalismus – so die hier vertretene These – nicht verschwunden. Wenn man den Blick auf die deutsche Gesundheitspolitik richtet, zeigt sich bei genauerer Betrachtung, dass sie immer noch in zentralen Bereichen von den Ideen des Neoliberalismus in sehr starkem Maße beeinflusst ist. Dies lässt sich insbesondere an einem Begriff und zwei zentralen Themenbereichen feststellen: dem Begriff ‚Wettbewerb' und den Reformen der gesetzliche Krankenversicherung sowie der Krankenhausfinanzierung.

‚Wettbewerb' ist eines der zentralen Wörter der deutschen Gesundheitspolitik und wird von der Mehrheit der gesundheitspolitischen Akteure in einer Vielzahl von Kontexten mit positiver Konnotation verwendet. Nur eine relativ kleine Minderheit wendet sich grundsätzlich dagegen und lehnt Wettbewerb im Gesundheitswesen ab. Wenn Wettbewerb im gesundheitspolitischen Mainstream

kritisiert wird, dann – man muss es leider so pauschal formulieren – nur weil
er nicht richtig funktioniere oder weil die Politik die als notwendig erachteten
ökonomischen Anreize nicht richtig gesetzt habe. Wettbewerb gilt für die weit
überwiegende Mehrheit der gesundheitspolitischen Akteure als sehr gut geeignetes Organisationsprinzip, um für eine bedarfsgerechte und effiziente Versorgung
zu sorgen. Wenn etwas schiefläuft, liegt es nicht am Wettbewerb, sondern an Feh-
lern der Politik oder an wettbewerbswidrigem Verhalten der Leistungserbringer
oder Kostenträger.

Die hier formulierte kritische Einschätzung, wird sicher bei zahlreichen Akteuren der Gesundheitspolitik die Frage provozieren, warum das denn nicht so
sei, was denn am Wettbewerb schlecht sei. Allein dies kann bereits als deutlicher Beleg für die Richtigkeit der hier formulierten Einschätzung gelten. Dass
Wettbewerb als Regulierungsinstrument der Gesundheitspolitik mittlerweile so
selbstverständlich und unangezweifelt ist, zeigt sehr deutlich, wie tief neoliberale
Überzeugungen bereits in das Denken der Akteure der Gesundheitspolitik eingedrungen und dort in wahrsten Sinne ‚verwurzelt' sind in dem Sinne, dass sie wie
ein Pilzmycel hineingewachsen und mit den ‚normalen' Strukturen verwachsen
sind.

Hier soll keine vertiefte Kritik des Wettbewerbs als Funktionsmechanismus
erfolgen, darauf wird im nächsten Abschnitt noch näher eingegangen. Es sei nur
so viel angemerkt: Der Begriff ‚Wettbewerb' ist erst in den 1980er Jahren und
von den Akteuren neoliberaler Netzwerke in die gesundheitspolitische Diskussion
hineingetragen worden. Zuvor spielte der Begriff und die damit verbundene Vorstellung in der deutschen Gesundheitspolitik keine Rolle. In den Begründungen
gesundheitspolitischer Gesetze tauchte er nicht auf, weder in den 1970er Jahren
noch zuvor.[13]

Die Selbstverständlichkeit der Verwendung des Wettbewerbsbegriffs und seine
durchweg positive Konnotierung steht in engem Zusammenhang zu dem zweiten als Beispiel angesprochenen Thema, der gesetzlichen Krankenversicherung.
Wettbewerb in der gesetzlichen Krankenversicherung zwischen den Krankenkassen wird heutzutage von fast niemandem infrage gestellt. Wenn es Kritik
gibt, dann nicht als grundsätzliche Infragestellung von Wettbewerb in der GKV,

---

[13] So findet sich beispielsweise in der Begründung des Gesetzentwurfes für das KVNG aus
dem Jahr 1960, dem ersten aber gescheiterten Versuch einer umfassenden Gesundheitsreform
der Adenauer-Ära, das Wort ‚Wettbewerb' an keiner Stelle. Auch im Gesetzentwurf für das
Krankenversicherungs-Kostendämpfungsgesetz (KVKG) 1977, dem ersten der sogenannten
Kostendämpfungsgesetze, taucht der Begriff Wettbewerb an keiner Stelle auf. Dies festzustellen, ist heutzutage leicht möglich, da mittlerweile alle Bundestagsdrucksachen seit 1949
als durchsuchbare PDF verfügbar sind.

sondern weil es einzelne ‚Fehlentwicklungen' gibt, die nach Auffassung der Befürworter von Wettbewerb durch geeignete politische Maßnahmen korrigiert werden können. Eine Abschaffung des GKV-Wettbewerbs steht nicht nur nicht auf der Tagesordnung, sie zu fordern, ist für den weit überwiegenden Teil der gesundheitspolitischen Akteure in Parteien, Parlamenten, Krankenkassen etc. nicht vorstellbar. Wer dies dennoch wagt, läuft Gefahr, politisch isoliert und zum Außenseiter zu werden.

Etwas anders verhält es sich mit dem 2003 eingeführten Fallpauschalensystem für Krankenhäuser. Es ist eines der beiden zentralen in den 1980er Jahren entwickelten neoliberalen Reformprojekte und basiert auf deutlich erkennbaren neoliberalen Vorstellungen, so wie wohl kaum eine andere in den letzten drei Jahrzehnten beschlossene Reform. Das Fallpauschalensystem ist zwar seit längerem in der Kritik, und auch SPD und GRÜNE, die das System eingeführt haben, halten eine weitgehende Reform für notwendig. Eine Abschaffung des DRG-Systems wird von den führenden gesundheitspolitischen Akteuren beider Parteien jedoch entschieden abgelehnt, ebenso wie von den Krankenkassen und den Organisationen der Krankenhausträger, nicht nur der privaten. Die entschiedenste und auch grundsätzliche Kritik kommt aus der organisierten Ärzteschaft, Teile fordern sogar sein Ende des Fallpauschalensystems. Sie haben bislang allerdings keinen nennenswerten Einfluss auf die Gesundheitspolitik und können ihre Vorstellung nicht durchzusetzen.

Wie weit der Einfluss des Neoliberalismus auf die Gesundheitspolitik mittlerweile reicht und wie gefährlich er mittlerweile ist, wird deutlich, wenn man den Blick auf die Veröffentlichungen führender Sozialrechtler und auch einiger Verfassungsrechtler richtet und die höchstrichterliche Rechtsprechung auf nationaler und auf EU-Ebene einbezieht. Von der politisch interessierten Öffentlichkeit bislang kaum oder gar nicht wahrgenommen, hat sich dort eine Rechtsauffassung etabliert, nach der die Krankenkassen Wirtschaftsunternehmen sind, die auch so behandelt werden sollten, und dass es sich bei der Tätigkeit der Krankenkassen um eine „geschäftliche" Tätigkeit handelt.[14] Und das heißt nicht nur, dass das allgemeine Wettbewerbsrecht auf sie angewendet werden sollte, sondern auch dass die Krankenkassen endlich eine private Rechtsform erhalten sollten. Nur wenn sie in private Versicherungsunternehmen umgewandelt sind, könne sich der Wettbewerb nicht nur unter ihnen, sondern auch mit der privaten Krankenversicherung frei entfalten (vgl. exemplarisch Kingreen/Kühling 2013).

Mit der hier angesprochenen Entwicklung der rechtswissenschaftlichen Diskussion und Rechtsprechung wird allerdings auch auf eine sich in der sozialen

---

[14] Vgl. dazu u. a. ein Urteil des BGH aus dem Jahr 2014 (BGH I ZR 170/10).

Wirklichkeit bereits vollziehende Entwicklung regiert. Angestoßen durch die Einführung des GKV-Wettbewerbs Mitte der 1990er Jahre entwickeln sich die Krankenkassen seitdem immer mehr zu gewinnorientierten Versicherungsunternehmen. Nicht nur, dass sie sich selbst als Versicherungsunternehmen bezeichnen, sie agieren auch so im Wettbewerb gegenüber anderen Krankenkassen und auch gegenüber ihren Versicherten, beispielsweise indem sie offensiv eine die soziale Ungleichheit forcierende Risikoselektion betreiben. All dies ist seit langem in der Fachdiskussion bekannt und durch Berichte beispielsweise des Bundesversicherungsamtes belegt. Dennoch hält die Politik weiter am GKV-Wettbewerb fest, in der fest verwurzelten Überzeugung, dass das Prinzip des Wettbewerbs gemeinwohlfördernd ist, und Fehlentwicklungen nur durch politisch falsch gesetzte Anreize oder individuelles Fehlverhalten einzelner Kassenvorstände verursacht werden.

Neoliberalismus als Ideengebäude

Wie eingangs erläutert, wird Neoliberalismus hier als inhaltliches und organisationales Phänomen begriffen. Der vorhergehende Abschnitt war vor allem dem Neoliberalismus als intellektueller politischer Bewegung gewidmet. Nun soll eine Auseinandersetzung mit dem Neoliberalismus als Ideengebäude folgen. Eine umfassende Analyse und Kritik neoliberaler Ideen kann hier jedoch nicht erfolgen. Das wäre im Rahmen eines einzelnen Kapitels nicht zu leisten. Für eine tiefergehende Analyse und Kritik sei hier auf die oben bereits angesprochene umfangreiche kritische Literatur zum Neoliberalismus verwiesen.

Ein Mindestmaß an inhaltlicher Kritik erscheint an dieser Stelle jedoch unerlässlich für die hier vorgelegte Untersuchung. Wenn im Mittelpunkt der Untersuchung die Frage nach dem Einfluss des Neoliberalismus auf die deutsche Gesundheitspolitik steht, sollte zuvor geklärt werden, was mit Neoliberalismus im inhaltlichen Sinn gemeint ist, welche Ideen und Vorstellungen ihn ausmachen. Im Folgenden soll daher der Versuch unternommen werden, auf wenigen Seiten zentrale und für den Neoliberalismus grundlegende Vorstellungen herauszuarbeiten und zugleich einer Kritik zu unterziehen. Dabei wird der Blick insbesondere auf solche Aspekte gerichtet, die für die hier vorgelegte Untersuchung von besonderer Bedeutung sind.

Wie bereits erläutert, wird hier der Begriff ‚Ideengebäude' für die Charakterisierung des Systems an Überzeugungen und Vorstellungen verwendet, die den Neoliberalismus als inhaltliches Phänomen ausmachen. Mit Ideen sind gedankliche Vorstellungen gemeint, intellektuelle Konstrukte. Damit soll zum

Ausdruck gebracht werden, dass es sich beim Neoliberalismus nicht um eine
wissenschaftliche Theorierichtung handelt, sondern um ein System normativer
Aussagen, Aussagen darüber, wie Wirtschaft, Gesellschaft und Politik organisiert
sein sollten. Auch wenn die Texte der neoliberalen Vordenker, auf die hier Bezug
genommen wird, an vielen Stellen Aussagen enthalten, die als Tatsachenfeststellungen daherkommen, so sind es doch nur normative Aussagen, die zumeist auch
klar erkennbare Wertungen enthalten und politische Ziele legitimieren sollen. Wie
oben bereits erwähnt, handelt es sich bei den zentralen Texten der neoliberalen
Vordenker um politische Interventionen, die dazu dienen sollten, die öffentliche
und politische Meinung in Sinne der Ziele des Neoliberalismus als politischer
Bewegung zu beeinflussen.

Neoliberalismus wird oftmals auch als „Ideologie" (Schui/Blankenburg 2002:
9), „Glaube" (Ötsch/Thomasberger 2009a: 7), „Heilslehre" (Vogl 2011) oder
ähnliches bezeichnet. Dem wird hier nicht gefolgt, obwohl es für solche Cha-
rakterisierungen durchaus gute und mit vielen Textstellen neoliberaler Klassiker
belegbare Gründe gibt. Hier wird auf solche Etikettierungen, die negative Konnotationen transportieren, verzichtet, zum einen weil sie die notwendige kritische
Beschäftigung mit den Inhalten des Neoliberalismus eher erschweren als erleichtern. Begriffe wie ‚Ideologie' oder ‚Marktglaube' sind negativ konnotiert und
sollen – davon kann wohl ausgegangen werden – dazu dienen, die damit bezeichneten Überzeugungen zu diskreditieren. Die Verwendung solcher Begriffe führt
jedoch zu dem, sicher nicht beabsichtigen, Effekt, dass man sich – bevor man sich
mit den Inhalten des Neoliberalismus befasst, eigentlich zunächst klären müsste,
was eine ‚Ideologie', ein ‚Glaube', eine ‚Heilslehre' etc. ist. Eine Kontroverse
mit Befürwortern des Neoliberalismus läuft bei der Verwendung solcher Begriffe
Gefahr, dass sie nicht über die Inhalte des Neoliberalismus geführt wird, sondern
über die Frage, ob der Neoliberalismus eine ‚Ideologie', ein ‚Glaube' oder eine
‚Heilslehre' etc. ist.

Zudem ist die Verwendung negativ konnotierter Begriffe mit dem impliziten
Anspruch verbunden, man selbst als Kritiker des Neoliberalismus argumentiere
von einem überlegenen Standpunkt aus, der keine Ideologie oder Heilslehre
sei. Genau dasselbe behaupteten allerdings auch die Vordenker des Neoliberalismus bei ihrer Verteidigung des Liberalismus und der Kritik der Kritiker der
Marktwirtschaft. Ob Eucken, Röpke, Friedman oder Hayek, sie alle behaupteten
von einem überlegenen Standpunkt aus zu argumentieren und die Gegner der
Marktwirtschaft seien Anhänger einer Ideologie.

Auf die Bezeichnung als ‚Ideologie' etc. wird hier aber vor allem deshalb
verzichtet, weil die Ideen des Neoliberalismus mittlerweile sehr weit in die
Gesellschaft eingedrungen sind und von sehr vielen geteilt werden. Nur ein

sehr kleiner Teil derjenigen, die sich in dem einen oder anderen Punkt neoliberale Ideen zu Eigen gemacht haben, wäre angemessen als Neoliberale zu bezeichnen. Die meisten, insbesondere auch in der Gesundheitspolitik, teilen nur einzelne neoliberale Ideen und sind keineswegs Befürworter eines radikalen marktwirtschaftlichen Umbaus.

Um eine persönliche Anmerkung einzuflechten: Auch ich habe lange Zeit zu einzelnen gesundheitspolitischen Themen Auffassungen vertreten – auch in meinem Lehrbuch zum Gesundheitssystem – von denen ich jetzt weiß, dass es sich um solche handelt, die auf neoliberalen Grundannahmen aufbauen und neoliberale Implikationen transportieren.

Insofern plädiere ich dafür, die Auseinandersetzung mit dem Neoliberalismus als inhaltlichem Phänomen mit sachlichen Argumenten, großer Vorsicht und respektvoller Haltung zu führen, um nicht Menschen mit Schimpfwörtern zu belegen, die sich neoliberale Ideen zu Eigen gemacht haben, ohne sich der darin enthaltenen Implikationen und Konsequenzen bewusst zu sein.

Aus diesen Gründen wird hier in Anlehnung an andere Autoren der neutrale Begriff ‚Ideengebäude‘ verwendet (Audier/Reinhoudt 2019: 10; Mirowski 2019: 36). Der Begriff ist insofern hilfreich, als er zum einen Neolibelisnus als sein Systen von ‚Ideen‘ bezeichnet und zum anderen andeutet, dass es sich um ein System handelt, das mit dem bildhaften Vergleich zu Gebäuden beschrieben werden kann. Wie bei jedem Gebäude gibt es auch im Neoliberalismus ein Fundament von Überzeugungen, auf dem das Gesamtgebäude mit seinen verschiedenen Teilthemen, Schulen und Richtungen aufbaut. Mit diesem Fundament befasst sich das folgende Kapitel.

Dabei kann allerdings nur eine sehr kurze und stark geraffte Darstellung geboten werden, die sich an der zentralen Fragestellung der vorliegenden Untersuchung orientiert. Es werden diejenigen Aspekte des Ideenfundaments angesprochen, die von besonderer Bedeutung für das Verständnis des Überzeugungshintergrunds sind, der neoliberalen Reformkonzepten für die Gesundheitspolitik hinterlegt ist beziehungsweise auf dem diese Vorstellungen und Konzepte aufbauen.

Die Kurzdarstellung stützt sich vor allem auf grundlegende Texte der Vordenker des Neoliberalismus, die als ‚Klassiker‘ des Neoliberalismus gelten können. Dazu gehören Friedrich A. Hayeks „Der Weg zur Knechtschaft“ (Hayek 1944/1952) sowie ausgewählte Zeitschriften- oder Buchbeiträge Hayeks, Wilhelm Röpkes „Die Gesellschaftskrisis der Gegenwart“ (Röpke 1942/1948) und „Jenseits von Angebot und Nachfrage“ (Röpke 1958/1966), Walter Euckens „Grundsätze der Wirtschaftspolitik“ (Eucken 1952) und Milton Friedmans „Kapitalismus und Freiheit“ (Friedman 1962/2004).

Im Zentrum der Ideen des Neoliberalismus steht die Überzeugung, dass die Wirtschaft als Marktwirtschaft organisiert sein sollte, weil sie die beste aller denkbaren Wirtschaftsordnungen überhaupt ist. Der von den Neoliberalen entschieden bekämpfte Gegenentwurf zur Marktwirtschaft ist eine staatlich geplante und gelenkte Wirtschaft, die als ‚Planwirtschaft' oder ‚Zentralverwaltungswirtschaft' bezeichnet wird (ausführlich dazu Eucken 1952). Dabei ist allerdings zu beachten, dass damit keineswegs nur und auch nicht in erster Linie die sozialistische Planwirtschaft der früheren Sowjetunion und ihrer Satellitenstaaten gemeint war. Der Kampf der Neoliberalen gegen staatliche Planwirtschaft war vor allem gegen den Keynesianismus und alle Formen und Ansätze staatlicher Einflussnahme auf die Wirtschaft in den westlichen kapitalistischen Demokratien gerichtet.

Als Marktwirtschaft gilt in der Vorstellungswelt des Neoliberalismus eine Wirtschaftsordnung, in der die Wirtschaft nach dem Marktmodell organisiert ist. ‚Markt' ist dabei ein institutioneller, durch staatliches Recht konstituierter Ort, an dem private Wirtschaftssubjekte Tauschgeschäfte vollziehen und Waren oder Dienstleistungen gegen Geld tauschen.

Der ‚Markt'-Begriff wird in den Texten der neoliberalen Vordenker in der Regel nicht gesondert definiert. Bei der Verwendung des Begriffs wird vielmehr an die Alltagserfahrung mit Marktplätzen und Wochenmärkten angeknüpft, wie sie weltweit seit Jahrhunderten in einer Vielzahl von Ländern existieren. Gelegentlich wird der implizite Rückgriff auf die Alltagserfahrung auch offen angesprochen, so wie beispielsweise von Milton Friedman, wenn er Marktwirtschaft beschreibt als System der „Kooperation einzelner Individuen, wie man sie auf jedem Marktplatz erleben kann" (Friedman 1962/2004: 36).

Da auf Märkten private Wirtschaftssubjekte Tauschgeschäfte vollziehen und Waren gegen Geld tauschen, erfordert Marktwirtschaft das durch staatliches Recht zugesprochene und geschützte Privateigentum an Produktionsmitteln. Um eine für den Verkauf auf einem Markt produzierte Ware verkaufen zu können, muss sie sich im Eigentum eines privaten Wirtschaftssubjekts befinden. Erster Eigentümer einer solchen Ware ist der Eigentümer der Produktionsmittel. Wenn er diese Ware nicht selbst hergestellt hat, sondern durch Arbeiter oder Angestellte hat herstellen lassen, dann ist diese Ware in einer kapitalistischen Marktwirtschaft und Rechtsordnung Eigentum des Besitzers der Produktionsmittel. Zu den Produktionsmitteln gehört auch die für die Produktion eingekaufte Arbeitskraft, die vom Unternehmer ebenso wie andere Rohstoffe als ‚Ware' gekauft wurde. Was diese spezielle Ware während ihres Gebrauchs produziert, ist folglich Eigentum des Käufers der Ware Arbeitskraft.

Dieser Exkurs ist insofern wichtig, als in neoliberalen Texten zumeist nur von ‚Privateigentum' im Allgemeinen die Rede ist. Gemeint ist dabei jedoch in erster Linie das Privateigentum an Produktionsmitteln.

Der Zugang zu Märkten hat nach neoliberaler Vorstellung für alle Anbieter und Nachfrager frei und unbeschränkt zu sein, und es sollte auf Märkten zwischen allen Anbietern und Nachfragern Wettbewerb herrschen. Zentraler Mechanismus für die Verteilung von Waren und Dienstleistungen auf Märkten hat nach neoliberaler Überzeugung der sogenannte ‚Preismechanismus' zu sein. Preise sollten von staatlicher Regulierung frei sein und allein durch die Eigentümer der Waren festgesetzt oder durch freien Vertrag zwischen Anbieter und Nachfrager einer Ware vereinbart werden.

Durch das freie Spiel von Angebot und Nachfrage auf freien Märkten können sich nach neoliberaler Vorstellung Preise herausbilden, die am besten geeignet sind, die Wirtschaft zu steuern. Gibt es einen Mangel an bestimmten Waren, steigen die Preise für diese Waren, wovon ein Signal ausgeht, mehr von diesen Waren zu produzieren. Werden mehr Waren produziert als es Nachfrage gibt, sinken die Preise und Produzenten verringern ihre Produktion oder gehen in Konkurs und scheiden aus dem Markt aus. Dieser Mechanismus kann nach neoliberaler Grundüberzeugung weit besser die Deckung aller gesellschaftlichen Bedarfe bewirken, als staatliche Planung gleich welcher Art und welchen Umfangs.

Dass auf Märkten nur kaufkräftige Nachfrage die Preise beeinflussen kann, ist in der neoliberalen Vorstellungswelt insofern kein Problem, als a) Märkte grundsätzlich für eine gerechte Verteilung von Ressourcen sorgen oder – um eine andere Position zu zitieren (vgl. u. a. Hayek 1966) – b) weil Märkte weder gerecht noch ungerecht sind, da die Anwendung moralischer Wertungen auf Märkte und Preisbildung grundsätzlich verfehlt ist. Bei Märkten handelt es sich – so Hayek – um spontane, nicht intendierte oder geplante Ordnungen. Moralische Urteile können jedoch nur auf menschliches, mit einer Intention verbundenes Handeln angewendet werden.

Marktwirtschaft braucht Regeln und staatlichen Schutz, dies gilt in besonderem Maße für den Schutz des Privateigentums an Produktionsmitteln. Der klassische Wirtschaftsliberalismus forderte noch einen Staat des ‚Laissez-faire', der sich auf die Durchsetzung von Eigentumsrechten und öffentlicher Ordnung beschränkte und die Wirtschaft ansonsten ‚machen ließ'. Die Neoliberalen der Gründungsphase – insbesondere die Teilnehmer des oben erwähnten Lippmann Kolloquiums – waren sich darin einig, dass dies ein Fehler gewesen sei und Marktwirtschaft vielmehr einen starken Staat brauche, der nicht nur die Eigentumsordnung schützt, sondern auch gewisse Regeln festlegt und deren Einhaltung durchsetzt, um den Wettbewerb vor der Bildung von Kartellen und Monopolen zu schützen. Diese Notwendigkeit ergibt sich daraus, dass Wettbewerb letztlich zur Abschaffung von Wettbewerb führt. Wenn sich ein Anbieter als ‚Sieger' im Wettbewerb durchsetzt, bleibt am Ende nur noch er übrig, und es gibt keinerlei Wettbewerb mehr.

Bei der Frage des Staates und seiner Aufgabe für die Sicherung der Funktionsfähigkeit von Marktwirtschaft gingen und gehen die Auffassungen innerhalb des Spektrums neoliberaler Schulen und Richtungen allerdings auseinander. Die oben skizzierte Auffassung wurde vor allem von den deutschen Ordoliberalen vertreten, Vertreter der Chicago School of Economics und Hayek plädierten eher für einen Staat des Laissez-faire.

In einem waren und sind sich Anhänger des Neoliberalismus jedoch einig: Der Staat hat vor allem die Aufgabe, die Marktwirtschaft zu schützen, zu unterstützen und zu fördern. Er hat förderliche Rahmenbedingungen für freie Märkte und umfassenden Wettbewerb zu schaffen und durchzusetzen und darf auf keinen Fall in die Wirtschaftsprozesse oder die Preisbildung eingreifen.

Dieses Staatsmodell stößt allerdings auf ein schwerwiegendes Problem. Staatliche Macht wird von dazu legitimierten Akteuren ausgeübt. In parlamentarischen Demokratien sind dies Regierungen, die von Parlamenten eingesetzt werden, die wiederum in freien Wahlen von den Staatsbürgern gewählt werden. Insofern ist Marktwirtschaft existenziell von politischer Macht abhängig, die in Demokratien gemäß ihrer Verfassung vom Volk als Souverän in Wahlen an Parteien und Parlamente delegiert wird. Wenn das Volk die Macht und Freiheit hat, über alle gesellschaftlichen Angelegenheiten zu entscheiden, dann hat es auch die Macht, über die Wirtschaftsordnung und deren Änderung zu entscheiden. Folglich geht von der Demokratie als Staatsform und dem Grundsatz, dass Mehrheitsentscheidungen für alle bindend sind, eine potenzielle Bedrohung für die Marktwirtschaft aus.

Dies ist der Hintergrund für die scharfe Ablehnung jeglicher Form von ‚Kollektivismus' durch den Neoliberalismus. Mit dem Begriff war und ist nicht in erster Linie die ‚kollektivistische' Herrschaft in sozialistischen Staaten gemeint, sondern die kollektive, also gemeinsame durch Mehrheitsentscheidungen legitimierte Machtausübung in westlichen Demokratien. Soll die marktwirtschaftliche Ordnung vor dem Zugriff eines demokratischen Staates geschützt werden, muss die Grundsatzentscheidung über die Art der Wirtschaftsordnung dem ‚kollektivistischen' Willen entzogen werden. Die Frage, wie dies in einer Demokratie erreicht werden kann, war ein zentrales Problem, das die Vordenker des Neoliberalismus beschäftigte, und Neoliberale auch heute noch beschäftigt.

Ordoliberale wie Eucken und Röpke favorisierten das Modell eines Staates, in dem eine kleine Gruppe nicht demokratisch gewählter, höher gebildeter und moralisch den ‚Massen' überlegener Wissenschaftler zur ‚ordnenden Potenz' wird (vgl. u. a. Eucken 1952: 338–346). Natürlich sollte es sich dabei vor allem um Vertreter einer neoliberalen Wirtschaftswissenschaft handeln.

Röpke brachte die im Neoliberalismus enthaltene Verachtung der modernen Demokratie so deutlich wie kaum ein anderer Vordenker des Neoliberalismus zum Ausdruck. Deshalb soll hier etwas näher auf ihn eingegangen werden. Da sein Name außerhalb des Kreises derjenigen, die sich mit dem Neoliberalismus näher beschäftigt haben, kaum bekannt sein dürfte, sei hier noch einmal daran erinnert, dass er einer der führenden Vordenker des Neoliberalismus war, nicht nur in Deutschland. Die nachfolgend zitierten Passagen geben keine abseitige Minderheitsposition wieder, sondern bringen zum Ausdruck, was im neoliberalen Ideengebäude systematisch angelegt ist.

In „Die Gesellschaftskrisis der Gegenwart" ließ sich Röpke seitenlang über den Verfall der modernen Zivilisation durch den wachsenden politischen Einfluss der „Massen" aus, „die über unsere Zivilisation hereinbrechen, wie ein Bergrutsch" (Röpke 1942/1948: 58).

> „Hundert Jahre falsch verstandene Demokratisierung der Bildung und der überwiegenden Verstandeskultur haben hier im Verein mit dem Verfall der hierarchischen Gesellschaftsstruktur ein Produkt geschaffen, dessen Eigenschaften sich alle schließlich auf den *Mangel an Ehrfurcht* zurückführen lassen" (Röpke 1942/1948: 22).

Das Produkt dieser Entwicklung sei der moderne „Massenmensch – der *homo insipiens gregarius*" (Röpke 1942/1948: 24, Hervorhebung im Original), ein dummer, ungebildeter zur Herde gehörender Mensch.[15] In dem zehn Jahre später erschienen „Jenseits von Angebot und Nachfrage" setzte er seine Kritik der modernen Demokratie fort und beklagte, sie sei „mehr und mehr zur zentralistisch-jakobinischen Massendemokratie entartet" (Röpke 1958/1966: 24), zum „Brutboden der revolutionären Sozialreligionen unserer Zeit" geworden, und „zum Sammellager für die Kreuzzüge, zu denen die entflammten Massen aufbrechen" (ebd.: 108).

Um keine Missverständnisse aufkommen zu lassen: Das Buch hatte die Entwicklungen in westlichen Demokratien zum Gegenstand, insbesondere in der Bundesrepublik. Auch in der Bundesrepublik der Ära Adenauer, sah Röpke „Kräfte der geistig-moralischen Zersetzung" (Röpke 1958/1966: 24) wirken, denn das Grundgesetz erklärt nur zwei Artikel für unveränderlich: Artikel 1, die Würde des Menschen, und Artikel 20, die Festschreibung als föderalistischer und demokratischer Sozialstaat. Somit erlaubt die bundesrepublikanische Verfassung auch

---

[15] Den lateinischen Begriff übernahm er von Ortega y Gassett.

eine Änderung der Wirtschaftsordnung, sofern es die dafür erforderlichen Mehrheiten in Bundestag und Bundesrat gibt. Darin sah Röpke eine existenzielle Bedrohung für die ‚liberale' auf Privateigentum und Marktwirtschaft aufbauende Gesellschaftsordnung.

> „Wer so fundamentale Einrichtungen wie Eigentum und Wirtschaftsfreiheit ihres unerschütterlichen Charakters entkleidet und sie in die Wahlurne herabzerrt, zerstört die Voraussetzungen der liberalen Demokratie, die in der überparteilichen Übereinstimmung hinsichtlich der Unantastbarkeit der ethischen, gesellschaftlichen und politischen Grundlagen des Staates zu erblicken ist" (Röpke 1958/1966: 107).

Um dem wachsenden Einfluss der ‚Massen' Einhalt zu gebieten und zu verhindern, dass sie in ihrer ‚dumpfen Herdenhaftigkeit' auch die Unantastbarkeit der höchsten moralischen Werte wie Privateigentum an Produktionsmitteln und die marktwirtschaftliche Wirtschaftsordnung infrage stellen, sei es notwendig, diese Werte dem Einfluss der Massen zu entziehen.

> „Demokratie und Freiheit sind nur dann auf die Dauer miteinander vereinbar, wenn alle, die das Stimmrecht ausüben, oder doch die meisten unter ihnen darin einig sind, daß es gewiss höchste Normen und Grundsätze des Staatslebens und der wirtschaftlichen Verfassung gibt, die dem demokratischen Entscheidungsverfahren entzogen sind" (Röpke 1958/1966: 107).

Der erste Satz ist im Grunde eine Drohung. Die Demokratie habe nur dann ein Existenzrecht, wenn sie die marktwirtschaftliche Grundordnung akzeptiert. Akzeptiert sie diese nicht, müsse man gegebenenfalls auch die Demokratie abschaffen. Dies sei insofern kein Problem, denn „das *liberale Prinzip*" sei auch mit „nicht-demokratischen Staatsformen vereinbar" (Röpke 1942/1948: 140, Hervorhebung im Original).

Als Alternative zur Demokratie schlug Röpke vor, die Führung des Staates auf eine „dünne Schicht" zu übertragen, die er „Nobilitas naturalis", „natürliche Aristokratie" oder „Zensorenklasse" nannte (Röpke 1958/1966: 192). Die wichtigste Eigenschaft ihrer Angehörigen müsse sein, dass sie

> „mit der Marktwirtschaft aufs engste verknüpft sind und sich für sie in dem hier behandelten moralischen Bereiche verantwortlich fühlen" (Röpke 1958/1966: 193).

Hayek vertrat ähnliche Vorstellungen und plädierte für ein „Zweikammersystem", in dem das vom Volk gewählte Parlament keine Gesetzgebungskompetenz hat, sondern nur noch die Regierung einsetzt und kontrolliert (vgl. dazu u. a.

Hayek 1963, 1965, 1966). Die Gesetze solle nur noch eine dem Parlament übergeordnete Kammer beschließen dürfen, deren Mitglieder nicht durch regelmäßige allgemeine Wahlen bestimmt werden, sondern nach anderen Regeln, die sie unabhängig vom Wählerwillen machen.

Bei den hier zitierten Passagen und Positionierungen handelt es sich nicht um randständige ‚Entgleisungen' einiger unbedeutender Vertreter des Neoliberalismus. Wie dargelegt, werden Eucken, Röpke und Hayek auch von den Anhängern des Neoliberalismus zu *den* führenden und wichtigsten Vordenkern des Neoliberalismus gezählt. Vor allem aber, und das sollten die vorstehenden Ableitungen aus den Grundüberzeugungen des Neoliberalismus verdeutlichen, muss eine ein Ideensystem, das die Verteidigung und Erhaltung der Marktwirtschaft zum obersten Ziel erklärt, letztlich logisch-zwingend zu der Forderung führen, dass das Volk nicht oberster Souverän sein darf. Soll die Marktwirtschaft als höchster Wert gelten, so muss sie über den Willen des Volkes gestellt und vor ihm geschützt werden.

Insofern ist Neoliberalismus eine gegen die Demokratie gerichtete, antidemokratische Bewegung. Wenn die Marktwirtschaft über die Demokratie gestellt wird, wie es zentral für den Neoliberalismus ist, dann ist Demokratie nur solange akzeptabel, wie sie Marktwirtschaft nicht in Frage stellt und einen Staat hervorbringt, der Marktwirtschaft schützt und verteidigt und sich lediglich in der Rolle eines Schiedsrichters sieht, der die Spielregeln von Markt und Wettbewerb gegen Verstöße durchsetzt.

Der anti-demokratische Charakter des Neoliberalismus wurde in der kritischen Literatur – abgesehen von wenigen Ausnahmen – bisher leider zu wenig in den Blick genommen. Erst in neuerer Zeit richtet sich das Interesse auch vertiefend auf diesen Aspekt (vgl. u. a. Biebricher 2016, 2021). Insofern erschien es notwendig, diesen insbesondere auch für die Gesundheitspolitik relevanten Aspekt etwas näher auszuführen und mit Zitaten zu veranschaulichen.

Die Relevanz des anti-demokratischen Charakters des Neoliberalismus für die deutsche Gesundheitspolitik zeigt sich insbesondere auch daran, dass im Mittelpunkt des neoliberalen Programms für einen radikalen marktwirtschaftlichen Umbau des Gesundheitswesens die Abschaffung der gesetzlichen Krankenversicherung steht, einer zentralen Institution des deutschen Sozialstaates, die die Zustimmung einer überwältigenden Mehrheit der Bevölkerung genießt.

Die vorstehende kurze Darstellung zentraler Inhalte des Neoliberalismus als Ideengebäude beschränkte sich bei der Beschreibung der wirtschaftspolitischen Überzeugungen auf eine sehr allgemeine Ebene. Die Darstellung baute zwar auf einer gegenüber dem Neoliberalismus kritischen Sicht auf, es wurde jedoch nicht begründet, warum ein solches politisches Programm wie das neoliberale kritikwürdig ist. Betrachtet man die oben skizzierten grundlegenden neoliberalen Überzeugungen, so wird deutlich, dass eine Kritik des Neoliberalismus nicht umhinkommt, auch die Funktionsweise der Marktwirtschaft in die Kritik mit einzubeziehen. Die Kritik des Neoliberalismus kann nicht bei der Kritik an den Spezifika des Neoliberalismus stehen bleiben, sie muss sich auch zur Marktwirtschaft positionieren. Denn: Wenn Marktwirtschaft die beste aller Wirtschaftsordnungen ist, dann ist eine Bewegung, die für ihren Erhalt eintritt, nicht kritikwürdig, sondern sollte begrüßt und unterstützt werden.

Die Kritik des Neoliberalismus muss folglich auch die Frage behandeln, warum es legitim ist, Marktwirtschaft kritisch zu sehen und infrage zu stellen. Dies soll im Folgenden in kurzer und geraffter Form erfolgen. Dabei sollen drei Begriffe in den Mittelpunkt gestellt werden, die für das neoliberale Ideengebäude und die Marktwirtschaft zentral sind: Markt, Wettbewerb und Preise.

Die kritische Betrachtung dieser drei für den Neoliberalismus zentralen Begriffe, die zugleich für Konzepte stehen, ist auch für die vorliegende Untersuchung über den Einfluss des Neoliberalismus auf die Gesundheitspolitik wichtig. Alle drei Begriffe sind für eine am Neoliberalismus ausgerichtete Gesundheitspolitik von besonderer Bedeutung, denn sie liefern zentrale Bezugspunkte für neoliberale Reformkonzepte.

Die neoliberale Standardargumentation baut dabei auf der Behauptung auf, dass sich alle drei Konzepte in der Wirtschaft als überlegen und erfolgreich erwiesen haben und insofern auch im Gesundheitswesen zur Anwendung kommen sollten. Insofern führt die Auseinandersetzung mit neoliberaler Gesundheitspolitik letztlich auch zur Frage der Ausgestaltung der allgemeinen Wirtschaftsordnung. Hier wird jedoch keine Erörterung anhand empirischer Befunde erfolgen, sondern eine Betrachtung der hinter diesen drei Begriffen stehenden Funktionsprinzipien. Den Blick auf sie zu richten, kann hilfreich für die Beantwortung der Frage sein, ob diese Prinzipien auch auf das Gesundheitswesen angewendet werden sollten.

Markt und Marktprinzip

Der Begriff des ‚Marktes' ist insofern von zentraler Bedeutung, als eine marktwirtschaftliche Wirtschaftsordnung auf der Vorstellung aufbaut, dass der Bereich einer Gesellschaft, der als ‚Wirtschaft' bezeichnet wird, nach Funktionsprinzipien organisiert sein soll, wie sie auf einem Markt gelten. Wie bereits erwähnt, wird der ‚Markt'-Begriff in den Texten der neoliberalen Vordenker in der Regel analog zum Alltagsverständnis der Funktionsweise von Wochenmärkten und Marktplätzen verwendet.

Die Bezugnahme auf Wochenmärkte, wie sie weltweit in zahlreichen Ländern zum Alltag gehören, ist insofern hilfreich, als an dem Modell eines Wochenmarktes grundlegende Funktionsprinzipien einer Marktwirtschaft veranschaulicht werden können. Der Rückbezug auf Alltagserfahrungen und ein Alltagsverständnis des Marktbegriffs ist im Fall des Neoliberalismus zudem auch insofern angemessen, als es sich um eine politische Bewegung handelt, und nicht um eine bestimmte wirtschaftswissenschaftliche Theorierichtung. Neoliberalismus verfolgt politische Ziele und wendet sich primär an die Akteure der Politik, von denen kein vertieftes Wissen und Verständnis ökonomischer Theorien erwartet werden kann. Will Neoliberalismus seine Ziele erreichen, muss er für die Öffentlichkeit und die Akteure der Politik möglichst leicht verständlich sein und darf nicht voraussetzen, dass sich nur diejenigen mit ihm beschäftigen, die bereit sind, tiefer in die wirtschaftswissenschaftliche Literatur einzudringen.

Als ‚Markt' gilt allgemein und auch im Neoliberalismus ein institutionalisierter, durch staatliches Recht geregelter Bereich für die Abwicklung von Tauschgeschäften, bei denen Waren gegen Geld getauscht werden. Als Waren werden üblicherweise auf Wochenmärkten nur Gegenstände des täglichen Gebrauchs getauscht. In einer modernen Marktwirtschaft werden jedoch mehr als nur transportable Gegenstände verkauft und gekauft, sondern auch Dienstleistungen, Grund und Boden oder Arbeitskräfte.

Für diese Art von Waren hat der Wirtschaftshistoriker Karl Polanyi den Begriff der ‚fiktiven Waren' geprägt, der hier übernommen wird (Polanyi 1944/1978). Fiktiv sind diese ‚Waren' insofern, als es sich nicht um transportable Gegenstände handelt, die im Rahmen eines Tauschgeschäfts den Besitzer wechseln und vom neuen Besitzer mitgenommen und an einem anderen Ort für eigene Zwecke benutzt werden können. Dennoch werden sie als Waren behandelt, wobei es sich jedoch nur um eine Fiktion handeln kann. Von diesen fiktiven Waren sind für die hier vorliegende Untersuchung zur Gesundheitspolitik vor allem Dienstleistungen von besonderem Interesse, da die Leistungen des Gesundheitswesens zum großen Teil aus Dienstleistungen bestehen.

Es kann somit festgehalten werden, dass die grundlegende Interaktion auf einem Markt das Tauschgeschäft ist, der auf freiwilliger Entscheidung beruhende Tausch von Ware gegen Geld. Auf einem Markt gilt somit der zentrale Grundsatz, dass eine Ware oder eine Dienstleistung nur gegen Zahlung von Geld (Preis) zu erhalten ist. Wird ein Gegenstand ohne Zahlung eines Preises freiwillig abgegeben, ist dieser Gegenstand keine Ware, sondern ein Geschenk oder – im Fall einer Dienstleistung – eine kostenlose Dienstleistung oder Hilfeleistung. Ein solcher Vorgang findet außerhalb der Gesetze des Marktes statt.

Die bisherige Beschreibung des zentralen Funktionsprinzips von Märkten, wie sie auf Wochenmärkten zu beobachten ist, mag zunächst belanglos wirken und die Frage provozieren, was daran ein Problem sein soll. Die Problematik wird deutlich, wenn man sich die in dem beschriebenen Prinzip enthaltenen Implikationen vergegenwärtigt.

Wenn Waren nur gegen Zahlung von Geld zu erhalten sind, können Menschen diese Waren nur erhalten und nutzen, wenn sie in der Lage sind, den geforderten Preis zu zahlen. Wer den Preis nicht zahlen kann, hat kein Recht auf die Nutzung dieser Waren. Diese Konsequenz wird in neoliberalen Beschreibungen der Funktionsweise einer Marktwirtschaft in der Regel verschwiegen. Sie ist allerdings der Kern und Ausgangspunkt der Kritik an der kapitalistischen Marktwirtschaft.

Wer in einer Marktwirtschaft über kein Geld zum Kauf von Waren verfügt, kann diese Waren nicht erwerben. Handelt es sich um Nahrungsmittel, ist Hunger die Folge, oder – aus Verzweiflung – die rechtswidrige Aneignung durch Diebstahl. Sind auch Häuser und Wohnungen Waren, die auf einem Markt angeboten und nur auf einem Markt zu erwerben oder gegen Zahlung eines Preises (Miete) zu nutzen sind, können Mitglieder der Gesellschaft, die nicht über das notwendige Geld verfügen, keine Wohnung mieten und sind von Obdachlosigkeit bedroht.

Diesen zugespitzten Szenarien kann entgegengehalten werden, dass die soziale Wirklichkeit in einer Marktwirtschaft wie der deutschen anders aussieht und kaum Menschen hungern müssen oder obdachlos werden. In der Tat, nur ist das nicht Ergebnis der Anwendung des zentralen Funktionsprinzips einer Marktwirtschaft. Es ist das Ergebnis von Schutzmaßnahmen, die die Gesellschaft ergriffen hat, um die für den Bestand der Gesellschaft existenziell bedrohlichen Folgen einer konsequenten Anwendung des Marktprinzips zu verhindern oder zumindest abzumildern.

Die Verantwortung dafür ist in modernen Wohlfahrts- oder Sozialstaaten dem Staat übertragen, der dafür zuständige Bereich der Politik wird üblicherweise ‚Sozialpolitik' genannt, und die Gesamtheit der Maßnahmen zum Schutz vor den gesellschaftsgefährdenden Folgen des marktwirtschaftlichen Prinzips wird mittlerweile – seit Roosevelts New Deal – als ‚System der sozialen Sicherheit' bezeichnet.

Wie oben im Rahmen der Darstellung der historischen Entwicklung bereits angedeutet, schließt sich an diesem Punkt im Neoliberalismus der Kreis von der Forderung nach freien und ungeregelten Märkten hin zur Ablehnung des Wohlfahrtsstaates und eines umfassenden Systems der sozialen Sicherheit. Wenn man die uneingeschränkte Anwendung und Geltung des zentralen marktwirtschaftlichen Prinzips – Ware nur im Tausch gegen Geld – fordert, dann sind

staatliche, aus allgemeinen Steuern oder steuerähnlichen Sozialversicherungsbeiträgen finanzierte und für die Empfänger von Sozialleistungen kostenlose Waren
und Dienstleistungen ein eklatanter Verstoß gegen das marktwirtschaftliche Prinzip. Mehr noch: Sozialleistungen entziehen dem Markt Nachfrage und schwächen
dadurch die Anbieter auf Märkten, die dieselben Waren und Dienstleistungen
anbieten, wie sie das System der sozialen Sicherheit bietet.

Sofern das System der sozialen Sicherheit Einkommensleistungen erbringt wie
beispielsweise Lohnfortzahlung, Krankengeld, Arbeitslosenunterstützung oder
Renten, entzieht es dem Arbeitsmarkt Arbeitskräfte, die ohne diese Einkommensleistungen gezwungen wären, ihre Arbeitskraft zum Verkauf anzubieten. Solche
Sozialleistungen verringern das Angebot an Arbeitskräften und erhöhen dadurch
den Preis der dem Arbeitsmarkt noch zur Verfügung stehenden Arbeitskräfte. Solche Sozialleistungen greifen somit in die Märkte und das freie Spiel von Angebot
und Nachfrage ein und verhindern eine ausschließlich durch die uneingeschränkte
Funktion der Märkte erfolgende Preisbildung.

Da Sozialleistungen nicht gekauft werden müssen, sondern aufgrund von
Rechtsansprüchen vom Staat oder von halbstaatlichen Institutionen gewährt werden, steht ein solches System in diametralem Gegensatz zu den zentralen
Funktionsprinzipien der Marktwirtschaft. Aus neoliberaler Sicht sind Sozialleistungen eine existenzielle und permanente Bedrohung der Marktwirtschaft, da das
System der sozialen Sicherheit Tag für Tag einen Gegenentwurf zur Marktwirtschaft für alle Mitglieder der Gesellschaft sichtbar und erfahrbar macht. Dies
kann die Aggressivität und den Hass gegen den ‚kollektivistischen‘ Wohlfahrtsstaat und seine Leistungen erklären, der in Texten des Neoliberalismus teilweise
zutage tritt.

Auch das beitragsfinanzierte deutsche Sozialversicherungssystem ist eine permanente Bedrohung für die Marktwirtschaft. Wie im vorhergehenden Kapitel zur
gesetzlichen Krankenversicherung aufgezeigt, handelt es sich bei ihr nicht um
eine ‚Versicherung‘, bei der die fiktive Ware ‚Versicherungsleistung‘ gegen Zahlung eines vereinbarten ‚Preises‘ (Versicherungsbeitrag) getauscht wird, sondern
um den für die medizinische Versorgung zuständigen Teil eines Systems sozialer
Rechte. Die Rechte stehen allen zu, denen sie durch Gesetz zugesprochen sind,
und sie sind nicht von der Zahlung eines Beitrags abhängig.

In der GKV – wie auch in der Sozialversicherung insgesamt – herrscht somit
nicht das Marktprinzip, sondern der Grundsatz, dass alle, die einer medizinischen Versorgung bedürfen, diese auch in dem notwendigen Umfang erhalten
sollen, unabhängig davon, ob sie dafür gezahlt haben oder zahlen können. Entscheidend ist allein ihr Status als Sozialversicherte und das daraus abgeleitete
Recht auf eine bedarfsgerechte Versorgung. Das wiederum ist letztlich abgeleitet

aus einem universellen Recht aller Menschen auf ein würdevolles Leben (Art. 1
GG: Die Würde des Menschen; Rückbezug auf die allgemeinen Menschenrechte).
Dieses System und Denken auf der einen und die Funktionsprinzipien der Markt-
wirtschaft auf der anderen Seite gehören zu zwei fundamental unterschiedlichen
‚Vorstellungswelten'.

Der hier aufgezeigte Gegensatz zwischen neoliberaler Forderung nach uneingeschränkter Geltung des Marktprinzips, das die Abgabe von Waren nur gegen
Zahlung eines Preises vorsieht, ist auch für die Entstehung und Begründung des
neoliberalen Reformmodells für einen marktwirtschaftlichen Umbau des deutschen Gesundheitswesens von zentraler Bedeutung, wie es in den 1980er Jahren
von führenden Vertretern einer neoliberalen Ökonomie entwickelt und in die Politik getragen wurde. Im Zentrum der Begründung für die Forderung nach ‚mehr
Markt' im Gesundheitswesen stand die Kritik, dass die gesetzliche Krankenversicherung Sachleistungen umsonst erbringt und damit gegen das Äquivalenzprinzip
verstößt, nach dem Leistung (Ware) nur gegen Zahlung eines geldlichen Äqui-
valents (Preis) getauscht werden dürfe. Die Forderung nach uneingeschränkter
Geltung des Äquivalenzprinzips in der GKV war im Kern nichts anderes als die
Forderung nach Abschaffung der gesetzlichen Krankenversicherung und Umstellung auf ein privatwirtschaftliches System, in dem Krankenversicherung nur
von privaten Unternehmen angeboten wird, die dafür risikoäquivalente, dem
individuellen Krankheitsrisiko entsprechende Versicherungsprämien verlangen.

Wettbewerb und Preise

Wie oben dargelegt, gehört zu den Kernüberzeugungen des Neoliberalismus
auch die Auffassung, dass auf Märkten ein möglichst vollständiger Wettbewerb
herrschen sollte. Die einzelnen Wirtschaftssubjekte sollen sich allein an ihrem
jeweiligen persönlichen Nutzen orientieren und dessen Maximierung anstreben.
Weder soll es zwischen Anbietern Absprachen und Kooperation zum wechselseitigen Nutzen geben, noch sollen die Nachfrager Rücksicht auf die Bedürfnisse
und Interessen anderer Nachfrager nehmen. Kooperationen zwischen Anbietern
werden im Neoliberalismus grundsätzlich als wettbewerbsfeindliche Aktivitäten
gewertet, die durch den Staat zu unterbinden sind. Kooperationen und wechselseitige Rücksichtnahmen zwischen den Nachfragern wie beispielsweise Kunden auf
einem Wochenmarkt, sind in der neoliberalen Logik als ‚kollektivistisch' abzulehnen. Soziales Handeln im Sinne eines am Wohl anderer Individuen orientierten
Handelns, hat auf Märkten nichts zu suchen. Dort soll allein das Modell des am
Eigennutzen orientierten Homo oeconomicus gelten.

Dass die empirische Wirklichkeit moderner Marktwirtschaften vielfach und in
weiten Bereichen eine andere ist, widerspricht dieser Darstellung grundlegender

Ideen des Neoliberalismus nicht, denn Neoliberalismus ist keine wissenschaftliche Theorie oder Theorierichtung, die den Anspruch erheben kann, die soziale
Wirklichkeit zutreffend abzubilden. Neoliberalismus ist – wie bereits mehrfach festgestellt – eine politische Bewegung, die politische Ziele verfolgt und
die Gesellschaft nach ihren Vorstellungen gestalten will. Aussagen über die
segensreichen Wirkungen von Markt, Wettbewerb und Preismechanismus, die als
Tatsachenfeststellungen daherkommen, dienen allein der Legitimation politischer
Ziele.

Wenn der Neoliberalismus Wettbewerb und Konkurrenz zum zentralen Prinzip
sozialer Interaktion erklärt, dann ist auch dies – wie bereits am Funktionsprinzip
des Marktes gezeigt – eine Gefahr für den sozialen Zusammenhalt von Gesellschaften. Gesellschaften können nicht dadurch zusammengehalten und integriert
werden, dass sich ihre Mitglieder an ihrem Eigennutzen orientieren und –
wie es insbesondere Hayek vertrat – die Orientierung an gemeinsam geteilten
Moralvorstellungen ablehnen.

Dies gilt in besonderem Maße für das Gesundheitswesen. Die medizinisch-
pflegerische Versorgung Kranker, Verletzter und Pflegebedürftiger ist letztlich nur
zu dann zu gewährleisten, wenn alle Beteiligten im Interesse und zum Nutzen der
Kranken, Verletzten und Pflegebedürftigen zusammenarbeiten und – als eine der
wichtigsten Anforderungen in diesem Bereich – ihre Eigeninteressen hinter die
der Kranken, Verletzten und Pflegebedürftigen zurückstellen. Dies ist aus gutem
Grund eine der zentralen Forderungen der Berufsethiken von Gesundheitsberufen.

Auch das Konzept einer Marktsteuerung durch Preise ist in hohem Maße
gefährlich für die Gesellschaft. Findet es uneingeschränkt Anwendung, gilt es
als legitim, wenn die Preise für knappe Waren erhöht werden, sodass sich immer
weniger Menschen diese Waren leisten können. Auf einem durch Preise ‚gesteu-
erten‘ freien Markt ist die Zahlungsfähigkeit entscheidendes Kriterium für die
Verteilung von knappen Ressourcen. Wer nicht über das notwendige oder ausreichend Geld verfügt, um eine Ware zu kaufen, hat kein Recht auf Nutzung dieser
Ware.

Wenn im Neoliberalismus vertreten wird, dass Preise die Funktion eines Indi-
kators für Knappheit erfüllen und Preissteigerungen darum positiv zu bewerten
sind, da sie Knappheit anzeigen, dient dies der Legitimation eines Verhaltens,
das im lebensweltlichen Alltagsverständnis als unmoralisches Ausnutzen von Not
und Mangel gilt. Das gleiche gilt für einen Preiswettbewerb, der dazu führt, dass
Teile der Gesellschaft vom Verkauf ihrer Produkte oder Arbeitskraft nicht mehr
existieren oder nur in Armut leben können.

Überträgt man das Konzept einer Steuerung durch Marktpreise auf das
Gesundheitswesen, dann impliziert dies, dass auch dort die Preise für Waren und

Dienstleistungen umso höher sein sollen, je knapper das Angebot und höher die Nachfrage ist. Das Gesundheitswesen als preisgesteuerten Markt zu organisieren, erfordert das Ende staatlicher Planung und staatlicher Lenkung des Gesundheitssystems. Und mehr noch: Wenn Preise das System ‚steuern' sollen, dann bedeutet dies, dass die Aussicht auf Gewinn darüber entscheiden soll, wo welche Leistungen für wen erbracht werden. Moralische Vorstellungen oder sozialpolitische Ziele wie soziale Gleichheit oder Gerechtigkeit haben in einem solchen Konzept keinen Platz, sie stören das freie Spiel der Marktkräfte.

In Anbetracht der Existenz einer gesetzlichen Krankenversicherung als staatlicher Sozialversicherung mag die Vorstellung einer ‚Steuerung durch Preise' für die einzelnen Patienten noch belanglos erscheinen, da nicht die Patienten die Preise zahlen müssen, sondern die jeweilige Krankenkasse. Das neoliberale Modell eines radikalen marktwirtschaftlichen Umbaus sieht jedoch vor, dass es keine staatliche Sozialversicherung geben soll, die Leistungen nach dem Sachleistungsprinzip gewährt. Um die praktischen Konsequenzen eines marktwirtschaftlichen Umbaus des Gesundheitswesens erkennen zu können, ist es darum notwendig das Modell in seiner Gesamtheit in den Blick zu nehmen.

Neoliberalismus und soziale Sicherheit

Um dem Einwand zu begegnen, dass diese Darstellung maßlos übertrieben sei und nicht den Vorstellungen der Vordenker des Neoliberalismus entspreche, sollen hier abschließend Passagen aus Veröffentlichungen von Friedrich A. Hayek und Wilhelm Röpke zitiert werden, in denen sie sich zum System der sozialen Sicherung äußerten.

In einem Beitrag aus dem Jahr 1960 lehnte Hayek ein Recht auf Unterstützung durch staatliche Sozialleistungen grundsätzlich und kategorisch ab.

> „In einer freien Gesellschaft kann es kein Gerechtigkeitsprinzip geben, das ein Recht auf Unterstützung verleiht" (Hayek 1960: 407).

Als einzige staatliche Unterstützungsleistungen waren für Hayek nur minimale Leistungen akzeptabel, wie sie in der Zeit des Frühkapitalismus von der Armenfürsorge gewährt wurden und lediglich vor dem Verhungern und der Obdachlosigkeit schützen sollen, so dass

> „kein Mitglied der Gemeinschaft ohne Nahrung und Obdach sein muß" (Hayek 1960: 404).

Im Fall des Gesundheitswesens wandte er sich ausdrücklich dagegen,

> „daß der Bedarf nach ärztlicher Hilfe (...) ohne Rücksicht auf wirtschaftliche Erwä-
> gungen immer voll befriedigt werden kann und soll" (Hayek 1960: 401).

Für ihn war die Vorstellung inakzeptabel,

> „daß es objektiv bestimmbare normale ärztliche Dienstleistungen gibt, die allen gebo-
> ten werden können und allen geboten werden sollten" (Hayek 1960: 402).

Der medizinische Fortschritt war für ihn ein Problem, da er dazu führe, dass sich
das Gesundheitswesen

> „nicht mehr hauptsächlich der Wiederherstellung der Arbeitskraft zuwendet, sondern
> mehr der Linderung von Leiden und der Verlängerung des Lebens" (Hayek 1960:
> 403).

Nach Hayeks Vorstellung sollte sich das Gesundheitswesen auf die Versorgung
derjenigen beschränken, deren Arbeitsfähigkeit wieder voll hergestellt werden
kann. Wer nie wieder arbeitsfähig werden kann, solle darum keine Krankenhausbehandlung erhalten. So könne erreicht werden, dass die leichter Erkrankten nicht
mehr so lange auf eine Krankenhausbehandlung warten müssen.

> „Unter Systemen der staatlichen Medizin finden wir jedoch allgemein, daß diejeni-
> gen, die schnell zu voller Leistungsfähigkeit wiederhergestellt werden könnten, lange
> Zeit warten müssen, weil die Spitaleinrichtungen von Leuten in Anspruch genommen
> werden, die nie mehr etwas für ihre Mitmenschen leisten werden" (Hayek 1960: 403).

Und weiter:

> „Es mag hart klingen, aber es ist wahrscheinlich im Interesse aller, daß in einem
> freiheitlichen System die voll Erwerbsfähigen oft schnell von einer vorübergehen-
> den und nicht gefährlichen Erkrankung geheilt werden um den Preis einer gewissen
> Vernachlässigung der Alten und Sterbenskranken" (Hayek 1960: 403).

Um den Einblick in die Vorstellungswelt der führenden Vordenker des Neoliberalismus etwas weiter zu vertiefen, seien hier noch einige ‚Leseproben' aus dem
Werk von Wilhelm Röpke nachgereicht.

Röpkes Kritik an den modernen Massendemokratien, die oben bereits angesprochen und mit Zitaten veranschaulicht wurde, richtete sich insbesondere auch

gegen den modernen Wohlfahrtsstaat. Der „kollektivistische" und „aufgeblähte Wohlfahrtsstaat von heute" sei „weitergewuchert" (Röpke 1958/1966: 24, 50, 234), und seine „staatlich organisierte Massenfürsorge" sei nichts anderes als

> „die *Prothese einer durch Proletarisierung verkrüppelten Gesellschaft*, ein Notbehelf, berechnet auf die wirtschaftlich-moralische Unmündigkeit der aus dem Zerfall der alten Gesellschaft entstandenen Schichten" (Röpke 1958/1966: 230, Hervorhebungen im Original).

Es sei

> „unverkennbar, daß heute weitesten Volkskreisen das Ideal einer totalen Pensionierung vorschwebt" (Röpke 1942/1948: 266).

Im Wohlfahrtsstaat verwirkliche sich das „Ideal der komfortablen Stallfütterung" (Röpke 1942/1948: 26) und durch den Wohlfahrtsstaat werde der Mensch

> „zum gehorsamen Haustier des großen Staatsstalles, in dem wir, mehr oder weniger wohlgefüttert, zusammengepfercht werden" (Röpke 1958/1966: 231).

Dies alles sei möglich geworden, weil sich

> „die geistig-moralische Zwergwuchsrasse, die sich willig, ja freudig, weil erlöst, zum Rohstoff des modernen kollektivistisch-totalitären Massenstaates gebrauchen lässt" (Röpke 1958/1966: 30).

Mit besonderer Abscheu wandte sich Röpke gegen das 1954 von der CDU/CSU-geführten Bundesregierung eingeführte Kindergeld.[16] Dadurch werde

> „eine große Kinderzahl schlechthin ein Verdienst, das – durch steuerliche Bestrafung der in der Prokreation Zurückhaltenden – vom Staat zu fördern sei, ja eine Art von Pflicht, die der einzelne in Ausübung seiner biologischen Funktion der Kollektivität schulde" (Röpke 1958/1966: 72).

Während die Geburtenziffer bislang

> „dadurch einigermaßen in Schranken gehalten wurde, daß der einzelne die Verantwortung für die Größe seiner Familie zu tragen hatte"

---

[16] Gesetz über die Gewährung von Kindergeld und die Errichtung von Familienausgleichskassen (Kindergeldgesetz – KGG) vom 13. November 1954 (BGBl. I S. 333).

führe das Kindergeld dazu, dass

> „jetzt der Wohlfahrtsstaat ihm diese Verantwortung abnimmt oder gar die Kinderzeugung zu etwas Einträglichem macht" (Röpke 1958/1966: 240).

Insgesamt sei

> „schlechterdings kein Ende dieser Entwicklung abzusehen, solange nicht die perverse Sozialphilosophie, auf der der moderne Wohlfahrtsstaat beruht, als einer der großen Irrtümer unserer Zeit erkannt und verworfen sein wird" (Röpke 1958/1966: 232 f.).
>
> „Eines von beiden wird früher oder spätere weichen müssen: das freie Gesellschafts- und Wirtschaftssystem oder der heutige Wohlfahrtsstaat" (Röpke 1958/1966: 229).

Wer weichen sollte, war aus Röpkes Sicht unzweifelhaft. Der Wohlfahrtsstaat müsse „auf das unerläßliche Minimum abgebaut und das so ersparte Geld den nichtstaatlichen Formen der Vorsorge überlassen" werden (Röpke 1958/1966: 244).

Es sei an dieser Stelle noch einmal daran erinnert, dass Hayek und Röpke führende Vordenker des Neoliberalismus und keine randständigen Außenseiter waren. Hayek erhielt nicht nur den Pseudo-Nobelpreis für Wirtschaftswissenschaften, sondern eine Vielzahl weiterer Auszeichnungen und wird auch heute noch von den Anhängern des Neoliberalismus als ‚Gelehrter' und vorbildlicher Denker verehrt (stellvertretend für viele andere vgl. Hayek-Gesellschaft 2022). Auch Wilhelm Röpke wird heute noch von den Anhängern des Neoliberalismus verehrt.[17]

Es sei noch angemerkt, dass der oben zitierte Beitrag Hayeks aus dem Jahr 1960 sowie zentrale Passagen aus Röpkes oben zitierten Werk „Jenseits von

---

[17] So gibt es beispielsweise ein nach ihn benanntes Institut an der Universität Erfurt (http://roepke-institut.org). Zu den Mitgliedern des Instituts zählen unter anderem *Lars P. Feld,* Mitglied des Kronberger Kreises und von 2011 bis 2021 Mitglied des Wirtschaftssachverständigenrates, zuletzt dessen Vorsitzender, sowie Mitglied weiterer Gremien der Politikberatung auf Bundesebene, *Thomas Straubhaar,* langjähriger Direktor des Hamburger Weltwirtschaftsinstituts, und *Nils Goldschmidt,* Vorsitzender der Aktionsgemeinschaft Soziale Marktwirtschaft. Die jährlich stattfinde Wilhelm-Röpke-Vorlesung hielten in den letzten Jahren *Clemens Fuest* (2021), Mitglied des Kronberger Kreises, Leiter des Ifo-Institutes, *Udo Di Fabio* (2020), ehemaliger Verfassungsrichter, *Ralf Füchs* (2019), GRÜNEN-Politiker und ehemaliger Vorstand der Heinrich-Böll-Stiftung, *Justus Haucap* (2018), ehemaliger Vorsitzender der Monopolkommission, *Heike Göbel* (2017), Leiterin der Wirtschaftsredaktion der FAZ.

Angebot und Nachfrage" von der Ludwig-Erhard-Stiftung in einem Sammelband mit dem Titel „Grundtexte zur Sozialen Marktwirtschaft: Das Soziale in
der Sozialen Marktwirtschaft" Ende der 1980er Jahre erneut abgedruckt wurden
(Hohmann et al. 1988).

Die vorstehende Darstellung des Neoliberalismus konnte nur einen groben
Überblick bieten über das sehr komplexe Phänomen ‚Neoliberalismus'. Wie oben
bereits ausgeführt, erschien dies notwendig, da der Begriff ‚Neoliberalismus' mit
sehr unterschiedlichen Bedeutungen und leider auch vielfach ungenau und mit
falschen Vorstellungen verbunden verwendet wird.

Die beiden Bestandteile dieses einführenden Kapitels, das Unterkapitel zur
gesetzlichen Krankenversicherung und das zum Neoliberalismus, sollten dazu
dienen, einige für das Verständnis der vorliegenden Untersuchung hilfreiche Hin-
tergrundinformationen bereitzustellen, so dass darauf im laufenden Gang der
Untersuchung nicht eingegangen werden muss. Nach diesen Vorbemerkungen
kann nun mit der eigentlichen Untersuchung begonnen werden.

Die gesundheitspolitische Entwicklung von der Nachkriegszeit bis zum Ende der 1970er Jahre

Wie im vorhergehenden Kapitel aufgezeigt, beeinflusste die deutsche Variante des Neoliberalismus, der Ordoliberalismus, die Politik der Bundesrepublik nicht erst ab den 1980er Jahren, sondern bereits seit ihrer Gründung. Dieser Einfluss wurde in der sozialwissenschaftlichen Literatur zur Sozial- und Gesundheitspolitik der Nachkriegszeit bislang jedoch nicht näher beleuchtet. Das folgende Kapitel wird sich mit der Zeit von 1945 an auch deshalb beschäftigen, um ein wenig mehr Licht auf die Nachkriegsjahre und folgenden beiden Jahrzehnte zu werfen. Die Rekonstruktion der historischen Entwicklung wird zeigen, dass es Ende der 1940er Jahre den Versuch der Einführung einer Volksversicherung gab, die weitgehend den Vorstellungen folgte, die seit Anfang der 2000er Jahre unter dem Leitbegriff einer ‚Bürgerversicherung' diskutiert werden.

Das System der sozialen Sicherheit in der Bundesrepublik stand Ende der 1940er Jahre kurz vor einer sehr weitreichenden Reform. Der Versuch scheiterte jedoch und die 1949 gewählte Regierungskoalition unter Führung der CDU/CSU und des Bundeskanzlers Konrad Adenauer beschritt zunächst einen Weg der Restauration des Systems der sozialen Sicherung, wie es vor der Machtergreifung der Nationalsozialisten bestand. Allerdings bestand parteiübergreifend weitgehend Übereinstimmung darin, dass dieses System eine grundlegende Reform brauche. Die Vorstellungen darüber, in welche Richtung es reformiert werden sollte, gingen jedoch weit auseinander. Sie reichten von einem Umbau des Gesamtsystems nach dem Vorbild des staatlichen britischen Systems bis hin zu einem radikalen Rückbau der sozialen Sicherung auf das Niveau traditioneller Armenfürsorge, wie es vor Einführung der Bismarck'schen Sozialversicherung bestand. Die Absicherung für den Fall von Krankheit, Arbeitslosigkeit und Alter sollte dabei von der Sozialversicherung weg auf ein System der Absicherung durch private Versicherungen umgestellt werden. Diese Vorstellung war stark

M. Simon, *Der Einfluss des Neoliberalismus auf die deutsche Gesundheitspolitik*, Gesundheit. Politik – Gesellschaft – Wirtschaft, https://doi.org/10.1007/978-3-658-41099-5_3

geprägt von neoliberalen Überzeugungen, nach denen einem weiteren ‚Wuchern' des Wohlfahrtsstaates Einhalt geboten werden müsse und soziale Sicherung auf ein Minimum zu reduzieren sei.

Die Diskussion über eine umfassende ‚Sozialreform' hielt bis in die zweite Hälfte der 1950er Jahre an. Nach einer 1957 beschlossenen großen Rentenreform und der Einführung einer bis dahin nur den Angestellten vorbehaltenen Lohnfortzahlung auch für Arbeiter kam sie weitgehend zum Erliegen. Zwar gab es 1960 den ersten Versuch einer größeren Reform der gesetzlichen Krankenversicherung, der vorgelegte Entwurf eines Krankenversicherungsneuregelungsgesetzes (KVNG) scheiterte jedoch an Protesten von Ärzteschaft und Gewerkschaften sowie an Differenzen innerhalb der Regierungskoalition.

Erst nach Bildung einer Großen Koalition zwischen CDU/CSU und SPD im Jahr 1966 kam wieder Bewegung in dieses Politikfeld, und es wurden wichtige Weichenstellungen vorgenommen. Dazu trug insbesondere auch bei, dass in dieser Zeit der Arbeitnehmerflügel der Union über einen relativ starken Einfluss in der Partei und auch in der Bundesregierung verfügte. Weitreichende Reformen waren in dieser Konstellation allerdings nicht durchsetzbar. Sie wurden erst nach dem Ende der Großen Koalition und der Bildung einer sozialliberalen Koalition aus SPD und FDP unter Führung des sozialdemokratischen Bundeskanzlers Willi Brandt möglich. Innerhalb weniger Jahre kam es ab 1969 zu eine m Ausbau des Systems der sozialen Sicherheit, wie es ihn in Deutschland bis dahin innerhalb so kurzer Zeit noch nicht gegeben hatte und danach auch nicht wieder gab. Ermöglicht wurde der Ausbau insbesondere auch dadurch, dass sich die FDP, die bis 1966 lange Zeit gemeinsam mit der CDU/CSU regiert hatte und in starkem Maße wirtschaftsliberal ausgerichtet war, nach 1966 politisch neu ausgerichtet und auf dem Gebiet der Sozialpolitik der SPD angenähert hatte.

Der Ordoliberalismus hatte bereits in den 1960er Jahren an Einfluss auf die Bundespolitik verloren und war auch innerhalb der Wirtschaftswissenschaften in Deutschland wenig erfolgreich. Dominierend war der Keynesianismus, der innerhalb der Bundesregierung von 1966 bis 1972 mit dem Wirtschaftswissenschaftler Karl Schiller als sozialdemokratischem Wirtschaftsminister einen einflussreichen Vertreter an der Spitze der Wirtschaftspolitik hatte.

Aus neoliberaler Sicht musste die Entwicklung ab Ende der 1960er Jahre in hohem Maße beunruhigend sein, da sich die Bundesrepublik nach neoliberal-ordoliberalen Maßstäben auf dem Weg zu einer ‚kollektivistischen Zentralwirtschaft' befand, vor allem aufgrund der in der Bundesregierung vorherrschenden Bereitschaft zu einer stärkeren politischen Lenkung der Wirtschaft und des starken Ausbaus der sozialen Sicherheit.

Bereits in der ersten Hälfte der 1970er Jahre begann sich eine Bewegung neoliberaler Ökonomen in Deutschland herauszubilden, die die Vorherrschaft des Keynesianismus in den Wirtschaftswissenschaften überwinden und eine neoliberale Neuausrichtung erreichen wollte. Von zentraler Bedeutung für diese Bewegung war der Wirtschaftssachverständigenrat, der ab Mitte der 1970er zu einer Art Gravitationszentrum für die Erringung einer neoliberalen Vorherrschaft in den deutschen Wirtschaftswissenschaften wurde.

Zugleich erstarkte innerhalb der FDP der wirtschaftsliberale Flügel und errang schließlich unter Führung des damaligen Wirtschaftsministers Lambsdorff Ende der 1970er Jahre wieder die Vorherrschaft. 1981 war es schließlich soweit, dass Lambsdorff den Bruch der sozialliberalen Koalition herbeiführen konnte, um den Wechsel zu einer konservativ-wirtschaftsliberalen Koalition von CDU/CSU und FDP unter Führung des Bundeskanzlers Helmut Kohl zu ermöglichen.

Der als ‚Wende' in die Geschichtsschreibung der Bundesrepublik eingegangene Regierungswechsel gab den Mitgliedern sich damals entwickelnder neoliberaler Netzwerke erheblichen Auftrieb und verschaffte ihnen Zugang zur Regierungspolitik. Im Bereich der Gesundheitspolitik wurden Reformvorschläge entwickelt und erfolgreich in die Politik eingebracht, in deren Zentrum die Forderung nach ‚mehr Markt' und einer Abschaffung der gesetzlichen Krankenversicherung als staatlicher Sozialversicherung stand.

Dieser kurzgefasste Überblick über die Inhalte des folgenden Kapitels sollte verdeutlichen, warum es für das Verständnis des Einflusses neoliberalen Denkens auf die Gesundheitspolitik sinnvoll ist, sich auch mit der Zeit ab 1945 zu befassen. Auch wenn Gesundheitspolitik auf den ersten Blick als eine ‚kurzlebige' und häufig auf aktuelle Entwicklungen reagierende Veranstaltung erscheinen kann, in den großen und grundlegenden Fragen, folgt sie sehr langen Entwicklungslinien. Dies wird insbesondere an der Entwicklung der gesetzlichen Krankenversicherung deutlich.

Wie in dem einleitenden Kapitel zur gesetzlichen Krankenversicherung aufgezeigt, kreist die Diskussion über das Verständnis und die Zukunft der GKV auch heute noch um Fragen, die bereits im Kaiserreich diskutiert und unterschiedlich beantwortet wurden. Im Zentrum auch der heutigen Diskussionen über die Ausgestaltung und Zukunft der GKV steht im Grunde immer noch die Frage, was die gesetzliche Krankenversicherung ist, oder besser: als was sie angesehen und begriffen werden soll. Diese Frage ist keine akademische, sondern eine in hohem Maße politische, denn von der Antwort hängt ab, wie die GKV behandelt wird und in welche Richtung sie zukünftig entwickelt werden soll.

Die Nachkriegsjahre: Kapitalismuskritik und die gescheiterte Einführung einer Volksversicherung

In den ersten Jahren nach dem Ende des Zweiten Weltkrieges „ging eine Welle der Kapitalismuskritik durchs Land" (Hockerts 1985: 245). Dies galt nicht nur für Mitglieder die SPD, der Gewerkschaften und der damals noch nicht verbotenen KPD, sondern auch für relevante Teile der CDU. Diese Stimmung kam unter anderem in einer vielfach zitierten Passage des Ahlener Programms der CDU zum Ausdruck:

> „Das kapitalistische Wirtschaftssystem ist den staatlichen und sozialen Lebensinteressen des deutschen Volkes nicht gerecht geworden. Nach dem furchtbaren politischen, wirtschaftlichen und sozialen Zusammenbruch als Folge einer verbrecherischen Machtpolitik kann nur eine Neuordnung von Grund aus erfolgen" (CDU 1947: 15).

Auch wenn das Ahlener Programm in Teilen durchaus kapitalismuskritisch wirkt, so war die CDU doch weit davon entfernt, zu einer sozialistischen Partei werden zu wollen. Ihre Kapitalismuskritik beschränkte sich weitgehend auf die Macht der Monopole und Kartelle. Sofern im Ahlener Programm von ‚Vergesellschaftung' die Rede war, meinte dies die Zerschlagung von wettbewerbsfeindlichen Monopolstrukturen, nicht um den Kapitalismus abzuschaffen, sondern im Gegenteil, um ihn vor Einschränkungen des Wettbewerbs zu schützen und dadurch seine Zukunft zu sichern.[1] Insofern erscheint es übertrieben, von einem „sozialistisch gesinnten Ahlener Programm" (Ötsch et al. 2017: 165) zu sprechen. Im wirtschaftspolitischen Teil der CDU-Programmatik zeigte sich vielmehr bereits 1947 sehr deutlich der inhaltliche Einfluss des Ordoliberalismus, der später durch die Berufung des ordoliberalen Ökonomieprofessors Ludwig Erhard zum Wirtschaftsminister und des Schöpfers der ordoliberalen Konzeption der ‚Sozialen Marktwirtschaft' Alfred Müller-Armack zu seinem Staatssekretär auch personell sichtbar wurde. Verglichen mit späteren Programmen der CDU war das Ahlener Programm allerdings sehr wohl deutlich kritischer gegenüber der kapitalistischen Marktwirtschaft und enthielt beispielsweise auch die Forderung nach umfassender Mitbestimmung in den Betrieben.

---

[1] „Die neue Struktur der deutschen Wirtschaft muß davon ausgehen, daß die Zeit der unumschränkten Herrschaft des privaten Kapitalismus vorbei ist. Es muß aber ebenso vermieden werden, daß der private Kapitalismus durch den Staatskapitalismus ersetzt wird, der noch gefährlicher für die politische und wirtschaftliche Freiheit des einzelnen sein würde" (CDU 1947: 17).

Zu einer kapitalismuskritischen Grundstimmung in der Bevölkerung trug insbesondere auch bei, dass den Großkonzernen ein erheblicher Teil Mitschuld an der Machtergreifung der Nazis gegeben wurde. Ihre Unterstützung der Nazidiktatur provozierte insofern die Frage, ob diese Wirtschaftsform beibehalten werden soll. Zudem waren die Weltwirtschaftskrise und ihre verheerenden Auswirkungen vielen Deutschen noch aus eigener Erfahrung präsent. Diese Erfahrungen bildeten die Grundlage unter anderem auch dafür, dass mehrere neu geschaffene Länderverfassungen die Verstaatlichung von Schlüsselindustrien als Option vorsahen (Ötsch et al. 2017: 160 ff.).

Die gesellschaftliche Stimmung war auch wesentlicher Ausgangspunkt für die nach dem Krieg zunehmend intensiver werdenden publizistischen Aktivitäten der deutschen Ordoliberalen. Deren vehemente Warnungen vor den negativen Folgen des sozialistischen ‚Kollektivismus' und ihr Ziel, die Marktwirtschaft durch Überwindung der Fehler des klassischen Laissez-faire-Liberalismus und eine wettbewerbssichernde, Monopole verhindernde ‚Ordnungspolitik' zu retten, ist im Wesentlichen eine Reaktion auf diese gesellschaftliche Stimmung (zur Entstehung des Ordoliberalismus vgl. Ptak 2004). Die in ihren Schriften teilweise sehr drastisch geschilderten Warnungen und Befürchtungen der Neoliberalen vor ‚Kollektivismus' und sozialistischer ‚Zentralverwaltungswirtschaft' (vgl. exemplarisch Röpke 1942/1948) hatten somit durchaus einen realen gesellschaftlichen Hintergrund, zumal mit einer damals noch deutlich linkeren SPD und einer noch nicht verbotenen Kommunistischen Partei eine relativ starke antikapitalistische politische Strömung vorhanden war. Allerdings war die Bundesrepublik Ende der 1940er Jahre weit entfernt von einem sozialistischen Umsturz. Die erste Bundestagswahl 1949 erbrachte für die bürgerlichen Parteien CDU/CSU, FDP und DP (Deutsche Partei) eine Mehrheit im Bundestag und führte zu einer ersten bürgerlich-konservativen Bundesregierung.

Bei der Organisation der sozialen Sicherung stand Westdeutschland kurz nach Kriegsende allerdings „dicht am Rande eines Kontinuitätsbruchs und Neuanfangs" (Hockerts 1982: 325). Nach dem Krieg hatten die West-Alliierten insbesondere Vertreter von SPD und Gewerkschaften in ihre Beratungsgremien berufen. Den daraus erwachsenen Einfluss nutzten SPD und Gewerkschaften, um eine grundlegende Neugestaltung der Sozialversicherung unter dem Leitbegriff ‚Volksversicherung' vorzubereiten (Hockerts 1980). Ziel der Reform sollte die Zusammenlegung aller Sozialversicherungszweige zu einer einheitlichen Sozialversicherung sein. Zudem sollten weitere Kreise der Bevölkerung, bis hin zu kleinen Selbständigen, in die Sozialversicherungspflicht einbezogen werden. Das Vorhaben wurde jedoch kurz vor seiner Umsetzung vor allem auf Drängen konservativer politischer Kräfte und der Wirtschaft von den Westalliierten gestoppt. Die

Entscheidung über die Einführung einer Volksversicherung wurde dem ersten gewählten Bundestag überlassen.

Zwar scheiterte das Reformvorhaben, die damit verfolgten Ziele blieben jedoch in der nachfolgenden sozialpolitischen Diskussion präsent und wirkten zumindest im Hintergrund weiter. Die sozialpolitische Diskussion der 1950er Jahre war parteiübergreifend geprägt von der Überzeugung, dass eine umfassende Sozialreform notwendig sei (Hockerts 1977). Dies galt auch für die seit 1949 regierende Bundesregierung unter Führung der CDU/CSU. Allerdings war deren Vorstellung von einer Sozialreform eine andere als die der SPD und der Gewerkschaften. SPD und DGB verfolgten nach dem Scheitern des Vorstoßes der ersten Nachkriegsjahre das Ziel einer umfassenden Volksversicherung nicht mehr weiter und setzten stattdessen auf die Weiterentwicklung des gegliederten Sozialversicherungssystems und einen schrittweisen Ausbau der sozialen Sicherung. In der sozialpolitischen und vor allem der wissenschaftlichen Fachdiskussion blieb das Konzept der Volksversicherung jedoch weiter präsent, und sei es nur als Modell, gegen das man sich abgrenzte.

Nachfolgend soll auf den gescheiterten Versuch der Einführung einer ‚Volksversicherung' etwas näher eingegangen werden. Dies erscheint nicht nur für das Verständnis der sozialpolitischen Diskussion der 1950er Jahre sinnvoll, es soll vor allem auch aufzeigen, dass es bereits lange vor dem Aufkommen der Diskussion über eine ‚Bürgerversicherung' ein vergleichbares Reformkonzept gab, das beinahe sogar zur Grundlage der Sozialversicherung der Bundesrepublik geworden wäre.

Dass nach dem Ende des Zweiten Weltkrieges versucht wurde, das gegliederte und im Bereich der gesetzlichen Krankenversicherung hochgradig fragmentierte Sozialversicherungssystem in ein einheitliche ‚Volksversicherung' zu überführen, hatte mehrere Gründe und war durch die besondere Nachkriegssituation begünstigt.

Durch die Naziherrschaft und den Krieg waren die finanziellen Reserven der Sozialversicherung weitgehend zerstört. Nach dem Zusammenbruch des nationalsozialistischen Regimes hatte die Sozialversicherung den größten Teil ihrer finanziellen Reserven verloren (Peters 1974: 125 ff.). Die Sozialversicherungsträger waren durch eine Verordnung aus dem Jahr 1938 (RGBl. I S. 398) verpflichtet worden, 70–75 %, teilweise sogar bis zu 90 % ihres Vermögens in Staatsanleihen anzulegen. Der Staat konnte die finanziellen Rücklagen der Sozialversicherung somit für die Finanzierung des Krieges nutzen, die Sozialversicherungen erhielten im Gegenzug Anleihescheine, die nach dem Krieg vollkommen wertlos waren.

Alle Zweige der Sozialversicherung zusammen verfügten zum Zeitpunkt der Kapitulation nominell über Rücklagen im Wert von ca. 20,4 Mrd. Reichsmark. Davon waren 71,1 % in Staatsanleihen angelegt, der Rest entweder in Hypotheken, Grund- und Rentenschulden, Kommunalobligationen, Inventar etc. Die Staatsanleihen waren wertlos und die Immobilien weitgehend zerstört. Der gesamte Verlust entsprach einer Summe, die ausgereicht hätte, die Leistungen aller Sozialversicherungszweige auf dem damaligen Stand ohne jegliche Beitragseinnahmen für drei Jahre zu gewähren (Peters 1974: 126). Das Kriegsende markierte somit für die Sozialversicherung finanziell eine ‚Stunde Null', so dass auch von daher die Rahmenbedingungen für eine grundsätzliche Reform günstig waren.

Eine weitere begünstigende Rahmenbedingung war die bereits erwähnte Einbindung vor allem sozialdemokratischer und gewerkschaftlicher Experten in die Beratung der Besatzungsmächte. Dadurch schien die Verwirklichung einer traditionellen sozialdemokratisch-gewerkschaftlichen Vorstellung möglich: die Überführung der gegliederten Sozialversicherung in ein einheitliches System. Die Sozialversicherung war in mehrfacher Hinsicht fragmentiert und reproduzierte gesellschaftliche Spaltungen und soziale Ungleichheiten. Es gab eine Rentenversicherung für Arbeiter und davon finanziell getrennt eine für Angestellte. Es gab Krankenkassen für Arbeiter und Krankenkassen, die nur für Angestellte zugänglich waren (Ersatzkassen). Darüber hinaus war das System der gesetzlichen Krankenversicherung zergliedert in Krankenkassen, die nur für bestimmte Berufsgruppen, Beschäftigte bestimmter Wirtschaftsbranchen oder Beschäftigte einzelner Betriebe offenstanden. Die Überwindung dieser Fragmentierung und der damit verbundenen sozialen Ungleichheit war seit Jahrzehnten eine der zentralen Forderungen der gewerkschaftlichen und politischen Arbeiterbewegung.[2]

Die Einführung einer Volksversicherung stand in den ersten Nachkriegsjahren auf der politischen Agenda nicht nur von SPD und DGB, sondern auch der Besatzungsmächte. Sowohl die sowjetische als auch die britische und die amerikanische Besatzungsmacht bereiteten deren Einführung vor (Hockerts 1980, 1982). Treibende Kraft bei der Vorbereitung einer Volksversicherung war das Arbeitsdirektorat der Viermächteverwaltung, das sich von Deutschen beraten ließ, die einer sozialistisch-gewerkschaftlichen Tradition zugerechnet werden können. Das Arbeitsdirektorat entwickelte die Konzeption und der Alliierte Kontrollrat

---

[2] Forderungen nach einer einheitlichen Volksversicherung finden sich in Parteitagsbeschlüssen der SPD von 1902 und 1925 und in Resolutionen von Gewerkschaftskongressen der 1920er Jahre (Hockerts 1980: 27 f.).

legte im April 1946 den Entwurf eines gesamtdeutschen Sozialversicherungs-gesetzes vor, der eine grundlegende Reform der deutschen Sozialversicherung vorsah. Die Sozialversicherung sollte nicht mehr in verschiedene Zweige getrennt sein, sondern zu neu zu schaffenden nur regional gegliederten Sozialversicherungsämtern zusammengefasst werden (Hockerts 1980: 26 f.; Peters 1974: 125 ff.).

Der Gesetzentwurf beschränkte sich ausdrücklich nicht auf die Zusammenfassung der bestehenden Sozialversicherungszweige. Durch Ausdehnung der Versicherungspflicht auf alle abhängig Beschäftigten, einschließlich der besser verdienenden Angestellten und der Beamten, und durch Einbeziehung aller Selbständigen, die nicht mehr als fünf Arbeitnehmer beschäftigten, sollte die staatliche Sozialversicherung zu einer Volksversicherung werden (Hentschel 1983: 146 f.; Hockerts 1980: 27; Peters 1974: 127 f.; Tennstedt 1976: 411–413; Wasem/Vincenti/et al. 2005: 444).

In mehreren Besatzungszonen wurde die Einführung einer Volksversicherung mit verschiedenen Maßnahmen vorangetrieben. Am weitesten ging die sowjetische Besatzungsmacht in Berlin. Bereits im Juli 1945 überführte der von der sowjetischen Besatzungsmacht eingesetzte Berliner Magistrat alle öffentlich-rechtlichen und privaten Versicherungsträger in eine „Versicherungsanstalt Berlin" (VAB) (Tennstedt 1976: 411). Unter dem Dach der VAB wurden alle Kranken-, Unfall- und Rentenversicherungen zusammengeführt, später kam auch die Arbeitslosenversicherung hinzu.

Die britische Besatzungsbehörde schrieb im Januar 1946 für alle Krankenkassen in ihrer Besatzungszone einheitliche Leistungen und einen einheitlichen Beitragssatz vor, und die französische Besatzungsmacht verordnete im April 1946 die Zusammenfassung aller Krankenkassen in einer einzigen Allgemeinen Ortskrankenkasse (Hockerts 1980: 27 f.; Tennstedt 1976: 412). In der britischen und amerikanischen Besatzungszone wurde die Umsetzung der geplanten Zusammenführung aller Sozialversicherungszweige zwar auch geplant, es wurden jedoch keine ersten Schritte dazu beschlossen (Tennstedt 1976: 412).

An dieser Stelle erscheint es angebracht, auf die Notwendigkeit einer begrifflichen Unterscheidung zwischen ‚Volksversicherung' und ‚Einheitsversicherung' kurz einzugehen. Eine ‚Volksversicherung' kann eine ‚Einheitsversicherung' sein, umgekehrt ist dies jedoch nicht zwingend so. Der entscheidende Unterschied liegt in der Festlegung des Kreises derjenigen, die in die Versicherungspflicht einbezogen werden. Wäre nur geplant gewesen, bestehende Zweige der Sozialversicherung in einer lediglich regional gegliederten Organisationseinheit zusammenzufassen, so hätte dies nicht zur Einführung einer ‚Volksversicherung' geführt. Beschäftigte mit einem Arbeitseinkommen oberhalb der geltenden

Versicherungspflichtgrenze, Beamte und Selbständige wären nicht von dieser ‚Einheitsversicherung' erfasst worden. Da jedoch auch eine Ausweitung der Versicherungspflicht auf fast die gesamte Bevölkerung geplant war und in Berlin auch vollzogen wurde, handelte es sich um einen Schritt in Richtung einer ‚Volksversicherung'.[3]

Die Einführung einer Volksversicherung war in den Westzonen zwischen den Akteuren der Sozialpolitik allerdings sehr umstritten. Während vor allem die SPD und der Gewerkschaftsbund für eine Einheitsversicherung nach britischem und auch nordischem Vorbild eintraten, stießen die Pläne in bürgerlichen Schichten und Parteien auf erheblichen Widerstand (Hentschel 1983; Hockerts 1982; Tennstedt 1976). Zu den Gegnern einer Volksversicherung gehörten insbesondere Arbeitgeberverbände, die organisierte Ärzteschaft, Interessenvertretungen leitender Angestellter und natürlich vor allem auch die Unternehmen der privaten Krankenversicherung. Sammelbecken für Gegner einer Volksversicherung wurde die 1947 gegründete *Gesellschaft für Versicherungswissenschaft und -gestaltung* (GVG).

Übersicht

Die *Gesellschaft für Versicherungswissenschaft und -gestaltung* wurde 1947 gegründet und existiert auch heute noch. Zu ihren gegenwärtig ca. 100 ordentlichen Mitgliedern zählt eine Vielzahl von relevanten gesundheitspolitisch aktiven Organisationen und Einzelpersonen (GVG 2021a).

Die GVG ist eine in der Öffentlichkeit kaum bekannte aber durchaus einflussreiche Organisation, die insbesondere durch die Vernetzung von Akteuren und ihre Stellungnahmen auf die gesundheitspolitische Meinungsbildung einwirkt. Das Spektrum der ordentlichen Mitglieder reicht von öffentlich-rechtlichen Sozialversicherungsträgern wie der Rentenversicherung Bund, dem GKV-Spitzenverband, mehreren Krankenkassen oder ihren Spitzenverbänden wie bspw. dem Verband der Ersatzkassen, über den DGB, die Gewerkschaft ver.di bis hin zu Ärztekammern, Unternehmen der privaten Krankenversicherung, dem PKV-Verband, einzelnen privaten Krankenversicherungen und der Bundesvereinigung Deutscher Arbeitgeberverbände.

Auch heute noch findet sich die ursprüngliche Ausrichtung gegen die Einführung einer Volksversicherung in der Beschreibung der Ziele der

---

[3] Die Einbeziehung der selbständigen Landwirte war zunächst nicht vorgesehen, sie sollte zu einem späteren Zeitpunkt erfolgen (Hockerts 1980: 27, Fußnote 23).

GVG. Kernaufgabe der GVG sei die Erarbeitung von Konsenspositionen, die unter der Prämisse steht: „Hierbei wird nicht die Vereinheitlichung der Sozialsysteme, sondern das vertrauensvolle Zusammenwirken heterogener Partner angestrebt. Ziel sei es, differenzierte und jeweils passgenaue Lösungen in Fragen der sozialen Sicherung zu finden" (GVG 2021b).

Zu den ca. 30 außerordentlichen Mitgliedern und Mitgliedern des wissenschaftlichen Beirates zählen auch mehrere in der wissenschaftlichen Politikberatung aktive Professoren der Gesundheitsökonomie oder Rechtswissenschaft, die als Protagonisten des neoliberalen Reformmodells in der wissenschaftlichen Politikberatung aktiv waren oder sind (z. B. Bert Rürup, Gregor Thüsing, Eberhard Wille, Jürgen Wasem).

Die bürgerlichen Parteien und insbesondere die CDU sprachen sich explizit gegen eine ‚Einheitsversicherung' aus. Die CDU-Position war vor allem dadurch geprägt, dass Wirtschafts- und Mittelstandsvertreter an einem die sozialen Statusunterschiede erhaltenden System interessiert waren (Hockerts 1980). Dies entsprach auch einem in der damaligen Zeit unter Angestellten noch weit verbreiteten Statusdenken, bei dem Wert auf eine deutliche Unterscheidung und Besserstellung gegenüber der Arbeiterschaft gelegt wurde.[4] Entsprechend gehörte die damalige, nicht dem DGB angehörende Deutsche Angestelltengewerkschaft (DAG) auch zu den Gegnern einer Einheitsversicherung.

Der politische Widerstand gegen die Zusammenführung der Sozialversicherungszweige zu einer Volksversicherung war in den drei Westzonen schließlich erfolgreich. Das Vorhaben wurde dort nicht weiterverfolgt und die Besatzungsbehörden übergaben die Entscheidung über die Weiterentwicklung des Systems der sozialen Sicherung an das sich herausbildende neue System politischer Repräsentanz in Westdeutschland. Die nach der Bundestagswahl 1949 gebildete konservative Regierungskoalition machte die bereits eingeleiteten Schritte in Richtung einer Volksversicherung in Westdeutschland wieder rückgängig

---

[4] Der Statusunterschied war auch mit finanziellen Vorteilen verbunden. Im Unterschied zu Arbeitern hatten Angestellte damals bereits Anspruch auf eine sechswöchige Gehaltsfortzahlung im Krankheitsfall. Dadurch waren die Angestellten-Ersatzkassen von Krankengeldzahlungen während dieser Zeit befreit und kamen folglich mit deutlich niedrigeren Beitragssätzen aus (Hockerts 1980: 38). Die nach sozialem Status gegliederte Sozialversicherung hatte für die Angestellten folglich auch finanzielle Vorteile.

(Tennstedt 1976: 413).[5] Die sowjetische Besatzungsmacht hingegen setzte den alliierten Entwurf für eine Volksversicherung Anfang 1947 in ihrer Besatzungszone in Kraft und schuf damit die Grundlage für das Sozialversicherungssystem der DDR (Hockerts 1982: 331; Tennstedt 1976: 412).

Nach dieser Niederlage verfolgten weder die Sozialdemokratie noch die DGB-Gewerkschaften das Ziel einer Volksversicherung weiter. Im Fall der gesetzlichen Krankenversicherung wurde das gegliederte System aus unterschiedlichen Kassenarten und einer Vielzahl einzelner Einzelkassen in der Folgezeit und bis heute nicht mehr grundlegend in Frage gestellt. Als Ende der 1980er und Anfang der 1990er Jahre in der westdeutschen Gesundheitspolitik über die Zukunft der GKV und die Frage der Beibehaltung des gegliederten Systems oder Einführung einer ‚Einheitsversicherung' diskutiert wurde, sprachen sich führende Gesundheitspolitiker der SPD ausdrücklich gegen die Zusammenführung der verschiedenen Kassenarten und Einzelkassen zu einer einzigen Krankenkasse aus (so bspw. Dreßler 1992: 9922).

Die Frage der Beibehaltung des gegliederten Systems oder der Zusammenführung aller Krankenkassen zu einer einzigen bundesweiten ‚Einheitskrankenkasse' ist für das zentrale Thema des vorliegenden Buches von erheblicher Bedeutung. Ziel des neoliberalen Reformmodells ist die Abschaffung der GKV als staatliche Sozialversicherung und Umwandlung der Krankenkassen in private Versicherungsunternehmen. Von zentraler Bedeutung für diese Umwandlung ist im neoliberalen Reformmodell die Einführung von Wettbewerb zwischen den Krankenkassen. Dahinter steht die Erwartung, dass sich Krankenkassen durch den Wettbewerb um ökonomisch attraktive Versicherte immer mehr wie private, an einzelwirtschaftlichen Interessen ausgerichtete Unternehmen verhalten und so die Voraussetzungen für eine Privatisierung der Kassen entstehen. Wie die Entwicklung seit Einführung des GKV-Wettbewerbs seit 1996 zeigt, geht dieses Kalkül auf. Krankenkassen verhalten sich zunehmend wie private Unternehmen. Dieser Entwicklung würde jedoch die Grundlage entzogen, wenn alle Krankenkassen zu einer einzigen bundesweiten Einheitskrankenkasse zusammengefasst werden. Dann gäbe es keine Einzelkassen mehr und folglich auch keinen Wettbewerb zwischen Einzelkassen.

Die Verhinderung der Zusammenführung aller Krankenkassen zu einer einzigen Volksversicherung Ende der 1940er Jahre hat insofern Auswirkungen bis heute. Hätten sich Ende der 1940er Jahre in Westdeutschland diejenigen Kräfte

---

[5] Das letzte Überbleibsel der Diskussion über die Einführung einer Volksversicherung, die 1948 für Westberlin geschaffene Versicherungsanstalt Berlin, wurde 1957 wieder aufgelöst (Ritter 1991: 157).

durchgesetzt, die eine Volksversicherung einführen wollten, in der auch alle Krankenkassen zu einer einzigen Kasse zusammengefasst sind, wäre die Hürde für eine Abschaffung der GKV und Überführung in ein PKV-System heute ungleich höher, wenn nicht sogar so gut wie unüberwindlich.

Eine Vielzahl einzelner Krankenkassen zu privatisieren, die sich bereits in zunehmend mehr Bereichen wie private Unternehmen verhalten, ist durchaus im Bereich des Vorstellbaren, sofern dies verfassungsrechtlich zulässig ist und die entsprechenden politischen Mehrheiten vorhanden sind. Und beides sollte nicht zu leichtfertig als unmöglich abgetan werden. Die Privatisierung einer einzigen, die gesamte Wohnbevölkerung umfassenden staatlichen Krankenkasse wäre hingegen ein Schritt mit deutlich anderer Dimension. Selbst wenn es eine politische Mehrheit dafür und kaum öffentlichen Widerstand dagegen gäbe, eine solche große Kasse könnte allein aus wettbewerbsrechtlichen Gründen nicht in ein privates Unternehmen umgewandelt werden, da dieses ‚Versicherungsunternehmen‘ ein aus wettbewerbsrechtlicher Sicht vollkommen inakzeptables Monopol besäße.

Der Ausgang der politischen Auseinandersetzungen über die Einführung einer ‚Volksversicherung‘ in den unmittelbaren Nachkriegsjahren hatte insofern sehr weit reichende Konsequenzen, die damals allerdings noch nicht absehbar waren und erst durch die Entwicklung eines Reformmodells virulent wurden, das auf die Umwandlung des gegliederten GKV-Systems in ein PKV-System zielt. Aber diese mittlerweile mehr als 70 Jahre zurückliegende Diskussion kann auch Motivation sein, die Einführung einer Volksversicherung und Einheitskrankenkasse erneut auf die Agenda zu setzen, diesmal erweitert um das Wissen über die Gefahr einer Abschaffung der GKV und Privatisierung der Krankenkassen. Die Verfassung stünde einer solchen Reform jedenfalls nicht im Weg, wie das Bundesverfassungsgericht in einem Verfahren aus dem Jahr 1975 festgestellt hat.

„Es wäre deshalb mit dem Grundgesetz zu vereinbaren, wenn z. B. der Gesetzgeber sämtliche Träger der gesetzlichen Krankenversicherung zusammenfasste und in einem Bundesamt für Krankenversicherung als bundesunmittelbarer Körperschaft organisierte" (BVerfGE 39, 302 [315]).

Die 1950er Jahre: Richtungsstreit über die Zukunft der sozialen Sicherung und zwei einflussreiche Gutachten

Die 1949 gebildete konservative Bundesregierung lehnte die Einführung einer Volksversicherung strikt ab, war allerdings auch der Auffassung, dass eine umfassende Reform der sozialen Sicherung notwendig sei. In den 1950er Jahren entwickelte sich vor diesem Hintergrund unter dem Leitbegriff „Sozialreform" eine intensive sowohl politische als auch wissenschaftliche Diskussion, die bis in die 1960er Jahre anhielt (zur Sozialpolitik der 1950er Jahre vgl. u. a. Alber 1989; Bethusy-Huc 1976; Frerich/Frey 1996b; Hockerts 1980).

Diese Diskussion war eine allgemein sozialpolitische, die das Gesamtsystem der sozialen Sicherung in den Blick nahm und nach einer in sich stimmigen Gesamtlösung suchte. Denn als eines der zentralen Probleme, wenn nicht sogar als *das* zentrale Problem wurde diskutiert, dass die schrittweise Weiterentwicklung der Sozialversicherung seit ihrer Gründung ohne einen Gesamtplan und in weiten Teilen unsystematisch erfolgt war. Dadurch war das System der Rechtsvorschriften immer weiter ausdifferenziert und immer fragmentierter, komplizierter und unübersichtlicher geworden. Es wurde als dringend notwendig angesehen, das Recht der sozialen Sicherheit zu ordnen und nach einem ‚Gesamtplan' der sozialen Leistungen neu zu strukturieren.

So sehr man sich auch parteiübergreifend insbesondere zwischen der CDU/CSU und der SPD darin einig war, dass es eine grundlegende Reform der sozialen Sicherungssysteme geben müsse, so uneinig war man sich in Grundsatzfragen der anzustrebenden Ausgestaltung. Im Zentrum der kontroversen Diskussionen stand insbesondere die Frage, ob es einen Ausbau der staatlichen Sozialversicherungen geben soll, oder ob die Sozialversicherung zurückgebaut und durch mehr private ‚Eigenvorsorge' sowie ein subsidiäres System staatlicher Armenfürsorge ersetzt werden soll. Als dritte Alternative wurde ein staatliches System nach britischem Vorbild diskutiert.

Die sozialpolitische Diskussion der 1950er Jahre orientierte sich an drei Leitbegriffen: ‚Versicherung', ‚Versorgung' und ‚Fürsorge' (vgl. u. a. Hockerts 1980: 231–242). Der Leitbegriff *Versicherung* stand für den Erhalt und die Weiterentwicklung der traditionellen Sozialversicherung, unter den Leitbegriff *Versorgung* wurden Reformkonzepte subsumiert, die sich am wohlfahrtsstaatlichen britischen Modell orientierten, die soziale Sicherung stärker auf eine steuerfinanzierte Grundlage stellen und die Gesundheitsversorgung in Richtung des britischen National Health Service (NHS) weiterentwickeln wollten. Diese Ausrichtung stand in engem Zusammenhang zur Diskussion über die Einführung

einer Volksversicherung, als deren Vorbild das britische System gelten kann.[6]
Die dritte Richtung wollte eine Beschränkung der sozialen Sicherung auf den
Bereich der staatlichen *Fürsorge* erreichen, womit die traditionelle Armenfür-
sorge gemeint war. Die bisherigen Leistungen der Sozialversicherung sollten in
ein System privater Vorsorge durch private Lebensversicherungen und private
Krankenversicherungen überführt werden.

Die Kontroverse verlief nicht nur zwischen den Parteien, insbesondere zwischen SPD und CDU/CSU. Auch innerhalb der CDU/CSU bestanden in diesen
Fragen erhebliche Differenzen. Während der Arbeitnehmerflügel der Union für
den Erhalt und Ausbau der Sozialversicherung eintrat, forderte der Wirtschaftsflügel einen Rückbau der sozialen Sicherung. Innerhalb der unionsgeführten
Bundesregierung wurden beide Lager vor allem durch zwei Minister und die
ihnen unterstellten Ministerien vertreten (zur regierungsinternen Auseinandersetzung vgl. Hockerts 1980: 237–279). Das von Vertretern des Arbeitnehmerflügels
geführte Arbeitsministerium (BMA) war für die Sozialversicherung zuständig und
trat für deren Erhalt und Ausbau ein. Ihm stand in der Bundesregierung der
1950er Jahre das Finanzministerium gegenüber, das einen Rückbau der Sozialversicherung und die Beschränkung der sozialen Sicherung auf Leistungen der
Armenfürsorge erreichen wollte.

Beide Ministerien und ihre Leitungen bekämpften sich politisch, wodurch die
Suche der Bundesregierung nach einem mehrheitsfähigen Reformkonzept blockiert wurde. Das BMA beauftragte 1953 den damaligen Senatspräsidenten am
Bundessozialgericht, Walter Bogs, mit einem Gutachten. Bogs war Befürworter
des Sozialversicherungssystems, das Ergebnis des Gutachtens war insofern vorhersehbar. Bogs Gutachten wurde zunächst nicht veröffentlicht, sondern diente
nur der internen Diskussion, vor allem innerhalb eines vom BMA gebildeten
Beirates.

Natürlich aber war das Gutachten Kanzler Adenauer bekannt. Der beauftragte daraufhin unter Umgehung des Kabinetts und ohne Wissen der streitenden
Minister eine Gruppe von Wissenschaftlern mit der Ausarbeitung eines Reformkonzepts, das offenbar als eine Art Gegenentwurf zum Bogs-Gutachten dienen

---

[6] Anfang der 1950er Jahre gab es unter deutschen Sozialrechtsexperten parteiübergreifend
ein starkes Interesse an dem gerade eingeführten britischen NHS, das unter anderem in
einer gemeinsamen Studienreise nach Großbritannien im Jahr 1953 zum Ausdruck kam
(Hockerts 1982: 334 f.). Zu den Mitgliedern der Reisegruppe gehörten Wissenschaftler wie
Hans Achinger und Gerhard Mackenroth, die die sozialpolitische Diskussion der 1950er
Jahre mit ihren Beiträgen maßgeblich beeinflussten, sowie Angehörige der im Bundestag
vertretenen Parteien. Über die dabei gemachten Erfahrungen wurde relativ breit berichtet
und diskutiert (zu Einzelheiten und Ergebnissen der Reise vgl. Lüdendonk 1953a, b).

sollte. Die Wissenschaftlergruppe legte im Mai 1995 ihren Abschlussbericht vor, der nach dem Tagungsort der Gruppe auf Burg Rothenfels als „Rothenfelser Denkschrift" in die sozialpolitische Diskussion und Literatur einging (vgl. u. a. Bethusy-Huc 1976: 62).

Beide Gutachten wurden zu Fixpunkten der nachfolgenden sozialpolitischen Diskussion und beeinflussten die Diskussion noch weit über die damalige Zeit hinaus. Für das hier zu untersuchende Thema sind sie insofern relevant, als sie auch Passagen zur Ausgestaltung der gesetzlichen Krankenversicherung enthielten und diese Passagen wichtige Vorlagen für die spätere Entwicklung des neoliberalen Reformmodells für die GKV lieferten. Sie sollen darum im Folgenden näher vorgestellt und diskutiert werden.

Darüber hinaus hat das Gutachten von Walter Bogs einen erheblichen Einfluss auf die rechtswissenschaftliche Diskussion und auch höchstrichterliche Rechtsprechung zur Sozialversicherung ausgeübt, der bis heute anhält. Bogs vertrat in seinem Gutachten die Auffassung, bei der Sozialversicherung handele es sich um eine Versicherung, die im Unterschied zur Privatversicherung allerdings auch die soziale Lage der Versicherten berücksichtige und einen sozialen Ausgleich durch Umverteilungen herbeiführe. Diese Auffassung wurde zunächst vom Bundessozialgericht und im Anschluss daran vom Bundesverfassungsgericht übernommen und bildet bis heute die Grundlage der ständigen Rechtsprechung beider Gerichte.

Zugleich lieferte Bogs mit seinem Gutachten aber auch die Grundlage für ein zentrales Element des neoliberalen Argumentationsmusters, das die Forderung nach Abschaffung der gesetzlichen Krankenversicherung als staatlicher Sozialversicherung begründen soll. Bogs unterschied versicherungsmäßige und versicherungsfremde Elemente der Sozialversicherung. Die Unterscheidung basiert auf der Verwendung des Geschäftsmodells der privaten Krankenversicherung als Referenzrahmen für die Darstellung der Sozialversicherung. Die Grundlogik lautet: Da die Sozialversicherung eine Versicherung ist und die Privatversicherung als ‚reine' Form der Versicherung zu gelten hat, müssten alle Versicherten eigentlich risikoäquivalente Prämien zahlen. Da in der Sozialversicherung jedoch einkommensbezogene Beiträge erhoben werden und nicht erwerbstätige Familienangehörige keine Beiträge zahlen müssen, gebe es somit Leistungen der Sozialversicherung, die der Privatversicherung ‚fremd' sind und die Bogs als ‚versicherungsfremde Leistungen' bezeichnete.

Während Bogs diese ‚versicherungsfremden' Elemente der Sozialversicherung zu ihren Wesensmerkmalen zählte, die verteidigt und erhalten werden sollten, griffen die neoliberalen Ökonomen der 1980er Jahre das Konstrukt der ‚versicherungsfremden Leistungen' auf, um deren Entfernung aus der Sozialversicherung im Allgemeinen und der gesetzlichen Krankenversicherung im Besonderen zu fordern. Dahinter stand das Kalkül, dass die Sozialversicherung als staatliche Einrichtung sozialer Sicherheit aufhören würde zu existieren, wenn alle ‚versicherungsfremden Leistungen' aus ihr entfernt wären. Die Krankenkassen würden nicht mehr als mittelbare Staatsverwaltung und Sozialleistungsträger benötigt und könnten privatisiert werden. Somit lieferte Walter Bogs, erklärter Befürworter der staatlichen Sozialversicherung, ungewollt den Gegnern der staatlichen Sozialversicherung Argumentationshilfen für die Begründung ihres Vorhabens der Umwandlung des bestehenden GKV-Systems in ein reines PKV-System.

Auch die Vorschläge der Rothenfelser Denkschrift entwickelten eine starke Wirkung auf die Sozial- und Gesundheitspolitik. Sie fanden wenige Jahre später Eingang in den Entwurf für ein „Krankenversicherungs-Neuregelungsgesetz" (KVNG). Der Anfang Januar 1960 eingebrachte Gesetzentwurf scheiterte jedoch ebenso wie ein nach der Bundestagswahl 1961 eingebrachter zweier Entwurf nicht nur an Protesten einflussreicher Akteure der Gesundheitspolitik, sondern vor allem auch an Differenzen innerhalb der Regierungskoalition. Der Entwurf des KVNG ist für das zentrale Thema des vorliegenden Buches insofern von Bedeutung, als er eine Reihe von Regelungen enthielt, mit denen Elemente der privaten Krankenversicherung in die GKV eingefügt werden sollten, so beispielsweise die Einführung von Selbstbehalten. Entsprechende Vorschläge fanden sich bereits in der Rothenfelser Denkschrift, und sie wurden vier Jahrzehnte später von der CDU/CSU/FDP Regierungskoalition wieder aufgegriffen.

Die Erfahrungen und Inhalte der KVNG-Entwürfe gerieten nach dem Scheitern der Gesetzesinitiative keineswegs in Vergessenheit. Knapp 30 Jahre später griffen die zuständigen Beamten des BMA bei der Vorbereitung des Gesundheitsreformgesetzes 1988 auf die Erfahrungen und Inhalte des KVNG zurück. Der 1988 zuständige Abteilungsleiter im BMA, Karl Jung, hatte seine Laufbahn im BMA Anfang der 1960er Jahre begonnen. Auch diese Anekdote zeigt, dass Gesundheitspolitik in langen Zeithorizonten betrachtet werden sollte, nicht nur wegen der langen Verfügbarkeit und Langzeitwirkung wissenschaftlicher Publikationen, sondern auch wegen personeller Kontinuitäten, beispielsweise im Beamtenapparat zuständiger Ministerien.

Auf das Gutachten von Walter Bogs und die Rothenfelser Denkschrift wird nachfolgend auch deshalb ausführlicher eingegangen, weil beide Argumentationsmuster und Vorschläge enthalten, die bei der Entwicklung des neoliberalen Reformmodells für die GKV ab Anfang der 1980er Jahre wieder auftauchen, in das neoliberale Reformmodell eingebaut wurden und die Gesundheitspolitik bis heute beeinflussen.

Die kritische Analyse des Gutachtens von Bogs wird zeigen, dass der Einfluss des Neoliberalismus auf die Gesundheitspolitik der Bundesrepublik auch deshalb so stark werden konnte, weil es sozialpolitische Überzeugungen und Argumentationsmuster gab und gibt, die faktisch als eine Art ‚Türöffner' für neoliberale Argumentationen fungieren. Im Fall des Gutachtens von Bogs ist dies insbesondere die Auffassung, es handele sich bei der Sozialversicherung um eine ‚Versicherung', deren Reinform die Privatversicherung ist.

Walter Bogs Gutachten zu Grundfragen des Rechts der sozialen Sicherheit

Das Bundesarbeitsministerium beauftragte 1953 den Sozialrechtler und damaligen Senatspräsidenten am Bundessozialgericht, Walter Bogs, mit der Erstellung eines Gutachtens zur Gesamtstruktur des Rechts der sozialen Sicherung und Ansatzpunkten für eine Reform. Hintergrund des Gutachtenauftrags war die oben bereits angesprochene Auseinandersetzung mit dem Finanzministerium um die Inhalte einer geplanten Sozialreform. Das BMA erhoffte sich von Bogs Gutachten offenbar Unterstützung für die eigene Position, da Bogs als Befürworter der Sozialversicherung bekannt war. Der Gutachtenauftrag war mit der Vorgabe versehen, dass die Unterscheidung der Sozialleistungen in Versicherung, Versorgung und Fürsorge eingehalten wird (Bogs 1955: 5).[7]

Das Gutachten wurde im April 1954 fertiggestellt, zunächst jedoch nicht veröffentlicht, sondern nur für die interne Diskussion in dem beim BMA angesiedelten „Beirat für die Neuordnung der sozialen Leistungen" verwendet (Bogs 1955: 5). Bundeskanzler Adenauer dürften die Ergebnisse des Gutachtens jedoch bekannt gewesen sein. Adenauer gab daraufhin selbst ein Gutachten in Auftrag, die Rothenfelser Denkschrift, was als Hinweis gedeutet werden kann, dass er mit den Empfehlungen des Bogs-Gutachtens nicht einverstanden war und andere Vorschläge in die Diskussion eingebracht sehen wollte. Entsprechend seiner Auswahl von Wissenschaftlern wies die Rothenfelser Denkschrift denn auch in eine

---

[7] Walter Bogs (1899–1991) war einer der einflussreichsten Sozialrechtler der Bundesrepublik. In den 1920er Jahren begann er seine Laufbahn zunächst als Richter am Arbeitsgericht Berlin und wurde 1944 Senatspräsident beim Reichsversicherungsamt. Nach 1945 war er Richter am Amts- und Sozialgericht Göttingen, von 1954 bis 1967 Senatspräsident am Bundessozialgericht und ab 1965 Vizepräsident des BSG. Er war darüber hinaus ab 1954 Mitglied in dem vom BMA berufenen „Beirat für die Neuordnung der sozialen Leistungen", von 1958 bis 1978 Mitglied des Sozialbeirats der Bundesregierung, 1964 bis 1966 Mitglied der Sozialenquête-Kommission und ab 1970 Vorsitzender der von der Bundesregierung berufenen „Kommission für die Reform des Krankenversicherungsrechts" (zur Würdigung des Einflusses von Walter Bogs vgl. Zacher 1989).

deutlich andere Richtung für die geplante Sozialreform. Darauf wird im nachfolgenden Kapitel näher eingegangen. Nachdem die Rothenfelser Denkschrift Ende Mai 1955 vom Bundeskanzleramt veröffentlicht und in hoher Auflage breit verteilt worden war, erfolgte auch die Veröffentlichung des Bogs-Gutachtens durch das BMA.

Das Gutachten hat insgesamt ca. 140 Seiten und ist in drei Teile gegliedert. Der erste Teil mit der Überschrift „Versicherung, Versorgung und Fürsorge als Gestaltungsprinzipien sozialer Sicherung" umfasst zwar nur ca. 17 Seiten, ist aber für die sozialpolitische Diskussion der damaligen und auch der Folgezeit von besonderer Bedeutung. Er enthält Definitionen zentraler Begriffe und Ausführungen zum Wesen der Sozialversicherung, die die nachfolgende wissenschaftliche Diskussion wie auch höchstrichterliche Rechtsprechung beeinflusst haben wie wohl kein anderes Gutachten in der Geschichte der Bundesrepublik. Der zweite Teil des Gutachtens enthält eine Beschreibung des damaligen Systems der sozialen Sicherheit, im dritten Teil präsentierte Bogs Vorschläge für eine Reform der gesetzlichen Rentenversicherung und Krankenversicherung. Hier soll vor allem auf den ersten Teil eingegangen werden, da er für das zentrale Thema des vorliegenden Buches von besonderer Bedeutung ist.

Im Zentrum des ersten Teils steht die Frage, was die Sozialversicherung ist und wie sie in die vorgegebene Begriffs-Trias von Versicherung, Versorgung und Fürsorge einzuordnen ist. Bogs ordnete die Sozialversicherung dem Sicherungstyp ‚Versicherung' zu, betonte allerdings, dass sie sich von der Privatversicherung in wesentlichen Punkten unterscheide. Das zentrale Unterscheidungsmerkmal sei, dass die Sozialversicherung anders als die Privatversicherung auch die „soziale Lage der Versicherten" berücksichtige (Bogs 1955: 26). Dies erfolge insbesondere durch die Beitragsbemessung nach Arbeitseinkommen und die beitragsfreie Mitversicherung von Familienangehörigen (ebd.). Dadurch gebe es in der Sozialversicherung Umverteilungen, die er als „sozialen Ausgleich" bezeichnet (ebd.: 25). Man kann Bogs Einordnung der Sozialversicherung vereinfacht so zusammenfassen, dass er die deutsche Sozialversicherung als eine Versicherung beschreibt, die anders als die Privatversicherung auch soziale Gesichtspunkte berücksichtigt.

Wie bereits oben angesprochen hat diese Auffassung Eingang in die Rechtsprechung des Bundessozialgerichts[8] und Bundesverfassungsgerichts[9] gefunden und ist vor allem durch die Entscheidungen des Bundesverfassungsgerichts zur

---

[8] Bundessozialgericht, Urt. v. 19.12.1957, Az.: 7 RKg 4/56.

[9] Entscheidung des Bundesverfassungsgerichts vom 10.05.1960 (BVerfGE 11, 105). Eine erste grundlegende Entscheidung des Bundesverfassungsgerichts zur Sozialversicherung, die

fast uneingeschränkt herrschenden Meinung in der Rechtswissenschaft geworden. Aufgrund der über die Rechtswissenschaft hinausgehenden Wirkung grundlegender Entscheidungen des Verfassungsgerichts prägt diese Auffassung vom „Wesen der Sozialversicherung" auch die sozialpolitische Diskussion und Sicht auf die Sozialversicherung im Allgemeinen und die gesetzliche Krankenversicherung im Besonderen. Insofern erscheint es angebracht, Bogs Argumentation genauer zu betrachten.

Bogs leitet seine Einordnung der Sozialversicherung aus den folgenden Argumentationsschritten ab:

- Um die Sozialversicherung einem der drei Bereiche, ‚Versicherung‘, ‚Versorgung‘ oder ‚Fürsorge‘ zuordnen zu können, bestimmt er zunächst den Bedeutungsinhalt der drei Begriffe.
- Seine Definition von *Versicherung* stützt er dabei auf den im Kapitel zur Geschichte der GKV bereits erwähnten Versicherungsökonomen Alfred Manes, übernimmt dessen Definition wörtlich und definiert Versicherung als „eine auf Gegenseitigkeit beruhende wirtschaftliche Veranstaltung zwecks Deckung zufälligen schätzbaren Bedarfs" (Manes, zit.n. Bogs 1955: 16).[10]
- *Versorgung* definiert Bogs als „Einräumung von Rechtsansprüchen auf Ausschüttung öffentlicher Mittel an die Versorgungsberechtigten" (Bogs 1955: 19). Versorgungsleistungen würden als Ausgleich für Nachteile gewährt, die im Interesse der Allgemeinheit entstanden sind. Als Beispiele nannte Bogs die Versorgung von Kriegsopfern oder Kriegsflüchtlingen.
- Leistungen der *Fürsorge* werden, so Bogs, zwar auch aus Steuermitteln finanziert, sie würden jedoch nur zur Abwendung von Not und subsidiär sowie nur nach Bedürftigkeitsprüfung und vor allem ohne Rechtsanspruch gewährt (ebd.: 22).

Im Anschluss an diese einführenden Begriffsbestimmungen nimmt Bogs die begriffliche Einordnung der Sozialversicherung vor (ebd.: 22–28). Dabei weist er einleitend auf den bereits an früherer Stelle dieses Buches erwähnten Streit in der Kaiserzeit über die Rechtsnatur der Sozialversicherung hin und erwähnt Rosin, Laband und Kaskel/Sitzler als Vertreter der Auffassung, dass die Sozialversicherung keine Versicherung ist. Bogs geht jedoch nicht näher auf die Begründungen

---

die nachfolgende rechtswissenschaftliche Diskussion maßgeblich geprägt hat (vgl. zu dieser Einschätzung u. a. Butzer 2001: 155).

[10] Dass bei Manes von „Veranstaltungen" die Rede ist und Bogs insofern nicht korrekt zitiert, kann hier vernachlässigt werden.

für diese Auffassung ein und führt lediglich die Versicherungspflicht an und dass es in der Sozialversicherung keinen privatrechtlichen Versicherungsvertrag gibt.

Das von Rosin entwickelte zentrale Argument gegen eine Zuordnung zum Bereich der Versicherung, lässt Bogs vollkommen unerwähnt. Rosin hatte argumentiert, dass die Sozialversicherung kein wechselseitiges Rechtsverhältnis von Beitrag und Leistung ist, sondern aus zwei einseitigen Rechtsverhältnissen besteht. Im Mittelpunkt der Sozialversicherung steht nach Rosin ein Rechtsanspruch der in die Sozialversicherung eingeschlossenen Personen auf Leistungen der Sozialversicherung. Auch die für das Verständnis der Sozialversicherung so wichtige Erkenntnis von Kaskel/Sitzler, dass die Sozialversicherung subjektive öffentliche Rechte auf soziale Sicherheit gewährt, die gegen den Staat gerichtet sind, verschweigt Bogs.

Dies ist insofern bemerkenswert, als Bogs die entsprechende Literatur zitierte und deren zentrale Erkenntnisse ihm insofern bekannt sein mussten. Die Erwähnung und Erläuterung der Erkenntnisse von Rosin, Laband und Kaskel/Sitzler hätte allerding weitreichende Konsequenzen für die Zuordnung der Sozialversicherung in die oben vorgestellte Begriffs-Trias gehabt. Bogs hätte die Sozialversicherung nicht dem Bereich der Versicherung zuordnen können, wie das BMA es wollte und wie Bogs selbst es offenbar auch richtig fand. Zumindest hätte er begründen müssen, warum er bei der Zuordnung von der im Kaiserreich und in der Weimarer Zeit vorherrschenden Rechtsauffassung abwich. Dies hat er nicht gemacht. Er ist der Auseinandersetzung mit dieser Rechtsauffassung einfach ausgewichen.

Eine Zuordnung der Sozialversicherung zum Funktionsprinzip der Versicherung war bei einer Ableitung aus der Diskussion der Kaiserzeit nur bei einer Übernahme der Position möglich, dass es sich bei der Sozialversicherung um eine Versicherung handelt. Diese Position stellt Bogs denn auch vor, nennt Alfred Manes als Hauptvertreter dieser Auffassung und baut seine nachfolgende Argumentation auf Manes auf.

Insgesamt widmet Bogs der Grundsatzdiskussion der Kaiserzeit über den Charakter der Sozialversicherung lediglich etwas mehr als eine Seite und verbleibt auf einer sehr oberflächlichen Ebene. Die vorherrschende Rechtsauffassung der Kaiserzeit handelt er lediglich mit drei Sätzen ab, die juristische Diskussion der Weimarer Zeit würdigt er nur mit einem Satz und einem einzigen Quellenhinweis. Von Manes verwendet er drei kurze Zitate, ohne die dahinter stehende Argumentation vorzustellen und zu prüfen.

Bei einer so wichtigen Frage weist das Gutachten somit eine bemerkenswerte Oberflächlichkeit auf. Den Abschnitt zur kontroversen Diskussion in der Kaiserzeit schließt Bogs mit der Feststellung:

„Welche Meinung auch immer die verschiedenen Autoren vertreten, alle sind darüber
einig, daß die Sozialversicherung jedenfalls gegenüber der Individualversicherung
und auch gegenüber Versicherung und Fürsorge sehr viele Eigentümlichkeiten aufweist, die ihre uneingeschränkte Zuordnung zu der einen oder anderen Gestaltungs-
form sozialer Sicherung nicht zulassen. Wenn wir – mit Manes (a. a. O. S. 3) – Versicherung ganz weit als ‚gemeinsame Deckung eines möglichen, in seiner Gesamtheit
schätzbaren Bedarfs durch Verteilung auf eine organisierte Vielheit‘ verstehen, dann
freilich ist auch die Sozialversicherung dazuzurechnen" (Bogs 1955: 24).[11]

Zu diesem Fazit ist zunächst einmal festzustellen, dass Rosin, Laband und
Kaskel/Sitzler nicht mit Manes und anderen darin einig waren, dass die Sozialversicherung gegenüber der Privatversicherung „sehr viele Eigentümlichkeiten"
aufweise.[12] Rosin, Laband und Kaskel/Sitzler lehnten die Zuordnung der Sozialversicherung zum Organisationstyp der Versicherung entschieden ab. Es ging
ihnen nicht um das Aufzeigen von „Eigentümlichkeiten" der Sozialversicherung, sondern um den Nachweis, dass es sich bei ihr um ein System handelt,
das auf Rechtsansprüchen gegenüber dem Staat aufbaut, die Kaskel/Sitzler in
ihrer Sozialrechtseinführung von 1912 schließlich auf den Begriff der subjektiven öffentlichen Rechte brachten (Kaskel/Sitzler 1912: 40 f.). Insofern enthält
die Zusammenfassung von Bogs eine falsche Darstellung der kontroversen
Diskussion der Kaiserzeit.

Vor allem aber ist es bemerkenswert, dass der Jurist und Richter am Bundessozialgericht nicht der Mehrheitsmeinung der Sozial- oder Verfassungsrechtler
der Kaiserzeit und der Weimarer Zeit folgte, sondern einem Versicherungsökonomen, und dass er seine Charakterisierung der Sozialversicherung als Versicherung
allein auf der Definition eines Versicherungsökonomen aufbaut, die – wie oben
bereits gezeigt – extrem weit gefasst und damit als wissenschaftliche Definition
ungeeignet ist. Dieses Problem war anscheinend auch Bogs bewusst, erkennbar in
seiner Charakterisierung der Definition von Manes als „ganz weit". Aufgabe von

---

[11] Bogs zitiert Manes hier nicht wörtlich, wie es die Verwendung von Anführungsstrichen
nahelegt. Er nennt als Quelle der in Anführungsstriche gesetzten Passage die vierte Auflage von Manes „Versicherungslehre" aus dem Jahr 1924. Dort werden Versicherungen
jedoch definiert als „auf Gegenseitigkeit beruhende wirtschaftliche Veranstaltungen zwecks
Deckung zufälligen schätzbaren Vermögensbedarfs" (Manes 1924: 3). Von einer Verteilung
auf eine organisierte Vielheit ist dort nicht die Rede. Im weiteren Text seiner Einführung in
die Allgemeine Versicherungslehre verwendet Manes jedoch auch den Begriff der „Vielheit"
als Bezeichnung von Versichertengemeinschaften. Insofern ist Bogs Zitat an dieser Stelle
eher als sinngemäßes Zitat zu sehen. Es bleibt aber festzuhalten, dass Bogs auch hier nicht
korrekt zitiert.

[12] Vgl. dazu insbesondere die scharfe Kritik Rosins an den Positionen von Schmoller und
Manes (Rosin 1908).

wissenschaftlichen Definitionen ist es jedoch, einen Begriff exakt zu definieren und nicht so, dass er den Gegenstand ‚entgrenzt'. Der Begriff ‚Definition' stammt vom Lateinischen *definitio* ab und meint in den Wissenschaften eine Grenzziehung, die der Abgrenzung gegenüber anderen Phänomenen oder Gegenständen dient.

Zudem verbleibt Bogs in der zitierten Passage, wie auch an zahlreichen anderen Stellen seines Gutachtens, auf eigentümliche Art uneindeutig, denn er leitet die Übernahme der Definition von Manes mit den Worten ein: „Wenn wir (...) Versicherung ganz weit (...) verstehen". Damit sagt er nicht, dass er ‚Versicherung' in seinem Gutachten genauso verstehen will. Tatsächlich aber ordnet er die Sozialversicherung durchgängig dem Typus ‚Versicherung' zu, betont allerdings Merkmale der Sozialversicherung, durch die sie – nach Bogs – von der Privatversicherung abweicht. Zentrales abweichendes Merkmal der Sozialversicherung ist nach Bogs, dass sie die soziale Lage der Versicherten berücksichtigt und zu diesem Zweck einen sozialen Ausgleich zwischen den Versicherten vornimmt. Der soziale Ausgleich innerhalb der Sozialversicherung erfolge vor allem durch die Bemessung der Beiträge nach der Höhe des Arbeitseinkommens und die beitragsfreie Mitversicherung von nicht erwerbstätigen Familienangehörigen.

Bogs Argumentationsgang lässt sich wie folgt zusammenfassen.

- Sozialversicherung ist dem Organisationstyp ‚Versicherung' zuzuordnen.
- Versicherung „in ihrer reinen Form" ist die Privatversicherung (Bogs 1955: 15).
- Von der Privatversicherung unterscheidet sich die Sozialversicherung vor allem durch drei Merkmale: Selbsthilfe innerhalb sozialer Gruppen, sozialer Ausgleich innerhalb dieser sozialen Gruppen und Beteiligung des Staates bei Aufbau und Finanzierung (Bogs 1955: 28).
- Zentral für die Unterscheidung der Sozialversicherung von der Privatversicherung ist nach Bogs der ‚soziale Ausgleich'.
- Als sozialen Ausgleich bezeichnet Bogs Umverteilungen zwischen den Versicherten der Sozialversicherung, die durch „Abweichungen vom Versicherungsprinzip" und „versicherungsfremde" Leistungen erfolgen (Bogs 1955: 57 ff.).
- Die Identifizierung der Abweichungen vom Versicherungsprinzip und versicherungsfremden Leistungen erfolgt durch implizite Anwendung des Geschäftsmodell der Privatversicherung, insbesondere der privaten Krankenversicherung.
- Da die Privatversicherung risikoäquivalente Prämien berechnet, ist die Finanzierung der Sozialversicherung jedoch durch einkommensabhängige Beiträge

erfolgt, sind die einkommensabhängigen Beiträge eine Abweichung vom Versicherungsprinzip.

• In der Privatversicherung ist für jede versicherte Person eine eigene Versicherungsprämie zu zahlen, in der gesetzlichen Krankenversicherung sind nicht erwerbstätige Familienangehörige jedoch beitragsfrei mitversichert. Deshalb ist nach Bogs die beitragsfreie Mitversicherung als versicherungsfremd einzuordnen (Bogs 1955: 26), an späterer Stelle seines Gutachtens bezeichnet er sie sogar als „versicherungsfeindlich" (Bogs 1955: 112).

• Zu den versicherungsfremden Leistungen zählte Bogs im Fall der gesetzlichen Krankenversicherung auch sämtliche Sachleistungen der medizinischen Versorgung. Begründet hat er dies damit, dass sich die Sachleistungen ausschließlich nach dem Bedarf der Versicherten richten, und es keinen Zusammenhang zwischen Leistungsumfang und Beitragshöhe gibt wie in der PKV (Bogs 1955: 59 f.).

• Ausgehend von der Anwendung des Geschäftsmodells der Privatversicherung als Maßstab, kommt Bogs zu dem Ergebnis, dass es sich beim sozialen Ausgleich um eine „zweite Einkommensverteilung" handle (Bogs 1955: 27). In der nachfolgenden Diskussion wurden daraus ‚Umverteilungen'. Diese Charakterisierung ergibt sich daraus, dass ein Teil der Mitglieder der Sozialversicherung höhere Sozialversicherungsbeiträge zahlt, als er risikoäquivalente Prämien in der Privatversicherung zahlen müsste, und ein anderer Teil niedrigere Sozialversicherungsbeiträge als sie in der Privatversicherung als risikoäquivalenten Prämien anfallen würden. Die Behauptung, das führe zu einer Umverteilung von Einkommen, ist jedoch im Fall der Sachleistungen der GKV selbst in dieser immanenten Logik falsch, denn es handelt sich um Sach- und Dienstleistungen und nicht um Einkommensanteile, die umverteilt werden.

Wie oben bereits erwähnt, diente Bogs Gutachten mit dieser Argumentation als Ideengeber für die spätere Forderung neoliberaler Ökonomen nach Ausgliederung ‚versicherungsfremder Leistungen' aus der gesetzlichen Krankenversicherung und letztlich die Abschaffung der gesetzlichen Krankenversicherung als staatlicher Sozialversicherung. Dazu muss jedoch festgehalten werden, dass Bogs Argumentation nicht darauf gerichtet war, die Sozialversicherung abzuschaffen. Bogs war Befürworter der Sozialversicherung und wollte sie erhalten.

Wie eingangs angesprochen, war der Gutachtenauftrag mit der Vorgabe verbunden, Vorschläge für eine Reform der Sozialversicherung zu unterbreiten, die auf der Dreiteilung in Versicherung, Versorgung und Fürsorge basieren. Bogs war insofern aufgefordert, diese Dreiteilung einzuhalten, und in dieser Dreiteilung war zugleich implizit vorgegeben, dass die Sozialversicherung dem Typus ‚Versicherung‘ zuzuordnen war. Im Verlauf seines Gutachtens arbeitete Bogs jedoch an zahlreichen Stellen heraus, dass diese Dreiteilung für die Erkenntnis des Systems der sozialen Sicherung nicht hilfreich sei, da sie nicht mit der Realität der Rechtsvorschriften in Einklang zu bringen ist.

Insbesondere im zweiten Teil des Gutachtens, in dem er die „Rechtswirklichkeit" der Sozialversicherung beschrieb, wurde an zahlreichen Stellen deutlich, dass sich die Wirklichkeit des Sozialrechts nicht sachgerecht in diese Begriffs-Trias einordnen lässt, da es bereits damals eine Vielzahl von Teilsystemen gab, die eine Mischung aus den drei Prinzipien oder zumindest von zwei dieser Prinzipien aufwiesen.

Gegen Ende seines Gutachtens kam er zu dem Schluss, dass die Unterscheidung von Versicherung, Versorgung und Fürsorge für die Reformdiskussion „nicht fruchtbar" sei (Bogs 1955: 138), denn:

> „Die deutsche Sozialversicherung war von Anbeginn an keine eigentliche Versicherung, sie ist vielmehr ihrer Rechtsform nach eine Sicherung eigener Art, in der Elemente der Versicherung und Versorgung gelegentlich auch der Fürsorge, aufs engste und – wie mir scheint – unlöslich miteinander verflochten sind. Neben dem echt versicherungsmäßigen Gedanken des Risikoausgleichs innerhalb einer begrenzten Versichertengemeinschaft tritt das gerade für die deutsche Sozialversicherung typische, versicherungsfremde Prinzip des sozialen Ausgleichs" (Bogs 1955: 141).

Die hier zitierte Passage sollte jedoch nicht als Absage an die Zuordnung der Sozialversicherung zum Typus der ‚Versicherung‘ gedeutet werden. Wichtig ist die Formulierung im ersten Satz, dass sie „keine eigentliche Versicherung" ist. Darin ist impliziert, dass sie eine Versicherung ist, nur eben keine „eigentliche". Diese vage und uneindeutige Formulierung fügt sich ein in ein Gutachten, das insgesamt durch Ambivalenz und sprachliche Mehrdeutigkeit gekennzeichnet ist.

In der Gesamtbetrachtung des Gutachtens kann kein anderer Schluss bleiben, als dass Bogs die Sozialversicherung aus eigener Überzeugung dem Typus ‚Versicherung‘ zuordnete. In seinem Gutachten machte er auftragsgemäß auch Vorschläge für eine Reform des Rechts der sozialen Sicherheit. Er stellte drei Reformoptionen vor, sein präferiertes Modell nannte der „Modell einer echten Sozialversicherung" (Bogs 1955: 111). Es sah eine Fortsetzung der bestehenden Sozialversicherung vor, allerdings solle sie stärker auf „echte soziale Gruppen bezogen" werden (ebd.). Eine Einheitsversicherung oder Entwicklung in Richtung einer allgemeinen Einbeziehung der gesamten Bevölkerung lehnte er ab. Sein Ideal war offensichtlich eine Sozialversicherung, die in viele kleine nach Berufen organisierte ‚Versicherungen‘ aufgesplittet ist, mit eigenen ‚Versicherungen‘

für Angestellte, Bergleute, Landwirte, Seeleute etc. (ebd.). Das ist im Kern eine rückwärts gewandte, auf Revitalisierung einer ständischen Gesellschaft zielende Vorstellung. Dazu passend lehnte Bogs eine Universalisierung der Sozialversicherung in Richtung einer „Staatsbürgerversorgung" nach britischem Vorbild entschieden ab (ebd.: 20 f., 113 f.). Allerdings wandte er sich auch entschieden gegen ein rein privatwirtschaftliches System, das er „Modell versicherungsmäßiger Gestaltung" nannte (ebd.: 106). Das entsprechende Kapitel, in dem er sich mit dieser Option befasste, endet mit der Feststellung:

> „eine allgemeine Übertragung der Prinzipien der Individualversicherung auf die Sozialversicherung ist abzulehnen" (Bogs 1955: 111).

Auch wenn seine Argumentation nicht auf Abschaffung der Sozialversicherung zielte, so ist sie doch gefährlich für die Zukunft der als staatliche Institution der sozialen Sicherheit konstruierte deutsche Sozialversicherung. Dies zeigte sich drei Jahrzehnte später, als neoliberale Ökonomen die von Bogs entwickelte Argumentation nutzten, um darauf aufbauend ein Reformmodell zu entwickeln, das die Abschaffung der gesetzlichen Krankenversicherung zum Ziel hat.

Da die Argumentation der neoliberalen Ökonomen nicht nur von historischem Interesse ist, sondern von auch heute noch wirkt, soll der Zusammenhang zwischen einer auf die Abschaffung der gesetzlichen Krankenversicherung zielenden neoliberalen Argumentation und Bogs Gutachten nachfolgend kurz erläutert werden.

Zentrale Prämisse der Argumentation von Bogs war die Setzung der These, dass die Sozialversicherung eine Versicherung ist und die reine Form der Versicherung die Privatversicherung. Der erste Satz seines Gutachtens, mit dem er somit das gesamte Gutachten einleitete, lautete:

> „Die Versicherung ist in ihrer reinen Form nicht in der sozialen, sondern in der Individualversicherung – meist ungenau ‚Privatversicherung' genannt – am deutlichsten zu erkennen" (Bogs 1955: 15).

Hier lohnt sich ein sprachanalytischer Zugang zu der darin implizierten Logik und den daraus folgenden Konsequenzen. Wenn Versicherung in ihrer „reinen Form" nicht in der Sozialversicherung, sondern in der Privatversicherung verwirklicht ist, dann ist die Sozialversicherung eine ‚unreine' Form der Versicherung. Alles was Sozialversicherung von der Privatversicherung als reiner Form der Versicherung unterscheidet, wird dadurch auf der sprachlichen Ebene zu ‚Verunreinigungen'. Zu diesen ‚Verunreinigungen' müsste nach Bogs alles gezählt werden, was er als ‚Abweichung vom Versicherungsprinzip' und somit ‚versicherungsfremd' bezeichnete.

Von da aus ist es kein großer Schritt zu der Forderung, die Sozialversicherung müsse von diesen ‚Verunreinigungen' befreit werden, damit sie wieder (oder endlich) zu einer ‚reinen' Versicherung wird. Die Angleichung der Sozialversicherung an die Privatversicherung wird dadurch zu einer ‚Bereinigung' und somit positiv konnotiert.

Eine ‚Bereinigung' der gesetzlichen Krankenversicherung von ‚versicherungsfremden' Elementen erfordert vor allem die Umwandlung der einkommensabhängigen Beiträge in risikoäquivalente Prämien, die Abschaffung der beitragsfreien Familienversicherung und Einführung einer Beitragspflicht für nicht erwerbstätige Familienmitglieder. Folgt man Bogs Argumentation müsste auch der Grundsatz abgeschafft werden, dass alle Versicherten der GKV einen uneingeschränkten Anspruch auf alle bedarfsgerechten medizinischen Leistungen haben. An dessen Stelle müsste eine Differenzierung von Leistungsansprüchen nach der Höhe des individuellen Beitrags treten. Ein Grundsatz, der in der Privatversicherung als Äquivalenzprinzip bezeichnet wird.

Das in den 1980er Jahren von neoliberalen Ökonomen entwickelte Reformmodell enthält genau diese zentralen Elemente. Wie die Rekonstruktion der gesundheitspolitischen Diskussion und Gesetzgebung ab Anfang der 1990er zeigen wird, wurden bereits zahlreiche Schritte in Richtung einer immer weitergehenden Umsetzung dieser Vorstellungen vollzogen. Um nur ein Beispiel zu nennen: Der Begriff der ‚versicherungsfremden Leistungen' ist mittlerweile so weit in die gesundheitspolitische Diskussion vorgedrungen, dass er von Politikern des gesamten Parteienspektrums und bis hin zu den Gewerkschaften verwendet wird, verbunden mit der Forderung, ‚versicherungsfremde Leistungen' dürften nicht aus den Sozialversicherungsbeiträgen finanziert werden.

Während neoliberale Ökonomen damit das Ziel verfolgen, die GKV der privaten Krankenversicherung anzugleichen und so die Umwandlung der Krankenkassen in private Versicherungsunternehmen vorzubereiten, verbinden sozialdemokratische, grüne und gewerkschaftliche Akteure mit dem Begriff der ‚versicherungsfremden Leistungen' zumeist das Ziel, dass diese Leistungen nicht nur von den Beitragszahlern der GKV, sondern von allen Steuerzahlern finanziert werden. Dass damit die neoliberale Konzeption einer von sozialpolitischen Zielen befreiten GKV unterstützt wird, ist diesen Akteuren offensichtlich nicht bewusst.

Die oben zunächst nur über den sprachanalytischen Zugang herausgearbeitete Logik ist – das dürfte deutlich geworden sein – keine ‚sprachliche Spielerei'. Ein solcher Zugang legt die in der Sprache enthaltenen Implikationen offen und damit zugleich auch die in der Argumentation enthaltenen Konsequenzen.

Die Problematik der von Bogs entwickelten Auffassung über das Wesen der Sozialversicherung zeigt sich auch an der Aufteilung der Sozialversicherung in Versicherung und sozialen Ausgleich. Wenn man wie Bogs – und ihm nachfolgend das Bundesverfassungsgericht – die Sozialversicherung in ‚Versicherung‘ und ‚versicherungsfremden sozialen Ausgleich‘ unterteilt und deren Verbindung zum „wesentlichen Kern der deutschen Sozialversicherung" (Bogs 1955: 28) oder dem „Wesen der Sozialversicherung" (BVerfGE 11, 105 [112]) erklärt, dann impliziert dies, dass das Besondere und somit das Wesen der Sozialversicherung nicht ihr Versicherungscharakter sein kann, sondern das, was in dieser Argumentation als sozialer Ausgleich bezeichnet wird. Denn ‚Versicherung‘ ist in ihrer ‚reinen Form‘ nicht die Sozialversicherung, sondern die Privatversicherung.

Zu diesem Problem tritt ein weiteres hinzu. Bogs, und ihm folgend auch das Bundesverfassungsgericht, meinen mit ‚sozialem Ausgleich‘, dass es eine Umverteilung von Einkommensanteilen innerhalb des jeweiligen Zweiges der Sozialversicherung gibt. Zum sozialen Ausgleich zählt Bogs die Bemessung der Beiträge nach Arbeitseinkommen, die im Umfang unbeschränkte und damit von der Beitragshöhe unabhängige Gewährung von Sachleistungen sowie die Gewährung von Leistungen auch für Familienangehörige, die keinen Beitrag entrichten. All diese Elemente, die er unter dem Begriff des ‚sozialen Ausgleichs‘ zusammenfasst, führen nach Bogs Auffassung zu einer „Einkommensverteilung" (Bogs 1955: 27), die er an anderer Stelle des Gutachtens als „Einkommensumschichtung" bezeichnet (Bogs 1955: 30). Konfrontiert man diese Annahme mit der Wirklichkeit beispielsweise der gesetzlichen Krankenversicherung, so zeigt sich, dass sie nicht zu Ende gedacht ist.

Selbst wenn man die in der Annahme von Einkommensumschichtungen enthaltene Anwendung des PKV-Geschäftsmodells als Maßstab akzeptiert, ist es verfehlt, daraus eine Einkommensumverteilung oder Einkommensumschichtung in der gesetzlichen Krankenversicherung abzuleiten. Zum einen gewährt die gesetzliche Krankenversicherung weit überwiegend Sachleistungen, bei denen keine Geldtransfers zwischen Mitgliedern oder Versicherten durchgeführt werden. Für die Zahlung des Krankengeldes könnte die Annahme einer Einkommensumschichtung auf den ersten Blick plausibel erscheinen. Der zweite Blick zeigt jedoch, dass das Krankengeld nach der Höhe des Arbeitseinkommens bemessen wird. Somit zahlen die Bezieher höherer Einkommen zwar einen höheren Beitrag erhalten jedoch auch ein höheres Krankengeld. Dies ist jedoch nur dann der Fall, wenn das betreffende Mitglied länger als sechs Wochen krank ist, denn erst dann endet die Lohnfortzahlung des Arbeitgebers und setzt die Krankengeldzahlung der Krankenkasse ein.

Vor allem aber ist die Annahme, in der gesetzlichen Krankenversicherung würden Einkommensumverteilungen stattfinden, aus einem anderen Grund verfehlt. Die Annahme basiert implizit auf der Unterstellung eines Saldos zwischen der Summe der Beitragszahlungen und der Summe der in Anspruch genommenen Leistungen. Ein solcher Saldo kann jedoch nicht für Gruppen gebildet werden, er müsste auf der individuellen Ebene berechnet werden. Würde man dies tun, würde sich jedoch sehr schnell zeigen, dass es auch Mitglieder mit hoher Beitragszahlung gibt, deren Saldo negativ ausfällt, ebenso wie der Saldo von Mitgliedern mit niedriger Beitragszahlung positiv ausfallen kann. Entscheidend ist nicht die Beitragshöhe, sondern die Höhe der anfallenden Kosten.

Wenn ein Mitglied mit hoher Beitragszahlung schwer chronisch erkrankt oder einen schweren Autounfall erleidet, weist sein fiktives Beitragskonto sehr schnell einen negativen Saldo auf, der sich je nach Schwere der Erkrankung oder des Unfalls und den Kosten der Versorgung auf mehrere Hunderttausend Euro innerhalb nur eines Jahres belaufen kann. Ist eine mehrjährige aufwändige Behandlung notwendig, kann die Summe durchaus auch die Millionengrenze überschreiten. Das Gleiche gilt auch für Mitglieder mit mehreren Familienangehörigen, von denen beispielsweise ein Kind eine schwere chronische Krankheit hat. Auf der anderen Seite gibt es viele Mitglieder mit niedrigem Beitragssatz, die keine oder nur sehr geringe Kosten verursachen und deren Saldo deshalb über viele Jahre positiv ist.

Ein weiteres Problem der Annahme von Einkommensumschichtungen in der gesetzlichen Krankenversicherung ist die Ausblendung längerer Zeiträume. Die Einkommenshöhe und somit auch die Beitragshöhe kann sich durch verschiedene Faktoren ändern, beispielsweise durch Arbeitslosigkeit, eine Änderung des Familienstandes, die Geburt eines Kindes, die Erhöhung der Zahl der beitragsfrei mitversicherten Kinder insgesamt, Frühverrentung etc. Wer in einem bestimmten Zeitraum einen positiven Saldo aufweist, kann in der nachfolgenden Rechnungsperiode einen negativen Saldo aufweisen, danach einen ausgeglichenen etc. Die Annahme, es gebe in der gesetzlichen Krankenversicherung Einkommensumverteilungen, ist folglich verfehlt, unsinnig und irreführend.

Wenn es aber keinen ‚sozialen Ausgleich' in der Sozialversicherung gibt, dann führt dies zwangsläufig zur Frage, was dann noch von der Sozialversicherung übrigbleibt, was diese von der Privatversicherung unterscheidet und warum es überhaupt eine Sozialversicherung braucht.

Die Annahme, es gebe einen sozialen Ausgleich in der Sozialversicherung und das Wesen der Sozialversicherung bestehe aus der Kombination von ‚Versicherung' und ‚sozialem Ausgleich' hat weitreichende Konsequenzen. Dem ‚Wesen' der Sozialversicherung kann nämlich dann auch genügt werden, wenn es ein

System ausschließlich privater Krankenversicherungen gibt und der Staat allen, die sich die risikoäquivalenten Prämien nicht leisten können, steuerfinanzierte Beitragszuschüsse gewährt, und die Versicherungsprämien nicht erwerbstätiger Familienmitglieder vom Staat übernommen werden.

Ein solches System, so die Argumentation zur Begründung dieses Reformmodells, könne sogar ein noch höheres Maß an sozialer Gerechtigkeit erreichen als die Sozialversicherung, da diese Steuerzuschüsse von allen Steuerzahlern finanziert würden und nicht nur von den Beitragszahlern. In einem solchen System – so die Argumentation – müssten auch Bezieher hoher Einkommen ihren Beitrag zur sozialen Solidarität leisten, die bislang nicht zur Finanzierung der gesetzlichen Krankenversicherung beitragen müssen.

Diese Ausführungen sind keine neu konstruierte potenzielle Reformidee, es ist die Beschreibung zentraler Elemente eines neoliberalen Reformmodells, das die Umwandlung des GKV-Systems in ein reines PKV-System zum Ziel hat. In seiner bekanntesten Ausprägung ist dieses Modell als ‚Kopfpauschalenmodell' in die gesundheitspolitische Diskussion eingegangen. Das Modell wurde im Auftrag des CDU-Bundesvorstandes entwickelt, 2003 von der Herzog-Kommission vorgelegt und daraufhin in leicht modifizierter Form als „Gesundheitsprämienmodell" in die Programmatik der CDU aufgenommen (CDU 2004a; Herzog-Kommission 2003). Mit der Umsetzung dieses Modells begann wenige Jahre später die 2009 gebildete Regierungskoalition von CDU/CSU und FDP. Ein zentrales Element des Modells und der auf seiner Grundlage beschlossenen Änderungen des GKV-Rechts war ein sogenannter „Sozialausgleich", der staatliche Beitragszuschüsse für Geringverdiener vorsah.[13]

Zwar wird das ‚Gesundheitsprämienmodell' von der CDU bereits seit längerem nicht mehr weiterverfolgt, seine argumentative Basis wirkt jedoch immer noch. Sie wird unter anderem in der Forderung nach einer Steuerfinanzierung ‚versicherungsfremder Leistungen' immer wieder aufs Neue reproduziert.

Die Verweise auf die spätere Nutzung der von Bogs entwickelten und vom Bundesverfassungsgericht aufgegriffenen Sichtweise auf die Sozialversicherung sollen hier nicht weitergeführt werden. Sie sollten nur verdeutlichen, dass die Auffassung, die Sozialversicherung sei eine Versicherung und unterscheide sich von der ‚reinen' Versicherung im Wesentlichen nur durch den sozialen Ausgleich, der Forderung nach Abschaffung der Sozialversicherung als staatlicher Institution den argumentativen Boden bereitet. Dies war zwar weder von Bogs noch später vom Bundesverfassungsgericht intendiert, das ändert jedoch nichts daran, dass es

---

[13] Vgl. § 242b Abs. 1 SGB V in der Fassung des GKV-Finanzierungsgesetzes 2011.

sich letztlich um eine für die Zukunft der Sozialversicherung höchst gefährliche Auffassung handelt.

Aus Sicht von Befürwortern der Sozialversicherung betrachtet liegt das Problem darin, dass diese Auffassung über das Wesen der Sozialversicherung der Forderung nach Abschaffung der Sozialversicherung und Umwandlung des GKV-Systems in ein PKV-System letztlich nichts Überzeugendes entgegensetzen kann. Die Argumentation ist durch die Prämisse, dass es sich bei der Sozialversicherung um eine Versicherung handelt – um einen bildhaften Vergleich zu bemühen – ‚auf eine Schiene gesetzt‘, die zum ‚Endbahnhof‘ Abschaffung der Sozialversicherung führt, auch wenn dies überhaupt nicht beabsichtigt ist.

Soll die bestehende Sozialversicherung erhalten und gegen Angriffe erfolgreich verteidigt werden, so ist dies nicht möglich, wenn sie weiter als eine Versicherung angesehen und begriffen wird. Soll die gesetzliche Krankenversicherung als staatliche Sozialversicherung erhalten und verteidigt werden, so ist dies letztlich nur möglich, wenn man auf die rechtswissenschaftliche Diskussion der Kaiserzeit zurückgreift und die vor allem von Rosin, Laband und Kaskel/Sitzler entwickelte Erkenntnis, dass die Sozialversicherung ein System sozialer Rechte ist, ein System subjektiver öffentlicher Rechte auf individuelle soziale Sicherheit.

Begreift man die gesetzliche Krankenversicherung in dieser Art, dann besteht sie aus drei Bestandteilen: 1) ein vom Staat bestimmten Gruppen der Bevölkerung eingeräumtes Recht auf soziale Sicherheit im Fall von Krankheit, 2) ein komplexes System von Rechtsvorschriften, durch die die Verwirklichung dieses sozialen Rechts erreicht werden soll, und 3) eine spezielle staatliche Verwaltung, die als Sozialverwaltung bezeichnet wird und die Aufgabe hat, die Verwirklichung der sozialen Rechte zu organisieren und sicherzustellen. Im Fall der gesetzlichen Krankenversicherung nehmen diese Aufgabe die Krankenkassen wahr, die als Körperschaften des öffentlichen Rechts verfasst sind und Aufgaben der mittelbaren Staatsverwaltung wahrnehmen.

Diese drei Bestandteile werden unter dem Begriff der ‚gesetzlichen Krankenversicherung‘ zusammengefasst. Was als ‚gesetzliche Krankenversicherung‘ bezeichnet wird, existiert nicht als eigenständige Entität, in dem Sinne, dass sie etwas ist, das für sich genommen wahrgenommen, angefasst, berührt etc. werden kann. Der Wahrnehmung zugänglich sind nur die Rechtstexte, in denen die sozialen Rechte und konkreten Vorschriften zur Verwirklichung dieser Rechte festgeschrieben sind, und die Krankenkassen als Organisationen mit Gebäuden, Beschäftigten etc.

So betrachtet löst sich der Versicherungscharakter der Sozialversicherung in Allgemeinen und der gesetzlichen Krankenversicherung im Besonderen ‚in Luft auf'. Was bleibt ist ein System der sozialen Sicherheit, das vom Staat geschaffen ist, von ihm durch Rechtsvorschriften gelenkt und von staatlicher Verwaltung organisiert wird und bei dessen Leistungen es sich um staatliche Sozialleistungen handelt. Die Besonderheit der Sozialversicherung innerhalb dieses Systems liegt vor allem darin, dass sie – anders als die übrigen Sozialleistungen – nicht oder nicht überwiegend durch allgemeine Steuermittel finanziert wird, sondern überwiegend oder ausschließlich durch sogenannte ‚Sozialversicherungsbeiträge'. Sozialversicherungsbeiträge sind keine besondere Art von Versicherungsprämien, sondern vielmehr eine Art von Steuern, die jedoch im Unterschied zu ‚echten' Steuern streng zweckgebunden sind.

In diesem System gibt es keine ‚versicherungsfremden Leistungen' in der Sozialversicherung, weil sie keine Versicherung ist. Es gibt nur staatliche Sozialleistungen. Welche Leistungen vom Staat gewährt werden, ist Entscheidung der gesetzgebenden Körperschaften als Vertretungen des Wahlvolkes. Es gibt auch keinen ‚sozialen Ausgleich' im Sinne von Einkommensumverteilungen. Die Finanzierung erfolgt durch Steuern oder steuerähnliche Sozialversicherungsbeiträge, die dem für das Steuerrecht zentralen Leistungsfähigkeitsprinzip folgen, wonach sich die Höhe der Belastung der Staatsbürger durch Steuern und Beiträge nach ihrer individuellen wirtschaftlichen Leistungsfähigkeit zu richten hat.

Zu diesem Ergebnis kann man allerdings nur gelangen, wenn man von den Erkenntnissen führender Rechtswissenschaftler der Kaiserzeit wie Rosin, Laband und Kaskel/Sitzler ausgeht. Diese Erkenntnisse sind nach dem zweiten Weltkrieg in der Bundesrepublik jedoch in Vergessenheit geraten, wozu auch Walter Bogs mit seinem Gutachten von 1955 einen unrühmlichen Beitrag geleistet hat.

Die Rothenfelser Denkschrift von 1955

Da der regierungsinterne Streit zwischen Arbeitsministerium und Finanzministerium die Vorlage eines Regierungsentwurfes für die angekündigte Sozialreform blockierte, beauftragte Bundeskanzler Adenauer im November 1954 – unter Umgehung des Kabinetts und mit der Bitte, den Auftrag streng vertraulich zu behandeln – eine Gruppe von Professoren mit der Ausarbeitung einer Gesamtkonzeption für die Neuordnung des Systems der sozialen Sicherheit (Hockerts 1980: 280). Das Ergebnis ihrer Überlegungen legten die Wissenschaftler im Mai 1955 als Vorschläge für eine „Neuordnung der sozialen Leistungen" vor (Achinger et al. 1955). Der Text ist in die folgende sozialpolitische und wissenschaftliche Diskussion als „Rothenfelser Denkschrift" eingegangen, in Anlehnung an den Tagungsort der Gutachtergruppe (Burg Rothenfels).

Autoren der ‚Rothenfelser Denkschrift'

Hans Achinger, Professor für Volkswirtschaftslehre (Nationalökonomie).

Joseph Höffner, Professor für Christliche Sozialwissenschaft an der Universität Münster, 1962 wurde er Bischof von Trier und 1969 Erzbischof von Köln.

Hans Muthesius, 1950–1964 Vorsitzender des Deutschen Vereins für öffentliche und private Fürsorge, ab 1956 Honorarprofessor für Fürsorgerecht an der Universität Frankfurt.[14]

Ludwig Neundörfer, Professor für Soziologie am Pädagogischen Institut Jugenheim.

Dem Gutachten kam insofern eine besondere Bedeutung zu, als es im Auftrag des Kanzlers erstellt worden war und seine Ergebnisse nach Adenauers Vorstellungen Grundlage einer zu erarbeitenden umfassenden Sozialreform werden sollten. Mit dieser Intention wurden die Vorschläge der Denkschrift nach ihrer Veröffentlichung in den zur Vorbereitung der Sozialreform gebildeten ständigen Kabinettsausschuss, das sogenannte ‚Sozialkabinett', eingebracht (Hockerts 1980: 301).

Die Rothenfelser Denkschrift wurde nach ihrem Erscheinen breit rezipiert und öffentlich diskutiert und nahm in der späteren wissenschaftlichen Literatur zur Geschichte der Sozialpolitik der Nachkriegszeit eine hervorgehobene Stellung ein (vgl. u. a. Bethusy-Huc 1976: 62 ff.; Hockerts 1980: 290 ff.). Die aus heutiger Sicht wohl bedeutendste in der Denkschrift enthaltene Anregung war der Vorschlag, das auf zahllose unterschiedliche Rechtsvorschriften verteilte Recht der sozialen Sicherung zu einem einheitlichen Gesetzeswerk, einem „Code social" zusammenzufassen (Achinger et al. 1955: 121). Mit der Umsetzung dieses Vorschlages wurde jedoch erst Anfang der 1970er Jahre begonnen. Das Ergebnis liegt mittlerweile als vierzehnbändiges Sozialgesetzbuch vor.

Das Gutachten war in drei Teile untergliedert.

- In einem ersten Teil wurde auf die soziodemografische Entwicklung eingegangen und wurden zentrale Prinzipien der sozialen Sicherung diskutiert sowie volkswirtschaftliche Aspekte thematisiert.

---

[14] Muthesius war ab 1940 Referatsleiter in der Wohlfahrtsabteilung des Reichsinnenministeriums und unter anderem zuständig für die Jugendkonzentrationslager. Im Ministerium arbeitete Muthesius zusammen mit Herbert Linden, einem der Hauptverantwortlichen für die nationalsozialistischen Krankenmorde (euphemistisch als ‚Euthanasie' bezeichnet).

- Der zweite Teil enthielt die Vorschläge der Gutachtergruppe zur Reform der sozialen Sicherung.
- Im dritten Teil wurde ein Vorschlag für die Kodifizierung des gesamten Rechts der sozialen Sicherung in einem „Code Social" unterbreitet.

Das gesamte Gutachten war geprägt von der Grundüberzeugung, dass der einzelne Mensch und die Familie primär verantwortlich für die Sicherung des eigenen Lebensunterhaltes und die eigene soziale Sicherung sind und dass die staatliche Sozialpolitik erst dann eingreifen sollte, wenn der Einzelne und die Familie überfordert sind (Achinger et al. 1955: 21–30). Dementsprechend gibt das Gutachten denn auch dem Subsidiaritätsprinzip den eindeutigen Vorrang vor staatlichen Sozialleistungen. Solidarität sollte zuerst in den jeweiligen gesellschaftlichen Gruppen und Schichten und vorrangig in Familienverbänden geleistet werden und erst nachrangig durch die gesamte Gesellschaft und den Staat. Staatliche Sozialleistungen, und darin eingeschlossen die Leistungen der Sozialversicherung, sollten lediglich dazu dienen, „basic needs" abzudecken (Achinger et al. 1955: 26). Damit hatte die Rothenfelser Denkschrift eine deutlich andere Grundausrichtung als Bogs Gutachten. Während Bogs für den Erhalt und Ausbau der Sozialversicherung plädierte, zielte die Grundausrichtung der Rothenfelser Denkschrift auf einen Rückbau der Sozialversicherung und Beschränkung sozialstaatlicher Leistungen auf die Armenfürsorge.

Es sei bereits an dieser Stelle darauf hingewiesen, dass die Vorschläge der Denkschrift von einer Radikalität waren, die über das für die politischen Akteure der damaligen Zeit akzeptable Maß hinausging.[15] Wie die nachfolgende Analyse zeigen wird, schlugen die Autoren der Denkschrift im gesundheitspolitischen Teils ihres Gutachtens letztlich die Abschaffung der GKV als Sozialversicherung vor und plädierten für die Umstellung auf ein PKV-System mit einer gesetzlich vorgeschriebenen Mindestsicherung und freiwillig zu versichernden Wahlleistungen. Diese Radikalität des gesundheitspolitischen Teils der Denkschrift blieb in der nachfolgenden sozialwissenschaftlichen Rezeption der Denkschrift bisher jedoch weitgehend unbeachtet. Insofern soll die nachfolgende Zusammenfassung der gesundheitspolitischen Passagen der Denkschrift auch einen Beitrag zur Vervollständigung der sozialwissenschaftlich-historischen Diskussion leisten.

Eine genauere Beschäftigung mit diesen Passagen der Denkschrift erscheint auch insofern angebracht, als sich dort bereits zentrale Elemente einer Reform der

---

[15] Dazu Hentschel (1983: 162): Es sei eine Denkschrift gewesen, die „von mehr Rücksichtslosigkeit gegen die sozialpolitische Tradition in Deutschland geprägt war, als sich Regierung und Koalition zumuten lassen wollten".

GKV finden lassen, die in dem ab Anfang der 1980er entwickelten neoliberalen Reformmodell wieder auftauchen. Es darf wohl davon ausgegangen werden, dass die Denkschrift den Protagonisten einer marktwirtschaftlichen Umgestaltung der GKV in den 1980er Jahren bekannt und offenbar auch Vorbild und Anregung war.[16]

Da die Rothenfelser Denkschrift auf lediglich ca. 130 Seiten alle Bereiche der sozialen Sicherung behandelte, blieb sie wegen der Breite der Thematik weitgehend auf einer allgemeinen Ebene. Für den Bereich der sozialen Sicherung im Krankheitsfall bot sie weder eine systematische Darstellung des Systems der GKV noch der PKV. Die Ausführungen zur Krankenversicherung sind über mehrere Stellen der Denkschrift verteilt und beschränken sich auf eine sehr oberflächliche Behandlung der Thematik. Es werden Einzelelemente einer „Neuordnung" formuliert, die allerdings zusammengenommen kein konsistentes Reformmodell ergeben.

Dennoch sind die Vorschläge zu einer Reform der gesetzlichen Krankenversicherung nicht beliebig und zusammenhangslos. Der Zusammenhang zeigt sich allerdings erst, wenn man sich von der Textstruktur der Denkschrift löst und die Einzelvorschläge logisch-systematisch ordnet. Die nachfolgende Darstellung ist der Versuch einer solchen systematischen Re-Konstruktion der gesundheitspolitischen Inhalte der Denkschrift. Es werden zunächst die zentralen tragenden Grundüberzeugungen der Denkschrift herausgefiltert, auf denen die Einzelvorschläge aufbauen beziehungsweise aus denen sie offenbar abgeleitet wurden. Daran schließt sich eine systematisch geordnete Darstellung der einzelnen Reformvorschläge an, die in einem abschließenden Teil zu zentralen Reformbestandteilen zusammengefasst und im Zusammenhang diskutiert werden.

Tragende Grundüberzeugungen

Die Denkschrift baut in ihren Passagen zur Reform der gesetzlichen Krankenversicherung auf folgenden zentralen Grundüberzeugungen auf (Achinger et al. 1955: 25 f.):

- Der Staat solle sich in der Sozialpolitik weitgehend zurückhalten. Er diene der sozialen Sicherung dadurch am besten, dass er die persönliche Verantwortung der Bürger sich entfalten lässt. Staatliche Sozialpolitik solle „ihre vordringlichste Aufgabe in der Hilfe zur Selbsthilfe sehen" (ebd.: 25).

---

[16] Immerhin war mit Wolfgang Gitter einer der führenden Sozialrechtler der 1980er Jahre an der Entwicklung des neoliberalen Reformmodells beteiligt. Ihm dürfte die sozialrechtliche und sozialpolitische Diskussion der 1950er Jahre mit Sicherheit vertraut gewesen sein.

- Eine öffentlich-rechtliche Sozialversicherung als Pflichtversicherung komme erst in Frage, wenn sich der Weg einer gesetzlichen Pflicht zur Absicherung einer Grundversorgung durch den Abschluss einer privaten Krankenversicherung „als ungangbar erwiesen hat" (ebd.: 26). Dies sei aber bislang nicht der Fall, im Gegenteil: Die private Krankenversicherung habe sich eindeutig als das der GKV überlegene Modell erwiesen, darum sollten die Prinzipien der Privatversicherung auch auf die GKV übertragen werden.

- Die soziale Absicherung für den Fall der Krankheit solle darum so gestaltet werden, dass sich die Bürger „gegen die ‚basic needs' in einer in ihr Belieben gestellten Weise versichern (durch private Krankenversicherung, Lebensversicherung, durch berufsgenossenschaftlich Versicherung und dergleichen)" (Achinger et al. 1955: 26) (ebd.).

Offensichtlich waren die Vorschläge zu einer Neuordnung der sozialen Sicherung auch als ausdrückliches Gegenmodell zur Volksversicherung oder einem staatlichen Gesundheitsdienst nach britischem Vorbild gemeint, denn die abschließende Zusammenfassung der zentralen Reformvorschläge zur Krankenversicherung wird mit der Feststellung eingeleitet, es bestünde kein Anlass, das gegebene System aus GKV und PKV durch eine „Einheitskrankenversicherung oder einen staatlichen Gesundheitsdienst zu ersetzen" (Achinger et al. 1955: 115).

Die Reformvorschläge
Aus diesen allgemeinen Prämissen leiteten die Gutachter die nachfolgenden Reformvorschläge ab.

Beschränkung des GKV-Leistungskatalogs auf ‚Grundleistungen' zur Absicherung hoher Behandlungskosten
Nach Auffassung der Autoren der Denkschrift hat die gesetzliche Krankenversicherung ihren Ursprung in der Armenfürsorge und könne ihre Berechtigung nur behalten,

> „wenn sie sich auf den sozial schutzbedürftigen Personenkreis, der aus eigener Kraft nicht in der Lage ist, für die Wechselfälle des Lebens Vorsorge zu treffen, beschränkt" (Achinger et al. 1955: 59).

Galt Ende des 19. Jahrhunderts die Arbeiterschaft noch als schutzbedürftig, so habe die Entwicklung der Arbeitseinkommen dazu geführt, dass der weit überwiegende Teil der Arbeiter und Angestellten nicht mehr zu den ‚Schutzbedürftigen' gerechnet werden könne (Achinger et al. 1955: 63).

Aus dieser ‚Diagnose' leiteten die Autoren der Denkschrift ab, dass es vertretbar und dem Stand der Einkommensentwicklung angemessen sei, die Ausgaben „zur Behebung kleinerer körperlicher Störungen" den „persönlichen Ausgaben" zuzurechnen, so wie auch die Ausgaben für Körperpflege (ebd.: 62). Die „Gleichsetzung kleiner Ausgaben für die Gesundheit mit denen für die allgemeine Körperpflege" (ebd.: 63) würde zudem auch positive Auswirkungen auf die Inanspruchnahme von Leistungen haben. Arztbesuche würden reduziert und dadurch, dass die Entscheidung über den Kauf von Medikamenten „dem offenen Markt übergeben" (ebd.) wird, würden Patienten nur noch solche Medikamente kaufen, die sie auch tatsächlich brauchen.[17]

Eine Erörterung des Risikos, dass Versicherte aufgrund ihrer Einkommenssituation auf medizinisch notwendige Behandlungen und Arzneimittel verzichten könnten oder müssten, sucht man in der Denkschrift vergeblich. Ein solches Risiko zu erörtern, erübrigt sich allerdings auch, wenn man – wie die Autoren der Denkschrift – von der Einschätzung ausgeht, dass die wirtschaftliche Stellung der abhängig Beschäftigten es rechtfertige die „Krankenhilfe als ‚Armenleistung' aufzugeben" (Achinger et al. 1955: 63).

Da die Arbeiter und Angestellten mittlerweile in der Lage seien ‚kleine Gesundheitsausgaben' selbst zu tragen, verbliebe nur noch „das Anliegen, gegen das Risiko hoher Ausgaben durch Krankheit versichert zu sein" (ebd.: 63).[18] Eine solche Absicherung wiederum solle zukünftig allgemein verbindlich für alle sein.

„Wenn feststeht, daß auch bei kleinsten Beiträgen gewisse Grunddienste gesichert sind, sollte dieses System allgemein verbindlich werden" (Achinger et al. 1955: 64).

Gemeint war damit allerdings keine allgemeine Versicherungspflicht in der GKV, sondern eine gesetzliche Pflicht zum Abschluss einer privaten Krankenversicherung.

---

[17] Es sei bereits an dieser Stelle darauf hingewiesen, dass sich dieses Argumentationsmuster drei Jahrzehnte später in den Begründungen für die Forderung nach einem marktwirtschaftlich organisierten Gesundheitswesen und der Begrenzung der GKV-Leistungen auf eine Grundversorgung wiederfinden wird, insbesondere in den Jahresgutachten des Wirtschaftssachverständigenrates und den Schriften des Kronberger Kreises (Kronberger Kreis 1987a; SVR-W 1983, 1985).

[18] Dieser Vorschlag wurde in den 1980er Jahren von den Protagonisten des neoliberalen Reformmodells wieder aufgegriffen. So schlugen beispielsweise der Sozialrechtler Wolfgang Gitter und der Ökonom Peter Oberender in einem gemeinsamen Reformkonzept vor, eine obligatorische Versicherungspflicht sollte es nur noch für eine Basisversorgung geben, die sich auf „Großrisiken" bzw. „Extremrisiken" beschränkt. Alles andere sollte über private Versicherungen abgesichert werden (Gitter/Oberender 1987: 97–122).

Abschaffung des Arbeitgeberbeitrags zur Krankenversicherung
Sehr eindeutig ist die Denkschrift in der Frage des Arbeitgeberbeitrags.

> „Die Beiträge werden auch in allen gesetzlichen Krankenkassen nur von den Versicherten getragen" (Achinger et al. 1955: 115).

Das „auch" in diesem Satz zeigt an, dass dieser Vorschlag aus der grundsätzlichen Orientierung am PKV-System abgeleitet ist. In einer privaten Versicherung trägt allein der Versicherungsnehmer die Versicherungsprämie. Im Fall privat krankenversicherter Arbeitnehmer zahlt der Arbeitgeber keinen ‚Arbeitgeberbeitrag' wie bei Pflichtversicherten, sondern gewährt nur einen Zuschuss zum PKV-Beitrag des Versicherten.

Die Frage der Beitragstragung ist ein zentrales Thema auch der späteren neoliberalen Reformvorschläge, und dies nicht von ungefähr. Wenn man den Übergang von der GKV als Sozialversicherung zu einem reinen PKV-System erreichen will, muss der bisherige Arbeitgeberbeitrag abgeschafft werden. Erst danach ist es möglich, das öffentlich-rechtliche Mitgliedschaftsverhältnis in der GKV durch ein privatrechtliches Versicherungsvertragsverhältnis zu ersetzen, das Grundlage des PKV-Systems ist. Im PKV-System ist der einzelne ‚Versicherungsnehmer' nicht nur Vertragspartner, sondern auch alleiniger Beitragsschuldner. Dementsprechend überweisen Arbeitgeber ihren Zuschuss zum PKV-Beitrag auch nicht an die PKV, sondern an die privat krankenversicherten Arbeitnehmer.

Allgemeiner Selbstbehalt in Höhe von drei Prozent des Haushaltseinkommens
Für die technische Umsetzung einer auf die Absicherung hoher Behandlungskosten beschränkten Krankenversicherung schlugen die Autoren der Denkschrift die Einführung einer allgemeinen „Selbstleistungsgrenze" vor (Achinger et al. 1955: Anmerkungen Teil 2, S. 23), bis zu der die Versicherten die Kosten vollständig allein tragen.

> „Die Krankenkasse tritt erst in Aktion, wenn (eine, M.S.) bestimmte Selbstleistung überschritten wird" (Achinger et al. 1955: Band 2 Anmerkungen, S. 24).

Die Höhe der „Selbstleistungsgrenze" solle nicht absolut fixiert werden, sondern an die Entwicklung der Einnahmen einer „4-Personen-Indexfamilie" angebunden werden (ebd.). Als angemessene Grenze werden im Gutachten drei Prozent des Haushaltseinkommens genannt.[19]

Die in der Denkschrift als „Selbstleistung" bezeichneten Regelungen entsprechen den Selbstbehalten der privaten Krankenversicherung. In der oben zitierten Passage fehlt lediglich noch der Verweis darauf, dass der Krankenversicherungsbeitrag in Abhängigkeit von der Höhe des gewählten Selbstbehaltes variiert: Je höher der Selbstbehalt, desto niedriger der Beitrag. Eine solche Beitragsdifferenzierung erübrigt sich allerdings, es einen allgemeinen, für alle Versicherten gleichen Selbstbehalt gibt. An anderer Stelle der Denkschrift wird jedoch die Option erwähnt, dass die Krankenkassen die Freiheit erhalten sollten, ihre „Tarife" selbst festzulegen. Damit wäre dann auch der Weg geebnet für unterschiedliche Selbstbehalttarife, die je nach Höhe des Selbstbehaltes auch unterschiedliche Beiträge – oder richtiger: Versicherungsprämien – vorsehen.

Umstellung von Sachleistungen auf Kostenerstattung

Die Abschaffung des Sachleistungsprinzips der GKV und Umstellung auf ein System der Kostenerstattung, wie es für die PKV charakteristisch ist, wird in der Denkschrift nicht explizit genannt, ist aber implizit enthalten. Dies wird vor allem an dem Vorschlag deutlich, einen allgemeinen Selbstbehalt in der GKV einführen (darauf wird nachfolgend noch eingegangen). Selbstbehalte gehören zu den Tarifmodellen der PKV und sehen vor, dass Versicherte bis zur Höhe eines im Versicherungsvertrag festgelegten Gesamtbetrages pro Jahr alle Rechnungen allein tragen. Die Versicherung übernimmt die in Rechnung gestellten Kosten erst nach Überschreiten dieser Selbstbehaltgrenze. Daran wird erkennbar, dass Selbstbehalte nur dann technisch umsetzbar sind, wenn die betreffenden Versicherten die Rechnungen der Leistungserbringer selbst begleichen müssen und danach ihrer Versicherung zur Kostenerstattung einreichen. Einen für alle Versicherten geltenden Selbstbehalt in die GKV einzuführen, impliziert somit die Abschaffung von Sachleistungen und Umstellung auf Kostenerstattung.

---

[19] Die Forderung nach Einführung von Selbstbehalten in der GKV gehört seit den 1980er Jahren zu den zentralen Bestandteilen neoliberaler Reformvorschläge (Gitter et al. 1988; Gitter/Oberender 1987; Kronberger Kreis 1987a; SVR-W 1983, 1985), insbesondere auch die Einführung einkommensabhängiger Selbstbehalte (vgl. u. a. SVR-W 1985: 171). Auch die Idee, sich dabei nicht am beitragspflichtigen Einkommen des einzelnen Mitglieds zu orientieren, sondern am Haushaltseinkommen, taucht drei Jahrzehnte später in den neoliberalen Reformvorschlägen wieder auf (so u. a. bei Gitter/Oberender 1987).

Abschaffung der beitragsfreien Familienversicherung
Die nachfolgende Formulierung enthält ‚zwischen den Zeilen versteckt' den Vorschlag, die beitragsfreie Familienversicherung abzuschaffen:

> „Die seither mit minderen Leistungen mitversicherten Familienangehörigen sind auch in den gesetzlichen Krankenversicherungen zu erfassen und als Vollmitglieder zu führen" (Achinger et al. 1955: 115).

Wenn mitversicherte Familienangehörige als „Vollmitglieder" geführt werden sollen, bedeutet dies, dass sie auch in vollem Umfang beitragspflichtig sind, denn in der GKV haben Mitglieder einen Beitrag zu entrichten. Eine solche Interpretation dieser Textpassage ergibt sich auch aus dem an späterer Stelle zitierten Vorschlag, das System der PKV auf die GKV zu übertragen. In der PKV gibt es keine beitragsfreie Mitversicherung von Familienangehörigen, und es gilt der Grundsatz, dass für jedes zu versichernde Familienmitglied ein eigener Versicherungsvertrag abzuschließen und eine gesonderte Versicherungsprämie zu zahlen ist.

Beitragskalkulation auf Grundlage des Äquivalenzprinzips
Entsprechend der Grundorientierung der Denkschrift, das GKV-System durch ein PKV-System zu ersetzen, wird die Umstellung der Beitragskalkulation auf das Äquivalenzprinzip vorgeschlagen, wenngleich auch nur ‚zwischen den Zeilen':

> „Als Grundsatz sollte künftig auch in der gesetzlichen Krankenversicherung gelten: Die Krankenkassen bieten ihren Mitgliedern verschiedene Tarife an, aus denen die Höhe der Beiträge und die dafür gewährten Leistungen ersichtlich sind" (Achinger et al. 1955: 64).

Wenn aus der Höhe der Beiträge die Leistungen „ersichtlich" sein sollen, so bedeutet dies nichts anderes, als dass sich die Höhe der Beiträge nach der Art und dem Umfang der Leistungen richtet. In der Sprache der privaten Versicherungswirtschaft ausgedrückt: Die Beiträge sind ein ‚Äquivalent' für die vertraglich vereinbarten Leistungen. Dies ist der Kern des ‚Äquivalenzprinzips', auf dessen Grundlage die ‚risikoäquivalenten' Versicherungsprämien der privaten Krankenversicherung kalkuliert werden. Dass die Denkschrift eine Neuordnung nach dem Vorbild der PKV zum Ziel hatte, wird auch daran erkennbar, dass das vorgeschlagene „System verschiedener Tarife zur Wahl" (Achinger et al. 1955: 64) als eines bezeichnet wird, das sich in der PKV „durchaus bewährt" habe (ebd.).

Angleichung der Krankenkassen an die private Krankenversicherung
Wenn sowohl das Leistungsrecht als auch die Finanzierung der GKV der privaten Krankenversicherung angeglichen werden soll, so ist es naheliegend, dass auch die Organisationsform der Krankenkassen der PKV „angenähert" werden muss:

> „Die gesetzlichen Krankenkassen (Allgemeine Ortskrankenkassen, Landkranken-kassen, Betriebskrankenkassen, Innungskrankenkassen, Knappschaftskrankenkassen, Seekrankenkassen), die Ersatzkassen und die privaten Krankenkassen werden in ihrer inneren Struktur einander angenähert" (Achinger et al. 1955: 115).

Die Formulierung legt zwar den Eindruck nahe, es sei eine wechselseitige ‚Annäherung' von GKV und PKV gemeint. Betrachtet man jedoch die zuvor vorgestellten einzelnen Reformelemente, so ist die Denkschrift ein eindeutiges Plädoyer für die Anpassung der Krankenkassen an private Krankenversicherungen, und das heißt letztlich: die Umwandlung der Krankenkassen in private Versicherungsunternehmen.

Dies wird auch an einer anderen, oben bereits zitierten Passage sehr deutlich, in der die Anbieter einer zukünftigen Grundversorgung genannt werden und die Krankenkassen gar nicht mehr erscheinen. Die Bürger sollten sich danach zukünftig

> „gegen die ‚basic needs' in einer in ihr Belieben gestellten Weise versichern (durch private Krankenversicherung, Lebensversicherung, durch berufsgenossenschaftliche Versicherung und dergleichen)" (Achinger et al. 1955: 26).[20]

Fazit und Diskussion
Die Rothenfelser Denkschrift enthält somit folgende Elemente einer Neuordnung der sozialen Sicherung für den Krankheitsfall:

- Die Leistungen der gesetzlichen Krankenversicherung werden auf ‚Grund-leistungen' reduziert. Alle darüber hinausgehenden Leistungen müssen durch gesonderte ‚Wahltarife' mit zusätzlichen Versicherungsprämien abgesichert werden.
- Eine allgemein verbindliche Versicherungspflicht gilt nur für die ‚Grundleis-tungen'.

---

[20] Um Irritationen vorzubeugen: Bei ‚berufsgenossenschaftlichen Versicherungen' handelt es sich nicht um Krankenkassen, sondern Haftpflichtversicherungen für die Unternehmen einzelner Wirtschaftszweige.

- Es liegt in der Entscheidung der Versicherten, ob sie einen über Grundleistungen hinausgehenden Versicherungsschutz durch Wahltarife wählen.
- Die Höhe der Beiträge der Wahltarife ist abhängig von der Art und dem Umfang der versicherten Leistungen.
- Der Arbeitgeberbeitrag wird abgeschafft, die Versicherten haben den vollen Beitrag allein zu tragen.
- Die beitragsfreie Mitversicherung von nicht erwerbstägigen Familienangehörigen wird abgeschafft, für Familienangehörige ist der volle Beitrag zu entrichten.

Diese Reformelemente lassen sich wiederum zu zwei inhaltlichen Kernen des Reformkonzepts zusammenfassen:

- Der eine Kern ist die Reduzierung des gesetzlich vorgeschriebenen GKV-Leistungskatalogs auf eine ,Grundsicherung', für die eine allgemeine, also die gesamte Bevölkerung erfassende Versicherungspflicht gelten soll. Die bisherige Pflichtmitgliedschaft in einer der Krankenkassen als Träger der staatlichen Sozialversicherung ist nicht mehr vorgesehen, die Versicherungspflichtigen können frei wählen, bei welchem privaten ,Versicherer' sie sich versichern.
- Den zweiten Kern bilden Elemente, die der PKV entstammen und offenbar auf die GKV übertragen werden sollen. Dazu gehören die alleinige Tragung der Versicherungsbeiträge durch die Versicherten, ohne Beteiligung des Arbeitgebers, die eigenständige Versicherung der Familienmitglieder mit gesonderter Beitragszahlung, die freie Wahl des Versicherungstarifes und die Abhängigkeit der Beitragshöhe vom Umfang des individuell vertraglich vereinbarten Versicherungsschutzes (Äquivalenzprinzip mit risikoäquivalenten Prämien).

Führt man die in der Denkschrift enthaltenen Gedanken weiter, so offenbart sich ein ausgesprochen radikales Reformkonzept. Es zielt auf die Umwandlung der Krankenkassen in private Krankenversicherungen, Abschaffung der GKV als Sozialversicherung und Ersetzung des Systems aus GKV und PKV durch ein reines PKV-System, allerdings mit allgemeiner Versicherungspflicht, die jedoch nur für eine Grundsicherung gelten soll.

Es wurde bereits angesprochen, dass genau dies die Kernelemente des neoliberalen Reformmodells sind, das ab Mitte der 1980er Jahre in die gesundheitspolitische Diskussion eingebracht und seit Mitte der 1990er Jahre unter dem Leitbegriff ,einheitlicher Krankenversicherungsmarkt' firmiert. Vergleicht man das Modell des ,einheitlichen Krankenversicherungsmarktes' mit den Vorschlägen der Rothenfelser Denkschrift, zeigt sich in den zentralen Elementen ein sehr hohes Maß an Übereinstimmung. Und dies ist kein Zufall. Wie die Rekonstruktion der Entstehung des neoliberalen Reformmodells und Vorstellung der wichtigsten Diskussionsbeiträge an späterer Stelle des Buches zeigen wird, begriffen die Protagonisten dieses Reformmodells ihr Projekt als ein langfristig angelegtes, bei dem es insbesondere auch darauf ankommt, auf Vorarbeiten zurückzugreifen und die langfristige Orientierung nicht aus den Augen zu verlieren. Mehrere der zentralen neoliberalen Beiträge der 1980er und 1990er Jahre enthalten Passagen, in denen die Notwendigkeit einer langfristig ausgerichteten politischen Strategie betont und dargelegt wird, welches die Bedingungen für einen langfristigen Erfolg sind.

Die Rothenfelser Denkschrift bot allerdings noch kein umfassendes, in sich geschlossenes, logisch konsistentes und systematisches Reformkonzept. Wie bereits die Bezeichnung als „Denkschrift" andeutet, handelte es sich nur um einzelne Überlegungen und Vorschläge. Die Vorschläge wiederum waren sehr lückenhaft und beschränkten sich auf einige wenige allgemeine Aussagen, die nicht konkretisiert oder näher erläutert werden. So wird beispielsweise nicht explizit auf die Frage eingegangen, nach welchem Prinzip die Beiträge für die Grundleistungen bemessen werden sollen. Das Gutachten enthält keine Aussage dazu, ob der geltende Grundsatz einkommensabhängiger Beiträge zumindest für die Grundleistungen beibehalten werden soll. Für die über die Grundleistungen hinausgehenden ‚Tarife' ist es allerdings am Gutachten eindeutig ablesbar, dass deren Prämien risikoäquivalent kalkuliert werden sollten.

Ein weiteres in der Denkschrift an keiner Stelle erörtertes Thema ist die Frage der Definition der ‚Grundleistungen'. Bei einer Aufspaltung des geltenden Leistungskatalogs der GKV in Grund- und Wahlleistungen ist die Frage zu klären, was zu welchem Leistungsbereich gehören soll. Der Vorschlag einer Aufspaltung in Grund- und Wahlleistungen gehört seit Jahrzehnten zum festen Repertoire der neoliberal geprägten wissenschaftlichen Politikberatung, allerdings wurde bislang noch kein überzeugendes Konzept für die Abgrenzung beider Leistungsbereiche vorgelegt, wenn man einmal von finanziell marginalen Leistungen absieht, wie beispielsweise kosmetischen Operationen. Aber auch sie können nicht generell als medizinisch unnötig und reine Schönheitsoperationen ausgegrenzt werden, da diese Art der operativen Eingriffe auch zur unzweifelhaft medizinisch notwendigen Versorgung von Schwerverletzten und insbesondere schwer Brandverletzten gehören.

Will man die Rothenfelser Denkschrift in den Gesamtzusammenhang der gesundheitspolitischen Diskussion seit Ende des zweiten Weltkrieges einordnen, so erscheint es angemessen, sie als einen ersten Vorschlag und ein Grundmodell anzusehen, an dem sich spätere Diskussionsbeiträge für einen Systemwechsel hin zu einem reinen PKV-System orientieren konnten. Auch wenn die Rothenfelser Denkschrift in der nachfolgenden gesundheitspolitischen und sozialwissenschaftlichen Diskussion seit den 1970er Jahren keine oder nur eine sehr randständige Rolle spielte, so war sie doch nicht vollständig in Vergessenheit geraten. Zum einen wird die Denkschrift bis heute zu den wichtigsten wissenschaftlichen Gutachten und sozialpolitischen Interventionen der Nachkriegszeit gerechnet. Wer sich vertiefend mit der Geschichte der Sozialpolitik der Bundesrepublik befassen will, kommt nicht umhin, zumindest zur Kenntnis zu nehmen, dass es die Rothenfelser Denkschrift gegeben hat. Die Vorschläge der ‚Rothenfelser' wurden nach Veröffentlichung ihres Gutachtens breit in der interessierten Fachöffentlichkeit rezipiert und kontrovers diskutiert und sie gingen in den Entwurf der ersten, allerdings gescheiterten Gesundheitsreform der Bundesrepublik ein.

Ein weiterer Beleg für die über Jahrzehnte anhaltende Wirkung der Rothenfelser Denkschrift ist eine Passage der Denkschrift, die bereits Mitte der 1950er Jahre etwas vorwegnahm, das erst Jahrzehnte später von neoliberalen Ökonomen wieder aufgegriffen und mit dem Gesundheitsstrukturgesetz 1993 schließlich umgesetzt wurde. Es handelt sich um die Idee eines Risikostrukturausgleichs, der in der Denkschrift als „Rücksicherung" bezeichnet wurde.

> „Allen Krankenkassen, den gesetzlichen wie den privaten, steht unter Einschaltung des vertrauensärztlichen Dienstes eine Rücksicherungsmöglichkeit offen bei der staatlichen Rehabilitationskasse (siehe E 2). Diese Rücksicherung soll diejenigen Fälle erfassen, die über ein normales zumutbares Risiko der einzelnen, in den Krankenkassen zusammengefaßten Gefahrengemeinschaften hinausgehen" (Achinger et al. 1955: 116).

Dieser Gedanke eines Rückversicherungsfonds gegen ‚Hochrisikofälle', wurde in den 1980er Jahren von der neoliberalen „Wissenschaftlichen Arbeitsgruppe Krankenversicherung" aufgegriffen, von Mitgliedern dieser Arbeitsgruppe in die 1987 gebildete GKV-Enquêtekommission des Bundestages eingebracht, als „Risikostrukturausgleich" (RSA) mit dem Gesundheitsstrukturgesetz 1993 beschlossen und 1994 eingeführt. Durch das GKV-Modernisierungsgesetz 2003 wurde der RSA schließlich auch um einen „Risikopool" erweitert, der dem Ausgleich weit überdurchschnittlicher Ausgaben für besonders ausgabenintensive Versicherte zwischen den Krankenkassen diente.

Anders als in der Denkschrift vorgeschlagen, erfolgt der Risikostrukturausgleich bislang nur innerhalb der GKV und bezieht die PKV nicht ein. Neuere Vorschläge, die sich mit technischen Details eines ‚einheitlichen Krankenversicherungsmarktes' befassten, erörterten allerdings bereits die Notwendigkeit und Möglichkeit eines gemeinsamen Risikostrukturausgleichs von GKV und PKV (vgl. u. a. Schräder et al. 2004; SVR-W 2004: 398; Wasem/Greß 2004). Werden jedoch die Krankenkassen privatisiert, erübrigt sich das Problem, denn dann stünde den privatisierten Krankenkassen wie allen privaten Unternehmen der Zugang zu privaten Rückversicherungen offen. Darauf wurde beispielsweise in einem 2012 von neoliberalen Ökonomen im Auftrag der Techniker Krankenkasse erstellen Gutachten hingewiesen (Wille et al. 2012).

Die hier an einigen Beispielen aufgezeigten Kontinuitäten von der Rothenfelser Denkschrift bis in die 1980er Jahre und schließlich auch die neuere gesundheitspolitische Diskussion sollten nicht als Zufälle abgetan werden. Es wäre aber ebenso verfehlt, nach Art einer Verschwörungstheorie hinter allem einen seit langem von einer kleinen Gruppe bewusst verfolgten Gesamtplan zu vermuten. Plausibler erscheint vielmehr, das Wiederauftauchen von Vorschlägen der Rothenfelser Denkschrift auf die Beschäftigung mit dieser weiterhin verfügbaren Publikation, mündliche ‚Überlieferung' sowie personelle Kontinuitäten zurückzuführen. Eine möglicherweise nicht zu unterschätzende Rolle könnten dabei einzelne Akteure spielen, die ihre berufliche Laufbahn im Bereich der Sozialpolitik oder Wissenschaft in den 1950er Jahren begannen und die damals aufgegriffenen Ideen und Vorstellungen bewahrten, um sie Jahrzehnte später entweder in ihrer wissenschaftlichen Arbeit oder in einer einflussreichen beruflichen Position wieder aufzugreifen und in die politische Diskussion oder auch in Gesetzentwürfe einzubringen.

Abschließend soll hier noch auf die Frage eingegangen werden, ob und inwieweit die Rothenfelser Denkschrift direkte Bezüge zum Neoliberalismus der damaligen Zeit aufweist. An den sehr spärlichen Quellenhinweisen in der Denkschrift sind solche Bezüge nicht erkennbar. Da die Ordoliberalen der damaligen Freiburger Schule der Sozialpolitik insgesamt nur wenig bis sehr wenig Aufmerksamkeit schenkten und der Gesundheitspolitik noch weniger, ist eine direkte Ableitung aus ordoliberalen Publikationen sehr unwahrscheinlich. Parallelen sind allerdings durchaus feststellbar, wenn man davon ausgeht, dass die Denkschrift auf der Grundüberzeugung aufbaut, die soziale Sicherung müsse so organisiert werden, dass sie mit den Grundprinzipien der Marktwirtschaft kompatibel ist. Und das erforderte nach Auffassung der Autoren der Denkschrift eindeutig die Orientierung an der Privatversicherung.

Bei zwei Mitgliedern der Gutachtergruppe lassen sich zudem konkrete inhaltliche Übereinstimmungen mit dem Ordoliberalismus feststellen, bei Hans Achinger und Joseph Höffner. In seinem 1958 erschienenen Hauptwerk „Sozialpolitik als Gesellschaftspolitik" beklagt sich Achinger ausgiebig darüber, dass nur eine Minderheit der Gesellschaft die „Frage nach der Obergrenze" staatlicher Sozialpolitik stelle und die „große Mehrheit (...) eine Fülle von Erweiterungswünschen für soziale Sicherungsleistungen" bereithalte, die „nur durch immer weiterschreitende Umverteilung der Leistungseinkommen erfüllt werden können" (ebd.: 157). Er beklagt „das Problem der Regie-Übernahme durch eine interventionistische, staatliche Sozialpolitik" (ebd.: 158) und kommt zu dem Schluss, dass es unmöglich sei, „die bisherige Entwicklung ohne große Sorge zu betrachten" (ebd.: 159). Sowohl der Duktus des Textes als auch die Richtung der Kritik weisen deutliche Übereinstimmungen mit Wilhelm Röpke auf, einem der einflussreichsten Vordenker des Ordoliberalismus (vgl. u. a. Röpke 1942/1948, 1958/1966).

Auf die Nähe Joseph Höffners zum Neoliberalismus wurde bereits in der kritischen Literatur zum Neoliberalismus hingewiesen (Walpen 2000: 1073). Höffner kommt unter den Mitgliedern der Gutachtergruppe insofern eine besondere Bedeutung zu, als er in den 1950er Jahren einer der führenden Vertreter der katholischen Soziallehre und einflussreicher Berater der Bundesregierung in Fragen der Sozialpolitik war. Höffner war ab 1951 Professor für Christliche Sozialwissenschaft an der Universität Münster, wurde 1962 Bischof von Trier, 1969 Erzbischof von Köln und im selben Jahr zum Kardinal ernannt. Er war in der Nachkriegszeit ein auch in der breiteren Öffentlichkeit bekannter führender Vertreter der Katholischen Kirche in Deutschland.

Seine Nähe zu zentralen ordoliberalen Überzeugungen zeigt sich sehr deutlich in seinen zahlreichen Veröffentlichungen zur Sozial- und Wirtschaftspolitik (vgl. dazu die Auswahl in Gabriel/Große Kracht 2006). Eines seiner zentralen Leitmotive war die Kritik des Ausbaus der sozialen Sicherung und die Forderung,

„die Fürsorge-Pflicht – soweit nur möglich – von der anonymen Verwaltungsbürokratie wieder weithin in die Familie zurückzuverlagern" (Höffner 1952: 134).

Denn jedem „Einsichtigen" sei „klar",

„daß die Staatsfürsorge heutigen Ausmaßes eine gefährliche Tendenz zu immer breiterer Kollektivierung in sich trägt" (Höffner 1952: 132).

Zu beachten ist in dieser Passage die Verwendung des Begriffs „Kollektivierung". ‚Kollektivismus' war – wie oben bereits aufgezeigt – ein zentraler Leitbegriff des Neoliberalismus und stand für alles, was freie Märkte und Wettbewerb gefährdet. Er findet sich auch in Höffners Texten immer wieder als Leitbegriff für alles, was von ihm abgelehnt und bekämpft wurde.

Den Ausbau der sozialen Sicherung lehnte Höffner entschieden ab, da er in die „totale Staatsversorgung" führe, die „die Freiheit des Menschen bedroht"

(Höffner 1953: 154). Höffners Kritik richtete sich insbesondere gegen die Sozialversicherung, die er als „anonyme staatliche Großversicherungsinstitutionen" bezeichnete, von denen „Bedrohungen" für die persönliche Freiheit der Menschen ausgehen (Höffner 1953: 153).

In seinen Texten brachte er an verschiedenen Stellen auch eine tiefe Verachtung gegenüber all jenen zu Ausdruck, die sich eine möglichst umfassende soziale Absicherung wünschten. So beispielsweise in der nachfolgenden Passage, in der er Menschen, die für mehr soziale Sicherheit eintreten mit Haustieren und Sklaven vergleicht.

> „Wenn die Menschen zwischen Sicherheit und Freiheit zu wählen haben, sind viele geneigt, auf die Freiheit zu verzichten und statt dessen, die Lebenssicherheit, die Versorgung, die Fürsorge wählen, wie sie das Haustier und der Sklave genießen und wie man sie – trotz aller geheimen Furcht vor dem Kollektiv – vom Wohlfahrtsstaat erhofft und verlangt. Diese Geisteshaltung zeigt sich heute in der ganzen zivilisierten Welt" (Höffner 1952: 132).

Solche Passagen weisen deutliche Übereinstimmungen mit der neoliberalen ‚Gesellschaftskritik' Wilhelm Röpkes auf, der dieselbe „Geisteshaltung" beklagte, in der er die Ursache für einen drohenden Untergang der westlichen Zivilisation sah.

Höffners primäres sozialpolitisches Feindbild war der „Versorgungsstaat". Der Begriff stand bei ihm für das Wohlfahrtsstaatsmodell der nordeuropäischen Staaten und Großbritanniens (Höffner 1961: 213). Höffners Kritik richtete sich dabei vor allem gegen die Gewährung subjektiver öffentlicher Rechte auf Leistungen der sozialen Sicherheit. Ein solches System sei eine „ernste Bedrohung" der Freiheit des Menschen. Der Gewährung öffentlicher Rechte stellte er das „Versicherungsprinzip" und die Forderung gegenüber, dass Sozialleistungen nur gegen Zahlung von Beiträgen gewährt werden dürften.

> „Der Versorgungsstaat verdrängt das auf der Entsprechung von Beitrag und Leistung beruhende Versicherungsprinzip durch das Versorgungsprinzip, das Rechtsansprüche aufgrund gesetzlicher Bestimmungen gewährt, ohne daß Beiträge gezahlt worden sind. Dabei wäre es falsch, im Versorgungsprinzip ein Paradies sozialer Sicherheit zu sehen; sind doch gerade in diesem System die ‚Zuteilungen' oft recht kärglich. Bedenklicher ist, daß die zentralistische Staatsversorgung, die den Menschen gerade in seinen elementaren Vitalrisiken in der Gewalt hat, eine ernste Bedrohung der Unabhängigkeit und Freiheit des Menschen darstellt" (Höffner 1961: 214).

In dieser Passage wird das neoliberale Fundament seiner Überzeugungen recht deutlich: So wie auf Märkten eine Ware nur gegen Zahlung des Preises getauscht wird, sollen auch Leistungen zur sozialen Absicherung nur gewährt werden, wenn zuvor dafür gezahlt wurde. Die Konsequenz dieser Forderung lässt Höffner allerdings unerwähnt. Sie ergibt sich aus dem Umkehrschluss: Wer nicht zahlt oder zahlen kann, soll auch keine ‚Versicherungsleistungen' erhalten. Da es allerdings mit der christlichen Ethik auch im Rahmen einer neoliberal fundierten katholischen Soziallehre nicht vereinbar ist, Menschen verhungern oder aufgrund fehlender medizinischer Behandlung sterben zu lassen, bedarf es einer Sicherung jenseits des Marktprinzips, allerdings nur auf geringem Niveau, so wie es die traditionelle Armenfürsorge vorsah. Und hier schließt sich der Kreis zur Forderung der Rothenfelser Denkschrift, staatliche Leistungen nur für ‚basic needs' zu gewähren. Diesen Begriff benutzte Höffner bereits 1953 für die Umschreibung einer auf Minimalleistungen beschränkten Sozialversicherung (Höffner 1953: 152).

Der kurze Exkurs zu Joseph Höffner sollte auch dazu dienen, auf die inhaltliche Nähe und Affinität einer konservativ-marktwirtschaftlich orientierten katholischen Soziallehre zum Neoliberalismus hinzuweisen. Nicht von ungefähr zieht sich der Verweis auf das Subsidiaritätsprinzip seit Jahrzehnten als ein zentrales Leitmotiv durch die Programmatik und Diskussion sowohl konservativer als auch explizit neoliberaler Sozialpolitik.

Auf diese Nähe und Affinität wies beispielsweise auch Hockerts in seiner hervorragenden Studie zur Sozialpolitik der Nachkriegszeit hin. Hockerts kommt dabei in seiner Bewertung der Rothenfelser Denkschrift zu dem Ergebnis:

> „Den normativen Hintergrund dieses Konzepts bildete das ‚Subsidiaritätsprinzip' der katholischen Soziallehre, amalgamiert mit dem liberalen Prinzip der Begrenzung des Staatseinflusses" (Hockerts 2011: 62).

Subsidiaritätsprinzip und Neoliberalismus weisen in wesentlichen Bereichen insofern deutliche Schnittmengen auf, als beide gegen ‚zuviel' Staatseinfluss gerichtet sind und mehr ‚dezentrale' Lösungen fordern. Während ‚dezentral' im Neoliberalismus für ‚Markt' und ‚Wettbewerb' steht, befürwortet die katholische Soziallehre Dezentralisation im Sinne einer ‚Stärkung' der staatsfernen sozialen Einheiten, insbesondere der Familie. Diese Gemeinsamkeiten von katholischer Soziallehre und Neoliberalismus liefern auch eine plausible Erklärung für die seit den 1950er Jahren feststellbare Nähe der CDU/CSU zur Vorstellungswelt des Neoliberalismus oder zumindest für ihre Anfälligkeit gegenüber neoliberaler Ideologie und neoliberalen Reformvorschlägen insbesondere auch in der Gesundheitspolitik.

Die erste Hälfte der 1960er Jahre: Gescheiterte Gesundheitsreform, anschließende ‚Denkpause‘ und die Sozialenquête 1966

Die gesundheitspolitische Diskussion der 1950er Jahre war eingebettet in die übergeordnete Diskussion um eine ‚Sozialreform‘, bei der die Frage der Alterssicherung im Mittelpunkt stand. Kurz vor der anstehenden Bundestagswahl 1957 gelang es der Adenauerregierung, eine große Rentenreform zu verabschieden, die wesentlich zum Wahlerfolg 1957 beitrug. Die Reform brachte nicht nur eine Erhöhung der Renten, sondern auch eine Anbindung der Rentenentwicklung an die Entwicklung der Löhne und Gehälter (zu den Inhalten der Rentenreform vgl. u. a. Frerich/Frey 1996b: 46–49). Nachdem die drängenden Probleme der Alterssicherung gelöst waren, kündigte Bundeskanzler Adenauer in seiner Regierungserklärung vom 29. Oktober 1957 Maßnahmen zur Reform der gesetzlichen Krankenversicherung an.

> „Die Sozialreform wird fortgeführt werden. In erster Linie wird neben der Korrektur etwa zutage tretender Mängel in der bisherigen Gesetzgebung eine Neuordnung der Krankenversicherung und der Unfallversicherung in Frage kommen. Die Sozialreform wird sich jedoch nicht in einer Neuordnung der Rentenversicherung und im Ausbau solidarischer Sicherungseinrichtungen erschöpfen können. Es ist an der Zeit, Folgerungen aus der veränderten gesellschaftlichen Struktur unseres Volkes zu ziehen. Wir können zu unserer Freude feststellen, daß weite Teile der Bevölkerung, die bisher kaum das Existenzminimum erreichten, in höhere Einkommensschichten aufgestiegen sind und damit weitgehend für sich selbst sorgen können. Die Bundesregierung ist entschlossen, den Gedanken, der Selbsthilfe und privaten Initiative in jeder Weise zu fördern und das Abgleiten in einen totalen Versorgungsstaat, der früher oder später den Wohlstand vernichten würde, zu verhindern“ (Adenauer 1957: 20 f.).

In dieser Passage sind Parallelen zur Rothenfelser Denkschrift deutlich erkennbar. Es wird auf das gleiche Begründungsmuster für einen Rückbau der GKV zurückgegriffen, indem die Rechtfertigung für eine Neuordnung aus der Einkommensentwicklung abgeleitet wird. Und es werden – wie in der Denkschrift vorgeschlagen – Leistungseinschränkungen angekündigt, wenn auch nur indirekt.

Bis zur Vorlage eines Gesetzentwurfes für eine Gesundheitsreform dauerte es allerdings noch drei Jahre. Erst Anfang 1960 wurde der Entwurf für ein „Krankenversicherungs-Neuregelungsgesetz (KVNG)“[21] vorgelegt. Er sah die

---

[21] Entwurf eines Gesetzes zur Neuregelung des Rechts der gesetzlichen Krankenversicherung (Krankenversicherungs-Neuregelungsgesetz – KVNG). Bundestagsdrucksache III/1540 vom 14.01.1960.

Einführung von Zuzahlungen für verschiedene Bereiche vor, darunter auch für Arztbesuche. Gegen diese Zuzahlungen richtete sich ein gemeinsamer Widerstand von Gewerkschaften und Ärzteverbänden (Naschold 1967; Webber 1988). Der Gesetzentwurf scheiterte allerdings nicht nur am externen Widerstand, sondern vor allem auch an Differenzen innerhalb der Regierungskoalition, vor allem zwischen der Arbeitnehmerschaft der Union auf der einen Seite und dem Wirtschaftsflügel der Union auf der anderen. Für den Entwurf fand sich keine Mehrheit innerhalb der Regierungsfraktionen, so dass er schließlich zurückgezogen wurde. Nach der Bundestagswahl 1961 unternahm das BMA einen erneuten Anlauf und legte einen überarbeiteten Gesetzentwurf für ein KVNG vor Nach langwierigen parlamentarischen Verhandlungen scheiterte auch dieser Vorstoß an koalitionsinternen Differenzen.[22]

Auch wenn beide Anläufe für eine erste größere Gesundheitsreform in der Geschichte der Bundesrepublik scheiterten, so lohnt sich doch ein Blick in die Gesetzentwürfe. Bemerkenswert ist vor allem die im zweiten Entwurf vorgesehene Einführung eines „besonderen Beitrags" zur GKV in Höhe von zwei Prozent des beitragspflichtigen Einkommens, der nur von den Mitgliedern zu zahlen sein sollte.[23] Er sollte zur Finanzierung der Kosten der ambulanten ärztlichen und zahnärztlichen Versorgung dienen und mit einer Beitragsrückerstattung kombiniert werden. Wenn ein Mitglied und seine mitversicherten Familienangehörigen in einem Kalenderjahr weniger Ausgaben als die einbehaltenen zwei Prozent verursachten, sollte dem Mitglied die verbliebene Differenz nach Ablauf des Jahres ausbezahlt werden.

Diese Kombination aus Beitragszahlung und Rückzahlung wies eine deutliche Nähe zu mehreren Vorschlägen der Rothenfelser Denkschrift auf. Die Rothenfelser hatten eine „Selbstleistungsgrenze" in Höhe von drei Prozent des Einkommens vorgeschlagen, bis zu der GKV-Mitglieder die anfallenden Kosten tragen sollten. Wie oben bereits dargelegt, hätte eine solche Regelung die Umstellung von Sachleistungen auf Kostenerstattung erfordert, ein sehr radikaler Schritt, der mit Sicherheit auf erheblichen und breiten politischen Widerstand auch in der Union gestoßen wäre. Die Kombination aus ‚besonderem Beitrag' und Beitragsrückerstattung war offenbar eine Art Kompromiss, der nicht die vorherige Umstellung auf Kostenerstattung erforderte. Eine solche Regelung wäre allerdings der Einstieg in den Ausstieg aus dem Arbeitgeberbeitrag gewesen. Die Abschaffung des

---

[22] Entwurf eines Gesetzes zur Neuregelung des Rechts der gesetzlichen Krankenversicherung (Krankenversicherungs-Neuregelungsgesetz). Bundestagsdrucksache IV/816 vom 07.12.1962.

[23] § 303 Abs. 3 RVO i.d.F.d. KVNG-Entwurfes vom 07.12.1962 (BT-Drs. IV/816: 26).

Arbeitgeberbeitrags wäre jedoch für die Arbeitnehmerschaft der Union mit hoher Wahrscheinlichkeit nicht akzeptabel gewesen. Aber so weit kam es nicht, denn bereits der vorbereitende Schritt scheiterte.

Da die Rückerstattung des ‚besonderen Beitrags' von der Höhe der verursachten Kosten abhängig gewesen wäre, war dieses Vorhaben zugleich ein Schritt in Richtung risikoäquivalenter Prämien. Die Höhe des individuellen GKV-Beitrags wäre für Leistungen der ambulanten ärztlichen und zahnärztlichen Versorgung vom Umfang der verursachten Kosten abhängig gemacht worden.

Der Gesetzentwurf sah darüber hinaus auch die Einführung eines weiteren neuen Beitragstypus vor, der „Zusatzbeiträge" genannt wurde und ebenfalls nur von den Mitgliedern zu zahlen sein sollte.[24] Zusatzbeiträge sollten allerdings nicht allen Krankenkassen verpflichtend vorgegeben werden. Es handelte sich vielmehr um eine Kann-Vorschrift, die den Krankenkassen die Möglichkeit eingeräumt hätte, solche Zusatzbeiträge zu erheben. Der Zusatzbeitrag sollte für die Mitversicherung von Verwandten erhoben werden können, die nicht Familienmitglied waren aber im Haushalt des Mitglieds lebten und von diesem mit unterhalten wurden. Deren Mitversicherung wurde von einem Teil der Kassen als Satzungsleistung angeboten.

Auf diese, vor allem im zweiten KVNG-Entwurf enthaltenen Inhalte wurde hier auch deshalb eingegangen, weil an ihnen nicht nur erkennbar wird, dass die Vorschläge der Rothenfelser Denkschrift von der Politik aufgegriffen wurden, sondern weil auch erkennbar wird, dass in der Gesundheitspolitik ‚lange Linien' verfolgt werden, die teilweise auch über fast fünf Jahrzehnte verlaufen können. So wurde die Idee der Einführung eines nur von den Mitgliedern zu tragenden Beitrags im Rahmen des 2003 beschlossenen GKV-Modernisierungsgesetzes wieder aufgegriffen,[25] und 2007 wurde mit dem GKV-Wettbewerbsstärkungsgesetz ein nur von den Mitgliedern zu tragender „Zusatzbeitrag" eingeführt. Beim zweiten Beispiel wurde sogar der Begriff aus dem KVNG-Entwurf übernommen.

---

[24] § 302 Abs. 3 RVO i.d.F.d. KVNG-Entwurfes vom 07.12.1962 (BT-Drs. IV/816: 26).

[25] Im Gesetzentwurf der rot-grünen Koalition war ein solcher nur von den Mitgliedern zu tragender Beitragssatz für die alleinige Finanzierung des Krankengeldes vorgesehen. Die Union setzte in den parlamentarischen Verhandlungen durch, dass Zahnersatz ausgegliedert und allein von den Mitgliedern über einen einkommensunabhängigen pauschalen Beitrag zu finanzieren war. Die Ausgliederung des Zahnersatzes und der Pauschalbeitrag wurden von der rot-grünen Koalition allerdings kurz darauf und noch vor deren Inkrafttreten wieder aufgehoben. Es blieb jedoch bei einem nur von den Mitgliedern zu tragenden Beitragsatzanteil, der wenige Jahre später zu einem „Zusatzbeitrag" wurde, der nur von den Mitgliedern zu tragen ist.

Die Sozialenquête 1966

Auch nach dem Scheitern des zweiten Entwurfes für ein KVNG wurde das Vorhaben einer Reform der GKV nicht aufgegeben. In der laufenden fünften Legislaturperiode (1961–1965) kam ein erneuter Versuch allerdings nicht in Frage. Für die folgende sechste Legislaturperiode war ein erneuter Anlauf geplant. Ende April 1964 berief die Bundesregierung eine Expertenkommission, die den Auftrag erhielt, das damalige Sozialrecht in überschaubarer Form darzustellen und eine Reihe von Fragen zu einzelnen Bereichen der sozialen Sicherung zu beantworten, so unter anderem auch die Frage der Abgrenzung der Versicherungspflicht und der Zweckmäßigkeit von Sozialleistungen. Die „Sozialenquête-Kommission" legte ihren Abschlussbericht im Oktober 1966 vor und ging darin – entsprechend ihres Auftrags – auch auf den Entwicklungsstand des GKV-Systems und die Frage nach möglichen Reformansätzen ein (Achinger et al. 1966).[26]

Die ‚Sozialenquête' war eine der wichtigsten sozialpolitischen Publikationen der ersten beiden Jahrzehnte der BRD und wurde in der Folgezeit vielfach rezipiert. Auf sie wird hier vor allem aber deshalb näher eingegangen, weil sie zu einem Referenzpunkt für spätere neoliberale Vorschläge zur Reform der GKV wurde. So nannte beispielsweise die „Wissenschaftliche Arbeitsgruppe Krankenversicherung" um den Gesundheitsökonomen Peter Oberender unter anderem auch die Sozialenquête als Quelle von Anregungen (Gitter et al. 1988: 52, 53; Spree). Und – um ein weiteres Beispiel aus der neueren Zeit zu nennen – einer der gegenwärtig führenden Sozialrechtler verwies in einem Referat auf dem Juristentag 2012 auf die Sozialenquête und behauptete, sie habe sich bereits für einen einheitlichen Krankenversicherungsmarkt ausgesprochen (Kingreen 2012b: 8).

Eine genauere Lektüre der Sozialenqête zeigt jedoch, dass sie nicht als eindeutiges Plädoyer für einen marktwirtschaftlichen Umbau des deutschen Gesundheitssystems und vor allem der GKV gewertet werden kann. Zum einen beschränkte sie sich – entsprechend des Regierungsauftrags – weitgehend auf eine Beschreibung des bestehenden Systems und zum anderen war das Kapitel zum Gesundheitswesen und speziell zur GKV viel zu kurz gehalten und thematisch begrenzt, als dass darin ein umfassendes Reformmodell hätte entfaltet werden können.

Allerdings enthält die Sozialenquête durchaus Passagen, in denen typische neoliberale Denk- und Argumentationsmuster in Erscheinung treten. Der Schlussteil

---

[26] Mitglieder der Kommission waren Hans Achinger, Walter Bogs, Helmut Meinhold, Ludwig Neundörfer und Wilfried Schreiber. Vier der fünf Mitglieder der Kommission hatten die sozialpolitische Diskussion bereits in den 1950er Jahren in starkem Maße beeinflusst. Achinger und Neundörfer hatten die Rothenfelser Denkschrift mitverfasst, Walter Bogs das oben vorgestellte Gutachten für das BMA. Wilfried Schreiber hatte mit seinem ‚Schreiber-Plan' konzeptionelle Grundlagen für die 1957 beschlossene Rentenreform gelegt.

des GKV-Kapitels enthält zudem Aussagen, die sehr wohl einzelne Eckpunkte des späteren Modells eines ‚einheitlichen Krankenversicherungsmarktes' vorwegnehmen.

Auffallend im Bericht der Kommission ist vor allem die Betrachtung der gesetzlichen Krankenversicherung durch ein ‚PKV-Raster' und die Beschreibung der GKV in PKV-Kategorien und Begriffen. So wird beispielsweise die Gesamtzeit eines Mitglieds in der GKV als „Vertragsdauer" bezeichnet (Achinger et al. 1966: 206). Da es in der GKV weder damals noch heute Versicherungsverträge zwischen GKV und einzelnem Mitglied gab beziehungsweise gibt, kann es jedoch keine „Vertragsdauer" geben. Es wurde somit eine Begrifflichkeit aus dem Bereich privater Versicherungen auf die GKV übertragen, die für die Beschreibung der GKV vollkommen ungeeignet ist, weil sachlich eindeutig falsch.

Wenn hier die Auffassung vertreten wird, die Sozialenquête könne nur eingeschränkt als Referenz für die nachfolgenden marktliberalen Reformmodelle gelten, so ist dies vor allem darin begründet, dass das GKV-Kapitel auf einem deutlichen Bekenntnis zur GKV in ihrer damaligen Form aufbaut. Eingangs des Kapitels wird dieses Bekenntnis sehr deutlich formuliert.

„Trotzdem gilt das deutsche System der GKV in der Öffentlichkeit als besonders reformbedürftig. Die Sozialenquête-Kommission kommt in diesem der GKV gewidmeten Teil ihrer Analyse zu einem etwas anderen Schluß. Zwar werden die Mängel und Schwächen des Systems anerkannt und besprochen. Sie finden sich aber im wesentlichen in Randgebieten. Das System als Ganzes präsentiert sich jedoch als ein Gefüge von imponierender Geschlossenheit und innerer Konsequenz" (Achinger et al. 1966: 198).

Die Vorschläge der Kommission für eine Reform der GKV beschränkten sich denn auch im Wesentlichen auf die Empfehlung, bestimmte Elemente der PKV auch in die GKV einzufügen. Empfohlen wurde die Einführung von Selbstbeteiligungen, Beitragsrückerstattungen und – zur Erprobung für einzelne Versichertengruppen – auch der Kostenerstattung (Achinger et al. 1966: 218–221).[27] Das sind allerdings

---

[27] Es sei an dieser Stelle darauf hingewiesen, dass alle hier genannten PKV-Elemente mittlerweile – wenngleich auch erst mit mehreren Jahrzehnten Verzögerung – in die GKV eingefügt wurden. Die Einfügung von PKV-Elementen in die GKV erfolgte entweder durch die CDU/CSU/FDP-Regierungskoalition unter Helmut Kohl oder während der Zeit der rotgrünen Regierungskoalition und auf Verlangen der CDU vor allem im Rahmen des GKV-Modernisierungsgesetzes 2003. Die Union konnte dies damals durchsetzen, weil sie in der Endphase der rot-grünen Schröder-Regierung über eine Mehrheit im Bundesrat verfügte. Die rot-grüne Bundesregierung war somit auf die Zustimmung der unionsregierten Bundesländer

durchaus schwerwiegende Änderungen, die den Charakter der GKV als Sozialversicherung infrage stellen und einem Umbau der GKV in ein PKV-System Vorschub leisten. Insofern ist es nachvollziehbar, dass die Sozialenquête von Befürwortern eines marktwirtschaftlichen Umbaus der GKV geschätzt und gern zitiert wurde und sicherlich auch zukünftig weiter als Referenz angegeben wird.

Das GKV-Kapitel schließt jedoch mit Vorschlägen zur „Öffnung der gesetzlichen Krankenversicherung für weitere Personenkreise" (Achinger et al. 1966: 259), die als Plädoyer für die Erweiterung der GKV in Richtung einer Volksversicherung interpretiert werden können. Ausgehend davon, dass die Versicherungspflichtgrenze und die Beitragsbemessungsgrenze in dem Gutachten dahingehend kritisiert werden, dass sie einkommensstarken Gruppen erlauben, sich der solidarischen Finanzierung zu entziehen, sprach sich die Kommission für eine „Pflichtmitgliedschaft aller Erwerbstätigen in der gesetzlichen Krankenversicherung" aus (Achinger et al. 1966: 260).

Der Begriff der ‚Erwerbstätigen' schließt in den Kreis der Pflichtversicherten nicht nur die abhängig Beschäftigten ein, sondern auch Landwirte und kleine Selbständige, und auch die Beamten. Dieser Vorschlag zeigt eine deutliche Nähe zu dem in der Nachkriegszeit diskutierten Reformmodell der ‚Volksversicherung'. Seine Umsetzung hätte das Ende der PKV als Krankenvollversicherung bedeutet. Allerdings nur unter der Voraussetzung, dass die GKV als staatliche Sozialversicherung und die Krankenkassen als Körperschaften des öffentlichen Rechts erhalten bleiben. Aber genau diese Voraussetzung wird im Schlussteil der Sozialenquête in Frage gestellt.

Dort erhält das Gutachten eine Wendung, die als Referenz für einen ‚einheitlichen Krankenversicherungsmarkt' gedeutet werden kann.

„Möglich wäre ferner eine Gesetzesvorschrift, die alle Erwerbstätigen dazu verpflichtet, für sich selbst und ihre unterhaltsberechtigten Angehörigen eine Krankenpflege-Versicherung mit einem bestimmten Leistungsminimum abzuschließen, ihnen jedoch die Wahlfreiheit läßt, sich in der gesetzlichen Krankenversicherung oder in der privaten Krankenversicherung zu versichern.

Jede dieser Lösungen beschwört freilich ein neues Problem herauf, das der Gesetzgeber nicht übersehen sollte: die Frage der sinnvollen Koexistenz von gesetzlicher und privater Krankenversicherung" (Achinger et al. 1966: 260).

Insgesamt betrachtet sind die Aussagen der Sozialenquête zur Weiterentwicklung der GKV somit nicht eindeutig und an zentralen Stellen ambivalent und teilweise

---

angewiesen und musste ihnen im Rahmen eines Kompromisses entgegenkommen, damit das GMG nicht drohte am Widerstand der Bundesratsmehrheit zu scheitern.

sogar widersprüchlich. Die beiden oben zitierten Absätze enthalten eine knappe Beschreibung dessen, was seit Anfang der 2000er Jahre als ‚einheitlicher Krankenversicherungsmarkt' diskutiert wird. Der Absatz knüpft auch deutlich erkennbar an der Rothenfelser Denkschrift an. Es wird zwar eine allgemeine Krankenversicherungspflicht als Reformoption genannt, diese soll aber auf ein Leistungsminimum beschränkt sein, das sowohl von der GKV als auch der PKV angeboten werden kann. Die Überschneidungen mit der Rothenfelser Denkschrift sind insofern nicht überraschend, als mit Hans Achinger und Ludwig Neundörfer zwei Mitautoren der Rothenfelser Denkschrift auch Mitglied der Sozialenquête-Kommission waren.

Allerdings ist doch auffällig, dass die vorstehend zitierten Absätze nicht mit den Aussagen des vorhergehenden GKV-Kapitels der Sozialenquête übereinstimmen und inhaltlich sogar davon abweichen. Dies könnte damit zusammenhängen, dass das GKV-Kapitel federführend von Wilfried Schreiber verfasst wurde, der sich bereits 1955 in seinem „Schreiber-Plan" für die Einbeziehung aller Selbständigen in die Sozialversicherung ausgesprochen hatte (Schreiber 1955). Zudem gehörte der Kommission mit Walter Bogs ein weiterer sehr prominenter und einflussreicher Verteidiger der traditionellen Sozialversicherung an. Die Gesamtbetrachtung des GKV-Kapitels legt die Vermutung nahe, dass sich die Autoren der Sozialenquête in einigen durchaus zentralen Fragen nicht einig waren.

Zu den Wirkungen der Sozialenquête kann bereits an dieser Stelle festgestellt werden, dass die marktliberal ausgerichteten Vorschläge von der Politik in den folgenden Jahren nicht aufgegriffen wurden. Dies dürfte vor allem daran gelegen haben, dass ab 1966 eine große Koalition aus CDU/CSU und SPD regierte, in der sich keine Mehrheiten für einen marktwirtschaftlichen Umbau des GKV-Systems organisieren ließen. Noch weniger Chancen bestanden in der Regierungszeit der sozialliberalen Koalition unter Führung des Bundeskanzlers Willy Brandt ab 1969. Erst nach der Bildung einer gemeinsamen Regierungskoalition aus CDU/CSU und einer wieder wirtschaftsliberal ausgerichteten FDP setzte ab 1982 eine Neuorientierung der Gesundheitspolitik ein, die letztlich auch zu einer Wiederbelebung der in der Rothenfelser Denkschrift und der Sozialenquête enthaltenen Denkmodelle und Reformvorschläge führte.

Große Koalition und sozialliberale Koalition: Vom sozialpolitischen Aufbruch zur Kostendämpfungspolitik

Nach dem zweiten gescheiterten Anlauf zu einer ersten größeren Gesundheitsreform erfolgte bis zum Ende der laufenden Legislaturperiode kein erneuter Vorstoß in dieser Richtung. Zunächst sollten die Ergebnisse der Sozialenquête abgewartet werden, und erst in der darauffolgenden Legislaturperiode sollte entschieden werden, ob und in welcher Art ein erneuter Gesetzentwurf eingebracht wird.

Diese Pläne wurden jedoch durch die Entwicklungen nach der Bundestagswahl 1965 durchkreuzt. Zwar erreichten CDU/CSU und FDP wieder eine Parlamentsmehrheit, aufgrund erheblicher Differenzen vor allem in Fragen der Finanzpolitik zerbrach die Koalition jedoch nach kurzer Zeit. Die Union bildete vorübergehend eine Minderheitsregierung und ging 1966 eine Koalition mit der SPD ein. Eine Neuauflage des KVNG war unter diesen Bedingungen nicht möglich, nicht nur wegen des Koalitionspartners SPD, sondern auch wegen eines damals sehr starken Arbeitnehmerflügels der Union.

Die große Koalition leitete eine Phase des Ausbaus sozialstaatlicher Leistungen ein, die von der nachfolgenden sozialliberalen Koalition ab 1969 weiter intensiviert wurde.[28] Die Phase des sozialstaatlichen Ausbaus insbesondere auch im Bereich der Gesundheitspolitik endete jedoch mit dem Rücktritt des Bundeskanzlers Willy Brandt. In der darauffolgenden Ära der sozialliberalen Koalition unter Helmut Schmidt wurde Gesundheitspolitik für Zwecke der Haushaltskonsolidierung instrumentalisiert. Das dabei dominierende Muster kann vereinfacht so beschrieben werden, dass der Bundeshaushalt zulasten der Renten- und Arbeitslosenversicherung entlastet wurde und die Mehrbelastungen dieser beiden Sozialversicherungszweige auf die GKV abgewälzt wurden, vor allem in Form von Leistungsverlagerungen oder dem Entzug von Beitragsüberweisungen.[29]

Die daraus resultierenden Defizite der GKV wiederum wurden durch Einführung oder Erhöhung von Zuzahlungen kompensiert. Die Einführung oder Erhöhung von Zuzahlungen war dabei nicht Ausdruck einer auf den Abbau der Sozialversicherung gerichteten Politik, sondern eine Spielart der Fiskalpolitik.

Insgesamt war die Zeit von 1966 bis 1981 eine Phase, in der neoliberale Reformvorschläge zum Umbau der GKV keine Chance auf politische Umsetzung hatten. Dementsprechend finden sich in dieser Zeit auch keine relevanten Diskussionsbeiträge oder gar Gutachten, die in diese Richtung wiesen. Dennoch auf diese Phase näher einzugehen, erscheint allerdings durchaus angebracht.

Zum einen wird dadurch nachvollziehbar, warum es in dieser Zeit keine relevanten Beiträge zur Entwicklung eines neoliberalen Reformmodells für die GKV

---

[28] Zur Sozialpolitik der Zeit von 1966 bis zum Ende der ersten Phase der sozialliberalen Koalition 1974 vgl. insbesondere die Publikationen von Hockerts und Alber (Alber 1989; Hockerts 2006a, b, 2011).

[29] Diese Art der Gesundheitspolitik wurde in der kritischen Literatur dementsprechend auch als ‚Politik der Verschiebebahnhöfe' bezeichnet (vgl. dazu u. a. Berg 1986a; Paffrath/Reiners 1987).

gegeben hat. Dies ist nicht nur für das Verständnis vergangener Entwicklungen hilfreich, sondern kann auch für zukünftige Entwicklungen von Bedeutung sein.

Zum anderen bildeten insbesondere die Jahre der ersten sozialliberalen Koalition unter Führung des Bundeskanzlers Willy Brandt einen wichtigen Fixpunkt für die Entwicklung des Neoliberalismus in der alten Bundesrepublik. Wie im einleitenden Kapitel zur Entstehung des Neoliberalismus als internationaler politischer Bewegung gezeigt, war die Entstehung der neoliberalen Bewegung in starkem Maße durch die Befürchtung getrieben, die kapitalistische Marktwirtschaft sei durch einen erstarkenden und schließlich die Herrschaft übernehmenden ‚Kollektivismus‘ bedroht. Wobei der Sammelbegriff des ‚Kollektivismus‘ nicht in erster Linie auf den Kommunismus und die Sowjetunion zielte, sondern vor allem gegen die sozialistischen und sozialdemokratischen Bewegungen und Parteien der westlichen Demokratien gerichtet war. Eine sozialdemokratische Politik, die sich am Keynesianismus orientierte und bereit war, lenkend in die Wirtschaft einzugreifen und den Wohlfahrtsstaat weiter auszubauen, sahen die Protagonisten des Neoliberalismus als größte Bedrohung der Marktwirtschaft, freier Märkte und freien Wettbewerbs an.

Wie der nachfolgende Überblick über die Zeit ab Mitte der 1960er Jahre zeigen wird, waren die Entwicklungen dieser Jahre durchaus geeignet, neoliberale Befürchtungen aufkommen zu lassen.

Die große Koalition der Jahre 1966 bis 1969

Die Bundestagswahl 1965 erbrachte erneut eine Mehrheit für die bestehende Koalition aus CDU/CSU und FDP und ermöglichte so die Fortsetzung der Regierungskoalition unter Ludwig Erhard als Bundeskanzler. Allerdings neigte sich die Ära konservativ-wirtschaftsliberaler Koalitionen ihrem Ende zu. Der Rückhalt Ludwig Erhards in der CDU/CSU schwand und es traten zunehmend Differenzen zwischen der Union und der FDP auf. Im Oktober 1966 kam es schließlich zum Bruch der Koalition. Auslöser waren tiefgreifende Differenzen über den Bundeshaushalt für 1967. Während die Union trotz sinkender Einnahmen am bisherigen Ausgabenniveau weitgehend festhalten und ein Haushaltsdefizit in Kauf nehmen wollte, lehnte die FDP dies ab. Alle FDP-Minister traten zurück und Ludwig Erhard bildete eine allein auf die Stimmen der CDU/CSU-Bundestagsfraktion gestützte Minderheitsregierung (Hockerts 2006a).

Da eine Minderheitsregierung keine dauerhaft tragfähige Lösung bieten konnte, liefen parallel Gespräche zwischen Union und FDP sowie zwischen

Union und SPD über die Bildung einer neuen Koalition. Diese Gespräche ergaben mehr Übereinstimmungen zwischen Union und SPD, insbesondere auch in der Sozialpolitik. Die Sozialpolitiker der Union sprachen sich dementsprechend eindeutig für eine große Koalition aus (Hockerts 2006a: 10). Ausschlaggebend war eine allgemeine Krisenstimmung. Mitte 1966 hatte eine Wirtschaftskrise eingesetzt, die erste ernstzunehmende seit Gründung der Bundesrepublik, und in der Politik kam die Befürchtung auf, dass daraus auch eine politische Krise entstehen und die Bonner Republik ein ähnliches Schicksal erleiden könnte wie die Weimarer Republik (Hockerts 2006a: 14 f.).[30] Vor diesem Hintergrund bot eine große Koalition die größte Wahrscheinlichkeit für stabile politische Verhältnisse, insbesondere da sie über eine Mehrheit sowohl im Bundestag als auch im Bundesrat verfügen würde.[31]

Die Gespräche zwischen den Parteien führten zu einer relativ schnellen Einigung zwischen CDU/CSU und SPD. Bereits einen Monat nach Bildung der Minderheitsregierung trat Ludwig Erhard Ende November 1966 zurück und wurde Kurt Georg Kiesinger (CDU) zum neuen Bundeskanzler einer großen Koalition aus CDU/CSU und SPD gewählt.

Auf dem Feld der Sozialpolitik bestanden große Übereinstimmungen zwischen den Sozialpolitikern der Union und der SPD. Dies kann zum einen auf eine damals starke Stellung der Sozialausschüsse in der Union zurückgeführt werden, die für einen Ausbau des Sozialstaates eintraten. Zum anderen hatte die SPD im Godesberger Programm von 1959 ein klares Bekenntnis zur sozialen Marktwirtschaft abgelegt und damit programmatische Voraussetzungen für ein Bündnis mit der CDU/CSU geschaffen.

Auf dem Gebiet der Sozialpolitik standen in der großen Koalition allerdings nicht Reformen der GKV im Vordergrund, sondern vielmehr Themen der Rentenpolitik, der Mitbestimmung und eine erneute Reform der Lohnfortzahlung, die die vollständige Gleichstellung der Arbeiter mit den Angestellten bewirken sollte (zum Überblick über die sozialpolitischen Reformen der großen Koalition vgl. Frerich/Frey 1996b). Während Angestellte seit 1931 einen Anspruch auf Fortzahlung ihres Gehaltes für die ersten sechs Wochen hatten, erhielten Arbeiter lediglich ein Krankengeld von der Krankenkasse in Höhe von 50 %

---

[30] Zum politischen Hintergrund der Befürchtungen: 1964 war mit der Nationaldemokratischen Partei (NPD) eine rechtsradikale Partei gegründet worden. Sie errang 1965 bei den Bundestagswahlen zwar nur zwei Prozent der Stimmen, zog in den darauffolgenden Jahren jedoch in mehrere Landtage ein.

[31] Die allgemeine Krisenstimmung und Furcht vor einer politischen Krise fanden ihren Ausdruck vor allem in zwei politischen Vorhaben: der Notstandsgesetzgebung und einer von der Union angestrebten Wahlrechtsreform und Einführung des Mehrheitswahlrechts.

des Grundlohnes. Mit dem Lohnfortzahlungsgesetz 1969 führte die große Koalition einen Anspruch der Arbeiter auf Fortzahlung des Arbeitsentgeltes durch den Arbeitgeber ein und stellte sie dadurch den Angestellten gleich. Zudem wurden die Krankenkassen durch die Verlagerung der Lohnfortzahlung auf die Arbeitgeber finanziell erheblich entlastet, wodurch Spielraum für Erweiterungen des Leistungskataloges entstand.[32]

Die Ära Brandt 1969 bis 1974: Ausbau der GKV in Richtung ‚Volksversicherung'

Die große Koalition sollte erklärtermaßen nur von begrenzter Dauer sein und zur Bewältigung der krisenhaften zweiten Hälfte der 1960er Jahre dienen. Mit der Bundestagswahl 1969 endete sie und wurde durch eine ‚sozialliberale' Koalition aus SPD und einer neu aufgestellten FDP abgelöst. Die sozialliberale Koalition war vor allem deshalb möglich geworden, weil sich die FDP während ihrer Oppositionszeit inhaltlich neu ausgerichtet hatte. Um sich aus der vorherigen Abhängigkeit von der Union als einzigem denkbaren Koalitionspartner zu lösen, wurde von den neuen Führungskräften der FDP eine „Öffnung nach links" vollzogen (Hockerts 2006a: 68). Die zuvor dominierenden Wirtschaftsliberalen verloren an Einfluss in der FDP und Befürworter einer Öffnung in Richtung SPD gewannen die Oberhand (Hockerts 2006a: 111–113). Zu den Befürwortern einer sozialliberal ausgerichteten FDP zählten insbesondere ihr neuer Vorsitzender Walter Scheel sowie Wolfgang Mischnick und Hans Dietrich Genscher. Publizistisch wurde die Neuausrichtung von Herausgebern einflussreicher Wochenzeitschriften wie dem SPIEGEL (Rudolf Augstein) und dem STERN (Henri Nannen) gestützt (Hockerts 2006a: 68).

Die Sozialpolitik der sozialliberalen Koalition war geleitet von dem Ziel eines Ausbaus sozialstaatlicher Leistungen. Sowohl die Rentenversicherung als auch die GKV sollten in Richtung einer Volksversicherung erweitert werden. Dies sollte vor allem durch die Ausweitung des Kreises der Pflichtversicherten erfolgen und durch eine Öffnung für den freiwilligen Beitritt erwerbstätiger Selbständiger. Zudem sollte der Leistungskatalog der GKV in Richtung einer möglichst umfassenden Absicherung ausgebaut werden.

Innerhalb weniger Jahre wurden mehrere Gesetze verabschiedet, die im Bereich der GKV einen Ausbau bewirkten, der zum großen Teil auch noch

---

[32] Die Ausgaben für Krankengeld machten 1965 noch ca. 25 % der GKV-Ausgaben aus. Durch die Reform der Lohnfortzahlung sank der Anteil bis Mitte der 1970er Jahre auf 10 %.

bis heute Bestand hat (zum Überblick insgesamt vgl. Frerich/Frey 1996b; Peters 1974):

- *Dynamisierung der Einkommensgrenzen*: Durch das Zweite Krankenversicherungs-Änderungsgesetz (2. KVÄG) wurde die Versicherungspflichtgrenze zum 01.01.1971 an die Einkommensgrenze der Arbeiterrentenversicherung gekoppelt und als Prozentsatz (75 %) dieser Grenze festgelegt.[33] Dies bewirkte eine Erhöhung und zugleich auch eine Dynamisierung der Bemessungsgrenze, denn die Beitragsbemessungsgrenze der Rentenversicherung wurde jährlich an die Einkommensentwicklung angepasst.[34] Durch die Anhebung der Versicherungspflichtgrenze wurden Angestellte mit überdurchschnittlichem Arbeitseinkommen in die GKV einbezogen.

- *Öffnung für Angestellte mit hohem Einkommen:* Ebenfalls durch das 2. KVÄG wurde die GKV 1970 auch für Angestellte mit höheren Einkommen geöffnet, indem diese die Möglichkeit des freiwilligen Beitritts zur GKV erhielten. Freiwillig Versicherte in der GKV erhielten zugleich auch einen Anspruch auf einen Arbeitgeberzuschuss zum Krankenkassenbeitrag. Zuvor mussten sie den Beitrag allein tragen.

- *GKV wurde zur ‚Volksversicherung' für die Landwirtschaft:* Mit dem „Gesetz über die Krankenversicherung der Landwirte" wurden 1972 alle landwirtschaftlichen Unternehmer und ihre mitarbeitenden Familienangehörigen in die GKV einbezogen.[35] Das Gesetz führte für sie eine Versicherungspflicht in der neu gebildeten Landwirtschaftlichen Krankenkasse (LKK) ein. Faktisch wurde die GKV für den Bereich der Landwirtschaft dadurch zu einer ‚Volksversicherung' gemacht, da die abhängig Beschäftigten in der Landwirtschaft bereits der Versicherungspflicht in der GKV unterlagen. Bemerkenswert ist, dass diese Tatsache trotz heftiger Kontroversen um die Frage der Einführung einer ‚Bürgerversicherung' bislang weder in der gesundheitspolitischen noch in der gesellschaftlichen Diskussion thematisiert wurde. Mit dem KVLG

---

[33] Gesetz zur Weiterentwicklung des Rechts der gesetzlichen Krankenversicherung (2. Krankenversicherungs-Änderungsgesetz – 2. KVÄG) vom 21.12.1970 (BGBl. I S. 1770).

[34] Bis dahin wurden die GKV-Grenzen nur in mehrjährigem Abstand und sporadisch erhöht, so dass sie der tatsächlichen Einkommensentwicklung immer hinterherhinkten.

[35] Gesetz über die Weiterentwicklung des Rechtes der gesetzlichen Krankenversicherung (Gesetz über die Krankenversicherung der Landwirte – KVLG) vom 10.08.1972 (BGBl. I S. 1433). Der Versicherungspflicht in der LKK unterliegen seitdem alle Unternehmer in der Land- und Forstwirtschaft einschließlich des Wein- und Gartenbaus (§ 2 KVLG).

wurde gezeigt, dass es rechtlich möglich ist, die GKV durch Ausweitung der Versicherungspflicht zur Volksversicherung zu machen.

- *Einbeziehung der Behinderten:* Durch das „Gesetz über die Sozialversicherung Behinderter" wurden 1975 alle in Werkstätten beschäftigten Behinderten zu Pflichtversicherten in der GKV.[36]
- *Einbeziehung der Studenten:* Durch das „Gesetz über die Krankenversicherung der Studenten" wurden mit Wirkung vom 01.10.1975 alle eingeschriebenen Studenten in die GKV-Versicherungspflicht einbezogen, ausgenommen waren lediglich Studenten, die über ihre Eltern oder Ehegatten mitversichert waren.[37]

Diese Reformen führten dazu, dass die Zahl der in die GKV einbezogenen Personen auf ca. 90 % der Bevölkerung anwuchs. Zwar wurden die einzelnen Reformen nicht explizit mit dem Ziel der Schaffung einer ‚Volksversicherung' in Verbindung gebracht, faktisch war man ihr allerdings ein deutliches Stück nähergekommen. Parallel zur Ausweitung des Versichertenkreises wurde auch der Leistungskatalog der GKV erweitert. Leistungen der Früherkennung und Prävention wurden erstmals in den Katalog aufgenommen, die zeitliche Begrenzung des Anspruchs auf Krankenhausbehandlung wurde beseitigt, und Leistungen der medizinischen Rehabilitation wurden ausgeweitet (Frerich/Frey 1996b: 70–77; Peters 1974: 177–182; Vincenti 2008: 508–510).

Die Ära Schmidt 1974 bis 1981: „Kostendämpfung" in der GKV als Teil der Haushaltskonsolidierung

Die Phase der Ausweitung des GKV-Versichertenkreises und des Leistungskataloges endete 1974 nach dem Rücktritt von Bundeskanzler Willy Brandt und dem Wechsel zu Helmut Schmidt als neuem Bundeskanzler. Die Koalition von SPD und FDP wurde zwar fortgesetzt, vor dem Hintergrund einer Wirtschaftskrise erfolgte jedoch eine Neuausrichtung der Wirtschafts- und Sozialpolitik, und in diesem Zusammenhang auch der Gesundheitspolitik. Der Ausbau sozialstaatlicher Leistungen hatte in der Ära Brandt auf Annahmen über die wirtschaftliche Entwicklung aufgebaut, die sich nun als zu optimistisch herausstellten. Ein starker Anstieg der Ölpreise Ende 1973, als ‚Ölpreis-Schock' bezeichnet, löste eine Wirtschaftskrise aus, die eine Fortsetzung der vorherigen Politik als nicht ausreichend

---

[36] Gesetz über die Sozialversicherung Behinderter vom 07.05.1975 (BGBl. I S. 1061).

[37] Gesetz über die Krankenversicherung der Studenten (KVSG) vom 24.06.1975 (BGBl. I S. 1536).

finanzierbar erscheinen ließ. Auf die Phase der Expansion des Sozialstaates folgte eine Phase der Konsolidierung des Staatshaushaltes und der Begrenzung von Sozialleistungen. Die ab 1974 von der sozial-liberalen Koalition beschlossenen Maßnahmen basierten allerdings nicht auf einer marktliberalen Grundüberzeugung und daraus abgeleiteten Ablehnung des Sozialstaates. In der subjektiven Wahrnehmung der damaligen Politik sollten sie vielmehr der Sicherung des Sozialstaates durch finanzielle Konsolidierung des Staatshaushaltes dienen.

Die Neuorientierung hatte auch Auswirkungen auf die Gesundheitspolitik. Auf der Agenda stand nicht mehr eine Ausweitung des Leistungskataloges, sondern die Eindämmung einer in der öffentlichen und gesundheitspolitischen Diskussion als bedrohlich wahrgenommenen Entwicklung der GKV-Ausgaben. Leitbegriffe der Diskussion wurden „Kostenexplosion" als Bezeichnung für den Ausgabenanstieg und „Kostendämpfung" als Leitbegriff für die politischen Reaktionen darauf (vgl. u. a. Berg 1986a; Herder-Dornreich 1977; Paffrath/Reiners 1987).

In der rückblickenden Betrachtung erweist sich der deutliche Anstieg der GKV-Ausgaben in der ersten Hälfte der 1970er Jahre allerdings als eine absehbar nur vorübergehende Erscheinung. Der Ausgabenanstieg war notwendig, weil in den beiden vorhergehenden Jahrzehnten eine Modernisierung des Gesundheitswesens unterlassen wurde. Dies gilt insbesondere für die Ausgaben für Krankenhäuser, die ab Mitte der 1970er Jahre besonders in der Kritik standen (Simon 2000). Das 1972 in Kraft getretene Krankenhausfinanzierungsgesetz (KHG) war ausdrücklich mit dem Verweis auf eine Unterfinanzierung der Krankenhäuser in den 1950er und 1960er Jahren begründet worden. Daraus wurde die Notwendigkeit einer deutlichen Erhöhung der Ausgaben abgeleitet. Auch die Einführung von Leistungen der Früherkennung und Erweiterung der Leistungen zur medizinischen Rehabilitation waren Teil einer nachholenden Modernisierung der Gesundheitsversorgung.

Die in der ersten Hälfte der 1970er Jahre beschlossenen Maßnahmen lösten kurzfristig Ausgabenerhöhungen aus, aber bereits auf mittlere Sicht war absehbar, dass sich der Ausgabenanstieg wieder auf ein deutlich geringeres Maß reduzieren würde. Rückblickend zeigt sich dies daran, dass die Ausgaben gemessen in Prozent des Bruttosozialprodukts bzw. des Bruttoinlandsprodukts ab 1975 nicht weiter stiegen. Die Phase deutlich steigender Ausgaben endete somit bevor die ersten Maßnahmen der 1977 einsetzenden „Kostendämpfungspolitik" beschlossen wurden (Kühn 1995; Simon 2017: 94).

Dennoch blieb die Metapher von einer „Kostenexplosion im Gesundheitswesen" noch mehr als zwei Jahrzehnte dominierendes Wahrnehmungsmuster der öffentlichen und gesundheitspolitischen Diskussion. Dies dürfte vor allem auf eine oberflächliche Überzeugungskraft der Metapher zurückzuführen sein, die aus den immer wiederkehrenden Defiziten der Krankenkassen bezogen wurde. Diese Defizite galten als Beweise für ‚überproportionale‘ Ausgabensteigerungen. In einer solchen Argumentation bleibt jedoch unberücksichtigt oder wird bewusst verschwiegen, dass Defizite in der GKV auch durch die Entwicklung der Einnahmen verursacht werden können. Wenn sich – wie im Fall der GKV – die Ausgaben parallel zum Bruttoinlandsprodukt (BIP) entwickeln und die GKV dennoch Defizite verzeichnet, so weist dies darauf hin, dass die Ursachen vor allem auf der Einnahmeseite lagen bzw. liegen.

Und in der Tat weist die GKV spätestens seit Anfang der 1980er Jahre eine chronische Einnahmeschwäche auf. Die beitragspflichtigen Einnahmen der GKV-Mitglieder blieben seitdem, abgesehen von wenigen Jahren, hinter der Entwicklung des Bruttoinlandsprodukts zurück. Dies ist vor allem auf eine unterproportionale Entwicklung der Löhne und Gehälter zurückzuführen, aber auch durch weitere Faktoren verursacht, wie eine gestiegene Arbeitslosigkeit, die Entstehung und das Wachstum eines Niedriglohnbereichs und die Zunahme der Teilzeitbeschäftigung.

Der Anteil der beitragspflichtigen Einnahmen der GKV-Mitglieder am Bruttoinlandsprodukt (BIP) lag 1982 in der alten BRD noch bei 41,1 %. In den darauffolgenden Jahren sank er immer weiter ab bis auf 36,6 % im Jahr 1991 (Simon 2021: 131 f.). Durch die Deutsche Einheit und Änderungen der Bemessungsgrundlage Mitte der 1990er Jahre ist eine Längsschnittbetrachtung erst ab 1996 wieder möglich. Betrachtet man den Zeitraum ab 1996 so zeigt sich eine Fortsetzung des Abwärtstrends. Entsprach die Summe der beitragspflichtigen Einnahmen der GKV-Mitglieder 1996 noch 46,2 % des BIP, so sank sie bis 2007 auf 39,6 % (ebd.). Erst danach ist wieder ein leichter Anstieg zu verzeichnen.

Der überwiegende Teil der gesundheitspolitischen Akteure war ab Mitte der 1970er Jahre offensichtlich von der Richtigkeit der Kostenexplosions-Metapher überzeugt und sah keinen Anlass, sie kritisch zu hinterfragen. Für die Gesundheitspolitik hatte die Metapher zudem den Vorteil, dass sie eine ausgezeichnete Legitimationsgrundlage für gesetzgeberische Eingriffe zur Begrenzung der Vergütungen von Leistungserbringern, aber auch für Forderungen nach Einschnitten in den Leistungskatalog der GKV bot. Allerdings waren die dahinterstehenden Motive durchaus sehr unterschiedlicher Art.

Für die sozialliberale Koalition standen Ende der 1970er vor allem fiskalpolitische Ziele im Vordergrund. Im Laufe der 1980er Jahre diente das Bedrohungsszenario ‚Kostenexplosion‘ aber zunehmend auch zur Legitimation von Reformvorschlägen, die auf die Abschaffung der GKV zielten. Dem dürfte die Überlegung zugrunde gelegen haben, dass die Akzeptanz für radikale Reform-vorschläge umso leichter zu erreichen ist, wenn diese mit bedrohlichen Zukunfts-szenarien begründet werden können. Exemplarisch sei hier auf den Kronberger Kreis verwiesen, der seine Forderung nach „Mehr Markt im Gesundheitswe-sen" 1987 mit dem Verweis auf eine „Ausgabenexplosion" begründete, der nur mit „Mehr Wettbewerb" erfolgreich begegnet werden könne (Kronberger Kreis 1987a).

Dass die sozialliberale Koalition der Ära Schmidt mit ihrer ‚Kostendämp-fungspolitik' vor allem den Bundeshaushalt entlasten wollte, wird insbeson-dere am ersten Kostendämpfungsgesetz erkennbar. Das Krankenversicherungs-Kostendämpfungsgesetz (KVKG) 1977 wurde zusammen mit dem 20. Rentenan-passungsgesetz vorgelegt und sollte primär der Konsolidierung der gesetzlichen Rentenversicherung dienen (Simon 2000: 94 ff.). Deren Entlastung wiederum diente dazu, den Bundeshaushalt vor der Zahlung von ansonsten erforderlichen Zuschüssen an die Rentenversicherung zu bewahren. Um die Rentenversicherung zu entlasten, wurde – neben anderen Maßnahmen wie einer Verschiebung der Rentenerhöhungen – die Überweisung der Rentenversicherung an die GKV für die Finanzierung der Krankenversicherung der Rentner um ein Drittel gekürzt. Damit dies nicht zu einem Defizit in der GKV führt, wurden bestehende Zuzahlungen in der GKV erhöht und neue eingeführt.

Ein Rückbau der Sozialversicherung war allerdings kein Ziel der Gesundheits-politik der sozialliberalen Politik der Ära Schmidt. In der Zeit von 1966 bis 1982 gab es denn auch kein einziges von der Regierung in Auftrag gegebenes Gut-achten vom Format und der Ausrichtung der Rothenfelser Denkschrift, das für eine Abkehr von grundlegenden Prinzipien der als staatliche Sozialversicherung verfassten GKV eintrat. Zwar hatte die Bundesregierung 1970 eine „Sachver-ständigenkommission zur Weiterentwicklung der sozialen Krankenversicherung" eingesetzt, diese legte jedoch kein umfassendes und auf eine grundlegende Reform abzielendes Gutachten vor, sondern gab bis zu ihrer Auflösung knapp 20 einzelne Empfehlungen direkt an die Regierung ab, über die in der einschlägigen wissenschaftlichen Literatur zur Gesundheitspolitik nur wenige vage Hinweise zu finden sind (Peters 1974: 173; Vincenti 2008: 523). Da die Kommission nicht nur mit Wissenschaftlern, sondern auch mit Vertretern relevanter Verbände besetzt war, bot die Zusammensetzung zudem auch nur sehr geringe Chancen für eine Einigung auf radikale und weitgehende Reformvorschläge.

Die Entwicklung des neoliberalen Reformmodells in den 1980er Jahren

Die Entwicklung seit Mitte der 1960er Jahre und vor allem in den Jahren 1969 bis 1974 musste aus neoliberaler Sicht in mehrfacher Hinsicht als bedrohlich erscheinen. Nicht nur, dass erstmals seit 1945 eine sozialdemokratisch geführte Bundesregierung gebildet worden war, diese Regierung beschloss innerhalb kurzer Zeit eine Vielzahl an Gesetzen, die einen Ausbau des Sozialstaates in einem Umfang bewirkten, wie es ihn seit Bismarcks Sozialgesetzgebung innerhalb so kurzer Zeit nicht mehr gegeben hatte. Zudem war die am Keynesianismus orientierte Wirtschaftspolitik der sozialliberalen Koalition geeignet, für weitere Beunruhigung unter neoliberalen Ökonomen sorgen.

Die Wahlerfolge der sozialliberalen Koalition waren Ausdruck einer gesellschaftlichen Stimmung, die sich aus konservativ-marktwirtschaftlicher Sicht immer stärker nach links bewegte. Sichtbare Zeichen dieses Trends waren unter anderem die Studenten- und Jugendbewegung mit ihren lautstarken Protesten und Demonstrationen sowie das Aufkommen politischer Organisationen wie der sogenannten K-Gruppen, die deutlich links von der SPD standen. Und die FDP, vormals verlässlicher Vorkämpfer für die Marktwirtschaft und freie Märkte, hatte sich ebenfalls nach links in Richtung SPD entwickelt.

Aus neoliberaler Sicht handelte es sich bei all diesen Entwicklungen um bedrohliche Tendenzen, denen dringend Einhalt geboten werden musste. Das nachfolgende Kapitel geht auf die Entstehung und Entwicklung einer neoliberalen Gegenbewegung ein, die Mitte der 1970er Jahre einsetzte. Die Gegenbewegung führte schließlich 1981 zum Bruch der sozialliberalen Koalition und zur Bildung einer Koalition aus CDU/CSU und FDP unter Führung von Helmut Kohl.

Der Wechsel von der sozialliberalen Koalition zur konservativ-wirtschaftsliberalen Koalition unter Kohl eröffnete neoliberalen Ökonomen

© Der/die Autor(en), exklusiv lizenziert an Springer Fachmedien Wiesbaden GmbH, ein Teil von Springer Nature 2023
M. Simon, *Der Einfluss des Neoliberalismus auf die deutsche Gesundheitspolitik*, Gesundheit. Politik – Gesellschaft – Wirtschaft, https://doi.org/10.1007/978-3-658-41099-5_4

Zugänge zur Politikberatung auf Bundesebene, die ihnen vorher nicht offenstanden. Dies wiederum motivierte zunehmend mehr neoliberale Ökonomen, sich in der Politikberatung zu engagieren und Reformvorschläge für die verschiedensten Politikbereiche zu entwickeln.

Das Vordringen der neoliberalen Weltsicht in immer mehr Politikbereiche, darunter auch in den Bereich der Gesundheitspolitik, hatte seinen Ausgangspunkt in einem Machtwechsel in den deutschen Wirtschaftswissenschaften, der 1970er Jahre einsetzte. Vertreter des bis dahin dominierenden Keynesianismus wurden im Rahmen der Nachbesetzungen freiwerdender Professuren nach und nach durch Vertreter der Neoklassik und neoliberaler Strömungen ersetzt (Ötsch et al. 2017).

Wesentlichen Anteil am Vordringen des Neoliberalismus in den deutschen Wirtschaftswissenschaften hatte der Wirtschaftssachverständigenrat und ihm angehörende führende Vertreter der deutschen Wirtschaftswissenschaften (Botzem/Hesselmann 2018). Sie wurden zu Vorkämpfern für die neoliberale Weltsicht nicht nur in den Wirtschaftswissenschaften, sondern auch darüber hinaus. Beginnend in den 1970er Jahren setzte sich der Rat zunehmend über das ihm gesetzlich auferlegte Verbot politischer Statements und Empfehlungen hinweg und formulierte in seinen Gutachten explizite Handlungsempfehlungen sowie Reformvorschläge zu einzelnen Politikfeldern, darunter ab 1983 auch zur Gesundheitspolitik (SVR-W 1983: 220–225; 1985: 166–174). Er wurde dadurch zu einer Art ‚Taktgeber' für die Entstehung und Entwicklung eines zunehmend einflussreicher werdenden Netzwerks wissenschaftlicher Politikberatung durch neoliberale Ökonomen.

Die Entwicklung des neoliberalen Reformmodells für einen marktwirtschaftlichen Umbau des GKV-Systems in ein PKV-System ist nur vor dem Hintergrund dieser bereits in den 1970er Jahren einsetzenden Entwicklungen sowohl in der Politik als auch den Wirtschaftswissenschaften zu verstehen. Insofern erscheint es sinnvoll, zuerst auf diese Entwicklungen einzugehen, bevor daran anschließend die Entstehung und Entwicklung des neoliberalen Reformmodells für einen marktwirtschaftlichen Umbau der gesetzlichen Krankenversicherung rekonstruiert wird.

Das Vordringen des Neoliberalismus in den 1970er Jahren

Ab Mitte der 1970er Jahre setzten mehrere Entwicklungen ein, die Voraussetzungen für die Entwicklung des neoliberalen Reformmodells ab Anfang der

1980er Jahre schufen. Von zentraler Bedeutung war dabei der schwindende Einfluss des Keynesianismus auf die Wirtschafts- und Haushaltspolitik. Zwar hatte der Ordoliberalismus der Freiburger Schule insbesondere über das ideologische Konzept der ‚Sozialen Marktwirtschaft' in den 1950er Jahren erheblichen Einfluss auf die Wirtschaftspolitik der Bundesregierungen unter Führung der CDU/CSU, in den Wirtschaftswissenschaften spielte er jedoch nur eine untergeordnete Nebenrolle. International und auch in Deutschland dominierte das Konzept des britischen Ökonomen John Maynard Keynes sowohl die Wirtschaftswissenschaften als auch die Politik führender westlicher Regierungen, einschließlich der USA (Ötsch et al. 2017).

In den 1970er Jahren schwand der Einfluss des Keynesianismus international und errangen die Vorstellungen eines insbesondere von Friedrich August von Hayek und Vertretern der Chicago School of Economics unter Führung von Milton Friedman geprägten Neoliberalismus die Vorherrschaft sowohl in den Wirtschaftswissenschaften als auch in der Politik westlicher Regierungen (Mirowski/Plehwe 2009; Prasad 2006; Stedman Jones 2014). Dazu trug insbesondere auch bei, dass Hayek 1974 und Friedman 1976 den sogenannten ‚Nobelpreis' für Ökonomie erhielten.[1] Dies erhöhte die Reputation der von ihnen vertretenen neoliberalen Denkweise, verschaffte ihr erhöhte mediale Aufmerksamkeit und erleichterte neoliberalen Ökonomen den Zugang zur Politikberatung.

Seinen deutlichsten Ausdruck fand der wachsende Einfluss des Neoliberalismus in der Politik der britischen Regierung unter Margaret Thatcher ab 1979 und der US-amerikanischen Regierung unter Ronald Reagan ab 1981. Beide Regierungen ließen sich von führenden Vertretern des Neoliberalismus beraten und folgten deren Empfehlungen in hohem Maße. In Großbritannien avancierte Friedrich A. Hayek zum Berater der Thatcher-Regierung und in den USA wurde Milton Friedman Berater von Reagan.

In Deutschland trat der zunehmende Einfluss des US-amerikanisch geprägten Neoliberalismus insbesondere in der Entwicklung der Gutachten des Sachverständigenrates zur Begutachtung der gesamtwirtschaftlichen Entwicklung (SVR-W) zutage. Wegen der besonderen Bedeutung des Sachverständigenrates für die

---

[1] Dieser Preis wird zwar in den Medien in Regel als ‚Nobelpreis' bezeichnet, er wird jedoch nicht vom Nobelpreis-Komitee verliehen, sondern von der schwedischen Reichsbank, die ihn gestiftet hat und seit 1968 jährlich verleiht. Es ist kein ‚Nobelpreis', sondern ein Alfred-Nobel-Gedächtnispreis. Langjähriger Vorsitzender der Jury für die Vergabe des Preises war in den 1970er Jahren Erik Lundberg, Mitglied der neoliberalen Mont Pelerin Society und Gegner des schwedischen Wohlfahrtsstaates. In den 1970er und 1980er Jahren wurden mit dem Preis auffallend viele Vertreter einer neoliberalen Ökonomie ausgezeichnet (Ötsch et al. 2017: 85, FN 256).

Entwicklung der Politik in den 1980er Jahren, nicht nur der Wirtschaftspolitik, sondern auch der Sozialpolitik, wird nachfolgend auf den Rat und seine Positionen näher eingegangen.

Die etwas genauere Betrachtung des SVR-W folgt dabei nicht nur einem historischen Interesse. Der Wirtschaftssachverständigenrat agiert auch heute als Akteur der politischen Arena, greift in die politische Diskussion ein und gibt Empfehlungen nicht nur zur Wirtschaftspolitik, sondern auch zur Sozialpolitik im Allgemeinen und der Gesundheitspolitik im Besonderen ab. So wirbt er unter anderem weiterhin, lange nachdem sich die CDU von ihrem ‚Gesundheitsprämienmodell' verabschiedet hat, für seine Variante des Kopfpauschalenmodells, die er „Bürgerpauschale" nennt (SVR-W 2018: 396, 406).

Ein anderer, für die Entstehung des neoliberalen Reformmodells relevanter Prozess war die Entwicklung der FDP zur treibenden Kraft für eine marktorientierte Wende in der Politik. Im Verlauf der 1970er Jahre verloren die Sozialliberalen in der FDP zunehmend an Einfluss und übernahmen bekennende Neoliberale wie Otto Graf Lambsdorff zunehmend die Führung. Die wirtschafts- und sozialpolitische Programmatik der wieder erstarkten Wirtschafsliberalen in der FDP folgte deutlich erkennbar den Vorstellungen und Vorschlägen neoliberaler Ökonomen. So bekannte beispielsweise Lambsdorff in einem späteren Vortrag, dass für ihn die Publikationen und persönlichen Ratschläge von Mitgliedern des Kronberger Kreises entscheidende Anregungen für seine politische Ausrichtung lieferten (Lambsdorff 2007).

Ein weiterer wichtiger Einflussfaktor für die neoliberale Neuausrichtung der Gesundheitspolitik war die Ende der 1970er Jahre beginnende Herausbildung der Gesundheitsökonomie als neuer Subdisziplin der Wirtschaftswissenschaften in Deutschland. Ihre Entstehung und die Herausbildung einer neoliberalen Dominanz wurden in besonderem Maße von der Robert Bosch Stiftung unterstützt. Die Stiftung finanzierte ab Ende der 1970er Jahre die Organisation von Kolloquien, informellen Diskussionskreisen, Tagungen und Publikationen sowie die eigens zur Förderung einer neoliberal ausgerichteten Gesundheitsökonomie herausgegebenen Sammelbandreihe „Beiträge zur Gesundheitsökonomie".

Auf diese drei Einflüsse, die maßgeblich zur Herausbildung eines neoliberalen Reformmodells beitrugen, wird nachfolgend näher eingegangen. Dabei wird auch die neoliberale Wende des SVR-W ab Mitte der 1970er Jahre genauer betrachtet, um die Überzeugungen und die Vorstellungen deutlich werden zu lassen, die letztlich auch dem neoliberalen Reformmodell für die GKV zugrunde liegen. Dies erscheint insofern angebracht, als die Notwendigkeit eines marktwirtschaftlichen Umbaus der GKV nicht aus einem breiten Fundus an empirischer Forschung über das Gesundheitswesen und die GKV abgeleitet wurden, sondern aus der allgemeinen Überzeugung, dass Marktwirtschaft und Wettbewerb allen anderen Organisationsformen überlegen sind und deshalb auch auf das Gesundheitswesen und die gesetzliche Krankenversicherung angewendet werden müssten. Die Forderung nach Abschaffung der GKV und ihre Ersetzung durch ein reines PKV-System war im Fall des SVR-W eingebettet in die bereits zuvor vertretene Auffassung, dass private Unternehmen alles besser machen können als der Staat. Deshalb – so das zentrale Credo des SVR-W ab Mitte der 1970er Jahre – sollte die Erbringung von Dienstleistungen durch staatliche und kommunale Einrichtungen eingestellt und durch private Unternehmen ersetzt werden.

Die Vorstellung ausgewählter Inhalte der Gutachten des SVR-W ab Mitte der 1970er Jahre soll vor allem auch dazu dienen, die hinter dem neoliberalen Reformmodell stehenden allgemeineren Grundüberzeugungen deutlich werden zu lassen.

Die neoliberale Wende des Wirtschaftssachverständigenrates

Der Sachverständigenrat zur Begutachtung der gesamtwirtschaftlichen Entwicklung wurde 1964 erstmals berufen. Gesetzliche Grundlage der Tätigkeit des Sachverständigenrates zur Begutachtung der gesamtwirtschaftlichen Entwicklung (SVR-W) ist das Sachverständigenratsgesetz (SachvRatG)[2] aus dem Jahr 1963. Seit 1964 legt der Rat entsprechend seines gesetzlichen Auftrages jährlich ein Gutachten vor. Der Sachverständigenrat hat die gesetzliche Aufgabe, die gesamtwirtschaftliche Entwicklung auf Grundlage der verfügbaren volkswirtschaftlichen Daten zu analysieren, deren absehbare Entwicklung sowie Fehlentwicklungen und Möglichkeiten zu deren Vermeidung darzustellen (§ 2 SachvRatG).

Zum gesetzlichen Auftrag des Wirtschaftssachverständigenrates gehört es jedoch ausdrücklich nicht, Empfehlungen für bestimmte wirtschafts- oder sozialpolitische Maßnahmen auszusprechen. Seit der ersten Fassung des Sachverständigenratsgesetzes gilt:

> „Der Sachverständigenrat soll Fehlentwicklungen und Möglichkeiten zu deren Vermeidung oder deren Beseitigung aufzeigen, jedoch keine Empfehlungen für bestimmte wirtschafts- und sozialpolitische Maßnahmen aussprechen" (§ 2 SachvRatG).

---

[2] Gesetz über die Bildung eines Sachverständigenrates zur Begutachtung der gesamtwirtschaftlichen Entwicklung. Vom 14. August 1963 (BGBl. I S. 685).

Mit dem ‚Empfehlungsverbot' sollte verhindert werden, dass der Rat durch seine Äußerungen unmittelbar in die politische Willensbildung eingreift (Strätling 2001: 17). Das Verbot wurde allerdings immer wieder umgangen, indem Empfehlungen formuliert, dabei aber die Begriffe ‚Empfehlung' oder ‚empfehlen' vermieden wurden. Die Ratsmitglieder konnten allerdings sicher sein, dass ihre Vorschläge in der Medienberichterstattung dennoch als Empfehlungen aufgenommen und vermeldet werden, und die Botschaft des Rates die politischen Entscheidungsträger erreicht (ebd.).

Zur Gesundheitspolitik äußerte sich der SVR-W in seinen Gutachten bis einschließlich 1982 – wenn überhaupt – nur rein deskriptiv. Er bereitete Daten zur Einnahme- und Ausgabenentwicklung auf und erläuterte gesundheitspolitische Entscheidungen ohne sie zu bewerten. Dies änderte sich unmittelbar nach dem Regierungswechsel 1982. Das Jahresgutachten 1983 enthielt erstmals ein Kapitel zum Gesundheitswesen, mit Vorschlägen für eine Reform der gesetzlichen Krankenversicherung. Zwei Jahre später folgte im Jahresgutachten 1985 dann die Vorstellung eines radikalen Reformkonzeptes, das deutlich erkennbar das Ziel verfolgte, die GKV in ein reines PKV-System umzubauen.

Um die Positionen und Empfehlungen des Rates verstehen und einordnen zu können ist es hilfreich, einen Blick auf seine Zusammensetzung und die Regeln der Besetzung zu werfen. Der Rat besteht aus fünf Mitgliedern, die auf Vorschlag der Bundesregierung vom Bundespräsidenten für in der Regel fünf Jahre berufen werden. Mehrfachberufungen sind möglich.[3] Seit Gründung des Rates besteht eine informelle Vereinbarung, dass jeweils ein Mitglied auf Vorschlag der Arbeitgeber und der Gewerkschaften berufen wird.

Die verbleibenden drei Mitglieder werden vom Ministerium ausgewählt, das allerdings zuvor die Meinung der amtierenden Ratsmitglieder zu den Vorschlägen einholt. Insofern haben die Mitglieder des bestehenden Rates Einfluss auf die Neuberufungen. Das Procedere der Neuberufungen für die drei vom Ministerium auszuwählenden Mitglieder rückt dadurch in die Nähe eines Kooptationsverfahrens (Botzem/Hesselmann 2018: 414). Durch Kooptation kann besser als durch andere Verfahren der Nachbesetzung eine inhaltliche Kontinuität des Gremiums über einen längeren Zeitraum erreicht werden, indem die Mehrheit des Gremiums selbst darüber entscheidet oder vorentscheidet, wer für ein ausscheidendes Mitglied neu aufgenommen wird. Zwar liegt im Fall des Wirtschaftssachverständigenrates die Letztentscheidung über die Berufung der drei

---

[3] So war beispielsweise einer der Protagonisten der Mitte der 1970er Jahre vollzogenen neoliberalen Neuausrichtung des Rates und der deutschen Wirtschaftswissenschaften, Olaf Sievert, von 1970 bis 1985 Mitglied des Rates und von 1976 bis 1985 dessen Vorsitzender (SVR-W 2019).

vom Ministerium auszuwählenden Mitglieder formal beim jeweiligen Minister. Es erscheint allerdings naheliegend, dass das Ministerium die Meinung der Ratsmehrheit bei Neuberufungen berücksichtigt und so auf informellem Weg ein Kooptationsverfahren praktiziert wird.

Nach seiner Gründung war der Wirtschaftssachverständigenrat, wie die deutsche Volkswirtschaftslehre insgesamt, zunächst stark vom Theorieansatz des Keynesianismus geprägt (Sievert 2003; Strätling 2001: 25–73). In der Wirtschaftspolitik gewann der Keynesianismus insbesondere während der Zeit der großen Koalition und der sozialliberalen Koalition an Einfluss. Maßgeblich daran beteiligt war Karl Schiller (SPD), Professor der Wirtschaftswissenschaften und von 1966 bis 1972 Wirtschaftsminister und 1971/72 zugleich auch Finanzminister. Erkennbar wurde der Einfluss des Keynesianismus auf die Wirtschaftspolitik insbesondere in dem 1967 verabschiedeten Stabilitäts- und Wachstumsgesetz, das die rechtliche Grundlage für Ansätze zu einer staatlichen Globalsteuerung der Wirtschaft in den folgenden Jahren lieferte.[4]

Der Keynesianismus genoss die Sympathie sowohl der Sozialdemokratie als auch der Gewerkschaften, da er das theoretische Fundament für eine Wirtschaftspolitik lieferte, die das Ziel der Vollbeschäftigung verfolgte und der volkswirtschaftlichen Konsumnachfrage – und somit den Einkommen der abhängig Beschäftigten – eine wesentliche Rolle bei der Vermeidung beziehungsweise Bekämpfung von Wirtschaftskrisen und Arbeitslosigkeit zuwies (vgl. u. a. Caspari 2009). Im Unterschied zu anderen ökonomischen Theorien gelten im Keynesianismus nicht niedrige Löhne als Voraussetzung für die Gewährleistung eines volkswirtschaftlichen Gleichgewichts und Verhinderung von Massenarbeitslosigkeit, sondern eher im Gegenteil: Die Binnennachfrage nach Konsumgütern gilt als eine wesentliche Voraussetzung für die Nachfrage nach Investitionsgütern. Insofern können hohe Löhne nicht als Ursache von Arbeitslosigkeit, sondern vielmehr als nachfragestabilisierender Faktor gelten. Die am Keynesianismus orientierte Wirtschaftspolitik wurde darum auch als ‚nachfrageorientierte Wirtschaftspolitik‘ bezeichnet.

Durch verschiedene Entwicklungen in der ersten Hälfte der 1970er Jahre verlor der Keynesianismus international und auch in Deutschland jedoch an Einfluss. Zu diesen Entwicklungen gehörten insbesondere der infolge der ersten ‚Ölpreiskrise‘ 1973 einsetzende Anstieg der Arbeitslosigkeit und eine nachlassende

---

[4] „Der Aufstieg des Keynesianismus in Deutschland ist untrennbar mit der Person Karl Schiller verbunden. Er gilt als einer der ersten wichtigen Rezipienten von Keynes Werk in Deutschland" (Ötsch et al. 2017: 193).

Investitionstätigkeit. Zudem brach 1973 das maßgeblich auch von Keynes miti-
nitiierte Bretton-Woods-System weitgehend fester Wechselkurse zusammen und
wurde durch ein System flexibler, über Finanzmärkte gesteuerter Wechselkurse
ersetzt.

Bereits ab Anfang der 1970er Jahre hatte im Wirtschaftssachverständigenrat der Monetarismus der Chicagoer-Schule an Einfluss gewonnen, und Mitte
der 1970er Jahre vollzog der Rat eine Umorientierung hin zu einer stärker an
neoliberalen Leitmotiven orientierten Positionierung. Während sich die Hinwendung zum Monetarismus im Wesentlichen auf den Themenbereich der Geld- und
Währungspolitik beschränkte, erfolgte mit dem Jahresgutachten 1975 die Hinwendung zu einem aggressiven Neoliberalismus, der offensichtlich stark von der
Vorstellungswelt eines Friederich A. von Hayek und Milton Friedman beeinflusst
war.

Die inhaltliche Radikalität wurde durch eine Sprache unterstützt, die auf die
Diskreditierung der Gewerkschaften und des Wohlfahrtsstaates zielte. Zwar war
auch in den vorhergehenden Gutachten vor zu hohen Lohnerhöhungen gewarnt
worden, allerdings in einem eher moderaten Ton und teilweise sogar verbunden
mit einem gewissen Verständnis für die Gewerkschaften und deren Ziel, hohe
Preissteigerungen durch entsprechende Tariferhöhungen ausgleichen zu wollen.
Diese Zurückhaltung wurde aufgegeben und stattdessen war von einer „über-
steigerten Lohnpolitik" die Rede, die Ursache der Arbeitslosigkeit sei (SVR-W
1975: 137). Es wurde auch zum Mittel der Übertreibung gegriffen, um Vorschläge des Rates zu legitimieren. So wurde der Staat wegen seiner „schier
unermeßlichen Ausgabenwünsche" kritisiert (SVR-W 1975: 136, Ziff. 330). Solche Formulierung deuteten an, dass der Rat offensichtlich zu einem Angriff
nicht nur auf die sozialliberale Wirtschaftspolitik, sondern insgesamt auf eine
von sozialdemokratischen Vorstellungen geprägte Politik übergehen wollte.

Das Gutachten 1975 überschritt sowohl im Themenspektrum als auch bei
den Zielen die in den vorherigen Gutachten eingehaltenen Grenzen. Das für die
Neuausrichtung zentrale Kapitel war mit einer Frage überschrieben: „Krise der
Marktwirtschaft?" (SVR-W 1975: 121). Das Kapitel wurde eingeleitet mit einer
längeren Abhandlung über die segensreichen Wirkungen der Marktwirtschaft im
Allgemeinen und der ‚Sozialen Marktwirtschaft' im Besonderen. Offensichtlich
reagierte der Rat damit auf eine zunehmende und auch zunehmend grundsätzliche Kritik an der kapitalistischen Marktwirtschaft, die durch die Wirtschaftskrise
im Gefolge der Ölpreiserhöhung 1973 und den daran anschließenden Anstieg der
Arbeitslosigkeit Nahrung erhalten hatte. Die Replik des Rates sollte offenbar der
Verteidigung der Marktwirtschaft dienen.

Der Rat beschränkte sich jedoch nicht auf die Verteidigung der Marktwirtschaft, sondern ging in die Offensive, und zwar vor allem gegenüber dem unter der sozialliberalen Koalition erfolgten Ausbau staatlicher Strukturen und Leistungen. Das entsprechende Kapitel war überschrieben mit „Revision der Staatstätigkeit" (ebd.: 137) und enthielt Grundsätze für ein Programm der Abkehr von der bisherigen wohlfahrtsstaatlichen Entwicklung, wie der Begriff ‚Revision' bereits erkennen lässt. Die geforderte Revision der Staatstätigkeit sollte zu einer Senkung der Staatsquote führen, vor allem durch die Übertragung von Staatsaufgaben auf private Unternehmen, Erhebung und Erhöhung von Gebühren für öffentliche Leistungen und eine Verbilligung öffentlicher Dienstleistungen durch verstärkte Rationalisierung. In der zentralen Passage dieses Kapitels formulierte der Rat die folgenden Empfehlungen:

„Zur Erfüllung dieses Revisionsauftrages sollten öffentliche Leistungen immer wieder daraufhin überprüft werden,

- ob sie (ganz oder zum Teil) aufgegeben werden können – sei es weil sie an Dringlichkeit verloren haben, sei es weil man es ebensogut den Privaten überlassen kann, wie und zu welchen Bedingungen der Bedarf' nach der betreffenden Leistung gedeckt wird. Also: Privatisierung von öffentlichen Leistungen.
- ob sie privat in staatlichem Auftrag erstellt werden können. Das läßt sich durch die Einschaltung privater bei der Bereitstellung öffentlicher Leistungen erreichen – sei es indem diese Leistungen privat produziert, aber vom Staat angeboten werden, sei es, indem der Staat bestimmte Aufgaben an Private überträgt, durch geeignete Vorkehrungen aber eine Untergrenze des Leistungsangebots sichert. Man darf erwarten, daß manche Leistungen dann billiger produziert und marktgerechter angeboten werden. Also: Private Produktion von öffentlichen Leistungen.
- ob sie gegen die Zahlung spezieller Entgelte (Preise, Beiträge, Gebühren) angeboten werden können und ob sich dort, wo dies bereits geschieht, der Kostendeckungsgrad erhöhen läßt. Allerdings sind auch gegen die Erhöhung von speziellen Entgelten Widerstände zu erwarten. Also: Mehr Entgeltlichkeit bei öffentlichen Leistungen.
- ob sie billiger bereitgestellt werden können. Dadurch soll nicht nur mehr Effizienz innerhalb der Verwaltung erreicht werden. Der administrative Aufwand der sich bei der Ausführung von Gesetzen (bis hin zur untersten Verwaltungsebene) ergibt, muß auch mehr als bisher schon im Verlauf der Gesetzgebung berücksichtigt werden. Also: Rationalisierung der Produktion öffentlicher Leistungen" (SVR-W 1975: 138, Ziff. 336).

Die Verlagerung öffentlicher Dienstleistungen auf private Unternehmen sollte zunächst vor allem im kommunalen Bereich erfolgen:

„Namentlich im kommunalen Bereich könnte man Leistungen auch durch private Unternehmer bereitstellen lassen, sei es mit, sei es ohne öffentlichen Auftrag oder Zuschuß. Denn dies erleichterte es vielleicht nicht nur den Bürgern kostendeckende Preise abzufordern; die privaten Unternehmer würden die Leistungen nicht selten auch kostengünstiger und marktgerechter anbieten, unter anderem auch deshalb, weil sie nicht durch das öffentliche Dienstrecht gebunden sind" (SVR-W 1975: 139, Ziff. 340).

Der Rat stellte dabei auch klar, dass Ziel der Privatisierungen nicht eine finanzielle Entlastung der Bürger oder Verbesserung ihrer Versorgung zu sein habe, denn:

„im Zweifel sollte die Güterversorgung über den Markt vorgezogen werden (JG 10 Ziffer 250). Und selbst dann, wenn der Staat bestimmte Aufgaben besser erfüllen könnte als Private, ist nicht selbstverständlich, daß er diese auch erfüllen muß. Denn das öffentliche Geld ist knapp, und deshalb kann nicht alles, was gefordert wird, vom Staat geleistet werden" (SVR-W 1975: 139, Ziff. 337).

Verbindet man diese Passage mit der oben zitierten Forderung nach ‚mehr Entgeltlichkeit bei öffentlichen Leistungen‘, so wird deutlich, dass die Privatisierung insbesondere dazu dienen sollte, die Kosten öffentlicher Leistungen von diejenigen tragen zu lassen, die sie in Anspruch nehmen, also von den Bürgern. Auf diesem Weg – so die Argumentationslogik – könnten die aus Steuereinnahmen zu finanzierenden Ausgaben des Staates reduziert und die Staatsquote gesenkt werden, was wiederum die Voraussetzung für Steuersenkungen schaffen würde. Steuersenkungen wiederum sollten nach Auffassung des Rates vor allem der Entlastung von Investoren und höheren Einkommen dienen. Die Forderung nach Steuerentlastungen für Investoren und höhere Einkommen war allerdings noch nicht im Jahresgutachten 1975 enthalten, sie folgte ein Jahr später im Zusammenhang mit der Hinwendung des Rates zu einer ‚angebotsorientierten Wirtschaftspolitik‘.

Die Privatisierung öffentlicher Leistungen sollte vor allem dazu dienen, privaten Unternehmen neue Märkte zu erschließen. Dies wurde insbesondere auch daran erkennbar, dass Privatisierungen nach Auffassung der Ratsmehrheit selbst dann erfolgten sollten, wenn der Staat diese Aufgaben besser erfüllen kann als private Unternehmen. Die Forderung nach Privatisierung folgte offensichtlich der Prämisse, dass staatliche Leistungserbringung grundsätzlich abzulehnen und die Leistungserbringung durch private Unternehmen immer vorzuziehen sei. Ein Grundsatz, der später auch auf das Gesundheitswesen und die gesetzliche Krankenversicherung angewandt wurde.

Für die in den oben zitierten Passagen geforderte Politik der Privatisierung öffentlicher Leistungen verwendete der SVR-W in späteren Gutachten den Begriff der „Marktöffnung" bzw. „Politik der Marktöffnung" (vgl. u. a. SVR-W 1985: 13, 119, 156). Der Begriff ‚Marktöffnung' wurde zu einem der Leitbegriffe des Neoliberalismus und findet sich später beispielsweise auch in den Beschlüssen der EU-Kommission, mit denen sie eine Politik der Privatisierung von Leistungen der staatlichen Daseinsvorsorge einleitete (vgl. u. a. EU-Kommission 1996: 7, 8, 11).

Die „Politik der Marktöffnung" zielt darauf, Bereiche der Gesellschaft, die noch nicht nach marktwirtschaftlichen Grundsätzen organisiert sind, für private Unternehmen zu öffnen und den Regeln von Markt und Wettbewerb zu unterwerfen. Die Marktöffnung wird dabei – wie an dem obenstehenden Zitat erkennbar – letztlich nicht mit nachweisbaren und empirisch belegten Vorteilen für die Bürger begründet, sondern aus einer postulierten grundsätzlichen Überlegenheit von Markt und Wettbewerb gegenüber staatlicher Leistungserbringung deduziert, also aus übergeordneten Prinzipien und Überzeugungen abgeleitet.

Bei genauerer Betrachtung handelt es sich dabei allerdings nicht um eine Politik der Markt-‚Öffnung', denn ein solcher Begriff impliziert, dass die betreffenden Bereiche bereits als Markt organisiert sind, den es nur noch zu öffnen gilt. Tatsächlich handelt es sich um eine ‚marktschaffende Politik', die den Herrschaftsbereich des Marktes auf neue, noch nicht nach Marktgesetzen organisierte Bereiche ausweitet und dadurch neue Märkte schafft.

Auch hinsichtlich staatlicher Umverteilung von Einkommen vertrat der Rat in seinem Gutachten 1975 eine gegenüber früheren Gutachten deutlich radikalisierte Position. Ausgehend von der Behauptung, dass in einer Marktwirtschaft die Einkommen nach erbrachter Leistung verteilt werden und hohe Einkommen folglich Ausdruck höherer Leistung im Produktionsprozess sind, wurde gefordert, dass Umverteilungen geändert werden sollten

„von der vertikalen Richtung, also von reich zu arm, in die horizontale Richtung, also auf Angehörige gleicher Einkommensschichten" (SVR-W 1975: 138, Ziff. 337).

Diese Forderung impliziert nicht nur, dass die Einkommen der Reichen unangetastet bleiben sollen, sondern dass staatliche Leistungen, insbesondere der sozialen Sicherung, nur noch von den Beziehern niedriger und mittlerer Einkommen finanziert werden sollten. Es sei an dieser Stelle bereits angemerkt, dass dieser Grundsatz auch die Hintergrundfolie für die späteren gesundheitspolitischen Reformvorschläge des Rates bildet. Insbesondere das vom Rat für die Reform der GKV in den Mittelpunkt gestellte Äquivalenzprinzip folgt dem oben zitierten Grundsatz. Auf die GKV übertragen, folgt aus ihm, dass Geringverdiener,

Kranke, Alte, Familien etc. für die von ihnen verursachten Behandlungskosten selbst aufzukommen haben und keine ‚Umverteilungen' zwischen hohen und niedrigen Einkommen zugelassen werden, wie sie nach neoliberaler Auffassung durch einkommensbezogene Beiträge herbeigeführt werden.

Anders als in früheren Gutachten enthielt das Jahresgutachten 1975 auch explizite Vorschläge für eine Reform der Sozialversicherung. Thematisiert wurden Arbeitslosenversicherung, Rentenversicherung und Krankenversicherung. Konkrete Vorschläge machte der Rat allerdings nur für die Rentenversicherung. Er schlug ein „einmaliges Hinausschieben der Rentenanpassung" vor (SVR-W 1975: 143, Ziff. 354) und plädierte dafür, die Renten nicht mehr an die Entwicklung der Bruttoeinkommen, sondern an die Nettoeinkommen anzubinden. Da deren Zuwachsraten niedriger waren als die der Bruttoeinkommen, plädierte er somit für eine Absenkung des Rentenniveaus.

Der nächste Schritt einer politischen Umorientierung des Sachverständigenrates erfolgte im darauffolgenden Jahresgutachten 1976. Das Gutachten enthält die explizite Abwendung vom Keynesianismus und Formulierung einer als „Angebotsorientierung" beziehungsweise „angebotsorientierte Wirtschaftspolitik" bezeichneten Programmatik (Sievert 2003; Strätling 2001: 111 ff.). Der Begriff ‚Angebotsorientierung' wurde in der Folgezeit zum Synonym für neoliberale Wirtschaftspolitik in Deutschland.[5] Zentral für diese Neuausrichtung war die Frage, wie die Rahmenbedingungen für Investitionen verbessert werden können, und das war im Kern die Frage nach möglichst guten Rahmenbedingungen für Unternehmen und Investoren.

Die Gutachten von 1975 und 1976 waren im Grunde eine Kampfansage an die sozialliberale Koalition, vor allem an die Sozialdemokratie sowie die Gewerkschaften. Dort wurde die inhaltliche Neuausrichtung des Rates offenbar auch genau so verstanden. Wie ein damaliges Ratsmitglied später berichtete, brachen die Gewerkschaften als Reaktion auf die schärfer gewordene Kritik an ihrer Tarifpolitik und die Forderung nach Privatisierung öffentlicher Dienstleistungen jegliche Gespräche mit dem Rat ab, und Bundeskanzler Schmidt verweigerte in den folgenden Jahren die sonst übliche öffentliche Entgegennahme der Jahresgutachten (Sievert 2003: 40).

---

[5] Der Begriff ging offenbar auf eine Anregung des Ratsmitglieds Gerhard Fels zurück. Olaf Sievert, damaliger Vorsitzender des SVR-W, stellte 2003 rückblickend fest, „ich erinnere mich noch ziemlich genau daran, dass es Gerhard Fels war, der auf einer Sitzung des Rates im Sommer oder Frühherbst 1976 das erste Mal den Term angebotsorientierte Wirtschaftspolitik aussprach. Es war noch nicht der Name für ein alternatives Konzept, aber es war das Stichwort, das auf den Punkt brachte, was damals an Umorientierung in unseren Köpfen stattfand und nach Ausdruck suchte" (Sievert 2003: 38).

Es bleibt noch zu ergänzen, dass die personelle Zusammensetzung des Wirtschaftssachverständigenrates Mitte der 1970er Jahre, als die Wendung zur Angebotsorientierung vollzogen wurde, offensichtlich nicht das Spektrum der damaligen Wirtschaftswissenschaften abbildete, sondern in deutlichem Widerspruch dazu stand. Rückblickend stellte das damalige Ratsmitglied Olaf Sievert[6] fest, mit der Wendung zur Angebotsorientierung

> „haben wir in den anschließenden Jahren den größten Teil des Faches gegen uns aufgebracht. Nicht zu unserem Missvergnügen; denn der Aufruhr war ja unentbehrlich, wenn die Köpfe sich reinigen sollten" (Sievert 2003: 39).

Die Protagonisten der neoliberalen Wende im Rat wollten ihre Vorherrschaft im Sachverständigenrat offensichtlich dazu nutzen, einer neoliberalen Grundorientierung in den deutschen Wirtschaftswissenschaften insgesamt zum Durchbruch zu verhelfen. Bezeichnend ist dabei auch die Verwendung der Sprache: Es ging ihnen offensichtlich darum, die Wirtschaftswissenschaften vom bis dahin dominierenden Keynesianismus zu „reinigen". Eine Reinigung dient im alltagssprachlichen Sinn bekanntlich dazu, ‚Dreck' zu beseitigen. Anders formuliert: Es ging den neoliberalen Protagonisten um eine ‚Säuberung' und Neuausrichtung der deutschen Wirtschaftswissenschaften insgesamt. Ein Vorhaben, dass – rückblickend betrachtet – sehr erfolgreich war.[7]

Laut Sievert gestaltete sich die Erstellung des Jahresgutachtens 1976 allerdings ausgesprochen schwierig. Die vorgesehene Abwendung von der Nachfrageorientierung und Hinwendung zur Angebotsorientierung bereitete den wissenschaftlichen Mitarbeitern des Sachverständigenrates offensichtlich erhebliche Probleme, da sie von ihren bisherigen Überzeugungen abwich. Sievert führt diese Probleme allerdings nicht auf die Richtungsänderung des Rates zurück, sondern bezeichnet sie als Ergebnis einer ‚professionellen Deformation':

> „Wie tiefgreifend die die Nachfrageseite fokussierende keynesianische Theorie und das von Keynes so enorm stimulierte Denken in Kreislaufzusammenhängen das ganze Handwerk der Profession, vor allem bei der empirischen Makro-Analyse durchdrungen hatte, das merkten wir so richtig erst, als wir daran gingen, die Angebotsseite

---

[6] Olaf Sievert war von 1970 bis 1985 Mitglied des SVR-W und von 1976 bis 1985 dessen Vorsitzender.

[7] Einen Überblick über neoliberale Netzwerke und ihre Strategien zur Erringung der Vorherrschaft einer neoliberal-neoklassischen Ausrichtung in den deutschen Wirtschaftswissenschaften bieten Ötsch et al. (2017). Die gegenwärtige Dominanz der Neoklassik in der wirtschaftswissenschaftlichen Lehre dokumentiert unter anderem eine empirische Untersuchung von Beckenbach et al. (2016).

wieder in ihre Rechte einzusetzen. Was ja hieß, ein ganzes Jahresgutachten – die vielen Abschnitte, welche die sogenannte Diagnose ausmachten, schließlich die Vorausschau auf die absehbare Entwicklung –, so zu schreiben, auch von jedem Stabsmitglied das Seine ungewohnterweise so schreiben zu lassen, daß die Angebotsprobleme vom Leser wieder als die eigentlichen Probleme beim Wirtschaften gesehen wurden. Zu überwinden war gleichsam eine ‚deformation professionelle'" (Sievert 2003: 39).

Angesichts der vorstehend aufgezeigten Hintergründe und Zusammenhänge erscheint es plausibel anzunehmend, dass es einen Zusammenhang gab zwischen der inhaltlichen Umorientierung des Rates auf der einen und seiner Zusammensetzung sowie der politischen Leitung des Wirtschaftsministeriums durch FDP-Politiker auf der anderen Seite. Das seit 1972 von FDP-Politikern geführte Ministerium entschied mit der Benennung von drei der fünf Mitglieder über die Mehrheit der Ratsmitglieder. Zusammen mit dem von den Arbeitgebern benannten Mitglied ergab dies eine Mehrheit von vier Mitgliedern, die von Akteuren mit im Wesentlichen gleichen wirtschaftspolitischen Leitvorstellungen berufen wurden.

Es sei an dieser Stelle darauf hingewiesen, dass die Regeln für die Besetzung des Rates auch heute noch gelten. Dem von den Gewerkschaften benannten Wirtschaftswissenschaftler bleibt bei dieser Konstellation lediglich die Option, ein Minderheitsvotum gegen die Ratsmehrheit abzugeben, das zwar im Jahresgutachten abgedruckt wird, für die mediale Rezeption der Gutachten jedoch so gut wie keine Rolle spielt. Immer wieder gab es auch heftigen Widerstand der neoliberalen Ratsmehrheit gegen die Berufung eines neuen von den Gewerkschaften nominierten Ökonomen. So beispielsweise 2004 gegen die Berufung von Peter Bofinger und 2019 gegen Achim Truger. Als Truger nominiert wurde, stellte die neoliberale Ratsmehrheit seine wissenschaftliche Qualifikation infrage und reagierte mit einem „Shitstorm im Netz" (Tagesspiegel 20.03.2019: 15).

Aus der seit Jahrzehnten eingehalten informellen Übereinkunft, dass die Gewerkschaften ein Ratsmitglied nominieren dürfen, ergibt sich, dass es in vielen Fragen häufig unterschiedliche Positionen im Rat gab. Wenn in diesem Buch Kritik der Ausführungen und Vorschläge des Wirtschaftssachverständigenrates zur Reform des Gesundheitswesens und der gesetzlichen Krankenversicherung formuliert wird, so ist sie gegen die vom Ministerium und den Arbeitgebern berufene Ratsmehrheit gerichtet, die über die Abfassung der Gutachten und Empfehlungen entschied. Minderheitsvoten in den Gutachten werden nicht gesondert berücksichtigt.

Zur angebotsorientierten Wende des Wirtschaftssachverständigenrates in den 1970er Jahren bleibt festzuhalten, dass sie offensichtlich nicht Ergebnis einer

Umorientierung der Wirtschaftswissenschaften in der Bundesrepublik war, sondern Teil einer politischen Strategie einiger weniger aber sehr einflussreicher Vertreter der deutschen Wirtschaftswissenschaften. Sie erfolgte offenbar mit dem Ziel, eine wirtschaftspolitische und letztlich generelle politische Wende einzuleiten.

Diese Entwicklung im Sachverständigenrat ist vor dem Hintergrund zu sehen, dass international der Neoliberalismus auf dem Vormarsch war, sei es in der Hayek'schen Ausprägung oder in der US-amerikanischen, vor allem mit dem Namen Milton Friedman verbundenen Variante (Ötsch et al. 2017: 197 ff.). Ziel der in den 1970er Jahren erstarkenden neoliberalen Bewegung war „ein zunehmend marktangepasster, ‚schlanker' und auf ‚Rekommodifizierung' hin ausgelegter ‚modernisierter' Wohlfahrtsstaat" (Streek 2013: 57).

Die wirtschaftsliberal gewendete FDP als Wegbereiterin einer politischen ‚Wende'

Ende der 1970er Jahre begann sich ein politischer Wandel abzuzeichnen, der auch für die weitere Entwicklung der Gesundheitspolitik und insbesondere der GKV von entscheidender Bedeutung werden sollte. In der FDP gewann der wirtschaftsliberale Flügel zunehmend an Einfluss und erreichte eine programmatische Neuausrichtung in Richtung einer neoliberalen Wirtschaftspolitik. Wortführer waren der damalige Wirtschaftsminister Otto Graf Lambsdorff und der ehemalige Wirtschaftsminister Hans Friderichs. Beide traten auch für eine Wiederannäherung an die CDU ein (Geyer 2008).

Die Wandlung der FDP lässt sich insbesondere an zwei Parteitagsbeschlüssen ablesen. Auf dem Freiburger Parteitag 1971 hatte die damals sozialliberal orientierte FDP sogenannte *Freiburger Thesen* beschlossen, die eine klare und explizite Ausrichtung auf einen „sozialen Liberalismus" enthielten, der davon ausging, dass Freiheitsrechte und Mitbestimmung nur dann realisiert werden können, wenn die Bürger auch über die dafür notwendigen materiellen Ressourcen verfügen (FDP 1971). Eine solche Argumentation ist geeignet, den Ausbau der sozialen Sicherung zu legitimieren. Sechs Jahre später beschloss die FDP auf ihren Parteitag in Kiel sogenannte *Kieler Thesen,* die einen Lobgesang auf die Überlegenheit von Markt und Wettbewerb gegenüber staatlichen Interventionen enthielten und damit eine Abkehr vom ‚sozialen Liberalismus' markierten (FDP 1977).

Die inhaltliche Bindung der sozialliberalen Koalition erodierte in dem Maße, wie der wirtschaftsliberale Flügel in der FDP tonangebend wurde. Nachdem die FDP bereits in der zweiten Hälfte der 1970er Jahre in mehreren Bundesländern eine Koalition mit der CDU eingegangen war oder eine CDU-Minderheitsregierung toleriert hatte, kam es 1982 zum Bruch der sozialliberalen Koalition im Bund. Letztendlicher Auslöser war ein Papier des Wirtschaftsministers Lambsdorff (FDP), das er im Auftrag des Bundeskanzlers erstellt hatte (Lambsdorff 1982). Lambsdorff gab das Papier vor der Übermittlung an Bundeskanzler und Kabinett an die BILD-Zeitung, was für sich genommen bereits ein Affront war (Geyer 2008: 105). In dem Papier wurde eine klare Wende zu einer marktwirtschaftlichen Politik mit steuerlichen Entlastungen für die Wirtschaft und radikalen Einschnitten in das System der sozialen Sicherung gefordert. Im Zentrum seines Papiers stand die Forderung:

„Festlegung und Durchsetzung einer überzeugenden marktwirtschaftlichen Politik in allen Bereichen staatlichen Handelns" (Lambsdorff 1982: 9).

Für den Bereich der sozialen Sicherung forderte Lambsdorff in allen Bereichen die Reduzierung oder Abschaffung von Leistungen (Lambsdorff 1982). Der nachfolgende kursorische Überblick gibt die Vorschläge nicht vollständig wieder, er soll nur verdeutlichen, in welche Richtung die Vorschläge gingen.

- *Rentenversicherung:* Erschwerung des Zugangs zu Erwerbs- und Berufsunfähigkeitsrenten, Anhebung der Altersgrenze, Verzicht auf Rentenerhöhungen, höhere Beteiligung der Rentner an den Kosten ihrer Krankenversicherung.
- *Gesetzliche Krankenversicherung:* Ausbau der Selbstbeteiligungen, Wiedereinführung von Karenztagen (Arbeitsunfähigkeitstage ohne Lohnfortzahlung), keine Berücksichtigung von Überstundenvergütungen und Gehaltszuschlägen bei der Berechnung der Lohnfortzahlung, Teilanrechnung von Kuren auf den Jahresurlaub.
- *Arbeitslosenversicherung:* Senkung des Arbeitslosengeldes für Alleinstehende, Begrenzung des Arbeitslosengeldes auf ein Jahr, Verschärfung der Regeln für die Zumutbarkeit von Arbeit.
- *Sozialhilfe:* Einfrieren der Regelsätze, Reduzierung des Warenkorbes, der Grundlage für die Berechnung der Sozialhilfesätze ist.
- *Weitere Vorschläge:* Die Anerkennung als *Schwerbehinderte* sollte restriktiver gehandhabt werden. Es sollte keine gesetzliche Höchstgrenze für die *Wochenarbeitszeit* geben, der *Jugendarbeitsschutz* sollte ‚gelockert' und das *Schüler-BAföG* gestrichen werden.

- *Löhne und Gehälter:* Die Lohnpolitik sollte am Ziel einer „Verbilligung des Faktors Arbeit" (ebd.: 10) ausgerichtet werden. Dass es „bei einer solchen Politik zu Auseinandersetzungen mit den Gewerkschaften kommen" (ebd.) werde, solle in Kauf genommen werden.

Den Kürzungen und Verschlechterungen auf Seiten der abhängig Beschäftigten, Arbeitslosen, Behinderten, Schülern etc. sollten steuerliche Entlastungen und höhere staatliche Förderungen für Unternehmen und Bezieher höherer Einkommen gegenüberstehen. So sollte die Gewerbesteuer abgeschafft und die steuerliche Belastung von Unternehmen und höheren Einkommen erheblich gesenkt werden. Im Gegenzug sollten indirekte Steuern wie die Mehrwertsteuer, die niedrige Einkommen überproportional belasten, angehoben werden.

Das Lambsdorff-Papier enthielt die Programmatik für eine an neoliberalen Vorstellungen ausgerichtete radikale Umorientierung staatlicher Politik. Wie Lambsdorff 25 Jahre später in einem Vortrag berichtete, folgte das Papier den Vorschlägen und Empfehlungen neoliberaler Ökonomen.

> „Armin Gutowski war ein viel gesuchter Gesprächspartner und Renate Merklein hat mir geholfen, in allen meinen Papieren die Gesundheitspolitik zu formulieren. Ich glaube, ich habe einfach den Kronberger Kreis kopiert, das war das Einfachste, weil es richtig war!" (Lambsdorff 2007: 39).[8]

Der Kronberger Kreis war und ist heute noch der einflussreichste neoliberale deutsche Think Tank. Er wurde Ende 1981 gegründet, das Lambsdorff-Papier wurde am 9. September 1982 veröffentlicht.[9] Der Entwurf für das Lambsdorff-Papier stammte vom damaligen Abteilungsleiter Wirtschaftspolitik im Bundeswirtschaftsministerium, Hans Tietmeyer (Feld 2013: 3).

---

[8] Armin Gutowski war Gründungsmitglied des Kronberger Kreises und gehörte ihm bis 1987 an. Renate Merklein, studierte Ökonomin und mit Armin Gutowski verheiratet, war 22 Jahre beim SPIEGEL für Wirtschaftspolitik zuständig. Ab 1991 war sie Mitglied der Herausgeberräte von Handelsblatt und Wirtschaftswoche. Nach ihrem Tod im Jahr 1997 veröffentlichte der SPIEGEL einen kurzen Nachruf, in dem rückblickend festgestellt wurde: „Gegen sie war, wenn es um den rechten Weg der Wirtschaft ging, die Eiserne Lady ein schnurrendes Kätzchen. Mit einem Engagement, das notfalls die Gegenargumente überrollte, focht die promovierte Ökonomin für eine Marktwirtschaft, in der das Adjektiv sozial überflüssig wäre. ‚Sozialklimbim' mochte sie nicht, Ansprüche der Arbeitnehmer fand sie meistens unverschämt" (DER SPIEGEL, Nr. 4/1997: 194).

[9] Auf den Kronberger Kreis, seine Mitglieder, seine Vernetzung und die von ihm vertretenen Positionen wird an späterer Stelle noch ausführlicher eingegangen.

Tietmeyer war CDU-Mitglied und hatte Ende der 1950er Jahre bei Müller-Armack, Professor für Volkswirtschaftslehre an der Universität Köln und einer der führenden Vertreter der Ordoliberalismus, studiert und promoviert. Er hatte seine Beamtenlaufbahn 1962 in dem von Ludwig Erhard geführten Bundeswirtschaftsministerium begonnen und war seit 1973 Leiter der Abteilung für Wirtschaftspolitik. Tietmeyer wurde nach der ‚Wende' zum Staatsekretär im Finanzministerium befördert, wechselte 1990 in das Direktorium der Bundesbank und war von 1993 bis 1999 Bundesbankpräsident (Seim 2016). Er gehörte zu den Mitbegründern der im Jahr 2000 gegründeten neoliberalen ‚Initiative Neue Soziale Marktwirtschaft' und war bis 2012 deren Kuratoriumsvorsitzender (ebd.).

Auf Tietmeyers Rolle und Biografie wird hier auch deshalb kurz eingegangen, um zu zeigen, dass führende Ministerialbeamte eine sehr wesentliche Rolle bei der Ausgestaltung von Politik spielen. Das Beispiel Tietmeyer kann durchaus als stellvertretend auch für zahlreiche andere Ministerialbeamte gelten, die an der Vorbereitung und Durchsetzung neoliberaler Politik wesentlichen Anteil hatten. Deren Einfluss wird bislang jedoch weder in der Wissenschaft noch der Öffentlichkeit in dem Maße wahrgenommen und vor allem auch beobachtet, wie es notwendig wäre.

In seinem Vortrag aus dem Jahr 2007 legte Lambsdorff auch dar, welches seine Intentionen bei der Veröffentlichung des Papiers und dem damit ausgelösten Bruch der Koalition waren und welche Bedeutung für ihn dabei der Kronberger Kreis hatte.

„Mir ging es bei der Wende um eine marktwirtschaftliche Erneuerung Deutschlands. Wer Ludwig Erhards Bekenntnis zu den geistig moralischen Grundlagen der neoliberalen Gründerväter der Marktwirtschaft kennt, der weiß, es geht dabei um dieselbe Sache, und für die Sache der Bürger braucht diese geistig moralische Wende eine Institution wie den Kronberger Kreis.

Der Kronberger Kreis und die Stiftung Marktwirtschaft sind notwendig als unbeirrbare Mahner, Wächter und Ideengeber für marktwirtschaftliche Ordnungspolitik, sind notwendig in ihrer Unabhängigkeit gegen Gruppenegoismen, die jede Reform aus einem ordnungspolitischen Guss zu verhindern suchen" (Lambsdorff 2007: 42).

Lambsdorff selbst sah sich eindeutig als Neoliberaler und in der Tradition des deutschen Ordoliberalimus.

„Ja, ich bin ein Neoliberaler im Gefolge von Ludwig Erhard und Wilhelm Röpke" (Lambsdorff 2007: 44).

Diese Hinweise und Zitate zeigen, dass es sich bei der Klassifizierung der ‚Wende' von 1982 als ‚neoliberal' keineswegs um eine Erfindung von Kritikern dieser Umorientierung handelt. Die ‚Wende' folgte nicht nur inhaltlich, sondern auch in der Selbstwahrnehmung maßgeblicher Akteure ausdrücklich den Vorstellungen eines in den 1970er Jahren erstarkten Neoliberalismus.

Nachdem der Ordoliberalismus in den 1960er Jahren an Einfluss verloren hatte, kam es infolge der aggressiveren Variante des US-amerikanischen Neoliberalismus der Chicago-Schule und des wachsenden Einflusses der Hayek'schen Variante auch zu einem Revival des Ordoliberalismus in Deutschland, allerdings in einer durch die neuen Einflüsse gegenüber früher radikalisierten Form. Dabei begannen neoliberale Ökonomen verschiedenster Ausrichtung, ihre Überzeugungen zunehmend in die Politik und Öffentlichkeit zu tragen. Das oben angesprochene Beispiel des Lambsdorff-Papiers lässt bereits erkennen, was sich in den folgenden Jahren immer mehr durchsetzte. Neoliberale Wissenschaftler suchten die Nähe von Politikern, die für ihre Vorstellungen ansprechbar waren, und Politiker suchten die Beratung vor allem durch neoliberale Ökonomen.

Geht man die Liste der Forderungen und Vorschläge des Lambsdorff-Papiers durch, stößt man auf viele Vorschläge, die in den folgenden Jahren von der Koalition aus CDU/CSU und FDP auch tatsächlich umgesetzt wurden. Allerdings waren nicht alle Vorschläge innerhalb der Koalition durchsetzbar, nicht zuletzt aufgrund des Widerstandes vor allem des Arbeitnehmerflügels der Union (zu dieser Einschätzung vgl. u. a. auch Feld 2013: 17).[10] Ein Teil der Vorschläge, die in der Ära Kohl gegen die CDU-Arbeitnehmerschaft nicht durchsetzbar waren, griff später die rot-grüne Koalition unter Gerhard Schröder im Rahmen der Agenda 2010 wieder auf und setzte sie um.

Nach Vorlage des Lambsdorff-Papiers war allen Beteiligten klar, dass die in dem Papier enthaltenen Vorschläge und Forderungen für die SPD vollkommen unannehmbar waren. Das Papier konnte keine andere Funktion haben, als den Bruch der Koalition herbeizuführen. Bundeskanzler Schmidt bezeichnete das Papier denn auch als „Scheidungsbrief" (Geyer 2008: 105).

Die vier FDP-Minister der Regierung Schmidt kamen ihrer Entlassung durch Rücktritt zuvor, und Schmidt gab am 17. September 1982 im Bundestag den Bruch der Koalition bekannt.

Nach einem gewonnenen Misstrauensvotum gegen Schmidt wurde Helmut Kohl am 1. Oktober 1982 mit den Stimmen der Abgeordneten von CDU/CSU

---

[10] Lars P. Feld ist führenden Vertreter einer in der Tradition des Ordoliberalismus stehenden ‚Ordnungsökonomik', Direktor des Walter-Eucken-Instituts an der Universität Freiburg, Mitglied der Mont Pelerin Society. Mitglied des Kronberger Kreises und war von 2011 bis 2021 Mitglied des Wirtschaftssachverständigenrates, zuletzt dessen Vorsitzender.

und FDP zum neuen Bundeskanzler und Regierungschef einer Koalition aus CDU/CSU und FDP gewählt. Da die neue Regierung nicht durch Wahlen legitimiert war, sondern nur durch den Wechsel einer als Teil der sozialliberalen Koalition gewählten FDP ermöglicht wurde, wollte die neue Koalition diesen ‚Makel' durch Neuwahlen beseitigen. Sie organisierte ein Misstrauensvotum gegen Kohl, das durch Enthaltung eines Großteils der Koalitionsabgeordneten wie geplant verloren ging. Der Bundestag wurde daraufhin aufgelöst, und die Anfang 1983 durchgeführten Neuwahlen erbrachten eine Mehrheit für die neue Koalition aus CDU/CSU und FDP.

Anzumerken bleibt noch, dass Lambsdorff auch im Kabinett Kohl Wirtschaftsminister wurde. Es blieb ihm nach dem Regierungswechsel allerdings nur wenig Zeit, seine Vorschläge als Teil des Kabinetts umzusetzen. Im Rahmen der Ermittlungen zur sogenannten ‚Flick-Spenden-Affäre' erhob die zuständige Staatsanwaltschaft Ende November 1983 auch gegen Lambsdorff Anklage wegen Bestechlichkeit (zur Flick-Affäre vgl. u. a. Deutscher Bundestag 1986; Kilz 1983; Leyendecker et al. 2000).[11] Der Bundestag hob am 2. Dezember 1983 Lambsdorffs Immunität auf und Mitte 1984 musste Lambsdorff aufgrund des zunehmenden öffentlichen Drucks zurücktreten. Lambsdorff und Friderichs wurden wegen Bestechlichkeit im Amt zu hohen Geldstrafen verurteilt, da sie beide in erheblichem Umfang Geld vom Flick-Konzern angenommen hatten.

Abschließend soll noch kurz anhand eines exemplarischen Beispiels auf die Bedeutung personeller Vernetzungen für den Erfolg des Neoliberalismus hingewiesen werden.[12] Den Kieler Thesen der FDP von 1977 war ein Beschluss des Landesparteitages 1977 der Saar-FDP vorangegangen, der für eine neoliberale Wende insbesondere in der Sozialpolitik plädiert hatte (Feld 2013: 8). Der erste Teil der Beschlussvorlage stammte von Wolfgang Stützel. Stützel war seit 1958 Professor für Volkswirtschaftslehre an der Universität des Saarlandes,

---

[11] Die Flick-Spenden-Affäre war eine der großen Parteispenden-Affären der Bundesrepublik. Der Flick-Konzern hatte 1975 Aktien im Wert von fast zwei Milliarden DM an die Deutsche Bank verkauft und hätte auf den Verkaufserlös Steuern in Höhe von ca. einer Milliarde DM zahlen müssen. Ihm wurde vom Bundeswirtschaftsministerium (Minister war Hans Friderichs, FDP) jedoch Steuerfreiheit gewährt. Auch Friderichs Nachfolger Lambsdorff erteilte entsprechende Genehmigungen. Der Flick-Konzern verteilte bis 1980 vor allem über sein Vorstandsmitglied von Brauchitsch insgesamt ca. 25 Mill DM zur „Pflege der politischen Landschaft" (von Brauchitsch) vor allem in Form direkter persönlicher Zuwendungen an führende Politiker. Der weit überwiegende Teil ging an die CDU/CSU und die FDP (zusammen ca. 21 Mill. DM), ein kleiner Teil an die SPD. Die Grünen erhielten keine Spenden von Flick.
[12] Einen sehr guten Überblick über neoliberale Netzwerke und ihre Bedeutung für den Erfolg des Neoliberalismus in den deutschen Wirtschaftswissenschaften bietet die Studie von Ötsch et al. (2015).

ehemaliges Mitgliedes Wirtschaftssachverständigenrates (1966–1968) und damals Mitglied des Landesvorstandes der Saar-FDP (ebd.). Er wurde 1982 Gründungsmitglied des Kronberger Kreises und gehörte somit zu den Stichwortgebern für das Lambsdorff-Papier. Stützel war Fakultätskollege von Olaf Sievert, der von 1970 bis 1985 dem Sachverständigenrat und von 1988 bis 2003 dem Kronberger Kreis angehörte.

Das darin in Erscheinung tretende Muster kann wie folgt zusammengefasst werden: Akteure wie Stützel geben entsprechende neoliberale Impulse in eine Partei wie die FDP, parallel vollziehen Akteure wie Sievert eine neoliberale Wende zu einer ‚angebotsorientierten‘ Wirtschafts- und Sozialpolitik im Sachverständigenrat, ein Student und Doktorand (Tietmeyer) des führenden Vordenkers des Ordoliberalismus formuliert den Entwurf für ein Grundsatzpapier zur Einleitung eines Regierungswechsels und einer damit verbundenen politischen ‚Wende‘, die dann durch einen einflussreichen Think Tank wie den Kronberger Kreis und Gutachten des Sachverständigenrates argumentativ unterstützt und vorangetrieben wird. Die erforderliche Unterstützung des Ganzen in der medialen Berichterstattung wird von überzeugten neoliberalen Journalistinnen und Journalisten wie Renate Merklein geleistet.

Mit den vorstehenden Ausführungen soll allerdings nicht der Eindruck erweckt werden, es sei nur eine Handvoll Akteure gewesen, die die ‚Wende‘ von 1982 herbeigeführt hat. Natürlich war es ein weitaus komplexerer Prozess. Es ging hier lediglich um das Aufzeigen eines Musters, das sich in unterschiedlichen Variationen in der Folgezeit an zahlreichen Stellen zeigte und das – so die hier vertretene These – sich auch heute noch an zahlreichen Stellen offenbart, sofern man mit der Analyse politischer und gesellschaftlicher Entwicklungen in die Tiefe vordringt und auch die personellen Verbindungen in den Blick nimmt.[13]

Als Beispiel sei hier auf die Reform der Krankenhausfinanzierung verwiesen. Die Umstellung auf ein vollständiges Fallpauschalensystem wurde in den 1980er maßgeblich von neoliberalen Ökonomen theoretisch vorbereitet. Deren Vorstellungen und Vorschläge wurden Ende der 1980er Jahre von den zuständigen Ministerialbeamten im BMA aufgegriffen und bildeten die Grundlage für

---

[13] Um ein Beispiel aus der neueren Zeit anzuführen: Mitte 2022 ernannte Finanzminister Christian Lindner (FDP) Lars P. Feld zu seinem persönlichen Berater. Feld ist führender Vertreter der Ordnungsökonomik, einer in der Tradition des Ordoliberalismus stehenden Richtung, war Mitglied des Wirtschaftssachverständigenrates, des Kronberger Kreises, der Mont Pelerin Society, Direktor des Walter-Eucken-Instituts etc. und trieb in seiner Zeit als SVR-W Mitglied die Einführung der Schuldenbremse voran. Die Einhaltung der Schuldenbremse war und ist erklärtermaßen eines der zentralen Anliegen der FDP und Christian Lindners.

eine schrittweise Umstellung der Krankenhausfinanzierung auf ein Fallpauschalensystem, die mit dem Gesundheitsstrukturgesetz 1992 eingeleitet und dem 2002
verabschiedeten Fallpauschalengengesetz vollendet wurde (Simon 2016, 2019).

In diesem mehr als ein Jahrzehnt andauernden Prozess war nicht die Politik
treibende Kraft, sondern ein Bündnis aus neoliberalen Ökonomen und Ministerialbeamten mit wirtschaftswissenschaftlicher Ausbildung. Die Leitung der
zuständigen Unterabteilung des BMG lag in dem entscheidenden Zeitraum von
Mitte der 1990er bis Mitte der 2000er Jahre bei dem studierten Volkswirt und
Mitglied der FDP, Georg Baum, der in den 1980er Jahren wissenschaftlicher
Mitarbeiter des FDP-Sozialpolitikers Julius Cronenberg war und 2005 zur Deutschen Krankenhausgesellschaft wechselte, um 2006 deren Hauptgeschäftsführer
zu werden.

Um die These von der besonderen Bedeutung personeller Verbindungen und
Vernetzungen für den Erfolg des Neoliberalismus nachvollziehbar zu machen,
wird auch in den nachfolgenden Abschnitten und Kapitel – dort wo es sich
anbietet – auf personelle Verbindungen hingewiesen und gesondert eingegangen.

Die Rolle der Robert-Bosch-Stiftung

Einen besonderen Anteil an der Erarbeitung und Verbreitung neoliberaler Reformkonzepte für das Gesundheitswesen insgesamt und die GKV im Besonderen
hatte ab Ende der 1970er Jahre die Robert-Bosch-Stiftung. Sie trug wesentlich
zur Herausbildung der Gesundheitsökonomie als wissenschaftlicher Subdisziplin der Wirtschaftswissenschaften in Deutschland bei.[14] Die Stiftung war 1969
aus der „Vermögensverwaltung Bosch GmbH" hervorgegangen und entwickelte

---

[14] Die Gesundheitsökonomie hatte sich in Deutschland als eigenständige Subdisziplin der
Wirtschaftswissenschaften erst Ende der 1970er Jahre gebildet. Als „Geburtsstunde" wird
das Jahr 1978 genannt, in dem ein erstes Kolloquium „Gesundheitsökonomie" auf Einladung
der Robert-Bosch-Stiftung stattfand (Schulenburg 2012: 17). Einen gewissen Überblick über
gesundheitsökonomische Publikationen ab den 1970er Jahren bis Anfang der 1990er Jahre
bieten zwei kommentierte Bibliographien von Andersen und Schulenburg (Andersen et al.
1992; Andersen/Schulenburg 1987). Sie enthalten allerdings auch zahlreiche Publikationen
von Autoren anderer Wissenschaftsdisziplinen wie Soziologie, Politikwissenschaft, Rechtswissenschaft etc. Auswahlkriterium war offensichtlich nicht die Fachrichtung der Autoren,
sondern die Beschäftigung mit Themen, die für die Gesundheitsökonomie relevant erschienen. Die Bibliographien vermitteln aber dennoch bereits allein aufgrund der Publikations-
titel einen Einblick in die neoliberale Ausrichtung führender Vertreter der bundesdeutschen
Gesundheitsökonomie der damaligen Zeit.

sich in den 1980er Jahren zum wichtigsten Finanzier gesundheitsökonomischer Tagungen, Diskussionsforen und Buchprojekte.

Im Rahmen ihres Förderschwerpunkts „Strukturfragen des Gesundheitswesens" unterstützte die Robert-Bosch-Stiftung ab Ende 1970er Jahre unter anderem auch eine Reihe von Projekten, die dem Ziel dienten, Grundfragen der Weiterentwicklung des Gesundheitssystems zu diskutieren und Reformvorschläge zu erarbeiten (Robert Bosch Stiftung 2017). Die Publikation der Ergebnisse erfolgte in der Regel im Rahmen einer Sammelbandreihe mit dem Titel „Beiträge zur Gesundheitsökonomie". Betrachtet man diese Reihe, so fällt bereits an den Titeln der wichtigsten Sammelbände auf, dass sie überwiegend Diskussionsbeiträge und Vorschläge enthielten, die für einen marktwirtschaftlich orientierten Umbau des Gesundheitswesens und der GKV plädierten. Hier nur eine kleine Auswahl:

- „Betrieb, Markt und Kontrolle im Gesundheitswesen" (Gäfgen/Lampert 1982)
- „Steuerung im Gesundheitswesen" (Henke/Reinhardt 1983)
- „Alternativen der Steuerung des Gesundheitswesens im Rahmen einer Sozialen Marktwirtschaft" (Adam/Zweifel 1985)
- „Marktsteuerung im Gesundheitswesen" (Geigant/Oberender 1985)
- „Wettbewerb im deutschen und US-amerikanischen Gesundheitswesen" (Hamm/Neubauer 1985)
- „Preisbildung im Gesundheitswesen" (Adam/Zweifel 1985)
- „Vorschläge zu einer Neuordnung der Organisation und Finanzierung der Krankenhausversorgung" (Kommission Krankenhausfinanzierung 1987)
- „Health Maintenance Organizations. Eine Reformkonzeption für die Gesetzliche Krankenversicherung in der Bundesrepublik Deutschland" (Hauser/Schulenburg 1988)[15]

---

[15] Health Maintenance Organizations (HMO) waren und sind Organisationsmodelle der privaten Krankenversicherungen in den USA, mit denen diese versuchen, die Leistungserbringung zu steuern. Da es in den USA weder eine gesetzliche Krankenversicherung noch eine staatliche Angebotsplanung gibt, können die privaten Krankenversicherung die Ausgabenentwicklung nur über vertragliche Vereinbarungen mit niedergelassenen Ärzten, Krankenhäusern etc. unter Kontrolle bringen. Im Zentrum der neoliberalen Orientierung am US-amerikanischen Modell der HMO und des Managed Care steht das Ziel, das zentrale Prinzip des ‚gemeinsam und einheitlich' in der GKV, nach dem alle Krankenkassen ihre Verträge mit Leistungserbringern ‚gemeinsam und einheitlich' abschließen, durch ein System von Selektivverträgen zu ersetzen, in dem jede Krankenkasse für sich und in Konkurrenz zu den anderen Krankenkassen Verträge abschließt. Die Abschaffung des Kollektivvertragssystems und seine Ersetzung durch Selektivverträge war und ist eines der zentralen Ziele des neoliberalen Reformmodells.

- „Vorschläge zur Strukturreform der Gesetzlichen Krankenversicherung" (Gitter et al. 1988).

Bei einigen der oben genannten Titel wird die marktliberale Ausrichtung bereits an der Verwendung von ‚Signalwörtern' im Titel erkennbar, wie „Markt", „Marktwirtschaft", „Marktsteuerung". Andere wie „Wettbewerb" oder „Preissteuerung" weisen ebenfalls auf die marktwirtschaftliche Ausrichtung hin, allerdings eher indirekt. Aber auch auf den ersten Blick neutrale Begriffe wie beispielsweise „Steuerung" meinten nicht – wie noch in den 1970er Jahren in der von sozialwissenschaftlichen Beiträgen dominierten Diskussion – Konzepte einer staatlichen Steuerung, sondern Möglichkeiten und Ansätze einer marktwirtschaftlichen Steuerung über Wettbewerb und Preise.

Zu den Herausgebern und Autoren der Bände gehörten eine Reihe Gesundheitsökonomen, die in den 1980er und 1990er Jahren nicht nur die wissenschaftliche Diskussion gesundheitspolitischer Themen stark prägten, sondern in den folgenden Jahren – teilweise bis heute – auch in wichtigen formalen Gremien der wissenschaftlichen Beratung der Gesundheitspolitik tätig waren beziehungsweise sind. Die genauere Betrachtung der Sammelbände zeigt, dass es einen Kern von relativ wenigen Ökonomen gab, die in mehreren Bänden unterschiedlicher thematischer Ausrichtung als Autor vertreten waren oder als Herausgeber fungierten. Kurz: Es tauchen immer wieder dieselben Namen auf.[16]

Die Robert Bosch Stiftung war – wenn man den Einfluss der von ihr geförderten Projekte und Publikationen zum Maßstab nimmt – von vergleichbarer Bedeutung wie es die Bertelsmannstiftung in den letzten ein bis zwei Jahrzehnten geworden ist. Auch wenn die Stiftungsprogrammatik der Robert Bosch Stiftung nicht eindeutig eine marktwirtschaftliche Ausrichtung für die Vergabe von Fördermitteln vorgibt, so leistete sie mit ihrer finanziellen Förderung doch einen nicht zu unterschätzenden Beitrag für die Entwicklung und Verbreitung neoliberaler Reformkonzepte für das Gesundheitswesen, nicht nur in den 1980er Jahren, sondern weit darüber hinaus.[17]

---

[16] Dazu gehörten insbesondere Gérard Gäfgen, Klaus Dirk Henke, Philipp Herder-Dornreich, Eckhardt Knappe, Leonhard Männer, Frank E. Münnich, Günter Neubauer, Peter Oberender, Matthias Graf von der Schulenburg, Peter Zweifel.

[17] So sorgte beispielsweise Hans Lutz Merkle, von 1963 bis 1984 Vorsitzender der Geschäftsführung der Robert Bosch gmbH, auch für eine finanzielle Unterstützung der Gründung des einflussreichsten neoliberalen Netzwerks in der Bundesrepublik, bestehend aus der Stiftung Marktwirtschaft, dem Kronberger Kreis und dem Frankfurter Institut für wirtschaftspolitische Forschung (Weiss 2007: 14).

Dies gilt auch für die Entwicklung der Konzeption eines ‚einheitlichen Krankenversicherungsmarktes'. Vor allem der Band „Vorschläge zur Strukturreform der Gesetzlichen Krankenversicherung" war dafür von besonderer Bedeutung. Er enthielt das Reformkonzept einer informellen Gruppe vorwiegend neoliberaler Ökonomen, die sich „Wissenschaftliche Arbeitsgruppe Krankenversicherung" nannte und ein relativ umfassendes Konzept für einen radikalen marktwirtschaftlichen Umbau der gesetzlichen Krankenversicherung in Richtung eines reinen PKV-Systems erarbeitet hatte. Sie war dabei von der Robert-Bosch-Stiftung finanziell unterstützt worden. Dieser Gruppe und Konzeption kommt rückblickend für die nachfolgende Diskussion eine besondere Bedeutung zu, auf sie wird darum an späterer Stelle ausführlicher eingegangen.

Ein weiteres Schwerpunktthema der Förderung der Stiftung war die Reform der Krankenhausversorgung. Anfang Oktober 1981 berief die Robert Bosch Stiftung eine Kommission und gab ihr den Auftrag, nach Alternativen für die Steuerung und Finanzierung der Krankenhausversorgung zu suchen. Einen ersten Zwischenbericht legte die Kommission 1983 vor, der Abschlussbericht erschien 1987 (Kommission Krankenhausfinanzierung 1987).

Die Kommission plädierte in ihrem Abschlussbericht für einen grundlegenden Umbau des Systems der Krankenhausversorgung. Im Mittelpunkt des Reformkonzepts stand der Vorschlag, die staatliche Krankenhausplanung abzuschaffen und stattdessen auf den „verstärkten Einsatz von ökonomischen Anreizen (…) in Form von Überschußchancen oder Verlustrisiken" zu setzen (Kommission Krankenhausfinanzierung 1987: 163). Das Vergütungssystem sollte von den damals geltenden tagesgleichen Pflegesätzen auf ein System prospektiv kalkulierter Entgelte, vorzugsweise Fallpauschalen, umgestellt werden. Sie sollten als Quasi-Marktpreise das Angebot steuern und entweder in freien Verhandlungen zwischen Krankenhäusern und Krankenkassen oder auf Landesebene zwischen neu zu bildenden „Krankenhausvereinigungen" und den Landesverbänden der Krankenkassen vereinbart werden. An die Stelle der Krankenhausplanung der Länder sollte ein „Gemeinsamer Bundesausschuß" (ebd.: 171) treten, der mit Vertretern des Spitzenverbandes der Krankenhausträger und der Spitzenverbände der Träger der Krankenversicherungen besetzt ist und Rahmenvorgaben für die Angebotssteuerung und Preisverhandlungen vereinbart.

Auf den Vorschlägen dieser Kommission baute in den folgenden Jahren die Krankenhauspolitik des Bundes auf. Das 1989 erschienene zentrale programmatische Dokument für die Krankenhauspolitik der Bundesregierung orientierte sich ausdrücklich an den Vorschlägen der Kommission Krankenhausfinanzierung und enthielt teilweise sogar wörtlich übernommene Begriffe und Formulierungen aus dem Abschlussbericht der Kommission (BMA 1989).

Aus heutiger Sicht kann festgestellt werden, dass zentrale Elemente des Reformmodells der Kommission Krankenhausfinanzierung schrittweise in gesetzliche Vorschriften umgesetzt wurden.

• Das Krankenhaus-Neuordnungsgesetz 1984 stellte die Krankenhausfinanzierung von der retrospektiven Selbstkostenerstattung auf ein System prospektiv zu vereinbarender Entgelte und Budgets um und führte erste pauschalierte Entgelte ein (zur Entwicklung bis Ende der 1990er Jahre vgl. Simon 2000).

• Das 1992 beschlossene Gesundheitsstrukturgesetz (GSG) enthielt die Grundsatzentscheidung für eine schrittweise Umstellung der Krankenhausfinanzierung auf ein Fallpauschalensystem ab 1996.

• Der Einstieg in die Umstellung auf ein spezifisch deutsches Fallpauschalensystem wurde 1996 begonnen, kam aber nicht in der erhofften Geschwindigkeit voran. Daraufhin wurde dieser Versuch durch das Gesundheitsreformgesetz 2000 beendet und vorgegeben, dass ein international bereits eingesetztes DRG-Fallpauschalensystem[18] zu übernehmen und entsprechend anzupassen sei.

• Mit dem Fallpauschalengesetz 2002 wurde die Umstellung auf ein vollständiges Fallpauschalensystem auf Grundlage der Australien Refined DRGs beschlossen, und seit 2004/2005 haben alle zugelassenen Krankenhäuser Fallpauschalen abzurechnen. Lediglich die psychiatrischen Kliniken und Abteilungen wurden zunächst ausgenommen. Die Vereinbarung der Höhe der Fallpauschalen erfolgt seitdem – wie bereits von der Kommission Krankenhausfinanzierung vorgeschlagen – auf Landesebene zwischen der jeweiligen Landesvereinigung der Krankenhausträger (Landeskrankenhausgesellschaft) und den Landesverbänden der GKV und der PKV.

Auch die von der Kommission vorgeschlagene Einrichtung eines ‚Gemeinsamen Bundesausschusses' für die Krankenhausversorgung wurde mittlerweile vollzogen. Der jährlich aktualisierte Fallpauschalenkatalog und die aktualisierten Bewertungsrelationen werden von einem Verhandlungsgremium vereinbart, in dem die Deutsche Krankenhausgesellschaft und die Verbände sowohl der GKV als auch der PKV vertreten sind.

Sogar der Begriff „Gemeinsamer Bundesausschuss" findet sich genauso im heutigen GKV-Recht. Allerdings sind dort nicht nur der Spitzenverband der Krankenhausträger und der GKV vertreten, sondern auch die Kassenärztliche und

---

[18] DRG steht für „Diagnosis Related Groups".

Kassenzahnärztliche Bundesvereinigung. Der heutige Gemeinsame Bundesausschuss ist zwar aus dem vorherigen „Bundesausschuss Ärzte und Krankenkassen" hervorgegangen, dass er bei der Umorganisation genauso benannt wurde wie 1987 von der Kommission vorgeschlagen, ist allerdings auffällig.

Der etwas längere Exkurs zur Kommission Krankenhausfinanzierung sollte verdeutlichen, dass eine zentrale These der vorliegenden Untersuchung nicht nur für die Entstehung und Umsetzung des neoliberalen Reformmodells für die GKV gilt. Am Beispiel der Krankenhausfinanzierung wird zudem auch deutlich, dass radikale marktorientierte Reformmodelle im politischen System Deutschlands nicht in einem einzigen großen Reformschritt umzusetzen sind. Es bedarf einer langfristig angelegten Strategie, die darauf ausgelegt ist, das Gesamtziel auf dem Wege mehrerer kleinerer Reformschritte zu verfolgen. Dabei darf allerdings das langfristige Ziel nicht aus den Augen verloren werden. Dementsprechend finden sich in den Publikationen der führenden Protagonisten des neoliberalen Reformmodells für die GKV auch an mehreren Stellen Passagen mit Aussagen zur Frage, wie das gemeinsame Ziel im Rahmen einer langfristigen Strategie erreicht werden kann. Darauf wird an späterer Stelle im Rahmen der Vorstellung der betreffenden Beiträge noch näher eingegangen.

Zu ergänzen sind noch weitere, in den neoiberalen Publikationen nicht aufgeführte Erfolgsbedingungen. Um eine über mehrere Jahrzehnte gehende Verfolgung des langfristigen Ziels zu gewährleisten, bedarf es vor allem auch personeller Kontinuität unter denjenigen, die für dieses Gesamtziel eintreten. Und es bedarf des privilegierten Zugangs nicht nur zu den ‚Entscheidern' im Bereich der Parteien, sondern insbesondere auch des Zugangs zu den in der Öffentlichkeit weitgehend unbekannten aber sehr einflussreichen Fachbeamten in den zuständigen Ministerien. Beides war sowohl im Fall der Entwicklung des neoliberalen Reformmodells für einen marktwirtschaftlichen Umbau der gesetzlichen Krankenversicherung als auch im Fall der Reform der Krankenhausfinanzierung gegeben.

Mitglieder der von der Robert Bosch Stiftung gebildeten und unterstützten Netzwerke wurden in offizielle Gremien der Politikberatung berufen, wie den Gesundheitssachverständigenrat (Henke, Neubauer), die GKV-Entquêtekommission des Bundestages (Oberender, Neubauer) oder eine im Vorfeld des Gesundheitsstrukturgesetzes von der Bundesregierung berufenen „Expertengruppe" für die geplante Reform der Krankenhausfinanzierung (z. B.

Eichhorn, Neubauer). Die Vorschläge der von der Stiftung gebildeten und unterstützten Gruppierungen wurden von den zuständigen Fachbeamten nicht nur
wahrgenommen, sondern als handlungsleitend übernommen.[19]

Die Gewinnung einflussreicher Ministerialbeamter ist für die Verfolgung der
langfristigen Ziele insbesondere auch deshalb von zentraler Bedeutung, weil sie
in der Regel über Jahrzehnte in dem zuständigen Ministerium tätig sind. Politiker
hingegen schaffen es zumeist nur für eine oder einige wenige Legislaturperioden
in den Bundestag und können für die Zielerreichung auch nur dann einen maßgeblichen Beitrag leisten, wenn sie an führender Stelle die Gesundheitspolitik der
jeweiligen Regierungskoalition mitgestalten.

Neoliberaler Aufbruch und Entwicklung des neoliberalen Reformmodells in den 1980er Jahren

Der Regierungswechsel von 1982 und die Ankündigung einer ‚Wende' zu einer
stärker marktwirtschaftlich orientierten Politik bewirkten eine Art ‚Aufbruchstim-
mung' unter neoliberalen Ökonomen, die auch den Bereich der Gesundheitspolitik erfasste. Mit dem Aufbau der Gesundheitsökonomie als neuer Subdisziplin
der Wirtschaftswissenschaften in Deutschland nahm ab Ende der 1970er Jahre
die Beschäftigung der akademischen Ökonomie mit Fragen des Gesundheitswesens insgesamt zu. Im Verlauf der 1980er Jahre führte dies zu einer zunehmend
stärker werdenden Dominanz der wirtschaftswissenschaftlichen, fast ausschließlich marktorientierten Sichtweise nicht nur in der wissenschaftlichen Diskussion,
sondern vor allem auch in der Politikberatung. Diese Entwicklungen bildeten den

---

[19] Einen Überblick über die Aktivitäten der Robert Bosch Stiftung im Bereich der Gesundheitsökonomie und der Beeinflussung gesundheitspolitischer Entscheidungen findet sich in
einem Beitrag des langjährigen Leiters der zuständigen Abteilung der Stiftung, Hans-Jürgen
Firnkorn, in einer von Herbert Rebscher herausgegebenen Festschrift für Günter Neubauer
(Firnkorn 2006). Neubauer war einer der einflussreichsten neoliberalen Gesundheitsökonomen in der Politikberatung der 1980er und 1990er Jahre und wurde in vielfacher Hinsicht
von der Stiftung unterstützt und gefördert. Herbert Rebscher war von 1996 bis 2004 Vorstandsvorsitzender des Verbandes der Angestellten-Krankenkassen (VdAK) und von 2004
bis 2017 Vorstandsvorsitzender der DAK. 2004 wurde ihm von der Wirtschaftswissenschaftlichen Fakultät der Universität Bayreuth der Professorentitel verliehen. Bayreuth ist seit den
1980er Jahren Hochburg einer neoliberal ausgerichteten Gesundheitsökonomie. Lehrstuhlinhaber war dort bis 2007 Peter Oberender. Auch dieses Beispiel lässt erkennen, wie dicht
die Netzwerke neoliberaler Gesundheitsökonomen geknüpft sind, wie man sich gegenseitig unterstützt, die Bälle zuspielt und gegebenenfalls auch mit reputationsfördernden Titeln
versorgt.

Hintergrund, vor dem auch über eine grundlegende marktwirtschaftliche Reform der gesetzlichen Krankenversicherung diskutiert wurde. Auf sie soll nachfolgend näher eingegangen werden.

Direkt nach dem gewonnenen konstruktiven Misstrauensvotum gegen Helmut Schmidt hatte Helmut Kohl in seiner Regierungserklärung vom 13. Oktober 1982 einen „historischen Neuanfang" durch eine „Politik der Erneuerung" angekündigt (Kohl 1982: 7215 f.). Die neue Regierung werde die Weichen stellen zu einer Entwicklung „weg von mehr Staat, hin zu mehr Markt" (Kohl 1982: 7218). Es gelte insbesondere, die Ertragschancen der Unternehmen zu verbessern, indem ihre Belastung durch Steuern und Sozialversicherungsbeiträge gesenkt wird.

Die Regierungserklärung enthielt auch die Ankündigung eines grundlegenden Kurswechsels staatlicher Infrastrukturpolitik. Die in staatlichem Eigentum befindliche Bahn und Telekommunikation solle privatisiert und das Monopol der öffentlich-rechtlichen Rundfunk- und Fernsehanstalten abgeschafft werden. Alle Bereiche sollten für private Anbieter geöffnet werden. Allerdings waren diese Passagen sehr vage formuliert, sodass die konkreten Absichten auf den ersten Blick kaum erkennbar waren.

Für die Sozialpolitik kündigte Kohl eine „Atempause" an (Kohl 1982: 7218). Damit war allerdings nicht ein vorübergehender Verzicht auf gesetzgeberische Maßnahmen gemeint, sondern eine finanzielle ‚Atempause' für die Sozialversicherungen. Sie sollten vor allem durch die Verschiebung der anstehenden Rentenanpassung um ein halbes Jahr, die Anhebung des Krankenkassenbeitrags der Rentner um insgesamt vier Prozentpunkte und eine Zuzahlung zur Krankenhausbehandlung für die ersten 14 Tage entlastet werden.[20]

Die ‚Atempause' in der Sozialpolitik solle ein „Signal" sein „zur Neubesinnung und zum Neubeginn" (Kohl 1982: 7218). Grundsätzlich sei das Ziel der Sozialpolitik der neuen Koalition, das Subsidiaritätsprinzip zu stärken und „die sozialen Leistungen von Staat und Gesellschaft auf die wirklich Hilfsbedürftigen zu konzentrieren" (Kohl 1982: 7219).[21]

Die hier erwähnten Passagen der Regierungserklärung weisen zwar eindeutig auf eine wirtschaftsliberale Grundausrichtung der neuen Regierungskoalition hin, in anderen Passagen seiner Rede betonte Kohl allerdings, dass die neue Regierung nicht die Absicht habe, das System der sozialen Sicherung und insbesondere der

---

[20] Die Parallelen zum Lambsdorff-Papier sind deutlich erkennbar. Offensichtlich sollte zügig mit der Umsetzung der im Papier enthaltenen Forderungen begonnen werden.

[21] Damit wurde ein Ziel wieder aufgegriffen, das bereits in der Rothenfelser Denkschrift und dem ersten KVNG-Entwurf enthalten war, jedoch in den 1950er und 1960er Jahren nicht umgesetzt werden konnte.

Sozialversicherung insgesamt infrage zu stellen. Für Teilbereiche wie beispielsweise die Familienpolitik und Alterssicherung der Frauen kündigte er sogar die Einführung neuer Leistungen der sozialen Sicherung an.

Diese innere Widersprüchlichkeit der Regierungserklärung weist auf nicht unerhebliche Differenzen zwischen Union und FDP sowie innerhalb der Union hin. Während die wirtschaftsliberale Führung der FDP für radikale Reformen eintrat, war die Union bei dieser Frage gespalten (Schmidt 2005b: 116–119). Der Wirtschaftsflügel und vor allem die Mittelstandsvereinigung der Union standen der FDP näher als dem Arbeitnehmerflügel der eigenen Partei. Die Position des Arbeitnehmerflügels war innerhalb der Union jedoch so stark, dass gegen sie ein radikaler Umbau des Systems der sozialen Sicherung und vor allem der Sozialversicherung nicht durchsetzbar war. Die starke Stellung des Arbeitnehmerflügels der Union zeigte sich insbesondere auch darin, dass dem ersten Kabinett Kohl zwei sehr einflussreiche Sozialpolitiker der CDU angehörten. Das BMA wurde von Norbert Blüm[22] geleitet, und Heiner Geißler gehörte dem Kabinett bis 1985 als Familienminister an (Schmidt 2005a: 4, 10).

Auch wahltaktische Überlegungen machten es für die CDU/CSU hochgradig riskant, eine Politik radikaler Kürzungen von Sozialleistungen und eines forcierten Abbaus des Sozialstaates zu betreiben. Die FDP konnte bei der Forderung nach einem Rückbau des Sozialstaates auf die Zustimmung einer gutverdienenden Wählerklientel bestehend aus leitenden Angestellten, Selbständigen und Freiberuflern rechnen. Ihr reichten wenige Prozentpunkte mehr als die Fünfprozentgrenze, um in den Bundestag wiedergewählt zu werden. Als Mehrheitsbeschafferin konnte sie der Union weitreichende Zugeständnisse abfordern und so die Erwartungen ihrer Wählerschaft hinreichend erfüllen, um von diesen in der darauffolgenden Wahl wiedergewählt zu werden. Die Union war als Volkspartei hingegen auf eine breite Zustimmung in der Bevölkerung angewiesen. Sie musste – und muss auch heute noch – bei ihren Entscheidungen bedenken, dass ein erheblicher Teil ihrer Stammwählerschaft Empfänger sozialstaatlicher Transferleistungen ist. Diese Überlegungen gelten insbesondere auch für Reformen der gesetzlichen Krankenversicherung.

Auch wenn nicht sofort alle im Lambsdorff-Papier enthaltenen Vorhaben umgesetzt werden konnten, so kann der Wechsel von der sozialliberalen zur konservativ-wirtschaftsliberalen Regierungskoalition doch als ‚Wende' gewertet werden.[23] Die Betrachtung soll hier, dem Thema des Buches entsprechend, auf

---

[22] Norbert Blüm war von 1977 bis 1987 Vorsitzender der Christlich Demokratischen Arbeitnehmerschaft (CDA).

[23] Der Regierungswechsel von 1982 wurde in der Folgezeit in Westdeutschland häufig als ‚Wende' bezeichnet. Der Begriff erschien jedoch nicht in der Regierungserklärung Kohls,

die Gesundheitspolitik beschränkt bleiben. Auf dem Feld der Gesundheitspolitik markierte der Regierungswechsel den Ausgangspunkt für eine grundlegende Neuausrichtung, die allerdings nicht innerhalb weniger Jahre möglich war. Dass eine Neuausrichtung erfolgte, wird erst erkennbar, wenn man den Blick nicht auf die ersten Jahre der Regierung Kohl begrenzt, sondernden Gesamtzeitraum von 1982 bis 1998 betrachtet. Bei einer solchen Betrachtung wird deutlich, dass der Regierungswechsel und die Ankündigung einer Neuausrichtung der Sozialpolitik unter dem Leitmotiv ,weniger Staat, mehr Markt' eine zunehmend intensivere Diskussion über Perspektiven und Strategien einer auf ,mehr Markt' ausgerichteten Gesundheitspolitik auslöste.

Deren politische Umsetzung konnte jedoch nur schrittweise und über mehrere Legislaturperioden hinweg erfolgen. Die erste größere Gesundheitsreform der konservativ-wirtschaftsliberalen Koalition, das Gesundheitsreformgesetz (GRG), wurde erst in der zweiten Legislaturperiode ab 1987 in Angriff genommen und 1988 beschlossen. Es brachte jedoch keineswegs den Einstieg in einen radikalen marktwirtschaftlichen Umbau des Gesundheitswesens, sondern nur einige eher zaghafte Schritte in diese Richtung. Erst das Gesundheitsstrukturgesetz 1992 (GSG) brachte weitergehende Reformmaßnahmen. Im Mittelpunkt des GSG stand die Einführung eines Wettbewerbs zwischen Krankenkassen und eines diesen Wettbewerb flankierenden Risikostrukturausgleichs (RSA) sowie der Grundsatzbeschluss für die Umstellung der Krankenhausfinanzierung auf ein Fallpauschalensystem. An beiden Entscheidungen war die SPD entscheidend beteiligt. Sie verfügte damals über die Mehrheit im Bundesrat und forderte sowohl den GKV-Wettbewerb und RSA als auch die Einführung eines Fallpauschalensystems für Krankenhäuser.

Der Regierungswechsel 1982 und die Ankündigung einer marktwirtschaftlich ausgerichteten Politik wirkte regelrecht ,belebend' auf führende Vertreter der Wirtschaftswissenschaften und setzte einen starken Impuls für die Beteiligung an der wissenschaftlichen Beratung der Gesundheitspolitik. Ein öffentlich deutlich wahrnehmbares Signal setzten Ende Februar 1984 ca. 30 Professoren der Wirtschaftswissenschaften, die einen „Appell" an die Bundesregierung richteten, der als großformatige Anzeige in zwei überregionalen Zeitungen erschien. In ihrem Appell warnten sie vor einer Fortführung der bisherigen Gesundheitspolitik und

---

sondern stammt offenbar aus einem Brief des damaligen FDP-Vorsitzenden Genscher aus dem Jahr 1981, den er an die Mandats- und Funktionsträger der FDP richtete, und in dem er sich für eine „Wende" in der Regierungspolitik aussprach (Schmidt 2005a: 6, Fußnote 14). Das Land stehe – so Genscher in dem Brief – an einem „Scheideweg" und: „Die Bewährungsprobe kann nur mit marktwirtschaftlichen Mitteln bestanden werden" (Genscher, zit. n. Geyer 2008: 97).

forderten eine „Umkehr" und „Rückbesinnung auf die tragenden Grundpfeiler der Sozialen Marktwirtschaft" (Münnich et al. 1984).

Zu den Unterzeichnern gehörten mehrere Ökonomen, die in den folgenden Jahren die gesundheitsökonomische und gesundheitspolitische Diskussion maßgeblich beeinflussten und ab der zweiten Hälfte der 1980er Jahre in informellen Netzwerken marktliberaler Ökonomen und einflussreichen formellen Gremien der Politikberatung mitarbeiteten.[24] Einige der Unterzeichner des Appels von 1984 waren noch bis in die neuere Zeit in formellen Gremien der Politikberatung aktiv und sind dies teilweise auch heute noch. Als Beispiel sei hier auf die wissenschaftlichen Beiräte des Bundesministeriums der Finanzen und des Bundeswirtschaftsministeriums verwiesen.[25]

Zu den Unterzeichnern gehörten auch damalige oder spätere Mitglieder des Wirtschaftssachverständigenrates (Schneider, Helmstädter, Stützel), des Kronberger Kreises (Engels, Neumann, Stützel, Willgerodt) sowie Mitglieder der einige Jahre später gegründeten Wissenschaftlichen Arbeitsgruppe Krankenversicherung (Knappe, Oberender). Alle drei Gruppierungen veröffentlichten in den 1980er Jahren Vorschläge für eine marktorientierte Reform der gesetzlichen Krankenversicherung, die zu Referenzpunkten für die gesundheitspolitische Diskussion wurden. Auf diese programmatischen Publikationen wird an späterer Stelle ausführlich eingegangen.

Die Beteiligung von Wissenschaftlern an der gesundheitspolitischen Diskussion hat eine lange Tradition, die nicht nur bis in die 1950er Jahre, sondern bis in das 19. Jahrhundert zurückreicht. Mit der Schaltung einer großflächigen Anzeige in überregionalen Tageszeitungen erreichte sie allerdings eine neue Qualität. Neoliberale Ökonomen verließen damit den Bereich der Wissenschaft und der formalen Gremien der wissenschaftlichen Politikberatung und wandten sich direkt an die Öffentlichkeit. In der folgenden Zeit wurde dies fortgesetzt, beispielsweise mit öffentlichen politischen Statements einzelner Gruppierungen und Interviews oder persönlichen Beiträgen einzelner Ökonomen in Tageszeitungen etc. An diesen Handlungsmustern wird erkennbar, dass es sich beim Neoliberalismus nicht in erster Linie um eine wissenschaftliche, sondern primär um eine politische Bewegung handelt, die die Öffentlichkeit und Akteure der Politik ansprechen und überzeugen will.

---

[24] Zu den Unterzeichnern gehörten u. a. Dieter Cassel, Wolfram Engels, Gérard Gäfgen, Ernst Helmstädter, Eckhard Knappe, Frank E. Münnich, Manfred Neumann, Peter Oberender, Hans-Karl Schneider, Manfred Streit, Wolfgang Stützel und Hans Willgerodt. Presserechtlich verantwortlich zeichneten Münnich und Oberender.
[25] Zu dieser Gruppe gehörten beispielsweise Dieter Cassel, Manfred Neumann und Manfred Streit.

Eine weitere, für die wissenschaftliche Politikberatung sehr wichtige Entwicklung war eine Veränderung des Spektrums der in die formale Politikberatung eingebundenen Wissenschaftsdisziplinen. Während in die wissenschaftliche Beratung der Gesundheitspolitik bis Ende der 1970er Jahre vor allem Sozialrechtler sowie teilweise auch Soziologen und Sozialmediziner eingebunden wurden, verschob sich das Spektrum ab Anfang der 1980er Jahre zunehmend in Richtung der Wirtschaftswissenschaften und vorrangigen Beteiligung marktliberaler Ökonomen.

Beispielhaft für das Spektrum vor der ‚Wende‘ sei hier auf eine wissenschaftliche Tagung zur Zukunft der gesetzlichen Krankenversicherung verwiesen, die das damals noch sozialdemokratisch geführte BMA vom 23. bis 25. Juni 1982 durchführte (BMA 1982). Zu dem ‚Symposium Strukturreform der gesetzlichen Krankenversicherung‘ war ein breites Spektrum von Wissenschaftlern als Referenten und Diskutanten eingeladen worden. Die Wirtschaftswissenschaftler waren deutlich in der Minderheit. Die Mehrzahl der eingeladenen Wissenschaftler kam aus dem Bereich der Sozialwissenschaften und Sozialmedizin und kann überwiegend den Befürwortern eines Ausbaus sozialstaatlicher Sicherung zugerechnet werden.

Nach dem Regierungswechsel von 1982 wurden zunehmend mehr Ökonomen in die formellen und informellen Gremien der Politikberatung berufen, und unter ihnen wiederum vorwiegend neoklassisch-neoliberal ausgerichtete Vertreter der Gesundheitsökonomie. So erschien Ende 1984 ein Schwerpunktheft des Bundesarbeitsblattes zum Thema „Ordnungspolitische Alternativen der Gesundheitspolitik" (Heft 12/1984). Die Zeitschrift wird vom BMA herausgegeben und das Schwerpunktheft wurde mit einem Vorwort des Sozialministers Blüm (CDU) eingeleitet. Darin gab er als Aufgabe des Heftes an, dass es Hochschullehrern „verschiedener Denkrichtungen" Gelegenheit zur Darstellung ihrer Vorstellungen geben sollte (Blüm 1984). Das Heft enthielt allerdings ausschließlich Beiträge von Ökonomen, und von den insgesamt neun Autoren können aufgrund ihrer Beiträge sechs eindeutig einer Ausrichtung zugerechnet werden, die für ‚weniger Staat und mehr Markt‘ warb (Cassel, Henke, Gäfgen, Herder-Dornreich, Münnich, Oberender).

Das Heft sollte laut Blüm der Intensivierung des Dialogs zwischen Vertretern der Gesundheitsökonomie und regierenden Gesundheitspolitikern dienen, und die von den Wissenschaftlern erwarteten Vorschläge sollten Anregungen für die Vorbereitung eines mittelfristigen gesundheitspolitischen Programms der Bundesregierung geben.

„In diesem Schwerpunktheft des Bundesarbeitsblattes haben Hochschullehrer verschiedener gesundheitspolitischer Denkrichtungen Gelegenheit, ihre Auffassung zum
Thema ‚ordnungspolitische Alternativen der Gesundheitspolitik‘ zu äußern. Damit
soll der Dialog zwischen Gesundheitsökonomie und Gesundheitspolitik intensiver
gestaltet und später auf einem Symposium fortgeführt werden. Der Dialog mit
der Wissenschaft soll auch zu grundsätzlichen Anregungen für ein mittelfristiges
gesundheitspolitisches Programm führen, das die Bundesregierung in engem Kontakt zu allen Beteiligten, insbesondere den Teilnehmern der Konzertierten Aktion im
Gesundheitswesen, vorbereiten will" (Blüm 1984).

Bei genauerer Betrachtung enthält dieses Zitat eine Begründung für die Auswahl
der eingeladenen Wissenschaftler. Das Heft sollte dazu dienen, einen Überblick über Auffassungen zum Thema „ordnungspolitische Alternativen" zu bieten.
‚Ordnungspolitik‘ ist ein zentraler Begriff des Ordoliberalismus und enthält in
kondensierter Form das politische Programm dieser Spielart des Neoliberalismus
(vgl. dazu u. a. Eucken 1952, 1999). Insofern ist es naheliegend, vorrangig oder
ausschließlich Vertreter dieser Denkrichtung zu Wort kommen zu lassen.

Die radikalsten Vorschläge der in dem Heft vertretenen Autoren kamen von
Frank E. Münnich, Professor für Wirtschaftstheorie und späterer Hauptgeschäfts-
führer des Verbandes Forschender Arzneimittehersteller. Unter der Überschrift
„Mehr Markt" forderte er einen grundlegenden marktwirtlichen Wandel in der
Gesundheitspolitik (Münnich 1984):

- Staatliche Regulierungen sollten „weitestgehend aufgehoben" und durch Wettbewerb und freie Preisbildung ersetzt werden (ebd.: 10).
- Da Kassenärztliche Vereinigungen und große Kassenverbände „Marktmacht"
  ausüben, dürfe das Gesundheitswesen „nicht länger ein kartellrechtlicher
  Ausnahmebereich sein" (ebd.: 9) und sollte das Kartellrecht Anwendung
  finden.
- Die Einführung von Kostenerstattung sei „nutzlose Augenwischerei", solange
  den Versicherten alle Kosten erstattet werden. Es sei die „Nettolast entscheidend, die beim Versicherten verbleibt" (ebd.: 9). Darum sollten die
  Krankenkassen „für wohldefinierte Leistungen nur einen festen Betrag" übernehmen.
- Die staatliche Krankenhausplanung solle abgeschafft und eine monistische
  Finanzierung über ein Preissystem mit freier Preisbildung eingeführt werden
  (orientiert am DRG-System der USA) (ebd.: 10).
- Kassenärztliche Vereinigungen und Gesamtverträge sollten durch Wettbewerb und Preisverhandlungen zwischen Kassen und mehreren Ärzteverbänden
  ersetzt werden.

• Bei freier Preisbildung der Leistungserbringer sollten die „Versicherer" den Leistungserbringern nur „Normpreise" (ebd.: 11) erstatten. Die Differenz zwischen dem tatsächlichen Preis und der Kostenerstattung sollten die Versicherten tragen.

Zu den in der Folgezeit gesundheitspolitisch einflussreichen Autoren des Heftes zählte auch Klaus Dirk Henke, Finanzwissenschaftler und ab 1987 Mitglied des ersten Gesundheitssachverständigenrates. Er plädierte ausdrücklich für ein „marktwirtschaftlich organisiertes Gesundheitswesen" (Henke 1984). Dazu sei vor allem eine „Renaissance des Versicherungsgedankens (Äquivalenzprinzip) in der gesetzlichen Krankenversicherung" notwendig (ebd.: 13). Die von der Bundesregierung geplante Neukodifikation des GKV-Rechts sei hierfür „eine günstige Gelegenheit" (ebd.: 13). Sie sollte allerdings nicht den Juristen überlassen werden, denn:

„Die gesetzliche Krankenversicherung mit ihrem Ausgabenvolumen von rund hundert Milliarden Mark ist ein viel zu komplexes Sicherungssystem, als daß die Aufgabe einer Neukodifikation allein den Sozial- und Verfassungsrechtlern überlassen werden sollte" (Henke 1984: 13).

Peter Oberender, späterer Sprecher der Wissenschaftlichen Arbeitsgruppe Krankenversicherung und Mitglied der 1987 vom Bundestag eingesetzten GKV-Enquêtekommission, forderte eine „Wende im Gesundheitswesen", die nur durch „die konsequente Realisierung einer marktwirtschaftlichen Ordnung" erreicht werden könne (Oberender 1984: 27).

Die von den neoliberalen Ökonomen eingebrachten teilweise sehr radikalen Vorschläge gingen der damaligen Führung des BMA aber offensichtlich zu weit, denn Minister Blüm schloss sein Vorwort zu dem Heft mit dem Hinweis, dass die GKV am 1. Dezember 1984 bereits 100 Jahre bestehe und stellte fest:

„Möge diese Diskussion mit dazu beitragen, dieses soziale Sicherungssystem so zu gestalten, daß begründete Aussicht besteht, seine Leistungsfähigkeit und Wirtschaftlichkeit bis weit in das nächste Jahrhundert hinein zu stärken!" (Blüm 1984: 1).

Offensichtlich war die Zeit für einen radikalen marktwirtschaftlichen Umbau des Gesundheitssystems noch nicht reif. Zwar waren die oben vorgestellten Vorschläge ihrer Zeit noch voraus, aus heutiger Sicht muss jedoch festgestellt werden, dass sie mittlerweile in wesentlichen Teilen umgesetzt sind. Zu nennen sind insbesondere die Anwendung des Kartellrechts auf Krankenkassen, die zunehmende Auflösung der Monopolstellung der Kassenärztlichen

Vereinigungen und ihre Ersetzung durch sogenannte ‚Direktverträge' oder ‚Selektivverträge' zwischen einzelnen Arztgruppen und einzelnen Krankenkassen sowie die Einführung von Festpreisen in der Arzneimittelversorgung der GKV-Versicherten. Kostenerstattung wurde in mehreren, über einen längeren Zeitraum verteilten Schritten auch in die GKV eingeführt, und in der Krankenhausfinanzierung wurde mit dem DRG-Fallpauschalensystem ein ‚Preissystem' eingeführt, das nach den Vorstellungen zahlreicher Akteure in Politik und GKV schrittweise in Richtung einer monistischen, allein von den Nutzern zu finanzierende Krankenhausversorgung entwickelt werden soll.

Dieser kurze Exkurs sollte auch noch einmal verdeutlichen, dass der Einfluss neoliberaler Ökonomen und ihrer Reformkonzepte erst richtig erkennbar wird, wenn man längere Zeiträume in den Blick nimmt. Und dabei kann es sich durchaus um mehrere Jahrzehnte handeln. Bei der Frage des Einflusses dieser Akteursgruppe sollte in Rechnung gestellt werden, dass sie in der Regel über mehrere Jahrzehnte als Hochschullehrer tätig und teilweise über Jahrzehnte auch in der Politikberatung aktiv sind. Sie sind sozusagen ein ‚Element der Kontinuität' in der Gesundheitspolitik, neben anderen ebenfalls über längere Zeiträume aktiven Akteuren, wie den zuständigen Fachbeamten in Bundes- und Länderministerien.

Hauptamtliche Gesundheitspolitiker erreichen dagegen in der Regel nur deutlich kürzere Perioden der aktiven Mitgestaltung gesundheitspolitischer Entscheidungen. Sie gehören dem Bundestag häufig nur wenige Legislaturperioden an. Zudem bieten sich ihnen in diesen Jahren nur dann echte Einflussmöglichkeiten, wenn sie einer der Regierungsparteien angehören und zugleich auch Mitglied des inneren Entscheidungs- und Machtzirkels ihrer Partei oder Fraktion oder gesundheitspolitischer Gremien der Koalition sind.

Der Beitrag des Wirtschaftssachverständigenrates

Der Wirtschaftssachverständigenrat wandte sich ab 1983 in seinen Jahresgutachten in längeren Passagen auch gesundheitspolitischen Themen zu und wurde zu einem einflussreichen Akteur der gesundheitspolitischen Diskussion. Allerdings hat dies die sozialwissenschaftliche Literatur bislang noch kaum oder gar nicht zur Kenntnis genommen. Dies lässt sich vermutlich damit erklären, dass seine Interventionen vor allem in Form einzelner Passagen in einzelnen seiner Jahresgutachten erfolgten und diese Gutachten nicht zur üblichen Lektüre von Sozialwissenschaftlern zählen, die sich im Schwerpunkt mit Fragen der Gesundheitspolitik befassen.

Da die Jahresgutachten des SVR-W nicht oder nur sehr am Rande in das Blickfeld der sozialwissenschaftlichen Diskussion über Gesundheitspolitik gerückt wurden, erschienen sie auch nicht in den Zitationen und Quellenhinweisen sozialwissenschaftlicher Publikationen zu Themen der Gesundheitspolitik. Sie waren somit für die sozialwissenschaftliche Diskussion schlicht nicht existent. Zudem bezog sich auch die praktische Gesundheitspolitik – wenn überhaupt – nur sehr selten und ganz am Rande auf die Empfehlungen des Wirtschaftssachverständigenrates, sodass die sozialwissenschaftliche Analyse auch nicht über diesen Weg auf die Interventionen des Rats aufmerksam gemacht wurde.

Dennoch aber hatte der Sachverständigenrat ab Mitte der 1980er Jahre erheblichen Einfluss auf die Entwicklung der gesundheitspolitischen Diskussion. Dies wird die nachfolgende Rekonstruktion zeigen. Der Blick auf die Argumentationsmuster und Empfehlungen des Rates fördert an zahlreichen Stellen deutliche Parallelen nicht nur zu späteren Gesetzesbeschlüssen zutage, sondern auch und vor allem deutliche Parallelen zu Argumentationen, die heute zum Mainstream weiter Teile der Gesundheitspolitik gehören.

An erster Stelle ist hier auf das mittlerweile zentrale Leitmotiv des ‚Wettbewerbs' zu verweisen, sowohl in der gesetzlichen Krankenversicherung als auch im Gesundheitswesen insgesamt. Dabei wird heute über die Notwendigkeit und den Nutzen von Wettbewerb in der Regel so diskutiert, als sei es ein Konzept, das von Markt und Marktwirtschaft getrennt sei. Wettbewerb ist im Kern aber nichts weiter als ein Synonym für ‚Markt' und wird auch so in der einschlägigen neoliberalen Literatur verwendet. Der Blick zurück in die Gutachten des Wirtschaftssachverständigenrates der 1980er Jahre lässt diesen engen Zusammenhang zwischen Wettbewerb und Markt sehr deutlich werden. Die Einführung von Wettbewerb – insbesondere in die gesetzliche Krankenversicherung – sollte der entscheidende Hebel sein, um das Gesundheitswesen insgesamt in einen Markt und die Krankenkassen in private Versicherungsunternehmen umzuwandeln.

Der Einfluss des Wirtschaftssachverständigenrates resultierte nicht aus der direkten Intervention in die praktische Gesundheitspolitik und die Beeinflussung der öffentlichen Meinung durch Abgabe öffentlicher Statements zur Gesundheitspolitik. Das war nicht Sache und Stil des Rates. Der Rat hatte vielmehr auf einem indirekten Weg Einfluss. Einerseits griff er bereits vorhandene Ideen und Vorschläge neoliberaler Gesundheitsökonomen auf. So gehörte es zur üblichen Vorbereitung der Jahresgutachten, dass der Rat einzelne ‚Experten' zu Gesprächen einlud und sich im Gutachten dann für ihre Anregungen bedankte. Zur Vorbereitung seines Jahresgutachtens 1983 führte der Rat beispielsweise Gespräche mit Gérard Gäfgen und Klaus-Dirk Henke (SVR-W 1983: III), zur Vorbereitung des Gutachtens 1985 mit Frank E. Münnich (SVR-W 1985: IV).

Ökonomen anderer Richtungen wurden offensichtlich nicht eingeladen. Dabei ist allerdings zu beachten, dass es sich bei den Gutachten nicht um wissenschaftliche Publikationen handelt, in denen der Stand der wissenschaftlichen Diskussion in ihrer ganzen Breite aufgearbeitet wurde. Es waren politische Intervention, durch die eine ‚marktwirtschaftliche Wende' auch in die Gesundheitspolitik hineingetragen werden sollte. Und dies ist umso besser zu erreichen, je einseitiger die Auswahl von ‚Experten' und die Nennung von Quellenhinweisen ist.

Die Jahresgutachten des Rates erfüllten vor allem die Aufgabe, Orientierungen für andere Akteure zu geben und zur Stärkung der Position neoliberaler Ökonomen beizutragen, die näher an der Gesundheitspolitik agierten. Dem Rat kam im Konzert neoliberaler Vernetzung die Funktion zu, die ‚großen Linien' für eine auf den marktwirtschaftlichen Umbau der Gesellschaft ausgerichtete Politik aufzuzeigen. Der Rat stand sozusagen an der Spitze der Reputationshierarchie neoliberaler Ökonomen und die in der Ansehenshierarchie darunter angesiedelten Gesundheitsökonomen griffen diese Wegweisungen auf und nutzten sie, um ihre Auffassungen und Publikationen mit den Empfehlungen und bestätigenden Zitaten des Rates aufzuwerten.

Die in der zweiten und dritten Reihe der Reputations- und Bedeutungshierarchie der Wirtschaftswissenschaften stehenden Gesundheitsökonomen setzten die ‚großen Linien' des ‚hohen Rates' in konkrete Reformvorschläge und Modelle für einen marktwirtschaftlichen Umbau des Gesundheitswesens um und trugen sie an die Akteure der praktischen Gesundheitspolitik heran. Durch ihre zunehmende Einbindung in die Politikberatung verfügten die neoliberalen Gesundheitsökonomen über die dafür notwendigen persönlichen Kontakte zu Ministerialbeamten und Gesundheitspolitikern.

Der Beitrag der näher an der praktischen Politik agierenden Wissenschaftler wird in den nachfolgenden Kapiteln insbesondere am Beispiel der Aktivitäten des Ökonomen Peter Oberender und des Sozialrechtlers Wolfgang Gitter erkennbar. Die beiden an der Universität Bayreuth tätigen Wissenschaftler

- entwarfen ein relativ umfassendes Modell für einen marktwirtschaftlichen Umbau der GKV,
- nutzten ihre Kontakte zu Beamten des BMA, um diese Vorschläge dort vorzustellen,
- gründeten eine informelle „Wissenschaftliche Arbeitsgruppe Krankenversicherung", um durch personelle Erweiterung dem Reformmodell mehr Bedeutung zu verleihen,
- wurden in eine vom Bundestag gebildete Enquêtekommission zur Reform der GKV berufen und

• konnten dadurch ihre Vorstellungen in die Diskussionen dieses Gremiums hineintragen und im Abschlussbericht unterbringen.

Ein Hinweis erscheint noch wichtig: Oben wurde bereits auf das Verfahren zur Besetzung des Wirtschaftssachverständigenrates hingewiesen und dass vier von fünf Mitgliedern durch das Ministerium und die Arbeitgeberverbände benannt wurden und nur eines auf Vorschlag der Gewerkschaften. Insofern gab es immer auch ein Mitglied, das als gewerkschaftsnah gelten kann. Wenn hier vom Wirtschaftssachverständigenrat als Institution die Rede ist, so ist damit nur die Ratsmehrheit gemeint.

Innerhalb der Ratsmehrheit gab es wiederum einzelne Ökonomen, die prägenden und maßgeblichen Einfluss auf die Position des Rates hatten. Der Einfluss dieses relativ kleinen und elitären Kreises neoliberaler Wirtschaftswissenschaftler auf ihr Umfeld wurde noch über eine zweite Gruppierung verstärkt, den 1982 gegründeten Kronberger Kreis. Auf ihn wird an späterer Stelle noch ausführlicher eingegangen. Zwischen Wirtschaftssachverständigenrat und Kronberger Kreis bestanden und bestehen auch heute noch enge personelle Verflechtungen. Ehemalige und aktuelle Ratsmitglieder waren und sind Mitglied des Kreises, Mitglieder des Kreises waren und sind Mitglied des Rates sowie anderer einflussreicher Gremien der offiziellen Politikberatung.

Bei all dem kommt dem Wirtschaftssachverständigenrat jedoch eine hervorgehobene Stellung zu, nicht zuletzt weil es sich um eines der politikfeldübergreifend einflussreichsten Gremien der formellen Politikberatung handelt. Insofern erscheint es angebracht, ausführlicher auf den SVR-W und seine Vorschläge für eine grundlegende Reform der gesetzlichen Krankenversicherung einzugehen.

Die Entwicklung gesundheitspolitischer Positionen

Wie bereits erwähnt, beschränkten sich die Gutachten des Wirtschaftssachverständigenrates in den 1960er und 1970er Jahren auf eine rein deskriptive Behandlung des Gesundheitswesens und der Gesundheitspolitik, ohne Bewertung der politischen Maßnahmen oder Empfehlungen für bestimmte zukünftig zu ergreifende Maßnahmen. Dies änderte sich erst nach dem Regierungswechsel von 1982.

Die Mitte der 1970er Jahre begonnene neoliberale Neuausrichtung und Radikalisierung des Rates wurde ab 1982 zugleich auch mit einer Ausweitung seines Themenspektrums verbunden. Beschränkten sich die Gutachten der 1960er und Anfang der 1970er noch weitgehend auf originäre Themen der Wirtschafts- und Finanzpolitik, so dehnte der Rat sein Themenspektrum ab Mitte der 1970er Jahre auch auf die Frage der Erbringung öffentlicher Dienstleistungen aus und forderte deren umfassende Privatisierung. Damit nahm er einen der zentralen Bereiche des Wohlfahrtstaates ins Visier, allerdings ohne bereits auch das System der sozialen Sicherung insgesamt anzugreifen. Damit hielt er sich zunächst noch zurück. Diese Zurückhaltung legte er nach dem Regierungswechsel 1982 ab und weitete seinen ‚Zuständigkeitsbereich' – ungeachtet der im Sachverständigenrats-gesetz vorgegebenen Beschränkungen – schrittweise auf immer mehr Bereiche der Gesellschaft aus, darunter auch auf das Gesundheitswesen und vor allem die gesetzliche Krankenversicherung als dessen zentrale Institution.

Diese Ausweitung erfolgte schrittweise und in einer eher ‚tastenden' Vorwärts-bewegung. Ein erster noch eher vorsichtiger Schritt zur Sozialpolitik insgesamt erfolgte im Gutachten 1982. Im Jahresgutachten 1983 befasste sich der Rat erst-mals in seiner Geschichte ausführlicher mit dem Gesundheitssystem und der Gesundheitspolitik und formulierte dezidierte Empfehlungen für gesundheitspo-litische Maßnahmen, allerdings noch eher bruchstückhaft und weit entfernt von dem, was man eine Reformkonzeption nennen könnte. Nachdem gesundheitspo-litische Themen im Gutachten 1984 nicht angesprochen wurden, legte der Rat in seinem Jahresgutachten 1985 einen relativ umfassenden Reformvorschlag für einen marktwirtschaftlichen Umbau der gesetzlichen Krankenversicherung vor, der auf die Abschaffung der GKV als Sozialversicherung und den Umbau in ein reines PKV-System zielte.

Das Jahresgutachten 1982

Im Jahresgutachten 1982 wurde die Sozialpolitik nur kurz angesprochen und eine ausführlichere Behandlung angekündigt. Dabei sei zu prüfen,

> „ob nicht (...) der Umfang und die Ausgestaltung der sozialen Sicherungssysteme zu einer allzu hohen Belastung geworden ist" (SVR-W 1982: 13).

Die Linie der angekündigten ‚Prüfung' des Systems der sozialen Sicherung wurde lediglich auf einer eher allgemeinen Ebene und nur exemplarisch an einzel-nen Themen angedeutet. Dabei wurde bereits erkennbar, dass die nach Meinung des Rates zu erfolgende Neuausrichtung durch eine Reduzierung des Leis-tungsniveaus erfolgen sollte, damit der Druck auf abhängig Beschäftigte erhöht wird, schlechtere Arbeitsbedingungen zu akzeptieren und private Versicherungen abzuschließen.

> „Ganz allgemein gilt jedoch, daß bei den Leistungsempfängern mit steigendem Siche-rungsniveau die Neigung geringer wird, durch eigene Anstrengungen sich an verän-derte Bedingungen des Arbeitsmarktes anzupassen oder eigene Vorsorge gegen die Wechselfälle des Lebens zu treffen" (SVR-W 1982: 154).

Die Forderung des Rates nach mehr privater Vorsorge beschränkte sich keineswegs auf den Bereich einer zusätzlichen Vorsorge, die neben die Sozialversicherung treten sollte, sondern zielte im Fall der gesetzlichen Krankenversicherung auf einen Systemwechsel und die Abschaffung der staatlichen Sozialversicherung, wie die Vorstellung und Analyse der Jahresgutachten 1983 und 1985 zeigen wird.

Im Jahresgutachten 1982 wurde mit dem Äquivalenzprinzip bereits ein zentraler Ansatzpunkt für die vom Rat angestrebte Reform der GKV genannt.

„Beiträge und Ansprüche sind allerdings nicht immer gleichwertig, vor allem deshalb nicht, weil zwischen den Versicherten ein Solidarausgleich stattfindet, etwa in der Form des Ausgleichs unterschiedlicher Familienlasten, aber auch in der Weise, daß die sozial Stärkeren mehr und sozial Schwächeren weniger zahlen, als ihre Ansprüche wert sind" (SVR-W 1982: 155).

„Je mehr freilich die Äquivalenz von Leistung und Gegenleistung verloren geht, um so größer ist die Gefahr, daß die Abgabenlast nicht mehr akzeptiert wird" (SVR-W 1982: 155).

Die in den beiden Passagen enthaltene Argumentation baut implizit auf der Behauptung auf, in der GKV gelte das Äquivalenzprinzip, denn es kann nur etwas verloren gehen, das zuvor existiert hat. Wie bereits an früherer Stelle dieses Buches dargelegt, gab es jedoch zu keiner Zeit ein Äquivalenzprinzip in der GKV. Das Äquivalenzprinzip ist zentrales Prinzip privater Versicherungen. Wenn – wie in der oben zitierten Argumentation – kritisiert wird, die GKV gewährleiste das Äquivalenzprinzip nicht in ausreichendem Maße und es müsse in der GKV stärker angewendet werden, dann impliziert dies die Forderung nach Einführung des Äquivalenzprinzips in die GKV. Das wiederum würde das Ende der GKV als staatliche Sozialversicherung und die Umwandlung der Krankenkassen in private Versicherungsunternehmen zur Folge haben. In der oben zitierten Passage kommt dies nur sehr indirekt und versteckt zum Ausdruck, in den Gutachten der Jahre 1983 und 1985 wird es hingegen deutlich offener formuliert.

Das Jahresgutachten 1983

Im Jahresgutachten 1983 äußerte sich der Sachverständigenrat in einem eigenen Kapitel ausführlicher „Zur Reform der sozialen Sicherung" (SVR-W 1983: 216–225). Nach der Arbeitslosen- und Rentenversicherung richtete der Rat sein Augenmerk auch auf das Gesundheitswesen und formulierte unter der Überschrift „Stärkung von Wettbewerbselementen im Gesundheitswesen" Leitgedanken für eine Reform der gesetzlichen Krankenversicherung (SVR-W 1983: 222–225).

Zentrales Ziel sollte nach den Vorstellungen des Rates eine Begrenzung der sozialen Sicherung sein.

„Der Gedanke, daß der Staat den Sicherungszwang für seine Bürger auf ein bestimmtes unumgängliches Maß begrenzen soll, muß wohl neu belebt werden" (SVR-W 1983: 220, Ziff. 483).

Zudem sollten die Kosten des Gesundheitswesens für die Versicherten der GKV „spürbar gemacht werden" (SVR-W 1983: 220, Ziff. 483). Solange jedoch das Sachleistungsprinzip gelte und „alle Leistungen nahezu kostenlos zu haben sind" (SVR-W 1983: 225), gebe es keinen Anreiz für die Patienten, zwischen Nutzen und Kosten von Leistungen abzuwägen. Ein solcher Anreiz sei notwendig und vor allem durch die „Stärkung des Äquivalenzprinzips in der Sozialversicherung" zu erreichen (SVR-W 1983: 220).

Um „den einzelnen Versicherten an einer Abwägung von Nutzen und Kosten zu interessieren" (SVR-W 1983: 225) solle in der GKV ein „Übergang zum Kostenerstattungsprinzip" erfolgen (SVR-W 1983: 225), und es sollten Selbstbehalttarife mit ermäßigten Beitragssätzen und Beitragsrückerstattungen bei Nichtinanspruchnahme von Leistungen eingeführt werden (ebd.). Damit wurde ein Reformvorschlag wieder aufgegriffen, der drei Jahrzehnte zuvor bereits in der Rothenfelser Denkschrift enthalten war.

Kostenerstattung, Selbstbehalttarife und Beitragsrückerstattung sind typische Elemente der privaten Krankenversicherung. Selbstbehalttarife sind eine Kombination aus einem bestimmten, im Versicherungsvertrag vereinbarten prozentualen Anteil der anfallenden Kosten, die die Versicherten selbst zu tragen haben, bevor die Versicherung eintritt, und einer, entsprechend der Höhe des Selbstbehaltes reduzierten Versicherungsprämie. Solche Tarife sind, ebenso wie jährliche Beitragsrückerstattungen bei Nichtinanspruchnahme, konkrete Erscheinungsformen des Äquivalenzprinzips. Mit diesem Vorschlag deutete der Rat somit bereits an, in welche Richtung die GKV ‚reformiert' werden sollte.

Für eine Reform der GKV in Richtung privater Versicherungen wäre die Einführung einzelner Elemente der PKV jedoch nicht ausreichend. Ein marktwirtschaftlicher Umbau erfordert vor allem eine Umwandlung der Krankenkassen in private Unternehmen, die untereinander im Wettbewerb stehen. Nur dann kann aus dem GKV-System ein Markt werden. Die Einführung von Wettbewerb in die GKV erforderte in einem ersten Schritt die Abschaffung der damals noch geltenden gesetzlichen Zuweisungen einzelner Gruppen von Mitgliedern zu bestimmten Arten von Krankenkassen und Einführung einer allgemeinen und freien Wahl

aller Versicherten zwischen allen Kassen. Dementsprechend sprach sich der Rat
für die Einführung einer solchen allgemeinen freien Kassenwahl aus:

> „Erweiterte Wahlmöglichkeiten könnten auch durch andere Reformschritte im Kran-
> kenkassenbereich erreicht werden. Die Orientierung der Versicherungspflicht an
> beruflichen Merkmaien – etwa Arbeiter oder Angestellte – dürfte überholt sein; man
> könnte sie zugunsten einer allgemeinen freien Kassenwahl aufheben. Bei der Bei-
> tragsgestaltung sollte wohl auch einer weitergehenden regionalen Differenzierung
> nichts im Wege stehen. Erweiterte Möglichkeiten, mit zusätzlichen Leistungen um
> Kassenmitglieder zu werben, würden den Wettbewerb in der gesetzlichen Kranken-
> versicherung erhöhen" (SVR-W 1983: 225).

In dieser Passage ist ein zentrales Argumentationsmuster für die Begründung
eines GKV-Wettbewerbs enthalten, das in den folgenden Jahren von zahlreichen
neoliberalen Gesundheitsökonomen aufgegriffen und erfolgreich in die Politik
getragen wurde. Der Wirtschaftssachverständigenrat leitete den Vorschlag für
eine freie Kassenwahl in der zitierten Passage aus der grundsätzlichen Forderung nach Einführung von Wettbewerb ab. Er verband die Forderung nach
Kassenwettbewerb allerdings mit einer Kritik an der damals noch bestehenden
Ungleichbehandlung von Arbeitern und Angestellten. Während Arbeiter in der
Regel entweder der jeweiligen Ortskrankenkasse zugewiesen wurden oder nur
Mitglied einer der sogenannten RVO-Kassen werden konnten, standen Angestellten grundsätzlich sowohl RVO-Kassen als auch Ersatzkassen offen. Zwar gab
es auch Arbeiter-Ersatzkassen, zu denen hatte jedoch nur ein sehr kleiner Teil
der Arbeiter Zugang, da diese Ersatzkassen nur für einzelne eng abgegrenzte
Arbeiterberufe oder Regionen geöffnet waren.

Es wäre jedoch ein Irrtum, anzunehmen, dem Rat sei es bei seinem Plädoyer für eine allgemeine Wahlfreiheit in der GKV um mehr soziale Gleichheit
gegangen. Der Verweis auf die ungleich verteilte Wahlfreiheit diente ihm nur
als pseudo-sozialer ‚Anstrich‘ eines Vorschlags, der die Voraussetzungen für die
Eröffnung von Wettbewerb zwischen den Kassen und einen marktwirtschaftlichen
Umbau der GKV schaffen sollte. Allerdings sollte sich in den folgenden Jahren
zeigen, dass es sich bei diesem Argumentationsmuster um einen sehr nützlichen
und wirksamen argumentativen Schachzug handelte, mit dem es gelang, unter
anderem auch die SPD vom Nutzen eines Kassenwettbewerbes zu überzeugen.

Welches Ziel der Rat mit seinem Plädoyer für eine allgemeine freie Kassenwahl und Eröffnung eines Kassenwettbewerbes verfolgte, wird insbesondere an
der nachfolgenden Passage erkennbar:

„Um eine zu weitgehende Differenzierung der Kassen nach guten und schlechten Risiken zu vermeiden, könnte man zum einen von den Versicherungen verlangen, daß sie jeden beitrittswilligen Versicherungspflichtigen aufnehmen, zum andern
über einen Rückversicherungspool jenen Versicherungen einen gewissen Ausgleich
gewähren, die überdurchschnittlich viele schlechte Risiken zu tragen haben. Bereits
heute gibt es einen ähnlichen Risikoausgleich im Rahmen des sogenannten Rentner-
ausgleichsverfahrens. Sollte man sich zu einem späteren Zeitpunkt für eine weitergehende wettbewerbliche Organisation im Gesundheitswesen entscheiden, müßten die
Fragen des Ausgleichs unterschiedlicher Familienlasten und unterschiedlicher Ein-
kommenshöhen neu überdacht werden" (SVR-W 1983: 225).

Um diese Passage richtig einordnen zu können, ist es zunächst wichtig, sich zu
vergegenwärtigen, dass Krankenkassen grundsätzlich verpflichtet sind, jeden aufzunehmen, der die Bedingungen der gesetzlichen Versicherungspflicht erfüllt, und
für den sie zuständig beziehungsweise geöffnet sind. Dies galt auch bereits 1983.
Insofern gab es überhaupt keine Notwendigkeit, Kassen zur Aufnahme jedes Beitrittswilligen zu verpflichten, weil sie dazu ohnehin bereits gesetzlich verpflichtet
waren. Genauso wenig war es notwendig, Kassen zur Aufnahme von Beitrittswilligen unabhängig von deren individuellem Gesundheitszustand zu verpflichten.
Anders verhielt es sich mit der privaten Krankenversicherung. Sie war nicht zur
Aufnahme von Antragstellern verpflichtet und ist es auch heute noch nicht, abgesehen von sehr wenigen gesetzlich vorgegebenen Ausnahmen. Die oben zitierte
Passage impliziert somit, dass aus den öffentlich-rechtlichen Kassen private Versicherungsunternehmen werden, die keiner Aufnahmepflicht unterliegen. Denn nur
dann ergibt sich die Notwendigkeit, sie zur Aufnahme zu verpflichten.
    Richtig ist die Analyse des Rates allerdings darin, dass die Einführung einer
allgemeinen freien Kassenwahl die Einrichtung eines Risikoausgleichs erfordert, da sonst die Gefahr besteht, dass die nach einer Öffnung aller Kassen
einsetzenden Wanderungsbewegungen zu einer sehr ungleichen Verteilung von
Versicherten führt. Es müsste damit gerechnet werden, dass sich Versicherte
mit hohem Einkommen, geringer Morbidität, überdurchschnittlichem Bildungsgrad etc. in einem Teil der Kassen und Versicherte mit überdurchschnittlichem
Einkommen, hoher Morbidität, geringem Bildungsgrad etc. in einem anderen
Teil der Kassen sammeln. Dieses und weitere Probleme eines Kassenwettbewerbs sollen hier jedoch noch nicht weiter erörtert werden. Darauf wird an
späterer Stelle ausführlicher eingegangen. Es sei aber bereits darauf hingewiesen, dass mit dem Gesundheitsstrukturgesetz 1992 eine allgemeine freie
Kassenwahl weitgehend eingeführt wurde, verbunden mit der Einrichtung eines
‚Risikostrukturausgleichs'.

Auch der letzte Satz der zitierten Passage war nicht belanglos. Er enthält die versteckte Ankündigung der Forderung nach Abschaffung der beitragsfreien Familienversicherung und der einkommensabhängigen Beiträge. Beides wurde zwei Jahre später im Jahresgutachten 1985 des Rates explizit vorgeschlagen. Abschließend sei noch auf eine Bemerkung des Rates zur Notwendigkeit einer langfristigen politischen Strategie hingewiesen.

> „Reformpolitik im Gesundheitswesen braucht einen langen Atem. Jede Änderung berührt viele Interessen; das schafft Widerstand. Große Reformentwürfe haben schon deshalb keine Chance. Möglich und nötig sind aber einzelne Reformschritte. Diese müssen ihre Richtung aus einer langfristigen Konzeption beziehen" (SVR-W 1983: 225).

Will man den Erfolg des Neoliberalismus insgesamt und in der Gesundheitspolitik im Besonderen verstehen, so wird dies erst möglich, wenn man in Rechnung stellt, dass es sich um eine politische Bewegung handelte und handelt, deren Akteure sich dessen bewusst sind, dass sie ihre Ziele nur dann erreichen können, wenn sie „einen langen Atem" haben und eine langfristige Strategie verfolgen. Grundlegende Reformen sind in der Gesundheitspolitik nicht kurzfristig und ein einem Schritt zu erreichen. Es bedarf vieler kleiner und mittlerer Einzelschritte, bis ein Punkt erreicht wird, an dem ein ‚qualitativer Sprung' stattfinden kann. Das Problem einer unvermeidlichen ‚Politik der kleinen Schritte' ist jedoch, dass dabei das langfristige Ziel aus den Augen verloren wird. Um dies zu vermeiden, ist es notwendig, die Einzelschritte immer wieder mit dem langfristigen Ziel abzugleichen. Darauf weist die oben zitierte Passage hin. Ein solcher Hinweis wird sich im Verlauf der weiteren Untersuchung auch noch in späteren Publikationen anderer neoliberaler Akteure und Netzwerke als Mahnung an die Gleichgesinnten finden.

An dieser Stelle erscheint es sinnvoll, kurz auf den hier praktizierten analytischen Zugang zu ‚versteckten' Zielen hinter bestimmten sprachlichen Formulierungen einzugehen. Die Herausarbeitung verdeckter Inhalte und Ziele kann auf den ersten Blick möglicherweise als ‚konstruiert' erscheinen. Es ist jedoch genau dieser Zugang, der solchen Publikationen nicht nur angemessen ist, sondern der notwendig ist, um den hinter scheinbar harmlosen Formulierungen stehenden Zielen in neoliberalen Publikationen ‚auf die Schliche zu kommen'. Bei der Lektüre dieser Sorte von Publikationen sollte immer bedacht werden, dass es sich nicht um wissenschaftliche Texte handelt, die der Aufklärung dienen sollen, sondern um politische Interventionen, bei denen Sprache auch bewusst so eingesetzt wird, dass sie die tatsächlichen Ziele eher verdeckt als sie offenzulegen.

Das ‚Tückische‘ an den vom Sachverständigenrat verwendeten Formulierungen ist, dass sich ihre versteckte tatsächliche Bedeutung nur erschließt, wenn man über ein entsprechendes Hintergrundwissen zur Funktionsweise der betreffenden Bereiche des Gesundheitswesens, in diesem Fall der GKV und PKV, verfügt. Und das wiederum erfordert insbesondere gewisse Grundkenntnisse vor allem über das GKV-Recht. Dieses Hintergrundwissen gehört jedoch weder zum Alltagswissen eines politisch interessierten Bürgers noch kann davon ausgegangen werden, dass alle Akteure der Gesundheitspolitik darüber in ausreichendem Maße verfügen. Insofern ist auch die Art der Sprache neoliberaler Publikationen sicherlich eines der ‚Erfolgsgeheimnisse‘ dieser politischen Bewegung. Durch den Einsatz einer die tatsächlichen Ziele verdeckenden und verharmlosenden Sprache wird es ermöglicht, auch solche gesundheitspolitischen Akteure von einzelnen Reformvorschlägen zu überzeugen, die diese bei voller Kenntnis der wahren Inhalte und Ziele nicht unterstützen würden.

Das Jahresgutachten 1985

Das Jahresgutachten 1985 zeigt eine weitere Radikalisierung des Wirtschaftssachverständigenrates, nicht nur bei gesundheitspolitischen Themen. Wie oben bereits vorgestellt, hatte die Ratsmehrheit 1975 eine umfassende Privatisierung öffentlicher Einrichtungen und Übertragung öffentlicher Dienstleistungen auf private Unternehmen gefordert. Diese Forderung wurde in den 1970er Jahren allerdings nicht weiterverfolgt. Erst im Gutachten 1983 griff der Rat das Thema unter der Kapitelüberschrift „Richtig privatisieren“ wieder auf und erinnerte an seinen früheren Vorstoß (SVR-W 1983: 191). Dabei wurde die zentrale Passage des Gutachtens von 1975 wörtlich zitiert und beklagt, dass die Politik die darin enthaltenen Forderungen nicht genügend aufgegriffen und umgesetzt habe. Es blieb jedoch bei einigen Mahnungen an die Adresse der Politik, ohne dass das ‚Privatisierung‘ zu einem zentralen Thema des Gutachtens gemacht wurde.

In seinem Jahresgutachten 1985 ging der Rat dann in die Offensive und forderte eine umfassende „Politik der Marktöffnung (Deregulierung)“ (SVR-W 1985: 152). Als Bereiche, die einer „Politik der Marktöffnung“ unterworfen werden sollten, nannte er das Post- und Fernmeldewesen, den zivilen Luftverkehr, die Bundesbahn, die Energieversorgung und das Gesundheitswesen (SVR-W 1985: 156). Darüber hinaus empfahl der Rat, den gesamten Bereich der staatlichen Daseinsvorsorge für private Unternehmen zu öffnen und bestehende öffentliche Institutionen der Daseinsvorsorge zu privatisieren. Staatliche Regulierung sollte reduziert und stattdessen auf eine wettbewerbliche Selbststeuerung durch das freie Spiel von Angebot und Nachfrage vertraut werden, weil Märkte grundsätzlich besser als staatliche Regulierungen in der Lage seien, eine bedarfsgerechte, an den Präferenzen der Menschen orientierte Versorgung zu gewährleisten.

Dem Gesundheitswesen widmete der Rat ein eigenes Unterkapitel, in dem er für einen radikalen marktwirtschaftlichen Umbau plädierte und eine Reihe konkreter Reformvorschläge formulierte (ebd.: 166–174). Im Zentrum der Vorschläge standen Maßnahmen zur Reform der gesetzlichen Krankenversicherung.

Ausgangspunkt der Ausführungen zur GKV waren Beitragserhöhungen in der GKV, die Anfang der 1980er Jahre erfolgt und nach Darstellung des Sachverständigenrates durch übermäßige Ausgabensteigerungen verursacht waren. Die seit Mitte der 1970er Jahre verfolgte Politik der Kostendämpfung lehnte der Rat jedoch ab, und zwar mit einer Begründung, die in neuerer Zeit zunehmend und nicht nur von marktliberalen Ökonomen benutzt wird.

„Das Gesundheitswesen ist ein Wachstumssektor. Er ist zudem ein Bereich, in dem arbeitsintensiv produziert wird und der deshalb immer mehr Menschen Chancen der Beschäftigung bietet" (SVR-W 1985: 168).

Da es sich beim Gesundheitswesen um einen Wachstumsmarkt handele, sei es ein falscher Ansatz, die Ausgabenentwicklung durch gesetzgeberische Eingriffe zu begrenzen. Das Problem liege nicht in der Ausgabenentwicklung an sich, sondern darin, dass die GKV-Versicherten Leistungen „umsonst" erhalten und dadurch eine „Umlagementalität" entwickelt haben.

„Was auf der Nachfrageseite des Gesundheitswesens unmittelbar ins Auge fällt, ist die Regelung in der GKV, nach der fast alle Leistungen umsonst zu haben sind, und die Finanzierung dann anonym über Zwangsbeiträge erfolgt (...) Es entsteht eine Umlagementalität: Weil die Zahlungsverpflichtung des Versicherten nicht erkennbar und unmittelbar vom Umfang seiner eigenen Nachfrage abhängt, beansprucht er mehr Gesundheitsleistungen, als er nachfragen würde, wenn er dafür speziell zu zahlen hätte" (SVR-W 1985: 170).

Die Kritik an der Gewährung von Leistungen, ,die umsonst zu haben sind' zielt auf das Sachleistungsprinzip, und die Kritik an einer ‚anonymen Finanzierung' meint die Unabhängigkeit der Beitragshöhe von den für die einzelnen Versicherten erbrachten medizinischen Leistungen. Folgerichtig plädierte der Rat in seinen Reformvorschlägen denn auch die Einführung der Kostenerstattung und des Äquivalenzprinzips in die GKV.

Exkurs: Behauptungen ohne empirische Belege

Es sei an dieser Stelle auf etwas hingewiesen, das Kennzeichen der Argumentation nicht nur des Wirtschaftssachverständigenrates, sondern weit verbreitetes Merkmal neoliberaler Argumentationen ist. Es werden Behauptungen über die soziale Wirklichkeit und insbesondere das Verhalten der GKV-Versicherten aufgestellt, ohne dass dafür empirische Belege beigebracht werden. Ein Beispiel ist die Behauptung, GKV-Versicherte hätten eine „Umlagementalität" entwickelt und würden unnötigerweise Leistungen in Anspruch nehmen. Die Beweisführung in diesem Fall, wie auch in unzähligen anderen Publikationen marktliberaler Ökonomen zum Gesundheitswesen und insbesondere zur GKV, stützt sich nicht auf die Ergebnisse empirischer wissenschaftlicher Forschung, sondern lediglich auf die Deduktion aus allgemeinen Annahmen über menschliches Verhalten, die wiederum letztlich aus dem Menschenbild eines allein an seiner Nutzenmaximierung interessierten ‚Homo oeconomicus' abgeleitet sind.

Für derartige Argumentationsmuster kann nicht der Anspruch erhoben werden, dass es sich um wissenschaftliche Beweisführungen handelt. Sie genügen den zentralen, an wissenschaftliche Texte zu stellenden Ansprüchen nicht. Es werden weder empirische Belege für Tatsachenbehauptungen geboten, noch werden überhaupt Quellen angegeben. Und wenn doch einmal Quellen angegeben werden, so handelt es sich in der Regel nur um Publikationen von Ökonomen der gleichen Denkrichtung. Es wird das praktiziert, was man im Wissenschaftsbetrieb ein ‚Zitierkartell' nennt. Prüft man diese Quellenangaben, so stellt man in der Regel fest, dass auch dort nur unbewiesene Behauptungen aufgestellt werden, ohne jegliche empirisch gestützte Beweisführung.

Im Fall des Wirtschaftssachverständigenrates wird diese Praxis auch bezogen auf seine Aussagen über volkswirtschaftliche Zusammenhänge kritisiert. So wird kritisiert, eine Falsifikation der Behauptungen des Rates scheide „weitgehend schon deshalb aus, da der Rat durch die Konstruktion seiner Erörterungen deren formale Falsifikation schlechthin unmöglich macht" (Strätling 2001: 281). Statt einer seriösen empirisch gestützten wissenschaftlichen Argumentation „scheint der Rat Parabeln zu erdichten, Geschichten zu erzählen" (Strätling 2001: 280). Volkswirtschaftstheoretische Modelle werden als empirisch gestützte Theorien ausgegeben, was sie aber nicht sein können, da es sich eben nur um theoretische Modelle handelt, die erst noch einer empirischen Bestätigung bedürfen, die allerdings nicht beigebracht wird.

Die oben zitierte Passage offenbart ‚zwischen den Zeilen' auch die aus dem marktwirtschaftlichen Organisationsprinzip abgeleitete Leitvorstellung des Rates: Wer eine Ware oder Dienstleistung kauft (in Anspruch nimmt) hat dafür auch den vollen Preis zu zahlen. Daraus folgt: Wer viel Waren oder Dienstleistungen nutzt, sollte auch viel zahlen müssen. Die Konsequenz der Übertragung dieses Grundsatzes auf das Gesundheitswesen liegt auf der Hand: Kranke, Verletzte, Pflegebedürftige etc. haben die Kosten der von ihnen verursachten Leistungen selbst zu tragen. Alles, was von diesem zentralen Grundsatz abweicht, ist mit marktwirtschaftlichen Prinzipien nicht vereinbar und somit nicht akzeptabel.

Sofern jemand nicht in der Lage ist, das für die Begleichung der Rechnungen erforderliche Geld aufzubringen, ist es in dieser Vorstellungswelt nicht Aufgabe einer Institution wie der GKV, hierfür aufzukommen. Wer seine Behandlungskosten oder die dafür anfallenden Versicherungsprämien nicht aufbringen kann, soll stattdessen staatliche Unterstützung wie Sozialhilfe, Kindergeld etc. oder Zuschüsse zu Versicherungsprämien erhalten, damit er sich die notwendigen Behandlungen leisten kann. Nur ein solches System ist marktkonform, da es die Regeln des Marktes akzeptiert und auf das Gesundheitswesen anwendet.

Die gesetzliche Krankenversicherung hingegen ist nach diesen Vorstellungen vor allem deshalb inakzeptabel, weil sie gegen das Prinzip der Äquivalenz von Ware oder Dienstleistung auf der einen und Zahlung eines Preises auf der anderen Seite verstößt. der GKV werde das Äquivalenzprinzip nicht beachtet und stattdessen werden ‚Umverteilungen' vorgenommen, die nicht in eine Versicherung gehören, sondern allein über das Steuersystem und staatliche Transferleistungen vorzunehmen seien.

„In das System der GKV ist deshalb ein vertikal und horizontal wirkender Umverteilungsmechanismus eingebaut, der inkonsistent ist; denn er hat selbst innerhalb der Solidargemeinschaft als Folge der unterschiedlichen Behandlung der Pflichtversicherten und der freiwillig Versicherten, des Nebeneinanders von beitragsfrei und beitragspflichtig versicherten Familienmitgliedern sowie der Auswirkungen der Beitragsbemessungsgrenze geradezu widersinnige Redistributionseffekte. Es gilt deshalb, die gewünschte Einkommensumverteilung transparenter und schlüssiger zu gestalten. Das ginge am besten, indem man diese Aufgabe ausschließlich durch den Einsatz von Steuern und Transferausgaben bei den Gebietskörperschaften löst und die gesetzliche

Krankenversicherung nach versicherungswirtschaftlichen Grundsätzen organisiert"
(SVR-W 1985: 174).

„Umverteilung sollte jedoch durch progressive Einkommensbesteuerung und ergän-
zende Abgaben einerseits, Transferausgaben für hilfsbedürftige Bürger, einschließlich
des übrigen Familienlastenausgleichs, andererseits geregelt werden. Das unkoordi-
nierte Nebeneinander mehrerer Umverteilungssysteme führt zu Kumulationseffekten
und extrem hohen Grenzbelastungen. Hinzu kommen die besonderen Schwächen der
Verteilungswirkungen im System der GKV selbst" (SVR-W 1985: 174).

Auch diese Argumentation und Kritik war nicht neu. Wie in den vorhergehenden
Kapiteln gezeigt, hatte bereits Walter Bogs in seinem Gutachten argumentative
Vorarbeit geleistet, die später vom Bundessozialgericht und Bundesverfassungs-
gericht weitergeführt wurde. Anders als bei Bogs und in der höchstrichterlichen
Rechtsprechung dient die Behauptung der Existenz von ‚Umverteilungen' im
neoliberalen Reformmodell allerdings nicht der Rechtfertigung einkommens-
abhängiger Beiträge, sondern der Begründung für die Forderung nach ihrer
Abschaffung. Hier zeigt sich allerdings, wie gefährlich die von Bogs entwickelte, vom Bundessozialgericht und Bundesverfassungsgericht übernommene
Argumentation ist. Sie bereitet der neoliberalen Forderung nach Abschaffung
der Sozialversicherung allgemein und der gesetzlichen Krankenversicherung im
Besonderen den argumentativen Boden.

Wie bereits im Kapitel zu Bogs Gutachten herausgearbeitet, baut die Kritik an
‚Umverteilungen' auf der versteckten Prämisse auf, dass es sich bei den Krankenkassen um ‚Versicherungen' handelt, deren Urform oder ‚reine Form' die private
Versicherung ist. Folglich müssten Krankenkassen auch nach den Grundsätzen der
privaten Versicherungswirtschaft betrieben werden. Da in einer privaten Krankenversicherung keine Umverteilung von Einkommensbestandteilen stattfindet, dürfe
dies auch in der GKV nicht der Fall sein. Dieses Argumentationsmuster wurde in
der Folgezeit zu einem der zentralen Begründungsmuster für neoliberale Reformmodelle. Die zugrunde liegende Argumentation wurde bereits im Kapitel über
das Gutachten von Walter Bogs aus dem Jahr 1955 ausführlich diskutiert und
kritisiert, sodass hier nicht erneut darauf eingegangen werden muss.

Aus seiner Kritik an ‚systemwidrigen Umverteilungen' in der GKV leitete
der Sachverständigenrat die Forderung nach einer grundlegenden Änderung der
GKV-Finanzierung ab.

„Es gilt deshalb, die gewünschte Einkommensumverteilung transparenter und schlüssiger zu gestalten. Das ginge am besten, indem man diese Aufgabe ausschließlich

durch den Einsatz von Steuern und Transferausgaben bei den Gebietskörperschaften löst und die gesetzliche Krankenversicherung nach versicherungswirtschaftlichen Grundsätzen organisiert" (SVR-W 1985: 174).

Wenn gefordert wird, die GKV solle von allen ‚Umverteilungen' befreit werden, so zielt dies darauf, die Krankenkassen in private Versicherungsunternehmen umzuwandeln. Dies ist die Kernaussage der oben zitierten Passage und wird an dem Vorschlag sichtbar, die GKV nach versicherungswirtschaftlichen Grundsätzen zu organisieren.

Wenn die GKV in ein PKV-System umgewandelt werden soll, so erfordert dies vor allem die Anwendung des Äquivalenzprinzips. Dies stellt auch der Sachverständigenrat klar.

„Die bisherigen Formen der Einkommensumverteilung in der gesetzlichen Krankenversicherung sind mit einem Übergang zu einer stärkeren Beachtung des Prinzips nicht zu vereinbaren, daß auch in der Krankenversicherung die Leistung des Versicherten, nämlich sein Beitrag, der empfangenen Gegenleistung, das heißt dem Versicherungsschutz, gleichwertig sein soll" (SVR-W 1985: 174).

Die Forderung nach einem Übergang zum Äquivalenzprinzip ist zugleich die Forderung nach Abschaffung einkommensabhängiger Beiträge und Umstellung auf risikoäquivalente Versicherungsprämien. Dies wird in der oben zitierten Passage angesprochen, wenn gefordert wird, der Beitrag solle dem ‚Versicherungsschutz' gleichwertig sein. An späterer Stelle des Jahresgutachtens wurde der Rat deutlicher. wenn eine allgemeine Wahlfreiheit zwischen allen „Versicherungsträgern" eingeführt ist, werde es – so die Prognose des Rates –

„zu einem allmählichen Übergang von den bisherigen einkommensproportionalen Einkommenslasten zu risikoorientierten Beiträgen kommen" (SVR-W 1985: 173 f.).

Auch die beitragsfreie Mitversicherung von Familienangehörigen ist mit einer nach versicherungswirtschaftlichen Grundsätzen organisierten GKV unvereinbar. Folglich müsse auch sie abgeschafft werden.

„An die Stelle der beitragsfreien Versicherung von Familienmitgliedern könnte bei Zwangsversicherten die Verpflichtung treten, die Krankheitsrisiken der Angehörigen zum Tarif der freiwillig Versicherten bei seiner GKV oder auch einer privaten Krankenversicherung abzudecken, sofern sie nicht anderweitig abgesichert sind. Die aus dieser Umstellung resultierenden Mehrbelastungen der Familien müßten durch eine Verbesserung des all- gemeinen Familienlastenausgleichs aufgefangen werden. Dafür

kommen eine Aufstockung des Kindergeldes und eine Anhebung der Kinderfreibe-
träge bei der Einkommensbesteuerung in Betracht" (SVR-W 1985: 174).

Wer sich intensiver mit der Gesundheitspolitik der letzten beiden Jahrzehnte
befasst hat, dürfte bereits die deutlichen Parallelen zwischen diesen Passagen
des Jahresgutachtens 1985 und dem Kopfpauschalen- bzw. Gesundheitsprämienmodell der CDU bemerkt haben. Sowohl das Argumentationsmuster (Umverteilungen) als auch die Vorschläge zur Abschaffung der beitragsfreien Familienversicherung und Kompensation der daraus resultierenden Mehrbelastungen über
staatliche Transferzahlungen wie das Kindergeld finden sich ca. 15 Jahre später
in den Vorschlägen der vom CDU-Vorstand eingesetzten ‚Herzog-Kommission'
sowie in den entsprechenden Beschlüssen des CDU-Bundesvorstandes und CDU-
Parteitages aus dem Jahr 2004 (CDU 2004a, 2004b; Herzog-Kommission 2003).
Im Abschlussbericht der Herzog-Kommission war sogar von einer „versicherungsmathematisch berechneten lebenslangen Prämie zur Krankenversicherung"
die Rede (Herzog-Kommission 2003: 23), was nichts weiter ist als eine andere
Formulierung für ‚risikoäquivalente Prämien', wie sie in der PKV kalkuliert und
in Rechnung gestellt werden.

Entsprechend der oben zitierten Mahnung aus dem Jahresgutachten 1983,
dass grundlegende Reformen nicht in einem Schritt, sondern nur mit mehreren Schritten über einen längeren Zeitraum zu erreichen seien, empfahl der Rat
1985, zunächst mit der Einführung einzelner Elemente der PKV in die GKV
zu beginnen. Erste Schritte könnten die Einführung von Selbstbehalttarifen und
Kostenerstattung sein (SVR-W 1985: 171).[26]

Besonderen Stellenwert räumte der Rat dem Wettbewerb innerhalb der GKV
zwischen den Krankenkassen und zwischen GKV und privater Krankenversicherung ein. Der Rat wiederholte sein Plädoyer für eine allgemeine Wahlfreiheit
zwischen allen Krankenkassen, die allerdings nur ein erster Schritt sein sollte zu
einer allgemeinen Wahlfreiheit.

„Auch der Wettbewerb zwischen gesetzlichen Kassen und privaten Krankenversiche-
rern könnte verstärkt werden, wenn die Zugangsbarrieren zunächst für einen größeren
Personenkreis und später allgemein beseitigt würden" (SVR-W 1985: 171).

---

[26] Dieser Empfehlung folgte die Regierungskoalition von CDU/CSU und FDP sowohl in
dem vor ihr beschlossenen Gesundheitsreformgesetz 1988 (Kostenerstattung) als auch und
in erheblich radikalere Maße in den Gesetzen der ‚Dritten Stufe' der Gesundheitsreform
des Jahres 1997 (Selbstbehalte, Beitragsrückerstattung). Nachdem die rot-grüne Koalition
die meisten der Neuregelungen 1998 wieder aufgehoben hatte, konnte die Union deren teilweise Wiedereinführung im Rahmen des GKV-Modernisierungsgesetzes 2003 dank ihrer
Bundesratsmehrheit durchsetzen.

Mit ‚Zugangsbarrieren' waren die Zugangsbarrieren zur PKV gemeint. Die Passage legt somit offen, dass aus Sicht des Rates letztlich alle Versicherten die freie Wahl zwischen allen Krankenkassen und privaten Krankenversicherungen erhalten sollten. Damit war bereits 1985 der zentrale Grundsatz eines Reformmodells formuliert, das seit Anfang der 2000er Jahre unter dem Leitbegriff ‚einheitlicher Krankenversicherungsmarkt' diskutiert wird und mittlerweile auch Grundlage des Bürgerversicherungsmodells von SPD und Grünen ist. Darauf wird an späterer Stelle noch ausführlicher eingegangen.

Der Rat hatte 1985 sogar bereits ein Problem thematisiert, für dessen Lösung die Protagonisten eines einheitlichen Krankenversicherungsmarktes bis heute keine überzeugende Lösung gefunden haben. Eine freie Wahl zwischen allen Krankenkassen und privaten Krankenversicherungen ist solange nicht möglich, wie die Krankenkassen einkommensabhängige Beiträge und die PKV risiko-äquivalente Prämien kalkulieren. Da einkommensabhängige Beiträge mit den Grundsätzen der PKV unvereinbar sind, bleibt nur die Abschaffung der einkommensabhängigen Beiträge der GKV und Angleichung der Beitragserhebung an die Prinzipien der PKV. Dies stellte der Rat in der oben bereits zitierten Passage auch in aller Deutlichkeit klar. Wenn eine allgemeine Wahlfreiheit zwischen Krankenkassen und PKV eingeführt wird, werde es

> „zu einem allmählichen Übergang von den bisherigen einkommensproportionalen Einkommenslasten zu risikoorientierten Beiträgen kommen" (SVR-W 1985: 173 f.).

Was der Rat nicht weiter erläutert: Würden die Krankenkassen an einkommensabhängigen Beiträgen festhalten, wäre absehbar, dass sich bei ihnen all jene Versicherten sammeln, die nur über ein niedriges Einkommen verfügen, mehrfacherkrankt und/oder chronisch krank sind, oder als Familienangehörige von der GKV beitragsfrei mitzuversichern sind. Die PKV wäre hingegen attraktiv für junge, gesunde, gutverdienende Versicherte ohne Kinder oder nicht erwerbstätige Ehepartner. Auch dem Rat war klar, dass ein solcher Wettbewerb zu einer sehr ungleichen Verteilung von ‚guten und schlechten Risiken' auf die verschiedenen Krankenversicherungen führen würde (SVR-W 1985: 173 f.). Einen solchen Wettbewerb könnten die Krankenkassen finanziell nicht überleben.

Es bleiben somit im Grunde nur zwei Optionen: Entweder erheben auch die Kassen risikoäquivalente Prämien oder es wird ein „Risikoausgleich" zwischen den Kassen eingerichtet. Und genau den schlug der Rat 1985 vor und verwies auf das Beispiel des bereits bestehenden Risikoausgleichs in der Krankenversicherung der Rentner (SVR-W 1985: 173 f.). Ein GKV-interner Risikostrukturausgleich würde allerdings nicht ausreichen, die Verwerfungen auszugleichen, die entstehen, wenn alle Versicherten zwischen allen Krankenkassen und allen privaten Krankenversicherungen wählen können.

An diesem Punkt erscheint es sinnvoll, darauf aufmerksam zu machen, dass es ein Irrtum wäre anzunehmen, hier würden Probleme erörtert, die sich aus Reformvorschlägen ergeben könnten, die vor fast 40 Jahren gemacht wurden und von daher nur von historischem Interesse sind. Die Thematisierung dieses Problems ist von hoher aktueller und auch zukünftiger Relevanz.

Das rot-grüne Bürgerversicherungsmodell sieht die freie Wahl aller Bürger zwischen allen Arten von Krankenversicherungen vor, zwischen Krankenkassen und privaten Krankenversicherungen. ‚Bürgerversicherung' ist in diesem Modell keine Ausweitung der Versicherungspflicht in der GKV, sondern ein Tarif, der von Krankenkassen und PKV-Unternehmen angeboten wird. Die rot-grüne ‚Bürgerversicherung' meint nichts anderes als die Einführung eines ‚einheitlichen Krankenversicherungsmarktes'. In einem solchen Modell stellt sich somit genau das vom SVR-W 1985 angesprochene Problem.

In den Diskussionen über die Einführung einer Bürgerversicherung nach dem Modell eines einheitlichen Krankenversicherungsmarktes wird als Lösung des Problems die Einführung eines gemeinsamen Risikostrukturausgleich für Krankenkassen und privaten Krankenversicherungen vorgeschlagen (vgl. u. a. Greß/Bieback 2013; Rothgang/Götze 2013; Wasem/Greß 2004). Ein solcher Risikostrukturausgleich ist jedoch weder funktionsfähig konstruierbar noch dürfte er verfassungsrechtlich zulässig sein. Ein freier Wettbewerb zwischen allen Krankenkassen und allen PKV-Unternehmen um alle Versicherten ist letztlich nur dann funktionsfähig, wenn alle ‚Anbieter' von Krankenversicherungsschutz risikoäquivalente Prämien verlangen. Dieser Punkt soll hier nicht weiter erörtert werden, es wird an späterer Stelle wieder aufgegriffen.

Die Bedeutung des SVR-W und seiner Gutachten für die Entwicklung der Gesundheitspolitik

Sowohl der Vorschlag einer freien Kassenwahl als auch die Einführung eines Risikoausgleichs zwischen den Krankenkassen wurden in den folgenden Jahren von weiteren neoliberalen Ökonomen aufgegriffen. Beides wurde im Rahmen des Gesundheitsstrukturgesetzes 1992 beschlossen. Die Abschaffung der einkommensabhängigen Beiträge und deren Ersetzung durch risikoäquivalente Prämien ist bislang allerdings nicht mehrheitsfähig in der Politik. Ein zentrales Problem war dabei bislang die Gestaltung eines Überganges. Ein abrupter Wechsel wäre weder parteiübergreifend noch innerhalb der CDU/CSU mehrheitsfähig. Und er wäre auch technisch nicht machbar. Für einen schrittweisen Übergang fehlte jedoch lange Zeit ein Konzept. Die Hoffnung auf eine Lösung dieses Problems kam erst Ende der 1990er/Anfang der 2000er Jahre auf und wird seitdem im Modell einkommensunabhängiger Beitragspauschalen gesehen. Darauf wird an späterer Stelle näher einzugehen sein.

Auch wenn eine Abschaffung der einkommensabhängigen Beiträge, abgesehen von der vorübergehenden Einführung einkommensunabhängiger Zusatzbeiträge, bislang nicht gelang, so bleibt doch festzuhalten, dass die vom Wirtschaftssachverständigenrat empfohlene schrittweise Annäherung der GKV an die PKV erheblichen Einfluss auf die Gesundheitspolitik erlangte.

- *Wahlfreiheit:* Mit dem Gesundheitsstrukturgesetzes (GSG) wurde 1992 die Einführung einer weitgehenden Wahlfreiheit innerhalb der GKV zum 01.01.1996 beschlossen (§§ 168, 173 SGB V). Die Ortskrankenkassen standen bereits allen Pflichtversicherten der GKV offen. Die Ersatzkassen wurden per Gesetz für alle GKV-Mitglieder geöffnet. Den Innungs- sowie den Betriebskrankenkassen wurde die Möglichkeit eingeräumt, sich durch Satzungsbeschluss für alle GKV-Mitglieder zu öffnen.
- *Risikoausgleich:* Ebenfalls mit dem Gesundheitsstrukturgesetzes (GSG) 1992 wurde die Einführung eines ‚Risikostrukturausgleichs‘ innerhalb der GKV zum 1. Januar 1994 beschlossen (§ 266 SGB V).
- *Kostenerstattung und Selbstbehalt:* Durch das GSG 1992 wurde freiwillig Versicherten der GKV die Möglichkeit eröffnet, von Sachleistungen auf Kostenerstattung umzustellen (§ 13 Abs. 2 SGB V). Das 1997 beschlossene Zweite GKV-Neuordnungsgesetz (2. NOG) weitete diese Wahlmöglichkeit auf alle GKV-Mitglieder aus (§ 13 SGB V) und erlaubte den Krankenkassen, Kostenerstattung mit einem Selbstbehalt der Versicherten zu verbinden sowie den Beitrag der betreffenden Mitglieder entsprechend zu ermäßigen (§ 53 SGB V). Damit wurde faktisch ein ‚Selbstbehalttarif‘ eingeführt, denn die Beitragsermäßigung stellte einen Zusammenhang zwischen Leistungsumfang und Beitragshöhe her, sodass ein eigener, dem Äquivalenzprinzip folgender ‚Tarif‘ in die GKV eingefügt wurde. Die Leistungen für Zahnersatz wurden insgesamt auf Kostenerstattung umgestellt und auf Festbeträge beschränkt, die lediglich eine Basisversorgung abdeckten (§ 30 und 30a SGB V). Als weiteres PKV-Element wurde die *Beitragserstattung* in die GKV eingeführt. Krankenkassen erhielten die Möglichkeit, Mitgliedern eine „Beitragsrückzahlung“ zu gewähren, wenn sie und ihre mitversicherten Familienangehörigen in einem Kalenderjahr keine Leistungen in Anspruch genommen hatten (§ 54 SGB V).

Es bleibt noch zu ergänzen, dass sich die Vorschläge des Sachverständigenrates von 1985 nicht auf die Reform der gesetzlichen Krankenversicherung beschränkten, sondern auch die ambulante ärztliche Versorgung, Krankenhausversorgung und Arzneimittelversorgung mit einbezogen (SVR-W 1985: 172 f.). Für diese Bereiche des Gesundheitswesens wurde ebenfalls eine ,Politik der Marktöffnung und Deregulierung' gefordert. Im Zentrum stand dabei die Forderung nach mehr Vertragsfreiheit, um Einzelkassen die Möglichkeit zu geben, Verträge mit einzelnen Ärzten oder Arztgruppen und mit einzelnen Krankenhäusern abzuschließen. Damit plädierte der Rat für die Abschaffung eines zentralen Grundsatzes im GKV-Recht, nach dem alle Krankenkassen ,gemeinsam und einheitlich' mit den Leistungserbringern zu verhandeln haben. Er plädierte stattdessen für ein Modell, das heute unter dem Begriff ,Selektivverträge' oder ,Direktverträge' nicht mehr nur diskutiert, sondern bereits seit fast zwei Jahrzehnten zunehmend häufiger praktiziert wird.

Der Kronberger Kreis und seine Vorschläge für einen radikalen marktwirtschaftlichen Umbau

Nachfolgend wird ausführlicher auf eine Gruppierung eingegangen, die Anfang der 1980er Jahre entstand und erheblichen Einfluss auf die Politik und Entwicklung der Bundesrepublik hatte: Der Kronberger Kreis und die Stiftung Marktwirtschaft. Beide bilden eine organisatorische Einheit, bei der die einzelnen Elemente arbeitsteilig agieren, sich jedoch eng abstimmen und dabei nach Aussage eines langjährigen führenden Mitglieds dieser Gruppierung dem Grundsatz folgen „getrennt marschieren, vereint schlagen" (Weiss 2007: 48). Diese eher martialische und an Kriegsführung erinnernde Formulierung entspricht durchaus einem bei Vertretern des Neoliberalismus weit verbreiteten Selbstverständnis, nach dem sich Neoliberale als ,Kämpfer für die Freiheit' verstehen, die als verschworene Gemeinschaft gegen den ,Kollektivismus' sozialistischer und sozialdemokratischer Parteien und den von deren Regierungen ausgeübten ,staatlichen Zwang' kämpfen, um die Freiheit des Marktes und der Marktwirtschaft und vor allem die Freiheit des Privateigentums zu verteidigen.[27]

---

[27] In der neoliberalen Gedankenwelt findet sich ein „ausgeprägtes Freund-Feind-Denken" (Ptak 2017: 23), das der Vorstellung folgt, die ,Kräfte des Guten' (die Neoliberalen) stünden in einer existentiellen Auseinandersetzung mit den Kräften des ,Bösen' (Sozialismus, Faschismus, Sozialdemokratie) (Biebricher 2018: 34). Das neoliberale Selbstbild ist dabei häufig geprägt vom „Selbstverständnis einer militärischen Formation" (Ptak 2017: 23). So bezeichnete Hayek diese Auseinandersetzung denn auch als einen „ideologischen Krieg",

Wegen seiner besonderen Bedeutung wird zunächst ausführlicher auf die Entstehung, Entwicklung und Bedeutung des Kronberger Kreises und der Stiftung Marktwirtschaft eingegangen. Dem folgt in einem zweiten Teil die Vorstellung eines Mitte der 1980er Jahre vom Kronberger Kreis vorgestellten Reformkonzeptes für den marktwirtschaftlichen Umbau der gesetzlichen Krankenversicherung und weiterer Bereiche des Gesundheitswesens.

Der Kronberger Kreis und die Stiftung Marktwirtschaft

Anfang der 1980er Jahre betrat eine neue Gruppierung die politische Arena, die bis heute besteht und einen nicht zu unterschätzenden Einfluss auf die Wirtschafts- und Sozialpolitik der Bundesrepublik hatte und noch heute hat. Sie ist der politisch interessierten Öffentlichkeit allerdings auch heute noch weitgehend unbekannt. Es handelt sich um die „Stiftung Marktwirtschaft" und ihren wissenschaftlichen Beirat, den „Kronberger Kreis". Bereits im Rahmen der Erörterung des Wirtschaftssachverständigenrates wurde – wenn auch eher beiläufig – auf den Kronberger Kreis hingewiesen, da zwischen beiden Gruppierungen personelle Verbindungen bestanden. Zudem wurde eine Aussage von Otto Graf Lambsdorff über seine Zeit als Wirtschaftsminister zitiert, in der er rückblickend feststellte:

> „Ich glaube, ich habe einfach den Kronberger Kreis kopiert, das war das Einfachste, weil es richtig war" (Lambsdorff 2007: 39).

Dem Kronberger Kreis kam für den neoliberalen Roll Back in den 1980er Jahren und das Vordringen neoliberaler Denk- und Argumentationsmuster in den letzten drei Jahrzehnten eine besondere Rolle zu. Analysen neoliberaler Netzwerkstrukturen führten zu dem Ergebnis, dass der Kronberger Kreis nach der Mont Pèlerin Society (MPS) die höchste Zentralität aufweist, insbesondere wegen seiner personellen Verflechtungen mit anderen einflussreichen Gruppierungen und offiziellen Gremien der Politikberatung (Ötsch/Pühringer 2015: 108–111; Ötsch et al. 2017: 234, Abb. 221). Auch die Ergebnisse der hier vorliegenden Untersuchung stützen zumindest für die 1980er Jahre die Einschätzung, dass der Kronberger Kreis eine „Schlüsselrolle in der offensiven neoliberalen Politikbeeinflussung" (Ptak 2017: 72) innehatte.

Zum Erfolg dieser Gruppierung trug insbesondere eine arbeitsteilige Verbindung bei, zwischen einem Verein, der später zur Stiftung Marktwirtschaft

---

bei dem es gelte, „die anständig gesinnten Elemente" für die Ideale des Neoliberalismus zu gewinnen (Hayek 1944/1952: 270).

umgewandelt wurde, dem Kronberger Kreis und einer weiteren, für die Sammlung von Spenden und Organisation von Veranstaltungen zuständige Stiftung (Informedia). Adressaten der Aktivitäten dieses Netzwerkes waren und sind vor allem Politiker, Ministerialbeamte und Journalisten, nicht jedoch die breite Öffentlichkeit. Auch dies ist typisch für die politischen Strategien neoliberaler Netzwerke. Sie wenden sich nicht oder zumindest nicht primär an die Öffentlichkeit und sind ihr in der Regel vollkommen oder weitgehend unbekannt. Adressaten neoliberaler Strategien der Beeinflussung von Politik und öffentlicher Meinung sind vor allem Akteure aus dem engeren Machtbereich der Politik und führende Ministerialbeamte. Akteure des Mediensystems sind insofern von besonderer Bedeutung, da sie als Multiplikatoren für die Verbreitung der neoliberalen Weltsicht dienen können.

Der Verein und später die *Stiftung Marktwirtschaft* dient sozusagen als eine Art ‚Dachorganisation' und organisiert die Vernetzung zwischen Unternehmern, neoliberalen Wirtschaftswissenschaftlern und Politik. Zudem kümmert er sich auch um die Beschaffung von Geldern zur Finanzierung der Arbeit der Stiftung und des Kronberger Kreises.

Der *Kronberger Kreis* fungiert als ‚Think Tank' und liefert die mit der ‚Autorität' von Universitätsprofessoren ausgestatteten Texte zur Unterstützung neoliberaler Argumentationsmuster und Reformvorschläge.

Die *Informedia Stiftung* übernimmt in diesem Verbund vor allem die Aufgabe der Organisation von Veranstaltungen, zu denen hochrangige Politiker eingeladen werden und in der Regel auch erscheinen, sowie der Beschaffung von Spenden für die Finanzierung nicht nur der Veranstaltungen, sondern auch der sonstigen Aktivitäten, wie beispielsweise der Honorierung für Studien und Gutachten gleichgesinnter Wissenschaftler.

Diese Organisationsstruktur war jedoch nicht von Anfang vorhanden, sie entwickelte sich schrittweise. Hier soll zunächst nur die Entwicklung in den 1980er Jahren kurz nachgezeichnet werden. Grundlage dafür sind vor allem eine vom Kronberger Kreis autorisierte Darstellung seiner Geschichte (Weiss 2007) sowie Auswertungen der Internetseite des Kronberger Kreises. Auf die weitere Entwicklung und den gegenwärtigen Stand wird an späterer Stelle entsprechend der chronologischen Abfolge der vorliegenden Untersuchung eingegangen.

Die Gründung des Kronberger Kreises und der Stiftung Marktwirtschaft erfolgte auf Initiative des Unternehmers Ludwig Eckes[28] und des Professors für

---

[28] Ludwig Eckes war 1931 bis 1984 persönlich haftender Gesellschafter der Firma Peter Eckes (Spirituosenhersteller), 1978 bis 1981 war er Präsident des Bundesverbandes der Deutschen Spirituosen-Industrie und -Importeure (BSI), ab 1981 dessen Ehrenpräsident.

Bankbetriebslehre an der Universität Frankfurt, Wolfram Engels. Die erste Sitzung des Kronberger Kreises fand am 12./13. Dezember 1981 im Schlosshotel Kronberg statt. Daher stammt auch der Name des Kreises. Die Ableitung des Namens aus dem Gründungsort ist sicher keine zufällige Parallelität zum großen Vorbild, der Mont Pelerin Society.

Die Stiftung Marktwirtschaft wurde am 21. Januar 1982 zunächst als „Verein zur Förderung wirtschafts- und gesellschaftspolitischer Forschung" gegründet (Weiss 2007: 14). Zwei Monate nach seiner Gründung wurde der Verein umbenannt in „Frankfurter Institut für wirtschaftspolitische Forschung e. V." (ebd.). Dem Verein kam in dieser Konstellation vor allem die Aufgabe der Netzwerkbildung und Verbreitung der Publikationen des Kronberger Kreises sowie der Öffentlichkeitsarbeit zu. Kern dieser Konstruktion war in den Anfangsjahren somit der Kronberger Kreis.

Zu den Gründungsmitgliedern des Kreises gehörten Wolfram Engels, Gerhard Fels, Armin Gutowski, Wolfgang Stützel, Carl-Christian von Weizäcker, Hans Willgerodt und Wernhard Möschel. Als Nachfolger für ausgeschiedene Mitglieder wurden bis Ende der 1980er in den Kreis aufgenommen: Walter Hamm (1984), Ottmar Issing (1987), Wernhard Möschel (1984) und Olaf Sievert (1988).

Zu den zehn Mitgliedern des Kronberger Kreises zwischen 1982 und 1989 gehörten somit fünf ehemalige, damalige oder zukünftige Mitglieder des Wirtschaftssachverständigenrates (Fels, Gutowski, Issing, Sievert, Stützel), vier Mitglieder wissenschaftlicher Beiräte von Bundesministerien (Hamm, Möschel, Sievert, Weizäcker), zwei Mitglieder der Monopolkommission (Möschel, Weizäcker) und ein Vorsitzender der Monopolkommission (Weizäcker) sowie der spätere Chefvolkswirt der Bundesbank und Chefökonom der Europäischen Zentralbank (Issing).

Auch die Besetzung des Kronberger Kreises in neuerer Zeit weist ähnliche Charakteristika auf. Ende 2021 gehörten zu den sechs Mitgliedern des Kreises zwei Mitglieder des Wirtschaftssachverständigenrates (Lars P. Feld, Volker Wieland), vier Mitglieder wissenschaftlicher Beiräte von Bundesministerien (Lars P. Feld, Clemens Fuest, Berthold U. Wigger, Volker Wieland), ein ehemaliger Vorsitzender der Monopolkommission (Justus Haucap) und eine Sonderberaterin der EU-Kommissarin Vestager für Wirtschafts- und Wettbewerbsrecht (Heike Schweitzer).

Mitglieder des Kronberger Kreises im Zeitraum 1982 bis 1989

Wolfram Engels, Professor für Bankbetriebswirtschaftslehre an der Universität Frankfurt (1968–1995), Herausgeber der Wirtschaftswoche (1984–1995), Gründer und Sprecher des Kronberger Kreises (1981–1995).

Gerhard Fels, Institut für Weltwirtschaft Kiel (1969–1983), Honorarprofessor an der Universität Kiel (1974–1985), Mitglied des Sachverständigenrates zur Begutachtung der gesamtwirtschaftlichen Entwicklung (1976–1982), Leiter des Instituts der deutschen Wirtschaft (IW) (1983–2004), Mitglied des Kronberger Kreises (1981–1983).

Armin Gutowski, Professor für Volkswirtschaftslehre an den Universitäten Gießen, Frankfurt und Hamburg (1967–1987), Mitglied des Kronberger Kreises (1982–1987).

Walter Hamm: Professor für Volkswirtschaftslehre an der Universität Marburg (1963–1988), Mitglied des Wissenschaftlichen Beirates beim Bundesverkehrsministerium (1966–1991), Mitglied im Kronberger Kreis (1984–1997).

Otmar Issing, Professor für Volkswirtschaftslehre an den Universitäten Erlangen-Nürnberg und Würzburg, Mitglied des Sachverständigenrates zur Begutachtung der gesamtwirtschaftlichen Entwicklung (1988–1990), Mitglied des Direktoriums und Chefvolkswirt der Deutschen Bundesbank (1998–2006), Mitglied im Direktorium und Chefökonom der Europäischen Zentralbank (1998–2006), Mitglied des Kronberger Kreises (1987–1990).

Wernhard Möschel, Professor für Bürgerliches, Handels- und Wirtschaftsrecht an der Universität Tübingen (1973–2009), Mitglied der Monopolkommission (1989–2000, 1998–2000: Vorsitzender), Mitglied des wissenschaftlichen Beirates beim Bundesministerium für Wirtschaft und Technologie (seit 1987, 2000–2004 Vorsitzender), Mitglied des Kronberger Kreises (1984–2012).

Olaf Sievert, Professor für Nationalökonomie an der Universität des Saarlandes (1971–1992), Mitglied des Sachverständigenrates zur Begutachtung der gesamtwirtschaftlichen Entwicklung (1970–1985, 1976–1985 Vorsitzender), Mitglied des Wissenschaftlichen Beirates beim Bundesministerium für Wirtschaft und Technologie (seit 1985), Mitglied des Kronberger Kreises (1988–2003).

Wolfgang Stützel, Abteilungsleiter der Deutschen Bundesbank (1957–1958), Mitglied des Sachverständigenrates zur Begutachtung der gesamtwirtschaftlichen Entwicklung (1965–1968), Professor an der Wirtschaftswissenschaftlichen Fakultät der Universität des Saarlandes (1958–1987), Mitglied des Kronberger Kreises (1982–1988).

Carl-Christian von Weizsäcker, Professor für Volkswirtschaftslehre an den Universitäten Bonn, Bern und Köln (1974–2003), Mitglied der Monopolkommission (1986–1998, 1989–1998: Vorsitzender), Mitglied des wissenschaftlichen Beirates beim Bundesministerium für Wirtschaft und Technologie (seit 1977), Mitglied des Kronberger Kreises (1982–1988).

Hans Willgerodt, Professor für Wirtschaftliche Staatswissenschaften an der Universität Köln, Mitglied des Kronberger Kreises (1982–1990).

Der Kronberger Kreis war – und ist immer noch – ein sehr kleiner und ‚handverlesener' Kreis einflussreicher Wissenschaftler, vor allem aus dem Bereich der Wirtschaftswissenschaften. Um seine politische Homogenität auch über einen längeren Zeitraum sicherzustellen, erfolgt die Aufnahme neuer Mitglieder auf dem Wege eines Kooptationsverfahrens.

„Nach Paragraph 11 der Satzung der Stiftung Marktwirtschaft werden die Mitglieder des Kronberger Kreises im Kooptationsverfahren mit Zustimmung des Stiftungsrates gewählt. Ein solches Verfahren stellt sicher, dass die Mitglieder zumindest in ihrem Grundverständnis über ein liberales Wirtschafts- und Gesellschaftsprogramm übereinstimmen" (Weiss 2007: 24).

Der Kreis verstand sich bereits in seiner Gründungszeit als eine Art ‚verschworene Kampfgemeinschaft'.

„Die Mitglieder des Kronberger Kreises verbindet offenbar so etwas wie ein nicht formulierter, aber gelebter Rütlischwur, der sie zum Eintreten für das Ordnungsprinzip des Marktes verpflichtet, für wissenschaftliche Sorgfalt, Qualität, gegenseitige Achtung und Loyalität über die vielen Jahre. Überdies gelingt es den Mitgliedern des Kronberger Kreises, für die ausscheidenden Kollegen Nachfolger zu gewinnen, die kraft Persönlichkeit und Kompetenz an das hohe Niveau ihrer Vorgänger anknüpfen" (Weiss 2007: 28).

Die Verwendung des Begriffs „Rütlischwur" in dieser Passage bietet einen aufschlussreichen Einblick in die Vorstellungswelt des Kronberger Kreises. Der

Begriff entstammt Sagen über die Gründung der Schweiz (vgl. Historisches Lexikon der Schweiz 2019). Danach geht die Gründung der Eidgenossenschaft auf den Widerstand ‚frommer, edler Bauern' zurück, die sich gegen die Willkürherrschaft des Adels und vor allem der habsburgischen Vögte (österreichischen Besatzer) verbündeten. Die Führer der drei Urkantone (Uri, Schwyz, Unterwalden) sollen bei einem geheimen Treffen im Jahr 1307 (oder 1291) auf einer Bergwiese am Vierwaldstättersee (der ‚Rütli') einen Geheimbund geschlossen und sich gegenseitige Unterstützung gegen die Willkürherrschaft geschworen haben. Die Verwendung des Begriffs „Rütlischwur" und die damit verbundene Herstellung einer Assoziation zwischen Kronberger Kreis und Schweizer Freiheitskampf folgt einem in neoliberalen Publikationen häufig anzutreffenden Selbstbild Neoliberaler als ‚Kämpfer für die Freiheit'. War es im Mittelalter der Kampf freiheitsliebender Bauern gegen die habsburgischen Unterdrücker, so ist es – aus neoliberaler Sicht – heute der Kampf der ‚Liberalen' gegen die Bedrohungen der freien Marktwirtschaft durch alle Formen von Kollektivismus und davon ausgehende Versuche, die Freiheit der Märkte einzuschränken.

Dieses Selbstbild und die Wahrnehmung einer Bedrohung der Freiheit, gegen die es sich zu wehren gilt, war offenbar auch konstitutiv für die Grünung des Kronberger Kreises, wie in einer von den Mitgliedern des Kronberger Kreises autorisierten Geschichtsschreibung des Kreises erkennbar wird.

„Die Gründer fühlten sich zu ihrer Initiative durch die krisenhafte Entwicklung der Bundesrepublik Deutschland bewogen, die sie als „zutiefst besorgniserregend" empfanden (Weiss 2007: 7 f.).

„Die wirtschafts- und gesellschaftspolitische Richtung der sozialliberalen Koalition war einerseits geprägt durch eine SPD-Linke, die auf Staatsinterventionismus und wachsende Staatsverschuldung setzte, und andererseits eine FDP, die zunehmend ihre Unfähigkeit erkannte, gegen den Kollektivismus von Teilen der SPD und der Gewerkschaften eine liberale Wirtschaftspolitik durchzusetzen, was schließlich im Herbst 1982 zum Bruch der Koalition führte" (ebd.: 8).

„Große Teile der Gewerkschaften und der Sozialdemokratie waren damals auf dem Weg zur sozialistischen Demokratie. Die tonangebende politische Klasse insgesamt war eher leistungsfeindlich eingestellt" (ebd.: 9).

Es habe eine „Kultur der Leistungsverweigerung" geherrscht und ein „Klima der Verneinung, der Diffamierung des Begriffs Elite und der Gleichmacherei" (ebd.: 10).

In dieser Situation hielten es die Initiatoren des Kreises für dringend geboten, die Marktwirtschaft zu verteidigen.

„Was nottut ist eine Wiederbelebung der Gedanken einer wirklichen Sozialen Marktwirtschaft, wie sie von Ludwig Erhard, Alfred Müller-Armack, Franz Böhm u. a.
vorgedacht worden ist. Hierzu gehört z. B. eine verstärkte Aufklärung über die tatsächlichen wirtschafts- und gesellschaftspolitischen Zusammenhänge, die Ursachen
und Folgen der jetzigen wirtschafts- und gesellschaftspolitischen Krise und die Alter-
nativmöglichkeiten für eine bessere Zukunft" (Eckes, zit.n. Weiss 2007: 12).

Vorbild für die Gründung des Kronberger Kreises war die neoliberale US-
amerikanische Heritage Foundation, die als Think Tank die Politik der Rea-
gnomics in den USA entwickelte, unterstützte und begleitete (Weiss 2007: 14).
Insgesamt orientierten sich die Initiatoren der Stiftung Marktwirtschaft und des
Kronberger Kreises und ihre Verbündeten an den Entwicklungen in Großbritannien unter Thatcher und der USA unter Reagan und wollten eine ähnliche
neoliberale Wende auch in der Bundesrepublik erreichen (Weiss 2007: 7, 44).

Die Gründung des Kronberger Kreises war noch während der Regierungszeit der sozialliberalen Koalition erfolgt. Der Kreis hatte vor diesem Hintergrund
geplant, bis zur nächsten Bundestagswahl im Jahr 1984 ein umfassendes wirt-
schaftspolitisches Gesamtprogramm zu erarbeiten, mit dem dann in die Wahl
eingegriffen werden sollte. Durch das konstruktive Misstrauensvotum gegen Helmut Schmidt, den Wechsel der FDP zu einer Koalition mit der CDU/CSU und
die am 1. Oktober 1982 erfolgte Wahl Helmut Kohls zum Bundeskanzler wurde
diese Planung jedoch hinfällig.

„Mit dem Regierungswechsel im Herbst 1982 war allen Beteiligten klar, dass es
galt, in der Öffentlichkeit mit ordnungspolitisch ausgerichteten Vorschlägen für die
Gesetzgebung auf wirtschafts- und sozialpolitischem Gebiet schneller präsent zu
sein" (Weiss 2007: 18 f.).

„Um schon in der Anfangszeit der Regierung Helmut Kohl mit konkreten Vorschlägen präsent zu sein" (Weiss 2007: 19), musste die Programmatik innerhalb
weniger Wochen erarbeitet und der Öffentlichkeit vorgelegt werden.

„Eingeholt von den politischen Ereignissen trat der Kronberger Kreis die Flucht nach
vorne an. Am 2.12.1982 präsentierte er in Bonn mithilfe der Ludwig-Erhard-Stiftung
der Presse seine erste Broschüre unter dem Titel ,Mehr Mut zum Markt'. Dieser Titel
war zugleich Programm" (Weiss 2007: 17).

Die Broschüre „Mehr Mut zum Markt" (Kronberger Kreis 1983) war eher
grundsätzlich und allgemein gehaltenen, ihr folgten weitere Broschüren mit
Reformvorschlägen für die Deregulierung und Privatisierung verschiedenster
Bereiche.

- *Arbeitsmarkt- und Lohnpolitik:* Plädoyer für eine angebotsorientierte Wirtschaftspolitik, Senkung der Arbeitskosten und Verhinderung von Arbeitszeitverkürzungen (Engels 1984).
- *Schienen- und Luftverkehr:* Deregulierung und Zulassung privater Unternehmen im Schienenverkehr (Bundesbahn) und Luftverkehr, Rückzug des Staates auf die Festlegung von Rahmenbedingungen für freien Wettbewerb (Kronberger Kreis 1984a).
- *Wohnungsbau und Mietrecht:* Abschaffung des sozialen Wohnungsbaus, vollständige Liberalisierung des Mietrechts, Abschaffung der Grunderwerbssteuer, steuerliche Förderung von Wohneigentum (Kronberger Kreis 1984b).
- *Arbeitsrecht:* Deregulierung und Liberalisierung des Arbeitsrechts, Abschaffung der Allgemeinverbindlichkeit von Tarifverträgen, Lockerung des Kündigungsschutzes, Abschaffung von Sozialplänen, Lockerung der Vorschriften zu befristeten Arbeitsverträgen, Abschaffung des staatlichen Monopols auf Arbeitsvermittlung (Kronberger Kreis 1986b).
- *Telekommunikation:* Beseitigung des Postmonopols, Öffnung der Telekommunikation für private Unternehmen (Kronberger Kreis 1987b).
- *Gesundheitswesen:* Marktwirtschaftlicher Umbau des Gesundheitswesens, Abschaffung der gesetzlichen Krankenversicherung und Umwandlung der Krankenkassen zu privaten Versicherungsunternehmen (Kronberger Kreis 1987a).
- *Alterssicherung:* Reduzierung der gesetzlichen Rentenversicherung auf das Niveau von Sozialhilfeleistungen, Heraufsetzung des Renteneintrittsalters, Übergang zu einem System privater Vorsorge nach versicherungswirtschaftlichen Grundsätzen (Kronberger Kreis 1987c).
- *Energieversorgung:* Deregulierung und Privatisierung der kommunalen Energieversorgung, Freigabe der Strom- und Gaspreise (Kronberger Kreis 1988b).
- *Rundfunk und Fernsehen:* Abschaffung der öffentlich-rechtlichen Rundfunk- und Fernsehanstalten, Überführung des Systems in ein rein privatrechtliches, Abschaffung der staatlichen Rundfunkgebühren, Finanzierung ausschließlich über Werbeeinnahmen und Pay-TV-Angebote (Kronberger Kreis 1989a).
- In den 1990er und Anfang der 2000er Jahren folgten Reformvorschläge für eine marktwirtschaftliche Umgestaltung der öffentlichen Verwaltung (Kronberger Kreis 1991), der Hochschulen (Kronberger Kreis 1989b) und die Privatisierung von Landesbanken und Sparkassen (Kronberger Kreis 2001).

Verglichen mit diesem breiten Spektrum und der Radikalität der Reformvorschläge des Kronberger Kreises muten die Vorstellungen der Gründer des deutschen Ordoliberalismus eher zurückhaltend und ‚hausbacken‘ an. Auch wenn sich Mitglieder des Kronberger Kreises in der Tradition des Ordoliberalismus sahen, das von ihnen verfolgte Programm ging weit über das hinaus, was die Ordoliberalen der ersten Generation als Ziele verfolgten. Die Programmatik des Kronberger Kreises war erkennbar von den Vorstellungen des radikalen US-Neoliberalismus der Chicago School eines Milton Friedman und Gary S. Becker inspiriert und zielte auf einen radikalen Umbau der Gesellschaft insgesamt.

Hatten sich die Ordoliberalen der Gründergeneration noch weitgehend auf die Verteidigung der Marktwirtschaft und Forderungen nach Verhinderung und Beseitigung von Monopolen und Kartellen konzentriert, stand auf der Agenda der Neoliberalen auch in Deutschland seit Ende der 1970er und Anfang der 1980er Jahre eine möglichst weitgehende Durchdringung der Gesellschaft mit den Organisationsprinzipien von Markt und Wettbewerb.

Allein, wenn man das bekannteste Werk von Friedmann aus dem Jahr 1962, „Kapitalismus und Freiheit" (Friedman 1962/2004), neben die oben zitierten Broschüren legt und die Inhalte vergleicht, zeigen sich frappierende Übereinstimmungen. Man könnte fast meinen, Friedmans Buch bildete so etwas wie eine Blaupause, die auf bundesdeutsche Verhältnisse angewendet wurde.

Gleicht man die oben angeführte Liste der vom Kronberger Kreis in den 1980er und 1990er Jahren vorgelegten Reformvorschläge mit der heutigen Situation ab, so wird man nicht umhinkommen, dem selbstzufriedenen Rückblick eines führenden Mitglieds der Stiftung Marktwirtschaft aus dem Jahr 2007 zuzustimmen.

> „Gleichwohl gibt es viele Bereiche, in denen sich unser Land in den letzten 25 Jahren in Richtung auf mehr Markt und weniger Staat bewegt hat (Ausnahme: Gesundheitswesen). Erinnert sei an Privatisierungen, die Umsetzung von Empfehlungen im Bereich Steuern wie etwa die Abgeltungssteuer, Deregulierungen im Bereich der Agrarwirtschaft, in der Telekommunikation, Luftverkehr, Brief- und Pakettransport, mehr Wettbewerb und ‚Kundenorientierung' bei den Hochschulen. Etwas genereller: Tabus sind gefallen" (Weiss 2007: 65).

Die in der oben zitierten Passage enthaltene Einschränkung zum marktwirtschaftlichen Umbau des Gesundheitswesens verkennt allerdings die auch dort erreichten Veränderungen. Wettbewerb und Markt haben auch dort in einem Maße Einzug gehalten, wie es noch in den 1970er Jahren kaum vorstellbar war. Erkennbar wird dies bereits auf der sprachlichen Ebene. Die Begriffe „Wettbewerb" und „Markt" sind mittlerweile selbstverständlicher Bestandteil sowohl der gesundheitlichen Diskussion als auch der medialen Berichterstattung und des Selbstverständnisses führender Akteure, nicht nur aufseiten der Leistungserbringer, sondern auch – und vor allem – aufseiten des Führungspersonals der gesetzlichen Krankenversicherung.

Es mag heute kaum vorstellbar sein, aber diese Begriffe spielten in der gesundheitspolitischen Diskussion der 1970er Jahre keine Rolle. Im Gegenteil: In der Ära der sozialliberalen Regierungskoalition war die Gesundheitspolitik getragen von der Überzeugung, dass es sich bei der Versorgung Kranker und Pflegebedürftiger um einen zentralen Teil der staatlichen Daseinsvorsorge handelt, der auf keinen Fall den Gesetzen von Markt und Wettbewerb überlassen werden dürfe (vgl. hierzu exemplarisch die gesundheitspolitische Diskussion über Rolle und Finanzierung der Krankenhäuser, in Simon 2000).

Nachfolgend werden die gesundheitspolitischen Reformvorschläge des Kronberger Kreises vorgestellt und analysiert. Zuvor wird jedoch auf die tragenden Grundüberzeugungen des Kreises eingegangen. Dies erscheint insofern angebracht, um deutlich werden zu lassen, dass die Vorschläge und Reformkonzepte Ausdruck weitergehender Vorstellungen und Ziele waren. Es würde der Bedeutung der gesundheitspolitischen Reformkonzepte nicht gerecht, wenn man sie nur für sich und als singuläre Phänomene betrachtet. Die Bedeutung der Vorschläge wird erst wirklich verständlich, wenn man berücksichtigt, dass sie aus allgemeinen Grundsätzen für einen marktwirtschaftlichen Umbau der Gesellschaft abgeleitet sind.

Die Beachtung dieses größeren Rahmens ist zudem auch an den Stellen hilfreich, bei denen neoliberale Reformvorschläge bewusst wolkig und nebulös bleiben, weil der eigentliche Zweck und das letztliche Ziel nicht offengelegt werden sollen. Es ist eines der zentralen Anliegen der hier vorgelegten Untersuchung, auch deutlich zu machen, dass Vorschläge für einen marktwirtschaftliche Umbau des Gesundheitswesens im Allgemeinen und der gesetzlichen Krankenversicherung im Besonderen nicht aus den Interessen und Bedarfen der Bürger, der Versicherten und Patienten abgeleitet sind, sondern aus fundamentalen marktradikalen Überzeugungen und langfristigen politischen Zielen. Nur wenn man diese Zusammenhänge einbezieht, wird man in der Lage sein, Ziel und Sinn neoliberaler Reformmodelle zu verstehen und ihre Bestandteile richtig einzuordnen.

Die Reformvorschläge des Kronberger Kreises

Im Folgenden werden zwei Schriften des Kronberger Kreises aus den 1980er Jahren näher betrachtet, in denen Grundzüge und auch Details einer Reform der GKV enthalten sind. In der 1986 erschienen Schrift „Bürgersteuer – Entwurf einer Neuordnung von direkten Steuern und Sozialleistungen" (Kronberger Kreis

1986a) wurden allgemeine und grundsätzliche Überlegungen vorgestellt. Ein Jahr später stellt der Kronberger Kreis in „Mehr Markt im Gesundheitswesen" (Kronberger Kreis 1987a) ein relativ umfassendes Gesamtkonzept für einen marktwirtschaftlichen Umbau des Gesundheitswesens vor, in dessen Zentrum die gesetzliche Krankenversicherung steht.

Die in diesen beiden Schriften enthaltenen Analysen und Reformvorschläge waren nicht neu, sondern zuvor bereits von verschiedenen anderen Autoren und an verschiedener Stelle publiziert worden. Die besondere Bedeutung vor allem der 1987 vorgelegten Schrift liegt darin, dass mit ihr erstmals seit der Rothenfelser Denkschrift wieder ein umfassenderes Reformmodell für eine radikal marktwirtschaftliche Umgestaltung des Gesundheitssystems vorgelegt wurden. Allerdings gehen die Vorschläge des Kronberger Kreises deutlich über die der Rothenfelser Denkschrift hinaus, sowohl was den Umfang betrifft als auch die Radikalität.

Das Reformmodell des Kronberger Kreises wurde zu einem einflussreichen Referenzpunkt für die nachfolgende marktwirtschaftlich orientierte gesundheitspolitische Diskussion. So gingen die Vorschläge des Kronberger Kreises in das Reformkonzept der Wissenschaftlichen Arbeitsgruppe Krankenversicherung ein, deren Mitglieder die Vorstellungen wiederum in andere wirtschaftswissenschaftliche und gesundheitspolitische Netzwerke und Beratergremien einbrachten, unter anderem auch in die GKV-Enquêtekommission des Bundestages, deren Vorschläge wiederum Grundlage des Gesundheitsstrukturgesetzes 1992 wurden.

Die Wirkungsgeschichte des Kronberger Reformkonzepts endete jedoch nicht mit dem Gesundheitsstrukturgesetz. Wie die Rekonstruktion und Analyse der nachfolgenden marktwirtschaftlich orientierten Reformmodelle zeigen wird, erscheint es durchaus angemessen, das Konzept des Kronberger Kreises von 1987 aus heutiger Sicht als eine Art Grundsatzprogramm für eine radikal marktwirtschaftliche Umgestaltung des deutschen Gesundheitssystems zu betrachten, an dessen Verwirklichung einflussreiche Akteure der Politikberatung und des politischen Systems seit mittlerweile mehr als drei Jahrzehnten arbeiten.

So gingen beispielsweise zentrale Bestandteile des Reformkonzeptes in das „Kopfpauschalenmodell" der Herzog Kommission ein, das wiederum Grundlage des „Gesundheitsprämienmodells" der CDU wurde. Auch die gesundheitspolitischen Parteitagsbeschlüsse der FDP bauten in der Vergangenheit im Kern auf der gleichen Vorstellungswelt auf wie das Reformkonzept des Kronberger Kreises von 1987, wenngleich in unterschiedlicher Deutlichkeit und Radikalität.[29]

---

[29] Ihren Höhepunkt erreichte die Marktradikalität der FDP in einem Grundsatzbeschluss ihres Bundesparteitages 2004 zur Zukunft der GKV. Zentrale Forderungen waren die

Alle relevanten neueren Reformkonzepte für einen ‚einheitlichen Krankenversicherungsmarkt' verwerten Argumentationsmuster und Reformelemente, wie sie vom Kronberger Kreis 1987 formuliert wurden.

Wegen seiner besonderen Bedeutung für die weitere Entwicklung der gesundheitspolitischen Diskussion wird das vom Kronberger Kreis Mitte der 1980er Jahre vorgelegte Reformkonzept nachfolgend relativ ausführlich vorgestellt und eingehender analysiert und diskutiert. Dies erfolgt nicht nur für Zwecke der historischen Rekonstruktion. Das Reformkonzept enthält zahlreiche Argumentationsmuster und Elemente, die auch heute noch in der gesundheitspolitischen Diskussion anzutreffen sind. Insofern eignen sich die Positionen und Vorschläge des Kronberger Kreises in besonderem Maße, um an ihnen exemplarisch zentrale neoliberale Argumentationen und Bestandteile neoliberaler Reformvorschläge im Zusammenhang zu analysieren und zu kritisieren.

Das Reformkonzept des Kronberger Kreises wie auch die nachfolgend vorgestellten Vorschläge von Oberender und Gitter und der von ihnen gegründeten ‚Wissenschaftlichen Arbeitsgruppe Krankenversicherung' einer näheren Betrachtung zu unterziehen, ist auch deshalb sinnvoll und hilfreich, weil danach keine so umfangreichen Konzepte mehr vorgelegt wurden. In den letzten zwei bis drei Jahrzehnten wurden von neoliberalen Akteuren der Politikberatung nur noch einzelne Vorschläge zu einzelnen Themen und Systembestandteilen vorgelegt. An solchen Teilsystem-Reformvorschlägen wird in der Regel nicht erkennbar, dass sie Teil eines größeren und umfassenden Programms für einen radikalen marktwirtschaftlichen Umbau sind.

Die ausführliche Vorstellung und kritische Analyse des Reformkonzepts erfolgt auch hier wieder unter Verwendung zahlreicher und zum Teil auch längerer wörtlicher Zitate. Dies erscheint vor allem aus folgendem Grund angebracht. Neoliberale Akteure der wissenschaftlichen Politikberatung bedienen häufig sich einer Sprache, die geeignet ist, die wahren Ziele und Zwecke von Reformvorschlägen eher zu verdecken als sie erkennbar zu machen. Dies wird vor allem dadurch erreicht, dass Begriffe und Formulierungen benutzt werden, die auf den ersten Blick harmlos erscheinen können, wenn man ihre Bedeutung in der Fachsprache der Ökonomie oder des Sozialrechts nicht kennt. Solche Begriffe, ‚die es in sich haben', sind beispielsweise ‚Versicherungsprinzip' oder ‚Äquivalenzprinzip', auf deren Bedeutung bereits an früheren Stellen dieses Buches eingegangen wurde. Zudem wird die Bedeutung der Formulierung von Reformvorschlägen

---

Abschaffung der GKV und Umwandlung des bestehenden Systems in ein reines PKV-System: „Die FDP will den privaten Krankenversicherungsschutz mit sozialer Absicherung für alle" (FDP 2004: 2). „Privatisierung des gesamten Krankenversicherungssystems" (ebd.). „Alle Krankenkassen werden private Versicherungsunternehmen" (FDP 2004: 3).

vielfach erst dann erkennbar, wenn man um den rechtlichen Hintergrund und die rechtlichen Zusammenhänge weiß. Wenn diese unausgesprochen hinterlegten Bedeutungen und die für das Verständnis des Vorschlags relevanten, aber im Hintergrund bleibenden rechtlichen Zusammenhänge nicht offengelegt werden, kann Sprache dazu dienen, Adressaten von Veröffentlichungen über die wahre Bedeutung von Vorschlägen im Unklaren zu lassen und dadurch zu täuschen.

Die nachfolgende ausführliche Analyse und Diskussion der Vorschläge des Kronberger Kreises soll insofern nicht nur der Aufklärung über die Inhalte dieser Reformvorschläge dienen, sondern auch dazu, den Blick für die Sprache neoliberaler Ökonomen zu schärfen. Dazu aber ist es unerlässlich, diese Sprache in längeren Zitaten vorzustellen. Die längeren Zitate dienen somit auch als Anschauungsmaterial für eine Sprachanalyse neoliberaler Publikationen an exemplarischen Beispielen.

Inhaltlich impliziert die Kritik des Kronberger Reformkonzepts zugleich auch die Kritik nachfolgender gleichartiger Reformvorschläge. Bei der Behandlung der späteren Reformvorschläge anderer Akteure für einen marktwirtschaftlichen Umbau der gesetzlichen Krankenversicherung kann folglich auf eine erneute vertiefte Analyse und Kritik verzichtet und auf die Kritik des Kronberger Reformkonzeptes verwiesen werden. Die ausführliche Vorstellung, Analyse und Kritik des Reformkonzeptes des Kronberger Kreises ist insofern einer der zentralen Bestandteile der vorliegenden Untersuchung.

Tragende Grundüberzeugungen

Die Analysen und Reformvorschläge des Kronberger Kreises waren getragen von einer Reihe zentraler Grundüberzeugungen, aus denen konkrete Reformschritte abgeleitet wurden.

Eine dieser zentralen Grundüberzeugungen war die Auffassung, dass der Staat zu viele Aufgaben an sich gezogen hat, die der Markt besser erfüllen kann. Da der Staat unnötigerweise Aufgaben wahrnehme, seien auch die Staatsausgaben zu hoch. Würden bisherige vom Staat wahrgenommene Aufgaben an den Markt übergeben, könnten die Staatsausgaben und folglich auch die Steuern gesenkt werden.

> „Die Staatsausgaben sind zu hoch, weil der Staat eine Fülle von Aufgaben an sich gezogen hat, die der Selbstverantwortung des einzelnen überlassen und über den Markt besser gelöst werden könnten" (Kronberger Kreis 1986a: 11 f.).

Vorrangiges Ziel staatlicher Politik habe deshalb zu sein, „den Märkten ihre volle Funktion zurückzugeben" (Kronberger Kreis 1986a: 54). Über Steuern sollten

nur noch zwei Bereiche finanziert werden: der staatliche Gewaltapparat (Verteidigung, Polizei, Justiz etc.) und die Unterstützung ‚Bedürftiger' nach Art der
früheren Armenfürsorge. Alle anderen noch beim Staat verbleibenden Aufgaben
seien, wenn sie schon nicht an private Unternehmen vergeben werden können,
durch Preise zu finanzieren (Kronberger Kreis 1986a: 12). Diese Preise sollten kostendeckend berechnet werden und von denen zu zahlen sein, die die
betreffenden Leistungen in Anspruch nehmen.

An diesen Vorstellungen wird erkennbar, dass es sich beim Neoliberalismus
um einen Neo-Liberalismus im Sinne eines neuen Wirtschaftsliberalismus der
ökonomischen Klassik handelt, der auf dem Staatsverständnis des klassischen
Wirtschaftsliberalismus aufbaut. Das Neue am Staatsverständnis eines Neo-
Liberalismus, wie ihn der Kronberger Kreis in seinen Schriften der 1980er Jahre
vertrat, ist lediglich eine gewisse Abkehr vom Laissez-faire Prinzip. Anders als
der klassische Liberalismus halten Vertreter des Neoliberalismus staatliche Eingriffe zur Herstellung und Verteidigung von Markt- und Wettbewerbsordnung für
notwendig und existenzsichernd für den Bestand der Marktwirtschaft. Was staatliche Vorschriften zur sozialen Sicherung betrifft, zeigt sich der Neoliberalismus
einer Prägung, wie sie vom Kronberger Kreis vertreten wurde, deutlich erkennbar in der Tradition des klassischen Wirtschaftsliberalismus. Im Grunde fordern
die Vertreter eines radikalen Neoliberalismus – wie hier im Fall des Kronberger
Kreises – die Abschaffung des Sozialstaates und radikale Beschränkung staatlicher Sozialleistungen, zu denen auch die GKV zählt, auf das Niveau staatlicher
Almosen einer frühkapitalistischen Armenfürsorge.

Sozialleistungen jeglicher Art sollten in dieser Vorstellungswelt nicht mehr
als Sachleistungen, sondern nur noch in der Art der früheren Armenfürsorge erst
nach einer Bedürftigkeitsprüfung als Geldleistungen an ‚Bedürftige' ausgezahlt
werden. Damit sollen die ‚Bedürftigen' in die Lage versetzt werden, sich die
für ihre Existenz notwendigen Dinge und Dienstleistungen selbst auf dem Markt
zu kaufen. Dass der Staat soziale Dienstleistungen erbringt oder Ansprüche auf
Sachleistungen gewährt, wie beispielsweise in der gesetzlichen Krankenversicherung, ist in dieser Vorstellungswelt ein schädlicher Eingriff in den Markt, da er
das freie Spiel zwischen Angebot und Nachfrage und die Bildung von Marktpreisen stört, den Wettbewerb auf freien Märkten verzerrt und private Unternehmen
in ihren Entwicklungsmöglichkeiten behindert.

Auch der Bereich der sozialen Absicherung für den Fall von Krankheit sollte
in diesem Gesellschaftsmodell nach privatwirtschaftlichen Grundsätzen ausgestaltet werden. Zentral soll dabei die Befolgung des Äquivalenzprinzips sein,
das für die private Versicherungswirtschaft gilt und vorgibt, dass die Beiträge

der Versicherten dem Barwert der zu erwartenden Leistungen der Versicherung gleichwertig zu sein haben.

Zentraler Ausgangspunkt dieser Argumentation ist die Behauptung, Krankenkassen seien eine Versicherung wie die private Krankenversicherung, ihre Finanzierung und ihr Leistungskatalog sollten darum auch nach den gleichen Grundsätzen wie in der PKV gestaltet sein (Kronberger Kreis 1986a: 9).

Die Reformvorschläge

Nachdem der Kronberger Kreis bereits für mehrere Politikfelder Vorschläge zu einem marktwirtschaftlichen Umbau vorgelegt hatte, veröffentlichte er 1987 unter dem Titel „Mehr Markt im Gesundheitswesen" auch ein gesundheitspolitisches Programm, in dessen Mittelpunkt die gesetzliche Krankenversicherung stand (Kronberger Kreis 1987a). Die Reformvorschläge bezeichneten die Autoren als „Konzept zur Liberalisierung des Gesundheitswesens" (Kronberger Kreis 1987a: 28). Ziel der Vorschläge war nach ihren Angaben ein

> „nach marktwirtschaftlichen Vorstellungen konzipiertes Gesundheitswesen mit Versicherungswettbewerb sowie zweckmäßigen Anreizen für Leistungsanbieter und Versicherte" (Kronberger Kreis 1987a: 26).

Ausgangspunkt des Konzepts bildeten Ausführungen zu einer „Ausgabenexplosion" (ebd.: 4) im Gesundheitswesen, die vor allem durch Unwirtschaftlichkeiten des Systems, die gestiegene Lebenserwartung, den medizinischen Fortschritt und die veränderte Alterspyramide verursacht worden sei (ebd.: 5). Diese Begründung für die Notwendigkeit einer radikalen Reform widerspricht jedoch den empirischen Tatsachen. Seit Mitte der 1970er Jahre gab es relativ zur Entwicklung der Wirtschaftskraft keinen Anstieg der Ausgaben für Gesundheit. Der Anteil der Gesundheitsausgaben am Bruttoinlandsprodukt (BIP) lag in der alten Bundesrepublik ab 1975 bis Anfang der 1990er Jahre auf einem gleichbleibenden Niveau (StBA 2001).

Die vom Kronberger Kreis vorgebrachte Argumentation, demografische Entwicklung und medizinischer Fortschritt würden die Kosten der Gesundheit immer weiter in die Höhe treiben, gehört seit den 1980er Jahren zum festen Repertoire neoliberaler Begründungen für weit reichende Reformen und ist zu einer kaum noch in Zweifel gezogenen Grundannahme der Gesundheitspolitik und auch der öffentlichen Diskussion geworden. Deshalb sei hier darauf hingewiesen, dass bereits allein die Entwicklung des Anteils der Gesundheitsausgaben am BIP diese Behauptung widerlegt. Der Anteil der älteren Menschen an der Gesamtbevölkerung steigt seit Jahrzehnten, und seit Jahrzehnten gibt es auch einen Fortschritt

in der Medizin, der es erlaubt, immer mehr Krankheiten zu behandeln. Trotzdem stiegen die Behandlungskosten nicht stärker als die Wirtschaftskraft, aus
der sie finanziert werden. Mitte der 1990er Jahre gab es zwar einen Anstieg des
BIP-Anteils, der war allerdings nicht durch eine plötzlich gestiegene Lebenserwartung oder medizinischen Fortschritt verursacht, sondern durch die Einführung
der Pflegeversicherung.

Die Einführung der Pflegeversicherung wiederum kann auch nicht als Beweis
dafür angeführt werden, dass die demographische Entwicklung für Kostenanstiege
sorgt, weil es bereits vor der Einführung der Pflegeversicherung sowohl eine Alte-
rung der Gesellschaft als auch die Versorgung Pflegebedürftiger gab. Die Kosten
dafür waren bereits vorhanden, sie wurden aber nicht von einer Pflegeversicherung getragen, weil es sie noch gar nicht gab. Die von der Pflegeversicherung
ab 1995 getragenen Kosten der ambulanten Pflege und ab 1996 der stationären Pflege wurden zuvor von den Privathaushalten (Selbstzahler), Kommunen
(Sozialhilfe) und freigemeinnützigen Trägern von Pflegeeinrichtungen (Betriebskostenzuschüsse) getragen. Der nach Einführung der Pflegeversicherung zu
verzeichnende Anstieg des BIP-Anteils ist folglich vor allem darauf zurückzuführen, dass zuvor nicht den Gesundheitsausgaben zugerechnete oder überhaupt nicht
erfasste Zahlungen (Eigenleistungen, Betriebszuschüsse) nun von der Pflegeversicherung übernommen wurden und dadurch in der Gesundheitsausgabenrechnung
erschienen.

Ungeachtet der bereits damals an den volkswirtschaftlichen Daten ablesbaren
Tatsachen, behauptete der Kronberger Kreis, es sei damit zu rechnen, dass sich
demografische Entwicklung und medizinsicher Fortschritt in Zukunft noch stärker
als bislang kostensteigernd auswirken würden.

„Im Bereich in der Gesetzlichen Krankenversicherung ist das Leistungsprinzip jedoch
weithin außer Kraft gesetzt: Die an die Krankenkassen abzuführenden Beiträge richten sich nicht nach den Kosten des Versicherungsschutzes, sondern nach dem beitragspflichtigen Lohn oder Gehalt" (Kronberger Kreis 1987a: 6).

Die einkommensbezogene Finanzierung führe insbesondere jedoch zu einer

„Umlagementalität, die sich immer einstellt, wenn zwischen Versicherungsleistung
und Versicherungsbeitrag kein direkter, nachvollziehbarer Zusammenhang besteht"
(Kronberger Kreis 1987a: 22).

Darum sei die gesetzliche Krankenversicherung in ihrer gegenwärtigen Form

„weder eine Versicherung noch ist sie sozial. Sie wirkt kostentreibend, führt zu über-
höhten Beitragslasten und begünstigt die Ausbeutung der Solidargemeinschaft durch
verschwenderischen Umgang mit Leistungen. Von einem ‚bewährten' System der
Krankenversicherung kann unter diesen Umständen keine Rede sein. Gerade aus
sozialen Gründen sind im Interesse der Versicherten umfassende Reformen dringend
erforderlich" (Kronberger Kreis 1987a: 6).

Für die in der Broschüre enthaltenen Behauptungen über das Verhalten der
GKV-Versicherten wurden keinerlei Belege in Form von Quellenhinweisen auf
entsprechende empirische Studien genannt. Die genauere Betrachtung der Formulierungen zeigt allerdings, dass es sich bei den angesprochenen Passagen auch
gar nicht um Tatsachenfeststellungen handelt, sondern um Aussagen über mögliche Ursache-Wirkungszusammenhänge und theoretisch denkbare Wirkungen
bestimmter Elemente der GKV.

Auch dies ist ein typisches Merkmal neoliberaler Publikationen zum Gesund-
heitswesen allgemein und zur GKV im Besonderen. Formulierungen werden so
konstruiert, dass sie den Eindruck vermitteln, es seien Tatsachenfeststellungen.
Tatsächlich sind es jedoch nur Vermutungen, für die keinerlei empirische Evidenz
geliefert wird. Der Vorteil solcher sprachlicher ‚Tricksereien' ist: Da sie keine
Tatsachenfeststellungen sind, brauchen sie auch nicht durch Quellenhinweise auf
Ergebnisse empirischer Forschung belegt werden. Weiter oben wurde auf diese
Art argumentativer ‚Taschenspielertricks' bereits am Beispiel der Gutachten des
Wirtschaftssachverständigenrates hingewiesen.

Ein auch heute noch sehr weit verbreitetes Argumentationsmuster bedient sich
des ‚Anreiz'-Begriffs. Es wird argumentiert, dass von bestimmten gesetzlichen
Regelungen oder finanziellen Zusammenhängen ein ‚Anreiz' für ein bestimmtes
Verhalten ausgeht. Damit ist jedoch noch nicht bewiesen, dass die betreffenden
Akteure, seien es nun Versicherte oder Leistungserbringer, in der sozialen Reali-
tät auch tatsächlich so handeln. Um dies zu beweisen, bedarf es entsprechender
methodisch hochwertiger Studien. Quellenhinweise auf entsprechende empirische
Studien sucht man in diesen Publikationen jedoch vergeblich.

Das Reformkonzept des Kronberger Kreises zielte vor allem auf die gesetzliche Krankenversicherung. Der Bereich der Leistungserbringung wurde nur am
Rande behandelt. Dies wurde damit begründet, dass ein markwirtschaftlicher
Umbau des Gesundheitswesens nur möglich sei, wenn zuvor ein Umbau der GKV
erfolgt.

„Im Zentrum der fälligen Reform des Gesundheitswesens muß eine Reform der
Gesetzlichen Krankenversicherung stehen. Damit wird überhaupt erst der Weg frei,

das Gesundheitswesen stärker marktwirtschaftlich zu orientieren" (Kronberger Kreis 1987a: 7).

Kernelement einer Reform der gesetzlichen Krankenversicherung wiederum müsse eine „konsequente Versicherungslösung" mit folgenden Elementen sein (Kronberger Kreis 1987a: 26):

- Beschränkung der Versicherungspflicht auf eine Grundsicherung
- freiwillige Zusatzversicherungen für darüberhinausgehende Leistungen
- Angebot des Krankenversicherungsschutzes für die Grundsicherung durch alle Arten von Krankenversicherungsunternehmen
- Privatisierung der Krankenkassen
- freie Wahl des Versicherungsunternehmens
- Anwendung des Äquivalenzprinzips bei der Beitragskalkulation
- Abschaffung der beitragsfreien Familienversicherung
- Auszahlung des Arbeitgeberbeitrags
- allgemeiner Selbstbehalt
- Abschaffung des Sachleistungsprinzips und Umstellung auf Kostenerstattung
- versicherungsübergreifender Risikostrukturausgleich
- Sozialausgleich für Bedürftige
- Verzicht auf eine Regulierung der Leistungserbringung und Vertragsfreiheit

Bereits dieser stichwortartige Überblick zeigt, dass Ziel des Reformkonzepts die Überführung des GKV-Systems in ein reines PKV-System war. Denn: Wenn die gesetzlich vorgeschriebene Grundsicherung durch alle Arten von Krankenversicherungen angeboten werden soll und die Krankenkassen privatisiert werden, handelt es sich um ein reines PKV-System.

Wer sich näher mit der gesundheitspolitischen Diskussion der letzten Jahrzehnte beschäftigt hat, wird zudem auch bereits an dieser Auflistung deutliche Parallelen zu neueren Diskussionen und Vorschlägen feststellen, insbesondere zum Modell eines ‚einheitlichen Krankenversicherungsmarktes'. Insofern ist eine nähere Beschäftigung mit diesen Vorschlägen nicht allein von historischem Interesse, sondern auch von Bedeutung für neuere und zukünftige gesundheitspolitische Diskussionen.

Umstellung auf ein System aus verpflichtender Grundsicherung und freiwilligen Zusatzversicherungen
Im Zentrum des Reformmodells des Kronberger Kreises stand der Vorschlag, das zum damaligen Zeitpunkt bestehende GKV-System mit einer Versicherungspflicht

für ca. 90 % der Bevölkerung und Krankenkassen als Pflichtversicherungen durch ein System aus allgemeiner Versicherungspflicht für eine Grundsicherung und freiwilligen Zusatzversicherungen für einen über die Grundsicherung hinausgehenden Versicherungsschutz zu ersetzen.

> „Eine Mindestversicherungspflicht zur Grundsicherung", die durch „Zusatzversicherungen freiwillig ergänzt werden kann" (Kronberger Kreis 1987a: 26).

Die „Mindestversicherungspflicht zur Grundsicherung" sollte für die gesamte Bevölkerung gelten (Kronberger Kreis 1987a: 37). Zum Zeitpunkt der Veröffentlichung des Reformmodells gab es eine gesetzliche Krankenversicherungspflicht im Wesentlichen nur für Arbeiter unabhängig von ihrem Einkommen und für Angestellte mit einem Einkommen bis zur Versicherungspflichtgrenze. Angestellte mit einem Einkommen über der Versicherungspflichtgrenze sowie Selbständige konnten auf einen Krankenversicherungsschutz verzichten. Beamte waren durch ein System aus Beihilfeleistungen ihrer Dienstherren und privater Krankenversicherung abgesichert.[30] Insofern bedeutete dieser Vorschlag eine Ausweitung der Versicherungspflicht auf Arbeiter und Angestellte mit einem Einkommen oberhalb der Versicherungspflichtgrenze und auf Selbständige. Die Versicherungspflicht sollte ausnahmslos für alle Einwohner gelten, allerdings nur für den Umfang einer Grundsicherung.

Der Krankenversicherungsschutz für die Grundsicherung sollte nicht nur von Krankenkassen angeboten werden, sondern von allen Versicherungsunternehmen, also auch allen privaten Krankenversicherungen. Dies wird in der folgenden Passage klargestellt.

> „Der Versicherungszwang zum Abschluß einer Grundsicherung bedarf jedoch keiner Zwangsversicherung. Die Grundsicherung kann von allen bisherigen wie auch von neuen Versicherungsunternehmen angeboten werden" (Kronberger Kreis 1987a: 26).

Mit dem Begriff „Zwangsversicherung" war gemeint, dass im GKV-System ausschließlich Krankenkassen als Pflichtversicherung vorgesehen und zugelassen sind. Der Vorschlag einer Aufspaltung des bisherigen GKV-Leistungskatalogs in eine verpflichtend abzuschließende Grundsicherung und freiwillige Zusatzversicherungen wirft unweigerlich die Frage auf, wer die gesetzlich vorgeschriebene

---

[30] Zur Absicherung der Beamten vgl. Simon (2021).

Grundsicherung anbieten kann oder muss. Der Kronberger Kreis hat diese Frage –
entsprechend seiner marktwirtschaftlichen Zielorientierung – eindeutig dahingehend beantwortet, dass auch private Krankenversicherungen die vorgeschlagene
Grundsicherung anbieten können, jedoch nicht müssen.

Die oben zitierte Passage geht in einem zentralen Punkt noch darüber hinaus. Wenn es in dem neuen System keine „Zwangsversicherung" im Sinne
gesetzlich vorgeschriebenen Pflichtversicherungen (Krankenkassen) geben soll,
so impliziert dies, dass alle – folglich auch die bisherigen Pflichtversicherten
der GKV – unter allen Anbietern von Krankenversicherungsschutz frei wählen
können. Alle bisherigen Pflichtversicherten der GKV, denen nur der Wechsel
zwischen bestimmten Krankenkassen möglich war und auch heute noch ist,
können dann auch zu einer privaten Krankenversicherung wechseln. Dieses zentrale Element marktwirtschaftlicher Reformvorschläge findet sich bereits in der
Rothenfelser Denkschrift und wurde später einmal auf die Kurzformel gebracht:
„Private Krankenversicherung für alle" (Henke 2009). Es ist zentrales Element des bereits mehrfach angesprochenen Reformmodells eines ‚einheitlichen
Krankenversicherungsmarktes'.

Wenn die gesetzlichen Krankenkassen nicht mehr Pflichtversicherung für alle
Pflichtversicherten sind, hat dies weitreichende Konsequenzen, wirft eine Reihe
von Fragen auf und zieht zwangsläufig weitere Entscheidungen nach sich. Insbesondere ist zu klären, wie mit dem Problem umgegangen werden soll, dass bei der
Eröffnung eines gemeinsamen ‚Krankenversicherungsmarktes' eine gegenüber
der vorherigen Situation noch stärkere Risikoselektion zu Lasten der Krankenkassen und zu Gunsten privater Krankenversicherungen vermieden werden soll
und kann.

Der Kronberger Kreis schlug zur Lösung dieses Problems die Einführung
einer „Ausgleichskasse" vor, die einen nachträglichen finanziellen Ausgleich
unterschiedlicher „Risikostrukturen" der verschiedenen Krankenversicherungen
durchführen soll. Darauf wird unter dem entsprechenden Punkt an späterer Stelle
noch näher eingegangen.

Auslaufen der gesetzlichen Krankenversicherung
Der Kronberger Kreis plädierte dafür, das bisherige System der gesetzlichen
Krankenversicherung an einem Stichtag auslaufen zu lassen. Bis zu diesem Stich-
tag müssten sich alle Versicherten für einen Anbieter von Versicherungen der
Grundsicherung entscheiden.

> „Die bisher gesetzlich, privat oder nicht selbständig Versicherten (z. B. Familienange-
> hörige) müssen sich bis zu einem Stichtag für einen Anbieter von Grundsicherungen

entscheiden. Die bisherigen Beziehungen zum System der Gesetzlichen Krankenversicherung laufen aus" (Kronberger Kreis 1987a: 43).

Umfang der Grundsicherung

Bei einer Umstellung des bisherigen GKV-Leistungskatalogs auf ein System aus Grundsicherung und Zusatzversicherungen ist allerdings zuvor die Frage zu klären, welche der bisherigen GKV-Leistungen zur zukünftigen Grundsicherung gehören sollen. Der Kronberger Kreis schlug vor, den Umfang der Grundsicherung „aus dem bisherigen Leistungsrahmen der Gesetzlichen Krankenversicherungen zu entwickeln" (Kronberger Kreis 1987a: 29). Damit ist bereits klargestellt, dass er nicht dem vollen Umfang des vorherigen GKV-Leistungskataloges entsprechen sollte. Zur Grundsicherung sollte nicht gehören (ebd.):

- „krankenversicherungsfremde Leistungen" (z. B. Schwangerschaftsunterbrechung)
- „einzelne Formen des Zahnersatzes" und
- Sterbegeld.

Diese Aufzählung war allerdings nicht als abschließend gemeint, denn

„auch anerkannte Leistungen müssen auf dasjenige Maß beschränkt werden, das dem Wesen der Grundsicherung angemessen ist" (ebd.: 29).

Genauere Erläuterungen und nähere Angaben zu Kriterien für die Abgrenzung von Grundsicherung und Zusatzleistungen finden sich in der Broschüre des Kronberger Kreises allerdings nicht. Dieser Punkt bildet auch in den nachfolgenden Diskussionsbeiträgen für eine Reduzierung des GKV-Leistungskataloges in der Regel eine ‚Leerstelle'. Lediglich der Sachverständigenrat für die Konzertierte Aktion im Gesundheitswesen (SVRKAiG) unternahm Mitte der 1990er Jahre den Versuch, Kriterien für eine Neubestimmung des GKV-Leistungskataloges zu entwickeln (SVRKAiG 1994). Auf dessen Vorschläge wird an späterer Stelle näher eingegangen. Es sei aber bereits an dieser Stelle erwähnt, dass auch dieser Versuch zu keiner überzeugenden Lösung führte.

Der Kronberger Kreis löste das Problem, indem er vorschlug, der Umfang der Grundsicherung solle nicht im Detail gesetzlich geregelt werden, denn:

„Das Angebot an Grundsicherungen (...) wird dem freien Markt überlassen. Das Bundesaufsichtsamt für das Versicherungswesen prüft, ob die von den Versicherungen angebotenen Leistungen das Kriterium der Grundsicherung erfüllen" (Kronberger Kreis 1987a: 26).

„Die Leistungskataloge der Versicherungen können unterschiedlich sein" (ebd.: 29).

Dies entspricht dem PKV-System, in dem durch staatliches Recht nur ein allgemeiner Rahmen für den Leistungsumfang privater Krankenversicherungen gesetzt wird und die Versicherungsleistungen in individuellen Versicherungsverträgen vereinbart werden.

Zu den Vorschlägen des Kronberger Kreises kann an dieser Stelle bereits festgestellt werden, dass zwei der drei oben genannten Leistungsausgliederungen mittlerweile bereits vollzogen sind: das Sterbegeld wurde als GKV-Leistung abgeschafft und Zahnersatz auf eine Grundversorgung reduziert, für die lediglich noch ein Festzuschuss gewährt wird. Eine darüberhinausgehende zahnmedizinische Versorgung muss seitdem über private Zusatzversicherungen abgesichert werden. Damit wurde der PKV ein boomendes und lukratives Geschäftsfeld eröffnet.

Beitragskalkulation auf Grundlage des Äquivalenzprinzips
Eine zentrale Stelle im Reformkonzept des Kronberger Kreises nimmt die Frage der Beitragskalkulation ein. Ausgehend von der Auffassung, dass einkommensbezogene Beiträge zu einer „Umlagementalität" (Kronberger Kreis 1987a: 22) führen und wesentlich mitverantwortlich seien für Ausgabenanstieg und Unwirtschaftlichkeiten im GKV-System, sieht das Reformmodell die Umstellung der Umlagefinanzierung auf eine „konsequente Versicherungslösung" (ebd.: 26) durch Anwendung des Äquivalenzprinzips vor.

Begründet wurde der Vorschlag insbesondere damit, dass die einkommensbezogene Beitragsbemessung das Ziel einer Einkommensumverteilung verfolge und mit dem Versicherungsprinzip nicht vereinbar sei. Einkommensumverteilung gehöre nicht in den Bereich der Krankenversicherung, sondern sei ein sozialpolitisches Ziel, das auf anderem Weg verfolgt werden sollte:

„Auf die einkommensbezogene Umverteilung im gegenwärtigen System muß deshalb verzichtet werden. Sie sollte, soweit erforderlich, im Bereich der direkten Steuern und Sozialleistungen angesiedelt werden" (26).

An dieser Stelle sei daran erinnert, dass diese Argumentation auf der ständigen Rechtsprechung des Bundesverfassungsgerichts aufbauen kann, die wiederum auf Walter Bogs Gutachten aus dem Jahr 1955 aufbaut (Bogs 1955). Nach Bogs und der ständigen Rechtsprechung des Bundesverfassungsgerichts findet in der Sozialversicherung eine Einkommensumverteilung statt, die es in der Privatversicherung so nicht gibt (vgl. u. a. BVerfGE 11, 105 [117]). Bogs und das Bundesverfassungsgericht erklären den ‚sozialen Ausgleich' durch Einkommensumverteilung zur Besonderheit der Sozialversicherung, durch die sie ihren sozialpolitischen Auftrag erfüllt.

Während das Bundesverfassungsgericht den ‚sozialen Ausgleich' in der Sozialversicherung belassen will, fordern Kronberger Kreis und andere Neoliberale in dessen Folge, Einkommensumverteilung von der beitragsfinanzierten Sozialversicherung in die Steuerfinanzierung zu verlagern, denn Einkommensumverteilung und sozialer Ausgleich seien originäre Aufgabe des Staates und nicht einer Versicherung. Zudem – das kam später als Argumentation hinzu – sei eine sozial gerechte Einkommensumverteilung über Steuern viel zielgenauer zu erreichen als es mit einer Finanzierung möglich ist, die allein die Höhe des Bruttoarbeitsentgeltes berücksichtigt.

Dagegen gibt es letzlich keinen überzeugenden Einwand. Denn: Wenn man davon ausgeht, dass die Sozialversicherung eine ‚Versicherung' ist und die Sozialversicherung nur deshalb eine ‚Sozial'-Versicherung ist, weil in ihr eine Einkommensumverteilung stattfindet, dann ist kein sachlich überzeugender Grund denkbar, warum dieser ‚soziale Ausgleich' nicht auch über Steuern stattfinden kann, zumal das Steuerrecht mehr Möglichkeiten bietet, Finanzierungslasten nach sozialen Kriterien zu differenzieren. Auch hier zeigt sich die Gefährlichkeit der Grundannahme, bei der Sozialversicherung und folglich auch der gesetzlichen Krankenversicherung handele sich um eine ‚Versicherung'.

Nur wenn man die Sozialversicherung – der vorherrschenden Rechtsauffassung der Kaiserzeit folgend – als System sozialer Rechte und System zur Finanzierung der Erfüllung dieser Rechte begreift, ist man in der Lage, der neoliberalen Argumentation die Grundlage zu entziehen. Nur dann kann deutlich werden, was das Ziel der neoliberalen Argumentation ist: Die Abschaffung des sozialen Rechts auf eine umfassende Versorgung in Fall von Krankheit, Unfall und Pflegebedürftigkeit. Davon ist die gesundheitspolitische und rechtswissenschaftliche Diskussion in Deutschland jedoch weit entfernt, da sie immer noch der Auffassung folgt, die Sozialversicherung sei eine ‚Versicherung'.

Die Argumentation des Kronberger Kreises konnte auf dieser herrschenden Auffassung aufbauen und wurde zum festen Bestandteil marktliberaler Reformkonzepte. Sie bildete die Grundlage unter anderem auch für das Gesundheitsprämienmodell der CDU. Auf dieser Argumentation baute auch die Einführung eines steuerfinanzierten so genannten ‚Sozialausgleich' im Jahr 2011 auf. Der

„Sozialausgleich" wurde von der CDU/CSU/FDP-Koalition zusammen mit einkommensunabhängigen Zusatzbeiträgen beschlossen. Einkommensunabhängige
Zusatzbeiträge und Sozialausgleich wurden zwar auf Verlangen der SPD von der
nachfolgenden großen Koalition wieder abgeschafft, die ihnen zugrundeliegende
Argumentation wird im politischen Raum jedoch weiter vertreten. Es dürfte nur
eine Frage wechselnder politischer Mehrheiten sein, wann diese Konstruktion
wiederbelebt wird.

Das Konzept des Kronberger Kreises zur Anwendung des Äquivalenzprinzips
war allerdings nicht zu Ende gedacht und wies eine Reihe von Inkonsistenzen
und Lücken auf. Zwar wurden risikoäquivalente Prämien für Zusatzversicherungen vorgeschlagen, die Frage, ob und in welchem Umfang das Äquivalenzprinzip
auch auf die Grundsicherung angewendet werden sollte, wurde jedoch nicht
eindeutig und teilweise auch widersprüchlich beantwortet.

> „Die Grundsicherung ist unabhängig vom Einkommen und vom Arbeitsvertrag. Dies
> bedeutet, daß die Beiträge für die Grundsicherung entsprechend dem sachlichen
> Umfang und der Höhe der Selbstbeteiligung kalkuliert werden können" (Kronber-
> ger Kreis 1987a: 27).

> „Die Leistungskataloge der Versicherungen können unterschiedlich sein. Die dadurch
> ermöglichte Vielzahl von Gestaltungsvarianten wird zu unterschiedlichen Beiträgen
> führen" (Kronberger Kreis 1987a: 29).

> „Die Grundsicherung ist eine Risikoversicherung mit gestaffelter Selbstbeteiligung"
> (Kronberger Kreis 1987a: 26).

Aus diesen Formulierungen lässt sich folgendes ableiten:

- Wenn die Beiträge für die Grundsicherung von der Höhe der Selbstbeteiligung
  abhängig sein sollen, dann bedeutet dies die Anwendung des Äquivalenzprinzips, da eine Äquivalenz zwischen Leistungsumfang und Beitragshöhe
  hergestellt wird.
- Wenn die Grundsicherung als ‚Risikoversicherung' ausgestaltet werden soll,
  dann müssten die Beiträge ‚risikoäquivalent' in dem Sinne sein, dass sie vom
  individuellen Morbiditätsrisiko des Versicherungsnehmers abhängig sind. Es
  würde der Grundsatz gelten, dass der Beitrag für Versicherte mit Vorerkrankungen und hohen zukünftigen Erkrankungsrisiken höher zu kalkulieren ist als
  für Gesunde.

Als Plädoyer für vollständig risikoäquivalente Prämien in der Grundsicherung
kann die nachfolgende Passage gedeutet werden:

„Wettbewerb zwischen den Versicherungen ist nur möglich, wenn den Versicherungsnehmern der Wechsel von einer Versicherung zur anderen ermöglicht wird. Voraussetzung ist, daß die Beitragssätze ausschließlich risikobezogen kalkuliert werden und
keine Komponenten der Einkommensumverteilung, wie etwa den Familienlastenausgleich, enthalten" (Kronberger Kreis 1987a: 33).

Risikoäquivalente Beitragskalkulation auch für die Grundsicherung würde jedoch
absehbar zu schwerwiegenden Problemen bei der Umstellung auf ein reines
PKV-System führen. Ein erheblicher Teil der zur Grundsicherung verpflichteten
Personen wäre sicherlich nicht in der Lage, die für sie anfallenden risikoäquivalenten Prämien der Grundsicherung zu zahlen. Die Betroffenen würden
unter den üblichen Bedingungen der Versicherungswirtschaft entweder keinen
Versicherungsvertrag erhalten oder im Fall von Beitragsrückständen ihren Versicherungsschutz verlieren, da die Versicherung den Vertrag kündigt. Die Frage
wäre zu klären, was mit diesen Menschen spätestens im Falle von Krankheit
geschieht. Diese Probleme sah offensichtlich auch der Kronberger Kreis und
schlug darum vor, die Beiträge zur Grundsicherung nur nach Geschlecht zu differenzieren, nicht aber nach Alter und individuellem Gesundheitszustand (ebd.:
34).

Wenn aber keine strikt risikoäquivalenten Prämien erhoben werden, besteht für
die Versicherungsunternehmen die Gefahr einer ungleichen Verteilung so genannter ‚schlechter Risiken' zu ihren Lasten. Als Lösung schlug der Kronberger
Kreis einen nachträglichen jährlichen versicherungsübergreifenden Risikoausgleich zwischen allen Versicherungsunternehmen vor. Darauf wird unter dem
entsprechenden Punkt an späterer Stelle noch näher eingegangen.

Es sei an dieser Stelle noch einmal darauf hingewiesen, dass hier Probleme
erörtert werden, die nicht nur von historischem Interesse, sondern auch für die
zukünftige Diskussion in hohem Maße relevant sind, da sie Bestandteil des
Reformmodells eines ‚einheitlichen Krankenversicherungsmarktes' sind, der von
SPD und Grünen zur Grundlage ihres Modells einer Bürgerversicherung gemacht
wurde.

*Auszahlung des Arbeitgeberbeitrags, Abschaffung des Krankengeldes und
Abschluss von privaten Krankentagegeldversicherungen*
Wie bereits die Autoren der Rothenfelser Denkschrift plädierte auch der Kron-
berger Kreis für die Auszahlung des Arbeitgeberbeitrages:

„Der bisherige Arbeitgeberanteil wird, ohne Steuerpflicht auszulösen, den Arbeitnehmern als Lohnbestandteil ausgezahlt" (Kronberger Kreis 1987a: 27).

„Der bisherige Arbeitgeberanteil wird als Lohnbestandteil ausgezahlt; die Beiträge werden von den Versicherten direkt gezahlt, also ohne Zwischenschaltung des Arbeitgebers" (Kronberger Kreis 1987a: 43).

Die Auszahlung des Arbeitgeberbeitrags bedeutet zugleich, dass alle danach folgenden Beitragserhöhungen allein von den Versicherten zu tragen sind. Darauf wurde allerdings weder in der Rothenfelser Denkschrift noch vom Kronberger Kreis hingewiesen, wenngleich es natürlich offensichtlich ist. Der Vorschlag einer Auszahlung des Arbeitgeberbeitrags ist im Zusammenhang zu einer anderen Aussage zu sehen, in der klargestellt wird, dass die eingangs der Broschüre kritisierte „Ausgabenexplosion" (ebd.: 4) im Gesundheitswesen aus Sicht des Kronberger Kreises nicht das eigentliche Problem darstellt, denn:

„Gegen eine weitere Steigerung der für die Gesundheit getätigten Ausgaben bestünden keine Bedenken, wenn diese wie in jedem Wettbewerbsmodell auf der freien und selbstverantwortlichen Entscheidung der Konsumenten beruhte" (Kronberger Kreis 1987a: 4 f.).

Sofern also die ‚Konsumenten' (Versicherten) ‚selbstverantwortlich' (im Sinne von selbst finanziert) die zukünftigen Ausgabensteigerungen finanzieren, stellen Ausgabensteigerungen aus neoliberaler Sicht kein Problem dar, sondern im Gegenteil: Sie tragen zum Wachstum einer wichtigen Wirtschaftsbranche bei.[31]
   Um die Abkopplung eines zukünftig rein privaten Krankenversicherungsschutzes von den Arbeitgebern zu vervollständigen, sah das Reformmodell des Kronberger Kreises auch eine Neuregelung der Lohnfortzahlung vor.

„Die Lohnfortzahlungspflicht der Arbeitgeber im Krankheitsfalle entfällt. Sie ist durch eine Tagegeldversicherung für die ersten sechs Wochen einer Erkrankung zu ersetzen. Diese Tagegeldversicherung sollte in der Höhe mindestens die durchschnittlichen Sozialhilfesätze erreichen" (Kronberger Kreis 1987a: 27).

Es wäre jedoch ein Irrtum anzunehmen, die hauptsächliche Bedeutung einer Abschaffung des Arbeitgeberbeitrages liege in der finanziellen Entlastung der

---

[31] Dieses Argumentationsmuster wurde vom Kronberger Kreis 1987 nur angedeutet und erst in den nachfolgenden Diskussionsbeiträgen und Reformmodellen weiter ausformuliert. Die Sicht auf das Gesundheitswesen als ‚Wachstumsmarkt' ist eines der tragenden Elemente für die in den letzten 10–15 Jahren aufgekommene Sicht auf das Gesundheitswesen als „Gesundheitswirtschaft" und „Zukunftsbranche" (vgl. u. a. Goldschmidt/Hilbert 2009). Insofern führt ein direkter Entwicklungsstrang von der Broschüre des Kronberger Kreises aus dem Jahr 1987 zu dem mittlerweile als selbstverständlich etablierten Begriff der ‚Gesundheitswirtschaft'.

Arbeitgeber. Die weitaus größere Bedeutung liegt darin, dass die Abschaffung des Arbeitgeberbeitrags Voraussetzung für die Umwandlung des GKV-Systems in ein PKV-System ist. Im GKV-System ist der Arbeitgeber Beitragsschuldner des GKV-Beitrags der Pflichtversicherten. Er hat den Beitrag an die Krankenkassen zu überweisen und kann den Arbeitnehmeranteil vom Arbeitsentgelt einbehalten.

Im PKV-System sind die Versicherungsnehmer Schuldner der Versicherungsprämie, sie haben die Prämie an das Versicherungsunternehmen zu zahlen. Dies gilt heute auch für die privat versicherten abhängig Beschäftigten. Sie erhalten vom Arbeitgeber einen Beitragszuschuss, den er ihnen mit dem Lohn oder Gehalt auszahlt.

Da es sich bei einem privaten Krankenversicherungsvertrag um ein privatrechtliches zweiseitiges Schuldverhältnis handelt, wäre es mit einem solchen System unvereinbar, wenn die Arbeitgeber die Versicherungsprämie für eine private Krankenversicherung vom Lohn oder Gehalt einbehalten und zusammen mit dem Arbeitgeberbeitrag an ein privates Versicherungsunternehmen überweisen. Der Arbeitgeberbeitrag hat in diesem privatrechtlichen System keinerlei Platz, er ist ein Fremdkörper und muss folglich vor der Umstellung auf ein reines PKV-System aus dem GKV-System entfernt werden. Darin liegt die eigentliche und wichtigste Bedeutung der Abschaffung des Arbeitgeberbeitrags für das neoliberale Reformkonzept.

Dies wird bei der Kritik der Forderung nach Abschaffung des Arbeitgeberbeitrags bislang jedoch weitgehend übersehen. Das wiederum ist damit zu erklären, dass die Forderung nach Abschaffung des Arbeitgeberbeitrags in den letzten zwei bis drei Jahrzehnten in der Regel nicht in umfassende Reformkonzepte eingebettet ist, wie dies beim Kronberger Kreis der Fall war. Wenn die Abschaffung des Arbeitgeberbeitrags nur als singuläre Forderung erhoben und wahrgenommen wird und als Teil eines umfassenden neoliberalen Reformmodells, kann leicht der Eindruck entstehen, es ginge dabei allein um die finanzielle Entlastung der Arbeitgeber.

Als Zwischenfazit kann somit festgehalten werden, dass die Umsetzung des Kronberger Reformkonzepts für die Versicherten bedeuten würde:

- Abschluss eines individuellen Krankenversicherungsvertrages für die Grundsicherung
- Abschluss verschiedener Zusatzversicherungsverträge für unterschiedliche ‚Zusatzleistungen' wie bspw. Zahnersatz, Schwangerschaftsunterbrechung, Sterbegeld etc.
- Abschluss einer Krankentagegeldversicherung für die ersten sechs Wochen einer Krankheit

- Abschluss einer ergänzenden Krankentagegeldversicherung für eine über sechs Wochen hinausgehende Krankengeldzahlung.

Abschaffung der beitragsfreien Familienversicherung
Zum gesetzlich festgelegten Leistungskatalog der gesetzlichen Krankenversicherung gehört auch die beitragsfreie Mitversicherung von Familienangehörigen, die über kein eigenes Einkommen verfügen. Wenn die GKV abgeschafft wird und sich das neue System am Vorbild der PKV orientiert, entfällt auch die beitragsfreie Mitversicherung von Familienangehörigen. Für jedes Familienmitglied ist ein eigenständiger Versicherungsvertrag abzuschließen mit gesonderter Beitragszahlung. Dies stellte auch der Kronberger Kreis eindeutig klar:

> „Für jeden besteht Versicherungspflicht, die z. B. bei Minderjährigen oder Entmündigten durch den jeweiligen gesetzlichen Vertreter auszuüben ist. Entsprechend ist auch von jedem ein Beitrag zu entrichten" (Kronberger Kreis 1987a: 37).

Dem Zwischenfazit ist somit hinzuzufügen, dass die Umsetzung des Kronberger Modells auch bedeuten würde:

- Abschluss gesonderter Versicherungsverträge für jedes einzelne Familienmitglied und Zahlung eines gesonderten Versicherungsbeitrags für jedes zuvor beitragsfrei mitversicherte Familienmitglied.

Auch dieses Element wurde in der Folgezeit fester Bestandteil marktwirtschaftlich orientierter Reformmodelle. Es findet sich nicht nur in den meisten der nachfolgend vorgestellten Reformvorschlägen, sondern war beispielsweise auch Bestandteil des Gesundheitsprämienmodells der CDU (CDU 2003). Allerdings wurde der Vorschlag von der CDU relativ schnell dahingehend modifiziert, dass die Beiträge für Kinder und für Ehegatten, die Kinder erziehen oder Angehörige pflegen, aus Steuermitteln getragen werden sollen (CDU 2004a). Dies ändert jedoch nichts daran, dass für jedes einzelne Familienmitglied ein gesonderter Beitrag zu entrichten wäre.

Allgemeiner Selbstbehalt
Die vom Kronberger Kreis vorgeschlagene Grundsicherung sollte keineswegs eine vollständige Deckung der anfallenden Kosten für die eingeschlossenen ‚Grundleistungen' gewähren. Vorgeschlagen wurde vielmehr die Einführung eines für alle Versicherten gleichen absoluten Betrages pro Jahr, bis zu dem

alle anfallenden Kosten selbst getragen werden müssen. Dies wurde zwar als „Selbstbeteiligung" bezeichnet, entspricht der Beschreibung nach aber eindeutig den in der PKV üblichen ‚Selbstbehalten'. Selbstbehalte in der PKV gelten dort allerdings nicht zwingend für alle Versicherungsverträge, sondern müssen im individuellen Versicherungstrag vereinbart werden und sind mit einer Prämienreduzierung verbunden.

Mit Selbstbehalten ließen sich – so der Kronberger Kreis – mehrere Ziele erreichen (Kronberger Kreis 1987a: 30):

- „Erstens wird das Interesse an der Erhaltung der eigenen Gesundheit verstärkt."
- „Zweitens wird die Versuchung geringer, krank zu feiern."
- „Drittens wird überzogenes Anspruchsdenken der Versicherten zurückgedrängt."

Diese Passage bietet so deutlich wie wohl kaum eine andere Stelle einen Einblick in das Menschenbild des Kronberger Kreises von 1987. Das dem Reformmodell hinterlegte Menschenbild gewinnt noch deutlicher Konturen, wenn man eine andere Passage hinzuzieht, in der als „Hauptfehler" der bisherigen Gesundheitspolitik „die Fehlleitung des elementaren menschlichen Vorteilstrebens" (ebd.: 25) bezeichnet wird.

„Statt es in den Dienst einer dem einzelnen und der Gesamtheit zugute kommenden ausgewogenen Gesundheitspolitik zu stellen, wird es auf die Ausbeutung des Systems selbst gerichtet" (ebd.: 25).

Diese „Fehlsteuerung" müsse beseitigt werden,

„damit alle Beteiligten mit ihrem Streben nach individuellem Vorteil künftig zugleich einen Beitrag zur Erreichen gesamtwirtschaftlicher und gesamtgesellschaftlicher Ziele leisten" (ebd.: 25).

Das wiederum sei nur durch mehr Markt und Wettbewerb zu erreichen.

Diese Passagen offenbaren das Menschenbild eines ‚Homo oeconomicus', das den Menschen als primär am eigenen Nutzen interessiert und orientiert ansieht, und die Vorstellung eines idealen Wirtschaftssystems, in dem die Marktteilnehmer ihre jeweilige Eigeninteressen verfolgen und sich das Gemeinwohl durch die ‚unsichtbare Hand des Marktes' sozusagen ‚hinter dem Rücken der Marktteilnehmer' ganz von allein einstellt.

In einem solchen Weltbild muss eine Sozialversicherung, die durch einkommensbezogene Beiträge finanziert wird und unabhängig von der Höhe des
jeweiligen Beitrags alle zur Bedarfsdeckung notwendigen Leistungen gewährt,
als gefährliche Fehlentwicklung erscheinen. Ein solches System kann in dieser
Vorstellungswelt gar nicht anders als eine „Anspruchsinflation" (ebd.: 6) auszulösen und zu einer „Ausbeutung der Solidargemeinschaft durch verschwenderischen
Umgang mit Leistungen" zu führen (ebd.: 6).

Diese Logik der Argumentation ist grundsätzlicher und zentraler Bestandteil neoliberaler Argumentationsmuster und erscheint ihren Vertretern offenbar
so überzeugend, dass es aus ihrer Sicht keinerlei empirischer Beweise bedarf, um
die Richtigkeit der zugrunde gelegten Annahmen und Behauptungen zu belegen. Auch hier trifft zu, was bereits an früherer Stelle angemerkt wurde. Es
ist eine Argumentation, die nicht aus empirischen Befunden wissenschaftlicher
Forschung über das tatsächliche Denken und Handeln von GKV-Versicherten
gewonnen wurde, sondern aus allgemeinen Lehrsätzen neoklassischer oder noch
älterer ökonomischer Theorien deduziert wird.

Diese Argumentationsstrategie dient erkennbar einzig dem Zweck, eine aus
neoliberaler Sicht notwendige Beschränkung oder – besser noch: Abschaffung – sozialstaatlicher Sicherungssysteme zu legitimieren und die Geltung der
Marktmechanismen auf möglichst alle Bereiche der Gesellschaft auszudehnen.

Sollen ‚überzogenes Anspruchsdenken', ‚Anspruchsinflation' und ‚Ausbeutung der Solidargemeinschaft' unterbunden werden – so die Logik nicht nur des
Kronberger Kreises – erfordert dies nicht nur die Abschaffung ‚kostenloser' Sachleistungen und Umstellung auf Kostenerstattung, sondern auch die Einführung
von Selbstbeteiligungen und Selbstbehalten. Dann würden Patienten nur noch die
Leistungen in Anspruch nehmen, die tatsächlich notwendig sind. Den Einwand,
dies könnte die Gefahr hervorrufen, dass Patienten notwendige Arztbesuche aus
Kostengründen unterlassen und Krankheiten unbehandelt bleiben oder erst zu
spät erkannt und behandelt werden, wies der Kronberger Kreis als unbegründet zurück, denn dann müssten die Versicherten doch damit rechnen, „daß eine
verschleppte Krankheit weit höhere Belastungen durch die Selbstbeteiligungen
auslösen würde" (Kronberger Kreis 1987a: 32). Insofern konnte es aus Sicht des
Kronberger Kreises nur darum gehen, in welcher Höhe Selbstbehalte festgesetzt
werden.

Abschaffung des Sachleistungsprinzips und Umstellung auf Kostenerstattung
Entsprechend der Orientierung am PKV-Geschäftsmodell sieht das Reformmodell des Kronberger Kreises auch die Abschaffung des Sachleistungsprinzips
und Umstellung auf Kostenerstattungen vor (Kronberger Kreis 1987a: 33). Auch

dieser Vorschlag gehört zum festen Repertoire marktwirtschaftlich orientierter Reformmodelle, fand Eingang in die gesundheitspolitische Programmatik von CDU und FDP und wurde in späteren Jahren vor allem auf Betreiben dieser beiden Parteien in das GKV-Recht übernommen.

Privatisierung der Krankenkassen
Anders als die zuvor vorgestellten Diskussionsbeiträge für eine marktwirtschaftliche Umgestaltung der GKV nennt der Kronberger Kreis explizit auch die Privatisierung der Krankenkassen als ein zentrales Reformziel, allerdings eher am Rande und in ‚abgeschwächter' Form.

> „Die gesetzlichen Krankenkassen könnten entweder in eine privatrechtliche Rechtsform übergeführt oder als öffentlich-rechtliche Anstalt, dann allerdings bei steuerlicher Gleichbehandlung, weitergeführt werden" (Kronberger Kreis 1987a: 42).

In ‚abgeschwächte' Form meint hier zum einen, dass die Krankenkassen nach der Vorstellung des Kronberger Kreises zumindest übergangsweise in einer öffentlichen Rechtsform weitergeführt werden könnten. Allerdings – und das meint die zitierte Formulierung – sollten sie dann der gleichen Besteuerung wie private Versicherungen unterliegen und somit auch Körperschaftssteuer, Gewerbesteuer und Umsatzsteuer entrichten müssen.

Um eine ‚abgeschwächte' Form der Privatisierung handelt es sich bei dem Vorschlag auch deshalb, weil keine materielle Privatisierung, also der Verkauf und Übergang auf private Eigentümer, sondern nur eine formelle Privatisierung vorgeschlagen wurde, also die Änderung der öffentlich-rechtlichen Rechtsform in eine private, bspw. GmbH oder aber – um die neuere Diskussion aufzugreifen – einen Versicherungsverein auf Gegenseitigkeit.

Auch in seiner abgeschwächten Form ging dieser Vorschlag vor allem wegen der expliziten Benennung einer Privatisierung deutlich über die vorherigen und die in den nachfolgenden Jahren publizierten Reformmodelle hinaus. Für eine Umwandlung der Krankenkassen in private Unternehmen offen einzutreten, vermieden die meisten Protagonisten des neoliberalen Reformmodells.

Im Zusammenhang mit der Diskussion über die Einführung eines ‚einheitlichen Krankenversicherungsmarktes' wurde die Forderung nach einer Privatisierung der Krankenkassen jedoch wieder erhoben, sogar aus den Reihen des Führungspersonals der GKV. Die Techniker Krankenkasse und die AOK-Baden-Württemberg vergaben vor etwa zehn Jahren Gutachtenaufträge, um mögliche private Rechtsformen für Krankenkassen prüfen zu lassen (Kingreen/Kühling 2013; Wille/Schulenburg/et al. 2012), und der damalige Vorstandsvorsitzende der

Techniker, Norbert Klusen, sprach sich in Interviews mehrfach ausdrücklich für die Privatisierung der Krankenkassen aus (Klusen 2010, 2011, 2012c).[32]

Im Zusammenhang dieser Diskussion wurde in neuerer Zeit die Auffassung vertreten, Krankenkassen sollten die Freiheit haben, sich am Geschäft mit privaten Zusatzversicherungen zu beteiligen. Auch dies ist ein Vorschlag, den bereits der Kronberger Kreis einbrachte:

> „Die Grundversicherungsunternehmen sind frei, sich auch dem Zusatzversicherungs-geschäft zu widmen" (Kronberger Kreis 1987a: 26).

Aber auch wenn der Kronberger Kreis 1987 nicht ausdrücklich die Privatisierung der Krankenkassen genannt hätte, alle anderen Elemente seines Reformmodells weisen eindeutig in diese Richtung. Dementsprechend implizieren auch alle nach-folgenden Reformmodelle, die die gleichen Elemente aufweisen, sich jedoch nicht zur Frage der zukünftigen Rechtsform von Krankenkassen äußern, letztlich eben-falls die Abschaffung der gesetzlichen Krankenversicherung und Umwandlung der Krankenkassen in private Versicherungsunternehmen.

Exkurs: Versicherungspflicht und Pflichtversicherung
An dieser Stelle erscheint es angebracht, kurz auf die unterschiedliche Bedeutung der beiden Begriffe ‚Versicherungspflicht' und ‚Pflichtversicherung' einzugehen. Beide Begriffe können leicht als Synonyme erscheinen, sie haben jedoch eine unterschiedliche Bedeutung. ‚Versicherungspflicht' meint im GKV-Recht die Tat-sache, dass ein bestimmter Personenkreis durch Gesetz zur Mitgliedschaft in der GKV verpflichtet ist (u. a. § 5 SGB V). Dieser Begriff ist zwar fester Bestandteil des GKV-Rechts, bei genauer Betrachtung jedoch unpassend, da Krankenkassen keine ‚Versicherungen' sind und es sich bei den ‚Pflichtversicherten' der GKV rechtlich um ‚Mitglieder' handelt.

Zur Verwendung des Begriffs ‚Mitglied' ist allerdings anzumerken, dass es sich bei der ‚GKV-Mitgliedschaft' nicht um ein Mitgliedschaftsverhältnis wie beispielsweise bei einer Vereinsmitgliedschaft handelt. Die ‚Mitgliedschaft' in der GKV ist eine Fiktion, die verdeckt, dass es sich bei den ‚Mitgliedern' um Personen handelt, denen durch Gesetz das soziale Recht auf soziale Sicherheit für den Bereich der Krankenversorgung gewährt wird, denen zugleich aber auch die Pflicht zur Beteiligung an der Finanzierung der GKV auferlegt ist. Perso-nen, die lediglich ‚Versicherte' sind, haben ebenfalls das Recht auf Leistungen

---

[32] Dazu exemplarisch: „Ich will die Systeme angleichen. Die gesetzlichen Krankenkassen sollen in eine private Rechtsform überführt werden" (Klusen 2012c).

der gesetzlichen Krankenversicherung, sind jedoch nicht zur Zahlung von Beiträgen verpflichtet. Die Verwendung der Begriffe ‚Mitglied‘ und ‚Mitgliedschaft‘ sind Überbleibsel der Vorläufer der gesetzlichen Krankenversicherung. Vorläufer der durch das Krankenversicherungsgesetz von 1883 geschaffenen Krankenkassen waren vor allem die Hilfskassen der Arbeiter. Bei ihnen handelte es sich um private Vereine, bei denen man Mitglied sein musste, um ein Anrecht auf Leistungen zu haben. Um die weitere Erörterung nicht zu verkomplizieren, soll nachfolgend jedoch der im Sozialrecht üblichen Begriffsverwendung gefolgt werden, ohne sie jedes Mal von Neuem zu problematisieren. Dies gilt sowohl für den Begriff der Versicherungspflicht als auch für den Begriff der Mitgliedschaft.

Die durch Gesetz der Versicherungspflicht in der GKV unterworfenen Personen schließen keinen Versicherungsvertrag ab, sondern werden durch eine Beitrittserklärung Mitglied einer Krankenkasse. Dementsprechend ist im GKV-Recht denn auch von „Mitgliedschaft“ (§ 186 SGB V) die Rede und nicht von ‚Versicherungsverhältnis‘ wie im Recht der privaten Versicherungen. Insofern wäre es im GKV-Recht angemessener, nicht den Begriff der ‚Versicherungspflicht‘ zu verwenden, sondern den Begriff ‚Mitgliedschaftspflicht‘, ‚Pflichtmitgliedschaft‘ oder etwas Gleichbedeutendes (sofern man an der Fiktion eines Mitgliedschaftsverhältnisses festhalten will).

In der gebotenen begrifflichen Klarheit findet sich dies im SGB V allerdings nur in den Rechtsvorschriften zur freiwilligen Mitgliedschaft. Dort ist vom „Tag des Beitritts“ die Rede und eindeutig festgelegt, dass der Beitritt schriftlich zu erklären ist (§ 188 SGB V). Für die ‚Pflichtversicherten‘ ergibt sich die Notwendigkeit einer so eindeutigen Klärung insofern nicht, als die ‚Versicherungspflicht‘ in der Regel mit der Aufnahme einer abhängigen Beschäftigung beginnt (§ 186 SGB V), und der betreffende Arbeitgeber gesetzlich verpflichtet ist, ‚Versicherungspflichtige‘ bei einer Krankenkasse ihrer Wahl ‚anzumelden‘.

Relevant wird die Tatsache, dass in der GKV kein Versicherungsvertrag abgeschlossen wird, sondern durch Gesetz eine Mitgliedschaft konstituiert wird, im Falle eines Wechsels der Krankenkasse. Unter Beachtung der gesetzlichen Kündigungsfristen kann ein GKV-Mitglied den Wechsel zu einer anderen Krankenkasse allein durch die Erklärung des Beitritts zu dieser neuen Kasse vollziehen. Die neu gewählte Krankenkasse kann die Aufnahme nicht ablehnen, sofern das neue Mitglied zu einer Personengruppe gehört, für die die Kasse durch Gesetz oder Satzung geöffnet ist. In der PKV hingegen muss ein Versicherter (korrekt:

Versicherungsnehmer), der die Versicherung wechseln will, bei der neuen Versicherung einen Antrag auf Abschluss eines Versicherungsvertrages stellen, den die betreffende Versicherung annehmen oder auch ablehnen kann.[33]

Mit dem Begriff der ‚Pflichtversicherung' wird der Status der Krankenkassen beschrieben. Sie sind der durch Gesetz vorgegebene einzig zulässige Träger der gesetzlichen Krankenversicherung. Wer der ‚Versicherungspflicht' in der GKV unterliegt, ist darum verpflichtet, Mitglied einer Krankenkasse zu werden. Insofern sind die Krankenkassen ‚Pflichtversicherungen' in dem Sinne, dass es für einen definierten Personenkreis eine gesetzliche Pflicht gibt, Mitglied einer Krankenkasse zu sein.

Um zum Ausgangspunkt des Exkurses zurückzukehren: Sowie den Krankenkassen der Status einer Pflichtversicherung genommen wird, zieht dies weitreichende Konsequenzen nach sich. Eine davon ist, dass die Krankenkassen in einen Wettbewerb mit den Unternehmen der PKV um die bisherigen Pflichtversicherten gezwungen werden. Erhalten sie dabei nicht auch die gleichen Gestaltungsoptionen wie private Krankenversicherungen – und das heißt vor allem: Erhebung risikoäquivalenter Prämien – ist zu erwarten, dass sie zu ‚Auffangkassen' für alle diejenigen Versicherten werden, die aufgrund ihrer Erkrankungen und ihres geringen Einkommens keinen Zugang zu einem privaten Krankenversicherungsschutz erhalten. Diese ‚neuen' Krankenkassen würden zu ‚Armenkrankenkassen', wie es sie noch nicht einmal vor Einführung der GKV im Jahr 1883 gab.

Solche ‚Armenauffangkassen' wären aus sich heraus jedoch nicht wirtschaftlich existenzfähig und ohne massive staatliche Unterstützung binnen kurzer Zeit zahlungsunfähig. Das System würde dann zusammenbrechen, weil weite Teile der Bevölkerung keinen ‚Versicherungsschutz' und auch keine Aussicht auf den Abschluss eines privaten Versicherungsvertrages bei einer PKV hätten. Würden die früheren privaten Krankenversicherungen durch einen gesetzlichen ‚Kontrahierungszwang' zur Aufnahme dieser Personen gezwungen, wäre dies nur die Verlagerung der weiter bestehenden Problematik. Private Versicherungsunternehmen, die diese ‚Armen' aufnehmen müssten, wären von Insolvenz bedroht, weil die neuen Versicherungsnehmer zum einen ihre Prämien nicht zahlen könnten, zum anderen aber mit hoher Wahrscheinlichkeit zu einem erheblichen Teil überdurchschnittliche Kosten verursachen würden.

---

[33] Eine Ausnahme stellen die Antragssteller dar, die die gesetzlichen Anforderungen für die Aufnahme in den Basistarif erfüllen. Für sie unterliegen die privaten Krankenversicherungen einem ‚Kontrahierungszwang', mit ihnen müssen sie einen Versicherungsvertrag abschließen.

Diese Problematik eines freien Krankenversicherungsmarktes war offensichtlich auch den Mitgliedern des Kronberger Kreises bewusst, weshalb sie eine Reihe von Sicherungen vorschlugen, auf die an späterer Stelle noch eingegangen wird (Risikostrukturausgleich, Sozialausgleich).

Freie Wahl des Versicherungsunternehmens
An den bisher vorgestellten Vorschlägen des Kronberger Kreises ist bereits ersichtlich, dass zu einem Reformmodell, wie es der Kronberger Kreis 1987 vorlegte, auch die freie Wahl des Krankenversicherungsunternehmens gehören muss, ansonsten könnte sich der angestrebte „Versicherungswettbewerb" (Kronberger Kreis 1987a: 25) nicht entfalten. Zentrales Ziel des Reformmodells war gerade die Abschaffung der GKV als „Zwangsversicherung" (ebd.: 26). Dementsprechend sah das Reformmodell auch eine allgemeine Wahlfreiheit aller Versicherten zwischen allen ‚Anbietern von Krankenversicherungen' vor:

> „Die Grundsicherung kann von allen bisherigen wie auch von neuen Versicherungsunternehmen angeboten werden" (Kronberger Kreis 1987a: 26).

> „Wettbewerb zwischen den Versicherungen setzt die Möglichkeit eines Versicherungswechsels für die Versicherten voraus" (Kronberger Kreis 1987a: 27).

Für die Eröffnung eines allgemeinen ‚Versicherungswettbewerbs' führt der Kronberger Kreis ein interessantes Argumentationsmuster ins Feld, mit dem er an einer eher linken Kritik anknüpft, um seine marktwirtschaftlichen Ziele zu legitimieren. Mitte der 1980er Jahre hatten nur Angestellte mit einem Verdienst oberhalb der Versicherungspflichtgrenze die Möglichkeit, zu einer PKV zu wechseln. Arbeitern stand diese Möglichkeit damals auch bei hohem Einkommen nicht offen.
Die vor allem von gewerkschaftlicher und sozialdemokratischer Seite geübte Kritik, dass dies sozial höchst ungerecht sei, griff der Kronberger Kreis auf und nutze sie als Argument für die Forderung nach einer allgemeinen Wahlfreiheit aller Versicherten (Kronberger Kreis 1987a: 23). Er kritisierte, dass es Gutverdienenden durch die Existenz einer Versicherungspflichtgrenze möglich sei, sich der Umverteilung in der GKV durch den Wechsel zur PKV zu entziehen. Aufgrund der Wahlmöglichkeit der freiwillig Versicherten komme es zudem zu einem „unerwünschten Umverteilungseffekt" (ebd.: 23) zu Ungunsten der Pflichtversicherten der GKV. Freiwillig Versicherte mit mehreren mitzuversichernden Familienmitgliedern würden eher in der GKV bleiben, da sie in der PKV für jedes Familienmitglied einen eigenständigen Beitrag zahlen müssten. Die Argumentation ist noch dahingehend zu erweitern, dass insbesondere auch freiwillig Versicherte mit Vorerkrankungen oder erkrankten Familienangehörigen

in der GKV verbleiben und dies zu einer ‚negativen Risikoselektion' zu Lasten der GKV und zu Gunsten der PKV führt.

Die linke Kritik dieser Wirkungen der Versicherungspflichtgrenze leitete daraus traditionell die Forderung nach einer Aufhebung der Versicherungspflichtgrenze unter Beibehaltung der öffentlich-rechtlichen Krankenkassen als Pflichtversicherung ab. Dadurch würde die GKV zu einer Volksversicherung und die Krankenkassen wären Pflichtversicherung für alle Einwohner. Der Kronberger Kreis verwies auf diese Kritik und übernahm die Forderung nach einer Abschaffung der Versicherungspflichtgrenze und allgemeinen Versicherungspflicht, verband sie aber mit der Forderung nach einer Abschaffung der öffentlich-rechtlichen Krankenkassen als Pflichtversicherung. Durch diese Verknüpfung wird eine in der Tradition der Volksversicherung stehende Kritik sozusagen ‚auf die Mühlen' eines marktwirtschaftlichen Reformmodells gelenkt.

Auch dieser argumentative ‚Taschenspielertrick' gehört seit den 1980er Jahren zum festen Repertoire neoliberaler Argumentationen für einen marktwirtschaftlichen Umbau der GKV. Er wurde Anfang der 2000er Jahre verstärkt und auch sehr erfolgreich genutzt, um die SPD und die Grünen für das Modell eines ‚einheitlichen Krankenversicherungsmarktes' zu gewinnen. Wie bereits erwähnt, handelt es sich beim rot-grünen Modell einer ‚Bürgerversicherung' um eine Variante des ‚einheitlichen Krankenversicherungsmarktes'. Darauf wird an späterer Stelle noch ausführlicher eingegangen.

Eine erste, sehr wichtige Wirkung erzielte dieses Argumentationsmuster bereits nach wenigen Jahren. Zum Zeitpunkt der Publikation des Kronberger Modells war nicht nur die Wahl zwischen GKV und PKV eingeschränkt, sondern auch die Wahl innerhalb der GKV zwischen den verschiedenen Krankenkassen. So standen die Ortskrankenkassen allen offen, der Zugang zu den anderen Krankenkassen war jedoch strikt reglementiert. Innungskrankenkassen standen nur Innungsmitgliedern, Betriebskrankenkassen nur Betriebsangehörigen und die Angestelltenersatzkassen nur Angestellten offen. In der Mitte 1987 vom Bundestag eingesetzten GKV-Enquêtekommission unterstützten die Vertreter einer marktwirtschaftlichen Umgestaltung der GKV die traditionell von SPD, Grünen und Gewerkschaften erhobene Forderung nach größerer Wahlfreiheit innerhalb der GKV. Der Vorschlag der GKV-Enquêtekommission für eine größere Wahlfreiheit wurde Grundlage für die mit dem Gesundheitsstrukturgesetz 1992 beschlossene gesetzliche Öffnung aller Ersatzkassen und Eröffnung eines GKV-Wettbewerbs ab 1996.

Auch wenn die Öffnung insbesondere der Ersatzkassen für alle Mitglieder von Vertretern der damaligen Opposition aus SPD und Grünen als Erfolg gewertet wurde, und der GKV-Wettbewerb sowohl in der gesundheitspolitischen wie auch wissenschaftlichen Diskussion weit überwiegend als positive Errungenschaft gilt, er muss im Zusammenhang mit dem neoliberalen Reformmodell gesehen werden. Die Eröffnung des GKV-internen Wettbewerbes war – so die hier vertretene These – ein entscheidender Schritt hin zu einer marktwirtschaftlichen Umgestaltung der gesetzlichen Krankenversicherung. Dies tritt seit Eröffnung des erweiterten GKV-Wettbewerbs im Jahr 1996 mit zunehmender Dauer auch in zunehmender Deutlichkeit zutage. Noch sind die Krankenkassen zwar Körperschaften des öffentlichen Rechts, weite Teile ihres Führungspersonals begreift sich jedoch bereits als Manager eines ‚Versicherungsunternehmens‘,[34] das die anderen Krankenkassen als Konkurrenten sieht und mit allen verfügbaren Mitteln um ‚Marktanteile‘ kämpft, selbst solchen, die ihnen durch Gesetz untersagt sind (vgl. hierzu u. a. den Sonderbericht des Bundesversicherungsamtes zum Wettbewerb in der GKV: BVA 2018).

Versicherungsübergreifender Risikostrukturausgleich

Wie zuvor erläutert, ist das Konzept des Kronberger Kreises in einem zentralen Punkt nicht eindeutig, nämlich der Frage, ob bei einer Umstellung auf ein reines PKV-System mit gesetzlich vorgeschriebener Grundsicherung auch für die Grundsicherung risikoäquivalente Prämien kalkuliert werden sollen. Eine ‚konsequente Versicherungslösung‘ ließe im Grunde keine andere Wahl. Offenbar scheute der Kronberger Kreis aber davor zurück, einen solchen radikalen Schritt zugleich mit dem an einem Stichtag zu vollziehendem Ende der GKV als Pflichtversicherung vorzuschlagen. Die Uneindeutigkeit des Konzepts an diesem Punkt und der nachfolgend vorgestellte Lösungsvorschlag des Kronberger Kreises legen die Annahme nahe, dass für einen Übergangszeitraum die Beiträge für die Grundsicherung zumindest nicht vollständig risikoäquivalent kalkuliert werden sollten. ‚Nicht vollständig‘ meint hier, dass die Versicherungsprämien zwar in Abhängigkeit vom gewählten Leistungsumfang und dem Geschlecht variieren sollten, nicht aber in Abhängigkeit vom Gesundheitszustand. Auch hier sei der Hinweis erlaubt, dass dies keine Fragen sind, die nur von historischem Interesse sind. Es sind zentrale Fragen, die im Rahmen des Reformmodells ‚einheitlicher Krankenversicherungsmarkt‘ auftauchen und beantwortet werden müssen. Sie sind beispielsweise dann zu beantworten, wenn es eine politische Mehrheit für die Einführung des rot-grünen Bürgerversicherungsmodells geben sollte.

---

[34] Vgl. hierzu exemplarisch die Aussage des Vorstandsvorsitzenden der TK in einem Zeitungsinterview: Frage: „Kann man die TK als Privatunternehmen führen? Baas: Man muss! Das ist meine klare Führungsphilosophie" (Baas 2013a).

Und mehr noch: Wie die Rekonstruktion der weiteren Entwicklung zeigen wird, wurde die gesetzliche Krankenversicherung mit dem 1994 eingeführten Risikostrukturausgleich (RSA) bereits auf den Weg in Richtung eines Systems risikoäquivalenter Prämien gebracht. Die bisherigen Reformen des Risikostrukturausgleich gingen in Richtung eines zunehmend differenzierteren morbiditätsorientierten RSA und waren jede für sich Schritte in diese Richtung. Mit der 2020 beschlossenen Umstellung des RSA auf ein „Krankheits-Vollmodell" wurden die rechtlichen Voraussetzungen für die Einführung eines umfassenden Systems risikoäquivalenter Prämien in der GKV geschaffen.[35] Noch werden sie „risikoadjustierte Zuweisungen" genannt und sind nicht von den Versicherten zu zahlen, sondern werden stellvertretend für sie vom Gesundheitsfonds an die einzelnen Krankenkassen überwiesen. Das Entscheidende ist jedoch, dass innerhalb des Systems der gesetzlichen Krankenversicherung bereits ein System zur Kalkulation risikoäquivalenter Prämien entwickelt worden ist. Wer sie zu zahlen hat, ist dann nur noch eine Frage wechselnder politischer Mehrheiten.

In einem PKV-System mit freier Wahl des Versicherungsunternehmens, das eine ‚Grundsicherung' für die gesamte Bevölkerung sicherstellen soll, ist zudem die Frage zu klären, ob es einen Kontrahierungszwang für alle PKV-Unternehmen geben soll, die eine Grundsicherung anbieten. Wie oben bereits dargelegt, muss damit gerechnet werden, dass ohne einen solchen Kontrahierungszwang multimorbide, chronisch kranke, einkommensschwache und alte Menschen kein Versicherungsunternehmen finden, das bereit ist sie aufzunehmen. Wird jedoch ohne risikoäquivalente Prämienkalkulation ein Kontrahierungszwang für alle Versicherungsunternehmen gesetzlich vorgegeben, die Versicherungsverträge für eine Grundsicherung anbieten, kann dies zu einer sehr ungleichen Verteilung von Morbiditätsrisiken auf die verschiedenen Versicherungsunternehmen führen. Ein solches System muss somit zwingend einen versicherungsübergreifenden Ausgleich für unterschiedliche Morbiditäts- und somit auch Kostenrisiken vorsehen.

Dieses Problem war dem Kronberger Kreis offensichtlich bewusst und er schlug für den Übergang auf das neue System die Einführung eines versicherungsübergreifenden Ausgleichsfonds vor, den er „Ausgleichskasse" nannte:

> „Wettbewerb zwischen den Versicherungen setzt die Möglichkeit eines Versicherungswechsels für die Versicherten voraus. Um ihnen einen vom Alter unabhängigen Wechsel zu ermöglichen, wird eine Ausgleichskasse gebildet" (Kronberger Kreis 1987a: 27).

---

[35] Vgl. dazu die durch das Faire-Kassenwahl-Gesetz neu gefassten § 266, 267, 268 SGB V.

Eine solche Ausgleichskasse solle einen „Risikoausgleich" (ebd.: 37) zwischen allen „Krankenversicherungen im Bereich der Grundsicherung" (ebd.: 36) durchführen. Wenn ein solcher Risikoausgleich erfolge, sei ein Kontrahierungszwang nicht erforderlich. Die Ausgleichskasse würde am Jahresende die durchschnittlichen Krankheitskosten pro Versicherten ermitteln und es würden die „positiven oder negativen Zahlungssalden" von der Ausgleichskasse ausgeglichen (ebd.: 36). Auf diese Weise würden die „unterschiedlichen Risikomischungen verschiedener Altersstrukturen und gegebenenfalls auch Geschlechterstrukturen der einzelnen Versicherungen" ausgeglichen (ebd.: 36). Der Risikoausgleich solle allerdings nicht die tatsächlich entstandenen Kosten ausgleichen, sondern nur Durchschnittskosten für einzelne Versichertengruppen, denn:

> „Durch die Orientierung des Ausgleichs an Durchschnittszahlen verbleibt den Versicherungen der Anreiz, ihre Krankheitskosten pro Jahrgang unter die entsprechenden Durchschnittszahlen zu drücken" (Kronberger Kreis 1987a: 37).

Der Grundgedanke eines versicherungsübergreifenden Risikoausgleichs findet sich – wie dargelegt – bereits in der Rothenfelser Denkschrift und wurde dort in Anlehnung an die private Versicherungswirtschaft „Rücksicherung" genannt (Achinger et al. 1955: 116). Der Kronberger Kreis hat diesen Ansatz weitergeführt und konkretisiert. Eine zur gleichen Zeit arbeitende „Wissenschaftliche Arbeitsgruppe Krankenversicherung", auf die nachfolgend noch näher eingegangen wird, griff die Überlegungen des Kronberger Kreises auf und entwickelte sie weiter. Die Mitglieder der Arbeitsgruppe brachten das Konzept schließlich in die 1987 gegründete GKV-Enquêtekommission des Bundestages ein. Die Kommission übernahm den Vorschlag in ihre Empfehlungen, und mit dem Gesundheitsstrukturgesetz 1992 wurde die Einführung eines ‚Risikostrukturausgleichs' (RSA) in der GKV beschlossen.

Die Parallelen zwischen dem Konzept des Kronberger Kreises und dem RSA sind offensichtlich. Der RSA in seiner ersten Fassung sah einen Ausgleich nicht nach Morbidität, sondern lediglich nach Alter und Geschlecht vor, und die Ausgleichszahlungen orientierten sich an den Durchschnittskosten einzelner Versichertengruppen. Noch heute basieren die Zuweisungen im morbiditätsorientierten RSA auf Durchschnittskosten einzelner Versichertenkohorten. Auch der später in den Risikostrukturausgleich eingefügte „Risikopool" für den Ausgleich besonders kostenaufwändiger Behandlungen findet sich bereits im Konzept des Kronberger Kreises. Der Kreis schlug vor, dass die Ausgleichskasse bestimmte „Großschäden" (Kronberger Kreis 1987a: 38) abdecken solle, die möglicherweise die Finanzkraft der einzelnen Versicherung übersteigen.

Die Rekonstruktion der Entstehungsgeschichte des RSA ist im Gesamtzusammenhang der Aufgabenstellung der vorliegenden Untersuchung vor allem aus folgendem Grund von besonderer Bedeutung: Der RSA war und ist ein RSA ausschließlich nur für die GKV und innerhalb der GKV. Im Zusammenhang mit der Diskussion über die Einführung eines ‚einheitlichen Krankenversicherungsmarktes' und einer Bürgerversicherung wird die Einbeziehung der PKV in den RSA und somit die Umstellung auf einen sowohl GKV als auch PKV erfassenden RSA diskutiert. Auch wenn eine solche Reformoption insbesondere für Befürworter einer Bürgerversicherung reizvoll erscheinen mag, es ist wichtig, sich der Genese des Risikostrukturausgleichs bewusst zu sein. Er entstammt einem Konzept, das von Gegnern des GKV-Systems entwickelt und in die politische Diskussion eingebracht wurde, um den Übergang vom GKV-System zu einem reinen PKV-System technisch bewältigen zu können. Als solches ist der RSA, und vor allem auch der Morbi-RSA, ein wichtiger Zwischenschritt, um den Übergang von einkommensbezogenen Beiträgen auf risikoäquivalente Prämien vollziehen zu können. Die Genese und letztliche Zielorientierung eines ‚Risikostrukturausgleichs' wird auch bereits an der Verwendung von Begrifflichkeiten erkennbar. Begriffe wie ‚Risiko' und ‚Risikostrukturen' entstammen nicht der GKV-Tradition, sondern eindeutig der privaten Versicherungswirtschaft.[36]

Als Zwischenschritt bei der Umwandlung einkommensabhängiger Beiträge in risikoäquivalente Prämien ist der morbiditätsorientierte RSA insofern hilfreich, als er bereits die Kalkulationsgrundlagen für die Berechnung individueller risikoäquivalenter Prämien schafft. Im gegenwärtigen RSA werden versichertenbezogene Zuweisungen des Gesundheitsfonds unter Einbeziehung von Morbiditätsgruppen, Altersgruppen und weiteren ‚Risikomerkmalen' auf Grundlage der GKV-Daten vom Bundesamt für Soziale Sicherung (früheres Bundesversicherungsamt) errechnet. Die auf dieser Grundlage ermittelten Zuweisungen werden vom Gesundheitsfonds an die einzelnen Krankenkassen überwiesen. Nach einer Umwandlung des GKV-Systems in ein PKV-System könnten die einzelnen Versicherungsunternehmen diese Daten nutzen, um auf deren Grundlage risikoäquivalente Prämien zu kalkulieren. Allerdings ist dies solange nur mit gewissen Einschränkungen möglich, wie der RSA lediglich ca. 80 Morbiditätsgruppen berücksichtigt. Wenn er jedoch – wie 2020 beschlossen – auf alle Krankheitsarten ausgedehnt wird, stehen umfassende und hervorragende Daten zu allen Morbiditätsgruppen zur Verfügung. Versicherungstechnisch ist dann die Umstellung auf

---

[36] Vgl. dazu die Ausführungen in dem Kapitel zum Gutachten von Walter Bogs aus dem Jahr 1955.

eine risikoäquivalente Beitragskalkulation kein Problem und könnte innerhalb kürzester Zeit vollzogen werden.

Mit den RSA-Daten lassen sich auch problemlos Kostenverläufe für einzelne Versicherten-Risikogruppen über die gesamte Lebenszeit berechnen, sodass der RSA auch hervorragende Daten zur Kalkulation von Alterungsrückstellungen liefert. Auf Grundlage der Daten für einzelne Versichertenprofile und Morbiditätsgruppen kann abgeschätzt werden, wie die Kosten für die einzelne Versichertenkohorte typischerweise mit zunehmendem Lebensalter steigen und wie hoch die Alterungsrückstellung in den einzelnen Morbiditäts-und Altersgruppen sein müssen, um die im Alter zu erwartenden Kostensteigerungen decken zu können. Kurz gefasst: Mit dem morbiditätsorientierten RSA wurde eine äußerst wichtige Vorbedingung für eine Umwandlung des GKV-Systems in ein PKV-System geschaffen. Dass dies den politischen Akteuren Anfang der 1990er Jahre – bis auf sehr wenige Ausnahmen – nicht bewusst und von ihnen nicht beabsichtigt war, ist unerheblich. Entscheidend ist, was sie getan haben.

Es sei an dieser Stelle auch kurz auf die neuere Diskussion über die Einbeziehung der PKV in den Morbi-RSA eingegangen. Zu fordern, die PKV in den bestehenden RSA einzubeziehen, übersieht, dass ein Morbi-RSA wie in der GKV für die PKV überhaupt keinen Sinn ergibt. In einem System mit risikoäquivalenten Prämien werden unterschiedliche ‚Risikostrukturen' bereits auf der Ebene der individuellen Versicherungsprämie ‚ausgeglichen'. Ein unternehmensübergreifender Risikoausgleich ist darum vollkommen überflüssig und fehl am Platz. Der RSA ist für die GKV nur deshalb erforderlich, weil die Krankenkassen keine risikoäquivalenten Prämien erheben dürfen.

„Sozialausgleich" für Bedürftige

Das Konzept des Kronberger Kreises von 1987 enthält ein weiteres Element, das zwischenzeitlich in die Gesetzgebung aufgenommen wurde, wenngleich nur für einige Jahre. Der Kronberger Kreis wies darauf hin, dass bei der Umstellung von einkommensabhängigen Beiträgen auf risikoäquivalente Prämien mit „Problemen bei bestimmten Versichertengruppen zu rechnen" sei (Kronberger Kreis 1987a: 43), und zwar bei solchen, die nicht in der Lage sind, die Prämien für die Grundsicherung zu zahlen. Als beispielhafte ‚Problemgruppen' wurden Familien mit mehreren Kindern, Rentner mit niedrigem Einkommen und Bezieher von Sozialhilfe oder Arbeitslosengeld genannt.[37]

---

[37] Wobei anzumerken ist, dass die Nennung von Sozialhilfeempfängern und Empfängern von Arbeitslosengeld impliziert, dass sie den Krankenversicherungsbeitrag selbst zu zahlen haben. Gegenwärtig zahlt der Sozialhilfeträger oder die Arbeitslosenversicherung den Krankenkassenbeitrag.

Für diese ‚Problemgruppen' solle es steuerfinanzierte Transferleistungen geben, so beispielsweise eine Aufstockung des Kindergeldes, um die im neuen System auch für Kinder zu zahlenden Prämien zu bezuschussen, oder eine Erhöhung der Sozialhilfeleistungen. Als Sammelbegriff für diese steuerfinanzierten Transferleistungen zur Unterstützung Bedürftiger verwendete der Kronberger Kreis den Begriff „Sozialausgleich" (Kronberger Kreis 1987a: 43). Ein Begriff, der sich später exakt nicht nur in der Formulierung, sondern auch im Sinngehalt in gesundheitspolitischen Grundsatzbeschlüssen der CDU wiederfindet und schließlich 2010 von der CDU/CSU/FDP-Koalition als Teil des GKV-Finanzierungsgesetzes in das Sozialgesetzbuch eingefügt wurde. Nach dem Ende der konservativ-liberalen Koalition und Bildung einer großen Koalition musste der Sozialausgleich 2014 gemeinsam mit dem zuvor beschlossenen Einstieg in einkommensunabhängige GKV-Beiträge auf Verlangen der SPD jedoch wieder gestrichen werden.

Das Konzept des ‚Sozialausgleichs' dürfte damit aber nicht endgültig aus der gesundheitspolitischen Diskussion verschwunden sein. In dem Maße, wie die Diskussion über die Einführung eines ‚einheitlichen Krankenversicherungsmarktes' wieder an Fahrt aufnimmt, wird auch dieser Vorschlag wieder zum Leben erweckt werden. Denn die Umstellung auf ein reines PKV-System mit risikoäquivalenten Prämien kann ohne einen solchen ‚Sozialausgleich' nicht funktionieren. Es sei denn, die seit 2009 geltende allgemeine Krankenversicherungspflicht würde wieder abgeschafft und die Existenz eines hohen Anteils Unversicherter an der Gesamtbevölkerung würde als akzeptabel in Kauf genommen.

Verzicht auf eine Regulierung der Leistungserbringung
Entsprechend der Grundorientierung auf die Einführung ‚freier Marktwirtschaft' im Gesundheitswesen enthält das Reformkonzept des Kronberger Kreises von 1987 nur sehr wenige Aussagen zur zukünftigen Regulierung der Leistungserbringung. Das zentrale Credo ist in zwei Aussagen enthalten:

„Deregulierung auf der Anbieterseite" (Kronberger Kreis 1987a: 41).

„Die Anbieter von Gesundheitsleistungen werden von Regulierungen weitgehend freigestellt" (Kronberger Kreis 1987a: 27).

Es sollte zukünftig weder eine verbindliche Bedarfsplanung für Ärzte oder Krankenhäuser geben, noch staatliche Vorschriften zur Preisbildung. An die Stelle des bestehenden Systems aus Kollektivverträgen, die alle Krankenkassen nach dem im GKV-Recht verankerten Grundsatz ‚gemeinsam und einheitlich' mit den Kassenärztlichen Vereinigungen und anderen Leistungserbringern abschließen, sollten Einzelverträge treten, die einzelne Leistungserbringer mit einzelnen Krankenversicherungen abschließen.

> „Krankenhäuser und Ärzte haben die Möglichkeit, mit Versicherungen Honorarverträge abzuschließen" (Kronberger Kreis 1987a: 27).

In den heutigen Begrifflichkeiten formuliert, plädierte der Kronberger Kreis damit für die Abschaffung des Kollektivvertragssystems und Einführung eines reinen Selektivvertragssystems. Allerdings wies der Kronberger Kreis darauf hin, dass es in einem „marktwirtschaftlich organisierten Gesundheitswesen" (ebd.: 39) streng genommen gar keine Verträge zwischen Versicherungen und Leistungserbringern geben dürfe, sondern „nur die Beziehungen Arzt-Patient und Patient-Versicherung" (ebd.: 39), so wie im PKV-System. Um die Stellung der Patienten gegenüber den Leistungserbringern zu stärken, sollten allerdings „auch Verträge zwischen Versicherungen und Leistungsanbietern möglich sein" (ebd.: 39). Als Referenzpunkt für ein Selektivvertragssystem verwies der Kronberger Kreis auf US-amerikanische Managed Care Modelle und nannte insbesondere die Organisationsform der Health Maintenance Organisation (HMO), die ihm als Vorbild für seinen Vorschlag diente (ebd.: 40).

Die Umstellung vom Kollektivvertragssystem auf ein Selektivvertragssystem führt allerdings zu einer deutlichen Einschränkung der Wahlfreiheit der Versicherten. Während im Kollektivvertragssystem alle Versicherten freien Zugang zu allen Leistungen aller zugelassenen Leistungserbringer haben, zeichnet sich ein Selektivvertragssystem dadurch aus, dass uneingeschränkter Zugang nur noch zu den von der jeweiligen Krankenkasse bzw. privaten Krankenversicherung ausgewählten Leistungserbringern gewährt wird. Dies ist allerdings nicht mit dem zentralen marktwirtschaftlichen Credo größtmöglicher individueller Wahlfreiheit vereinbar. Dennoch sprach sich der Kronberger Kreis für Selektivverträge aus. Er begründete dies damit, dass die Einschränkung für die Versicherten akzeptabel sei, wenn sie dadurch niedrigere Beiträge erwarten könnten. Sollten Versicherte mit den selektierten Leistungserbringern unzufrieden sein, bliebe ihnen schließlich noch die Möglichkeit des Versicherungswechsels (ebd.: 39).

Auch hierzu sind Klarstellungen notwendig. In einem reinen PKV-System mit risikoäquivalenten Prämien können nur gesunde Versicherte und solche mit geringem Morbiditätsrisiko sowie GKV-Versicherte mit hohem Einkommen niedrigere Beiträge erwarten. Ältere sowie chronisch und schwer kranke Versicherte haben nach einer Umstellung auf ein PKV-System hingegen zum Teil erheblich höhere Kosten für ihre Krankenversicherung zu erwarten. Auch die Möglichkeit des

Versicherungswechsels ist in einem PKV-System – insbesondere im deutschen – erheblich eingeschränkt oder faktisch überhaupt nicht gegeben. Dieses Problem ist allerdings erst in den letzten ca. 10–15 Jahren auch in das Bewusstsein der Gesundheitspolitik und der Öffentlichkeit gerückt.

Ein Versicherungswechsel hängt in einem PKV-System davon ab, dass wechselwillige Versicherte eine andere Versicherung finden, die bereit ist sie aufzunehmen. Private Krankenversicherungen unterliegen mit wenigen Ausnahmen keiner Aufnahmepflicht und Versicherte müssen einen ‚Antrag' auf einen Versicherungsvertrag stellen (zur Funktionsweise der PKV vgl. Simon 2021). Die Versicherung kann Antragsteller auch ablehnen, beispielsweise wenn sie ein zu hohes und nicht kalkulierbares Kostenrisiko darstellen. Um das Kostenrisiko einschätzen zu können, müssen Antragsteller darum eine Gesundheitsprüfung absolvieren, von deren Ergebnis die Entscheidung über die Aufnahme in die Versicherung abhängt.

Aber auch wenn eine Versicherung zur Aufnahme bereit ist, so kann ein Wechsel dann ausscheiden, wenn die neue Versicherung wegen vorhandener Krankheiten Risikozuschläge zur regulären Versicherungsprämie verlangt, die so hoch sein können, dass sie einen Wechsel finanziell unmöglich machen.

Zudem konnten Versicherte bis vor einigen Jahren die angesparten Alterungsrückstellungen nicht zur neuen Versicherung mitnehmen, sie verblieben bei der vorherigen Versicherung. Der wechselnde Versicherte musste folglich bei der neuen Versicherung die verlorenen Alterungsrückstellungen über eine entsprechende Prämienerhöhung zusätzlich ansparen. Zwar wurde 2009 eine teilweise Mitnahme von Alterungsrückstellungen gesetzlich beschlossen, allerdings nur im Umfang eines sogenannten Basistarifs. Die übrigen Ansparungen verfallen weiter und werden – wie es beschönigend im Jargon der Versicherungswirtschaft heißt – an die vorherige Versicherung und ihre verbliebenen Versicherten ‚vererbt'. All diese ‚Feinheiten' verschwieg der Kronberger Kreis.

Zusammenfassung und Diskussion

Zusammenfassend kann festgehalten werden, dass das Reformmodell des Kronberger Kreises von 1987 folgende Bestandteile enthält:

- Abschaffung der gesetzlichen Krankenversicherung als staatliche Sozialversicherung
- Privatisierung der Krankenkassen
- Freie Wahl des Versicherungsunternehmens für alle Versicherten
- Abschaffung der einkommensabhängigen Beiträge und Umstellung auf risikoäquivalente Versicherungsprämien
- Abschaffung der beitragsfreien Familienversicherung

- Auszahlung des Arbeitgeberbeitrages
- Beschränkung der Versicherungspflicht auf eine Grundsicherung, die deutlich weniger Leistungen umfasst als der geltende GKV-Leistungskatalog (keinen Zahnersatz, kein Krankengeld, kein Sterbegeld etc.)
- freiwillige Zusatzversicherungen für darüber hinausgehende Leistungen
- Angebot des Krankenversicherungsschutzes für die Grundsicherung durch alle Arten von Krankenversicherungsunternehmen, die dazu bereit sind
- allgemeiner Selbstbehalt für alle Versicherten
- Abschaffung des Sachleistungsprinzips und Umstellung auf Kostenerstattung
- versicherungsübergreifender Risikostrukturausgleich
- Sozialausgleich für Bedürftige
- Verzicht auf eine Regulierung der Leistungserbringung und vollständige Vertragsfreiheit zwischen Leistungserbringern und Krankenversicherungen
- Abschaffung der Lohnfortzahlung durch die Arbeitgeber, Ersetzung durch private Krankentagegeldversicherung

Damit hatte der Kronberger Kreis das bis dahin umfassendste Konzept für einen radikalen marktwirtschaftlichen Umbau nicht nur der gesetzlichen Krankenversicherung, sondern des Gesundheitssystems insgesamt vorgelegt. Auch wenn es in der Öffentlichkeit und der gesundheitspolitischen Diskussion damals kaum oder gar nicht wahrgenommen wurde, so entfalteten diese Vorschläge doch eine erhebliche Wirkung. Das vom Kronberger Kreis vorgelegte Reformkonzept enthält bereits alle wichtigen Elemente des ‚einheitlichen Krankenversicherungsmarktes‘, der zum zentralen Referenzmodell für einen marktwirtschaftlichen Umbau der GKV wurde.

Auch für das Modell des Kronberger Kreises gilt, ähnlich wie für den Wirtschaftssachverständigenrat, dass es sich bei den Vorschlägen nicht um originäre Neuschöpfungen handelte, sondern letztlich um die Zusammenfassung bereits vorliegender, allerdings verstreut publizierter Überlegungen und Reformvorschläge. Aufgrund der oben angesprochenen einflussreichen Stellung des Kreises und umfangreichen Vernetzung seiner Mitglieder kommt dem Reformmodell jedoch eine besondere Bedeutung zu, insbesondere als wichtige Orientierung nicht nur für neoliberal orientierte Ökonomen, sondern weit darüber hinaus.

Nachtrag: Untergangsszenarien und Stammtischparolen als Grundausstattung des marktliberalen ‚Werkzeugkastens‘
Ein Bestandteil des neoliberalen Argumentationsrepertoires, der auch in den Schriften des Kronberger Kreises zu finden ist, soll hier noch angesprochen werden. Um radikale Veränderungen als notwendig erscheinen zu lassen und

weitreichende Reformvorschläge zu legitimieren, werden von neoliberalen Akteuren häufig dramatische und in hohem Maße beunruhigende Zukunftsszenarien entworfen. Auch der Kronberger Kreis griff auf dieses Stilmittel zurück und sagte in einer 1988 veröffentlichten Grundsatzschrift einen nahenden Untergang des Systems der sozialen Sicherung voraus („Das soziale Netz reißt", Kronberger Kreis 1988a) einen nahenden Untergang des Systems der sozialen Sicherung voraus. Einige Passagen dieser Schrift sollen nachfolgend unkommentiert wiedergegeben werden. Auf eine kritische Analyse und Kommentierung wird verzichtet, da diese Aussagen für sich sprechen und sich weit unterhalb eines Niveaus bewegen, das eine wissenschaftliche Auseinandersetzung erlauben würde.

„Wenn das System der sozialen Sicherung in den nächsten Jahren nicht gründlich reformiert wird, dann bricht es in absehbarer Zeit zusammen (...) Die Kosten des Gesundheitswesens steigen ohnehin zu schnell" (Kronberger Kreis 1988a: 3).

„Wenn keine grundlegende Reform des Sozial- und Steuersystems erfolgt, dann kann das in einer Katastrophe enden" (ebd.: 55).

„Für die entscheidenden Weichenstellungen bleiben kaum mehr als zehn Jahre" (ebd.: 57).

„Bleibt unser Sozialsystem unverändert, dann ist der ungünstige, aber keineswegs unwahrscheinliche Fall der, daß Steuern und Abgaben ins Unerträgliche steigen. Die Schattenwirtschaft wird wachsen; junge und gut ausgebildete Leute werden das Land verlassen; das Kapital wird ins Ausland fliehen. Dann treffen immer höhere Abgabenlasten mit einem schrumpfenden Volkseinkommen zusammen. Die Bundesrepublik altert und verarmt gleichzeitig" (ebd.: 55).

„Es geht darum, die eingebaute Selbstzerstörung des Gesamtsystems zu durchbrechen" (ebd.: 4).

Das Reformmodell von Peter Oberender und Wolfgang Gitter

Mitte der 1980er Jahre gab es eine weitere Gruppierung neoliberaler Wissenschaftler, die mit ihren Publikationen und auch durch direkte Gespräche mit den maßgeblichen Beamten des BMA sowie durch Mitwirkung in formalen Gremien der Politikberatung Einfluss auf gesundheitspolitische Entscheidungen nahmen. Initiatoren und Leitfiguren dieser Gruppierung waren der Gesundheitsökonom Peter Oberender und der Sozialrechtler Wolfgang Gitter, beide Professoren an der Universität Bayreuth.

Oberender und Gitter stellten ihre Vorschläge für eine radikal marktwirtschaftliche Reform der GKV erstmals Ende November 1986 in einem Pressegespräch im Wissenschaftszentrum Berlin vor. Dem Pressegespräch folgte im März 1987 eine ausführliche Fassung ihres Reformkonzeptes in Buchform (Gitter/Oberender 1987). Beide waren enge Berater des BMA und führten zahlreiche Gespräche mit den zuständigen Ministerialbeamten über die Ausgestaltung einer Reform der GKV, die bereits seit Ende 1985 im BMA vorbereitet wurde und nach der Bundestagswahl 1987 beschlossen werden sollte.

Ein deutlicher Hinweis auf die enge Zusammenarbeit zwischen den Beamten des BMA und den beiden Wissenschaftlern findet sich in einem veröffentlichten Vortrag von Karl Jung vom Sommer 1987. Jung war damals Leiter der für die Vorbereitung von Gesundheitsreformen zuständigen Abteilung V („Gesundheitspolitik und Krankenversicherung").[38] In einem Vortrag an der Universität Bayreuth, den er auf Einladung von Oberender und Gitter gehalten hatte, bedankte er sich bei beiden „für Ihre zahlreichen Besuche in Bonn" und stellte fest, die Zusammenarbeit sei „fruchtbar und anregend" gewesen (Jung 1988: 34).[39]

Auf Grundlage ihrer inhaltlichen Vorarbeiten gründeten Oberender und Gitter eine informelle Gruppe von acht Wissenschaftlern, vor allem Ökonomen, die sich „Wissenschaftliche Arbeitsgruppe Krankenversicherung" nannte und finanziell von der Robert Bosch Stiftung gefördert wurde.[40] Die Wissenschaftliche Arbeitsgruppe legte ihr Reformkonzept im September 1988 vor (Gitter et al. 1988).

Am Beispiel dieser informellen Gruppierung lässt sich die Vernetzung neoliberaler Akteure und deren Verbindung in formale Gremien der Politikberatung exemplarisch aufzeigen. Mitglieder der Wissenschaftlichen Arbeitsgruppe waren neben Oberender und Gitter die Ökonomen Klaus-Dirk Henke, Eckhard Knappe, Leonhard Männer, Günter Neubauer, Günter Sieben und Heinz Hauser. Eckhard

---

[38] Abteilungsleiter sind in der Hierarchie des BMA und des BMG die dritthöchste Leitungsebene, über ihnen stehen nur die Staatssekretäre und der Minister.

[39] Karl Jung war auch maßgeblich an der Konstruktion der 1994 beschlossenen Pflegeversicherung beteiligt, die deutlich erkennbar dem neoliberalen Reformmodell folgt. Anders als die GKV sieht sie keine bedarfsdeckenden Leistungen vor, sondern nur eine Grundversorgung. Ihr Leistungskatalog gilt sowohl für die GKV (soziale Pflegeversicherung) als auch die PKV (private Pflegepflichtversicherung). Darauf wird an späterer Stelle noch ausführlicher eingegangen.

[40] Wie oben bereits erwähnt, hatte die Robert Bosch Stiftung Anfang der 1980er Jahre einen Förderschwerpunkt „Strukturprobleme des Gesundheitswesens" eingerichtet, dessen Mittel vor allem zur Förderung der Entwicklung gesundheitspolitischer Reformvorschläge dienen sollten.

Knappe und Leonhard Männer gehörten zusammen mit Oberender zu den Unterzeichnern eines 1984 erschienenen Appells, in dem eine marktwirtschaftliche Wende in der Gesundheitspolitik gefordert worden war. Gitter, Henke, Neubauer und Sieben – und somit die Hälfte der Arbeitsgruppe – waren als Autoren in mehreren Bänden der von der Robert Bosch Stiftung herausgegebenen Buchreihen vertreten und Mitglied der Kommission Krankenhausfinanzierung der Stiftung. Die Kommission legte die konzeptionellen Grundlagen für eine ab Mitte der 1980er Jahre in mehreren Einzelschritten vollzogene grundlegende Reform der Krankenhausfinanzierung[41] und hatte neben ihrer inhaltlichen Arbeit offenbar auch einen wichtigen Beitrag zur Vernetzung neoliberaler Ökonomen geleistet.

Mehrere Mitglieder der Arbeitsgruppe konnten die Ergebnisse der Arbeitsgruppenarbeit durch ihre Mitgliedschaft in offiziellen Gremien der Politikberatung auch auf anderen Kanälen in die Politik einspeisen. Henke war seit 1984 Mitglied des Wissenschaftlichen Beirates beim Bundesministerium der Finanzen und seit 1986 Mitglied des neu gegründeten Sachverständigenrates für die Konzertierte Aktion im Gesundheitswesen (SVRKAiG). Neubauer wurde 1991 Mitglied des SVRKAiG. Gitter, Oberender und Neubauer wurden in die 1987 vom Bundestag gebildete und bis 1990 arbeitende Enquêtekommission „Strukturreform der gesetzlichen Krankenversicherung" berufen. Darüber hinaus war Neubauer in den 1990er Jahren Mitglied mehrerer Expertenkommissionen, so unter anderem der 1992 vom BMG berufenen „Expertenkommission Reform der Krankenhausfinanzierung", die die Reform der Krankenhausfinanzierung durch das Gesundheitsstrukturgesetz 1992 und die Bundespflegesatzverordnung 1995 vorbereitete.

Bei den Mitgliedern der Arbeitsgruppe handelte es sich somit überwiegend um Ökonomen, die in der Politikberatung sehr aktiv waren und durch ihre Mitgliedschaften in verschiedenen Gremien der Politikberatung direkten Einfluss auf Politik und Ministerialbürokratie ausübten. Vor diesem Hintergrund erscheint es – neben inhaltlichen Übereinstimmungen – auch aufgrund des Einflusses dieser Ökonomen nachvollziehbar, dass die Initiativen und Vorschläge von Oberender und Gitter sowie der anderen Arbeitsgruppenmitglieder im BMA ernst genommen wurden. Im Bundesarchiv finden sich in den Unterlagen über die Vorbereitung des Gesundheitsreformgesetzes (GRG) 1988 neben einem Thesenpapier von Oberender und Gitter vom Dezember 1986 auch mehrere schriftliche Stellungnahmen von Beamten verschiedener Abteilungen des BMA zu diesem Thesenpapier

---

[41] Die Vorschläge der Kommission wurden vom damals für die Gesundheitspolitik zuständigen BMA 1989 aufgegriffen und bildeten die Grundlage für die Umstellung der Krankenhausfinanzierung auf Fallpauschalen, die mit dem Gesundheitsstrukturgesetz 1992 begonnen und mit dem Fallpauschalengesetz 2002 abgeschlossen wurde (Simon 2020).

und den von beiden bei Besuchen im Ministerium mündlich vorgetragenen Reformvorschlägen (Wasem/Greß/Vincenti/et al. 2005: 411). Abteilungsleiter Jung erwähnte in seinem oben erwähnten Vortrag an der Universität Bayreuth nicht nur die zahlreichen Besuche der beiden, sondern auch die Wissenschaftliche Arbeitsgruppe und deren Anregungen (Jung 1988: 33).

Nachfolgend werden zunächst die zentralen Inhalte des Reformkonzeptes von Oberender und Gitter vorgestellt. Auf das Reformmodell der Wissenschaftlichen Arbeitsgruppe wird in einem anschließenden Kapitel eingegangen. Eine Trennung beider Konzepte erscheint aus mehreren Gründen angebracht. Die Gruppe bestand aus acht Mitgliedern. Auch wenn Oberender und Gitter die Initiatoren und Oberender der Sprecher der Gruppe war, so dominierten beide die Gruppe doch nicht so sehr, dass sie das zuvor von ihnen entwickelte Modell in allen Punkten und vollständig übernahm. Bei einzelnen Themen bestanden durchaus unterschiedliche Positionen, die zum Teil auch in der abschließenden Publikation der Arbeitsgruppe kenntlich gemacht wurden. So bestand beispielsweise ein nicht zu überbrückender Dissens in der Frage, ob ein von allen für notwendig erachteter Risikostrukturausgleich nur für einen Übergangszeitraum eingerichtet werden sollte, wofür Oberender und Gitter in ihrem Konzept plädiert hatten, oder dauerhaft.

Zur Einordnung der Reformvorschläge in den damaligen Diskussionszusammenhang

Die von Oberender und Gitter Ende 1986 vorgelegten und im März 1987 in Buchform veröffentlichten Reformvorschläge folgten weitgehend dem Mainstream der auf einen radikalen marktwirtschaftlichen Umbau des Gesundheitswesens ausgerichteten Diskussion. Die Vorschläge der beiden enthielten zahlreiche Übereinstimmungen mit den bereits oben vorgestellten Reformkonzepten des Wirtschaftssachverständigenrates und des Kronberger Kreises. Insofern sollen sie hier auch nicht ausführlicher vorgestellt und diskutiert werden. Auf das Anfang 1987 veröffentlichte Reformkonzept von Oberender und Gitter gesondert einzugehen, erscheint aber dennoch angebracht, weil es im Unterschied zu den zahlreichen vereinzelten und auf bestimmte Einzelaspekte beschränkten Publikationen anderer Ökonomen ein relativ umfassendes Konzept für einen radikalen marktwirtschaftlichen Umbau vor allem der GKV bietet. Es ist im Umfang und Differenzierungsgrad vergleichbar der ebenfalls im März 1987 erschienen Schrift „Mehr Markt im Gesundheitswesen" des Kronberger Kreises (Kronberger Kreis 1987a) und weist auch inhaltlich zahlreiche Übereinstimmungen auf.

Es darf wohl davon ausgegangen werden, dass es sich sowohl bei dem Termin der Präsentation von Oberender und Gitter Ende 1986 als auch dem Erscheinen beider Buchpublikationen Anfang 1987 nicht um zufällige Parallelen handelte. Die erste Legislaturperiode der Koalition von CDU/CSU und FDP lief aus, und Ende Januar 1987 war der Termin für die nächste Bundestagswahl. Dass Anfang 1987 Bundestagswahl sein würde, war seit mindestens vier Jahren bekannt, und es war auch bekannt, dass die Koalition von CDU/CSU und FDP eine grundlegende Reform der GKV vorbereitete, die nach einem erneuten Wahlerfolg in der 1987 beginnenden Legislaturperiode in Angriff genommen werden sollte. Insofern war es naheliegend, im Vorfeld der Bundestagswahl und direkt danach eine Publikationsoffensive zu starten, um Einfluss auf die anstehenden gesundheitspolitischen Entscheidungen nehmen zu können.

Als Ziel ihrer Reformvorschläge nannten Oberender und Gitter:

„Rückbesinnung auf die tragenden Grundpfeiler der Sozialen Marktwirtschaft" (Gitter/Oberender 1987: 6)

„mehr Mut zu einer dezentralen Steuerung und damit zu mehr Markt" (ebd.: 7)

„ordnungspolitische Neuorientierung in Richtung einer vermehrten dezentralen Steuerung im Rahmen wettbewerblicher Prozesse" (ebd.: 6)

„Deregulierung des Gesundheitswesens" (ebd.: 97)

„eine Entstaatlichung durch eine sukzessive Öffnung und Liberalisierung des gesamten Gesundheitswesens" (ebd.: 125).

„Es müssen deshalb alle Bereiche des Gesundheitswesens von den staatlichen Fesseln befreit und die Voraussetzungen für mehr Markt und damit Wettbewerb – soweit sozialpolitisch vertretbar – geschaffen werden" (ebd.: 36).

In der zweiten hier zitierten Passage steckt offensichtlich ein Rückverweis auf den programmatischen Band 1 der Schriftenreihe des Kronberger Kreises aus dem Jahr 1983 mit dem Titel „Mehr Mut zum Markt" (Kronberger Kreis 1983).

Das gemeinsame Buch von Oberender und Gitter war in drei Abschnitte gegliedert, die überschrieben waren mit „Ökonomischer Teil", „Juristischer Teil" und „Reformvorschläge und politische Realisierung" (Gitter/Oberender 1987). Zwar sind die ersten beiden Teile nicht mit Autorennamen versehen, es kann aber wohl davon ausgegangen werden, dass der ‚ökonomische Teil' von Oberender, der ‚juristische Teil' von Gitter und der Teil zu Reformvorschlägen von beiden verfasst wurde.

Deutlicher als viele andere Autoren markradikaler Reformvorschläge der damaligen Zeit legte Oberender in seinem Teil das neoliberale Überzeugungsfundament des Reformkonzeptes offen, indem er – im Unterschied zu SVR-W und Kronberger Kreis – Quellenhinweise gab. An zentralen Stellen seiner Argumentation verweist er dabei auf Publikationen von Friedrich A. Hayek, Walter Eucken, Alfred Müller-Armack und Wilhelm Röpke. Sogar Josef Kardinal Höffner wurde von ihm zitiert (ebd.: 35), was vermuten lässt, dass er – wie auch andere neoliberale Ökonomen seiner Zeit – sehr wohl die Diskussionen und zentralen Veröffentlichungen der 1950er Jahre und somit auch die Rothenfelser Denkschrift kannte.

Als ‚Beweise‘ für die Richtigkeit seiner Thesen über eine „Entartung des Sozialstaates", die Existenz „exzessive Leistungsinanspruchnahme" (Moral Hazard) und die Notwendigkeit „des Schutzes der Gesellschaft vor einem Mißbrauch des Systems der Sozialen Sicherung vor Nachlässigen und Nassauern" (ebd.: 39) führte Oberender fast ausschließlich nur die Publikationen anderer neoliberaler Ökonomen an, wie beispielsweise Hans Willgerodt, Wolfgang Stützel, Friedrich Breyer, Peter Zweifel, Manfred Streit, Eckhard Knappe, und auch das Jahresgutachten 1985 des Wirtschaftssachverständigenrates.

Dies ist ein typisches Beispiel für die oben bereits erwähnte und unter neoliberalen Ökonomen nicht nur der damaligen Zeit weit verbreitete Praxis ‚zirkulärer Zitationen‘, bei der als Belege für die Richtigkeit eigener Behauptungen ausschließlich Publikationen anderer neoliberaler Ökonomen angeführt werden. Man zitiert sich gegenseitig und sorgt so nicht nur für die gegenseitige Unterstützung, sondern auch für eine hochgradig selektive Verbreitung ausschließlich neoliberaler Sichtweisen und Vorschläge.

Wie bereits auch am Beispiel der Jahresgutachten des SVR-W aufgezeigt, gehören ‚Zitierkartelle‘ dieser Art zum festen Bestand des Werkzeugkastens für neoliberales Publizieren. In den im Rahmen dieser Untersuchung behandelten Publikationen sucht man vergeblich nach einer Auseinandersetzung mit den Veröffentlichungen anderer Denkrichtungen oder gar einer systematischen Aufbereitung des Standes der allgemeinen wissenschaftlich Diskussion zu dem jeweiligen Thema, die alle relevanten Diskussionsbeiträge berücksichtigt. Der nicht zu unterschätzende Vorteil neoliberaler Zitierkartelle liegt darin, dass man sich gegenseitig zitiert, und zwar so, als würden die zitierten Publikationen empirische Beweise für die Richtigkeit der im jeweils eigenen Text vertretenen Thesen und Behauptungen enthalten. Was in der Regel aber gar nicht der Fall ist, denn auch die zitierten Veröffentlichungen enthalten nicht die Ergebnisse empirischer Forschung, sondern letztlich nur politische Statements. Durch die Angabe von Quellenhinweisen kann jedoch leicht der Eindruck erweckt werden, die Behauptungen seien durch empirische Forschung gestützt. Herauszufinden, ob dies tatsächlich so ist, würde die Überprüfung der zitierten Quellen erfordern. Aber wer im politischen Raum macht sich schon die Mühe, die zitierten Publikationen zu beschaffen und daraufhin zu überprüfen, ob sie tatsächlich empirische Belege bieten? Ein Zitationszirkel wird dann ‚perfekt‘, wenn es zu direkten wechselseitigen Zitationen kommt. In Publikation A von Autor X wird Publikation B von Autor Y zitiert, daraufhin zitiert Autor X diese Zitation seiner Publikation A in einer nachfolgenden Publikation C als Beweis für seine in Publikation A aufgestellte Behauptung. So wird aus wechselseitigem Zitieren ein Perpetuum mobile und die betreffenden Wissenschaftler entledigen sich der Mühsal einer gründlichen, alle Denkrichtungen berücksichtigenden Literaturrecherche und Aufbereitung des Diskussionsstandes.

Durch derartige Zitationskartelle können pseudo-wissenschaftliche Texte das Trugbild erzeugen, sie seien auf die Ergebnisse empirischer Forschung gestützt. Die Täuschung über den wahren Charakter dieser Art von Publikationen kann vor allem auch deshalb gelingen, weil es sich um Autoren mit Professorentitel und Professuren an Universitäten handelt, die zudem die ‚höheren Weihen‘ der Berufung in ein offizielles Gremium der Politikberatung erhalten haben.

Auf die ‚Analysen‘, die Oberender und Gitter als Begründung für ihre Reformvorschläge dienten, soll hier nicht näher eingegangen, sondern nur auf eine für neoliberale Argumentationsmuster sehr typische Passage verwiesen werden. Darin wird die Notwendigkeit einer grundlegenden Reform nicht mit mehrfach bestätigten Ergebnissen empirischer Forschung begründet, sondern ausdrücklich nur mit einem ‚begründeten Verdacht‘:

> „Diese Entwicklung und die vielfältigen Probleme im Gesundheitswesen fordern jedoch die Wissenschaft heraus, weil in diesem Bereich nicht nur in großem Umfang knappe Mittel verbraucht werden, sondern darüber hinaus der begründete Verdacht besteht, daß es aufgrund falscher Anreize zu einem unwirtschaftlichen Verhalten aller Beteiligten und damit zu einer Verschwendung kommt" (Gitter/Oberender 1987: 13 f.).

Wie oben bereits am Beispiel des Wirtschaftssachverständigenrates aufgezeigt, ist es eines der zentralen Grundmuster neoliberaler Argumentationen im Bereich der Gesundheitspolitik, dass Formulierungen verwendet werden, die wie Tatsachenbehauptungen erscheinen, bei denen es sich jedoch nur um Vermutungen und Verdächtigungen handelt. Eine zentrale Rolle spielt dabei der Anreiz-Begriff. Das übliche Argumentationsmuster funktioniert so, dass auf die Existenz ökonomischer ‚Anreize‘ verwiesen wird. Aus der Existenz dieser Anreize wird dann abgeleitet, die Annahme sei berechtigt, dass das mit diesen Anreizen belohnte Verhalten in der sozialen Wirklichkeit auch tatsächlich existiert, oder zumindest – wie es Oberender und Gitter in der oben zitierten Passage formulierten – dass „der begründete Verdacht besteht, daß es aufgrund falscher Anreize zu einem unwirtschaftlichen Verhalten aller Beteiligten und damit zu einer Verschwendung kommt" (Gitter/Oberender 1987: 13 f.).

Dass ein solches Verhalten tatsächlich und in relevanten Umfang in der sozialen Wirklichkeit tatsächlich existiert, wird damit folglich nicht behauptet. Der betreffende Autor kann sich im Falle einer Kritik folglich darauf zurückziehen, er habe gar nicht behauptet, dass es ein solches Verhalten tatsächlich gibt, sondern nur, dass es bestimmte Anreize gibt und dass aus der Existenz dieser Anreize die Vermutung oder der Verdacht abgeleitet werden könne, es gebe in der sozialen Wirklichkeit ein solches Verhalten.

Diese Rekonstruktion der in der oben zitierten Passage enthaltenen Argumentationslogik mag verwirrend, ja möglicherweise auch verworren erscheinen. Es ist jedoch eine ‚Argumentationstrickserei', die sehr weit verbreitet ist. Der Anreiz-Begriff und die darin enthaltene Logik wurde in den 1980er Jahren in die Gesundheitspolitik eingeführt und dominiert mittlerweile die gesamte gesundheitspolitische Diskussion. Der Begriff wird nicht mehr nur von Neoliberalen verwendet, sondern von Vertretern aller politischen Richtungen und auch von Wissenschaftlern, die dem linken politischen Spektrum zuzurechnen sind.

Dies ist insofern bemerkenswert, als der Begriff des ‚Anreizes' und die damit verbundene Konzeption auf dem Menschenbild des Homo oeconomicus basiert, der immer und überall danach trachtet, seinen individuellen Nutzen zu maximieren. Nur wenn man dieses bereits bei Adam Smith erscheinende Menschenbild zugrunde legt, kann man die Annahme rechtfertigen, dass sich auch die Akteure im Gesundheitswesen immer und überall nutzenmaximierend verhalten. Akzeptiert man dieses Menschenbild, dann reicht allein der theoretische ‚Nachweis' eines bestimmten Anreizes, um von der tatsächlichen Existenz eines damit ‚angereizten' Verhaltens auszugehen.

Die Kernelemente des Reformmodells

Ihr Reformmodell nannten Oberender und Gitter „duales Versicherungssystem" (Gitter/Oberender 1987: 119) und umschrieben es in Kurzform wie folgt:

> „Es wird ein duales Versicherungssystem vorgeschlagen, die medizinisch notwendige Basisversorgung sollte nach dem Solidarprinzip organisiert werden, während

die Zusatzversicherung sich nach dem Äquivalenzprinzip aufbauen sollte. Der bestehende Kassenartenzwang sollte durch eine obligatorische Versicherungspflicht bezüglich der medizinisch notwendigen Basisversorgung bei völliger Wahlfreiheit hinsichtlich des Versicherers abgeschafft werden. Für alle Versicherer muß ein Kontrahierungszwang eingeführt werden, um eine Selektion schlechter Risiken zu vermeiden"
(Gitter/Oberender 1987: 119).

Im Einzelnen enthielt das Reformmodell folgende Systemelemente (ebd.: 97-
122):

- *Basisversorgung und Zusatzversicherungen:* Der GKV-Leistungskatalog sollte
  aufgeteilt werden in eine für alle Einwohner verpflichtend abzuschließende
  Basisversorgung und freiwillige Zusatzversicherungen.
- *Basisversorgung:* Für die Basisversorgung sollte eine obligatorische Versicherungspflicht für alle Personen gelten. Die Basisversorgung sollte lediglich
  „Großrisiken" bzw. „Extremrisiken" abdecken, alles andere sollte über Zusatzversicherungen abgesichert werden.
- *Beiträge/Prämien:* Für die Beiträge zur Finanzierung der Basisversorgung
  stellten Oberender und Gitter zwei Arten zur Auswahl, entweder einen
  einkommensunabhängigen für alle gleichen, einkommensunabhängigen fixen
  Betrag oder einen Prozentsatz des Haushaltseinkommens. Für Zusatzversicherungen sollten risikoäquivalente Prämien kalkuliert werden.
- *Ausgrenzung selbst verschuldeter Krankheiten:* Bei Erkrankungen oder Verletzungen, die durch gefährliche Tätigkeiten (z. B. riskante Sportarten) oder
  ungesunde Lebensweise verursacht sind, sollte keine Absicherung in der
  Basisversorgung erfolgen.
- *Beitragszuschläge bei gefahrgeneigten Tätigkeiten:* Bei ‚gefahrgeneigter Tätig-
  keit' (Berufe mit gefährlichen Tätigkeiten) sollte den Versicherungen die
  Erhebung von Zuschlägen erlaubt sein.
- *Anbieter:* Krankenkassen und private Versicherungen solltren Basisversorgung
  und Zusatzversicherungen anbieten.
- *Gleiche Wettbewerbsbedingungen:* Für Krankenkassen und private Krankenver-
  sicherungen sollten die gleichen Rahmenbedingungen gelten, die *Rechtsform*
  für Krankenkassen sollte freigegeben werden, es sollte auch für die PKV ein
  Kontrahierungszwang (Verpflichtung zum Vertragsabschluss) für die Basis-
  versorgung gelten, Krankenkassen sollten auch Zusatzversicherungen mit
  risikoäquivalenten Prämien anbieten dürfen.
- *Wahlfreiheit:* Alle Bürger sollten die freie Wahl zwischen allen Anbietern von
  Krankenversicherungsschutz haben.

- *Risikostrukturausgleich:* Für eine Übergangszeit von 10 Jahren sollte ein „Risiko-Solidarausgleich" eingeführt werden, der einen finanziellen Ausgleich auf Grundlage des Rentneranteils, der Zahl der mitversicherten Familienangehörigen und der Grundlohnsumme vornimmt.
- *Sachleistungen/Kostenerstattung:* Versicherte sollten die freie Wahl haben zwischen Sachleistungen oder Kostenerstattung.
- *Selbstbehalt:* Für alle Versicherten und alle Leistungen sollte ein einheitlicher Selbstbehalt in Höhe von 10 % des Jahresbrutto-Familieneinkommens eingeführt werden, Ausnahmen für Geringverdiener sollte es nicht geben.
- *Beziehungen zwischen Krankenversicherungen und Leistungserbringern:* Kollektivverträge sollten abgeschafft und ein Übergang zu einem reinen Selektivvertragssystem nach US-amerikanischem Vorbild eingeleitet werden (Managed Care, HMO etc.).

Diese Auflistung weist weitgehende Übereinstimmungen mit den Vorschlägen des Wirtschaftssachverständigenrates und das Kronberger Kreises auf, und offenbar wurden auch Anleihen bei früheren Reformmodellen gemacht. Der Vorschlag eines allgemeinen Selbstbehaltes in Prozent des Haushaltseinkommens findet sich bereits in der Rothenfelser Denkschrift (Achinger et al. 1955: Band 2, Anmerkungen, S. 23 f.).

Die weit überwiegende Mehrzahl der Vorschläge wurde bereits an früherer Stelle dieses Buches diskutiert und kritisiert. Hier soll lediglich auf einen Vorschlag besonders eingegangen werden, da er weder in den Gutachten des SVR-W oder Schriften des Kronberger Kreises noch in den nachfolgenden Reformmodellen bis Ende der 1990er Jahre enthalten ist. Es ist der Vorschlag, den Beitrag für die Basisversorgung als absoluten einkommensunabhängigen Betrag zu erheben. Für die Finanzierung der Basisversorgung hatten Oberender und Gitter zwei Varianten zur Auswahl gestellt, die Festlegung eines „fixen Betrags" oder eines „Prozentsatzes des Einkommens" (Gitter/Oberender 1987: 98 f.). Bei einem fixen Betrag würden

„alle Individuen mit einem gleichen absoluten Betrag belastet" (ebd.: 99).

Zentraler Vorteil einkommensunabhängiger Beitragspauschalen sei, so Oberender und Gitter, dass dadurch die ‚Einkommensumverteilung' aus der GKV entfernt würde (ebd.).

Der Vorschlag, den einkommensbezogenen GKV-Beitrag in einen für alle Mitglieder einheitlichen einkommensunabhängigen Pauschalbeitrag umzuwandeln, blieb zunächst ohne Resonanz. Anfang der 2000er Jahre wurde er jedoch aufgegriffen und bildete den Ausgangspunkt für das Kopfpauschalen- oder Gesundheitsprämienmodell der CDU.[42] Insofern waren Oberender und Gitter ‚ihrer Zeit voraus'. Die neoliberale Diskussion der 1980er und auch noch der 1990er Jahre kannte nur die Alternative: einkommensabhängige Beiträge oder risikoäquivalente Prämien. Soll ein Umbau des GKV-Systems zu einem PKV-System erfolgen, müssen jedoch einkommensunabhängige Beiträge durch risikoäquivalente Prämien ersetzt werden. Das wäre als radikaler, einmaliger Schritt zu einem festgelegten Zeitpunkt aber weder in der CDU/CSU noch in Bundestag und Bundesrat politisch mehrheitsfähig gewesen. Zudem war vollkommen unklar, wie ein solcher Wechsel rechts- und versicherungstechnisch hätte stattfinden sollen.

Zu diesen ‚Feinheiten' waren die neoliberalen Vordenker noch überhaupt nicht vorgedrungen. Der SVR-W sprach in seinem Gutachten 1985 nur nebulös von einem „allmählichen Übergang von den bisherigen einkommensproportionalen Einkommenslasten zu risikoorientierten Beiträgen" (SVR-W 1985: 173 f.). Der Kronberger Kreis befasste sich mit der Frage der Umstellung oder eines Überganges vorsichtshalber überhaupt nicht, sondern forderte einfach nur apodiktisch, „daß die Beitragssätze ausschließlich risikobezogen kalkuliert werden und keine Komponenten der Einkommensumverteilung, wie etwa den Familienlastenausgleich, enthalten" (Kronberger Kreis 1987a: 33). Ohne eine technisch machbare Überganslösung hatten alle Reformmodelle für einen radikalen marktwirtschaftlichen Umbau jedoch eine zentrale ‚Lücke' von erheblicher Bedeutung.

Die Umwandlung einkommensabhängiger Beiträge in einkommensunabhängige Beitragspauschalen bietet hingegen die Möglichkeit, diese Lücke zu schließen. Im gegenwärtigen System werden die einkommensabhängigen Beiträge von den Arbeitgebern im direkten Lohnabzugsverfahren vom Arbeitsentgelt abgezogen und an die Krankenkassen überwiesen. Beitragsschuldner ist der jeweilige Arbeitgeber, denn anders als in der PKV überweisen nicht die Mitglieder ihren Beitrag an die jeweilige Krankenkasse, sondern ihr jeweiliger Arbeitgeber. Werden die einkommensabhängigen Beiträge durch einkommensunabhängige Beitragspauschalen ersetzt, kann der Beitragseinzug von den Arbeitgebern gelöst und können die GKV-Mitglieder zu Beitragsschuldnern werden.

Bei einkommensabhängigen Beiträgen ist eine Ablösung vom Lohnabzugsverfahren und und Abschaffung der Beitragsüberweisung durch die Arbeitgeber vor allem deshalb nicht möglich, weil die Kassen über keine zuverlässige Information

---

[42] Es sei hier nur am Rande darauf hingewiesen, dass es offenbar Eckhard Knappe war, ehemaliges Mitglied der Wissenschaftlichen Arbeitsgruppe Krankenversicherung, der im Jahr 2000 erstmals Beitragspauschalen – unter dem Namen ‚monistische Individualprämie' – in die Diskussion einbrachte (Knappe 2000).

zur Höhe des beitragspflichtigen Arbeitseinkommens verfügen. Diese Information ist im gegenwärtigen System allerdings auch nicht erforderlich, weil der Arbeitgeber – der die Höhe des Arbeitsentgeltes kennt – den Beitrag als Prozentsatz des Arbeitseinkommens überweist. Würde der Arbeitgeber als beitragsüberweisender Akteur fortfallen, beispielsweise durch Abschaffung des Arbeitgeberbeitrags, wüssten die Kassen nicht, wie hoch die Bemessungsgrundlage für den Beitrag ist. Um den Beitrag auf dem Weg des Lastschriftverfahrens einzuziehen, bräuchten sie die Kenntnis des aktuellen Arbeitsentgeltes. Dessen Höhe müssten sie von den Mitgliedern erfragen und wären somit auf deren wahrheitsgemäße Angaben angewiesen. Zudem müssten sie im Grunde jeden Monat eine solche Abfrage durchführen, da sich das Arbeitsentgelt geändert haben könnte, beispielsweise aufgrund zusätzlicher Zahlungen oder einer Lohn- oder Gehaltserhöhung. Ähnliche Probleme ergäben sich, wenn die Mitglieder ihren Beitrag jeden Monat überweisen würden.

Ein solches System wäre in hohem Maße anfällig für Manipulationen und könnte nicht funktionieren. Anders wäre die Situation nach einer Umstellung auf einkommensunabhängige Beitragspauschalen. Für deren Erhebung wäre keine Kenntnis des Arbeitseinkommens erforderlich. Sie könnten problemlos auf dem Weg des Lastschriftverfahrens eingezogen werden.

Einkommensunabhängige Beiträge bieten zudem die Möglichkeit, ein System staatlicher Prämiensubventionen für die Bezieher niedriger Einkommen einzurichten, wie es für ein reines PKV-System unverzichtbar wäre, wenn man nicht riskieren will, dass – ähnlich den USA – ein erheblicher Teil der Bevölkerung keine Krankenversicherung hat, weil die Betroffenen die geforderten Prämien nicht zahlen können.

Insofern hatten Oberender und Gitter 1987 einen Vorschlag in die Diskussion eingebracht, der für die Entwicklung eines halbwegs funktionsfähigen neoliberalen Reformmodells ausgesprochen hilfreich war. Allerdings wurde diese Bedeutung damals offensichtlich noch nicht erkannt. Die neoliberalen Netzwerke standen bei der Entwicklung eines Reformmodells noch ziemlich am Anfang und waren beim Durchdenken ihrer Vorschläge noch nicht so weit vorgedrungen, dass das Potenzial dieser Idee bereits erkannt werden konnte. Anscheinend hatten aber auch Oberender und Gitter das Potenzial ihres Vorschlags nicht erkannt, denn er wird lediglich beiläufig und als eine von zwei Optionen kurz erwähnt.

Auch in einem weiteren Punkt waren Oberender und Gitter aus neoliberaler Sicht ihrer Zeit voraus. Es handelte sich um die Verwendung des Begriffs der ‚gesetzlichen Krankenversicherung‘ und der Abkürzung ‚GKV‘. Die Verwendung vor allem der Abkürzung „GKV" ist bei Gitter/Oberender auf den ersten Blick irritierend. Einerseits plädierten sie dafür, dass Krankenkassen und PKV sowohl eine Basisversorgung als auch Zusatzversicherungen mit risikoäquivalenten Prämien anbieten sollen, andererseits stellten sie fest, „die GKV" solle sich „auf eine Grundsicherung im Krankheitsfall beschränken" (Gitter/Oberender 1987: 98). Dass es sich dabei um ein Missverständnis über die Bedeutung der Abkürzung GKV oder des Begriffs der gesetzlichen Krankenversicherung handelte, erscheint höchst unwahrscheinlich. Immerhin war Wolfgang Gitter zur damaligen Zeit einer der führenden Sozialrechtler der Bundesrepublik und Autor verschiedener Lehrbücher und Rechtskommentare zum Sozialrecht. Beide wussten somit sehr genau, welche Bedeutung die Abkürzung GKV hatte. Die Irritation über eine auf den ersten Blick inkonsistente Verwendung dieser Abkürzung lässt sich allerdings dann auflösen, wenn man den Begriff der gesetzlichen Krankenversicherung und somit auch die Abkürzung GKV nicht mehr als Bezeichnung der existierenden GKV begreift, sondern als Kürzel für die von Oberender und Gitter in ihrem Reformkonzept entworfene ‚neue' Form der gesetzlichen Krankenversicherung.

In der damals und heute geltenden Bedeutung steht der Begriff der gesetzlichen Krankenversicherung und die Abkürzung GKV für eine staatliche Sozialversicherung mit Krankenkassen als Organisationen, die diese Sozialversicherung durchführen. Es gibt eine ‚Versicherungspflicht' in der GKV, der alle Personen unterliegen, die dieser Pflicht durch Gesetz unterworfen sind. Von der ‚Versicherungspflicht' zu unterscheiden ist der Begriff der ‚Pflichtversicherung'. Wer der gesetzlichen Versicherungspflicht in der GKV unterworfen ist, muss Mitglied in einer der bestehenden Krankenkassen sein. Die Krankenkassen sind in diesem Sinn ‚Pflichtversicherungen'.

Betrachtet man die Ausführungen von Oberender und Gitter zu ihrem Reformmodell, wird folgendes erkennbar:

- Zwar sollte es in ihrem Modell eine allgemeine ‚Versicherungspflicht' für eine Basisversorgung geben, die Basisversorgung sollte allerdings sowohl von Krankenkassen als auch privaten Krankenversicherungen angeboten werden. Damit würden die Krankenkassen den Status der ‚Pflichtversicherung' verlieren. Das war nicht neu und bereits in den Vorschlägen des SVR-W sowie des Kronberger Kreises enthalten.
- In dem Reformmodell von Oberender und Gitter gibt es weiterhin eine ‚Versicherungspflicht', allerdings keine ‚Pflichtversicherungen' mehr. Alle der Versicherungspflicht unterliegenden Individuen sollten zwischen allen ‚Anbietern' der Basisversorgung frei wählen können. Auch das war nicht neu.
- Neu war allerdings ein Wandel der Bedeutung des Begriffs ‚gesetzliche Krankenversicherung' und der Abkürzung ‚GKV'. Die GKV ist in diesem Modell

keine staatliche Sozialversicherung mehr, sie wird umgewandelt in einen ‚Tarif‘, den sowohl Krankenkassen als die PKV anbieten. Ein solcher Tarif könnte ‚GKV-Tarif‘ oder – entsprechend des vorgeschlagenen Umfangs der Absicherung – ‚Basistarif‘ genannt werden.[43] Bei einer solchen Umwandlung der GKV von einer staatlichen Sozialversicherung mit Pflichtversicherungen in einen GKV-Tarif ist die Frage zu entscheiden, ob die PKV durch Gesetz gezwungen werden soll, eine solche Basisversorgung anzubieten, oder ob es ihr freigestellt bleiben soll. Oberender und Gitter plädierten für eine gesetzliche Verpflichtung der PKV.

Die hier herausgearbeitete Bedeutung der Abkürzung GKV, wie sie Oberender und Gitter verwendeten, wurde von ihnen jedoch nicht offengelegt. Sie blieb ‚zwischen den Zeilen‘ verborgen. Dass ihnen die oben beschriebenen Konsequenzen nicht bewusst waren, kann nicht zuletzt deshalb ausgeschlossen werden, weil zumindest Gitter aufgrund seiner umfangreichen und detaillierten Sozialrechtskenntnisse um die Konsequenzen wissen musste.

Insofern bleibt nur eine Schlussfolgerung: Beiden war bewusst, dass die Umsetzung ihres Modells die Auflösung und Abschaffung der staatlichen Sozialversicherung GKV zur Folge haben würde. Dies war offensichtlich auch ihr Ziel. Das lässt sich auch daran ablesen, dass sie dafür plädierten, die Rechtsform der Krankenkassen freizugeben und den ‚neuen‘ Krankenkassen die Kalkulation risikoäquivalenter Prämien für die von ihnen angebotenen Zusatzversicherungen zu erlauben. Krankenkassen mit privater Rechtsform, die nach dem Grundsatz des Äquivalenzprinzips risikoäquivalente Prämien verlangen, sind keine Krankenkassen mehr, sondern private Versicherungsunternehmen.

Das Ziel einer Abschaffung der GKV als Sozialversicherung in aller Deutlichkeit auszuformulieren, war für Akteure wie den Wirtschaftssachverständigenrat oder den Kronberger Kreis durchaus möglich, da sie sich auf einer ‚höheren‘ Ebene und relativ weit entfernt von den ‚Niederungen‘ der praktischen Gesundheitspolitik bewegten. Für Wissenschaftler, die den direkten Kontakt zu

---

[43] Ein solcher PKV-Tarif wurde durch das Gesundheitsstrukturgesetz 1992 unter dem Begriff ‚Standardtarif‘ eingeführt. Durch das 2007 beschlossene GKV-Wettbewerbsstärkungsgesetz (GKV-WSG) wurde der Standardtarif abgelöst zum 1. Januar 2009 durch einen GKV-analogen Tarif mit der gesetzlichen Bezeichnung „Basistarif“ ersetzt. Bereits abgeschlossene Versicherungsverträge im Standardtarif gelten weiter, das Tarifmodell läuft jedoch aus. Der Hinweis auf den Begriff ‚Basistarif‘ erfolgt hier auch mit der Intention, deutlich zu machen, dass es sich beim marktwirtschaftlichen Umbau der GKV um ein langfristiges Projekt handelt. Der Erfolg zeigt sich nicht in erster Linie an kurzfristigen Umsetzungen. Er wird erst richtig erkennbar, wenn man Zeiträume von mehreren Jahrzehnten in den Blick nimmt.

Gesundheitspolitikern und Ministerialbeamten suchten, um unmittelbar Einfluss auf gesundheitspolitische Entscheidungen nehmen zu können, war eine solche Offenheit jedoch nicht nur nicht ratsam, sie barg erhebliche Risiken, denn sie konnte dazu führen, dass bestehende Kontakte und Gesprächskanäle nach einer solchen Offenheit von Seiten der Politik und Ministerialbürokratie verschlossen werden.

Insofern erscheint es aus neoliberaler Sicht dringend geboten, die eigentlichen Ziele nicht allzu offen zu formulieren und Vorschläge so zu formulieren, dass sie gerade noch ‚anschlussfähig' an die praktische Politik sind. Wie an späterer Stelle am Beispiel der Vorschläge der Wissenschaftlichen Arbeitsgruppe noch näher vorgestellt wird, setzt die neoliberale Strategie auf schrittweise Veränderungen in Form kleinerer und mittelgroßer Reformen, die allerdings – und das ist bei einer solchen langfristig ausgerichteten Strategie zwingend – nie das langfristige Ziel aus den Augen verlieren darf (Gitter et al. 1988: 137–143).

Es bleibt noch, darauf hinzuweisen, dass Oberender und Gitter in ihrem Reformmodell bereits alle Elemente zusammengestellt hatten, die später – ab Mitte der 1990er Jahre und vor allem ab Anfang der 2000er Jahre – unter dem Leitbegriff des ‚einheitlichen Krankenversicherungsmarktes' zusammengefasst und zu *dem* zentralen Reformmodell wurden, nicht mehr nur für ausgewiesene Neoliberale, sondern zunehmend auch für SPD-nahe Ökonomen, die es erreichten, dass sowohl die SPD als auch die Grünen ihr Modell einer Bürgerversicherung explizit am Modell des ‚einheitlichen Krankenversicherungsmarktes' ausrichteten. Darauf wird an späterer Stelle noch ausführlicher eingegangen.

Hier soll noch eine weitere Passage der Publikation von Oberender und Gitter diskutiert werden, die ebenfalls ‚ihrer Zeit voraus' war. Bereits 1987 hatten Oberender und Gitter, vermutlich vor allem Gitter, erkannt, dass das europäische Wettbewerbsrecht von erheblicher Bedeutung für die Zukunft der GKV werden könnte. Dies wird insbesondere in der folgenden Passage deutlich:

> „Ähnlich den Wirtschaftsunternehmen der PKV nehmen auch all diese gesetzlichen Krankenkassen als Anbieter am Markt für die ‚Absicherung gegen das Krankheitsrisiko' teil. So werden sie trotz ihrer öffentlich-rechtlichen Organisationsform in weiten Bereichen nicht etwa rein lenkend und ordnend (im engeren Sinne einer amtlichen Hoheitsverwaltung) tätig, sondern treten als Anbieter von Leistungen auf, die ihrer Art nach auch von Privaten erbracht werden könnten. Die im Rahmen der GKV und PKV dargebotenen Leistungen sind dabei jedenfalls insoweit vergleichbar und austauschbar, als sie der Befriedigung eines identischen Bedürfnisses auf der Nachfrageseite dienen. Es ist demnach angezeigt – ungeachtet der besonderen, den GKV-Trägern vorgegebenen Rahmenbedingungen – von einem in gewissem Umfange einheitlichen Markt für Krankenversicherungsschutz zu sprechen, der von den Anbietern der PKV und der GKV gleichermaßen beschickt wird. Bei der Teilnahme an diesem

Markt verfolgen die gesetzlichen Krankenkassen auch keineswegs nur soziale Zwecke, sondern vielmehr insofern wirtschaftliche Zielsetzungen, als vielfältige Erwägungen ein offenbar reges Interesse an der Erhöhung der Mitgliederzahl bzw. der
Verbesserung der Risikostruktur einer Kasse begründen" (Gitter/Oberender 1987: 42).

Diese Passage hebt implizit darauf ab, dass im Wettbewerbsrecht der EU
der Begriff des Unternehmens nicht aus der privaten Rechtsform (in privatem
Besitz) oder der Art seiner Finanzierung (z. B. Aktiengesellschaft) abgeleitet
wird, sondern aus der Art der Tätigkeit. Dieser sogenannte ‚funktionale Unternehmensbegriff' des europäischen Wettbewerbsrechts ist spätestens seit einer
Entscheidung des Europäischen Gerichtshofes (EuGH) aus dem Jahr 1991 geltendes Recht der EU und somit auch des nationalen Wettbewerbsrechts (EuGH
1991).

Betrachtet man die oben zitierte Passage vor diesem Hintergrund, so enthält sie die für die Zukunft der GKV als staatliche Sozialversicherung hoch
brisante These, dass Krankenkassen als Unternehmen zu gelten haben. Was
nicht erwähnt wird, ist die daraus resultierende Konsequenz. Wenn Krankenkassen ebenso wie private Krankenversicherungen ‚Unternehmen' sind, müssen sie
auch genauso vom Staat behandelt werden. Sie dürfen dann nicht mit hoheit-
lichen Aufgaben betraut werden und somit keine Funktionen der mittelbaren
Staatsverwaltung ausüben. Krankenkassen würden dann wie alle Unternehmen
auch, in vollem Umfang dem Kartellrecht unterliegen, ihre Zusammenschlüsse
bedürften der kartellrechtlichen Überprüfung und Genehmigung. Und sie müssten genauso wie private Versicherungsunternehmen zur Zahlung der üblichen
Unternehmenssteuern verpflichtet werden.

Krankenkassen und ihre Verbände dürften dann auch keine Aufgaben staatlicher Regulierung wahrnehmen, wie beispielsweise Vorgaben zur Leistungserbringung, und sie dürften auch keine Festlegungen zur Vergütung bestimmter
Leistungen treffen oder mit Verbänden der Leistungserbringer vereinbaren. Ein
gesetzlich vorgeschriebener GKV-Beitrag der Arbeitgeber zur Finanzierung der
Leistungen der Krankenkassen wäre dann ebenso nicht mehr zulässig.

Die vorstehende Auflistung ist keineswegs abschließend, sie soll lediglich
die sehr weitrechenden Konsequenzen andeuten, die daraus resultieren, wenn
die deutschen Krankenkassen als Unternehmen im Sinne des europäischen
Wettbewerbsrechts behandelt werden.

Abschließend soll noch auf einen Bestandteil der Argumentation von Oberender und Gitter eingegangen werden, der seine Wirkung erst ab Anfang der
2000er Jahre richtig entfaltete und wesentlich dazu beitrug, dass das neoliberale Modell eines ‚einheitlichen Krankenversicherungsmarktes' Akzeptanz unter

SPD-nahen Gesundheitsökonomen erlangte und Grundlage dessen wurde, was die Parteiprogramme von Grünen und SPD seit 2003 beziehungsweise 2004 unter einer ‚Bürgerversicherung' verstehen. Gitter und Oberender verfuhren in ihrer Begründung für die Notwendigkeit einer grundlegenden Reform der GKV ‚zweigleisig'. Einerseits argumentierten sie explizit neoliberal und forderten unter Verweis auf führende Vertreter des Neoliberalismus wie Eucken, Böhm, Röpke, Hayek mehr Markt und Wettbewerb. Auf einem zweiten Gleis, vom Umfang her eher ein ‚Nebengleis', versuchten sie aber auch die bestehende linke Kritik an sozialen Ungerechtigkeiten in der GKV für die Begründung ihres Reformmodells zu nutzen.

Auf diesem ‚Gleis' begründeten sie die Notwendigkeit einer GKV-Reform mit mehreren bestehenden sozialen Ungerechtigkeiten, die es zu beseitigen gelte. So kritisierten sie (Gitter/Oberender 1987: 22 f.):

- dass es ein Verstoß gegen das Leistungsfähigkeitsprinzip sei, wenn nur das Arbeitsentgelt oder die Rente der Beitragspflicht unterliege, nicht jedoch die sonstigen Einkommen,
- dass sich Bezieher von Einkommen, die über der Versicherungspflichtgrenze liegen, gänzlich der solidarischen Finanzierung der GKV entziehen können,
- dass Alleinverdienerhaushalte bei gleicher Größe und gleichem Haushaltseinkommen weniger Beitrag zahlen als Mehrverdienerhaushalte,
- dass Arbeitseinkommen nur bis zur Beitragsbemessungsgrenze zur Finanzierung der GKV herangezogen werden und dadurch höhere Einkommen von der Beitragspflicht befreit sind,
- dass alle Arbeiter unabhängig von der Höhe ihres Arbeitseinkommens Pflichtmitglied in der GKV sein mussten, Angestellte hingegen bei Überschreitung der Versicherungspflichtgrenze zur PKV wechseln können.[44]

Diese Kritik aus der Feder dezidiert neoliberaler Autoren kann nur als ‚scheinheilig' bezeichnet werden. Wäre sie Ausdruck ehrlicher Empörung über soziale Ungerechtigkeiten und Ungleichbehandlungen gewesen, hätte daraus die Forderung nach Anhebung der Beitragsbemessungsgrenze der GKV, Ausweitung der Beitragspflicht auf alle Arten von Einkommen und letztlich sogar die Forderung nach Aufhebung der Versicherungspflichtgrenze und Ausweitung der Mitgliedschaftspflicht in der GKV auf alle Einwohner resultieren müssen. Wie oben gezeigt, strebten Oberender und Gitter jedoch keine Umwandlung der GKV

---

[44] Diese Ungleichbehandlung existierte 1987 noch, wurde aber durch das Gesundheitsreformgesetz 1988 beseitigt. Seit 1989 gilt die Versicherungspflichtgrenze auch für Arbeiter.

in eine ‚Volksversicherung' mit unbeschränkter Beitragspflicht an, sondern die Abschaffung der GKV als Sozialversicherung und Umwandlung der Krankenkassen in private Versicherungsunternehmen. Insofern handelte es sich um eine ‚pseudo-linke' Kritik der GKV.

Allerdings waren die politischen Mehrheitsverhältnisse im Jahr 1987 nicht so, dass die Notwendigkeit bestand, auch relevante Teile der SPD und der GRÜNEN für das neoliberale Reformmodell zu gewinnen. Die Regierung wurde von der CDU/CSU/FDP-Koalition gebildet und deren Protagonisten waren vor allem mit marktwirtschaftlichen Argumenten zu gewinnen. Insofern war die pseudo-linke Argumentation auch nur von sehr randständiger Bedeutung. Möglicherweise sollte sie vor allem dazu dienen, einzelnen Vertretern der CDU-Arbeitnehmerschaft Argumente für eine Unterstützung neoliberaler Reformschritte an die Hand zu geben.

In der Folgezeit wurde dieser Argumentationsstrang von neoliberalen Ökonomen auch nicht in nennenswertem Umfang weiterverfolgt. Dies änderte sich allerdings nach dem 1998 erfolgten Wechsel zu einer rot-grünen Bundesregierung. Auf die geänderten politischen Machverhältnisse wurde auch mit einer geänderten Argumentationsstrategie reagiert. Wie an späterer Stelle dieses Buches im Rahmen der Rekonstruktion der Diskussion ab Anfang der 2000er Jahre an Beispielen gezeigt wird, inszenierten sich neoliberale Ökonomen zunehmend als Kritiker sozialer Ungerechtigkeiten des bestehenden Systems. Diese Argumentationsstrategie erwies sich als sehr erfolgreich. Sowohl einflussreiche SPD-nahe Gesundheitsökonomen als auch SPD und GRÜNE gingen diesen Argumentationen ‚auf den Leim'. Darauf wird an späterer Stelle ausführlicher eingegangen.

Die Vorschläge der ‚Wissenschaftlichen Arbeitsgruppe Krankenversicherung'

Die ‚Wissenschaftliche Arbeitsgruppe Krankenversicherung' wurde nach Vorlage der Vorschläge von Oberender und Gitter offenbar aufgrund einer Anregung des BMA gebildet.[45] Die Arbeitsgruppe lud zahlreiche weitere Wissenschaftler zu Vorträgen ein und bildete vier Arbeitskreise zu den Themenkomplexen, „Globalsteuerung und Budgetierung", „Belebung des Versicherungsgedankens", „Erweiterte Vertragsfreiheit" und „Duales Versicherungssystem". Finanziert wurde

---

[45] So der damals für die Gesundheitspolitik zuständige Abteilungsleiter im BMA (Jung 1988: 33).

das Gesamtprojekt von der Robert Bosch Stiftung. Das Ergebnis der Beratungen wurde am 7. Oktober 1987 als gemeinsamer Vorschlag für eine „Strukturreform der GKV" der Presse vorgestellt. Der Abschlussbericht erschien 1988 als Buch in der von der Robert Bosch Stiftung herausgegebenen Reihe „Beiträge zur Gesundheitsökonomie" (Gitter et al. 1988).

Mitglieder der Wissenschaftlichen Arbeitsgruppe Krankenversicherung
Wolfgang Gitter, Professor für Bürgerliches Recht, Arbeits- und Sozialrecht an der Universität Bochum (1970–1977) und Bayreuth (1977–1997), Mitglied der GKV-Enquêtekommission des Deutschen Bundestages (1987–1990), Mitglied der Kommission Krankenhausfinanzierung der Robert-Bosch-Stiftung (1982–1987).

Heinz Hauser, Professor für Volkswirtschaftslehre an der Hochschule St. Gallen, Direktor des Schweizerischen Instituts für Außenwirtschafts- und Sozialwissenschaften St. Gallen.

Klaus-Dirk Henke, Professor für Finanzwissenschaft an der Universität Hannover (1976–1995), Professor für Öffentliche Finanzen und Gesundheitsökonomie an der Technischen Universität Berlin (seit 1995), Mitglied des Wissenschaftlichen Beirates beim Bundesministerium der Finanzen (seit 1984), Mitglied der „Wissenschaftlichen Arbeitsgruppe Krankenversicherung" der Robert Bosch Stiftung, Mitglied des Sachverständigenrates für die Konzertierte Aktion im Gesundheitswesen (1987–1998, 1993–1998 Vorsitzender).

Eckhard Knappe, Professor für Volkswirtschaftslehre an der Universität Trier (1979–2008), Vorsitzender des Ausschusses für Gesundheitsökonomie im Verein für Socialpolitik (1995–1999).

Leonhard Männer, Professor für Volkswirtschaftslehre an der Universität Göttingen.

Günter Neubauer, Professor für Volkswirtschaftslehre an der Universität der Bundeswehr München (1976–2006), Mitglied der Kommission Krankenhausfinanzierung der Robert Bosch Stiftung (1982–1987), Mitglied der GKV-Enquêtekommission des Deutschen Bundestages (1987–1990), Vorsitzender der Expertenkommission „Reform der Krankenhausfinanzierung" beim Bundesministerium für Gesundheit (1992), Direktor des Instituts für Gesundheitsökonomik (seit 1991).

Peter Oberender (Sprecher der Arbeitsgruppe), Professor für Volkswirtschaftslehre an der Universität Bayreuth (1980–2007), Mitglied der GKV-Enquêtekommission des Deutschen Bundestages (1987–1990), Mitglied des Wissenschaftsrates (1999–2005), Mitglied der bayrischen Bioethik-Kommission (seit 2009).

Günter Sieben, Professor für Allgemeine Betriebswirtschaftslehre an der Universität Köln, Mitglied der Kommission Krankenhausfinanzierung der Robert Bosch Stiftung (1982–1987).

Mitglieder der Arbeitskreise (u. a.)

Dieter Cassel, Professor für Volkswirtschaftslehre an der Universität Duisburg.

Matthias Graf von der Schulenburg, Professor für Versicherungsbetriebslehre an der Universität Hannover.

Peter Zweifel, Professor für Wirtschaftspolitik an der Universität Zürich.

In den Vorschlägen der Arbeitsgruppe wurden die bereits oben vorgestellten Kerngedanken eines marktwirtschaftlichen Umbaus des Gesundheitssystems aufgegriffen und an einigen Stellen weiter ausdifferenziert. Im Mittelpunkt der Vorschläge stand eine grundlegende Reform der gesetzlichen Krankenversicherung.

Die Vorschläge der Arbeitsgruppe waren in zentralen Punkten weniger radikal als die Vorschläge des SVR-W, des Kronberger Kreises oder von Oberender und Gitter. So sprach sich die Arbeitsgruppe beispielsweise nicht explizit für risikoäquivalente Prämien in der Grundsicherung oder eine Privatisierung der Krankenkassen aus. Dies dürfte vor allem darin begründet sein, dass die Arbeitsgruppe von ihrer Zusammensetzung her der praktischen Gesundheitspolitik deutlich näherstand als beispielsweise der Wirtschaftssachverständigenrat und der Kronberger Kreis. Insofern dürfte den Mitgliedern der Arbeitsgruppe bewusst gewesen sein, dass allzu radikale Reformvorschläge im politischen Raum mit hoher Wahrscheinlichkeit selbst unter konservativen Befürwortern eines marktwirtschaftlichen Umbaus des Gesundheitswesens auf Widerspruch und Ablehnung stoßen würden.

Deutlich wird dies beispielsweise an dem oben bereits erwähnten Vortrag des damals für die GKV zuständigen Abteilungsleiters im BMA vom Sommer 1987, in dem er sich zunächst zwar für die Vorschläge der Arbeitsgruppe bedankte, um sie dann aber in teilweise sehr scharfer Form als zu marktradikal zurückzuweisen (Jung 1988). Ein weiterer deutlicher Beleg dafür findet sich in dem im Mai 1988 vorgelegten Gesetzentwurf der CDU/CSU/FDP-Koalition für das Gesundheitsreformgesetz (GRG). Darin wurden die Vorschläge des SVR-W und des Kronberger Kreises explizit erwähnt, aber ebenso wie „reine Marktmodelle" allgemein als „unvertretbar" zurückgewiesen (CDU/CSU/FDP 1988: 146 f.).[46] Allerdings wurde die Grundorientierung in Richtung einer stärker marktwirtschaftlichen Ausrichtung von der konservativ-wirtschaftsliberalen Koalition durchaus geteilt. Dies wird auch am ersten Entwurf für das GRG sichtbar. Unter der Überschrift „Absage an staatliche Versorgungssysteme und reine Marktmodelle" (CDU/CSU/FDP 1988: 147) folgte die Zwischenüberschrift „Reine Marktmodelle mit einer sozialen Krankenversicherung nicht vereinbar" und danach als nächstes „Aber Markt und Wettbewerb, wo sinnvoll und möglich" (ebd.).

Anders als der Kronberger Kreis, dessen Mitglieder nicht in der unmittelbaren Politikberatung im Bereich der Gesundheitspolitik tätig waren, mussten Wissenschaftler, die in Beratungsgremien der Bundesregierung oder des Bundestages berufen beziehungsweise von der Politik langfristig nachgefragt werden wollten, auf die ‚Befindlichkeiten' und traditionellen Wertbindungen konservativer Sozialpolitiker Rücksicht nehmen. Insofern dürfte es auch der Arbeitsgruppe ratsam erschienen sein, die Abschaffung der GKV als Sozialversicherung und Umstellung auf ein reines PKV-System mit risikoäquivalenten Versicherungsprämien nicht offen zu propagieren. Ein solches Ziel musste ‚zwischen den Zeilen' versteckt werden und würde sich – nach Umsetzung der übrigen Reformelemente – nach und nach quasi ‚zwangsläufig' als eine Art ‚Sachzwang' ergeben. Dass die Arbeitsgruppe langfristig strategisch in dieser Richtung dachte, wird an ihren Ausführungen zu Möglichkeiten und Strategien der politischen Umsetzung des Reformmodells erkennbar, auf die am Schluss dieses Kapitels eingegangen wird.

Der Abschlussbericht der Arbeitsgruppe ist in drei Abschnitte gegliedert. Der erste Abschnitt enthält eine „Mängelanalyse des Systems der Gesetzlichen Krankenversicherung" (Gitter et al. 1988: 19–31), im zweiten Abschnitt werden „Ausgewählte Reformoptionen" (ebd.: 33–94) vorgestellt, und der dritte Abschnitt bietet „Gemeinsame Vorschläge zur Strukturreform der GKV" (ebd.: 95–143). Die nachfolgende Darstellung beschränkt sich weitgehend auf die Ausführungen des dritten Abschnitts und das darin entwickelte Reformmodell für eine ‚Strukturreform der GKV'. Zunächst wird jedoch kurz auf die Mängelanalyse und

---

[46] „Eine Abschaffung der Grundprinzipien der gesetzlichen Krankenversicherung würde eine Abkehr von einer verläßlichen Sozialpolitik bedeuten. Sie würde nicht nur Unsicherheit schaffen, sondern zu sozial- und gesundheitspolitisch unvertretbaren Konsequenzen führen" (CDU/CSU/FDP 1988: 146).

die im Bericht genannten Ziele und Grundsätze des Reformmodells der Arbeitsgruppe eingegangen, einerseits weil sie damals übliche und auch heute noch weit
verbreitete neoliberale Argumentationsmuster enthält, zum anderen weil in der
Qualifizierung bestimmter Elemente des bestehenden Systems bereits der Entwurf
eines anderen, zukünftigen Systems enthalten ist. Denn: Zum Mangel wird etwas
nur, wenn es mit einem bestimmten, der Beurteilung hinterlegten Soll abgeglichen
und relativ zu diesem Soll für mangelhaft befunden wird.

Die „Mängelanalyse" der Arbeitsgruppe

Die den Reformvorschlägen vorangestellte „Mängelanalyse" fiel sehr knapp aus[47]
und reproduzierte im Wesentlichen nur damals geläufige gesundheitsökonomische
Argumentationsmuster. In der Analyse nahm der Verweis auf eine ‚Rationalitätenfalle' in der GKV eine zentrale Stelle ein. Damit war Folgendes gemeint:
Dadurch, dass der Krankenkassenbeitrag unabhängig von dem Umfang der in
Anspruch genommenen Leistungen ist, sei es ‚rational', möglichst viele Leistungen in Anspruch zu nehmen. Dies fördere eine ‚Freifahrermentalität' und
‚Anspruchsdenken' der Versicherten (Gitter et al. 1988: 23) und sei in der Vergangenheit die zentrale Ursache dafür gewesen, dass die Einnahmen der GKV
die Ausgaben nicht mehr deckten (ebd.).

Eine empirisch gestützte Beweisführung für die Richtigkeit dieser aus wirtschaftswissenschaftlichen Theoremen abgeleiteten Annahmen sucht man in der
Mängelanalyse vergeblich. Eine solche Beweisführung wäre auch nicht möglich
gewesen, denn die These der Arbeitsgruppe widerspricht eindeutig den maßgeblichen volkswirtschaftlichen Daten. Der Anteil der GKV an den Gesamtausgaben
für das Gesundheitswesen lag zwischen 1975 und Anfang der 1990er Jahre konstant bei ca. sechs Prozent des Bruttoinlandsprodukts. Diese Daten lagen zum
Zeitpunkt der Veröffentlichung der Arbeitsgruppe zumindest für die Jahre 1975
bis 1986 bereits vor.

Hier soll allerdings nicht die Frage nach dem Wahrheitsgehalt der Mängelanalyse erörtert werden, sondern nur die Implikation einer solchen Argumentation
aufgezeigt werden. Wenn einkommensabhängige Beiträge auf Grund des fehlenden Zusammenhangs zwischen Beitragshöhe und in Anspruch genommenen
Leistungen solche ‚Fehlanreize' setzen und diese ‚Fehlanreize' vermieden werden sollen, bleibt im Grunde nur ein Weg: die Umstellung auf das in der PKV
geltende Äquivalenzprinzip und die Zahlung von Beiträgen, die abhängig vom
Umfang der Versicherungsleistungen sind. Dies erscheint denn auch im dritten

---

[47] Die Mängelanalyse umfasst lediglich ca. 8 Seiten von insgesamt ca. 150 Seiten Text.

Abschnitt als zentraler Bestandteil des Reformmodells der Arbeitsgruppe. Darauf wird an späterer Stelle eingegangen.

Als ‚Fehlentwicklung' wurde auch der Arbeitgeberbeitrag genannt:

> „Die allgemein übliche Aufteilung in Arbeitnehmer- und Arbeitgeberbeitrag stellt einen methodisch unzulässigen Artefakt dar, der letztlich nur zu einer Verschleierung der hohen Beitragslast des einzelnen Versicherten führt" (Gitter et al. 1988: 23).

Auch diese ‚Mängelanalyse' enthält weitreichende Implikationen. In ihr wird implizit davon ausgegangen, dass eigentlich das GKV-Mitglied Schuldner des gesamten GKV-Beitrags sei, dies jedoch durch den Arbeitgeberbeitrag ‚verschleiert' werde. Eine solche Behauptung kann nur dann plausibel erscheinen, wenn man das PKV-Modell als Maßstab nimmt, in dem in der Tat der Versicherungsnehmer Schuldner der Versicherungsprämie ist und der Arbeitgeber nur einen ‚Zuschuss' zur PKV-Versicherungsprämie gewährt, der an die abhängig Beschäftigten ausgezahlt wird. Im GKV-System wird – aus Sicht der Arbeitsgruppe – die Höhe des Gesamtbeitrags ‚verschleiert', da der Arbeitgeber seinen Anteil direkt an die Sozialversicherung überweist, ohne ihn in der Lohn- oder Gehaltsabrechnung kenntlich zu machen. Wenn jedoch die Höhe der ‚Beitragslast' für die Versicherten nicht mehr ‚verschleiert', sondern erkennbar gemacht werden soll, dann ist dies am ehesten dadurch zu erreichen, dass der Arbeitgeberbeitrag ausgezahlt und die Versicherten alleinige Beitragsschuldner werden. Eine entsprechende Empfehlung findet sich denn auch in den Reformvorschlägen der Arbeitsgruppe (Gitter et al. 1988: 103).

Als weitere Ursachen der finanziellen Probleme der GKV nannte die Arbeitsgruppe die „permanente Ausweitung des Leistungskatalogs", die „Einbeziehung weiterer Bevölkerungsgruppen in die GKV" und eine unzureichende Kostendeckung in der Krankenversicherung der Rentner (Gitter et al. 1988: 24). Eine solche Problemdarstellung impliziert die Forderung nach einer Reduzierung des GKV-Leistungskatalogs, Beschränkung der Versicherungspflicht auf wenige Bevölkerungsgruppen und ‚kostendeckende' (risikoäquivalente) Beiträge der Rentner. Entsprechendes findet sich auch in den Reformvorschlägen: Der gesetzlich verpflichtende Leistungskatalog solle auf ‚Grundleistungen' reduziert und allen GKV-Versicherten der Wechsel in die PKV ermöglicht werden (Gitter et al. 1988: 101, 196). Ein Wechsel aller bisherigen GKV-Versicherten zur PKV ist allerdings nur möglich, wenn zuvor die Pflicht zur Versicherung in der GKV aufgehoben wurde. Das aber bedeutet nichts anderes als die Abschaffung der GKV als Sozialversicherung. Wie dargelegt, vermied es die Arbeitsgruppe jedoch, diese Konsequenz offen auszusprechen.

Die Krankenversicherung der Rentner in der GKV wurde von der Arbeits-
gruppe dahingehend kritisiert, dass die Beiträge der Rentner zum damaligen
Zeitpunkt weniger als die Hälfte der von Rentnern verursachten Kosten deck-
ten (ebd.: 96). Eine solche Kritik impliziert die Auffassung, dass die Summe der
Beiträge jeder Altersgruppe in der GKV ausreichen sollte, die von der jeweiligen
Altersgruppe verursachten Kosten zu decken. Das aber ist nichts anderes als die
Anwendung des Äquivalenzprinzips der PKV auf die GKV und würde die Erhebung risikoäquivalenter Beiträge für Alterskohorten erfordern. Risikoäquivalenz
ist insofern in der Kritik der Arbeitsgruppe impliziert, als die höheren GKV-
Ausgaben für Rentner aus höheren Krankheitskosten resultieren, die wiederum
durch häufigere und schwerere Erkrankungen verursacht werden.

Innerhalb der Arbeitsgruppe war jedoch kein Konsens für die Offenlegung
dieser Konsequenzen herstellbar. Dass diese Konsequenzen innerhalb der Arbeitsgruppe diskutiert wurden, dafür enthält der Abschlussbericht deutliche Hinweise.
So wurde bei der Vorstellung verschiedener Reformoptionen die „versicherungs-
technische Kalkulation" (Gitter et al. 1988: 53) der Beiträge empfohlen, was nur
eine andere Formulierung für risikoäquivalente Prämienkalkulation ist. In den
gemeinsamen Vorschlägen erscheint eine solche sehr eindeutige Formulierung
jedoch nicht. Allerdings finden sich dort andere Formulierungen, die letztlich auf
das Gleiche hinauslaufen (darauf wird an späterer Stelle näher eingegangen).

An dieser Stelle sei auf ein aktuelles Beispiel der gesundheitspolitischen
Diskussion hingewiesen, das zeigen kann, warum die hier diskutierten Argumentationen und Vorschläge aus den 1980er Jahren keineswegs nur von einem
abstrakt wissenschaftlichen oder rein historischen Interesse sind. Es sind Themen
von aktueller und sicher auch zukünftiger Relevanz.

Wenn für Rentner kostendeckende Beiträge gefordert werden, wirft dies die
Frage auf, warum nicht auch die Beiträge anderer Versichertengruppen kostendeckend sein sollten. Eine entsprechende Diskussion gibt es seit einigen Jahren über
die Beitragszahlungen für die Bezieher von Arbeitslosengeld II (ALG II). Von
Seiten der Krankenkassen und des GKV-Spitzenverbandes wird kritisiert, dass die
Beitragsüberweisungen des Bundes für die Bezieher von ALG II nicht ausreichen,
um die Ausgaben für diese Versichertengruppe zu finanzieren. Gefordert werden
ausgabendeckende Beitragsüberweisungen (vgl. u. a. GKV-SV 2017: 18). Auf
Verlangen des Bundesrates gab das BMG daraufhin sogar eine wissenschaftliche
Studie zur Frage des Kostendeckungsgrades in Auftrag (IGES 2017a).

Zwar geht es bei der Frage der Beitragsüberweisungen des Bundes für die
Bezieher von ALG II nicht um individuell zu zahlende Beiträge, sondern nur um
Belastungsverschiebungen zwischen verschiedenen Teilen des Staatshaushaltes.
Dies ändert jedoch nichts an der grundsätzlichen Bedeutung. Die Bemessung

der GKV-Beiträge hat nach dem Leistungsfähigkeitsprinzip zu erfolgen und nicht nach der Höhe der Krankenkassenausgaben für einzelne Versicherte oder Versichertengruppen. Wenn vonseiten der Krankenkassen ausgabendeckende Beitragsüberweisungen gefordert werden, ist dies die Forderung nach Anwendung des Äquivalenzprinzips auf die GKV.

Es ist in hohem Maße beunruhigend und wirft ein bezeichnendes Bild auf die gesundheitspolitische Diskussion und das Denken des Führungspersonals der GKV, dass diese Dimension nicht gesehen wird. Beunruhigend ist die Diskussion über dieses Thema auch deshalb, weil die Forderung flankiert wird durch die Behauptung, die soziale Absicherung der Langzeitarbeitslosen für den Fall von Krankheit sei nicht Aufgabe der GKV, sondern Teil der staatlichen ‚Fürsorge' und deshalb voll kostendeckend aus Steuern zu finanzieren (GKV-SV 2017: 18).

An dieser Argumentation zeigt sich exemplarisch, wie tief neoliberale Vorstellungen bereits in das Denken weiter Teile der GKV und Politik eingedrungen sind. So tief, dass es als selbstverständlich erscheint, Krankenkassen nicht als Teil des Systems staatlicher Daseinsvorsorge und sozialer Sicherheit anzusehen, sondern als private Unternehmen, die davon strikt zu trennen sind.

Grundsätze und Ziele der vorgeschlagenen ‚Strukturreform der GKV'

Die Vorstellung des gemeinsam vorgeschlagenen Reformmodells wird im Abschlussbericht der Arbeitsgruppe mit einer Passage zu den tragenden Grundüberzeugungen und Zielen des Reformmodells eingeleitet:

> „In einer marktwirtschaftlichen Wirtschafts- und Gesellschaftsordnung muß das Ziel, individuelle Freiheitsräume zu erweitern und damit Elemente des Zwangs zurückzudrängen, einen hohen Eigenwert besitzen. Das gilt generell für alle Wirtschaftsbereiche, also auch für das Gesundheitswesen und die Gesetzliche Krankenversicherung. Eine derart weitreichende Einschränkung der individuellen Freiheit, wie sie z. B. die Pflichtmitgliedschaft in einer (bestimmten) gesetzlichen Krankenkasse, den vorgeschriebenen Katalog versicherungspflichtiger Leistungen u. a. stattfindet, ist beim heute erreichten Lebensstandard der Bevölkerung nicht mehr gerechtfertigt" (Gitter et al. 1988: 96).

Darin sind mehrere grundlegende Implikationen enthalten:

- Wenn die gesetzliche Krankenversicherung den ‚Wirtschaftsbereichen' zugeordnet wird, so ist das als Zustandsbeschreibung eindeutig falsch, da es sich um eine staatliche Sozialversicherung handelt. Die zitierte Formulierung kann von daher nur so gedeutet werden, dass darin eine Zielvorstellung zum Ausdruck gebracht wird: Die GKV *soll* den übrigen Wirtschaftsbereichen zugeordnet und angeglichen werden.

- Wenn der Status der Krankenkassen als Pflichtversicherung und ein gesetzlich vorgeschriebener Leistungskatalog als nicht gerechtfertigte Einschränkung der individuellen Freiheit kritisiert wird, dann impliziert dies die Forderung nach Abschaffung der Krankenkassen als Pflichtversicherung und Abschaffung oder weitgehende Reduzierung gesetzlicher Vorschriften zum Leistungskatalog. Entsprechende Vorschläge folgen denn auch an späterer Stelle in den Vorschlägen der Arbeitsgruppe.
- Wenn auf den erreichten Lebensstandard verwiesen wird, der das GKV-System nicht mehr rechtfertige, so impliziert dies die Forderung nach Abschaffung der GKV als staatliche Sozialversicherung.[48]

Die Reformvorschläge im Einzelnen

Im Folgenden werden die Reformvorschläge der Wissenschaftlichen Arbeitsgruppe vorgestellt und kritisch diskutiert. Die Darstellung folgt nicht der Systematik des Abschlussberichts, sondern berücksichtigt auf einer ersten Ebene die Relevanz des jeweiligen einzelnen Vorschlags. Dementsprechend werden die wichtigsten und zentralen Reformelemente zuerst vorgestellt. Zudem wird versucht, die in den Vorschlägen enthaltene innere Logik aufzuzeigen, um so ein Gesamtbild entstehen zu lassen, das deutlich macht, wie die einzelnen Elemente des Reformmodells der Arbeitsgruppe inhaltlich zusammenhängen und sich wechselseitig ergänzen oder bedingen.

Mindestversicherungspflicht für Grundleistungen und „Wahltarife" für Zusatzleistungen

Im Zentrum des Reformmodells der Arbeitsgruppe steht die Umwandlung des GKV-Systems in ein System aus allgemeiner Versicherungspflicht für eine Grundsicherung ohne Vorgabe einer Pflichtversicherung. Versicherungspflicht solle nur noch als „Mindestversicherungspflicht" (Gitter et al. 1988: 102) vorgegeben werden, die durch Abschluss eines „Grundleistungstarifs" (Gitter et al. 1988: 101) bei einer für alle Versicherten frei wählbaren Krankenversicherung erfüllt wird. Es solle weiterhin eine Versicherungspflichtgrenze geben (ebd.: 100), und

---

[48] Diese Argumentation legt die Vermutung nahe, dass den Mitgliedern der Arbeitsgruppe die Rothenfelser Denkschrift bekannt war, in der diese Begründung für die Abschaffung der GKV als Sozialversicherung bereits enthalten war.

auch private Krankenversicherungen sollten verpflichtet sein, einen „sozialen Vollversicherungstarif" (Gitter et al. 1988: 103) anzubieten.

Dieser Vorschlag war nicht vollkommen neu. Anders als beispielsweise der SVR-W und der Kronberger Kreis wollte es die Arbeitsgruppe der PKV nicht freistellen, ob sie einen ‚Grundleistungstarif' anbietet, sondern alle PKV-Unternehmen zu einem solchen Angebot verpflichten. Neu gegenüber SVR-W und Kronberger Kreis war der Vorschlag, die GKV als staatliche Sozialversicherung in Form von Krankenkassen als Pflichtversicherung durch einen Tarif zu ersetzen (Grundleistungstarif). Hier folgte die Arbeitsgruppe dem von Oberender und Gitter vorgelegten Konzept. Es wurde oben bereits darauf hingewiesen, dass die Idee der Ersetzung der GKV durch einen ‚GKV-Tarif' in dem Anfang der 2000er Jahre entwickelten Reformmodell eines ‚einheitlichen Krankenversicherungsmarktes' wieder aufgegriffen und zu dessen zentralem Kern wurde.

Die Arbeitsgruppe sprach sich dafür aus, den Leistungsumfang des Grundleistungstarifs gegenüber dem bisherigen GKV-Leistungskatalog deutlich zu reduzieren. Insbesondere sollten ‚krankenversicherungsfremde' Leistungen ausgegliedert werden. Welche dies sein sollten, blieb allerdings unklar, es wurden nur zwei exemplarische Beispiele genannt (Sterbegeld, Sterilisation) (ebd.: 101). Auch zu weiteren auszugliedernden Leistungen bot die Arbeitsgruppe nur beispielhafte Nennungen wie Zahnersatz, Brillen oder Kuren.[49] Begründet wurde diese Zurückhaltung damit, dass es für die Bestimmung eines verbindlichen Pflichtleistungskatalogs keine objektiven Abgrenzungskriterien gebe und dessen Festlegung „ein nicht näher begründbares Werturteil" sei (Gitter et al. 1988: 101). Damit wies die Arbeitsgruppe die Entscheidung der Politik zu und gab zugleich zu verstehen, dass es aus Sicht der Arbeitsgruppe keine Untergrenze für die Reduzierung des Grundleistungskatalogs gebe. Dies wird auch daran deutlich, dass die Arbeitsgruppe vorschlug, im Rahmen des ‚Grundleistungstarifs' den Versicherten Wahlfreiheit beim Leistungsumfang einzuräumen, sofern dafür eine Beitragsreduktion gewährt wird (ebd.: 101).

Alle über die Grundleistungen hinausgehenden Leistungen sollten ohne Vorgabe einer Versicherungspflicht durch individuell abzuschließende „Wahltarife"

---

[49] Es sei hier bereits darauf hingewiesen, dass Sterbegeld, Zahnersatz, Brillen und Kuren in den nachfolgenden Gesundheitsreformen auch tatsächlich aus dem Leistungskatalog der GKV gestrichen wurden. Im Fall des Zahnersatzes gab es in den letzten Jahrzehnten allerdings ein wechselvolles Hin-und-Her. Er wurde von der CDU/CSU/FDP-Koalition 1997 aus dem Katalog gestrichen, von der rot-grünen Koalition 1998 wieder rückgängig gemacht, die Union setzte 2003 durch, dass er nur durch die Versicherten finanziert werden sollte, was die rot-grüne Koalition kurz darauf wieder aufhob.

(Gitter et al. 1988: 108) abgedeckt werden. Als mögliche Wahltarife schlug die Arbeitsgruppe unter anderem auch Selbstbehalttarife und Beitragsrückerstattungstarife vor, die mit Beitragsermäßigungen verbunden sein sollten, die jedoch nicht höher sein dürften, als die „Ersparnisse durch die Wahl der Versicherungsform" (ebd.: 137).[50]

Es bleibt noch darauf hinzuweisen, dass die gesetzliche Krankenversicherung zum damaligen Zeitpunkt noch keine „Tarife" kannte. Der Begriff ‚Tarif‘ entstammt der privaten Versicherungswirtschaft und bezeichnet die Kombination aus einem definierten Umfang von Versicherungsleistungen und einer dafür auf Grundlage des Äquivalenzprinzips kalkulierten Versicherungsprämie. Die Verwendung des Tarifbegriffs impliziert somit die Anwendung des Äquivalenzprinzips.

Freier Markt für soziale Krankenversicherungsverträge und freie Wahl des Versicherungsunternehmens
Entsprechend der Prämisse, dass ‚individuelle Freiheitsräume erweitert‘ werden sollten, sieht das Reformmodell der Arbeitsgruppe nicht nur für Wahltarife, sondern auch für die Grundleistungstarife eine „völlig freie Wahl des Krankenversicherungsträgers" vor (Gitter et al. 1988: 108). Dies solle dadurch erreicht werden, dass auch private Krankenversicherungen „soziale Krankenversicherungsverträge" anbieten müssen (ebd.: 104). Für die sozialen Krankenversicherungstarife sollten weiterhin einkommensabhängig Beiträge erhoben und eine beitragsfreie Familienversicherung beibehalten werden.

Jedes Versicherungsunternehmen müsse mindestens einen der Grundleistungstarife nach dem Sachleistungsprinzip anbieten (ebd.: 103 f.). Damit war zugleich impliziert, dass Grundleistungstarife auch als Kostenerstattungstarife angeboten werden können. Für die sozialen Krankenversicherungsverträge solle allen Krankenversicherungen ein „genereller Kontrahierungszwang" (ebd.: 104) vorgegeben werden.

Umstellung auf individuelle Versicherungsträge und Abschaffung der beitragsfreien Familienversicherung
Entsprechend der zentralen Zielrichtung einer Umwandlung des GKV-Systems in ein PKV-System schlug die Arbeitsgruppe vor, das bisherige öffentlich-rechtliche

---

[50] Sowohl der von der Arbeitsgruppe gewählte Begriff „Wahltarife" als auch die inhaltliche Ausgestaltung dieser Tarife findet sich mittlerweile im GKV-Recht. Auf Verlangen der CDU/CSU wurden „Wahltarife" 2007 in die GKV eingeführt, und es wurde auch der Grundsatz in das Gesetz aufgenommen, dass die Beiträge für diese Wahltarife nach versicherungsmathematischen Regeln zu kalkulieren sind (§ 53 Abs. 9 SGB V).

Verhältnis zwischen Krankenkassen und Versicherten in ein privatrechtliches und damit individuelles Vertragsverhältnis umzuwandeln:

> „Einer der Grundgedanken der neuen Option besteht darin, diese Beziehungen zwischen Kassen und Versicherten weitgehend durch Verträge zu regeln" (Gitter et al. 1988: 99)

Die Versicherung für einen „Grundleistungstarif" sollte in gesonderten „Sozialkrankenversicherungsverträgen" (Gitter et al. 1988: 103) individuell vereinbart werden. Dabei sollten auch für die Familienangehörigen individuelle „Krankenversicherungsverträge" abgeschlossen werden (Gitter et al. 1988: 99).

Dieser Vorschlag impliziert das Ende der beitragsfreien Mitversicherung von Familienangehörigen, denn jeder Versicherungsvertrag erfordert auch einen gesonderten Versicherungsbeitrag. Der Abschluss individueller Versicherungsverträge auch für Familienangehörige widerspricht der vorher zitierten Feststellung, dass die beitragsfreie Mitversicherung von Familienangehörigen beibehalten werden solle. Die Feststellung sollte offenbar dazu dienen, den wahren Inhalt des Reformmodells zu verschleiern.

Private Rechtsformen für Krankenkassen
Wenn das bisherige GKV-System durch ein System aus allgemeiner Versicherungspflicht für eine Grundversorgung und uneingeschränkter Wahlfreiheit aller Versicherten zwischen Krankenkassen und privaten Krankenversicherungen ersetzt werden soll, und der Abschluss individueller privatrechtlicher Krankenversicherungsverträge obligatorisch wird, stellt sich die Frage nach der Existenzberechtigung der als Körperschaften des öffentlichen Rechts verfassten Krankenkassen. Wenn sie nicht mehr alleinige Pflichtversicherung sind, lässt sich ihr Status als mittelbare Staatsverwaltung und Träger einer staatlichen Sozialversicherung nicht mehr aufrechterhalten. Diese Konsequenz wurde von der Arbeitsgruppe jedoch nicht explizit erörtert, sondern nur indirekt und am Rande angesprochen.

> „Ausgehend von dem heutigen, historisch gewachsenen gegliederten System der Gesetzlichen Krankenversicherung, sollen langfristig verschiedene Unternehmensformen für Krankenversicherungen zulässig sein. Letztlich darf es im Versicherungswettbewerb keine Rolle spielen, ob der beschriebene soziale Krankenversicherungsvertrag mit den darin enthaltenen Mindestanforderungen für den Solidarausgleich von einer bestehenden gesetzlichen Krankenkasse, einer existierenden privaten Versicherung oder von sich neu bildenden Unternehmensformen angeboten wird" (Gitter et al. 1988: 104).

Auf den ersten Blick kann der Vorschlag der Arbeitsgruppe so erscheinen, als ziele er auf eine Verbreiterung der Einnahmebasis der GKV und solle dazu dienen, auch Einkommen oberhalb der vorherigen Beitragsbemessungsgrenze der Beitragspflicht zu unterwerfen. Zu diesem ersten Eindruck passt allerdings nicht das Festhalten an der Versicherungspflichtgrenze und auch an der Beitragsbemessungsgrenze. Denn die Ausweitung der Beitragsbemessung auf Kapitaleinkünfte und Transfereinkommen (z. B. Betriebsrenten) sollte nur bis zur Beitragsbemessungsgrenze erfolgen.

Wenn die Beibehaltung der Beitragsbemessungsgrenze mit einer Aufteilung des Gesamthaushaltseinkommens auf alle Haushaltsmitglieder verbunden wird, werden zwar höhere Einkommen als zuvor bei der Beitragsberechnung berücksichtigt, aber nur bei den Beziehern höherer Einkommen, die mitversicherte Familienangehörige haben. Einpersonenhaushalte (Ledige) wären nicht betroffen. Und auch GKV-Mitglieder mit hohem Einkommen würden nur in dem Maße zu einer höheren Beitragszahlung herangezogen, wie die nach Teilung des Gesamthaushaltseinkommens entstehenden Teil-Haushaltseinkommen der einzelnen Haushaltsmitglieder unterhalb der Beitragsbemessungsgrenze bleiben. Darüberhinausgehende Teil-Haushaltseinkommen würden weiterhin beitragsfrei bleiben.

Sicherlich würde es sich dabei nur um eine kleine Gruppe von Mitgliedern mit hohem Einkommen handeln, der Hinweis soll aber vor allem deutlich machen, dass ein solcher Vorschlag logisch inkonsistent ist und die von der Arbeitsgruppe kritisierte ‚Gerechtigkeitslücke‘ nicht schließt. Wenn man es für kritikwürdig hält, dass sich Bezieher hoher Einkommen durch den Wechsel zur PKV der solidarischen Finanzierung der GKV entziehen können und die gegebene Beitragsbemessung der GKV wichtige Einkommensarten nicht berücksichtigt, dann muss man die Versicherungspflichtgrenze ebenso wie die Beitragsbemessungsgrenze deutlich erhöhen oder abschaffen und die Beitragsbemessung auf alle Einkommensarten ausdehnen. Dies hat aber rein sachlogisch nichts mit der beitragsfreien Familienversicherung in der GKV zu tun.

Die ‚beitragsfreie Familienversicherung‘ ist keine Familien-‚Versicherung‘, sondern Ausdruck und Erscheinungsform zentraler Prinzipien der GKV als Sozialversicherung. Zentrales Ziel der GKV ist die Gewährleistung einer Absicherung für den Krankheitsfall für alle Einwohner, die in die gesetzliche Krankenversicherung einbezogen sind. Die Entscheidung des Gesetzgebers ist es, festzulegen wer in die GKV einbezogen werden soll. Davon unabhängig ist die Frage – und dies ist der zentrale Punkt auch hier – wer die daraus entstehenden finanziellen Lasten tragen soll. Beides ist strikt voneinander zu trennen.

Wie bereits an früheren Stellen mehrfach herausgestellt, zeichnet sich die GKV als Sozialversicherung dadurch aus und unterscheidet sich von der PKV dadurch, dass kein Zusammenhang zwischen Leistungsansprüchen und Beitragszahlung besteht und folglich das Äquivalenzprinzip nicht gilt. Zur Tragung der finanziellen Lasten der GKV werden vor allem – aber keineswegs nur – abhängig Beschäftigte herangezogen. Dafür entscheidend ist, dass sie über ein Einkommen verfügen.

Wer über kein Einkommen verfügt, wird – entsprechend des Leistungsfähigkeitsprinzips – auch nicht zur Tragung der finanziellen Lasten herangezogen. Wie bereits an anderer Stelle erläutert, ist der Krankenkassenbeitrag kein ‚Versicherungsbeitrag' für eine äquivalente Versicherungsleistung, sondern eine staatliche Abgabe, zu deren Zahlung ein durch Gesetz festgelegter Personenkreis gesetzlich verpflichtet ist. Dies wurde vom Bundesverfassungsgericht beispielsweise anlässlich seiner Entscheidung zur Verfassungsmäßigkeit der Einführung der Künstlersozialversicherung eindeutig festgestellt (BVerfGE 75, 108). Dementsprechend wurde es vom Gericht als gerechtfertigt angesehen, dass auch Vermarkter künstlerischer Werke zur Finanzierung der Künstlersozialversicherung herangezogen werden. Hier bietet sich auch der Vergleich zum Steuerrecht an, denn wer über kein eigenes Einkommen verfügt, wird auch nicht zur Zahlung von Einkommenssteuern herangezogen. Ansprüche auf die aus Steuern finanzierten staatlichen Leistungen haben alle Bürger unabhängig von der Höhe ihrer Steuerzahlungen, sofern sie die Anspruchsvoraussetzungen erfüllen.

Der Vorschlag eines Splittings des Haushaltsgesamteinkommens widerspricht somit der Konstruktionslogik der GKV als Sozialversicherung, und zwar aus einem letztlich naheliegenden Grund. Das Reformmodell der Arbeitsgruppe zielt – wie dargelegt – auf die Abschaffung der GKV als Sozialversicherung und Überführung des GKV-Systems in ein PKV-System. Der hier erörterte Teilvorschlag fügt sich in dieses Vorhaben ein. Er zielt nicht auf die Erhöhung der Beitragsgerechtigkeit, sondern dient der Vorbereitung einer Beitragspflicht für jede versicherte Person, eines der zentralen und konstitutiven Elemente der privaten Krankenversicherung. Das Splitting dient im Rahmen des Reformkonzepts der Arbeitsgruppe insofern dazu, als es die Beitragsbemessungsgrundlage für Beiträge auch der Familienmitglieder schafft. Diese Beiträge sollen nur in einem ersten Schritt einkommensbezogen sein, später dann in risikoäquivalente Prämien umgewandelt werden.

Versicherungsverträge und Beitragspflicht für alle Versicherten
Da das Reformmodell der Arbeitsgruppe darauf zielt, das GKV-System in ein reines PKV-System umzuwandeln, sieht es auch individuelle Krankenversicherungsverträge für alle Versicherten vor.

> „Daher ist allen Krankenkassen weiterhin vorzuschreiben, dass Krankenversicherungsverträge im Rahmen der Gesetzlichen Krankenversicherung nicht nur für Einzelpersonen, sondern auch für deren Familienangehörige abgeschlossen werden müssen" (Gitter et al. 1988: 99).

Hierzu ist zunächst einmal festzuhalten, dass es im GKV-System keine individuellen „Krankenversicherungsverträge" gibt und insofern von einem „weiterhin" nicht die Rede sein kann. Das „weiterhin" soll offenbar dazu dienen, den Eindruck einer Kontinuität zu erwecken und die tatsächliche Relevanz des Vorschlags zu verdecken. In dem zitierten Satz wird der Wechsel vom öffentlich-rechtlichen Mitgliedschaftsverhältnis in der GKV zu privatrechtlichen Einzel-Versicherungsverträgen vorgeschlagen. Allein in diesem einen Satz steckt – selbst wenn sonst keine weiteren Ausführungen erfolgen würden – der radikale Systemwechsel hin zu einem privatwirtschaftlichen System.

Wenn aber alle GKV-Versicherten einen eigenen Versicherungsvertrag abschließen müssen, ist auch für alle ein Versicherungsbeitrag zu zahlen. Dies wird von der Arbeitsgruppe nicht offengelegt, ist aber – wie oben erläutert – bereits in dem zuvor angesprochen Modell eines gesplitteten Haushaltsgesamteinkommens enthalten. Denn die Aufspaltung des Haushaltsgesamteinkommens dient der Schaffung einer Beitragsbemessungsgrundlage für die individuellen Versicherungsbeiträge jedes einzelnen Haushaltsmitglieds. Das wieder bedeutet, dass nicht nur für nicht erwerbstätige Ehegatten oder Lebenspartnerinnen, sondern auch für Kinder ein eigenständiger Beitrag zu zahlen ist, wie im PKV-System üblich. Einen expliziten Hinweis auf diese Konsequenz findet man im Reformmodell der Arbeitsgruppe jedoch nicht.

Wie bereits angesprochen, gehört die Beitragspflicht für alle Versicherten zu den festen Bestandteilen neoliberaler Reformkonzepte. Dies ist insofern auch naheliegend, als der Übergang vom öffentlich-rechtlichen GKV-System zu einem privatrechtlichen PKV-System zwingend den Abschluss individueller privatrechtlicher Versicherungsverträge sowie die Zahlung jeweils eigener Versicherungsbeiträge für jeden Vertrag erfordert.

Beitragskalkulation: einkommensbezogen oder risikoäquivalent
Die Umstellung vom GKV-System auf ein PKV-System erfordert vor allem die Abschaffung einkommensbezogener Beiträge und Umstellung auf risikoäquivalente Versicherungsprämien, zumindest wenn die PKV – wie in Deutschland gesetzlich vorgeschrieben – nach Art einer Lebensversicherung betrieben wird.[52] Dieser Punkt ist – wie bereits zuvor angesprochen – eine ‚Schwachstelle' in marktliberalen Reformkonzepten. Zum einen wird äußerst selten offen formuliert, dass eine Umstellung auf risikoäquivalente Prämien erfolgen soll, zum anderen wird – wenn dieses Thema behandelt wird – die Darstellung auf einen Übergangszeitraum begrenzt und nur ein ‚Zwischenmodell' beschrieben. Auch die Wissenschaftliche Arbeitsgruppe beschränkte sich darauf, nur Eckpunkte einer Übergangslösung zu skizzieren, die zudem nicht eindeutig sind.

Nicht eindeutig sind die Vorschläge der Arbeitsgruppe insofern, als das Gesamtkonzept auf die Abschaffung der GKV als Sozialversicherung und Umstellung auf ein reines PKV-System zielt. Dennoch aber wird vorgeschlagen, die Beiträge für die Grundleistungstarife einkommensbezogen zu berechnen.

> „Die Beiträge der Versicherungsverträge sind dabei als Prozentsatz des Einkommens bis zu einer Beitragsbemessungsgrenze (Solidarausgleich zwischen hohen und niedrigen Einkomme) und auf einer lebenslangen Grundlage zu kalkulieren (Solidarausgleich zwischen alt und Jung). Eine Beitragsdifferenzierung zwischen hohem und niedrigem Krankheitsrisiko (z. B. nach Alter, Geschlecht) ist nicht zulässig" (Gitter et al. 1988: 99).

Was mit einer ‚Kalkulation auf lebenslanger Grundlage' gemeint ist, wird im Abschlussbericht nicht erläutert. Die Formulierung weist jedoch eindeutig auf die Art der Kalkulation der Versicherungsprämien in der PKV hin. Sie sind so zu kalkulieren, dass der Barwert der über die gesamte Laufzeit der Versicherung

---

[52] Private Krankenversicherung darf gemäß § 146 Abs. 1 Versicherungsaufsichtsgesetz (VAG) in Deutschland nur nach Art der Lebensversicherung betrieben beziehungsweise angeboten werden. Das schließt insbesondere die Verpflichtung ein, risikoäquivalente Versicherungsprämien zu kalkulieren und Alterungsrückstellungen zu bilden. In anderen Ländern, die eine private Krankenvollversicherung erlauben, wie beispielsweise den Niederlanden, kann eine PKV auch nach Art einer Sachversicherung betrieben werden wie beispielsweise die Kfz-Versicherung, Haftpflichtversicherung, Hausratversicherung etc. Im Fall einer Sachversicherung ist die Berechnung individueller risikoäquivalenter Versicherungsprämien und Bildung einer Alterungsrückstellung nicht notwendig. Wenn keine Alterungsrückstellungen angelegt und zu diesem Zweck in jüngeren Jahren höhere Versicherungsprämien verlangt werden, ist dies jedoch mit dem Risiko stark steigender Versicherungsprämien im Alter verbunden. Dieses Risiko soll durch die Vorgabe in § 146 Abs. 1 VAG vermieden oder zumindest deutlich eingeschränkt werden.

in Anspruch genommenen Leistungen der Summe der Beiträge entspricht, die in der gesamtem Laufzeit des Vertrages gezahlt werden. Dies ist die Konkretisierung des Äquivalenzprinzips in der privaten Versicherungswirtschaft. Im zweiten oben zitierten Satz wird die Bezugnahme auf das PKV-System hingegen sehr deutlich, wenn festgestellt wird, dass eine Beitragsdifferenzierung nach Krankheitsrisiko nicht zulässig sein soll.

Bei der Frage der Kalkulation der Wahltarife ist das Reformmodell der Arbeitsgruppe sehr eindeutig und spricht von „Verträgen nach dem Äquivalenzprinzip" (Gitter et al. 1988: 105). Allerdings wird dabei nicht darauf hingewiesen, dass dies die Kalkulation risikoäquivalenter Prämien bedeutet. In den zuvor angesprochenen Ausführungen zur Einführung von Selbstbehalten, die zu Beitragsermäßigungen führen sollen, ist ebenfalls bereits die Anwendung des Äquivalenzprinzips enthalten.

Im gesamten Abschnitt zu den gemeinsamen Reformvorschlägen der Arbeitsgruppe wird das Äquivalenzprinzip jedoch immer nur als Äquivalenz zwischen in Anspruch genommenen Leistungen, Alter oder Geschlecht auf der einen und Beitrag auf der anderen Seite dargestellt. Die Herstellung einer Verbindung zwischen Gesundheitszustand und Beitragshöhe wird vermieden. Alter, Geschlecht oder in Anspruch genommene Leistungen sind allerdings nur ‚Platzhalter' für das zu versichernde Morbiditätsrisiko, also die Wahrscheinlichkeit zukünftig anfallender Krankheitskosten. Weder das Alter noch das Geschlecht sind für sich genommen Auslöser von Krankheitskosten. Auslöser und somit für die Kalkulation nach dem Äquivalenzprinzip maßgeblich ist die Wahrscheinlichkeit von Erkrankungen. Und die steigt im statistischen Mittel im Alter an und liegt bei Frauen höher als bei Männern, zumindest nach der damaligen Kalkulationsweise, bei der die Kosten einer Schwangerschaft noch allein den Frauen zugerechnet wurden.[53]

Kassenrisikoausgleich als Übergangslösung
Wie bereits bei der Vorstellung des Reformkonzepts des Kronberger Kreises dargelegt, ist der Übergang vom GKV-System auf ein PKV-System mit Kontrahierungszwang ohne gleichzeitige allgemeine Umstellung auf risikoäquivalente Prämien mit schwerwiegenden Problemen verbunden. Eines davon ist die Gefahr einer ungleichen Verteilung gesunder und kranker, junger und alter

---

[53] Die bis vor einigen Jahren übliche Prämiendifferenzierung nach Geschlecht wurde 2011 Europäischen Gerichtshof als unzulässige Diskriminierung und unvereinbar mit EU-Recht eingestuft (EuGH 2011). Daraufhin wurde sie vom deutschen Gesetzgeber verboten. Die Entscheidung des EuGH wirft allerdings die Frage auf, warum Prämiendifferenzierungen nach Alter (Eintrittsalter in die PKV) und Vorerkrankungen weiterhin erlaubt sind und nicht als Diskriminierung nach Alter und Gesundheitszustand ebenfalls verboten wurden.

Versicherter auf die verschiedenen Versicherungen. In einem PKV-System ohne Kontrahierungszwang und mit risikoäquivalenten Prämien können Krankenversicherungen Antragsteller wegen zu hoher Versicherungsrisiken ablehnen oder Risikozuschläge in erheblicher Höhe verlangen. Sind diese Optionen nicht gegeben, kann sich eine Versicherung bei bestehendem Kontrahierungszwang nicht dagegen wehren, dass ihr überdurchschnittlich viele alte und kranke Mitglieder beitreten, während sich die jungen und gesunden Versicherten für andere Versicherungen entscheiden. Die Folge wären erhebliche Ungleichgewichte in der ‚Risikostruktur‘ und erhebliche Beitragssatzunterschiede, mit der Konsequenz, dass alte und schwerkranke Versicherte die höchsten Beiträge zahlen müssen, nicht nur aufgrund ihres individuellen Krankheitsrisikos, sondern auch aufgrund der ungünstigen ‚Risikomischung‘ ihrer Versicherung oder ihres Tarifs.

An dieser Stelle sei eine kurze Anmerkung zur Frage des Solidarausgleichs innerhalb der privaten Krankenversicherung eingefügt. Auch in der PKV findet eine Art ‚Solidarausgleich‘ zwischen Gesunden und Kranken statt. Dort werden die Kosten allerdings nicht auf alle Beitragszahler umgelegt, sondern nur auf die Versicherten des gleichen Tarifes und des gleichen Eintrittsalters. Insofern wirkt eine ‚Risikoentmischung‘ trotz risikoäquivalent kalkulierter Prämien auch in der PKV kostensteigernd. Die zur Finanzierung der im Alter steigenden Kosten dienenden Alterungsrückstellungen sind keineswegs eine Art individualisierter oder personalisierter ‚Sparkonten‘, sondern Rückstellungen, die für die Finanzierung der steigenden Krankheitskosten einer Kalkulationskohorte angelegt werden. Ändert sich die Zusammensetzung der Versichertenkohorte, führt dies zu einer Abweichung der realen Kostenentwicklung von den Annahmen, die der Prämienkalkulation zugrunde gelegt wurden. Das wiederum zieht die Notwendigkeit von Prämienerhöhungen nach sich.

Jedes Modell einer Wahlfreiheit zwischen GKV und PKV und eines Übergangs zu einem PKV-System muss folglich eine Antwort auf das Problem der zu erwartenden ‚Risikoentmischung‘ bieten. In der Wissenschaftlichen Arbeitsgruppe gab es dazu zwei unterschiedliche Auffassungen. Darauf wird im Abschlussbericht ausdrücklich hingewiesen (Gitter et al. 1988: 104). Ein Teil der Gruppe sah es als notwendig an, innerhalb eines Übergangszeitraums von zehn Jahren einen „zeitlich befristeten Kassenrisikoausgleich" (ebd.: 104) durchzuführen, ein anderer Teil lehnte einen solchen Ausgleich ab, weil die Gefahr bestünde, dass er zu einer dauerhaften Einrichtung wird (ebd.: 105).

Trotz dieser Differenzen enthält der Abschlussbericht die Beschreibung eines ‚Kassenrisikoausgleichs‘. Der Ausgleich solle dazu dienen, unterschiedliche Kassenrisiken „versicherungstechnisch" zwischen den Kassen auszugleichen (Gitter et al. 1988: 132). Als auszugleichende Risiken wurden der Rentneranteil, der

Anteil der Familienversicherten sowie die Grundlohnsumme genannt (Gitter et al. 1988: 132 f.). Der Ausgleich solle nach Art einer Rückversicherung erfolgen, indem alle Kassen in den Risikoausgleich einzahlen und aus dem Fonds dann Auszahlungen erhalten, mit denen unterschiedliche Risikostrukturen entlang festgelegter Risikomerkmale der Versicherten ausgeglichen werden. Wie bereits auch im Modell des Kronberger Kreises vorgesehen, sollten die Auszahlungen nicht die tatsächlichen Ausgaben ausgleichen, sondern sich an Durchschnittsgrößen für alle beteiligten Kassen orientieren (Gitter et al. 1988: 135). Dadurch sollten „Anreize zur Bestandspflege und zu wirtschaftlichem Handeln im Kassenwettbewerb" geschaffen werden (Gitter et al. 1988: 133).

Es sei an dieser Stelle auf eine sprachliche ‚Kleinigkeit' in der zitierten Passage hingewiesen, die einen tieferen Einblick in die hinter dem Vorschlag liegende Vorstellungswelt eröffnet. Wenn Ziel des RSA auch sein soll, „Anreize für die Bestandspflege" zu setzen, so kann mit „Bestand" nur der Versichertenbestand der einzelnen Krankenkasse gemeint sein. Wenn vom RSA ein Anreiz zur „Pflege" des Versichertenbestandes ausgehen soll, und die finanzielle Lage der Krankenkasse umso besser ist, je niedriger die durchschnittlichen Kosten je Versicherten im Vergleich zu den je Versicherten zu erwartenden Auszahlungen aus dem RSA sind, so kann mit dieser Formulierung nur gemeint sein, dass die Konstruktion des RSA so ausgestaltet werden sollte, dass die Krankenkassen ein Interesse an der Gewinnung oder Bindung von Versicherten entwickeln, deren Kosten unter den versichertenbezogenen Zuweisungen aus dem RSA liegen.

In der gesundheitspolitischen Diskussion wird ein solches strategisches Verhalten als ‚Risikoselektion' bezeichnet. Im Fall der GKV steht eine solche Handlungsorientierung einzelner Kassen in eklatantem Widerspruch zum sozialen Auftrag der GKV. Bekanntlich war eine der Folgen des 1994 eingeführten Risikostrukturausgleichs, dass Krankenkassen dazu übergingen, gezielt ‚gute Risiken' anzuwerben und teilweise sogar dazu übergingen, ‚schlechte Risiken' wie beispielsweise Rentner vom Eintritt in ihre Krankenkasse abzuhalten. Beide Handlungsstrategien führten, nachdem sie in der Öffentlichkeit bekannt wurden, zu entsprechenden politischen Interventionen, mit denen diese Art von Risikoselektion unterbunden werden sollte. Wenn die Zuweisungen jedoch weiterhin auf Grundlage von Durchschnittskosten berechnet werden, lohnt es sich für Krankenkassen weiterhin, Versicherte mit unterdurchschnittlichen Krankheitskosten anzuwerben oder zu binden. Dementsprechend verfolgen Krankenkassen auch nach Einführung eines morbiditätsorientierten RSA bis heute Strategien der Risikoselektion (vgl. zu u. a. den Bericht des BVA 2018).

Es bleibt noch, darauf hinzuweisen, dass die Vorschläge von Kronberger Kreis und Wissenschaftlicher Arbeitsgruppe deutlich erkennbar die konzeptionelle Grundlage für den 1994 eingeführten Risikostrukturausgleich in der GKV bildeten. Der Weg dahin führte über die GKV-Enquêtekommission zum Gesundheitsstrukturgesetz 1992, das die Entscheidung für die Einführung eines erweiterten GKV-Wettbewerbs und Risikostrukturausgleichs enthielt. Wie bereits erwähnt, gehörten zu den Mitgliedern der GKV-Enquêtekommission auch Mitglieder der Arbeitsgruppe.

Nach nun mittlerweile ca. 25 Jahren RSA kann festgestellt werden, dass die von einem Teil der Wissenschaftlichen Arbeitsgruppe geäußerte Befürchtung, er könne zu einer Dauereinrichtung werden, offensichtlich berechtigt war. Es zeichnet sich fast drei Jahrzehnte nach seiner Einführung kein Ende des RSA ab. Im Gegenteil: Es wird immer wieder neu über Schwachstellen und Reformbedarfe und neue Reformvorschläge diskutiert. Der zentrale Grund für diese aus Sicht der damaligen Mitglieder der Arbeitsgruppe unbefriedigende Entwicklung ist schlicht, dass – entgegen der damaligen Hoffnungen – noch keine Abschaffung des GKV-Systems und Umwandlung in ein PKV-System vollzogen wurde. Denn: Der RSA wird erst dann überflüssig, wenn auch Krankenkassen risikoäquivalente Versicherungsprämien verlangen, also erst nach Umwandlung des GKV-Systems in ein PKV-System.

Aber wie heißt es doch: ‚Die Hoffnung stirbt zuletzt'. Noch gibt es marktliberale Ökonomen und Akteure der Gesundheitspolitik, die weiter an dem Projekt der Umwandlung des GKV-Systems in ein PKV-System arbeiten. Und sie haben mittlerweile sogar Unterstützer in den Reihen des Führungspersonals von Krankenkassen selbst, und zwar insbesondere solche ‚Kassenmanager', die sich von einer Privatisierung ihrer Kasse mehr unternehmerische Freiheit und offenbar auch eine Zukunft als Topmanager eines erfolgreichen privaten Versicherungsunternehmens versprechen. Auch die Entwicklung des Reformmodells ‚Bürgerversicherung' zu einer Variante des neoliberalen Modells eines ‚einheitlichen Krankenversicherungsmarktes' hat die Chancen für einen marktwirtschaftlichen Radikalumbau steigen lassen. Darauf wird an späterer Stelle noch näher eingegangen.

Liberalisierung der Vertragsbeziehungen zwischen Krankenkassen und Leistungserbringern
Wirtschaftssachverständigenrat und Kronberger Kreis hatten ihre Vorschläge einer weitgehenden „Deregulierung" des Gesundheitssystems nur mit wenigen Sätzen grob skizziert. Die Wissenschaftliche Arbeitsgruppe folgte der vorgezeichneten

Linie, wurde aber um Einiges konkreter. Leitgedanke der Vorschläge der Arbeitsgruppe war ebenfalls eine Deregulierung, die vor allem durch Rückführung und
Abschaffung staatlicher beziehungsweise halbstaatlicher Planung sowie Abschaffung des Kollektivvertragssystems und Umstellung auf Selektivverträge bewirkt
werden sollte. In der folgenden Passage wird der zentrale Leitgedanke auf eine
Formel gebracht:

> „Letztlich wird eine Situation angestrebt, in der Kassen und Kassenzusam-
> menschlüsse der vielfältigsten Art mit Einzelanbietern und Anbietergruppen
> Leistungsverträge unterschiedlichsten Inhalts abschließen können. Dieser Grundsatz
> muss gleichermaßen für alle Gruppen von Leistungserbringern gelten" (Gitter et al.
> 1988: 106).

Im Folgenden werden die Vorschläge der Arbeitsgruppe für die wichtigsten Ver-
sorgungsbereiche kurz vorgestellt. Die Vorschläge werden etwas ausführlicher
diskutiert, auch um aufzuzeigen, dass ein radikaler marktwirtschaftlicher Umbau
der GKV, der zu ihrer Abschaffung und Umstellung auf ein PKV-System führt,
sich nicht auf den Bereich der GKV beschränken würde, sondern einen grundlegenden Umbau des deutschen Gesundheitssystems insgesamt nach sich ziehen
würde. Diese Konsequenz folgt vor allem aus dem Umstand, dass die GKV im
deutschen Gesundheitssystem eben nicht nur die Finanzierung der von GKV-
Versicherten in Anspruch genommenen Leistungen gewährleistet, sondern eine
weit darüber hinaus reichende Bedeutung hat. Den Krankenkassen und ihren Verbänden wurden in den letzten Jahrzehnten zunehmend mehr Aufgaben staatlicher
Regulierung übertragen. Als Körperschaft des öffentlichen Rechts und mittelbare Staatsverwaltung handeln die Krankenkassen und der GKV-Spitzenverband
im Auftrag vor allem des Bundes und erhalten von ihm gesetzliche Aufträge,
beispielsweise zur Durchführung von Maßnahmen und zum Abschluss vertrag-
licher Vereinbarungen mit Leistungserbringern und deren Verbänden. Gäbe es
keine gesetzliche Krankenversicherung, die als staatliche Sozialversicherung verfasst ist, müsste der Staat diese Steuerungsaufgaben selbst wahrnehmen. Täte er
dies nicht, würde er die Entwicklung der Krankenversorgung einem weitgehend
deregulierten Markt überlassen. Das ist die in marktliberalen Reformmodellen
favorisierte Alternative.

Auch die nachfolgenden Ausführungen zur Frage einer Deregulierung der
Leistungserbringung sind keineswegs nur von wissenschaftlich-historischem
Interesse, sondern auch von aktueller politischer Relevanz. Wer sich etwas näher
mit der neueren gesundheitspolitischen Diskussion und der Entwicklung des
Gesundheitssystems der letzten drei Jahrzehnte beschäftigt hat, wird in vielen

Vorschlägen mittlerweile bereits umgesetzte oder auch heute noch von einflussreichen Akteuren der Gesundheitspolitik geforderte Veränderungen erkennen. Der Blick in die Vorschläge neoliberaler Ökonomen der 1980er Jahre und insbesondere auch der Wissenschaftlichen Arbeitsgruppe ist zugleich auch ein Blick in die heute noch geführten Diskussionen und vertretenen Positionen. Exemplarisch sei hier auf die Einführung und schrittweise Ausweitung von Selektivverträgen in allen Bereichen des Gesundheitswesens verwiesen, und die heute vor allem von den Krankenkassen erhobene Forderung nach noch mehr Selektivverträgen.

Organisation der ambulanten ärztlichen Versorgung
Für die Neuorganisation der ambulanten ärztlichen Versorgung schlug die Wissenschaftliche Arbeitsgruppe vor: der „faktische Kontrahierungszwang der Krankenkassen gegenüber allen niedergelassenen Ärzten sollte aufgehoben werden" (Gitter et al. 1988: 114). Die einzelnen Krankenkassen sollten die Möglichkeit erhalten, mit einzelnen Ärzten oder Arztgruppen Einzelverträge abzuschließen. Um dies erreichen zu können, wäre es erforderlich, neben den Kassenärztlichen Vereinigungen auch weitere „Verbände" als Vertragspartner der Kassen zuzulassen (ebd.: 114). Dementsprechend sollte es erlaubt sein, an der ambulanten vertragsärztlichen Versorgung von GKV-Versicherten teilzunehmen, ohne Mitglied der Kassenärztlichen Vereinigung zu sein (ebd.). Durch ein solches System der Einzelverträge seien Kosteneinsparungen zu erreichen, da die Kassen Verträge mit „kostengünstigeren Kassenärzten" (ebd.: 114) abschließen könnten. Es sei zu erwarten, dass vor allem jüngere Ärzte bereit seien, kostengünstiger zu behandeln (ebd.). Voraussetzung für ein „direktes Vertragsrecht" (ebd.: 114) der Kassen mit einzelnen Arztgruppen sei die „schrittweise Verlagerung des Sicherstellungsauftrags auf die Krankenkassen" (ebd.: 114).

Ein solches System von ‚Direktverträgen' könne allerdings nur dann zu Einsparungen bei den Krankenkassen führen, wenn die freie Arztwahl der Versicherten eingeschränkt wird, sodass die Krankenkassen sicherstellen können, dass ihre Versicherten auch tatsächlich nur Ärzte in Anspruch nehmen, mit denen ein Vertrag zu günstigeren Preisen abgeschlossen wurde (ebd.). Eine solche Einschränkung der Wahlfreiheit steht allerdings im Widerspruch zum zentralen Credo marktliberaler Reformkonzepte, das ein Mehr an individueller Wahlfreiheit fordert und verspricht. Dieser Widerspruch war offensichtlich auch der Arbeitsgruppe bewusst. Der Widerspruch ließe sich aus Sicht der Arbeitsgruppe jedoch leicht auflösen: Zuviel Wahlfreiheit sei auch nicht gut, denn die würde wieder zum Zwang. In den Worten der Arbeitsgruppe:[54]

„Die ‚freie Arztwahl' darf nicht verabsolutiert werden, da sie zu einem Zwang zur Wahl werden kann" (Gitter et al. 1988: 114).

Da langfristiges Ziel des Reformmodells der Arbeitsgruppe die Beseitigung des Sachleistungsprinzips und vollständige Umstellung auf Kostenerstattung war, würde dem Kollektivvertragssystem langfristig jedoch vollständig die Grundlage entzogen. In einem reinen Kostenerstattungssystem treten privatrechtliche Beziehungen zwischen Versichertem und behandelndem Arzt an die Stelle von Verträgen zwischen Versicherung und Leistungserbringer. Die PKV kennt dementsprechend auch keine ‚Versorgungsverträge' mit Ärzten, Arztgruppen, Krankenhäusern etc. Privat Versicherte haben die freie Wahl zwischen allen approbierten Ärzten, existierenden Krankenhäusern und sonstigen Leistungserbringern und erhalten für in Anspruch genommene Leistungen eine Rechnung von dem jeweiligen Leistungserbringer.[55] Schuldner der Rechnung sind die PKV-Versicherten. Sie haben den Rechnungsbetrag zu zahlen und können die Rechnung ihrer Krankenversicherung zur Kostenerstattung einreichen. Die PKV erstattet den im Versicherungsvertrag vereinbarten Leistungssatz, der je nach

---

[54] Es ist durchaus beeindruckend, wie wenig Probleme Autoren marktliberaler Reformvorschläge für den Gesundheitsbereich teilweise damit haben, offensichtliche argumentative Inkonsistenzen und innere Widersprüche in ihren Reformmodellen zu ‚bereinigen' und dabei auch so offensichtlich absurde Argumentationen zu bemühen, wie in der hier zitierten Passage. Die Herausarbeitung logischer Inkonsistenzen marktliberaler Reformmodelle wäre eine eigene Analysedimension, auf die in der hier vorgelegten Untersuchung jedoch verzichtet wird. Hier sollen nur vereinzelte Hinweise darauf aufmerksam machen, dass sich bei genauerer Betrachtung marktliberaler Reformmodelle häufig auch nicht unerhebliche logische Inkonsistenzen zeigen.

[55] Im Fall von Krankenhausbehandlung en gibt es insofern eine Ausnahme, als ein Teil der privaten Krankenversicherungen direkt mit Krankenhäusern abrechnet. Dabei handelt es sich jedoch nicht um eine Art Sachleistungsprinzip. Um PKV-Versicherte vor hohen finanziellen Belastungen durch Krankenhausrechnungen zu bewahren, haben einige private Krankenversicherungen die Möglichkeit geschaffen, dass der im Krankenhaus behandelte Versicherte seine Kostenerstattungsforderung gegenüber der PKV an das Krankenhaus abtritt und die Klinik – quasi stellvertretend für den Versicherten – die eigentlich dem Versicherten zustehende Kostenerstattung bei der PKV einfordert. Die PKV erkennt diese Forderung an und überweist den Rechnungsbetrag an die Klinik. Insofern bestehen in diesem Bereich zumindest bei einigen PKVn direkte Finanzströme zwischen Leistungserbringern und PKVn. Dabei handelt es sich aber um eine Ausnahmeregelung, die den Grundsatz der Kostenerstattung nicht aufhebt.

Versicherungsvertrag und Arztrechnung auch unter dem Rechnungsbetrag liegen kann. An dieser vereinfachten Darstellung des Kostenerstattungssystems der PKV wird erkennbar, dass dieses System im Grundsatz überhaupt keine direkten monetären oder vertraglichen Beziehungen zwischen PKV und behandelndem Arzt oder einer Arztgruppe aufweist.

Auch dies ist eines von zahlreichen Beispielen in marktliberalen Reformkonzepten, bei denen die Konsequenzen und Implikationen von Reformelementen nicht zu Ende gedacht oder aufgezeigt werden und sich erst erschließen, wenn man mit den Systemzusammenhängen näher vertraut ist. Die implizite Konsequenz des oben zitierten Vorschlages ist, dass nach einer vollständigen Umstellung vom Sachleistungssystem auf ein Kostenerstattungssystem die ‚Vertragsgrundlage‘ nicht nur für Kollektivverträge, sondern auch für Selektiv- oder Direktverträge entfällt.[56] Das Gesundheitswesen würde somit auf der Ebene der Vertragsbeziehungen zwischen Krankenkassen oder Krankenversicherungen auf der einen und Leistungserbringern auf der anderen Seite in dem Sinne vollständig dereguliert, dass es keine Verträge mehr gibt.

Das war den Mitgliedern der Arbeitsgruppe vermutlich sehr wohl bekannt und bewusst, denn es finden sich vereinzelte Passagen in ihrem Text, die darauf hinweisen. So wird im Abschnitt zur Reform der kassenärztlichen Versorgung in einem letzten Satz darauf hingewiesen, dass die vorgeschlagene Umstellung auf Direktverträge nur als „Zwischenlösung" auf dem Weg zum angestrebten Endziel eines „freiheitlichen" Gesundheitssystems anzusehen sei (Gitter et al. 1988: 116).

Wer die Entwicklung des GKV-Systems in den letzten 10 bis 15 Jahren verfolgt hat oder die aktuelle Entwicklung aufmerksam beobachtet, wird an dieser kurzen Skizzierung bereits erkannt haben, dass die Abschaffung des Kollektivvertragssystems und Umstellung auf Direkt- oder Selektivverträge bereits zu einem relevanten Teil erfolgt ist und immer weiter voranschreitet. So gibt es mittlerweile zahlreiche Direktverträge im Bereich der ambulanten ärztlichen Versorgung sowie in der Arzneimittelversorgung (dort ‚Rabattverträge‘ genannt). Für die Krankenhausversorgung wurde die Einführung von Selektivverträgen mit dem Krankenhaus-Strukturgesetz 2016 beschlossen, das Krankenkassen und einzelne Krankenhäuser auffordert, „Qualitätsverträge" abzuschließen (§ 110a SGB V).

Seit Anfang der 1990er wurde in wiederkehrenden Zyklen mehrfach über die Frage diskutiert, ob Kassenärztliche Vereinigungen nicht vollständig abgeschafft und durch ein System von Direkt- oder Selektivverträgen abgelöst werden

---

[56] Einzelverträge werden in der Fachdiskussion je nach Versorgungsbereich unterschiedlich benannt, in der ambulanten ärztlichen Versorgung in der Regel als ‚Direktverträge‘, in der Krankenhausversorgung als ‚Selektivverträge‘ und in der Arzneimittelversorgung als ‚Rabattverträge‘.

sollten. Bislang fand sich für eine vollständige Abschaffung der Kassenärztlichen Vereinigungen jedoch noch keine politische Mehrheit. Stattdessen wird
eine Entwicklung vorangetrieben, bei der zunehmend mehr Bestandteile des
Vergütungssystems für die vertragsärztliche Versorgung aus der bisherigen sogenannten ‚Gesamtvergütung' ausgegliedert und durch Direktverträge in einen
sogenannten ‚extrabudgetären' Bereich verlagert werden (zur Systematik des
Vergütungssystems vgl. Simon 2021).

Eine vollständige Abschaffung der Kassenärztlichen Vereinigungen wird
gegenwärtig weder in der Gesundheitspolitik diskutiert noch von den Krankenkassen gefordert. Dabei dürfte vor allem eine Rolle spielen, dass eine Verlagerung
des Sicherstellungsauftrages für die ambulante ärztliche Versorgung auf die
Krankenkassen zunehmend weniger realisierbar wird. Voraussetzung für die
Übernahme des Sicherstellungsauftrages wären ‚gemeinsam und einheitlich'[57]
agierende Krankenkassen. Diese stehen jedoch in einem zunehmend schärfer
werdenden Wettbewerb zueinander und der Grundsatz des ‚gemeinsam und
einheitlich' verliert immer mehr an Bedeutung.

Wenn in neoliberalen Reformkonzepten dennoch ein staatlicher Sicherstellungsauftrag enthalten ist, kann dies nur die Funktion haben, Akzeptanz im
politischen Raum zu erreichen. Es soll der Eindruck erweckt werden, die
Reformvorschläge würden zentrale Eckpunkte des traditionellen deutschen Sozialversicherungssystems nicht infrage stellen. Angesichts der wahren langfristigen
Zielorientierung eines grundlegenden marktwirtschaftlichen Umbaus des Gesundheitswesens kann dies jedoch nur als bewusster Täuschungsversuch gewertet
werden.

Das Kalkül dahinter ist offensichtlich folgendes: Ist der staatliche Sicherstellungsauftrag auf die Krankenkassen überragen worden und erweist sich dies
dann im Rahmen des Grundsatzes eines ‚gemeinsam und einheitlich' von allen
Krankenkassen für alle GKV-Versicherten einheitlich geltenden Vertragssystems
als nicht realisierbar, öffnet dies die Tür für die Abschaffung des Grundsatzes
‚gemeinsam und einheitlich' und Umstellung auf ein System ausschließlich kas-
senspezifischer Selektivverträge. Jede einzelne Krankenkasse würde dann nur für
sich und ihre Versicherten Verträge mit einzelnen Leistungserbringern abschließen. Dann endlich – so die neoliberale Argumentation – gäbe es nicht nur einen

---

[57] Dieser Grundsatz zieht sich durch das gesamte Recht der GKV und verlangt von den Krankenkassen, dass sie ‚gemeinsam und einheitlich' zu agieren haben, insbesondere auch beim
Abschluss von Verträgen mit Leistungserbringern.

‚Preiswettbewerb' über die Beitragshöhe, sondern auch einen ‚Leistungswettbewerb' auf Grundlage sehr unterschiedlicher Leistungsangebote der Krankenkassen. Es könnten sich ‚Premiumkassen' herausbilden mit ‚Premiumangeboten' und
‚Premiumtarifen' für gehobene Einkommens- und Bildungsschichten ebenso wie
‚Billiganbieter' für Versicherte mit niedrigem Einkommen.

Hierbei handelt es sich keineswegs um eine realitätsferne Zukunftsvision.
Bereits seit längerem betreiben Krankenkassen Strategien der ‚Risikoselektion'
durch spezielle Angebote und strategisch ausgerichtete „Wahltarife", die dazu dienen sollen, bestimmte besonders ‚gesundheitsbewusste' und einkommensstarke
Mitgliedergruppen zu werben oder an sich zu binden (vgl. dazu u. a. BVA 2018).

Organisation der Krankenhausversorgung
Bei den Vorschlägen zur Reform der Krankenhausversorgung wies die Arbeitsgruppe ausdrücklich darauf hin, dass sie der von der Kommission Krankenhausfinanzierung der Robert Bosch Stiftung vorgeschlagenen „Verhandlungslösung"
folge (Gitter et al. 1988: 117). Wie bereits erwähnt, waren vier von acht Mitgliedern der Arbeitsgruppe auch Mitglied der Kommission Krankenhausfinanzierung
(Gitter, Henke, Neubauer, Sieben).

Bei dem als „Verhandlungslösung" bezeichneten Reformmodell für die Krankenhausversorgung handelte es sich um ein Selektivvertragssystem für den
Krankenhausbereich (ebd.: 117–120). Es sah vor, dass die Verantwortung für
eine ausreichende Versorgung der Bevölkerung – der Sicherstellungsauftrag –
von den Ländern auf die einzelnen Krankenkassen übertragen wird. Die einzelne
Krankenkasse würde dann über Verträge mit einzelnen Krankenhäusern die
Krankenhausversorgung für ihre Versicherten sicherstellen.

Die Kernpunkte einer grundlegenden Reform des Systems der Krankenhausversorgung waren folgende:

- *Abschaffung der Krankenhausplanung:* Da die staatliche Krankenhausplanung
  aus Sicht der Arbeitsgruppe einen „ordnungspolitisch bedenklichen und ökonomisch ineffizienten Eingriff in die Selbstverwaltung" darstellt, solle sie
  abgeschafft werden (ebd.: 118).
- *Umstellung auf ein Selektivvertragssystem:* An die Stelle der staatlichen Krankenhausplanung und der Verpflichtung aller Krankenkassen zu Budgetverhand-
  lungen mit allen Plankrankenhäusern solle ein System von Selektivverträgen
  treten. Bei der Ausgestaltung dieser Verträge sollten die Krankenkassen keinen
  gesetzlichen Vorgaben unterliegen (ebd.: 117). Würden Versicherte ein Krankenhaus wählen, das über keinen Vertrag mit der jeweiligen Krankenkasse

verfügt, so könnte die Krankenkasse statt Sachleistungen nur Kostenerstattung im Umfang der niedrigeren Vergütungen anderer Vertragskrankenhäuser gewähren oder jegliche Kostenübernahme ablehnen (ebd.: 119).

- *Einführung eines Fallpauschalensystems:* Das bestehende System tagesgleicher Pflegesätze solle durch ein System fallbezogener „Verhandlungspreise" ersetzt werden, die auf Grundlage regionaler Durchschnittskosten kalkuliert werden (ebd.: 118 f.). Der Übergang von den bisherigen krankenhausindividuellen Vergütungen zu regionalen Durchschnittskostenpreisen sollte schrittweise erfolgen. In einer Anfangsphase sollten die fallbezogenen Entgelte noch auf Grundlage krankenhausindividueller Kosten berechnet und dann schrittweise auf regionale (landesweite) Durchschnittskosten umgestellt werden.

- *Umstellung der dualen auf eine monistische Finanzierung:* Die bisherige Aufteilung der Krankenhausfinanzierung in den Bereich der staatlich geförderten Investitionsförderung und die Finanzierung der laufenden Kosten durch Benutzerentgelte sollte in eine monistische Finanzierung überführt werden, in der die Krankenversicherungen alle Kosten tragen.

Der Reformvorschlag wurde schrittweise ab 1993 umgesetzt. Mitglieder der Arbeitsgruppe brachten diese Vorstellungen erfolgreich in die GKV-Enquêtekommission ein, eine vom BMG 1991 einberufene Expertenkommission, der ebenfalls Mitglieder der Kommission Krankenhausfinanzierung angehörten, sprach sich dafür aus, und durch das 1992 beschlossene Gesundheitsstrukturgesetz (GSG) wurde das Modell Grundlage einer umfassenden Reform der Krankenhausfinanzierung, die schließlich mit der Einführung eines Fallpauschalensystems durch das Fallpauschalengesetz 2002 abgeschlossen wurde. Bei der Einführung des DRG-Fallpauschalensystems wurde auch dem Vorschlag eines schrittweisen Umstiegs gefolgt, indem im Rahmen einer mehrjährigen „Konvergenzphase" die krankenhausindividuellen Entgelte landesweiten Durchschnittspreisen angeglichen wurden (zur Kritik des DRG-Systems vgl. Simon 2020). Allerdings handelt es sich bei den Fallpauschalen bislang nicht um ‚Preise', die zwischen dem einzelnen Krankenhaus und den Krankenkassen verhandelt werden, sondern um Vergütungen, die bundesweit einheitlich für alle Krankenhäuser gelten. Faktisch handelt es sich um ein System aus landesweit gedeckelten Gesamtvergütungen und einem staatlichen Gebührenkatalog analog zum System der ambulanten ärztlichen Vergütung, an dem die ursprüngliche Grundkonstruktion auch explizit orientiert war (vgl. Simon 2020).

Noch nicht gelungen ist der Umstieg von der dualen auf eine monistische Finanzierung. Eine solche Umstellung scheiterte bislang vor allem am Widerstand der zuständigen Länderressorts. Die Länder haben keine Bedenken gegen die Übertragung der Finanzierungszuständigkeit für die Investitionskosten auf die Krankenkassen, sie sind jedoch nicht bereit, ihre Planungs- und Steuerungskompetenz an die Krankenkassen abzutreten. Darauf zielte aber das Reformmodell der Kommission Krankenhausfinanzierung, worauf die Wissenschaftliche Arbeitsgruppe auch ausdrücklich hinwies, denn die von ihr „beschriebenen Reformschritte führen automatisch zu einer Aushöhlung der staatlichen Krankenhauspläne" (ebd.: 120).

Auch die vorgeschlagene vollständige Umstellung auf ein Selektivvertragssystem wurde bislang noch nicht vollzogen, weil sie eng mit der Frage der Krankenhausplanung verbunden ist. Das 1972 eingeführte und noch heute geltende System sieht vor, dass alle in den Krankenhausplan eines Landes aufgenommenen Kliniken zugleich auch zur Versorgung aller GKV-Versicherten zugelassen sind. Ein solches System lässt folglich keinen Platz für ein System, in dem einzelne Krankenkassen einzelne Krankenhäuser durch kassenspezifische Versorgungsverträge für ihre Versicherten zulassen.

Die Bedeutung einer vollständigen Umsetzung des Reformmodells der Wissenschaftlichen Arbeitsgruppe für die Versicherten und Bürger dürfte durch die zitierten Passagen zumindest in Ansätzen erkennbar geworden sein. Die Umstellung des gegenwärtigen Systems auf ein Selektivvertragssystem würde zu einer erheblichen Einschränkung der Wahlfreiheit der Versicherten und zunehmender sozialer Ungleichheit führen. Im bisherigen System haben alle Versicherten der GKV die freie Wahl zwischen allen durch die Krankenhausplanung zugelassenen Krankenhäusern, und das sind über 90 % aller Kliniken mit mehr als 98 % aller Betten. In einem Selektivvertragssystem wählt die jeweilige Krankenkasse die Krankenhäuser aus, und das Modell der Kommission Krankenhausfinanzierung sowie das der Wissenschaftlichen Arbeitsgruppe sieht eine ausschließlich an Preisen orientierte Auswahl vor. Erst in neuerer Zeit und als Reaktion auf zunehmende Kritik am Selektivvertragskonzept haben die Befürworter von Selektivverträgen im Krankenhausbereich auch Qualitätskriterien in ihr Konzept aufgenommen.

Auch in Bezug auf Selektivverträge im Krankenhausbereich ist allerdings festzuhalten, dass sie hinfällig werden, wenn ein rein marktwirtschaftlich organisierten Gesundheitssystems verwirklicht ist. In einem reinen PKV-System ist für Versorgungs- und Vergütungsverträge zwischen Krankenversicherungen und einzelnen Krankenhäusern kein Platz. Wozu auch: In einem Kostenerstattungssystem zahlt die PKV nicht an die Leistungserbringer, sondern an die Versicherten, und die Versicherten sind frei in der Wahl der Leistungserbringer.

Anders würde es jedoch, wenn das US-amerikanische Managed Care Modell auf Deutschland übertragen würde und auch private Krankenversicherungen

Versorgungsverträge mit einzelnen Leistungserbringern oder Gruppen von Leistungserbringern abschließen. Entsprechende Vorbereitungen scheinen bereits zu laufen.[58]

Bei der Interpretation marktliberaler Reformkonzepte ist es immer wieder wichtig, sich den Gesamtzusammenhang des Reformkonzepts und das langfristig angestrebte System in Erinnerung zu rufen, um die Bedeutung der Einzelelemente und einzelnen Reformschritte richtig einschätzen zu können. Selektivverträge können in einem marktwirtschaftlichen Reformmodell nicht Endpunkt sein, wenn zentrales Credo die größtmögliche Freiheit der Marktteilnehmer und dadurch erst mögliche Entfaltung eines freien Wettbewerbs ist. Denn Selektivverträge sind und bleiben eine massive Einschränkung von Wahlfreiheit und somit unvereinbar mit marktwirtschaftlichen Prinzipien. Es ist folglich bereits absehbar, dass die Protagonisten eines Selektivvertragssystems dessen Beseitigung fordern werden, wenn erst einmal der wichtigste Schritt auf dem Weg zu einem marktwirtschaftlichen Gesundheitssystem vollzogen ist: Die Abschaffung der GKV als staatlicher Sozialversicherung und Umwandlung der Krankenkassen in private Versicherungsunternehmen.

Arzneimittelversorgung
Neben Vorschlägen zur Liberalisierung der ambulanten ärztlichen Versorgung und der Krankenhausversorgung enthält das Reformmodell der Arbeitsgruppe auch Vorschläge für „Liberalisierungen im Arzneimittelbereich" (Gitter et al. 1988: 122–126). Im Einzelnen wurde vorgeschlagen:

- *Abschaffung der Apothekenbindung:* Bis auf wenige Ausnahmen sollten Arzneimittel frei verkäuflich sein.
- *Abschaffung der Preisbindung:* Apotheker sollten in ihrer Preisgestaltung frei sein.
- *Abschaffung des Aut-simile-Verbotes:* Apotheker sollten nicht mehr an das vom Arzt auf dem Rezept genannte Markenpräparat gebunden sein, sondern auch wirkstoffgleiche Generika abgeben können, sofern der verschreibende Arzt dies nicht ausschließt.

---

[58] So meldete beispielsweise die Süddeutsche Zeitung Mitte 2020, dass die Debeka – eine der größten privaten Krankenversicherungen – zusammen mit den privaten Klinikkonzernen Asklepios und Helios ein Netzwerk „Wir für Gesundheit" gebildet hat, um gemeinsame Versorgungskonzepte und Angebote zu entwickeln (SZ 28.07.2020: 18). Die Ärztezeitung meldete Mitte 2021, dass sich fünf private Krankenversicherungen darauf geeinigt haben, gemeinsam Verträge mit Leistungserbringern wie Ärzten, Krankenhäusern, Arzneimittelherstellern etc. zu verhandeln und abzuschließen (Ärztezeitung online 24.06.2021).

- *Abschaffung des Mehr- und Fremdbesitzverbotes:* Apotheker sollten mehrere Apotheken betreiben dürfen, und es sollte auch Nicht-Apothekern erlaubt sein, eine Apotheke zu betreiben.
- *Einzelverträge zwischen Krankenkassen und Apotheken:* Es sollte einzelnen Krankenkassen erlaubt werden, auch im Apothekenbereich Selektivverträge abzuschließen, entweder mit einzelnen Apotheken oder regionalen Apothekenverbünden.
- *Verträge mit Arzneimittelherstellern:* Einzelne Krankenkassen sollten nach entsprechender Ausschreibung auch direkte Verträge mit einzelnen Arzneimittelherstellern schließen können.

Ein relevanter Teil dieser Vorschläge wurden durch mehrere Reformen der letzten Jahre bereits umgesetzt. Es gibt mittlerweile Verträge zwischen Krankenkassen und Arzneimittelherstellern (Rabattverträge), das Aut-simile-Verbot ist aufgehoben, die Apothekenbindung und das Mehrbesitzverbot wurden gelockert.

Politische Strategie zur Umsetzung der Reformvorschläge

Ebenso wie der SVR-W und der Kronberger Kreis äußerte sich auch die Arbeitsgruppe zur politischen Umsetzbarkeit des Reformmodells und zum strategischen Vorgehen. Dem lag offenbar die Einschätzung zugrunde, dass ein Systemwechsel nicht mit einem einzelnen Schritt durch ein einziges Gesetz vollzogen werden kann. Eine grundlegende Umgestaltung des deutschen Gesundheitssystems ist nur auf dem Wege schrittweiser Veränderungen zu erreichen und bedarf folglich einer langfristigen Strategie. Die Umsetzung der Reform habe dementsprechend nur dann Aussicht auf Erfolg, wenn drei Prinzipien beachtet werden (Gitter et al. 1988: 137):

- „Evolution des Systems"
- „Reformen aufgrund dezentraler Initiativen" sowie
- „zeitliche Abstimmung der Reformschritte".

Zum besseren Verständnis dessen, was mit diesen Formulierungen gemeint ist, können die nachfolgenden Passagen beitragen.

„Die Entwicklung einer Sequenz von Einzelschritten für den langfristigen Reformweg ist notwendig, weil sich ein über mehr als ein Jahrhundert gewachsenes System nur über einen längeren Zeitraum hinweg reformieren läßt. Um dem faktischen Beharrungsvermögen historisch gewachsener Strukturen Rechnung zu tragen, sind die Reformvorschläge unter dem Gesichtspunkt entwickelt worden, gewachsene Institutionen des Gesundheitswesens zunächst möglichst weitgehend zu erhalten und die Reformziele vor allem über den Weg einer Auflockerung und Dezentralisierung der gegebenen Strukturen und einer Ergänzung durch neue, dezentralere Ordnungsformen anzustreben" (Gitter et al. 1988: 99).

„Dezentrale Reformen haben eine geringere Reichweite und betreffen nur kleinere Gruppen. Die Chance, daß Reformschritte tatsächlich eingeschlagen werden, ist entsprechend höher" (Gitter et al. 1988: 139).

„Systemweiterentwicklung heißt, daß charakteristische Strukturmerkmale der GKV vorerst in den Grundzügen erhalten bleiben" (ebd.: 137f..

„Dabei ist darauf zu verweisen, dass nicht alle Reformen gleichzeitig in einem Schritt eingeführt werden müssen, sondern daß sie je nach politischen und sachlichen Möglichkeiten gestaffelt werden können. Die Wahl ist allerdings nicht völlig frei. Die gewählten Reformschritte müssen sich gegenseitig ergänzen. So sind insbesondere sich gegenseitig unterstützende Systemöffnungen im Versicherungs- und Leistungsbereich erforderlich" (ebd.: 139).

Eine Öffnung des Systems in diese Richtung bringe „eine Bewegung in Gang, die auch vermehrte Freiheitsspielräume in anderen Bereichen bedarf. In diesem Sinne sind vorübergehend die Ungleichgewichte für die Weiterführung der Reformbewegung von zentraler Bedeutung" (ebd.: 143.

Die Reformstrategie sollte „so angelegt sein, daß die ausgelösten Anpassungen in Richtung des gewünschten Endzieles gehen" (ebd.: 142).

„Setzt man beispielsweise auf vermehrten Kassenwettbewerb, so wird dies verhältnismäßig schnell zu der Forderung führen, den Kassen auch entsprechende Aktionsparameter an die Hand zu geben" (ebd.).

Die von der Arbeitsgruppe vorgeschlagene politische Strategie kann wie folgt zusammengefasst werden:

• Ein marktwirtschaftlicher Umbau des deutschen Gesundheitssystems, in dessen Zentrum die Umwandlung des GKV-Systems in ein PKV-System stehen soll, bedarf einer Strategie, die in Form zahlreicher Einzelschritte über einen längeren Zeitraum hinweg verfolgt wird.
• Um die zu erwartenden politischen Widerstände (‚Beharrungsvermögen historisch gewachsener Strukturen') überwinden zu können, sollte der Umbau auf dem Wege einer schrittweisen ‚Auflockerung' gegebener Strukturen erfolgen.
• Die Umsetzung auf dem Wege von Reformen mit geringer Reichweite, die jeweils nur kleine Gruppen betreffen, erhöht die Chance der Durchsetzung einzelner Reformelemente und damit letztlich auch die Wahrscheinlichkeit der Erreichung des Endziels.

- Bei dem gewählten Vorgehen sollten die charakteristischen Strukturmerkmale der GKV in ihren Grundzügen *vorerst* erhalten bleiben. Dies gilt folglich nicht für die langfristige Entwicklung.
- Die Abfolge der einzelnen Schritte sollte so gewählt werden, dass aus jedem Schritt neue Freiheitsspielräume entstehen, die weitere Anpassungen des vorherigen Systems in Richtung des Endzieles erfordern.
- Veränderungen sollten so gestaltet werden, dass sie zu ‚Ungleichgewichten‘ führen und die Notwendigkeit von Anpassungen in anderen Bereichen nach sich ziehen.[59]
- Empfehlenswert seien „gegenseitig unterstützende Systemöffnungen im Versicherungs- und Leistungsbereich".

Als mögliche erste Schritte in Richtung des angestrebten Endziels nannte die Arbeitsgruppe (Gitter et al. 1988: 140 f.):

- Ausschluss der Zahnersatzleistungen
- Ausschluss von Kuren
- Festbeträge für Heil- und Hilfsmittel oder Ausschluss bestimmter Heil- und Hilfsmittel
- Schaffung der Möglichkeit zur Einführung von Waltarifen.

Betrachtet man die gesundheitspolitische Entwicklung seit Anfang der 1990er Jahre, so lassen sich zahlreiche Beispiele für die Umsetzung dieser Strategie-Empfehlungen finden. Dies wird die Rekonstruktion der verschiedenen Gesundheitsreformen an späterer Stelle ausführlicher aufzeigen. Hier soll zur Erläuterung der oben zitierten Passagen nur auf einige Umsetzungsschritte und wechselseitige Bedingtheiten verschiedener Reformelemente und Schritte hingewiesen werden.

Schrittweise „Auflockerung" gegebener Strukturen: Seit Mitte der 1990er Jahre wurden nach und nach immer mehr Elemente der PKV in die GKV eingefügt. Dies geschah verteilt auf mehrere Gesundheitsreformen. Die wichtigsten waren das 1997 in Kraft getretene Zweite GKV-Neuordnungsgesetz (2. NOG) und das GKV-Wettbewerbsstärkungsgesetz (WSG) 2007. Mit dem 2. NOG wurden gleich mehrere PKV-Elemente in die GKV übernommen. So wurde den Krankenkassen

---

[59] Es ist sicherlich kein Zufall, dass in der Formulierung der Arbeitsgruppe von „Ungleichgewichten" die Rede ist. Der Begriff impliziert die Forderung nach Herstellung eines Gleichgewichtes, was doch sehr stark an den in der neoklassisch-neoliberalen Theorie zentralen Begriff des ‚Marktgleichgewichts‘ erinnern.

beispielsweise erlaubt, im Rahmen ihrer Satzung allen Versicherten eine Wahl-
möglich zwischen Sachleistungen und Kostenerstattung einzuräumen, ebenso wie
auch Selbstbehalttarife und Beitragsrückzahlungen im Falle der Nichtinanspruchnahme von Leistungen während eines Kalenderjahres. Diese Neuregelungen
wurden zwar von der 1998 gewählten rot-grünen Koalition größtenteils wieder
aufgehoben, die CDU/CSU sorgte jedoch dafür, dass die meisten in den nachfolgenden Reformen wieder in das GKV-Recht eingefügt wurden. Das GKV-WSG
2007 war insofern ein Meilenstein dieser Entwicklung, als „Wahltarife" unter
genau dieser Bezeichnung in die GKV eingeführt wurden (§ 53 SGB V).

*Erhöhte Freiheitsspielräume, die zu ,Ungleichgewichten' führen und Anpas-
sungen erfordern:* Die mit dem GSG 1992 beschlossene Einführung eines
GKV-internen Wettbewerbs war sicherlich der bedeutendste und in seinen
Konsequenzen weitreichendste Einzelschritt. Durch die Einführung gleicher Kassenwahlrechte für Arbeiter und Angestellte und die gesetzliche Öffnung der
Ersatzkassen für alle Versicherten wurde eine Dynamik in Gang gesetzt, die
zu immer weitergehenden Angleichungen der Krankenkassen an private Versicherungsunternehmen geführt hat. Und diese Entwicklung wird erst dann
abgeschlossen sein, wenn die Krankenkassen in private Versicherungsunternehmen umgewandelt sind. Die Grundzüge dieser Entwicklung können wie folgt
charakterisiert werden: Aus der Eröffnung des Kassenwettbewerbs resultiert die
Notwendigkeit immer weitergehender Freiheit der Krankenkassen gegenüber
staatlichen Vorgaben und Reglementierungen. Um tatsächlich wettbewerblich
agieren zu können, muss insbesondere der Grundsatz ,gemeinsam und einheitlich' geführter Vertragsverhandlungen mit Leistungserbringern beseitigt werden
und muss den Krankenkassenführungen zunehmend mehr Handlungsspielraum
für ,unternehmerisches' Handeln eingeräumt werden. Indem die Kassen zunehmend ,unternehmerisch' und an ihren eigenen einzelwirtschaftlichen Interessen
orientiert handeln, wird es notwendig, Leistungserbringer und auch andere Krankenkassen (Wettbewerber) vor der ,Marktmacht' vor allem großer Krankenkassen
zu schützen, indem das Wettbewerbsrecht (Kartellrecht) auch auf Krankenkassen
angewendet wird.

Die vorstehend skizzierte Entwicklung ist keine Fiktion, sondern nur Beschreibung einer seit Mitte der 1990er Jahre zu verzeichnenden Entwicklung, die
schließlich auch zur Anwendung des Kartellrechts auf die Krankenkassen geführt
hat. Das Kartellrecht schafft wiederum ein neues ,Ungleichgewicht' zwischen
faktisch vollzogener Annäherung der Krankenkassen an privatwirtschaftliche
Unternehmen und der bisherigen Rechtsprechung des EuGH, der den deutschen Krankenkassen in seiner bisherigen Rechtsprechung noch den Status einer
staatlichen Sozialversicherung zuerkennt, auf die der Unternehmensbegriff des

europäischen Wettbewerbsrechts keine Anwendung finden dürfe (so u. a. EuGH 1993, 2009). Mit jedem neuen Schritt der Angleichung der Krankenkassen an private Unternehmen ist jedoch die Frage verbunden, ob der EuGH nun seine Rechtsprechungspraxis ändert und die deutschen Krankenkassen zu Unternehmen im Sinne europäischen Wettbewerbsrechts erklärt. Wenn dies geschieht und der deutsche Gesetzgeber daraufhin die Krankenkassen zu privaten Unternehmen erklärt und private Rechtsformen für Krankenkassen zulässt, wird schließlich ein ‚Gleichgewicht' im Sinne der strategischen Überlegungen der Wissenschaftlichen Arbeitsgruppe zwischen Endziel und tatsächlicher Rechtslage hergestellt.

Der Beitrag des Sachverständigenrates für die Konzertierte Aktion im Gesundheitswesen

Analog zum Wirtschaftssachverständigenrat wurde 1985 die Einrichtung eines Gesundheitssachverständigenrates beschlossen. Er sollte ursprünglich die 1977 eingerichtete „Konzertierte Aktion im Gesundheitswesen" beraten und erhielt dementsprechend den Namen „Sachverständigenrat für die Konzertierte Aktion im Gesundheitswesen" (SVRKAiG). Der Rat wurde am 12. Dezember 1985 durch Erlass des BMA eingerichtet.[60] Das BMA war durch Gesetz ermächtigt, einen Sachverständigenrat zur Unterstützung der Arbeit der Konzertierten Aktion im Gesundheitswesen (KAiG) zu berufen (§ 142 Abs. 2 SGB V).[61] Gemäß § 2 der ersten Fassung des Erlasses sollte der Rat jedes Jahr ein Gutachten erstellen. Die erste Besetzung des Rates wurde 1986 berufen und legte ein erstes Gutachten Anfang 1987 vor.

Auch wenn der Rat laut Gesetz zur Unterstützung der Konzertierten Aktion im Gesundheitswesen dienen sollte, so war er faktisch von Anfang an ein Gremium

---

[60] Erlass über die Einrichtung eines Sachverständigenrates für die Konzertierte Aktion im Gesundheitswesen beim Bundesminister für Arbeit und Sozialordnung vom 12. Dezember 1985 (Abdruck inSVRKAiG 1987: 157). Gesetzliche Grundlage des Erlasses war § 142 SGB V.

[61] Die Konzertierte Aktion im Gesundheitswesen (KAiG) wurde durch das Krankenversicherungs-Kostendämpfungsgesetz (KVKG) 1977 eingerichtet. Sie war ein Gremium zur Erörterung gesundheitspolitischer Fragen, dem neben den Krankenkassen und wichtigsten Verbänden der Leistungserbringer zahlreiche weitere Verbände des Gesundheitsbereiches angehörten. Die KAiG war kein Entscheidungsgremium, sondern konnte lediglich Empfehlungen aussprechen, sofern sich die Konferenz auf gemeinsame Position einigen konnte. Da sich die KAiG mit zunehmender Dauer ihrer Existenz immer weniger auf gemeinsame Empfehlungen einigen konnte, wurde sie ab Mitte der 1990er Jahre nicht mehr einberufen und durch das GKV-Modernisierungsgesetz 2003 auch formal aufgelöst.

zur Beratung des zuständigen Ministeriums, zunächst des BMA und ab 1991 des BMG. Dies kam auch in der ersten Fassung des Erlasses zum Ausdruck. Die Gutachtenaufträge erteilte das Ministerium. Sie waren und sind in der Regel mit Fragestellungen zu bestimmten, vom Ministerium festgelegten Themenbereichen versehen. Sein Gutachten hatte der Rat dem Ministerium vorzulegen und das Ministerium legte das Gutachten anschließend der Konzertierten Aktion vor (§ 1). Nach Auflösung der KAiG durch das GKV-Modernisierungsgesetz 2003 wurde der Rat umbenannt in „Sachverständigenrat zur Begutachtung der Entwicklung im Gesundheitswesen" (SVR-G).

Die Konstruktion des Gesundheitssachverständigenrates ist deutlich erkennbar an der des Wirtschaftssachverständigenrates orientiert. Der Gesundheitssachverständigenrat besteht in der Regel aus sieben Mitgliedern, die vom Ministerium berufen werden. Die Berufung erfolgte in den ersten Jahren jeweils für zwei Jahre, seit 1992 sind es vier Jahre.[62] Wiederberufungen sind möglich. 1987 bis 1991 hatten Berufungen unter Beteiligung der Konzertierten Aktion zu erfolgen (§ 5). Nach Abschaffung der Konzertierten Aktion wurde dies dahingehend verändert, dass das Ministerium vor einer Neuberufung zunächst den Rat anhört. Auch dies eine deutliche Parallele zum Wirtschaftssachverständigenrat.

Anders als beim Wirtschaftssachverständigenrat gibt es allerdings keine informelle Absprache, dass zwei der Sitze auf Vorschlag des DGB und Arbeitgeberverbandes oder sonst eines Verbandes besetzt werden. Weit wichtiger für die inhaltliche Ausrichtung ist jedoch der Umstand, dass der Gesundheitssachverständigenrat mit Vertretern verschiedener Wissenschaftsdisziplinen besetzt wird. Der Anteil der Ökonomen variierte dabei in der Vergangenheit zwischen einem und drei Ökonomen. Aus naheliegenden Gründen wurden und werden in den Gesundheitssachverständigenrat insbesondere auch Vertreterinnen und Vertreter der Medizin, aber auch der Gesundheitswissenschaften, Pflegewissenschaft oder Sozialrechtler berufen.

Diese Heterogenität und die Tatsache, dass Ökonomen zu keinem Zeitpunkt die Mehrheit der Sitze innehatten, machten den Gesundheitssachverständigenrat letztlich nur eingeschränkt tauglich für die offensive Verbreitung und Platzierung neoliberaler Reformvorschläge. Allerdings sind im Zeitverlauf deutliche Unterschiede festzustellen. Zwar plädierte der Rat mit seiner Mehrheitsmeinung nur phasenweise für Teilelemente des neoliberalen Reformmodells, in den Passagen zur Analyse der Ist-Situation und vor allem bei der Vorstellung und Diskussion von Reformoptionen platzierten die ihm angehörenden Ökonomen insbesondere

---

[62] Änderung des Erlasses am 12.11.1992 (SVRKAiG 1994: 232 f.).

in den 1980er Jahren und bis 1997 jedoch in zahlreichen Gutachten eine neolibe-rale Sicht der Dinge und formulierten Reformoptionen nicht selten so, dass der Eindruck entstehen konnte, es seien Empfehlungen der Ratsmehrheit.

Insgesamt kann rückblickend jedoch festgestellt werden, dass der Gesundheits-sachverständigenrat insgesamt kein originärer ‚Vordenker' oder ‚Vorkämpfer' eines marktwirtschaftlichen Umbaus der GKV war und letztlich nur relativ gerin-gen Einfluss auf die gesundheitspolitische Diskussion hatte. Er war in der Zeit der konservativ-liberalen Regierungskoalition, was die gesundheitsökonomischen Themen und Passagen betrifft, weitgehend nur eine Art ‚Zweitverwerter' bereits vorhandener Vorschläge und Argumentationen, die mit hoher Wahrscheinlichkeit vor allem von den Ökonomen Henke, Neubauer und Wille eingebracht wurden.

Mitglieder des Sachverständigenrates für die Konzertierte Aktion im Gesundheitswesen (1986–1998)

Wilhelm van Eimeren, Professor für Medizinische Informationsverarbeitung, Direktor des Instituts für Medizinische Informatik und Systemforschung (MEDIS) am Forschungszentrum der GSF (1974–2001), Mitglied des Sachverständigenrates für die Konzertierte Aktion im Gesundheitswesen (1991–1998).

Arnold, Michael, Professor für Anatomie an der Universität Tübingen (1971–1990), Stiftungsprofessur für Gesundheitssystemforschung an der Universität Tübingen (1990–1995), Mitglied des Sachverständigenrates für die Konzertierte Aktion im Gesundheitswesen (1986–1992).

Astrid Franke, Professorin für Innere Medizin, Hämatologie und Onkolo-gie an der Universität Magdeburg (1992–2006), Mitglied des Sachverstän-digenrates für die Konzertierte Aktion im Gesundheitswesen (1992–1998).

Klaus-Dirk Henke, Professor für Finanzwissenschaft an der Univer-sität Hannover (1976–1995), Professor für Öffentliche Finanzen und Gesundheitsökonomie an der Technischen Universität Berlin (1995–2011), Mitglied des Wissenschaftlichen Beirates beim Bundesministerium der Finanzen (seit 1984), Mitglied der Kommission Krankenhausfinanzierung der Robert-Bosch-Stiftung, Mitglied der Wissenschaftlichen Arbeitsgruppe Krankenversicherung (1986–1988), Mitglied des Sachverständigenrates für die Konzertierte Aktion im Gesundheitswesen (1986–1998).

Helmich, Peter, Professor für Allgemeinmedizin an der Universität Düsseldorf (1991–1996), Mitglied des Sachverständigenrates für die Kon-zertierte Aktion im Gesundheitswesen (1986–1989).

Günter Neubauer, Professor für Volkswirtschaftslehre an der Universität der Bundeswehr München (1976–2006), Mitglied der Kommission Krankenhausfinanzierung der Robert Bosch Stiftung (1982–1987), Mitglied der Wissenschaftlichen Arbeitsgruppe Krankenversicherung (1986–1988), Mitglied der GKV-Enquêtekommission des Deutschen Bundestages (1987–1990), Vorsitzender der Expertenkommission „Reform der Krankenhausfinanzierung" beim Bundesministerium für Gesundheit (1992), Direktor des Instituts für Gesundheitsökonomik (IfG) (seit 1991), Mitglied des Sachverständigenrates für die Konzertierte Aktion im Gesundheitswesen (1991–1998).

Pfaff, Martin, Professor für Volkswirtschaftslehre an der Universität Augsburg (seit 1971), Mitglied des Sachverständigenrates für die Konzertierte Aktion im Gesundheitswesen (1986–1990).

Schwartz, Friedrich-Wilhelm, Professor für Epidemiologie und Sozialmedizin an der Medizinischen Hochschule Hannover (seit 1985), Mitglied des Sachverständigenrates für die Konzertierte Aktion im Gesundheitswesen (1986–1988, 1995–2002).

Peter C. Scriba, Professor für Innere Medizin an der Medizinischen Universität Lübeck (1980–1990) und an der LMU München (1990–2000), Mitglied des Wissenschaftsrates (1987–1991), Mitglied des Sachverständigenrates für die Konzertierte Aktion im Gesundheitswesen (1993–2007), Mitglied des Gesundheitsforschungsrates des BMBF (1990–1994, erneut seit 2010).

Selbmann, Konrad, Professor für Medizinische Informatik an der Universität Tübingen (1984–2007), Mitglied des Sachverständigenrates für die Konzertierte Aktion im Gesundheitswesen (1988–1990).

Weinhold, Ernst-Eberhard, Honorarprofessor für Allgemeinmedizin an der Medizinischen Hochschule Hannover, Mitglied des Sachverständigenrates für die Konzertierte Aktion im Gesundheitswesen (1990–1995), Vorsitzender der Kassenärztlichen Vereinigung Niedersachsen und Mitglied des Vorstandes der Kassenärztlichen Bundesvereinigung (1977–1989).

Eberhard Wille, Professor für Volkswirtschaftslehre und Finanzwissenschaft an der Universität Mannheim (seit 1975), Mitglied des Wissenschaftlichen Beirats beim Bundesministerium für Wirtschaft und Technologie (seit 1983), Mitglied des Sachverständigenrates für die Konzertierte Aktion im Gesundheitswesen bzw. für die Begutachtung der Entwicklung im Gesundheitswesen (1993–2018).

Detlev Zöllner, Ministerialdirektor a. D., Bundesministerium für Arbeit und Sozialordnung (1955–1987), Geschäftsführer der Sozialenquête-Kommission (1964–1966), Honorarprofessor an der Universität Bonn (1977–1987), Mitglied des Sachverständigenrates für die Konzertierte Aktion im Gesundheitswesen (1986–1995)

Anhand der Gutachten des Gesundheitssachverständigenrates können – in Abhängigkeit von der jeweiligen Regierungskoalition – im Wesentlichen vier Phasen der politischen Ausrichtung unterschieden werden. Eine erste Phase von 1986 bis Anfang der 1990er Jahre, eine zweite Phase von Anfang der 1990er Jahre bis zum Ende der CDU/CSU/FDP-Regierungskoalition 1998, eine dritte Phase während der rot-grünen Regierungskoalition 1998 bis 2005 und eine vierte Phase ab 2005.

Erste Phase: Die erste Phase dauerte von 1986 bis Anfang der 1990er Jahre und war geprägt von der Berufungspolitik der Regierungskoalition aus CDU/CSU und FDP aber auch durch das Vorschlagsrecht der Konzertierten Aktion. Der ersten Ratsbesetzung gehörten neben drei Medizinern, einem Gesundheitswissenschaftler und einem Sozialrechtler nur zwei Ökonomen an: Klaus-Dirk Henke und Martin Pfaff. Wie oben bereits dargelegt, gehörte Henke sowohl der Kommission Krankenhausfinanzierung der Robert-Bosch-Stiftung an als auch der Wissenschaftlichen Arbeitsgruppe Krankenversicherung um Peter Oberender. Zudem war Henke vom Wirtschaftssachverständigenrat als Gesprächspartner zur Vorbereitung seiner gesundheitspolitischen Passagen des Jahresgutachtens 1983/84 eingeladen worden (SVR-W 1983: III).

Der zweite Ökonom, Martin Pfaff, war von 1987 bis 1992 Mitglied des Rates und Professor für Volkswirtschaftslehre an der Universität Augsburg. Er war SPD-Mitglied, Vertrauensdozent der SPD-nahen Friedrich-Ebert-Stiftung und der gewerkschaftsnahen Hans-Böckler-Stiftung. Mit Detlev Zöllner gehörte dem Gesundheitssachverständigenrat von 1986 bis 1995 zudem ein langjähriger Beamter der BMA und erklärter Befürworter und Verteidiger des traditionellen Sozialversicherungssystems an.

Insofern darf wohl davon ausgegangen werden, dass es im SVRKAiG der ersten Jahre keine Mehrheit für einen radikalen marktwirtschaftlichen Umbau der GKV gab. Elemente des neoliberalen Reformmodells fanden zwar Eingang in mehrere Gutachten der ersten Jahre, allerdings ohne dass die Ratsmehrheit sie in ihre Empfehlungen aufnahm. Die internen Differenzen sind teilweise auch an den Gutachten ablesbar. So werden beispielsweise gegensätzliche Positionen vorgestellt oder es werden marktliberale Vorstellungen explizit kritisiert. Anders hingegen verhält es sich mit den neoliberalen Reformvorschlägen für einen marktwirtschaftlichen Umbau der Leistungserbringung, insbesondere durch Umstellung des Kollektivvertragssystems in ein System von Selektivverträgen, sowie mit den Vorschlägen zur Reform der Krankenhausfinanzierung (Umstellung von Pflegesätzen auf Fallpauschalen). Dies dürfte vor allem dadurch zu erklären sein, dass derartige Vorschläge bereits in den 1980er Jahren auf Zustimmung der Krankenkassen stießen, die darin eine Chance sahen, ihre Verhandlungspositionen gegenüber den Leistungserbringern zu stärken. Die traditionell GKV-nahe SPD unterstützte entsprechende Forderungen der Kassen.

Zweite Phase: Die zweite Phase begann Anfang der 1990er Jahre und endete 1998 mit der Abwahl der CDU/CSU/FDP-Koalition und dem Wechsel zu einer rot-grünen Regierungskoalition. In dieser zweiten Phase gewannen neoliberale Vorstellungen zunehmend an Einfluss auf die Ratsgutachten, was vor allem auf personelle Wechsel zurückzuführen sein dürfte. Nachdem Martin Pfaff 1990 SPD-Abgeordneter des Bundestages geworden war, schied er aus dem Rat aus und wurde durch Günter Neubauer ersetzt, der dem SVRKAiG von 1991 bis 1998 angehörte. Neubauer war Anfang der 1990er zu einem der einflussreichsten Akteure in der Beratung der Gesundheitspolitik geworden. Mit Eberhard Wille wurde 1993 ein weiterer Ökonom in den Rat berufen, der dem Rat bis 2018 angehörte und in dieser Zeit in zahlreichen Publikationen für neoliberale Vorschläge zur Reform der GKV eintrat (Breyer et al. 2004; Rürup/Wille 2004; Wille et al. 2008, 2009; Wille/Hamilton/et al. 2012a).

Die Berufung on Neubauer und Wille zeigte deutliche Wirkungen in den Gutachten. Die Gutachten der Jahre 1994 und 1995 weisen eine Radikalisierung in Richtung eines marktwirtschaftlichen Umbaus des Gesundheitswesens allgemein und der GKV im Besonderen auf, die vorher im Rat nicht mehrheitsfähig gewesen war. Allerdings blieben die Gutachten 1994 und 1995, was die Eindeutigkeit eines Plädoyers für einen radikal marktwirtschaftlichen Umbau der GKV angeht, weit hinter dem SVR-W oder dem Kronberger Kreis zurück. Und dies aus gutem Grund, wie am Beispiel der Reaktionen auf das Gutachten 1994 sichtbar wurde. Nachdem der Gesundheitssachverständigenrat in seinem Gutachten 1994 mehrere Reformmodelle für einen Umbau der GKV vorgelegt hatte, wurde er deswegen im gesundheitspolitischen Raum zum Teil scharf kritisiert und musste in dem nachfolgenden Gutachten seine radikalen Reformvorschläge weitgehend wieder zurücknehmen. Verglichen mit dem Zwischenbericht von 1994 war das Gutachten von 1995 deutlich ,entschärft'. Die Zeit war offensichtlich noch nicht reif für einen radikalen Systemwechsel in Richtung eines reinen PKV-Systems. Ein solcher Umbau ging nicht nur den Krankenkassen und einflussreichen Verbänden der

Leistungserbringer zu weit, sondern war auch in der CDU/CSU nicht mehrheitsfähig. Zwar wurden einige Vorschläge des Sachverständigenrates in der Dritten Stufe der Gesundheitsreform in den Jahren 1996 und 1997 aufgegriffen, für einen radikalen Systemwechsel war in der Regierungskoalition aber offensichtlich keine Mehrheit zu organisieren.

Dritte Phase: Nach dem Regierungswechsel 1998 von der CDU/CSU/FDP-Koalition zur rot-grünen Koalition aus SPD und BÜNDNIS 90/Die Grünen wurde der Sachverständigenrat fast vollständig ausgetauscht, um eine andere gesundheitspolitische Ausrichtung des Rates zu erreichen. Dem neu gebildeten Rat gehörte mit Eberhard Wille nur noch ein Ökonom an, die übrigen sechs Mitglieder kamen aus den Bereichen Gesundheitswissenschaften, Medizin und Soziologie.[63] Der neu besetzte Rat legte 2001 eine umfassende Bestandsaufnahme des Gesundheitssystems vor, die sowohl im wissenschaftlichen als auch im politischen Raum und der medialen Berichterstattung breit diskutiert wurde (SVRKAiG 2001a, 2001b, 2001c). Eine vergleichbar breite Wirkung hatte der Gesundheitssachverständigenrat weder zuvor erreicht, noch erreichte er sie danach wieder.

Vierte Phase: Nach dem Ende der rot-grünen Koalition und der Bildung der großen Koalition 2005 setzte eine Entwicklung ein, die über die Jahre zu einem zunehmenden Bedeutungsverlust des Gesundheitssachverständigenrates führte. Seine Gutachten und Empfehlungen haben für die gesundheitspolitische Diskussion mittlerweile kaum noch Bedeutung und werden selbst in der wissenschaftlichen und gesundheitspolitischen Fachdiskussion kaum noch zur Kenntnis genommen, geschweige denn breiter diskutiert. Wenn in den letzten Jahren Empfehlungen des Rates aufgegriffen werden, so waren es nur solche zu einzelnen eingegrenzten Problembereichen wie beispielsweise der Notfallversorgung.

Auch wenn der SVRKAiG in den 1980er Jahren keinen und in den 1990er Jahren nur einen geringen Anteil an der Entwicklung und Verbreitung neoliberaler Vorschläge für einen marktwirtschaftlichen Umbau der GKV hatte, so soll doch auf seine Gutachten im Folgenden etwas näher eingegangen werden,

---

[63] Mit Rolf Rosenbrock gehörte der neuen Besetzung zwar noch ein weiterer Ökonom an, Rosenbrock hatte sich jedoch weniger als Ökonom, sondern vielmehr als Gesundheitswissenschaftler und vor allem auf dem Themenfeld der Prävention profiliert. Er war sicherlich wegen dieses Profils und nicht wegen seiner wirtschaftswissenschaftlichen Primärausbildung berufen worden. Mit Karl Lauterbach gehörte dem Rat auch ein Mediziner mit gesundheitsökonomischer Ausrichtung an. Sowohl Rosenbrock als auch Lauterbach waren jedoch im linken politischen Spektrum zu verorten. Insofern standen die Chancen für neoliberale Reformvorschläge im Gesundheitssachverständigenrat nach 1998 bis 2005 ausgesprochen schlecht.

denn schließlich ist es *der* Sachverständigenrat für die Gesundheitspolitik. Die vorstehend formulierte Einschätzung soll auch nicht bedeuten, dass der Gesundheitssachverständigenrat vollkommen bedeutungslos war. Seine Äußerungen und Empfehlungen wurden Ende der 1980er und in den 1990er Jahren sehr wohl von einer breiteren Fachöffentlichkeit wahrgenommen und diskutiert, und die Regierung bezog sich in ihren Gesetzentwürfen verschiedentlich auch ausdrücklich auf diese Gutachten. Insofern ist deren Behandlung im Rahmen dieser Untersuchung sehr wohl angebracht.

Im Folgenden wird zunächst nur auf die Gutachten der Jahre 1987 bis 1990 und dabei – entsprechend der zentralen Ausrichtung der vorliegenden Untersuchung – weitgehend auch nur auf die Passagen zur GKV eingegangen. Die späteren Gutachten werden im Rahmen der Rekonstruktion der folgenden Regierungsperioden diskutiert.

Das *Gutachten 1987* enthielt weit überwiegend nur Ist-Analysen und Bestandsaufnahmen zu verschiedenen Leitfragen und Teilbereichen des Gesundheitswesens. Der GKV wurde dabei relativ wenig Aufmerksamkeit geschenkt. Das Gutachten enthielt auch keine Empfehlungen zur Weiterentwicklung der GKV. Es wurden lediglich drei grundsätzliche „Weiterentwicklungsmöglichkeiten" für die GKV kurz vorgestellt und andiskutiert: ein ‚reines Marktmodell', ein ‚modifiziertes Marktsystem' und ein staatliches Modell (SVRKAiG 1987: 75–78). Das reine Marktmodell wurde als ‚unrealistisch' ausgeschieden und ein vollständig aus Steuermitteln finanziertes staatliches System abgelehnt, sodass nur das modifizierte Marktsystem übrigblieb. Allerdings fand sich offensichtlich keine Mehrheit im Rat, die dafür eine explizite Empfehlung geben wollte.

Die Beschreibung des modifizierten Marktsystems weist deutliche Parallelen zu den Reformvorschlägen des Wirtschaftssachverständigenrates, des Kronberger Kreises und der Wissenschaftlichen Arbeitsgruppe Krankenversicherung auf. Es darf wohl davon ausgegangen werden, dass die entsprechende Passage im Gutachten die Handschrift von Klaus-Dirk Henke trägt, der 1986/87 sowohl Mitglied des SVRKAiG als auch der Wissenschaftlichen Arbeitsgruppe war.

Übereinstimmend mit den Vorschlägen des Wirtschaftssachverständigenrates, des Kronberger Kreises und der Wissenschaftlichen Arbeitsgruppe baut die Beschreibung des modifizierten Marktsystems auf der Behauptung auf, dass die GKV eine ‚Versicherung' sei und deshalb „sozialpolitische Umverteilungsaufgaben" nicht in die GKV gehörten.

> „In der GKV mit ihren verschiedenen Kassenarten ist das Versicherungsprinzip im Sinne eines versicherungstechnischen Risikoausgleichs von Beginn an bewußt um

Sozial- und bzw. Solidarziele ergänzt worden. In dieser Vermischung von Versicherungsaufgaben und sozialpolitischen Umverteilungsaufgaben liegen erhebliche Ursachen für die vielschichtigen Verteilungseffekte und Finanzprobleme der GKV. Deshalb wird von zahlreichen Ökonomen eine stärkere institutionelle Trennung zwischen Versicherungsschutz (Ziel des Risikoausgleichs) und Einkommensumverteilung und Familienlastenausgleichs gefordert" (SVRKAiG 1987: 151).

Als versicherungsfremde ‚Umverteilungen' wurden im Gutachten genannt:

„Aus ökonomischer Sicht ergeben sich folgende Einkommensumverteilungswirkungen:

1. Versicherungsimmanente Umverteilung;
   – jüngere und gesunde Mitglieder zahlen für ältere und krankheitsanfälligere Personen mit,
   – männliche Mitglieder zahlen in der Regel für weibliche Mitglieder wegen ihrer höheren Morbiditätsrisiken mit,
2. Familienlastenausgleich;
   – ledige und kinderlose Mitglieder zahlen für Verheiratete und Familien mit Kindern mit,
3. Generationenausgleich;
   – Erwerbstätige zahlen zugunsten nicht mehr Erwerbstätiger mit, soweit die Aufwendungen nicht durch eigene Beiträge gedeckt sind,
4. Einkommensumverteilung i. e. S.;
   – Mitglieder mit höheren Einkommen zahlen im Rahmen der dynamisierten Beitragsbemessungsgrenze für Mitglieder mit niedrigerem Einkommen mit" (SVRKAiG 1987: 74).

Wie in den vorhergehenden Kapiteln gezeigt, hält sich die Behauptung, in der GKV würden ‚Umverteilungen' stattfinden, bereits seit Jahrzehnten nicht nur in der gesundheitspolitischen Diskussion, sondern ist auch fester Bestandteil höchstrichterlicher Rechtsprechung. Eine ausführliche Kritik dieser sachlich falschen und sozialpolitisch hochgradig gefährlichen Auffassung erfolgte in diesem Buch bereits am Beispiel des Gutachtens von Walter Bogs aus dem Jahr 1955. Insofern kann hier auf eine erneute Analyse und Kritik verzichtet werden.

Ausgehend von der Kritik an ‚Umverteilungen' in der GKV wurde für eine „Stärkung des Versicherungsprinzips in der GKV" plädiert (SVRKAiG 1987: 75 f.). In dieser Schlussfolgerung aus der Behauptung von ‚Umverteilungen' in der GKV wird sichtbar, welchen Zweck diese Behauptung im neoliberalen Argumentationsmuster erfüllt: Die GKV soll nach dem Vorbild der PKV umgebaut und das Äquivalenzprinzip in die GKV eingeführt werden. Dies wird denn

auch im Gutachten des SVRKAiG deutlich. Als „Bausteine" einer „Stärkung des
Versicherungscharakters der GKV' wurden genannt (ebd.: 76):

- „Abbau versicherungsfremder Leistungen"
- „Ausschluss von Leistungen, die dem privaten Konsum zugeordnet wer-
  den können" (genannt wurden Zahnersatz, Physiotherapie, Kuren, Hör- und
  Sehhilfen sowie weitere Heil- und Hilfsmittel und auch Langzeitpflege)
- „Neuordnung des versicherungspflichtigen und versicherungsberechtigten Per-
  sonenkreises"
- „Förderung der Wahl- und Wechselmöglichkeiten innerhalb der gesetzlichen
  Krankenversicherung"
- „Ausbau von sektorspezifischer Kostenerstattung und Selbstbeteiligung"
- „Umwandlung des Arbeitgeberbeitrags zugunsten höherer Löhne, d. h. volle
  Zahlung der Krankenversicherungsbeiträge durch den Versicherten".

Der funktionale Zusammenhang dieser Vorschläge besteht darin, dass

- die GKV durch Reduktion des Leistungskataloges unattraktiv wird
- durch eine ‚Neuordnung' der Grenze zwischen GKV und PKV weniger Menschen der Versicherungspflicht in der GKV unterliegen und mehr zur PKV
  wechseln können
- der Abbau ‚versicherungsfremder Leistungen' die Umwandlung einkommensabhängiger Beiträge in risikoäquivalente Prämien vorbereitet und erleichtert
- durch Kostenerstattung und Selbstbehalte die GKV der PKV angeglichen wird
  und
- durch Abschaffung des Arbeitgeberbeitrags und alleinige Zahlung des Beitra-
  ges durch alle Versicherten (auch Familienangehörige) die Überführung des
  GKV-Systems in ein reines PKV-System ermöglicht wird.

Wie eingangs erwähnt, war ein solches Reformprogramm im Gesundheitssachverständigenrat jedoch nicht mehrheitsfähig. Immerhin hatte Henke aber zentrale
Elemente des neoliberalen Reformmodells im Gutachten 1987 platziert. Allerdings wurde zugleich auch an mehreren Stellen von den anderen Ratsmitgliedern
klargestellt, dass es sich dabei nicht um Empfehlungen der Ratsmehrheit handelte. Am deutlichsten wurde dies in einer Passage, die darauf hinweist, dass die
Herausnahme der ‚Umverteilungen'

„das Ende der einkommensbezogenen Finanzierung bedeutet. Die Beitragsbemessung in ihrer derzeitigen Form würde sich in Richtung einer risikoproportionalen Prämienkalkulation entwickeln" (SVRKAiG 1987: 76).

Diese Klarstellung dürfte wohl kaum von Henke stammen. Die Protagonisten eines marktwirtschaftlichen Umbaus der GKV scheuten und scheuen auch heute noch in der Regel die Offenlegung der in ihren Vorschlägen versteckten Konsequenzen.

Im *Gutachten 1988* finden sich zwar auch Passagen, in denen das neoliberale Reformmodell erneut angesprochen wurde, jedoch in deutlich geringerem Umfang und flankiert durch Hinweise auf gegenteilige oder andere Positionen. Ein Vorschlag aus dem Fundus der neoliberalen Vordenker fand jedoch sowohl im Rat als auch in der Gesundheitspolitik Ende der 1980er Jahre Unterstützung. Aufgrund von Unterschieden bei der gesetzlichen Zuweisung einzelner Gruppen von Beschäftigten hatten sich zunehmend größer werdende Unterschiede in der Höhe des Beitragssatzes der einzelnen Kassen entwickelt. Mitte 1989 reichte die Beitragssatzspanne bereits von 8,0 bis 16,0 Prozent (GKV-Enquêtekommission 1990a: 393).

Ein Teil der Krankenkassen musste aufgrund eines überdurchschnittlichen Anteils an Rentnern, Arbeitslosen, Sozialhilfeempfängern, beitragsfrei mitversicherten Familienangehörigen und einer überdurchschnittlich hohen Morbidität überdurchschnittlich hohe Beitragssätze erheben, während andere Kassen aufgrund ihrer Versichertenstruktur mit unterdurchschnittlichen Beitragssätzen auskamen. Die daran geübte Kritik insbesondere von Seiten der Gewerkschaften und der SPD hatten sich bereits der Kronberger Kreis und vor allem die Wissenschaftliche Arbeitsgruppe Krankenversicherung zu eigen gemacht und als Begründung für die Forderung nach Einführung eines Risikostrukturausgleichs genutzt. Dem folgte auch der SVRKAiG in seinem Gutachten 1988 und sprach sich für einen kassenartenübergreifenden Risikostrukturausgleich aus (SVRKAiG 1988: 174).

Auch wenn die Einführung eines Risikostrukturausgleichs rückblickend als sachgerechte Konsequenz aus sozial ungerechten Beitragssatzunterschieden erscheinen kann, sie war keineswegs die einzige zur Diskussion stehende Antwort darauf. Das Problem der Beitragssatzunterschiede zwischen verschiedenen Kassenarten hätte auch durch die Zusammenfassung aller Krankenkassen zu einer einheitlichen bundesweiten Krankenkasse beseitigt werden können. Nach einer solchen Organisationsreform hätte es nur noch einen bundesweit einheitlich geltenden allgemeinen Beitragssatz gegeben. Die Option der Zusammenfassung aller

Krankenkassen in einer „Einheitsversicherung" wurde im Gutachten 1988 allerdings nur am Rande gestreift und ohne weitere Begründung als indiskutabel abgelehnt (SVRKAiG 1988: 174).

Nach dem Scheitern des Versuchs der Zusammenführung des gegliederten Sozialversicherungssystems in eine einzige bundesweite Sozialversicherung unmittelbar nach dem Ende des Zweiten Weltkrieges war diese Reformoption vollständig aus den gesundheitspolitischen Programmen verschwunden, Sie galt Ende der 1980er Jahre im politischen Raum nicht mehr als ernstzunehmende Reformoption. Mehr noch, diese Reformoption war – und ist immer noch – tabuisiert. Keiner der maßgeblichen Akteure der Gesundheitspolitik oder Politikberatung trat oder tritt dafür ein. Zu den schärfsten Gegnern gehört das Führungspersonal der GKV, aus nachvollziehbaren Gründen. Für sie ist eine solche Zusammenführung mit dem Risiko verbunden, dass ein erheblicher Teil nicht mehr auf Vorstandspositionen tätig sein kann. Es würde schlichtweg nicht mehr so viele Vorstände geben.

Wer im politischen Raum dennoch für eine ‚Einheitsversicherung' eintritt, muss damit rechnen, eine breite Front von Gegnern vor allem auch aus den Reihen der GKV gegen sich aufzubringen. Eine solche Aussicht ist geeignet, mögliche Überlegungen in diese Richtung bei Akteuren der Gesundheitspolitik gar nicht erst aufkommen zu lassen oder bereits im Keim zu ersticken. Insofern konnten sich damals und können sich auch heute noch Befürworter eines marktwirtschaftlichen Umbaus und Wettbewerbs in der GKV problemlos mit Traditionalisten und Bewahrern des Sozialversicherungssystems darauf verständigen, dass Kassenvielfalt und Wettbewerb allemal besser ist als die Einführung einer Einheitsversicherung. Dies dürfte auch der Hintergrund dafür gewesen sein, dass diese Reformoption dem SVRKAiG von 1987 noch nicht einmal eine kurze Erörterung Wert war. Folglich blieb als einzig vorstellbarer Weg zur Reduzierung der Beitragssatzunterschiede nur die Einführung eines Risikostrukturausgleichs, wie ihn die neoliberalen Ökonomen vorgeschlagen hatten.

Bei der Interpretation der damaligen Diskussion über die Notwendigkeit eines Risikostrukturausgleichs sollte allerdings die unterschiedliche Motivlage und Zielorientierung beachtet werden. Die Kritik von SPD und Gewerkschaften richtete sich vor allem gegen die aus den Beitragssatzunterschieden resultierende soziale Ungerechtigkeit. Auf einen marktwirtschaftlichen Umbau der GKV zielende Reformvorschläge griffen diese Kritik nur vordergründig auf. Ihnen ging es nicht um den Abbau oder die Beseitigung sozialer Ungerechtigkeiten, sie nutzten die Kritik für ihre Forderung nach mehr Wettbewerb zwischen den Krankenkassen, der aus ihrer Sicht zentrale Voraussetzung für einen langfristigen marktwirtschaftlichen Umbau der GKV war.

Ihre Argumentation lautete, dass nicht die Gliederung der GKV in zahlreiche Einzelkassen mit unterschiedlichen Versichertenstrukturen die Ursache unterschiedlicher Beitragssätze sei, sondern die fehlende Wahlfreiheit für den überwiegenden Teil der GKV-Mitglieder.[64] Die Eröffnung bzw. Ausweitung eines Wettbewerbs in der GKV sollte in marktliberalen Reformkonzepten als Zwischenschritt auf dem Weg zur Umwandlung der Krankenkassen in private Versicherungsunternehmen dienen. Dieses hinter dem Reformvorschlag stehende langfristige Ziel wurde allerdings nicht offengelegt, sondern lediglich indirekt angedeutet, und wird nur erkennbar, wenn man die ‚Kodes' neoliberaler Sprache entziffert. Dies soll an der nachfolgenden Passage exemplarisch gezeigt werden.

> „Der Rat sieht vor diesem Hintergrund einen Ausgleich der Risikostrukturen als notwendige Grundlage für eine Weiterentwicklung des gegliederten Systems der Gesetzlichen Krankenversicherung an. Sie ermöglicht mehr Wettbewerb und damit eine Wohlfahrtssteigerung durch kostengünstigere Produktion von Gesundheitsleistungen und mehr Nachfragegerechtigkeit durch Angebotsvielfalt (...) verschiedene nebeneinander existierende Krankenversicherungsangebote (...) Daraus ergibt sich eine effizienzsteigernde Liberalisierung dieses Dienstleistungssektors. Der Rat will mit diesem Gedanken langfristige Entwicklungslinien aufzeigen" (SVRKAiG 1988: 75).

Diese Passage besagt im Kern, dass ein Risikostrukturausgleich eingeführt werden sollte, damit Wettbewerb nicht nur zwischen den Krankenkassen, sondern auch zwischen Krankenkassen und privaten Krankenversicherungen entstehen kann. Wie oben bereits dargelegt, erfordert ein solcher ‚einheitlichen Krankenversicherungsmarkt' die Privatisierung der Krankenkassen, damit für alle ‚Marktteilnehmer' dieselben Wettbewerbsbedingungen gelten. In dieselbe Richtung weisen die Forderungen, der für alle GKV-Versicherten einheitliche Leistungskatalog solle durch „verschiedene nebeneinander existierende Krankenversicherungsangebote" ersetzt werden und langfristig solle eine „Liberalisierung dieses Dienstleistungssektors" erfolgen. Da sich der Absatz mit der Frage der Reformperspektiven für die GKV befasst, schließt er folglich mit dem Vorschlag, auch die GKV zu ‚liberalisieren', sprich zu deregulieren.

An einer anderen Stelle des Gutachtens treten die neoliberalen Wurzeln der Forderung nach mehr Wettbewerb sogar sprachlich offen zutage:

---

[64] Damals standen die Angestelltenersatzkassen nur Angestellten offen, Betriebskrankenkassen den jeweiligen Betriebsangehörigen, Innungskrankenkassen nur Beschäftigten im Zuständigkeitsbereich einer Innung etc. Lediglich die Ortskrankenkassen waren grundsätzlich für alle Arten von Beschäftigten geöffnet.

„Anstelle des bürokratischen und politischen Suchens nach Lösungen in der Gesundheitsversorgung tritt der Wettbewerb als Entdeckungsverfahren" (SVRKAiG 1988: 77)

Die Formulierung „Wettbewerb als Entdeckungsverfahren" ist direkt aus der Überschrift eines programmatischen Textes von Friedrich A. Hayek übernommen (Hayek 1962). Einen entsprechenden Quellenhinweis sucht man im Gutachten allerdings vergebens.

Im *Gutachten 1989* wurde die Einführung eines Risikostrukturausgleichs erneut diskutiert und dabei insbesondere auch deutlich gemacht, dass der zukünftige RSA auf keinen Fall nach dem Vorbild des KVdR-Ausgleichs gestaltet werden dürfe (SVRKAiG 1989: 118 f.). Bereits 1977 war ein kassenartenübergreifender Risikostrukturausgleich (RSA) im Rahmen der Krankenversicherung der Rentner (KVdR) eingeführt worden. Er sah den vollständigen Ausgleich der für Rentner entstanden tatsächlichen Ausgaben zwischen allen Krankenkassen vor und war darum für die Einführung und Verschärfung eines Wettbewerbs zwischen den Krankenkassen ungeeignet. Bei einem vollständigen Ausgleich der tatsächlich entstandenen Ausgaben lohnt sich weder ein Wettbewerb um gesunde Versicherte noch die Abwehr ‚schlechter Risiken'. Wettbewerb lohnt sich nur, wenn dadurch finanzielle Vorteile erreicht werden können. Bei dem zukünftigen RSA durfte folglich kein vollständiger Ausgleich aller Ausgaben nach Art des KVdR-Ausgleichs gewährt werden.

Nur ein Risikostrukturausgleich, der keinen vollständigen Ausgleich der entstandenen Kosten gewährt, ist geeignet, einen Wettbewerb der Krankenkassen um Versicherte auszulösen beziehungsweise voranzutreiben. Nur mit einem solchen RSA kann durch Gewinnung und Bindung von Versicherten, die unterdurchschnittliche Kosten verursachen, ein Überschuss erzielt und durch Abwehr von Versicherten, die hohe Kosten verursachen, ein Verlust vermieden werden. Nur ein solcher RSA schafft das, was von der Wissenschaftlichen Arbeitsgruppe Krankenversicherung als „Anreize zur Bestandspflege und zu wirtschaftlichem Handeln im Kassenwettbewerb" bezeichnet wurde (Gitter et al. 1988: 133).

Wie oben bereits angesprochen, wies der Gesundheitssachverständigenrat von Anfang an eine relativ große Heterogenität der Mitglieder auf, nicht nur hinsichtlich der vertretenen Wissenschaftsdisziplinen, sondern auch hinsichtlich der im Rat vertretenen ökonomischen Richtungen. Während Henke für die neoliberale Richtung stand, war Pfaff einer gewerkschafts- und SPD-nahen Richtung zuzuordnen. Auf Pfaff dürfte eine längere Passage im Gutachten 1989 zurückgehen, die sich mit den Ursachen der seit Anfang der 1980er Jahre regelmäßig auftretenden Defizite in der GKV befasste. In dieser Passage wurden erstmals in einem Gutachten eines Sachverständigenrates die tatsächlichen Zusammenhänge aufzeigt. Ausgehend von der gesetzlichen Vorgabe zur Wahrung von Beitragssatzstabilität in der GKV wurde in dieser Passage herausgearbeitet, dass nicht die Ausgabenentwicklung ursächlich für die Defizite der GKV waren, sondern eine zunehmende Erosion der Finanzierungsgrundlage (SVRKAiG 1989: 21 f., 46–63).

Da sich die GKV aus Beiträgen auf Arbeitseinkommen, Renten und Lohnersatzleistungen finanziert, war – und ist – sie in hohem Maße von der Entwicklung der Arbeitseinkommen, Renten und Lohnersatzleistungen abhängig. Die Summe der beitragspflichtigen Einnahmen der GKV-Mitglieder, die sogenannte Grundlohnsumme, war im Verhältnis zum Bruttoinlandsprodukt (BIP) in den 1980er Jahren kontinuierlich von 40,0 Prozent des BIP im Jahr 1980 und auf 38,4 Prozent im Jahr 1990 zurückgegangen (BMG 1993: 338, 341). Da die Gesamtausgaben der GKV im selben Zeitraum konstant bei ca. sechs Prozent des BIP blieben, führte die Erosion der Finanzierungsgrundlage zu einer zunehmend größer werdenden Lücke zwischen Grundlohnsumme und Ausgaben. Die daraus resultierenden Defizite konnten die Krankenkassen nur durch Beitragserhöhungen ausgleichen.

Das Gutachten des SVRKAiG war vor diesem Hintergrund insofern von besonderer Bedeutung, als die Gründe für die Erosion der Einnahmegrundlage aufgezeigt wurden (SVRKAiG 1989: 50–63):

- die gegenüber der Wirtschaftsentwicklung unterdurchschnittliche Entwicklung der Bruttolöhne und -gehälter
- der Wechsel von Mitgliedern mit höherem Einkommen zur PKV
- die steigende Zahl von Sozialhilfeempfängern und Arbeitslosen
- die Zunahme der Teilzeitbeschäftigung und
- die steigende Zahl geringfügig Beschäftigter.

Verschärft wurden die Finanzierungsprobleme der GKV zudem durch einen „sozialpolitischen Verschiebebahnhof" (SVRKAiG 1989: 50). Gemeint war damit ein seit 1977 zu verzeichnender Politiktypus, bei dem der GKV Einnahmen entzogen wurden, beispielsweise durch Kürzung von Beitragsüberweisungen der Rentenversicherung, und zusätzliche Ausgaben übertragen wurden, die zuvor andere Sozialversicherungen, der Bund oder die Länder getragen hatten. In der sozialpolitischen und wissenschaftlichen Diskussion wurde für diesen Politiktypus der Begriff „Politik der Verschiebebahnhöfe" geprägt (zur Kritik dieses Politiktypus vgl. Berg 1986a, 1986b; Paffrath/Reiners 1987; Zacher 1984).

Auf diese Thematik wird hier insofern eingegangen, als zum einen ein funktionaler Zusammenhang zwischen neoliberaler Politik und den angesprochenen Ursachen der GKV-Finanzierungsprobleme besteht und zum anderen die Frage nach den wirklichen Ursachen der GKV-Defizite auch von Relevanz für neoliberale Argumentationsmuster ist.

Der funktionale Zusammenhang ergibt sich daraus, dass – wie am Beispiel der Gutachten des Wirtschaftssachverständigenrates gezeigt – die Forderung nach Lohnzurückhaltung und niedrigen Tarifabschlüssen sowie nach Abbau von Lohnersatzleistungen zum festen Repertoire des neoliberalen Forderungskataloges gehören. Werden diese Forderungen erfüllt, schwächt dies die Finanzierungsgrundlage nicht nur der GKV, sondern der staatlichen Sozialversicherung insgesamt. Wenn nicht zugleich auch Leistungen gekürzt und Ausgaben gesenkt werden, resultieren daraus Defizite, die wiederum Ausgangspunkt für neoliberale Argumentationen sind, die darauf zielen, die Funktions- und Leistungsfähigkeit der Sozialversicherung infrage zu stellen. Darüber hinaus waren und sind die Defizite der GKV immer wieder Anlass, den Versicherten die Verantwortung dafür anzulasten, insbesondere indem die Behauptung aufgestellt wird, die Defizite seien Folge übermäßiger und unnötiger Inanspruchnahme von Leistungen durch Versicherte. Das wiederum diente als Begründung für die Forderung nach Einschränkung des Leistungskataloges, Einführung risikoäquivalenter Prämien und Abschaffung der GKV und Umwandlung in ein PKV-System.

Die Fortsetzung der Diskussion in den 1990er Jahren

Die Erarbeitung des Grundmodells für einen marktwirtschaftlichen Umbau des Gesundheitswesens war nach der Veröffentlichung der Publikation des Kronberger Kreises sowie der Vorlage der Reformkonzepte von Gitter/Oberender und der Wissenschaftlichen Arbeitsgruppe Krankenversicherung weitgehend abgeschlossen. In die erste große Gesundheitsreform der CDU/CSU/FDP-Koalition, das Gesundheitsreformgesetz 1988 flossen sie jedoch noch nicht in nennenswertem Umfang ein. Zum einen war die Zeit zu kurz, um eine relevante Zahl von Akteuren des politischen Raumes für das Reformmodell zu gewinnen. Vor allem aber war das Reformmodell in seiner Gesamtheit offenbar auch Befürwortern der ‚Sozialen Marktwirtschaft‘ in CDU und CSU zu radikal. Professoren der Wirtschaftswissenschaften oder Rechtswissenschaften können unbegrenzt radikale Reformkonzepte entwickeln und publizieren, ohne dass sie damit ihre berufliche Laufbahn gefährden. Parteipolitiker hingegen sind auf die Zustimmung eines relevanten Teils der Bevölkerung zu den von ihnen vertretenden Positionen angewiesen, um erneut in den Bundestag gewählt zu werden. Treten sie offen für die Abschaffung der GKV als Sozialversicherung und einen radikalen Umbau des Gesundheitswesens nach marktwirtschaftlichen Grundsätzen ein, kann das ihre Wahlchancen beeinträchtigen, nicht erst bei allgemeinen Wahlen, sondern auch bereits bei innerparteilichen Abstimmungen. Dies gilt auch für die CDU und die CSU. Eine marktradikale Positionierung kann die Chancen bei parteiinternen Abstimmungen über Wahlkreiskandidaturen oder Listenplätze insbesondere dann verringern, wenn Arbeitnehmerinteressen in der dafür zuständigen Parteigliederung relevanten Einfluss haben.

In den 1980er Jahren befand sich der Arbeitnehmerflügel der Union, vor allem die Christlich Demokratische Arbeitnehmerschaft (CDA) der CDU, in einer

M. Simon, *Der Einfluss des Neoliberalismus auf die deutsche Gesundheitspolitik*, Gesundheit. Politik – Gesellschaft – Wirtschaft, https://doi.org/10.1007/978-3-658-41099-5_5

relativ starken Position. Dies zeigte sich insbesondere auch darin, dass dem ersten Kabinett Kohl zwei sehr einflussreiche Sozialpolitiker der CDU angehörten. Das BMA wurde von Norbert Blüm[1] geleitet, und Heiner Geißler gehörte dem Kabinett bis 1985 als Familienminister an (Schmidt 2005a).

Wie oben bereits erwähnt, hatten vor allem Gitter und Oberender direkten Zugang zu den Beamten des BMA und konnten dort ihre Vorstellungen bei mehreren Besuchen darlegen. Allerdings waren ihre Vorschläge in der Gesamtheit dem damals für Gesundheitspolitik zuständigen Abteilungsleiter Karl Jung offensichtlich jedoch zu radikal, als dass er sie für geeignet hielt, in größerem Umfang in das geplante Gesundheitsreformgesetz einzubauen.

Vor diesem Hintergrund ist sicherlich auch die Distanzierung der Regierungskoalition von allzu radikalen Vorschlägen für einen marktwirtschaftlichen Umbau der GKV zu sehen, die in der Begründung des GRG 1988 enthalten ist.

„Die Bundesregierung hält auf der anderen Seite auch reine Marktmodelle im Gesundheitswesen für unvertretbar, da sie die soziale Schutzfunktion der GKV aushöhlen. Der soziale Ausgleich zwischen Gesunden und Kranken, zwischen jungen und alten Menschen, Ledigen und Familien mit Kindern, Beziehern höherer und niedriger Einkommen ist elementarer Bestandteil der GKV. Diese Umverteilungsfunktionen können von einem reinen Marktsystem nicht geleistet werden. Streng marktwirtschaftliche Ansätze, wie sie in Modellen des „Kronberger Kreises" und zum Teil auch in den sozial- und gesundheitspolitischen Aussagen des Sachverständigenrates zur Begutachtung der gesamtwirtschaftlichen Entwicklung zum Ausdruck kommen, sind nicht in der Lage, das Marktmodell einer Krankenversicherung mit dem Solidarprinzip zu vereinbaren. Auch eine stärkere Verlagerung der sozialen Ausgleichsfunktion in den Bereich der Einkommensbesteuerung weist in die falsche Richtung, weil sie der Absicht der Bundesregierung, das Steuersystem leistungsfreundlicher zu gestalten, entgegenwirkt" (CDU/CSU/FDP 1988: 147).

„Die Vermutung der Befürworter einer marktwirtschaftlichen Steuerung, diese führe „automatisch" zu einer kostengünstigeren und wirtschaftlicheren Versorgung, ist zudem empirisch nicht belegt" (ebd.).

Die Ablehnung bezog sich jedoch nur auf das „reine" Marktmodell und bedeutete keine grundsätzliche Ablehnung eines Umbaus der GKV in Richtung auf ‚mehr Markt' und ‚mehr Wettbewerb'.

„Die Absage an reine Marktmodelle bedeutet allerdings keine Absage an den verstärkten Einbau von Elementen des Marktes und des Wettbewerbs in die GKV.

---

[1] Norbert Blüm war von 1977 bis 1987 Vorsitzender der Christlich Demokratischen Arbeitnehmerschaft (CDA).

Vielmehr können durch mehr Transparenz, Ausbau und Verbesserung wirtschaftlicher Anreize für Versicherte und Leistungserbringer dann marktwirtschaftliche Elemente gestärkt werden, wenn dies sozial- und gesundheitspolitisch vertretbar ist" (CDU/CSU/FDP 1988: 147).

Dementsprechend enthielt das GRG 1988 denn auch mehrere Änderungen, bei denen die konservativ-wirtschaftsliberale Koalition den neoliberalen Vorschlägen folgte (zu den Inhalten des GRG vgl. Bieback 1992b; Perschke-Hartmann 1994; Wasem/Greß/Vincenti/et al. 2005). So wurden das Sterbegeld sowie Leistungen bei Kuren und Brillengestellen gekürzt. Die Leistungen für Zahnersatz, kieferorthopädische Behandlungen, Hörgeräte, Arzneimittel und Hilfsmittel wurden auf „Festbeträge" begrenzt und eine Reihe von Zuzahlungen erhöht oder neu eingeführt. Darüber hinaus wurde Kostenerstattung für Zahnersatz und kieferorthopädische Behandlungen als Wahloption eingeführt und den Krankenkassen erlaubt, Kostenerstattung und Beitragsrückerstattung im Rahmen von Erprobungsregelungen für alle Versicherten als Satzungsleistung einzuführen (§§ 63–68 SGB V). Die Forderung nach mehr Wahlfreiheit zwischen GKV und PKV wurde ebenfalls aufgegriffen, indem die Versicherungspflichtgrenze ab 1989 auch für Arbeiter galt[2] und mehrere Bevölkerungsgruppen von der Pflicht zur Mitgliedschaft in der GKV befreit wurden (so beispielsweise selbständig tätige Lehrer, Erzieher und Hebammen). Zugleich wurde Beamten die bis dahin vorhandene Möglichkeit einer Mitgliedschaft in der GKV genommen (Bieback 1992a: 29).

Die nähere Betrachtung der Inhalte zeigt somit, dass eine ganze Reihe von Vorschlägen aus dem neoliberalen Reformmodell bereits im GRG 1988 umgesetzt wurden. Aber natürlich war es nicht ‚der große Wurf', mit dem ein radikaler Umbau vollzogen wurde.

Mit dem GRG 1998 ging die Koalition aus CDU/CDU und FDP insofern nur erste Schritte in diese Richtung, denen weitere folgen sollten. Das GRG 1988 wurde von der damaligen Regierungskoalition denn auch als ‚erste Stufe' einer mehrstufigen Gesundheitsreform bezeichnet. Ihm folgte 1992 das Gesundheitsstrukturgesetz als ‚zweite Stufe', und in den Jahren 1996 und 1997 eine ‚dritte Stufe'. Auf die Inhalte der Gesetze aller drei ‚Stufen' wird an späterer Stelle eingegangen, hier sollen nur die wichtigsten Punkte angesprochen werden, um den historischen Kontext anzudeuten, in den die nachfolgenden Beiträge des SVR-W und SVRKAiG eingebettet waren.

---

[2] Für Arbeiter gab es zuvor keine Versicherungspflichtgrenze, so dass alle Arbeiter der Versicherungspflicht in der GKV unterlagen. Durch die Neuregelung wurde es Arbeitern mit einem Verdienst oberhalb der Versicherungspflichtgrenze somit ermöglicht, in die PKV zu wechseln.

Bereits bei der Vorbereitung des GRG 1988 war von der Regierungskoalition die Absicht bekundet worden, die GKV einer umfassenden Organisationsreform zu unterziehen. Das Bundeskabinett hatte den Bundesminister für Arbeit und Sozialordnung am 27. April 1988 beauftragt, „in Fortführung der Gesundheitsreform einen weiteren Gesetzentwurf vorzulegen", insbesondere zur „Neuregelung des Organisationsrechts der Krankenkassen" (CDU/CSU/FDP 1988: 55 f.).

Die Opposition aus SPD und Grünen erreichte die Einsetzung einer Bundestags-Enquêtekommission, die den Auftrag erhielt, diese Organisationsreform der GKV vorzubereiten und Vorschläge dafür vorzulegen. Die Kommission wurde entsprechend der Sitzverteilung mehrheitlich von den Regierungsparteien besetzt. Die Fraktionen konnten darüber hinaus Sachverständige benennen, die ebenfalls Mitglied der Kommission wurden. Auf Vorschlag der Regierungsfraktionen wurden mit Wolfgang Gitter, Peter Oberender und Günter Neubauer drei Mitglieder der Wissenschaftlichen Arbeitsgruppe Krankenversicherung in die GKV-Enquêtekommission berufen.

Der 1990 vorgelegte Abschlussbericht lässt ihren Einfluss an mehreren Stellen deutlich erkennen, vor allem im Anhang (GKV-Enquêtekommission 1990a, b). Der Anhang enthält eine ausführliche Beschreibung des neoliberalen Reformmodells. Allerdings war trotz der Mehrheit aus Abgeordneten der CDU/CSU/FDP-Koalition und der von ihnen benannten Sachverständigen keine Mehrheit für eine klare Empfehlung zugunsten dieses marktradikalen Modells herzustellen. Sowohl zwischen den Abgeordneten der Regierungskoalition als auch zwischen den von der Koalition benannten Sachverständigen gab es Vorbehalte und Gegenpositionen, so dass nur eine sehr knappe und eher zurückhaltende gemeinsame Positionierung der Regierungsmehrheit im Abschlussbericht erreichbar war.

Immerhin aber war es den drei Mitgliedern der Wissenschaftlichen Arbeitsgruppe durch ihre Berufung in die Kommission ermöglicht worden, ihre Vorstellungen nicht nur den Abgeordneten der Regierungskoalition vorzustellen, sondern sie auch ausführlich im Abschlussbericht darzustellen. In der Gesamtbetrachtung ist der Endbericht in starkem Maße sowohl inhaltlich als auch sprachlich von neoliberalen Denkschemata und Begriffen durchzogen. Er zeigt als eine Art Zwischenstandsbericht, wie stark der Einfluss des Neoliberalismus auf die bundesdeutsche Gesundheitspolitik damals bereits war. Aus diesem Grund wird im Rahmen der Rekonstruktion des Einflusses des neoliberalen Reformmodells und seiner politischen Umsetzung noch näher darauf eingegangen.

Trotz der Differenzen zwischen Regierungsfraktionen und Opposition sowie innerhalb der Regierungsfraktionen enthält der Abschlussbericht doch die weitgehend gemeinsam getragene zentrale Empfehlung für eine umfassende Organisationsreform der GKV, die zu mehr Wettbewerb zwischen den Krankenkassen führen sollte. Einigkeit bestand auch darin, dass dafür ein Risikostrukturausgleich notwendig sei, um eine ‚Risikoentmischung' infolge von Mitgliederwanderungen zu vermeiden, die zu einer massiven Gefährdung des GKV-Systems führen würde.

Durch den Prozess zur Herstellung der Deutschen Einheit rückte das Projekt einer ‚zweiten Stufe' der Gesundheitsreform und damit auch die geplante Organisationsreform der GKV jedoch vorübergehend in den Hintergrund. Ende 1991 zeichnete sich allerdings ein erhebliches Defizit des GKV-Haushaltes ab, so dass der politische Handlungsdruck stieg, eine erneute Gesundheitsreform vorzubereiten. Anders als noch 1988 verfügte die CDU/CSU/FDP-Koalition jedoch nicht mehr über eine Mehrheit im Bundesrat. Dies war für das geplante Reformgesetz insofern von Bedeutung, als die geplante Gesundheitsreform vor allem auch eine Reform der Krankenhausfinanzierung beinhalten sollte. Wegen dieses geplanten Teils bedurfte ein solches Gesetz der Zustimmung des Bundesrates. Um die zu erhalten, musste die Regierungskoalition mit der oppositionellen SPD über die Ausgestaltung des geplanten Gesetzes verhandeln. Als Ergebnis dieser Verhandlungen wurde Anfang November 1992 ein gemeinsamer Entwurf für ein Gesundheitsstrukturgesetz 1992 (GSG) vorgelegt und Anfang Dezember gemeinsam von CDU/CSU, FDP und SPD verabschiedet (zum politischen Prozess des GSG vgl. Reiners 1993; Simon 2000).

Die im Gesundheitsstrukturgesetz enthaltene Organisationsreform der GKV bestand vor allem aus einer gesetzlichen Öffnung der Ersatzkassen, der durch Gesetz eingeräumten Möglichkeit für Betriebs- und Innungskrankenkassen, sich per Satzungsbeschluss für alle GKV-Mitglieder zu öffnen, und einem krankenkassenübergreifenden Risikostrukturausgleich. Die Öffnung der Ersatzkassen trat zum 1. Januar 1996 in Kraft. Der Risikostrukturausgleich wurde bereits 1994 eingerichtet, um zum Zeitpunkt der Kassenöffnung bereits funktionsfähig zu sein.

Dieser Bestandteil des GSG 1992 wird üblicherweise als Eröffnung eines ‚GKV-Wettbewerbs' bezeichnet. Dies ist insofern nicht ganz zutreffend, als es bereits vorher für einen Großteil der Angestellten die Wahlfreiheit zwischen mehreren Krankenkassen gab. Das GSG brachte folglich nicht die Einführung des GKV-Wettbewerbs, sondern eine deutliche Erweiterung. Dennoch soll auch hier dem Mainstream der Diskussion gefolgt werden, dass durch das GSG ein ‚GKV-Wettbewerb' eröffnet wurde. Dies erscheint sachlich vertretbar, da es zuvor zwar für viele Angestellte die Wahlmöglichkeit gab, aber keinen expliziten offen erklärten Wettbewerb um Mitglieder, der mit den für einen Wettbewerb üblichen Mitteln geführt wurde. Erst nach Eröffnung des ‚GKV-Wettbewerbs' zum 1. Januar 1996 entwickelte sich ein an marktwirtschaftlichen Regeln orientierter Wettbewerb mittels Anzeigenkampagnen, gezielter Abwerbung von Mitgliedern, Abwehrstrategien gegen unterwünschte ‚schlechte Risiken' etc.

Zwar wurden mit der Öffnung der Ersatzkassen und eines Großteils der Betriebs- und Innungskrankenkassen sowie der Einführung eines Risikostrukturausgleichs zentrale Bestandteile des neoliberalen Reformmodells umgesetzt, um zu einem umfassenden marktwirtschaftlichen Umbau der GKV zu gelangen, bedurfte es jedoch noch einer Vielzahl weiterer Schritte.

Größere Gesundheitsreformen sind in besonderem Maße vom Zeitpunkt der Bundestagswahlen und der Zeitplanung für eine Legislaturperiode abhängig. Nach der Bundestagswahl 1990 stand die nächste Wahl im Jahr 1994 an. Nach dem Inkrafttreten des GSG zum 1. Januar 1993 war eine erneute große Gesundheitsreform erst in der darauffolgenden Legislaturperiode realisierbar, sofern die schwarz-gelbe Koalition wiedergewählt würde. Zur Vorbereitung einer dann anstehenden ‚dritten Stufe' der Gesundheitsreform beauftragte das 1991 neu gegründete und nun zuständige Gesundheitsministerium den Gesundheitssachverständigenrat im Januar 1993 mit der Erstellung eines Sondergutachtens, das vor allem Vorschläge für eine langfristige Ausgestaltung der GKV und insbesondere des GKV-Leistungskataloges enthalten sollte (SVRKAiG 1994: 5). Vor dem Hintergrund der vorliegenden Vorschläge neoliberaler Ökonomen, die der schwarz-gelben Regierungskoalition offensichtlich als Orientierung dienten, war dies die Aufforderung, die vorliegenden Vorschläge so aufzubereiten, dass das Gutachten zur Vorbereitung der geplanten ‚dritten Stufe' der Gesundheitsreform dienen konnte.

Dem Sondergutachten kam somit aus damaliger Sicht eine besondere Bedeutung zu. Aus diesem Grund soll es nachfolgend auch näher vorgestellt und kritisch diskutiert werden. Wie bereits erwähnt, veröffentlichte der Gesundheitssachverständigenrat 1994 zunächst einen Zwischenbericht, den er mit zahlreichen Akteuren vor allem aus dem Verbandsbereich in formellen Diskussionsveranstaltungen erörterte (SVRKAiG 1994). Dabei erntete er so viel Kritik, dass er einen Großteil der im Zwischenbericht enthaltenen sehr weitgehenden Vorschläge wieder zurückzog. Das 1995 vorgelegte abschließende Sondergutachten fiel infolgedessen gegenüber dem Zwischenbericht eher zurückhaltend aus (SVRKAiG 1995).

Der Beitrag des SVRKAiG: Sachstandsbericht 1994 und Sondergutachten 1995

Wie oben bereits erläutert, verfolgte die CDU/CSU/FDP-Regierungskoalition in der Gesundheitspolitik eine längerfristige Strategie mit schrittweisen Reformen. Nach der ‚ersten Stufe' mit dem Gesundheitsreformgesetz 1988 und der ‚zweiten

Stufe' mit dem Gesundheitsstrukturgesetz 1992 sollte die ‚dritte Stufe' in der Legislaturperiode 1994 bis 1998 beschlossen werden. Im Mittelpunkt der dritten Stufe sollte die Weiterführung der mit dem GSG eingeleiteten Strukturreform der GKV stehen.

Der ab 1996 eingeführte erweiterte Wettbewerb der Krankenkassen untereinander war zunächst nur als ‚Preiswettbewerb' möglich. Krankenkassen konnten um neue Mitglieder weitgehend nur mit der Höhe ihres Beitragssatzes werben. Auf der Leistungsseite galt weiterhin der für alle Krankenkassen einheitliche gesetzliche Leistungskatalog. Unterschiede im Leistungsangebot waren nur in dem sehr eng begrenzten Bereich der Satzungsleistungen möglich. Sollte der Wettbewerb verschärft werden, musste der einheitliche Leistungskatalog eingeschränkt und den Krankenkassen mehr Spielraum bei der Ausgestaltung ihrer Leistungen eingeräumt werden. Zudem war für eine schrittweise Angleichung der Krankenkassen an private Versicherungsunternehmen die Einfügung weiterer PKV-Elemente erforderlich und vor allem der Einstieg in die Abschaffung der einkommensbezogenen und paritätischen Finanzierung.

Diese Planung bestand offensichtlich bereits zum Zeitpunkt der Verabschiedung des GSG 1992, denn im Januar 1993 wurde der Gesundheitssachverständigenrat beauftragt, Vorschläge sowohl zur zukünftigen Ausgestaltung des Leistungskataloges als auch des Beitragsrechts zu erarbeiten. Der Gutachtenauftrag enthielt insbesondere die folgenden Fragen:

„Sind bei der solidarischen Finanzierung der gesetzlichen Krankenversicherung aus weitgehend von den Arbeitnehmern und Arbeitgebern aufzubringenden Pflichtbeiträgen angesichts veränderter Einkommens- und Vermögensverhältnisse sowie sich wandelnder Lebensgewohnheiten ethisch vertretbare medizinische Prioritäten und Grenzen bei den Leistungen der Solidargemeinschaft erforderlich?

Inwieweit spiegelt das Lohn- und Arbeitseinkommen als Grundlage für die Beitragsbemessung die Leistungsfähigkeit der Mitglieder der Solidargemeinsaft wider? (...)

Welche Leistungen sind auch nach dem Jahr 2000 erforderliche Bestandteile der sozialen Krankenversicherung? Erscheint bei bestimmten Leistungen der gesetzlichen Krankenversicherung unter Berücksichtigung der Grundsätze der Solidarität und der Subsidiarität eine Absicherung aus gesundheits- und sozialpolitischer Sicht nicht mehr gerechtfertigt?

Können bestimmte Gesundheitsleistungen und gesundheitliche Risiken auf freiwilliger Basis in der gesetzlichen Krankenversicherung abgedeckt werden? Wie läßt sich bei der Finanzierung von bestimmten Gesundheitsleistungen außerhalb eines Pflichtleistungskatalogs der Krankenkassen eine wirtschaftliche Leistungserbringung und sparsame Leistungsinanspruchnahme sicherstellen?" (SVRKAiG 1995: 172).

Die Fragen und ihre Formulierung lassen die Erwartungen des BMG und die geplante Ausrichtung einer nächsten Gesundheitsreform sehr deutlich erkennen. Vergleicht man diese Fragestellungen mit den Inhalten der oben vorgestellten Reformvorschläge insbesondere des Kronberger Kreises und der Wissenschaftlichen Arbeitsgruppe Krankenversicherung, so wird deutlich, dass es Fragen waren, deren Antworten aus neoliberaler Sicht bereits vorlagen. Es war insofern im Kern der Auftrag, die vorliegenden Vorschläge für eine Aufspaltung in Grundleistungen und Wahlleistungen zu konkretisieren und auch Vorschläge vorzulegen, wie die Finanzierung von Wahlleistungen in das GKV-System eingefügt werden könnte. Wie bereits erwähnt, war parallel zur Auftragsvergabe mit Günter Neubauer 1991 ein weiteres Mitglied der Wissenschaftlichen Arbeitsgruppe Krankenversicherung in den SVRKAiG berufen worden.

Die Frage nach den zukünftigen Finanzierungsgrundlagen griff nur scheinbar Diskussionen über eine Ausweitung der Beitragsgrundlage der GKV auf, wie beispielsweise die Einbeziehung von Kapitalerträgen oder Mieteinnahmen. Wie die Vorschläge des Sachverständigenrates zeigen werden, diente diese Frage nur als Vorlage für die Präsentation bereits zuvor eingebrachter Vorschläge für eine grundlegende Umstellung der GKV-Finanzierung in Richtung PKV-System.

Der Rat legte sein Gutachten in zwei Teilen vor. Ein Zwischenbericht erschien Anfang 1994 und das abschließende Sondergutachten Mitte 1995. Kurz nach Vorlage des Zwischenberichts wurde dieser in einer Sondersitzung der Konzertierten Aktion im Gesundheitswesen vorgestellt und diskutiert. Daran anschließend führte der Rat zahlreiche Gespräche mit verschiedenen Akteuren der Gesundheitspolitik, die ihren Abschluss in so genannten ‚Petersberger Gesprächen' fanden, zu denen der damalige Gesundheitsminister Seehofer einlud (SVRKAiG 1995: 7). Erst nach diesen Gesprächen legte der Rat das abschließende Sondergutachten vor. Es war deutlich kürzer als der Zwischenbericht und beschränkte sich weitgehend auf das Referieren der wichtigsten im Zwischenbericht bereits vorgestellten Reformoptionen sowie – dort wo sich der Rat mehrheitlich darauf einigen konnte – Empfehlungen für die Gesundheitspolitik.

Explizite, als solche auch bezeichnete Empfehlungen gab es zu den wichtigsten Fragen allerdings nur relativ wenige. Insgesamt bieten Zwischenbericht und Sondergutachten eigentümlich unentschiedene, letztlich nicht wirklich eindeutige Aussagen, die allerdings sehr wohl eine Ausrichtung erkennen lassen, wenn man sie näher betrachtet. Der Nutzen für einen marktliberalen Umbau der GKV lag weniger in eindeutigen klaren Empfehlungen als vielmehr im Aufzeigen von Reformoptionen und in der Lieferung von Argumenten für solche Veränderungen.

Dabei wurden allerdings Formulierungen verwendet, die den tatsächlichen Inhalt der Aussagen eher verdeckten als ihn offenzulegen. Um dies zu veranschaulichen, werden in der nachfolgenden Vorstellung und Erörterung des Zwischenberichts und des Sondergutachtens mehrfach längere Passagen wörtlich zitiert und daran anschließend reformuliert, um die in den Formulierungen enthaltenen Implikationen deutlich zu machen.

Die nachfolgende Darstellung erfolgt zusammenfassend für beide Teile des Sondergutachtens. Wie die Gesamtbetrachtung zeigt, bilden beide Teile ein zusammenhängendes Ganzes und weicht das abschließende Sondergutachten nicht von der grundlegenden Ausrichtung des Zwischenberichts ab.

An dieser Stelle muss auf ein gravierendes Problem hingewiesen werden, dass bei dem Versuch einer zusammenfassenden Darstellung der Gutachten zu lösen war. Eine sachlogisch stimmige Darstellung der Gutachten ist nicht nur wegen der angesprochenen mangelnden Eindeutigkeit der Sprache schwierig, sondern vor allem auch, weil die Gutachten keine logisch stringente Struktur aufweisen. Mag der Aufbau auf der Ebene der Oberkapitel noch logisch erscheinen, so zerfließt er spätestens unterhalb der Ebene der Teilkapitel.

Dies dürfte vor allem zwei Ursachen haben. Zum einen wurden die Gutachten des Sachverständigenrates üblicherweise in einem ersten Schritt von einzelnen Ratsmitgliedern oder ihren jeweiligen Mitarbeitern geschrieben und erst danach zu einem Gesamtwerk zusammengefügt. Ein solches Vorgehen birgt das Problem, dass durch das Zusammenfügen zahlreicher letztlich mehr oder weniger disparater Passagen und Absätze ein Gesamttext entsteht, der keine übergreifenden logische Struktur aufweist. Die hier vorgestellten beiden Gutachten bieten in der Tat den Eindruck eines ‚Flickenteppichs‘ disparater Textversatzstücke. Dies dürfte insbesondere auch damit zusammenhängen, dass innerhalb des Rates in wesentlichen Punkten offenbar deutliche inhaltliche Differenzen bestanden.

Dem Rat gehörten damals zwar mittlerweile drei neoliberale Ökonomen an (Henke, Neubauer, Wille) aber auch noch Detlef Zöllner, ein langjähriger BMA-Beamter und Verteidiger der traditionellen Sozialversicherung. Zöllner hatte seine Laufbahn Mitte der 1950er Jahre als Beamter im Bundesministerium für Arbeit und Sozialordnung begonnen und war über Jahrzehnte für die Sozialversicherung zuständig. Ihm wird eine maßgebliche Rolle bei der Einbeziehung der Landwirtschaft in das Sozialversicherungssystem zugeschrieben (Schewe 1987, 2005). Und die von ihm mitgestaltete landwirtschaftliche Krankenversicherung kommt einer Volksversicherung sehr nahe. Die Landwirtschaftliche Krankenversicherung gibt eine allgemeine Pflichtmitgliedschaft für alle landwirtschaftlichen Unternehmer vor. Da die abhängig Beschäftigten in der Landwirtschaft bereits

Mitglied der bestehenden GKV waren, führte die Einführung der Landwirtschaftlichen Krankenkassen faktisch zu einer allgemeinen Volksversicherung in der Landwirtschaft.

Zöllner dürfte allein aufgrund seines profunden Wissens um die Sozialversicherung und seines großen Ansehens in der deutschen Sozialpolitik ein ‚Schwergewicht' im Sachverständigenrat gewesen sein. Und dass er für die Abschaffung der GKV als Sozialversicherung und Umstellung auf ein PKV-System zu gewinnen war, erscheint höchst unwahrscheinlich. Zöllner gehörte dem Sachverständigenrat von Beginn an bis 1998 an. Zudem gehörten dem Rat drei Mediziner und eine Medizinerin an, bei denen es – mit einer Ausnahme – keinen Anhalt gibt, dass sie der neoliberalen Ausrichtung zugerechnet werden können.[3]

Die aus dieser Besetzung resultierenden internen Differenzen wurden in den Gutachten vereinzelt auch explizit angesprochen. Einer der offensichtlich kontroversen Punkte war die Frage einer Festschreibung des Arbeitgeberbeitrags. Dazu wurde ausdrücklich darauf hingewiesen, dass ein Ratsmitglied eine solche Festschreibung ablehnte (SVRKAiG 1995: Ziff. 544). Weitere Hinweise auf interne Differenzen sind offensichtlich widersprüchliche Aussagen im Gutachten. So wurden beispielsweise Selbstbeteiligungen wegen damit verbundener gravierender Probleme (z. B. Unterlassen notwendiger Arztbesuche) kritisiert, direkt im Anschluss wurde jedoch empfohlen, dass Krankenkassen ‚Selbstbehalttarife' anbieten dürfen (SVRKAiG 1995: 153).

Auch der Vorschlag, den GKV-Leistungskatalog einzuschränken und Zu- und Abwahlleistungen einzuführen, war offenbar umstritten im Sachverständigenrat. So erscheint im Gutachten 1995 ein Unterkapitel, in dem Ergebnisse von Versichertenbefragungen referiert werden. Die referierten Befragungen ergaben eindeutig und unzweifelhaft, dass a) das Solidarprinzip sich eines sehr hohen Grades an Zustimmung erfreute, auch unter ‚Nettozahlern', und b) sich die überwiegende Mehrheit der Versicherten einen umfassenden Leistungskatalog

---

[3] Die Ausnahme bildete der Mediziner Michael Arnold, der dem SVRKAiG von 1986 bis 1992 angehörte und von 1988 bis 1992 dessen Vorsitzender war. Er vertrat explizit und offensiv neoliberale Positionen. In seinem 1993 erschienen Buch „Solidarität 2000" plädierte er für die „Beschränkung der solidarischen Finanzierung vornehmlich auf große Risiken", die „Öffnung zu einer marktlichen Steuerung" und die „Zurücknahme von Leistungsanrechten" (Arnold 1993: 155). Der GKV-Leistungskatalog solle auf Grundleistungen beschränkt werden und alle anderen ‚Krankheitsrisiken' über Zusatzversicherungen mit risikoäquivalenten Prämien abgesichert werden. Auch bei der Frage der politischen Strategie folgte er den neoliberalen Vorschlägen: „So wie die Kollektivierung von Krankheitsrisiken im Laufe der Zeit langsam und stufenweise erfolgt ist, so muß auch die ‚Reprivatisierung' von Krankheitsrisiken langsam und stufenweise erfolgen (…) Es geht darum, sich (…) an die Grenze des dem einzelnen Zumutbaren heranzutasten" (Arnold 1993: 157).

wünschte (SVRKAiG 1995: 141 f.). Das Unterkapitel war am Ende des Kapitels zu Wahlmöglichkeiten beim Leistungsumfang platziert und direkt vor dem Empfehlungsteil.

Die mangelnde Eindeutigkeit zahlreicher Formulierungen dürfte vor allem solchen Differenzen zwischen Ratsmitgliedern geschuldet sein. Offenbar wurde versucht, konfliktträchtige Inhalte so zu formulieren, dass sie für Kritiker im Rat noch gerade akzeptabel waren.

Grundüberlegungen des Sachverständigenrates

Zunächst soll auf Grundüberzeugungen und Grundüberlegungen eingegangen werden, die laut Rat Grundlage der Vorschläge waren. Sie werden in einem eigenen Abschnitt des Gutachtens benannt und finden sich vor allem in den hier nachfolgend zitierten Passagen. Diese Passagen werden ausführlicher zitiert, um die Gedankenwelt deutlich werden zu lassen, die den nachfolgenden Reformvorschlägen hinterlegt ist.

> „378. Die Überlegungen zur Neubestimmung des Leistungskatalogs der GKV gehen auch von der Frage aus, ob es Leistungen gibt, die für deren Inanspruchnahme der einzelne nicht des Schutzes der Solidargemeinschaft GKV bedarf, sondern die er selbst bezahlen und insofern die Versichertengemeinschaft entlasten kann. Dabei wird es sich um Leistungen handeln, die nicht lebensbedrohend und nicht dringlich sowie weitgehend voraussehbar sind und bei der Einkommensverwendung in Konkurrenz mit anderen ‚normalen‘ Konsumgütern stehen; eine Übernahme derartiger Leistungen durch die GKV würde dann nur subsidiär, d. h. bei unzureichendem Einkommen erfolgen. Bei Übernahme derartiger Leistungen durch den einzelnen ist damit zu rechnen, daß diese Leistungen dann auch wirtschaftlicher als bei Finanzierung durch die Versichertengemeinschaft genutzt werden. Die GKV könnte sich dann auf die Übernahme größerer Risiken konzentrieren.
>
> 379. Der derzeitige Leistungskatalog der GKV läßt dem Versicherten keinerlei eigenen Spielraum. Einzelne Menschen haben aber sehr unterschiedliche Vorlieben (Präferenzen) für gleiche Güter. Das trifft auf für das Gut ‚Versicherungsschutz‘ zu. Längst nicht jeder will einen hundertprozentigen Schutz im Krankheitsfall. Risikobereite Menschen übernehmen bei Betragssenkung gerne einen Teil des Risikos selbst, während Risikoscheue bereit sind, für einen vollen Schutz höherer Beiträge zu bezahlen. Es liegt mithin ein suboptimaler Versicherungsschutz vor. Allerdings muß dafür Sorge getragen werden, daß eine Reduzierung des Versicherungsschutzes den einzelnen im Krankheitsfalle nicht überfordert.
>
> 380. Für die Anbieter von Krankenversicherungsschutz (Versicherungen) könnte die Möglichkeit der Gestaltung des Versicherungsumfangs ein wichtiges Wettbewerbsinstrument sein. Ihr Bemühen würde sich darauf richten, den Versicherten möglichst

bedarfsgerechte Wahlleistungsangebote zu machen. Dies käme einerseits den unterschiedlichen Präferenzen der Versicherten entgegen. Andererseits führt eine Vielzahl an Versicherungsmöglichkeiten aber auch zu weniger Transparenz und höheren Transaktionskosten. Daher werden hier höhere Anforderungen an Selbstverwaltung und Versicherungsaufsicht sowie an die Verbraucherberatung gestellt.

381. Weiterhin steht die Frage nach den Grund- und Zusatz- oder Ergänzungsleistungen auch im Kontext der Finanzlage der GKV. Die Reduzierung einer solidarischen Finanzierung im Sinne der jetzigen Finanzierung der GKV auf unverzichtbare Gesundheitsleistungen hilft, die Lohnnebenkosten zu stabilisieren und das Spektrum der Finanzierungsformen weg von den Sozialabgaben hin zu Konsumausgaben zu verlagern. Zusatz- und/oder Ergänzungsleistungen könnten über Prämien oder Abgaben, d. h. stärker risikoorientiert und ohne versicherungsfremde Aufgaben einzubeziehen, aufgebracht werden. Auch private Konsumausgaben für Gesundheitsleistungen sind vorstellbar angesichts der derzeitigen Verbrauchsmuster der privaten Haushalte in hochentwickelten Volkswirtschaften" (SVRKAiG 1994: 172 f.).

Diese Formulierungen können zu folgenden zentralen Aussagen zusammengefasst werden:

- Der solidarisch finanzierte Leistungskatalog der GKV sollte auf ‚Grundleistungen' reduziert werden. Zu ‚Grundleistungen' sollten solche Leistungen gezählt werden, die zur Behandlung lebensbedrohender, dringlicher und nicht voraussehbarer Erkrankungen notwendig sind.[4]
- Die GKV sollte nur noch ‚größere Risiken' absichern, im Sinne von hohen Krankheitskosten bei der Behandlung lebensbedrohlicher, dringlicher und nicht vorhersehbarer Erkrankungen.
- Ein über die Grundleistungen hinausgehender Versicherungsschutz sollte in Form von Wahlleistungs- oder Ergänzungsangeboten auf freiwilliger Basis gewählt werden können. Für diese Wahlleistungsangebote sollten risikoäquivalente Prämien kalkuliert werden.
- Die Versicherten der GKV werden in ‚Risikobereite' und ‚Risikoscheue' unterteilt. Risikobereite Versicherte, die bereit sind, einen Teil der Behandlungskosten selbst zu zahlen (Selbstbehalt), sollten niedrigere Beiträge zahlen, risikoscheue Versicherte, die einen vollen ‚Versicherungsschutz' wollen, sollten höhere Beiträge zahlen.

---

[4] Die Formulierung im Gutachten, dass aus dem solidarisch finanzierten Leistungskatalog alle Leistungen entfernt werden sollten, die nicht lebensbedrohlich sind etc. ist offensichtlich ein Formulierungsfehler, da nicht die Leistungen lebensbedrohlich sind, sondern die sie auslösenden Erkrankungen.

- Alle „Anbieter von Krankenversicherungsschutz (Krankenversicherungen)" sollten bei der Ausgestaltung des von ihnen angebotenen Versicherungsschutzes frei sein.
- Die Überwachung der Krankenversicherungen sollte durch eine „Versicherungsaufsicht" erfolgen.
- Die Beratung der Versicherten könnte bei der Auswahl unter den vielfältigen Versicherungsangeboten durch Organisationen der Verbraucherberatung angeboten werden.

Betrachtet man diese Zusammenfassung im Zusammenhang, so wird erkennbar, dass es sich um die Beschreibung eines PKV-Systems handelt und nicht um Eckpunkte einer zukünftigen Ausgestaltung der GKV als staatliche Sozialversicherung. Bezeichnend ist dabei insbesondere auch die Sprache. Es ist nicht mehr von Krankenkassen die Rede, sondern von „Anbietern von Krankenversicherungsschutz". Es ist nicht von Sozialleistungen die Rede, sondern von „Versicherungsschutz" und „Versicherungsrisiken".

Und es wurde offensichtlich auch bereits weitergedacht: In dem hier in Erscheinung tretenden zukünftigen Krankenversicherungssystem liegt die Aufsichtszuständigkeit nicht mehr wie bisher bei den für die Sozialversicherung zuständigen Ministerien, sondern bei der für die private Versicherungswirtschaft zuständigen „Versicherungsaufsicht". Allerdings wird – wie auch bei den vorhergehend vorgestellten Reformmodellen – der letzte Schritt zu einer offenen Benennung des Endziels einer Abschaffung der GKV und Umwandlung in ein reines PKV-System vermieden.

Lediglich in einem Punkt unterscheidet sich das in den vorstehend zitierten Passagen erkennbar werdende zukünftige System vom damaligen und gegenwärtigen PKV-System: Es sollte einen Katalog von Grundleistungen geben, für das eine allgemeine Versicherungspflicht gesetzlich vorgegeben ist. Worin diese ‚Grundleistungen' bestehen sollen, wird allerdings nicht konkretisiert. Obwohl dies zentraler Gutachtenauftrag war, finden sich im Gutachten nur allgemeine Hinweise und „Ansätze zur Operationalisierung der Kriterien" für eine Grenzziehung (SVRKAiG 1994: 177–180).

Die Benennung von handhabbaren Kriterien für eine eindeutige, zweifelsfreie Grenzziehung zwischen unverzichtbaren, notwendigen ‚Grundleistungen' und nicht notwendigen Zusatz-/Wahl- oder Ergänzungsleistungen war und ist eine der zentralen Leerstellen marktliberaler Reformmodelle.

Vorschläge zur Aufspaltung des GKV-Leistungskatalogs in Grundleistungen und Zusatz-/Wahlleistungen

Für die technische Umsetzung einer Aufspaltung des GKV-Leistungskatalogs in Grund- und Zusatzleistungen stellte der Sachverständigenrat vier Optionsmodelle vor (SVRKAiG 1994: 181–189). Auf sie wird nachfolgend näher eingegangen. Die Diskussion dieser Vorschläge erscheint insofern auch heute noch angebracht, als neoliberale Reformvorschläge ihre ‚Requisiten' seit Jahrzehnten immer wieder aus ein und demselben ‚Fundus' schöpfen. Unter den Vorschlägen des SVRKAiG von 1994/1995 finden sich ‚Dauerbrenner' der Diskussion, die bereits mehrfach in die Diskussion eingeworfen wurden, und es finden sich auch eher obskure Ideen, die in der Folgezeit nicht weiterverfolgt wurden. Aber auch obskur erscheinenden Vorschläge dürften kaum abwegig genug sein, als dass sie nicht doch von irgendjemandem wiederentdeckt und erneut in die Diskussion eingeworfen werden könnten. Insofern sollen die nachfolgenden Passagen auch dazu dienen, möglicherweise zukünftig auftauchende ‚neue Ideen' vorwegzunehmen und eine Kritik dieser Vorschläge zur Verfügung zu stellen.

Optionsmodell I: Ausgliederung bzw. Verlagerung von Leistungen der GKV

- Leistungen zur Behandlung vorhersehbarer sowie individuell vermeidbarer Erkrankungen sollten aus dem Leistungskatalog der GKV entfernt und privat versichert werden.
- Gesellschafts- und familienpolitische Leistungen sollten aus der GKV-Finanzierung entfernt und über Steuermitteln finanziert werden.
- Kfz-Unfallschäden sollten nicht mehr von der GKV, sondern vollständig von der Kfz-Versicherung getragen werden.
- Die Kosten von Arbeitsunfällen und Berufskrankheiten sollten – soweit dies nicht ohnehin bereits geschieht – vollständig von den Berufsgenossenschaften getragen werden.
- Gesundheitsleistungen mit ‚Konsumcharakter' seien voraussehbar und der „allgemeinen Lebensführung" (ebd.: 182) zuzurechnen, sie sollten darum privat getragen werden.

Wie bereits angesprochen, enthält das Gutachten keine Angaben, welche Erkrankungen der Rat für vorhersehbar und individuell vermeidbar hielt und welche im GKV-Leistungskatalog enthaltenen Leistungen ‚Konsumcharakter' haben. Die Zuweisung von GKV-Leistungen zur ‚allgemeinen Lebensführung' erinnert auffällig an ähnliche Ausführungen in der Rothenfelser Denkschrift von 1955, die ebenfalls keine konkreten Angaben dazu machte, welche Leistungen damit gemeint waren.

Die vorgeschlagene Verlagerung der Finanzierungszuständigkeit für die Kosten der Behandlung von Unfallopfern einschließlich der Langzeit-Folgekosten ist zunächst einmal eine Verlagerung in die alleinige Finanzierung durch die Versicherten. Eine solche Verlagerung der Finanzierungszuständigkeit würde jedoch absehbar zu unzähligen Abgrenzungsproblemen führen, die letztlich nicht sachgerecht lösbar sind.

Es wäre in jedem Einzelfall zu entscheiden, welche der Behandlungen aufgrund des jeweiligen Unfalls erforderlich ist, und welche aufgrund von Vorerkrankungen oder eines reduzierten Allgemeinzustandes etc. Bei schweren und mittelschweren Unfällen würde sich dieses Problem nicht nur in der unmittelbar im Anschluss an einen Unfall erfolgenden Akutversorgung stellen, sondern ein Leben lang bei allen auftretenden Gesundheitsproblemen. Nicht von ungefähr verlangen private Krankenversicherungen genaue Auskünfte über Vorerkrankungen und frühere schwere Unfallverletzungen und reagieren auf etwaige schwere Unfallverletzungen mit Leistungsausschlüssen oder Risikozuschlägen. Im Falle einer grundsätzlichen Verlagerung der Finanzierungszuständigkeit auf die Kfz-Versicherungen hätte dies sicherlich zur Folge, dass die jeweilige private Krankenversicherung bei Vorliegen von Verletzungen durch einen Kfz-Unfall alle Leistungen für daraus resultierende Folgeerkrankungen aus der Leistungspflicht des Versicherers ausschließt.

Absehbare Folge einer solchen Verlagerung der Finanzierungszuständigkeit wären unzählige Rechtsstreitigkeiten zwischen Versicherten auf der einen und Krankenkassen, privaten Krankenversicherungen oder Kfz-Versicherungen auf der anderen Seite über die Frage, ob die Krankenkasse oder private Versicherung überhaupt für die Übernahme der Behandlungskosten zuständig ist. Die Kosten dieser Rechtsstreitigkeiten hätten – in einem reinen PKV-System – allein die Versicherten zu tragen, denn es wären Rechtsstreite zwischen Privatpersonen und privaten Versicherungen, seien es nun Krankenversicherungen oder Kfz-Versicherungen. Auf diese Probleme und Fragen geht das Gutachten des Sachverständigenrates an keiner Stelle ein.

Es sei bereits an dieser Stelle darauf hingewiesen, dass die Ausgliederung der Folgen von Auto- und Motorradunfällen im Abschlussbericht erscheint, allerdings ohne dass wirklich klar wird, ob es sich um eine Empfehlung handelt. Der Vorschlag fand damals keinerlei Nachhall in der Gesundheitspolitik. Es sollte aber nicht ausgeschlossen werden, dass er zukünftig nicht wieder von irgend jemandem aufgegriffen und als ‚neue Idee' in die öffentliche Debatte eingebracht wird. Dafür hat es bislang zu viele solcher Beispiele gegeben.

Von der Regierungskoalition aufgegriffen wurde hingegen der Vorschlag, aus dem GKV-Leistungskatalog Leistungen für die Behandlung von Erkrankungen zu streichen, die durch individuelles Handeln vermeidbar seien. Im Rahmen der ‚Dritten Stufe' wurde unter anderem Zahnersatz als Kassenleistungen für alle Versicherten vollständig gestrichen, die vor dem 31. Dezember 1978 geboren sind.[5] Als Begründung wurde angeführt, dass Zahnersatz durch regelmäßige Zahnpflege vermeidbar sei.

Optionsmodell II: Obligatorische Kern- und freiwillige Zuwahlleistungen

- Mithilfe medizinischer und ökonomischer Kriterien sollte ein „harter Kern" (ebd.: 182) von Leistungen definiert werden, der für alle Versicherten solidarisch finanziert wird.
- Darüberhinausgehende Leistungen sollten durch einen zusätzlichen Versicherungsschutz abgedeckt werden.

Wie bereits erwähnt, sah sich der Sachverständigenrat nicht in der Lage, zu konkretisieren, welche Leistungen er zum ‚harten Kern' zählte. Zu finden sind lediglich beispielhafte Nennungen wie Notfallbehandlungen im Krankenhaus und Leistungen, die aufgrund ihrer Kosten als „Großrisiko" (ebd.: 183) gelten könnten. Wobei er als Abgrenzungskriterium einen von der Politik festzulegenden Prozentsatz des (Familien-) Einkommens nannte. Beides, sowohl die Beschränkung auf ‚Großrisiken' als auch das Haushaltseinkommen als Bezugsgröße, erinnert stark an die Vorschläge der Rothenfelser Denkschrift.

Optionsmodell III: Freiwillige Abwahl von solidarisch finanzierten Krankenversicherungsleistungen
Die im Optionsmodell I genannten Ausgliederungen bilden den Ausgangspunkt für dieses Modell.

- Anders als im Modell II solle jedoch keine staatlich vorgegebene Reduzierung der dann noch verbleibenden Leistungen erfolgen, sondern jeder Versicherte solle individuell über die Abwahl bestimmter Leistungen entscheiden.
- Entsprechend des Umfangs der abgewählten Leistungen wäre auch der Beitrag zu reduzieren.
- Abgewählte Leistungen könnten durch private Zusatzversicherungen abgedeckt werden.

---

[5] § 30 SGB V i. d. F. des Beitragsentlastungsgesetzes 1996.

Mehr noch als die anderen Optionsmodelle legt dieses Modell die Zielvor-
stellungen des dahinterstehenden Denkens offen. Es ist die Einführung von
PKV-Elementen in die GKV und letztlich Umwandlung des GKV-Systems in
ein PKV-System. Die zitierte Passage offenbart auch, wie wenig ihre Autoren die
mit der Übertragung des Äquivalenzprinzips der PKV auf die GKV verbundene
soziale Ungleichheit als Problem betrachten und wie wenig sie ihre Modelle tatsächlich durchdacht haben. Denn: In dem vom Sachverständigenrat empfohlenen
‚Versicherungsmodell' haben Personen mit dem niedrigsten Einkommen, die den
„vollen solidarischen Schutz" brauchen, den höchsten Beitrag zu zahlen. Hochverdiener hingegen können ‚großzügig' auf den ‚solidarischen Schutz' verzichten,
Leistungen abwählen und brauchen dann nur noch einen entsprechend reduzierten
Beitrag zu entrichten.

*Optionsmodell IV: Zielorientierte Bestimmung der Pflichtleistungen mit Ab- und
Zuwahl bestimmter Leistungen*
Das vierte Optionsmodell war im Wesentlichen eine Kombination der vorherge-
hend skizierten Modelle.

• Es sollte einen für die gesamte GKV verbindlichen Leistungskatalog von
  Grundleistungen geben.
• Mit zwei Wahlleistungsbereichen sollte zum einen für alle GKV-Versicherten
  gleich die Option zur Abwahl von Grundleistungen gegeben werden, zum
  anderen sollten die einzelnen Krankenkassen kassenspezifische zusätzliche
  Wahlleistungen anbieten dürfen.

In den 1996 und 1997 verabschiedeten Gesetzen der sogenannten ‚Dritten Stufe
der Gesundheitsreform' wurde außer der oben bereits erwähnten Ausgliederung
des Zahnersatzes keiner der vorstehend vorgestellten Vorschläge, so wie sie in den
Gutachten enthalten waren, aufgegriffen. In modifizierter Form finden sich allerdings vor allem in dem 1996 beschlossenen Zweiten GKV-Neuordnungsgesetz (2.
NOG) Bestandteile dieser Optionsmodelle wieder. So wurde den Krankenkassen
erlaubt, in ihrer Satzung sowohl zusätzliche Leistungen als auch den Ausschluss
von Leistungen des gesetzlichen Leistungskataloges festzulegen (§§ 56, 65 SGB
V). Zusätzliche Leistungen waren allein von den Versicherten über ihre Beiträge
zu finanzieren. Damit war nur eine für alle Versicherten geltende Ausweitung
oder Kürzung erlaubt. Eine individuelle Wahlfreiheit über Zu- und Abwahl
von Leistungen findet sich in der Dritten Stufe allerdings noch nicht. Sie kam
erst mit der Einführung sogenannter ‚Wahltarife' in dem 2007 beschlossenen
GKV-Wettbewerbsstärkungsgesetz.

Vorschläge zur Reform der GKV-Finanzierung

Auf die GKV bezogen enthielt der Gutachtenauftrag neben der Frage nach Kriterien für eine Aufspaltung des GKV-Leistungskatalogs auch die Frage nach Alternativen zur bisherigen Finanzierung der GKV. Seinen Vorschlägen für eine Reform der GKV-Finanzierung stellte der Rat Ausführungen zu seinem zentralen Kriterium für die Konzipierung eines Reformmodells für die zukünftige GKV-Finanzierung voran.

Begründungen für die Auswahl von Reformmodellen
Seine Erläuterungen zur Auswahl der von ihm vorgestellten Reformmodelle leitete der Rat mit Ausführungen zum Äquivalenzprinzip und zum Leistungsfähigkeitsprinzip ein. Dabei verwies er als erstes auf das Äquivalenzprinzip der PKV, nach dem der Beitrag eine „äquivalente Abgabe für die Versicherungsleistung" darstellt (SVRKAiG 1994: 190).[6] Das in der GKV als Grundsatz der Beitragsbemessung geltende Leistungsfähigkeitsprinzip nehme hingegen nicht den Umfang der ‚Versicherungsleistungen' als Bezugsgröße, sondern die finanzielle Leistungsfähigkeit der Versicherten (SVRKAiG 1994: 190).[7] Allerdings sei in ihren Anfängen auch in der GKV das Äquivalenzprinzip vorherrschend gewesen:

> „In ihren Anfängen orientierte sich die Einnahmen- und Ausgabenpolitik der GKV stärker als heute am Prinzip der individuellen Äquivalenz, denn auf der Ausgabenseite dominierte das beitragsäquivalente Krankengeld" (SVRKAiG 1994: 190).

> „Die Durchbrechung eines äquivalenten Verhältnisses zwischen der Beitragszahlung eines Versicherten und seinen individuellen Leistungsansprüchen gilt heute weithin als ein konstitutives Element des Solidaritätsprinzips in der GKV" (SVRKAiG 1994: 191).

---

[6] Nur am Rande sei hier darauf hingewiesen, dass der Begriff „Abgabe" als Bezeichnung für Versicherungsprämien sachlich falsch ist. ‚Abgaben' sind Zahlungen für staatliche oder öffentliche Leistungen. Der GKV-Beitrag ist keine ‚Abgabe', wie das Bundesverfassungsgericht feststellte, da es an der für eine Abgabe geforderten Gegenleistung fehlt (BVerfGE 14, 312 [317]).

[7] Der SVR spricht in der Tat von „Versicherten", obwohl – und das müsste seinen Mitgliedern auch bekannt gewesen sein – nur die Mitglieder der Beitragspflicht unterliegen. Da das Wissen darum zu den ‚Basics' auch der Gesundheitsökonomie zu rechnen ist, kann die sachlich falsche Darstellung wohl als Ausdruck eines PKV-zentrierten Denkens gedeutet werden. Beide vom SVR an späterer Stelle seines Gutachtens präferierten Reformmodelle beinhalten denn auch eine Beitragspflicht für alle ‚Versicherten', wie sie in der PKV üblich ist.

Die Behauptung, in den Anfängen der GKV habe das Äquivalenzprinzip dominiert, weil das Krankengeld beitragsäquivalent gezahlt wurde, ist schlichtweg falsch. § 6 des Krankenversicherungsgesetzes von 1883 gab vor, dass Krankengeld für alle Arbeiter einheitlich „in Höhe der Hälfte des ortsüblichen Tagelohnes gewöhnlicher Tagearbeiter" zu gewähren war. Es gab also auch beim Krankengeld keine Äquivalenz zwischen Beitrag und Leistung.

Die eindeutig falsche Behauptung diente in der Argumentation des SVR-Gutachtens dem Zweck, die Einführung des Äquivalenzprinzips in die GKV nicht als Bruch mit der Tradition der GKV erscheinen zu lassen, sondern als ‚Rückkehr' zu ihren Wurzeln. Mit der Einführung würde sie sozusagen wieder ‚zu sich selbst zurückfinden'. Dies wird deutlich, wenn man die in den beiden Passagen enthalten Argumentationslogik herausarbeitet. In den beiden Passagen wird behauptet:

- Am Anfang der GKV habe das in privaten Versicherungen geltende Äquivalenzprinzip gestanden.
- Einkommensbezogene Beiträge und ein für alle GKV-Versicherten gleicher Leistungskatalog seien eine Durchbrechung des Äquivalenzprinzips. Wichtig erscheint bei diesem Argumentationsschritt der Verweis auf die Verwendung des in der Regel negativ konnotierten Begriffs der „Durchbrechung". Dadurch werden einkommensbezogene Beiträge und einheitlicher Leistungskatalog negativ konnotiert. Dies entspricht der marktliberalen Sicht auf die GKV, die als defizitäre Abweichung vom Idealmodell der privaten Versicherung dargestellt wird.
- Um den entstandenen ‚Bruch' zu heilen, sei es notwendig, die Unversehrtheit des Ausgangszustandes wieder herzustellen, indem man zum Äquivalenzprinzip ‚zurückkehrt'.

Um zu belegen, dass es sich bei der GKV letztlich um eine ‚Versicherung' im privatwirtschaftlichen Sinn handelt, behauptete der SVRKAiG, in der GKV gelte zwar keine individuelle Äquivalenz, wohl aber eine ‚gruppenmäßige':

„Von den allgemeinen Steuern grenzen sich die GKV-Beiträge nur noch durch ihre gruppenmäßige Äquivalenz ab. Diese besteht darin, daß die Leistungen der GKV grundsätzlich nur jenem Personenkreis zugute kommen, der sie auch finanziert bzw. finanziert erhält. Die gruppenmäßige Äquivalenz verliert freilich als Kriterium an Gehalt, wenn wie bei der GKV der betreffende Personenkreis ca. 90 % der Gesamtbevölkerung einschließt" (SVRKAiG 1994: 191).

Durch eine derartige argumentative Wendung wird die GKV zu einer im Grunde doch nach dem Äquivalenzprinzip funktionierenden ‚Versicherung'. Davon ausgehend kann dann – wie es zum zentralen Credo marktliberaler Reformmodelle gehört – eine Stärkung des Versicherungsprinzips gefordert werden. So auch im Gutachten von 1994: Um die „geschwundene Bindung zum Äquivalenzprinzip" (ebd. 191) wieder herzustellen, gebe es im Grunde nur eine „systematisch-konsistente Lösung", die darin bestehe,

> „dem Prinzip der individuellen Äquivalenz wieder mehr Geltung zu verschaffen, d. h.
> das Versicherungsprinzip zu revitalisieren" (SVRKAiG 1994: 191).

‚Revitalisierung des Versicherungsprinzips' steht eindeutig als Synonym für die Entwicklung des GKV-Systems hin zu einem PKV-System. Dies wird denn auch an den vom Sachverständigenrat vorgestellten Reformoptionen und seinen Empfehlungen zur Weiterentwicklung der GKV deutlich.

Vier Grundmodelle der Finanzierung

Entsprechend dieser Prämissen stellte der Sachverständigenrat vier unterschiedliche Grundmodelle für die Finanzierung der GKV vor (SVRKAiG 1994: 197–205):

- das bestehende GKV-System, welches der Rat als „Arbeitnehmerversicherung mit Beschränkung der Beitragsbemessung auf die Einkünfte aus unselbständiger Arbeit" definierte (ebd.: 197),
- eine steuerfinanzierte Gesundheitsversorgung,
- eine private Pflichtversicherung mit Versicherungspflicht für alle Einwohner oder
- eine beitragsfinanzierte Familienversicherung.

Als Zukunftsmodelle waren aus Sicht des SVRKAiG das erste und zweite Modell völlig ungeeignet, und es kamen aus seiner Sicht nur das dritte und vierte Modell in Frage.

Das erste Modell einer *Arbeitnehmerversicherung* sei, so der Sachverständigenrat, das gegenwärtige GKV-System und scheide wegen seiner Mängel als Reformmodell aus. Es wurde im Gutachten folglich auch nicht weiter behandelt. Hier soll aber noch kurz auf die vom SVR benutzte Definition der gegenwärtigen GKV als ‚Arbeitnehmerversicherung' eingegangen werden. Die Behauptung ist ein sehr typisches Beispiel dafür, wie marktliberale Ökonomen an bestimmten,

mitunter zentralen Stellen, ‚großzügig' mit der Wahrheit umgehen und geschicht-
liche oder – wie in diesem Fall – sozialrechtliche Sachverhalte so umdefinieren,
dass daraus ein Argument für die marktliberale Umgestaltung wird.

Die gesetzliche Krankenversicherung wurde 1883 zunächst zwar als „Arbeiterversicherung" bezeichnet, sie schloss aber bereits damals auch andere Berufe
ein. In der Folgezeit wurde sie auf weitere Berufe und Bereiche ausgedehnt,
auch über die Gruppe der Arbeitnehmerschaft hinaus. So wurde 1972 durch
das Gesetz über die Krankenversicherung der Landwirte (KVLG) eine gesetzliche Versicherungspflicht für landwirtschaftliche Unternehmer eingeführt. Weitere
wichtige Schritte in Richtung einer Volksversicherung waren die Einbeziehung
der Studenten (1975) und der Behinderten (1975) in die GKV sowie die Ausweitung der Sozialversicherung auch auf Künstler, Schriftsteller, Journalisten etc.
durch die 1981 eingeführte Künstlersozialversicherung. Zudem steht die GKV
auch Selbständigen offen, sofern sie zuvor abhängig beschäftigte Pflichtversi-
cherte der GKV waren und nach ihrem Wechsel in die Selbstständigkeit in der
GKV bleiben. Und schließlich – und keineswegs zuletzt – ist sie keine Arbeitnehmerversicherung, da ein erheblicher Teil ihrer Versicherten nicht erwerbstätige
und somit beitragsfrei mitversicherte Familienangehörige sind.

Die GKV als ‚Arbeitnehmerversicherung' zu definieren, widerspricht somit
ihrem tatsächlichen Status und Versichertenbestand. Wenn es in marktliberalen Argumentationen dennoch geschieht, so kann dies im Falle des SVRKAiG
nicht mit fehlender Sachkenntnis erklärt werden. Immerhin thematisiert der SVR-
KAiG 1994 die beitragsfreie Familienversicherung in einem eigenen Abschnitt.
Die ‚Umdefinition' der GKV zu einer reinen Arbeitnehmerversicherung dient
vielmehr offenkundig politischen Zwecken. Am Beispiel des hier diskutierten
Gutachtens wird dies insbesondere an der Begründung für eine Abschaffung des
Arbeitgeberbeitrags deutlich. Der Rat beschreibt als eines von zwei präferierten Reformmodellen eine „beitragsfinanzierte Familienversicherung" (SVRKAiG
1994: 199), die sich von der bisherigen GKV vor allem dadurch unterscheiden
würde, dass alle Haushalts- oder Familienmitglieder individuelle Versicherungsverträge abschließen. Und da dies dann keine ‚Arbeitnehmerversicherung' mehr
sei, wäre der Arbeitgeberbeitrag in einem solchen System auch ein „Fremdkörper" (ebd.) und müsse darum abgeschafft werden.

Als zweites mögliches Reformmodell wird im Gutachten das *staatlich finanzierte System* genannt. Es biete zwar bestimmte Vorteile, wie beispielsweise den
fehlenden Zwang zur Beitragssatzstabilität und dass es keinen Arbeitgeberbeitrag
kenne. Da es aber dem Individuum keinerlei Transparenz über den Zusammenhang zwischen Kosten und Mittelaufbringung biete, löse es sich völlig vom
Äquivalenzprinzip und fördere „allfällige Ineffizienzen" (ebd.: 199). Vor allem

aber lasse es die individuellen Präferenzen nicht zur Geltung kommen. Auch wenn es in zahlreichen Ländern Europas existiere, sei es wegen seiner grundlegenden Mängel nicht als Reformmodell in Deutschland geeignet. Im zweiten Teil des Sondergutachtens wurde der Sachverständigenrat dann deutlicher. Dort wird das steuerfinanzierte Gesundheitssystem „als Weg in die Verstaatlichung" (SVRKAiG 1995: 32) bezeichnet. Hier tritt die radikale neoliberale Ablehnung jeglicher Form von staatlichem ‚Kollektivismus' sehr deutlich hervor.

Als Reformoptionen kamen aus Sicht des Rates somit nur eine „private Pflichtversicherung" oder eine „beitragsfinanzierte Familienversicherung" in Frage.

Private Pflichtversicherung
Das im Gutachten als erstes vorgestellte und von den Autoren dieser Passage offensichtlich auch bevorzugte Modell „private Pflichtversicherung" enthielt die folgenden Elemente (SVRKAiG 1994: 197 f.):

- Versicherungspflicht für alle Bürger
- staatliche Festlegung von „Mindeststandards" zur Absicherung eines „Mindestversorgungsniveaus" (ebd.: 198)
- Kontrahierungszwang der Versicherer für Mindeststandardtarife
- Versicherungsvertrag für jeden Versicherten
- risikoäquivalente Prämien
- staatliche, steuerfinanzierte Bezuschussung der risikoäquivalenten Prämien für einkommensschwache Bürger.

Zur Benennung des Modells ist allerdings festzustellen, dass es sich nicht um das Modell einer privaten ‚Pflichtversicherung' handelt, sondern um das Modell einer allgemeinen Pflicht zum Abschluss eines privaten Krankenversicherungsvertrages im Umfang einer Mindestversorgung. Es ist insofern kein Pflichtversicherungsmodell, als keine bestimmte Organisationsart als Pflichtversicherung vorgegeben wird, wie dies bei der GKV durch die Vorgabe der Krankenkassen als Pflichtversicherung der Fall ist.

Die Beschreibung des Modells weist deutliche Parallelen zu den Reformmodellen des Wirtschaftssachverständigenrates, Kronberger Kreises und der Wissenschaftlichen Arbeitsgruppe Krankenversicherung auf. Da es sich bei dem beschriebenen Modell um ein reines PKV-System handelt, wird dementsprechend auch festgestellt, es beinhalte die „Auflösung der gesetzlichen Krankenkassen" (SVRKAiG 1994: 205 Ziff. 537). Würden die Krankenkassen in eine private Rechtsform überführt, könnten sie jedoch als private Versicherungsunternehmen und mit risikoäquivalenten Prämien weiter existieren und am Versicherungswettbewerb teilnehmen.

> „Im Grundmodell der privaten Pflichtversicherung könnten sich die heutigen gesetzlichen Kassen allerdings mit einer anderen Beitragsgestaltung und in anderer Organisationsform, z. B. in privater Rechtsform, am Wettbewerb beteiligen" (SVRKAiG 1994: 205).

Dieser Hinweis wurde in der damaligen gesundheitspolitischen Diskussion kaum wahrgenommen und diskutiert. Mittlerweile wird die Überführung der Krankenkassen in eine private Rechtsform zunehmend offener diskutiert und befürwortet. Zu verweisen ist in diesem Zusammenhang beispielsweise auf ein 2012 im Auftrag der Techniker Krankenkasse erstelltes Gutachten über geeignete private Rechtsformen für Krankenkassen, zu dessen Autoren unter anderen Eberhard Wille gehörte (Wille/Schulenburg/et al. 2012), Mitautor des Sondergutachtens 1994/1995.[8]

Das vorgestellte Reformmodell ist zwar ein PKV-Modell, wich allerdings in mehreren Punkten vom damaligen PKV-System ab.

- *Allgemeine Versicherungspflicht:* Im Jahr 1994 gab es noch keine Krankenversicherungspflicht für diejenigen, die nicht von der Versicherungspflicht in der GKV erfasst werden. Eine solche Versicherungspflicht wurde erst 2007 mit dem GKV-Wettbewerbsstärkungsgesetz beschlossen und schrittweise bis zum 1. Januar 2009 eingeführt.
- *Staatliche Festlegung von Mindeststandards:* Mit dem Gesundheitsstrukturgesetz war 1993 erstmals ein so genannter „Standardtarif" für die PKV eingeführt worden, dessen Leistungen denen der GKV zu entsprechen hatten und dessen Versicherungsprämie den Höchstbeitrag in der GKV nicht überschreiten durfte. Der Standardtarif wurde 2009 durch einen „Basistarif" in der PKV abgelöst.
- *Kontrahierungszwang:* Für den 1993 eingeführten Standardtarif bestand kein Kontrahierungszwang in dem Sinne, dass neue Versicherte unabhängig von ihrem Gesundheitszustand in diesen Tarif aufzunehmen waren. Der Standardtarif stand nur Bestandskunden offen. Anders hingegen der 2007 als

---

[8] Dass die TK Auftraggeber eines solchen Gutachtens war, ist insofern nicht erstaunlich, als sich ihr langjähriger Vorstandsvorsitzender, Norbert Klusen, bereits zuvor in zahlreichen Interviews ausdrücklich für die Privatisierung der Krankenkassen ausgesprochen hatte (u. a. Klusen 2011, 2012a, 2012c). Man muss hinzufügen: Ohne dass die Politik oder irgendeine Aufsichtsbehörde darauf mit Sanktionen reagierte.

Nachfolger des Standardtarifs eingeführte „Basistarif". Bei ihm besteht in der Tat Kontrahierungszwang für alle privaten Krankenversicherungen, sofern die Antragsteller die gesetzlichen Voraussetzungen für den Basistarif erfüllen.

- *Staatliche Prämienzuschüsse:* Weder 1994 noch heute gibt es staatliche Zuschüsse für privat Versicherte, die nicht in der Lage sind, die geforderten risikoäquivalenten Versicherungsprämien zu zahlen. Dieses Element eines ‚neuen' PKV-Systems ist offensichtlich aus vorhergehenden Publikationen übernommen. Wie an früherer Stelle dargestellt, hatte bereits der Kronberger Kreis steuerfinanzierte Zuschüsse für Bedürftige vorgeschlagen, die er „Sozialausgleich" nannte (Kronberger Kreis 1987a: 43). Der Vorschlag, ‚Bedürftigen' einen steuerfinanzierten Zuschuss zum Krankenversicherungsbeitrag zu gewähren, wurde 2004 von der CDU aufgegriffen und Bestandteil ihres ‚Kopfpauschalenmodells'. Die 2009 gebildete CDU/CSU/FDP-Koalition beschloss 2011 im Rahmen des GKV-Versorgungsstrukturgesetzes zusammen mit der Einführung eines einkommensunabhängigen Zusatzbeitrags auch einen steuerfinanzierten „Sozialausgleich" genau mit dieser Bezeichnung.

Wie bereits angesprochen, handelt es sich bei diesem Reformmodell im Grunde nur um die Reproduktion des bereits zuvor in unterschiedlichen Variationen eingebrachten neoliberalen Reformmodells. Seit Anfang der 2000er Jahre wird es unter der Bezeichnung ‚einheitlicher Krankenversicherungsmarkt' diskutiert.

Beitragsfinanzierte Familien- oder Haushaltsversicherung
Das zweite vom SVRKAiG im Gutachten 1994 skizzierte Reformmodell nannte er „betragsfinanzierte Familienversicherung" (SVRKAiG 1994: 199). Es beinhaltete folgende Elemente:

- Versicherungspflicht für alle Haushalts-/Familienmitglieder
- deutlich abgesenkte Versicherungspflichtgrenze
- Absicherung durch Individualversicherungen
- Beitragsberechnung auf Grundlage des Haushaltsgesamteinkommens (Einkommenssplitting)
- Auszahlung des Arbeitgeberbeitrags
- beitragsfreie Mitversicherung von Kindern.

Bei diesem Modell handelt es sich um ein modifiziertes PKV-Modell, das als Übergangsmodell für den Umstieg vom GKV-System zu einem reinen PKV-System dienen kann. Zunächst einmal ist auch in diesem Modell eine allgemeine Versicherungspflicht vorgesehen. Hier erscheint sie als Versicherungspflicht für alle Mitglieder von Privathaushalten. Das ist faktisch aber nichts anderes als eine allgemeine Versicherungspflicht für alle Einwohner. In der Beschreibung dieses Modells findet sich jedoch keine Aussage zur Frage, ob es weiterhin eine Pflichtversicherung geben soll, wie es damals und heute die Krankenkassen in der GKV sind. Aus den übrigen Reformelementen lässt sich jedoch ableiten, dass es – wie in dem vorher skizzierten Modell – auch in diesem Reformmodell keine Pflichtversicherung und somit keine öffentlich-rechtlichen Krankenkassen mehr geben soll.

Dies wird insbesondere an der empfohlenen Umstellung auf Individualversicherungen erkennbar. Die GKV ist eine durch öffentlich-rechtlich konstituierte Mitgliedsverhältnisse gekennzeichnete Sozialversicherung, die keine individuellen Versicherungsverträge kennt. Individualversicherungen erfordern individuelle privatrechtliche Versicherungsverträge, so wie sie in der privaten Versicherungswirtschaft üblich sind. Insofern impliziert vor allem dieser Teil des Reformmodells die Abschaffung der GKV als Sozialversicherung und Umstellung auf ein System privatrechtlicher Versicherungsverträge, die von privaten Versicherungsunternehmen angeboten werden. Dies wird auch deutlich an der Begründung für die Abschaffung des Arbeitgeberbeitrags. Da ein Arbeitgeberbeitrag nur in das „System einer Arbeitnehmerversicherung" (ebd.: 204) passe, bilde er in einem Familienversicherungssystem einen „Fremdkörper" (ebd.: 199) und sei abzuschaffen. Denkbar wären lediglich freiwillige Zuschüsse der Arbeitgeber zu den Individualversicherungen. So wie auch damals bereits für privat versicherte Arbeitnehmer üblich. Was der Rat allerdings verschwieg.

Als Bemessungsgrundlage sah dieses Modell das Haushaltsgesamteinkommen vor, das durch die Zahl der Haushaltsmitglieder geteilt werden solle, um zu einer individuellen Bemessungsgrundlage zu gelangen. Auch dieser Vorschlag war nicht neu, sondern bereits längere Zeit in der Diskussion. In diesem Modell tritt allerdings deutlicher als in den anderen Diskussionsbeiträgen zutage, welche Funktion eine am Ehegattensplitting orientierte Aufteilung des Haushaltsgesamteinkommens in marktliberalen Reformmodellen tatsächlich einnimmt. Es soll als Zwischenschritt dienen vom Arbeitseinkommen als Bemessungsgrundlage hin zu einem individuellen Versicherungsbeitrag für jeden Versicherten. Im Modell des SVRKAiG weist der Beitrag zwar zunächst noch einen Einkommensbezug auf, dieser ist jedoch nicht logisch-konsistent zu begründen und damit anfällig für den nächsten Schritt, die vollständige Abschaffung einkommensbezogener GKV-Beiträge und Umstellung auf risikoäquivalente Versicherungsprämien.

Zunächst einmal ist festzuhalten, dass – wenn man eine Ausweitung der Beitragsbemessungsgrundlage auf alle Einkommensarten herbeiführen will – der in erster Linie naheliegende Schritt die gesetzliche Ausweitung der Bemessungs-grundlage ist, so wie dies beispielsweise bereits bei freiwillig Versicherten in der GKV der Fall ist. Damit würde derselbe Einnahmezuwachs erreicht wie bei einem ‚Einkommenssplitting' und Aufteilung auf jedes einzelne Haushaltsmitglied.

Dies war offensichtlich auch den Protagonisten des Modells bewusst. Um dem Einwand zu begegnen, wurde denn auch klargestellt, dass die Einbezie-hung des gesamten Haushaltseinkommens in diesem Modell nicht dazu dienen solle, die Einnahmesituation der GKV zu verbessern, sondern grundsätzlich sys-tematischen Überlegungen folge (SVRKAiG 1994: 190). Mit dem Modell werde „Aufkommensneutralität" angestrebt, es solle ein „Nullsummenspiel" sein (ebd.). Darum enthält das Modell auch den Vorschlag, bei einer Ausweitung der Bei-tragsbemessungsgrundlage auf alle Einkommensarten zugleich die Versicherungs-pflichtgrenze „deutlich abzusenken" (ebd.: 200). Zentrales Selektionskriterium für dieses Reformmodell sei die Bestimmung der „Versicherungseinheit" (ebd.: 195). Damit war gemeint: Es sollte ein Modell mit individuellen Versicherungs-verträgen eingeführt werden. Dadurch wäre eine wesentliche Voraussetzung für die Umwandlung des GKV-Systems in ein PKV-System geschaffen. Denn auf Grundlage öffentlich-rechtlich konstituierter Mitgliedsverhältnisse ist ein PKV-System nicht möglich, es erfordert zwingend die Umstellung auf individuelle privatrechtliche Versicherungsverträge für jede zu versichernde Person.

Dass das ‚Familienversicherungsmodell' dennoch eine beitragsfreie Mitver-sicherung von Kindern enthielt, ist eindeutig ein Systembruch und logisch inkonsistent. Der Systembruch dürfte allein politischer Rücksichtnahme geschul-det sein. Denn die beitragsfreie Mitversicherung von Kindern ist nicht nur gesellschaftlich, sondern auch im bürgerlichen Lager hochgradig emotional besetzt. Deren Abschaffung zu fordern, ist politisch riskant und wird auch von der CDU/CSU abgelehnt, nicht zuletzt wegen der damit verbunden negativen Auswir-kungen auf Wahlergebnisse. Dies zeigt beispielsweise auch die Geschichte des Kopfpauschalenmodells der CDU. Es sah zunächst die ersatzlose Abschaffung der beitragsfreien Mitversicherung für Kinder vor, wurde aufgrund erheblicher Kritik jedoch relativ schnell dahingehend ‚entschärft', dass eine Übernahme der Versicherungsbeiträge für Kinder durch steuerfinanzierte staatliche Zuschüsse eingefügt wurde. Darauf wird an späterer Stelle noch ausführlicher eingegangen.

Wie auch immer, es bleibt festzuhalten, dass in marktliberalen Reformvor-schlägen die Ausweitung der Beitragsbemessungsgrundlage und Aufteilung des Haushaltsgesamteinkommens nicht mit der Forderung nach einer Ausweitung der Finanzierungsgrundlage der GKV im Sinne einer Volks- oder Bürgerversiche-rung verwechselt werden sollte. Zwar erwecken entsprechende Vorschläge auf den ersten Blick diesen Eindruck, tatsächlich aber geht es um die Einführung einer Versicherungs- und Beitragspflicht für alle Versicherten als unerlässliche Voraussetzung für die Umstellung auf ein System individueller privatrechtlicher Versicherungsverträge.

Die Umstellung auf eine ‚Haushalts- oder Familienversicherung' hat weitreichende Konsequenzen, eine davon betrifft das Krankengeld. Darauf wird auch im SVRKAiG-Gutachten hingewiesen. Wenn von einer ‚Arbeitnehmerversicherung' auf eine ‚Familienversicherung' umgestellt wird, entfällt – so der Sachverständigenrat – nicht nur die Grundlage für einen Arbeitgeberbeitrag, sondern es dürfe aus ‚Gerechtigkeitsgründen' auch kein Krankengeld mehr gezahlt werden. Denn eine solche Leistung könnten nur abhängig Beschäftigte in Anspruch nehmen, nicht aber nicht erwerbstätige Versicherte. Darum müsse für eine Krankengeldzahlung in diesem Zukunftsmodell eine private Versicherung abgeschlossen werden (SVRKAiG 1994: 200).

Wenn die Umstellung der GKV auf eine ‚Familienversicherung' – wie vom Rat empfohlen – mit einer deutlichen Absenkung der Versicherungspflichtgrenze verbunden werde, führe dies zu einem erheblichen Einnahmerückgang und das bisherige Leistungsniveau sei deshalb nicht mehr aufrecht zu erhalten (ebd.: 200). In diesen Ausführungen wird – wenn auch sehr ‚versteckt' und nur indirekt – erkennbar, dass auch dieses Reformmodell darauf zielt, die bisherige GKV auf eine Grundsicherung zu reduzieren und den ‚Bedürftigen' einen staatlichen Zuschuss zum Krankenversicherungsbeitrag zu gewähren. Dieser Zuschuss wäre sozialrechtlich-systematisch dem Bereich der staatlichen Fürsorgeleistungen nach Art der Sozialhilfe beziehungsweise – wenn man geschichtlich weiter zurückgeht – der Armenfürsorge zuzuordnen.

Diese ‚Modelllinie' lässt sich in der Bundesrepublik, wie gezeigt, bis zur Rothenfelser Denkschrift zurückverfolgen, in der dafür plädiert wurde, die GKV in ein PKV-System mit staatlichen Zuschüssen für Bedürftige umzuwandeln. Das SVR-Gutachten bleibt an dieser Stelle in der Frage der technischen Umsetzung vage und spricht nur von einer „finanziellen Unterstützung von außen" (ebd.: 200), die aus Steuermitteln erfolgen müsse. Es darf wohl davon ausgegangen werden, dass die Befürworter eines solchen Reformmodells dabei an individuelle Beitragszuschüsse dachten, wie sie bereits der Kronberger Kreis und die Wissenschaftliche Arbeitsgruppe Krankenversicherung vorgeschlagen hatten.

Der Vorschlag, die GKV in eine ‚Familienversicherung' umzuwandeln, blieb weitgehend ohne Reaktion in der gesundheitspolitischen und wissenschaftlichen Diskussion. Zu Recht, da er doch recht abstrus ist. Ihm scheint auch primär eine Art ‚Alibifunktion' zugekommen zu sein, damit nicht nur das reine PKV-Modell als positiv bewertete Reformoption übrigblieb. Rein funktional betrachtet würde das Modell einer ‚Familienversicherung' – wenn es denn überhaupt funktionieren könnte – nur als Zwischenschritt zu einem reinen PKV-System dienen. Zumindest auf den ersten Anschein wäre die Benennung eines solchen Übergangsmodells als ‚Familienversicherung' positiver konnotiert als ein rein privates Krankenversicherungssystem. Möglicherweise spielte auch eine Rolle, dass eine ‚Familienversicherung' innerhalb der bürgerlich-liberalen Regierungskoalition politisch leichter vertretbar erschien.

Die abschließenden Empfehlungen

Die ‚Familienversicherung' erschien im Endbericht des Sondergutachtens nicht mehr, an ihre Stelle trat ein neues Modell, das „Pragmatische Reformoptionen" genannt wurde (SVRKAiG 1995: 33). Da das im Zwischenbericht 1994 noch enthaltene Modell einer ‚Arbeitnehmerversicherung' nicht als Reformoption, sondern als Synonym für die Beibehaltung des bestehenden GKV-Systems gemeint war, schied es als Reformoption folglich aus und es blieben noch drei Reformmodelle (SVRKAiG 1995: 33):

- steuerfinanzierte Gesundheitsversorgung
- private Pflichtversicherung und
- das Modell der ‚pragmatischen Reformoptionen'.

Da die ersten beiden als ungeeignet ausgeschieden wurden, verblieb letztlich nur noch die dritte Option als ernsthaft zu erwägende. Mit diesem Modell reagierte der Sachverständigenrat offenbar auf die erhebliche Kritik und Ablehnung seiner Vorschläge im Rahmen der Petersberger Gespräche. Nach diesen Gesprächsrunden mit Akteuren der Gesundheitspolitik war von den Vorschlägen des Rates kein konsistentes Modell mehr übriggeblieben, stattdessen wurden im Gutachten 1995 nur noch zwei ‚pragmatische' Optionen genannt:

- Erweiterung der Beitragsbemessungsgrundlage und
- Beschränkung der beitragsfreien Mitversicherung von Ehepartnern auf solche, die Kinder betreuen oder Angehörige pflegen.

Dabei handelte es sich allerdings nicht um Empfehlungen, sondern lediglich um das Aufzeigen von ‚Optionen'. Das war alles, was nach zweieinhalb Jahren Arbeit an konkreten Vorschlägen noch blieb.

Fazit und Diskussion

Insgesamt bieten der Zwischenbericht 1994 und das Sondergutachten 1995 über weite Strecken das Bild eines inhaltlich nicht konsistenten Gesamttextes. Wie dargelegt, war dies vermutlich sowohl internen Differenzen im Sachverständigenrat als auch der Notwendigkeit politischer Rücksichtnahme auf einflussreiche Akteure der Gesundheitspolitik geschuldet. Beide Einflussfaktoren unterschieden den SVRKAiG von einem elitären, von Regierung und Politik unabhängigen Zirkel wie dem Kronberger Kreis oder dem mehrheitlich mit neoliberalen Ökonomen besetzten Wirtschaftssachverständigenrat.

Die Extraktion der über den abschließenden zweiten Teil des Sondergutachtens verteilten Empfehlungen und ihre systematische Zusammenstellung zeigt allerdings doch ein durchaus in sich stimmiges Bild. Zwar konnte sich der Rat am Ende nur auf einen ‚kleinsten gemeinsamen Nenner' einigen, in beiden Texten waren jedoch zahlreiche markliberale Vorschläge und letztlich auch implizite Empfehlungen enthalten. Dies dürfte die vorstehende systematische Zusammenstellung deutlich gemacht haben.

Aber auch wenn bei den Empfehlungen am Ende des Sondergutachtens nichts mehr vom neoliberalen Reformmodell übrigblieb, Zwischenbericht und Sondergutachten gehören doch in die Reihe neoliberaler Diskussionsbeiträge zur Reform der GKV, da sie über weite Strecken aus der Beschreibung oder Modifizierung des neoliberalen Reformmodells bestanden. Die Grundorientierung an diesem Reformmodell soll auch noch einmal anhand einer Passage des abschließenden Sondergutachtens verdeutlicht werden, in der das von den Ökonomen im Sachverständigenrat bevorzugte Modell einer privaten Pflichtversicherung in höchsten Tönen gelobt wird.

„Auf der Grundlage theoretischer Modellbetrachtungen stellt die private Pflichtversicherung bzw. eine gesetzliche Pflicht zur Krankenversicherung unter bestimmten Bedingungen die wohlfahrtsoptimale Finanzierungsform dar. Sie harmoniert auch am besten mit den Grundsätzen einer marktwirtschaftlichen Koordination, da die Prämienzahlung im Sinne der individuellen Äquivalenz einen Preis für die Risikoübernahme darstellt. Risikoäquivalente Versicherungsprämien mit verhaltensorientierten Anreizen dienten dann als Finanzierungsform. Einkommensschwache Bürger erhalten die erforderliche Grundversorgung aus Steuermitteln oder durch andere Sozialversicherungsträger finanziert. Indem die private Pflichtversicherung jedem Bürger die für notwendig erachtete Versorgung sichert, erfüllt sie ihre Versicherungsaufgabe. Alle distributiven Funktionen, die im geltenden System die GKV wahrnimmt, verweist sie in den Bereich der Steuer- bzw. Transferpolitik der öffentlichen Hand. Aus theoretischer Sicht liegt hier die Folgerung nahe, daß ein integrierter Ansatz im Sinne einer ‚Sozialpolitik aus einem Guß' die distributiven Aufgaben konsistenter zu lösen vermag als das derzeitige zersplitterte System" (SVRKAiG 1995: 33).

Diese Passage ist eine sehr knappe und sehr treffende Beschreibung des Kerns aller im Rahmen dieser Untersuchung vorgestellten marktliberalen Reformmodelle. Sie enthält zudem zwei Aussagen, die über das hinausgehen, was an Offenheit sonst in marktliberalen Reformmodellen anzutreffen ist.

Zum einen wird hier offengelegt, dass Grundlage der Bewertungen, mit denen ein marktliberaler Umbau begründet wird, nicht mit wissenschaftlichen Methoden gewonnene empirische Befunde sind, sondern rein theoretische „Modellbetrachtungen". Marktliberale Reformmodelle sind ‚Modellkonstruktionen', die aus allgemeinen theoretischen Modellen deduziert werden. Aus Sicht der sie vertretenden Ökonomen stellt sich überhaupt nicht die Frage der Notwendigkeit einer empirischen Beweisführung für die Überlegenheit marktliberaler Reformkonzepte. Dem liegt offenbar die Annahme zugrunde, dass neoklassische Theoriemodelle allen anderen überlegen sind und deshalb auch alle aus ihnen abgeleiteten theoretischen Modelle für Teilbereiche der Volkswirtschaft uneingeschränkte Geltung beanspruchen können. Sie brauchen überhaupt keine empirische Beweisführung. Dem ist insofern zuzustimmen, als es sich bei ihnen auch nicht um wissenschaftliche Theorien handelt, sondern um Glaubensbekenntnisse. Und die sind bekanntlich nicht auf wissenschaftliche Beweisführung angewiesen. Nicht nur das: Sie sind auch immun gegen Empirie. Entweder man ist gläubig oder ‚ungläubig'. Das Problem hierbei ist allerdings, dass es neoliberalen Ökonomen in den 1980er und 1990er Jahren gelang, ihren Glauben als vorherrschende Weltsicht in Politik und Gesellschaft durchzusetzen, die bis heute dominiert. Was wiederum zum Ausgangspunkt für das hier vorliegende Buch führt, zur Notwendigkeit einer wissenschaftlichen Kritik und Widerlegung dieser ‚Glaubensrichtung'.

Die Ausführungen des SVRKAiG enthalten noch eine zweite, in ihrer Offenheit über das übliche Maß hinausgehende Aussage. Es ist die Klarstellung, dass eine private Pflichtversicherung auch mit risikoäquivalenten Versicherungsprämien verbunden sein wird. Eine solche Klarheit ist insofern in marktliberalen Reformmodellen sehr selten anzutreffen, als risikoäquivalente Prämien auch im bürgerlich-marktwirtschaftlich orientierten Lager auf Ablehnung stoßen. Es ist für die Akzeptanz marktliberaler Reformmodelle höchst riskant, wenn diese eindeutig und unzweifelhaft mit risikoäquivalenten Prämien verbunden werden. Zwar wird häufig für Kapitaldeckung nicht nur in der Pflegeversicherung, sondern auch in der Krankenversicherung plädiert, dabei wird aber tunlichst vermieden, offenzulegen, dass Kapitaldeckung in der Kranken- und Pflegeversicherung immer auch risikoäquivalente Prämien impliziert. Denn: Kapitalgedeckte Alterungsrückstellungen resultieren aus der Kalkulation risikoäquivalenter Prämien. Erst dadurch, dass Krankenversicherungsprämien risikoäquivalent kalkuliert werden, ergibt sich ein kontinuierlicher Prämienanstieg im Altersverlauf, der zu Prämienhöhen führt, die von der weit überwiegenden Mehrzahl der Versicherten nicht aufzubringen wären. Um diese Prämiensteigerungen im Alter zu vermeiden, erfolgt die Bildung kapitalgedeckter Alterungsrückstellungen.

Ein Teil der im Zwischenbericht und Sondergutachten enthaltenen Vorschläge wurde in den 1996 und 1997 verabschiedeten Gesetzen der ‚dritten Stufe' umgesetzt. Allerdings gelang mit der dritten Stufe keineswegs der ‚große Wurf', den die Protagonisten des neoliberalen Reformmodells wünschten und den die Regierungskoalition ursprünglich geplant hatte. Angesichts einer deutlichen oppositionellen Mehrheit im Bundesrat war ein weitreichender Umbau der GKV nicht zu erreichen, denn zentrale Neuregelungen bedurften der Zustimmung des Bundesrates. Zwar konnte die CDU/CSU/FDP-Koalition einen Teil ihrer Vorstellungen in nicht zustimmungsbedürftigen Gesetzen umsetzen, die 1998 neu gewählte rot-grüne Regierungskoalition hob diese Änderungen jedoch umgehend wieder auf.

Die Wahlniederlage der CDU/CSU/FDP-Regierungskoalition und der Wechsel zu einer rot-grünen Bundesregierung markierte auch für den Gesundheitssachverständigenrat einen Wendepunkt. Die neue Bundesregierung wechselte den Rat fast vollständig aus. Es verblieb mit Eberhard Wille nur noch ein Ökonom im Rat. Die Mehrheit des neuen Rates wurde von Medizinern und Gesundheitswissenschaftlern gestellt, darunter auch solche, die eher dem linken politischen Spektrum zuzurechnen waren.

Entsprechend fiel auch das 2000/2001 veröffentlichte mehrbändige erste Gutachten des neuen Rates aus. Es war geprägt durch eine im Vergleich zu früheren Gutachten deutlich stärkere medizinisch-gesundheitswissenschaftliche Perspektive und stellte Fragen der Prävention und Versorgungsqualität in den Mittelpunkt des Gutachtens (SVRKAiG 2002a, b, c, d, e, f.).

Das neue wie auch die nachfolgenden Gutachten zeichneten sich nicht nur durch andere disziplinäre Sichtweisen aus, sondern auch durch einen anderen Umgang mit üblichen Standards wissenschaftlicher Veröffentlichungen. Die Gutachten des SVRKAiG der 1990er Jahre bis einschließlich 1997 enthalten bis auf sehr wenige Ausnahmen keine Quellenhinweise für Tatsachenbehauptungen oder Wertungen. Wenn Quellenhinweise gegeben werden, so handelte es sich nur Verweise auf eigene frühere Sachverständigenratgutachten. Lediglich für Datentabellen werden externe Quellen angegeben. Es gehört allerdings zu den elementarsten Regeln für die Erstellung wissenschaftlicher Texte, dass die für

ihre Erstellung verwendeten Quellen offengelegt und somit die im Text enthaltenen Tatsachenbehauptungen oder Wertungen intersubjektiv überprüfbar gemacht
werden. Die Einhaltung dieser Grundregel muss insbesondere auch von wissenschaftlichen Gutachten verlangt werden, die für Zwecke der Politikberatung
erstellt und publiziert werden.

Die Eigenart, dass Quellenangaben im laufenden Text bis auf wenige Ausnahmen fehlen, teilten die Gutachten des Gesundheitssachverständigenrates der
1990er Jahre allerdings mit den meisten anderen, hier näher betrachteten Publikationen marktliberaler Reformmodelle. Auch daran wird sichtbar, dass das
Anliegen der Autoren nicht war, den Stand der wissenschaftlichen Diskussion in
seiner gesamten Breite aufzubereiten und der Politik verfügbar zu machen. Neoliberale Ökonomen nutzten – und nutzen auch heute noch – die ihnen übertragene
Gestaltungsmacht vielmehr, um ihre politischen Überzeugungen zu verbreiten und
politische Entscheidungen im Sinne ihrer politischen Überzeugungen zu beeinflussen. Derartige Gutachten sind und bleiben politische Statements. Daran ändert
auch der Umstand nichts, dass ihre Autoren über Professorentitel verfügen.

Das Fehlen von Quellenangaben wirft allerdings auch die Frage auf, ob die
Autoren den Stand der wissenschaftlichen Diskussion zu dem jeweiligen Thema
überhaupt recherchiert und zur Kenntnis genommen haben. Da es sich keineswegs
um rein wirtschaftswissenschaftliche Themen und Probleme handelt, erfordert
die Erfüllung dieser essentiellen Anforderung an wissenschaftliche Publikationen
nicht nur die Rezeption der ökonomischen Literatur, sondern die Einbeziehung
der Diskussion in allen für das jeweilige Thema relevanten Disziplinen. Legt
man die Maßstäbe wissenschaftlicher Zeitschriften für die Begutachtung einge-
reichter Manuskripte an, müsste die Veröffentlichung von Gutachten, die keine
hinreichenden Quellenangaben enthalten, allein aus diesem Grund abgelehnt
werden.

Da selbst an studentische Haus- und Abschlussarbeiten die Anforderung zu
stellen ist, dass sie Quellenangaben enthalten, muss festgestellt werden, dass solche Gutachten noch nicht einmal die an studentische Hausarbeiten zu stellenden
Anforderungen erfüllen.

Anders als in den Gutachten des Gesundheitssachverständigenrates bis einschließlich 1997 erfolgte in den Gutachten des 1999 neu berufenen Gesundheitssachverständigenrates eine gründliche und umfassende Aufbereitung des Standes
der wissenschaftlichen Diskussion nicht nur der Gesundheitsökonomie, sondern
aller für Fragen der gesundheitlichen Versorgung relevanten Wissenschaftsdisziplinen.

Die Beiträge des Wirtschaftssachverständigenrates

Nach den Jahresgutachten 1985 und 1986 äußerte sich der Wirtschaftssachverständigenrat erstmals wieder in seinen Gutachten 1991 und 1992 sowie 1996 zur GKV beziehungsweise zur geplanten Einführung einer Pflegeversicherung.

Die Jahresgutachten 1991 und 1992

In seinem Jahresgutachten 1991 befasste sich der SVR-W mit den Plänen zur Einführung einer Pflegeversicherung als neuen Zweiges der Sozialversicherung. Entsprechend seiner marktwirtschaftlichen Grundorientierung lehnte er dies entschieden ab und forderte stattdessen eine marktwirtschaftliche Absicherung gegen das Risiko der Pflegebedürftigkeit. Sein Reformmodell bestand aus den folgenden Kernelementen (SVR-W 1992: 194 f.):

* allgemeine gesetzliche Pflicht zum Abschluss einer privaten Pflegekostenversicherung
* Kontrahierungszwang für alle Versicherungen
* staatliche Beitragszuschüsse für die Bezieher niedriger Einkommen
* ausschließliche Gewährung von Geldleistungen.

Gesetzlich vorgegeben werden sollte „lediglich eine Mindestversicherung" (SVR-W 1991: 195, Ziff. 363).

An diesem Gutachten wird bei der Behandlung der geplanten Einführung einer Pflegeversicherung auch die inhaltliche Vernetzung und wechselseitige Bezugnahme – oder besser: das neoliberale Zitierkartell – deutlich. So verweist der Wirtschaftssachverständigenrat beispielsweise darauf, dass der Wissenschaftliche Beirat beim Bundesministerium der Finanzen ein Gutachten vorgelegt hatte, in dem sich der Beirat für eine gesetzliche Pflicht zum Abschluss einer privaten Pflegeversicherung und steuerfinanzierte Prämienzuschüsse für Geringverdiener ausgesprochen hatte (SVR-W 1992: 146). Die inhaltlichen Übereinstimmungen waren in erster Linie in grundsätzlich gleicher marktwirtschaftlicher Ausrichtung und Grundüberzeugung begründet. Sie wurden aber auch durch personelle Verflechtungen befördert und erleichtert, da mit Horst Siebert ein Mitglied des Wirtschaftssachverständigenrates von 1991 zugleich auch Mitglied des Wissenschaftlichen Beirats beim Finanzministerium war.

Im Jahresgutachten 1992 befasste sich der Sachverständigenrat erneut mit der gesetzlichen Krankenversicherung, erinnerte an die Vorschläge in früheren Jahresgutachten und kritisierte, dass seine Vorschläge immer noch nicht umgesetzt seien. Statt die bisherige, aus Sicht des Rates erfolglose ‚Kostendämpfungspolitik' weiterzuführen, solle endlich an den Ursachen der Krise angesetzt und das Sozialversicherungssystem auf ein PKV-System umgestellt werden.

Das Jahresgutachten 1996: Private Krankenversicherung für alle

Im Jahresgutachten 1996 entwickelte der SVR-W sein Reformmodell weiter und brachte es auf die Formel einer „privaten Pflichtversicherung für alle".

> „Die Leitvorstellungen, an denen sich nach Auffassung des Sachverständigenrates die Reformen in der Krankenversicherung orientierten sollten, wären im Prinzip in dem Modell der privaten Pflichtversicherung für alle zu verwirklichen" (SVR-W 1996: 253, Ziff. 445).

Die Konstruktion des Reformmodells wurde wie folgt beschrieben:

> „440. Ein ganz anderes Reformmodell wäre in der Ausgestaltung denkbar, daß die bisherigen Systeme der Gesetzlichen Krankenversicherung und der Privaten Krankenversicherung geöffnet werden und zu einem gemeinsamen Versicherungsmarkt verschmelzen. Die gesetzlichen Krankenkassen würden mit den privaten Versicherungsunternehmen im Wettbewerb um alle Versicherten stehen; die Versicherungspflichtgrenze, derzeit noch als „Friedensgrenze" zwischen beiden Systemen gedacht, würde aufgehoben.
>
> 441. Dieses Modell, träte man ihm näher, hätte drei Grundsätze zu beachten:
>
> Erstens: Der Preis für die gewünschte Absicherung
> wäre nach versicherungsmathematischen Grundsätzen individuell zu ermitteln, er wäre von der Höhe des Einkommens unabhängig und hätte keinen Bezug zum Beschäftigungsverhältnis; ob der einzelne vollzeitbeschäftigt oder teilzeitbeschäftigt ist, wäre irrelevant. Familienmitglieder wären nicht mehr kostenfrei mitversichert, sondern müßten ebenfalls eigenständig Vorsorge treffen. Da in diesem Modell auch für die (dann einstige) Gesetzliche Krankenversicherung das Anwartschaftsdeckungsverfahren zur Anwendung käme, müßte für jene Altersgruppen, für die ein Deckungskapital nicht mehr oder nur noch zu sehr hohen Prämien gebildet werden kann, eine (zeitlich befristete) Übergangsregelung geschaffen werden. Diese hätte ein staatlich finanziertes Versicherungsbeitragsgeld (für Rentner) und staatliche Beitragszuschüsse (für ältere Erwerbstätige) vorzusehen (JG19 Ziffer 365).

Zweitens: Von Gesetzes wegen würde eine Mindestversicherungspflicht eingeführt. Sie sollte für alle gelten, von Geburt an, das Risiko, krank zu werden und hohe Behandlungskosten zu gewärtigen, besteht nicht erst ab einem bestimmten Alter, schon gar nicht erst bei Aufnahme einer beruflichen Tätigkeit und nicht nur bei abhängig Beschäftigten. Im Falle nachgewiesener Bedürftigkeit (Einkommensgrenzen) müßten die Beiträge vom Staat bezuschußt werden. Für die Versicherung der Kinder könnte an eine angemessene Erhöhung des Kindergeldes gedacht werden. Auch hier gäbe es keinen objektiven Maßstab für den gebotenen Umfang des obligatorischen Mindestschutzes. Es wäre eine Regelung zu finden, bei der gewährleistet ist, daß jemand, der ernsthaft krank wird, die notwendigen Behandlungskosten ebenso abgedeckt hat wie (fühlbare) Verdiensteinbußen als Folge krankheitsbedingter Arbeitsunfähigkeit. Es müßte verhindert werden, daß jemand wegen solcher materieller Belastungen Gefahr läuft, der Sozialhilfe anheimzufallen"

Drittens: Auch bezüglich der Mindestversicherungspflicht müßte für den einzelnen das Recht der freien Kassenwahl bestehen. Keine Krankenkasse und kein privates Krankenversicherungsunternehmen dürfte den Abschluß solcher Versicherungsverträge verweigern, sie stünden alle unter Kontrahierungszwang" (SVR-W 1996: 250, Ziff. 440–441).

Diese Passagen sind lediglich eine Zusammenfassung und Kurzbeschreibung bereits vorher publizierter Vorschläge. Neu war allerdings, dass das Modell erstmals auf einen Begriff gebracht wurde, der in der Folgezeit zum zentralen Leitbegriff wurde: Der ‚gemeinsame Versicherungsmarkt‘. Der Begriff erfuhr in den nachfolgenden Jahren mehrere Variationen, sei es als ‚einheitlicher Versicherungsmarkt‘ oder ‚gemeinsamer Krankenversicherungsmarkt‘ oder ‚einheitliche Wettbewerbsordnung‘ etc. Bis daraus schließlich der ‚einheitliche Krankenversicherungsmarkt‘ wurde, eine Art ‚Zauberformel‘, die nicht nur von marktliberalen Ökonomen, sondern auch von SPD- oder gewerkschaftsnahen Wissenschaftlern benutzt und als Lösung der Probleme eines in GKV und PKV gespaltenen ‚dualen Versicherungssystems‘ propagiert wird.

Im Laufe der jahrelangen Diskussionen sind allerdings die Konturen dessen, was denn mit einem gemeinsamen oder einheitlichen ‚Krankenversicherungsmarkt‘ gemeint ist, immer mehr verschwommen und undeutlicher geworden. Auch werden mittlerweile teilweise sehr unterschiedliche Vorstellungen mit diesen Begriffen verbunden. Es erscheint daher geboten, nicht nur die marktliberalen Wurzeln dieses Reformmodells deutlich zu machen, sondern auch, wofür es eigentlich steht und was es beinhaltet. Dafür bietet die oben zitierte Passage eine geeignete Grundlage.

Nimmt man das Jahresgutachten 1996 des SVR-W zur Grundlage, so gehören die folgenden Elemente zum Modell eines ‚gemeinsamen‘ oder ‚einheitlichen Versicherungsmarktes‘:

- eine *gesetzliche Mindestversicherungspflicht,* im Sinne einer gesetzlichen Pflicht zum Abschluss eines privaten Krankenversicherungsvertrages für den Umfang von Mindestleistungen
- *individuelle Versicherungsverträge* mit gesonderter Versicherungsprämie für jede einzelne zu versichernde Person
- nach versicherungsmathematischen Grundsätzen kalkulierte *risikoäquivalente Versicherungsprämien*
- steuerfinanzierte *Prämienzuschüsse für Bedürftige*
- die Bildung *kapitalgedeckter Alterungsrückstellungen* für jede zu versichernde Person
- eine *Erhöhung des Kindergeldes* als Ausgleich für die Versicherungsprämien für Kinder
- die Absicherung des Verdienstausfalls im Falle von Krankheit durch *private Krankentagegeldversicherungen*
- die *freie Wahl* zwischen allen *Krankenkassen* und allen *privaten Krankenversicherungen*
- ein *Kontrahierungszwang* für alle Krankenkassen und privaten Krankenversicherungen.

Es sei noch einmal betont: Keines dieser Modellelemente war neu, alle waren bereits in den zuvor vorgestellten Gutachten enthalten, wenngleich nicht in jedem Gutachten im gleichen Umfang und in gleichen Details. Das aus heutiger Sicht Neue und die weitere Diskussion beeinflussende war die Verwendung des Labels 'gemeinsamer Versicherungsmarkt' und die damit konnotierte 'Verschmelzung' von GKV und PKV. Leitgedanke einer solchen 'Verschmelzung' war und ist, dass in einem solchen 'gemeinsamen Krankenversicherungsmarkt' Krankenkassen und private Krankenversicherungsunternehmen unter einheitlichen Wettbewerbsbedingungen in einen Wettbewerb um alle Versicherten treten.

Anders als in den nachfolgenden Publikationen zum Modell des 'einheitlichen Krankenversicherungsmarktes' üblich, stellt der Wirtschaftssachverständigenrat 1996 klar, dass es sich dabei um ein reines PKV-System handelt. Wie zitiert, nennt er es ausdrücklich das Modell einer „privaten Krankenversicherung für alle" (SVR-W 1996: 253). Wenn bei ihm dennoch von Krankenkassen die Rede ist, die in dem zukünftigen System mit PKV-Unternehmen konkurrieren sollen, so sind damit nicht die gegenwärtigen als Körperschaft des öffentlichen Rechts verfassten Krankenkassen gemeint, sondern Krankenkassen, die sich zu 'Unternehmen' gewandelt haben. Zu diesem Wandel – so der Sachverständigenrat – würden sie durch die Eröffnung eines 'gemeinsamen Versicherungsmarktes' und den dann einsetzenden Wettbewerb um alle Versicherten gezwungen .

„Krankenkassen müßten sich stärker als Unternehmen begreifen, die im Wettbewerb um die Versicherten attraktive Leistungspakete entwickeln, und sich nicht einfach als Verwaltungsorganisation einer Solidargemeinschaft betätigen" (SVR-W 1996: 245).

„Die Wettbewerbsidee ist von ganz zentraler Bedeutung", denn: „Unter Wettbewerbsbedingungen auf dem Versicherungsmarkt werden sich die Krankenkassen unternehmerisch verhalten" (SVR-W 1996: 244).

Bei der Lektüre dieser Ausführungen ist zu bedenken, dass sie Ende 1996 erschienen und somit nach dem Inkrafttreten des GSG 1992, der Einführung des Risikostrukturausgleichs im Jahr 1994 und dem Beginn des erweiterten GKV-Wettbewerbs am 1. Januar 1996. Der Rat wies mit seinen Ausführungen über diese bereits vollzogenen Schritte hinaus. Der durch das GSG eröffnete GKV-Wettbewerb war noch als Beitragssatzwettbewerb konzipiert. Der Rat wies jedoch darauf hin, dass ein GKV-Wettbewerb, der diesen Namen verdient, auch einen Wettbewerb auf der Leistungsseite und die Freiheit der Kassen zur Entwicklung ‚attraktiver Leistungspakete' erfordert. Als letztendliches Ziel des GKV-Wettbewerbs benennt der Rat in seinem 1996er Gutachten die Entwicklung der Krankenkassen zu ‚Unternehmen'.

Die zweite Passage ist dabei von besonderer Bedeutung. Darin wird erkennbar, dass die Einführung des GKV-Wettbewerbs aus neoliberaler Sicht vor allem dazu dienen soll, dass sich Krankenkassen wie ‚Unternehmen' im Sinne erwerbswirtschaftlicher Unternehmen verhalten. Dieses Ziel wurde bereits unmittelbar nach Inkrafttreten des Wettbewerbs erreicht. Vor allem eine Reihe von Betriebskrankenkassen, die von der Möglichkeit einer Öffnung für alle GKV-Mitglieder Gebrauch machten, verfolgten Strategien der Risikoselektion, um ‚gute Risiken' zu gewinnen und ‚schlechte Risiken' abzuwehren. Diese Entwicklung setzte sich in den folgenden mittlerweile mehr als zwei Jahrzehnten fort und Krankenkassen präsentieren sich heute in der Regel als ‚Unternehmen', bezeichnen sich auch so und betreiben Risikoselektion in großem Umfang. Das wiederum veranlasste die Politik in der Vergangenheit mehrfach zu Interventionen, um ‚Auswüchse' des Wettbewerbs einzudämmen. Trotz dieser Entwicklungen wird jedoch weiter daran festgehalten., dass es einen Wettbewerb zwischen Krankenkassen geben soll.

Diese Entwicklung wird absehbar irgendwann an den Punkt gelangen, dass auch die Rechtsform der Krankenkassen dieser faktischen Transformation zu ‚Unternehmen' angepasst wird. Dies ergibt sich rein sachlogisch aus der Einführung eines GKV-Wettbewerbs. Wenn Krankenkassen sich unternehmerisch verhalten sollen, dann erfordert dies entsprechende unternehmerische Freiheiten. Und die können letztlich nur private Unternehmensformen bieten.

Zu zwei Einzelthemen enthält das Gutachten 1996 sehr aufschlussreiche Ausführungen, die eine nähere Betrachtung verdienen. Zum einen ging der Rat auf den 1994 eingeführten Risikostrukturausgleich ein, den er begrüßte, weil damit die GKV an das Äquivalenzprinzip herangeführt werde. Zum anderen sprach er sich für die Umstellung der GKV-Finanzierung auf einkommensunabhängige Beiträge aus. Wie oben bereits erwähnt, hatten bereits Gitter und Oberender 1987 einen solchen Vorschlag gemacht, allerdings eher am Rande und ohne ihn besonders herauszustellen. Der Wirtschaftssachverständigenrat hingegen schien das in einer solchen Umstellung enthaltene Potenzial für die Abschaffung der GKV und Umwandlung in ein reines PKV-System erkannt zu haben. Denn einkommensunabhängige GKV-Beiträge können als Zwischenschritt beim Übergang von einkommensabhängigen Beiträgen zu risikoäquivalenten Prämien dienen.

Der Risikostrukturausgleich als Heranführung an das Äquivalenzprinzip

Die Einführung des Risikostrukturausgleichs wurde vom Sachverständigenrat sehr positiv bewertet, da hierdurch eine wichtige Voraussetzung für die Eröffnung des Wettbewerbs zwischen den Krankenkassen geschaffen wurde. Das entsprach der weitverbreiteten Bewertung unter marktliberalen Ökonomen. Der Sachverständigenrat ging jedoch noch einen Schritt weiter und wies auf die langfristige Bedeutung des RSA hin, denn:

> „Der Vorteil dieser Regelung ist, daß sie die Risiken (alterskohortenspezifisch) homogenisiert und damit die Gesetzliche Krankenversicherung an das Äquivalenzprinzip heranführt, unter Beibehaltung der einkommensbezogenen Beitragssätze" (SVR-W 1996: 19, Ziff. 69).

In der Tat ist der zentrale Kern des Risikostrukturausgleichs das Äquivalenzprinzip. Zwar war die 1994 eingeführte erste Version des RSA beim Ausgleich von ‚Risikostrukturen' zwischen den Einzelkassen noch sehr unvollkommen, da Morbiditätsunterschiede nicht berücksichtigt wurden. Ein Einstieg für den Übergang zu risikoäquivalenten Prämien war dennoch vollzogen, da bei der Kalkulation des Beitragsbedarfs der einzelnen Krankenkasse die Alters- und Geschlechtsstruktur berücksichtigt wurde. Allein der Begriff ‚Risikostrukturausgleich' weist durch die Verwendung des Risikobegriffs eindeutig darauf hin, dass der RSA auf dem Grundsatz der Kalkulation risikoäquivalenter Prämien aufbaut. Und das heißt wiederum, dass er Ausdruck des Äquivalenzprinzips ist, also der privaten

Versicherungswirtschaft entlehnt. Insofern ist die Feststellung, durch die Einführung eines Risikostrukturausgleichs werde die GKV „an das Äquivalenzprinzip herangeführt" keine gewagte These, sondern eine zutreffende Einschätzung.

Interessant ist an der zitierten Passage der Zusatz, dass die Heranführung „unter Beibehaltung der einkommensbezogenen Beitragssätze" erfolge. Damit wird darauf hingewiesen, dass mit dem RSA innerhalb der GKV das ‚Kunststück' gelungen war, das Äquivalenzprinzip in die GKV-Finanzierung einzufügen, ohne die einkommensbezogenen Krankenkassenbeiträge abzuschaffen und ohne die Beitragsfinanzierung auf risikoäquivalente Prämien umzustellen.

Wie die vorherige Rekonstruktion der Entwicklung des neoliberalen Reformmodells gezeigt hatte, geht der RSA auf Vorschläge neoliberaler Ökonomen zurück. Betrachtet man ihn als Teil des neoliberalen Reformmodells, so dient er vor allem als Zwischenschritt beim Übergang von einkommensbezogenen GKV-Beiträgen zu risikoäquivalenten Krankenversicherungsprämien. Diesem Endzweck wurde der RSA durch die 2009 vollzogene Morbiditätsorientierung und Einbeziehung von 80 Krankheitsarten sogar noch näher gebracht. Ihren vorläufigen Abschluss fand diese Entwicklung in der 2020 vollzogenen Entscheidung, den RSA auf ein „Krankheits-Vollmodell" (BT-Drs. 19/15662: 2, 57) umzustellen, das alle kostenrelevanten Diagnosen berücksichtigt (§ 266, 267, 268 SGB V).

Bereits das seit 2009 geltende umfangreiche Zahlenwerk aus Grundpauschalen und Zu- und Abschlägen für Alters-, Geschlechts- und Morbiditätsgruppen, bot die Grundlagen für eine zukünftige Umstellung der Finanzierung auf risikoäquivalente ‚GKV-Beiträge', wenngleich noch mit einem relativ groben, auf ca. 80 Krankheitsarten beschränken Modell. Entscheidend war der Grundsatz der Kalkulation der Zuweisungen des Gesundheitsfonds an die einzelnen Krankenkassen. Mit den jährlich neu ermittelten und je Versicherten festgesetzten Zuweisungen wurden bereits die Kalkulationsgrundlagen für die Festlegung risikoäquivalenter Prämien bereitgestellt. Das System der versichertenbezogenen Zuweisungen des Gesundheitsfonds könnte – rein technisch betrachtet – relativ leicht in individuell risikoäquivalente Prämien umgewandelt werden. Der sich aus Grundpauschale und Zu- und Abschlägen je Versicherten ergebende Gesamtbetrag je Versicherten ist im Grunde nichts anderes als der ‚Preis' einer auf dem Äquivalenzprinzip basierenden Krankheitskostenvollversicherung.

Im gegenwärtigen System überweist der Arbeitgeber den GKV-Beitrag an die jeweilige Krankenkasse, die ihn an den Gesundheitsfonds weiterleitet und vom Gesundheitsfonds „risikoadjustierte" (risikoäquivalente) Zuweisungen pro Versicherten erhält. Würden die Krankenkassen in private Versicherungsunternehmen umgewandelt, die GKV abgeschafft und in ein reines PKV-System umgewandelt, könnte die privatisierte ehemalige Krankenkasse die vorliegenden Daten und die eingespielte Kalkulationsmethode nutzen, um auf dieser Grundlage risikoäquivalente Prämien zu kalkulieren, die dann nicht mehr von Gesundheitsfonds überwiesen werden, sondern vom einzelnen Versicherungsnehmer zu zahlen sind.

Einkommensunabhängige Beiträge als Hinwendung zum Äquivalenzprinzip

Ein weiterer Hinweis zum besseren Verständnis neuerer gesundheitspolitischer Entwicklungen ist in der folgenden Passage enthalten:

> „Bei einer weitergehenden Hinwendung zum Äquivalenzprinzip müßte jeder einzelne versichert werden, die Beiträge wären einkommensunabhängig. Der Krankenversicherungsschutz würde vom Arbeitsvertrag gelöst" (SVR-W 1996: 245).

Die Formulierung wirkt im Gutachten eher beiläufig und unbedeutend. Es wäre jedoch verfehlt, diesem Eindruck zu folgen. Wie dargelegt, empfahl der Rat langfristig die Abschaffung des GKV-Systems und Umstellung auf ein PKV-System mit risikoäquivalenten Prämien. Alle auf kurz- und mittelfristige Änderungen zielenden Vorschläge waren als Zwischenschritte im Rahmen eines schrittweisen Übergangs auf ein PKV-System gemeint.

Betrachtet man die Umstellung auf einkommensunabhängige GKV-Beiträge als Teil einer schrittweise vollzogenen Strategie zur Umstellung auf ein PKV-System, so ergibt sich folgendes Bild einer Schrittfolge:

- Der Arbeitgeberbeitrag wird abgeschafft und als Lohnbestandteil ausgezahlt.
- Damit entfällt die Grundlage für die Überweisung des GKV-Beitrags durch den Arbeitgeber an die jeweilige Krankenkasse.
- Der Beitrag muss folglich vom einzelnen Versicherten direkt an seine Krankenkasse überwiesen werden.
- Dabei ergibt sich allerdings das Problem, dass die Krankenkassen nicht die Höhe des Arbeitseinkommens kennen und die GKV-Mitglieder nicht wissen, welche Bestandteile ihres Arbeitsentgelts der Beitragspflicht zur GKV unterliegen. Nach Auszahlung des Arbeitgeberbeitrags lässt sich somit das System einkommensbezogener GKV-Beiträge nicht mehr aufrecht erhalten.
- Die ‚Lösung' liegt darin, dass der einkommensbezogene GKV-Beitrag in eine einkommensunabhängige Beitragspauschale umgewandelt wird. In einem ersten Schritt kann diese Pauschale noch die beitragsfreie Mitversicherung

von Familienangehörigen einschließen. In einem weiteren Schritt würde sie abgeschafft und danach müssten alle Personen eine Beitragspauschale zahlen.

- Damit wäre die Voraussetzung geschaffen für die Umstellung der öffentlich-rechtlich konstituierten GKV-Mitgliedschaft in individuelle privatrechtliche Versicherungsverträge für jede zu versichernde Person.
- Das wiederum würde die Möglichkeit eröffnen, die einkommensunabhängigen Beitragspauschalen in risikoäquivalente Prämien umzuwandeln. Die Grundlagen für deren Kalkulation liegen mit dem RSA bereits vor.

Die Umstellung auf individuelle privatrechtliche Versicherungsverträge ist allerdings innerhalb eines Sozialversicherungssystems nicht möglich, sondern erst nachdem die Krankenkassen privatisiert wurden. Die Überführung der Krankenkassen in private Rechtsformen ist zwar fester Bestandteil des neoliberalen Reformmodells, sie bedarf aber entsprechender politischer Mehrheiten, die bislang allerdings nicht zu erreichen waren.

Dieses Problem – und hier wird dem weiteren Gang der Untersuchung vorgegriffen – ließe sich aber dadurch lösen, dass die Umwandlung der Krankenkassen in private Versicherungsunternehmen kontinuierlich und durch zahlreiche kleinere Schritte bis zu einem Punkt vorangetrieben wird, an dem der Europäische Gerichtshof feststellt, dass die deutschen Krankenkassen nicht mehr Sozialversicherung, sondern Unternehmen im Sinne des europäischen Wettbewerbsrechts sind. Damit wäre das Ende der GKV als Sozialversicherung eingeläutet und der Weg frei für eine Privatisierung der Krankenkassen, die dann als private Krankenversicherungsunternehmen dem Recht der Versicherungswirtschaft unterliegen würden und gesetzlich gezwungen wären, risikoäquivalente Prämien zu kalkulieren.

Da eine Umwandlung von Krankenkassen in gewinnorientierte Aktiengesellschaften die Akzeptanz eines solchen Schrittes gefährden würde, ist auch bereits absehbar, wie ein solcher Übergang der Krankenkassen zu einer privaten Rechtsform scheinbar ‚sozialverträglich' gestaltet werden könnte. Die Unternehmen der PKV in Deutschland sind nur zu ungefähr der Hälfte Aktiengesellschaften, die andere Hälfte sind nicht gewinnorientierte sogenannte ‚Versicherungsvereine auf Gegenseitigkeit' (VVaG). Es gab in den letzten Jahren bereits mehrere Gutachten und auch politische Vorstöße von Seiten des Führungspersonals der GKV, in denen die Zulassung privater Rechtsformen für Krankenkassen vorgeschlagen oder gefordert wurde. Dabei ging es nicht um die Rechtsform der Aktiengesellschaften, sondern um die Zulassung der Rechtsform VVaG auch für Krankenkassen (vgl. u. a. Kingreen 2013a; Klusen 2012c).

Strategieempfehlung für die politische Umsetzung

Eine radikale Reform, wie sie der Wirtschaftssachverständigenrat in seinem Gutachten empfahl, war nicht mit einem Schritt in einer großen Gesundheitsreform zu vollziehen, sondern nur durch eine Vielzahl von Einzelschritten. Das war auch dem Sachverständigenrat bewusst, und entsprechend gab er an die Politik die Empfehlung, ‚einen langen Atem' zu behalten und Standfestigkeit zu beweisen:

> „Um ein solches Programm zu verwirklichen, kann man verschiedene Wege gehen: eine äquivalenzorientierte Reform innerhalb des bestehenden Systems durchführen oder – die konsequentere Lösung – eine private Krankenversicherung für alle obligatorisch einführen, die allerdings – um den Schwierigkeiten Rechnung zu tragen, die bei der angemessenen Kalkulation der Versicherungsbeiträge bestehen – mit einem Kontrahierungszwang der Versicherer, einer Mindestversicherungspflicht der Bürger sowie Beitragszuschüssen des Staates bei Bedürftigkeit verbunden sein müßte. Bei beiden Modellen bedarf es zur Verwirklichung allerdings vieler einzelner Schritte. Dafür wird die Bundesregierung einen langen Atem und Standfestigkeit gegenüber dem Begehren der Interessengruppen brauchen; um so wichtiger ist es, daß mit den Reformmaßnahmen unverzüglich begonnen wird" (SVR-W 1998: 234).

> „Es bedarf zahlreicher Einzelschritte, um eine solche Reformkonzeption in die Praxis umzusetzen. Die Politik braucht einen langen Atem. Zugute kommt ihr, daß viele Details bereits jetzt von Experten ausgearbeitet und für die dabei auftretenden technischen Probleme praktikable Lösungsmöglichkeiten aufgezeigt wurden, am weitestgehenden vom Sachverständigenrat für die Konzertierte Aktion im Gesundheitswesen. Die einzelnen Reformschritte aufeinander abzustimmen und ihre zeitliche Abfolge sachgerecht festzulegen, ist keine unlösbare Aufgabe" (SVR-W 1996: 245).

Diese Empfehlung erinnert stark an gleichlautende Empfehlungen der Wissenschaftlichen Arbeitsgruppe Krankenversicherung von 1987. Die Arbeitsgruppe hatte bereits betont, dass es Aufgabe marktliberaler Wissenschaftler sei, das langfristige Ziel nicht aus den Augen zu verlieren und immer wieder in Erinnerung zu rufen. Dem kam der Wirtschaftssachverständigenrat 1996 nach.

Führt man sich diese Empfehlung vor Augen, so wird auch nachvollziehbar, warum die bislang vorgestellten Diskussionsbeiträge neoliberaler Ökonomen weitgehend aus der Reproduktion bereits zuvor publizierter Ideen und Vorschläge bestehen. Ziel war und ist nicht, die wissenschaftliche Diskussion durch neue Erkenntnisse voranzubringen, sondern politische Entscheidungen durch die regelmäßige Publikation der immer gleichen Vorschläge zu beeinflussen. Dabei sollte man auch bedenken, dass es sich bei den Autoren der hier vorgestellten marktliberalen Reformmodelle um Akteure handelte beziehungsweise handelt, die teilweise über Jahrzehnte in der wissenschaftlichen Politikberatung tätig waren. Sie bilden sozusagen einen ‚Anker der Kontinuität' in einem Politikfeld, dessen Politikerinnen und Politiker häufig nur ein bis zwei Legislaturperioden in der Bundespolitik tätig sind, selten aber – wie die politikberatenden Professoren – über 20, 30 oder gar 40 Jahre.

Insofern ergibt sich allein schon aus diesem Umstand, dass langfristige Reformziele immer wieder in die Politikberatung eingebracht werden müssen, damit sie im schnelllebigen Tagesgeschäft der Politik nicht in Vergessenheit geraten. Streng genommen brauchen auch nicht Politiker einen langen Atem, sondern vor allem die politikberatenden Wissenschaftler. Insofern sind solche Appelle wie der oben zitierte letztlich vor allem an Wissenschaftler gerichtet, die die gleichen politischen Ziele verfolgen.

Fazit und Diskussion

Vergleicht man die Gutachten des Wirtschaftssachverständigenrates der 1990er Jahre mit dem Zwischenbericht 1994 und dem Sondergutachten 1995 des Gesundheitssachverständigenrates, so unterscheiden sie sich vor allem in der Radikalität der Vorschläge und Formulierungen. Während der SVR-W offen die Abschaffung der GKV als Sozialversicherung forderte und eindeutig für ein reines PKV-System plädierte, waren die entsprechenden Passagen in den Gutachten des Gesundheitssachverständigenrates so formuliert, dass nur indirekt für das ‚reine Marktmodell' geworben wurde.

Wie oben bereits dargelegt, lässt sich dieser Unterschied vor allem durch die unterschiedliche Zusammensetzung der beiden Gremien und die unterschiedliche Nähe und Abhängigkeit von der praktischen Gesundheitspolitik erklären. Der SVR-W wies ein deutlich höheres Maß an politischer Homogenität auf, die nur durch das eine, von den Gewerkschaften benannte Mitglied ‚gestört' wurde. Im SVRKAiG der 1990er Jahre waren die Ökonomen in der Minderheit und hatten zudem mit Detlev Zöllner als langjährigem führenden BMA-Beamten und Verteidiger des Sozialversicherungssystems vermutlich einen starken Gegenspieler im Rat. Zudem mussten die neoliberalen Ökonomen im SVRKAiG auf die sozialpolitischen ‚Befindlichkeiten' und wahlstrategischen Kalküle der CDU/CSU/FDP-Koalition Rücksicht nehmen. Dem SVR-W waren derartige Rücksichtnahmen offensichtlich vollkommen fremd.

Für die Weiterentwicklung des neoliberalen Reformmodells waren die Gutachten des SVR-W darum auch deutlich wichtiger als die des SVRKAiG. Zum einen wegen der klaren inhaltlichen Ausrichtung, aber auch wegen der von politischen Rücksichtnahmen freien eindeutigen Formulierungen. Auf die praktische Gesundheitspolitik hatten die Gutachten des Wirtschaftssachverständigenrates allerdings weniger direkten Einfluss als die des SVRKAiG, da sie von der praktischen Gesundheitspolitik relativ ‚weit entfernt' waren.

Auf lange Sicht waren die Gutachten des SVR-W jedoch deutlich einflussreicher. Allerdings erschließt sich dieser Einfluss erst rückblickend aus der Analyse der gesundheitspolitischen Diskussion ab Anfang der 2000er Jahre. Zudem war es ein Einfluss, der vor allem ‚vermittelt' über Zwischenstationen wirksam wurde. Die Abfolge kann vereinfacht so zusammengefasst werden, dass die Gutachten des SVR-W von führenden Gesundheitsökonomen offensichtlich aufmerksam gelesen und die darin enthaltenen Anregungen dankbar aufgenommen wurden. Dies dürfte auch mit dem relativ hohen Ansehen des Wirtschaftssachverständigenrates innerhalb der Wirtschaftswissenschaften und vor allem unter neoliberalen Ökonomen zusammenhängen.

Die neoliberalen Gesundheitsökonomen wiederum übernahmen die Positionen, Argumentationen und Anregungen in ihre Publikationen und sorgten so für deren Verbreitung in der gesundheitspolitischen Diskussion. Dabei verwiesen sie immer wieder auch explizit auf den SVR-W, der sich ab dem Jahr 2000 in seinen Gutachten mehrfach auch zu gesundheitspolitischen Themen äußerte. Besondere Bedeutung kam dabei seinem Gutachten 2004 zu. Darin griff er den in der gesundheitsökonomischen Diskussion damals kursierenden Vorschlag einer Umstellung der GKV-Finanzierung auf einkommensunabhängige Kopfpauschalen auf und baute ihn in sein Reformmodell ein. Dabei schuf er den Begriff des ‚einheitlichen Krankenversicherungsmarktes', der zum zentralen Leitbegriff für das neoliberale Modell eines grundlegenden marktwirtschaftlichen Umbaus der GKV wurde. Als Reaktion auf das 2002 von den Grünen und 2003 von der SPD beschlossene Reformprojekt einer ‚Bürgerversicherung' ersetzte er dabei den Begriff der ‚Kopfpauschale' durch „Bürgerpauschale" (SVR-W 2004: 387). Auch wenn man damals das wissenschaftliche Konzept des ‚Framing' noch nicht kannte, so war doch bereits bekannt, dass durch Verwendung von Begriffen tatsächliche Inhalte verdeckt oder irreleitende Konnotationen hervorgerufen werden können, um so die Durchsetzung politischer Ziele zu erleichtern.

Die politische Umsetzung des neoliberalen Reformmodells in den 1980er und 1990er Jahren: Eine Zwischenbilanz

Mit der Bundestagswahl 1998 endete die Ära Kohl. Die Regierungskoalition aus CDU/CSU und FDP wurde abgewählt und eine Koalition aus SPD und Grünen übernahm die Bundesregierung. Damit änderten sich auch zentrale Rahmenbedingungen für die Verwirklichung des neoliberalen Reformmodells für einen marktwirtschaftlichen Umbau der gesetzlichen Krankenversicherung. Dies soll hier zum Anlass für eine Zwischenbilanz der Entwicklung von 1982 bis 1998 genommen werden.

Die Rekonstruktion der Entwicklung von Anfang der 1980er Jahre bis 1998 beschränkte sich bislang weitgehend auf die Darstellung und Analyse von Veröffentlichungen, die maßgeblich zur Herausbildung des neoliberalen Reformmodells und seiner Weiterentwicklung beitrugen. Dabei wurde verschiedentlich auch bereits auf Schritte der politischen Umsetzung eingegangen, es fehlte jedoch eine systematische zusammenfassende Darstellung der politischen Entwicklung, aus der ersichtlich wird, welche Vorschläge wann in welcher Form von der Politik aufgegriffen und umgesetzt wurden. Dies soll nun folgen.

Erste Schritte zur Umsetzung des neoliberalen Reformmodells

Erste gesundheitspolitische Maßnahmen beschloss die schwarz-gelbe Regierungskoalition in den beiden Haushaltsbegleitgesetzen 1983 und 1984.[1] Dabei folgte

---

[1] Gesetz zur Wiederbelebung der Wirtschaft und Beschäftigung und zur Entlastung des Bundeshaushaltes (Haushaltsbegleitgesetz 1983) (BGBl. I. 1982, S. 1857). Gesetz über Maßnahmen zur Entlastung der öffentlichen Haushalte und zur Stabilisierung der Finanzentwicklung

M. Simon, *Der Einfluss des Neoliberalismus auf die deutsche Gesundheitspolitik*, Gesundheit. Politik – Gesellschaft – Wirtschaft, https://doi.org/10.1007/978-3-658-41099-5_6

sie allerdings dem bereits zuvor unter der sozialliberalen Koalition etablierten Modell der Kostendämpfungsgesetze. Die beiden Gesetze enthielten noch keinen Einstieg in einen Systemwechsel in Richtung eines reinen PKV-Systems.

Nachdem mit dem Jahresgutachten 1985 des Wirtschaftssachverständigenrates, den Publikationen des Kronberger Kreises, dem Reformkonzept von Gitter und Oberender sowie dem Vorschlag der Wissenschaftlichen Arbeitsgruppe das neoliberale Reformmodell vorlag, wurde im Rahmen des 1988 beschlossenen Gesundheitsreformgesetzes (GRG)[2] mit der politischen Umsetzung einzelner Vorschläge begonnen. Die Maßnahmen zur Umsetzung der neoliberalen Vorschläge im Rahmen des GRG können in drei Gruppen unterschieden werden:

- Maßnahmen zur Verringerung des Anteils der GKV-Versicherten an der Gesamtbevölkerung
- Reduzierung des GKV-Leistungskataloges in Richtung eines Grundleistungskataloges
- Einführung von Elementen des PKV-Geschäftsmodells in die GKV

Zur *ersten Maßnahmengruppe* gehörte die Ausweitung der Geltung der Versicherungspflichtgrenze auch auf Arbeiter (§ 6 Abs. 1 Nr. 1 SGB V). Zuvor unterlagen alle Arbeiter, unabhängig von der Höhe ihres Einkommens, der Pflicht zur Mitgliedschaft in der GKV. Durch die Ausweitung der Versicherungspflichtgrenze auf Arbeiter wurde Arbeitern mit hohem Einkommen die Option eröffnet, zur PKV zu wechseln. Ebenfalls zu dieser Maßnahmengruppe zu zählen ist die Befreiung einzelner Bevölkerungsgruppen von der GKV-Versicherungspflicht. Dies betraf unter anderem kleine Selbständige sowie selbständig tätige Lehrer, Hebammen und Erzieher (§ 6 Abs. 1 SGB V).

Zur *zweiten Maßnahmengruppe* gehörte die Streichung des Sterbegeldes und sogenannter ‚Bagatellarzneimittel‘ aus dem GKV-Leistungskatalog (§§ 34, 58 SGB V) sowie die Einführung von ‚Festbeträgen‘ für Zahnersatz, Arzneimittel, Verbandsmittel und Hilfsmittel (§§ 29, 30, 31, 33, 35, SGB V). Mit diesen Festbeträgen wurden Höchstgrenzen für die Leistungen der GKV definiert, die die Krankenkassen nicht überschreiten durften.

Der *dritten Maßnahmengruppe* ist die Umstellung von Sachleistungen auf Kostenerstattung bei Zahnersatz und kieferorthopädischer Behandlung zuzurechnen.

---

in der Rentenversicherung sowie über die Verlängerung der Investitionshilfeabgabe (Haushaltsbegleitgesetz 1984) (BGBl. I 1983, S. 1532).

[2] Gesetz zur Strukturreform im Gesundheitswesen (Gesundheits-Reformgesetz – GRG) vom 20. Dezember 1988 (BGBl. I S. 2477).

Zudem wurde allen Krankenkassen die Möglichkeit eingeräumt, im Rahmen ihrer Satzung „Erprobungsregelungen" zur Einführung von Kostenerstattung auch für weitere Leistungsarten zu beschließen (§ 64 SGB V).

Aus heutiger Sicht und mit Blick auf den mittlerweile erreichten Stand der Gesetzgebung können diese Änderungen vergleichsweise gering und unbedeutend erscheinen. Es ist allerdings zu bedenken, dass es sich nur um erste Schritte in Richtung eines marktwirtschaftlichen Umbaus handelte, denen weitere folgen sollten. Insgesamt war die Planung der damaligen Regierung, den angestrebten Umbau des Gesundheitswesens stufenweise vorzunehmen. Das GRG 1988 galt dementsprechend als ‚erste Stufe' einer mehrstufigen Gesundheitsreform. Die ‚zweite Stufe' folgte in der 1990 beginnenden Legislaturperiode mit dem 1992 beschlossenen Gesundheitsstrukturgesetz (GSG) und die ‚dritte Stufe' in der Legislaturperiode 1994 bis 1998 mit mehreren, in den Jahren 1996 und 1997 verabschiedeten Gesetzen.

Das *Gesundheitsstrukturgesetz 1992*[3] enthielt mit der Erweiterung der Kassenwahlmöglichkeit und der Einführung eines Risikostrukturausgleichs zwei richtungsweisende Entscheidungen für einen marktwirtschaftlichen Umbau der GKV. Zum 1. Januar 1996 wurden die Ersatzkassen durch Gesetz für alle GKV-Mitglieder geöffnet, und den Betriebs- und Innungskrankenkassen wurde die Option eingeräumt, sich durch Satzungsbeschluss für alle GKV-Mitglieder einer Region oder bundesweit zu öffnen.

Das Gesundheitsstrukturgesetz 1992 enthielt zudem auch mehrere Änderungen des Rechts der privaten Krankenversicherung, mit denen Elemente des neoliberalen Reformmodells umgesetzt wurden. So wurde die PKV verpflichtet, einen brancheneinheitlichen Standardtarif einzuführen, den die Versicherungsunternehmen allen Versicherten anzubieten hatten, die das 65. Lebensjahr vollendet haben. Der Standardtarif musste den Leistungen der GKV entsprechen und die dafür verlangte Prämie durfte nicht höher sein als der durchschnittliche GKV-Beitrag (umgerechnet in einen absoluten Betrag). Zudem wurde die PKV zu einem branchenweiten Finanzausgleich für die Kosten des Standardtarifs verpflichtet.

Der Standardtarif kann insofern als Umsetzung des neoliberalen Reformmodells angesehen werden, als damit erstmals ein einheitlicher Katalog für eine Basisversorgung definiert wurde, die von allen ‚Krankenversicherungen' anzubieten war. Auch der Begriff des ‚Standardtarifs' weist eine deutliche Parallele auf zu den von neoliberalen Ökonomen vorgeschlagenen ‚Standardleistungen'

---

[3] Gesetz zur Sicherung und Strukturverbesserung der gesetzlichen Krankenversicherung (Gesundheitsstrukturgesetz) vom 21. Dezember 1992 (BGBl. I. S. 2266).

oder einem ‚Standardleistungspaket', für das eine gesetzliche Versicherungspflicht gelten solle. Der „Standardtarif" wurde 2007 im Rahmen des GKV-
Wettbewerbsstärkungsgesetzes (GKV-WSG) durch einen „Basistarif" ersetzt, der
seit 2009 als eine Art Mindestversicherungsschutz von der PKV gesetzlich
verpflichtend anzubieten ist.

Das Gesundheitsstrukturgesetz enthielt darüber hinaus eine Vielzahl an Neuregelungen für zahlreiche andere Bereiche des Gesundheitswesens. Dazu gehörte
beispielsweise die Einführung einer sogenannten ‚Deckelung' der kassenärztlichen Vergütungen und Krankenhausbudgets sowie ein Grundsatzbeschluss für
die Umstellung der Krankenhausfinanzierung auf Fallpauschalen. Die meisten
Neuregelungen im Gesundheitsstrukturgesetz dienten nicht der Umsetzung des
neoliberalen Reformmodells. Sie waren entweder Reaktionen auf akut auftretende
Finanzierungsprobleme der GKV, wie beispielsweise die ‚Deckelung' der ärztlichen Vergütungen und Krankenhausbudgets oder Erhöhung von Zuzahlungen der
Versicherten, oder sie sollten verschiedenartigste andere Probleme lösen oder zu
einer Verbesserung von Leistungen an anderer Stelle beitragen.

Diese Heterogenität war keine Besonderheit des GSG. Größere Gesundheitsreformen bestehen in der Regel aus einer Vielzahl sehr unterschiedlicher
Regelungsinhalte, die keineswegs einem einheitlichen Muster oder Ziel folgen,
sondern nicht selten auch einander widersprechen. Die Erklärung dafür ist darin
zu suchen, dass eine Vielzahl von Akteuren mit einer Vielzahl unterschiedlicher
Interessen und Ziele an der Vorbereitung und Formulierung von Gesetzentwürfen mitwirken und diese Entwürfe in der Regel auch noch im Verlauf der
parlamentarischen Beratungen an zahlreichen Stellen geändert werden.

Angesichts dieser Komplexität würde es den Rahmen dieser Untersuchung
sprengen, wenn versucht würde, alle Detailregelungen einzubeziehen. Die Darstellung der gesundheitspolitischen Beschlüsse beschränkt sich darum auf diejenigen, die für das zentrale Thema der vorliegenden Untersuchung von Relevanz
sind.

Exkurs: GKV-Wettbewerb und Risikostrukturausgleich

Für das zentrale Thema dieses Buches ist im Fall des Gesundheitsstrukturgesetzes 1992 vor allem die Einführung des ‚GKV-Wettbewerbs' von besonderer
Bedeutung. Der Begriff ‚GKV-Wettbewerb' wird seit dem Gesundheitsstrukturgesetz in der Regel als Obergriff für Entwicklungen verwendet, die durch
die Einführung einer weitgehenden Wahlfreiheit innerhalb der GKV und einem
Risikostrukturausgleich zwischen den Krankenkassen ausgelöst wurden. Wegen

seiner besonderen Bedeutung für die nachfolgende Entwicklung soll auf diese beiden zentralen Bestandteile des Gesundheitsstrukturgesetzes näher eingegangen werden. Zwar wurde bereits an früheren Stellen des vorliegenden Buches der Themenkomplex angesprochen, es erscheint jedoch sinnvoll, im Rahmen der Zwischenbilanz auf die politische Umsetzung dieses Teils eines marktwirtschaftlichen Umbaus der GKV in einer systematischen Darstellung einzugehen.

Zunächst einmal ist festzuhalten, dass die Öffnung der Krankenkassen und der allgemeinen Wahlfreiheit für alle GKV-Mitglieder nicht aufgrund einer in der Bevölkerung weit verbreiteten Forderung nach mehr Wahlfreiheit folgte. Befragungen hatten ergeben, dass 1993 nur sechs Prozent der Bevölkerung einen Kassenwechsel überhaupt in Erwägung zogen (Müller/Schneider 1997). Auch die bestehenden Beitragssatzunterschiede zwischen den Krankenkassen waren bis Mitte der 1990er Jahre kein Thema, das relevante Teile der Bevölkerung beschäftigte. Im September 1993 kannten nur neun Prozent der Bevölkerung die Höhe ihres Krankenkassenbeitrags (ebd.).

Die wirksamste Maßnahme, um Beitragssatzunterschiede vollständig zu beseitigen, wäre gewesen, den bestehenden Finanzausgleich für die Ausgaben der Krankenversicherung der Rentner auf die gesamte GKV auszuweiten oder alle Krankenkassen zu einer einzigen bundesweiten Krankenkasse zusammenzuschließen. Beides hätte allerdings die Einführung eines Krankenkassenwettbewerbs erheblich erschwert (KVdR-Finanzausgleich) oder vollständig unmöglich gemacht (Zusammenschluss).

Ziel der erweiterten Wahlmöglichkeiten war es, Mitgliederwechsel zwischen Krankenkassen und dadurch einen Wettbewerb der Krankenkassen um Mitglieder auszulösen. Dabei musste allerdings damit gerechnet werden, dass es zu dem kommen würde, was in der privaten Versicherungswirtschaft als ‚Risikoentmischung‘ bezeichnet wird, die wiederum erhebliche finanzielle ‚Verwerfungen‘ innerhalb der GKV nach sich ziehen würde. Wenn sich als Folge von Mitgliederwechseln die gesunden und gutverdienenden Mitglieder ohne beitragsfrei mitversicherte Familienangehörige in einem Teil der Kassen und überdurchschnittlich kranke, gering verdienende Mitglieder mit relativ vielen Familienmitgliedern in einem anderen Teil der Kassen sammeln würden, hätte das gravierende Auswirkungen auf die Beitragssätze. Kassen mit überdurchschnittlich vielen gesunden, gutverdienenden, alleinstehenden Mitgliedern kämen mit sehr niedrigen Beitragssätzen aus, Krankenkassen mit hohem Anteil an chronisch kranken, gering verdienenden Mitgliedern müssten hingegen hohe Beitragssätze verlangen.

Um solche ‚Verwerfungen‘ in der GKV nach Einführung des GKV-Wettbewerbs zu verhindern, wurde bereits im Vorfeld der Kassenöffnung im Jahr 1994 ein Risikostrukturausgleich (RSA) eingeführt. Allerdings sollte dieser RSA keinen vollständigen Ausgleich der Einnahmen und Ausgaben der Krankenkassen bewirken, sondern nur einen Teil der Unterschiede nivellieren. Die Umverteilung der Mittel erfolgte anhand der beitragspflichtigen Einnahmen der Mitglieder, der Zahl der mitversicherten Familienangehörigen, des Geschlechts und definierter Altersgruppen. Grundlage der Zuweisungen des Risikostrukturausgleichs an die einzelnen Krankenkassen waren nicht die tatsächlichen, sondern nur „standardisierte Leistungsausgaben" (§ 266 Abs. 4 SGB V). Gemeint waren damit die durchschnittlichen Kosten für einzelne Versichertengruppen, die nach festgelegten Kriterien gebildet wurden.

Die Beschränkung des Ausgleichs auf Durchschnittskosten musste dazu führen, dass Abweichungen der Einkommensverhältnisse der Mitglieder und der Morbidität der Versicherten einer Kasse von diesem Durchschnitt zu Überschüssen oder Defiziten führen. Dies war politisch gewollt und sollte den Wettbewerb der Krankenkassen um Mitglieder und Versicherte antreiben.

Die Beschränkung auf Durchschnittskosten wurde im Gesetzentwurf damit begründet, dass dadurch „das Interesse der Krankenkassen an wirtschaftlichem Verhalten gestärkt" werde (CDU/CSU et al. 1992: 118). Was mit „wirtschaftlichem Verhalten" von Krankenkassen gemeint war, wurde nicht erläutert. Betrachtet man die Funktionsweise des damals beschlossenen RSA, so stärkt ein solches Ausgleichssystem in erster Linie das Interesse von Krankenkassen an Strategien der ‚Risikoselektion'. Gelingt es einer Krankenkasse, vor allem solche Versicherten zu gewinnen und zu halten, deren Kosten unter dem Durchschnitt der betreffenden Versichertengruppe liegen, so kann sie einen Überschuss erzielen. Sammeln sich bei ihr jedoch vermehrt Versicherte, deren Kosten über dem Kostendurchschnitt liegen, wird ein relevanter Teil ihrer Kosten nicht gedeckt und sie erleidet ein Defizit.

Da die Krankenkassen im damaligen System den allgemeinen Beitragssatz noch selbst und kassenindividuell festlegten, konnten Kassen mit Überschüssen ihren allgemeinen Beitragssatz senken, Kassen mit Defiziten mussten ihn erhöhen. Es war erklärter politischer Wille, dass von Beitragssatzunterschieden ‚Anreize' zum Kassenwechsel ausgehen sollten. Vor Einführung des RSA gab es erhebliche Beitragssatzunterschiede zwischen den Krankenkassen. Mitte 1989 reichte die Beitragssatzspanne beispielsweise von 8,0 % bis zu 16,0 % (GKV-Enquêtekommission 1990a: 393). Allerdings waren diese Beitragssatzspannen den GKV-Mitgliedern in der Regel nicht bekannt und sie lösten deshalb auch keine nennenswerten Wanderungsbewegungen aus. Zwar gab es eine in erheblichem Maße sozial ungleiche Verteilung von Einkommensstrukturen und Morbidität zwischen den Krankenkassen, diese war jedoch primär das Ergebnis unterschiedlicher gesetzlicher Zuweisungen von Mitgliedern zu bestimmten

Kassenarten und einer zumeist an der Zugehörigkeit zu bestimmten sozialen Schichten orientierten Wahlentscheidung von Mitgliedern. Bis in die 1980er Jahre hinein war vor allem unter Angestellten immer noch ein gewisses Statusdenken und eine bewusste Abgrenzung von der Arbeiterschaft anzutreffen, die teilweise auch Einfluss auf die Wahl der Krankenkasse hatte.

Die Ende der 1980er Jahre bestehenden erheblichen Beitragssatzspannen waren eines der zentralen Argumente für die Einführung einer allgemeinen Wahlfreiheit aller Mitglieder zwischen allen Krankenkassen und Einrichtung eines Risikostrukturausgleichs. Der RSA sollte dabei verhindern, dass Wanderungsbewegungen zu noch größeren Beitragssatzspannen führen. Er sollte die bestehenden möglichst verringern, er sollte jedoch nicht verhindern, dass überhaupt Beitragssatzunterschiede zwischen Krankenkassen entstehen. Hätte man dieses Ziel erreichen wollen, wäre ein vollständiger Finanzausgleich der tatsächlich entstandenen Kosten zwischen allen Krankenkassen der richtige Weg gewesen. Einen solchen Finanzausgleich gab es bereits seit Ende der 1970er Jahre für die Ausgaben der Krankenkassen im Rahmen der Krankenversicherung der Rentner (KVdR). Dieser Ausgleich wurde jedoch abgeschafft und durch den im GSG beschlossenen Risikostrukturausgleich ersetzt.

Der Finanzausgleich für die KVdR wurde abgeschafft, weil er keinen ‚Anreiz‘ zu ‚wirtschaftlichem Verhalten‘ der Krankenkassen setzte. Mit solchen Anreizen war gemeint, dass aus bestimmten Handlungen und Verhaltensweisen – in diesem Fall einer Krankenkasse – finanzielle Vorteile und Nachteile entstehen. Insofern basierte die Einführung des RSA durch das Gesundheitsstrukturgesetz 1992 eindeutig auf dem neoliberalen Leitmodell des eigennutzmaximierenden Homo oeconomicus. Kassen sollten durch das neue System dazu gebracht werden, sich wie Organisationen zu verhalten, die sich primär am wirtschaftlichen Eigennutzen orientieren.

An den funktionalen Zusammenhängen des RSA wird erkennbar, dass seine Einführung primär darauf gerichtet war und dazu dienen sollte, die Krankenkassen in nutzenmaximierende Wirtschaftsunternehmen umzuwandeln. Dies hatten die Vordenker des neoliberalen Reformmodells in den 1980er Jahren auch explizit formuliert. Im Gesetzentwurf für das GSG 1992 erschien diese Zielorientierung jedoch nicht explizit.

Was die Einführung des GKV-Wettbewerbs im Alltag der gesetzlichen Krankenversicherung bedeutete, wurde sehr schnell nach Einführung der weitgehenden Wahlfreiheit ab 1996 erkennbar. Vor allem junge gutverdienende Mitglieder wechselten zu neu gegründeten oder geöffneten Betriebs- und Innungskrankenkassen mit deutlich unterdurchschnittlichen Beitragssätzen. Von der Abwanderung ‚attraktiver' Mitglieder betroffen waren vor allem die Ortskrankenkassen und die durch Gesetz geöffneten Ersatzkassen.

In der Folge dieser Wanderungsbewegungen konnten vor allem neu gegründete oder geöffnete Betriebs- und Innungskrankenkassen ihre Beitragssätze deutlich senken, was noch mehr gutverdienende Mitglieder anzog und weitere Beitragssatzsenkungen ermöglichte. Diese Dynamik wiederum konnte sich nur entwickeln, weil im Gefolge der Eröffnung des Kassenwettbewerbs eine neue Spezies der Medienberichterstattung entstand. In immer mehr Tageszeitungen erschienen Krankenkassenvergleiche, in denen die jeweiligen Beitragssätze aufgelistet wurden, verbunden mit der mehr oder weniger offen formulierten Empfehlung, zu einer ‚preiswerten' Kasse zu wechseln (Müller/Schneider 1997, 1998). Da die Lektüre überregionaler Tageszeitungen in hohem Maße sozial ungleich verteilt ist, erreichten solche Kassenvergleiche vor allem soziale Schichten mit überdurchschnittlichem Einkommen und Bildungsstand. Die Eröffnung des Kassenwettbewerbs führte so zu einer noch stärkeren sozialen ‚Entmischung' und damit verbundenen sozialen Ungleichheit innerhalb der GKV.

Dies belegten auch die Ergebnisse mehrerer Analysen von Daten der GKV und des Sozioökonomischen Panels (Andersen/Schwarze 1998, 1999; Müller/Schneider 1997, 1998, 1999).

- Die Wechselbereitschaft korrelierte mit dem Einkommen und Bildungsabschluss. Je höher Einkommen und/oder Bildungsabschluss war, desto höher war die Wechselbereitschaft (Andersen/Schwarze 1998, 1999).
- Primärer Grund für einen Wechsel war die Höhe des Beitragssatzes (Andersen/Schwarze 1998, 1999).
- Am stärksten ausgeprägt war die Wechselbereitschaft bei der Gruppe der freiwillig Versicherten (Andersen/Schwarze 1998, 1999). Am niedrigsten lag sie bei den Rentnern. Dort erfolgten fast keine Wechsel (Andersen/Schwarze 1998, 1999; Müller/Schneider 1997, 1998, 1999).
- Die Trends verstärkten sich in den Jahren 1996 bis 1999 von Jahr zu Jahr (Müller/Schneider 1997, 1998, 1999).
- ‚Verliererkassen' waren vor allem Ortskrankenkassen und Angestellten-Ersatzkassen, ‚Gewinner' waren in erster Linie geöffnete Betriebs- und Innungskrankenkassen (Müller/Schneider 1999).
- Betriebskrankenkassen waren in den ersten Jahren des GKV-Wettbewerbs vor allem auch deshalb im Vorteil, weil die Arbeitgeber die Verwaltungskosten

trugen, die bis zu 0,8 Beitragssatzpunkte ausmachten (Müller/Schneider 1999: 22).

- Die niedrigsten Beitragssätze wiesen geöffnete „virtuelle Krankenkassen" auf (Müller/Schneider 1999: 32). Als ‚virtuell' wurden Kassen bezeichnet, die nur wenige oder gar keine Zweigstellen unterhielten und in der Regel nur über das Internet oder Telefon erreichbar waren.

- Geöffnete BKKn und IKKn konnten teilweise bereits im ersten Jahr nach Öffnung „extreme Mitgliederzuwächse" verzeichnen (Müller/Schneider 1997: 14). Ihre Zuwächse beschleunigten sich auch in den folgenden Jahren, sie erreichten binnen kurzer Zeit nicht selten eine Vervielfachung ihrer Mitgliederzahl (Müller/Schneider 1998).

- Die virtuellen BKKn und IKKn wiesen eine Versichertenstruktur auf, die sich deutlich von der anderer Kassen unterschied. So lag ihr Rentneranteil teilweise unter einem Prozent (Müller/Schneider 1998: 17). Ortskrankenkassen hatten hingegen in der Regel einen Rentneranteil von 40 bis 50 % (ebd.). Auch die Anteile von Geringverdienern und Arbeitslosen lagen bei virtuellen Krankenkassen in der Regel deutlich unter dem GKV-Durchschnitt.

Die Wanderungsbewegungen im Gefolge der Eröffnung des GKV-Wettbewerbs führten binnen kurzer Zeit zu „extremen Risikoentmischungen" (Müller/Schneider 1998: 17). Trotz RSA gab es deutliche Beitragssatzunterschiede. Die Beitragssätze variierten 1998 in Westdeutschland zwischen 11,4 und 14,9 % und in Ostdeutschland zwischen 11,4 und 14,5 % (Müller/Schneider 1999: 35). Hätte es keinen RSA gegeben, wären extreme Beitragssatzspannen die Folge gewesen. Nach Berechnungen des BMG hätte die Beitragssatzspanne 1997 ohne RSA von 4,5 % bis 20 % gereicht (Müller/Schneider 1998: 18).

Da sich die Krankenkassen damals noch kaum bei ihren Satzungsleistungen unterschieden, wirkte sich die aus den Wanderungsbewegungen resultierende soziale Ungleichheit vor allem auf die finanzielle Belastung aus. Die Öffnung der Krankenkassen führte dazu, dass vor allem Mitglieder mit überdurchschnittlichem Einkommen die niedrigsten Beitragssätze zahlten und Mitglieder mit unterdurchschnittlichem Einkommen die höchsten. Der RSA konnte diese sozial ungleiche Beitragsbelastung nicht verhindern, er schwächte sie nur ab. Da er aufgrund der Orientierung an Durchschnittskosten je Versichertengruppe Beitragssatzunterschiede auch gar nicht verhindern sollte, zeigt sich an diesen Entwicklungen, dass diese zentrale Grundsatzentscheidung zum RSA zu verstärkter sozialer Ungleichheit führt. Und dies war kein Versehen, wie der Rückblick auf die konzeptionellen Vorarbeiten neoliberaler Ökonomen für den GKV-Wettbewerb und Risikostrukturausgleich zeigte.

Wie in den vorhergehenden Kapiteln herausgearbeitet, waren sowohl die Einführung einer möglichst vollständigen Kassenwahlfreiheit als auch die Einführung eines Risikostrukturausgleichs zentrale Bestandteile des neoliberalen Reformmodells. Die Einführung von Wettbewerb in die GKV war nur möglich, wenn GKV-Mitglieder die Wahl zwischen Krankenkassen haben. Dass die Abschaffung gesetzlicher Zuweisungen und Öffnung Kassen zu erheblichen Wanderungsbewegungen führen würde, war im neoliberalen Modell keine unerwünschte Nebenwirkung, sondern zentrales Ziel. Nur so war es zu erreichen, dass Krankenkassen um Versicherte in einen Wettbewerb treten und sich dadurch mittel- und langfristig immer mehr als ‚Unternehmen' begreifen und wie private Unternehmen auf einem ‚Wettbewerbsmarkt' verhalten. Damit wiederum würden die Voraussetzungen für die spätere auch formale Umwandlung der Krankenkassen in private Versicherungsunternehmen geschaffen.

Dass es bei der Einführung eines Wettbewerbs zwischen Krankenkassen zu Mitgliederwanderungen und ‚Risikoentmischung' kommen würde, war auch den Protagonisten des neoliberalen Reformmodells bewusst. Dementsprechend hatten auch die neoliberalen Vorschläge für einen marktwirtschaftlichen Umbau der GKV einen Risikoausgleich vorgesehen. Es muss allerdings darauf hingewiesen werden, dass in der neoliberalen Vorstellungswelt ein Risikostrukturausgleich nur deshalb notwendig ist, weil und solange keine risikoäquivalenten Prämien erhoben werden. Werden risikoäquivalente Prämien von den Krankenversicherungen kalkuliert und verlangt, entfällt die Notwendigkeit eines nachträglichen Ausgleichs, denn die Versicherungen erhalten von jedem Versicherten die Versicherungsprämie, die zur Deckung seines Schadensfallrisikos ausreicht und somit äquivalent zu seinem Risiko ist. Eine kurzfristige Umstellung der GKV-Finanzierung von einkommensabhängigen Beiträgen auf risikoäquivalente Versicherungsprämien war jedoch politisch nicht realisierbar, was auch den neoliberalen Protagonisten eines Systemwechsels bewusst war. Insofern erfüllte der Risikostrukturausgleich in ihrem Modell die Funktion einer Übergangslösung, die solange erforderlich ist, bis risikoäquivalente Prämien politisch durchsetzbar sind.

Wie in den vorhergehenden Kapiteln dargelegt, war und ist das neoliberale Reformmodell am Modell der privaten Krankenversicherung ausgerichtet. Bereits die Verwendung des Begriffs ‚Risiko' verweist auf die private Versicherung. Es ist die private Versicherung, die gegen Risiken versichert. Die GKV als staatliche Sozialversicherung versichert kein Risiko, sondern gewährt Sachleistungen als soziale Unterstützung zur Vermeidung oder Behandlung von Krankheit oder

Unfallfolgen. Der Risikobegriff entstammt den Anfängen der privaten Seeversicherung[4] und es ist die private Krankenversicherung, in der Versicherte als ‚Risiko' gelten, die in Risikogruppen eingeteilt und für die risikoäquivalente Versicherungsprämien kalkuliert werden.

Insofern ist der Risikobegriff der GKV als staatlicher Sozialversicherung vollkommen unangemessen und für sie unpassend. Wenn der Risikobegriff dennoch in die GKV eingeführt wurde, so folgte dies letztlich der neoliberalen Argumentation, dass es sich bei der GKV um eine ‚Versicherung' handelt und auch in ihr das ‚Versicherungsprinzip' gelten müsse. Diese Argumentation wurde bereits an früherer Stelle dieses Buches diskutiert und widerlegt, sodass dies hier nicht erneut erfolgen muss.

Dass der 1994 eingeführte RSA in seiner Konstruktion am Modell der PKV orientiert ist, zeigt sich vor allem daran, dass die Gesamtheit der GKV-Versicherten in ‚Risikogruppen' eingeteilt und für jede dieser ‚Risikogruppen' die Höhe der GKV-weiten durchschnittlichen Kosten je Risikogruppe berechnet wird. Dies folgt eindeutig der Grundlogik der Kalkulation der PKV-Prämien.

In der ersten, 1994 eingeführten Version des RSA beschränkte sich die Gruppenbildung noch auf indirekte kostenrelevante Morbiditätsmerkmale wie Alter und Geschlecht. Nach der Umstellung auf einen morbiditätsorientierten RSA ab 2009 wurden auch direkte Morbiditätsmerkmale anhand von 80 Krankheitsartengruppen verwendet. Wenn – wie seit 2021 der Fall – alle Krankheitsarten abgebildet werden, gibt es in der GKV einen RSA, der alle erforderlichen Daten bereitstellt, um individualisierte risikoäquivalente Prämien für jede Versicherte und jeden Versicherten zu kalkulieren. Dann sind die versicherungsmathematischen Vorarbeiten so weit abgeschlossen, dass einkommensabhängige Beiträge durch risikoäquivalente Prämien ersetzt werden könnten.

Damit soll nicht behauptet werden, dass die schrittweise ‚Verfeinerung' des RSA bewusst mit diesem Ziel betrieben wurde oder wird. Dafür gibt es bislang keine Hinweise. Es soll vielmehr darauf hingewiesen werden, dass mit der Einführung des GKV-Wettbewerbs und des RSA Schritte mit weit reichender Konsequenz erfolgt sind, und dass damit Voraussetzungen für die Abschaffung der GKV als Sozialversicherung und Umwandlung der GKV in ein reines PKV-System geschaffen wurden. Insofern war das GSG 1992 ein ‚Meilenstein' für die Verwirklichung des neoliberalen Reformmodells.

---

[4] Vgl. dazu die materialreiche Untersuchung von Dieter Schewe zur Geschichte der privaten Versicherungen sowie die Ausführungen des Digitalen Wörterbuches der Deutschen Sprache zur Etymologie des Risikobegriffs (DWDS 2019; Schewe 2000).

Dieser Meilenstein war allerdings nur möglich, weil sich Anfang der 1990er Jahre auch die SPD die neoliberale Forderung nach mehr Wettbewerb in der GKV zu Eigen gemacht hatte. Dies hatte vor allem zwei Gründe. Zum einen gab es innerhalb der politischen Linken der 1980er Jahre zunehmende Kritik an sozialer Ungleichheit infolge von ‚Risikoentmischungen' in der GKV, die zu teilweise erheblichen Beitragssatzunterschieden geführt hatten (vgl. dazu insbesondere den Abschlussbericht der GKV-Enquêtekommission 1990a). Zum anderen bildete das 1989 beschlossene „Berliner Programm" der SPD den vorläufigen Endpunkt einer Hinwendung der SPD zur ordoliberalen Wettbewerbsideologie (SPD 1989).

Bereits im Godesberger Programm von 1959 hatte sich die SPD zur ‚Sozialen Marktwirtschaft' bekannt, in den 1980er Jahren übernahm sie – sicher auch befördert durch einen immer breiter und einflussreicher werdenden neoliberalen Mainstream – zentrale Überzeugungen des Ordoliberalismus und sah Wettbewerb nicht nur als adäquates Mittel der Bekämpfung von Machtkonzentrationen in der Wirtschaft an, sondern auch als geeignetes Mittel zur ‚Steuerung' des Gesundheitswesens. Sie übernahm die von den neoliberalen Vordenkern der 1980er Jahre vertretene Vorstellung, dass Wettbewerb der am besten geeignete Weg ist, sowohl Krankenkassen als auch Leistungserbringer zu mehr Wirtschaftlichkeit, mehr Bedarfsgerechtigkeit und mehr Qualität zu zwingen.

Diese inhaltliche Ausrichtung bildete die Grundlage dafür, dass die SPD im Rahmen der politischen Verhandlungen über die Ausgestaltung des Gesundheitsstrukturgesetzes 1992 treibende Kraft war für die zügige Einführung des GKV-Wettbewerbs (Reiners 1993). Sie konnte als Opposition einen Großteil ihrer Forderungen zur Ausgestaltung des GSG durchsetzen, weil die Regierungskoalition ab Anfang der 1990er Jahre nicht mehr über eine Mehrheit im Bundesrat verfügte und die zentralen Bestandteile des geplanten Gesundheitsstrukturgesetzes der Zustimmung des Bundesrates bedurften.

Die SPD ging in die deshalb notwendigen Verhandlungen über einen gemeinsamen Gesetzentwurf von CDU/CSU, FDP und SPD mit der ausdrücklichen Forderung nach mehr Wettbewerb in der GKV und Einführung eines RSA (SPD 1992). Die CDU/CSU/FDP-Koalition wollte zwar auch mehr Wettbewerb im Gesundheitswesen, zögerte bei der GKV jedoch nicht zuletzt aufgrund ihrer traditionellen Nähe zu den Ersatzkassen. Die Ersatzkassen mussten damit rechnen, Verlierer einer allgemeinen Kassenöffnung und Nettozahler eines RSA zu werden. Dementsprechend sah der zunächst vorgelegte Gesetzentwurf der Regierungskoalition für ein GSG keine Kassenöffnung und keinen RSA vor, sondern nur die Prüfung solcher Optionen und Verlagerung einer Entscheidung auf die nachfolgende Legislaturperiode (Bundesregierung 1992). Die SPD hingegen machte die zügige Einführung von GKV-Wettbewerb und RSA zur Bedingung ihrer Zustimmung zum GSG, wobei ihre traditionelle Nähe zu den Ortskrankenkassen, die das stärkste Interesse an einer Kassenöffnung und einem RSA hatten, eine nicht unwesentliche Rolle gespielt haben dürfte.

Die zunehmende Orientierung der SPD an der ordoliberalen Vorstellungswelt wird hier auch deshalb angesprochen, um deutlich zu machen, dass sich die nach 1998 zu verzeichnende offene Annäherung der Parteiführung an den Neoliberalismus, wie sie im Schröder/Blair-Papier und der Agenda 2010 zum Ausdruck kam, in der Gesundheitspolitik bereits in den 1990er Jahren begann. Diese inhaltliche Entwicklung findet sich schließlich auch in ihrem Modell einer ‚Bürgerversicherung', das seit 2004 ausdrücklich als Variante eines ‚einheitlichen Krankenversicherungsmarktes' konzipiert ist (Nahles-Kommission 2004).

Zudem kann die entschiedene Befürwortung des GKV-Wettbewerbs durch die SPD einen wesentlichen Beitrag zur Beantwortung der Frage leisten, warum am GKV-Wettbewerb und Risikostrukturausgleich trotz der oben aufgezeigten, auch von den Befürwortern des GKV-Wettbewerbs kritisierten Fehlentwicklungen bis heute festgehalten wird. Es bestand bereits 1992 eine starke Übereinstimmung zwischen CDU/CSU, FDP und SPD in der Grundüberzeugung, dass Wettbewerb das beste Verfahren zur Steuerung des Gesundheitswesens und der GKV ist und unbedingt beibehalten werden sollte. In dieser Vorstellungswelt sind Fehlentwicklungen wie die oben aufgeführten nicht Folge des Wettbewerbs, sondern nur Folge einer unzureichenden Ausgestaltung des ‚Wettbewerbsrahmens' durch staatliches Recht.

Folglich wird nicht die Abschaffung des Wettbewerbs auf die Tagesordnung gesetzt, sondern immer nur eine Nachjustierung des Wettbewerbsrahmens für notwendig gehalten und vorgenommen. Dies erfolgte seit Ende der 1990er Jahre bis heute in einer nicht mehr überschaubaren Vielzahl von Gesetzesänderungen, neuen Verordnungen, Verordnungsänderungen etc. bis hin zu grundlegenden Reformen des RSA wie der 2009 vollzogenen Umstellung auf einen morbiditätsorientierten Risikostrukturausgleich durch das GKV-Wettbewerbsstärkungsgesetz 2007 und der Umstellung des morbiditätsorientierten Risikostrukturausgleichs auf ein „Krankheits-Vollmodell" durch das Faire-Kassenwettbewerbs-Gesetz 2020.

Spätestens seit der Umstellung des RSA auf einen morbiditätsorientierten RSA handelt es sich nicht mehr um einen Risikostrukturausgleich, sondern um ein System, das „risikoäquivalente Prämien simuliert" , wie es der langjährige Vorsitzende des wissenschaftlichen Beirates für die Weiterentwicklung des RSA, der Gesundheitsökonom Jürgen Wasem formulierte (Wasem et al. 2003: 44).

Nach diesem Exkurs zur Einführung des GKV-Wettbewerbs und der Bedeutung des Risikostrukturausgleichs für die Verwirklichung des neoliberalen

Reformmodells, soll nun zur Darstellung der gesundheitspolitischen Entwicklung der 1990er Jahre zurückgekehrt werden.

Die Fortsetzung des neoliberalen Umbaus durch die ‚Dritte Stufe' der Gesundheitsreform und die Einführung der Pflegeversicherung

Nachdem die CDU/CSU/FDP-Koalition 1994 erneut wiedergewählt worden war, begann sie Ende 1995 mit der Vorbereitung und Umsetzung einer ‚dritten Stufe' der Gesundheitsreform. Da sie weiterhin nicht über eine Mehrheit im Bundesrat verfügte, verfolgte sie die Strategie, die angestrebten Änderungen nicht in einem einzelnen großen Gesetz, sondern mehreren kleineren und mittelgroßen Gesetzen zu beschließen. Das Vorhaben eines marktwirtschaftlichen Umbaus der GKV wurde dabei vor allem in zwei Gesetzen verfolgt, dem Ersten und dem Zweiten GKV-Neuordnungsgesetz (1. und 2. GKV-NOG).

Das *Erste GKV-Neuordnungsgesetz*[5] trat zum 1. Juli 1997 in Kraft und brachte die Einführung eines Kündigungsrechts der GKV-Mitglieder im Fall einer Beitragssatzerhöhung ihrer Krankenkasse sowie die Anbindung von Zuzahlungen an Beitragssatzerhöhungen oder Beitragssatzsenkungen. Im Fall einer Beitragssatzerhöhung erhielten die Mitglieder das Recht, ihre Mitgliedschaft zum Ende des darauffolgenden Monats zu künden und die Kasse zu wechseln. Für den Fall von Beitragssatzerhöhungen schrieb das Gesetz die automatische Erhöhung aller Zuzahlungen und bei Beitragssatzsenkungen deren Reduzierung vor. Diese Neuregelungen zielten sowohl auf die Unterbindung von Beitragssatzerhöhungen als auch auf die Verschärfung des Wettbewerbs zwischen den Krankenkassen. Die Neuregelung zum Kündigungsrecht geht allerdings insofern über den GKV-Rahmen hinaus, als sie deutlich sichtbar dem Recht der privaten Versicherungen entlehnt ist. In einer privaten Versicherung hat ein Versicherungsnehmer im Fall der Erhöhung der Versicherungsprämie in der Regel ein außerordentliches Kündigungsrecht. Die Einführung eines Kündigungsrechts in der GKV aufgrund einer Beitragssatzerhöhung, ist somit ein Schritt zur Annäherung der GKV an die private Versicherungswirtschaft.

---

[5] Erstes Gesetz zur Neuordnung von Selbstverwaltung und Eigenverantwortung in der gesetzlichen Krankenversicherung (1. GKV-Neuordnungsgesetz – 1. NOG) vom 23. Juni 1997 (BGBl. I S. 1518).

Das *Zweite GKV-Neuordnungsgesetz*[6] enthielt neben Regelungen, die der Reduzierung des GKV-Leistungskataloges und der Verlagerung von Kosten auf die Versicherten dienten, auch Rechtsänderungen, die die GKV in Richtung PKV entwickeln sollten.

- *Leistungskürzungen:* Der Kassenzuschuss zum Zahnersatz wurde von 50 % auf 45 % reduziert (§ 30 SGB V), implantologische zahnärztliche Leistungen wurden vollständig gestrichen (§ 28 SGB V).
- *Zuzahlungen:* Alle Zuzahlungen wurden erhöht (u. a. §§ 31, 32, 33, 39, 40, 60 SGB V). Den Krankenkassen wurde erlaubt, darüber hinaus weitere kassenspezifische Zuzahlungen per Satzungsbeschluss einzuführen (§ 55 SGB V).
- *Kostenerstattung:* Den Krankenkassen wurde die Möglichkeit gegeben, Kostenerstattung für alle Mitglieder in ihre Satzung als Wahloption aufzunehmen (§ 13 SGB V). Die Zuschüsse zum Zahnersatz und die kieferorthopädische Behandlung wurden für alle GKV-Versicherten von einer Sachleistung auf Kostenerstattung umgestellt (§§ 29, 30 SGB V). Darüber hinaus wurde festgelegt, dass die Rechnung für die von den Versicherten zu tragenden Kosten auf Grundlage der privatärztlichen Gebührenordnung (GOZ) zu erfolgen hat (§ 87a SGB V).
- *Satzungsleistungen:* Den Krankenkassen wurde die Möglichkeit eingeräumt, in ihrer Satzung sowohl zusätzliche Leistungen („erweiterte Leistungen") als auch den Ausschluss von Leistungen des gesetzlichen Leistungskataloges festzulegen (§§ 56 SGB V). Für ,erweiterte Leistungen' waren kostendeckende Beiträge zu kalkulieren, die nur die Mitglieder zu zahlen hatten (§ 56 Abs. 4 SGB V).
- *Beitragsrückzahlung:* Den Krankenkassen wurde erlaubt, Beitragsrückzahlung als Wahloption in ihre Satzung aufzunehmen (§ 54 SGB V).
- *Selbstbehalt:* Krankenkassen konnten für alle Mitglieder, die Kostenerstattung gewählt haben, auch die Vereinbarung eines Selbstbehaltes durch Satzungsbeschluss einführen (§ 53 SGB V). Im Gegenzug für einen Selbstbehalt hatte die Kasse den Beitragssatz zu reduzieren.

Betrachtet man das Gesundheitsreformgesetz 1988, das Gesundheitsstrukturgesetz 1992 und das 2. GKV-NOG im Zusammenhang, so zeichnet sich bei der

---

[6] Zweites Gesetz zur Neuordnung von Selbstverwaltung und Eigenverantwortung in der gesetzlichen Krankenversicherung (2. GKV-Neuordnungsgesetz – 2. GKV-NOG) (BGBl. I S. 1520).

Umsetzung neoliberaler Vorschläge bereits eine strategische Linie ab, die für die CDU/CSU auch in der folgenden Zeit typisch war. Offensichtlich setzte die CDU/CSU vor allem darauf, schrittweise immer mehr Elemente des PKV-Geschäftsmodells in die GKV einzuführen. Wird diese Strategie konsequent weitergeführt, ist irgendwann der Punkt erreicht, an dem das GKV-System dem PKV-System soweit angenähert ist, dass kaum noch Unterschiede erkennbar sind und die Umwandlung der Krankenkassen in private Versicherungsunternehmen eine bereits vollzogene materielle Entwicklung nur noch formal nachvollzieht.

Allerdings bleibt bei einer solchen politischen Strategie noch der politisch zu verantwortende Gesetzesbeschluss einer Privatisierung der Krankenkassen. Ein solcher Beschluss wäre angesichts der seit Jahrzehnten relativ stabilen Veran-kerung der ‚Sozialversicherung GKV' in der Bevölkerung allerdings mit hohen ‚politischen Kosten' für die verantwortlichen Akteure verbunden. Dieses Risiko ließe sich jedoch umgehen, wenn man sozusagen ‚über Bande spielt' und den Europäischen Gerichtshof (EuGH) quasi als ‚Bande' benutzt. Der EuGH hat in der Vergangenheit bereits mehrfach Entscheidungen zu treffen gehabt, in denen die Frage zu beantworten war, ob es sich bei den deutschen Krankenkassen (noch) um Träger einer staatlichen Sozialversicherung handelt oder (bereits) Unternehmen im Sinne des europäischen Wettbewerbsrechts. Die bisherigen Ent-scheidungen fielen so aus, dass der EuGH die deutschen Krankenkassen nicht als Unternehmen einstufte (vgl. v. a. EuGH 1993, 2003a, 2009).

Wird die GKV jedoch immer mehr dem PKV-Geschäftsmodell angeglichen, ist der Zeitpunkt absehbar, an dem der EuGH bei seiner Prüfung der deutschen Krankenkassen zu dem Ergebnis gelangt, dass es sich bei ihnen nicht mehr um eine Sozialversicherung handelt, sondern um Unternehmen im Sinne des europäi-schen Wettbewerbsrechts. Für eine solche Einstufung ist die jeweilige Rechtsform unerheblich, für den sogenannten ‚funktionalen Unternehmensbegriff' zählt viel-mehr die tatsächliche Tätigkeit der betreffenden Organisation und die Frage, ob diese Tätigkeit auch von privaten Unternehmen ausgeübt werden kann.

Und hier liegt die besondere Relevanz einer schrittweisen Annäherung der GKV an die PKV, verbunden mit der im GSG 1992 begonnenen Annäherung der PKV an die GKV (Standardtarif). Wird parallel zu dieser wechselseitigen ‚Konvergenz' – wie von den Neoliberalen gefordert – der ‚soziale Ausgleich' aus der GKV entfernt und in die Steuerfinanzierung verlagert, bliebe kein sub-stantieller Unterschied mehr zwischen Krankenkassen und PKV-Unternehmen. Auch PKV-Unternehmen könnten die Aufgaben von Krankenkassen übernehmen. Das Problem der risikoäquivalenten Prämien, an dem die Durchführung einer „Sozialversicherung über Privatversicherer" (Isensee 1995) letztlich scheitern könnte, wäre mit dem ‚Standardtarif' beziehungsweise ‚Basistarif' in Kombination mit einen steuerfinanzierten ‚Sozialausgleich' (Prämienzuschuss) zu lösen. Diese Gedankenspiele sollen hier nicht weiterverfolgt werden. Es sollte nur aufgezeigt werden, wohin eine Strategie der schrittweisen Annäherung der GKV an die PKV führen kann und – vermutlich nach den Vorstellungen neoliberaler Akteure – auch führen soll. Auf diese Thematik wird an späterer Stelle noch näher einzugehen sein. Es sei hier aber bereits angemerkt, dass die vorstehend skizzierte Konstruktion – Basisversicherung durch die PKV verbunden mit steuerfinanziertem ‚Sozialausgleich' – nicht nur zentraler Bestandteil des neoliberalen Reformmodells war und ist, sondern auch Kern des 2004 beschlossenen sogenannten ‚Gesundheitsprämienmodells' der CDU.

Es bleibt noch die 1994 beschlossene Einführung der *gesetzlichen Pflegeversicherung* zu ergänzen. Wie eine nähere Betrachtung dieses neuen Zweiges der sozialen Sicherung zeigen kann, verwirklicht die Konstruktion der Pflegeversicherung in zentralen Punkten das Modell eines ‚einheitlichen Krankenversicherungsmarktes':

- *Versicherungspflicht für die gesamte Bevölkerung:* Mit der gesetzlichen Pflegeversicherung wurde erstmals eine Versicherungspflicht sowohl für Pflichtmitglieder der GKV als auch für PKV-Versicherte eingeführt. Die gesetzliche Pflegeversicherung umfasst folglich zwei Zweige, die ‚soziale Pflegeversicherung' (SPV) für die GKV-Versicherten und die ‚private Pflegepflichtversicherung' (PPV) für PKV-Versicherte. Auch dies entsprach dem neoliberalen Reformmodell, wenngleich nur unvollständig. Das neoliberale Modell sah die Ersetzung der Pflicht zur Mitgliedschaft in einer Krankenkasse durch eine allgemeine Versicherungsflicht für eine Grundsicherung vor, bei gleichzeitiger Wahlfreiheit zwischen GKV und PKV. Dieser zweite Teil des Vorschlags konnte 1994 noch nicht verwirklicht werden. Die Konstruktion der gesetzlichen Pflegeversicherung ist allerdings bereits so ausgestaltet, dass sie auch nach Einführung einer Wahlfreiheit zwischen Krankenkassen und PKV-Unternehmen funktioniert.
- *Grundsicherung statt Bedarfsdeckung:* Während in der gesetzlichen Krankenversicherung der Grundsatz gilt, dass ihre Leistungen bedarfsgerecht und ausreichend zu sein haben und alle medizinisch notwendigen Leistungen abdecken, bietet die gesetzliche Pflegeversicherung ausdrücklich nur eine „Grundsicherung, in Form von unterstützenden Hilfeleistungen (…), die Eigenleistungen der Versicherten nicht entbehrlich machen" (BT-Drs. 12/5262: 90). Dementsprechend gibt das Gesetz der sozialen Pflegeversicherung auch lediglich vor, den „Pflegebedürftigen Hilfe zu leisten" (§ 1 Abs. 4, ähnlich

§ 2 Abs. 1 SGB XI).[7] Zudem sah und sieht das SGB XI keine Anpassung
der Leistungen an die Preisentwicklung vor, so dass der Eigenanteil der Pflegebedürftigen mit den üblichen Preissteigerungen Jahr zu Jahr ansteigt. Damit
wurde der neoliberalen Forderung entsprochen, die gesetzlich vorgegebene
Absicherung auf eine Grundversorgung zu reduzieren und so ein Geschäftsfeld
für private Zusatzversicherungen zu schaffen.

- *Kontrahierungszwang für die PKV:* Die PKV-Unternehmen wurden durch
  Gesetz verpflichtet, allen Versicherungsnehmern ihrer privaten Krankenvollversicherung eine Pflegeversicherung ohne Gesundheitsprüfung und ohne
  risikoäquivalente Prämien zu gewähren. Kontrahierungszwang für die Basisabsicherung war ebenfalls Bestandteil des neoliberalen Reformmodells.
- *Mitversicherung von Kindern in der PKV:* Die PKV-Unternehmen wurden
  verpflichtet, Kinder von Versicherungsnehmern beitragsfrei mitzuversichern.
- *Einheitlicher Tarif für die PKV:* Die PKV wurde verpflichtet, für die private
  Pflegepflichtversicherung einen branchenweit geltenden einheitlichen Tarif zu
  kalkulieren und festzulegen. Da die Leistungen der PPV denen der SPV zu
  entsprechen haben, gilt für die gesetzliche Pflegeversicherung somit faktisch
  ein einheitlicher Leistungskatalog für GKV und PKV. Auch dies entspricht
  dem Modell eines ‚einheitlichen Krankenversicherungsmarktes'. Aufgrund der
  branchenweiten Kalkulation gilt für diesen Einheitstarif auch eine branchenweit einheitliche Prämienhöhe. In der SPV findet dieses Konstruktionselement
  seine Entsprechung darin, dass der Beitragssatz seit 1994 nicht von den Pflegekassen festgesetzt wird, sondern durch Gesetz und für alle Pflegekassen
  einheitlich.

Mit Einführung der gesetzlichen Pflegeversicherung wurde nicht nur die ‚Versi-
cherungsseite' entsprechend dem neoliberalen Reformmodell ausgestaltet. Auch
die Leistungserbringung wurde marktförmig organisiert.

- *Kein staatlicher Sicherstellungsauftrag:* Der Sicherstellungsauftrag für eine
  ausreichende pflegerische Versorgung liegt nicht beim Staat, sondern bei den
  Pflegekassen (§ 12 Abs. 1, § 69 Abs. 1 SGB XI).
- *Keine staatliche Planung:* Während Länder durch das Krankenhausrecht
  zu einer staatlichen Angebotsplanung für die Krankenhausversorgung auf
  Grundlage einer Bedarfseinschätzung verpflichtet sind, sieht das Pflege-
  Versicherungsgesetz weder eine staatliche Planung, noch eine vergleichbare

---

[7] Die Angaben zu Paragraphen des SGB XI beziehen sich auf den Stand bei Einführung der
Pflegeversicherung.

Angebotsplanung durch die Pflegekassen vor. Die Zulassung zur Versorgung Pflegebedürftiger der sozialen Pflegeversicherung erfolgt vielmehr ausschließlich durch Abschluss eines Versorgungsvertrages mit den Kassen (§ 72 Abs. 1 SGB XI).

- *Leichter ‚Marktzugang':* Alle Anbieter, die die sehr niedrigen gesetzlichen Anforderungen erfüllen, haben Anspruch auf einen Versorgungsvertrag mit den Pflegekassen (§ 72 Abs. 3 SGB XI). Zum Vergleich: In der ambulanten ärztlichen Versorgung gibt es eine Bedarfsplanung mit Zulassungsbeschränkungen und einem komplizierten Zulassungsverfahren mit anspruchsvollen Bedingungen. In der Krankenhausversorgung erfolgt die Zulassung über die staatliche Krankenhausplanung.

- *Vorrang freigemeinnütziger und privater Träger:* Es wurde ausdrücklich ein Vorrang freigemeinnütziger und privater Einrichtungen vor öffentlichen vorgeschrieben. Die Pflegekassen haben Versorgungsverträge vorrangig mit diesen Trägern abzuschließen (§ 11 Abs. 2 SGB XI).

- *Faktisches Verbot öffentlicher Betriebszuschüsse:* Um gleiche Wettbewerbsbedingungen sicherzustellen, wurde festgelegt, dass Pflegeeinrichtungen „selbständig wirtschaftende Einrichtungen" sein müssen (§ 71 SGB XI). Die zentrale Bedeutung liegt darin, dass sie ohne Zuschüsse ihrer Träger auskommen müssen, die vor Einführung der Pflegeversicherung an kommunale und freigemeinnützige Einrichtungen gezahlt wurden. Werden Betriebskostenzuschüsse der Träger an öffentliche oder freigemeinnützige Pflegeeinrichtungen gezahlt, sind sie von der Pflegevergütung abzuziehen (§ 82 Abs. 5 SGB XI). Durch diese Vorschrift und den dadurch erzwungenen Fortfall der bisherigen Zuschüsse ihrer Träger geriet ein Großteil der öffentlichen und freigemeinnützigen Pflegeeinrichtungen in erhebliche wirtschaftliche Probleme. Diese Vorschrift und der nach Einführung der Pflegeversicherung einsetzende Preiswettbewerb mit privaten Trägern waren wesentliche Ursache für ein ab Mitte der 1990er Jahre einsetzendes Lohndumping vor allem im Bereich der Pflegeheime.

- *Gewinnschutz:* Für Pflegeheime wurde ausdrücklich festgelegt, dass Gewinne und Verluste dem Heim verbleiben (§ 84 Abs. 2 SGB XI). Ambulante Pflegeeinrichtungen erhalten pauschale landesweit einheitliche Pflegevergütungen, sodass eine solche ausdrückliche Festlegung nicht erforderlich ist. Pflegeheime hingegen vereinbaren heim- oder trägerspezifische Pflegesätze. Mit der gesetzlichen Vorschrift wurde sichergestellt, dass entstandene Gewinne nicht von den Kostenträgern über eine entsprechende Absenkung des Pflegesatzes in einem folgenden Zeitraum ‚abgeschöpft' werden können.

Bezieht man die im Vorgriff auf die Pflegeversicherung bereits 1991 eingeführten ersten Leistungen für Pflegebedürftige mit ein, so führte diese Reform insgesamt durch ihre Konstruktion zu einem massiven Vordringen privater Leistungserbringer. Zuvor wurde die ambulante Pflege und Versorgung in Pflegeheimen fast ausschließlich von öffentlichen und freigemeinnützigen Trägern erbracht. Nach Einführung der ersten Leistungen bei Pflegebedürftigkeit 1991 setzte ein Gründungsboom privater Pflegedienste ein und seit Einführung stationären Leistungen der Pflegeversicherung ist ein kontinuierliches Vordringen privater Träger und Investoren im Pflegeheimbereich zu verzeichnen. Öffentliche Träger betreiben mittlerweile nur noch etwas mehr ein Prozent der ambulanten Pflegeeinrichtungen und weniger als fünf Prozent der Pflegeheime (Simon 2021). Private Träger haben ihren Anteil bei ambulanten Pflegediensten auf etwa 70 % und bei Pflegeheimen auf etwa die Hälfte der Einrichtungen ausgedehnt.

Die Einführung der Pflegeversicherung bietet somit Anschaungsmaterial für die Auswirkungen einer ‚markschaffenden Politik' im Bereich des Gesundheitswesens. Welche Folgen Deregulierung und Öffnung für private Investoren mittel- und langfristig hat, wird seit einigen Jahren zunehmend auch für die Öffentlichkeit wahrnehmbar. Ambulante und stationäre Pflege ist in hohem Maße personalintensiv. Preiswettbewerb und Gewinnorientierung zieht quasi zwangsläufig Lohndumping und personelle Unterbesetzung nach sich, will ein Anbieter im Preiswettbewerb mithalten und Gewinne erzielen. Dadurch aber wiederum wird eine Abwärtsspirale in Gang gesetzt. Mit niedrigen Gehältern, Unterbesetzung und chronischer Arbeitsüberlastung können weder qualifizierte Nachwuchskräfte gewonnen, noch Pflegefachkräfte langfristig gehalten werden. Die Folge sind vielfältige Qualitätsmängel sowie zunehmende Probleme der Personalbindung und Personalgewinnung. Es dauerte jedoch mehr als zwei Jahrzehnte nach Einführung der Pflegeversicherung bis diese seit langem bestehenden Probleme unter dem Leitbegriff des ‚Fachkräftemangels' auf die politische Agenda gesetzt und politische Gegenmaßnahmen als notwendig anerkannt wurden. Die seit einigen Jahren zunehmend öffentlich diskutierten Probleme resultieren letztlich vor allem aus der Grundkonstruktion der Pflegeversicherung und der marktförmigen Organisation der pflegerischen Versorgung. Beides wird bislang jedoch nicht ernsthaft infrage gestellt. Notwendig wäre eine grundlegende Abkehr von der 1994 beschlossenen Grundkonstruktion.

Die vorstehenden Ausführungen dürften hinreichend deutlich gemacht haben, dass bis 1998 eine Reihe wichtiger Schritte zur politischen Umsetzung des neoliberalen Reformmodells gemacht wurden. Zwar wurde kein radikaler Systemwechsel vollzogen, das war aber auch von den neoliberalen Protagonisten eines solchen Systemwechsels innerhalb so kurzer Zeit gar nicht erwartet worden. Aber es waren neben mehreren kleinen Veränderungen auch größere Schritte mit weitreichenden Auswirkungen vollzogen worden. Zu diesen größeren Schritten ist vor allem die Einführung des GKV-Wettbewerbs und des RSA sowie die Konstruktion der Pflegeversicherung nach dem Leitbild eines ‚einheitlichen Krankenversicherungsmarktes' zu zählen.

Bis zur vollständigen Umsetzung des neoliberalen Reformmodells blieb allerdings noch viel zu tun. Doch dann kam die Bundestagswahl 1998. Die CDU/CSU/FDP-Regierungskoalition wurde abgewählt und SPD und GRÜNE übernahmen die Bundesregierung.

Weiterentwicklung und Umsetzung des neoliberalen Reformmodells durch die rot-grüne Koalition 1998 bis 2005

Die Bundestagswahl vom 27. September 1998 ergab eine Mehrheit für SPD und GRÜNE, die seit 1982 regierende Koalition aus CDU/CSU und FDP war somit abgewählt. SPD und GRÜNE einigten sich am 20. Oktober 1998 auf einen Koalitionsvertrag, und am 27. Oktober 1998 wurde Gerhard Schröder zum neuen Bundeskanzler gewählt. Erste rot-grüne Gesundheitsministerin wurde Andrea Fischer von den GRÜNEN.

Der rot-grüne Wahlsieg 1998 bedeutete aus Sicht der Protagonisten des neoliberalen Reformmodells zwar eine Verschlechterung der Chancen auf eine baldige Verwirklichung ihrer Ziele, er war jedoch kein Grund, von diesen Zielen nun Abstand zu nehmen. Wie bereits an mehreren Stellen gezeigt, war den Protagonisten des neoliberalen Reformmodells bewusst, dass die Abschaffung der GKV als staatlicher Sozialversicherung und Umwandlung des bestehenden Systems in ein reines PKV-System nicht in wenigen Jahren, sondern nur über einen längeren Zeitraum zu erreichen sein würde. Dementsprechend enthielten die wichtigsten in den 1980er und 1990er Jahren erschienen Publikationen zu diesem Reformmodell auch klare Aussagen zur Notwendigkeit einer langfristigen Strategie. Deren Botschaft war, dass das Ziel nur erreichbar sei, wenn es mittels einzelner Schritte über einen längeren Zeitraum verfolgt wird. Bei einer solchen ‚Strategie der kleinen Schritte' sei allerdings darauf zu achten, dass das langfristige Ziel nicht aus den Augen verloren wird (Gitter et al. 1988: 137 ff.; SVR-W 1983: 225; 1986: 159; 1996: 245; 1998: 234).

Die Mahnungen waren nicht an die Adresse der Politik gerichtet, sondern galten allen, die auf die Verwirklichung des neoliberalen Reformmodells hinarbeiten. Der Regierungswechsel von 1998 bedeutete somit auf keinen Fall das Ende des

M. Simon, *Der Einfluss des Neoliberalismus auf die deutsche Gesundheitspolitik*, Gesundheit. Politik – Gesellschaft – Wirtschaft, https://doi.org/10.1007/978-3-658-41099-5_7

neoliberalen Reformprojekts, sondern lediglich eine Änderung relevanter Rahmenbedingungen, auf die man sich nun einzustellen hatte und die in die eigenen Aktivitäten einzukalkulieren waren. Das Ziel blieb weiter bestehen.

Um dem Ziel auch während der Zeit einer rot-grünen Bundesregierung näher kommen zu können und Zugang zur neuen Regierungskoalition zu erhalten, war es allerdings notwendig, die geänderten Machtverhältnisse zu berücksichtigen und vor allem auch auf rot-grüne ‚Befindlichkeiten' Rücksicht zu nehmen. Eine allzu marktradikale Argumentationsstrategie wäre eher hinderlich gewesen. Ratsam war, das neoliberale Reformmodell nach Möglichkeit so darzustellen, dass es als kompatibel zu rot-grünen Vorstellungen von ‚sozialer Gerechtigkeit' und einer stabil und solidarisch finanzierten GKV erschien.

Dies mag auf den ersten Blick kaum möglich zu sein, es kann an dieser Stelle aber bereits vorweggenommen werden, dass die Protagonisten des neoliberalen Reformmodells sehr wohl einen Weg fanden, ihr Modell als den am besten geeigneten Weg zu ‚mehr sozialer Gerechtigkeit' und einer ‚nachhaltigen' Finanzierung der GKV darzustellen.

Dabei standen die Protagonisten des neoliberalen Reformmodells allerdings vor dem Problem, dass das Modell eine zentrale ‚Leerstelle' aufwies. Will man die GKV als Sozialversicherung abschaffen und ein reines PKV-System einführen, muss man die Finanzierung von einkommensabhängigen Beiträgen auf risikoäquivalente Versicherungsprämien umstellen. Dies auszusprechen wurde jedoch in der Regel vermieden. Stattdessen verblieb man auf einer allgemeinen Eben und forderte die Stärkung des Äquivalenzprinzips in der GKV, was aber nichts anderes als die Umstellung auf risikoäquivalente Prämien bedeutete. Die Umstellung auf risikoäquivalente Prämien offen zu fordern, war in der Politikberatung insofern wenig ratsam, als dies nicht nur bei SPD und GRÜNEN auf Widerstand traf, sondern auch auf Ablehnung in den Reihen von CDU und CSU.

Für die Organisation eines Übergangs von einkommensabhängigen Beiträgen auf risikoäquivalente Prämien boten die Publikationen zum neoliberalen Reformmodell bis Ende der 1990er Jahre somit keine Lösung. Im Modell klaffte an dieser zentralen Stelle eine Lücke.

Um die Jahrtausendwende wurde mit einkommensunabhängigen Pauschalbeiträgen eine Lösung für dieses Problem gefunden. In Anlehnung an das Mitte der 1990er Jahre in der Schweiz eingeführte Modell wurden sie als ‚Kopfpauschalen' bezeichnet. Im neoliberalen Reformmodell erfüllen ‚Kopfpauschalen' die Funktion einer Übergangslösung. Sie ermöglichten es, die einkommensabhängigen GKV-Beiträge abzuschaffen, ohne sofort auf risikoäquivalente Prämien umstellen zu müssen. Hat man erst einmal auf einkommensunabhängige Pauschalbeiträge umgestellt, kann man diese Pauschalen in einem weiteren Schritt zu risikoäquivalenten Prämien weiterentwickeln. Für die politische Diskussion ist dabei von kaum zu überschätzendem Vorteil, dass das langfristige Ziel der Einführung von ‚Kopfpauschalen‘ nicht offengelegt werden muss. Der Begriff ‚risikoäquivalente Prämien‘ kann vollständig vermieden werden.[1]

Der Erfolg der Strategie zeigte sich insbesondere darin, dass sich die Kritik an ‚Kopfpauschalen‘ fast ausschließlich gegen die damit verbundene überproportionale Belastung niedriger Einkommen richtete. Die oben angesprochene wichtigste Funktion einer Übergangslösung auf dem Weg zu risikoäquivalenten Prämien wurde nicht erkannt. Diese Funktion erschließt sich erst, wenn man das Gesamtmodell in den Blick nimmt. Das war jedoch weitgehend unbekannt, da es nur in wenigen Texten aus den 1980er Jahren veröffentlicht worden war, die den Kritikern des ‚Kopfpauschalenmodells‘ in der Regel nicht bekannt waren. Die gesundheitspolitische Diskussion befasste sich nur mit aktuellen Diskussionsbeiträgen. Aktuelle Beiträge neoliberaler Ökonomen enthielten jedoch nur Teilaspekte des Gesamtmodells.

In der Zeit der rot-grünen Regierungskoalition gelang es zudem, eine ‚pseudo-linke‘ Argumentationsstrategie zu entwickeln, mit der das Modell als kompatibel zu rot-grünen Politikzielen erscheinen konnte. Mit der ‚Kopfpauschale‘ wurde nicht nur eine Lösung für das Problem des Übergangs von einkommensabhängigen Beiträgen zu risikoäquivalenten Prämien gefunden, einkommensunabhängige Pauschalen können auch als geeignetes Finanzierungsmodell für eine ‚nachhaltige‘ GKV-Finanzierung hingestellt werden. Da sie von der Höhe des Arbeitseinkommens unabhängig sind, können sich sinkende Arbeitseinkommen, Arbeitslosigkeit, prekäre Arbeitsverhältnisse, Ausweitung des Niedriglohnbereichs etc. nicht negativ auf die Entwicklung der GKV-Einnahmen auswirken.

Betrachtet man die Zeit der rot-grünen Regierungskoalition von 1998 bis 2005 unter diesem Blickwinkel, dann war es eine für die Weiterentwicklung und auch den Erfolg des neoliberalen Reformmodells ausgesprochen wichtige Phase. Wie es im Einzelnen dazu kommen konnte, wird nachfolgend näher betrachtet.

Zunächst wird auf die Politik der rot-grünen Regierungskoalition eingegangen. Sie bildete den entscheidenden Rahmen, auf den die Protagonisten eines radikalen marktwirtschaftlichen Umbaus der GKV reagieren mussten, an den sie ihre Argumentation anpassen mussten. Bei der Darstellung der rot-grünen Gesundheitspolitik wird zudem auch erkennbar, dass SPD und GRÜNE aufgrund

---

[1] Wenn es dennoch Hinweise gab, so waren sie auf den ersten Blick nicht als Forderung nach risikoäquivalenten Prämien erkennbar, wie beispielsweise die Forderung nach Kapitaldeckung. Dass die Einführung von Kapitaldeckung bei der Beitragskalkulation nur für risikoäquivalente Prämien Sinn macht, erschließt sich erst, wenn man weiß, wie die Prämienkalkulation in der PKV erfolgt.

ihrer programmatischen Entwicklung sehr empfänglich für neoliberale Argumente geworden waren. Am deutlichsten trat dies im sogenannten ‚Schröder/Blair-Papier' von 1999 in Erscheinung. Aber auch die Gesundheitsreformen der rot-grünen Regierungen lassen den Einfluss neoliberaler Denkmuster erkennen. Als Beispiele können die Fortsetzung des GKV-Wettbewerbs, der Einstieg in Selektivverträge durch die Regelungen zur Integrierten Versorgung und die 2002 beschlossene Umstellung der Krankenhausfinanzierung auf ein vollständiges Fallpauschalensystem gelten.

Das von neoliberalen Ökonomen in die Diskussion eingebrachte ‚Kopfpausschalenmodell' wurde zwar sowohl von der SPD als auch den GRÜNEN entschieden abgelehnt, zugleich aber konzipierten beide Parteien ihr Modell einer ‚Bürgerversicherung' eindeutig und teilweise auch explizit als Variante des Modells eines ‚einheitlichen Krankenversicherungsmarktes'.

Die erste rot-grüne Regierungsperiode: Die Jahre 1998 bis 2002

Der Einstieg in eine rot-grüne Gesundheitspolitik erfolgte zunächst mit einem politischen ‚Paukenschlag'. In ihrem Koalitionsvertrag von 1998 kündigten SPD und GRÜNE für die GKV die „Rücknahme von Elementen der privaten Versicherungswirtschaft, wie Beitragsrückgewähr, Kostenerstattung und Selbstbehalt" an (SPD/BÜNDNIS 90/Die Grünen 1998: 24 f.). Die Ankündigung wurde auch unverzüglich umgesetzt. Der Entwurf für ein *GKV-Solidaritätsstärkungsgesetz* (GKV-SolG) wurde am 9. November vorgelegt, die erste Lesung fand am 11. November statt, der Bundestag stimmte dem Gesetz am 10. Dezember und der Bundesrat am 18. Dezember zu. Das Gesetz trat am 1. Januar 1999 in Kraft.[2] Mit dem Gesetz wurde der weit überwiegende Teil der im Rahmen der ‚Dritten Stufe' der Gesundheitsreform beschlossenen Änderungen des GKV-Rechts wieder rückgängig gemacht. Zahnersatz und kieferorthopädische Behandlung wurden wieder zu regulären Sachleistungen der GKV, der überwiegende Teil neu eingeführter Zuzahlungen und Zuzahlungserhöhungen wurde wieder aufgehoben. Die Ausweitung der Kostenerstattung als Wahloption für alle Versicherte sowie die Einführung von Selbstbehalten und Beitragsrückerstattung wurden gestrichen.

Sowohl der rot-grüne Koalitionsvertrag als auch die erste Regierungserklärung des neuen Bundeskanzlers Schröder enthielten allerdings deutliche Hinweise

---

[2] Gesetz zur Stärkung der Solidarität in der gesetzlichen Krankenversicherung (GKV-Solidaritätsstärkungsgesetz – GKV-SolG) vom 19. Dezember 1998 (BGBl. I S. 3853).

darauf, dass auch die neue Regierung von neoliberalen Grundüberzeugungen beeinflusst war und zentrale gesundheitspolitische Ziele der Vorgängerregierung weiterverfolgen würde. So kündigten SPD und GRÜNE im Koalitionsvertrag an, den Sozialstaat nicht nur zu sichern, sondern auch zu „erneuern" (SPD/BÜNDNIS 90/Die Grünen 1998: 1). Die Richtung dieser ‚Erneuerung' wurde auch angedeutet.

> „Die neue Bundesregierung wird dafür sorgen, daß die Sozialabgaben gesenkt werden. Die Entlastung der Arbeit durch eine Senkung der gesetzlichen Lohnnebenkosten ist ein Eckpfeiler unserer Politik für neue Arbeitsplätze" (SPD/BÜNDNIS 90/Die Grünen 1998: 11).

> „Wir werden die Sozialversicherungsbeiträge von heute 42,3 Prozent des Bruttolohns durch die Einnahmen aus der ökologischen Steuerreform auf unter 40 Prozent senken" (SPD/BÜNDNIS 90/Die Grünen 1998: 12).

> „Ziel der neuen Bundesregierung ist es, den Anstieg der Krankenversicherungsbeiträge zu stoppen und die Beiträge dauerhaft zu stabilisieren" (SPD/BÜNDNIS 90/Die Grünen 1998: 24).

> „Pflege-Versicherung stabilisieren (...) Dazu werden folgende Maßnahmen ergriffen: die Rücklage der Pflegeversicherung wird vorrangig für die dauerhafte Stabilisierung des Beitragssatzes verwandt. Die Bildung eines Teilkapitalstocks wird angestrebt" (SPD/BÜNDNIS 90/Die Grünen 1998: 27).

Das Ziel der Beitragssatzstabilität wurde somit – ebenso wie auch von der CDU/CSU/FDP-Koalition – primär aus dem Ziel einer Senkung der ‚Lohnnebenkosten abgeleitet. Mit einer teilweisen Kapitaldeckung in der Pflegeversicherung sollte genau das eingeführt werden, was für die gesetzliche Krankenversicherung rückgängig gemacht werden sollte: die Übernahme von Elementen der privaten Versicherungswirtschaft in die Sozialversicherung. Die Senkung der Lohnnebenkosten folgte eindeutig dem neoliberalen Konzept einer ‚angebotsorientierten Wirtschaftspolitik', wie es in den 1970er Jahren vom Wirtschaftssachverständigenrat entwickelt worden war.

Auch die erste Regierungserklärung des neu gewählten Bundeskanzlers Schröder enthielt deutliche Bekenntnisse zu einer neoliberalen Grundorientierung, wie die nachfolgenden Passagen zeigen:

> „Angebots- und Nachfrageorientierung stehen nicht im Widerspruch zueinander" (Schröder 1998: 51).

> „Durch Marktöffnung und Entbürokratisierung, durch die Förderung von Innovation und Zukunftsindustrien verbessern wir die Angebotsbedingungen für Produkte, neue Märkte und neue Verfahren" (ebd.).

„Wir stehen nicht für rechte oder linke Wirtschaftspolitik, sondern für eine moderne Politik der sozialen Marktwirtschaft" (ebd.).

„Wenn wir die Leistungsbereitschaft der Menschen fördern wollen, dann müssen wir dafür sorgen, daß sich Leistung auszahlt. (Beifall bei Abgeordneten der CDU/CSU und der F.D.P.)" (ebd.).

„Wir wollen alles tun, damit sich alle Bürger sicher fühlen können. Aber wir haben Grund zu der Annahme, daß es die Systeme der sozialen Sicherung selbst sind, die durch ihre hohen Kosten immer mehr Menschen in die Flucht aus diesen Sozialsystemen treiben: in illegale, sozial nicht abgesicherte Arbeit oder in Scheinselbständigkeit. Wenn das so ist, heißt das, daß eine abstrakte soziale Sicherheit in immer mehr Einzelfällen konkrete soziale Unsicherheit produziert und daß die Art, wie wir soziale Sicherheit organisieren, tatsächlich Arbeitsplätze vernichten oder gefährden kann. Deshalb müssen die Systeme und die Kosten der sozialen Sicherung insgesamt auf den Prüfstand" (ebd.: 57).

Die neoliberale Orientierung war allerdings in beiden Parteien und auch beiden Bundestagsfraktionen durchaus umstritten (zu den internen Differenzen in beiden Parteien vgl. Egle et al. 2003b; Wolfrum 2013).

Schröders Orientierung an neoliberalen Grundüberzeugungen wurde Mitte 1999 in einem von ihm und dem britischen Premier Tony Blair veröffentlichten Grundsatzpapier für eine ‚Modernisierung' der Sozialdemokratie in Europa noch deutlicher (Schröder/Blair 1999). Darin warben sie für eine „neue angebotsorientierte Agenda für die Linke" (Schröder/Blair 1999: 4, Zwischenüberschrift zu Kap. III) und forderten, dass der Staat die Wirtschaft fördern und auf die Kräfte des Marktes vertrauen solle.

„Wir müssen unsere Politik in einem neuen, auf den heutigen Stand gebrachten wirtschaftlichen Rahmen betreiben, innerhalb dessen der Staat die Wirtschaft nach Kräften fördert, sich aber nie als Ersatz für die Wirtschaft betrachtet. Die Steuerungsfunktion von Märkten muß durch die Politik ergänzt und verbessert, nicht aber behindert werden" (Schröder/Blair 1999: 1).

„Wettbewerb auf den Produktmärkten und offener Handel sind von wesentlicher Bedeutung für die Stimulierung von Produktivität und Wachstum. Aus diesem Grund sind Rahmenbedingungen, unter denen ein einwandfreies Spiel der Marktkräfte möglich ist, entscheidend für wirtschaftlichen Erfolg und eine Vorbedingung für eine erfolgreichere Beschäftigungspolitik" (Schröder/Blair 1999: 5).

„Moderne Sozialdemokraten erkennen an, daß eine angebotsorientierte Politik eine zentrale und komplementäre Rolle zu spielen hat" (Schröder/Blair 1999: 6).

„Flexible Märkte sind ein modernes sozialdemokratisches Ziel" (Schröder/Blair 1999: 6).

„Unternehmen müssen genügend Spielraum haben, um sich die verbesserten Wirtschaftsbedingungen zunutze zu machen und neue Chancen zu ergreifen: Sie dürfen nicht durch Regulierungen und Paragraphen erstickt werden" (Schröder/Blair 1999: 6).

Der Sozialpolitik wiesen sie in diesem Rahmen die Aufgabe zu, eine solche angebotsorientierte Wirtschaftspolitik zu unterstützten und dafür zu sorgen, dass „soziale Mindestnormen" (Schröder/Blair 1999: 2) aufrechterhalten werden. Zwar stieß das Schröder/Blair-Papier innerhalb der SPD auf Kritik, es war jedoch insofern kein radikaler und grundlegender Bruch mit der SPD-Programmatik, als die SPD bereits ab Ende der 1980er Jahre und insbesondere mit dem Berliner Programm von 1989 den Weg in Richtung einer „Marktsozialdemokratie" (Nachtwey 2009) beschritten hatte.

Sowohl der Koalitionsvertrag als auch die Regierungserklärung und noch deutlicher das Schröder/Blair-Papier boten aus neoliberaler Sicht somit durchaus Anlass zu der Annahme, dass auch unter der rot-grünen Bundesregierung weitere Schritte in Richtung eines marktwirtschaftlichen Umbaus der GKV möglich sein könnten. Zwar war der überwiegende Teil der Beschlüsse der ‚Dritten Stufe' der Gesundheitsreform wieder rückgängig gemacht worden, zugleich enthielt der Koalitionsvertrag aber auch ein klares Bekenntnis zu „mehr Wettbewerb" im Gesundheitswesen (SPD/BÜNDNIS 90/Die Grünen 1998: 25). Und es dürfte auch nicht in Vergessenheit geraten sein, dass die SPD im Rahmen der Verhandlungen über das Gesundheitsstrukturgesetz 1992 sehr entschieden für die Einführung des GKV-Wettbewerbs, die Umstellung der Krankenhausfinanzierung auf Fallpauschalen und die Ermöglichung von Selektivverträgen eingetreten war.

Die ersten Schritte zur Umsetzung dieser Programmatik erfolgten durch das Ende 1999 beschlossene *GKV-Gesundheitsreformgesetz 2000* (GKV-GRG 2000).[3] Mehrere zentralen Bestandteile des GKV-GRG 2000 folgten deutlich erkennbar neoliberalen Vorstellungen. An erster Stelle ist die Reform der Krankenhausfinanzierung zu nennen. Das GKV-GRG enthielt den Grundsatzbeschluss für die Umstellung auf ein umfassendes *Fallpauschalensystem* und legte zentrale Eckpunkte des neuen Systems fest.[4] Die Einzelheiten der Systemkonstruktion

---

[3] Gesetz zur Reform der gesetzlichen Krankenversicherung ab dem Jahr 2000 (GKV-Gesundheitsreformgesetz 2000) vom 22.12.1999 (BGBl. I 1999 S. 2626). Dabei handelte es sich zwar um eine große Gesundheitsreform, das Gesetz war allerdings nicht zustimmungsbedürftig. Der unionsgeführte Bundesrat verweigerte zwar seine Zustimmung, konnte das Gesetz aber nicht verhindern.

[4] § 17b KHG i. d. F. d. GKV-GRG 2000.

wurden 2002 durch ein gesondertes Fallpauschalengesetz (FPG) festgelegt.[5] Wie oben bereits gezeigt, geht die Umstellung der Krankenhausfinanzierung auf Fallpauschalen auf Vorschläge neoliberaler Ökonomen aus den 1980er Jahren zurück, insbesondere auf das Konzept einer „Kommission Krankenhausfinanzierung", die von der Robert Bosch Stiftung einberufen und finanziert wurde (Kommission Krankenhausfinanzierung 1987). Nach den Vorstellungen neoliberaler Ökonomen sollen Fallpauschalen die Funktion von ‚Marktpreisen' erfüllen und eine marktanaloge ‚Steuerung' der Krankenhausversorgung durch Preise ermöglichen (zur Kritik des DRG-Systems vgl. Simon 2020).

Ein weiterer von neoliberalen Vorstellungen beeinflusster Bestandteil des Gesundheitsreformgesetzes 2000 war die Einführung einer sogenannten Integrierten Versorgung (§ 140a–140h SGB V). Das Konzept der *Integrierten Versorgung* im GKV-GRG 2000 sah vor, dass Krankenkassen Verträge mit einzelnen Gruppen von Leistungserbringern schließen, die eine sektorübergreifende und/oder arztgruppenübergreifende Versorgung für GKV-Versicherte anbieten. Eine stärkere Kooperation und Integration einzelner Leistungserbringer im Gesundheitswesen war damals und ist auch heute noch ohne Zweifel nicht nur sinnvoll, sondern dringend notwendig. Kritikwürdig ist allerdings, dieses Ziel durch den Abschluss von Selektivverträgen einzelner Krankenkassen mit einzelnen Gruppen von Leistungserbringern erreichen zu wollen. Damit wird der für die GKV zentrale Grundsatz, dass Versorgungsverträge von Krankenkassen ‚gemeinsam und einheitlich' abzuschließen sind, verlassen.

Im Fall der Integrierten Versorgung sollten Verbesserungen nicht für alle GKV-Versicherten angestrebt werden, sondern nur für Versicherte einzelner Krankenkassen, die Verträge zur Integrierten Versorgung abschließen. Die vertraglich vereinbarten Leistungen stehen folglich nur Versicherten von Krankenkassen zur Verfügung, die einen solchen Selektivvertrag abgeschlossen haben. Selektivverträge wie die zur Integrierten Versorgung schaffen und verstärken somit soziale Ungleichheit, sie widersprechen dem zentralen Grundsatz einer umfassenden Solidarität innerhalb der GKV. Insofern war und ist es nicht überraschend, dass die Abschaffung gemeinsam und einheitlich geltender Kollektivverträge und ihre Ersetzung durch Selektivverträge als Mittel des Wettbewerbs seit den 1980er Jahren zum Kernbestand des neoliberale Reformmodells für einen marktwirtschaftlichen Umbau des Gesundheitswesens gehören (vgl. dazu u. a. Neubauer/Demmler 1987).

---

[5] Gesetz zur Einführung des diagnose-orientierten Fallpauschalensystems für Krankenhäuser (Fallpauschalengesetz – FPG). Vom 23. April 2002 (BGBl. I S. 1412).

Zwar enthielt die Gesundheitsreform 2000 eine Reihe wichtiger neoliberaler Regelungsinhalte, wie jede größere Gesundheitsreform handelte es sich jedoch um ein sehr heterogenes Gesetz mit einer Vielzahl unterschiedlicher Regelungen, die sehr unterschiedlichen Zielen dienen sollten. Insgesamt betrachtet, folgte der weit überwiegende Inhalt des GKV-GRG 2000 traditionellen sozialdemokratischen Zielen und Vorstellungen. Dazu gehörten insbesondere zahlreiche Neuregelungen zur Kontrolle der Ausgabenentwicklung für die ambulante ärztliche Versorgung und zur Stärkung der hausärztlichen Versorgung sowie die Aufnahme neuer Leistungen in den GKV-Leistungskatalog, wie beispielsweise Maßnahmen der Primärprävention, der Soziotherapie und der Patientenberatung.[6]

Auch die übrigen, während der Amtszeit der ersten rot-grünen Regierung von 1998 bis 2002 beschlossenen Neuregelungen folgten überwiegend traditionell sozialdemokratischen Zielen und brachten insbesondere auch Leistungsverbesserungen. Dazu gehörte das Pflege-Qualitätssicherungsgesetz,[7] das Pflegeleistungs-Ergänzungsgesetz,[8] ein Gesetz zur Verbesserung der Betreuung schwerstranker Kinder[9] und die Aufnahme von Disease Management Programmen für chronisch Kranke in den Leistungskatalog der GKV.[10]

Eine gewisse Zwitterposition nimmt hingegen das 2001 beschlossene Gesetz zur Reform des Risikostrukturausgleichs ein. Damit sollte Fehlentwicklungen des GKV-Wettbewerbs entgegengewirkt werden, zu denen insbesondere die bei vielen Krankenkassen festgestellten Strategien der Risikoselektion gezählt wurden. Insofern folgte es einer traditionell sozialdemokratischen Vorstellung von sozialer Gleichheit, indem es die Verstärkung sozialer Ungleichheit verhindern sollte. Zugleich aber war es getragen von der Überzeugung, dass am GKV-Wettbewerb festgehalten werden sollte. Die Fehlentwicklungen wurden nicht zum Anlass genommen, den GKV-Wettbewerb infrage zu stellen oder wieder abzuschaffen. Die Regelungen sollten lediglich dazu dienen, den RSA durch eine Morbiditätsorientierung zu ‚verfeinern‘, damit der Wettbewerb zukünftig besser funktionieren kann.

---

[6] Vgl. dazu die §§ 20, 37a und 65b SGB V i. d. F. d. GKV-GRG 2000.

[7] Gesetz zur Qualitätssicherung und zur Stärkung des Verbraucherschutzes in der Pflege (Pflege-Qualitätssicherungsgesetz – PQsG). Vom 5. September 2001 (BGBl. I S. 2320).

[8] Gesetz zur Ergänzung der Leistungen bei häuslicher Pflege von Pflegebedürftigen mit erheblichem allgemeinen Betreuungsbedarf (Pflegeleistungs- Ergänzungsgesetz – PflEG) vom 14. Dezember 2001 (BGBl. I S. 3728).

[9] Gesetz zur Sicherung der Betreuung und Pflege schwerstkranker Kinder. Vom 26. Juli 2002 (BGBl. I S. 2872).

[10] Gesetz zur Reform des Risikostrukturausgleichs in der gesetzlichen Krankenversicherung vom 10. Dezember 2001 (BGBl. I S. 3465).

Die zweite rot-grüne Regierungsperiode: Die Jahre 2002 bis 2005

Entgegen vielfacher Erwartung brachte die Bundestagswahl von 22. September 2002 nicht einen Wahlsieg für CDU/CSU und FDP, sondern die Wiederwahl der rot-grünen Koalition, wenn auch mit sehr knappem Vorsprung.[11] Die folgende zweite Regierungsperiode unterschied sich insbesondere auf dem Gebiet der Sozialpolitik deutlich von der vorhergehenden. Traditionell sozialdemokratische Orientierungen rückten eher in den Hintergrund und die neoliberale Orientierung wurde stärker.

Das Programm einer neoliberalen ‚Modernisierung' des Sozialstaates

In der SPD hatte nach dem Rückzug Oskar Lafontaines aus Regierung und Partei-führung im Jahr 1999 zunehmend die Fraktion der ‚Modernisierer' um Gerhard Schröder die Oberhand gewonnen, der nicht nur alter und neuer Bundeskanz-ler, sondern seit 1999 auch Parteivorsitzender war. Die Modernisierer strebten eine ‚Modernisierung' des Sozialstaates an, die deutlich erkennbar von neolibe-ralen Grundüberzeugungen beeinflusst war, stärker noch als dies bereits in der vorhergehenden Legislaturperiode der Fall war. Im Januar 2003 legte das Kanz-leramt ein Grundsatzpapier vor, das auf einer Klausurtagung des SPD-Vorstandes beschlossen wurde.[12] Es enthielt die Grundzüge der ‚Agenda 2010', die Gerhard Schröder am 14. März 2003 in einer Regierungserklärung vor dem Bundestag vorstellte (Schröder 2003).

Wie weit die damalige rot-grüne Regierungskoalition der neoliberalen Welt-sicht folgte, lässt sich an den nachfolgenden Auszügen aus Schröders Regie-rungserklärung zur ‚Agenda 2010' erkennen. Im Mittelpunkt der Maßnahmen der ‚Agenda 2010' sollte die Kürzung von Sozialleistungen stehen.

„Wir werden Leistungen des Staates kürzen, Eigenverantwortung fördern und mehr Eigenleistung von jedem Einzelnen abfordern müssen" (Schröder 2003: 2479).

---

[11] In Umfragen sah es von Ende 2001 bis Mitte 2002 ganz nach einem Wahlsieg der Union aus (Egle et al. 2003a: 16). Die Wende in der Wählerzustimmung brachte Mitte 2002 die Flut-katastrophe in Ostdeutschland, die Schröder für medienwirksame Auftritte nutzte, und seine Positionierung gegen eine Beteiligung am Irakkrieg.

[12] Zu den Inhalten des Kanzleramtspapiers vgl. Wolfrum (2013: 531 f.).

Die geplanten Kürzungen wurden vor allem mit der Entwicklung der sogenannten ‚Lohnnebenkosten' begründet. Gemeint waren damit vor allen die Sozialversicherungsbeiträge.[13] Deren Senkung wurde als notwendig angesehen, weil sie für die abhängig Beschäftigten „kaum mehr tragbar" und ein Hindernis für die Schaffung von Arbeitsplätzen seien.

> „Die Lohnnebenkosten haben eine Höhe erreicht, die für die Arbeitnehmer zu einer kaum mehr tragbaren Belastung geworden ist und die auf der Arbeitgeberseite als Hindernis wirkt, mehr Beschäftigung zu schaffen" (Schröder 2003: 2479).

> „Durch unsere Maßnahmen zur Erneuerung der sozialen Sicherungssysteme senken wir die Lohnnebenkosten" (ebd.: 2489).

Damit folgte Schröder der Argumentation neoliberaler Ökonomen, mit der sie seit Mitte der 1970er Jahre die Forderung nach einer ‚angebotsorientierten' Wirtschaftspolitik' begründeten. Schröder passte diese Argumentation, nach der hohe Lohnnebenkosten die Unternehmen davon abhalten Arbeitsplätze zu schaffen, an die sozialdemokratische ‚Gemütslage' an, indem er auf die Belastung der abhängig Beschäftigten durch Sozialversicherungsbeiträge verwies. Auch dies war nicht neu, es war fester Bestandteil neoliberaler Argumentationsstrategien, um die Forderung nach Senkung der Sozialversicherungsbeiträge als ‚arbeitnehmerfreundlich' erscheinen zu lassen.

Eine Senkung der Sozialversicherungsbeiträge ist – bei gleichbleibender Finanzierungsgrundlage – jedoch nur möglich, wenn Sozialleistungen gekürzt werden. Die Kürzung von Sozialleistungen wiederum ist legitimationsbedürftig. In neoliberalen Standardargumentationen wurde sie in der Regel mit der Behauptung legitimiert, Versicherte würden Sozialleistungen unnötig in Anspruch nehmen. Entsprechende Behauptungen wurden jedoch nicht mit empirischen Beweisen belegt, sondern allein durch die logische Deduktion aus allgemeinen Annahmen über menschliches Verhalten: 1) Wenn etwas kostenlos erhältlich ist, führt dies – quasi gesetzmäßig – zur unnötigen Nutzung dieses Produktes (Free-Rider-Mentalität). 2) Auch Versicherte sind – so die implizite Grundannahme – nutzenmaximierende Wirtschaftssubjekte, die sich nach dem Modell des Homo oeconomicus verhalten. 3) Deshalb sei davon auszugehen, dass Versicherte ‚kostenlose' Leistungen unnötig in Anspruch nehmen. 4) Um Versicherte von der unnötigen Leistungsinanspruchnahme abzuhalten, sei es notwendig, Selbstbeteiligungen und Zuzahlungen einzuführen. Ziel dieser Kostenbeteiligungen

---

[13] Zu den Lohnnebenkosten (Personalzusatzkosten) gehören nicht nur die Sozialversicherungsbeiträge, sondern auch betriebliche Sozialleistungen.

ist in dieser Logik – so die zugrunde liegende Verbindung zur ökonomischen Theorie – die Verhaltensbeeinflussung durch ‚Preissignale'.

Diese Logik benutzte auch Schröder für die Legitimation der geplanten Kürzungen von Sozialleistungen. Er behauptete, „viele" würden unnötig Leistungen in Anspruch nehmen und es brauche deshalb – auch in der SPD – ein „neues Nachdenken" über Zuzahlungen und Selbstbehalte.

> „Viele agieren nach dem Grundsatz des raschen, auch des bedenkenlosen Zugriffs. Eine Mentalität der Selbstbedienung hat das Gefühl der Solidarität verdrängt" (Schröder 2003: 2490).

> „Wir brauchen, glaube ich, auch ein neues Nachdenken – das will ich hier sehr deutlich sagen – über die öffentliche Debatte über Zuzahlungen und Selbstbehalte. Formen von Eigenbeteiligungen sind im geltenden System lange bekannt. Sie haben Steuerungswirkung. (Zuruf von der FDP: Ach nein!) Sie halten Versicherte zu kostenbewusstem Verhalten an" (Schröder 2003: 2491).

Der ironische Zwischenruf aus der Fraktion der FDP sollte offensichtlich zum Ausdruck bringen, dass Schröder mit seiner Feststellung über die Steuerungswirkung von Zuzahlungen und Selbstbehalten etwas aussprach, was die FDP schon lange vertrat. In der Tat, diese Passagen hätten durchaus in der Regierungserklärung einer Koalition aus CDDU/CSU und FDP stehen können.

Bemerkenswert waren auch Schröders Aussagen zur Frage der Reduzierung des GKV-Leistungskatalog. Während er die von der CDU/CSU geforderte Ausgliederung des Zahnersatzes ablehnte, signalisierte er Bereitschaft zum Entgegenkommen bei der von der Union geforderten Ausgliederung des Krankengeldes.

> „Anders beurteile ich die Frage der privaten Vorsorge im Hinblick auf das Krankengeld. Hier handelt es sich um einen klar abgrenzbaren Kostenblock, der auch für die Zukunft überschaubar bleibt. Die Kostenbelastung für den Einzelnen durch eine private Versicherung bliebe beherrschbar" (Schröder 2003: 2491).

Eine vollständige Ausgliederung des Krankengeldes war jedoch in der rotgrünen Regierungskoalition nicht durchsetzbar, wohl aber eine sehr gravierende Änderung. Dazu später mehr.

Die Fortsetzung des neoliberalen Umbaus der GKV in den Gesundheitsreformen der Jahre 2002 bis 2005

Die Politik der zweiten rot-grünen Regierungsperiode war in starkem Maße von der Agenda 2010 bestimmt. Als Krankenkassen Ende 2002 auf breiter Front ihre Beitragssätze erhöhten, beschloss die rot-grüne Koalition kurzfristig ein „Beitragssatzsicherungsgesetz", in dessen Zentrum eine Anhebung der GKV-Versicherungspflichtgrenze stand.[14] Damit sollte die Einnahmesituation der GKV verbessert werden, indem mehr abhängig Beschäftigte mit hohem Einkommen zu Pflichtmitgliedern der GKV gemacht wurden. Das folgte eindeutig traditionellen sozialdemokratischen Gerechtigkeitsvorstellungen.

Mitte 2003 nahm die Koalition mit dem *GKV-Modernisierungsgesetz* (GMG) eine größere Gesundheitsreform in Angriff. Da die rot-grüne Koalition keine Mehrheit im Bundesrat hatte, brauchte sie für das Gesetz die Zustimmung der CDU/CSU geführten Bundesratsmehrheit. Vor diesem Hintergrund bereitete sich die CDU/CSU-Bundestagsfraktion auf die zu erwartenden Verhandlungen mit der rot-grünen Koalition vor. Anfang Februar 2003 legten Andreas Storm und Annette Widmann-Mauz, zwei führende und für die Gesundheitspolitik zuständige Mitglieder der Fraktion ein Positionspapier vor, in dem sie ihre Auffassungen zu den vonseiten der Union zu stellenden Forderungen darlegten (Storm/Widmann-Mauz 2003). Mitte Februar fasste der Vorstand der Unionsfraktion einen Beschluss zur Zukunft der gesetzlichen Krankenversicherung, der Grundlage für die Verhandlungen mit der Regierungskoalition sein sollte (CDU/CSU-Bundestagsfraktion 2003a). Darin wurden unter anderem die folgenden Forderungen erhoben, die Bedingung für eine Zustimmung der Union im Bundesrat sein sollten (ebd.):

- Einführung von Kostenerstattung als Wahloption für alle Versicherten
- Umfinanzierung versicherungsfremder Leistungen (damit war deren Steuerfinanzierung gemeint)
- „verhaltenssteuernde und zielgerichtete Zuzahlungen"
- Streichung der zahnmedizinischen Leistungen aus dem gesetzlichen Leistungskatalog und Absicherung der Kosten durch eine verbindlich abzuschließende private Zusatzversicherung[15]
- Festschreibung des Arbeitgeberbeitrags.

---

[14] Gesetz zur Sicherung der Beitragssätze in der gesetzlichen Krankenversicherung und in der gesetzlichen Rentenversicherung (Beitragssatzsicherungsgesetz – BSSichG). vom 23. Dezember 2002 (BGBl. I S. 4637).

[15] Wie bei solchen, für den Erfolg bei Wahlen riskanten Vorhaben üblich, wurde das Vorhaben hinter euphemistischen Formulierungen versteckt. Gefordert wurde die „schrittweise mittelfristige Übertragung der zahnmedizinischen Leistungen in die vollständige Eigenverantwortung der Versicherten durch eine Zusatzversicherung unter Beachtung des Vertrauensschutzes für ältere Versicherte" (CDU/CSU-Bundestagsfraktion 2003a: 10).

Gleicht man die Forderungen mit den neoliberalen Reformkonzepten der 1980er Jahre ab, so zeigen sich deutlich Übereinstimmungen. Bei der Kostenerstattung war die Union bereits in ihrer Regierungszeit diesen Vorschlägen gefolgt und hatte Kostenerstattung als Wahloption zunächst nur für freiwillig Versicherte und im Rahmen der dritten Stufe der Gesundheitsreform schließlich für alle Versicherten eingeführt. Wie oben dargelegt, wurden diese Neuregelungen jedoch von der rot-grünen Koalition kurz nach der Wahl 1998 wieder rückgängig gemacht. Hinter der Forderung nach Einführung von Kostenerstattung in die GKV stand letztlich das Ziel der Abschaffung des Sachleistungsprinzips und dessen vollständige Ersetzung durch Kostenerstattung, nicht als Wahloption, sondern als einzig mögliche Art der Leistungsgewährung.

Das Konstrukt ‚versicherungsfremde Leistungen' ist zentraler Bestandteil neoliberaler Reformkonzepte und abgeleitet aus der Behauptung, die GKV sei eine Versicherung und dürfe nicht für sozialstaatliche Aufgaben der ‚Umverteilung' missbraucht werden. Die Verlagerung der Finanzierung sogenannter ‚versicherungsfremder Leistungen' war und ist zentrale Voraussetzung für die Umwandlung der GKV in ein System privater Krankenversicherungen. Eine solche Umwandlung ist nur möglich, wenn zuvor das Leistungsfähigkeitsprinzip und somit einkommensabhängige Beiträge, die beitragsfreie Familienversicherung etc. abgeschafft wurden und nur noch Leistungen verbleiben, für die ‚sachgerechte' risikoäquivalente Prämien kalkuliert werden können.

Dass Zuzahlungen der ‚Verhaltenssteuerung' dienen sollen, folgt neoliberalen Argumentationsmustern, und die schrittweise Reduzierung des gesetzlichen Leistungskatalogs gehört seit den 1980er Jahren zum Kernbestand des neoliberalen Reformmodells ebenso wie die Abschaffung des Arbeitgeberbeitrags, wofür die Festschreibung ein erster Schritt wäre.

Am 16. Juni 2003 legte die rot-grüne Koalition ihren Entwurf für ein GKV-Modernisierungsgesetz vor (SPD/BÜNDNIS 90/DIE GRÜNEN 2003). Einen Tag später brachte die Unionsfraktion einen Antrag ein, in dem sie ihre Forderungen nannte, mit denen sie in die anstehenden Verhandlungen gehen wollte (CDU/CSU-Bundestagsfraktion 2003b). Es waren weitgehend dieselben wie bereits im Beschluss des Fraktionsvorstandes vom Februar 2003, allerdings mit leichten Änderungen und ergänzt um neue Forderungen. Im Einzelnen wurde gefordert:[16]

---

[16] An dieser Stelle soll auch auf einige der namentlichen Unterzeichner des Antrags der CDU/CSU-Fraktion hingewiesen werden, da sie noch heute in der Gesundheitspolitik aktiv sind. Zu den namentlichen Unterzeichnern gehörten u. a. Annette Widmann-Mauz (spätere Staatssekretärin im BMG), Andreas Storm (späterer Staatssekretär im BMA, danach Chef der Staatskanzlei und Sozialminister des Saarlandes und seit 2017 Vorstandsvorsitzender

- „Festschreibung des Arbeitgeberbeitrags" (ebd.: 11)
- Streichung des Zahnersatzes aus dem Leistungskatalog und „Finanzierung des Zahnersatzes durch private Pflichtversicherung" (ebd.)
- Kostenerstattung als Wahlleistung „für alle Versicherten" (ebd.: 7)
- Generelle Zuzahlung in Höhe von 10 %, mindestens 5 € (ebd.: 11)
- Erlaubnis für die Krankenkassen, den gesetzlichen Leistungskatalog durch „Wahlleistungen aufzustocken", beispielsweise durch „unterschiedliche Tarife für integrierte Versorgungsangebote" (ebd.: 7)
- Herausnahme der „Finanzierung versicherungsfremder Leistungen" aus der GKV (ebd.: 11)
- Einführung von „Bonusregelungen für gesundheitsbewusstes und rationales Inanspruchnahmeverhalten" (ebd.: 6).
- Zudem sprach sich die Union für eine Ausweitung von Selektivverträgen und die Beibehaltung des RSA aus.

Auch die neu hinzugekommenen Forderungen folgten der von der Union verfolgten Grundlinie, dass die GKV auf eine Basisversorgung reduziert und die Krankenkassen schrittweise der privaten Krankenversicherung angenähert werden sollten.

Die Forderung nach Streichung der gesamten zahnmedizinischen Versorgung war zwar auf den Zahnersatz zurückgenommen worden, dafür wurde jedoch klargestellt, dass es für die Deckung der Kosten des Zahnersatzes zukünftig nur noch eine private Pflichtversicherung geben sollte.

Den Krankenkassen Wahlleistungen und unterschiedliche Tarife zu erlauben, bedeutete die Einführung von PKV-Elementen und des Äquivalenzprinzips in die GKV. Die GKV kannte bis dahin aus gutem Grund keine ‚Tarife', denn Tarife sind die Kombination bestimmter Versicherungsleistungen mit einer Versicherungsprämie, die so kalkuliert ist, dass sie die Kosten dieser im Versicherungsvertrag vereinbarten Leistungen deckt. Tarife sind somit die konkrete Erscheinungsform des ‚versicherungstechnischen Äquivalenzprinzips'.

Auch Bonusregelungen für gesundheitsbewusstes Verhalten und sparsame Leistungsinanspruchnahme sind Ausdruck des Äquivalenzprinzips. Wenn die Höhe eines Bonus auf Grundlage von Einsparungen kalkuliert wird, die durch ein entsprechendes Versichertenverhalten zu erreichen sind, dann ist das nichts anderes als eine risikoäquivalente Beitragskalkulation. Die Höhe des Beitrags richtet

---

der DAK) sowie Jens Spahn (von 2018 bis 2021 Bundesgesundheitsminister der Großen Koalition).

sich dann, zumindest im Umfang des Bonus, nicht mehr nach dem beitragspflichtigen Einkommen und somit dem Leistungsfähigkeitsprinzip, sondern nach den zu erwartenden Kosten und somit dem individuellen ‚Versicherungsrisiko‘.

Nach Vorlage des Gesetzentwurfes und des Beschlussantrages der Union begannen SPD, GRÜNE und CDU/CSU Verhandlungen über die Inhalte eines gemeinsamen Gesetzentwurfes. Die Ergebnisse der Verhandlungen wurden am 22. Juli 2003 in einem Eckpunktepapier veröffentlicht (SPD et al. 2003a). Auf Grundlage des Eckpunktepapiers wurde Anfang September 2003 ein gemeinsamer Gesetzentwurf vorgelegt, der Ende September die Zustimmung der Mehrheit des Bundestages erhielt. Mitte Oktober stimmte auch der Bundesrat zu.

Das gemeinsam von SPD, GRÜNEN und CDU/CSU beschlossene GKV-Modernisierungsgesetz (GMG) war eine der größten und umfassendsten Gesundheitsreformen der letzten Jahrzehnte und enthielt zahlreiche Neuregelungen, mit denen Vorschläge umgesetzt wurden, die Bestandteil des neoliberalen Reformmodells sind. Die nachfolgende Auflistung beschränkt sich auf diese Neuregelungen. Dabei wird jeweils auch erwähnt, welche dieser Neuregelungen von der rot-grünen Regierungskoalition stammte und welche auf Verlagen der CDU/CSU in das Gesetz aufgenommen wurde. Dadurch wird erkennbar, dass zwar ein Großteil dieser Neuregelungen auf Verlangen der CDU/CSU in das Gesetz aufgenommen wurde, ein erheblicher Teil der Änderungen war jedoch bereits im Gesetzentwurf der rot-grünen Koalition enthalten.

Zu den Inhalten des GMG, die Elemente des neoliberalen Reformmodells umsetzten, gehörten die nachfolgend aufgelisteten Änderungen. Ein Teil der Neuregelungen durch das GMG wurde kurz danach von der rot-grünen Bundestagsmehrheit wieder aufgehoben. Dies war möglich, da es sich um Vorschriften handelte, für die die Zustimmung der Bundesratsmehrheit nicht notwendig war. Wieder aufgehobene Neuregelungen werden darum nachfolgend im Konjunktiv beschrieben.

- *Krankengeld:* Das Krankengeld sollte ab 2006 durch einen nur von den Mitgliedern zu zahlenden ‚zusätzlichen Beitragssatz‘ in Höhe von 0,5 % finanziert werden (§ 241a SGB V). Parallel dazu sollte der Allgemeine Beitragssatz in gleichem Umfang abgesenkt werden, um die Arbeitgeber entsprechend zu entlasten (§ 220 SGB V). Wie bereits erwähnt, war die ‚Umfinanzierung‘ des Krankengeldes bereits im rot-grünen Gesetzentwurf enthalten, wenn auch in etwas anderer Form. Die Neuregelung wurde kurz danach wieder aufgehoben.
- *Zahnersatz:* Das GMG enthielt die Streichung des Zahnersatzes aus dem gesetzlichen Leistungskatalog zum 1. Januar 2005 (§ 30 SGB V). Er sollte in

eine obligatorische Satzungsleistung umgewandelt werden, die auf eine Grund-versorgung („Regelversorgung") und „befundbezogene Festbeträge" in Höhe von maximal 50 % der Kosten begrenzt ist (§ 55 SGB V). Diese Änderung ging auf eine entsprechende Forderung der CDU/CSU zurück. Allerdings hat-ten SPD und GRÜNE in den Verhandlungen erreicht, dass Zahnersatz nicht ganz aus dem GKV-Leistungskatalog gestrichen wurde, wie von der Union zuvor gefordert, sondern als Satzungsleistung erhalten blieb.

- *Finanzierung der ‚Satzungsleistung Zahnersatz':* Die neue ‚Satzungsleistung Zahnersatz' sollte durch einen nur von den Mitgliedern zu tragenden einkom-mensunabhängigen, kassenübergreifend einheitlichen „Beitrag für Zahnersatz" finanziert werden, der von den GKV-Spitzenverbänden jährlich neu festgesetzt wird (§ 58 SGB V).[17] Das Gesetz sah ausdrücklich einen „Beitrag" vor und keinen Beitragssatz, denn es sollte sich dabei um einen einkommensunabhän-gigen, für alle Mitglieder einheitlich hohen Beitrag handeln. Diese Änderung ging auf entsprechende Forderungen der CDU/CSU zurück. Die Neuregelung wurde kurz danach wieder aufgehoben.

- *Private Zahnzusatzversicherung:* Das GMG sah vor, dass GKV-Mitglieder alternativ zur Satzungsleistung ihrer Krankenkasse eine private Zahnzusatz-versicherung abschließen können. Ihr GKV-Beitrag sollte dann entsprechend reduziert werden (§ 58 SGB V). Krankenkassen wurde die Vermittlung privater Zusatzversicherungen erlaubt (§ 194 SGB V). Damit wurde einer Forderung der CDU/CSU nachgekommen. Die Neuregelung wurde kurz danach wieder aufgehoben.

- *Kostenerstattung:* Kostenerstattung wurde als Option für alle Versicherten ein-geführt (§ 13 SGB V). Auch diese Änderung erfolgte auf Verlangen der CDU/CSU.

- *Selbstbehalte und Beitragsrückzahlung:* Für freiwillige Mitglieder wurden Selbstbehalte und Beitragsrückzahlung als Wahloption eingeführt (§§ 53, 54 SGB V). Die Wahl eines Selbstbehaltes war mit einer Beitragssatzreduzierung zu verbinden. Die Änderung erfolgte auf Verlangen der CDU/CSU.

- *Zuzahlungen:* Zuzahlungen wurden generell auf 10 % festgesetzt, mindestens jedoch 5 €, verbunden mit einer Belastungsgrenze in Höhe von 2 % der jähr-lichen Bruttoeinnahmen zum Lebensunterhalt. Für chronisch Kranke wurde die Grenze auf ein Prozent herabgesetzt (§ 62 SGB V). Die Zahl der Tage einer Krankenhausbehandlung oder medizinischen Rehabilitation, für die eine

---

[17] Dazu die entsprechende Passage in der Begründung des Gesetzentwurfes: „Der Zahnersatz wird ab 2005 in Zukunft allein von den Versicherten mit einem einkommensunabhängigen Beitrag finanziert" (SPD et al. 2003b: 71).

Zuzahlung zu entrichten ist, wurde von 14 auf 28 Tage pro Jahr heraufgesetzt (§§ 39, 40 SGB V). Die generelle Erhöhung und Ausweitung der Zuzahlungen war bereits im rot-grünen Gesetzentwurf enthalten, die Festlegung auf 10 % und mindestens fünf Euro entsprach einer Forderung der CDU/CSU.

- *Praxisgebühr:* Es wurde eine „Praxisgebühr" in Höhe von 15 € für die Inanspruchnahme eines ambulanten Facharztes eingeführt, wenn diese ohne vorherige Überweisung eines Hausarztes erfolgte (§ 28 SGB V). Die Praxisgebühr war bereits im rot-grünen Gesetzentwurf enthalten, die Festlegung der Höhe auf 15 € war Ergebnis der Verhandlungen mit der Union.

- *Kürzungen des Leistungskataloges:* Es wurden mehrere Leistungen aus dem gesetzlichen Leistungskatalog gestrichen (Sterbegeld, Sehhilfen für Versicherte über 18 Jahre, Fahrkosten zur ambulanten Behandlung). Die Leistungsstreichungen und -kürzungen waren bereits im rot-grünen Gesetzentwurf enthalten.

- *Bonus für ,gesundheitsbewusstes Verhalten':* Krankenkassen erhielten die Erlaubnis, in ihrer Satzung einen Bonus für ,gesundheitsbewusstes Verhalten' von Versicherten vorzusehen (§ 65a SGB V). Die Höhe der Aufwendungen für Bonusleistungen hatte sich nach den durch das Verhalten zu erzielenden Einsparungen zu richten. Die Neuregelung folgte einer Forderung der CDU/CSU -Fraktion.

- *Steuerfinanzierung versicherungsfremder Leistungen:* Es wurde ein Bundeszuschuss zur Finanzierung versicherungsfremder Leistungen beschlossen (§ 221 SGB V). Der Bundeszuschuss war bereits im rot-grünen Gesetzentwurf enthalten.

Das GMG war nach der Einführung des GKV-Wettbewerbs durch das Gesundheitsstrukturgesetz 1992 das bis dahin umfangreichste Maßnahmenpaket zur Umsetzung neoliberaler Reformelemente in geltendes Recht. Der Union gelang es aufgrund ihrer Position im Bundesrat, fast alle Neuregelungen erneut in Kraft zu setzen, die im Rahmen der ,Dritten Stufe' von ihr beschlossenen und von der rot-grünen Koalition wieder aufgehoben worden waren. Und sie konnte darüber hinaus weitere Neuregelungen durchsetzen. SPD und GRÜNE schwächten zwar einzelne von der Union geforderte Änderungen etwas ab, hatten allerdings in ihrem eigenen Gesetzentwurf bereits mehrere Maßnahmen vorgesehen, die ebenfalls neoliberalen Vorstellungen folgten. Insgesamt betrachtet war das GMG 2003 die bis dahin am stärksten vom neoliberalen Reformmodell geprägte Gesundheitsreform im vereinten Deutschland. Das Gesundheitsstrukturgesetz 1992 hatte zwar die Einführung des GKV-Wettbewerbs und den Grundsatzbeschluss für die Umstellung auf Fallpauschalen für Krankenhäuser beinhaltet, war ansonsten aber weitgehend ein typisches ‚Kostendämpfungsgesetz'. Das GMG folgte insgesamt deutlich stärker neoliberalen Vorschlägen für einen Umbau der GKV in ein PKV-System.

Allerdings sorgte die rot-grüne Koalition nach Verabschiedung des GMG dafür, dass einige der Neuregelungen nicht in Kraft traten oder nachträglich abgeändert wurden. Ausgangspunkt dafür war, dass es innerhalb der rot-grünen Koalitionsfraktionen erhebliche Unzufriedenheit mit dem GMG gab, vor allem mit den Neuregelungen zum Zahnersatz. Die koalitionsinterne Kritik führte dazu, dass die rot-grüne Koalition im Herbst 2004 ein „Gesetz zur Anpassung der Finanzierung von Zahnersatz" in den Bundestag einbrachte und mit ihrer Mehrheit verabschiedete.[18] Da es sich um ein nicht zustimmungsbedürftiges Gesetz handelte, konnte die Koalition den folgenden Einspruch des unionsbeherrschten Bundesrates mit ihrer Bundestagsmehrheit überstimmen.

Das Zahnersatz-Gesetz konnte noch Ende 2004 und damit vor Wirksamwerden der im GMG enthaltenen Neuregelungen zum Zahnersatz in Kraft treten.[19] Zahnersatz blieb Teil des gesetzlichen Leistungskataloges. GKV-Versicherte, die bereits eine private Zahnersatzversicherung abgeschlossen hatten, erhielten ein Sonderkündigungsrecht. Die Abschaffung der paritätischen Finanzierung des Krankengeldes wurde hingegen beibehalten. Der neu eingeführte und allein von den Mitgliedern zu zahlende „zusätzliche Beitragssatz" wurde sogar noch um 0,4 Prozentpunkte auf 0,9 % erhöht. Parallel wurde der Allgemeine Beitragssatz um 0,9 Prozentpunkte abgesenkt, was eine Absenkung des Arbeitgeberbeitrags um 0,45 % bewirkte. Zwar wurde in der Gesetzesbegründung behauptet, dies stünde mit keiner einzelnen Leistung im Zusammenhang, es ist jedoch offensichtlich, dass diese 0,4 % der alleinigen Finanzierung des Zahnersatzes dienen sollten. Damit beschloss die rot-grüne Koalition einen Schritt in Richtung eines Ausstiegs aus der paritätischen GKV-Finanzierung, und dies ohne dass sie dazu durch eine Bundesratsmehrheit der Union gezwungen war. Da es sich um ein nicht zustimmungsbedürftiges Gesetz handelte, hätte sie mit diesem Gesetz – wenn sie es gewollt hätte – auch die paritätische Finanzierung erhalten können.

Nach dem Zahnersatz-Gesetz folgte bis zum Ende der zweiten rot-grünen Legislaturperiode nur noch ein relevantes gesundheitspolitisches Gesetz, das allerdings nicht der Umsetzung eigener rot-grüner Vorhaben diente, sondern der Erfüllung von Vorgaben, die das Bundesverfassungsgericht (BVerfG) in einem

---

[18] Entwurf eines Gesetzes zur Anpassung der Finanzierung von Zahnersatz (BT-Drs. 15/3681 vom 6.09.2003).

[19] Gesetz zur Anpassung der Finanzierung von Zahnersatz. Vom 15. Dezember 2004 (BGBl. I S. 3445).

Anfang 2004 ergangenen Urteil gemacht hatte. Das Gericht hatte der Verfassungsbeschwerde eines Mitglieds der sozialen Pflegeversicherung stattgegeben, die sich dagegen richtete, dass Mitglieder mit Kindern und kinderlose Mitglieder einen gleich hohen Beitragssatz zu zahlen haben. Das am 3. April 2003 ergangene Urteil verbot die Erhebung von Beitragssätzen in der sozialen Pflegeversicherung, die für kindererziehende und kinderlose Mitglieder gleich hoch sind (BVerfG 2001). Das Gericht verpflichtete den Gesetzgeber, bis spätestens zum 31. Dezember 2004 eine Neuregelung der Beitragsfinanzierung vorzunehmen, durch die kindererziehende Mitglieder gegenüber kinderlosen geringer belastet werden.

Diese Entscheidung des Bundesverfassungsgerichts ist insofern bemerkenswert, als das Gericht den Gesetzgeber damit zwang, bei der Beitragsbemessung für die soziale Pflegeversicherung teilweise das Äquivalenzprinzip anzuwenden. Die Entscheidung wurde damit begründet, dass Mitglieder, die Kinder erziehen, von diesen Kindern in der Regel im Alter im Fall von Pflegebedürftigkeit gepflegt werden (BVerfG 2001: Rn. 49, 52, 67). Folglich verursachen sie der Pflegeversicherung geringere Kosten als kinderlose Mitglieder. Damit wurde ein direkter Zusammenhang zwischen zu erwartenden Kosten und Beitragshöhe hergestellt, wie er für das Äquivalenzprinzip der PKV charakteristisch ist. Das Gericht argumentierte zwar nicht auf der Ebene der individuellen Kosten. Es stellte allerdings Beitragszahlungen und zu erwartende Kosten von Mitgliedern mit Kindern denen der Kinderlosen gegenüber. Dies entspricht exakt der Kalkulationslogik des Äquivalenzprinzips, das auch in der PKV nicht strikt individuell angewendet wird, sondern für Kohorten von Versicherungsnehmern mit gleichen Risikomerkmalen. Insofern übertrug der damalige Erste Senat des Bundesverfassungsgerichts diese Kalkulationslogik auf die Soziale Pflegeversicherung.

Es sei noch angemerkt, dass die Argumentation des Gerichts sachlich unhaltbar ist, da nicht alle Kinder ihre pflegebedürftigen Eltern im Alter pflegen, und es keinen Zusammenhang zwischen Kinderlosigkeit und Auftreten oder Schwere von Pflegebedürftigkeit gibt. Zudem wird ein Teil der Pflegebedürftigen zumindest teilweise von Nachbarn betreut, unabhängig davon ob diese Pflegebedürftigen Kinder haben oder nicht.

Maßgeblich für die Beurteilung der Gerichtsentscheidung ist aber, dass sie einen hochgradig kritikwürdigen Schritt in Richtung allgemeiner Geltung des Äquivalenzprinzips in der Sozialen Pflegeversicherung erzwingt. Kein nachfolgender Gesetzgeber darf davon abweichen, da Entscheidungen des Bundesverfassungsgerichts für alle folgenden Gesetzgebungen bindend sind. Es bleibt nur die Möglichkeit, dass eine erneute Klage zu einer Revision dieses Urteils führt.

Auf das Urteil wurde hier auch deshalb eingegangen, weil an ihm ein Problem deutlich wird, dass in diesem Buch bislang nur am Rande erörtert wurde.[20] Wenn neoliberale Denkmuster in die Rechtswissenschaft und höchstrichterliche Entscheidungen eindringen, können sie eine Macht entfalten, die weit über die von Publikationen neoliberaler Ökonomen hinausgeht. Insofern wäre es dringend geboten, auch die rechtswissenschaftliche Diskussion in die kritische Betrachtung einzubeziehen. Dies kann das vorliegende Buch jedoch nicht leisten. Es wäre Aufgabe einer kritischen Rechtswissenschaft. Die Relevanz dieses Problems wird an späterer Stelle der vorliegenden Untersuchung wieder aufgegriffen, wenn auf Beiträge von Juristen aus neuerer Zeit eingegangen wird, in denen das neoliberale Reformmodell durch rechtswissenschaftliche, insbesondere verfassungsrechtliche Argumentationen unterstützt wird.

Die Entscheidung des Bundesverfassungsgerichts wurde von der rot-grünen Koalition Anfang September 2004 mit dem den Entwurf eines Kinder-Berücksichtigungsgesetzes (KiBG) umgesetzt. Das Gesetz wurde Ende September ohne wesentliche Änderungen beschlossen und trat zum 1. Januar 2005 in Kraft.[21] Durch das Gesetz wurde ein „Beitragszuschlag" in Höhe von 0,25 Beitragssatzpunkten für kinderlose Mitglieder der Sozialen Pflegeversicherung eingeführt, der ab dem 23. Lebensjahr zu zahlen ist (§ 55 Abs. 3 SGB XI). Der Zuschlag ist allein von Mitgliedern ohne Beteiligung der Arbeitgeber zu tragen. Mitglieder, die vor 1940 geboren sind sowie Wehr- und Zivildienstleistende und Bezieher von Arbeitslosengeld II wurden von der Zahlung des Beitragszuschlags ausgenommen.

Die reguläre Legislaturperiode hätte 2006 geendet. Mitte 2005 entschied sich Bundeskanzler Schröder jedoch, ein vorzeitiges Ende der Legislaturperiode und Neuwahlen herbeizuführen. Er stelle am 1. Juli 2005 vor dem Bundestag die Vertrauensfrage, die er – wie von der Regierungskoalition geplant – verlor. Damit war der Weg für vorgezogene Bundestagswahlen frei, die am 18. September 2005 stattfanden.

Mit der Entscheidung für vorgezogene Neuwahlen reagierte Schröder nicht nur auf die oppositionelle Mehrheit im Bundesrat, sondern auch auf eine starke Opposition innerhalb der rot-grünen Regierungsfraktionen gegen seine Agenda-Politik. Die rot-grüne Regierungskoalition war seit der Vorlage der Agenda 2010 im März 2003 und deren Umsetzung in Gesetzesvorhaben in sich gespalten. Insbesondere

---

[20] Im vorliegenden Buch wurde die Problematik bei der Erörterung des Gutachtens von Walter Bogs aus dem Jahr 1955 angesprochen.

[21] Gesetz zur Berücksichtigung von Kindererziehung im Beitragsrecht der sozialen Pflegeversicherung (Kinder-Berücksichtigungsgesetz – KiBG). Vom 15. Dezember 2004 (BGBl. 2004 Teil I S. 3448).

in der SPD gab es starken Widerstand gegen die Agenda, die auch zu zahlreichen Parteiaustritten und in Westdeutschland zur Gründung der WASG geführt hatte, einer neuen politischen Gruppierung links von der SPD (Wolfrum 2013; Zohln-höfer/Egle 2007).[22] Der koalitionsinterne Widerstand gegen die offen neoliberale Politik der ,Modernisierer' um Schröder erschwerte die koalitionsinterne Einigung auf politische Vorhaben und konkrete Gesetzesinhalte. Dies hatte insofern besondere Relevanz, als die rot-grüne Koalition seit der Wahl 2002 nur noch eine Mehrheit von neun Stimmen im Bundestag hatte (Zohlnhöfer/Egle 2007: 11). Somit konnten bereits wenige Abweichler ein Gesetzesvorhaben zu Fall bringen.

Da Schröder seine Entscheidung, Neuwahlen herbeizuführen, ohne Absprache mit den GRÜNEN traf und öffentlich verkündete, lag die Vermutung nahe, dass er nicht mehr mit den GRÜNEN weiterregieren wollte und stattdessen eine Große Koalition anstrebte. Wobei er offenbar davon ausging, dass die SPD bei Neuwahlen stärkste Fraktion würde und er somit Bundeskanzler bleiben könnte (Egle 2007; Zohlnhöfer/Egle 2007). Dies Kalkül ging jedoch nicht auf. Nach den vorgezogenen Neuwahlen im Herbst 2005 wurde zwar eine Große Koalition gebildet, allerdings war die Union größte Fraktion und die CDU-Abgeordnete Angela Merkel wurde neue Bundeskanzlerin.

Die Weiterentwicklung des neoliberalen Reformmodells

Nach dem Amtsantritt der rot-grünen Regierung standen die Protagonisten des neoliberalen Reformmodells vor einem Problem. Um auch eine rot-grüne Regierungskoalition für das neoliberale Reformmodell gewinnen zu können, musste die Argumentation für dieses Modell an rot-grüne ,Befindlichkeiten' angepasst werden. Nur wenn neoliberale Vorschläge so formuliert wurden, dass sie als kompatibel mit rot-grünen Vorstellungen erscheinen, konnte damit die Chance erhöht werden, auch zur rot-grünen Regierungskoalition Zugang zu erhalten und deren politische Entscheidungen beeinflussen zu können.

Aus Sicht rot-grüner Gesundheitspolitiker war Ende der 1990er und Anfang der 2000er Jahre die Erosion der Einnahmegrundlage der GKV eines der drängendsten Probleme, wenn nicht sogar das Hauptproblem der Gesundheitspolitik. In den 1990er Jahren hatte sich zunehmend die Erkenntnis durchgesetzt, dass die GKV vor allem ein Einnahmeproblem hatte. Als Ursache des Einnahmeproblems galten das unterproportionale Wachstum der Löhne und Gehälter, eine seit Anfang der 1980er Jahre anhaltende Arbeitslosigkeit, die Abwanderung

---

[22] WASG steht für „Wahlalternative Arbeit und soziale Gerechtigkeit".

einkommensstarker freiwilliger Mitglieder zur PKV und eeine ‚Politik der Verschiebebahnhöfe‘, durch die der Bundeshaushalt sowie die Haushalte anderer Sozialversicherungszeige zu Lasten der GKV entlastet wurden.

Die geänderte Problemsicht richtete die Aufmerksamkeit der gesundheitspolitischen Diskussion zunehmend auf die Frage, wie das Einnahmeproblem der GKV gelöst werden könnte. Hierzu war 1996 ein im Auftrag der gewerkschaftsnahen Hans Böckler Stiftung erstelltes Gutachten erschienen, das die Diskussion über die 1990er Jahren hinaus beeinflusste. Das Gutachten enthielt Modellrechnungen zu verschiedenen Optionen für eine Verbreiterung und Stabilisierung der Einnahmegrundlage der GKV (Pfaff et al. 1996).[23] Als Maßnahmen zur Verbreiterung der Einnahmegrundlage der GKV wurden in die Berechnungen einbezogen:

- *Anhebung der Versicherungspflichtgrenze und Beitragsbemessungsgrenze auf das Niveau der gesetzlichen Rentenversicherung:* Beide Grenzen waren Anfang der 1970er Jahre auf 75 % der Grenzen der Rentenversicherung festgelegt worden. Eine Anhebung beider Grenzen auf das Niveau der Rentenversicherung würde zur Ausweitung der Versicherungspflicht für die GKV auf die Bezieher höherer Einkommen und zur Anhebung der Beiträge der Bezieher höherer Einkommen führen.
- *Aufhebung der Versicherungspflichtgrenze und der Beitragsbemessungsgrenze der GKV:* Dadurch würden alle abhängig Beschäftigten (auch Beamte) und deren gesamtes Arbeitseinkommen zur Finanzierung der GKV herangezogen.
- *Ausweitung der Beitragspflicht auf das Volkseinkommen:* Dadurch würde die GKV-Beitragspflicht auch auf Unternehmens- und Vermögenseinkommen ausgeweitet.

Die Studie wurde in den 1990er Jahren relativ breit wahrgenommen und diskutiert. Sie gab auch einen wesentlichen Impuls für die Entwicklung des ursprünglichen Modells einer ‚Bürgerversicherung‘, wie es von den GRÜNEN 2002 als Teil ihres Grundsatzprogramms beschlossen wurde (BÜNDNIS 90/DIE GRÜNEN 2002: 80 f.). Dieses erste Bürgerversicherungsmodell der GRÜNEN griff die vom INIFES aufgezeigten Reformoptionen auf und meinte mit ‚Bürgerversicherung‘ die Einbeziehung aller Bürger in die bestehende GKV, mit den bestehenden Krankenkassen als Träger der ‚Bürgerversicherung‘.

---

[23] Die Studie wurde vom *Internationalen Institut für empirische Sozialökonomie* (INIFES) erstellt, dessen Direktor *Martin Pfaff* war, Mitglied der ersten Besetzung des Sachverständigenrates für die Konzertierte Aktion im Gesundheitswesen und ab 1990 Mitglied des Deutschen Bundestages (SPD-Fraktion).

‚Kopfpauschale' und neoliberales Reformmodell

Um nach 1998 auf dem Stand der Diskussion zu sein und die Chance auf Zugang zu Akteuren der rot-grünen Gesundheitspolitik zu haben, mussten Vorschläge für eine Reform der GKV aus den oben genannten Gründen vor allem Antworten auf die Einnahmeschwäche der GKV bieten. Dazu war das neoliberale Reformmodell Ende der 1990er Jahre jedoch nicht in der Lage, denn es war vor allem auf der These aufgebaut, dass Ursache der GKV-Defizite eine ‚Kostenexplosion' sei, die in erster Linie durch eine übermäßige Inanspruchnahme von Leistungen durch die Versicherten verursacht werde (Gitter et al. 1988; Gitter/Oberender 1987; Kronberger Kreis 1987a). Dieses Argumentationsmuster verlor nach 1998 erheblich an Überzeugungskraft. Die Protagonisten des neoliberalen Reformmodells standen somit vor dem Problem, das Begründungsmuster für ihr Modell den neuen politischen Rahmenbedingungen anzupassen und überzeugend darzulegen, warum und wie ihr Modell zur Behebung der Einnahmeschwäche der GKV beitragen könnte.

Zudem war bis Ende der 1990er Jahre ein zentrales Problem innerhalb des neoliberalen Reformmodells noch nicht gelöst worden. Im Zentrum der neoliberalen Kritik an der GKV standen die einkommensabhängigen GKV-Beiträge. Durch sie – so die neoliberale Kritik – würden ‚Umverteilungen' stattfinden, die ‚versicherungsfremd' seien und deshalb aus der GKV entfernt und in die Steuerfinanzierung überführt werden sollten. Als ‚versicherungsfremd' galten vor allem die Anwendung des Leistungsfähigkeitsprinzips bei der Beitragsbemessung, das zur ‚Umverteilung' von höheren zu niedrigeren Einkommen führe, die beitragsfreie Mitversicherung von Familienangehörigen, die zur Umverteilung von Ledigen zu Familien führe, und die Unabhängigkeit der Beiträge vom Lebensalter, die zu einer ‚Umverteilung' von Jungen zu Alten führe. Wie an früherer Stelle dieses Buches ausführlicher dargelegt, impliziert eine solche Kritik die Anwendung des Geschäftsmodells der PKV als Maßstab für die GKV. Dies wiederum folgt der Grundauffassung, dass es sich bei der GKV um eine ‚Versicherung' handelt und darum auch für die GKV die Funktionsprinzipien der privaten Versicherungen gelten müssten.

Zentrales Funktionsprinzip der privaten Versicherungen ist das Äquivalenzprinzip. Folglich – so die neoliberale Forderung – müsse auch für die GKV das Äquivalenzprinzip gelten. Die Forderung nach Geltung des Äquivalenzprinzips in der GKV impliziert letztlich die Umstellung der GKV-Finanzierung auf risikoäquivalente Prämien. Die Protagonisten des neoliberalen Reformmodells vermieden es zumeist jedoch, diese Konsequenz auch offen auszusprechen oder in ihren Publikationen offen zu benennen. Im Bereich der Politikberatung war es auch ratsam, nicht offen für die Forderung nach Umstellung der GKV-Finanzierung auf risikoäquivalente Prämien einzutreten, da eine solche Forderung nicht nur bei SPD und GRÜNEN, sondern auch bei konservativen Gesundheitspolitikern auf Ablehnung stieß. Dennoch die Umstellung der GKV-Beiträge auf risikoäquivalente Prämien zu fordern, war mit dem Risiko verbunden, ins ‚politische Abseits' zu geraten. Insofern beließen es die Protagonisten des neoliberalen Reformmodells in den 1980er und 1990er Jahren bei der abstrakten Forderung nach Einführung oder Stärkung des Äquivalenzprinzips, ohne offenzulegen, dass damit die Umstellung auf risikoäquivalente Prämien gemeint war.

Die Beschränkung auf die allgemein gehaltene Forderung nach stärkerer Geltung des Äquivalenzprinzips in der GKV trug aber auch dazu bei, dass eine in den Konzepten vorhandene zentrale ‚Leerstelle' nicht erkennbar wurde. Die in den vorhergehenden Kapiteln vorgestellten Reformmodelle boten keine Antwort auf die Frage, wie ein Übergang von einkommensabhängigen GKV-Beiträgen auf risikoäquivalente Prämien erfolgen könnte. Beide Finanzierungssysteme stehen sich diametral gegenüber und sind nicht miteinander vereinbar. Ein direkter und unmittelbarer kurzfristiger Wechsel von einkommensabhängigen Beiträgen zu risikoäquivalenten Prämien würde absehbar zu massiven Verwerfungen und erheblichen sozialen Problemen führen. Das war auch neoliberalen Ökonomen sehr wohl bewusst, was insbesondere daran abzulesen ist, dass ihre Reformmodelle in der Regel staatliche Zuschüsse oder sonstige Unterstützungen für Versicherte vorsahen, die nicht in der Lage sein würden, anfallende hohe risikoäquivalente Prämien zu zahlen. Damit war jedoch die Frage nach einem Übergang nicht beantwortet.

Ende der 1990er Jahre standen die Protagonisten des neoliberalen Reformmodells somit vor zwei inhaltlich-konzeptionellen Problemen: 1) Sie konnten nicht überzeugend darlegen, dass ihr Reformmodell die Einnahmeprobleme der GKV lösen kann. 2) Es gab kein Konzept für einen Übergang von einkommensabhängigen GKV-Beiträgen zu risikoäquivalenten Versicherungsprämien, das eine Abkehr von einkommensabhängigen GKV-Beiträgen ermöglicht, zugleich aber nicht erkennbar werden lässt, dass Ziel der Umstellung die Einführung risikoäquivalenter Prämien ist.

Die Lösung beider Probleme ergab sich durch die Entdeckung der ‚Kopfpauschale' als Finanzierungsmodell. Die Anregung dazu kam aus der Schweiz. In der Schweiz war 1996 ein ‚Krankenversicherungsgesetz' in Kraft getreten, das eine umfassende Reform des dortigen Krankenversicherungssystems beinhaltete.[24] Die Reform wurde ab Ende der 1990er Jahre zunehmend auch in Deutschland beachtet und diskutiert. Für die Protagonisten des neoliberalen Reformmodells war dabei von besonderem Interesse, dass in der Schweiz die soziale Sicherung im Krankheitsfall traditionell nicht nur von ‚Krankenkassen', sondern auch von privaten Krankenversicherungen angeboten wurde. Es gab einen durch Gesetz vorgegebenen Leistungskatalog, der sowohl für die Krankenkassen als auch die privaten Krankenversicherungen verbindlich war und weniger Leistungen umfasste als der deutsche GKV-Leistungskatalog. Er kam damit der neoliberalen Vorstellung von einem Grundleistungskatalog entgegen. Zudem gab es typische Elemente der PKV auch in den Krankenkassen, die nicht wie in Deutschland in der Rechtsform einer Körperschaft des öffentlichen Rechts organisiert waren, sondern in verschiedenen privaten Rechtsformen beispielsweise als Genossenschaft, Verein oder Stiftung. Die Schweizer ‚Krankenkassen' waren somit nicht mit den deutschen Krankenkassen gleichzusetzen. Nach den Maßstäben des deutschen Rechts handelt es sich bei ihnen um private, allerdings nicht gewinnorientierte Krankenversicherungen.[25] Das wurde in der damaligen deutschen Diskussion allerdings weitgehend übersehen oder ausgeblendet, ebenso wie es in der Anfang der 2000er Jahre einsetzenden gesundheitspolitischen Diskussion über das niederländische Krankenversicherungssystem fast vollständig ‚übersehen' wurde, dass auch die niederländischen ‚Krankenkassen' nicht Teil der mittelbaren Staatsverwaltung waren und sind, sondern nicht gewinnorientierte privatrechtlich organisierte Krankenversicherungen.

Das 1996 in der Schweiz eingeführte System sieht eine obligatorische, für alle Einwohner geltende Krankenversicherungspflicht vor. Bei der ‚obligatorischen Krankenversicherung' handelt es sich nicht wie bei der deutschen GKV um eine Pflichtversicherung, sondern um eine Versicherung, die die gesetzlichen Vorgaben erfüllt und für die bei einem staatlich ‚anerkannten' Versicherer ein privatrechtlicher Versicherungsvertrag abzuschließen ist. Das System beinhaltete

---

[24] Zum Schweizer Gesundheitssystem vor 1996 vgl. u. a. Alber/Bernardi-Schenkluhn (1992: 177–321) und BASYS (1995: 439–458); zu neueren Entwicklungen vgl. u. a. Quentin et al. (2015); zur kritischen Diskussion der Schweizer Reform von 1996 vgl. u. a. Gerlinger (2003) und Langer (2005).

[25] Das Schweizer Bundesamt für Gesundheit definiert „Krankenkassen" als „Versicherer, die die obligatorische Krankenpflegeversicherung durchführen. Die Krankenkassen sind nicht gewinnorientiert und müssen vom Eidgenössischen Departement des Innern (EDI) anerkannt sein. Es steht ihnen frei, auch Zusatzversicherungen anzubieten" (BAG 2018: 4). Nach dieser Definition sind auch private Versicherungen ‚Krankenkassen', sofern sie nicht gewinnorientiert und vom Staat als „Krankenkasse" anerkannt sind.

eine ganze Reihe von Elementen, die in Deutschland der PKV zuzurechnen sind, insbesondere Selbstbehalte mit Beitragsreduzierung, die ein wesentliches Element des neuen Systems waren.

Das Schweizer System wies somit in mehreren Aspekten Parallelen zu dem in den 1980er Jahren in Deutschland entwickelten neoliberalen Reformmodell auf. In einem Punkt wich das Schweizer System allerdings davon ab. Obwohl es sich in der Schweiz nach deutschen Maßstäben weitgehend um ein PKV-System handelte, wurden dort für die obligatorische Krankenversicherung keine risiko-äquivalenten Prämien kalkuliert, sondern pauschale, für alle Versicherten einer Krankenversicherung einheitliche Beträge (Kopfprämien) (Quentin et al. 2015). Es gab somit keine beitragsfreie Mitversicherung von Familienangehörigen, und für Kinder war ebenfalls eine Kopfprämie zu zahlen, allerdings in geringerer Höhe als die Erwachsenenprämie. Für Versicherte mit niedrigem Einkommen sah das Schweizer System steuerfinanzierte Prämienzuschüsse vor, damit auch sie sich eine Krankenversicherung leisten können.

In der deutschen Rezeption der Schweizer Krankenversicherungsreform von 1996 wurden diese Kopfprämien zumeist als eine durch die Reform eingeführte Neuerung verstanden. Dies entsprach jedoch nicht den Tatsachen. Bereits vor der Reform von 1996 war für die Krankenversicherung eine ‚Kopfprämie‘ zu zahlen, deren Höhe allerdings nach Eintrittsalter und Geschlecht gestaffelt war. Und dies galt sowohl für die Krankenkassen als auch die privaten Krankenversicherungen. Durch die Reform wurde die Differenzierung nach Alter und Geschlecht abge-schafft. Stellt man dies in Rechnung, wird nachvollziehbar, warum die Reform in der Schweiz vielfach als sozialer Fortschritt betrachtet wurde. Legt man jedoch die Grundsätze der deutschen GKV zugrunde, blieb das reformierte Schweizer Krankenversicherungssystem weit hinter dem zurück, was in Deutschland im GKV-System seit langem Standard ist.

Ein weiterer zentraler Bestandteil der Reform von 1996 war die Einführung einer allgemeinen Krankenversicherungspflicht (die ‚obligatorische Krankenversi-cherung‘). Zuvor hatte es nur in einzelnen Kantonen eine solche Pflicht gegeben, durch die Reform wurde sie auf alle Einwohner der Schweiz ausgedehnt. Wobei allerdings zu beachten ist, dass bereits Ende der 1980er Jahre ca. 99 % der Bevöl-kerung auf freiwilliger Basis krankenversichert waren, davon ca. 98 % in einer ‚anerkannten Krankenkasse‘ (Alber/Bernhardi-Schenkluhn 1992: 207).

Die Reform des Schweizer Krankenversicherungssystems von 1996 kann inso-fern nicht als Beispiel für eine Reform gelten, mit der ein Gesundheitssystem in Richtung auf ‚mehr Markt‘ verändert wurde. Es war eher eine Reform, die das

Schweizer Krankenversicherungssystem in Richtung eines staatlichen Sozialversicherungssystems lenkte, wenngleich – verglichen mit der deutschen GKV – nur mit relativ kleinen Schritten.

Für die Protagonisten des neoliberalen Reformmodells war die Schweizer Reform von 1996 aber dennoch von besonderer Bedeutung, da sie die Aufmerksamkeit auf ein Krankenversicherungssystem richtete, in dem bereits eine ganze Reihe von Komponenten des neoliberalen Reformmodells verwirklicht waren. Dass die Reform von 1996 diese Elemente reduzierte, war dabei nachrangig. Dies wurde in der deutschen Rezeption der Schweizer Reform ohnehin kaum oder gar nicht zur Kenntnis genommen. Für die Protagonisten des neoliberalen Reformmodells war vielmehr von zentraler Bedeutung, dass es mit den Kopfprämien – oder ‚Kopfpauschalen‘ wie sie in der deutschen Diskussion genannt wurden – möglich wurde, einkommensabhängige Beiträge abzuschaffen, ohne sofort auf risikoäquivalente Prämien umsteigen zu müssen.

Die Schweiz zeigte zudem, dass ein PKV-System auch ohne risikoäquivalente Prämien funktionieren kann. Allerdings ist dabei zu bedenken, dass in Deutschland nur private Krankenvollversicherungen zugelassen sind, die nach Art einer Lebensversicherung betrieben werden (§ 146 Abs. 1 VAG). Das Versicherungsaufsichtsgesetz (VAG) schreibt ausdrücklich vor, dass risikoäquivalente Prämien kalkuliert und für jeden Versicherten Alterungsrückstellungen gebildet werden müssen (§ 146 Abs. 1 VAG). Beides ist bei ‚Kopfpauschalen‘ nicht möglich und war in der Schweiz auch nicht durch Gesetz gefordert. Dieser Hinweis ist an dieser Stelle insofern wichtig, als das Schweizer System folglich keine Prämienkalkulation nach dem Grundsatz der individuellen Äquivalenz von Beitrag und Leistung vorsah.

An solchen ‚Feinheiten‘ war die neoliberale Diskussion jedoch gar nicht interessiert. Entscheidend war die Erkenntnis, dass ‚Kopfpauschalen‘ als Übergangsmodell dienen können, da sie zwischen risikoäquivalenten Prämien und einkommensabhängigen Beiträgen liegen. Wenn mit ihnen ein PKV-System in Richtung Sozialversicherung entwickelt werden kann, dann ist dies auch in umgekehrter Richtung möglich, und zwar aus den nachfolgend angeführten Gründen. Zunächst einmal wäre die Umstellung auf ‚Kopfpauschalen‘ – wie der Begriff bereits anzeigt – die Abkehr von einkommensabhängigen Beiträgen und deren Ersetzung durch einkommensunabhängige Pauschalen. Des Weiteren – auch dies zeigt der Begriff bereits an – werden die Pauschalen pro Kopf, also pro Person, erhoben. Damit würde die beitragsfreie Mitversicherung von Familienangehörigen abgeschafft. Würde man dem Schweizer Vorbild folgen, wäre auch für Kinder ein eigener Pauschalbeitrag zu zahlen. Und schließlich könnte man die

‚Kopfpauschale' auch nutzen, um den Arbeitgeberbeitrag abzuschaffen. Die Beitragspauschale ist von den Versicherten direkt an ihre Versicherung zu entrichten.
Die im deutschen GKV-System vorgesehene Überweisung des GKV-Beitrags
durch den Arbeitgeber würde entfallen. Der Arbeitgeberbeitrag müsste somit an
die Beschäftigten ausgezahlt werden.

Die Umstellung auf ‚Kopfpauschalen' würde zudem eine wesentliche Voraussetzung für die Einführung individueller privatrechtlicher Versicherungsverträge
schaffen. In einem Kopfpauschalensystem könnte die seit den 1980er Jahren
für das neoliberale Reformmodell zentrale Vorstellung verwirklicht werden, dass
eine gesetzlich vorgeschriebene Mindestabsicherung, Basisversicherung oder –
wie in der Schweiz – obligatorische Standardversicherung auch von privaten
Krankenversicherungen angeboten wird. Die GKV würde als Pflichtversicherung
abgeschafft und das GKV-System in eine allgemeine Mindestversicherungspflicht
umgewandelt. Alle Bürger hätten die Wahl zwischen allen ‚Anbietern' dieser Standardabsicherung. Öffentlich-rechtliche Krankenkassen müssten in einen
Wettbewerb mit PKV-Unternehmen um alle Versicherten eintreten.

Da die GKV als staatliche Sozialversicherung dann nicht mehr bestehen
würde, bräuchte es auch keine als öffentlich-rechtliche Körperschaft organisierten
Träger dieser Sozialversicherung mehr. Die Krankenkassen könnten nicht nur in
private Versicherungsunternehmen umgewandelt werden, sie müssten es sogar,
damit gleiche Wettbewerbsbedingungen für alle Anbieter der obligatorischen
Basisabsicherung gelten. Das staatliche GKV-System wäre somit abgeschafft und
durch ein reines PKV-System ersetzt.

In einem späteren weiteren Reformschritt könnten die ‚Kopfpauschalen' dann
ebenfalls abgeschafft und durch risikoäquivalente Prämien ersetzt werden. Dieser
Schritt könnte damit begründet werden, dass ‚Kopfpauschalen' Anreize für eine
Risikoselektion durch Versicherungen setzen und solche Risikoselektionen am
ehesten durch risikoäquivalente Prämien verhindert werden können. Würden alle
Versicherungen risikoadäquate Prämien von den Versicherten erhalten, gäbe keine
‚guten' oder ‚schlechten' Risiken mehr.

Die ‚Kopfpauschale' bot zudem auch die Möglichkeit, ein auf ‚Kopfpauschalen' aufbauendes Reformmodell als Lösung der Einnahmeprobleme der GKV
darzustellen. Durch die Einkommensabhängigkeit ihrer Beiträge ist die GKV
sowohl von der Entwicklung der Löhne und Gehälter als auch von der Entwicklung der Arbeitslosigkeit abhängig. Würde man die GKV-Beiträge von den
Arbeitseinkommen abkoppeln, wäre damit auch die Abhängigkeit der GKV von
der Einkommens- und Arbeitsmarktentwicklung beseitigt.

Die ‚Kopfpauschale' hatte somit das Potenzial, die beiden oben angesprochenen Probleme des neoliberalen Reformmodells zu lösen. Dieses Potenzial

wurde allerdings nicht sofort entdeckt, sondern erst im Verlauf einer mehrjäh-
rigen Diskussion. Zunächst dauerte es bis zum Jahr 2000, bis das Schweizer
‚Kopfpauschalenmodell' als Option für einen marktwirtschaftlichen Umbau der
GKV Eingang in die deutsche Diskussion fand. Den entscheidenden Impuls gab
Eckhard Knappe mit einem im August 2000 erschienen Zeitschriftenbeitrag.[26]
Darin plädierte er unter Verweis auf die Schweiz für die Abschaffung der ein-
kommensbezogenen GKV-Beiträge und Umstellung auf einkommensunabhängige
‚Kopfpauschalen'.

> „Langfristig müssen auch der Risikostrukturausgleich (RSA), die lohnbezogenen Bei-
> träge und die ‚solidarische Finanzierung' durch monistische Individualprämien z. B.
> nach dem Schweizer Modell in Form von ‚Kopfpauschalen' ersetzt werden" (Knappe
> 2000: 8).

Dieser Impuls wurde in den folgenden Jahren nach und nach von zunehmend mehr neoliberalen Ökonomen aufgegriffen, und die ‚Kopfpauschale' wurde
schließlich fester Bestandteil des neoliberalen Reformmodells.

Die erste größere Veröffentlichung dazu erschien Anfang 2001. Eine Gruppe
von Wissenschaftlern der TU Berlin, des DIW Berlin und der Europa-Universität
Viadrina (Frankfurt/Oder) griff darin den Impuls auf und legte ein Reformkonzept
vor, in dem das neoliberale Reformmodell explizit mit der Kopfpauschale verbunden wurde (Buchholz et al. 2001). Zu den Autoren der Veröffentlichung gehörten
unter anderem *Klaus-Dirk Henke*, der seit den 1980er Jahren maßgeblich an der
Entwicklung des neoliberalen Reformmodells mitgewirkt hatte, und *Gert G. Wagner*, damals Abteilungsleiter im DIW und später Mitglied der Rürup-Kommission,
in der er zu den Befürwortern des ‚Kopfpauschalenmodells' gehörte.

Die von Buchholz et al. (2001) vorgelegten Vorschläge waren im Wesentlichen
nur eine Reproduktion der seit den 1980er Jahren bereits vielfach publizierten Elemente des neoliberalen Reformmodells. Neu war nur der Vorschlag, für
ein Standard-Versicherungspaket zur Basisabsicherung „Pro-Kopf-Beiträge zur
Krankenversicherung (Kopfpauschalen)" zu erheben (Buchholz et al. 2001: 17).
Allerdings waren Kopfpauschalen für Buchholz et al. nur die zweitbeste Lösung.
Die beste Lösung wären risikoäquivalente Prämien, denn:

---

[26] Dass Knappe mit dieser Veröffentlichung den entscheidenden Impuls gab, wird hier daraus
abgeleitet, dass die ‚Kopfpauschale' erst danach in anderen Publikationen der Protagonisten
des neoliberalen Reformmodells erschien und dabei auf Knappes Veröffentlichung verwiesen
wurde.

„Risikoäquivalente Versicherungsbeiträge, also eine Ex-ante-Risikodifferenzierung und eine Selbstzahlung eines Teils der Behandlungskosten, sind grundsätzlich ein sinnvoller Anreiz zu kostensparendem und gesundheitsbewusstem Verhalten der Versicherten" (Buchholz et al. 2001: 7).

Allerdings müsse damit gerechnet werden, dass risikoäquivalente Prämien

„die Kaufkraft (Zahlungsfähigkeit) einzelner Versicherter bzw. ganzer Gruppen übersteigen; zudem werden hohe Prämien als ungerecht empfunden, wenn sie auf angeborenen Krankheiten bzw. Krankheitsdispositionen beruhen, die der Einzelne nicht beeinflussen und nicht umgehen kann" (Buchholz et al. 2001: 2).

Deshalb, so die Schlussfolgerung, sei ein Krankenversicherungssystem mit risikoäquivalenten Prämien „auf keinen Fall verpflichtend für alle Versicherten möglich" (ebd.: 9). Als Alternative wurden Kopfpauschalen vorgeschlagen. Die Einführung von ‚Kopfpauschalen' wurde damit begründet, dass mit ihnen die wünschenswerte Trennung von ‚Versicherung' und ‚Umverteilung' erreicht werden könne (ebd.: 11).

Ab Anfang 2001 beteiligte sich mit *Dieter Cassel* ein weiterer bereits seit den 1980er aktiver Protagonist des neoliberalen Reformmodells an der Diskussion. Auch er reproduzierte die bereits seit den 1980er Jahren bekannten Vorschläge, allerdings ohne sie um die Kopfpauschale zu ergänzen (Cassel 2001). Er forderte eine drastische Kürzung des GKV-Leistungskataloges, die Abschaffung des Arbeitgeberbeitrags und der beitragsfreien Mitversicherung von Ehepartnern, plädierte für die Einführung von Kapitaldeckung in die GKV und empfahl die Privatisierung der Krankenkassen. Sein Zeitschriftenbeitrag ist insofern bemerkenswert, da er als einer der ersten neoliberalen Ökonomen der damaligen Zeit den Eindruck zu vermitteln versuchte, er teile die linke Kritik an Einkommensungleichheit und Nichteinbeziehung höherer Einkommen in die Finanzierung der GKV.

„Wegen der nahezu ausschließlichen Koppelung der Beitragsbemessung in der GKV an die Arbeitseinkommen sowie zahlreicher Sonderregelungen (sogenannte „sozialpolitische Verschiebebahnhöfe") bleiben derzeit rund 40% des Einkommens beitragsfrei – und das angesichts sich verändernder Erwerbsstrukturen und zunehmender Vermögensakkumulation mit steigender Tendenz. Dies erscheint nicht nur solidarprinzipwidrig, sondern verstößt auch gegen das Leistungsfähigkeits- und Äquivalenzprinzip. Deshalb sollten die Sondertatbestände drastisch verringert und andere

Einkommensarten – d. h. letztlich das steuerpflichtige Gesamteinkommen – zur Ausgabenfinanzierung mit herangezogen werden. Dies würde insbesondere die vermögenden Rentner stärker belasten, was durchaus mit dem Leistungsfähigkeits- und Äquivalenzprinzip vereinbar wäre" (Cassel 2001: 91).

In seinem Beitrag sucht man jedoch vergeblich nach Vorschlägen zur Verbreiterung der Einnahmebasis der GKV wie sie beispielsweise das INIFES-Gutachten von 1996 beinhaltete. Die in der oben zitierten Passage enthaltene Argumentation zielte vielmehr darauf, durch den pauschalierenden Verweis auf die „vermögenden Rentner" die ‚Umverteilung' zugunsten der Rentner zu diskreditieren und die Umstellung auf Kapitaldeckung zu begründen.

In Cassels Beitrag war der Versuch, linke Kritik für die Begründung des neoliberalen Reformmodells zu nutzen und sie so als ‚links' und ‚progressiv' erscheinen zu lassen, noch recht ungelenk und logisch wenig konsistent. Die Idee einer solchen Strategie wurde in der Folgezeit jedoch von anderen neoliberalen Ökonomen aufgegriffen und immer weiter ‚verfeinert'. Die Argumentationsstrategie erwies sich als durchaus erfolgreich. Darauf wird an späterer Stelle näher eingegangen, wenn die Rolle SPD-naher Ökonomen in der Diskussion thematisiert und das rot-grüne Reformmodell einer ‚Bürgerversicherung' näher betrachtet wird. In den Beiträgen SPD-naher Ökonomen und den Begründungen des rot-grünen Bürgerversicherungsmodells finden sich diese Argumentationsmuster wieder.

Neoliberale Publikationsoffensive im Vorfeld der Bundestagswahl 2002

Insgesamt waren in den Jahren 1998 bis 2001 nur relativ wenige relevante Publikationen erschienen, in denen für das neoliberale Reformmodell geworben wurde. Dies änderte sich ab Ende 2001. Die nächste Bundestagswahl stand für Herbst 2002 an und die Ergebnisse von Bevölkerungsumfragen ließen erwarten, dass die rot-grüne Koalition nicht wiedergewählt wird (Egle et al. 2003a: 16). Die Aussicht auf einen Wahlsieg von Union und wiedererstarkter FDP wirkte belebend auf die Publikationstätigkeit von Befürwortern eines marktwirtschaftlichen Umbaus der GKV.

Im Dezember 2001 veranstalteten Gesundheits- und Wirtschaftsministerium eine gemeinsame Tagung mit dem Titel „Zukunftsmarkt Gesundheit". Auf dieser

Tagung referierten Wissenschaftler verschiedener Disziplinen und unterschiedlicher sozialpolitischer Grundorientierung zu einem breiten Spektrum gesundheitspolitischer Themen in drei thematischen Schwerpunkten (BMG 2001). Zentrale Grundlage bildete ein im Auftrag des Wirtschaftsministeriums von *Friedrich Breyer, Klaus Jacobs, Gert G. Wagner* und anderen erstelltes Gutachten (Breyer/Grabka/Spieß/et al. 2001). Das Gutachten reproduzierte weitgehend die bereits Anfang 2001 von Buchholz et al. (2001) publizierten Vorschläge, die allerdings durch die Tagung ein höheres Maß an Aufmerksamkeit und Verbreitung erfuhren.

Auch Breyer et al. (2001) plädierten dafür, die einkommensabhängigen GKV-Beiträge durch Kopfpauschalen zu ersetzen, die sie „versicherungsspezifische Kopfbeiträge" (Breyer/Grabka/Spieß/et al. 2001: 168) nannten. Bemerkenswert war ihre Begründung für die Abschaffung der einkommensabhängigen GKV-Beiträge.

„Die Erhebung von Beiträgen als fester Anteil des Arbeitseinkommens diente ursprünglich der Verwirklichung des Äquivalenzprinzips. Bei Gründung der GKV war die wichtigste Funktion dieser Sozialversicherung die Ersetzung des Arbeitseinkommens kranker Arbeitnehmer und sie machte mehr als 50% ihrer Leistungsausgaben aus. Die Einkommensproportionalität des Beitrags korrespondierte mit der Proportionalität des Krankengeldes. Ähnliches galt für die Finanzierung ärztlicher Leistungen, da die Ärzte ihre Honorare zuvor am Einkommen ihrer Patienten ausgerichtet hatten (vgl. Breyer/Haufler 2000). Mit dem Anstieg des Anteils von Behandlungsausgaben und der weitgehenden Ersetzung des Krankengeldes durch die Lohnfortzahlung des Arbeitgebers hat sich eine ‚reine' Einkommensumverteilung in der GKV durchgesetzt, die im System ursprünglich nicht angelegt war" (Breyer/Grabka/Spieß/et al. 2001: 175).

Diese Passage enthält gleich zwei Falschdarstellungen über die Zeit unmittelbar nach Gründung der gesetzlichen Krankenversicherung. Weder korrespondierte die Höhe des Krankengeldes mit der Höhe des Beitrags, noch verlangten die Ärzte von GKV-Versicherten Honorare, die sich nach dem Einkommen der Versicherten richteten. Das Krankenversicherungsgesetz von 1883 legte eindeutig fest, dass Krankengeld für alle Arbeiter einheitlich „in Höhe der Hälfte des ortsüblichen Tagelohnes gewöhnlicher Tagearbeiter" zu zahlen war (§ 6 KVG 1883). Es gab somit beim Krankengeld keinerlei Äquivalenzbeziehung zwischen Beitrag und Leistung. In der 1883 eingeführten GKV galt von Anfang an das Sachleistungsprinzip (Käsbauer 2015: 36 f.). Es waren die Kassen, die den niedergelassenen Ärzten Honorare zahlten, und diese Honorare wurden zwischen der einzelnen Krankenkasse oder einem Kassenverband und einzelnen Ärzten oder Ärztevereinigungen vereinbart und von der betreffenden Kasse an die Ärzte gezahlt (ebd.:

47 f.). Abgesehen davon hätten die Ärzte auch gar nicht die erforderlichen Kenntnisse über die Höhe der Löhne von GKV-Versicherten gehabt.

Die Behauptung, in den Anfängen der GKV sei das Äquivalenzprinzip vorherrschend gewesen, weil die Höhe des Krankengeldes von der Höhe des Beitrags abhängig gewesen sei, hatte der Gesundheitssachverständigenrat 1994 in die Welt gesetzt.[27] Der Wahrheitsgehalt dieser Behauptung wurde von Breyer et al. (2001) offensichtlich nicht geprüft, die Behauptung ungeprüft übernommen und als ‚historische Wahrheit‘ weiterverbreitet. Damit blieben Breyer et al. (2001) nicht allein. Diese historische Unwahrheit wurde in zahlreichen Publikationen von Protagonisten des neoliberalen Reformmodells reproduziert (BMF-Beirat 2004: 7; BMWi-Beirat 2006: 13; Breyer 2012; Jacobs/Schellschmidt 2002: 15; Wille/Hamilton/et al. 2012b: 67).[28] Dabei trennten die Protagonisten des neoliberalen Reformmodells allerdings nicht zwischen Publikationen, die als Beiträge zur politischen Diskussion verfasst wurden und solchen, die wissenschaftlichen Zwecken dienen sollten. So findet sich die hier diskutierte Behauptung über die Geltung des Äquivalenzprinzips in den Anfängen der GKV auch in einem der führenden Lehrbücher der Gesundheitsökonomie (Breyer et al. 2005: 196 f.).

Die ungeprüfte Übernahme von Behauptungen über historische Tatsachen wirft ein bezeichnendes Bild auf das Verhältnis dieser Autoren zu argumentativer Redlichkeit und Wahrheit. Allerdings ist dabei zu bedenken, dass es sich beim Neoliberalismus nicht um eine wissenschaftliche Theorierichtung oder Schule handelt, sondern um eine politische Bewegung. Die zitierten Publikationen sollten darum auch nicht als wissenschaftliche Veröffentlichungen im engeren Sinn betrachtet werden, sondern als politische Interventionen, die der Erreichung politischer Ziele dienen. Maßstab für die Auswahl von Argumenten in solchen neoliberalen Publikationen ist folglich nicht das Interesse an Wahrheit, sondern die politische Nützlichkeit.

Wenn man – wie die Protagonisten des neoliberalen Reformmodells – mit Publikationen Einfluss auf die politische Willensbildung und politische Entscheidungsprozesse nehmen will, dann sind Bundestagswahlen von besonderer Bedeutung. Durch öffentlichkeitswirksame Publikationen im Vorfeld einer Bundestagswahl können Themen auf die politische Agenda gesetzt werden, sodass sie gegebenenfalls auch in die Wahlprogramme einzelner Parteien aufgenommen

---

[27] „In ihren Anfängen orientierte sich die Einnahmen- und Ausgabenpolitik der GKV stärker als heute am Prinzip der individuellen Äquivalenz, denn auf der Ausgabenseite dominierte das beitragsäquivalente Krankengeld" (SVRKAiG 1994: 190).

[28] Eine Überprüfung des Wahrheitsgehaltes dieser Behauptung ist relativ leicht möglich, da das Reichsgesetzblatt von 1883 in den Bibliotheken größerer Universitäten und seit langem auch im Internet verfügbar ist.

werden. Das erhöht die Chance, dass ein so platziertes Thema oder ein so in die Diskussion eingebrachter Reformvorschlag nach der Wahl Eingang in die Koalitionsverhandlungen findet, in den Koalitionsvertrag aufgenommen und Teil des Regierungsprogramms für die folgende Legislaturperiode wird. Dementsprechend stieg auch die Zahl der Publikationen zum neoliberalen Reformmodell im Vorfeld der Bundestagswahl 2002 deutlich an. Auf die wichtigsten, weil in der Folgezeit am häufigsten zitierten und dadurch einflussreichsten, wird nachfolgend kurz eingegangen.

Im Juli 2002 erschien ein von *Eckhard Knappe* und *Michael Arnold*[29] verfasstes Gutachten, das sie im Auftrag des Verbandes der Bayrischen Wirtschaft verfasst hatten.[30] Ihren Vorschlag für ein „neues Krankenversicherungssystem" (Knappe/Arnold 2002: 13) begründeten sie dabei vor allem mit der Forderung nach ‚mehr sozialer Gleichheit':

> „Alle Personen sollen gleich behandelt werden: Es darf keine unterschiedlichen Systeme wie GKV, PKV oder Beihilfe mit willkürlich gezogenen Systemgrenzen mehr geben" (Knappe/Arnold 2002: 13).

Erreicht werden könne dieses Ziel durch ihr Modell, weil es sich um ein „für alle verpflichtendes Versicherungssystem" (ebd.) handele. Allerdings waren Knappe und Arnold nicht in das linke politische Lager konvertiert und zu Vorkämpfern für mehr soziale Gerechtigkeit und Gleichheit geworden. Sie folgten lediglich der bereits von anderen Protagonisten des neoliberalen Reformmodells angewendeten Strategie, linke Kritik am bestehenden GKV-System und der Existenz der PKV in die eigene Argumentation einzubauen, um den Eindruck zu erwecken, ihr Reformmodell diene der Verwirklichung von mehr sozialer Gerechtigkeit.

Tatsächlich aber beinhaltete das Gutachten von Knappe und Arnold lediglich eine Neuauflage des neoliberalen Reformmodells. Sie plädierten darin für die Abschaffung des Arbeitgeberbeitrags und die Ersetzung des einkommensabhängigen GKV-Beitrages durch eine „Pauschalprämie" (Knappe/Arnold 2002: 14). Die Pauschalprämie sollte durch einen steuerfinanzierten ‚sozialen Ausgleich' flankiert werden. Die Abschaffung des einkommensabhängigen GKV-Beitrags begründeten sie damit, dass dieser „nicht den Umfang der Versicherungsleistung

---

[29] Der Mediziner Michael Arnold war von 1986 bis 1992 Mitglied des Gesundheitssachverständigenrates und von 1988 bis 1992 dessen Vorsitzender. Er war auch bereits zuvor als Protagonist des neoliberalen Reformmodells in Erscheinung getreten (vgl. u. a. Arnold 1993).

[30] Es wurde in der Folgezeit relativ häufig als Referenz für das ‚Kopfpauschalenmodell' zitiert, u. a. auch von der Rürup-Kommission (Rürup-Kommission 2003: 172, 174, 138).

widerspiegelt" (Knappe/Arnold 2002: 14). Diese Anforderung erfüllt allerdings auch eine ‚Pauschalprämie' nicht. Soll eine Versicherungsprämie den Umfang der Versicherungsleistungen tatsächlich ‚widerspiegeln', darf sie nicht für alle Versicherten einheitlich sein, sondern muss risikoäquivalent kalkuliert werden. Insofern implizierte die zitierte Kritik am einkommensabhängigen GKV-Beitrag die Forderung nach risikoäquivalenten GKV-Beiträgen. Dies offen auszusprechen, vermieden Knappe und Arnold jedoch.

Andere Protagonisten des neoliberalen Reformmodells scheuten damals nicht davor zurück, offen die Umstellung der GKV-Finanzierung auf risikoäquivalente Prämien zu fordern. Dazu gehörten der Kronberger Kreis und die Schweizer Gesundheitsökonomen Peter Zweifel und Michael Breuer. Der *Kronberger Kreis* meldete sich Mitte 2002 nach langer Abstinenz wieder einmal zur Gesundheitspolitik zu Wort. Im Juni 2002 legte er eine Broschüre mit dem Titel „Mehr Eigenverantwortung und Wettbewerb im Gesundheitswesen" (Kronberger Kreis 2002) vor und forderte darin die Reduzierung des GKV-Leistungskataloges auf eine ‚Mindestsicherung', die Umstellung von Sachleistungen auf Kostenerstattung, die Einführung risikoäquivalenter Prämien mit steuerfinanzierten Prämienzuschüssen für Geringverdiener und die Einführung von Kapitaldeckung in der GKV. Das Statement rief jedoch keine nennenswerte Resonanz hervor, auch nicht unter den neoliberalen Ökonomen. Insgesamt spielt der Kronberger Kreis als Akteur der Politikberatung im gesundheitspolitischen Raum seit Ende der 1980er Jahre – wenn überhaupt – nur noch eine sehr randständige Rolle. Anders hingegen seine einzelnen Mitglieder. Sie sind in zahlreichen formalen Gremien der Politikberatung tätig, wie dem SVR-W, den Wissenschaftlichen Beiräten des BMWi und BMF, und haben ihre Vorstellungen vermittelt über Gutachten und Stellungnahmen dieser Gremien – gemeinsam mit anderen neoliberalen Ökonomen – durchaus öffentlichkeitswirksam verbreitet.

Die Intervention der beiden Schweizer Gesundheitsökonomen *Peter Zweifel*[31] und *Michael Breuer* von der Universität Zürich wurde relativ breit rezipiert, nicht nur innerhalb der neoliberalen Diskussionsarena. Ihr Gutachten hatten sie im Auftrag des *Verbandes forschender Arzneimittelhersteller* in Deutschland (VFA) erstellt, und es wurde im März 2002 veröffentlicht (Zweifel/Breuer 2002). Das Gutachten trug zwar den Titel „Weiterentwicklung des deutschen Gesundheitssystems", befasste sich jedoch nur mit der Reform der gesetzlichen Krankenversicherung und enthielt die folgenden Vorschläge:

---

[31] Um die Vernetzungen unter den neoliberalen Gesundheitsökonomen deutlich werden zu lassen, hier ein kleiner Hinweis am Rande: Peter Zweifel ist seit 1997 zusammen mit Friedrich Breyer Autor eines führenden Lehrbuches zur Gesundheitsökonomie.

- Einführung einer allgemeinen Versicherungspflicht im Umfang eines gesetzlich festgelegten Leistungspaktes
- Auszahlung und damit Abschaffung des Arbeitgeberbeitrages
- Umstellung auf individuelle privatrechtliche Versicherungsverträge
- Finanzierung durch risikoäquivalente Prämien und Verzicht auf die Bildung Alterungsrückstellungen
- staatliche Prämiensubventionierung bis zu einer festgelegten Prämienobergrenze
- Abschaffung des Sachleistungsprinzips und vollständige Umstellung auf Kostenerstattung mit Selbstbehalttarifen.

Eine solche radikale Reform war nach Auffassung der Autoren allerdings nicht in einem Schritt, sondern nur verteilt über mindestens zwei Legislaturperioden politisch realisierbar (Zweifel/Breuer 2002: 52 ff.). Die dazu erforderliche „Sequenz der Reformschritte" (ebd.: 54) teilten sie in drei ‚Reformpakete' auf. Wichtig sei dabei, dass nicht mit der Einführung risikoäquivalenter Prämien begonnen wird, denn diese seien „nach wohl überwiegender Meinung der Staatsbürger nicht akzeptabel" (Zweifel/Breuer 2002: 43). Ein *erstes Reformpaket* sollte darum zunächst nur die folgenden Maßnahmen beinhalten:

- Abschaffung des Beitragseinzugs durch die Arbeitgeber
- Abschaffung und einmalige Auszahlung des Arbeitgeberbeitrags
- Beitragspflicht für Familienangehörige
- Einführung der Kostenerstattung als Regelfall

In dieser Phase könnten die einkommensabhängigen Beiträge zunächst durch ‚Kopfpauschalen' ersetzt werden, die den Vorteil hätten, dass sie die Einführung einer Beitragspflicht für Familienangehörige ermöglichen (Zweifel/Breuer 2002: 57 f.).

In einem *zweiten Reformschritt* könne die „Einführung risikogerechter Prämien" (Zweifel/Breuer 2002: 61) folgen und der „GKV-Markt" für die PKV geöffnet werden.

> „Jetzt kann auch der GKV-Markt für private Krankenversicherungsanbieter geöffnet werden, sofern sie bereit sind, den im Rahmen der Versicherungspflicht geforderten Leistungskatalog anzubieten" (Zweifel/Breuer 2002: 62).

Auch Zweifel/Breuer (2002) bauten dabei einen pseudo-linken ‚Schlenker' in ihre Argumentation ein, indem sie behaupteten, ihr Modell führe zur Abschaffung der sogenannten ,Friedensgrenze', da es in dem von ihnen vorgeschlagenen System keinen Unterschied mehr zwischen GKV und PKV gebe.

> „Wenn alle Versicherer risikoabhängige Prämien erheben dürfen, wird die ,Friedens-grenze' zwischen der PKV und der GKV obsolet. Stattdessen können sich alle Ver-sicherer am Wettbewerb um den gesamten Krankenversicherungsmarkt beteiligen" (Zweifel/Breuer 2002: 35f.).

Was sie verschwiegen: In ihrem Vorschlag gab es deshalb keine Grenze mehr zwischen GKV und PKV, weil es nach Umsetzung ihres Reformvorschla-ges keine GKV und keine öffentlich-rechtlichen Krankenkassen als Träger der staatlichen Sozialversicherung mehr geben würde. Es gäbe nur noch private Kran-kenversicherungen, Krankenkassen würden in private Versicherungsunternehmen umgewandelt. Dementsprechend nannten sie als Ziel ihres Reformmodells die Umwandlung des bestehenden Systems in einen „weitgehend deregulierten Krankenversicherungsmarkt" (Zweifel/Breuer 2002: 63).

Einen solch radikalen Reformvorschlag hätten sich in Deutschland ansäs-sige Gesundheitsökonomen vermutlich nicht getraut zu veröffentlichen, da sie damit rechnen mussten, danach im gesundheitspolitischen ,Abseits' zu landen. Aus dem fernen Zürich war dies hingegen gefahrlos möglich. Bemerkenswert ist dieses Gutachten insbesondere auch deshalb, weil es sehr offen ausspricht, dass ,Kopfpauschalen' die Funktion eines Übergangsmodells zugedacht war, da ein unmittelbarer Umstieg auf risikoäquivalente Prämien für die überwiegende Mehrheit der Bürger „nicht akzeptabel" seien (Zweifel/Breuer 2002: 43).

Auftraggeber des Gutachtens war der führende Verband der pharmazeutischen Industrie in Deutschland. Es sollte nicht das letzte Mal sein, dass dieser Verband ein Gutachten bei neoliberalen Ökonomen in Auftrag gab, das einen Systemwech-sel empfahl. Im Nachgang zum Gutachten von Zweifel/Breuer beauftragte der VFA *Bernd Raffelhüschen,* einen der radikalsten neoliberalen Ökonomen, mit der Erstellung einer „Nachhaltigkeitsstudie zur marktorientierten Reform des deut-schen Gesundheitssystems" (Raffelhüschen et al. 2002), die auf den Ergebnissen des Gutachtens von Zweifel/Breuer aufbaute und eine Reihe von Modellrech-nungen zu den finanziellen Auswirkungen der Vorschläge von Zweifel/Breuer beinhaltete. Im Jahr 2004 beauftragte der VFA *Volker Ulrich* mit einem Gutachten zur Ausgestaltung und Finanzierung des ,sozialen Ausgleichs' als Teil des Kopf-pauschalenmodells (Ulrich/Schneider 2004), und 2008 vergab der Verband einen Gutachtenauftrag an *Volker Ulrich* und *Eberhard Wille,* in dem für das neolibe-rale Modell eines ,einheitlichen Krankenversicherungsmarktes' geworben wurde

(Ulrich/Wille 2008).[32] Den Begriff hatte der SVR-W 2004 in die Diskussion eingebracht und er ist seitdem so etwas wie ein Leitbegriff für die verschiedenen Varianten des neoliberalen Reformmodells.

Die erwähnten Gutachtenaufträge und die Auswahl der Gutachter entsprachen offensichtlich den politischen Vorstellungen des VFA, denn der Verband nutzte die Vorlage der jeweiligen Gutachten, um seine eigenen gesundheitspolitischen Vorstellungen und Forderungen in die Öffentlichkeit zu tragen. Dazu gehörte die Abschaffung des Arbeitgeberbeitrags, Ausgliederung ‚versicherungsfremder Leistungen‘ aus dem GKV-Leistungskatalog und Umstellung der einkommensabhängigen GKV-Beiträge auf risikoäquivalente Prämien (VFA 2002). 2008 sprach sich der VFA für eine „Revision des Leistungskataloges und eine grundlegende Finanzierungsumstellung" (VFA 2008) in der GKV aus. Seine Vorstellungen sahen die Einführung „lohnunabhängiger Prämien" und individueller Alterungsrückstellungen vor. Der VFA hielt somit auch nach 2002 am Ziel einer Umstellung der GKV-Finanzierung auf risikoäquivalente Prämien und der Umwandlung des GKV-Systems in ein reines PKV-System fest.

Sowohl 2002 als auch 2008 erfolgte die Gutachtenvergabe offensichtlich mit Blick auf die jeweilige nächste Bundestagswahl und in der Hoffnung auf einen Regierungswechsel und dadurch möglichen grundlegenden Richtungswechsel in der Gesundheitspolitik.

Die Rürup-Kommission und ihre Vorschläge

Um die geplanten weitreichenden Änderungen im Bereich der Sozialleistungen vorzubereiten und sicher auch, um sie von unabhängigem ‚Sachverstand‘ legitimieren zu lassen, hatte die Bundesregierung Mitte November 2002 eine „Kommission für die Nachhaltigkeit in der Finanzierung der Sozialen Sicherungssysteme" eingesetzt, die in der Folgezeit in der Regel nach ihrem Vorsitzenden, dem Ökonomen und Mitglied des SVR-W Bert Rürup, kurz ‚Rürup-Kommission‘ genannt wurde. Damit folgte die Schröder-Regierung einem Modell, das bereits bei den zuvor beschlossenen Arbeitsmarktreformen angewendet worden war.

---

[32] Volker Ulrich promovierte bei Eberhard Wille und ist seit 2002 Professor für Volkswirtschaftslehre an der Fakultät für Wirtschaftswissenschaften der Universität Bayreuth, an der auch Peter Oberender lehrte. Gemeinsam mit Oberender veröffentliche Ulrich 2006 eine marktradikale Kampfschrift für ein ‚freiheitliches Gesundheitswesen, in der sie für die Abschaffung der GKV und Umwandlung des bestehenden Systems in ein reines PKV-System mit risikoäquivalenten Prämien warben (Oberender et al. 2006).

In seiner Regierungserklärung vom 29. Oktober 2002 hatte Schröder angekündigt, dass die Regierung bei den geplanten Reformen der Kranken- und
Rentenversicherung ebenso vorgehen wolle, wie bei den Hartz-Reformen, die
Hartz-Reformen waren durch eine von der Bundesregierung einberufene ‚Expertenkommission' vorbereitet worden.

Die Rürup-Kommission sollte Vorschläge für die Reform der Rentenver-
sicherung, der gesetzlichen Krankenversicherung und der Pflegeversicherung
erarbeiten. Die oppositionelle CDU reagierte darauf im Februar 2003 mit der
Einsetzung einer eigenen Kommission mit ähnlichem Auftrag, die nach ihrem
Vorsitzenden, dem ehemaligen Verfassungsrichter Roman Herzog, kurz ‚Herzog-
Kommission' genannt. Die Rürup-Kommission legte ihren Abschlussbericht im
Juni 2003 vor, der Bericht der Herzog-Kommission erschien im September 2003
(Herzog-Kommission 2003; Rürup-Kommission 2003).

Vor allem die Rürup-Kommission beeinflusste mit ihren Ergebnissen die
nachfolgende gesundheitspolitische Diskussion. Aufgrund der sehr heteroge-
nen Zusammensetzung konnte sie sich nicht auf einen gemeinsamen Vorschlag
zur Reform der GKV einigen und stellte in ihrem Abschlussbericht unter
den Leitbegriffen ‚Bürgerversicherung' und ‚Kopfpauschale' zwei unterschiedliche, in zentralen Punkten diametral entgegengesetzte Reformmodelle vor
(Rürup-Kommission 2003: 149–161 und 161–174). Durch den Abschlussbericht und seine anschließende Rezeption und Diskussion wurden die Modelle
einer breiteren Öffentlichkeit bekannt und beide Begriffe zu Synonymen für eine
grundlegende Kontroverse über die Zukunft der GKV.

Im politischen Raum wurde das Modell einer ‚Bürgerversicherung' von den
GRÜNEN und der SPD vertreten. Die GRÜNEN hatten bereits im März 2002 die
‚Bürgerversicherung' in ihr neues Grundsatzprogramm aufgenommen (BÜND-
NIS 90/DIE GRÜNEN 2002). Die SPD folgte dem auf ihrem Bochumer Parteitag
Mitte November 2003 (SPD 2003). Das ‚Kopfpauschalenmodell' wurde von
der CDU aufgegriffen und Anfang Dezember 2003 auf ihrem 17. Parteitag
als ‚Gesundheitsprämienmodell' beschlossen (CDU 2003).[33] Da der Bericht der

---

[33] Die CSU folgte der CDU aufgrund grundsätzlicher sozialpolitischer Bedenken an diesem
Punkt zunächst nicht. Die Differenzen traten deutlich zutage, als der damalige für die Sozialpolitik zuständige stellvertretende Vorsitzende der CDU/CSU-Bundestagsfraktion, Horst
Seehofer (CSU), Ende November 2004 von seiner Funktion zurücktrat. Als Begründung gab
er an, dass er das ‚Gesundheitsprämienmodell' der CDU nicht vertreten könne. Dazu Seehofer im Rückblick: „Ich bin zurückgetreten, weil ich eine politische Entscheidung nicht
mittragen wollte. Ich bin als sozialer Überzeugungstäter in die Politik gekommen, und eine
Kopfpauschale, bei der der Minister genauso viel zahlt wie der Fahrer des Ministers, hielt ich
einfach für grundfalsch" (Seehofer 2018: 21).

Rürup-Kommission mit den darin enthaltenen beiden konträren Reformmodellen in der Folgezeit einen zentralen Fixpunkt für die weitere gesundheitspolitische Diskussion bildete, soll er nachfolgend kurz vorgestellt werden.

Wie bereits erwähnt war die *Rürup-Kommission* ausgesprochen heterogen besetzt. Ihr gehörten insgesamt 26 Mitglieder an, darunter neun Wissenschaftler, 14 Vertreter von Gewerkschaften, Arbeitgeberverbänden, Großkonzernen, Wohlfahrtsverbänden, dem Verband der Rentenversicherungsträger, dem Städtetag etc. sowie ein Vertreter des BMG, eine ehemalige Landessozialministerin und Roland Berger, Inhaber der international tätigen gleichnamigen Unternehmensberatung. Zu den Wissenschaftlern gehörten sowohl Ökonomen einer neoliberalen Ausrichtung wie *Axel Börsch-Supan, Bernd Raffelhüschen, Bert Rürup* und *Gert G. Wagner,* als auch eher der SPD, den Grünen oder den Gewerkschaften nahestehende Wissenschaftler wie der Mediziner *Karl Lauterbach* oder die Politikwissenschaftler *Frank Nullmeier* und *Josef Schmid* (zu den Mitgliedern vgl. Rürup-Kommission 2003: 24 f.). Angesichts dieser Heterogenität war es kaum zu erwarten, dass sich die Kommission in allen Punkten auf gemeinsame Empfehlungen würde einigen können.

Die beiden als Alternativen im Abschlussbericht der Kommission vorgestellten Reformmodelle entsprachen in ihrer Polarität der damaligen gesundheitspolitischen Diskussion.

Als *Bürgerversicherung* wurde ein Reformmodell vorgestellt, dass folgende Merkmale aufwies (Rürup-Kommission 2003: 149–161):

- Aufhebung der Versicherungspflichtgrenze
- Einbeziehung der gesamten Bevölkerung in die GKV, einschließlich der Selbständigen und Beamten
- Erweiterung der Beitragsgrundlage durch eine Einbeziehung weiterer Einkunftsarten, insbesondere Einkünften aus Vermietung, Zinseinkünfte und Kapitaleinkünfte
- Anhebung der Beitragsbemessungsgrenze auf die Beitragsbemessungsgrenze der gesetzlichen Rentenversicherung
- Beschränkung der privaten Krankenversicherung auf Zusatzversicherungen; für bestehende Verträge einer Krankenvollversicherung sollte ein Vertrauensschutz gelten.

Ein solches Reformmodell hätte die schrittweise Abschaffung der PKV als Vollversicherung bedeutet. Der PKV wäre es nach Inkrafttreten entsprechender Gesetzesänderungen nicht mehr erlaubt gewesen, neue Versicherte in ihre Krankenvollversicherung aufzunehmen. Dieser Geschäftsbereich wäre somit im Laufe der Zeit immer kleiner geworden und letztlich im wahrsten Sinne ‚ausgestorben‘. Alle neu in das Berufs- und Erwerbsleben eintretenden Personen würden durch Gesetz zu Pflichtmitgliedern einer Krankenkasse.

Wie an anderen Stellen bei der Diskussion des neoliberalen Reformmodells bereits verdeutlicht, würde die Forderung nach Aufhebung der Versicherungspflichtgrenze und Einbeziehung der gesamten Bevölkerung in eine ‚gesetzliche Krankenversicherung‘ auch durch das neoliberale Reformmodell erfüllt, wenn – was so gut wie nie offengelegt wurde und wird – mit dem Begriff einer ‚gesetzlichen Krankenversicherung‘ nicht die bestehende staatliche Sozialversicherung mit öffentlich-rechtlichen Krankenkassen gemeint ist, sondern ein GKV-Tarif im Sinne eines gesetzlich vorgegebenen Standardtarifs für eine Grundsicherung.

Wenn ein Reformvorschlag die Aufhebung der Versicherungspflichtgrenze und Einbeziehung der gesamten Bevölkerung beinhaltet, zeigt sich der wahre Charakter dieses Vorschlags bei der Frage, wer diese ‚neue GKV‘ durchführen beziehungsweise anbieten soll. Die Beschreibung der ‚Bürgerversicherungsmodell‘ im Abschlussbericht der Rürup-Kommission ist hier sehr eindeutig, da sie der PKV nach Inkrafttreten der entsprechenden Neuregelungen nur noch das Geschäftsfeld der Zusatzversicherungen belässt. Die gesetzliche Krankenversicherung bleibt in diesem Modell somit eine staatliche Sozialversicherung, die nur von öffentlich-rechtlichen Krankenkassen durchgeführt wird.

Es sei an dieser Stelle bereits darauf hingewiesen, dass sich das im Abschlussbericht der Rürup-Kommission vorgestellte Modell in zentralen Punkten von dem Modell einer ‚Bürgerversicherung‘ unterscheidet, das SPD und GRÜNE in der Folgezeit als ihre Reformmodelle beschlossen. Denn die rot-grüne ‚Bürgerversicherung‘ ist seit 2003 lediglich ein ‚Bürgerversicherungstarif‘, der sowohl von Krankenkassen als auch von privaten Krankenversicherungen angeboten werden soll. Alle Bürger sollen zwischen beiden Arten von ‚Versicherungen‘ frei wählen dürfen. Das aber bedeutet das Ende der GKV als staatlicher Sozialversicherung und der öffentlich-rechtlichen Krankenkassen als Träger dieser Sozialversicherung. Darauf wird an späterer Stelle noch ausführlicher eingegangen im Rahmen einer genaueren Betrachtung des rot-grünen Bürgerversicherungsmodells.

Hier bleibt noch zu vermerken, dass sich das im Abschlussbericht der Rürup-Kommission vorgestellte Bürgerversicherungsmodell in der öffentlichen Diskussion als *das* Modell einer ‚Bürgerversicherung‘ verankert hat. Die Abweichung des rot-grünen Modells davon wurde bislang weder in der Öffentlichkeit noch in der gesundheitspolitischen Diskussion hinreichend registriert, und sie wurde bislang auch nicht in der sozialwissenschaftlichen Diskussion thematisiert. Es hält sich bis heute allgemein die Vorstellung, SPD und GRÜNE würden eine

‚Bürgerversicherung' in der Form anstreben, wie sie im Abschlussbericht der Rürup-Kommission enthalten ist.

Nur gelegentlich kamen in der Vergangenheit Irritationen und Fragen zum genauen Inhalt des rot-grünen Modells auf. Ein besonders bemerkenswertes Beispiel ergab sich Mitte Dezember 2017. Nach der Bundestagswahl 2017 bat die Bundestagsfraktion der SPD ihren stellvertretenden Fraktionsvorsitzenden Karl Lauterbach,[34] ihr das SPD-Modell einer ‚Bürgerversicherung' zu erklären (Ärzte Zeitung online vom 14.12.2017). Eine solche Bitte kann durchaus irritieren, denn es handelte sich um Abgeordnete der SPD, von denen viele im Wahlkampf sicherlich auch für das SPD-Modell einer ‚Bürgerversicherung' geworben hatten. In der Fraktion war man nach der Wahl aber offenbar erstaunt darüber, dass das SPD-Modell kein Ende der PKV vorsieht, sondern der PKV die Option einräumt, auch einen ‚Bürgerversicherungstarif' anzubieten.[35] Das stand zwar bereits seit langem in programmatischen Beschlüssen der SPD, war aber offenbar selbst hochrangigen Funktionsträgern der Partei unbekannt geblieben.

Als Gegenentwurf zur ‚Bürgerversicherung' wurde im Abschlussbericht der Kommission ein „Modell pauschaler Gesundheitsprämien" vorgestellt (Rürup-Kommission 2003: 161). In der Kommission dürfte es vor allem von *Bert Rürup, Gert G. Wagner* und *Bernd Raffelhüschen* vertreten worden sein.[36] Das „Gesundheitsprämienmodell" sah folgende Kernelemente vor (Rürup-Kommission 2003: 161–174):

- Abschaffung des Arbeitgeberbeitrags und Auszahlung als zu versteuernder Bruttolohnbestandteil

---

[34] Lauterbach war 2005 von der Wissenschaft in die Politik gewechselt und ist seitdem Mitglied der SPD-Fraktion des Bundestages.

[35] Dazu meldete die Ärzte Zeitung online am 14.12.2017 unter der Überschrift „Lauterbach erklärt die Bürgerversicherung": „Die Abgeordneten der SPD hatten Lauterbach in dieser Woche darum gebeten, ihnen das Konzept der Bürgerversicherung näher zu erläutern (…) Die Bürgerversicherung ist keine Einheitskasse, so SPD-Fraktionsvize Professor Karl Lauterbach. Denn alle gesetzlichen Krankenkassen und Privatversicherer könnten die Bürgerversicherung anbieten."

[36] Die Protokolle der Kommission wurden zwar nicht veröffentlicht, aus den Publikationen der drei genannten Ökonomen lässt sich jedoch ableiten, dass sie zu Protagonisten dieses Modells gehörten (vgl. u. a. Raffelhüschen/Moog 2010; Rürup/Wille 2004; Wagner 2005). Rürup war zudem seit dem Jahr 2000 Mitglied des SVR-W und zeichnete somit auch für dessen gesundheitspolitische Vorschläge mitverantwortlich, zu denen seit dem Jahresgutachten 2002 auch die Einführung von ‚Kopfpauschalen' gehörte (SVR-W 2002: 272–290).

- Umwandlung des einkommensabhängigen GKV-Beitrags in einen für alle Versicherten einer Krankenkasse gleich hohen Betrag (die „Gesundheitsprämie"), der auf Grundlage der durchschnittlichen Ausgaben je Versicherten der Krankenkasse berechnet wird
- steuerfinanzierte Prämienzuschüsse für Versicherte mit geringem Haushaltseinkommen
- Streichung des Krankengeldes aus dem Leistungskatalog der GKV und Absicherung über eine private Krankengeldversicherung.

Diese Vorschläge folgten deutlich erkennbar, dem neoliberalen Reformmodell, ergänzt um ‚Kopfpauschalen' als Finanzierungsform. Nicht in dem Vorschlag enthalten war die Forderung nach Abschaffung der Versicherungspflichtgrenze, verbunden mit der Forderung nach einer Reduzierung des GKV-Leistungskataloges auf das Niveau einer Grundversorgung, die als Standardtarif sowohl von Krankenkassen als auch von privaten Krankenversicherungen angeboten wird. Dies dürfte vor allem einem politischen Kalkül geschuldet gewesen sein, da die Kommission im Auftrag einer rot-grünen Bundesregierung arbeitete. Allzu radikale Reformvorschläge waren insofern wenig opportun.

In ‚verklausulierter' Form wurde das langfristige Ziel der Umstellung auf ein reines PKV-System allerdings doch offengelegt.

> „Das Gesundheitsprämienkonzept orientiert sich am Äquivalenzprinzip und zielt auf eine völlige Herausnahme der Beiträge zur Gesetzlichen Krankenversicherung aus den Lohnzusatzkosten. Die Beiträge richten sich in Analogie zu Versicherungsprämien nach dem Leistungsvolumen und nicht nach der Höhe des Einkommens der Versicherten" (Rürup-Kommission 2003: 148).

> „Angesichts der zukünftigen demografischen Herausforderungen sollen die privaten Krankenversicherungen als kapitalgedeckte Krankenvollversicherungen erhalten bleiben, aber einem deutlich schärferen Wettbewerb sowohl innerhalb ihres Segments als auch nach Möglichkeit zwischen den Systemen ausgesetzt werden. Langfristig wäre ein einheitlicher Ordnungs- und Regulierungsrahmen für Gesetzliche und private Krankenversicherungen möglich und erstrebenswert" (ebd.).

Bei genauerer Betrachtung dieser beiden Passagen wird das langfristige Ziel des neoliberalen Reformmodells erkennbar und welche Rolle die ‚Kopfpauschalen' dabei spielen:

- Kopfpauschalen sollen zunächst einmal dazu dienen, die GKV-Finanzierung von den Löhnen abzukoppeln (völlige Herausnahme aus den Lohnzusatzkosten).

- Kopfpauschalen stimmen mit „Versicherungsprämien" (der PKV) insofern überein, als sie vom Einkommen unabhängig sind und auf Grundlage des Leistungsvolumens kalkuliert werden. Anders als in der PKV allerdings (zunächst) nicht auf Grundlage individueller Äquivalenz, sondern als Äquivalenz zu den Gesamtkosten einer Gruppe (Versicherte einer Krankenkasse). Sie beinhalten bereits einen wichtigen Schritt in Richtung individueller Äquivalenz, da sie analog zu risikoäquivalenten PKV-Prämien für jede einzelne versicherte Person zu entrichten sind.
- Die PKV sollte erhalten bleiben, und langfristig sollte ein ‚einheitlicher Ordnungs- und Regulierungsrahmen' für die GKV und PKV geschaffen werden, sodass Krankenkassen und private Krankenversicherungen unter gleichen Wettbewerbsbedingungen miteinander konkurrieren. Das ist in der zitierten Passage nicht explizit, sondern nur implizit enthalten: Der Wettbewerb soll offensichtlich auf dem Gebiet der Krankenvollversicherung erfolgen und nicht nur bei Zusatzversicherungen. Das aber ist nur zu erreichen, wenn es einheitliche gesetzliche Vorgaben zum Leistungsumfang der ‚Vollversicherung' in Form eines Standardtarifs gibt, die für Krankenkassen und PKV-Unternehmen gelten. Wenn der Wettbewerb unter gleichen Wettbewerbsbedingungen stattfinden soll, dann erfordert dies letztlich auch gleiche Rechtsformen für Krankenkassen und PKV-Unternehmen, und das heißt: private, denn eine Verstaatlichung der PKV-Unternehmen sah dieses Modell nicht vor.

Das im Abschlussbericht der Rürup-Kommission vorgestellte „Gesundheitsprämienmodell" war letztlich nur eine den spezifischen Rahmenbedingungen der Kommission angepasste Variante des neoliberalen Reformmodells. Dies wurde nicht zuletzt auch an den Begründungen für dieses Modell erkennbar. In deren Zentrum stand die Forderung nach Äquivalenz der Versicherungsbeiträge (ebd.: 148) und Verlagerung von „Umverteilungsaufgaben" in das „Steuer-Transfer-System" (ebd.: 162).

Die Vorschläge der Herzog-Kommission

Drei Monate nach der Rürup-Kommission legte auch die *Herzog-Kommission* ihren Abschlussbericht vor (Herzog-Kommission 2003). Die „Kommission Soziale Sicherheit", so ihre offizielle Benennung, war durch Beschluss des Bundesvorstandes der CDU vom 4. Februar 2003 eingerichtet worden und hatte 30

Mitglieder, darunter 20 hochrangige Mandatsträger der CDU und zehn Sachverständige.[37] Die Kommission hatte den Auftrag, Reformvorschläge für die
verschiedenen Bereiche der sozialen Sicherung zu erarbeiten. Ihr Abschlussbericht vom 29. September 2003 enthielt Vorschläge für die Reform der GKV,
der Pflegeversicherung, der Alterssicherung und der Arbeitslosenversicherung.
Für eine Reform der GKV machte die Kommission die folgenden Vorschläge
(Herzog-Kommission 2003: 16–27).

- *GKV-Leistungskatalog:* Reduzierung des GKV-Leistungskataloges auf einen
  „Standard-Krankenversicherungsschutz" (ebd.: 18). Dazu sollten „in einem
  ersten Schritt" Krankengeld und Zahnbehandlung aus dem Katalog gestrichen
  werden (ebd.). Im Anschluss seien weitere Leistungen aus dem Leistungskatalog der GKV zu entfernen und einer „Versicherungspflicht zuzuführen" (ebd.:
  21), womit offensichtlich eine gesetzliche Pflicht zum Abschluss privater
  Versicherungen gemeint war.
- *Unterschiedliche Tarife in der GKV:* Es sollten Zu- und Abwahlleistungen in die
  GKV eingeführt werden, die mit höheren oder niedrigeren Beiträgen verbunden werden. Versicherte sollten die Option erhalten, durch höhere Selbstzah-
  lungen ihren Krankenkassenbeitrag zu reduzieren (ebd.: 21).[38] Darüber hinaus
  sollte es Beitragsrückerstattungen geben.
- *Kostenerstattung:* Für die ambulante ärztliche Behandlung sollte das Sachleistungsprinzip vollständig beseitigt und durch Kostenerstattung ersetzt werden
  (ebd.: 24).
- *Abschaffung des Arbeitgeberbeitrags:* Der Arbeitgeberbeitrag sollte zunächst
  auf 6,5 % festgeschrieben und dann ausgezahlt werden (ebd.: 20).
- *Abschaffung der beitragsfreien Mitversicherung von Ehegatten:* Auch Ehegatten
  sollten Beiträge zahlen, Kinder sollten hingegen weiterhin beitragsfrei bleiben
  (ebd.: 19).

---

[37] Zu den CDU-Mandatsträgern gehörten unter anderem *Karl-Josef Laumann* (MdB), *Silke
Lautenschläger* (damals Sozialministerin in Hessen), *Ursula von der Leyen* (damals nie-
dersächsische Sozialministerin), *Friedrich Merz* (MdB), *Laurenz Meyer* (Generalsekretär
der CDU), die Ministerpräsidenten *Georg Milbradt* (Sachsen) und *Peter Müller* (Saarland),
Horst Seehofer, Andreas Storm (MdB) und *Annette Widmann-Mauz* (MdB). Zu den Sachverständigen gehörten unter anderem der Ökonom *Jürgen Wasem,* der ehemalige Verfassungsrichter *Paul Kirchhof,* der vorsitzende Richter am Bundesarbeitsgericht *Harald Schliemann*
und der Präsident der Deutschen Rentenversicherung *Herbert Rische.*

[38] „Es ist Sache des Versicherten, aus den unterschiedlichen Angeboten der gesetzlichen
Krankenkassen das für ihn jeweils günstigste Leistungsangebot auszuwählen und durch Beiträge zu finanzieren" (Herzog-Kommission 2003: 20).

- *Risikoäquivalente Prämien:* Der einkommensabhängige GKV-Beitrag sollte ersetzt werden durch ein „Prämienmodell" mit einer „versicherungsmathematisch berechneten lebenslangen Prämie zur Krankenversicherung" (Herzog-Kommission 2003: 23). Der Begriff der ‚versicherungsmathematisch berechneten lebenslangen Prämie' stammt aus der Fachsprache der privaten Versicherungswirtschaft und meint das, was in der gesundheitspolitischen Diskussion als risikoäquivalente Prämien bezeichnet wird. Die Kommission schlug vor, dass sich die Höhe der Prämie nach dem Eintrittsalter der Versicherten richtet. Das entspricht der Praxis der PKV, was allerdings nicht offengelegt wurde. Da nach Altersgruppen gestaffelte risikoäquivalente Prämien zu erheblichen Prämiensteigerungen im Alter führen, was im Kommissionsbericht geflissentlich verschwiegen wurde, sah das ‚Prämienmodell' der Kommission dementsprechend auch kapitalgedeckte Alterungsrückstellungen vor. Zunächst solle ein ‚kollektiver Kapitalstock' gebildet werden, der später aufgelöst und für individuelle Prämienverbilligungen eingesetzt wird (ebd.: 22). Als Zeitpunkt des Beginns der Umstellung wurde das Jahr 2013 genannt. Die Höhe risikoäquivalenter Prämien der PKV sollte sich nach dem individuellen Krankheitsrisiko bei Abschluss des Versicherungsvertrages richten. Der Bericht der Kommission enthält hierzu allerdings keine eindeutige Aussage. Insofern kann er auch so interpretiert werden, dass die Kommission nur nach Lebensalter, nicht aber nach individuellem Krankheitsrisiko differenzierte Prämien vorschlug. Dem steht jedoch entgehen, dass ‚versicherungsmathematisch' kalkulierte Prämien der PKV nach individuellem Krankheitsrisiko kalkuliert werden (vgl. § 146 Abs. 1 VAG).
- *Sozialer Ausgleich:* Zur Unterstützung „für Bezieher kleiner Einkommen" solle es steuerfinanzierte Prämienzuschüsse geben (ebd.: 23).

Was die Kommission vorschlug, war nicht weniger als die Abschaffung der GKV und ihre Umwandlung in ein reines PKV-System nach dem Vorbild des bestehenden PKV-Systems. Dies ist insofern wichtig noch einmal hervorzuheben, als es sich dabei nicht um Vorschläge politikferner neoliberaler Professoren der Volkswirtschaftslehre handelte, sondern um ein mehrheitlich von hochrangigen Funktionsträgern der CDU beschlossenes Reformmodell. Unter den Mitgliedern der Kommission waren zahlreiche auch später noch in führenden Positionen tätige Politikerinnen und Politiker der CDU. Um nur eine kleine Auswahl zu nennen: *Ursula von der Leyen* war 2017 bis 2019 Verteidigungsministerin und wurde 2019 Präsidentin der EU-Kommission, *Annette Widmann-Mauz* war von 2009 bis 2018 Staatssekretärin im BMG und wurde 2018 Migrationsbeauftragte der Bundesregierung im Rang einer Staatsministerin, *Horst Seehofer* war lange

Jahre bayrischer Ministerpräsident und wurde 2018 Bundesinnenminister, *Friedrich Merz* wurde im Januar 2022 Vorsitzender der CDU und im Februar 2022 auch Fraktionsvorsitzender der CDU/CSU-Bundestagsfraktion. All diese Politikerinnen und Politiker gehörten einer Kommission an, die im Jahr 2003 die Abschaffung der GKV vorschlug. Bis auf Horst Seehofer hat sich niemand von den Vorschlägen der Herzog-Kommission selbstkritisch und öffentlich distanziert.[39]

Wie die kursorische Zusammenstellung der Reformvorschläge zeigt, schlug die Herzog-Kommission keineswegs die Einführung von ‚Kopfpauschalen‘ vor, wie dies in Teilen der Literatur behauptet wurde (vgl. u. a. Hartmann 2010: 331). Das Ende 2004 von der CDU beschlossene ‚Gesundheitsprämienmodell‘ folgte – wie auch die Bezeichnung des Modells bereits zeigt – nicht einem Vorschlag der Herzog-Kommission, sondern dem Modell, das von Teilen der Rürup-Kommission vorgeschlagen worden war und vom ‚Mainstream‘ der politikberatenden neoliberalen Ökonomen vertreten wurde. Allerdings gab es – abgesehen von der Frage des Finanzierungsmodus (‚Kopfpauschale‘ oder risikoäquivalente Prämien) – in den anderen Punkten weitgehende Übereinstimmung zwischen den Vorschlägen der Herzog-Kommission und den Vorstellungen des neoliberalen ‚Mainstream‘ der damaligen Zeit. Insofern finden sich einzelne Vorschläge der Herzog-Kommission auch in den späteren CDU-Beschlüssen wieder.

Die Diskussion über das ‚Kopfpauschalenmodell‘

Die politischen Rahmenbedingungen entwickelten sich in der Legislaturperiode 2002 bis 2005 bei genauerer Betrachtung durchaus positiv für die Vertreter des neoliberalen Reformmodells. Unter dem Leitbegriff ‚Kopfpauschalenmodell‘ war es gelungen, das neoliberale Reformmodell in der gesundheitspolitischen und darüber hinaus auch in der öffentlichen Diskussion zu etablieren. Zwar war es

---

[39] Horst Seehofer trat 2004 aus Protest gegen das von der CDU und CSU gemeinsam beschlossene Gesundheitsprämienmodell von seiner Funktion als stellvertretender Vorsitzender der CDU/CSU-Bundestagsfraktion zurück und erklärte: „Ich bin zurückgetreten, weil ich eine politische Entscheidung nicht mittragen wollte. Ich bin als sozialer Überzeugungstäter in die Politik gekommen, und eine Kopfpauschale, bei der der Minister genauso viel zahlt wie der Fahrer des Ministers, hielt ich einfach für grundfalsch" (Seehofer 2018: 21). In seiner Begründung nennt er zwar die ‚Kopfpauschale‘, es kann aber wohl davon ausgegangen werden, dass seine Kritik und Distanzierung ebenso für das Modell der Herzog-Kommission galt.

hochgradig umstritten, das galt allerdings ebenso für das Reformmodell ‚Bürgerversicherung'. Die Diskussion war insgesamt sehr kontrovers. Im Lager der Konservativen und Wirtschaftsliberalen in CDU/CSU und FDP fand das neoliberale Reformmodell jedoch breite Unterstützung. Dass sich die Wahrnehmung der Öffentlichkeit fast ausschließlich auf die ‚Kopfpauschale' beschränkte und die anderen Bestandteile des Reformmodells weitgehend übersah oder für unbedeutend hielt, war für die Erreichung neoliberaler Ziele durchaus förderlich. Zu dieser sehr eingeschränkten Wahrnehmung des Modells trugen vor allem auch mehrere kritische Gutachten zum ‚Kopfpauschalenmodell' bei, die im Auftrag der gewerkschaftsnahen Hans Böckler Stiftung unter Leitung oder Beteiligung von *Jürgen Wasem* erstellt wurden (Greß et al. 2003; Wasem et al. 2003, 2004; Wasem/Greß/Rothgang 2005). Darin wurden die oben erwähnten Publikationen zum neoliberale Reformmodell alle unter den Begriff ‚Kopfpauschalenmodell' subsumiert. Die anderen Bestandteile des neoliberalen Reformmodells wurden ausgeblendet. Es wirft ein bezeichnendes Licht auf die damalige Diskussion, dass sich selbst die Kritik und Diskussion des linken politischen Spektrums auf Gutachten stützte, die unter inhaltlicher Führung eines Protagonisten des neoliberalen Reformmodells (Wasem) erstellt waren.

Der eigentliche Kern des Reformmodells, das damals unter dem Leitbegriff ‚Kopfpauschalenmodell' firmierte, wurde nicht erkannt, auch nicht von ‚linken' Kritikern. Selbst kritische Ökonomen des INIFES, die sich ebenfalls mit den Kopfpauschalenmodellen befassten, waren nicht in der Lage, diese Modelle zu ‚knacken'. Anders als übrige Ökonomen hatten sie aber offenbar zumindest eine Ahnung, dass die Verengung des Blicks auf die ‚Kopfpauschale' möglicherweise zu oberflächlich sein könnte. Ihr Gutachten endete im letzten Satz mit der Frage: „Gibt es eine verborgene Agenda?" (Pfaff et al. 2003: 78). Eine Antwort auf diese Frage hatten sie nicht gefunden.

Insgesamt beschränkte sich die Kritik an der ‚Kopfpauschale' fast ausschließlich darauf, dass sie sozial ungerecht sei (vgl. u. a. Greß et al. 2003; Lauterbach et al. 2009; Wasem et al. 2003, 2004; Wasem/Greß/Rothgang 2005). Da die Pauschale vom Einkommen unabhängig ist, würde sie – so die Kritik – die unteren Einkommen relativ stärker belasten als die höheren Einkommen. Das wurde von den Protagonisten der ‚Kopfpauschale' auch gar nicht bestritten. Der Kritik an der ‚Kopfpauschale' wurde vielmehr entgegengehalten, dass auch das bestehende GKV-System sozial ungerecht sei. Durch die Versicherungspflichtgrenze würden höhere Einkommen vollkommen von der Pflicht zur Finanzierung der GKV befreit und durch die Beitragsbemessungsgrenze würden die über dieser Grenze liegenden Einkommensbestandteile nicht zur Finanzierung der GKV herangezogen. Beides war eigentlich und ursprünglich ‚linke' Kritik an der GKV. Aus

dieser Kritik wurde die ‚linke' Forderung nach Abschaffung der Versicherungspflichtgrenze und Einbeziehung der gesamten Bevölkerung in die GKV sowie
die Forderung nach einer deutlichen Anhebung der Beitragsbemessungsgrenze
oder sogar ihrer Abschaffung abgeleitet, so wie es das im Abschlussbericht der
Rürup-Kommission vorgestellte Modell einer ‚Bürgerversicherung' vorsah.

Die neoliberalen Protagonisten einer ‚Kopfpauschale' griffen diese Kritik auf
und behaupteten, das ‚Kopfpauschalenmodell' führe insofern zu mehr sozialer
Gerechtigkeit, als es zum einen die gesamte Bevölkerung einbezieht und zum
anderen einen steuerfinanzierten ‚sozialen Ausgleich' vorsehe. Die staatlichen
Zuschüsse zur ‚Kopfpauschale' für Geringverdiener seien sozial gerechter als das
bestehende GKV-System, da das Steuersystem auch die hohen und sogar die
höchsten Einkommen sowie Unternehmensgewinne erfasst. Einige Protagonisten
gingen sogar so weit zu behaupten, dass durch die ‚Kopfpauschale' die Ziele der
Befürworter einer ‚Bürgerversicherung' besser und umfassender erreicht werden
könnten als durch die bisherigen einkommensabhängigen GKV-Beiträge.

Die Kritiker des ‚Kopfpauschalenmodells' hatten dem zumeist nur entgegen-
zusetzen, dass der soziale Ausgleich erhebliche Finanzmittel erfordern und den
Staatshaushalt deshalb stark belasten würde, und vor allem wandten sie ein,
dass die Finanzierung des ‚Sozialausgleichs' sehr unsicher sei, da er jederzeit
durch Regierungsbeschluss oder Mehrheitsbeschluss des Parlaments herabgesetzt oder sogar ganz beseitigt werden könnte. Dem hielten die Befürworter
des ‚Kopfpauschalenmodells' wiederum entgegen, dass die Finanzierung des
sozialen Ausgleichs keine so große Mehrbelastung des Staates würde, da er
zu einem erheblichen Teil durch die Einnahmen aus der Besteuerung eines als
Lohnbestanteil ausgezahlten Arbeitgeberbeitrags finanziert werden könne.

Die Abschaffung des Arbeitgeberbeitrags wiederum wurde in der Regel mit
dem Argument kritisiert, dadurch würden zukünftige Ausgabensteigerungen allein
den Versicherten aufgebürdet. Dem wiederum konnte entgegengehalten werden,
dass steigende Krankenversicherungsbeiträge in die Tarifverhandlungen eingehen
und durch Lohnsteigerungen ausgeglichen würden.

Die Kritik am ‚Kopfpauschalenmodell' stand letztlich auf einer eher schwa-
chen argumentativen Grundlage, weil auf die Kritik von neoliberaler Seite mit
durchaus stichhaltigen Gegenargumenten geantwortet werden konnte. Die von
Ökonomen wie Wasem und Greß erstellten Gutachten zur Kritik des Kopfpauschalenmodells stützten sich fast ausschließlich auf ökonomische Argumente
und wirtschaftswissenschaftliche Modellrechnungen zu Belastungen und Entlastungen. Ein solcher Ansatz ermöglicht jedoch keine grundlegende Kritik des
‚Kopfpauschalenmodells', weil er den Blick allein auf finanzielle Auswirkungen der ‚Kopfpauschalen' und des sozialen Ausgleichs richtet. Es wird dabei

nicht in den Blick gerückt, dass es sich um ein Modell handelt, das letztlich auf die Abschaffung der GKV als Sozialversicherung zielt und die ‚Kopfpauschale' in diesem Modell lediglich die Funktion hat, den Übergang von einkommensabhängigen Beiträgen zu risikoäquivalenten Prämien zu ermöglichen.

Zentrales Element des ‚Kopfpauschalenmodells' als einer neuen Variante des neoliberalen Reformmodells ist die Abschaffung der Pflichtmitgliedschaft in öffentlich-rechtlichen Krankenkassen, die als Träger der staatlichen ‚Sozialversicherung GKV' die gesetzliche Krankenversicherung durchführen. Wenn die GKV von einer staatlichen Sozialversicherung mit Krankenkassen als ‚Pflichtversicherung' durch einen ‚Tarif' ersetzt wird, der sowohl von Krankenkassen als auch privaten Krankenversicherungen angeboten wird, muss es eine Finanzierungsform geben, die für beide ‚Anbieter' dieses GKV-Tarifs gilt. Und das kann kein einkommensabhängiger Beitrag sein, wenn Ziel des Reformmodells die umfassende Verwirklichung des Äquivalenzprinzips und Überführung des bestehenden Systems in ein reines PKV-System ist. Dass der instrumentelle Charakter der ‚Kopfpauschale' damals nicht gesehen wurde, ist ein Problem von erheblicher Bedeutung, nicht nur rückblickend, sondern auch für zukünftige Diskussionen, denn es muss damit gerechnet werden, dass der Vorschlag, die GKV-Finanzierung auf einkommensunabhängige Pauschalen umzustellen, bei geeigneten politischen Machtkonstellationen wieder belebt und in die Diskussion eingebracht wird.

Die früheren Protagonisten des neoliberalen Reformmodells hatten das ‚Potenzial' einkommensunabhängiger Beitragspauschalen erkannt und warben seit 2002 in ihren Publikationen weit überwiegend für die Umstellung der einkommensabhängigen GKV-Beiträge auf einkommensunabhängige Pauschalen. So schloss sich 2002 auch der *Wirtschaftssachverständigenrat* diesem Trend an und sprach sich explizit für „den Übergang von der derzeitigen lohnzentrierten Beitragsfinanzierung zu einem System von Kopf-Pauschalen" aus (SVR-W 2002: 285). Dabei wies der SVR-W darauf hin, dass ‚Kopfpauschalen' aus seiner Sicht gewichtige ‚Vorteile' bieten:

- Durch ‚Kopfpauschalen' würde sich „für die privaten Krankenversicherer gleichzeitig ein neues Betätigungsfeld ergeben, da auch sie kopfprämienfinanzierte Krankenversicherungen anbieten können" (SVR-W 2002: 286).[40]
- Und ‚Kopfpauschalen' könnten schließlich auch „langfristig risikoäquivalent" werden (SVR-W 2002: 286).

---

[40] Diese Erkenntnis dürfte sicherlich auch davon beeinflusst gewesen sein, dass im Schweizer Krankenversicherungssystem, das als Vorbild diente, auch private Krankenversicherungen die Basisversicherung auf Grundlage von Pauschalprämien anbieten.

Anfang 2003 erneuerte *Henke* seinen bereits 2001 gemeinsam mit anderen in die Diskussion eingebrachten Vorschlag einer Verbindung des neoliberalen Reformmodells mit ‚Kopfpauschalen' und wies auf die neuen Chancen hin, die sich durch die Ende 2002 erfolgte Bildung der Rürup-Kommission ergeben würden, denn „die regierungsamtliche Kommission bringt die Vorschläge dank der Medien näher an die Politiker aller Parteien und macht sie damit politikfähig" (Henke 2003: 85).

In der Tat, durch den Abschlussbericht der Rürup-Kommission erreichte das neoliberale Reformmodell unter dem Leitbegriff ‚Kopfpauschalenmodell' eine Aufmerksamkeit und Verbreitung, die die vorherigen Publikationen der Protagonisten des neoliberalen Reformmodells nicht erreicht hatten. Die Diskussion über das neoliberale Reformmodell war bis Mitte 2003 weitgehend nur innerhalb der Community neoliberaler Gesundheitsökonomen geführt worden. Deren kritische Rezeption hatte sich auf einen relativ kleinen Kreis eher gewerkschafts- oder SPD-naher Ökonomen beschränkt. Nach der Veröffentlichung des Kommissionsberichtes erreichte das Reformmodell unter dem Leitbegriff ‚Kopfpauschalenmodell' eine breite mediale Aufmerksamkeit und ‚Kopfpauschale' wurde zu einem auch in der politisch interessierten Öffentlichkeit bekannten Begriff.

Um das neoliberale Reformmodell politisch durchzusetzen, bedurfte es allerdings beständiger Interventionen, mit denen das Modell immer wieder in die öffentliche und gesundheitspolitische Diskussion eingespeist wird. Dieser bereits in den Beiträgen der 1980er Jahre enthaltenen Erkenntnis folgend, setzte die von der *Bertelsmann Stiftung,* der *Heinz Nixdorf Stiftung* und der *Ludwig Ehrhard Stiftung* getragene *Gemeinschaftsinitiative Soziale Marktwirtschaft* Mitte 2002 eine eigene ‚Expertenkommission' ein. Sie sollte ein Konzept entwickeln, mit dem die Systeme der sozialen Sicherung „zukunftsfähig" gemacht werden können (Breyer et al. 2004: 1). Die Kommission stellte ihre Reformvorschläge am 14. November 2003 der Presse vor (Bertelsmann Stiftung 2003). Der Abschlussbericht erschien im darauffolgenden Jahr in Buchform (Breyer et al. 2004). Entsprechend ihres Auftrages legte die Kommission Vorschläge zur Arbeitslosenversicherung, Sozialhilfe, Kranken- und Pflegeversicherung sowie Rentenversicherung vor.

Die Kommission schlug vor, die staatliche *Arbeitslosenversicherung* vollständig abzuschaffen. Gegen Arbeitslosigkeit solle durch Bildung von Ersparnissen oder den Abschluss einer privaten Versicherung vorgesorgt werden. Die Abschaffung dieses Zweiges der Sozialversicherung begründete die Kommission mit dem Verweis auf andere Länder, in denen es keine staatliche Absicherung gegen Arbeitslosigkeit gibt und bedürftige Arbeitslosn von der Sozialhilfe unterstützt werden. Dieses Modell solle auf Deutschland übertragen werden und Bedürftige, deren Ersparnisse bei länger anhaltender Arbeitslosigkeit nicht ausreichen, sollten notfalls Sozialhilfe erhalten.

Die Zuständigkeit für *Sozialhilfe* sollte allein den Gemeinden übertragen werden, die dann – wie im 19. Jahrhundert – für alle Bedürftigen zuständig wären. Die Leistungen der Sozialhilfe sollten weitgehend pauschaliert und für alle Empfänger gleich hoch sein. Die Leistungen für erwerbsfähige Sozialhilfeempfänger sollten halbiert werden.

Für die gesetzliche *Rentenversicherung* wurde vorgeschlagen, zwar bei der Umlagefinanzierung zu bleiben, zugleich aber das Äquivalenzprinzip strikt anzuwenden. Es solle nur das als Rente ausgezahlt werden, was auch tatsächlich vom Einzelnen eingezahlt wurde. Die Auszahlung solle sich zudem nach der erwarteten durchschnittlichen Lebenserwartung der jeweiligen Alterskohorte richten. Wer im Laufe seines Arbeitslebens wenig verdient hat, würde folglich im Alter mit hoher Wahrscheinlichkeit sozialhilfebedürftig. Sofern sich die Lebenserwartung weiter kontinuierlich erhöht, würde die Berücksichtigung der Lebenserwartung zu einer Ausweitung von Altersarmut führen. Die daraus resultierenden Finanzierungslasten hätten im Modell der Reformkommission ausschließlich die Gemeinen zu tragen, die ohnehin finanzschwächsten Einheiten der öffentlichen Daseinsvorsorge. Der zu erwartende steigende finanzielle Druck auf die Gemeinden würde diese absehbar zu Leistungskürzungen und zunehmend restriktiver Leistungsgewährung zwingen.

Bei der *Kranken- und Pflegeversicherung* plädierte die ‚Expertenkommission' für die Reduzierung des Leistungskataloges auf einen „Grundleistungskatalog", der „so eng wie möglich gehalten werden sollte" (Breyer et al. 2004: 103). Für diesen Grundleistungskatalog solle es eine allgemeine Versicherungspflicht für die gesamte Wohnbevölkerung geben. Es solle den Bürgern freistehen, ob sie eine solche Versicherung bei einer Krankenkasse oder einer privaten Krankenversicherung abschließen. Mit der Abschaffung der Pflichtmitgliedschaft in einer Kranken- und Pflegekasse würden die Krankenkassen ihren Status als Träger einer staatlichen Sozialversicherung verlieren, die gesetzliche Krankenversicherung als Sozialversicherung würde abgeschafft. Das wurde allerdings – wie in den Publikationen der Protagonisten des neoliberalen Reformmodells üblich – nicht offengelegt.

Die Finanzierung des Grundleistungstarifs solle durch einkommensunabhängige „Grundbeiträge" erfolgen, die auf Grundlage der durchschnittlichen Kosten aller Versicherten kalkuliert werden und von jedem Erwachsenen zu zahlen sind (Breyer et al. 2004: 108). Da Kinder und Jugendliche unterdurchschnittliche Ausgaben verursachen, könnten für sie geringere Pauschalen vorgesehen werden (ebd.: 109).

Die Abschaffung der beitragsfreien Familienversicherung begründete die Kommission damit, dass es sich bei ihr um eine familienpolitische Leistung handele und eine Krankenversicherung kein Instrument der Familienpolitik sein dürfe (ebd.: 107). Die Umstellung auf einkommensunabhängige und pro Kopf zu zahlende Pauschalbeiträge implizierte ohnehin die Abschaffung jeglicher Form von beitragsfreier Mitversicherung.

Auch dieses Reformkonzept wurde – wie im neoliberale Reformmodell üblich – an zentraler Stelle mit der Behauptung begründet, die GKV sei eine Versicherung, und deshalb auf die „Umverteilung von Personen mit niedrigem Krankheitsrisiko zu Personen mit einem hohem Krankheitsrisiko" zu beschränken (Breyer et al. 2004: 109). Entsprechend dieser Charakterisierung der Krankenkassen als ‚Versicherungen' sah das Konzept der Kommission denn auch vor, dass die Krankenkassen alle „anderswo selbstverständlichen Unternehmensfreiheiten" (ebd.: 109) erhalten sollten. Was nichts anderes bedeutete als die Forderung nach einer Umwandlung der Krankenkassen in private Versicherungsunternehmen.

Dazu passend wurde auch gefordert, dass es Krankenkassen freistehen sollte, private Zusatzversicherungen auf Grundlage risikoäquivalenter Prämien anzubieten, und dass das europäische Wettbewerbsrecht auch für Krankenkassen gelten sollte (ebd.: 110). Denn: „Damit zerfließt die starre Grenze zwischen gesetzlichen und privaten Krankenversicherungen" (ebd.).

Alle „Versicherer", die den Grundleistungstarif anbieten, sollten zudem in den Risikostrukturausgleich einbezogen werden (ebd.: 117). Der Vorschlag eines Risikostrukturausgleichs für alle Anbieter eines ‚GKV-Tarifs' oder ‚Basistarifs' oder ‚Grundleistungstarifs' war bereits Bestandteil des neoliberalen Reformmodells der 1980er Jahre (Gitter et al. 1988: 132; Gitter/Oberender 1987: 99). Er wurde in den folgenden Jahren von SPD-nahen Ökonomen übernommen und ist seit 2003 Bestandteil des rot-grünen Bürgerversicherungsmodells. Ein gemeinsamer RSA für GKV und PKV ist somit keineswegs – wie es vielen erscheinen mag – eine ‚linke' Erfindung. Dass er von SPD-nahen Ökonomen, der SPD und den Grünen übernommen wurde, ist vielmehr Teil der Erfolgsgeschichte des neoliberalen Reformmodells für einen marktwirtschaftlichen Umbau der GKV.

Die Vorschläge zur Reform der *Pflegeversicherung* fielen recht kurz aus und beinhalteten vor allem den Vorschlag, die Pflegeversicherung in die Krankenversicherung zu integrieren und die Pflegestufe I abzuschaffen. Eine Integration in die Krankenversicherung impliziert in diesem Konzept, dass alles, was zur Reform der GKV vorgeschlagen wurde auch für die Soziale Pflegeversicherung gilt. Auch sie sollte abgeschafft und durch einen Tarif ersetzt werden, der von privatisierten Krankenkassen und privaten Krankenversicherungen angeboten wird.

Der Bericht dieser Kommission zeigt so offen wie kaum ein anderes Dokument das wahre Gesicht neoliberaler Ökonomen. Insbesondere die Vorschläge zur Abschaffung der Arbeitslosenversicherung, zur Rentenversicherung und zur Verlagerung des Großteils der Kosten einer radikal eingeschränkten sozialen Sicherung auf die Gemeinden als alleinigem Sozialhilfeträger zeigen, dass es sich beim Neoliberalismus im wahrsten Sinne des Wortes um einen Neo-Liberalismus handelt. Das Modell der Kommission der „Gemeinschaftsinitiative Soziale Marktwirtschaft" sieht für zentrale Bereiche der sozialen Sicherung eine Rückkehr in das 19 Jahrhundert vor Einführung der Sozialversicherung vor, als es weder eine Arbeitslosenversicherung noch eine Renten- und Krankenversicherung gab und lediglich eine als Almosen gewährte kommunalen Armenfürsorge. Vorgeschlagen wurde dieses Reformmodell von führenden Ökonomen der damaligen Zeit, die auch heute noch hohes Ansehen in den Wirtschaftswissenschaften und auch in den Medien und der Politik genießen. Mitglieder der Kommission waren *Friedrich Breyer, Wolfgang Franz, Stefan Homburg, Reinhold Schnabel* und *Eberhard Wille*.[41] In Auftrag gegeben und finanziert wurde das Gutachten von Stiftungen großer Unternehmen (Nixdorf, Bertelsmann), die ihre Stiftungen auch heute noch benutzen, um ihre politischen Vorstellungen unter dem Label einer gemeinnützigen und somit steuerbegünstigten Stiftung in der Gesellschaft zu tragen und durch Auftragsgutachten dieser Stiftungen Einfluss auf die politische Diskussion und Entscheidungsfindung zu nehmen.

---

[41] *Friedrich Breyer:* Professor für Volkswirtschaftslehre an der Universität Konstanz, Mitglied im Wissenschaftlichen Beirat des BMWi; *Wolfgang Franz:* Professor für Volkswirtschaftslehre an der Universität Mannheim, Präsident des Zentrums für Europäische Wirtschaftsforschung an der Universität Mannheim (ZEW), Mitglied des Wirtschaftssachverständigenrates (1994–1999; 2003–2013) und Mitglied des Kronberger Kreises (2002–2009); *Stefan Homburg:* Professor für Öffentliche Finanzen an der Universität Hannover, Mitglied des Wissenschaftlichen Beirats beim BMF; *Reinhold Schnabel:* Professor für Volkswirtschaftslehre an der Universität Duisburg-Essen, ständiger Gastprofessor am Zentrum für Europäische Wirtschaftsforschung (ZEW) an der Universität Mannheim, dessen Präsident Wolfgang Franz war; *Eberhard Wille:* Professor für Volkswirtschaftslehre an der Universität Mannheim, Vorsitzender des Gesundheitssachverständigenrates, Mitglied im Wissenschaftlichen Beirat des BMWi. Somit kamen drei der fünf Kommissionsmitglieder von der Universität Mannheim und/oder dem Umfeld des ZEW der Universität Mannheim.

Der neue Leitbegriff des neoliberalen Reformmodells: „Einheitlicher Krankenversicherungsmarkt"

In den Jahren 2003 und 2004 erneuerte der *Wirtschaftssachverständigenrat* (SVR-W) seinen Vorschlag für einen grundlegenden Umbau der GKV.[42] In seinem Jahresgutachten 2003 nannte er sein bereits in den Vorjahren präsentiertes Reformmodell, das seit 2002 auch einkommensunabhängige Pauschalbeiträge vorsah, in Anlehnung an die Rürup-Kommission, ebenfalls „Gesundheitsprämienmodell" (SVR-W 2003: 204). Allerdings stellte der SVR-W 2003 klar, dass es sich nur um ein Modell zur Reform der GKV handelte. Die Versicherungspflicht zur GKV sollte beibehalten und die ‚Gesundheitsprämie' nur von den ‚Krankenkassen' erhoben werden. Ansonsten beinhaltete sein 2003 erneuerter Vorschlag die seit langem bekannten Elemente des neoliberalen Reformmodells wie die Abschaffung des Arbeitgeberbeitrags und die Abschaffung der beitragsfreien Mitversicherung von Familienangehörigen. Beides war in der Umstellung auf Pauschalbeiträge impliziert, ebenso wie die Reduzierung des GKV-Leistungskataloges.

Der Rat plädierte insbesondere für die Ausgliederung des Krankengeldes, des Zahnersatzes, der Versorgung nach privaten Unfällen sowie – ohne nähere Spezifizierung – aller ‚versicherungsfremden Leistungen' (ebd.: 204). Die Absicherung der ausgegliederten Leistungen solle zukünftig durch freiwillige private Versicherungen erfolgen. Für die Umstellung auf ‚Kopfpauschalen' spreche, so der Rat, dass durch sie der „Lohnsteuercharakter" des GKV-Beitrags „beseitigt" (ebd.: 204) und das „Äquivalenzprinzip in der Gesetzlichen Krankenversicherung gestärkt" werde (ebd.: 206).

In seinem Jahresgutachten 2004 befasste sich der SVR-W erneut und recht ausführlich mit der Reform der GKV. Inhaltlich enthielt die betreffende Passage nichts wirklich Neues und reproduzierte lediglich die seit den 1980er Jahren immer wieder vertretenen Positionen. Neu war hingegen der vom SVR-W als Name für sein Modell verwendete Begriff „einheitlicher Krankenversicherungsmarkt" (SVR-W 2004: 387). Der Begriff wurde in den folgenden Jahren zu *dem* zentralen Leitbegriff für das neoliberale Reformmodell und wird seitdem sowohl von den Protagonisten des neoliberalen Modells als auch von den Befürwortern des rot-grünen Modells einer ‚Bürgerversicherung' verwendet. Sowohl das Bürgerversicherungsmodell der GRÜNEN als auch das der

---

[42] Ihm gehörten in beiden Jahren sowohl Bert Rürup als auch Wolfgang Franz an.

SPD baut seit 2004 inhaltlich auf dem mit diesem Begriff verbundenen Konzept auf. Die SPD nahm den Begriff 2011 auch explizit in die Beschreibung ihres Bürgerversicherungsmodells auf (SPD 2011b: 14).

Auch für die ‚Kopfpauschale' verwendete der Rat einen neuen Begriff. Der Begriff ‚Gesundheitsprämie' des Jahresgutachtens 2003 wurde durch „Bürgerpauschale" ersetzt (SVR-W 2004: 397).[43] Offensichtlich zielte dieser Begriff darauf, das Modell des SVR-W als Kompromiss zwischen den beiden damals in der Gesundheitspolitik und auch in der Öffentlichkeit sehr kontrovers diskutierten Modellen erscheinen zu lassen. Dementsprechend behauptete der SVR-W denn auch, sein Modell sei „eine Synthese aus ‚Bürgerversicherung' und ‚Kopfpauschale'" (SVR-W 2004: 387). Tatsächlich handelte es sich bei dieser ‚Synthese' jedoch um nichts anderes als eine Reproduktion des neoliberalen Reformmodells, das lediglich mit einem neuen ‚Etikett' versehen wurde. Dies zeigt sich bei näherer Betrachtung der einzelnen Reformbestandteile. Das Modell des SVR-W 2004 beinhaltete (ebd.: 387–408):

• *Allgemeine Versicherungspflicht:* Einführung einer allgemeinen „Mindestversicherungspflicht" für alle Bürger (ebd.: 387). Die Mindestversicherungspflicht solle sich auf eine „Basisversicherung" beschränkten, ohne beitragsfreie Familienversicherung und Krankengeld (ebd.: 398).

---

[43] Damit folgte der SVR-W offensichtlich einer bereits Anfang 2003 von Gert G. Wagner vorgeschlagenen Argumentationsstrategie. Wagner verwendete den Begriff „Bürgerprämie" in einem Beitrag für ein Publikationsorgan des Ifo-Institutes unter der Überschrift „Pauschalprämien setzen das Konzept der Bürgerversicherung am besten um" (Wagner 2003: 4). In dem Beitrag argumentierte Wagner, Bürgerversicherung und Pauschalprämienmodelle seien nur „scheinbar unversöhnliche Reformkonzepte", denn es gebe eine „Synthesemöglichkeit" (Wagner 2003: 3). Die Möglichkeit der Synthese begründete er wie folgt: „Die ‚Bürgerprämie' basiert auf einer umfassenden Versicherungspflicht. Jeder Erwachsene zahlt zur Finanzierung der Krankenversicherung, für die er sich entscheidet, die er aber jederzeit auch wechseln kann, eine pauschale Prämie" (Wagner 2003: 4). In der Tat ist Wagner insofern zuzustimmen, dass das rot-grüne Modell einer ‚Bürgerversicherung', die eine freie Wahl aller Bürger zwischen allen Anbietern vorsieht, deutliche Parallelen zum neoliberale Reformmodell aufweist. Ersetzt man den im rot-grünen Modell noch enthaltenen einkommensabhängigen Beitrag durch eine Pauschale, lassen sich das neoliberale Modell und die rot-grüne ‚Bürgerversicherung' problemlos zusammenführen. Der Vorteil von einkommensunabhängigen Beitragspauschalen sei, so Wagner, dass sie – anders als der bisherige GKV-Beitrag – vom Arbeitseinkommen und somit den Lohnkosten unabhängig sind. Dadurch sei das System „nicht mehr arbeitsplatzfeindlich". Damit zielte Wagner offensichtlich darauf, dass sich auch die ‚modernisierte' rot-grüne Gesundheitspolitik zur Notwendigkeit des Abbaus von Hemmnissen für die Schaffung von neuen Arbeitsplätzen bekannte.

- *Basisversicherung als Angebot von Krankenkassen und PKV:* Die Basisversicherung zur Abdeckung der Mindestversicherungspflicht könnte „sowohl von gesetzlichen Krankenkassen als auch von privaten Krankenversicherungen angeboten werden" (ebd.: 398). Auf dem dadurch geschaffenen „einheitlichen Markt konkurrieren gesetzliche und private Versicherungen" (ebd.: 387). Allerdings sah das Konzept des SVR-W keine gesetzliche Verpflichtung der PKV zum Angebot einer solchen Basisversicherung vor, sondern nur, dass die PKV sie anbieten „kann" (ebd.: 398). Was nicht offengelegt wurde: Die Krankenkassen würden damit ihren Status als Sozialversicherungsträger und ‚Pflichtversicherung' verlieren, die ‚GKV' würde zu einem Tarif, der auch von PKV-Unternehmen angeboten werden kann.

- *Frei Wahl des Anbieters:* Für die ‚Basisversicherung' solle ein „einheitlicher Krankenversicherungsmarkt" geschaffen werden, auf dem Krankenkassen und private Krankenversicherungen miteinander konkurrieren (ebd.: 387). Alle Bürger sollten die freie Wahl zwischen allen Anbietern des Basisversicherungstarifs haben.

- *Einkommensunabhängige Beitragspauschalen:* Die Finanzierung der ‚Basisversicherung' solle durch einkommensunabhängige Pauschalen erfolgen, die von allen Erwachsenen zu zahlen sind (ebd. 398).

- *Sozialer Ausgleich:* Wenn die Beitragspauschale einen bestimmten Prozentsatz des Einkommens übersteigt, sollten die Bezieher niedriger Einkommen einen steuerfinanzierten Prämienzuschuss erhalten (ebd.: 398).

- *Beitragssatzstabilisierungsversicherung:* Offensichtlich sollte der Basisversicherungstarif für jede Alterskohorte getrennt kalkuliert werden, denn der Rat wies darauf hin, dass mit einer „Vergreisung" (ebd.: 406) der jeweiligen versicherungsspezifischen Tarife zu rechnen sei. Dieser Begriff stammt aus der bestehenden PKV und meint, dass durch zu wenige oder ausbleibende Neuzugänge in einen Tarif, der Anteil der jungen Versicherungsnehmer sinkt und dadurch die durchschnittlichen Kosten je Versicherungsnehmer des Tarifs ansteigen. Um dem Problem der ‚Vergreisung' des Basisversicherungstarifs zu begegnen, schlug der Rat die Einführung einer gesonderten „Beitragsstabilisierungsversicherung" vor, die zur Bildung von Alterungsrückstellung dient, mit denen die steigenden Kosten im Alter aufgefangen werden. Von einer ‚Vergreisung' von Tarifen zu sprechen ergibt nur dann Sinn, wenn es sich um Tarife handelt, die für abgegrenzte Alterskohorten kalkuliert werden. Die vom Rat vorgeschlagene gesonderte Versicherung war nichts anderes als eine Form der Bildung kapitalgedeckter Alterungsrückstellungen.

- *Neue Unternehmensform für Krankenkassen:* Die Schaffung eines ‚einheitlichen Krankenversicherungsmarktes' würde dazu führen, dass sich Krankenkassen und PKV annähern. Eine Unterscheidung beider Arten von ‚Versicherungen' sei dann nicht mehr notwendig, es solle ermöglicht werden, dass sich für die Krankenkassen eine „neue Unternehmensform" entwickelt (ebd.: 398).

Wenn von einer neuen „Unternehmensform" für Krankenkassen die Rede ist, zeigt dies an, wohin das Reformmodell führen soll. Krankenkassen waren und sind keine ‚Unternehmen', sondern Körperschaften des öffentlichen Rechts und mittelbare Staatsverwaltung. Die Formulierung deutet somit an, dass Ziel des einheitlichen Marktes die Umwandlung der Krankenkassen in private Unternehmen war. Dies wurde zwar nicht offen ausgesprochen, es finden sich jedoch deutliche Hinweise darauf, so beispielsweise in der nachfolgenden Passage:

> „Wenn zwischen privaten und gesetzlichen Krankenkassen der Wettbewerb geöffnet wird, kann nicht ausgeschlossen werden, dass der Europäische Gerichtshof die Beihilfe- und Wettbewerbsregeln des EG-Vertrages auf Gesetzliche Krankenversicherung und Private Krankenversicherung anwenden wird" (SVR-W 2004: 407).

Zum Ergebnis der Anwendung des EU-Wettbewerbsrechts stellte der Rat fest:

> „Vor dem Hintergrund der europarechtlichen Betrachtungen wären die derzeitigen gesetzlichen Kassen wohl zukünftig genauso wie die privaten Krankenversicherungen als Unternehmen einzustufen" (SVR-W 2004: 408).

Offensichtlich kalkulierte der SVR-W den Europäischen Gerichtshof und dessen Rechtsprechung als wichtiges Element in seine Reformstrategie ein. Dahinter steht offenbar folgendes Kalkül: Wenn die GKV als staatliche Sozialversicherung abgeschafft und durch einen Tarif ersetzt wird, den auch die privaten Krankenversicherungen anbieten, verlieren die Krankenkassen ihren Status als Sozialversicherungsträger und die bisherige Pflichtmitgliedschaft für einen gesetzlich definierten Personenkreis (GKV-Versicherungspflicht) würde aufgehoben. Damit wären die Krankenkassen nicht länger Träger einer staatlichen Sozialversicherung und Teil der mittelbaren Staatsverwaltung. Sie würden sich im Wettbewerb mit privaten Unternehmen befinden, die dasselbe ‚Versicherungsprodukt' anbieten. Folglich wären sie laut gefestigter Rechtsprechung des EuGH wie private Unternehmen zu behandeln. Sie müssten den gleichen Wettbewerbsbedingungen wie PKV-Unternehmen unterworfen werden, wozu vor allem eine private Rechtsform, die Anwendung gleicher Steuervorschriften etc. gehört.

Selbst wenn die Krankenkassen bei Einführung eines ‚einheitlichen Krankenversicherungsmarktes' nicht privatisiert würden, käme die Privatisierung der Krankenkassen spätestens nach dem nächsten Verfahren vor dem EuGH auf die Tagesordnung. Der übliche Weg wäre wie folgt: Im Rahmen eines nationalen Rechtsstreits wird die Frage aufgeworfen, ob der sogenannte ‚funktionale Unternehmensbegriff' des europäischen Wettbewerbsrechts auch auf die deutschen Krankenkassen anzuwenden ist. Dieser Unternehmensbegriff besagt, dass für die Einstufung als ‚Unternehmen' nicht die Rechtsform entscheidend ist, sondern die tatsächlich ausgeübte wirtschaftliche Tätigkeit.[44] Wenn diese Tätigkeit auch von privaten Unternehmen ausgeübt werden kann, gilt die betreffende staatliche oder halbstaatliche Organisation als Unternehmen im Sinne des europäischen Wettbewerbsrechts und ist wie ein privates Unternehmen zu behandeln. Wenn die Frage der Anwendbarkeit des funktionalen Unternehmensbegriff nicht von nationalen Gerichten beantwortet werden kann, wird sie im Verlauf des entsprechenden nationalen Gerichtsverfahrens vom verhandelnden Gericht dem EuGH vorgelegt, mit der Bitte um Stellungnahme zu dieser Frage. Das nationale Gerichtsverfahren wird dann erst fortgesetzt und die Entscheidung getroffen, wenn der EuGH seine Stellungnahme abgegeben hat.

Es wäre folglich nur eine Frage der Zeit, wann der EuGH mit einem solchen Verfahren befasst wird und sich zu dieser Frage äußert. Nach Einführung eines ‚einheitlichen Krankenversicherungsmarktes' wäre damit zu rechnen, dass der EuGH die Anwendung des funktionalen Unternehmensbegriffs auf die deutschen Krankenkassen bejaht.

Weitere Positionierungen neoliberaler Akteure der Politikberatung

Während der rot-grünen Regierungszeit war nicht nur der SVR-W auf der Suche nach einem möglichst positiv konnotierten Leitbegriff für das neoliberale Reformmodell. Mitte 2004 legten *Bert Rürup* und *Eberhard Wille* ein Gutachten zur „Finanzierungsreform in der Krankenversicherung" (Rürup/Wille 2004) vor, in dem sie die bekannten Bestandteile des neoliberalen Reformmodells als eigenes

---

[44] „Im Rahmen des Wettbewerbsrechts umfasst der Begriff des Unternehmens jede eine wirtschaftliche Tätigkeit ausübende Einheit, unabhängig von ihrer Rechtsform und der Art ihrer Finanzierung" (EuGH 1991: Rn. 21).

und neues Reformkonzept präsentierten, und dafür den Begriff „Gesundheitspauschale" verwendeten (ebd.: 30).[45] Auftraggeber war der PKV-Verband.[46] Auf die Inhalte dieses Gutachtens näher einzugehen, erübrigt sich an dieser Stelle, weil es sich lediglich um eine Neuauflage bereits seit längerem bekannter Vorschläge handelte.[47] Anders als beispielsweise der SVR-W sprachen sich Rürup und Wille allerdings für die Beibehaltung der GKV-Versicherungspflichtgrenze aus, damit zwei „Versicherungsmärkte" (Rürup/Wille 2004: 6) erhalten bleiben. Dies entsprach insofern den Vorstellungen des PKV-Verbandes, als die PKV keineswegs von der Vorstellung eines ‚einheitlichen Krankenversicherungsmarktes' angetan war und lieber das bisherige System beibehalten wollte, das ihr über Jahrzehnte ein gesichertes Geschäftsfeld und stabile Renditen bescherte.

Dies hat sich auch bis in die Gegenwart nicht geändert. Es wäre folglich eine Fehleinschätzung anzunehmen, das neoliberale Reformmodell sei im Interesse der PKV. Das Modell wurde unabhängig von der ‚real existierenden' PKV entwickelt und weiterentwickelt. Dies zeigt sich unter anderem daran, dass die neoliberalen Ökonomen bereits in den 1980er Jahren den fehlenden Wettbewerb zwischen PKV-Unternehmen um Bestandskunden kritisierten und die Portabilität der Alterungsrückstellungen forderten. Eine Portabilität der Alterungsrückstellungen, zentrale Voraussetzung für einen Wettbewerb um Bestandskunden, wird seit jeher von der PKV abgelehnt. Dasselbe gilt auch für das ‚Kopfpauschalenmodell', das von der PKV entschieden abgelehnt wurde (vgl. dazu exemplarisch PKV 2010).

Mitte 2004 griff auch der *Wissenschaftliche Beirat beim Bundesministerium der Finanzen* (BMF) mit einem Gutachten in die Diskussion über eine grundlegende Reform der gesetzlichen Renten- und Krankenversicherung ein (BMF-Beirat 2004). Dem Beirat gehörten damals mit *Lars P. Feld* und *Clemens Fuest* ein aktuelles und ein späteres Mitglied des Kronberger Kreises an, mit *Rolf Peffekoven* und *Wolfgang Wiegard* zwei damalige Mitglieder des Wirtschaftssachverständigenrates sowie mit *Klaus-Dirk Henke* ein ehemaliges Mitglied des Gesundheitssachverständigenrates. Damit waren im Beirat gleich mehrere Ökonomen vertreten, die bereits mit anderen Gremien und in eigenen Publikationen Vorschläge für einen marktwirtschaftlichen Umbau der GKV unterbreitet hatten.

---

[45] Eingeleitet wurde das Gutachten mit: „Unser Reformkonzept" (Rürup/Wille 2004: 3).

[46] Die im Internet veröffentlichte PDF-Version enthielt keine Angaben zum Auftraggeber, und so wurde u. a. vermutet, es sei die CDU gewesen. Journalistische Recherchen ergaben jedoch, dass der PKV-Verband Auftraggeber gewesen war (Tagesspiegel vom 18.07.2004).

[47] Vorgeschlagen wurde außer einkommensunabhängigen ‚Gesundheitspauschalen' u. a. die Abschaffung des Arbeitgeberbeitrags, Ausgliederung und private Absicherung des Krankengeldes, staatliche Prämienzuschüsse etc.

Die damalige Besetzung des BMF-Beirates ist zudem ein anschauliches Beispiel für das hohe Maß an Vernetzung neoliberaler Ökonomen und ihre starke Präsenz in formalen Gremien der Politikberatung.

Als seine „zentralen Anliegen" bei der Abfassung des Gutachtens nannte der Beirat vor allem die Verlagerung von „Umverteilungsmaßnahmen" in das Steuersystem, um „der Forderung nach einer stärkeren Entsprechung von Leistung und Gegenleistung mehr Geltung" zu verschaffen und eine stärkere Berücksichtigung des Kapitaldeckungsprinzips und die Intensivierung des Wettbewerbs im Bereich der Krankenversicherung zu erreichen (BMF-Beirat 2004: 2 f.).

Ausgehend von der Behauptung, dass in der GKV „Gesundheitsrisiken versichert" werden, vertrat der Beirat die Auffassung, dass sich GKV und private Versicherungen in dieser Funktion „ähneln" (ebd.: 4). Allerdings würde in der GKV nicht nur die versicherungstypische „Umverteilung" zwischen Gesunden und Kranken erfolgen, sondern darüber hinaus auch eine „Einkommensumverteilung". Da diese jedoch nicht in eine Versicherung gehöre, sondern in das Steuersystem, sprach sich der Beirat dafür aus, die bestehenden Umverteilungen aus der GKV zu „entfernen" (ebd.: 5). Er plädierte „für eine an der Äquivalenz zu den Leistungsansprüchen orientierte Beitragsgestaltung" (ebd.: 7).[48] Diese sei zu erreichen durch die Abschaffung der einkommensabhängigen Beiträge und Einführung einkommensunabhängiger Beitragspauschalen.

Die vom BMF-Beirat vorgeschlagene grundlegende Reform der GKV entsprach in allen Punkten dem bereits seit langem bekannten neoliberalen Reformmodell. Der Beirat sprach sich für die Einführung einer „Mindestversicherungspflicht" (ebd. 26) im Umfang einer ‚Grundversicherung', die Aufhebung der Trennung von GKV und PKV und freie Wahl des Anbieters der Grundversicherung aus (ebd.). Der Arbeitgeberbeitrag und die beitragsfreie Familienversicherung solle abgeschafft und die Finanzierung auf „Kopfpauschalen" umgestellt werden, die allein von den Versicherten zu zahlen sind (ebd.: 22). Der „Übergang zu mehr äquivalenzbezogenen Beiträgen" (BMF-Beirat 2004: 9) solle durch

---

[48] Seine Forderung nach einer am Äquivalenzprinzip orientierten Beitragsgestaltung in der GKV stützte der Beirat mit der sachlich falschen Behauptung, in den Anfängen der GKV habe das Äquivalenzprinzip gegolten, weil das Krankengeld „in direktem Zusammenhang mit der Höhe des ausbleibenden Lohns" stand (ebd.: 7). Wie an früherer Stelle dieses Buches aufgezeigt, gab § 6 des Krankenversicherungsgesetzes von 1882 vor, dass das Krankengeld für alle Arbeiter einheitlich „in Höhe der Hälfte des ortsüblichen Tagelohnes gewöhnlicher Tagearbeiter" zu gewähren sei. Das Gutachten des BMF-Beirates von 2004 ist somit ein weiteres Beispiel dafür, wie in neoliberalen Zitierkartellen Falschdarstellungen immer wieder aufs Neue reproduziert werden, wenn sie zur Stützung politischer Forderungen nützlich sind.

einen steuerfinanzierten Sozialausgleich flankiert und langfristig Kapitaldeckung eingeführt werden.

Die nachfolgende Passage lässt erkennen, dass auch das „Modell des Beirats" als ‚einheitlicher Krankenversicherungsmarkt' gemeint war.

„Das Modell des Beirats zielt somit (analog zur Kfz-Haftpflichtversicherung) auf eine Mindestversicherungspflicht aller Bürger bei einer Versicherung ihrer Wahl. Die Kopfbeiträge sind unabhängig von Einkommen, Alter und Geschlecht, ergeben sich in ihrer Höhe aber aus dem Wettbewerb der Versicherungsträger. Dieses Modell der Mindestversicherungspflicht, verbunden mit einem steuerfinanzierten Sozialausgleich, kennt keine Trennung mehr zwischen der derzeitigen privaten und der gesetzlichen Krankenversicherung" (BMF-Beirat 2004: 26).

Die Passage ist insofern aufschlussreich, als der Verweis auf die Kfz-Haftpflichtversicherung geeignet ist, die praktische Bedeutung eines ‚einheitlichen Krankenversicherungsmarktes' zu veranschaulichen. Jeder Halter eines Kraftfahrzeugs ist gesetzlich verpflichtet, eine Kfz-Haftpflichtversicherung abzuschließen. Derartige Versicherungen werden allerdings nur von privaten Versicherungsunternehmen angeboten. Es gab und gibt keine den Krankenkassen vergleichbaren ‚Anbieter', die als Körperschaften des öffentlichen Rechts die Funktion einer mittelbaren Staatsverwaltung ausüben. In einem ‚Versicherungsmarkt' ist schlichtweg kein Platz für staatliche ‚Anbieter', es gibt sie nicht und kann sie nicht geben.

In diesem Sinne ist folglich auch die im letzten Satz der oben zitierten Passage enthaltene Feststellung zu verstehen, dass es in einem solchen System keine Trennung zwischen der bestehenden PKV und GKV gibt. Es gibt sie nicht mehr, weil es keine GKV mehr gibt. Der oben zitierte Absatz ist damit auch ein anschauliches Beispiel dafür, wie neoliberale Ökonomen Sprache einsetzen. An keiner Stelle der zitierten Passage und auch an keiner Stelle des Gutachtens wird offengelegt, dass es sich um ein Reformmodell handelt, das die Abschaffung der GKV als staatlicher Sozialversicherung vorsieht.

Mitte 2004 äußerte sich auch die *Bundesvereinigung der Deutschen Arbeitgeberverbände* zur Reform der gesetzlichen Krankenversicherung und forderte die Umstellung der GKV-Finanzierung auf ‚Kopfpauschalen' (BDA 2004). Die BDA nannte als Referenz für ihre Forderungen das von Rürup und Wille erstellte Gutachten für die PKV, ging allerdings bei den Einschränkungen des GKV-Leistungskataloges deutlich darüber hinaus und forderte unter anderem die Ausgliederung des Krankengeldes.

Die Stellungnahme des BMF-Beirates, das BDA-Positionspapier und das oben erwähnte, Ende 2004 erschiene Jahresgutachten des SVR-W waren die letzten

größeren Diskussionsbeiträge zum neoliberale Reformmodell vor der Bundestags-
wahl 2005. Anders als noch vor der Bundestagswahl 2002 setzte in den letzten
Monaten vor der Bundestagswahl 2005 keine Publikationsoffensive neoliberaler
Ökonomen ein, was dadurch zu erklären ist, dass dazu keine Zeit blieb.

Die reguläre nächste Bundestagswahl hätte im Herbst 2006 stattgefunden. Am
1. Juli 2005 stellte Bundeskanzler Schröder jedoch überraschend im Bundestag
die Vertrauensfrage, um sie zu verlieren und so vorgezogene Neuwahlen herbeizuführen. Aber auch ohne eine erneute Publikationsoffensive war die Situation
aus Sicht der Protagonisten des neoliberale Reformmodells so gut wie noch nie
zuvor. Dazu trug vor allem bei, dass ihr Modell innerhalb weniger Jahre zum zentralen Referenzpunkt nicht nur für die gesundheitspolitische Programmatik der
CDU/CSU und der FDP geworden war, sondern auch Bestandteil des Bürgerversicherungsmodells der GRÜNEN und der SPD. Auf den Einfluss des neoliberalen
Reformmodells auf die Programme der Parteien wurde bereits mehrfach hingewiesen, ohne dass näher darauf eingegangen wurde. Dies soll nun in einem etwas
ausführlicheren Exkurs nachgeholt werden.

Der Einfluss des neoliberalen Reformmodells auf die gesundheitspolitische Programmatik der Parteien

Wie dargelegt, wurde die gesundheitspolitische Diskussion ab 2002 vor allem
durch zwei Begriffe geprägt: ‚Bürgerversicherung‘ und ‚Kopfpauschale‘. Beide
Begriffe standen für zwei sehr kontrovers diskutierte Modelle, die im politischen
Raum von unterschiedlichen Parteien vertreten wurden. Während GRÜNE und
SPD für die Einführung einer ‚Bürgerversicherung‘ eintraten, sprach sich die
CDU zunächst für eine Umstellung der GKV-Finanzierung auf ‚Kopfpauschalen‘ aus, die später dann in ‚Gesundheitsprämien‘ umbenannt wurden. Die CSU
folgte der CDU zwar im Vorfeld der Bundestagswahl 2005, distanzierte sich dann
allerdings sehr deutlich von diesem Modell. Die FDP lehnte sowohl die ‚Bürgerversicherung‘ als auch ‚Kopfpauschalen‘ ab und trat stattdessen offen für die
Abschaffung der GKV und Einführung eines reinen PKV-Systems ein.

Nachfolgend wird vor allem auf die beiden zentralen Reformmodelle eingegangen, die die gesundheitspolitische Diskussion nicht nur der Jahre 2004 bis
2005 beherrschten, sondern auch der nachfolgenden Jahre. Um das Gesundheitsprämienmodell der CDU wurde es zwar bald recht ruhig, das Modell der
rot-grünen ‚Bürgerversicherung‘ ist jedoch in der politischen Diskussion auch
heute noch präsent und Bestandteil der Parteiprogramme von SPD und GRÜNEN.

Eine nähere Betrachtung dieser Modelle ist vor allem deshalb angebracht, weil die tatsächlichen Inhalte beider Modelle damals weder in der Öffentlichkeit hinreichend bekannt waren noch in der wissenschaftlichen Literatur eingehend analysiert und diskutiert wurden. Zwar gab es wissenschaftliche Sammelbände zum Bürgerversicherungsmodell, die darin enthaltenen Beiträge verblieben jedoch an der Oberfläche und drangen nicht tiefer in die vorliegenden Modelle ein (Engelen-Kefer 2004; Strengmann-Kuhn 2005b).

Über den Inhalt des rot-grünen Bürgerversicherungsmodells halten sich seit 2004 eine Reihe sehr relevanter Irrtümer, sodass eine genauere Betrachtung und Darstellung dieser Modelle notwendig erscheint. Dies gilt auch für das Modell einkommensunabhängiger Beitragspauschalen. Zwar hat sich die CDU stillschweigend davon verabschiedet, es gibt jedoch weiterhin Akteure der neoliberalen Politikberatung, die für das Modell werben. Prominentes Beispiel ist der Wirtschaftssachverständigenrat, der bis in die neuere Zeit in seinen Gutachten immer wieder klargestellt hat, dass er an dem Vorschlag einer ‚Bürgerpauschale‘ festhält (vgl. u. a. SVR-W 2018: 396).

Solange sich die CDU nicht explizit von ihrem ‚Gesundheitsprämien‘ distanziert, muss weiter damit gerechnet werden, dass dieses Modell irgendwann – wenn dies politisch opportun erscheint – wieder revitalisiert und auf die politische Agenda gesetzt wird.

Für die Rekonstruktion der Entwicklung des neoliberalen Reformmodells ist dieser Exkurs insofern wichtig, als die politische Beschlusslage zu den beiden zentralen Modellen die gesundheitspolitischen Rahmenbedingungen für eine Verwirklichung des neoliberalen Reformmodells ab 2003 deutlich verbesserte und die Protagonisten des Modells in ihren Veröffentlichungen auch darauf reagierten und Bezug nahmen.

Die folgende Darstellung orientiert sich am zeitlichen Verlauf der damaligen Diskussion. Zunächst wird auf das Bürgerversicherungsmodell der GRÜNEN eingegangen, die die ‚Bürgerversicherung‘ bereits 2002 in ihr Grundsatzprogramm aufnahmen. Die SPD folgte 2003 und die LINKE, damals noch als „Linkspartei.PDS“, schloss sich der Forderung nach einer ‚Bürgerversicherung‘ nach interner Diskussion in ihrem Wahlprogramm 2005 an. Die CDU beschloss ihr Reformmodell unter dem Leitbegriff ‚Gesundheitsprämie‘ im Dezember 2003 auf ihrem Leipziger Parteitag. Die CSU stand diesem Modell ablehnend gegenüber und akzeptierte das Modell nur widerstrebend als Teil des gemeinsamen Bundestagswahlprogramms 2005. Die FDP lehnte sowohl die ‚Bürgerversicherung‘ als auch das ‚Kopfpauschalenmodell‘ ab und trat stattdessen offen dafür ein, dass es nur noch private Krankenversicherungen geben solle.

Das Bürgersicherungsmodell der GRÜNEN

Die GRÜNEN fassten einen ersten Beschluss zur Einführung einer ‚Bürgerversicherung' im März 2002 als Bestandteil eines neuen Grundsatzprogramms. Die
entsprechende Passage im Programm lautete:

> „Wir streben beitragsfinanzierte moderne Bürgerversicherungen für Krankheit,
> Alter und Pflege an. Unser Ziel ist es dabei, die Beitragsbasis zu verbreitern,
> steuerliche Zuschüsse in die Sozialkassen auf Dauer zu minimieren und ledig-
> lich die allgemeine soziale Grundsicherung durch Steuermittel zu finanzieren.
> Alle sollen nach ihrer Leistungsfähigkeit zum Solidarsystem beitragen. Alle Ein-
> kommensformen müssen sozialversicherungspflichtig sein. Sonderregelungen für
> Beamte, Selbständige und Besserverdienende sollen aufgehoben werden. Die
> autonome, beitragsfinanzierte Sozialversicherung mit erweiterten Bemessungsgren-
> zen und ohne Aussparen bestimmter Einkommensarten kann ein dynamisches,
> finanzierbares und hocheffizientes System der Sozialversicherungen begründen"
> (BÜNDNIS 90/DIE GRÜNEN 2002: 80).

Die Passage umfasst zwar lediglich sechs Sätze, ist aber dennoch sehr inhaltsvoll
und enthielt eine Reihe sehr eindeutiger Festlegungen. Das Modell der GRÜNEN
des Jahres 2002 wies folgende Merkmale auf:

- *Sozialversicherungssystem:* Bei der ‚Bürgerversicherung' sollte sich um drei
  Sozialversicherungen in einem „System der Sozialversicherungen" handeln.
- *Pflichtmitgliedschaft aller Bürger:* Zur Mitgliedschaft in der ‚Bürgerversiche-
  rung' sollten alle Bürger gesetzlich verpflichtet sein.
- *Beitragsfinanzierung:* Die ‚Bürgerversicherung' sollte primär durch Beiträge
  finanziert werden.
- *Leistungsfähigkeitsprinzip:* Für die Bemessung der Beiträge sollte das Leis-
  tungsfähigkeitsprinzip gelten.
- *Beitragspflicht:* Alle Einkommensarten sollten der Beitragspflicht unterworfen
  werden.
- *Beitragsbemessungsgrenze:* Die Beitragsbemessungsgrenze sollte angehoben
  werden.

Zwar enthält die Passage keine eindeutige Aussage dazu, dass die Krankenkassen
alleiniger Träger der ‚Bürgerversicherung Krankheit' sein sollen, aus dem Zusammenhang der oben aufgeführten sechs Merkmale lässt sich allerdings ableiten,
dass es sich bei der ‚Bürgerversicherung Krankheit' um eine Weiterentwicklung der bestehenden GKV handeln sollte. Es ist an keiner Stelle die Rede

davon, dass die ‚Bürgerversicherung' auch von der PKV angeboten werden kann. Aus der in der zitierten Passage enthaltenen Konstruktion folgt somit, dass die PKV nach Einführung der ‚Bürgerversicherung' auf das Angebot von Zusatzversicherungen beschränkt wird. Eine private Krankenvollversicherung würde es nur noch als ‚Auslaufmodell' geben, da bestehende PKV-Verträge weiter gelten. Neuaufnahmen in die PKV-Vollversicherung wären nicht mehr zulässig.

Diese Merkmale der ‚grünen Bürgerversicherung' stimmen in zentralen Punkten mit den Merkmalen einer ‚Bürgerversicherung' überein, wie sie 2003 im Abschlussbericht der Rürup-Kommission definiert wurde. Insofern kann wohl davon ausgegangen werden, dass sich das Modell im Abschlussbericht der Rürup-Kommission am Modell der GRÜNEN orientierte.

Das 2002 beschlossene ‚Ursprungsmodell' hatte bei den Grünen jedoch nicht lange Bestand. Am 15. September 2003 fasste der Parteirat der GRÜNEN einen Beschluss zur ‚Bürgerversicherung', der in zentralen Punkten vom Ursprungsmodell abwich (BÜNDNIS 90/DIE GRÜNEN 2003a). Von der Forderung nach einer Anhebung der Beitragsbemessungsgrenze rückte der Parteirat ausdrücklich ab, denn das sei „kein konstitutives Element der Bürgerversicherung" (ebd.). Vor allem aber wurde beschlossen, dass es sich bei der grünen ‚Bürgerversicherung' um eine ‚Versicherung' handeln soll, die auch von privaten Krankenversicherungen angeboten werden kann.

„Die Bürgerversicherung kann sowohl von der gesetzlichen wie von der privaten Krankenversicherung zu identischen Wettbewerbsbedingungen angeboten werden. Voraussetzung dafür ist es, auch die PKV dem Kontrahierungszwang zu unterwerfen und sie in den Risikostrukturausgleich einzubeziehen" (BÜNDNIS 90/DIE GRÜNEN 2003a).

Auch wenn es in dem Beschluss von 2003 noch nicht offen formuliert wurde, durch diesen Beschluss wurde aus der grünen ‚Bürgerversicherung' ein ‚Bürgerversicherungstarif', der sowohl von Krankenkassen als auch PKV-Unternehmen angeboten werden kann. Ein Jahr später folgte die Bundesdelegiertenkonferenz der GRÜNEN der Linie des Parteirates und verwendete in ihrem Beschluss auch ausdrücklich den Begriff „Bürgerversicherungstarif" (BÜNDNIS 90/DIE GRÜNEN 2004: 4).

Die Ausgestaltung des grünen Bürgersicherungsmodells als ‚einheitlichen Krankenversicherungsmarkt' wird auch daran erkennbar, dass ‚identische Wettbewerbsbedingungen' für Krankenkassen und PKV gefordert werden. Krankenkassen und private Krankenversicherungen sollen auf einem gemeinsamen Markt unter gleichen Bedingungen um Versicherte konkurrieren. Folgerichtig bezeichnet der Beschluss von 2004 die grüne ‚Bürgerversicherung' denn auch als einen

„wettbewerblich organisierten Krankenversicherungsmarkt, auf dem die Versicherten auf der Basis der Sicherung der medizinisch notwendigen Versorgung über Wahlmöglichkeiten verfügen" (BÜNDNIS 90/DIE GRÜNEN 2004: 3).

Die Nähe des grünen Bürgersicherungsmodells zum neoliberalen Reformmodell wurde im Beschluss von 2004 auch noch an anderen Stellen deutlich. So beschloss die Delegiertenkonferenz, dass der ‚Bürgerversicherungstarif' nur Leistungen im Umfang eines „obligatorischen Grundleistungskatalogs" umfassen sollte (ebd.: 5) und dass es keine beitragsfreie Mitversicherung für Ehegatten geben solle, sofern sie keine Kinder erziehen oder Angehörige pflegen (ebd.). Auch damit folgten die Grünen Vorschlägen neoliberaler Ökonomen.

Die Umwandlung der grünen ‚Bürgerversicherung' von einer staatlichen Sozialversicherung in einen Versicherungstarif war eingebettet in eine insgesamt stark von neoliberalen Grundüberzeugungen geprägte Entwicklung der GRÜNEN in dieser Zeit. Bereits auf ihrer außerordentlichen Bundesdelegiertenkonferenz Mitte 2003 hatten die Grünen neoliberale Argumentationsmuster übernommen, eine ‚Modernisierung der Sozialsysteme' gefordert und die zentralen Eckpunkte der Agenda 2010 verteidigt (BÜNDNIS 90/DIE GRÜNEN 2003b). In ihrem Beschluss zur zukünftigen Sozialpolitik sprachen sie sich unter anderem auch dafür aus, das Krankengeld nicht mehr paritätisch, sondern nur noch von den abhängig Beschäftigten finanzieren zu lassen.

Entsprechend ihrer deutlichen Orientierung an neoliberalen Grundüberzeugungen stand für die GRÜNEN die Forderung nach mehr Wettbewerb sowohl aufseiten der Leistungserbringer als auch der Krankenkassen im Zentrum. In den Begründungsmustern zeigten sich deutliche Parallelen zu neoliberalen Problemsichten und Reformvorschlägen. So wurde die Notwendigkeit weitergehender Reformen der GKV an zentraler Stelle mit dem Verweis auf die internationale Wettbewerbsfähigkeit der Wirtschaft begründet, und es wurde die Behauptung neoliberaler Ökonomen übernommen, dass steigende ‚Lohnnebenkosten' eine der Hauptursachen für die anhaltend hohe Arbeitslosigkeit seien und steigende GKV-Beiträge deshalb verhindert werden müssten. Alles zentrale ‚Glaubenssätze' einer angebotsorientierten Wirtschaftspolitik, wie sie von neoliberalen Ökonomen seit den Gutachten des Wirtschaftssachverständigenrates Mitte der 1970er Jahre vertreten werden.

Die Umwandlung des grünen Bürgerversicherungsmodells von einem alle Bürger erfassenden Sozialversicherungssystem zum Modell eines gemeinsamen

Krankenversicherungsmarktes für Krankenkassen und PKV war folglich kein ‚Versehen' bei der Formulierung des Beschlussantrags, sondern Ausdruck einer programmatischen Grundausrichtung.

Das 2004 beschlossene Bürgerversicherungsmodell war in der Folgezeit Grundlage für die grüne Gesundheitspolitik. Die Bundesdelegiertenkonferenz 2010 modifizierte und erneuerte den Beschluss von 2004 und hielt an der grundsätzlichen Konstruktion der grünen ‚Bürgerversicherung' als ‚einheitlichen Krankenversicherungsmarkt' fest:

> „Die Bürgerversicherung ist keine Einheitsversicherung. Krankenversicherer unterschiedlicher Rechtsformen konkurrieren innerhalb des gleichen Rechtsrahmens miteinander" (BÜNDNIS 90/DIE GRÜNEN 2010).

Auf dieser Grundlage bauten auch die folgenden Bundestagswahlprogramme auf, allerdings ohne dass – aus naheliegenden Gründen – in den Wahlprogrammen die Konstruktion der ‚Bürgerversicherung' so genau erklärt wurde wie in den Parteibeschlüssen von 2003, 2004 und 2010 (BÜNDNIS 90/DIE GRÜNEN 2013, 2017).

Das 2020 beschlossene neue Grundsatzprogramm enthält nur einen Absatz zur Bürgerversicherung und bleibt sehr vage. Der zentrale Satz des Absatzes lautet:

> „Indem alle Bevölkerungsgruppen in Abhängigkeit von ihrem Einkommen und unter Einbeziehung aller Einkommensarten in die Finanzierung über eine Bürger*innenversicherung einbezogen werden, können die Belastungen fair und für alle tragfähig ausgestaltet werden" (BÜNDNIS 90/DIE GRÜNEN 2020: 68, Nr. 239).

Auch diese kurze Passage folgt der 2004 beschlossenen Grundausrichtung, was aber erst auf den zweiten Blick erkennbar wird. Die Kernaussage des zitierten Satzes ist, dass „alle Bevölkerungsgruppen (…) in die Finanzierung (…) einbezogen werden". Sie sollen nicht Mitglied einer Krankenkasse als Träger der gesetzlichen Krankenversicherung werden. Darin ist impliziert, dass die PKV als Krankenvollversicherung weiterbestehen soll. Dass die oben zitierte Passage offenbar genau so gemeint ist, zeigt ein Blick auf die Themenseite ‚Gesundheit' des Internetauftritts der GRÜNEN. Dort wurde vor und nach der Bundestagswahl 2021 eindeutig klargestellt, dass es sich beim grünen Modell einer ‚Bürgerversicherung' weiterhin um das Modell eines ‚einheitlichen Krankenversicherungsmarktes' handelt.

> „Die Bürgerversicherung ist ein gemeinsames Versicherungssystem von privaten und gesetzlichen Krankenkassen. Im Gegensatz zu heute sind alle Versicherten solidarisch an der Finanzierung beteiligt. Dafür können sich alle Versicherten unabhängig vom

Einkommen die Absicherung leisten, die sie benötigen. Die Einbeziehung von privat Versicherten in den Solidarausgleich sowie die Einbeziehung anderer Einkunftsarten führt zu einer längerfristigen finanziellen Stabilisierung des Systems. Dies nützt vor dem Hintergrund der Kostensteigerungen allen gesetzlich und privat Versicherten, vor allem aber jenen mit geringeren Einkommen.

Die private Krankenversicherung kann auch in der Bürgerversicherung fortbestehen, alle ihre Versicherten beteiligen sich am Solidarausgleich. Mit der Bürgerversicherung werden die Nachteile für gesetzlich Versicherte aufgehoben und alle gut versorgt, auch Privatversicherte mit geringen Einkünften" (BÜNDNIS 90/DIE GRÜNEN 2021).

Zwar erscheint der Begriff ‚Bürgerversicherungstarif' nicht in dem Text, wenn aber sowohl Krankenkassen als auch PKV-Unternehmen eine solche ‚Bürgerversicherung' anbieten, kann es sich dabei nur um einen Versicherungstarif handeln. Mit dem angesprochen „Solidarausgleich" ist gemeint, dass der bisher auf die GKV beschränkte Risikostrukturausgleich auf auch die PKV ausgedehnt werden soll. Er soll zu einem gemeinsamen RSA für Krankenkassen und PKV werden. Diese Vorstellung geht auf entsprechende Vorschläge SPD-naher Gesundheitsökonomen zurück (vgl. u. a. Leinert et al. 2004; Schräder et al. 2004; Wasem/Greß 2004). Auf den Vorschlag eines gemeinsamen RSA für Krankenkassen und PKV wird nachfolgend am Beispiel des Bürgerversicherungsmodells der SPD eingegangen. Ebenso auf die anderen relevanten Elemente des Bürgerversicherungsmodells der GRÜNEN. Dies ist insofern angebracht und sinnvoll, als für das Bürgerversicherungsmodell der SPD weitaus mehr und genauere Vorstellungen in öffentlich zugänglichen Texten vorliegen.

Das Bürgerversicherungsmodell der SPD

Die SPD fasste einen ersten Beschluss zu einem eigenen Bürgerversicherungsmodell auf ihrem Bochumer Parteitag Mitte 2003 (SPD 2003). Der Beschluss enthielt eine klare Ablehnung des ‚Kopfpauschalenmodells' und baute auf einem Bekenntnis zum Wettbewerb als Leitprinzip sozialdemokratischer Gesundheitspolitik auf.

„Einkommensunabhängige Kopfprämien, die jede Person mit einem gleich hohen Krankenversicherungsbeitrag belasten, lehnen wir als unsolidarisch ab. Deshalb wollen wir das Krankenversicherungssystem stufenweise in eine Bürgerversicherung umwandeln. Am Nebeneinander von gesetzlichen Kassen und privaten Krankenversicherungen halten wir dabei fest, weil wir den Wettbewerb wollen. Eine Einheitskasse oder ein steuerfinanziertes Gesundheitssystem lehnen wir ab. Wir wollen die Stärkung des Wettbewerbs auch innerhalb der Systeme" (SPD 2003: 46).

Die SPD erneuerte damit nicht nur ihre strikte Ablehnung einer Einheitskrankenkasse, sondern stellte auch klar, dass das Bürgerversicherungsmodell der SPD keine Abschaffung der privaten Krankenversicherung beinhaltet. Die Beibehaltung der PKV wurde abgeleitet – und das zeigt die neoliberale Grundorientierung – aus dem Ziel, den Wettbewerb zu stärken. Somit wurden sowohl die Beibehaltung der PKV als auch die Ablehnung einer Einheitskasse aus einem Bekenntnis zum Wettbewerb abgeleitet. Wettbewerb war für die SPD entscheidender Maßstab und Ziel für die Herleitung der Konstruktion einer ‚Bürgerversicherung'.

Zu den Einzelheiten der Konstruktion einer ‚Bürgerversicherung' enthielt der Parteitagsbeschluss von 2003 keine Angaben. Es wurde lediglich festgestellt, dass sich alle Bürger mit allen Einkommen an der Finanzierung der Gesundheitsversorgung (nicht der GKV) beteiligten sollen.

„Alle Bürgerinnen und Bürger müssen sich an der solidarischen Finanzierung der Gesundheitsversorgung beteiligen. Dabei sind alle Einkommensarten zu berücksichtigen" (SPD 2003: 46).

Dass dieser erste Beschluss insgesamt nur sehr vage Angaben zur Konstruktion des sozialdemokratischen Bürgerversicherungsmodells enthielt, wurde vor allem damit begründet, dass zunächst noch wichtige Fragen zu klären seien (ebd.).

Zur Prüfung der offenen Fragen und zur genaueren Ausarbeitung eines Reformmodells setzte der SPD-Vorstand Anfang 2004 eine Kommission ein, die in der öffentlichen Debatte nach ihrer Vorsitzenden ‚Nahles-Kommission' genannt wurde. Die Kommission legte Ende August 2004 ihren Abschlussbericht vor, dessen Empfehlungen Grundlage für einen Beschluss des SPD-Bundesvorstandes über „Eckpunkte für eine solidarische Bürgerversicherung" wurden (SPD 2004: 2). Das vom SPD-Bundesvorstand beschlossene Modell einer ‚Bürgerversicherung' sah folgende Merkmale vor:

- ‚Bürgerversicherung' als Tarif: Bei der ‚SPD-Bürgerversicherung' handelt es sich um einen „Bürgerversicherungstarif" (SPD 2004: 3), der sowohl von Krankenkassen als auch von privaten Krankenversicherungen „zu gleichen Wettbewerbsbedingungen" angeboten werden kann.

- *Aufhebung der Versicherungspflichtgrenze:* Die Versicherungspflichtgrenze soll aufgehoben werden, und alle Bürger sollen verpflichtet werden, sich in einem ‚Bürgerversicherungstarif' zu versichern.
- *Einkommensbezogene Beiträge:* Für den ‚Bürgerversicherungstarif' sollen einkommensbezogene Beiträge auf Grundlage der Erwerbs- und Kapitaleinkommen erhoben werden. Beiträge auf Löhne und Gehälter sollen paritätisch finanziert werden.
- *Freie Wahl des Anbieters:* Alle Bürgerinnen und Bürger sollen „zwischen den Bürgerversicherungsangeboten der gesetzlichen und der privaten Kassen wählen" können (ebd.). Wer neu krankenversichert wird, „geht sofort in die Bürgerversicherung. Dabei wird nicht vorgeschrieben, ob das gesetzliche oder das private Bürgerversicherungsangebot gewählt wird" (ebd.).
- *Sachleistungsprinzip:* In den ‚Bürgerversicherungstarifen' soll das Sachleistungsprinzip gelten.
- *RSA für die Bürgerversicherungstarife:* Alle ‚Bürgerversicherungstarife' sollen in den bestehenden Risikostrukturausgleich einbezogen werden.

Ein solches Bürgerversicherungsmodell ist in seinen zentralen Elementen die Verwirklichung des neoliberalen Modells eines ‚einheitlichen Krankenversicherungsmarktes'. Im Unterschied zum neoliberalen Original sieht das SPD-Modell seit 2004 allerdings einkommensabhängige Beiträge vor.

Wenn ein ‚Bürgerversicherungstarif' eingeführt werden soll, für den nur einkommensabhängige Beiträge zulässig sind, und dieser Tarif auch von PKV-Unternehmen angeboten werden soll oder kann, dann steht dies im Widerspruch zur geltenden Rechtslage. Sowohl 2004 als auch heute noch ist die PKV durch einschlägige gesetzliche Vorschriften verpflichtet, risikoäquivalente Prämien zu kalkulieren. Dies ergibt sich insbesondere aus der Vorgabe, dass in Deutschland eine private Krankenvollversicherung nur nach Art einer Lebensversicherung betrieben werden darf (§ 146 Abs. 1 VAG). Das Versicherungsaufsichtsgesetz gibt ausdrücklich vor, dass die Versicherungsprämien „auf versicherungsmathematischer Grundlage" zu berechnen und „Alterungsrückstellungen" zu bilden sind (§ 146 Abs. 1 Nr. 1 und 2 VAG).

Die Erhebung einkommensabhängiger Beiträge durch private Krankenversicherungen stößt zudem auf ein weiteres Problem. Schuldner der Versicherungsprämie ist der einzelne Versicherungsnehmer, der die Prämie an das Versicherungsunternehmen zu überweisen hat. Da das betreffende Versicherungsunternehmen keinerlei Kenntnis über das Einkommen ihrer Versicherungsnehmer hat, kann ein PKV-Unternehmen keine einkommensabhängigen Prämien berechnen. Auch die Krankenkassen haben keine Kenntnis über die individuellen

Einkommensverhältnisse ihrer Mitglieder. Dies ist auch nicht erforderlich, da die Arbeitgeber den Krankenkassenbeitrag vom Lohn oder Gehalt einbehalten und an die Krankenkassen überweisen. Die Arbeitgeber haben genaue Kenntnis des jeweiligen monatlichen Arbeitseinkommens und können folglich den Beitrag als Prozentsatz des Arbeitsentgeltes berechnen.

Im Fall der Beschäftigten, die privat krankenversichert sind, zahlen die Arbeitgeber den gesetzlich vorgeschriebenen Beitragszuschuss an die Versicherten aus, nicht an die jeweilige PKV. Die Arbeitgeber wissen in der Regel auch nicht, bei welchem Versicherungsunternehmen der betreffende Beschäftigte versichert ist.

Auch die Vorstellung, es könne ein gemeinsamer Risikostrukturausgleich für Krankenkassen und private Krankenversicherungen eingeführt werden, blendet offensichtlich bestehende schwerwiegende Probleme aus.

- Wenn die PKV-Unternehmen keine einkommensabhängigen Prämien für einen von ihnen angebotenen ‚Bürgerversicherungstarif' berechnen dürfen, müssen sie auch für diesen Tarif risikoäquivalente Prämien kalkulieren und in Rechnung stellen. In einem System risikoäquivalenter Prämien macht ein Risikostrukturausgleich jedoch überhaupt keinen Sinn, er ist vollkommen überflüssig. Jede Versicherung berechnet für jeden Tarif und Versicherten genau die Prämie, die risikoäquivalent ist. Es bleiben folglich keine ‚Risiken', die ausgeglichen werden müssten oder könnten.

- Selbst wenn die PKV für einen ‚Bürgerversicherungstarif' einkommensabhängige Beiträge erheben dürfte, die von den Arbeitgebern an das jeweilige Versicherungsunternehmen überwiesen werden, wären diese Beitragseinnahmen Privateigentum des Versicherungsunternehmens. Es käme einer Enteignung gleich, wenn die PKV-Unternehmen durch staatliches Recht dazu gezwungen würden, ihre gesamten Beitragseinnahmen für diesen ‚Bürgerversicherungstarif' in einen Fonds einzuzahlen, der Teil des Staatshaushaltes ist – wie der bestehende Gesundheitsfonds für die GKV – und diese Mittel dann an Krankenkassen verteilt würden, die Körperschaften des öffentlichen Rechts und mittelbare Staatsverwaltung sind. Auch der umgekehrte Finanztransfer wäre hochgradig problematisch und rechtlich höchst fragwürdig. Wenn Krankenkassen als Körperschaften des öffentlichen Rechts den überwiegenden Teil ihrer Haushaltsmittel, bei denen es sich um Mittel eines öffentlichen Haushaltes handelt, in einen solchen gemeinsamen Risikostrukturausgleich mit der PKV einzahlen würden, hätte dies zur Folge, dass ein relevanter Teil dieser Mittel an PKV-Unternehmen ausgezahlt würde.

Das 2004 beschlossen SPD-Modell wirft somit schwerwiegende rechtliche Fragen auf und ist offensichtlich nicht gründlich durchdacht. Wenn ein solches Modell in konkrete Gesetzesbestimmungen überführt werden sollte, würde sich mit hoher Wahrscheinlichkeit zeigen, dass dies weder verfassungsrechtlich zulässig noch rechtstechnisch machbar wäre. Eine solche ‚Bürgerversicherung' könnte folglich nicht über einkommensbezogene Beiträge finanziert werden, und es müsste ein anderes Finanzierungsmodell gewählt werden.

Spätestens an diesem Punkt käme dann das neoliberale Modell ins Spiel. Wenn der Versuch unternommen würde, das SPD-Modell einer Bürgerversicherung einzuführen – und dies gilt auch für das der GRÜNEN –, wäre dies ein Schritt in Richtung eines reinen PKV-Systems mit ausschließlich risikoäquivalenten Versicherungsprämien. Alle Probleme, die sich dann ergeben würden, wären letztlich nur durch ein System risikoäquivalenter Prämien lösbar. Dieser Ausblick führt zurück zu einem zentralen strategischen Kalkül, wie es von neoliberalen Ökonomen bereits in den 1980er Jahren formuliert wurde (vgl. u. a. Gitter et al. 1988: 99, 139). Wenn bestimmte politische Entscheidungen getroffen werden, setzt dies Entwicklungsdynamiken frei, die die Notwendigkeit weiterer Schritte in Richtung eines neoliberalen Umbaus quasi zwangsläufig nach sich ziehen. In dem hier aufgezeigten Szenario würde der Versuch der Umsetzung dieses Modells einer ‚Bürgerversicherung' dazu führen, dass die bestehende GKV destabilisiert würde und letztlich nur dadurch wieder ‚stabilisiert' werden könnte, dass die Krankenkassen in private Versicherungsunternehmen umgewandelt werden, die ebenso wie die bestehende PKV risikoäquivalente Prämien verlangt.

Da sich die Bürgerversicherungsmodelle von SPD und GRÜNEN weitgehend gleichen, kann somit festgehalten werden, dass das rot-grüne Bürgerversicherungsmodell letztlich auf die Abschaffung der GKV als staatlicher Sozialversicherung und Umwandlung des bestehenden Systems in ein reines PKV-System hinausläuft. Dies dürfte weder 2004 noch heute die Intention der weit überwiegenden Mehrheit der SPD-Mitglieder und sicherlich auch nicht der Mehrheit der Vorstandsmitglieder sein. Dass ein solches Modell dennoch vom Bundesvorstand und Bundesparteitag der SPD beschlossen wurde, dürfte daran liegen, dass die Konsequenzen eines solchen Modells weder der weit überwiegenden Mehrheit der SPD-Mitglieder noch der SPD-Funktionsträger bewusst waren. Dies wiederum dürfte vor allem auf die sprachliche Darstellung des Modells zurückzuführen sein.

Sowohl in den Beschlüssen der Jahre 2003 und 2004 als in den neueren Beschlüssen der SPD wird das Modell so dargestellt, dass der Eindruck entstehen kann, es handele sich bei dieser ‚Bürgerversicherung' um eine Organisationsform.

Exemplarisch sei hier eine entsprechende Passage aus dem Beschluss von 2004 zitiert:

„Bürgerversicherung versichert alle Bürgerinnen und Bürger" (SPD 2004: 3).

Ein ‚Tarif' kann niemanden ‚versichern'. Dies kann nur eine Person oder eine Organisation. Ein Tarif ist etwas, ‚in' dem man versichert wird. Der Tarif selbst kann nicht die Funktion eines handelnden Subjektes einnehmen. Da die vom SPD-Vorstand 2004 beschlossene ‚Bürgerversicherung' lediglich ein ‚Tarif' sein soll, ist die oben zitierte Aussage folglich irreführend und erweckt einen falschen Eindruck. Ob dies mit Absicht geschah oder Ausdruck mangelnder sprachlicher Sorgfalt war, kann hier nicht beurteilt werden. Angesichts solcher Formulierungen ist es allerdings nicht erstaunlich, dass in der Öffentlichkeit die ‚Bürgerversicherung', wie sie die SPD beschlossen hat, nicht als Tarif, sondern als Organisationsform verstanden wurde und auch heute noch wird.

Beschlusslage der SPD ist allerdings bis heute, dass es sich bei der von ihr angestrebten ‚Bürgerversicherung' um einen ‚Tarif' handeln soll. Das 2007 beschlossene Grundsatzprogramm (Hamburger Programm) enthält nur einen Satz zur ‚Bürgerversicherung' ohne eine Aussage zu ihren Merkmalen (SPD 2007). Im Oktober 2010 fasste des SPD-Präsidium einen Beschluss zur ‚Bürgerversicherung', in dem ausdrücklich festgestellt wurde, die SPD wolle mit ihrem Bürgerversicherungsmodell die private Krankenversicherung nicht abschaffen. Im Gegenteil: Die PKV-Unternehmen sollten vielmehr „in einem solidarisch organisierten Bürgerversicherungsmarkt mitwirken" können (SPD 2010: 9). Aus einem ‚Bürgerversicherungstarif' war nun sogar ein „Bürgerversicherungsmarkt" geworden.

Im April 2011 stellte das SPD-Präsidium in einem erneuten Beschluss zur ‚Bürgerversicherung' klar: „Den einheitlichen Tarif zur Bürgerversicherung können alle Kassen – öffentlich wie privat – anbieten" (SPD 2011a).[49] Ende

---

[49] Es sei hier nur am Rande angemerkt, dass es sich bei den privaten Krankenversicherungen nicht um ‚Kassen', also Krankenkassen, handelt, sondern um private Unternehmen, die im Recht der privaten Versicherung als „Versicherer" bezeichnet werden. Der Begriff der Krankenkasse ist sozusagen ‚gesetzlich geschützt' und nur den öffentlich-rechtlichen Krankenkassen vorbehalten. Die sprachliche Vermischung beider Rechtsformen hat in der Politik und medialen Berichterstattung seitdem erheblich zugenommen. Sie trägt – ob bewusst oder aus Unkenntnis – mit dazu bei, dass die Grenzen zwischen Krankenkassen und privaten Versicherungsunternehmen immer mehr verschwimmt und leistet damit einer Privatisierung der Krankenkassen Vorschub.

September 2011 wurde in einem Leitantrag des Parteivorstandes für den bevor-
stehenden Parteitag schließlich auch offen ausgesprochen, dass die SPD einen
‚einheitlichen Krankenversicherungsmarkt' anstrebt:

> „Wir wollen durch einen einheitlichen, solidarischen Krankenversicherungsmarkt
> gleiche Wettbewerbsbedingungen für alle Anbieter der Krankenversicherung schaf-
> fen – öffentlich wie privat" (SPD 2011c: 21).

Wie oben angemerkt, war bereits im ersten Beschluss von 2004 erkennbar, dass
das Bürgerversicherungsmodell der SPD nichts anderes sein sollte als eine Variante des neoliberalen Modells eines ‚einheitlichen Krankenversicherungsmarktes'.
Die Hinzufügung des Adjektivs „solidarisch" ist dabei nichts weiter als der Versuch, diesem Modell den Anschein zu geben, es sei eine Weiterführung der
zentralen Prinzipien der GKV. Anfang Dezember folgte der SPD-Parteitag dieser
Linie und beschloss:

> „Wir wollen durch einen einheitlichen, solidarischen Krankenversicherungsmarkt
> gleiche Wettbewerbsbedingungen für alle Anbieter der Krankenversicherung schaf-
> fen – öffentlich wie privat" (SPD 2011b: 14).

Der Parteitag ging sogar noch einen Schritt weiter, indem er die Krankenkassen
als „GKV-Unternehmen" bezeichnete (SPD 2011b: 14). Es musste den Fachpo-
litikern und Sozialrechtsexperten der SPD bekannt gewesen sein, dass es sich
bei den Krankenkassen nicht um ‚Unternehmen' handelt. Zudem musste es ihnen
bekannt gewesen sein, dass mit der Bezeichnung der Krankenkassen als ‚Unternehmen' implizit der Auffassung Vorschub geleistet wird, es handele sich bei
den deutschen Krankenkassen nicht um Träger einer staatlichen Sozialversicherung, sondern um Unternehmen im Sinne des europäischen Wettbewerbsrechts.
Dass die Krankenkassen im Antrag und im Beschluss dennoch als ‚Unternehmen'
bezeichnet werden, ist allerdings durchaus folgerichtig. Denn in einem ‚einheitlichen Krankenversicherungsmarkt' mit gleichen Wettbewerbsbedingungen für alle
‚Anbieter' ist kein Platz für öffentlich-rechtlich verfasste Krankenkassen.
      Die etwas ausführlichere Passage zum SPD-Modell sollte verdeutlichen, dass
die SPD im Grunde bereits mit ihrem ersten Beschluss zur ‚Bürgerversicherung'
im Jahr 2003 zentrale Elemente des neoliberalen Reformmodells übernahm. Dass
sie an einer Finanzierung durch einkommensabhängige Beiträge festhält, ändert
nichts daran, dass es sich bei ihrem Bürgerversicherungsmodell um eine Variante des neoliberalen Modells eines ‚einheitlichen Krankenversicherungsmarktes'
handelt.

Die grundsätzliche Beschlusslage zur ‚Bürgerversicherung' hat bis heute Geltung, es gab keine offen erklärte Abkehr von dem 2004 beschlossenen Grundmodell. Auch neuere programmatische Beschlüsse oder Wahlprogramme setzten die 2004 eingeschlagene Linie fort, allerdings finden sich in den neueren Beschlüssen zumeist nur noch kurze und sehr vage Aussagen zur Ausgestaltung des SPD-Modells einer ‚Bürgerversicherung', die den Eindruck vermitteln, es handele sich dabei nicht um einen Tarif, sondern um die Einbeziehung aller Einwohner in die bestehende GKV.

So enthielt beispielsweise das Bundestagswahlprogramm 2017 Sätze wie: „Wir wollen alle Bürgerinnen und Bürger auf die gleiche Weise versichern" (SPD 2017: 30). „Bisher Privatversicherte können wählen, ob sie in die Bürgerversicherung wechseln möchten" (SPD 2017: 30). Diese und weitere Sätze des Wahlprogramms ergeben erst dann einen Sinn, wenn man die ‚Bürgerversicherung' der SPD als Bürgerversicherungstarif begreift. Dies gilt auch für das Bundestagswahlprogramm 2021 (SPD 2021).

Das Bürgerversicherungsmodell der Partei DIE LINKE

Die Partei „DIE LINKE" ging 2007 aus dem Zusammenschluss der PDS und der WASG hervor.[50] Die Forderung nach einer ‚Bürgerversicherung' war Bestandteil des Programms der PDS und ist seit 2007 auch Teil der Programmatik der LINKEN. Die PDS trat zur Bundestagswahl 2005 mit einem Wahlprogramm an, das auch die Forderung nach Einführung einer ‚Bürgerversicherung' enthielt.

> „Die Linkspartei.PDS will eine solidarische Bürgerversicherung, die letztlich alle Berufsgruppen und Einkommensarten in die gesetzliche Krankenversicherung einbezieht. Gerade die Einkommensstärkeren sollen sich an der Finanzierung eines solidarischen Gesundheitssystems beteiligen und nicht in die privaten Kassen ausweichen können. Die Beitragsbemessungsgrenze soll in einem ersten Schritt auf 5100 EUR angehoben und später ganz aufgehoben werden. Wir halten am Grundsatz der paritätischen Finanzierung fest und fordern entsprechende Korrekturen" (PDS 2005: 12).

Das Bürgerversicherungsmodell der PDS sah somit die Ausweitung der GKV auf weitere „Berufsgruppen" und die Einbeziehung aller Einkommensarten in

---

[50] PDS stand für „Partei des Demokratischen Sozialismus" und WASG stand für „Wahlalternative Arbeit und soziale Gerechtigkeit". Die PDS war Nachfolgeorganisation der SED, die sich 1990 in PDS umbenannte. Die WASG wurde 2004 in Westdeutschland gegründet. Der WASG schlossen sich insbesondere auch ehemalige SPD-Mitglieder an, die aus Protest gegen die Agenda-Politik aus der SPD ausgetreten waren.

die Finanzierung der GKV vor. Auch in den nachfolgenden Beschlüssen der LINKEN wurde ‚Bürgerversicherung' als Ausweitung der Pflichtmitgliedschaft in der bestehenden GKV auf weitere Bevölkerungsgruppen definiert. Die private Krankenvollversicherung würde nach diesem Modell abgeschafft und die Geschäftstätigkeit der PKV auf Zusatzversicherungen begrenzt werden. Dieses Bürgerversicherungsmodell unterscheidet sich somit deutlich vom Bürgerversicherungsmodell der GRÜNEN und der SPD.

War im Wahlprogramm der PDS von 2005 noch von einer Ausweitung der GKV auf „alle Berufsgruppen" die Rede, sieht das 2011 beschlossene Parteiprogramm eine Ausweitung auf „alle Menschen" vor (DIE LINKE 2011: 44). Die anderen Merkmale des Bürgerversicherungsmodells blieben unverändert und sind auch Bestandteil sowohl der Beschlusslage der Partei DIE LINKE als auch der Statements ihrer Bundestagsfraktion (DIE LINKE 2009, 2011, 2013, 2017a, 2017b, 2017c, 2019).

Seit 2017 benutzt die LINKE allerdings nicht mehr den Begriff der ‚Bürgerversicherung', sondern verwendet den Begriff „Solidarische Gesundheitsversicherung" als Bezeichnung für ihr Modell (DIE LINKE 2017c: 29). Die Namensänderung war jedoch nicht mit einer Änderung des Inhaltes verbunden, sodass die Vermutung nahe liegt, dass der neue Begriff vor allem zur Abgrenzung gegenüber dem Bürgerversicherungsmodell der GRÜNEN und der SPD dienen soll.

Das ‚Gesundheitsprämienmodell' der CDU

Wie oben bereits erwähnt, hatte der CDU-Bundesvorstand Anfang 2003 als Reaktion auf die Einsetzung der Rürup-Kommission durch die rot-grüne Bundesregierung eine „Kommission Soziale Sicherheit" berufen, die Vorschläge für eine umfassende Reform des Systems der sozialen Sicherung erarbeiten sollte. Die Kommission wurde in der öffentlichen Diskussion nach ihrem Vorsitzenden, dem ehemaligen Verfassungsrichter Roman Herzog, ‚Herzog-Kommission' genannt. Sie legte ihren Abschlussbericht Ende September 2003 vor (Herzog-Kommission 2003). Darin empfahl die Kommission, das GKV-System durch ein neues System zu ersetzen, das eine allgemeine Versicherungspflicht nur für einen im Vergleich zum geltenden GKV-Leistungskatalog deutlich reduzierten „Standard-Krankenversicherungsschutz" vorschreibt. Finanziert werden solle dieser Krankenversicherungsschutz mit einer „versicherungsmathematisch berechneten lebenslangen Prämie" (ebd. 23). Wie oben bereits angemerkt, steht die Formulierung ‚versicherungsmathematisch berechnete Prämien' für risikoäquivalente Prämien, wie sie in der PKV kalkuliert werden. Es handelt sich dabei insofern um ‚lebenslange Prämien‘, als in diesem Kalkulationsmodell von Versicherten in jüngeren Jahren ein Prämienzuschlag erhoben wird, der auf dem Kapitalmarkt angelegt wird. Die so entstehende Alterungsrückstellung soll zur Deckung der steigenden Kosten im Alter dienen. Dieses Verfahren wird üblicherweise als ‚Kapitaldeckung‘ bezeichnet. Das Modell der Herzog-Kommission sah dementsprechend auch die Einführung von Kapitaldeckung in die GKV vor. Das von der Kommission vorgeschlagene zukünftige System war kein GKV-System mehr, sondern ein PKV-System. Was aber nicht offengelegt wurde.

Insbesondere der Fachbegriff „versicherungsmathematisch" sollte offenbar dazu dienen, die wahre Bedeutung des Kommissionsvorschlages zu verdecken. An keiner Stelle des Berichts wurde offengelegt, dass die Kommission damit die Umwandlung der einkommensabhängigen Beiträge in risikoäquivalente Prämien vorschlug. Es war vielmehr davon die Rede, dass es sich bei dem von der Kommission vorgeschlagenen Reformmodell um ein „einkommensunabhängiges" System handle (ebd.: 22). Was in der Tat richtig ist, da die versicherungsmathematisch berechneten Prämien vom individuellen Krankheitsrisiko abhängig sind. Diese ‚Feinheiten‘ blieben der öffentlichen Debatte jedoch verborgen und so wurde aus dem vorgeschlagenen System ‚einkommensunabhängiger‘ risikoäquivalenter Prämien ein System einkommensunabhängiger ‚Kopfpauschalen‘. Was es jedoch – wie gezeigt – gar nicht war.

Der CDU-Bundesvorstand übernahm die Vorschläge der Herzog-Kommission weitgehend, wandelte die Finanzierungsform allerdings in einkommensunabhängige Beitragspauschalen um. Einen entsprechenden Antrag brachte der Vorstand auf dem Leipziger Parteitag Anfang Dezember 2003 ein (CDU-Bundesvorstand 2003: 17). Der Parteitag beschloss auf dieser Grundlage ein ‚Gesundheitsprämienmodell‘, das folgende Merkmale aufwies (CDU 2003: 23–30):

- *Standard-Krankenversicherungsschutz:* Gesetzliche Vorgabe einer allgemeinen Versicherungspflicht nur für einen „Standard-Krankenversicherungsschutz" (ebd.: 27).

- *„Gesundheitsprämie":* Jeder Erwachsene soll eine einkommensunabhängige pauschale „Gesundheitsprämie" zahlen, die sich aus einem „Grundbeitrag" und einen „Vorsorgebeitrag" zusammensetzt (ebd.: 24). Laut Parteitagsbeschlusse hätte der ‚Grundbeitrag‘ im Jahr 2003 bei 180 € gelegen und der ‚Vorsorgebeitrag‘ bei 20 €. Der ‚Vorsorgebeitrag‘ sollte zur Bildung einer Alterungsrückstellung dienen.

- *Weitgehende Abschaffung der beitragsfreien Familienversicherung:* Für nicht erwerbstätige Ehegatten sollte ein eigener Beitrag gezahlt werden, ausgenommen sollten lediglich Ehegatten sein, die aufgrund von Kindererziehung oder

Pflege Angehöriger nicht erwerbstätig sind. Für Kinder sollte ein Beitrag in Höhe der Hälfte des Grundbeitrages erhoben werden, der jedoch nicht von den Eltern zu zahlen ist, sondern von der Kindergeldstelle übernommen wird (ebd.: 24).[51]

- *Auszahlung und Abschaffung des Arbeitgeberanteils:* Der Arbeitgeberanteil sollte auf 6,5 % des Bruttoarbeitsentgeltes gedeckelt und als steuerpflichtiger Lohnbestandteil ausgezahlt werden (ebd.: 24). Die ‚Gesundheitsprämie‘ sollten die Versicherten in vollem Umfang allein zahlen. Die zusätzlichen Steuereinnahmen durch die Besteuerung des ausgezahlten Arbeitgeberbeitrags sollten zur Finanzierung der halben ‚Gesundheitsprämie‘ für Kinder eingesetzt werden (ebd.: 26).

- *Kapitalgedeckte Alterungsrückstellungen:* Mit den Mitteln des ‚Vorsorgebeitrages‘ sollte eine zunächst kollektive „kapitalgedeckte Alterungsrückstellung" (ebd.: 24) aufgebaut werden, die vier Jahre nach Einführung der ‚Gesundheitsprämie‘ „versicherungsmathematisch individualisiert und in die Prämie eingerechnet" wird (CDU 2003: 24).

- *Sozialer Ausgleich:* Versicherte mit niedrigem Einkommen sollten einen steuerfinanzierten Prämienzuschuss erhalten, der als ‚sozialer Ausgleich‘ bezeichnet wurde. Er sollte gezahlt werden, sofern die „Gesamtprämienbelastung eines Haushalts" die Grenze von 15 % übersteigt (ebd.: 25).

- *Kostenerstattung und Selbstbehalte:* Für die ambulante ärztliche Versorgung sollte das Sachkostenprinzip abgeschafft und durch Kostenerstattung ersetzt werden (ebd.: 27). Versicherte sollten die Möglichkeit erhalten, ihren Krankenkassenbeitrag durch Selbstbehalte zu reduzieren (ebd.).

- *Beitragsrückerstattung:* Die in der PKV übliche Beitragsrückerstattung sollte auch in die GKV eingeführt werden (ebd.: 28).

Das ‚Gesundheitsprämienmodell‘ der CDU wurde sowohl parteiintern als auch von den Kritikern dieses Modells und in der öffentlichen Diskussion als eine Variante des ‚Kopfpauschalenmodells‘ wahrgenommen und diskutiert. Dieser

---

[51] Im Beschluss heißt es dazu: „Kinder bleiben für die Eltern weiterhin beitragsfrei mitversichert, doch zahlt die Kindergeldstelle für diese einen Beitrag in halber Höhe des Grundbeitrages" (CDU 2003: 24). Dieser Satz ist ein sehr anschauliches Beispiel dafür, wie in der Politik versucht wird, mit sprachlichen Formulierungen zu täuschen. Der erste Satz ist geeignet, den Eindruck zu erwecken, für Kinder würden keine Prämien erhoben. Dies ist jedoch falsch. Auch für Kinder soll in diesem Modell eine Prämie zu zahlen sein, nur soll sie nicht von den Eltern getragen werden, sondern von der staatlichen Kindergeldstelle. Mit einer einfachen Gesetzesänderung könnte dies später dahingehend geändert werden, dass der Prämienzuschuss für Kinder entfällt und die ohnehin bereits geltende Versicherungsprämie für Kinder dann von den Eltern zu zahlen ist.

Eindruck drängt sich auch insofern auf, als die ‚Gesundheitsprämie' ausdrücklich als einkommensunabhängige Pauschale erhoben werden sollte. Andere Elemente des Modells weisen jedoch sehr deutlich in Richtung risikoäquivalenter Versicherungsprämien.

Wie erwähnt, sah der Parteitagsbeschluss vor, dass die Pauschale einen Vorsorgebeitrag enthalten sollte, der in einen kollektiven Kapitalstock eingezahlt wird. Zu einem späteren Zeitpunkt sollte dieser Kapitalstock aufgelöst, und dessen Mittel sollten auf dem Weg einer ‚versicherungsmathematischen Individualisierung' den einzelnen Versicherten gutgeschrieben werden. Der Beschluss enthielt jedoch keine Angaben zur technischen Abwicklung dieses Verfahrens. Würde der Kapitalstock in so viel gleiche Anteile aufgeteilt, wie es zum Zeitpunkt der ‚Individualisierung' Versicherte gibt, wäre das keine ‚versicherungsmathematische' Individualisierung. Sollte der Kapitalstock tatsächlich nach ‚versicherungsmathematischen' Grundsätzen auf die Versicherten aufgeteilt werden, müsste dies risikoäquivalent erfolgen. Im Antrag des Vorstandes fand sich auch eine Passage mit Hinweisen auf ein solches Vorgehen.

„In einem solchen Prämienmodell fallen je nach Eintrittsalter des Versicherten unterschiedlich hohe Prämien an, die in der Höhe die jeweils im Lebensverlauf zu erwartenden – im Alter ansteigenden – Ausgaben einkalkulieren müssen. Um zu vermeiden, dass ältere Versichertenjahrgänge unzumutbar hohe Prämien zu leisten haben, wird im Jahr des Umstiegs (frühestens 2013) der kollektive Kapitalstock aufgelöst und für eine versicherungsmathematische Individualisierung der Altersrückstellungen zu Gunsten über 45-jähriger Versicherter eingesetzt" (CDU-Bundesvorstand 2003: 17).

In dieser Passage wird zunächst einmal klargestellt, dass die Höhe der ‚Gesundheitsprämie' je nach Eintrittsalter unterschiedlich ausfallen sollte. Die einheitliche Höhe für alle Erwachsenen war nur für eine Übergangsphase bis zur Auszahlung des kollektiven Kapitalstocks vorgesehen. Danach sollte es altersabhängig unterschiedlich hohe Prämien geben. Dies folgt der Kalkulationslogik risikoäquivalenter Prämien und führt dazu, dass die Prämien umso höher ausfallen, je älter ein Versicherter bei Neueintritt in die Versicherung ist. Vor diesem Hintergrund wird dann auch verständlich, warum die Auszahlung des Kapitalstocks ‚versicherungsmathematisch' erfolgen sollte und nur über 45-jährige Versicherte eine ‚versicherungsmathematisch' berechnete Auszahlung erhalten sollten. Würde nach dem Übergangszeitraum ohne eine solche ‚Prämienverbilligung' für ältere Versicherte direkt auf altersabhängige Prämien umgestellt, hätte dies zur Folge, dass die Prämien für Ältere erheblich über den vorherigen altersunabhängigen Beiträgen liegen. Dies wurde in dem Antrag allerdings nicht offengelegt.

Aus der vorstehenden Analyse ergibt sich somit, dass das ‚Gesundheitsprämienmodell' der CDU kein ‚Kopfpauschalenmodell' mit einheitlichen Pauschalprämien für alle Erwachsenen war. Das Modell sah offensichtlich eine Umstellung von einheitlichen Beiträgen für alle Versicherten auf altersabhängige und folglich mit zunehmendem Alter steigende Prämien vor. Eine vollständige Umstellung auf risikoäquivalente Prämien war hingegen nicht vorgesehen, denn es solle „auch künftig einen sozialen Ausgleich zwischen gesunden und kranken Menschen" geben (CDU-Bundesvorstand 2003: 12). Zumindest vorerst.

Langfristiges Ziel des Modells war eindeutig die Abschaffung der GKV und Überführung des bestehenden Systems in ein reines PKV-System. Dies wurde jedoch nicht offengelegt. Allerdings finden sich Andeutungen hierzu beispielsweise in der folgenden Passage des Parteitagsbeschlusses:

> „Die CDU tritt dafür ein, dass die heute in der gesetzlichen Krankversicherung Versicherten zunächst dort versichert bleiben. Weiteres regelt ein Gesetz" (CDU 2003: 23).

Die gesetzliche Krankenversicherung sollte folglich nur „zunächst" erhalten bleiben. Die „Betätigungsfreiheit der privaten Krankenversicherung" sollte dauerhaft erhalten werden (CDU 2003: 23).

Aber auch ohne einen solchen versteckten Hinweis wird allein durch die systematische Analyse des ‚Gesundheitsprämienmodells' erkennbar, dass es sich um ein Modell für die schrittweise Abschaffung der GKV und Überführung des GKV-Systems in ein PKV-System handelte.

- Mit der weitgehenden Abschaffung der beitragsfreien Familienversicherung und Einführung einer Beitragspflicht für Ehegatten, die keine Kinder erziehen oder Angehörige pflegen, sowie eines eigenen Beitrags für Kinder würde eine zentrale Voraussetzung für individuelle Versicherungsprämien geschaffen.
- Mit der Auszahlung des Arbeitgeberbeitrags würde die Grundlage für den Beitragseinzug durch Krankenkassen entfallen. Die Kassen wären nicht mehr zentrale Einzugsstelle für alle Sozialversicherungsbeiträge, sie müssten für jeden Versicherten ein eigenes Beitragskonto einrichten und würden eine Einzugsermächtigung von jedem einzelnen Versicherten benötigen. Das Verfahren der Beitragszahlung wäre somit dem der PKV angepasst.
- Mit der Abschaffung der einkommensabhängigen GKV-Beiträge und Einführung einer nach Lebensalter differenzierten ‚Gesundheitsprämie' würde ein erster, bereits sehr weit gehender Schritt zur Einführung vollständig risikoäquivalenter Versicherungsprämien vollzogen.

• Mit der Einführung von Kostenerstattung, Selbstbehalten und Beitragsrück-zahlung würden Elemente des PKV-Geschäftsmodells in die GKV eingeführt.

Alles zusammen würde die bestehenden Krankenkassen sehr weit dem PKV-Geschäftsmodell annähern. Der letzte Schritt, die Umwandlung der Kassen in private Unternehmen wäre nach Umsetzung dieser Änderungen nur noch eine Frage des formalen Nachvollzugs von bereits real vollzogenen inhaltlichen Ver-änderungen. Und dieser Schritt, die Privatisierung der Krankenkassen, müsste wahrscheinlich noch nicht einmal auf Initiative der Politik erfolgen. Denn die Umsetzung des ‚Gesundheitsprämienmodells' würde mit sehr hoher Wahrschein-lichkeit bereits vor Umsetzung aller Modellbestandteile dazu führen, dass der Europäische Gerichtshof (EuGH) den deutschen Krankenkassen ihren Status als Träger einer staatlichen Sozialversicherung aberkennt und sie zu Unternehmen im Sinne des europäischen Wettbewerbsrechts erklärt.

All dies ist auch bereits im Begriff der ‚Gesundheitsprämie' enthalten. Die GKV erhebt keine ‚Prämien' im Sinne von ‚Versicherungsprämien', sondern ‚Bei-träge'. ‚Versicherungsprämien' werden von privaten Versicherungsunternehmen für ‚Versicherungstarife' kalkuliert und in individuellen Versicherungsverträgen mit einzelnen ‚Versicherungsnehmern' vereinbart.

Mit ihrem Modell ging die CDU sogar noch weiter als so mancher Protago-nist des neoliberalen Modells es sich getraut hatte. Während viele neoliberale Ökonomen der damaligen Zeit für einheitliche ‚Kopfpauschalen' plädierten, die nur von Erwachsenen zu zahlen sein sollten, sah das Modell der CDU nach Alter differenzierte Prämien und auch Prämien für Kinder vor. Die Protagonisten des neoliberalen Reformmodells konnten sich durch den Beschluss des Leipziger Parteitages der CDU auf jeden Fall deutlich gestärkt und ermuntert fühlen, an ihrem Vorhaben festzuhalten und auf einen Regierungswechsel nach der nächsten Bundestagswahl zu hoffen.

Allerdings war eine solche Hoffnung nicht von Dauer. Bereits Mitte 2005 zeichnete sich eine Abkehr von dem radikalen Konzept des Leipziger Partei-tags ab. Das ‚Gesundheitsprämienmodell' war ein Modell der CDU, nicht der CSU. In die Bundestagswahl gingen CDU und CSU jedoch gemeinsam und folglich auch mit einem gemeinsamen, von beiden Parteivorständen beschlos-senen Wahlprogramm. In der CSU gab es jedoch insbesondere vonseiten des Arbeitnehmerflügels deutliche Ablehnung und Kritik am ‚Gesundheitsprämien-modell' (Weiland 2004). Zwar einigten sich die CDU-Vorsitzende Merkel und der CSU-Vorsitzende Stoiber Mitte 2004 auf einen Kompromiss, mit dem die CSU-Führung das ‚Gesundheitsprämienmodell' weitgehend akzeptierte. Der Konflikt innerhalb der Union war damit jedoch nicht aufgelöst. Das wurde spätestens

im November 2004 für eine breite Öffentlichkeit sichtbar, als Horst Seehofer (CSU) von seinem Amt als stellvertretender Vorsitzender der CDU/CSU-
Bundestagsfraktion mit der Begründung zurücktrat, dass er das von Merkel und
Stoiber vereinbarte Kompromissmodell der ‚Gesundheitsprämie' nicht bereit sei
mitzutragen.[52]
     In die Bundestagswahl 2005 gingen CDU und CSU mit einem gemeinsa-
men Wahlprogramm, das zwar die Umstellung der GKV-Finanzierung auf eine
„Gesundheitsprämie" enthielt, allerdings in einer gegenüber dem Leipziger Parteitagsbeschluss deutlich ‚entschärften' Version (CDU/CSU 2005). Die genauere
Betrachtung der betreffenden Passage im Wahlprogramm kann allerdings durchaus die Frage provozieren, ob es sich dabei überhaupt noch um die in Leipzig
beschlossene ‚Gesundheitsprämie' handelte, denn:

- Das Wahlprogramm enthielt keine Aussage darüber, ob es sich bei der
  ‚Gesundheitsprämie' um einen einkommensabhängigen Beitrag oder eine
  einkommensunabhängige Pauschale handeln sollte.
- Die ‚Gesundheitsprämie' des Wahlprogramms sollte aus einer „persönlichen
  Prämie jedes Versicherten" und einer „Arbeitgeberprämie" bestehen, verbun-
  den mit dem Versprechen: „Niemand zahlt bei Einführung der solidarischen
  Gesundheitsprämie mehr als bisher" (ebd.: 26).
- Der Arbeitgeberbeitrag sollte nicht ausgezahlt und abgeschafft, sondern nur
  dauerhaft auf einer nicht genannten Höhe festgeschrieben werden (ebd.: 26).

In der Ankündigung einer von allen Versicherten zu zahlenden ‚Prämie' war zwar
die Abschaffung der beitragsfreien Familienversicherung enthalten, dies offen
auszusprechen, wurde jedoch vermieden. Mit der Beibehaltung des Arbeitgeberbeitrags wurde hingegen in einem zentralen Punkt vom ‚Gesundheitsprämienmodell' der CDU abgewichen. Da der Arbeitgeberbeitrag im geltenden GKV-System
als Prozentsatz des Arbeitseinkommens gezahlt wird, liegt es nahe anzunehmen,
dass die Deckelung auch als fixer dauerhaft gleichbleibender Prozentsatz erfolgen
sollte. Damit aber wäre die angestrebte Abschaffung des einkommensabhängigen GKV-Beitrags nur teilweise und begrenzt auf den Arbeitnehmerbeitrag zu
erreichen.
     Bei der Bundestagswahl 2005 verlor die CDU entgegen vorheriger Prognosen
und Erwartungen deutlich an Stimmenanteilen gegenüber der Bundestagswahl

---

[52] Vgl. dazu u. a. stern.de vom 22.11.2004.

von 2002.[53] Dies führte dazu, dass eine Mehrheit für Union und FDP nicht erreicht wurde. Dafür verantwortlich gemacht wurde insbesondere der auf dem Leipziger Parteitag 2004 eingeschlagene offen neoliberale Kurs (vgl. u. a. Zohlnhöfer/Egle 2010; Zolleis/Bartz 2010).

Wesentlicher Teil dieses neoliberalen Kurses war das Gesundheitsprämienmodell. Es wurde in der Folgezeit ohne größere öffentlich wahrnehmbare Diskussion ,beiseite gelegt'. Das 2007 beschlossene neue Grundsatzprogramm der CDU enthielt nur noch einen kleinen Absatz zur ,Gesundheitsprämie' (CDU 2007: 62). Die gemeinsamen Wahlprogramme von CDU und CSU enthalten seit 2009 keinen Hinweis mehr darauf, der Begriff ,Gesundheitsprämie' erscheint nicht mehr (CDU/CSU 2009, 2013, 2017, 2021). Es hat fast den Anschein, als ob die CDU das ,Gesundheitsprämienmodell' nach 2007 am liebsten vollständig aus ihrem und dem gesellschaftlichen Gedächtnis getilgt hätte. Bezeichnenderweise war es in der Legislaturperiode 2009 bis 2013, als CDU/CSU und FDP die Regierung bildeten, nicht die Union, sondern ein der FDP angehörender Gesundheitsminister, der sich für die Verwirklichung des ,Gesundheitsprämienmodells' engagierte. Dabei stieß er allerdings auf erheblichen Widerstand beim Koalitionspartner CSU, insbesondere bei Horst Seehofer, der mittlerweile CSU-Vorsitzender und Bayrischer Ministerpräsident – und folglich deutlich mächtiger – geworden war.

Aber auch wenn seit 2007 keine neuen Beschlüsse des Parteitages oder Bundesvorstandes der CDU zum Gesundheitsprämienmodell erfolgt sind, solange das Grundsatzprogramm aus dem Jahr 2007 gilt, ist das darin enthaltene ,Gesundheitsprämienmodell' Bestandteil der Programmatik der CDU. Mitte 2018 leitete die CDU-Führung einen Prozess für die Erarbeitung eines neuen Grundsatzprogramms ein, das auf einem für Ende 2020 geplanten Parteitag der CDU beschlossen werden sollte (CDU 2018). Bis zur Beendigung der Arbeiten an diesem Buch Mitte 2022 lag noch kein Entwurf vor. Es bleibt somit abzuwarten, ob das Gesundheitsprämienmodell in einem neuen Grundsatzprogramm der CDU noch enthalten sein wird.

Die gesundheitspolitische Programmatik der FDP: „PKV für alle"

Die FDP trat seit ihrer Rückkehr zu einer wirtschaftsliberalen Grundausrichtung ab Mitte der 1970er Jahre grundsätzlich für eine strikt marktwirtschaftliche

---

[53] Bei der Bundestagswahl 2002 erreichte die CDU/CSU einen Stimmenanteil von 38,5 %, 2005 waren es 35,2 %.

Ausrichtung des Gesundheitswesens und der GKV ein. Nach dem Verlust
der Regierungsbeteiligung forderte sie 2001 in einem Grundsatzbeschluss zum
Gesundheitswesen ein an den Grundsätzen der Marktwirtschaft ausgerichtetes
„Liberales Gesundheitssystem" (FDP 2001), in dem der Markt Vorrang genießen
sollte und der Staat nur dann regelnd eingreifen dürfe, wenn der Markt versagt.

> „Das System braucht eine grundlegende Umorientierung. Grundsätzlich ist der Markt
> mit seiner Vielfalt der handelnden Personen und seiner Flexibilität am besten geeig-
> net, die Gesundheitsversorgung zu optimieren. Der Staat hat nur dort das Recht, dann
> allerdings auch die Pflicht, steuernd einzugreifen, wo der Markt versagt" (FDP 2001:
> 2).

Die Forderungen der FDP nach einer Reform der GKV orientierten sich erkennbar am PKV-Geschäftsmodell. Der Arbeitgeberbeitrag solle abgeschafft, der
GKV-Leistungskatalog auf „Kernleistungen" beschränkt und das Sachleistungsprinzip durch Kostenerstattung ersetzt werden. Die GKV solle analog zur PKV
„Tarife" anbieten und dabei weitgehende Flexibilität erhalten. Um mehr Wettbewerb zu ermöglichen, solle der Grundsatz des ‚gemeinsam und einheitlich'
bei Verhandlungen zwischen Krankenkassen und Leistungserbringern abgeschafft
werden.

In ihrem Beschluss von 2001 stellte die FDP die GKV noch nicht explizit infrage. Dies änderte sich 2003. Auf ihrem Parteitag Anfang Mai 2003
erklärte die FDP die „Privatisierung wirtschaftlicher Betätigungen der öffentlichen Hand und die Veräußerung von Unternehmensbeteiligungen" zum „Kernziel
liberaler Politik" (FDP 2003: 3) und forderte, dass die Krankenkassen den Status einer Pflichtversicherung verlieren. Alle Bürger sollten frei wählen können
zwischen einer Krankenkasse oder einer privaten Krankenversicherung.

> „Die Weiterentwicklung der sozialen Sicherungssysteme muss sich an dem Grund-
> satz orientieren: Versicherungspflicht statt Pflichtversicherung. Es soll der freien und
> individuellen Entscheidung eines jeden Bürgers überlassen sein, wie und wo er der
> Versicherungspflicht für die großen Risiken nachkommt" (FDP 2003: 9).

Eine solche Forderung impliziert das Ende der öffentlich-rechtlichen Krankenkassen als Träger einer staatlichen Sozialversicherung. Dies wurde zwar nicht
offen formuliert, es entspricht jedoch der im Beschluss enthaltenen Maxime, dass
vorrangig solche öffentlichen „Unternehmen" zu privatisieren seien, „die im Wettbewerb zur Privatwirtschaft stehen" (ebd.: 3). Aus marktliberaler Sicht stehen die
Krankenkassen im Wettbewerb zur PKV, im gegenwärtigen System konkurrieren

sie um freiwillig Versicherte, in einem System ohne ‚Pflichtversicherung' würden sie um alle Versicherten im Wettbewerb mit der PKV stehen.

Ein Jahr später legte die FDP die vorherige Zurückhaltung ab und forderte explizit die Abschaffung des GKV-Systems und Einführung eines reinen PKV-Systems. Der FDP-Parteitag 2004 verabschiedete einen Beschluss mit dem Titel „Privater Krankenversicherungsschutz mit sozialer Absicherung für alle – die auf Wettbewerb begründete liberale Alternative" (FDP 2004). Ausgehend von der Feststellung, das GKV-System sei „aus sich heraus nicht mehr reformierbar" (FDP 2004: 1), sprach sich der FDP-Parteitag für die „Privatisierung des gesamten Krankenversicherungssystems" aus (ebd.: 2). Als Merkmale des neuen Systems wurden genannt:

- Jeder Bürger solle gesetzlich verpflichtet sein, „bei einem Krankenversicherer seiner Wahl einen Gesundheitsversicherungsschutz abzuschließen, der zumindest die vom Gesetzgeber vorgegebenen Regelleistungen umfasst" (ebd.: 3). Der Regelleistungskatalog solle weitgehend dem geltenden GKV-Leistungskatalog entsprechen, allerdings ohne Krankengeld und Zahnbehandlung. Ansonsten solle gelten: „Der Bürger muss die weitgehende Wahlfreiheit haben, wie er seinen Versicherungsschutz gestalten will" (FDP 2004: 2).
- „Alle Krankenkassen werden private Versicherungsunternehmen" (FDP 2004: 3). Und: „Für die heutigen gesetzlichen Krankenkassen werden die notwendigen gesetzlichen Rahmenbedingungen geschaffen, damit sie sich in private Versicherungsunternehmen umwandeln können" (FDP 2004: 3). Die Umwandlung solle als „schrittweiser Übergang" (FDP 2004: 5) erfolgen.
- „Alle Versicherungsanbieter kalkulieren ihre Prämien nach versicherungstechnischen Kriterien" (FDP 2004: 3).

In dem Beschluss wurde nicht nur – wie zu erwarten – die rot-grüne ‚Bürgerversicherung' abgelehnt, sondern ausdrücklich auch das ‚Gesundheitsprämienmodell' der CDU. Begründet wurde die Ablehnung damit, dass die CDU mit ihrem Gesundheitsprämienmodell zwar „dem Gedanken einer Versicherung näher" komme (ebd.: 2), es fehle ihr jedoch „der Mut zu einem echten Versicherungsmodell" (ebd. 2). Diese Kritik trifft insofern zu, als das Gesundheitsprämienmodell der CDU – wie oben dargelegt – in der Tat inkonsequent ist und sozusagen ‚auf halber Strecke' stehen bleibt. Anders als die FDP strebt die CDU die Zustimmung eines relativ breiten Wählerspektrums an. Und da der weit überwiegende Teil der Bevölkerung die GKV erhalten will, wäre es für die Union sehr riskant, mit der offenen Forderung nach Abschaffung der GKV und Umwandlung des gegenwärtigen Systems in ein reines PKV-System in den Wahlkampf zu ziehen.

Die FDP hingegen war nicht auf die Zustimmung breiter Schichten der Bevölkerung angewiesen und konnte insofern auch radikale Positionen zum Umbau
des Sozialstaats vertreten. Sie konnte damit rechnen, dass sie dafür die Zustimmung ihrer klassischen Wählerklientel erhält. Mittelständler, Freiberufler, leitende
Angestellte etc. sind ohnehin bereits überwiegend in der PKV versichert. Für sie
würde sich folglich durch die Abschaffung der GKV nichts ändern. Im Gegenteil:
Sofern sie Eigentümer eines Unternehmens, einer Anwalts- oder Arztpraxis sind,
konnten sie nach Verwirklichung des FDP-Modells damit rechnen, dass sie von
Personalzusatzkosten entlastet werden.

Die Radikalität des Parteitagsbeschlusses von 2004 findet sich in den Parteitagsbeschlüssen und Wahlprogrammen der Folgezeit allerdings nicht mehr.
Inhaltlich trat die FDP zwar weiterhin für einen Umbau der GKV in Richtung PKV ein, vermied es jedoch, offen die Privatisierung der Krankenkassen
zu fordern. Im Wahlprogramm 2009 war zwar die Rede von einer allgemeinen
Versicherungspflicht aller Einwohner für eine „Grundversorgung" bei einem „Versicherer ihrer Wahl" (ebd.: 18), die Fortexistenz der Krankenkassen wurde jedoch
nicht infrage gestellt.

Das Reformkonzept des Bundestagswahlprogramms 2009 sah eine GKV mit
Krankenkassen und eine „starke private Krankenversicherung" vor (ebd.). Das
langfristige Ziel eines reinen PKV-Systems wurde nicht mehr offen ausgesprochen, sondern hinter einzelnen Reformvorschlägen ‚versteckt', wie beispielsweise
der Forderung nach einem „leistungsgerechten Prämiensystem" mit kapitalge-
deckten Alterungsrückstellungen (ebd.). Der „soziale Ausgleich zwischen Einkommensstarken und Einkommensschwachen" solle nicht mehr innerhalb der
GKV erfolgen, sondern in das Steuer- und Transfersystem verlagert werden
(ebd.). Die FDP hatte sich damit dem CDU-Modell von 2004 deutlich angenähert,
lehnte allerdings einkommensunabhängige ‚Kopfpauschalen' weiterhin ab.

Diese Linie behielt die FDP auch in den Folgejahren bei (FDP 2013, 2017,
2021). Eine schrittweise Angleichung der GKV an die PKV wird angestrebt, die
offene Forderung nach einer Privatisierung der Krankenkassen jedoch nicht mehr
erhoben.

Die Beiträge SPD-naher Wissenschaftler zur neoliberalen Transformation des Bürgerversicherungsmodells

An dieser Stelle soll ein Zwischenhalt in der Rekonstruktion der historischen
Entwicklung eingelegt werden, um den Blick auf Beiträge SPD-naher oder

als links geltender Ökonomen zur Diskussion über die Zukunft der gesetzlichen Krankenversicherung zu richten. Wie oben dargelegt, haben die GRÜNEN ihr Modell einer ‚Bürgerversicherung‘ 2004 in eine Variante des neoliberalen ‚einheitlichen Krankenversicherungsmarktes‘ umgewandelt, und die SPD hat ihr Modell einer ‚Bürgerversicherung‘ 2004 von vornherein als ‚einheitlichen Krankenversicherungsmarkt‘ konzipiert.

Diese Entwicklung ist nur zu verstehen und richtig einzuordnen, wenn man den Einfluss von Ökonomen berücksichtigt, die Mitglied der SPD oder der GRÜNEN waren oder diesen Parteien nahestanden und sich mit eigenen Beiträgen an der Diskussion beteiligten oder direkt in der Politikberatung von GRÜNEN und SPD tätig waren. Mit ihren Beiträgen trugen sie dazu bei, dass SPD und GRÜNE ihr Modell als Variante eines ‚einheitlichen Krankenversicherungsmarktes‘ konzipierten, oder sie unterstützten diese Konzeption durch ihre Publikationen.

Die Konzipierung der rot-grünen ‚Bürgerversicherung‘ als ‚einheitlichen Krankenversicherungsmarkt‘ erfolgte nicht als direkte Übernahme der Vorschläge bekannter neoliberaler Ökonomen wie beispielsweise des Kronberger Kreises. Akteure wie der Kronberger Kreis, Peter Oberender, Eckard Knappe, Klaus-Dirk Henke etc. waren für SPD und GRÜNE als Ratgeber und Vorschlagsgeber nicht ‚anschlussfähig‘, da sie zu offen marktradikale Positionen vertraten. Zudem traten sie offen für das von SPD und GRÜNEN strikt abgelehnte ‚Kopfpauschalenmodell‘ ein. Damit das neoliberale Reformmodell dennoch in die sozialdemokratische und grüne Parteiprogrammatik Eingang finden konnte, bedurfte es der ‚Vermittlung‘ durch Ökonomen, die aus sozialdemokratischer und grüner Sicht als ‚vertrauenswürdig‘ gelten konnten, da sie entweder Parteimitglied waren oder einer der beiden Parteien nahestanden oder das Kopfpauschalenmodell in ihren Veröffentlichungen ablehnten.

Da bei den GRÜNEN und der SPD der Kreis der politikberatenden Wissenschaftler zu Fragen der Weiterentwicklung der gesetzlichen Krankenversicherung fast ausschließlich aus Ökonomen bestand, war auch die Sichtweise von SPD und GRÜNEN auf dieses Thema in starkem Maße von einer ökonomischen Sichtweise geprägt. Zudem sollte bedacht werden, dass auch eher dem linken politischen Spektrum zuzurechnende Gesundheitsökonomen ihre Ausbildung in wirtschaftswissenschaftlichen Studiengängen erhielten, deren Lehre von der neoklassischen Theorie und neoliberalen Ökonomen beherrscht wurde (zur Dominanz der Neoklassik in den deutschen Wirtschaftswissenschaften vgl. u. a. Beckenbach et al. 2016). Insofern hatten sie eine Ausbildung durchlaufen, in deren Mittelpunkt die Funktionsweise von Markt und Wettbewerb standen, die beide in der herrschenden Lehre positiv konnotiert waren.

Über die Gruppe der Ökonomen hinaus beteiligten sich vereinzelt auch Wissenschaftler anderer Disziplinen an der Diskussion und wirkten in der Politikberatung von SPD und GRÜNEN zu Fragen der Zukunft der GKV mit, so beispielsweise der Mediziner *Karl Lauterbach* oder der Pharmakologe *Gerd Glaeske*. Sie werden im Folgenden unter die Gruppe der SPD oder den GRÜNEN nahestehenden politikberatenden Ökonomen zugerechnet, da sie ihre Diskussionsbeiträge zur Zukunft der GKV häufig gemeinsam mit Ökonomen verfassten und vor allem, da sie ihre Argumentationen in starkem Maße an der ökonomischen Sichtweise und Argumentationsweise ausrichteten.[54]

Bevor auf die Diskussionsbeiträge und Publikationen eingegangen wird, sollen zunächst die wichtigsten Akteure kurz vorgestellt werden.[55] Die Reihenfolge orientiert sich an der Relevanz der Akteure und ihrem Einfluss auf die Diskussion über die Ausgestaltung einer ‚Bürgerversicherung'.

• *Jürgen Wasem* ist einer einflussreichsten Gesundheitsökonomen der letzten zwei bis drei Jahrzehnte und hatte Anfang der 2000er Jahre starken Einfluss auf die Diskussion über die Ausgestaltung einer ‚Bürgerversicherung'. Er ist seit 2003 Professor für Medizinmanagement an der Universität Duisburg. Von 1985 bis 1989 war er Referent im Bundesministerium für Arbeit und Sozialordnung, von 1991 bis 1997 Professor für Versicherungsbetriebslehre an der Fachhochschule Köln, zwischen 1997 und 2003 Professor an der LMU München und der Universität Greifswald. Er kann als einer der einflussreichsten in der Politikberatung tätigen Gesundheitsökonomen seit den 1990er Jahren gelten und war in verschiedensten Funktionen und Gremien der Politikberatung tätig, so beispielsweise als Mitglied einer Expertenkommission der Friedrich-Ebert-Stiftung der SPD (2001/2002), einer vom DGB einberufenen Expertenkommission 2002/2003, der Herzog-Kommission der CDU (2003), Mitglied einer Kommission der Evangelischen Kirche Deutschlands zur Gesundheitspolitik (2010-2013) und einer von der Heinrich-Böll-Stiftung der GRÜNEN eingesetzten Expertenkommission zur Reform des Gesundheitswesens (2012/2013). Er war maßgeblich an der Weiterentwicklung des RSA beteiligt, langjähriges Mitglied und ab 2009 auch Vorsitzender des

---

[54] Im Fall von Karl Lauterbach ist die Zuordnung auch fachlich gerechtfertigt, da er Leiter eines gesundheitsökonomischen Instituts der Universität Köln war und seit 2001 Herausgeber eines Lehrbuchs zur Einführung in die Gesundheitsökonomie ist (Lauterbach 2001; Lauterbach et al. 2006).

[55] Die Angaben basieren auf Lebensläufen, die die Betreffenden selbst im Internet veröffentlicht haben oder auf Autorenangaben im Zusammenhang mit Publikationen.

Wissenschaftlichen Beirates zur Weiterentwicklung des RSA beim Bundesversicherungsamt. Anfang der 2000er Jahre erstellte er mehrere Studien zum Kopfpauschalenmodell unter anderem für die gewerkschaftsnahe Hans-Böckler-Stiftung, die die Sicht der Akteure des linken politischen Spektrums auf das Kopfpauschalenmodell prägten.

- *Stefan Greß* war von 2000 bis 2007 wissenschaftlicher Mitarbeiter von Jürgen Wasem und ist seit 2007 Professor für Versorgungsforschung und Gesundheitsökonomie an der Hochschule Fulda. Er war in seiner Zeit als Mitarbeiter von Jürgen Wasem an mehreren gemeinsamen Studien beteiligt und erstellte Publikationen zum Themenbereich 'Bürgerversicherung' unter anderem auch für die Friedrich-Ebert-Stiftung.

- *Gerd G. Wagner* war ab 1989 Abteilungsleiter im Deutschen Institut für Wirtschaftsforschung (DIW) und seit 2002 Professor für Volkswirtschaftslehre an der TU Berlin. Er war ab Anfang der 2000er Jahre in der wissenschaftlichen Politikberatung tätig und Mitglied mehrerer Expertenkommissionen der Bundesregierung, darunter auch der Rürup-Kommission. Er beteiligte sich an der Diskussion über 'Kopfpauschalen' und 'Bürgerversicherung' und warb für eine Verbindung beider Modelle zu einem Modell, in dessen Zentrum einkommensunabhängige 'Bürgerprämien' stehen sollten.

- *Klaus Jacobs* war von 1998 bis 2002 Mitarbeiter im Institut für Gesundheits- und Sozialforschung (IGES)und ist seit 2002 Geschäftsführer des Wissenschaftlichen Instituts der Ortskrankenkassen (WIdO). Jacobs vertrat seit 2003 zunehmend radikalere neoliberale Positionen und legte dabei auch offen, dass seine Vorschläge auf den Vorschlägen des Kronberger Kreises und anderer neoliberaler Ökonomen basierten.

- *Wilhelm Schräder* war Gründungsgesellschafter und Geschäftsführer des IGES. Nach seinem altersbedingten Ausscheiden wurde er Geschäftsführer eines privaten Beratungsunternehmens (AGENON). Unter Schräders Führung entwickelte sich das IGES ab Anfang der 2000er Jahre zu einem der größten und einflussreichsten privaten Institute für Forschung und Beratung im Gesundheitswesen. Schräder und Mitarbeiter des IGES trugen durch ihre Veröffentlichungen und Gutachten, unter anderem für die GRÜNEN, maßgeblich zur Konzipierung des Bürgerversicherungsmodells als 'einheitlichen Krankenversicherungsmarkt' bei.

Wie die nachfolgende Darstellung der Diskussion zeigen wird, waren es nur wenige Wissenschaftler, die die Diskussion über die Ausgestaltung des rot-grünen Bürgerversicherungsmodells maßgeblich beeinflussten. Sie wurden dabei von wissenschaftlichen Instituten und Stiftungen unterstützt. Dies waren vor

allem das Deutsche Institut für Wirtschaftsforschung (DIW) und das Institut
für Gesundheits- und Sozialforschung (IGES) sowie die Friedrich-Ebert-Stiftung
(FES) der SPD, die Heinrich-Böll-Stiftung der GRÜNEN und die gewerkschaftsnahe Hans-Böckler-Stiftung (HBS). Organisationen wie DIW und IGES
beschäftigten Wissenschaftler, die zu den jeweiligen Themen publizierten, die
Stiftungen förderten Forschungs- und Publikationsprojekte finanziell und sorgten
für die Verbreitung der Ergebnisse von Gutachten und Studien im politischen
Raum.

Man kann diese Strukturen auf formaler Ebene durchaus mit den Strukturen
neoliberaler Publikationstätigkeit und politikberatender Netzwerke vergleichen,
wenngleich das für diese Aktivitäten zur Verfügung gestellte finanzielle Volumen sicher erheblich unter dem lag und auch heute noch liegt, das neoliberalen
Netzwerken und Thinktanks von finanzstarken Wirtschaftsunternehmen und deren
Netzwerken zur Verfügung gestellt wird. Allein die Tatsache, dass es Netzwerke
der wissenschaftlichen Beeinflussung von Politik und Organisationen zu deren
finanzieller Förderung gibt, kann insofern nicht entscheidend für deren Bewertung sein. Im Mittelpunkt der Analyse und Kritik sollten inhaltliche Positionen
stehen und die inhaltliche Auseinandersetzung mit den politischen Zielen dieser
Netzwerke.

Wie oben bereits erwähnt, kann als Ausgangspunkt für die Diskussion über
die Einführung und Ausgestaltung einer ‚Bürgerversicherung‘ ein Gutachten gel-
ten, dass von SPD-nahen Ökonominnen und Ökonomen im Auftrag der Hans
-Böckler -Stiftung (HBS) erstellt und 1996 vorgestellt wurde (Pfaff et al. 1996).
Das Gutachten des Augsburger Instituts INIFES befasste sich ausgehend vom
Problem der erodierenden Einnahmegrundlage der GKV mit der Frage, wel-
che Möglichkeiten für eine Verbesserung der Einnahmesituation der gesetzlichen
Krankenversicherung bestehen. Es wurden eine Reihe von Optionen aufgezeigt.
Dazu gehörten

- die Anhebung der Versicherungspflichtgrenze und Beitragsbemessungsgrenze
  auf das Niveau der gesetzlichen Rentenversicherung
- die Aufhebung der Versicherungspflichtgrenze
- die Ausweitung der Versicherungspflicht auf die gesamte Bevölkerung einschließlich der Beamten und
- die Ausweitung der Beitragspflicht auf das Volkseinkommen.

Jede einzelne Option sowie die Kombinationen verschiedener Optionen wurden
im Rahmen von Modellrechnungen auf die damit zu erzielenden finanziellen
Wirkungen geprüft.

Zwar tauchte in der Studie der Begriff ‚Bürgerversicherung' nicht auf, die Studie prägte in der folgenden Zeit aber dennoch die Vorstellung von einer ‚Bürgerversicherung'. Auch heute noch verbinden sicher die meisten der Befürworter einer ‚Bürgerversicherung' mit diesem Begriff Inhalte, wie sie vom INIFES 1996 als Optionen aufgezeigt und auf ihre finanziellen Wirkungen hin untersucht wurden.

Parallel zu INIFES wurde auch das IGES mit einem Gutachten beauftragt. Dessen Vorschläge gingen jedoch in eine deutlich andere Richtung (Jacobs et al. 1996). Vorgeschlagen wurde eine Stärkung des Äquivalenzprinzips. Das Krankengeld sollte aus dem GKV-Leistungskatalog ausgegliedert und in einer gesonderten privaten Krankengeldversicherung abgesichert werden, der GKV-Leistungskatalog sollte in Zu- und Abwahlleistungen aufgeteilt und es sollten unterschiedliche Tarife in der GKV eingeführt werden. Zudem wurde die Einführung eines gemeinsamen Risikostrukturausgleichs für GKV und PKV vorgeschlagen. Die Vorschläge waren deutlich erkennbar am neoliberalen Reformmodell und den Empfehlungen des Gesundheitssachverständigenrates aus dem Jahr 1994 orientiert (SVRKAiG 1994).

Während das Gutachten des INIFES relativ viel Aufmerksamkeit auch über das Spektrum gewerkschaftsnaher Akteure der Gesundheitspolitik hinaus fand, blieb die Veröffentlichung von *Jabobs* et al. ohne nennenswerte Resonanz. Einige Jahre später wurde Klaus Jacobs, der das Gutachten offenbar maßgeblich verfasst hatte, allerdings zu einem führenden Vertreter derjenigen Gesundheitsökonomen, die für das neoliberale Modell einer ‚Bürgerversicherung' als ‚einheitlichen Krankenversicherungsmarkt' warben. Zu seinem steigenden Einfluss seit Anfang der 2000er Jahre trug sicherlich auch bei, dass er 2002 Geschäftsführer der Wissenschaftlichen Instituts der Ortskrankenkassen wurde.

Nach dem Gutachten des INIFES aus dem Jahr 1996 gab es in den 1990er Jahren keine weiteren wissenschaftlichen Interventionen mit ähnlicher Ausrichtung und ähnlichem Einfluss. Zwar gab es Kritik beispielsweise an den marktradikalen Vorschlägen des Gesundheitssachverständigenrates, sie mündete jedoch nicht in eine breitere Fachdiskussion über einen Gegenentwurf zum neoliberalen Reformmodell.

Dies änderte sich zunächst auch nicht nach der Wahl der rot-grünen Koalition unter Gerhard Schröder im Jahr 1998. Wie oben berichtet, gingen die Protagonisten des neoliberalen Reformmodells nach 1998 daran, ihr Modell den neuen politischen Gegebenheiten anzupassen und ihre strategische Argumentation so zu modifizieren, dass sie auf rot-grüne ‚Befindlichkeiten' Rücksicht nahm. Statt zu sehr und zu offen ‚mehr Markt' zu fordern, wurde nun ‚Wettbewerb' zum zentralen Angelpunkt der Argumentation gemacht. Wettbewerb wurde als geeignetes Instrument gerade auch für eine ‚linke' Gesundheitspolitik dargestellt, denn Wettbewerb sei geeignet, die bestehenden Machtstrukturen wie beispielsweise die Macht der Kassenärztlichen Vereinigungen, der mächtigen Verbände der Krankenhausträger oder Pharmaindustrie zu schwächen und zu beseitigen.

Damit bedurfte es keineswegs einer Umdeutung des neoliberalen Weltbildes, denn dem Wettbewerb kommt insbesondere in der ordoliberalen Vorstellungswelt eine zentrale Funktion zu. Er soll die Bildung von Kartellen und Monopolen und die daraus resultierende Ballung wirtschaftlicher Macht verhindern (vgl. u. a. Eucken 1952). Freier und vollkommener Wettbewerb wirkt in dieser Vorstellung als ‚Entmachtungsinstrument' (Böhm 1961).

Diese ‚argumentative Brücke' bot die Möglichkeit, linke Kritik der bestehenden Strukturen des Gesundheitswesens auf die ‚Mühlen' des Neoliberalismus zu lenken. Die Argumentationsstrategie war sehr erfolgreich und führte dazu, dass so mancher linke Kritiker des bestehenden Gesundheitswesens zum Vorkämpfer für mehr Wettbewerb im Gesundheitswesen wurde.

Beispielhaft steht dafür ein Ende 2001 erschienenes Thesenpapier, in dem vier bekannte SPD-nahe Wissenschaftler für eine neoliberale Neuausrichtung der sozialdemokratischen Gesundheitspolitik warben. Darauf soll nachfolgend etwas näher eingegangen werden, denn die darin enthaltenen Argumentationsmuster und Forderungen können durchaus als typisch für die damalige gesundheitspolitische Diskussion in den Reihen von SPD und GRÜNEN und ihnen nahestehenden Akteuren gelten.

Das Thesenpapier von Glaeske, Lauterbach, Rürup und Wasem aus dem Jahr 2001

Vor dem Hintergrund, dass im Herbst 2002 Bundestagswahlen anstanden, die über die Zukunft der rot-grünen Regierungskoalition entscheiden würden, lud die die SPD-nahe Friedrich-Ebert-Stiftung (FES) für April 2002 zu einer gesundheitspolitischen Tagung ein. Verantwortlich für die Vorbereitung und Durchführung war ein „Gesprächskreis Arbeit und Soziales" der FES. Zur inhaltlichen Vorbereitung der Tagung legten *Gerd Glaeske, Karl Lauterbach, Bert Rürup* und *Jürgen Wasem* im Dezember 2001 ein Thesenpapier vor mit dem Titel „Weichenstellung für die Zukunft – Elemente einer neuen Gesundheitspolitik" (Glaeske et al. 2001).

Während *Rürup*, der seit 2000 Mitglied des Wirtschaftssachverständigenrates war, eindeutig dem Lager neoliberaler Ökonomen zugerechnet werden kann, und sich *Wasem* mal dem einen und mal dem anderen politischen Lager zuordnete, können *Glaeske* und *Lauterbach* – sicher auch dem eigenen Selbstverständnis nach – eher dem linken politischen Spektrum zugerechnet werden.[56] In ihrem gemeinsamen Thesenpapier plädierten die vier Autoren für eine Neuausrichtung sozialdemokratischer Gesundheitspolitik, die in zentralen Bereichen auf Markt und Wettbewerb setzt.

An der Tagung im April 2002 nahmen zahlreiche Wissenschaftlerinnen und Wissenschaftler aus den Bereichen der Gesundheitswissenschaften und Gesundheitsökonomie Teil. Knapp zwei Dutzend von ihnen unterzeichneten im Anschluss an die Tagung ein Papier mit „Eckpunkten einer neuen Gesundheitspolitik", das in weiten Teilen auf dem Thesenpapier von Glaeske, Lauterbach, Rürup und Wasem aufbaute (FES 2002).

Angesichts der besonderen Bedeutung des Thesenpapiers und der Unterstützung durch eine Reihe damals bekannter und namhafter SPD-naher Gesundheitswissenschaftler und Ökonomen erscheint es angebracht, auf das Thesenpapier etwas näher einzugehen. Dies umso mehr, als das Thesenpapier und die darauf aufbauende Erklärung verdeutlichen kann, wie stark der Einfluss neoliberaler Überzeugungen und Vorstellungen damals auch in das linksliberale politische Spektrum vorgedrungen war.

Der Blick auf das Thesenpapier dient keineswegs nur einem historischen Interesse. Die in dem Thesenpapier zum Ausdruck gebrachten Überzeugungen dominieren bis heute weite Bereiche der deutschen Gesundheitspolitik, insbesondere – aber nicht nur – der SPD. Der grundsätzliche Glaube an die Überlegenheit des Wettbewerbs auch im Gesundheitswesen gehört zum Kernbestand der gesundheitspolitischen Programmatiken von CDU, CSU, FDP, SPD und GRÜNEN.

Zur besseren Veranschaulichung und Nachvollziehbarkeit´ werden mehrere zentrale Passagen des Thesenpapiers wörtlich zitiert. Dies erscheint insofern sinnvoll, als es auf den ersten Blick durchaus zweifelhaft erscheinen kann, dass SPD-nahe und eher dem linken politischen Spektrum zuzurechnende Wissenschaftler in so deutlicher Form für mehr Markt und Wettbewerb warben. Vermutlich stammen die entsprechenden Passagen des Thesenpapiers vor allem von Bert Rürup und Jürgen Wasem. Sie sind jedoch Bestandteil eines Thesenpapiers, für das alle vier Autoren verantwortlich zeichneten.

Die Zusammenfassung der zentralen Aussagen und Zitate folgt nicht der Seitenabfolge im Originaldokument, sondern der inhaltlichen Relevanz für die

---

[56] Lauterbach war Mitglied des Gesundheitssachverständigenrates und Mitglied der SPD. Zur Bundestagswahl 2005 kandidierte er für die SPD und errang ein Direktmandat. Er ist seit 2005 Mitglied der SPD-Bundestagsfraktion.

Argumentation und Vorschläge. Zunächst werden Aussagen zu grundlegenden Überzeugungen vorgestellt und daran anschließend die daraus abgeleiteten Schlussfolgerungen und Forderungen für eine „neue Gesundheitspolitik".

Betrachtet man das Thesenpapier in seiner Gesamtheit, so basiert es in zentralen Punkten auf dem Glauben an die grundsätzliche und allgemeine Überlegenheit von Marktwirtschaft und Wettbewerb. Als Beweis für diese Überlegenheit diente die Behauptung, die ‚soziale Marktwirtschaft' habe ihre Überlegenheit unter anderem auch dadurch bewiesen, dass Deutschland eine der angesehensten Wirtschaftsordnungen der Welt habe.

> „Marktwirtschaft und soziale Sicherung miteinander verbinden – dieses Prinzip hat Deutschland zu einer der stabilsten und angesehensten Wirtschaftsordnungen der Welt gemacht" (Glaeske et al. 2001: 26).

In weiten Teilen des linken politischen Spektrums galt damals auch als selbstverständlich, dass es sich beim Gesundheitswesen um einen „Wirtschaftszweig" handele.

> „Das Gesundheitssystem ist heute nicht einfach nur ein Sozialsystem, es ist ein mächtiger, in einer alternden Wohlstandsgesellschaft wachsender Wirtschaftszweig mit einem Volumen von 413 Mrd. DM pro Jahr" (Glaeske et al. 2001: 1).

Wenn sich die Überlegenheit des Wettbewerbs in der Wirtschaft gezeigt hat und das Gesundheitswesen ein Wirtschaftszweig ist, dann führt dies quasis zwangsläufig zur Schlussfolgerung, dass Wettbewerb auch im Gesundheitssystem „der richtige Weg" ist, denn Wettbewerb könne auch im Gesundheitswesen eine gute Versorgung sicherstellen.

> „Die Einführung eines ‚solidarischen Wettbewerbs' im Gesundheitssystem ist deshalb der richtige Weg, den Menschen in Deutschland jene Versorgung zu garantieren, die sie aufgrund ihrer Versicherungsbeiträge und des medizinischen Wissenstandes verdient haben" (Glaeske et al. 2001: 26).

> „Im Wettbewerb der Leistungserbringer und im Wettbewerb der Krankenkassen werden sich bedarfsgerechte und effiziente Versorgungsstrukturen entwickeln" (Glaeske et al. 2001: 22).

Die Erwartung an die segensreichen Wirkungen des Wettbewerbs kommt als Aussage über zukünftige Entwicklungen daher, sie wurde im Thesenpapier jedoch an keiner Stelle mit Verweisen auf Ergebnisse empirischer Forschung begründet, aus denen die Berechtigung zu einer solchen Erwartung abgeleitet werden

könnte. Insofern handelt es sich bei dem zitierten Satz um ein Glaubensbekenntnis, ein Glaubensbekenntnis zur Marktwirtschaft und zum marktwirtschaftlichen
Wettbewerb.

Obwohl der Wettbewerb nach Auffassung der Autoren seine Überlegenheit in
der deutschen Marktwirtschaft hinreichend bewiesen hat, wurde er bisher – so die
Kritik der vier Autoren – von der Gesundheitspolitik noch viel zu wenig genutzt.

> „Die bisherigen Möglichkeiten des Wettbewerbs werden kaum zur Verbesserung von
> Qualität und Wirtschaftlichkeit in der Krankenversicherung genutzt. Krankenkassen,
> aber auch Ärzte, Krankenhäuser und die übrigen Erbringer von Gesundheitsleistun-
> gen sind heute zu sehr durch starre Vorschriften eingeschränkt" (Glaeske et al. 2001:
> 15).

Die Autoren konstatierten nicht nur ein Zuwenig an Wettbewerb, sondern auch
ein Zuviel an „Vorschriften". Das damit nur staatliche Rechtsvorschriften gemeint
sein konnten, impliziert die Forderung nach Reduzierung staatlicher Vorschriften
und Deregulierung. Begründet wurde dies letztlich mit Verweis auf die positiven Wirkungen von Markt und Wettbewerb, denn: Je mehr Wettbewerb es gibt,
desto weniger gesetzgeberische Eingriffe sind notwendig. Darum solle im Interesse einer Verbesserung der Versorgung „so viel Markt wie möglich" zugelassen
werden.

> „Gegenwärtig werden die Steuerungsinstrumente in der Gesundheitsversorgung größ-
> tenteils vom Gesetzgeber detailliert vorgegeben. Dies ist umso entbehrlicher, je wett-
> bewerbsorientierter die gesundheitliche Versorgung ausgerichtet wird; also so viel
> Markt wie möglich, so viel Staat wie nötig" (Glaeske et al. 2001: 22).

Der Staat, so die Forderung des Thesenpapiers, solle sich in einem zukünftig
durch Markt und Wettbewerb organisierten Gesundheitssystem darauf beschränken, eine allgemein geltende Wettbewerbsordnung vorzugeben und deren Einhaltung durch staatliche Aufsicht sicherzustellen. Dies sei die „zentrale Zukunftsaufgabe der Staatsaufsicht".

> „Jetzt muss es um eine neue Phase der Gesundheitspolitik gehen. Der Aufbau einer
> modernen, qualitätsorientierten Wettbewerbsordnung ist notwendig, bei der der Staat
> die Rahmenbedingungen für eine patientenorientierte Wettbewerbsordnung, die Effi-
> zienz, Qualität und Solidarität sichert" (Glaeske et al. 2001: 2).

> „Ein neuer Wettbewerbsrahmen führt auch zu veränderten Inhalten und Formen staat-
> licher Aufsicht. Staatlicher Aufsicht sollte als wesentliche Aufgabenstellung zukünf-
> tig die Funktion zukommen, den einheitlichen Wettbewerbsrahmen zu sichern. Die

Sicherung der potentiellen Vorteile wettbewerblichen Verhaltens durch die Krankenkassen für die Versicherten ist die zentrale Zukunftsaufgabe der Staatsaufsicht"
(Glaeske et al. 2001: 16).

In einem wettbewerblich organisierten Gesundheitssystem sei es primäre Aufgabe
der staatlichen Aufsicht, die Einhaltung der Vorgaben des Wettbewerbsrahmens
zu überwachen und erst dann zu intervenieren, wenn Krankenkassen sich ihrer
„solidarischen Verpflichtungen zu entledigen" versuchen und Risikoselektion
betreiben (Glaeske et al. 2001: 23) oder Leistungserbringer vorgegebene Qua-
litätsstandards nicht einhalten (ebd.: 18). Erst wenn solche Fehlentwicklungen
aufgetreten sind, solle der Staat intervenieren.

Die im Thesenpapier zutage tretende Glaubensbasis und Argumentation folgt
eindeutig dem neoliberalen Weltbild. Was die Vorstellungen über eine zukünftige Regulierung eines wettbewerblichen Gesundheitswesens anbelangt, basiert
das Thesenpapier insbesondere auf den Leitvorstellungen des deutschen Ordoliberalismus. Danach ist es Aufgabe des Staates, eine für alle Unternehmen
verbindliche Wettbewerbsordnung vorzugeben, deren Einhaltung durchzusetzen
und Verstöße zu bestrafen (Eucken 1952).

Wettbewerb erschien damals vielen gesundheitspolitischen Akteuren des linken politischen Spektrums geeignet, ihre Ziele durchzusetzen. Dies ist insbesondere darauf zurückzuführen, dass es neoliberalen Akteuren der Politikberatung
gelang, Wettbewerb als geeignetes Instrument gegen ‚verkrustete Machtstrukturen' und Lobbyismus im Gesundheitswesen erscheinen zu lassen. Wie oben
bereits erwähnt, gilt Wettbewerb im neoliberalen Weltbild und insbesondere auch
im deutschen Ordoliberalismus als ‚geniales Entmachtungsinstrument', das die
Entstehung von Kartellen und Monopolen und damit auch die Entstehung und
Ansammlung wirtschaftlicher Macht verhindern kann. Im Thesenpapier trat dieser
Glaube beispielsweise in folgenden Passagen in Erscheinung:

„Auf dieser Grundlage kann ein ‚solidarischer Wettbewerb' die verkrusteten Strukturen im Gesundheitsbereich neu ordnen und zu mehr Patientenorientierung beitragen"
(Glaeske et al. 2001: 2).

Gefordert wurde „eine qualitäts- und effizienzorientierte Wettbewerbsordnung des
Gesamtsystems, die Verkrustungen, Ständestrukturen und Lobbyinteressen aufbricht
und flexible und moderne marktwirtschaftliche Steuerungsinstrumente durchsetzt"
(Glaeske et al. 2001: 1).

Insbesondere die linke Kritik an der Macht Kassenärztlicher Vereinigungen
(KVn) wurde so ‚auf die Mühlen' neoliberaler Wettbewerbsideologie gelenkt,
indem KVn als ‚Monopole' oder ‚Kartelle' bezeichnet wurden und gefordert

wurde, deren Macht und Einfluss durch Abschaffung ihres ‚Monopols' und Einführung freien Wettbewerbs zu brechen. So auch im Thesenpapier von 2001. Kassenärztliche Vereinigungen wurden als „Monopol KV" (Glaeske et al. 2001: 8) kritisiert, das durch Übertragung des Sicherstellungsauftrages auf die Krankenkassen, Abschaffung des Grundsatzes ‚gemeinsam und einheitlich' und Selektivverträge mit einzelnen Arztgruppen gebrochen werden sollte (ebd.: 17).

Sehr bezeichnend für das Maß der Beeinflussung des Thesenpapiers durch die Vorstellungswelt des Neoliberalismus ist eine Passage, in der zur Weiterentwicklung des GKV-Leistungskataloges festgestellt wird, diese dürfe „in einem wettbewerblichen Gesundheitssystem dem Markt nicht vollständig überlassen werden" (Glaeske et al. 2001: 18). Wenn etwas dem Markt „nicht vollständig überlassen werden" soll, dann impliziert dies, dass es dem Markt sehr wohl überlassen werden soll, nur eben nicht „vollständig". Eine solche Formulierung lässt sogar zu, dass die Weiterentwicklung des Leistungskataloges überwiegend dem Markt überlassen wird und nur in Teilbereichen staatlich geregelt wird.

Wie bereits erwähnt, diente das Thesenpapier zur inhaltlichen Vorbereitung einer gesundheitspolitischen Tagung, die der „Gesprächskreis Arbeit und Soziales" der Friedrich-Ebert-Stiftung in April 2002 durchführte. Im Anschluss an die Tagung legte der Arbeitskreis ein Papier mit „Eckpunkten einer neuen Gesundheitspolitik" vor, das von zwei Dutzend Teilnehmern der Tagung durch Unterzeichnung unterstützt wurde. Zu den Unterstützern gehörten eine Reihe damals sehr bekannter und angesehener Gesundheitswissenschaftler und Gesundheitsökonomen, neben Glaeske, Lauterbach und Wasem (Rürup fehlte) waren dies unter anderem Gertrud Backes, Gerhard Bäcker, Klaus Hofemann, Klaus Hurrelmann, Gerhard Igl, Petra Kolip, Gerhard Naegele, Anita Pfaff und Frank Schulz-Niewandt.

Wie erwähnt, basierten die Eckpunkte auf dem Thesenpapier vom Dezember 2001, allerdings weist das Eckpunktepapier eine andere Gewichtung und Reihenfolge auf. Während das Thesenpapier in starkem Maße von gesundheitsökonomischer Sichtweise und Argumentation dominiert war, stand in den Eckpunkten eine eher gesundheitswissenschaftliche Sicht im Vordergrund. Diese andere Gewichtung galt jedoch nur für die Passagen zur Problemanalyse. Die im abschließenden Teil des Papiers aufgeführten „Eckpunkte und Instrumente einer Strukturreform des Gesundheitssystem" folgten weitgehend den Vorschlägen des Thesenpapiers und waren teilweise auch wörtlich daraus übernommen (FES 2002: 7–9).

Die inhaltliche Ausrichtung der Eckpunkte folgte uneingeschränkt dem neoliberalen Wettbewerbs-Credo des Thesenpapiers von Glaeske et al. (2001). Sehr deutlich wird dies insbesondere an der folgenden Passage zur Ausrichtung der geforderten Gesundheitsreform:

> „Im Mittelpunkt einer neuen Gesundheitsreform muss der Aufbau einer modernen, solidarischen Wettbewerbsordnung stehen. Die bisherigen Möglichkeiten des Wettbewerbs werden kaum zur Verbesserung von Qualität und Wirtschaftlichkeit in der Krankenversicherung genutzt. Krankenkassen, aber auch Ärzte, Krankenhäuser und die übrigen Erbringer von Gesundheitsleistungen sind heute zu sehr durch starre Vorschriften eingeschränkt" (FES 2002: 8).

Ebenso wie im Thesenpapier wurde auch im Eckpunktepapier von der Politik gefordert, eine „Neuorientierung der Rolle des Staates einzuleiten". Der Staat solle sich zukünftig aus der „Steuerung der Institutionen zurückziehen" und sich auf die Sicherung des Wettbewerbs beschränken (FES 2002: 7). Es folgten die bereits im Thesenpapier enthaltenen Vorschläge wie die Übertragung des Sicherstellungsauftrags für die gesamte Versorgung auf die Krankenkassen, die Ersetzung des Grundsatzes ‚gemeinsam und einheitlich' durch ein umfassendes auf Wettbewerb basierendes System von Selektivverträgen (ebd.: 9 f.).

Bezieht man das gesamte Spektrum der Publikationen der Unterzeichnerinnen und Unterzeichner der Eckpunkte ein, so erscheint es wenig plausibel anzunehmen, dass sie sich der hier herausgearbeiteten Bedeutung des Eckpunktepapiers wirklich bewusst waren. Wissenschaftlerinnen und Wissenschaftler wie Gerhard Bäcker, Klaus Hofemann, Gerhard Igl etc. waren zuvor und auch danach nicht durch ein Eintreten für das neoliberale Reformmodell aufgefallen, sondern im Gegenteil als Befürworter einer Gesundheitspolitik, die den Zielen der sozialen Sicherheit, sozialen Gerechtigkeit und Gleichheit verpflichtet ist. Die Eckpunkte können insofern als Beispiel dafür gedeutet werden, dass der weit überwiegende Teile gesellschaftskritischer und tendenziell dem linken politischen Spektrum zuzuordnender Wissenschaftler der neoliberalen Argumentationsstrategie – um es alltagssprachlich auszudrücken – ‚auf den Leim' gegangen waren. Die Unterzeichnung dieser Eckpunkte zeigt exemplarisch, dass die ‚politische Linke' in Deutschland nicht in der Lage war, die neoliberale Ideologie und Argumentation auf ihre Implikationen und versteckten Ziele hin zu analysieren und zu kritisieren.

Man sollte bei der Einordnung der Eckpunkte und der hier formulierten Einschätzung der Gesamtlage bedenken, dass Anfang der 2000er der Begriff des ‚Neoliberalimus' in Deutschland noch kaum bekannt war und die kritische Auseinandersetzung mit seinen Inhalten erst in der Entstehung begriffen war. 1999 und 2000 waren erste fundierte Beiträge in eher randständigen oder weitgehend unbekannten Zeitschriften erschienen (Plehwe/Walpen 1999; Walpen 2000) und erst ab 2002 folgten Bücher mit umfassender Darstellung der Entstehung und inhaltlichen Konturen des Neoliberalismus, die allerdings nur wenig Resonanz in Wissenschaft und Politik fanden (vgl. v. a. Müller et al. 2004; Ptak 2004; Schui/Blankenburg 2002; Walpen 2004). Erst im Gefolge der Finanzmarktkrise 2007/2008 nahm die Zahl der kritischen Publikationen über den Neoliberalismus international deutlich zu und geriet auch in Deutschland der Neoliberalismus als politische Bewegung und Ideengebäude in den Blick von Wissenschaft und Politik (vgl. dazu u. a. Biebricher 2016; Butterwegge et al. 2017; Crouch 2011; Mirowski/Plehwe 2009; Ötsch et al. 2017; Ötsch/Thomasberger 2009b; Stedman Jones 2014; Ther 2016; Thomasberger 2012; Vogl 2010). Auch das vorliegende Buch wäre Anfang der 2000er Jahre mangels Kenntnissen über die Inhalte und Netzwerke des Neoliberalismus nicht möglich gewesen.[57]

Der Neoliberalismus existierte als politische Bewegung und seine Protagonisten waren ausgesprochen erfolgreich, nicht zuletzt auch gerade weil der inhaltliche und organisatorische Zusammenhang außerhalb neoliberaler Netzwerke weitgehend unbekannt war. Die Publikationen und Statements neoliberaler Ökonomen zu Fragen der Gesundheitspolitik wurden als Einzel-Statements wahrgenommen, die eher zufällig in dieselbe Richtung wiesen. Eine vertiefte Beschäftigung mit dem neoliberalen Ideengebäude fand im linken politischen Spektrum – bis auf wenige Ausnahmen – nicht statt. Es fehlte dazu auch schlicht das analytische und gedankliche ‚Werkzeug‘. Die politische Linke in Deutschland stand der neoliberalen Publikations- und Argumentationsoffensive sowohl in den 1980er als auch in den 1990er und 2000er Jahren letztlich hilflos gegenüber.

Die Entwicklung der Diskussion in den Jahren 2002 bis 2005

Bis zur Bundestagswahl 2002 gab es außer der Initiative von Glaeske et al. und dem darauf aufbauenden Thesenpapier keine nennenswerten weiteren Interventionen von Seiten SPD-naher Wissenschaftler. Danach stand vor allem die Analyse und Kritik des ‚Kopfpauschalenmodells‘ im Mittelpunkt der Diskussion. Beiträge dazu wurden vor allem von Ökonomen verfasst und stellten zumeist die Belastung der Bezieher niedriger Einkommen in den Mittelpunkt der Kritik (Pfaff et al. 2003: 78; Wasem et al. 2003). Weder wurde das neoliberale Reformmodell insgesamt analysiert, noch wurden die weitreichenden Konsequenzen der Umstellung von einkommensabhängigen Beiträgen auf Beitragspauschalen erkannt. Autoren

---

[57] Wie ich in der Einleitung darlegte, war auch mir noch bis in die 2010er Jahre hinein nicht bekannt, was Neoliberalismus tatsächlich bedeutete, sowohl hinsichtlich der Inhalte als auch der organisatorischen Strukturen.

des INIFES war aber offenbar aufgefallen, dass mit dem ‚Kopfpauschalenmodell‘, das die neoliberalen Ökonomen in zahlreichen Publikationen in die Diskussion eingebracht hatten, womöglich mehr als nur eine Änderung der Beitragsfinanzierung erreicht werden sollte. Was dies sein könnte, fanden sie jedoch nicht heraus, und ihre Studie beendeten sie – wie oben bereits erwähnt – mit der Frage: „Gibt es eine verborgene Agenda?" (Pfaff et al. 2003: 78).

Mitte 2003 legte die Rürup-Kommission ihren Abschlussbericht vor und im September 2003 die Herzog-Kommission. Beide Berichte wirkten belebend auf die Diskussion über die Zukunft der gesetzlichen Krankenversicherung. Es häuften sich insbesondere auch Diskussionsbeiträge und Publikationen aus dem Umfeld von SPD und GRÜNEN. Allerdings warben diese Beiträge nicht für das Bürgerversicherungsmodell wie es im Bericht der Rürup-Kommission enthalten war, sondern stattdessen für eine ‚Bürgerversicherung‘, die als ‚einheitlicher Krankenversicherungsmarkt‘ konstruiert und bei der mit ‚Bürgerversicherung‘ ein Tarif gemeint ist, der sowohl von Krankenkassen als auch privaten Krankenversicherungen angeboten wird.

Die konzeptionelle Entwicklung einer neoliberalen ‚Bürgerversicherung‘ begann 2003. Einer der ersten Beiträge, in dem für die neoliberale Umwandlung des Bürgerversicherungsmodells geworben wurde, stammte von *Klaus Jacobs,* ehemals Mitarbeiter im IGES und seit 2002 Geschäftsführer des Wissenschaftlichen Instituts der Ortskrankenkassen (WIdO). Im November 2003 erschien ein Beitrag von ihm in einem Diskussionspapier der Friedrich-Ebert-Stiftung, in dem er behauptete, die Grundidee der ‚Bürgerversicherung‘ sei die Schaffung eines „einheitlichen Versicherungssystems" mit einem „lebhaften Wettbewerb aller Versicherer" (Jacobs 2003: 7). Was eindeutig nicht den historischen Tatsachen entsprach.

Unter den Begriff „Versicherer", der im privaten Versicherungsrecht nur für private Versicherungsunternehmen zugelassen ist, subsumierte er auch die Krankenkassen. Dabei handelte es sich nicht um ein ‚Versehen‘, was daran deutlich wurde, dass er die „organisatorische Verfasstheit der Krankenversicherer" zur Nebensache erklärte. Entscheidend sei nicht die Rechtsform, sondern dass alle ‚Anbieter‘ auf dem zukünftigen „Krankenversicherungsmarkt" den gleichen Wettbewerbsbedingungen unterworfen sind.

„Vom Grundsatz her ist es unwichtig, ob ein Versicherer eine öffentlich-rechtliche Körperschaft ist, ein Verein auf Gegenseitigkeit oder ein Kapitalunternehmen. Auf dem Krankenhausmarkt konkurrieren auch öffentliche, freigemeinnützige und private Anbieter, allerdings – und darauf kommt es an – unter (weithin) gleichen Rahmenbedingungen" (Jacobs 2003: 11).

Eine solche Aussage impliziert den Vorschlag, private Rechtsformen für Krankenkassen zuzulassen. Dies ist insofern bemerkenswert, als Jacobs damals Geschäftsführer des WIdO war und der Beitrag von der SPD-nahen Friedrich-Ebert-Stiftung veröffentlicht wurde. Die Veröffentlichung dieses Beitrags bietet insofern einen Hinweis darauf, wie weit die Bereitschaft zur Übernahme neoliberaler Vorschläge bereits ausgeprägt war.

Jacobs ging in seinem Beitrag noch weiter. Indirekt gab er zu verstehen, dass in dem von ihm präferierten „Krankenversicherungsmarkt" langfristig keine einkommensabhängigen Beiträge mehr erhoben werden, sondern risikoäquivalente Prämien. Denn durch einheitliche Wettbewerbsbedingungen auf dem zukünftigen Krankenversicherungsmarkt müsse sichergestellt werden,

„dass sich (aktive oder passive) Risikoselektion für Versicherer lohnt – zumindest solange keine vollständig risikoäquivalente Beitragskalkulation erfolgt" (Jacobs 2003: 11)

Der abschließende Halbsatz beinhaltet die Prognose, dass die Umwandlung des GKV-Systems in einen ‚einheitlichen Krankenversicherungsmarkt' letztlich zu risikoäquivalenten Prämien führt. In der Tat, wie oben bereits herausgearbeitet, lässt sich Risikoselektion auf einem Krankenversicherungsmarkt letztlich nur verhindern, wenn alle Versicherten risikoäquivalente Prämien zahlen. Wenn also eine ‚Bürgerversicherung' als ‚einheitlicher Krankenversicherungsmarkt' eingeführt würde, und sowohl Krankenkassen als auch private Krankenversicherungen um alle Bürger konkurrieren, führt dies letztlich zur Notwendigkeit, die Finanzierung der ‚Versicherer' auf risikoäquivalente Prämien umzustellen. Denn Risikoselektion lohnt sich für eine Krankenversicherung nur dann, wenn es eine Diskrepanz zwischen Prämienhöhe und zu erwartenden Kosten gibt, wie dies in einem System mit einkommensabhängigen Beiträgen der Fall ist. Zahlen alle Versicherten eine Prämie, die ihrem individuellen Schadensfallrisikos entspricht, stellen alle Versicherten für die Versicherungen ein gleiches Risiko dar.

Woher Jacobs seine Denkmuster bezog, legte er in einem Beitrag offen, der Anfang 2004 in einem vom DGB herausgegebenen Sammelband erschien (Jacobs/Schulze 2004). In dem Beitrag warb er für seine Vorstellungen von einer ‚Bürgerversicherung' als ‚einheitlichen Krankenversicherungsmarkt' und stellte klar, dass seine Vorstellungen auf den Vorschlägen neoliberaler Ökonomen basierten. Als Quellen nannte er Publikationen des Kronberger Kreises sowie Veröffentlichungen von Henke, Knappe, Oberender und Zweifel/Breuer (Jacobs/Schulze 2004: 99, Fußnote 96).

In dem Sammelband waren Beiträge einer Tagung enthalten, die der DGB Anfang Dezember 2003 zum Thema „Bürgerversicherung als Reformoption für die gesetzliche Krankenversicherung" durchgeführt hatte. In dem Sammelband waren mit eigenen Beiträgen neben Jacobs auch Autoren des IGES vertreten (Schräder) sowie *Karl Lauterbach* und *Jürgen Wasem* (Lauterbach 2004; Schräder et al. 2004; Wasem/Greß 2004). Alle Beiträge der genannten Autoren bauten auf der Vorstellung auf, dass es sich bei einer ‚Bürgerversicherung' um einen ‚einheitlichen Krankenversicherungsmarkt' handelt mit einem ‚Bürgerversicherungstarif', der von allen ‚Krankenversicherungen' angeboten wird.[58]

Auch weitere Publikationen dieser Autoren in den Jahren 2004 und 2005 propagierten das Modell einer ‚Bürgerversicherung' als ‚einheitlichen Krankenversicherungsmarkt' (Jacobs 2004; Lauterbach et al. 2004; Sehlen et al. 2005). Mitte 2005 schlossen sich auch Mitarbeiter des gewerkschaftsnahen Wirtschafts- und Sozialwissenschaftlichen Instituts (WSI) den Befürwortern dieses Modells an (Leiber/Zwiener 2005).

Anfang 2005 war somit eine Situation erreicht, in der das neoliberale Reformmodell sowohl im politischen wie auch im wissenschaftlichen Diskurs über die Zukunft der gesetzlichen Krankenversicherung absolut beherrschend war. Entweder wurde die Originalversion beworben oder die neoliberale Version einer ‚Bürgerversicherung' mit einem ‚Bürgerversicherungstarif' in einem ‚einheitlichen Krankenversicherungsmarkt'.

Die weit überwiegende Mehrheit der Mitglieder von SPD und GRÜNEN wie auch die interessierte Öffentlichkeit ging allerdings davon aus, dass mit einer ‚Bürgerversicherung' die Ausweitung der Pflichtmitgliedschaft in einer Krankenkasse auf die gesamte Bevölkerung gemeint war. Davon gingen auch viele Sozialwissenschaftler aus, die sich an der Diskussion mit eigenen Beiträgen beteiligten. Beispielhaft sei hier auf einen Sammelband zum „Prinzip Bürgerversicherung" verwiesen, der Mitte 2005 erschien (Strengmann-Kuhn 2005b). In den darin enthaltenen Beiträgen von Sozialwissenschaftlern wurde ‚Bürgerversicherung' eindeutig als Ausweitung der GKV auf die gesamte Bevölkerung verstanden (Butterwegge 2005; Nullmeier 2005; Strengmann-Kuhn 2005a). Der Herausgeber stellte in seinem Beitrag fest:

„Das Wesen einer Bürgerversicherung ist, dass Alle in die Sozialversicherung einbezogen sind" (Strengmann-Kuhn 2005a: 12).

---

[58] Der Begriff ‚Versicherung' oder ‚Krankenversicherung' wird hier und an anderen Stellen, in denen auf diese Vorstellung Bezug genommen wird, in Anführungsstriche gesetzt, um anzuzeigen, dass er an den zitierten Stellen auch für Krankenkassen verwendet wurde, die keine ‚Versicherung' sind.

Mit „Sozialsicherung" meinte er keineswegs einen neuen ‚Tarif', sondern die bestehende staatliche Sozialversicherung. Die Krankenkassen als Träger dieser Sozialversicherung sollten auch weiterhin als Körperschaften des öffentlichen Rechts verfasst sein. Zentrale Elemente einer solchen ‚Bürgerversicherung' waren die Aufhebung der Versicherungspflichtgrenze für die bestehende GKV und daraus folgende Einbeziehung aller Bürger in die GKV, Ausweitung der die Beitragsbemessung auf alle Einkommensarten und die Aufhebung der Beitragsbemessungsgrenze.

In der damaligen Diskussion über die Ausgestaltung einer ‚Bürgerversicherung' spielte der Sammelband – wenn überhaupt – nur eine randständige und letztlich unbedeutende Rolle. Die Aufmerksamkeit von SPD, GRÜNEN und Gewerkschaften richtete sich ausschließlich auf die Beiträge der ihnen nahestehenden Ökonomen. Dazu trug sicherlich auch bei, dass sich Sozialwissenschaftler bis auf sehr wenige Ausnahmen nicht aktiv an der wissenschaftlichen Beratung der Gesundheitspolitik beteiligten. Sie überließen das Feld den Ökonomen und beschränkten sich auf die Kommentierung der Diskussion in Beiträgen, die sich an die Gemeinschaft der Sozialwissenschaftler richteten. Daran hat sich bis heute leider nichts geändert. Der fehlende Wille kritischer Sozialwissenschaftler, sich in die gesundheitspolitische Diskussion einzumischen und die an Markt und Wettbewerb orientierte Sichtweise von Ökonomen zu kritisieren, ist sicherlich eine der Erfolgsbedingungen für die Dominanz des neoliberalen Weltbildes in der Gesundheitspolitik und auch darüber hinaus.

Der von Strengmann-Kuhn herausgegebene Sammelband enthielt auch Beiträge von Lauterbach und Wagner, die ein grundlegend anderes Modell von ‚Bürgerversicherung' vertraten. Beide Beiträge unterschieden sich allerdings in der Klarheit der Darstellung. Während Wagner sein Modell einer ‚Bürgerversicherung' mit einkommensunabhängigen Beitragspauschalen vorstellte, die er als „Bürgerprämie" bezeichnete (Wagner 2005), war der Beitrag von Lauterbach und seinen Mitarbeitern auf eigentümliche Weise uneindeutig und in sich widersprüchlich. In dem Beitrag wurde vermieden offenzulegen, dass es sich bei dem von Lauterbach vertretene Modell einer ‚Bürgerversicherung' um einen ‚Bürgerversicherungstarif' auf einem ‚einheitlichen Krankenversicherungsmarkt' handelte (Lauterbach et al. 2005).

Lauterbach et al. unterschieden in ihrem Beitrag ein „Kernmodell der Bürgerversicherung" und „andere Modelle der Bürgerversicherung" (Lauterbach et al. 2005: 72, 74). Als „Kernmodell" bezeichneten sie das im Abschlussbericht der Rürup-Kommission vorgestellte Modell. Unter „andere Modelle" subsumierten sie die Modelle, in denen die ‚Bürgerversicherung' als ‚einheitlicher Krankenversicherungsmarkt' konzipiert ist, mit einem ‚Bürgerversicherungstarif', der von

Krankenkassen und PKV angeboten werden kann. Welches Modell sie vertraten, legen sie jedoch nicht offen. Es ist allerdings in der folgenden Passage implizit enthalten:

> „Die PKV – wie unten weiter ausgeführt wird – kann auf unterschiedliche Art und Weise in das System einer Bürgerversicherung integriert werden" (Lauterbach et al. 2005: 80).

Wenn die PKV erhalten und in „das System Bürgerversicherung integriert werden" soll, dann geht dies nur durch einen ‚Bürgerversicherungstarif', den auch private Krankenversicherungen anbieten. Diese Konsequenz legten sie allerdings nicht offen. Die Ambivalenz des Beitrags wird auch beim Vergleich der oben zitierten Passage mit dem einleitenden Satz ihres Fazits deutlich.

> „Die Bürgerversicherung beruht auf dem Solidarprinzip innerhalb der Sozialversicherung. Die Einbeziehung aller Gruppen ist daher konsequent" (Lauterbach et al. 2005: 82).

Wenn eine ‚Bürgerversicherung' die PKV erhält und integriert, dann kann es sich nicht um eine ‚Bürgerversicherung' handeln, die alle Bevölkerungsgruppen in die „Sozialversicherung" einbezieht. Dieser Widerspruch ist auch nicht durch einen ‚Kunstgriff' auszulösen, bei dem mit ‚Sozialversicherung' ein ‚Bürgerversicherungstarif' gemeint wird. Der Begriff ‚Sozialversicherung' ist eindeutig und unzweifelhaft durch Art 74 Nr. 12 Grundgesetz und die ständige Rechtsprechung des Bundesverfassungsgerichts definiert und meint ein System der sozialen Sicherung, das von Anstalten oder Körperschaften des öffentlichen Rechts durchgeführt wird, nicht von privaten Versicherungsunternehmen.

Die Uneindeutigkeit in der Beschreibung und das Vermeiden der Offenlegung des Kerngehaltes des neoliberalen Bürgerversicherungsmodells ist typisch für die damaligen und auch nachfolgenden Publikationen von Protagonisten des neoliberalen Bürgerversicherungsmodells. In welchen Fällen dies Absicht war, um die Adressaten der Veröffentlichungen über das neoliberale Wesen des Modells zu täuschen, oder Folge mangelnder Sachkenntnis, kann hier nicht beurteilt werden. Dies ist letztlich aber auch insofern nachrangig, als das Ergebnis in beiden Fällen dasselbe war beziehungsweise ist: Geworben wird für eine Variante des neoliberalen ‚einheitlichen Krankenversicherungsmarktes', die letztlich zur Privatisierung der Krankenkassen und Abschaffung der gesetzlichen Krankenversicherung als staatlicher Sozialversicherung führt.

Zwei Lager in der wissenschaftlichen Politikberatung

Ende 2005 hatten sich somit zwei Lager der wissenschaftlichen Beratung der Gesundheitspolitik zur Frage der Weiterentwicklung der gesetzlichen Krankenversicherung herausgebildet, die die Diskussion in den folgenden Jahren beherrschten. Das eine Lager wurde von neoliberalen Ökonomen gebildet, die für das neoliberale Reformmodell in seiner Originalversion eintraten, wie es in den 1980er Jahren entwickelt und nach 1998 an die geänderten politischen Rahmenbedingungen angepasst worden war. In der öffentlichen Wahrnehmung und auch in der Fachdiskussion wurde dieses Lager in der Regel mit dem ,Kopfpauschalenmodell' identifiziert, da die meisten der Ökonomen, die diesem Lager angehörten, für einkommensunabhängige GKV-Beitragspauschalen eintraten und in der Regel dafür auch den Begriff ,Kopfpauschale' oder einen synonym dafür stehenden Begriff wie beispielsweise ,Bürgerpauschale' oder ,Bürgerprämie' etc. verwendeten.

In der Rezeption und Wahrnehmung des sogenannten ,Kopfpauschalenmodells' wurde der Blick fast ausschließlich nur auf den Vorschlag gerichtet, die einkommensabhängigen GKV-Beiträge durch einkommensunabhängige Pauschalbeiträge zu ersetzen. Alle anderen Elemente des Reformmodells wurden dabei übersehen oder als irrelevant ausgeblendet. Wenn sie von Kritikern des Kopfpauschalenmodells thematisiert wurden, dann wurden ihre Bedeutung und die darin enthaltenen Konsequenzen nicht erkannt.

An der Spitze dieses Lagers der Protagonisten des neoliberalen Originalmodells stand der Wirtschaftssachverständigenrat. Sein Konzept und sein Begriff eines ,einheitlichen Krankenversicherungsmarktes' hatte überragenden Einfluss auf die Diskussion, und dies weit über das Lager neoliberaler Ökonomen hinaus, bis in die Anhängerschaft von SPD und GRÜNEN hinein. Dazu trug auch bei, dass der Wirtschaftssachverständigenrat über das Lager neoliberaler Ökonomen hinaus in der medialen Berichterstattung und allgemeinen Politik Reputation besaß und auch heute noch besitzt, was unter anderem in der Bezeichnung des Rates als ,Wirtschaftsweise' zum Ausdruck kommt.

Auch Gesundheitsökonomen, die der SPD oder den GRÜNEN nahestanden, übernahmen das Konzept des ,einheitlichen Krankenversicherungsmarktes' und trugen es in die gesundheitspolitischen Diskurse um die Ausgestaltung einer ,Bürgerversicherung'. Diese Gesundheitsökonomen bildeten ab 2004/2005 das zweite Lager im Politikberatungsdiskurs zur Zukunft der gesetzlichen Krankenversicherung. Da die Protagonisten dieses zweiten Lagers ihre Vorschläge auch auf dem Modell des ,einheitlichen Krankenversicherungsmarktes' aufbauten, unterschieden sie sich inhaltlich vom ersten Lager letztlich nur bei der Frage

der Beitragsgestaltung. Anders als die Protagonisten des neoliberalen Originalmodells, die in der Regel für ‚Kopfpauschalen' warben, plädierten die Vertreter des
zweiten Lagers für die Beibehaltung einkommensabhängiger GKV-Beiträge. In
den anderen zentralen Elementen stimmten bei Lager weitgehend überein.

- Beide Lager plädierten für eine allgemeine Versicherungspflicht in einem
  Tarif, der eine Grund- oder Standardversorgung abdeckt. Die einen nannten
  diesen Tarif Grundleistungstarif oder Standardtarif oder Basistarif, die anderen
  nannten ihn GKV-Tarif oder ‚Bürgerversicherungstarif'.
- Beide Lager forderten eine allgemeine Wahlfreiheit aller Bürger zwischen
  allen Krankenkassen und privaten Krankenversicherungen und einen Wettbewerb aller ‚Anbieter' des Grundversorgungstarifs um alle Versicherten.
- Auch in der Forderung, dass für alle Anbieter eines solchen Basis- oder Grundversorgungstarifs die gleichen Wettbewerbsbedingungen herrschen sollen,
  waren sich beide Lager einig.

Unterschiede gab es hingegen bei der Frage der Beitragsgestaltung. Anders als
die Vertreter des ersten Lagers, wollten die meisten Akteure des zweiten Lagers
an einkommensabhängigen GKV-Beiträgen festhalten. Wie die Analyse des neoliberalen Reformmodells in den vorhergehenden Kapiteln gezeigt hat, war und ist
es jedoch ein Irrtum anzunehmen, in einem ‚einheitlichen Krankenversicherungsmarktes' könne es langfristig einkommensabhängige GKV-Beiträge geben. Wenn
alle Bürger die freie Wahl zwischen Krankenkassen und privaten Krankenversicherungen haben, wird dies zu einer in hohem Maße ungleichen Verteilung von
Morbidität und damit von Kosten zwischen den verschiedenen ‚Anbietern' des
Basistarifs führen.

Diese ‚Verwerfungen' sind auch nicht durch einen gemeinsamen Risikostrukturausgleich zu verhindern, in den alle Anbieter eines Basistarifs einbezogen
werden, so wie es sich Vertreter des zweiten Lagers vorstellen. ‚Risikoselektion'
und ‚Risikoentmischung' sind erst dann zu verhindern, wenn die ‚Anbieter' eines
solchen Basistarifs individuelle risikoäquivalente Versicherungsprämien erheben
dürfen. Auch die Vorstellung, es könne einen ‚gemeinsamen Versicherungsmarkt'
geben, auf dem Krankenkassen und private Krankenversicherungen unter gleichen
Wettbewerbsbedingungen um alle Versicherten konkurrieren, ist eine Täuschung.
Gleiche Wettbewerbsbedingungen kann es nur geben, wenn alle Anbieter gleiche Rechtsformen haben, und dies können auf einem solchen Markt nur private
Rechtsformen sein. Das Konzept eines ‚einheitlichen Krankenversicherungsmarktes' erfordert folglich die Privatisierung der Krankenkassen.

Insofern kann festgestellt werden, dass es auf den ersten Blick zwar zwei Lager in der wissenschaftlichen Politikberatung zur Frage der Zukunft der gesetzlichen Krankenversicherung gab, es sich beim genaueren Hinsehen jedoch nur um ein Lager handelte, mit im Grunde nur marginalen Unterschieden. Die oben aufgezeigte inhaltliche Nähe des zweiten Lagers zum ersten, wurde in Publikationen von Vertretern des zweiten Lagers immer wieder auch betont, indem Vorschläge von Protagonisten des ersten Lagers als Vorbild oder Orientierung genannt wurden. In der Regel waren dies die Vorschläge des Wirtschaftssachverständigenrates, vereinzelt wurden allerdings auch andere Protagonisten des neoliberalen Originalmodells genannt.

Nach dieser Zwischenbetrachtung soll nun die Rekonstruktion der historischen Entwicklung mit der Legislaturperiode 2005 bis 2009 fortgesetzt werden.

Die Zeit der Großen Koalition 2005 bis 2009

Die Bundestagswahl vom 18. September 2005 erbrachte weder eine Mehrheit für die Fortsetzung der rot-grünen Regierungskoalition noch eine Mehrheit für eine Koalition aus CDU/CSU und FDP. Zwar verloren SPD und GRÜNE gegenüber der Wahl von 2002 zusammen fast fünf Prozentpunkte, allerdings verlor auch die CDU/CSU Stimmenanteile und fiel von 38,5 % auf 35,2 %. Die Union ging somit nicht, wie von vielen erwartet, als strahlender Sieger aus der Wahl hervor. Das enttäuschende Wahlergebnis der CDU wurde in der anschließenden Diskussion vor allem auch auf die stark von neoliberalen Überzeugungen geprägten Beschlüsse des Leipziger Parteitags 2003 zurückgeführt, die viele potenzielle CDU-Wähler als unsozial empfanden (Decker 2009; Jun 2009; Zohlnhöfer/Egle 2010: 584; Zolleis/Bartz 2010). Zu den in der Öffentlichkeit besonders kontrovers und kritisch diskutierten Beschlüssen des Leipziger Parteitages gehörte das ‚Gesundheitsprämienmodell', in der Öffentlichkeit als ‚Kopfpauschalenmodell' diskutiert und in der Regel als sozial ungerecht kritisiert.

Da die damalige PDS und spätere Partei DIE LINKE 8,7 % erreicht hatte, wäre eine rot-rot-grüne Regierungsmehrheit im Bundestag zwar rechnerisch möglich gewesen, eine Koalition mit der PDS wurde damals jedoch sowohl von der SPD als auch den GRÜNEN abgelehnt. Stattdessen kam es zur Bildung einer Großen Koalition aus CDU/CSU und SPD unter Führung von Angela Merkel (CDU) als Bundeskanzlerin. Betrachtet man die vorhergehende Legislaturperiode, so war dieses Ergebnis keineswegs so überraschend, wie es auf den ersten Blick erscheinen kann. Aufgrund der Bundesratsmehrheit der Union waren die größeren Reformen zwischen 2003 und 2005 zu einem wesentlichen Teil von einer informellen Koalition aus SPD, GRÜNEN und CDU/CSU beschlossen worden. Dies gilt nicht nur für das GKV-Modernisierungsgesetz von 2003, sondern vor

M. Simon, *Der Einfluss des Neoliberalismus auf die deutsche Gesundheitspolitik*, Gesundheit. Politik – Gesellschaft – Wirtschaft, https://doi.org/10.1007/978-3-658-41099-5_8

allem auch für die Arbeitsmarktreformen der Hartz-Gesetze und eine gemeinsam gestaltete Rentenreform.

In der Gesundheitspolitik bestand bei vielen Themen ein relativ hohes Maß an Übereinstimmung zwischen SPD und Union, das auf Seiten der SPD vor allem vom rechten Flügel und den ‚Modernisierern' getragen wurde. In einem zentralen Punkt lagen die Vorstellungen – zumindest in der Wahrnehmung der maßgeblichen Akteure – allerdings weit auseinander. Sowohl in der Union als auch der SPD wurden ‚Bürgerversicherung' und ‚Gesundheitsprämienmodell' als miteinander unvereinbar angesehen. Im Koalitionsvertrag vom 11. November 2005 wurde dies auch ausdrücklich festgehalten (CDU et al. 2005: 102). Man konnte sich lediglich darauf verständigen, nach einem Kompromiss zu suchen, und hielt fest: „Wir wollen für diese Frage im Laufe des Jahres 2006 gemeinsam eine Lösung entwickeln" (CDU et al. 2005: 102).

Die Gesundheitsreform 2007: Mehr als nur ein Kompromiss zwischen ‚Kopfpauschale' und ‚Bürgerversicherung'

Die Suche nach einer Lösung begann bereits Ende 2005 und fand ihren Abschluss in dem Anfang 2007 beschlossenen *GKV-Wettbewerbsstärkungsgesetz* (GKV-WSG). Das GKV-WSG war in mehrfacher Hinsicht nach dem Gesundheitsstrukturgesetz 1992 die wohl wichtigste Gesundheitsreform im vereinten Deutschland und übertraf in seiner Bedeutung auch das GMG 2003. Das GKV-WSG enthielt eine Vielzahl von Einzelregelungen zu den verschiedensten Bereichen des Gesundheitssystems, auf die an dieser Stelle nicht eingegangen werden kann.[1] Die nachfolgende Darstellung und Diskussion beschränkt sich auf diejenigen Inhalte des GKV-WSG, die für das Kernthema dieses Buches von Bedeutung sind. Dazu gehören vor allem die folgenden Neuregelungen.[2]

- *Allgemeine Krankenversicherungspflicht:* Es wurde eine allgemeine Krankenversicherungspflicht eingeführt, die in mehreren Schritten immer mehr Einwohner erfasste und seit dem 1. Januar 2009 für alle Einwohner gilt (§ 178a SGB V). Bis zum WSG gab es eine Versicherungspflicht nur für die GKV, die zudem auf abhängig Beschäftigte mit einem Einkommen bis

---

[1] Zu den Inhalten des GKV-WSG vgl. u. a. Orlowski/Wasem (2007), zur Entstehung und politischen Diskussion vgl. insbesondere Schroeder/Paquet (2009) und Pressel (2012).

[2] Die Angaben zu Paragrafen folgen dem Gesetzesbeschluss zum GKV-WSG 2007, zwischenzeitliche Rechtsänderungen bleiben unberücksichtigt.

zur GKV-Versicherungspflichtgrenze sowie die im SGB V genannten Personengruppen beschränkt war. Alle nicht von der GKV-Versicherungspflicht erfassten Personen waren nicht verpflichtet, eine private Krankenversicherung abzuschließen. Durch das GKV-WSG wurden alle Personen mit Wohnsitz in Deutschland einer Krankenversicherungspflicht unterworfen und es wurden Regeln definiert, nach denen eine Zuweisung zur GKV oder zur PKV zu erfolgen hatte.[3]

- *Gesundheitsfonds:* Zum 1. Januar 2009 wurde ein „Gesundheitsfonds" als Sondervermögen beim Bundesversicherungsamt (BVA) eingerichtet (§ 271 SGB V).[4] Seit 2009 leiten die Krankenkassen ihre Beitragseinnahmen direkt an den Gesundheitsfonds weiter und erhalten aus dem Gesundheitsfonds pro Versicherten standardisierte Zuweisungen, die sich an den durchschnittlichen Kosten der Versicherten aller Krankenkassen orientieren. Es gibt eine für alle Versicherten einheitliche Grundpauschale sowie alters-, geschlechts- und morbiditätsorientierte Zu- oder Abschläge auf diese Grundpauschale. Darüber hinaus erhalten die Kassen gesonderte Zuweisungen für ihre Verwaltungskosten und sonstige Ausgaben.

- *Festlegung des allgemeinen Beitragssatzes:* Der allgemeine Beitragssatz wird seit dem 1. Januar 2009 nicht mehr von jeder einzelnen Krankenkasse festgesetzt, sondern durch Rechtsverordnung des Bundes, später durch den Bundesgesetzgeber direkt (§ 241 SGB V).[5] Diese Änderung wurde durch die Einführung des Gesundheitsfonds erforderlich, bewirkte zugleich aber auch die

---

[3] Die Einführung einer allgemeinen Krankenversicherungspflicht und die Grundkonstruktion der Neuregelungen gehen offenbar auf einen entsprechenden Vorschlag zurück, den Stefan Greß, Anke Walendzik und Jürgen Wasem in einem Gutachten für die Hans Böckler Stiftung im Oktober 2005 vorgelegt hatten (Greß et al. 2005). Ausgangspunkt des Gutachtens war eine Analyse der Mikrozensusdaten, in denen sich ein starker Anstieg der Zahl der Personen ohne Krankenversicherungsschutz zeigte. Deren Zahl war von 105.000 im Jahr 1995 auf 188.000 im Jahr 2003 gestiegen. In ihrem Gutachten plädieren Greß, Walendzik und Wasem für die Einführung einer allgemeinen Krankenversicherungspflicht und nannten als Vorbilder die Niederlande und die Schweiz. Sie schlugen vor, dass alle Personen, die nicht der Versicherungspflicht in der GKV unterliegen, gesetzlich verpflichtet werden, sich in einer PKV zu versichern, und die PKV verpflichtet wird, einen Standardvertrag für Versicherte anzubieten, die ihre risikoäquivalenten Prämien nicht zahlen können. Mit dem GKV-WSG wurden diese Vorschläge umgesetzt. Die PKV wurde jedoch nicht verpflichtet, einen „Standardvertrag" anzubieten, sondern stattdessen einen „Basistarif", der dieselbe Funktion erfüllen soll.

[4] Das BVA heißt seit dem 1. Januar 2020 Bundesamt für Soziale Sicherung (BAS).

[5] Die 2007 beschlossene Fassung sah vor, dass der allgemeine Beitragssatz durch Rechtsverordnung des Bundes festgesetzt wird. Dies wurde später dahingehend geändert, dass er in § 241 SGB V geregelt wird.

Festschreibung des Arbeitgeberbeitrags, der nur noch durch Gesetz verändert werden kann.

- *Zusatzbeitrag:* Falls eine Krankenkasse mit dem gesetzlich festgelegten allgemeinen Beitragssatz nicht auskommt, muss sie einen kassenspezifischen „Zusatzbeitrag" erheben. Das GKV-WSG sah vor, dass er nur von den Mitgliedern zu zahlen ist (§ 242 Abs. 1 SGB V).[6] Der Zusatzbeitrag war ab 2009 grundsätzlich einkommensabhängig zu erheben. Da der Zusatzbeitrag nicht vom Arbeitgeber zu überweisen, sondern vom einzelnen Mitglied zu zahlen war, erforderte die Erhebung eines Zusatzbeitrags allerdings eine in jedem Einzelfall vorzunehmende Einkommensprüfung durch die betreffende Krankenkasse. Das war sehr aufwändig und schwierig für die Kassen. Auf eine Einkommensprüfung konnte verzichtet werden, wenn der Zusatzbeitrag einkommensunabhängig und nur bis zur Höhe von maximal 8 € pro Monat erhoben wurde (§ 242 Abs. 1 Satz 3 SGB V). Damit wurde der Einstieg einen einkommensunabhängigen GKV-Beitrag vollzogen.
- *Beitragsrückzahlung:* Verbleibt einer Kasse ein Überschuss, hat sie diesen an ihre Mitglieder auszuzahlen. Die Auszahlungen wurden im Gesetz als „Prämien" bezeichnet (§ 242 Abs. 2 SGB V). Die Bezeichnung als Beitragsrückerstattung kam nicht infrage, da sich die Kassen seit 2009 weit überwiegend nicht durch Mitgliedsbeiträge finanzieren, sondern durch Zuweisungen des Gesundheitsfonds. Insofern konnten sie keinen ‚Beitrag' zurückzahlen. Faktisch beinhaltete diese Vorschrift aber die Einführung von Beitragsrückzahlungen. Im vorherigen Recht waren Überschüsse für eine Senkung des allgemeinen Beitragssatzes der Kasse zu verwenden, wenn sie über das Maß hinausgingen, die für die gesetzlich vorgegebene Rücklagenbildung erforderlich war. Dies war im neuen Recht nicht möglich, da der allgemeine Beitragssatz vom Bund für alle Kassen festgesetzt wurde. Sofern eine Krankenkasse keinen Zusatzbeitrag erhob, blieb nur die Möglichkeit der Rückzahlung überschüssiger Mittel an die Mitglieder. Anders als in der PKV erfolgt sie jedoch nicht in Abhängigkeit von den jeweiligen individuell verursachten Krankheitskosten, sondern für alle Mitglieder gleich.
- *Wahltarife:* Zum 1. April 2007 wurden sogenannte „Wahltarife" eingeführt, die sich deutlich erkennbar am Geschäftsmodell der PKV orientieren beziehungsweise von ihr übernommen sind. Zu diesen ‚Wahltarifen' gehören Selbstbehalttarife, Kostenerstattungstarife und Tarife mit Beitragsreduzierung

---

[6] Der Zusatzbeitrag ist mittlerweile einkommensabhängig und in gleichen Teilen von Mitgliedern und Arbeitgebern zu zahlen. Dies setzte die SPD in der Zeit der Großen Koalition ab 2013 schrittweise durch.

bei Beschränkungen des Leistungskataloges (§ 53 SGB V).[7] Für die Höhe der ‚Prämien' für die einzelnen ‚Tarife' gilt, dass sie den Aufwendungen für jeden ‚Wahltarif' zu entsprechen haben (§ 53 Abs. 9 SGB V). Damit wurde für die „Wahltarife" das Äquivalenzprinzips der privaten Versicherungswirtschaft eingeführt.

- *Basistarif der PKV:* Die privaten Krankenversicherungen wurden durch Gesetz verpflichtet, ab 2009 einen brancheneinheitlichen „Basistarif" anzubieten, dessen Leistungsumfang dem der GKV zu entsprechen hat und für den nicht mehr als der GKV-Höchstbeitrag verlangt werden darf (§ 178a–g VVG). Für Personen, die die Voraussetzungen zur Aufnahme in den Basistarif erfüllen, unterliegt die PKV einer Aufnahmepflicht (Kontrahierungszwang). Der PKV-Verband wurde ermächtigt, für den Basistarif einen für alle PKV-Unternehmen geltenden brancheneinheitlichen Beitrag zu kalkulieren. Die Ausgaben der PKV-Unternehmen für Versicherte im Basistarif sind im Rahmen eines Finanzausgleichs von allem PKV-Unternehmen gemeinsam zu tragen. Alle PKV-Unternehmen sind verpflichtet, sich an dem Finanzausgleich zu beteiligen (§ 12 g VAG).

- *Änderung des Rechtsstatus der GKV-Spitzenverbände:* Die Spitzenverbände der einzelnen Krankenkassenarten wurden zum 1. Januar 2009 von Körperschaften des öffentlichen Rechts in Gesellschaften des bürgerlichen Rechts umgewandelt und erhielten somit eine private Rechtsform (§ 212 Abs. 1 SGB V).

- *Bildung eines GKV-Spitzenverbandes:* Zum 1. Juli 2008 wurde ein neuer „Spitzenverband Bund der gesetzlichen Krankenversicherung" als Körperschaft des öffentlichen Rechts geschaffen, der der Rechtsaufsicht des BMG untersteht (§ 217a SGB V). Er vertritt die Krankenkassen in den Gremien der gemeinsamen Selbstverwaltung auf Bundesebene und schließt die durch

---

[7] In § 53 SGB V wird der Begriff „Tarif" explizit im selben Sinn wie in der PKV verwendet, ansonsten werden jedoch an mehreren Stellen andere Formulierungen verwendet, was vor allem dem Umstand geschuldet war, dass sich das PKV-Modell angesichts des neu installierten Gesundheitsfonds nicht einfach übertragen ließ. Da die Kassen den allgemeinen Beitragssatz nicht mehr vom Mitglied erhielten, sondern stattdessen Zuweisungen des Gesundheitsfonds, konnte beispielsweise keine direkte ‚Beitragsrückerstattung' einer einzelnen Kasse erfolgen, denn den Beitrag erhielt der Gesundheitsfonds. Die einzelne Kasse war nur noch eine Art ‚Inkassostelle' für den Gesundheitsfonds. Dementsprechend sah das Gesetz gesonderte Zahlungen der einzelnen Kassen vor, die als „Prämien" oder „Prämienzahlungen" bezeichnet wurden. Hier nicht erwähnt und erläutert sind zwei „Wahltarife", die allen Kassen als Pflichtleistungen vorgegeben wurden: Die Zahlung von „Prämien" an Versicherte, die an besonderen Versorgungsformen teilnehmen (z. B. Disease Management Programme, Hausarztmodelle etc.), und ein Krankengeld-„Tarif" für freiwillig Versicherte.

Gesetz vorgegebenen bundesweit für alle Krankenkassen geltenden Verträge
mit Leistungserbringern.

- *Insolvenzfähigkeit aller Krankenkassen:* Im Gesetz wurde festgelegt, dass nach
  einer im Gesetz nicht festgelegten Übergangsfrist die Insolvenzordnung auf
  alle Krankenkassen angewendet werden soll (§ 171b SGB V). Zuvor waren
  nur die bundesunmittelbaren Krankenkassen insolvenzfähig, dazu zählten vor
  allem die Ersatzkassen.

- *Bundeszuschuss*: Der bereits durch das GMG 2003 eingeführte Bundeszuschuss wurde fortgeschrieben und erhöht (§ 221 Abs. 1 SGB V). Laut
  Begründung des WSG erhält die GKV den Bundeszuschuss als Ausgleich für
  „eine Reihe gesamtgesellschaftlicher Lasten" (CDU/CSU/SPD 2006: 181), die
  die GKV trägt.

Gleicht man diese Inhalte des GKV-WSG 2007 mit denen des neoliberalen
Reformmodells ab, so zeigen sich deutliche Übereinstimmungen.

Die Einführung einer *allgemeinen Krankenversicherungspflicht* wurde zwar
damit begründet, dass die Zahl der Nichtversicherten gestiegen war und die fehlende Absicherung im Krankheitsfall mit einem modernen Sozialstaatsverständnis
nicht vereinbar sei (CDU/CSU/SPD 2006: 94). Dem Problem hätte jedoch auch
mit einer Ausweitung der GKV-Versicherungspflicht begegnet werden können.
Stattdessen wurde eine allgemeine Krankenversicherungspflicht eingeführt, die
sowohl durch die Mitgliedschaft in einer Krankenkasse als auch durch einen privaten Versicherungsvertrag erfüllt werden kann. Damit setzte die Koalition eines
der zentralen Elemente des neoliberalen Reformmodells um. Allerdings enthielt
das WSG keine freie Wahl aller Bürger zwischen allen ‚Anbietern von Krankenversicherungen'. Die GKV-Versicherungspflichtgrenze wurde beibehalten. Die
zuvor Nichtversicherten wurden entsprechend der bestehenden Regeln entweder
der GKV oder der PKV zugewiesen.

Mit der Einführung eines von allen privaten Krankenversicherungen anzubie-
tenden *Basistarifs* wurde ein weiteres Element des neoliberalen Reformmodells
verwirklicht, denn mit dem „Basistarif" der PKV existierte seit 2009 eine ‚Mindestversicherungspflicht'. Der Basistarif ist in seinem Leistungsumfang an den
GKV-Leistungskatalog gekoppelt und dadurch gegenwärtig deutlich mehr als nur
eine Basisabsicherung. Allerdings ist mit dieser Koppelung ein Mechanismus
geschaffen, der dafür sorgt, dass jede Änderung des GKV-Leistungskataloges
zugleich auch eine Änderung dieser ‚Basisabsicherung' nach sich zieht. Würden
zu einem späteren Zeitpunkt die Krankenkassen in private Versicherungsunternehmen umgewandelt, hätte dies keine wesentlichen Auswirkungen auf ihren

Leistungskatalog. Alle Versicherten der privatisierten Krankenkassen hätten weiterhin Anspruch auf alle im GKV-Leistungskatalog enthaltenen Leistungen, wenn sie in den Basistarif übergeleitet werden. Dies könnte dann ein hilfreiches Argument sein, um der zu erwartenden Kritik an einer Privatisierung der Krankenkassen zu begegnen. Denn: An den Leistungen der Krankenkassen würde deren Privatisierung nichts ändern – zumindest im ersten Schritt der Umwandlung des GKV-Systems in ein reines PKV-System.

Die Einführung von *Wahltarifen* in die GKV ist ein wichtiger Schritt zur Vorbereitung der Umwandlung der Krankenkassen in private Krankenversicherungen. Nicht nur der Begriff ‚Tarif' ist der PKV entnommen, sondern auch die Vorgabe einer Äquivalenz zwischen Beitrag und Leistungen für jeden einzelnen Tarif. Mit den Wahltarifen wurde somit das Äquivalenzprinzip der privaten Versicherungswirtschaft in die GKV eingeführt, auch wenn es sich dabei nur um einen sehr geringen Teil des Leistungskataloges handelt. Entscheidend ist, dass der Einstieg gelang. Zukünftige Regierungen können nun darauf aufbauen und das Äquivalenzprinzip schrittweise ausdehnen, beispielsweise indem nach und nach immer mehr ‚Tarife' durch Gesetz vorgegeben werden oder die Kassen die Freiheit erhalten, weitere nach dem Äquivalenzprinzip kalkulierte ‚Tarife' in ihrer Satzung vorzusehen.

Mit der *Festsetzung des allgemeinen Beitragssatzes* durch Rechtsverordnung und der Einführung einkommensunabhängiger, nur von den Mitgliedern zu zahlender Zusatzbeiträge wurden gleich mehrere Elemente des neoliberalen Reformmodells umgesetzt beziehungsweise Voraussetzungen für ihre Umsetzung geschaffen. Wie oben bereits erwähnt, führte die Verlagerung der Kompetenz zur Festsetzung des allgemeinen Beitragssatzes von den Krankenkassen auf das BMG dazu, dass der Arbeitgeberbeitrag nur noch von der Bundesregierung erhöht werden kann. Die Festschreibung des Arbeitgeberbeitrags war somit faktisch vollzogen.

Die Einführung eines nur von den Mitgliedern zu zahlenden *Zusatzbeitrages* war keine Neuheit, da bereits im Rahmen des Kompromisses zwischen der rot-grünen Koalition und der Union über die Ausgestaltung des GMG 2003 ein solcher Beitrag eingeführt worden war. Neu war hingegen, dass er seit 2009 nicht mehr für alle Krankenkassen einheitlich gilt, sondern jede Kasse einzeln über die Erhebung und Höhe ihres Zusatzbeitrages entscheidet. Mit der Option, dass der Zusatzbeitrag bis zur Höhe von acht Euro als einkommensunabhängige Pauschale erhoben werden konnte, hatte die Union den Einstieg in eine Umstellung des GKV-Beitrags auf eine einkommensunabhängige ‚Gesundheitsprämie' erreicht. Im Zusammenspiel mit der Festsetzung des allgemeinen Beitragssatzes durch Rechtsverordnung war durch das GKV-WSG ein System geschaffen worden, dass eine schrittweise Ausweitung des Anteils einkommensunabhängiger Zusatzbeiträge am Gesamtbeitrag ermöglichte. Es sei hier bereits angemerkt, dass dieser Weg in der Legislaturperiode 2009 bis 2013 von der Regierungskoalition aus CDU/CSU und FDP fortgesetzt wurde.

Die *Umwandlung der Spitzenverbände der Kassenarten in privatrechtliche Organisationen* war offenbar vor allem eine Reaktion des BMG und der Koalition auf den Widerstand der Krankenkassen gegen die Pläne der Regierung und sollte der ‚Entmachtung' der Kassenverbände dienen (Pressel 2012: 102 ff.). Vor allem die Verlagerung der Kompetenz zur Festsetzung des allgemeinen Beitragssatzes und die Einführung des Gesundheitsfonds waren auf heftige Kritik auf Seiten der Krankenkassen gestoßen (GKV 2006). In einer Öffentlichkeitskampagne griffen die Kassenverbände die Regierungskoalition wegen dieser Pläne in scharfer Form an und forderten die Rücknahme der geplanten Reformvorhaben. Trotz entsprechender Anweisungen des BMG setzten die Kassen ihre Kampagne fort und die Politik antwortete darauf mit der ‚Zurückstufung' der Kassenverbände in private Vereine, um den Einfluss der Verbände auf politische Entscheidungen zurückzudrängen (Knieps 2007: 874 f.).[8] An ihre Stelle wurde ein einziger, für alle Kassenarten zuständiger GKV-Spitzenverband gesetzt. Auch wenn die Umwandlung der Kassenartenspitzenverbände in private Organisationen den politischen Einfluss der Kassenverbände zurückdrängen sollte, so bleibt es doch eine Maßnahme, die deutlich in Richtung ‚Privatisierung' der GKV weist. Die Kassenverbände waren zuvor Körperschaften des öffentlichen Rechts und wurden dadurch ‚formal' privatisiert. Der erste Schritt zur Anwendung privater Rechtsformen auf die GKV insgesamt war damit vollzogen.

Die im GKV-WSG enthaltene Begründung der Fortschreibung und Erhöhung des *Bundeszuschusses* folgte explizit der seit den 1980er Jahren von den Protagonisten des neoliberalen Reformmodells immer wieder vorgetragenen Argumentation, dass es ‚versicherungsfremde' Leistungen in der GKV gebe, die nicht aus ‚Versicherungsbeiträgen', sondern aus Steuern finanziert werden sollten. Bereits im GMG 2003 hatten SPD, GRÜNE und CDU/CSU die Einführung eines Bundeszuschusses beschlossen, der damals in der Gesetzesbegründung auch ausdrücklich als Kompensation für „versicherungsfremde Leistungen" der GKV ausgewiesen wurde (SPD et al. 2003b: 76).[9] Dieser Weg wurde mit dem GKV-WSG und auch mit der gleichen Begründung fortgesetzt.

---

[8] Franz Knieps war von 2003 bis 2009 der für die GKV zuständige Abteilungsleiter im BMG.

[9] Vgl. § 221 Abs. 1 SGB V in der Fassung des GMG 2003.

„Die gesetzliche Krankenversicherung trägt auch heute noch eine Reihe gesamtgesell-schaftlicher Lasten, wie insbesondere die beitragsfreie Mitversicherung von Kindern, und leistet damit einen wichtigen Beitrag zur Erhaltung gesamtgesellschaftlicher Soli-darität" (CDU/CSU/SPD 2006: 181).

Diese Passage impliziert die Auffassung, dass es sich bei der GKV um eine ‚Versicherung' handelt, wie die private Krankenversicherung auch. Somit müsste auch in der GKV ‚eigentlich' für jedes Kind ein eigener Beitrag gezahlt werden. Dass in der GKV Kinder beitragsfrei mit abgesichert sind, wird in dieser Passage als ‚gesamtgesellschaftliche Last' dargestellt, die die GKV trägt, obwohl sie diese ‚eigentlich' nicht zu trägen hätte, wenn sie von der Politik ebenso wie die PKV als ‚Versicherung' behandelt würde. Diese Argumentation schafft den Boden dafür, dass die als ‚versicherungsfremd' eingestuften Leistungen der GKV in einem späteren Schritt auch aus dem Leistungskatalog der GKV entfernt werden, so wie es im Rahmen des GMG beispielsweise mit dem Sterbegeld geschah. In der Gesetzesbegründung des GMG wurde die Streichung des Sterbegeldes explizit damit begründet, dass es sich um eine ‚versicherungsfremde' Leistung handele.

Exkurs zum Gesundheitsfonds: Ein sehr spezielles Konstrukt

Neu und im neoliberalen Reformmodell zuvor nicht enthalten war der *Gesund-heitsfonds*. Auf seine Entstehung und Konstruktion soll nachfolgend näher eingegangen werden, weil dies aus mehreren Gründen für das Thema dieses Buches von besonderem Interesse ist.

Zum einen kann am Gesundheitsfonds beispielhaft aufgezeigt werden, wie ein typischer Weg der Einflussnahme neoliberaler Ökonomen auf die Gesundheits-politik funktioniert. Dies ist in diesem Fall möglich, da eine empirische Studie zur Entstehung des Gesundheitsfonds vorliegt, die auf zahlreichen qualitativen Interviews basiert, die der Autor der Studie mit Akteuren geführt hat, die an der Entstehung des GKV-WSG und insbesondere auch des Gesundheitsfonds beteiligt waren (Pressel 2012).[10]

---

[10] Für seine sehr interessante und aufschlussreiche empirische Studie zur Entstehung des Gesundheitsfonds, führte Pressel von Ende 2008 bis Mitte 2009 fast 50 qualitative Inter-views, darunter auch zahlreiche mit Politikern der Große Koalition und Beamten des BMG, die an der Vorbereitung und am politischen Prozess zum GKV-WSG direkt beteiligt waren (Pressel 2012). Darüber hinaus interviewte er Akteure der wissenschaftlichen Politikbe-ratung, darunter auch den Ökonomen Wolfram Richter, der als erster den Vorschlag zur Schaffung eines ‚Sonderhaushalts GKV' in die Diskussion eingebracht hatte.

Zum anderen ist die Einführung des Gesundheitsfonds insofern von besonderem Interesse, als mit ihm eine weitreichende Änderung des Finanzierungssystems der GKV vollzogen wurde. Zusammen mit dem Risikostrukturausgleich bildet der Gesundheitsfonds ein System, das an der Oberfläche die Finanzierung der GKV durch einkommensabhängige Beiträge beibehält. Unter dieser Oberfläche wurde die Finanzierung der Krankenkassen jedoch auf ein System ‚morbiditätsorientierter Zuweisungen' umgestellt, bei denen es sich faktisch um eine Variante risikoäquivalenter Prämien handelt. Der GKV-Beitrag wird zwar weiterhin noch einkommensabhängig erhoben, die Krankenkassen finanzieren sich jedoch bereits wie PKV-Unternehmen durch risikoäquivalente Zahlungen.

Der Charakter der Zuweisungen des Gesundheitsfonds an die Krankenkassen als risikoäquivalente Zuweisungen tritt mittlerweile auch in den Rechtsvorschriften immer deutlicher zutage. Anfang 2020 wurde im Rahmen des Fairer-Kassenwettbewerb-Gesetzes (FKG) die Umstellung des Risikostrukturausgleichs auf ein „Krankheits-Vollmodell" (BT-Drs. 19/15661: 2, 57) vorgegeben. Der 2007 beschlossene morbiditätsorientierte RSA sah nur die Berücksichtigung von bis zu 80 Krankheitsarten vor. Das FKG enthält den Auftrag zur Entwicklung eines RSA, der das gesamte Krankheitsspektrum erfasst. Dadurch wird der RSA tauglich für die Kalkulation risikoäquivalenter Versicherungsprämien für eine private Krankenvollversicherung. Im Gesetz ist 2020 von „risikoadjustierten Zuweisungen" die Rede (§ 266 Abs. 1 SGB V). Alle Versicherten sind laut Gesetz „Risikogruppen" zuzuordnen, die anhand der „Risikomerkmale" Alter, Geschlecht, Morbidität und regionalen Merkmalen gebildet werden (§ 266 Abs. 2 SGB V).

Wenn der neue Krankheitsvollkosten-RSA entwickelt und in die Praxis umgesetzt ist, sind wichtige Voraussetzungen erfüllt, damit Krankenkassen in private Versicherungsunternehmen umgewandelt werden können, die risikoäquivalente Versicherungsprämien verlangen.

Mit dem Gesundheitsfonds wurde allerdings auch eine Konstruktion geschaffen, die in eine ganz andere Richtung führen könnte. Der Gesundheitsfonds ist faktisch eine ‚Einheitskasse', in dem Sinne, dass er eine ‚Kasse' ist, in die alle Einnahmen der GKV eingezahlt werden, und aus der alle Ausgaben der GKV bezahlt werden. Ausgenommen sind davon lediglich die kassenindividuellen Zusatzbeiträge. Deren finanzielles Volumen ist jedoch auch mehr als zehn Jahre nach ihrer Einführung immer noch sehr gering. Der Gesundheitsfonds könnte somit zur ‚Keimzelle' einer neuen GKV werden, in der alle Krankenkassen zu einer einzigen bundesweiten Krankenkasse zusammengefasst sind. Auf diese Option wird an späterer Stelle noch näher eingegangen.

Der neoliberale Ursprung des Gesundheitsfonds

Der mit dem GKV-WSG 2007 beschlossene Gesundheitsfonds geht offenbar auf einen entsprechenden Vorschlag des Finanzwissenschaftlers Wolfram F. Richter zurück (Richter 2005). Richter war Mitglied des BMF-Beirates, der sich bereits Mitte 2004 mit einem Gutachten in die Diskussion eingeschaltet und für das neoliberale Reformmodell ausgesprochen hatte (BMF-Beirat 2004). Während der BMF-Beirat 2004 eindeutig für das ‚Kopfpauschalenmodell‘ plädiert hatte, legte Richter im Herbst 2005 einen Vorschlag vor, der nach seiner Darstellung einen Kompromiss zwischen ‚Kopfpauschale‘ und ‚Bürgerversicherung‘ ermöglichen sollte (Richter 2005). Im Zentrum seines Vorschlags stand die Einrichtung eines neuen, von der GKV getrennten „Sonderhaushaltes GKV", in den die einkommensabhängigen GKV-Beiträge eingezahlt werden, und aus dem nicht nur die Krankenkassen, sondern auch die privaten Krankenversicherungen pro Versicherten einheitliche einkommensunabhängige ‚Pauschalprämien‘ erhalten sollten.

Richter ordnete seinen Vorschlag explizit in den neoliberalen Diskussionszusammenhang ein, was insbesondere an seinen Literaturhinweisen deutlich wird. Er verwies fast ausschließlich auf Veröffentlichungen von Protagonisten des neoliberalen Reformmodells, die an früherer Stelle dieses Buches bereits vorgestellt und diskutiert wurden. Insbesondere zitierte Richter Publikationen von Friedrich Breyer, Dieter Cassel, Klaus-Dirk Henke, dem Kronberger Kreis sowie das Gutachten von Zweifel und Breuer aus dem Jahr 2002, den SVR-W und natürlich die Stellungnahme des BMF-Beirates aus dem Jahr 2004, an der er selbst mitgewirkt hatte.

Richter sandte seinen Vorschlag kurz nach der Bundestagswahl per Email an die Fraktionsvorstände aller Bundestagsfraktionen, mit Ausnahme der PDS, und gesondert auch an die damalige Gesundheitsministerin Ulla Schmidt (SPD). Die Fachbeamten im BMG erhielten von der Ministeriumsleitung den Auftrag, Richters Vorschlag zu prüfen und kamen zu dem Ergebnis, dass es dem Vorschlag an der notwendigen fachlichen Expertise für die GKV fehle (Pressel 2012: 85). Das Konzept verschwand daraufhin in den Schubladen des BMG.

Zeitgleich brachte Richter seinen Vorschlag auch in den BMF-Beirat ein. Der Beirat nahm den Vorschlag auf und veröffentlichte im Oktober 2005 eine zweiseitige Stellungnahme mit Eckpunkten für ein Reformkonzept, das deutlich erkennbar auf Richters Vorschlägen aufbaute, allerdings andere Begriffe verwendete (BMF-Beirat 2005). Während Richter seinen Vorschlag als „Kompromissvorschlag" bezeichnete, nannte der Beirat seine Konstruktion „Konsensmodell";

während Richter einen „Sonderhaushalt GKV" vorschlug, empfahl der Beirat die Einrichtung einer „zentralen Inkassostelle".

Im Unterschied zu Richters individueller Intervention wurde der Vorschlag des BMF-Beirats von den Spitzen der Koalition wahrgenommen und aufgegriffen. Im November 2005 sprach Bundeskanzlerin Merkel bei einem Gespräch im Bundeskanzleramt die Gesundheitsministerin Ulla Schmidt (SPD) auf das Konzept des BMF-Beirates an. Schmidt beauftragte daraufhin die BMG-Beamten mit der Erstellung einer ‚Machbarkeitsstudie' zu den Vorschlägen des Beirates (Pressel 2012: 87). Im November 2005 veröffentlichte Richter seinen Vorschlag unter eigenem Namen in einem Beitrag für die Zeitschrift „Wirtschaftsdienst", einem Publikationsorgan, das seit Anfang der 2000er Jahre häufig von neoliberalen Ökonomen für die Verbreitung und Diskussion ihrer Vorschläge genutzt wurde (Richter 2005). Mit dieser Veröffentlichung konnte Richter seinen Anspruch auf die Urheberschaft für den Vorschlag anmelden und die Community der neoliberalen Ökonomen erreichen.

Der Vorschlag für die Einrichtung eines ‚Sonderhaushaltes' stieß auch bei der SPD und der politischen Führung des BMG auf Interesse, weil es deutliche Parallelen zum niederländischen Gesundheitssystems aufwies, das als mögliches Vorbild für die Einführung einer ‚Bürgerversicherung' in Deutschland angesehen wurde (Pressel 2012: 87 f.). Bereits seit längerem war vor allem von SPD-nahen Ökonomen auf das niederländische System hingewiesen worden (vgl. insbesondere Greß 2002), und eine für 2006 geplante umfassende Reform des niederländischen Krankenversicherungssystems ließ das Interesse am niederländischen System weiter steigen (vgl. u. a. Greß et al. 2006a, b; Hamilton 2006; Manouguian et al. 2006; Walser 2006).

Das niederländische Krankenversicherungssystem erschien damals insofern als ein mögliches Vorbild für Deutschland, als es durch einen Mix aus einkommensabhängigen Beiträgen, einkommensunabhängigen Pauschalen und einem hohen steuerfinanzierten staatlichen Zuschuss finanziert wurde.[11] Zudem gab es bereits seit den 1980er Jahren einen Krankenversicherungsfonds (Ziekenfondsen), in den alle Versicherten einzahlten und aus dem sowohl Krankenkassen als auch private Krankenversicherungen Auszahlungen erhielten. Seit Mitte der 1980er Jahre mussten die privat Krankenversicherten einen Solidarbeitrag an den Fonds zahlen, aus dem die Kosten der in den Krankenkassen versicherten Rentner mitfinanziert wurden.

---

[11] Zum niederländischen Krankenversicherungssystem vor 2006 vgl. u. a. Greß (2002) und Hamilton (2012), zur Entwicklung seit 2006 vgl. Kroneman et al. (2016).

In der damaligen Diskussion wurden die Begriffe ‚Krankenkasse' und ‚private Krankenversicherung' für die Beschreibung des niederländischen Systems verwendet, was jedoch irreführend ist, da es wichtige Unterschiede zwischen dem niederländischen und dem deutschen System ausblendet beziehungsweise über diese Unterschiede hinwegtäuscht. Zwar gab es auch in den Niederlanden ‚Krankenkassen' und private Krankenversicherungen, diese unterschieden sich jedoch sehr wesentlich von den deutschen.

Die niederländischen Krankenkassen waren keine Träger einer staatlichen Sozialversicherung und nicht als Körperschaften des öffentlichen Rechts organisiert, sondern Unternehmen mit privater Rechtsform. Die niederländischen privaten Krankenversicherungen wiederum waren gemeinnützig ausgerichtete, nicht gewinnorientierte Unternehmen. Zudem wurden sie anders als in Deutschland nicht nach Art von Lebensversicherungen betrieben. Sie erhoben keine risikoäquivalenten Prämien und bildeten keine Alterungsrückstellungen, sondern verlangten von allen Versicherten einheitliche Versicherungsbeiträge, die lediglich nach dem Umfang der Leistungen differenziert waren. Es handelte sich bei ihnen um Sachversicherer, die ihre Kosten nach dem Umlageverfahren deckten, wodurch sie den deutschen Krankenkassen ähnlicher waren als der deutschen PKV. Darüber hinaus gab es weitere wesentliche Unterschiede, so dass ein einfacher Vergleich beider Systeme unsachgemäß und irreführend war und ist.

Das Interesse am niederländischen Krankenversicherungssystem ließ vor gut zehn Jahren deutlich nach, mittlerweile ist es kein relevantes Referenzmodell mehr für die gesundheitspolitische Diskussion in Deutschland. Der kurze Exkurs erscheint dennoch angebracht, da das niederländische Modell möglicherweise wieder aufgegriffen wird, wenn erneut eine grundsätzliche Diskussion über die Zukunft des GKV-Systems entsteht.

Vor dem Hintergrund des damaligen Interesses am niederländischen Krankenversicherungssystem war die Zeit für einen Vorschlag wie den von Richter insofern ausgesprochen günstig.[12] Allerdings handelte es sich bei Richters Vorschlag nicht um eine Adaption des niederländischen Systems, sondern um eine weitere Variante des neoliberalen Reformmodells. Richter schlug ein zweistufiges Modell vor (Richter 2005). Für die erste Stufe sah Richters Vorschlag folgendes System vor:

---

[12] Hier wird lediglich auf Richters Vorschlag näher eingegangen, weil die ‚Stellungnahme' des BMF-Beirates nur zwei Seiten umfasste und lediglich einige Eckpunkte enthielt, die inhaltlich vollständig Richters Vorschlag folgten.

- *Einkommensabhängige GKV-Beiträge:* Die GKV-Mitglieder entrichten weiterhin einkommensabhängige Beiträge.
- *Sonderhaushalt GKV:* Die Beiträge werden allerdings nicht mehr an die jeweilige Krankenkasse gezahlt, sondern an einen neu zu schaffenden „Sonderhaushalt GKV" (ebd.: 694).
- *Beitragsgutschrift:* Die Einnahmen des Sonderhaushaltes sollten durch die Anzahl der Versicherten dividiert werden, und der auf die einzelnen Versicherten entfallende Anteil sollte den Versicherten individuell „gutgeschrieben" werden (Richter 2005: 694).[13] Da die Gutschrift als gleicher Anteil an alle Versicherten ausgezahlt wird, handelte es sich um ein System, in dem einkommensabhängige Beiträge in einkommensunabhängige Pauschalen umgewandelt werden.
- *Freie Wahl der Versicherung:* Die Gutschrift erhalten die Versicherten mit der Auflage, sich „bei einer Versicherung eigener Wahl gegen Krankheit zu versichern" (ebd.).
- *Mindestleistungstarif:* Die „Versicherungen" werden gesetzlich verpflichtet, einen „Tarif" anzubieten, der „Mindestleistungen" abdeckt, und für den sie eine „einkommensunabhängige Pauschalprämie verlangen" (ebd.). Über die Mindestleistungen hinausgehende Leistungen sind durch Zusatzversicherungen abzudecken.
- *Differenz zwischen Gutschrift und Pauschalprämie:* Sofern die Pauschalprämie höher ist als die individuelle Gutschrift, haben die Versicherten die Differenz zu tragen, sofern die Prämie niedriger ist, sollte die Differenz an die Versicherten ausgezahlt werden (ebd.).

Für die *zweite Stufe* sah Richters Vorschlag die Auflösung des ‚Sonderhaushaltes GKV' und dessen Überführung in den Bundeshaushalt vor (ebd.: 695). Der einkommensabhängige GKV-Beitrag sollte mit dem Einkommenssteuertarif „verschmelzen" (ebd.: 695). Da es dann keine Beitragsbemessungsgrenze mehr gäbe, würde – so Richter – die Finanzierung des Gesundheitssystems auf eine breitere Basis gestellt, wie es die Befürworter der ‚Bürgerversicherung' forderten. Durch die Einführung von Pauschalprämien würde zugleich auch die Finanzierung von

---

[13] Richter nannte diese Gutschrift „Voucher". Damit verwies er implizit auf einen Vorschlag des führenden US-amerikanischen Neoliberalen Milton Friedman zur Finanzierung des amerikanischen Bildungssystems, allerdings ohne Friedman zu nennen. Friedman hatte Anfang der 1960er vorgeschlagen, das amerikanische Bildungssystem nicht durch Steuern zu finanzieren, sondern staatliche Gutschriften zu verteilen, die er „Voucher" nannte und die zum individuellen ‚Kauf' von Bildungsangeboten verwendet werden können (Friedman 1962/2004: 113).

den Arbeitseinkommen und von der Arbeitsmarktentwicklung abgekoppelt, wie es Ziel des ‚Kopfpauschalenmodells' sei (ebd.: 696).

Als „Vorteil" seines Vorschlags nannte Richter, dass nach Auflösung des ‚Sonderhaushaltes GKV' auf Regulierungen verzichtet und die weitere Entwicklung „den Marktkräften überantwortet werden" könnte.

> „Ein nicht unbedeutender Vorteil der vorgeschlagenen Reformstrategie ist, dass das Nebeneinander von privater und gesetzlicher Versicherung den Marktkräften überantwortet werden kann. Es bedarf keiner gesetzlichen Regelung zur Abgrenzung der jeweiligen Geschäftsfelder. Jedenfalls ist nicht einzusehen, weshalb sich die privaten Versicherungen auf das Geschäft mit Zusatzversicherungen im medizinisch nicht notwendigen Bereich zurückziehen sollten. Sie sollten vielmehr das Recht erhalten, Angebote im Bereich des medizinisch Notwendigen auf der Basis von Pauschalprämien zu machen. Umgekehrt sollten die gesetzlichen Kassen das Recht haben, ihr Geschäft auf den Bereich des medizinisch nicht Notwendigen auszudehnen" (Richter 2005: 696).

Laut Richter könnte so „das Nebeneinander zwischen privaten und gesetzlichen Versicherungen nicht durch Gesetz, sondern durch Wettbewerb überwunden" werden (ebd.: 693).

Richters Vorschlag war insofern eine Variante des neoliberalen Reformmodells, als er zentrale Elemente des Modells beinhaltete:

- Einführung einer allgemeinen Versicherungspflicht aller Bürger für eine Mindestversicherung
- freie Wahl aller Bürger zwischen allen Anbietern dieser Mindestversicherung
- Beitragspflicht für alle Versicherten, also auch für die zuvor beitragsfrei mitversicherten Familienangehörigen[14]
- einkommensunabhängige Versicherungsbeiträge
- Abschaffung des Arbeitgeberbeitrags.[15]

Betrachtet man Richters Vorschlag etwas näher, so wird ersichtlich, dass sein Modell kein ‚Kompromiss' zwischen ‚Bürgerversicherung' und ‚Kopfpauschale'

---

[14] Dies benennt Richter allerdings nicht explizit, es ist jedoch insofern in seinem Vorschlag enthalten, als die von den ‚Versicherungen' zu verlangende ‚Pauschalprämie' pro Versicherten zu zahlen ist.

[15] Auch dieses Element seines Vorschlags legte er nicht offen. Da sein Modell keine Zahlungen der Arbeitgeber in den Sonderhaushalt vorsah und die einkommensabhängigen GKV-Beiträge nach Auflösung des Sonderhaushaltes GKV in der Einkommensteuer aufgehen sollten, sah sein Vorschlag weder für die erste noch für die zweite Stufe einen Arbeitgeberbeitrag vor.

war, wie er behauptete. Bereits in der ersten Stufe seines Modells sollte die Finanzierung der Krankenkassen auf Kopfpauschalen umgestellt werden. Zwar sollten die GKV-Mitglieder weiterhin einkommensabhängige Beiträge zahlen, allerdings nur an den Sonderhaushalt. Im Tausch für ihre einkommensabhängigen Beiträge sollten sie eine ‚Gutschrift' in Form einer Pauschale erhalten, und an die jeweilige Krankenkasse oder private Krankenversicherung sollten sie eine einkommensunabhängige ‚Pauschalprämie' entrichten.

In Richters Modell würden die Krankenkassen ihr „Geschäft" (ebd.: 696) bereits in der ersten Stufe auf einem einheitlichen „Versicherungsmarkt" (ebd.: 695) auch auf Zusatzversicherungen ausweiten, für die sie – das legte Richter allerdings nicht offen – ebenso wie die PKV risikoäquivalente Prämien kalkulieren. Spätestens mit Auflösung des „Sonderhaushaltes GKV" würde nach Richters Modell die GKV als staatliche Sozialversicherung abgeschafft und würden Krankenkassen zu privaten Versicherungsunternehmen.

Richters Modell sah keinerlei Risikostrukturausgleich vor. Insofern war es ein Modell, das massive Anreize zur ‚Risikoselektion' durch die einzelnen Krankenversicherungen schuf. Denn: Gelingt es einer Versicherung in einem System, wie dem von Richter vorgeschlagenen, überdurchschnittlich kostenaufwändige Versicherte abzuwehren und unterdurchschnittlich kostenaufwändige zu gewinnen, kann die betreffende Versicherung Überschüsse erzielen. Versicherungen mit überdurchschnittlichem Anteil an alten, chronisch kranken Versicherten würden hingegen Verluste erleiden, müssten ihren Beitrag erhöhen und liefen Gefahr, bereits nach kurzer Zeit insolvent zu werden. Ein solches System wäre somit noch nicht einmal kurzfristig funktionsfähig.

Richters Vorschlag war offensichtlich noch nicht einmal ansatzweise gründlich durchdacht. Das oben erwähnte Urteil der Fachbeamten des BMG über die fehlende fachliche Expertise Richters war insofern vollkommen berechtigt. Das Urteil hatte auch für den BMF-Beirat zu gelten, der Richters Vorschlag zu seinem eigenen gemacht hatte. Allerdings geht eine solche Kritik davon aus, dass es Protagonisten des neoliberalen Reformmodells darum ging, ein gründlich durchdachtes und funktionsfähiges neues System zu entwickeln. Dies war und ist in der neoliberalen Vorstellungswelt jedoch gar nicht notwendig, denn: Was nach der Zerstörung der GKV als Sozialversicherung kommt, kann – um es mit Richters Worten zu formulieren – „den Marktkräften überantwortet werden" (ebd.: 696). In der neoliberalen Vorstellungswelt ist es sogar – um Hayek zu bemühen – eine Anmaßung, die gesellschaftliche Entwicklung planen zu wollen. Es solle vielmehr Markt und Wettbewerb überlassen werden, in welche Richtung sich die Gesellschaft entwickelt, da der „Wettbewerb als Entdeckungsverfahren" jeder staatlichen Planung weit überlegen sei (Hayek 1962). Diesem Denken folgend kommt es nicht darauf an, ein funktionsfähiges neues System zu entwerfen und zu planen, es reicht, die Voraussetzung für eine möglichst freie Entfaltung der Marktkräfte zu schaffen. Danach reicht es, die GKV als staatliche Sozialversicherung zu zerstören.

Für einen neoliberalen Ökonomen wie Richter reichte diese Aussicht. Für ihn war es offensichtlich kein Problem, dass er kein funktionsfähiges System anbieten konnte. Für die Politik war es jedoch keine Option, die zukünftige Entwicklung dem Markt zu überantworten. Wenn das GKV-System aufgrund politischer Entscheidungen zusammenbricht, hat dies bei den darauffolgenden Wahlen mit hoher Wahrscheinlichkeit massive negative Folgen für die dafür verantwortlichen Parteien. Insofern stand für die damalige Regierung nicht die Umsetzung des Gesamtkonzeptes zur Debatte, wohl aber die Prüfung, ob einzelne Elemente des Vorschlags möglicherweise nützlich sein könnten.

Im Fall der Vorschläge Richters und des BMF-Beirates übernahm die damalige Bundesregierung die Idee, einen „Sonderhaushalt GKV" (Richter) als „zentrale Inkassostelle" (BMF-Beirat) zu schaffen, und nannte ihn ‚Gesundheitsfonds', offensichtlich in Anlehnungen an den niederländischen „Ziekenfondsen". Alle anderen Elemente des Modells blieben unberücksichtigt. Der durch das GKV-WSG eingeführte Gesundheitsfonds schuf insofern weder den Einstieg in ein ‚Kopfpauschalenmodell' noch leitete er unmittelbar die Abschaffung der GKV ein.

Betrachtet man allerdings die weitere Entwicklung, so fällt auf, dass mit der Einrichtung des Gesundheitsfonds durchaus die Option gegeben ist, das von Fischer vorgeschlagene Modell zu einem späteren Zeitpunkt doch aufzugreifen und schrittweise umzusetzen, wenngleich auch nicht so, wie es Fischer vorgeschlagen hatte. Der Gesundheitsfonds in seiner gegenwärtig geltenden Form mit einem Krankheitsvollkosten-RSA könnte in ein System umgewandelt werden, bei dem die GKV-Mitglieder weiterhin einen einkommensabhängigen GKV-Beitrag entrichten, die Krankenkassen jedoch in private Versicherungsunternehmen umgewandelt werden.

Die gesetzliche Krankenversicherung würde sozusagen ‚entkernt', da es keine Krankenkassen als öffentlich-rechtliche Körperschaften mehr gäbe, sondern nur noch private Versicherungsunternehmen, die eine Krankheitskostenvollversicherung anbieten, deren Leistungsumfang dem GKV-Leistungskatalog entspricht. Das wäre der im neoliberalen Modell vorgesehene Standard-Tarif, den es mit dem Basistarif der PKV seit 2009 auch bereits gibt. Für diesen Tarif würden risikoäquivalente Prämien verlangt, die jedoch nicht von den Versicherten zu zahlen wären, sondern vom staatlichen Gesundheitsfonds an die Versicherungsunternehmen überwiesen werden. Für die GKV-Versicherten würde sich auf den ersten Blick zunächst kaum etwas ändern, nur dass ihre Krankenkasse nun nicht mehr eine Körperschaft des öffentlichen Rechts ist, sondern eine private Rechtsform hat. Da sich die meisten Kassen bereits wie private Unternehmen darstellen, dürfte eine solche Rechtsformänderung für die GKV-Versicherten kaum wahrnehmbar sein.

Wäre ein solcher Schritt vollzogen, könnte das System dahingehend ‚weiterentwickelt' werden, dass irgendwann die Versicherten die risikoäquivalenten Prämien selbst zahlen müssen, im Falle von Bedürftigkeit aber staatliche Zuschüsse zu ihrer privaten Krankenversicherung erhalten. Das wäre dann allerdings eine deutlich spürbare Veränderung. Aber dann wäre es bereits ‚zu spät', denn die Privatisierung der Krankenkassen wäre vollzogen und ein Zurück zum alten GKV-System nicht mehr möglich.

Der Gesundheitsfonds als Kompromiss zwischen ‚Kopfpauschale' und ‚Bürgerversicherung'?

Was bleibt ist die Frage, warum überhaupt eine solche Konstruktion wie der Gesundheitsfonds geschaffen wurde. Anscheinend spielte dabei eine wesentliche Rolle, dass maßgebliche Akteure der damaligen Regierungskoalition glaubten, damit einen Kompromiss zwischen ‚Gesundheitsprämie' und ‚Bürgerversicherung' gefunden zu haben, der es ermöglicht, nach dem Ende der Großen Koalition daraus entweder das Gesundheitsprämienmodell oder das Bürgerversicherungsmodell zu entwickeln. Dafür finden sich zahlreiche Hinweise in der bereits erwähnten empirischen Studie zur Entstehung des Gesundheitsfonds, insbesondere auch in den darin zitierten Interviewpassagen direkt beteiligter Akteure (Pressel 2012: 77–148).

Die sowohl von Richter als auch vom BMF-Beirat vertretene Auffassung, das das Modell ein Kompromiss zwischen ‚Kopfpauschale' und ‚Bürgerversicherung' sei, machten sich führende Vertreter der Regierungskoalition zu eigen. Die Einschätzung wurde in der Folgezeit auch vom SVR-W (2007: 199) übernommen und in wissenschaftlichen Publikationen reproduziert (vgl. u. a. Hartmann 2010; Pressel 2012: 85; Schmidt 2010: 309). So stellte beispielsweise Manfred G. Schmidt, einer der führenden Politikwissenschaftler Deutschlands, fest, der Gesundheitsfonds ermögliche „die spätere Transformation des Gesundheitsfonds in Richtung Bürgerversicherung, etwa im Falle eines Wahlsieges der SPD, oder in Richtung Kopf-Pauschale, etwa im Falle des Wahlsieges einer bürgerlich-liberalen Koalition" (Schmidt 2010: 310). Diese Einschätzung stützte er explizit auf die entsprechende Behauptung im Jahresgutachten 2007 des SVR-W, der sich dabei wiederum auf den BMF-Beirat bezog. Da sich diese Einschätzung sicherlich auch heute noch bei Akteuren der Gesundheitspolitik und auch im Wissenschaftsbereich hält, soll darauf nachfolgend näher eingegangen werden. Will man den Gesundheitsfonds richtig einschätzen, ist zunächst einmal die Frage zu klären, welches Ziel damit verfolgt wurde und welche Funktion er in dem seit 2009 geltenden System der GKV-Finanzierung erfüllen sollte. Der übliche Weg zur Klärung der Frage nach den Zielen einer gesetzlichen Neuregelung führt üblicherweise zur Begründung des betreffenden Gesetzentwurfes. Der Gesetzentwurf der Koalitionsfraktionen für das GKV-WSG enthält die Aussage, dass der Gesundheitsfonds geschaffen wurde, um die Durchführung des Risikostrukturausgleichs zu vereinfachen. Dazu die entsprechende Passage aus der Begründung des GKV-WSG:

> „Das bisherige Verfahren des Risikostrukturausgleichs wird durch den Gesundheitsfonds wesentlich vereinfacht. Durch die einheitliche Finanzierung aller Krankenkassen über den Gesundheitsfonds entfällt eine Differenzierung in Zahler- und Empfängerkassen. Zugleich wird der Einkommensausgleich auf 100 Prozent vervollständigt und die Zuweisungen an die Krankenkassen aus dem Fonds werden zielgenauer auf die unterschiedlichen Risiken der Versicherten (wie z. B. Alter, Krankheit, Geschlecht) der verschiedenen Kassen ausgerichtet" (CDU/CSU/SPD 2006: 91).

Vor dem Inkrafttreten der Neuregelungen durch das GKV-WSG erfolgte der Risikostrukturausgleich in Form einer Verrechnung von „Ausgleichsansprüchen" zwischen den Krankenkassen (§ 266 SGB V i.d.F. vom 31.12.2006). Dazu wurde der „Beitragsbedarf" jeder einzelnen Krankenkasse auf Grundlage standardisierter Leistungsausgaben je Versicherten mit der „Finanzkraft" der einzelnen Krankenkasse verglichen. War der Beitragsbedarf einer Krankenkasse höher als die ermittelte Finanzkraft, hatte die Kasse (‚Empfängerkasse') einen Anspruch auf Ausgleichszahlungen. Lag die Finanzkraft einer Kasse über ihrem Beitragsbedarf, hatte sich die Kasse (‚Zahlerkasse') an der Aufbringung der Ausgleichszahlungen für die Empfängerkassen zu beteiligen.

Dieses System war nicht nur sehr kompliziert, es war auch ‚instabil'. Zum Zeitpunkt der ersten Berechnung von Ausgleichsansprüchen für ein bestimmtes Jahr fehlten häufig noch relevante Daten, so dass die Ergebnisse nur vorläufig waren und Nachberechnungen erforderlich wurden. Es dauerte mitunter mehrere

Jahre, bis die tatsächlichen endgültigen Werte für die Ausgleichszahlungen feststanden.[16] Durch den Gesundheitsfonds wurde nicht nur das komplizierte System der Ausgleichszahlungen abgeschafft und durch ein System direkter Zuweisungen ersetzt, der Fonds war auch mit einem vollständigen Ausgleich der Einnahmen verbunden, da die Kassen die Einnahmen aus dem allgemeinen Beitragssatz direkt und in voller Höhe an den Gesundheitsfonds weiterzuleiten haben und erst vom Fonds ihren Anteil an den Gesamteinnahmen einschließlich ihres Anteils am Bundeszuschuss erhalten. Auch die Verteilung des Bundeszuschusses wurde somit erheblich einfacher.

Der Gesundheitsfonds bildet somit eine funktionale Einheit mit dem zugleich durch das GKV-WSG eingeführten morbiditätsorientierten Risikostrukturausgleich. Mit Richters ,Sonderhaushalt GKV' und der ,zentralen Inkassostelle' des BMF-Beirats hat der Gesundheitsfonds nur gemeinsam, dass es sich um einen gesonderten Haushalt handelt, im Gesetz als „Sondervermögen" bezeichnet, das vom BVA verwaltet wird (§ 271 Abs. 1 SGB V).

Nun zu der Frage, ob der tatsächlich beschlossene Gesundheitsfonds den Einstieg sowohl in das ,Kopfpauschalenmodell' als auch in die ,Bürgerversicherung' der SPD erleichtert. Dieser Frage soll nachfolgend anhand von zwei möglichen Varianten nachgegangen werden, die Richters Vorschlag folgen.

Variante 1: Die GKV-Mitglieder zahlen weiter einkommensabhängige Beiträge an den Gesundheitsfonds. Der Gesundheitsfonds zahlt jedoch keine morbiditätsorientierten Zuweisungen mehr an die Krankenkassen, sondern gibt an alle Versicherten Gutschriften in gleicher Höhe aus (Pauschalprämien). Der Gesundheitsfonds würde zu einer ,Umtauschstelle', die einkommensabhängige Beiträge in pauschale Gutschriften umwandelt. Damit würde allerdings zugleich auch der morbiditätsorientierte Risikostrukturausgleich abgeschafft, der in der gegenwärtigen Konstruktion über den Gesundheitsfonds abgewickelt wird. Die Gutschriften würden die Mitglieder bei einer Versicherung ihrer Wahl einlösen. Wenn die Krankenversicherungen für alle Versicherten einheitlich hohe ,Kopfpauschalen' verlangen, müssten die Versicherten – je nachdem wie hoch die versicherungsspezifische ,Kopfpauschale' ist – die Differenz zu einem höheren Pauschalbeitrag zahlen oder würden im Fall eines niedrigeren Pauschalbeitrags eine Auszahlung von der betreffenden ,Versicherung' erhalten. Wie oben bereits erwähnt, würde ein solches System die Unterschiede der individuellen Krankheitskosten in keiner Weise berücksichtigen. Die Folge wären massive Anreize zur Risikoselektion.

---

[16] So wurde der Ausgleich für das Jahr 1995 bis zum Jahr 2000 viermal neu festgelegt, einmal vorläufig und dreimal ,endgültig'. Die Eckdaten für das Jahr 1995 wurden vom BVA bis zum Jahr 2000 insgesamt 20-mal festgelegt bzw. korrigiert (Glanz 2000: 36).

Versicherte mit hohem Krankheitsrisiko wären in einem solchen System eine Bedrohung für die finanzielle Stabilität einer Versicherung. Versicherungen müssten dementsprechend bestrebt sein, vor allem gesunde Versicherte zu gewinnen und chronisch Kranke nicht aufzunehmen.

Dieses Problem könnte man versuchen durch einen allgemeinen ‚Kontrahierungszwang' zu lösen, und damit alle Anbieter von Krankenversicherungen zur Aufnahme aller Personen zu verpflichten, die dies wünschen. Ein solcher Kontrahierungszwang allein könnte das Problem jedoch nicht lösen, weil es vielfältige verdeckte Strategien zur Risikoselektion bei Krankenversicherungen gibt, mit denen ein Kontrahierungszwang umgangen werden kann. Um Risikoselektion zu vermeiden, wäre auch in einem solchen System ein Risikostrukturausgleich notwendig. Selbst die Entwickler des neoliberalen Reformmodells der 1980er Jahre hatten dieses Problem und die Notwendigkeit eines RSA gesehen, und ihre Reformvorschläge enthielten darum in der Regel auch einen Risikostrukturausgleich, allerdings noch nicht unter genau diesem Namen. Auch die nach 1998 vorgeschlagenen Kopfpauschalenmodelle neoliberaler Ökonomen sowie das 2003 von der CDU beschlossene Gesundheitsprämienmodell erkannten die Notwendigkeit eines RSA an.

Wenn der Gesundheitsfonds jedoch, wie von Richter vorgeschlagen, zunächst in eine Umtauschstelle umgewandelt und im zweiten Schritt aufgelöst würde, gäbe es keinen RSA mehr. Die Lücke könnte höchstens durch einen Ausgleichsmechanismus gefüllt werden, der nach dem Vorbild des ‚alten' RSA funktioniert und Ausgleichszahlungen zwischen allen Anbietern der Basisversorgung vorsieht. Im alten RSA war dies rechtlich unproblematisch, da es ein Ausgleich allein zwischen Krankenkassen als Trägern einer staatlichen Sozialversicherung und Körperschaften des öffentlichen Rechts war. In einem ‚Kopfpauschalenmodell', wie es die Neoliberalen vorschlugen und die CDU beschlossen hatte, würden sowohl Krankenkassen als auch private Versicherungsunternehmen diese Basisversicherung anbieten. Es müssten folglich Ausgleichszahlungen von öffentlich-rechtlichen Krankenkassen zu privaten Versicherungsunternehmen und von privaten Versicherungsunternehmen zu öffentlich-rechtlichen Körperschaften erfolgen. Dass dies rechtlich zulässig wäre, erscheint höchst zweifelhaft. Die Frage nach der verfassungsrechtlichen Zulässigkeit solcher Zahlungsströme wurde in den vorgeschlagenen Kopfpauschalenmodellen allerdings weder erörtert noch geklärt. Sie ist hier insofern nicht von Belang, als nur die Frage interessiert, ob der Gesundheitsfonds den Einstieg in ein Kopfpauschalensystem erleichtert. Das ist – wie gezeigt – nicht der Fall.

Sollte vom bestehenden Gesundheitsfonds dennoch umgestellt werden auf ein Kopfpauschalensystem, müsste zunächst eine umfassende Reform des Gesundheitsfonds und des RSA erfolgen. Der Gesundheitsfonds müsste zu einer Umtauschstelle gemacht werden und der RSA wieder zu einem System von Ausgleichszahlungen zurückverwandelt werden. Danach müsste der Gesundheitsfonds in einem zweiten Schritt aufgelöst und die einkommensabhängigen GKV-Beiträge müssten abgeschafft werden. Es gäbe nur noch einkommensunabhängige Pauschalbeiträge. Als Bestandteil eines Kopfpauschalenmodells führt der Gesundheitsfonds somit zu einer erheblichen Verkomplizierung und auch zur deutlichen Verlängerung einer Übergangsphase.

Betrachtet man die Gesamtkonstruktion des Finanzierungssystems für die GKV, wie es durch das GKV-WSG 2007 geschaffen wurde, so waren aus Sicht der Programmatik der CDU zwei andere Reformbestandteile weitaus wichtiger: Der Einstieg in einkommensunabhängige Zusatzbeitrage und die Festschreibung des Arbeitgeberbeitrags durch die Verlagerung der Festlegung des allgemeinen Beitragssatzes auf die Bundesregierung. Für beides brauchte es allerdings keinen Gesundheitsfonds.

Auch hinsichtlich eines Übergangs zu einer ‚Bürgerversicherung' schafft der Gesundheitsfonds keinen Vorteil. Das SPD-Modell einer ‚Bürgerversicherung' sieht die Einführung eines ‚Bürgerversicherungstarifs' vor, den sowohl die Krankenkassen als auch die PKV-Unternehmen anbieten können. Wenn – wie im SPD-Modell vorgesehen – für diesen Tarif gesetzlich verpflichtend einkommensabhängige Beiträge zu erheben sind, ist ein RSA unerlässlich. Und wenn sich der Tarif an der Konstruktion des PKV-Basistarifs orientiert, wie er durch das GKV-WSG eingeführt wurde, dann wäre dies ein RSA, in dem Ausgleichszahlungen zwischen den ‚Anbietern' vorgeschrieben werden. Auch hier wäre die oben bereits angesprochene Frage zu klären, ob es rechtlich überhaupt zulässig ist, solche Ausgleichszahlungen zwischen öffentlich-rechtlichen Krankenkassen, also einem staatlichen Nebenhaushalt, und privaten Versicherungsunternehmen durch Gesetz vorzuschreiben.

Aber selbst wenn dies zulässig wäre, kann festgehalten werden, dass der 2009 eingeführte Gesundheitsfonds auch keine Erleichterung für den Einstieg in eine ‚Bürgerversicherung' bewirkt. Wie im Fall der Einführung eines Kopfpauschalensystems müsste der Gesundheitsfonds zunächst einmal wieder abgeschafft werden. Behielte man ihn bei und würde das bestehende System einfach nur auf die PKV ausdehnen, müssten die PKV-Unternehmen, die den Bürgerversicherungstarif anbieten, ihre gesamten Prämieneinnahmen direkt an den Gesundheitsfonds – also ein staatliches Sondervermögen – abgeben. Das Eigentum an ihren Versicherungsprämien würde somit auf den Staat übergehen.

Erst danach würden sie von einer staatlichen Behörde (BVA) risikoorientierte Zuweisungen je Versicherten erhalten. Es erscheint in hohem Maße zweifelhaft, dass ein solches System vereinbar ist mit einem privatwirtschaftlichen Versicherungssystem, in dem auf Grundlage privatrechtlicher Versicherungsverträge von Versicherungsnehmern Versicherungsprämien gezahlt werden, die Eigentum des jeweiligen Versicherers sind. Die einfache Einbeziehung der PKV in das bestehende System aus RSA und Gesundheitsfonds käme einer Enteignung gleich. Und darüber hinaus wären Zahlungen eines staatlichen Gesundheitsfonds an private Versicherungsunternehmen vermutlich unvereinbar mit dem sogenannten ‚Beihilfeverbot‘ des EU-Wettbewerbsrechts, das staatliche Unterstützungen für private Unternehmen verbietet.[17]

Variante 2: Alternativ wäre denkbar, dass RSA und Gesundheitsfonds bestehen bleiben und der Gesundheitsfonds die morbiditätsorientierten Zuweisungen nicht an die Kassen, sondern an die Versicherten auszahlt. Das aber würde nur Sinn machen, wenn Krankenversicherungen weder ‚Kopfpauschalen‘ noch einkommensabhängige Beiträge, sondern risikoäquivalente Prämien verlangen. Diese Variante scheidet somit sowohl als Weg zur Einführung eines ‚Kopfpauschalensystems‘ als auch einer ‚Bürgerversicherung‘ aus.

Es kann somit festgehalten werden, dass der Gesundheitsfonds weder den Einstieg in das Kopfpauschalenmodell der CDU noch das rot-grüne Modell einer ‚Bürgerversicherung‘ erleichtert. Im Gegenteil: Um den Umstieg auf diese Modelle vollziehen zu können, müsste er wieder abgeschafft werden.

Gesundheitsfonds und RSA: System zur Simulation risikoäquivalenter Prämien

Die genauere Betrachtung der Konstruktion des morbiditätsorientierten Risikostrukturausgleichs und des Gesundheitsfonds zeigte, dass diese Konstruktion nicht – wie vielfach angenommen – die Option eröffnet, das neu geschaffene Finanzierungssystem entweder in Richtung einer rot-grünen ‚Bürgerversicherung‘ oder eines Kopfpauschalensystems weiterzuentwickeln. Das neu geschaffene System eröffnet hingegen eine andere Entwicklungsmöglichkeit, die den Zielen eines

---

[17] Vgl. Art. 108 Abs. 2 Vertrag über die Arbeitsweise der Europäischen Union (AEUV). Als „Beihilfen" gelten laut EuGH „Maßnahmen gleich welcher Art, die mittelbar oder unmittelbar Unternehmen begünstigen (Urteil vom 15. Juli 1964 in der Rechtssache 6/64, Costa, Slg. 1964, 1253, 1272) oder die als ein wirtschaftlicher Vorteil anzusehen sind, den das begünstigte Unternehmen unter normalen Marktbedingungen nicht erhalten hätte" (EuGH 2003b: Rn. 84).

marktwirtschaftlichen Umbaus der GKV entgegenkommt. Dies wird erkenn-
bar, wenn man ‚unter die Oberfläche' des neuen Finanzierungssystems schaut.
Als Einstieg dazu soll die nachfolgende stark vereinfachende Beschreibung der
Funktionsweise des neuen Systems dienen.

Die Krankenkassen sind seit jeher „Einzugsstellen" für den Gesamtsozialversicherungsbeitrag, die Arbeitgeber haben den Gesamtsozialversicherungsbeitrag an
die Krankenkassen zu entrichten (§ 28h SGB IV). Die Krankenkassen haben die
eingezogenen Beiträge zur Renten-, Arbeitslosen- und Pflegeversicherung an die
jeweils zuständigen Träger dieser Zweige der Sozialversicherung zu überweisen.
Durch das GKV-WSG wurde dieses System für die Beiträge zur gesetzlichen
Krankenversicherung in einem wesentlichen Punkt geändert. Der allgemeine
GKV-Beitrag verbleibt seit 2009 nicht mehr der einziehenden Krankenkasse, sondern ist von ihr direkt (arbeitstäglich) an den Gesundheitsfonds weiterzuleiten
(§ 252 Abs. 2 SGBV).

Der Gesundheitsfonds wird als „Sondervermögen" vom Bundesversicherungsamt verwaltet und ist sozusagen die zentrale große ‚Sammelstelle' für alle
eingehenden GKV-Beitragszahlungen, den Bundeszuschuss und die sonstigen
Einnahmen der GKV. Dies gilt auch für die von einzelnen Krankenkassen
erhobenen Zusatzbeiträge. Auch sie müssen zunächst an den Gesundheitsfonds
weitergeleitet werden. Vom Gesundheitsfonds erhält die jeweilige Krankenkasse
dann nach Durchführung eines ‚Einkommensausgleichs' die Einnahmen aus den
Zusatzbeiträgen „in der Höhe, die sich nach dem Einkommensausgleich ergibt"
(§ 270a Abs. 2 SGB V).[18]

An dieser Stelle der Darstellung kann somit festgehalten werden, dass es seit
2009 keinen Finanzausgleich mehr zwischen den Krankenkassen gibt, wie es
im alten RSA der Fall war. In dem 1996 eingeführten ‚alten' RSA fand noch
tatsächlich ein ‚Finanzausgleich' zwischen den Krankenkassen in Form von Ausgleichszahlungen statt. Es gab ‚Zahlerkassen', die Ausgleichszahlungen an andere
Kassen leisten mussten, und es gab ‚Empfängerkassen', die Ausgleichszahlungen
erhielten. Das bedeutet aber auch: In dem 2009 eingeführten System werden
keine unterschiedlichen ‚Risikostrukturen' ausgeglichen. Die Bezeichnung dieses
Systems als „Risikostrukturausgleich", wie sie beispielsweise die Überschrift des
§ 266 SGB V enthält, ist insofern unsachgemäß.

---

[18] Der Einkommensausgleich erfolgt, indem der Zusatzbeitrag der Krankenkasse mit den
durchschnittlichen beitragspflichtigen Einnahmen je Mitglied aller Krankenkassen und ihrer
Mitgliederzahl multipliziert wird (§ 270a Abs. 2 SGB V).

Dennoch wird der Begriff weiterverwendet, und es finden sich auch noch andere Begriffe aus der Zeit des alten RSA in dem noch heute geltenden GKV-Recht. Dies kann verwundern. Dabei ist jedoch zu bedenken, dass Recht durch Politik gesetzt wird. Das GKV-Recht ist folglich in Rechtsnormen gegossene Politik. Und wenn dies so ist, dann wirken Mechanismen und Interessen der Politik auch bis in die Rechtsvorschriften und die verwendeten Begrifflichkeiten hinein. Diese Herkunft von Rechtsbegriffen aus dem Politischen sollte man bei der Lektüre und Diskussion von Rechtsvorschriften nie vergessen.

In diesem Fall ist die Herkunft der Rechtsvorschriften insofern von Bedeutung, als es 2007 breitester Konsens war, nicht nur in den Koalitionsparteien, dass der RSA nicht abgeschafft, sondern reformiert und in einen morbiditätsorientierten Risikostrukturausgleich umgewandelt werden sollte. Diese Diskussion hatte bereits Ende der 1990er Jahre begonnen, und mit der Entwicklung eines neuen, morbiditätsorientierten RSA war bereits vor dem GKV-WSG begonnen worden.

Wäre der morbiditätsorientierte RSA ohne Gesundheitsfonds und mit der alten Finanzierungssystematik eingeführt worden, hätte es auch nach 2009 weiter einen Finanzausgleich zwischen ‚Zahlerkassen' und ‚Empfängerkassen' gegeben. Statt dieses System weiterzuführen, wurde jedoch beschlossen, einen Gesundheitsfonds einzuführen und den allgemeinen GKV-Beitragssatz durch Rechtsverordnung der Bundesregierung festzusetzen. Dass dadurch der Finanzausgleich zwischen den Krankenkassen abgeschafft und der Begriff Risikostrukturausgleich somit nicht mehr sachgerecht ist, wurde offenbar weder von der Politik noch von der wissenschaftlichen und öffentlichen Diskussion erkannt. Wenn es einzelnen Akteuren bewusst war, so griffen sie nicht in die gesundheitspolitische Diskussion ein, um dies klarzustellen. In der gesundheitspolitischen und wissenschaftlichen Fachdiskussion herrscht weitgehender Konsens, dass es sich bei der geltenden Konstruktion weiter um einen „Risikostrukturausgleich" handelt.

Tatsächlich aber wurde durch das WSG 2007 ein neues System geschaffen, das die Finanzierung Krankenkassen dem PKV-System sehr weitgehend annähert. Dies wird deutlich, wenn man den Blick darauf richtet, nach welchen Regeln die Auszahlungen des Gesundheitsfonds an die einzelnen Krankenkassen erfolgen.

Die Auszahlungen des Gesundheitsfonds an die einzelnen Krankenkassen erfolgen auf Grundlage eines Systems versichertenbezogener Zuweisungen. Das

Grundprinzip des 2009 eingeführten Systems kann vereinfacht wie folgt beschrieben werden (vgl. dazu u. a. auch BVA 2008). Die Darstellung erfolgt auf dem Stand der Rechtsvorschriften in der Fassung des GKV-WSG:[19]

- *Grundpauschale:* Für jeden Versicherten erhalten die Krankenkassen eine Grundpauschale, die sich an den durchschnittlichen Ausgaben der Versicherten aller Krankenkassen orientiert.
- *Zu- und Abschläge:* Die Grundpauschale je Versicherten wird durch „alters-, geschlechts- und risikoadjustierte Zu- und Abschläge" (§ 266 Abs. 1 SGB V) erhöht oder reduziert. Es gibt somit nach Alter und Geschlecht differenzierte Zu- und Abschläge, die unabhängig von dem Vorhandensein bestimmter Erkrankungen vorgenommen werden. Damit soll berücksichtigt werden, dass die Kosten beispielsweise eines älteren Versicherten auch ohne Vorliegen einer schweren chronischen Erkrankung in der Regel höher sind, als die Kosten eines jungen Versicherten. Zudem werden geschlechtsspezifische Ausgabenunterschiede einbezogen. Alter und Geschlecht wurden auch bereits im alten RSA berücksichtig.
- *Morbiditätsgruppen und Risikozuschläge:* Das Neue und Namensgebende an dem 2009 eingeführten ‚morbiditätsorientierten' RSA ist die Berücksichtigung der Kosten einzelner Krankheiten. Mit dem GKV-WSG 2007 wurde entschieden, dass nicht alle Erkrankungsarten durch Zuschläge berücksichtigt werden, sondern nur eine Auswahl von 80 Krankheiten, die als besonders relevant eingeschätzt wurden.[20] Auf Grundlage dieser 80 Krankheiten wurden „Morbiditätsgruppen" gebildet (§ 268 Abs. 1 SGB V), in die Versicherte eingruppiert

---

[19] Nähere Einzelheiten zur Ausgestaltung des aktuellen Systems und insbesondere den Zu und Abschlägen sowie den Morbiditätsgruppen finden sich auf der Internetseite des früheren Bundesversicherungsamtes, das 2020 in „Bundesamt für Soziale Sicherung" umbenannt wurde. Die nachfolgende Darstellung konzentriert sich auf die zentralen Elemente des neuen Systems. Auf weitere Differenzierungen wie beispielsweise Zuweisungen in Abhängigkeit vom Anspruch auf Krankengeld, dem Bezug einer Erwerbsminderungsrente etc. wird im Interesse einer vereinfachenden Darstellung nicht eingegangen.

[20] Die Auswahl basiert auf den Ergebnissen eines wissenschaftlichen Gutachtens des RSA-Beirates beim BVA (Busse et al. 2007). Allerdings wurde den Empfehlungen des Beirates nicht gefolgt. Das BVA erstellte 2008 auf Anweisung des BMG eine neue Liste von Krankheiten. Dabei spielte offenbar eine wesentliche Rolle, dass das SPD-geführte BMG die Auswahl der Krankheiten so gestalten wollte, dass die Interessen der großen sogenannten ‚Versorgerkassen', vor allem die der AOKn, befriedigt wurden (Pressel 2012: 158). Daraufhin trat der RSA-Beirat geschlossen zurück.

werden, die eine der darin definierten Erkrankungen aufweisen.[21] Die Erkennung dieser Versicherten und Zuordnung zu einer ‚Morbiditätsgruppe' erfolgt auf Grundlage der „Morbidität der Versicherten" (§ 268 Abs. 1 Nr. 1 SGB V), die anhand der Diagnosedaten sowie Leistungs- und Kostendaten festgestellt wird, die den Krankenkassen von allen GKV-Versicherten vorliegen. Sofern Versicherte einer dieser Morbiditätsgruppen zugeordnet sind, erhält die jeweilige Krankenkasse für diese Versicherten einen Zuschlag auf die Grundpauschale. Diese Zuschläge werden als „Risikozuschläge" bezeichnet (§ 29 Nr. 1 RSAV).[22]

- *Sonstige Zuweisungen:* Zur Deckung ihrer Verwaltungsausgaben und der Ausgaben für Disease Management Programme erhalten die Krankenkassen gesonderte einheitliche Pauschalen (§ 270 SGB V).

Das hier skizzierte System mag kompliziert erscheinen, es hat jedoch den Vorteil, dass durch die Kombinationen der Grundpauschale mit verschiedenen Zu- und Abschlägen sowie dem System der Morbiditätsgruppen ein hohes Maß an Differenzierung erreicht werden kann, das eine relativ weitgehende Individualisierung der versichertenbezogenen Zuweisungen ermöglicht.

Durch die Darstellung dürfte erkennbar geworden sein, dass im Zentrum des neuen, morbiditätsorientierten RSA ein Klassifizierungssystem steht, das es ermöglicht, die spezifischen Kosten einzelner Krankheiten und definierter Gruppen von GKV-Versicherten zu erfassen und Zuweisungen festzulegen, die auf Grundlage der durchschnittlichen jährlichen Ausgaben für einzelne Versichertengruppen berechnet sind. Ein solches Klassifizierungssystem folgt der Logik versicherungsmathematischer Berechnungen, wie sie in der PKV üblich sind, und entspricht faktisch einem System risikoäquivalenter Prämien.

Zwar enthält das RSA-System eine für alle Versicherten einheitliche Grundpauschale, diese ist jedoch nur Ausgangspunkt für die Ermittlung weitgehend individualisierter Zuweisungen. Auch die vorgesehene Differenzierung nach Alter und Geschlecht ist Teil eines Systems risikoäquivalenter Prämien, da es sich um Merkmale handelt, die – um es in der Fachsprache der PKV zu formulieren – das ‚Schadensfallrisiko' beeinflussen. Einer der an der Entwicklung des RSA maßgeblich beteiligten Ökonomen sprach dies auch offen aus. Durch den

---

[21] Die Zahl der Morbiditätsgruppen lag beim Start des neuen RSA bei gut 100 und wurde bis zum Jahr 2020 auf ca. 230 erhöht (BVA 2019).

[22] RSAV: Risikostruktur-Ausgleichsverordnung.

RSA werden „risikoäquivalente Prämien simuliert" (Wasem et al. 2003: 44).[23] Wenn dies bereits vor Einführung des morbiditätsorientierten RSA durch das GKV-WSG galt, dann umso mehr in dem seit 2009 geltenden System.

Diese noch auf den alten RSA bezogene Aussage gilt umso mehr, je umfassender das Morbiditätsrisiko einzelner GKV-Versicherter erfasst wird. Insofern brachte die Einführung von ‚Morbiditätsgruppen' eine gegenüber dem vorherigen RSA deutlich stärkere Annäherung der Krankenkassenfinanzierung an die risikoäquivalenten Prämien der PKV. Und mit jeder Ausweitung der erfassten Krankheiten wird diese Annäherung weiter vorangetrieben. Ein weiterer und sehr relevanter Schritt hierzu wurde 2020 mit der Verabschiedung des Faire-Kassenwettbewerb-Gesetzes (FKG) vollzogen. Das FKG enthält den Grundsatzbeschluss, dass der RSA auf ein „Krankheits-Vollmodell" (BT-Drs. 19/15662: 2, 57) umgestellt werden soll. Damit ist gemeint, dass für die Kalkulation der Zuweisungen nicht mehr nur bis zu 80 Krankheiten verwendet werden sollen, sondern das gesamte Krankheitsspektrum.

Mittlerweile wird die Orientierung des RSA am Geschäftsmodell der PKV auch sprachlich immer deutlicher offengelegt. Der Begriff „Krankheits-Vollmodell" zeigt eine deutliche Nähe zur „Krankheitskostenvollversicherung" der PKV (PKV 2019). Die Zuweisungen des Gesundheitsfonds werden im Gesetz als „risikoadjustierte(n) Zuweisungen" bezeichnet, die Zu- und Abschläge als „risikoadjustierte Zu- und Abschläge", die Versichertengruppen als „Risikogruppen", und die Zuweisung der Versicherten zu den Risikogruppen erfolgt laut Gesetz auf Grundlage individueller „Risikomerkmale" (§ 266 SGB V).

Sowohl die Konstruktion des RSA als auch die Sprache zu seiner Beschreibung zeigt sehr eindeutig, dass im Zentrum des Systems aus RSA und Gesundheitsfonds das Äquivalenzprinzip steht. Ziel der Weiterentwicklung des RSA war – und dies gilt für jede weitere ‚Verfeinerung' des RSA – die Herstellung und kontinuierliche Verbesserung einer Äquivalenz zwischen Beitragszahlungen (Zuweisungen) und ‚Versicherungsleistungen' (standardisierte Leistungsausgaben).

Als Ergebnis der Analyse kann somit festgehalten werden, dass die Krankenkassen seit 2009 keine einkommensabhängigen Beiträge mehr erhalten, sondern ‚morbiditätsorientierte Zuweisungen', bei denen es sich faktisch um risikoäquivalente Versicherungsprämien handelt. Dass sich die Zuweisung je Versicherten

---

[23] „Die Umstellung der GKV-Finanzierung auf risikoäquivalente Kopfprämien ist dagegen für eine solche Stärkung wettbewerblicher Elemente nicht notwendig, weil für die Krankenkassen durch den RSA risikoäquivalente Prämien simuliert werden" (Wasem et al. 2003: 44).

aus verschiedenen ‚Bausteinen' zusammensetzt, zu denen auch risikounabhängige Zuweisungen gehören, steht zu dieser Feststellung nicht im Widerspruch. Entscheidend ist, dass sich die Höhe der Gesamt-Zuweisung in Abhängigkeit vom individuellen ‚Schadensrisiko' der Versicherten unterscheidet.

An der Oberfläche des GKV-Systems hat sich 2009 jedoch nichts geändert. Die risikoäquivalenten Prämien (Zuweisungen) werden vom Gesundheitsfonds ‚gezahlt' und nicht von den Mitgliedern. Dadurch ist die Umstellung für die GKV-Mitglieder nicht sichtbar. Von ihrem Lohn und Gehalt wird weiterhin ein einkommensabhängiger Beitrag abgezogen, den ihr Arbeitgeber an die jeweilige Krankenkasse entrichtet. Dass die Krankenkasse den Beitrag nicht mehr behält, sondern an den Gesundheitsfonds weiterleitet, dürfte kaum einem GKV-Mitglied bekannt sein. Es ist für den Alltag von GKV-Mitgliedern auch irrelevant. Wenn man die GKV als Sozialversicherung insgesamt betrachtet, ist es nach 2009 bei der Finanzierung durch einkommensabhängige Beiträge geblieben. An der Oberfläche hat sich 2009 somit nichts geändert. Unter dieser Oberfläche wurde jedoch ein weitreichender Schritt vollzogen, der die Krankenkassen den privaten Krankenversicherungen in der Art ihrer Finanzierung weitgehend angleicht.

In einem wichtigen Punkt unterscheidet sich das 2009 eingeführte System der GKV-Finanzierung jedoch von der PKV. Die risikoäquivalenten Prämien der PKV basieren auf einer Prämienkalkulation für die gesamte voraussichtliche Dauer des Versicherungsverhältnisses, unter der Annahme, dass dieses bis ins hohe Alter und bis zum Lebensende der versicherten Person reicht. Um für den gesamten Zeitraum eine möglichst stabile Versicherungsprämie gewährleisten zu können, werden Alterungsrückstellungen gebildet, aus denen der Kostenanstieg im Alter gedeckt werden soll. Insofern ist die PKV-Versicherungsprämie auch vom Eintrittsalter der Versicherungsnehmer abhängig. Je älter Versicherte sind, desto höher muss der Prämienanteil zur Bildung einer Alterungsrückstellung sein. Je jünger Versicherte bei Abschluss des Versicherungsvertrages sind, desto geringer kann der Prämienanteil für die Alterungsrückstellung sein.

Insofern ist ein einfacher Umstieg vom bestehenden GKV-System einkommensabhängiger Beiträge in ein PKV-System mit risikoäquivalenten Prämien nicht möglich, auch nicht nach Einführung des RSA mit Krankheits-Vollmodell. Sollte ein solcher Umstieg von einem Tag auf den anderen vollzogen werden, müsste der Gesundheitsfonds entfallen und alle GKV-Versicherten – nicht nur die Mitglieder – müssten eine risikoäquivalente Versicherungsprämie zahlen. Da zum Zeitpunkt der Umstellung keine für einzelne Tarif-Kohorten gebildeten Alterungsrückstellungen existieren, müsste für jede Altersgruppe ein Altersgruppentarif kalkuliert und verlangt werden. Der wäre umso höher, je älter und kränker die

Versicherten sind, da die durchschnittlichen Krankheitskosten umso höher sind, je älter und kränker die Versichertengruppe ist. Eine solche Umstellung wäre politisch wohl kaum mehrheitsfähig. Die für eine solche Umstellung verantwortlichen Parteien würden mit Sicherheit wegen der daraus resultierenden exorbitanten Beitragssteigerungen für ältere und chronisch oder schwer kranke Versicherte sowie für Versicherte mit nicht erwerbstägigen Angehörigen und Kindern kritisiert und müssten damit rechnen, dass sie bei den folgenden Wahlen massiv an Stimmen verlieren. Aber auch bereits vor den nächsten Wahlen würde mit sehr hoher Wahrscheinlichkeit eine breite Welle der Empörung durch Deutschland gehen, die das Potenzial hätte, das politische System schwer zu erschüttern.

Ein Umstieg könnte somit – wenn überhaupt – nur schrittweise und über einen längeren Zeitraum erfolgen, in dem nach und nach für Neukunden Beiträge erhoben werden, die auch einen Anteil für die Bildung von Alterungsrückstellungen vorsehen. Dies ist keineswegs eine rein hypothetische Option. In der sozialen Pflegeversicherung gibt es mittlerweile bereits einen ‚kollektiven' Kapitalstock. Als Teil des Ersten Pflegestärkungsgesetzes (PSG I) wurde 2014 die Bildung eines „Pflegevorsorgefonds" als „Sondervermögen" beschlossen, in den ein Teil der Beitragseinnahmen eingezahlt wird (§ 131 bis 139 SGB XI). Die Verwaltung und Anlage der Mittel erfolgt durch die Deutsche Bundesbank. Die Mittel werden auf dem Kapitalmarkt angelegt und sind ab 2035 über einen Zeitraum von maximal zehn Jahren für die Finanzierung der Leistungen der Pflegeversicherung zu verwenden. Auch wenn die Bezeichnung im Gesetz nicht erscheint, faktisch handelt es sich um eine Art von Alterungsrückstellungen. Es gab bereits mehrfach Vorschläge von neoliberalen Ökonomen, den Umstieg auf risikoäquivalente Prämien dadurch zu ermöglichen, dass zunächst ein ‚kollektiver' Kapitalstock gebildet wird, der zu einem späteren Zeitpunkt ‚individualisiert' und anteilig auf die Versicherten aufgeteilt wird (BMF-Beirat 2004, 2006; Cassel 2003; SVR-W 2008).

Technisch dürfte es kein unüberwindbares Problem darstellen, auch in das GKV-System einen schrittweisen Umstieg auf sogenannte ‚Kapitaldeckung' einzufügen. Damit würde ein nächster wichtiger Schritt zur Vorbereitung der Umwandlung des GKV-Systems in ein PKV-System und der Krankenkassen in private Versicherungsunternehmen vollzogen. Der RSA könnte dahingehend verändert werden, dass für jede Altersgruppe der Versicherten das lebenslange ‚Kostenrisikos' errechnet wird, um auf dieser Grundalge nach Einstiegsalter differenzierte Zuschläge zur Bildung individualisierter Alterungsrückstellungen zu kalkulieren.

Die GKV-Mitglieder und Versicherten würden keinerlei Änderung bemerken, die Bildung von individuellen Alterungsrückstellungen liefe von ihnen unbemerkt ,im Hintergrund' kontinuierlich mit. Es müsste lediglich die Bildung eines kollektiven ,Vorsorgefonds' analog zur Pflegeversicherung beschlossen werden, in den diese Beitragszuschläge Monat für Monat eingezahlt werden. Bei einer Umstellung auf risikoäquivalente Prämien könnte der individuelle Anteil jedes einzelnen Versicherten an diesem kollektiven Kapital-Fonds errechnet und an die Versicherten ausgezahlt werden. Alternativ könnte der Gesundheitsfonds diesen individuellen Anteil an der kollektiven Alterungsrückstellung auch an das private Versicherungsunternehmen auszahlen, für das sich die Versicherten entschieden haben, mit dem sie einen privatrechtlichen Versicherungsvertrag abgeschlossen haben.

Die Umwandlung des Systems aus RSA und Gesundheitsfonds in ein System individuell zu zahlender risikoäquivalenter Prämien, die von privatisierten Krankenkassen erhoben werden, wäre somit technisch möglich. Politisch ist ein solcher Umstieg allerdings erheblich schwieriger. Der finanzielle Aufwand für individualisierten privaten Krankenversicherungsschutz wäre in einem System risikoäquivalenter Prämien für einen Großteil der Bevölkerung, insbesondere für chronisch Kranke, Familien[24] und Alte, sicherlich deutlich höher und für viele Bürger nicht zu leisten. Ein einfacher Wechsel von einkommensabhängigen GKV-Beiträgen zu risikoäquivalenten würde darum mit Sicherheit auf massive Kritik und öffentliche Ablehnung stoßen. Die notwendigen Mehrheiten für eine solche Umstellung dürften nur schwer zu beschaffen sein, nicht zuletzt auch, weil die politischen Risiken für die Verantwortlichen sehr hoch wären. Eine direkte Umstellung erscheint insofern nur sehr schwer vorstellbar.

Allerdings bietet das neoliberale Reformmodell ein Konzept zur Lösung dieses Problems. Bereits das Reformmodell des Kronberger Kreises von 1987 sah steuerfinanzierte Zuschüsse zu Versicherungsprämien für ,Problemgruppen' wie Geringverdiener, chronisch Kranke, Familien, Rentner mit niedrigem Einkommen etc. vor, die als „Sozialausgleich" bezeichnet wurden (Kronberger Kreis 1987a: 43). Ein solcher „Sozialausgleich" in Form staatlicher Zuschüsse zu Krankenversicherungsbeiträgen gehört unter der Bezeichnung ,sozialer Ausgleich' seit Anfang der 2000er Jahre zum Kernbestand des weiterentwickelten neoliberalen Reformmodells, insbesondere wenn der betreffende Vorschlag ,Kopfpauschalen' vorsah (vgl. u. a. Buchholz et al. 2001: 20; Knappe 2000: 8; Knappe/Arnold 2002: 18; SVR-W 2002: 286; 2004: 387; 2008: 394 f.).

---

[24] Durch den Wegfall der beitragsfreien Familienversicherung.

Die staatliche Bezuschussung von Krankenversicherungsbeiträgen für bestimmte ‚Problemgruppen' kann dazu eingesetzt werden, den Übergang von einkommensabhängigen GKV-Beiträgen zu risikoäquivalenten Prämien ‚sozial abzufedern', beispielsweise indem eine einkommensbezogene ‚Belastungsgrenze' definiert wird, und bei Überschreitung dieser Grenze der übersteigende Betrag durch einen steuerfinanzierten Prämienzuschuss ausgeglichen wird. Diese Grenze könnte zum Zeitpunkt der Umstellung auf einer Höhe festgesetzt werden, die dem durchschnittlichen allgemeinen GKV-Beitrag entspricht. Und wenn die Grenze nicht auf das individuelle Einkommen, sondern auf das Haushaltseinkommen bezogen wird, würde die Beitragsbelastung für die weit überwiegende Mehrzahl der GKV-Versicherten – zumindest zunächst – nicht ansteigen. Solche Überlegungen sind keineswegs neu. Bereits 2001 unterbreiteten Breyer et al. (2001: 180) einen entsprechenden Vorschlag in einem Gutachten für das Wirtschaftsministerium. Und auch das 2003 von der CDU beschlossene ‚Gesundheitsprämienmodell' sieht einen solchen „sozialen Ausgleich" in Form eines steuerfinanzierten Zuschusses für Geringverdiener vor (CDU 2003: 25).

Das GKV-WSG 2007 enthielt keinen solchen ‚sozialen Ausgleich'. Aufgrund der Differenzen zwischen SPD und CDU/CSU war lediglich ein erster Einstieg in einkommensunabhängige Zusatzbeiträge möglich. Deren zu erwartende finanzielle Dimension war so gering, dass die Einrichtung eines gesonderten ‚sozialen Ausgleichs' völlig überdimensioniert gewesen wäre. Nach der Bundestagswahl 2009 und Bildung einer schwarz-gelben Koalition sollte sich dies allerdings ändern. Die neu gebildete Regierungskoalition aus CDU/CSU und FDP ging daran, einen schrittweisen Ausbau des einkommensunabhängigen Beitragsanteils einzuleiten. Das dafür geschaffene System sah auch einen „Sozialausgleich" vor.

Das 2011 beschlossene System beinhaltete staatliche Zuschüsse zwar für ein System einkommensunabhängiger Beitragspauschalen. Solche Beitragszuschüsse sind jedoch auch für die ‚soziale Abfederung' einer Umstellung auf risikoäquivalente Prämien einsetzbar. Und an diesem Punkt schließt sich ein Kreis, der zum Kronberger Kreis von 1987 zurückführt. Er hatte das Konzept und den Begriff „Sozialausgleich" als erster in die Diskussion eingebracht. Sein „Sozialausgleich" war Teil eines Reformkonzeptes, das explizit die Einführung eines reinen PKV-Systems mit ausschließlich risikoäquivalenten Versicherungsprämien zum Ziel hatte.

„Wettbewerb zwischen den Versicherungen ist nur möglich, wenn den Versicherungsnehmern der Wechsel von einer Versicherung zur anderen ermöglicht wird. Voraussetzung ist, daß die Beitragssätze ausschließlich risikobezogen kalkuliert werden und keine Komponenten der Einkommensumverteilung, wie etwa den Familienlastenausgleich, enthalten" (Kronberger Kreis 1987a: 33).

Exkurs: Gesundheitsfonds und Risikostrukturausgleich als quasi zwangsläufige Reaktionen auf die Dynamik des GKV-Wettbewerbs

Mit den vorstehenden Ausführungen soll nicht die These vertreten werden, die schrittweise Weiterentwicklung des Risikostrukturausgleichs und die Einführung des Gesundheitsfonds habe der Umsetzung eines ‚von langer Hand' vorbereiteten Plans gedient, der von ‚geheimen Mächten' entwickelt und im Geheimen umgesetzt werde. Das vorliegende Buch hat – wie zu Beginn dargelegt – das Ziel, nachzuweisen, dass es sich bei den aufgezeigten Entwicklungen nicht um ‚geheime Machenschaften' handelte oder handelt. Was in diesem Buch bisher vorgestellt und diskutiert wurde, basiert auf allgemein und frei zugänglichen Dokumenten.

Die bisherigen politischen und gesetzgeberischen Entscheidungen, die zur Umsetzung einzelner Elemente des neoliberalen Reformmodells führten, wurden von den Akteuren der Gesundheitspolitik – soweit anhand verfügbarer Dokumente ersichtlich – in der Regel auch nicht als Maßnahmen zur Umsetzung eines langfristigen Plans gesehen oder begriffen, der in den 1980er Jahren einmal von gewissen Ökonomen entwickelt wurde und dem man sich auch noch zwei oder drei Jahrzehnte später verpflichtet fühlt und dem bewusst gefolgt wird. Den Akteuren der Gesundheitspolitik dürfte es – bis auf sehr wenige Ausnahmen – in den letzten zwei bis drei Jahrzehnten nicht bekannt oder bewusst gewesen sein, dass ihre Entscheidungen, wie die zur Einführung eines Gesundheitsfonds oder zur ‚Verfeinerung' des morbiditätsorientierten Risikostrukturausgleichs, zur Erreichung der hier aufgezeigten Ziele neoliberaler Ökonomen früherer Zeiten nützlich sind.

Ein solches Bewusstsein ist auch überhaupt nicht notwendig. Wie bereits mehrfach dargelegt, entwickeln bestimmte politische Grundsatzentscheidungen eine Eigendynamik und ziehen weitere Schritte in die einmal eingeschlagene Richtung fast zwangsläufig nach sich. Das war auch das zentrale strategische Kalkül der Vordenker des neoliberalen Reformmodells in den 1980er Jahren. Darauf wurde oben bereits näher eingegangen und zur Veranschaulichung wurden auch entsprechende Passagen aus den Veröffentlichungen der Entwickler des neoliberalen Modells zitiert. An dieser Stelle sei hier nur an eine der zentralen

Passagen zu diesem strategischen Kalkül erinnert, die von der Wissenschaftlichen Arbeitsgruppe Krankenversicherung um den Ökonomen Peter Oberender und den Sozialrechtler Wolfgang Gitter stammt.

> „Die Entwicklung einer Sequenz von Einzelschritten für den langfristigen Reformweg ist notwendig, weil sich ein über mehr als ein Jahrhundert gewachsenes System nur über einen längeren Zeitraum hinweg reformieren läßt. Um dem faktischen Beharrungsvermögen historisch gewachsener Strukturen Rechnung zu tragen, sind die Reformvorschläge unter dem Gesichtspunkt entwickelt worden, gewachsenen Institutionen des Gesundheitswesens zunächst möglichst weitgehend zu erhalten und die Reformziele vor allem über den Weg einer Auflockerung und Dezentralisierung der gegebenen Strukturen und einer Ergänzung durch neue, dezentralere Ordnungsformen anzustreben" (Gitter et al. 1988: 99).

Unter Verweis auf einen der führenden neoliberalen Ökonomen der 1980er Jahre, der auch Mitentwickler des neoliberalen Reformmodells war, wies Oberender zwei Jahrzehnte später darauf hin,[25]

> „dass die Versuche ordnungsökonomisch scheitern müssen, soziale Sicherungssysteme als Ausnahmebereich vom allgemeinen Wettbewerbsrecht anzusehen, je mehr wettbewerbliche Elemente in sozialen Sicherungssystemen Einzug halten" (Oberender/Zerth 2009: 331).

Die Entwicklung seit Einführung des GKV-Wettbewerbs im Jahr 1996 kann als Bestätigung dieser These gelten. Bereits unmittelbar nach Eröffnung des Wettbewerbs gingen Krankenkassen dazu über, Strategien der Risikoselektion zu verfolgen, was die Politik dazu zwang, den Risikostrukturausgleich zu reformieren und in einen morbiditätsorientierten RSA umzuwandeln. Da der 2009 eingeführte morbiditätsorientiertet RSA jedoch nur ein eingeschränktes Spektrum von Krankheiten berücksichtigte, war absehbar, dass sich Strategien der Risikoselektion für Krankenkassen weiterhin lohnen. Folglich waren die nächsten Reformen bereits vorhersagbar.

Dementsprechend sah sich die Regierungspolitik schließlich 2020 gezwungen, eine erneute Reform des RSA zu beschließen, um ihn in ein Krankheits-Vollmodell umzuwandeln. Dies wiederum wird mit Sicherheit nicht die letzte

---

[25] Oberender bezog sich dabei auf Wernhard Möschel, langjähriges Mitglied des Kronberger Kreises (1984–2012), des Wissenschaftlichen Beirates des Wirtschaftsministeriums und der Monopolkommission.

Reform sein, wenn am GKV-Wettbewerb weiter festgehalten wird. Denn Strategien der Risikoselektion können Krankenkassen nicht nur entlang der Morbidität von Versicherten betreiben.

Ein großes und bislang noch wenig entwickeltes Feld des Wettbewerbs zwischen Krankenkassen sind Varianzen der durchschnittlichen Ausgaben je Versicherten, die nicht durch unterschiedliche Morbiditätsstrukturen bedingt sind. Der RSA berücksichtigt nur die durchschnittlichen Ausgaben aller Krankenkassen je definierter Versichertengruppe. Gelingt es einer Krankenkasse, ihre Ausgaben unter diesen Durchschnitt zu senken, kann sie Überschüsse erzielen, die für zusätzliche Leistungsangebote verwendet werden können, mit denen gezielt bestimmte gesellschaftliche Gruppen als Mitglieder gehalten oder als Neumitglieder gewonnen werden können. Dass sich ein solcher Wettbewerb vor allem auf sozial ‚attraktive‘ gesellschaftliche Gruppen richtet, ist vielfach belegt, unter anderen auch durch einen Sonderbericht des Bundesversicherungsamtes (BVA 2018).

Ein zentraler Ansatzpunkt für Maßnahmen zur Senkung der durchschnittlichen Ausgaben je Versichertengruppen sind Selektivverträge. Sind Krankenkassen nicht mehr gezwungen, Versorgungs- und Vergütungsverträge ‚gemeinsam und einheitlich‘ abzuschließen, und können sie stattdessen Art und Umfang von Leistungen und dafür zu zahlende Vergütungen selektiv nur mit bestimmten Leistungserbringern vereinbaren, bietet dies die Möglichkeit, nicht nur attraktive Mitgliedergruppen zu werben oder zu binden, sondern auch durch niedrigere Vergütungen die Ausgaben je Versicherte unter den GKV-Durchschnitt zu senken.

Bislang gibt es Selektivverträge in relevantem Umfang lediglich in der Arzneimittelversorgung. Würde ihr Anwendungsgebiet auf die gesamte ambulante ärztliche und pflegerische Versorgung sowie die Krankenhausversorgung ausgedehnt, bekäme der GKV-Wettbewerb eine Dynamik und letztlich auch ‚Sprengkraft‘, die weit über das bisherige Maß hinausgeht. Würde der Grundsatz des ‚gemeinsam und einheitlich‘ abgeschafft, eine der zentralen Forderungen neoliberaler Ökonomen, gäbe es keine einheitliche Versorgung Kranker und Pflegebedürftiger mehr. Die medizinisch-pflegerische Versorgung würde in einem bisher ungekannten Maße sozial ungleich. Die Versorgung würde sich nicht mehr nur zwischen gesetzlich und privat Versicherten unterscheiden, sondern darüber hinaus auch innerhalb der GKV zwischen den verschiedenen Krankenkassen. Es würden sich ‚Premiumkrankenkassen‘ und ‚Billiganbieter‘ herausbilden und innerhalb der einzelnen Krankenkassen durch Satzungsrecht vorgenommene Differenzierungen in ‚Premiumkunden‘ mit ‚Premiumtarifen‘ und ‚Premiumangeboten‘ auf der einen und Standardkunden mit Standardangeboten auf der anderen Seite.

Diese Prognose mag aus heutiger Sicht weit hergeholt erscheinen, sie ist im Kern jedoch nur eine Extrapolation der bisherigen Entwicklung. Wenn die Grundsatzentscheidung für einen GKV-Wettbewerb getroffen ist und die Krankenkassen in einem Wettbewerb um alle Versicherten stehen, dann zieht dies nahezu zwangsläufig weitere Änderungen des GKV-Rechts nach sich, so beispielsweise die Anwendung des allgemeinen Wettbewerbsrechts auf die Krankenkassen, einheitliche Rechnungsvorschriften für alle Krankenkassen und die Anwendung des Insolvenzrechts auf alle Krankenkassen etc. Da ein Wettbewerb, der sich selbst überlassen wird, absehbar zu ‚unfairen‘ Handlungen der im Wettbewerb stehenden Organisationen führt, braucht auch ein GKV-Wettbewerb einen ‚ordnungspolitischen Rahmen‘, der für gleiche Wettbewerbsbedingungen und einen ‚fairen‘ Wettbewerb sorgt. Insofern war es immer nur eine Frage der Zeit, wann die nächsten Schritte zu einer weiteren Anpassung des GKV-Rechts an das allgemeine Wirtschaftsrecht und insbesondere das allgemeine Wettbewerbsrecht notwendig werden. Letztlich geht es dabei um nichts anderes als die Anpassung der Krankenkassen an das Geschäftsmodell privater Unternehmen.

Die Wettbewerbsdynamik, die von der ständigen Suche konkurrierender und sich als ‚Unternehmen‘ begreifender Krankenkassen nach Wettbewerbsvorteilen getrieben ist, wird erst dann ihren Endpunkt erreichen, wenn alle Krankenkassen auch rechtlich zu privaten Wirtschaftsunternehmen umgewandelt sind und risikoäquivalente Versicherungsprämien von ihren Versicherten erheben dürfen und müssen. Erst individuell kalkulierte risikoäquivalente Prämien sind in der Lage, Strategien der Risikoselektion wirksam zu verhindern. Wenn jedes Versicherungsunternehmen für alle ihre Versicherten individuell kalkulierte risikoäquivalente Prämien erhebt, gibt es – zumindest was die Morbidität betrifft – keinen ‚Anreiz‘ mehr für Risikoselektion, da es keine ‚guten‘ oder ‚schlechten‘ Risiken mehr gibt.

Die Einschränkung, dass dies nur für die Morbidität gilt, hat zum Hintergrund, dass es für eine Versicherung natürlich auch andere ‚Risiken‘ gibt, die möglichst vermieden werden sollten. Eines dieser Risiken ist beispielsweise die Zahlungsunfähigkeit der Versicherten. Insofern ist es auch für private Krankenversicherungen wichtig, sich vor Vertragsabschluss Kenntnisse über die Zahlungsfähigkeit der Antragsteller für einen Versicherungsvertrag zu verschaffen, beispielsweise durch entsprechende Anfragen bei der Schufa. Auch in einem reinen PKV-System besteht folglich weiter Bedarf an staatlicher Regulierung. Die Notwendigkeit der Beobachtung und politischen Reaktion auf Strategien einer morbiditätsorientierten Risikoselektion, wie sie in der GKV seit 1996 besteht, entfällt hingegen.

Insofern kann die Abschaffung der GKV als staatliche Sozialversicherung mit öffentlich-rechtlich verfassten Krankenkassen als mittelbarer Staatsverwaltung die

Gesundheitspolitik massiv von Problemen der Regulierung entlasten. Dies zeigt allein der Blick auf die jeweiligen Rechtsvorschriften. Verglichen mit dem für die Krankenkassen geltenden GKV-Recht ist der Umfang der speziell für die private Krankenversicherung geltenden Rechtsvorschriften im VAG und VVG ausgesprochen gering. Die Regulierung der PKV hat in den letzten drei Jahrzehnten nur einen verschwindend kleinen Teil der gesundheitspolitischen Interventionen ausgemacht.

Die Ausführungen sollten deutlich machen, dass durch die Grundsatzentscheidung für einen GKV-Wettbewerb eine Entwicklung ausgelöst wurde, die immer mehr und immer weitergehende Schritte in Richtung einer Umwandlung der Krankenkassen in private Versicherungsunternehmen nach sich zieht. Solange die regierenden Parteien an der Grundsatzentscheidung für einen GKV-Wettbewerb festhalten, werden sie immer wieder Sachzwängen folgen müssen, die durch diesen Wettbewerb ausgelöst werden. Und dies ist vollkommen unabhängig davon, ob die jeweils entscheidenden Akteure dabei ein langfristiges Ziel verfolgen oder ohne langfristigen Plan nur auf – wieder einmal und unerwartet auftretende – akute Probleme reagieren.

Gesundheitsfonds und Einheitskrankenkasse: Was auch möglich wäre

Mit dem Gesundheitsfonds wurde ein Konstrukt geschaffen, das auch den Einstieg in eine vollkommen andere als die von neoliberalen Ökonomen und der Großen Koalition angestrebte Entwicklung ermöglichen kann. Der Gesundheitsfonds ist finanziell betrachtet eine ‚Einheitskasse‘. Als Inkassostellen fungieren die einzelnen Krankenkassen, die den Krankenkassenbeitrag von den Arbeitgebern einziehen und an den Gesundheitsfonds weiterleiten. Die ‚eigentliche‘ Krankenkasse ist seit 2009 der Gesundheitsfonds, und zwar in dem Sinne, dass alle Einnahmen in diese ‚Kasse‘ fließen, und alle Ausgaben der GKV aus dieser ‚Kasse‘ finanziert werden. Eine Ausnahme bilden lediglich die Einnahmen aus den jeweiligen kassenindividuellen Zusatzbeiträgen. Deren Anteil an den Gesamteinnahmen der Krankenkassen ist jedoch sehr gering, und sofern eine Krankenkasse keinen Zusatzbeitrag erhebt, finanziert sie sich vollständig über die Zuweisungen des Gesundheitsfonds. Der Gesundheitsfonds als ‚Einheitskasse‘ wird jedoch nicht vom GKV-Spitzenverband, sondern vom Bundesversicherungsamt als bundesunmittelbarer Behörde verwaltet.

Diese Konstruktion einer bundesweiten ‚Einheitskasse‘ steht in einem eigentümlichen Widerspruch zur Existenz einer Vielzahl von einzelnen Krankenkassen.

Wie oben bereits verdeutlicht, handelt es sich bei den Krankenkassen auch weiterhin um öffentlich-rechtliche Träger einer staatlichen Sozialversicherung und um ‚Verwaltungseinheiten', die mit der Ausführung des Sozialrechts beauftragt sind. Wie das Bundesverfassungsgericht in einer Grundsatzentscheidung aus den 1970er Jahren feststellte, lässt sich aus dem Grundgesetz ableiten, dass der Bund die Kompetenz besitzt, die einzelnen Krankenkassen gegebenenfalls auch zu einer einzigen Organisation zusammenfassen. Denn:

> „Das Gebot des sozialen Rechtsstaats (Art. 20 Abs. 1 CG) enthält für den Einzelnen keinen Anspruch auf soziale Leistungen im Bereich der Krankenversicherung durch ein so und nicht anders aufgebautes Sozialversicherungssystem" (BVerfGE 39, 302 [315]).

Und weiter:

> „Es wäre deshalb mit dem Grundgesetz zu vereinbaren, wenn z. B. der Gesetzgeber sämtliche Träger der gesetzlichen Krankenversicherung zusammenfasste und in einem Bundesamt für Krankenversicherung als bundesunmittelbarer Körperschaft organisierte" (BVerfGE 39, 302 [315]).

Mit dem Gesundheitsfonds ist auf der Seite der Finanzierung bereits ein Konstrukt geschaffen, dass den Haushalt einer solchen bundesunmittelbaren Körperschaft bereitstellt. Die Vereinigung aller Krankenkassen zu einer einzigen Krankenkasse wäre vor diesem Hintergrund dann letztlich nur der Nachvollzug eines auf der Finanzierungsseite bereits vollzogen Schrittes zur Gründung einer Bundeskrankenkasse. Die bisherigen Einzelkrankenkassen könnten auf regionaler Ebene, beispielsweise der Ebene der Bundesländer, zu regionalen Verwaltungseinheiten zusammengeführt werden.

Ohne Zweifel wäre eine solche Reform sehr komplex, und es wären sicherlich noch zahlreiche rechtliche Frage zu klären. Die damit verbundenen Probleme wären aber sicherlich lösbar. Die Zusammenführung der Krankenkassen in eine einzige Bundeskrankenkasse wäre aber vor allem eine politisch außerordentlich schwierige Reform, da sie entsprechender Mehrheiten sowohl im Bundestag als auch im Bundesrat bedürfte, denn das dazu erforderliche Gesetz bräuchte sicherlich die Zustimmung des Bundesrates.

Mit dem Zusammenschluss aller Krankenkassen zu einer einzigen Bundeskrankenkasse würde dem Kassenwettbewerb mit einem Schlag der Boden entzogen, ebenso wie allen Plänen für eine schrittweise Umwandlung der Krankenkassen in private Versicherungsunternehmen. Die Zusammenfassung aller

Krankenkassen zu einer einzigen bundesunmittelbaren Krankenkasse wäre folglich der beste und wirksamste Schutz der GKV und die beste Maßnahme zu ihrer Verteidigung.

Die Überführung der GKV in eine einzige Bundeskrankenkasse wäre keine absolute Neuerung im deutschen Sozialversicherungssystem, im Gegenteil. Sowohl die gesetzliche Rentenversicherung als auch die Arbeitslosenversicherung sind eine einzige Institution. Die Arbeitslosenversicherung ist seit ihrer Einführung eine einzige Behörde, zunächst des Deutschen Reiches der Weimarer Zeit und nach Gründung der Bundesrepublik des Bundes. Die Rentenversicherung war über lange Zeit in einen Zweig für Arbeiter und einen für Angestellte aufgeteilt. Mittlerweile gibt es nur noch eine „Deutsche Rentenversicherung Bund". Der Zusammenschluss aller Krankenkassen zu einer Bundeskrankenkasse wäre somit im Grunde nur die Anpassung dieses Sozialversicherungszweiges an die Organisationsstruktur der Arbeitslosen- und Rentenversicherung und somit ein Akt der Vereinheitlichung des gesamten Sozialversicherungssystems.

Was die soziale Pflegeversicherung betrifft, so ist anzumerken, dass sie bereits bei ihrer Gründung als ‚Einheitskasse' im finanziellen Sinn konstruiert wurde. Es gibt seit Anfang an einen durch die Bundesregierung festgesetzten bundesweit und für alle Pflegekassen einheitlich geltenden Beitragssatz, und finanziell ist die soziale Pflegeversicherung eine einzige gemeinsame ‚Kasse'. Zwischen allen Pflegekassen wird seit Einführung der Pflegeversicherung ein Finanzausgleich durchgeführt, der bewirkt, dass alle Leistungsausgaben und Verwaltungskosten „von allen Pflegekassen nach dem Verhältnis ihrer Beitragseinnahmen gemeinsam getragen" werden (§ 66 SGB XI). Seit Einführung des Gesundheitsfonds fließen alle Beitragseinnahmen der Pflegekassen direkt in einen „Ausgleichsfonds" (§ 65 SGB XI), der ebenso wie der Gesundheitsfonds vom Bundesverwaltungsamt (mittlerweile: Bundesamt für Soziale Sicherung) verwaltet wird. Aus diesem Ausgleichsfonds werden alle Ausgaben der sozialen Pflegeversicherung finanziert.

Die Frage nach Möglichkeiten einer Weiterentwicklung der gesetzlichen Krankenversicherung jenseits des neoliberalen Reformmodells soll an dieser Stelle nicht weiterverfolgt werden. Sie wird am Schluss des Buches wieder aufgriffen.

Die Fortsetzung des Diskurses in der wissenschaftlichen Politikberatung

Wie oben aufgezeigt, hatten sich in der wissenschaftlichen Politikberatung der Gesundheitspolitik zur Frage der Weiterentwicklung der gesetzlichen Krankenversicherung zwei Lager herausgebildet. Das eine Lager bildeten die Protagonisten des neoliberalen Reformmodells in seiner Originalversion. Das andere Lager bildeten Wissenschaftler, die ausgehend vom rot-grünen Bürgerversicherungsmodell für ein Modell warben, in dem ‚Bürgerversicherung' als ‚Bürgerversicherungstarif' gemeint war, der in einem ‚einheitlichen Krankenversicherungsmarkt' sowohl von Krankenkassen als auch von privaten Krankenversicherungen angeboten wird und bei dem alle Bürger die freie Wahl zwischen allen ‚Anbietern' des ‚Bürgerversicherungstarifs' haben. Nachfolgend wird auf die Entwicklung des Diskurses innerhalb dieser beiden Lager in den Jahren 2005 bis 2009 eingegangen.

Am Ball bleiben: Neoliberale Diskussionsbeiträge der Jahre 2005 bis 2009

Mit der Verabschiedung des GKV-WSG im Februar 2007 war die Kraft der Großen Koalition für eine Reform der GKV erschöpft. Es folgten bis zum Ende der Legislaturperiode nur noch kleinere Änderungen des GKV-Rechts, zumeist Nachjustierungen zum GKV-WSG, so wie beispielsweise das Ende 2008 beschlossene GKV-OrgWG.[26] Die letzte gesetzgeberische Maßnahme zur Gestaltung der GKV enthielt das Anfang 2009 beschlossene zweite Konjunkturpaket.[27] Um die Auswirkungen der Finanzmarktkrise auf die Realwirtschaft zu dämpfen, wurde der allgemeine Beitragssatz von 14,6 % auf 14,0 % gesenkt und zur Kompensation der Bundeszuschuss erhöht.

Angesichts der offensichtlichen Unmöglichkeit der Großen Koalition, sich auf weitergehende Veränderungen der GKV zu einigen, waren Fortschritte bei der Umsetzung des neoliberalen Reformmodells von dieser Regierungskoalition nicht zu erwarten. Die Hoffnungen neoliberaler Ökonomen mussten sich auf einen Regierungswechsel nach der für 2009 anstehenden Bundestagswahl richten. Damit das Ziel eines marktwirtschaftlichen Umbaus der GKV bis dahin

[26] Gesetz zur Weiterentwicklung der Organisationsstrukturen in der gesetzlichen Krankenversicherung (GKV-OrgWG) vom 15. Dezember 2008 (BGBl. I, S. 2426).

[27] Gesetz zur Sicherung von Beschäftigung und Stabilität in Deutschland vom 2. März 2009 (BGBl. I, S. 416).

nicht aus den Augen verloren wurde, galt es, das Reformmodell durch regelmäßige Publikationen in Erinnerung zu halten. Auffällig ist dabei eine gewisse ‚Radikalisierung' sowohl bei der Offenheit, mit der die Ziele benannt wurden, als auch im Ton, mit dem Kritik an der Politik der Großen Koalition geäußert wurde. Auf die wichtigsten dieser Veröffentlichungen wird nachfolgend eingegangen.

Mitte 2006 schaltete sich der *Wissenschaftliche Beirat beim Bundeswirtschaftsministerium* mit einer Stellungnahme in die gesundheitspolitische Diskussion ein (BMWi-Beirat 2006). Das vom Beirat großspurig als „Gutachten" (ebd.: 7) bezeichnete Positionspapier umfasste lediglich gut 10 Seiten Text und reproduzierte die üblichen, seit langem bekannten pseudo-wissenschaftlichen ‚Analysen' und neoliberalen Reformvorschläge. Im Zentrum seiner Vorschläge stand die Forderung nach Einführung des Äquivalenzprinzips in die GKV sowie nach Herausnahme jeglicher ‚Umverteilungen' aus der GKV und Verlagerung in die Steuerfinanzierung. Außer allgemeinen Ausführungen bot das Papier wenig konkrete Reformvorschläge und beschränkte sich auf die Forderung, den Arbeitgeberbeitrag abzuschaffen, die einkommensabhängigen GKV-Beiträge in einkommensunabhängige Pauschalen umzuwandeln und in der GKV mit dem Aufbau kapitalgedeckter risikoäquivalenter Alterungsrückstellungen zu beginnen.

Insgesamt war das Papier weit entfernt davon, so etwas wie ein systematisches Reformkonzept vorzustellen. Insofern wäre es hier auch nicht weiterer Erörterung wert, wenn es nicht in einem Punkt deutlich über die sonstigen neoliberalen Statements hinausgegangen wäre. In seinem Statement bezog sich der Beirat explizit und ausschließlich auf die gesetzliche Krankenversicherung, was bereits auch im Titel sehr deutlich gemacht wurde („Mehr Wettbewerb im System der Gesetzlichen Krankenversicherung"). Die sprachliche Beschreibung der GKV erfolgte jedoch in Begriffen der privaten Krankenversicherung. Die gesetzliche Krankenversicherung wurde sprachlich so behandelt, als wäre sie bereits Teil der PKV. Aus der GKV wurde ein „Versicherungsmarkt", die Krankenkassen wurden als „Versicherungsunternehmen" und „Versicherungsgesellschaft" bezeichnet und die GKV-Mitglieder als „Versicherungsnehmer". Der Leistungskatalog der GKV wurde zur „Versicherungsleistung" und das Beitragssystem der GKV zum „Preissystem der Gesetzlichen Krankenversicherung". Aus den GKV-Beiträgen der Mitglieder wurden „Prämien", „Preis der Police" und „Preissignal".

Die Lektüre des Statements kann die Frage aufwerfen, ob die Mitglieder des BMWi-Beirats überhaupt über die für eine solche Stellungnahme erforderlichen Grundkenntnisse des GKV-Systems verfügten und ob ihnen die Unterschiede zwischen GKV und PKV überhaupt bekannt waren. Eine solche Frage würde die Bedeutung der Verwendung dieser Begriffe jedoch verkennen. Es ist davon auszugehen, dass dem Beirat die Bedeutung der oben zitierten Begriffe sehr wohl bekannt war. Die Anwendung von Begriffen der privaten Krankenversicherung auf die GKV sollte nicht der Beschreibung des bestehenden Systems dienen, sondern offensichtlich das Ziel der vom BMWi-Beirat angestrebten Reform anzeigen, und dies in einer Offenheit, wie sie bis dahin selbst in neoliberalen Publikationen selten anzutreffen war.

Die Erklärung für diese Offenheit ist in der Zusammensetzung der Gruppe von Mitgliedern des BMWi-Beirates zu finden, die die Stellungnahme maßgeblich verfasst haben (BMWi-Beirat 2006: 20–22). Die Federführung für die Abfassung des Statements lag bei Friedrich Breyer und drei weiteren, im Gutachten namentlich genannten Mitgliedern des Beirates. Dazu gehörten Axel Börsch-Supan, ehemaliges Mitglied der Rürup-Kommission und in der Kommission Befürworter des Kopfpauschalenmodells, sowie Manfred J.M. Neumann, von 1992 bis 2011 Mitglied des Kronberger Kreises. Am Gutachten beratend mitgewirkt haben laut Angaben des Beirates unter anderem Wernhard Möschel und Carl Christian von Weizsäcker, zwei ehemalige Mitglieder des Kronberger Kreises, sowie Helmut Hesse, der dem Wirtschaftssachverständigenrat in den Jahren 1985 bis 1988 angehörte und somit auch für das vom Rat 1985 entworfene neoliberale Reformmodell mit verantwortlich zeichnete. Und ,last but not least' gehörte zu den beratend beteiligten Mitgliedern des Beirates auch Herbert Giersch, Gründungsmitglied des SVR-W, dem er von 1964 bis 1970 angehörte. Giersch war einer der führenden Wirtschaftswissenschaftler der Bundesrepublik und maßgeblich an dem in den 1970er Jahren einsetzenden neoliberalen Rollback in den deutschen Wirtschaftswissenschaften beteiligt. Er war langjähriges Mitglied der Mont Pelerin Society und von 1986 bis 1988 deren Präsident.[28]

Zu den Autoren der Stellungnahme des BMWi-Beirates gehörten somit mehrere führende neoliberale Wirtschaftswissenschaftler nicht nur aus dem oberen ,Mittelfeld', sondern auch aus der ,ersten Reihe' der akademischen Ökonomie. Gesundheitsökonomische Fachkompetenz brachte allein Friedrich Breyer ein, ansonsten handelte es sich fast ausschließlich um Ökonomen, die sich nicht im Bereich der praktischen Politikberatung der Gesundheitspolitik bewegten. Wie bei der Rekonstruktion der Entstehung des neoliberalen Reformmodells in den 1980er Jahren bereits angesprochen, steigt mit zunehmender Distanz zur praktischen Politikberatung der Gesundheitspolitik offensichtlich auch die Bereitschaft zu radikalen Reformvorschlägen, und – wie in diesem Fall – auch die Bereitschaft, das Ziel dieser Vorschläge, die Privatisierung der GKV, offen auszusprechen oder zumindest durch die Verwendung entsprechender Begriffe anzuzeigen.

---

[28] Zur Bedeutung von Herbert Giersch für den neoliberalen Roll-Back in den deutschen Wirtschaftswissenschaften vgl. u. a. Ötsch et al. (2017) und Plehwe/Slobodian (2019).

Im November 2006 äußerte sich auch der *Wirtschaftssachverständigenrat* zur geplanten Reform der GKV und kritisierte die Pläne in außergewöhnlich scharfer Form. Er bezeichnete die geplante Reform als „misslungen" und nannte den Gesundheitsfonds „eine Missgeburt" (SVR-W 2006: 217). Kern seiner Kritik war, dass auch die Große Koalition nicht bereit war, den Vorschlägen des Rates zu folgen und einen ‚einheitlichen Krankenversicherungsmarkt' einzuführen, in dem Krankenkassen und PKV gemeinsam einen „Bürgerpauschalentarif" anbieten. Zur Veranschaulichung die folgende Passage:

„Der einheitliche Krankenversicherungsmarkt kann etabliert werden, wenn die lohneinkommensabhängigen Beiträge abgeschafft und durch Pauschalbeiträge ersetzt wurden, die sich an den durchschnittlichen Ausgaben je Mitglied der einzelnen Kassen orientieren. Die Private Krankenversicherung muss dann dazu verpflichtet werden, mit allen Neuversicherten den Tarif der Bürgerpauschale abzuschließen. Es besteht Kontrahierungszwang, und es muss ein Risikostrukturausgleich eingerichtet werden. Zum Tarif der Bürgerpauschale kann ergänzend eine Beitragsstabilisierungsversicherung, in der Alterungsrückstellungen gebildet werden, abgeschlossen werden. Die Versicherungspflichtgrenze entfällt. Jedem Versicherten steht es frei, in die Private Krankenversicherung mit dem Bürgerpauschalentarif zu wechseln. Somit kann der Wettbewerb zwischen ehemals gesetzlichen Kassen und privaten Krankenversicherungsunternehmen in Gang kommen. Die Altverträge der PKV bleiben grundsätzlich unangetastet und laufen aus. Ein Wechsel zum Tarif der Bürgerpauschale mit möglicher Beitragsglättungsversicherung soll aber für jeden Altversicherten möglich sein" (SVR-W 2006: 228).

Diese Passage bietet eine ansonsten eher selten zu beobachtende Offenheit. Es wird offen ausgesprochen, dass Ziel der geforderten Wahlfreiheit der Versicherten der Wechsel in die Private Krankenversicherung ist und dass es nach Umstellung auf das Modell des SVR-W dann nur noch „ehemalige gesetzliche Kassen" geben soll. Allerdings ging der Rat nicht so weit, auch offenzulegen, dass sein Modell letztlich risikoäquivalente Prämien vorsieht. Dies ist in der von ihm vorgeschlagenen „Beitragssatzstabilisierungsversicherung" versteckt, die zur Bildung von Alterungsrückstellungen dienen soll. Die Bildung von Alterungsrückstellungen macht nur dann Sinn, wenn die Versicherungsprämien mit zunehmendem Alter steigen. Ein solcher Anstieg resultiert jedoch nicht aus dem Merkmal ‚Alter', sondern aus der im Alter üblicherweise zunehmenden Morbidität. Dass Versicherungsprämien mit zunehmendem Alter der Versicherten steigen, setzt wiederum die Bildung von Alterskohorten voraus, für die risikoäquivalente Prämien kalkuliert werden. Allein dieser in der zitierten Passage enthaltene – aber nicht offengelegte – Sachzusammenhang zeigt, dass es sich bei dem Begriff „Bürgerpauschale" schlichtweg um eine Täuschung über den wahren Charakter des Reformmodells handelt.

Während es der BMWi-Beirat und der SVR-W es noch vermieden, offen auszusprechen, dass Ziel ihrer Vorschläge die Umwandlung des bestehenden Systems in ein reines PKV-System war, warben andere neoliberale Ökonomen offen für ein solches Ziel. So meldete sich Anfang 2008 *Johann Eeckhoff* mit zwei Publikationen zu Wort, in denen er für eine „Bürgerprivatversicherung" warb (Eekhoff/Bünnagel/et al. 2008; Eekhoff/Bünnagel/et al. 2008). Eeckhoff war 1991 bis 1994 Staatsekretär im Bundesministerium für Wirtschaft, seit 1995 Professor für Wirtschaftspolitik an der Universität Köln und seit 1995 Mitglied im Kronberger Kreis. Sein Vorschlag folgte in allen wesentlichen Punkten dem neoliberalen Reformmodell, unterschied sich allerdings ein einem Punkt. Anders als sonst üblich, sprach er aus, was in neoliberalen Vorschlägen in der Regel hinter undurchsichtigen Formulierungen und Begriffen versteckt oder nur indirekt angedeutet wurde. Er forderte ausdrücklich, dass „alle Anbieter von Krankenversicherungsleistungen als private Unternehmen organisiert" werden (Eekhoff/Bünnagel/et al. 2008: 7). Er plädierte selbstverständlich auch für risikoäquivalente Prämien, kapitalgedeckte Alterungsrückstellungen und alle anderen Elemente des Geschäftsmodells der PKV. Sein Vorschlag hatte unter der regierenden Großen Koalition absehbar keine Aussicht auf Umsetzung. Insofern darf wohl davon ausgegangen werden, dass er mit Blick auf eine von Neoliberalen erhoffte erneute schwarz-gelbe ‚Wende' nach der nächsten Bundestagswahl eingebracht wurde.

Sollte die Bundestagswahl 2009 eine Mehrheit für eine Koalition aus CDU/CSU und FDP erbringen, so konnte es damals durchaus realistisch erscheinen, dass dann deutliche Schritte in Richtung vollständiger Umsetzung des neoliberalen Reformmodells vollzogen werden. Diese Erwartung lag vermutlich auch einem Beitrag zugrunde, den *Klaus-Dirk Henke* Anfang Mai 2009 in der FAZ veröffentlichte (Henke 2009). Henke vertrat darin die Auffassung, dass „der überwiegende Teil der Bevölkerung aus guten Gründen privat versichert sein" möchte (ebd.) und plädierte für die „Öffnung des Krankenversicherungsschutzes für einen umfassenden privaten Versicherungsschutz". Seine Empfehlung an die nächste Bundesregierung lautete: „Die nächste Bundesregierung öffnet den Krankenversicherungsmarkt für alle und überlässt den Krankenversicherungen die Tariffindung" (ebd.).

Die Aussicht auf eine schwarz-gelbe Bundesregierung nach der Bundestagswahl 2009 motivierte auch die private Versicherungswirtschaft, sich zur Frage der Weiterentwicklung des Systems aus GKV und PKV zu positionieren. Im Herbst

2006 hatte der Vorstand des *Gesamtverbandes der Deutschen Versicherungswirtschaft* (GDV) eine Arbeitsgruppe zur Erarbeitung eines eigenen Vorschlags für die Reform der GKV eingesetzt. Das von der Arbeitsgruppe erstellte Positionspapier mit dem Titel „Soziale Sicherung 2020: Angebote der deutschen Versicherungswirtschaft" (GDV 2008) wurde im Juni 2008 an die Medien versandt, war allerdings innerhalb des GDV sehr umstritten (FAZ 2008a, 2008b).[29] Die in dem Positionspapier enthaltenen Vorstellungen zur Zukunft von GKV und PKV stießen beim PKV-Verband und den eigenständigen PKV-Unternehmen auf deutliche Ablehnung.

Die Vorschläge im Entwurf des Positionspapiers folgten weitgehend dem neoliberalen Reformmodell und sahen unter anderem eine allgemeine Versicherungspflicht für einen „Grundschutztarif" (ebd.: 39), den Abbau des GKV-Leistungskataloges (ebd.: 40), die Absenkung der GKV-Versicherungspflichtgrenze, die Abschaffung des Arbeitgeberbeitrags, „Pauschalprämien" (ebd.: 40), Kapitaldeckung für alle und einen unternehmensübergreifenden Risikostrukturausgleich für den ‚Grundschutztarif' vor.

Offensichtlich war das Positionspapier maßgeblich von Vertretern großer Versicherungskonzerne wie Allianz, AXA und Ergo verfasst worden. Sie bieten private Krankenversicherungen – wenn überhaupt – nur als eine von mehreren Sparten an. In den Vorständen dieser Konzerne gab es Überlegungen, das PKV-Geschäft vollständig oder partiell aufzugeben oder in dem genannten Sinn umzubauen (FTD 2008; STERN 2008).

Versicherungsunternehmen, die jedoch allein oder vor allem private Krankenversicherungen anboten, wie beispielsweise Debeka oder Signal Iduna waren mit den Vorschlägen keineswegs einverstanden und in zentralen Punkten deutlich anderer Auffassung (Fromme 2008).[30] Die Differenzen waren bereits daran ablesbar, dass der PKV-Verband im März 2008 gegen die Einführung des ‚Basistarifs' durch das GKV-WSG Klage beim Bundesverfassungsgericht eingereicht hatte. Der Basistarif war im Kern nichts anderes als der im Positionspapier vorgeschlagene „Grundschutztarif".

---

[29] Im Internet verfügbar war zum Zeitpunkt der Fertigstellung dieses Buches nur eine Entwurfsfassung, Stand 1. April 2008, mit handschriftlichen Anmerkungen eines unbekannten Autors (GDV 2008). Da Inhalt der PDF und Pressemeldungen über den Inhalt des GDV-Papiers übereinstimmen, erscheint es plausibel anzunehmen, dass es sich bei der kommentierten Vorlage um den Entwurf des GDV-Papiers handelt.

[30] Der Vorstandschef der Continentale Krankenversicherung griff das Papier öffentlich und frontal an: „Das Papier ist eine Kriegserklärung an die kleinen und mittleren Unternehmen" (Rolf Bauer, zit.n. Fromme/Schlingensiepen 2008).

Die GDV-interne Kontroverse des Jahres 2008 ist insofern von Interesse für das hier untersuchte Thema, als die reinen PKV-Unternehmen, und darunter vor allem die Versicherungsvereine auf Gegenseitigkeit (VVaG), zu denen beispielsweise die Debeka gehört, in der Vergangenheit dem neoliberalen Reformmodell sehr skeptisch bis ablehnend gegenüberstanden. So stellte der damalige Vorsitzende des PKV-Verbandes und Vorstandsvorsitzende der Signal Iduna, Reinhard Schulte, im Rahmen der GDV-internen Auseinandersetzung über das Positionspapier klar: „Zu einem Einheitssystem wird niemand in der PKV die Hand reichen" (Schulte, zit. n. DIE WELT, 13.06.2008).

Diese Klarstellung bezog sich auf das Reformmodell eines ‚einheitlichen Krankenversicherungsmarktes‘. Die scharfe Ablehnung kann bei genauerer Betrachtung der Entstehung dieses Reformmodells nicht überraschen. Das neoliberale Reformmodell war weder im Auftrag noch mit Unterstützung der PKV entwickelt worden, sondern von Professoren der Wirtschaftswissenschaften, die darin ihre neoliberale Weltsicht konkretisierten. Für sie stand der Wettbewerb an oberster Stelle, und damit waren wesentliche Elemente des Geschäftsmodells der deutschen PKV nicht vereinbar. So wurde von den Protagonisten des neoliberalen Reformmodells in der Regel die bis 2009 vollständig fehlende Portabilität der Alterungsrückstellungen immer wieder scharf kritisiert.

Die Forderung nach vollständiger Portabilität ist seit den 1980er Jahren fester Bestandteil des neoliberalen Reformmodells. Denn vollständiger Wettbewerb zwischen privaten Krankenversicherungsunternehmen kann sich nur entfalten, wenn alle Versicherten jederzeitige und uneingeschränkte Wechselmöglichkeiten haben. Das ist jedoch nur möglich, wenn sie ihre angesparten Alterungsrückstellungen bei einem Versicherungswechsel vollständig mitnehmen können. Das allerdings wurde von den PKV-Unternehmen entschieden abgelehnt. Die Verfassungsklage von 2008 richtete sich unter anderem auch gegen die mit der Einführung des Basistarifs verbundene teilweise Portabilität der Alterungsrückstellungen.[31]

Der *PKV-Verband* als Interessenvertretung der privaten Krankenversicherungen hat von Anfang an nicht nur die ‚Bürgerversicherung‘ abgelehnt, sondern auch das Gesundheitsprämienmodell der CDU (PKV 2004, 2012). Reformkonzepten wie dem ‚einheitlichen Krankenversicherungsmarkt‘ des SVR-W erteilte die PKV ebenso eine Absage wie dem Pseudo-Kompromissmodell einer ‚Bürgerprämie‘ von Gert G. Wagner (PKV 2004, 2005). Eine Aufhebung der Versicherungspflichtgrenze, ein für alle Bürger offenstehender Basistarif

---

[31] Mit der Einführung des Basistarifs wurden die PKV-Unternehmen verpflichtet, den Versicherten im Fall eines Wechsels zu einer anderen PKV individualisierte Alterungsrückstellungen in Höhe des Basistarifs mitzugeben.

und risikounabhängige Pauschalbeiträge stehen auch heute noch nicht auf der politischen Agenda des PKV-Verbandes. Der PKV-Verband hat sich in den letzten beiden Jahrzehnten immer wieder sehr eindeutig für die Beibehaltung des bestehenden Systems aus GKV und PKV ausgesprochen, das aus seiner Sicht ein „gesundheitspolitisches Erfolgsmodell" ist (Genett 2013). Der Interessenlage der PKV-Unternehmen entspricht vielmehr die Absenkung der GKV-Versicherungspflichtgrenze oder Ausweitung des Geschäftsfeldes der privaten Zusatzversicherungen. Allerdings dürfte auch eine zu starke Absenkung der Versicherungspflichtgrenze oder gar deren Aufhebung auf wenig Zustimmung seitens der PKV stoßen. Beides würde das Risiko erhöhen, dass mehr Versicherte mit geringem Einkommen in die PKV eintreten und damit auch die Zahl derer steigt, die ihre Prämien und Arztrechnungen nicht zahlen können. Das Erste verursacht den PKV-Unternehmen administrativen Mehraufwand und Einnahmeausfälle. Das Zweite schädigt das Ansehen der PKV.

Vor diesem Hintergrund ist es denn auch nachvollziehbar, dass PKV-Unternehmen die Protagonisten des neoliberalen Reformmodells nicht mit Gutachten beauftragten, in denen für dieses Modell geworben wird. Wenn neoliberale Ökonomen mit gut dotierten Gutachtenaufträgen für einen radikalen marktwirtschaftlichen Umbau der GKV versorgt wurden, dann kamen diese von anderen Wirtschaftsverbänden wie beispielsweise der *Verband forschender Arzneimittelhersteller* (VFA). Der VFA hatte seit Beginn der 2000er Jahre bereits mehrfach neoliberale Ökonomen mit Gutachten zur Reform der GKV beauftragt. Dazu gehörten beispielsweise *Zweifel* und *Breuer,* die sich 2002 für einen „weitgehend deregulierten Krankenversicherungsmarkt" und die Umwandlung des GKV-Systems in ein reines PKV-System mit risikoäquivalenten Prämien aussprachen (Zweifel/Breuer 2002), oder *Volker Ulrich,* der 2004 mit einem Gutachten zur Ausgestaltung des Kopfpauschalenmodells beauftragt worden war (Ulrich/Schneider 2004).

Mit Blick auf die Bundestagswahl 2009 beauftragte der VFA im Jahr 2008 erneut *Volker Ulrich,* diesmal gemeinsam mit *Eberhard Wille,* mit einem Gutachten zur „Weiterentwicklung des Gesundheitssystems", das vor allem Optionen zur Reform der GKV behandelte. Das Ergebnis der Prüfung verschiedener Reformoptionen fiel wenig überraschend aus. Ulrich und Wille favorisierten einen ‚einheitlichen Krankenversicherungsmarkt' mit ‚Kopfpauschalen', einer allgemeinen Versicherungspflicht für eine ‚Grundsicherung' allerdings ohne Pflichtversicherung, die freie Wahl aller Bürger sowie umfassende Wechselmöglichkeiten zwischen den verschiedenen ‚Versicherungen' und zwischen Umlagefinanzierung und Kapitaldeckung (Ulrich/Wille 2008: 78–82). Kassenspezifische ‚Kopfpauschalen' sollten allerdings nur zum „Zeitpunkt der Umstellung" erhoben werden (ebd.: 80). Über die Einzelheiten der nachfolgenden Finanzierung schwiegen sie sich aus.

Betrachtet man das Modell insgesamt, so wird deutlich, dass langfristig eine Umstellung auf risikoäquivalente Prämien vorgesehen war. Allein der Verweis darauf, dass es ein Modell mit Kapitaldeckung und „individualisierten Rückstellungen" (ebd.: 81) sein sollte, lässt keinen anderen Schluss zu. Dass es sich langfristig um ein reines PKV-System handelte, war auch daran ablesbar, dass Krankenkassen in private Rechtsformen überführt werden sollten. Die betreffende Passage ist ein sehr anschauliches Beispiel dafür, wie die Protagonisten des neoliberalen Reformmodells ihre wahren Ziele hinter harmlos klingenden Formulierungen zu verstecken suchten.

> „In einem wettbewerbsorientierten einheitlichen Krankenversicherungsmarkt benötigen die Versicherer nicht den Status einer Körperschaft des öffentlichen Rechts, wie ihn die heutigen gesetzlichen Krankenkassen besitzen Diese können, wie derzeit viele private Krankenversicherungen, als Versicherungsvereine auf Gegenseitigkeit oder auch als Genossenschaften agieren" (Ulrich/Wille 2008: 81 f.).

Zu behaupten, die Krankenkassen würden in diesem Modell den Körperschaftsstatus ‚nicht mehr benötigen' ist eine euphemistische Umschreibung dafür, dass sie ihn bei Verwirklichung eines ‚einheitlichen Krankenversicherungsmarktes' verlieren würden. Krankenkassen würden auf einem gemeinsamen ‚Markt' mit privaten Versicherungsunternehmen in Wettbewerb treten und müssten die dieselben ‚Versicherungsleistungen' zu denselben ‚Wettbewerbsbedingungen' anbieten. Eine der zentralen und wichtigsten Wettbewerbsbedingung ist die Rechtsform. In einem solchen ‚Markt' könnten Kassen nicht mehr als mittelbare Staatsverwaltung tätig sein, sie würden zu ‚Unternehmen' im Sinne das EU-Wettbewerbsrecht und nicht mehr dem Sozialrecht, sondern dem Recht der privaten Versicherungswirtschaft und dem allgemeinen Wettbewerbsrecht unterliegen. Bei Rechtsstreitigkeiten wären nicht mehr die Sozialgerichte, sondern die Zivilgerichte zuständig. All dies enthält die nachfolgende Passage.

> „Es gilt dann hinsichtlich der Wettbewerbsaufsicht uneingeschränkt das Vergabesowie Wettbewerbs- und Kartellrecht mit Zuständigkeit des Kartellamtes und der Zivilgerichte. Eine solche Regelung erleichtert auch die Einbettung der Wettbewerbsbeziehungen in die Entscheidungen des Europäischen Gerichtshofes" (Ulrich/Wille 2008: 82).

Der Hinweis auf die Rechtsprechung des Europäischen Gerichtshofes (EuGH) zielt darüber hinaus auf eine weitere Ebene in der strategischen Planung für

ein solches Reformmodell. Bis dahin hatte der EuGH die deutschen Krankenkassen nicht als Unternehmen im Sinne des europäischen Wettbewerbsrechts
eingestuft, sondern als Träger einer staatlichen Sozialversicherung. Mit ihrem
Hinweis auf den EuGH brachten Ulrich und Wille die Erwartung zum Ausdruck, dass der EuGH seine Rechtsprechung unter den Bedingungen eines
‚einheitlichen Krankenversicherungsmarktes' ändern und die Krankenkassen als
‚Unternehmen' einstufen würde. Dann wäre der deutsche Gesetzgeber gezwungen, darauf zu reagieren und als Konsequenz eines entsprechenden EuGH-Urteils
alle Krankenkassen in eine private Rechtsform zu überführen.

Insgesamt betrachtet hatte die Zahl der Veröffentlichungen und öffentlichen
Interventionen vonseiten der Protagonisten des neoliberalen Reformmodells während der Zeit der Großen Koalition verglichen mit den vorhergehenden Jahren
deutlich nachgelassen. Das Modell war inzwischen weitgehend ‚ausgereift' und
die entsprechenden Publikationen boten – bis auf kleinere Variationen – nur
noch Wiederholungen der seit langem bekannten Vorschläge und Argumentationen. In der wirtschaftswissenschaftlichen Diskussion war das Modell mittlerweile
so weit etabliert, dass es nicht nur vom Wirtschaftssachverständigenrat vertreten
wurde, sondern nun auch von den Wissenschaftlichen Beiräten des Finanz- und
Wirtschaftsministeriums. Mehr an ‚Reputation' war kaum noch möglich.

Es mangelte nicht mehr an Verbreitung und Verankerung in der Politikberatung, woran es mangelte, war eine konsequente Umsetzung in Gesetzesbe-
schlüsse. Fortschritte bei der Verwirklichung des neoliberalen Reformmodells
waren von einer Großen Koalition unter Beteiligung der SPD allerdings nicht zu
erwarten. Erst wenn CDU/CSU und FDP eine parlamentarische Mehrheit erreichen würden, bestand die Aussicht auf größere Fortschritte bei der Umsetzung
des Modells. Zu einem Wahlsieg von CDU/CSU und FDP konnten die Protagonisten des neoliberalen Reformmodells jedoch keinen essentiellen Beitrag leisten,
denn ihre Veröffentlichungen und Interventionen richteten sich nicht an die breite
Bevölkerung, sondern an die Akteure der Gesundheitspolitik und darunter vor
allem an die politischen Entscheidungsträger. Den Protagonisten des neoliberalen
Reformmodells blieb somit im Grunde nur, darauf zu hoffen, dass es Union und
FDP gelingt, die anstehende Bundestagswahl zu gewinnen.

Die Weiterentwicklung der Diskussion über das neoliberale Modell einer ‚Bürgerversicherung'

Da nach der Bundestagswahl 2005 und der Bildung einer Großen Koalition unter
Führung der CDU/CSU absehbar war, dass die neue Regierung keinen Einstieg in

eine ‚Bürgerversicherung' beschließen würde, richtete sich das Interesse der Protagonisten des neoliberalen Modells einer ‚Bürgerversicherung' verstärkt auf die
Frage, ob es einen Kompromiss zwischen Kopfpauschale und Bürgerversicherung
geben könnte.

Auf Seiten der Protagonisten des neoliberalen Originalmodells hatten Wolfram
Fischer und der Beirat bei Bundesfinanzministeriums einen erfolgreichen Vorstoß unternommen (BMF-Beirat 2005; Richter 2005). Insofern stand es an, dass
auch die Protagonisten einer neoliberalen ‚Bürgerversicherung' initiativ werden.
Unterstützt wurden sie dabei vor allem von der gewerkschaftsnahen Hans Böckler
Stiftung. Die Stiftung hatte bereits in den Vorjahren mehrere Studien in Auftrag
gegeben, in denen Reformoptionen für die gesetzliche Krankenversicherung vorgestellt wurden. Vor dem Hintergrund der Bildung einer Großen Koalition gab die
Stiftung erneut drei Gutachten in Auftrag, um Antworten auf die Frage nach Möglichkeiten der Zusammenführung von Bürgerversicherung und Kopfpauschale zu
finden. Die Studien wurden Mitte Februar 2006 der Öffentlichkeit präsentiert
(HBS 2006). Im Zentrum der Präsentation stand ein Gutachten des IGES, in
dem die Autoren das Modell eines „integrierten Krankenversicherungssystems"
vorstellten (Albrecht/Hofmann/et al. 2006).

Das Gutachten enthielt mehrere Beiträge zu unterschiedlichen Aspekten eines solchen „integrierten Krankenversicherungssystems". Im ersten und
zentralen Beitrag wurde die Konstruktion eines solchen Systems vorgestellt (Albrecht/Reschke 2006). Ein weiterer Beitrag stellte Modellrechnungen zu Finanzierungseffekten verschiedener Varianten dieses Modells vor
(Albrecht/Reschke/Schiffhorst 2006). In einem dritten Beitrag wurde die Frage
der Einbeziehung von GKV- und PKV-Versicherten in ein solches „integriertes
Krankenversicherungssystem" erörtert (Sehlen et al. 2006b), und in einem gesonderten Rechtsgutachten wurde die Frage diskutiert, ob es verfassungsrechtlich
zulässig wäre, die Alterungsrückstellungen der PKV in eine Bürgerversicherung
zu überführen (Bieback 2006a). Das Gutachten und die darin enthaltenen Beiträge
erschienen im selben Jahr als Buchveröffentlichung (Albrecht/Reschke/Schräder
2006; Albrecht/Schräder/et al. 2006b; Bieback 2006b; Sehlen et al. 2006a).

Bei dem Modell eines „integrierten Krankenversicherungssystems" handelte es
sich um eine weitere Variante des neoliberalen Modells eines ‚einheitlichen Krankenversicherungsmarktes'. Präsentiert wurde es als Option für einen Kompromiss
zwischen Kopfpauschalenmodell und Bürgerversicherung. Die Verwendung des
Adjektivs „integriert" und die damit hergestellte Verbindung zu „Integration"
diente offenbar dazu, das Modell als eigenständiges Modell erscheinen zu lassen und positiv zu konnotieren, denn ‚Integration' und ‚integrierte Versorgung'
waren spätestens seit Einführung der ‚Integrierten Versorgung' (§ 140 SBG V)

durch das GKV-Gesundheitsreformgesetz 2000 in der Gesundheitspolitik positiv
besetzt.

Der Versuch, das Modell durch die Verwendung des Begriffs als eigenständiges und neue Modell erscheinen zu lassen, scheiterte jedoch. Es wurde in der
Folgezeit in der Regel als Variante des Bürgerversicherungsmodells begriffen und
behandelt. Mehrere Protagonisten des neoliberalen Bürgerversicherungsmodells
übernahmen den Begriff und verwendeten ihn als Synonym für ihr Bürgerversicherungsmodell (so u. a. Greß/Rothgang 2010; Rothgang/Arnold 2011, 2013).
Dies war inhaltlich insofern naheliegend, als auch das neoliberale Bürgerversicherungsmodell eine Variante des ‚einheitlichen Krankenversicherungsmarktes'
ist.

Allerdings war die zunehmende Vielfalt an unterschiedlichen Begriffen für die
verschiedenen Varianten des ‚einheitlichen Krankenversicherungsmarktes' geeignet, für Verwirrung sorgen, da sich dem interessierten Leser immer wieder von
neuem die Frage stellte, was mit diesem oder jenem Begriff eigentlich gemeint
ist. Ein neuer Begriff und die Verbindung mit der Präsentation eines Reformmodells als ‚neu' und noch nicht dagewesen, konnte leicht den Eindruck vermitteln,
dass es immer mehr unterschiedliche Reformmodelle gab, über die man leicht
den Überblick verlieren konnte. Zumal die zentralen Begriffe vielfach auch in
verschiedensten Varianten verwendet wurden. Statt ‚einheitlicher Krankenversicherungsmarkt' wurde beispielsweise der Begriff ‚gemeinsamer Versicherungsmarkt' verwendet, mal war von ‚integriertem Krankenversicherungssystem' die
Rede, dann wieder von ‚integriertem Krankenversicherungsmarkt', ein anderes
Mal wurde das Konstrukt ‚wettbewerblicher Versicherungsmarkt' genannt oder
es wurde irgend ein anderer Begriff benutzt. Der Phantasie waren keine Grenzen gesetzt, Hauptsache, das betreffende Reformmodell konnte als neu und
‚innovativ' dargestellt werden.

In dieser Diskussion, die sich primär an die Politik und andere Akteure der
Politikberatung wandte, dienten solche Begriffe offensichtlich nicht der Aufklärung über den tatsächlichen Inhalt, sondern wurden wie austauschbare Etiketten
behandelt. Der Inhalt ‚alter Ware' wurde leicht modifiziert, und dann wurde ihm
ein neues Etikett angehängt, damit sie den ‚Kunden' im Geschäft der Politikberatung als ‚absolute Neuigkeit' und ‚noch nie dagewesen' verkauft werden
konnte. In einer selten anzutreffenden Offenheit sprach dies Klaus Jacobs in einer
Festschrift für Wilhelm Schräder, den langjährigen Geschäftsführer des IGES,
aus.

„Ökonomisch sinnvoll ist somit allein ein ungeteilter Krankenversicherungsmarkt - ob man dieses Modell nun explizit Bürgerversicherung oder - um diesen Namen im Hinblick auf Festlegungen bei anderen Reformdimensionen bewusst zu vermeiden - als ‚integriertes Krankenversicherungssystem' (Albrecht et al. 2006) bezeichnet" (Jacobs 2006: 152).

Da Jacobs bis 2002 langjähriger Mitarbeiter des IGES war und als einer der führenden Protagonisten des neoliberalen Bürgerversicherungsmodells gelten kann, darf diese Passage wohl so gewertet werden, dass sie einen Einblick in die Denkweise dieser Akteure gibt. Die Benennung ihrer immer wieder neu variierten Reformmodelle folgte offenbar primär politisch-strategischen Überlegungen und sollte für Akzeptanz bei den jeweiligen Adressatengruppen sorgen. Sollen eher marktaffine Adressaten angesprochen werden, kann man von ‚Versicherungsmarkt' sprechen, sollen jedoch eher gewerkschaftsnahe Adressaten erreicht werden, sollte man den Marktbegriff besser vermeiden und stattdessen beispielsweise den eher neutralen Begriff ‚Versicherungssystem' benutzen,

Da das IGES-Modell eines „integrierten Krankenversicherungssystems" die nachfolgende Diskussion mehr als andere Beiträge beeinflusste und die Bezeichnung des Modells in der Folgezeit auch für andere Varianten benutzt wurde, erscheint es sinnvoll, auf dieses Modell an dieser Stelle etwas näher einzugehen. Dabei geht es vor allem darum aufzuzeigen, dass es sich nur um eine Variante des ‚einheitlichen Krankenversicherungsmarktes' handelt und warum eine solche Zuordnung sachlich angebracht ist. Zudem soll auch aufgezeigt werden, wie die Protagonisten des neoliberalen Bürgerversicherungsmodells mit Sprache ‚jonglierten', um ihre wahren Ziele zu verbergen. Sie folgten ihren Vorbildern, den Vordenkern des neoliberalen Originalmodells, nicht nur bei den Inhalten, sondern auch beim Gebrauch von Sprache.

Das Anfang 2006 vom IGES vorgestellte Modell eines „integrierten Krankenversicherungssystems" war keine Neuschöpfung, sondern die Weiterentwicklung eines bereits in den Vorjahren von Mitarbeitern des IGES in die Diskussion eingebrachten Modells. Bereits Anfang Dezember 2003 hatten der damalige Geschäftsführer des IGES, Wilhelm Schräder, und zwei seiner Mitarbeiter (Sehlen, Hofmann) ein Konzept für die Ausgestaltung der ‚Bürgerversicherung' auf einer Tagung des DGB vorgestellt, das folgende Elemente enthielt.[32]

---

[32] Die Zitate stammen aus der Veröffentlichung des Beitrags in einem von der damaligen stellvertretenden Vorsitzenden des DGB, Ursula Engelen-Kefer, herausgegebenen Sammelband, der Anfang 2004 erschien (Engelen-Kefer 2004).

„Zentrale Grundidee der ‚Bürgerversicherung' ist die generelle Verpflichtung aller Bürger, einen einheitlich gestalteten Krankenversicherungsschutz abzuschließen, welcher die Leistungen der gegenwärtigen Gesetzlichen Krankenversicherung abdeckt. Die Beiträge zur Bürgerversicherung wären – wie in der GKV bisher auch – nicht vom individuellen Krankheitsrisiko abhängig, wären also unabhängig von Alter, Geschlecht und bestehenden Vorerkrankungen. Dieser Versicherungsschutz wird im Folgenden als Kranken-Pflichtversicherung (KPV) bezeichnet; ein darüber hinaus gehender Krankenversicherungsschutz, der etwa die Differenz zu dem Anspruch aus einem privaten Vollversicherungstarif erreicht, wird im Folgenden als KPV+ bezeichnet" (Schräder et al. 2004: 64).

„Der KPV-Tarif kann von allen gesetzlichen und privaten Krankenversicherungen angeboten werden" (Schräder et al. 2004: 68).

„Für die Bürgerversicherung wird grundsätzlich an der Umlagefinanzierung festgehalten" (Schräder et al. 2004: 67)

Dieses Modell war deutlich erkennbar eine Variante des neoliberalen ‚einheitlichen Krankenversicherungsmarktes'. Die ursprüngliche Idee einer Bürgerversicherung, in der die bestehende Pflicht zur Mitgliedschaft in einer Krankenkasse auf die gesamte Bevölkerung ausgedehnt wird, wurde ‚umdefiniert' in einen Krankenversicherungtarif, der für alle Bürger gelten sollte. In diesem Modell gibt es keine GKV als staatliche Sozialversicherung, sie wäre abgeschafft und durch den „Tarif" ersetzt, den auch private Krankenversicherungen anbieten können. Alle Bürger könnten zwischen allen „Anbietern" von „Krankenversicherungsschutz" wählen. Folglich gäbe es keine Pflichtmitgliedschaft mehr in einer Krankenkasse, und Krankenkassen wären nicht mehr mittelbare Staatsverwaltung, sondern würden in private Unternehmen und ‚Anbieter' von Krankenversicherungtarifen umgewandelt.

Bezeichnend ist der Umgang mit Sprache in der oben zitierten Passage. Offensichtlich war den Autoren sehr wohl bewusst, dass ein solches Modell, wenn sie es zu offen formulieren, auf deutlichen Widerspruch des DGB und der Befürworter einer als Sozialversicherung organisierten ‚Bürgerversicherung' treffen würde. Und so wurden an zentralen Stellen Begriffe verwendet, die auf den ersten Blick ihre tatsächliche Bedeutung nicht erkennen lassen und den Eindruck erwecken können, das Modell würde der Vorstellung von einer ‚Bürgerversicherung' als staatliche Sozialversicherung folgen.

So ist nicht von einer Verpflichtung aller Bürger zur Mitgliedschaft in der GKV und in den Krankenkassen die Rede, sondern von der Verpflichtung einen „Krankenversicherungsschutz" abzuschließen. Diese Formulierung mag harmlos wirken, sie enthält jedoch weitreichende Implikationen. ‚Abgeschlossen' wird ein Vertrag. In der bestehenden GKV gibt es jedoch keine abzuschließenden

Versicherungsverträge. In der GKV wird man ‚Mitglied' durch gesetzliche Verpflichtung. Mitglied einer Krankenkasse wird man durch Erklärung des Beitritts zu dieser Krankenkasse. Dies gilt auch für die ‚freiwilligen' Mitglieder. Um freiwilliges Mitglied zu werden, muss man zuvor Pflichtmitglied gewesen sein. Ein freiwilliger Wechsel von PKV-Versicherten in die GKV ist nicht möglich. Von der PKV in die GKV kann man nur wechseln, wenn man bestimmte Bedingungen erfüllt und (wieder) unter die gesetzliche Versicherungspflicht fällt. Und auch dann wird kein (privatrechtlicher) Versicherungsvertrag ‚abgeschlossen'. Anders hingegen in der PKV. Dort gibt es ‚Versicherungsschutz' erst nach Abschluss eines individuellen privatrechtlichen ‚Versicherungsvertrages'.

Allein diese Formulierung offenbart bereits den Kern dieses Vorschlags für die Ausgestaltung einer ‚Bürgerversicherung': Die GKV soll abgeschafft und durch einen von privaten Versicherungsunternehmen angebotenen gesetzlich vorgegebenen und privatrechtlich vereinbarten ‚Versicherungsschutz' ersetzt werden. Zu diesen privaten Versicherungsunternehmen gehören nach der Umstellung auf dieses System dann auch Krankenkassen, die allerdings in privater Rechtsform organisiert sind. Das wurde in den oben zitierten Beitrag allerdings verschwiegen.

Auch bei der Frage der Finanzierung findet sich derselbe Versuch einer sprachlichen Verdeckung des wahren Inhaltes. Es wurde der Begriff „Umlagefinanzierung" verwendet, der leicht so verstanden werden kann, als sei er eine andere Formulierung für einkommensabhängige GKV-Beiträge. Dem ist jedoch nicht so. Umlagefinanzierung bedeutet lediglich, dass die anfallenden Kosten ‚umgelegt' werden. Insofern sind auch einkommensunabhängige ‚Kopfpauschalen' eine Form von ‚Umlagefinanzierung', da mit ihnen die Kosten auf die Gesamtheit aller Beitragszahler ‚umgelegt' werden. Auch risikoäquivalente Versicherungsprämien sind eine Form von ‚Umlagefinanzierung', da sie jeweils für definierte Versichertenkohorten eines Tarifs kalkuliert und die anfallenden Kosten auf die Versicherten des betreffenden Tarifs ‚umgelegt' werden. Deshalb ist bei der Frage der GKV-Finanzierung immer große Vorsicht geboten, wenn von Umlagefinanzierung die Rede ist und nicht zugleich auch eindeutig klargestellt wird, dass einkommensabhängige Beiträge gemeint sind.

Das Ende 2003 von Mitarbeitern des IGES vorgestellte Modell wurde in den folgenden Jahren weiterentwickelt und recht erfolgreich in die gesundheitspolitische Diskussion eingebracht. Dabei wurde der Begriff „Kranken-Pflichtversicherung" ab 2006 durch die Begriffe ‚integrierte Krankenversicherung' oder ‚integriertes Krankenversicherungssystem' ersetzt.[33] Mit der Begriffsänderung ging auch einher, dass eine Gleichsetzung dieses Modells mit dem Begriff ‚Bürgerversicherung' in der Regel vermieden wurde. So kann der Eindruck entstehen, es handele sich um ein neutrales Modell, das weder ‚Kopfpauschalenmodell' noch ‚Bürgerversicherung' ist.

Von relevanten Akteuren der Gesundheitspolitik wurde das IGES-Modell allerdings trotzdem als Modell zur Ausgestaltung einer ‚Bürgerversicherung' begriffen. Vor allem die GRÜNEN orientieren sich seit langem am IGES-Modell und haben das IGES mit Gutachten zur Fragen der Ausgestaltung oder Auswirkung ihres Bürgerversicherungsmodells beauftragt oder den Leiter des Bereichs Gesundheitspolitik im IGES, Martin Albrecht, zu Vorträgen bei wichtigen öffentlichen Veranstaltungen eingeladen (Albrecht 2017; Sehlen et al. 2004).[34]

Nachdem das IGES seine Vorstellungen auf der DGB-Tagung von 2003 vorgestellt und in dem 2004 erschienenen Tagungsband publiziert hatte, legte es Anfang 2006 die im Auftrag der gewerkschaftsnahen Hans Böckler Stiftung erstellte oben erwähnte Studie mit dem Titel „Stabilisierung der Finanzierungsbasis und umfassender Wettbewerb in einem integrierten Krankenversicherungssystem" vor (Albrecht/Hofmann/et al. 2006). Bereits der Titelbestandteil „umfassender Wettbewerb" gibt einen deutlichen Hinweis auf die grundsätzliche Ausrichtung der Studie und zeigt auch an, was die Autoren des IGES als Kern ihres Modells eines „integrierten Krankenversicherungssystems" ansahen: die Verwirklichung eines umfassenden Wettbewerbs zwischen allen ‚Anbietern' einer ‚integrierten Krankenversicherung'.

---

[33] Der Begriff wird hier und im Folgenden in Anführungsstriche gesetzt, um damit jeweils deutlich zu machen, dass dieses Modell gemeint ist und nicht *integriert* im alltagssprachlichen Sinn.

[34] Nachfolger von Wilhelm Schräder wurde 2007 Martin Albrecht, zuvor Mitarbeiter des SVR-W (2001–2003), der Rürup-Kommission (2003) und der Volkswirtschaftlichen Abteilung der Deutschen Bundesbank (2003–2004). Die biografischen Informationen erscheinen hier insofern von Relevanz, als sie zeigen, dass Albrecht vor dem IGES Mitarbeiter zweier Gremien der Politikberatung war, die an der Entwicklung des neoliberalen Modells eines ‚einheitlichen Krankenversicherungsmarktes' maßgeblich mitgewirkt haben.

Die ,integrierte Krankenversicherung' sollte ein ,Tarif' sein, den sowohl Krankenkassen als auch private Krankenversicherungen anbieten. Dementsprechend sollten die im Rahmen der Studie durchgeführten Modellrechnungen auch nicht ermitteln, um wie viel der durchschnittliche Beitragssatz der Krankenkassen gesenkt werden könnte, wenn die Versicherungspflicht der GKV auf alle Bürger ausgeweitet wird. Berechnet wurden vielmehr „Finanzierungseffekte" und „Aufkommenseffekte" einer „integrierten Krankenversicherung" (Albrecht/Reschke/Schiffhorst 2006: 51, 56). Dies mag als dasselbe erscheinen wie Beitragssatzeffekte einer Ausweitung der GKV-Pflichtmitgliedschaft auf alle Bürger, ist es aber nicht, und dies war offenbar auch die Intention, die hinter der Verwendung dieser eigentümlichen Begriffe stand.

Die Studie ist über weite Strecken so formuliert, dass der Eindruck entstehen kann, es gehe um die Berechnung möglicher Einnahmezuwächse der bestehenden GKV durch die Einbeziehung aller Bürger. Tatsächlich aber ging es darum, das IGES-Modell einer als ,einheitlichen Krankenversicherungsmarkt' konzipierten ,integrierten Krankenversicherung' so erscheinen zu lassen, als sei es geeignet, die Einnahmeprobleme der GKV zu lösen.

Wenn jedoch die Pflichtmitgliedschaft in der GKV abgeschafft und durch einen ,Tarif' ersetzt wird, den auch private Krankenversicherungen anbieten, dann bedeutet dies das Ende der GKV als staatlicher Sozialversicherung und folglich auch das Ende der Krankenkassen als mittelbarer Staatsverwaltung. Eine Offenlegung dieser Konsequenz sucht man in der IGES-Studie allerdings vergeblich.

Die gedankliche Grundlage IGES-Modells einer ,integrierten Krankenversicherung' wird deutlich, wenn man den Blick auf dessen Begründung richtet. Ausgangspunkt des IGES-Modells war die Auffassung, dass es sich bei dem bestehenden System aus GKV und PKV um einen ,segmentierten Krankenversicherungsmarkt' handelt. Durch dessen ,Segmentierung' werde der Wettbewerb behindert, sowohl zwischen GKV und PKV als auch unter den Leistungserbringern.

„Gleichzeitig wird der Wettbewerb im Gesundheitswesen beeinträchtigt, weil der Markt für Krankenversicherungen in die GKV und die Private Krankenversicherung (PKV) segmentiert ist" (Albrecht/Reschke 2006: 4).

„Die gesetzlichen Regelungen zur Versicherungspflicht führen dazu, dass die Versicherten auf der Basis von letztlich sachfremden Kriterien über ungleiche Wahlmöglichkeiten zwischen GKV und PKV verfügen. Die damit verbundene Segmentierung des Krankenversicherungsmarktes beeinträchtigt nicht nur den Versicherungswettbewerb, sondern auch den Leistungswettbewerb" (Albrecht/Schräder/et al. 2006a: 8).

Das hauptsächliche Hindernis für eine möglichst freie Entfaltung des Wettbewerbs lag aus Sicht des IGES darin, dass nicht alle Versicherten frei zwischen allen ‚Versicherungen' wählen können. Dementsprechend stand im Zentrum ihres Reformmodells einer ‚integrierten Krankenversicherung' denn auch die Einführung einer freien Wahl aller Bürger zwischen jeder „Form der Krankenversicherung".

> „Schaffung eines integrierten Krankenversicherungssystems mit gleichen Wahlmöglichkeiten für alle Bürger" (Albrecht/Schräder/et al. 2006a: 9).

> „Die Integration von GKV und PKV bedeutet, dass alle Versicherten jede angebotene Form der Krankenversicherung frei wählen können" (Albrecht/Schräder/et al. 2006a: 10)

Bereits diese Passagen lassen erkennen, dass Ziel des IGES-Modells einer ‚integrierten Krankenversicherung' nicht die Ausweitung der Pflichtmitgliedschaft in der GKV auf alle Bürger war, sondern die ‚Integration' in einen „Tarif der integrierten Krankenversicherung" (Sehlen et al. 2006b: 87), der „nach den Bedingungen der GKV gestaltet" sein sollte (Sehlen et al. 2006b: 90). So würde ein ‚einheitlicher Krankenversicherungsmarkt' geschaffen, auf dem „für alle Krankenversicherer gleiche Wettbewerbsbedingen" gelten (Albrecht/Schräder/et al. 2006a: 12). Worin diese gleichen Wettbewerbsbedingungen im Einzelnen bestehen sollen, wurde allerdings nicht näher erläutert.

Es wurde vermieden offenzulegen, dass gleiche Wettbewerbsbedingungen auf einem ‚einheitlichen Krankenversicherungsmarkt' nur hergestellt werden können, wenn alle ‚Anbieter' die gleiche Rechtsform haben. Da das Modell keine Verstaatlichung der PKV-Unternehmen vorsah, blieb nur die Privatisierung der Krankenkassen. Ein solcher Vorschlag wäre in einer Studie, die im Auftrag einer gewerkschaftsnahen Stiftung erstellt wird, allerdings wenig förderlich gewesen für die Zufriedenheit des Auftraggebers. Insofern hielt man sich bei dieser Frage bedeckt.

Dass es sich beim IGES-Modell um eine Variante des neoliberalen Modells eines ‚einheitlichen Krankenversicherungsmarktes' handelte, wie es vom Wirtschaftssachverständigenrat (SVR-W) 2004 in die Diskussion eingebracht worden war, wurde von den Autoren der IGES-Studie auch offen ausgesprochen.

> „Vor diesem Hintergrund befürworten zahlreiche Wissenschaftler, darunter auch der Sachverständigenrat zur Begutachtung der gesamtwirtschaftlichen Entwicklung, eine Finanzierungsreform der Krankenversicherung, die ein integriertes Versicherungssystem mit gleichen Wahlrechten für alle Bürger schafft. Eine solche Integration von GKV und PKV kann die Finanzierungsbasis des Gesundheitssystems stabilisieren

und den Wettbewerb sowohl in der Krankenversicherung als auch in der Gesundheitsversorgung stärken" (Albrecht/Reschke 2006: 4).

Diese Passage ist nicht nur wegen des expliziten Bezugs auf den SVR-W
aufschlussreich, sondern auch, weil sie die Gleichsetzung des Modells einer
‚integrierten Krankenversicherung' mit dem Modell eines ‚einheitlichen Krankenversicherungsmarktes' enthält.

Das Modell des IGES fand zunächst jedoch weder in der wissenschaftlichen Politikberatung noch im politischen Raum nennenswerte Resonanz. Der
Begriff ‚integrierte Krankenversicherung' wurde zwar von mehreren Akteuren
der Politikberatung aufgegriffen,[35] allerdings ohne das Modell explizit als Referenz breiter zu diskutieren. Dies änderte sich erst, als die *Bertelsmann Stiftung*
2013 das IGES mit einem Gutachten zur Zukunft der gesetzlichen Krankenversicherung beauftragte. Nach Vorlage des Gutachtens griff die Stiftung sowohl den
Begriff als auch das Konzept auf und machte dessen politische Verwirklichung zu
einem ihrer zentralen Projekte. Darauf wird an späterer Stelle noch eingegangen.

In gleicher Weise wie das IGES argumentierte auch *Klaus Jacobs,* der sich
ab 2006 verstärkt mit eigenen Beiträgen am Politikberatungsdiskurs beteiligte.
Hatte sich Jacobs, der bis 2002 Mitarbeiter des IGES war, kurz nach seiner
Ernennung zum Geschäftsführer des Wissenschaftlichen Instituts der Ortskrankenkassen (WIdO) mit marktradikalen Äußerungen noch zu rückgehalten, so legte
er diese Zurückhaltung in den folgenden Jahren zunehmend ab und trat immer
offener für das neoliberale Reformmodell ein.[36] Als Beispiel sei hier auf eine
Buchveröffentlichung des WIdO verwiesen, die Mitte 2006 und somit kurz nach
der Präsentation des IGES-Modells erschien.

Jacobs griff darin ein Argumentationsmuster auf, das die Vordenker des
neoliberalen Reformmodells bereits in den 1980er Jahren entwickelt hatten.

- Ausgangspunkt der Argumentation ist die Kritik an der Möglichkeit eines
  Wechsels freiwilliger Mitglieder der GKV zur PKV.

---

[35] So publizierte Klaus Jacobs 2006 einen Zeitschriftenbeitrag unter der Überschrift „Auf
dem Weg zu einem integrierten Krankenversicherungsmarkt" (Jacobs 2006: 151) und
Kingreen/Kühling verwendeten für ihr Modell einer ‚Monistischen Einwohnerversicherung' unter anderem auch den Begriff „integrierte Krankenversicherungsordnung" (Kin-
green/Kühling 2013: 33).

[36] So veröffentlichte Jacobs beispielsweise 2013 einen Zeitschriftenbeitrag mit dem Titel
„Vom dualen System zum einheitlichen Krankenversicherungsmarkt" (Jacobs 2013a). Mit
dem „dualen System" war das bestehende System aus GKV und PKV gemeint. Auch dies
ein weiteres Beispiel für die üblichen ‚Sprachspiele', irgendwann kam irgend jemand auf die
Idee, das bestehende System als ‚duales System ‚zu bezeichnen.

- Kritisiert wird allerdings nicht die Möglichkeit des Wechsels und es wird auch nicht dessen Verhinderung gefordert. Die Kritik wird vielmehr so gewendet, dass es sozial ungerecht und unfair sei, dass nur so wenige eine Wahlfreiheit haben. Dies sei eine Art ‚Klassengesellschaft‘, und es sei an der Zeit, die ‚Klassenunterschiede‘ aufzuheben.
- Es wird gefordert, dass alle Bürger das gleiche Recht auf freie Wahl zwischen allen Krankenversicherungen haben sollten.
- Begründet wird diese Forderung auch damit, dass es keinen allgemein frei zugänglichen Markt gebe, sondern stattdessen zwei ‚Marktsegmente‘, die von einander ‚segmentiert‘ sind. Die Kritik, es gebe einen Markt mit zwei ‚Marktsegmenten‘, impliziert die Behauptung, die GKV sei bereits ein ‚Markt‘, der nur noch geöffnet werden müsse.
- Erst wenn alle Bürger die freie Wahl haben, sei ein freier und fairer Wettbewerb zwischen allen ‚Anbieter‘ von Krankenversicherungen möglich, und der sei im Interesse aller Bürger.

Freier Markt und freie Wahl zwischen allen Arten von Krankenversicherung wird so zu einem allgemeinen Menschenrecht und zwingendem Erfordernis für soziale Gerechtigkeit. Dazu die folgenden Passagen aus Jacobs Veröffentlichung:

> „Wettbewerb ist in der Regel die Folge von Wahlmöglichkeiten. Wer über Wahloptionen verfügt, wird auf einem wettbewerblichen Markt von den Anbietern mit möglichst präferenzgerechten Angeboten umworben. Was individuelle Wahlmöglichkeiten zwischen GKV und PKV angeht, muss Deutschland allerdings als Klassengesellschaft bezeichnet werden, denn rund drei Viertel der gesamten Wohnbevölkerung besitzen kein entsprechendes Wahlrecht, weil sie in der GKV pflichtversichert oder als Familienangehörige von Pflichtmitgliedern mitversichert sind. Um diese Versicherten wird somit von vornherein kein direkter Wettbewerb geführt" (Jacobs/Schulze 2006: 14).

> „Soll es in Deutschland weiterhin einen gespaltenen Markt der gesetzlichen und privaten Krankenversicherung geben, bei dem der überwiegende Teil der Bevölkerung rechtlich oder faktisch einem bestimmten Marktsegment alternativlos zugewiesen wird und nur wenige Bürger über ein individuelles Wahlrecht zwischen GKV und PKV verfügen? Oder soll ein einheitlicher Markt geschaffen werden, auf dem alle Versicherungen unter hinreichend unverzerrten Bedingungen einen möglichst intensiven und produktiven Wettbewerb im Interesse aller Bürger führen?" (Jacobs 2006: 151).

Die Antwort auf die Frage im letzten Satz der zitierten Passage lieferte Jacobs direkt im Anschluss.

„Ökonomisch sinnvoll ist somit allein ein ungeteilter Krankenversicherungsmarkt"
(Jacobs 2006: 152).

Die von Jacobs erhobene Forderung nach direktem Wettbewerb aller ‚Versicherungen' um alle Bürger ist nur durch Abschaffung der Versicherungspflicht in der
GKV zu verwirklichen. Nur dann können alle Bürger jederzeit zwischen allen
‚Anbietern' wechseln. Allerdings muss dazu nicht nur die Versicherungspflicht in
der GKV entfallen, es müssen auch Änderungen am PKV-System vorgenommen
werden. Das bestehende PKV-System sieht keine Pflicht der Versicherungsunternehmen zur Aufnahme aller Versicherten vor (Kontrahierungszwang). Somit
können private Krankenversicherungen die Aufnahme verweigern und die Versicherten haben eine freie Wahl. Folglich – so die Forderung von Jacobs – müsse
die PKV durch einen allgemeinen Kontrahierungszwang zur Aufnahme aller
Antragsteller gezwungen werden.

Jacobs' Ideal eines ‚einheitlichen Marktes' kann allerdings nicht mit einkommensabhängigen Beiträgen funktionieren, es erfordert risikoäquivalente Versicherungsprämien. Dies verschwieg Jacobs jedoch. Würden einkommensabhängige
Beiträge erhoben, wären diese Beiträge nicht risikoäquivalent. Es gäbe Versicherte mit niedrigem Einkommen und Beitrag, die jedoch überdurchschnittlich
krank sind, und es gäbe Versicherte mit hohem Einkommen und geringer Morbidität. Erstere wären versicherungstechnisch ‚schlechte Risiken', letztere hingegen
‚gute Risiken'. Eine ungleiche Verteilung dieser Gruppen zwischen den verschiedenen Krankenversicherungen hätte dramatische Folgen für Versicherungen mit
hohem Anteil chronisch kranker Geringverdiener und erhebliche Gewinnchancen
für Versicherungen mit hohem Anteil gesunder Versicherter mit hohem Einkommen. Ein solches System könnte schlichtweg nicht funktionieren, es würde binnen
kurzer Zeit zusammenbrechen.

Ein solcher Markt könnte allerdings auch nicht mit den in Deutschland vorgegebenen risikoäquivalenten Prämien funktionieren, da sie so kalkuliert sein
müssen, dass Alterungsrückstellungen gebildet werden. Wenn ein jederzeitiger
Wechsel zwischen allen ‚Versicherungen' möglich sein soll, müssten folglich
auch die Alterungsrückstellungen jederzeit und in voller Höhe mitgegeben werden. Selbst wenn dies kalkulatorisch realisierbar wäre, so würde dies dazu führen,
dass es wechselwillige Versicherte gibt, deren Alterungsrückstellungen höher sind
als die aufgrund von Vorerkrankungen zu erwartenden zukünftigen Kosten, und
Versicherte, deren Alterungsrückstellungen zu niedrig sind, um die zukünftigen
Kosten zu decken. Folglich müssten chronisch kranke wechselwillige Versicherten bei der neuen Versicherung deutlich höhere Prämien zahlen als zuvor, die
anderen – gesunden – könnten durch einen Wechsel ihre Prämie reduzieren, da

die ihre bestehende individuelle Alterungsrückstellung höher ist als die bei ihnen zu erwartenden zukünftigen Kosten.

Die Erörterung soll an dieser Stelle nicht weitergeführt werden, denn es dürfte bereits hinreichend deutlich geworden sein, dass ein solcher ‚einheitlicher Markt‘, wie ihn sich Jacobs vorstellte, nicht funktionsfähig ist, da er zu massiven sozialen Verwerfungen führen würde. Aber auch hier gilt, was bereits oben mehrfach zu nicht funktionsfähigen neoliberalen Reformvorschlägen angemerkt wurde: Ziel dieser Vorschläge ist nicht die Schaffung eines funktionsfähigen Systems der sozialen Absicherung, sondern die Zerstörung des bestehenden GKV-Systems. Was danach kommt, kann aus neoliberaler Sicht ‚dem Markt‘ überlassen werden.

Über das IGES und Jacobs hinaus publizierten in den Jahren 2006 bis 2009 auch weitere Protagonisten des neoliberalen Bürgerversicherungsmodells und hielten ihr Modell in der Diskussion, für den Fall, dass während der Zeit der Großen Koalition vielleicht doch noch eine weitere Reform der GKV auf die Agenda gesetzt würde, oder um Perspektiven für die Zukunft nach der nächsten Bundestagswahl 2009 aufzuzeigen.

Im Juli 2006 griffen *Simone Leiber* und *Rudolf Zwiener* vom Wirtschafts- und Sozialwissenschaftlichen Institut (WSI) der gewerkschaftsnahen *Hans Böckler Stiftung* das von IGES in die Diskussion eingebrachte neue ‚Zauberwort‘ der Integration auf und stellten ihren Vorschlag für einen Kompromiss zwischen ‚Bürgerversicherung‘ und ‚Kopfpauschale‘ vor, mit dem „Integration und fairer Wettbewerb von GKV und PKV" erreicht werden könne (Leiber/Zwiener 2006: 30). Sie behaupteten, das „System der GKV" sei „langfristig nur lebensfähig, wenn alle Versicherer – gesetzliche wie private – zu den gleichen Mindestbedingungen Leistungen anbieten" (Leiber/Zwiener 2006: 31). Als Vorbild für ein solches System nannten sie eine „allgemeine Versicherungspflicht, ähnlich wie bereits in der Pflegeversicherung" (ebd.: 31).

Damit übernahmen sie ein Kernelement des neoliberalen Reformmodells, die Umwandlung der bestehenden gesetzlichen Krankenversicherung als staatlicher Sozialversicherung in eine allgemeine Versicherungspflicht für eine Basisabsicherung, die von allen ‚Versicherern‘ angeboten wird. Bezeichnend war auch in diesem Fall der Gebrauch der Sprache, da in der Modellbeschreibung die Krankenkassen bereits zu privatrechtlichen ‚Versicherern‘ gemacht wurden.

Einen besonderen Akzent setzten sie beim Thema der sogenannten ‚versicherungsfremden Leistungen‘, zu denen sie unter anderem die beitragsfreie Mitversicherung von Familienangehörigen aber auch die Einbeziehung der Arbeitslosen und Sozialhilfeempfänger in die GKV zählten. Versicherungsfremde Leistungen sollten nicht mehr von den Krankenkassen getragen werden, sondern als „Elemente des sozialen Ausgleichs" in die Steuerfinanzierung verlagert werden (ebd.:

10). Dazu muss man allerdings anmerken, dass die Forderung nach Steuerfinanzierung sogenannter ‚versicherungsfremder Leistungen' damals bereits zum festen Repertoire auch der Gewerkschaften gehörte. Dabei ging es Akteuren aus dem Gewerkschaftsbereich sicher nicht um die Einführung des Äquivalenzprinzips in die GKV. Entsprechende Forderungen zielten in der Regel allein auf die Entlastung der beitragszahlenden Beschäftigten. Dass mit einer solchen Forderung zugleich die Forderung nach Geltung des ‚Versicherungsprinzips' und folglich des Äquivalenzprinzips in der GKV verbunden ist, dürfte weitgehend unbekannt gewesen sein.

In einem Mitte 2009 erschienen Beitrag empfahlen *Leiber* und *Greß* erneut die „Integration von privater und gesetzlicher Krankenversicherung" (Greß et al. 2009: 369) durch eine „einheitliche Wettbewerbsordnung" in einem „freien Wettbewerb öffentlich-rechtlicher Krankenkassen und privater Krankenversicherungsunternehmen um alle Versicherten", der „auf der Basis eines standardisierten Leistungspaketes und unter Verzicht auf risikoäquivalente Prämien geschehen" solle (ebd.: 373).

Sie gingen sogar noch einen Schritt weiter und empfahlen die Privatisierung der Krankenkassen, um damit – so ihre Begründung – „politische Widerstände in den Reihen von Arbeitgebern und der PKV" abzumildern (ebd.). Und wenn die Einführung kapitalgedeckter Alterungsrückstellungen auch bei den Krankenkassen erforderlich würde, so sei dies kein grundsätzliches, sondern nur „ein technisches Problem" (ebd.).

Auf die Implikationen derartiger Veränderungen wurde bereits an mehreren Stellen eingegangen, es soll hier nur kurz in Erinnerung gebracht werden. Wie bereits dargelegt, führt die Einführung eines Wettbewerbs von Krankenkassen und privaten Krankenversicherungen und Schaffung eines einheitlichen Wettbewerbsrahmens für beide Arten von Organisationen zwangsläufig zur Privatisierung der Krankenkassen und Abschaffung der GKV als staatlicher Sozialversicherung. Von der GKV bliebe dann nur noch ein Standard-Leistungskatalog für einen Basistarif oder Bürgerversicherungstarif oder wie immer er dann auch genannt würde.

In einem solchen privatisierten Krankenversicherungssystem wären risikoäquivalente Prämien notwendig, die Forderung nach einem Verzicht darauf ist nicht mehr als – im besten Fall – nur ein naiver Wunsch, der brachial an der Realität massenhafter Risikoselektion scheitern würde. Die Einbeziehung von Kapitaldeckung in das Modell von Leiber und Greß ergibt sich aus der Notwendigkeit zur Bildung von Alterungsrückstellungen, die wiederum Folge von risikoäquivalenten Prämien sind. Insofern ist die Umstellung auf Kapitaldeckung keineswegs nur ein ‚technisches Problem', sondern von grundsätzlicher Bedeutung. Aber diese Zusammenhänge waren Leiber und Greß offenbar nicht bewusst.

Im Mai 2009 hatte *Greß* die gleichen Vorschläge bereits in einem Gutachten für die Friedrich-Ebert-Stiftung vorgelegt (Greß 2009). Bezeichnend war dabei unter anderem auch, dass er als Referenz für seine Forderung nach einer ‚einheitlichen Wettbewerbsordnung' das extrem marktradikale Gutachten von Zweifel/Breuer aus dem Jahr 2002 und den Vorschlag von Eeckhoff für eine „Bürgerprivatversicherung" anführte (Eekhoff/Bünnagel/et al. 2008; Zweifel/Breuer 2002).

Mit Blick auf die anstehende Bundestagswahl hatte die Friedrich-Ebert-Stiftung noch weitere Gutachten in Auftrag gegeben, um den Wahlkampf der SPD argumentativ zu unterstützen. Darunter auch ein Gutachten von *Anke Waldendzik,* damalige Mitarbeiterin von Jürgen Wasem an der Universität Duisburg-Essen Das Leitmotiv des Gutachtens lautete: „Einheitlicher Versicherungsmarkt statt Marktsegmentierung" (ebd.: 11). Ebenso wie das IGES, Jacobs, Leiber und Greß forderte auch sie ein Ende der „Segmentierung des deutschen Krankenversicherungsmarktes zwischen GKV und PKV" (ebd.).

Ihr besonderer Beitrag zu diesem Diskussionsstrang bestand darin, dass forderte, die beitragsfreie Mitversicherung von Ehegatten solle „entfallen" und stattdessen solle es ein „negatives Ehegattensplitting" geben (ebd.: 21). Ein solcher Vorschlag war nicht neu und stammte aus der neoliberalen ‚Werkzeugkiste'. Er konnte jedoch Anklang bei linken und gewerkschaftsnahen Akteuren finden, da er scheinbar an der Ungerechtigkeit ansetzte, dass Alleinverdiener mit hohem Einkommen nur bis zur Beitragsbemessungsgrenze GKV-Beitrag zahlen mussten.

Dieses von vielen als sozialpolitisch kritikwürdig empfundene Problem ist einfach zu lösen, wenn die Beitragsbemessungsgrenze und auch die Pflichtversicherungsgrenze zur GKV einfach angehoben wird. Das Bundesverfassungsgericht hat dem Gesetzgeber dazu einen sehr weiten Entscheidungsspielraum bescheinigt. Wenn die Beitragsbemessungsgrenze jedoch unangetastet bleibt und stattdessen ein Ehegattensplitting eingeführt wird, ist dies die Abkehr von einkommensabhängigen GKV-Beiträgen und der Einstieg in ein System, das für jede versicherte Person eine Beitragspflicht vorsieht, so wie es in der PKV der Fall ist. Wie an früheren Stellen des vorliegenden Buches gezeigt, hatten die Vordenker des neoliberalen Reformmodells dies bereits in den 1980er erkannt und begonnen für entsprechende Änderungen im GKV-Beitragsrecht zu werben.

Passend zur Übernahme zentraler Elemente des neoliberalen Modells schlug Walendzik zudem vor, die Beitragsgestaltung könne „in Form einer Pauschale kombiniert mit einem steuerfinanzierten Zuschusssystem oder in Form eines einkommensabhängigen Beitrags erfolgen" (Walendzik 2009: 21). Die erste der beiden Varianten war nichts anderes als das ‚Kopfpauschalenmodell' der CDU.

Die etwas ausführliche Behandlung dieser Publikationen und Vorschläge erfolgte auch um aufzuzeigen, dass die Friedrich-Ebert-Stiftung der SPD und das WSI der gewerkschaftsnahen Böckler Stiftung Gutachten und Veröffentlichungen mit diesen Inhalten nicht nur publizierten, sondern sogar auch finanziell gefördert haben. So irritierend es auch wirken mag: Diese Publikationen entsprachen dem Mainstream der damaligen – und auch der nachfolgenden – Diskussion SPD- und gewerkschaftsnaher Institutionen und Wissenschaftler über die Zukunft der gesetzlichen Krankenversicherung.

Diese Diskussion und ihre Beiträge waren keineswegs eine belanglose Randnotiz, die ohne Wirkungen blieb. Die darin vertretenen Positionen und Vorschläge fanden Eingang in das Denken und Handeln der gesundheitspolitischen Akteure im Umfeld insbesondere der SPD, bis hinein in die Spitze des Gesundheitsministeriums.

Einen Eindruck davon können die nachfolgenden Zitate aus einer Publikation des damaligen Leiters der Abteilung „Gesundheitsversorgung, Krankenversicherung, Pflegeversicherung", Franz Knieps vermitteln. Abteilungsleiter im BMG bilden die dritthöchste Hierarchieebene im Ministerium, direkt nach Minister und Staatssekretär. Die von Knieps geleitete Abteilung gilt als die wichtigste und zentrale im BMG. Insofern haben Äußerungen eines solchen Spitzenbeamten ein besonderes Gewicht. Knieps bekleidete diese Funktion von 2003 bis 2009. Davor war der seit 1989 beim AOK-Bundesvorstand als leitender Mitarbeiter für den Bereich Politik zuständig.

In Knieps Beitrag zur „Zur Krankenversicherung der Zukunft" finden sich die folgenden Passagen:

„Ein einheitlicher Versicherungsmarkt für GKV und PKV: Die heutige Abgrenzung von gesetzlicher und privater Krankenversicherung hat sich überlebt. Es ist politisch nicht länger vermittelbar, warum ein gut verdienender Angestellter die Wahl zwischen gesetzlicher und privater Krankenversicherung hat, während seine Sekretärin zwangsweise in der GKV verbleiben muss" (Knieps 2008: 15).

„Keine Zukunft für einen gesplitteten Versicherungsmarkt: Die Zeit ist reif dazu, wenn selbst große Teile der Versicherungswirtschaft keine Zukunft mehr für einen gesplitteten Markt sehen" (Knieps 2008: 15).

„Alle Versicherungen müssen von allen Versicherten gewählt werden können" (Knieps 2008: 15).

„Privilegien wie die Steuerbefreiung auf der einen Seite oder die Kontrahierungsfreiheit auf der anderen Seite müssen abgeschafft werden" (Knieps 2008: 15).

„Eine Konvergenzphase von zehn Jahren sollte ausreichen, um GKV und PKV fit für einen einheitlichen Markt mit den besten Elementen aus beiden Systemen zu machen.

Ein kürzerer Zeitraum wäre denkbar, wenn die Akteure selbst diesen Prozess anstoßen und ihn aktiv betreiben. Dafür wären Fragen zu klären die die Rechtsform der Versicherungsträger berühren (Sollen Krankenkassen Körperschaften des öffentlichen Rechts bleiben?)" (Knieps 2008: 15).

Auch er folgte der Marktrhetorik, bezeichnete die GKV als ‚Markt' und forderte einen einheitlichen ‚Markt' für Krankenkassen und private Versicherungsunternehmen. In seiner Argumentationslogik ist es demensprechend nur folgerichtig, dass er – wenngleich nur indirekt – für die Privatisierung der Krankenkassen plädiert. Auch wenn er nicht explizit die Privatisierung der Krankenkassen forderte, sie ergibt sich bereits der Forderung nach Abschaffung der Steuerfreiheit für Krankenkassen. Besonders bemerkenswert sind seine Ausführungen zur Konvergenzphase. Es darf wohl davon ausgegangen werden, dass entsprechende Vorüberlegungen spätestens seit dem GKV-WSG 2007 im BMG existierten.

Hätte die SPD 2009 die Wahl gewonnen, ebenso wie alle nachfolgenden, und wären die nachfolgenden Bundesregierungen dem von Knieps skizzierten Zeitplan gefolgt, gäbe es mittlerweile keine öffentlich-rechtlichen Krankenkassen und auch keine gesetzliche Krankenversicherung als staatliche Sozialversicherung mehr. Allerdings – und das wird insbesondere auch die Rekonstruktion der Zeit der schwarz-gelben Regierungskoalition ab 2009 zeigen – so einfach funktioniert Gesundheitspolitik nicht. Zwar sind leitende Ministerialbeamte sehr einflussreich, und vielfach deutlich einflussreicher als es sich die gesundheitspolitisch interessierte Öffentlichkeit allgemein vorstellt. Die Macht der Beamten und ihr Einfluss endet jedoch dort, wo die politische Führung des Ministeriums stark genug ist, sich gegen langjährig etablierte Machtstrukturen im Beamtenapparat durchzusetzen.

Zudem handelt es sich bei so mächtigen Ministerialbeamten wie den Abteilungsleitern im BMG um sogenannte ‚politische Beamte'. Wechseln die politischen Mehrheitsverhältnisse im Parlament und führt dies zu einer Neubesetzung und politischen Neuausrichtung der Ministeriumsspitze, kann es ihnen geschehen, dass sie kurzerhand in den Ruhestand versetzt werden. So erging es auch Franz Knieps. Nachdem CDU/CSU und FDP die Wahl gewonnen, eine neue Regierungskoalition gebildet und einen neuen Gesundheitsminister eingesetzt hatten, versetzte dieser – als eine der ersten Maßnahmen – mehrere leitende Ministerialbeamte und darunter auch Knieps in den Ruhestand. Damit endete ihre Karriere als leitende Ministerialbeamte. Knieps setzte seine politische Karriere weiter fort und ist seit 2013 Vorstand des BKK-Bundesverbandes.

Diese Anekdote sollte verdeutlichen, dass die Zukunft der gesetzlichen Krankenversicherung durch Politik gestaltet wird. Politik ist jedoch nicht planbar und

umsetzbar wie ein auf dem Reißbrett entworfener Projektplan. Politische Entscheidungen sind kontingent, also gestaltbar und in die Zukunft hinein offen. In
Koalitionsregierungen sind sie zudem in starkem Maße nicht nur von parteiinternen Machtstrukturen und Prozessen abhängig, sondern auch von Dynamiken
zwischen den verschiedenen Koalitionspartnern und beteiligten Parteien. Dies
sollte sich, wie bereits erwähnt, in besonderem Maße auch in der folgenden
Legislaturperiode einer schwarz-gelben Regierungskoalition zeigen.

Die Zeit der CDU/CSU/FDP-Koalition 2009 bis 2013

Die folgende Darstellung der Legislaturperiode 2009 bis 2013 geht relativ ausführlich auf Prozesse und Konflikte innerhalb der Regierungskoalition ein. Damit soll vor allem auch verdeutlicht werden, dass selbst bei einer konservativ-wirtschaftsliberalen Parlamentsmehrheit und Regierungskoalition die Umsetzung eines radikal marktwirtschaftlichen Umbaus der GKV kein ‚Selbstläufer' ist. Im Verlauf der Rekonstruktion der historischen Entwicklung wurde bereits an mehreren Stellen aufgezeigt, dass es innerhalb der CDU/CSU in sozialpolitischen Fragen immer wieder gravierende interne Differenzen gab, in der Regel vor allem zwischen dem Arbeitnehmerflügel auf der einen und dem Wirtschaftsflügel auf der anderen Seite. Diese Differenzen sorgten vor allem in Phasen, in denen die Arbeitnehmerschaft der Union starken Einfluss hatte, dafür, dass Vorhaben für einen radikalen marktwirtschaftlichen Umbau der Gesellschaft ausgebremst oder sogar verhindert wurden.

Während der Regierungszeit der CDU/CSU/FDP-Koalition der Jahre 2009 bis 2013 wurden die Differenzen zwischen Arbeitnehmerflügel und wirtschaftsliberal orientierter Führung der CDU noch durch eine weitere Konfliktlinie ergänzt, die sich zwischen der damaligen Führung der CSU unter Horst Seehofer auf der einen und der Führung der CDU sowie der FDP auf der anderen Seite auftat. Es waren vor allem diese koalitionsinternen Konflikte, die dafür sorgten, dass weitreichende Erwartungen und Hoffnungen neoliberaler Ökonomen auf einen kräftigen Schub für die Umsetzung des neoliberalen Reformmodells enttäuscht wurden.

Auf die Probleme und Konflikte der Legislaturperiode 2009 bis 2013 näher einzugehen erscheint auch deshalb angebracht, weil durch die damalige Koalition aus CDU/CSU und FDP einmalig gute Voraussetzungen für größere oder sogar entscheidende Schritte zu einem radikalen marktwirtschaftlichen Umbau

© Der/die Autor(en), exklusiv lizenziert an Springer Fachmedien Wiesbaden GmbH, ein Teil von Springer Nature 2023
M. Simon, *Der Einfluss des Neoliberalismus auf die deutsche Gesundheitspolitik*, Gesundheit. Politik – Gesellschaft – Wirtschaft, https://doi.org/10.1007/978-3-658-41099-5_9

der GKV gegeben waren. Im Zentrum der gesundheitspolitischen Beschluss-lage der CDU stand weiterhin das ‚Gesundheitsprämienmodell'. Zwar wurde das Modell von CDU-Führung nicht mehr so offensiv vertreten, wie noch kurz nach dem Beschluss des Leipziger Parteitages, der Beschluss war jedoch nicht revidiert worden. Die FDP befand sich insgesamt auf einem so marktradikalen Weg wie wohl noch nie in ihrer Geschichte und hatte ihr gesundheitspolitisches Programm unter die Leitforderung ‚PKV für alle' gestellt.

Wann wenn nicht unter solchen politischen Rahmenbedingungen sollte es gelingen, entscheidende Schritte zur Abschaffung der gesetzlichen Krankenversi-cherung und zum Umbau zu einem reinen PKV-System zu beschließen? Wäre es nach der damaligen Führung der FDP gegangen, hätte die Legislaturperiode 2009 bis 2013 den Durchbruch für die Verwirklichung des neoliberalen Reformmodells gebracht. Das Problem war jedoch die innere Zerrissenheit der Union und der starke Einfluss ihres Arbeitnehmerflügels, der im Vergleich zur vorherigen Phase zusätzlich dadurch gestärkt wurde, dass mit Horst Seehofer ein früherer Vorsit-zender CSU-Arbeitnehmerschaft, ‚gelernter' Sozialpolitiker und erklärter Gegner des Kopfpauschalenmodells mittlerweile Vorsitzender der CSU und Bayrischer Ministerpräsident geworden war.

Den Blick an dieser Stelle auf die Strukturen und Prozesse der Gesundheits-politik zu richten, soll vor allem auch dazu dienen zu veranschaulichen, warum es in Deutschland so ausgesprochen schwierig ist, die gesetzliche Krankenversi-cherung abzuschaffen und durch ein reines PKV-System zu ersetzen. Nicht von ungefähr wiesen bereits die neoliberalen Ökonomen der 1980er Jahre darauf hin, dass zur Verwirklichung eines radikal marktwirtschaftlichen Umbaus der GKV und des Gesundheitssystem insgesamt ein ‚langer Atem' notwendig sei.

Dass dies so ist, hat nicht zuletzt vor allem auch damit zu tun, dass es im poli-tischen System der Bundesrepublik ausgesprochen schwierig ist, parlamentarische Mehrheiten für radikale Richtungsänderungen zu organisieren. Dazu wiederum tragen die sich als ‚Volksparteien' verstehenden Parteien, CDU, SPD und CSU sehr wesentlich bei, da sie ihrem Anspruch folgend darauf ausgerichtet sind, unterschiedliche, nicht selten widerstreitende Lager und Richtungen unter einem Dach zusammenzuführen und zusammenzuhalten.

Damit soll hier nicht die These vertreten werden, dass der marktwirtschaftli-che Umbau einer für die deutsche Gesellschaft so zentralen Institution wie der gesetzlichen Krankenversicherung nicht möglich ist. Dazu wurden auch bereits zu viele konkrete Beispiele einzelner kleinerer und mittelgroßer Schritte in den vorhergehenden Kapiteln aufgezeigt. Dabei handelte es sich bislang jedoch um politische Entscheidungen, die den Kernbestand der GKV nicht wirklich infrage stellten. Es gab eine Grenze, die nicht überschritten wurde. Mit der Umstellung der GKV-Finanzierung von einkommensabhängigen Beiträgen auf einkommensunabhängige Pauschalen wird diese Grenze jedoch deutlich überschritten, auch in der Wahrnehmung zahlreicher konservativer Sozialpolitiker.

Für einen solchen Schritt stabile politische und parlamentarische Mehrheiten zu organisieren, war in der Vergangenheit nicht möglich. Das zeigte sich auch bei dem in der Legislaturperiode 2009 bis 2013 unternommenen Versuch, den Einstieg in die Umstellung auf einkommensunabhängige Beitragspauschalen in der GKV zu vollziehen. Zunächst war es ausgesprochen schwierig und mit heftigen koalitionsinternen Konflikten verbunden, einen gemeinsamen Gesetzentwurf vorzulegen. Dann zeigte sich, dass die auf Grundlage dieser Einigung beschlossenen Regelungen bis zum Ende der Legislaturperiode keine nennenswerten Fortschritte in Richtung Kopfpauschalensystem bringen konnten. Und schließlich setzte die Bundestagswahl 2013 dem Experiment ein Ende. Die FDP wurde für ihren offen marktradikalen Kurs von den Wählern bestraft und war im neugewählten Bundestag nicht mehr vertreten. Es wurde eine Große Koalition notwendig, und die war nur um den Preis des Wegfalls einkommensunabhängiger Zusatzbeiträge zu erreichen.

Nach dem Scheitern des Versuchs einer schrittweisen Umstellung der GKV-Finanzierung auf einkommensunabhängige Beitragspauschalen verschwand diese Reformoption fast vollständig aus der gesundheitspolitischen Diskussion. Dass sie in absehbarer Zeit wiederbelebt werden könnte, sollte allerdings nicht ausgeschlossen werden. Insofern soll der Rückblick auf diesen gescheiterten Versuch auch dazu dienen, die Erinnerung zu bewahren, um sie für zukünftige erneute Vorstöße in dieser Richtung nutzen zu können.

Der misslungene Start: Von ‚Wildsauen' und ‚Gurkentruppen'

Die Bundestagswahl vom 27. September 2009 erbrachte Stimmenverluste für die CDU/CSU und einen deutlichen Stimmenzuwachs für die FDP. Die CDU/CSU erreichte 33,8 % (2005: 35,2) und die FDP kam auf ein historisches Hoch von 14,6 % (2005: 9,8). Zusammen verfügten CDU/CSU und FDP nach der Wahl über die Mehrheit der Sitze im Bundestag. Die Koalitionsverhandlungen begannen am 7. Oktober und wurden am 26. Oktober mit der Unterzeichnung eines Koalitionsvertrages abgeschlossen. Am 28. Oktober 2009 wurde die CDU-Vorsitzende Angela Merkel zur neuen Bundeskanzlerin gewählt. Neuer Gesundheitsminister wurde der FDP-Politiker Philipp Rösler, zuvor niedersächsischer Wirtschaftsminister.

Wer allerdings annahm, dass damit der Weg für die Einführung des ,Gesundheitsprämienmodells' und einen radikalen marktwirtschaftlichen Umbau der GKV frei war, wurde enttäuscht. Bereits während der Koalitionsverhandlungen zeigten sich erhebliche Differenzen über die Zukunft der GKV. Diese Differenzen führten in den folgenden Monaten zu einem handfesten und öffentlich ausgetragenen Streit vor allem zwischen führenden Politikern der CSU und den Gesundheitspolitikern der FDP. Es war ein Streit, wie es ihn in einer solchen Schärfe und in einem solchen Tonfall zuvor noch nicht zwischen Mitgliedern einer Regierungskoalition gegeben hatte. Der Streit konnte erst Mitte 2010 entschärft werden, sodass erst danach ein Kompromiss über einen vorliegenden und heftig umstrittenen Gesetzentwurf möglich wurde.

Das Erscheinungsbild der Koalition war allerdings nachhaltig beschädigt, nicht nur durch diesen Streit, sondern auch durch Streitigkeiten in anderen Politikbereichen und mehrere für das Ansehen der Koalition sehr nachteilige Skandale. So musste Verteidigungsminister Jung (CDU) Ende November 2009 nach nur vier Wochen Amtszeit zurücktreten, als bekannt wurde, dass er falsche Angaben über einen Bundeswehreinsatz in Afghanistan gemacht hatte. Der damalige FDP-Vorsitzende Westerwelle sorgte Anfang 2010 für einen Eklat, als er in einem Gastbeitrag in der Zeitung DIE WELT ein aktuelles Urteil des Bundesverfassungsgerichtes zu Hartz IV kritisierte und behauptete, es trage „sozialistische Züge". Im Zusammenhang mit Hartz-IV-Empfängern sprach er von „römischer Dekadenz" und forderte eine Politik der „geistig-moralischen Wende" (Westerwelle 2010). Sein Beitrag traf in der medialen Berichterstattung und politischen Diskussion auf scharfe Kritik auch von Unionspolitkern.

Als weiteres Problem erwies sich die Ernennung von Philipp Rösler (FDP) zum Gesundheitsminister. Er war zwar Arzt, hatte jedoch keinerlei Erfahrungen in der Gesundheitspolitik und gab gegenüber den Medien selbst auch zu, dass er mit der Aufgabe überfordert war. Die mediale Berichterstattung über ihn war vielfach von deutlicher Häme und Geringschätzung geprägt. So wurde Rösler beispielsweise in einem Beitrag der Süddeutschen Zeitung vom 10. Februar 2010 geringschätzig als „Arzt im Praktikum" bezeichnet. Innerhalb von zehn Monaten nach der Bundestagswahl geben sechs Ministerpräsidenten der CDU ihr Amt auf, woraufhin das CDU-Präsidiumsmitglied Missfelder feststellte, die Regierungskoalition vermittle den „Eindruck eines Erosionsprozesses" (Tagesspiegel, 20.07.2010: 1).

In gesundheitspolitischen Fragen brachen innerhalb der Koalition Konflikte auf, die bereits vor den Koalitionsverhandlungen absehbar waren, wie ein Blick in die Wahlprogramme von CDU/CSU und FDP für die Bundestagswahl 2009 zeigen kann. In Bundestagswahlkämpfe ziehen CDU und CSU traditionell nicht mit getrennten, sondern mit einem gemeinsamen Wahl- und Regierungsprogramm. In ein solches gemeinsames Regierungsprogramm können aus naheliegenden Gründen nur Vorhaben aufgenommen werden, die von beiden Parteien getragen werden. Das Gesundheitsprämienmodell war – wie oben bereits dargelegt – nur ein Vorhaben der CDU, dem die CSU-Führung seit 2003 skeptisch bis ablehnend gegenüberstand. Allerdings hatte der damalige CSU-Vorsitzende Edmund Stoiber 2005 offensichtlich Sympathien für das CDU-Modell, und „die solidarische Gesundheitsprämie" (CDU/CSU 2005: 26) wurde in das gemeinsame Wahlprogramm aufgenommen.

2008 wurde Horst Seehofer CSU-Vorsitzender und Bayrischer Ministerpräsident. Er war erklärter Gegner des Gesundheitsprämienmodells. Wie oben bereits erwähnt, war Seehofer 2004 aus Protest gegen das Gesundheitsprämienmodell der CDU von seiner Funktion als stellvertretender Vorsitzender der CDU/CSU-Bundestagsfraktion zurückgetreten. Dieser Rücktritt erfolgte vor allem auch, weil er von führenden CDU-Politikern, darunter auch Merkel, dazu aufgefordert worden war. Insofern könnte man sagen, dass Seehofer bei diesem Thema 2009 mit der CDU und auch mit Merkel ,noch eine Rechnung offen hatte'.

Vor diesem Hintergrund kann es nicht überraschen, dass sich im gemeinsamen Wahlprogramm von CDU und CSU für die Bundestagswahl 2009 weder der Begriff ,Gesundheitsprämie' noch ein indirekter Hinweis auf das Reformmodell fand. Das Gesundheitsprämienmodell war zwar weiterhin Bestandteil der Programmatik der CDU und 2007 ausdrücklich in das Grundsatzprogramm aufgenommen worden. Es war allerdings auch in der CDU durchaus umstritten. Zu den Kritikern des Gesundheitsprämienmodells gehörte unter anderem Karl Josef Laumann, damals Vorsitzender der CDU-Arbeitnehmerschaft und nordrhein-westfälischer Sozialminister. In einem Interview mit der Berliner Zeitung kurz nach der Bundestagswahl 2009 antwortete er auf die Frage, ob nun das Gesundheitsprämienmodell eingeführt werde: „Nein. Das Gesundheitssystem muss im Kern solidarisch finanziert bleiben. Die Gesunden müssen für die Kranken mitzahlen und die Gutverdienenden für die Ärmeren" (Laumann, zit. n. BZ 30.09.2009: 6). Laumann war als Mitglied der Arbeitsgruppe „Gesundheit und Pflege" an den Koalitionsverhandlungen beteiligt.

Zudem hatte sich die CDU während der gemeinsamen Koalition mit der SPD und unter Merkels Führung vom offen neoliberalen Kurs des Leipziger Parteitages entfernt, nicht zuletzt auch unter dem Eindruck der öffentlichen Kritik an diesem Kurs und insbesondere auch an der ,Gesundheitsprämie', die in der Öffentlichkeit in der Regel unter dem negativ konnotierten Begriff ,Kopfpauschale' diskutiert wurde. Entsprechend dieser Entwicklungen und Machtkonstellationen im Jahr 2009 fiel das Wahlprogramm der Union im gesundheitspolitischen Teil sehr verhalten aus und enthielt nur vorsichtig formulierte indirekte Hinweise auf weiterhin von der CDU vertretene Ziele (CDU/CSU 2009: 23–25). So wurde ein ausdrückliches Bekenntnis zum Erhalt der PKV als Vollversicherung abgelegt, die Schaffung verbesserter Möglichkeiten für eine Kooperation zwischen GKV und PKV sowie eine Ausweitung der Wahltarife angekündigt. Das Wahlprogramm enthielt ansonsten kein Wort zur Abschaffung von Arbeitgeberbeiträgen oder anderen Elementen des Gesundheitsprämienmodells.

Anders hingegen die FDP. Sie hatte ihren strikt neoliberalen Kurs in der Gesundheitspolitik beibehalten und forderte weiterhin die Abschaffung der GKV und Umwandlung des bestehenden Systems in ein reines PKV-System. Unter dem Leitmotiv „Privat kommt vor dem Staat" (FDP 2009: 18) trat sie mit dem Ziel eines radikal privatwirtschaftlichen Umbaus des Gesundheitswesens und einer Umwandlung der Krankenkassen in private Versicherungsunternehmen an.

Eine gesetzliche Versicherungspflicht sollte es nach den Vorstellungen der FDP nur für eine Grundversorgung geben, und alle Bürger sollten die freie Wahl zwischen allen Anbietern einer solchen Grundabsicherung haben.

> „Die FDP spricht sich aus für eine Pflicht zur Versicherung der Risiken, die den Einzelnen im Krankheitsfall überfordern würden, bei einem Versicherer der eigenen Wahl" (FDP 2009: 18).

Dem neoliberalen Reformmodell folgend forderte sie die Umwandlung der Krankenkassen in private Versicherungsunternehmen.

> „Die Krankenkassen wandeln sich von Körperschaften des öffentlichen Rechts zu Unternehmen mit sozialer Verantwortung" (FDP-Bundestagsfraktion 2009: 3).

Einkommensabhängige Beiträge sollten abgeschafft werden.

> „In der Krankenversicherung muss der Weg wegführen von der Lohnbezogenheit der Beiträge" (FDP 2009: 18).

Was an die Stelle der einkommensabhängigen Beiträge treten sollte, benannte die FDP zwar nicht. Es ist aber eindeutig, dass es sich in einem reinen PKV-System um risikoäquivalente Prämien handeln würde, so wie es der FDP-Parteitagsbeschluss von 2004 auch ausdrücklich festgestellt hatte.

> „Alle Versicherungsanbieter kalkulieren ihre Prämien nach versicherungstechnischen Kriterien" (FDP 2004: 3).

Wie das neoliberale Reformmodell sah auch das FDP-Wahlprogramm 2009 steuerfinanzierte Prämienzuschüsse für Geringverdiener vor, für die auch die FDP
den Begriff des ‚sozialen Ausgleichs' verwendete.

> „Der soziale Ausgleich zwischen Einkommensstarken und Einkommensschwachen
> soll nicht mehr innerhalb der Krankenversicherung stattfinden, wo er zum Teil zu
> Ungereimtheiten oder sogar Ungerechtigkeiten führt und jegliches individuelles Kos-
> tenbewusstsein außer Kraft setzt. Er gehört vielmehr in das Steuer- und Transfer-
> system, wo jeder nach seiner Leistungsfähigkeit herangezogen wird" (FDP 2009:
> 18).

> „Diejenigen, die sich eine Krankenversicherung nicht leisten können, erhalten finan-
> zielle Unterstützung aus dem Steuer-Transfer-System" (ebd.).

Betrachtet man die Wahlprogramme von CDU/CSU und FDP im Vergleich
und bezieht die Differenzen zwischen CDU und CSU mit ein, so gab es
Übereinstimmungen nur zwischen Teilen der CDU-Programmatik und dem
Programm der FDP. Zwischen CSU und FDP bestanden hingegen erhebliche
Differenzen. Bedenkt man zudem, dass es auch innerhalb der CDU zum Teil
erhebliche Differenzen über das Gesundheitsprämienmodell und einen radikal
marktwirtschaftlichen Umbau der GKV gab, so waren Konflikte bei zentralen
gesundheitspolitischen Themen vorprogrammiert.

Entsprechend schwierig gestalteten sich denn auch die Koalitionsverhandlungen über den Bereich der Gesundheitspolitik. Die gesundheitspolitischen
Inhalte des Koalitionsvertrages wurden in einer „Arbeitsgruppe Gesundheit
und Pflege" verhandelt, die ihre Arbeit am 7. Oktober aufnahm. Es herrschte
laut Medienberichten von Anfang an eine gereizte Stimmung in der Arbeitsgruppe, wozu sicherlich nicht nur die inhaltlichen Differenzen beitrugen, sondern
auch, dass während der Verhandlung ungewöhnlich viele Interna an die Presse
weitergegeben wurden. Durch die Medienberichterstattung wurde sehr schnell
öffentlich, dass es erhebliche Differenzen vor allem bei zwei Themen gab: der
Umstellung auf einkommensunabhängige GKV-Beiträge und der Zukunft des
Gesundheitsfonds.

Bei den beiden zentralen Konfliktthemen gab es innerhalb der Arbeitsgruppe
unterschiedliche Konfliktlinien und unterschiedliche Lager. Die Gesundheitspolitiker der FDP traten in den Verhandlungen und auch in der Folgezeit als
entschiedene Vorkämpfer für das Gesundheitsprämienmodell der CDU auf. Man
konnte fast den Eindruck gewinnen, das Modell sei essentieller Bestandteil des
FDP-Programms. Die CSU-Vertreter hingegen lehnten das Gesundheitsprämienmodell und einkommensunabhängige GKV-Beiträge entschieden ab. So stellte

beispielsweise der Bayrische Sozialminister Markus Söder nach einer Sitzung der Arbeitsgruppe vor der Presse klar: „Wir wollen keine Kopfpauschale, für die die FDP große Sympathien hat" (Söder, zit. n. FR 17.10.2009: 4). Die Verhandlungsdelegation der CDU war bei diesem Thema gespalten. Während sich führende CDU-Vertreter wie *Ursula von der Leyen, Annette Widmann-Mauz* und *Jens Spahn* ausdrücklich für die Einführung des Gesundheitsprämienmodells aussprachen,[1] lehnte *Karl-Josef Laumann*, CDA-Vorsitzender und ebenfalls Arbeitsgruppenmitglied, das Modell ab.

Beim Thema Gesundheitsfonds verlief die Konfliktlinie hingegen zwischen der FDP auf der einen und der CDU/CSU auf der anderen Seite. Die FDP forderte die Abschaffung des Gesundheitsfonds. FDP-Verhandlungsführer *Philipp Rösler* stellt zu Beginn der Verhandlungen fest:

„Der Gesundheitsfonds muss weg" (Rösler, zit. n. FAS 11.10.2009: 40).

Die CDU hingegen wollte den Gesundheitsfonds erhalten und höchstens leicht modifizieren. Immerhin war der Gesundheitsfonds vor allem auf Verlangen der CDU eingeführt worden. Dementsprechend stellte der Fraktionsvorsitzende der CDU/CSU-Bundestagsfraktion, *Volker Kauder*, vor Beginn der Verhandlungen klar:

„Wir werden über alles reden, was wir wollen, und was der zukünftige Koalitionspartner will, aber der Gesundheitsfonds steht nicht zur Disposition" (Kauder, zit. n. SZ 6.10.2009: 1).

Auch Angela Merkel erklärte den Gesundheitsfonds für nicht verhandelbar:

„Ich sage Ihnen auch, dass die Grundstruktur des Gesundheitsfonds aus meiner Sicht nicht angetastet wird" (Merkel, zit. n. FAS 11.10.2009: 40).

Nach fast drei Wochen schwieriger Verhandlungen, nicht nur in der Arbeitsgruppe Gesundheit und Pflege, sondern in mehreren wichtigen Politikfeldern,[2]

---

[1] „Ich war immer für ein solidarisches Gesundheitsprämienmodell" (Widmann-Mauz, zit. n. Stuttgarter Zeitung 21.11.2009: 5). Jens Spahn bezeichnete sich Anfang 2010 als „großen Anhänger des Prämienmodells" (Spahn, zit. n. Spiegel 4/2010: 62).

[2] Besonders schwierig verliefen die Verhandlungen über finanzpolitische Themen, da die FDP im Wahlkampf als radikale Steuersenkungspartei aufgetreten war und Steuersenkungen forderte, die die Union in dem von der FDP geforderten Umfang ablehnte (Saalfeld/Zohlnhöfer 2015).

wurden schließlich Kompromisse gefunden und am 26. Oktober 2009 konnte der Koalitionsvertrag unterzeichnet werden (CDU/CSU/FDP 2009). Zu den beiden zentralen gesundheitspolitischen Konfliktthemen enthielt der Vertrag die folgenden Passagen:

> „Langfristig wird das bestehende Ausgleichssystem überführt in eine Ordnung mit mehr Beitragsautonomie, regionalen Differenzierungsmöglichkeiten und einkommensunabhängigen Arbeitnehmerbeiträgen, die sozial ausgeglichen werden. Weil wir eine weitgehende Entkoppelung der Gesundheitskosten von den Lohnzusatzkosten wollen, bleibt der Arbeitgeberanteil fest. Zu Beginn der Legislaturperiode wird eine Regierungskommission eingesetzt, die die notwendigen Schritte dazu festlegt" (CDU/CSU/FDP 2009: 86).

> „Der Morbi-RSA wird auf das notwendige Maß reduziert, vereinfacht sowie unbürokratisch und unanfällig für Manipulationen gestaltet" (ebd.).

Somit war die Umstellung auf einkommensunabhängige GKV-Beiträge in den Koalitionsvertrag aufgenommen worden. Die Festschreibung des Arbeitgeberbeitrags gab es bereits, die Passage enthielt dementsprechend nur die wenig überraschende Feststellung, dass daran festgehalten wird. Bei der Frage nach der Zukunft des RSA hatte sich sie CDU offensichtlich durchgesetzt. Dass der RSA reduziert und vereinfacht werden sollte, kann als gewisses Entgegenkommen gegenüber der FDP gewertet werden. Allerdings konnte sich die Koalition bis zum Ende der Legislaturperiode nicht darauf einigen, wie der RSA vereinfacht und reduziert werden könnte. Er blieb in seiner bisherigen Form bestehen.

Bei dem Thema ‚einkommensunabhängige GKV-Beiträge' konnte es auf den ersten Blick so erscheinen, dass sich CDU und FDP durchgesetzt hatten und die CSU-Führung unterlegen war. Der entsprechende Satz im Koalitionsvertrag wurde allerdings mit einem „Langfristig" eingeleitet, und zudem sollten die Einzelheiten der Umstellung durch eine erst noch zu bildende Regierungskommission festlegt werden. Beides deutete darauf hin, dass der Konflikt nicht gelöst, sondern nur vertagt worden war.

Für die Zukunft der GKV ebenfalls von besonderer Relevanz war die Ankündigung, dass die Wahltarife ausgebaut und Möglichkeiten der Kooperation zwischen Krankenkassen und PKV-Unternehmen erweitert werden sollten.

> „Wir werden bei den Wahltarifen der gesetzlichen Krankenversicherung die Abgrenzung zwischen diesen beiden Versicherungssäulen klarer ausgestalten und die Möglichkeiten ihrer Zusammenarbeit beim Angebot von Wahl- und Zusatzleistungen erweitern" (CDU/CSU/FDP 2009: 86).

Beide Vorhaben reihten sich in die bereits in der Ära Kohl von Union und FDP verfolgte Linie ein, die Krankenkassen schrittweise immer weiter der PKV anzugleichen. Der große Durchbruch für einen marktwirtschaftlichen Umbau der GKV war das jedoch nicht. Für die Soziale Pflegeversicherung wurde der Einstieg in die Kapitaldeckung angekündigt. Alle Mitglieder der Pflegeversicherung sollten dafür zum Abschluss einer privaten Zusatzversicherung verpflichtet werden.

„In der Form der Umlagefinanzierung kann die Pflegeversicherung jedoch ihre Aufgabe, allen Bürgern eine verlässliche Teilabsicherung der Pflegekosten zu garantieren, auf Dauer nicht erfüllen. Daher brauchen wir neben dem bestehenden Umlageverfahren eine Ergänzung durch Kapitaldeckung, die verpflichtend, individualisiert und generationengerecht ausgestaltet sein muss. Eine interministerielle Arbeitsgruppe wird dazu zeitnah einen Vorschlag ausarbeiten" (CDU/CSU/FDP 2009: 93).

Auch bei diesem Thema bestanden offensichtlich Differenzen, wofür die Verlagerung der Entscheidung auf eine noch zu bildende Arbeitsgruppe spricht. Es kann bereits an dieser Stelle festgehalten werden, dass sich die Koalition nicht auf die Einführung einer gesetzlichen Pflicht zum Abschluss einer privaten Zusatzversicherung einigen konnte. Es reichte nur zu einer steuerlichen Förderung für eine freiwillige private Pflegezusatzversicherung. Auch dies war kein Durchbruch auf dem Weg in ein rein marktwirtschaftliches System.

Betrachtet man den gesundheitspolitischen Teil des Koalitionsvertrages insgesamt, so war von dieser Koalition offensichtlich keine ‚neoliberale Wende' in der Gesundheitspolitik zu erwarten. Zwar hatte man sich grundsätzlich auf die Umstellung zu einkommensunabhängigen GKV-Beiträgen geeinigt, allerdings nur als ‚langfristige' Perspektive. Was das für die laufende Legislaturperiode bedeutete, ging aus dem Koalitionsvertrag nicht hervor. Da die Differenzen zwischen CSU-Führung auf der einen und FDP sowie CDU-Führung auf der anderen Seite weiter bestanden, war es zum Zeitpunkt der Unterzeichnung des Koalitionsvertrages ungewiss, worauf sich diese Koalition tatsächlich würde einigen können.

Bereits kurz nach Unterzeichnung des Koalitionsvertrages wurde deutlich, dass die Kompromissformel im Koalitionsvertrag nicht tragfähig war. Der oben zitierte Satz wurde von den Kontrahenten vollkommen unterschiedlich interpretiert. Während die FDP-Gesundheitspolitiker, allen voran der neue Gesundheitsminister Philipp Rösler, den Koalitionsvertrag so lasen, dass in der laufenden Legislaturperiode sowohl der Einstieg in die ‚Kopfpauschale' als auch in den ‚Sozialausgleich' beschlossen wird, stellten Seehofer und Söder klar, dass sie dazu nicht bereit waren.

„Die Kopfpauschale in reinster Form erschüttert die Grundfesten des Solidarprinzips der gesetzlichen Krankenversicherung" (Söder, zit. n. FAZ, 23.11.2009: 13)

„Ich werde jedenfalls alles tun, damit diese Pauschale nicht Realität wird. Das wäre das Ende der solidarischen Krankenversicherung" (Seehofer, zit. n. Die Welt, 8.12.2009: 2).

Die Führung der CDU interpretierte den Koalitionsvertrag ebenso wie die FDP dahingehend, dass darin die Umstellung auf ein Kopfpauschalensystem vereinbart worden war (Kauder, zit. n. Tagesspiegel, 1.03.2010: 4). Allerdings sollte die ‚Kopfpauschale' nicht sofort und in einem großen Schritt eingeführt werden, sondern schrittweise. Diese schrittweise Einführung eines im letzten Schritt vollständig einkommensunabhängigen GKV-Beitrags sollte durch eine ‚Weiterentwicklung' des bestehenden einkommensunabhängigen Zusatzbeitrages erfolgen. Dazu beispielhaft die folgenden Aussagen führender Gesundheitspolitiker von CDU und FDP gegenüber der Presse:

„Nein, die Pauschalen sind der Einstieg in eine neue Finanzierung im Gesundheitswesen. Aber wir machen das Schritt für Schritt. Einen totalen Schnitt wird es nicht geben. Es gibt eine schrittweise Evolution statt Revolution" (Jens Spahn, CDU, zit. n. Stuttgarter Nachrichten, 18.11.2009: 4).

„Zum anderen geht es uns ja gerade nicht darum, den gesamten Krankenversicherungsanteil schlagartig in eine Prämie zu überführen, sondern das soll schrittweise gehen. Wir fangen mit kleinen Schritten an. Also brauchen wir zu Anfang nur geringe Ausgleichsmittel. Details dazu wird die geplante Regierungskommission vorlegen" (Philipp Rösler, FDP, zit. n. Frankfurter Rundschau, 6.01.2010: 2).

„Die Haushaltslage ist denkbar schlecht, deshalb werden wir mit der Prämie und Sozialausgleich nur in sehr, sehr kleinen Schritten starten können" (Jens Spahn, CDU, in: Die Welt 30.01.2010: 2).

„Außerdem wollen wir zukünftig einen steuerfinanzierten Sozialausgleich, wenn wir aus den Zusatzbeiträgen die vereinbarte Gesundheitsprämie entwickeln" (Jens Spahn, CDU, in: Welt 30.01.2010: 2).

„Entscheidend ist, dass wir nicht mit einhundert Prozent anfangen, sondern die Kopfpauschale schrittweise einführen" (Ulrike Flach, FDP, zit. n. Hamburger Abendblatt, 12.02.2010: 2).

Wie bereits erwähnt, gab es auch innerhalb der CDU eine deutliche Ablehnung des Gesundheitsprämienmodells, insofern konnte die CDU-Führung nicht offensiv für eine vollständige Umstellung auf einkommensunabhängigen GKV-Beitrag eintreten. Ablehnung kam vor allem von der CDU-Arbeitnehmerschaft. Die CDA forderte, es müsse am Solidarprinzip festgehalten werden, und das bedeute „insbesondere, dass die Beiträge in Abhängigkeit vom Einkommen erhoben werden müssen" (zit. n. Frankfurter Rundschau, 1.12.2009: 1). Auch CDU-Ministerpräsidenten, die Landtagswahlen vor sich hatten, distanzierten sich öffentlich von der ‚Kopfpauschale', so beispielsweise Wolfgang Böhmer (Sachsen-Anhalt) und Jürgen Rüttgers (NRW) (Ärzteblatt, 13.01.2010; Tagesspiegel, 25.04.2010).

Als Kompromisslinie zur Befriedung des CDU-internen Streits hatte sich offenbar herausgebildet, dass es keine vollständige Umstellung auf ‚Kopfpauschalen' geben sollte, sondern nur eine teilweise. Zumindest vorerst, damit überhaupt ein Einstieg in die Umstellung innerhalb der CDU mehrheitsfähig war. Aufschlussreich ist in diesem Zusammenhang die nachfolgende Aussage der damaligen gesundheitspolitischen Sprecherin der CDU/CSU-Fraktion, Widmann-Mauz:

> „Wir diskutieren nicht mehr über das Modell von vor fünf, sechs Jahren. Denn durch den Gesundheitsfonds hat es schon eine Weiterentwicklung gegeben, zudem ist die Haushaltslage heute eine andere. Im Koalitionsvertrag steht deshalb, dass es ein System sein muss, das gespeist wird aus lohnabhängigen Beiträgen, einkommensunabhängigen Pauschalen, die den Kassen wieder Beitragsautonomie ermöglichen, und einem festen Arbeitgeberanteil. Wir werden die Zusatzbeiträge weiterentwickeln" (Widmann-Mauz, zit. n. Stuttgarter Zeitung, 21.11.2009).

Die offenbar vor allem auf die CDU-interne Diskussion abzielende Kompromisslinie, konnte allerdings keine Befriedung des Konflikts mit der CSU-Führung bewirken. Markus Söder stellte dazu Mitte Februar 2010 klar: „Mit der CSU wird es keine Kopfpauschale geben. Und auch keinen Einstieg" (Söder, zit. n. Süddeutsche Zeitung, 12.02.2010: 7).

Eine weitere Konfliktlinie innerhalb der Koalition tat sich zudem durch das Vorhaben auf, einen steuerfinanzierten Sozialausgleich einzuführen. Die Einführung eines steuerfinanzierten Beitragszuschusses für Geringverdiener wirft die Frage nach den finanziellen Dimensionen und den Auswirkungen auf den Bundeshaushalt auf. Offenbar war diese Frage nicht hinreichend mit dem damaligen Finanzminister Schäuble (CDU) besprochen worden. Schäuble hatte sich der Presse gegenüber bereits abfällig über Röslers Pläne geäußert (Berliner Zeitung, 12.02.2010: 5).

Als die Grünen in einer parlamentarischen Anfrage eine Einschätzung des BMF zu den Kosten und der Finanzierbarkeit eines ‚Sozialausgleichs' erbaten, antwortete das Finanzministerium ungewöhnlich ausführlich und stellte dabei klar, dass es einen solchen ‚Sozialausgleich' für nicht finanzierbar hielt. Das

war zwar vor allem gegen den FDP-Gesundheitsminister gerichtet, traf letztlich aber die Pläne für die Einführung einkommensabhängiger GKV-Beiträge
insgesamt. Entsprechend wurde die BMF-Antwort in der Presse auch kom-
mentiert. So stellte das Hamburger Abendblatt fest, die Antwort komme zwar
als „harmlose Berechnung" daher, sei aber „politischer Sprengstoff für die
schwarz-gelbe Bundesregierung" (Hamburger Abendblatt, 12.02.2010: 2). Die
FDP-Gesundheitspolitikerin Ulrike Flach kommentierte die Angelegenheit mit
den Worten, es sei schade, „wenn man mit solchen Querschüssen leben muss"
(Hamburger Abendblatt, 12.02.2010: 2).

Noch aber lag kein Gesetzentwurf vor. Dessen Vorlage war für Mitte 2010
geplant. Entscheidend für diese Zeitplanung war, dass Anfang Mai Landtagswahlen in Nordrhein-Westfalen anstanden, einem wegen seiner Größe für die
Mehrheitsverhältnisse im Bundesrat sehr wichtigen Bundesland. NRW wurde
seit 2005 von einer CDU/FDP-Koalition regiert, deren Wiederwahl nicht durch
die Vorlage eines Gesetzentwurfes gefährdet werden sollte, der ein von der
Bevölkerung mehrheitlich abgelehntes Vorhaben enthielt.[3]

Dass das Kopfpauschalenmodell mehrheitlich abgelehnt wurde, zeigten Bevölkerungsumfragen. So ergab der „Deutschlandtrend" vom Februar 2010, dass 72 %
aller Befragten eine „Gesundheitsprämie" ablehnten und sich auch unter den
FDP-Wählern nur 27 % dafür aussprachen (Die Welt, 5.02.2010: 2).

Die Landtagswahl in NRW ging für CDU und FDP verloren. Danach inten-
sivierte Gesundheitsminister Rösler die Vorarbeiten zu einem Gesetzentwurf, mit
dem die Umstellung auf einen einkommensunabhängigen GKV-Beitrag eingeleitet werden sollte. Das wiederum führte zu einer Verschärfung des Konfliktes
mit der CSU-Führung. Die Auseinandersetzung wurde öffentlich ausgetragen und
der Ton wurde schärfer, so scharf, wie es das zwischen Koalitionsparteien auf
Bundesebene zuvor noch nicht gegeben hatte.

Nachdem Gesundheitsminister Rösler sein Konzept für einen Gesetzentwurf
einem engeren Kreis der Koalitionspolitiker vorgestellt hatte, erklärte Söder
öffentlich, die CSU habe „keinerlei Gesprächsbereitschaft", das Konzept sei „systematisch und sozial der falsche Weg", „nicht praxistauglich" und „absolut nicht

---

[3] Im „Deutschlandtrend" vom Februar 2010 wurde auch nach der Zustimmung zur „Gesundheitsprämie" gefragt. Die Befragung ergab, dass 72 % aller Befragten eine „Gesundheitsprämie" ablehnten und sich auch unter den FDP-Wählern nur 27 % dafür aussprachen (Die Welt,
5.02.2010: 2).

zukunftsfest" (Söder, zit. n. SZ, 4.06.2010: 5), und er stellte klar: „Wir verhandeln nicht mehr über das Rösler-Konzept. Es wird kein Rumgeschraube und
Rumgepfriemel geben" (Söder, zit. n. Berliner Zeitung, 4.06.2010: 6).[4]
    Der Koalitionsausschuss vereinbarte daraufhin einen „Neustart" der Gesund-
heitsreform (Die Welt, 4.06.2010: 2). Bis zur parlamentarischen Sommerpause
sollte Rösler ein neues Konzept vorlegen (Berliner Zeitung, 4.06.2010: 6).
Einer der führenden Gesundheitspolitiker der CSU-Bundestagsfraktion, erklärte
vor der Presse, Röslers Konzept sei „nicht mehr Grundlage der Beratungen"
(Singhammer, zit. n. SZ, 5.06.2010: 6).
    Der Staatssekretär im BMG, Daniel Bahr (FDP), und der FDP-
Generalsekretär, Christian Lindner, eröffneten daraufhin eine neue Eskalati-
onsstufe. Bahr beklagte sich in einem Interview: „Die CSU ist als Wildsau
aufgetreten, sie hat sich nur destruktiv gezeigt" (Daniel Bahr, zit. n. Münchner Merkur 8.06.2010: 4). FDP-Generalsekretär Lindner bescheinigte Seehofer
unter Anspielung auf dessen Rücktritt im Jahr 2004 ein „persönliches Trauma",
und nun müssten „70 Mio. gesetzlich Versicherte seine Traumatherapie" ertragen
(Lindner, zit. n. Tagesspiegel, 8.06.2010: 4).
    CSU-Generalsekretär Dobrindt antwortete, bei der FDP seien „zwei Sicherun-
gen durchgeknallt, und die heißen Bahr und Lindner", im Übrigen sei die FDP
eine „gesundheitspolitische Gurkentruppe: erst schlecht spielen und dann auch
noch rummaulen" (Alexander Dobrindt, zit. n. Münchner Merkur 8.06.2010: 4;
Tagesspiegel, 8.06.2010: 4).
    Der gesundheitspolitische Sprecher der Unionsfraktion, Jens Spahn (CDU),
kommentierte die Auseinandersetzung mit den Worten, CSU und FDP würden
sich „wie kleine Kinder" verhalten, „und langsam fangen sie mit ihrem Geschrei
an zu nerven, die Kleinen" (Spahn, zit. n. Tagesspiegel, 8.06.2010: 4).
    Dieser heftige verbale Schlagabtausch warf ein bezeichnendes Bild auf den
Zustand der Koalition im Bereich der Gesundheitspolitik. Nach monatelangem
Streit lagen die Nerven blank.
    Der Streit und das gegenseitige Misstrauen in der Koalition beschränkten
sich allerdings nicht auf die Gesundheitspolitik, sie waren bezeichnend für den
Zustand der Koalition insgesamt. Prominente Vertreter der Koalitionsparteien spe-
kulierten öffentlich über ein vorzeitiges Ende der Koalition. Vor der anstehenden
Wahl eines neuen Bundespräsidenten am 30. Juni 2010 kündigten Wahlleute, die

---

[4] Beispielhafte Kommentare aus der Presse: „Kopfpauschale – die nächste Variante" (Berliner Zeitung, 2.06.2010: 5); „CSU nimmt Röslers Reform auseinander" (FTD, 3.06.2010:
11); „Röslers Prämienflop" (FAZ, 4.06.2010: 11); „FDP scheitert mit Gesundheitsreform"
(Die Welt, 4.06.2010: 2); „Empörungs-Tsunami" (Berliner Zeitung, 4.06.2010: 6).

von der FDP und der Union benannt worden waren, öffentlich an, aus Unzufriedenheit über den Zustand der Koalition nicht den Kandidaten von Union und FDP zu wählen. Die regelmäßigen Bevölkerungsumfragen ergaben übereinstimmend, dass die Koalition im Falle von Neuwahlen keine Mehrheit mehr hätte.[5] Die FDP war Mitte 2010 auf einen Wert von fünf Prozent abgesunken und hätte folglich bei Neuwahlen sogar um den Wiedereinzug in den Bundestag bangen müssen (ARD 2010).[6]

Angesichts dieser Situation mussten die Konflikte unbedingt beigelegt werden, um einen Bruch der Koalition zu verhindern. In der parlamentarischen Sommerpause trafen sich die drei Parteivorsitzenden Merkel, Seehofer und Westerwelle mehrfach und konnten sich in ihren Gesprächen auf einen ‚Neustart' der Koalition einigen (DER SPIEGEL Nr. 37/2010 vom 13.09.2010). Der Neustart gelang, und die Auseinandersetzungen nahmen ab oder wurden zumindest nicht mehr öffentlich ausgetragen. In der Gesundheitspolitik einigte sich die Koalition auf das lange umstrittene Gesetz zur Reform der GKV-Finanzierung. Weitere gesundheitspolitische Gesetze folgten, allerdings ohne dass ein radikaler marktwirtschaftlicher Umbau vollzogen oder eingeleitet wurde, wie ihn die FDP in ihrem Wahlprogramm gefordert hatte.

Die gesundheitspolitische Gesetzgebung der schwarz-gelben Regierungskoalition

In der Legislaturperiode 2009 bis 2013 beschloss die schwarz-gelbe Regierungskoalition mehr als 20 Gesetze, die neue Rechtsvorschriften zum Gesundheitssystem und insbesondere zur gesetzlichen Krankenversicherung enthielten. Das Spektrum reichte von größeren und mittelgroßen Gesundheitsreformen wie dem GKV-Finanzierungsgesetz (GKV-FinG) 2011, dem Arzneimittelmarktneuregelungsgesetz (AMNOG) 2011, dem GKV-Versorgungsstärkungsgesetz (GKV-VStG) 2012 und dem Pflege-Neuausrichtungs-Gesetz (PNG) 2012 bis zu einzelnen Regelungskomplexen, die in anderen, nicht primär gesundheitspolitischen Gesetzen enthalten waren, wie beispielsweise dem Achten Gesetz zu Änderung des Gesetzes gegen Wettbewerbsbeschränkungen (8. GWB-ÄndG) 2013 (zum

---

[5] Eine Mitte 2010 im Auftrag von Stern und RTL durchgeführte Forsa-Umfrage ergab für die CDU 29 % und für die FDP 5 %. Union und FDP kamen somit zusammen nur noch auf 34 % (stern.de vom 28.07.2010).

[6] In der Forsa-Umfrage vom 21.07.2010 kam die FDP nur noch auf 4 % (Tagesspiegel, 22.07.2010: 1).

Überblick über die gesundheitspolitische Gesetzgebung dieser Legislaturperiode vgl. Simon 2013: 89–98).

Der weitüberwiegende Teil der beschlossenen Neuregelungen ist dem Aufgabenbereich der gesundheitspolitischen Gesetzgebung zuzurechnen, den jede Regierungskoalition auf Bundesebene zu erledigen hat, sozusagen dem ‚Alltagsgeschäft' der Gesundheitspolitik des Bundes. Es sind gesetzliche Neuregelungen, die der Pflege und laufenden Aktualisierung bestehender Rechtsvorschriften dienen oder mit denen auf akut aufgetretene neue Probleme reagiert wird, die einer kurzfristigen Lösung bedürfen. Zwar kann eine Regierungskoalition auch in diesem Bereich Änderungen vornehmen, die auf eine grundsätzliche Neuausrichtung zielen, der dafür nutzbare Handlungsspielraum ist jedoch eher begrenzt. Dennoch gibt es ihn und wird er auch genutzt. Ein Beispiel dafür war die Novelle des Wettbewerbsrechts durch das 8. GWB-ÄndG, die unter anderem auch Vorschriften zur GKV enthielt, durch die die Krankenkassen stärker als zuvor dem allgemeinen Wettbewerbsrecht unterworfen wurden. Solche Rechtsänderungen bleiben der breiten Öffentlichkeit – anders als die großen Gesundheitsreformen – jedoch weitgehend unbekannt. In der gesundheitspolitischen Fachdiskussion hingegen werden sie selbstverständlich wahrgenommen und diskutiert, so auch in Fall des 8. GWB-ÄndG, dessen Neuregelungen zur GKV kontroverse Diskussionen auch innerhalb der Regierungskoalition auslösten.

Die nachfolgende Darstellung der gesundheitspolitischen Gesetzgebung der Legislaturperiode 2009 bis 2013 beschränkt sich auf die wichtigsten Neuregelungen zur Ausgestaltung der gesetzlichen Krankenversicherung und der sozialen Pflegeversicherung, die für das zentrale Untersuchungsthema dieses Buches relevant sind. Die Darstellung erfolgt primär thematisch. Sofern es in einem Themenbereich Neuregelungen durch mehrere Gesetze gab, werden sie in chronologischer Reihenfolge behandelt. Dies erscheint insofern sinnvoll, als dadurch das Prozesshafte der Gesundheitspolitik besser sichtbar wird.

Einkommensunabhängige Zusatzbeiträge, steuerfinanzierter Sozialausgleich und höherer Bundeszuschuss

Als wichtigstes Gesetz der Legislaturperiode 2009 bis 2013 für die Ausgestaltung der GKV kann sicher das 2010 beschlossene GKV-Finanzierungsgesetz (GKV-FinG) gelten. Die oben vorgestellten Konflikte innerhalb der schwarzgelben Koalition waren Auseinandersetzungen um die Inhalte dieses Gesetzes. Mit dem GKV-Finanzierungsgesetz sollten Schritte zur weiteren Umsetzung des Gesundheitsprämienmodells in das GKV-Recht vollzogen werden. In der

Großen Koalition der Jahre 2005 bis 2009 hatte die CDU nur einen ersten, noch relativ kleinen Schritt in Richtung pauschalierter, einkommensunabhängiger GKV-Beiträge erreichen können. Der allgemeine GKV-Beitragssatz blieb unverändert einkommensbezogen und auch die neuen Zusatzbeiträge waren im Grundsatz einkommensabhängig. Lediglich in dem Fall, dass der Zusatzbeitrag einer Krankenkasse im Durchschnitt nicht mehr als acht Euro betrug, konnte ihn die betreffende Kasse als einkommensunabhängige Pauschale von ihrem Mitgliedern erheben. Da der Verwaltungsaufwand für die Erhebung eines einkommensabhängigen Zusatzbeitrags vor allem aufgrund der erforderlichen Einkommensfeststellung relativ hoch war, entschieden sich Kassen, die einen Zusatzbeitrag brauchten, zumeist für die einkommensunabhängige Variante. Zwar gab es einige Kassen, die einen Zusatzbeitrag erhoben, das damit verbundene finanzielle Volumen war für die Finanzierung der GKV insgesamt jedoch ausgesprochen gering.

Nach Übernahme der Regierung stand nun an, weitergehende Schritte in Richtung einer Umstellung der GKV-Finanzierung auf einkommensunabhängige Beitragspauschalen zu beschließen. Notwendig waren Maßnahmen, die geeignet waren, das Finanzvolumen der einkommensunabhängigen Beitragsfinanzierung deutlich zu erhöhen. Wie oben aufgezeigt, war dies jedoch erheblich schwieriger als es die Protagonisten des Kopfpauschalenmodells außerhalb und innerhalb der CDU erwartet hatten. Entscheidendes Hindernis für rasche und große Schritte in Richtung einkommensunabhängiger Beiträge war ein energischer und anhaltender Widerstand der CSU-Führung und des CDU-Arbeitnehmerflügels.

Dieser Widerstand konnte zwar große und entscheidende Schritte in Richtung einkommensunabhängiger Beiträge verhindern, er konnte jedoch nicht verhindern, dass überhaupt Schritte in dieser Richtung beschlossen wurden. Dies war nicht zuletzt auch darin begründet, dass es in den Reihen des Führungspersonals der CDU einflussreiche Befürworter des ‚Gesundheitsprämienmodells' gab und sich die Führung der FDP mit aller ihr zur Verfügung stehenden Macht für die Umsetzung dieses Modell einsetzte.

Wie oben dargelegt, gelang nach mehreren Monaten offenen Streites im Sommer 2010 schließlich doch die Vereinbarung eines Kompromisses, dass ein Gesetzentwurf vorgelegt und beschlossen werden konnte. Im Mittelpunkt des

GKV-Finanzierungsgesetzes (GKV-FinG)[7] standen Neuregelungen zur Festsetzung des allgemeinen Beitragssatzes und zum Zusatzbeitrag sowie die Einführung eines steuerfinanzierten ‚Sozialausgleichs'.

- Ab dem 1. Januar 2011 durfte der nur von den Mitgliedern zu zahlende kassenindividuelle Zusatzbeitrag nur noch als einkommensunabhängige Pauschale erhoben werden (§ 242 SGB V).
- GKV-Mitglieder mit geringem Einkommen konnten unter bestimmten Bedingungen einen steuerfinanzierten Beitragszuschuss erhalten, um eine finanzielle Überforderung zu vermeiden. Der Zuschuss wurde im Gesetz als „Sozialausgleich" bezeichnet (§ 242b SGB V).
- Der allgemeine Beitragssatz wurde ab dem 1. Januar 2011 nicht mehr durch Rechtsverordnung des Bundes, sondern durch Gesetz festgelegt (§ 241 SGB V).

Durch diese Neuregelungen wurde ein System geschaffen, das die Festschreibung des Arbeitgeberbeitrags und einen schrittweisen Umbau der GKV-Finanzierung auf allein von den Mitgliedern zu tragende einkommensunabhängige Beitragspauschalen bewirken konnte. Hinter der Systemkonstruktion stand offenbar folgendes Kalkül:

- Durch die Verlagerung der Kompetenz zur Festlegung des allgemeinen Beitragssatzes auf den Gesetzgeber wurde eine Erhöhung des Beitragssatzes deutlich erschwert. Sie erfordert nun die Zustimmung des Bundestages.
- Auch weiterhin galt die Verpflichtung der Krankenkassen, durch ihre Beitragseinnahmen einen ausgeglichenen Haushalt sicherzustellen. Das neue System hatte somit zur Folge, dass Ausgabensteigerungen, die nicht durch eine Erhöhung des allgemeinen Beitragssatzes oder des Bundeszuschusses ausgeglichen werden, durch die Erhebung oder Erhöhung des Zusatzbeitrags auszugleichen sind.
- Wenn der Zusatzbeitrag nur von den Mitgliedern zu tragen ist, kann über das neu geschaffene System durch die jeweilige Regierungskoalition erreicht werden, dass der Arbeitgeberbeitrag auf Dauer gleichbleibt und alle zukünftigen Ausgabensteigerungen nur von den GKV-Mitgliedern getragen werden müssen. Bei geänderten Mehrheitsverhältnissen kann der allgemeine Beitragssatz

---

[7] Gesetz zur nachhaltigen und sozial ausgewogenen Finanzierung der Gesetzlichen Krankenversicherung (GKV-Finanzierungsgesetz – GKV-FinG) vom 22. Dezember 2010 (BGBl. I, S. 2309).

und somit auch der Arbeitgeberbeitrag allerdings weiterhin jederzeit erhöht werden. Eine Erhöhung ist somit nicht ausgeschlossen, aber schwieriger. Eine unabänderliche Festschreibung des Arbeitgeberbeitrags bietet diese Regelung nicht. Diese wäre erst durch die Abschaffung des Arbeitgeberbeitrags und einmalige Auszahlung zu erreichen. Ein solches Vorhaben stand jedoch nicht auf der Agenda der Koalition und wäre mit sehr hoher Wahrscheinlichkeit weder in der CDU noch in der CSU mehrheitsfähig gewesen.

- Würde die gesetzliche Festschreibung des allgemeinen Beitragssatzes beibehalten, hätte dies einen schrittweisen Ausbau des Anteils der einkommensunabhängigen Zusatzbeiträge zur Folge. Die GKV-Finanzierung würde sich quasi ‚automatisch' immer weiter in Richtung einer Finanzierung durch ausschließlich von den Mitgliedern zu tragendende einkommensunabhängige Beitragspauschalen entwickeln. Irgendwann wäre der Punkt erreicht, dass die GKV nur noch durch einkommensunabhängige Beitragspauschalen der Mitglieder finanziert wird. Der Arbeitgeberbeitrag wäre sukzessive abgeschafft und zugleich auch der einkommensabhängige GKV-Beitrag. Ein solcher Prozess würde jedoch einen sehr langen Zeitraum in Anspruch nehmen, wahrscheinlich mehrere Jahrzehnte. Dadurch wäre er in hohem Maße anfällig für einen Wechsel der politischen Mehrheitsverhältnisse, der diesen Prozess durch Änderung der betreffenden Rechtsvorschriften endgültig stoppt oder zumindest vorübergehend unterbricht.

Angesichts dieser Konstruktion und der angesprochenen Probleme drängt sich die Frage auf, wer Sieger in der koalitionsinternen Auseinandersetzung um die Inhalte des GKV-FinG war: die CSU-Führung oder die FDP und die Führung der CDU. Bezieht man rückblickend auch die weitere Entwicklung ein, so drängt sich folgende Antwort auf: Kurzfristig hatte sich die FDP und die CDU-Führung in zentralen Punkten durchgesetzt, aber bereits nach der folgenden Bundestagswahl scheiterte das Vorhaben aufgrund veränderter Mehrheitsverhältnisse. Es erscheint durchaus denkbar, dass ein langjährig erfahrener Politiker wie Seehofer genau diesem Kalkül bei der Zustimmung zu dem gefundenen Kompromiss folgte.

Möglicherweise schreckte die Koalition aber auch vor ihrer eigenen Courage zurück und wollte verhindern, dass der beschlossene Mechanismus zu schnell wirkt, denn das hätte unangenehme Folgen für ihre Stimmenanteile bei den Anfang 2011 anstehenden sechs Landtagswahlen haben können. Der Verlust von Regierungsmacht in den Ländern hätte die Handlungsfähigkeit der Koalition im Bund erheblich eingeschränkt, da jede Regierungskoalition auf Bundesebene in relevanten Bereichen ihrer Politik auf die Zustimmung der Bundesratsmehrheit angewiesen ist.

Wie gering die Belastbarkeit des gefundenen Kompromisses war, zeigte sich
bereits wenige Monate nach der Verabschiedung des GKV-FinG. Die Finanzmarktkrise der Jahre 2007/2008 schlug 2009 auf die Realwirtschaft durch und
führte zu einer Wirtschaftskrise, in deren Folge die Einnahmen der Sozialversicherung insgesamt und auch der Krankenkassen nicht zur Deckung der
Ausgaben reichten. Es war absehbar, dass ohne eine Anhebung des allgemeinen Beitragssatzes Anfang 2011 zahlreiche Krankenkassen einen Zusatzbeitrag
erheben oder ihren bereits bestehenden Zusatzbeitrag würden erhöhen müssen.
Um dies zu verhindern, beschloss die neu gewählte Regierungskoalition im
Rahmen eines *Sozialversicherungs-Stabilisierungsgesetzes* die Gewährung eines
Bundeszuschusses für die GKV in Höhe von 3,9 Mrd. Euro „zum Ausgleich kon-
junkturbedingter Mindereinnahmen im Jahr 2010" (§ 221a SGB V).[8] Darüber
hinaus wurde mit dem GKV-FinG der allgemeine Beitragssatz von 14,0 % auf
15,5 % angehoben. Beides hatte offensichtlich das Ziel, das Wirksamwerden des
neuen Mechanismus der Beitragsfinanzierung der GKV in eine fernere Zukunft
zu verschieben, zumindest aber bis nach den anstehenden Landtagswahlen. Um
sicherzugehen, dass dies auch 2011 und 2012 so bleibt, wurde der Bundeszuschuss Ende 2010 durch das *Haushaltsbegleitgesetz 2011*[9] um weitere 2 Mrd.
Euro erhöht.

Rückblickend kann aus heutiger Sicht festgestellt werden, dass es bis zum
Ende der Legislaturperiode im Jahr 2013 keinen nennenswerten Fortschritt
beim Ausbau des Anteils einkommensabhängiger Zusatzbeiträge gab. Nach der
Bundestagswahl 2013 konnte die schwarz-gelbe Regierungskoalition nicht fortgesetzt werden, nicht nur aufgrund des Abschneidens der CDU/CSU, sondern
vor allem weil die FDP unter die Fünf-Prozent-Hürde rutschte und nicht mehr
im Bundestag vertreten war. In der neu gebildeten Großen Koalition setzte
die SPD die Abschaffung des 2010 eingeführten Systems aus einkommensunabhängigen Zusatzbeiträgen und Sozialausgleich durch. Einer der damals
führenden Gesundheitspolitiker der SPD verkündete nach Unterzeichnung des
Koalitionsvertrages:

„Das ist heute das historische Ende der Kopfpauschalen" (Karl Lauterbach, zit. n.
Ärzteblatt.de vom 22.11.2013).

---

[8] Gesetz zur Stabilisierung der Finanzlage der Sozialversicherungssysteme und zur Einführung eines Sonderprogramms mit Maßnahmen für Milchviehhalter sowie zur Änderung anderer Gesetze (Sozialversicherungs-Stabilisierungsgesetz – SozVersStabG) vom
14.04.2010 (BGBl. I, S. 410).

[9] Haushaltsbegleitgesetz 2011 (HBeglG 2011) vom 9. Dezember 2010 (BGBl. I,S. 1885).

In der Tat: Danach verstummte im politischen Raum die Diskussion über Kopf-pauschalen. Sofern es in den folgenden Jahren noch vereinzelte Wortmeldungen neoliberaler Ökonomen dazu gab, waren sie ohne Relevanz für die weitere poli-tische Entwicklung.[10] Bis zur Bundestagswahl 2021 gab es keinen erneuten Beschluss in Richtung einkommensunabhängiger GKV-Beiträge. Auch die 2021 gebildete Jamaika-Koalition aus SPD, GRÜNEN und FDP wird bis zum Ende ihrer regulären Amtszeit im Jahr 2025 sicher keine Beschlüsse in dieser Richtung treffen. Die CDU hat sich mittlerweile ,klammheimlich' von ihrem Gesundheits-prämienmodell verabschiedet. In den Wahlprogrammen der CDU/CSU tauchen seit 2013 weder der Begriff noch die zentralen Inhalte des Reformmodells auf. Ein neues Grundsatzprogramm sollte bereits vor einigen Jahren beschlossen wer-den, bis Anfang 2022 wurde jedoch noch kein Entwurf vorgelegt. Insofern bleibt abzuwarten, ob darin noch etwas vom ,Gesundheitsprämienmodell übrigbleiben wird. Angesichts der bisherigen Entwicklung dürfte dies eher unwahrscheinlich sein.

Anwendung des allgemeinen Wettbewerbsrechts auf die Krankenkassen

Auch wenn die schwarz-gelbe Koalition bei der Umstellung auf einkommensun-abhängige Zusatzbeiträge zögerlich und ambivalent vorging, so sollte dies nicht als Zeichen für eine grundsätzliche Abkehr vom Ziel eines marktwirtschaftlichen Umbaus der GKV gedeutet werden. An anderen, für die breite Öffentlichkeit weniger auffälligen Stellen ihrer Gesetzgebung finden sich eine Reihe von Ent-scheidungen, die sehr eindeutig in Richtung einer Annäherung der GKV an die PKV weisen. Von besonderer Bedeutung war dabei die Ausweitung des Anwen-dungsbereichs des allgemeinen Wettbewerbsrechts auf die Krankenkassen. Das Vorhaben war Teil der Koalitionsvereinbarung, in der festgestellt worden war:

> „Wir wollen, dass das allgemeine Wettbewerbsrecht als Ordnungsrahmen grund-sätzlich auch im Bereich der gesetzlichen Krankenversicherung Anwendung findet" (CDU/CSU/FDP 2009: 87).

---

[10] Zu den wenigen ,Unbeirrbaren', die weiterhin für das Kopfpauschalenmodell warben, gehörte der Wirtschaftssachverständigenrat mit seinem Konzept einer „Bürgerpauschale", das er alle paar Jahre mal wieder in Erinnerung brachte (so bspw. SVR-W 2018: 406 f.).

Die Umsetzung dieses Vorhabens erfolgte im Rahmen des 2010 beschlossenen *Arzneimittelmarktneuordnungsgesetzes* (AMNOG)[11] und der 2013 beschlossenen *Achten Novelle des Gesetzes gegen Wettbewerbsbeschränkungen* (Kartellrecht).[12]

Als Teil des AMNOG wurde beschlossen, dass das Kartellrecht auf die Rechtsbeziehungen der Krankenkassen zu den Leistungserbringern sowie auf die Beschlüsse des G-BA Anwendung findet (§ 69 Abs. 1 Satz 1 SGB V). Ausgenommen wurden nur solche Verträge und Vereinbarungen, zu denen die Krankenkassen, deren Verbände oder der G-BA durch Gesetz verpflichtet sind. Diese Neuregelung impliziert, dass Krankenkassen in ihren Beziehungen zu Leistungserbringern wie gewinnorientierte Wirtschaftsunternehmen behandelt werden.

Die Zuständigkeit für die gerichtliche Klärung wettbewerbsrechtlicher Streitigkeiten zwischen Krankenkassen wurde von den Sozialgerichten auf die Zivilgerichte verlagert (§ 51 Abs. 3 Sozialgerichtsgesetz). Laufende Verfahren vor Sozialgerichten waren auf die Zivilgerichte zu übergeben (§ 207 Sozialgerichtsgesetz). Auch diese Neuregelung behandelt die Krankenkassen wie gewinnorientierte Wirtschaftsunternehmen. Beide Neuregelungen orientierten sich offensichtlich am europäischen Wettbewerbsrecht und dem darin geltenden funktionalen Unternehmensbegriff. Danach ist für die Einstufung einer Organisation als ‚Unternehmen‘ nicht die Rechtsform maßgeblich, sondern dass sie eine wirtschaftliche Tätigkeit ausübt.[13]

Betrachtet man die Anwendung des allgemeinen Wettbewerbsrechts auf die Krankenkassen im Zusammenhang der im vorliegenden Buch aufgezeigten Entwicklung, so ist sie als Maßnahme einzustufen, durch die eine Umwandlung der Krankenkassen in privatrechtliche Unternehmen vorbereitet wird. Indem die Krankenkassen dem allgemeinen Wettbewerbsrecht unterstellt werden, werden sie wie ‚normale‘ gewinnorientierte Wirtschaftsunternehmen behandelt. Dass sie Träger einer staatlichen Sozialversicherung sind, die als Körperschaften des öffentlichen Rechts verfasst sind und Aufgaben der mittelbaren Staatsverwaltung ausüben, wird dabei als unerheblich beiseite geschoben.

---

[11] Gesetz zur Neuordnung des Arzneimittelmarktes in der gesetzlichen Krankenversicherung (Arzneimittelmarktneuordnungsgesetz – AMNOG) vom 22.12.2010 (BGBl. I, S. 2262).

[12] Achtes Gesetz zur Änderung des Gesetzes gegen Wettbewerbsbeschränkungen (8. GWB-ÄndG) vom 26. Juni 2013 (BGBl. I, S. 1738).

[13] Vgl. dazu die zentrale Entscheidung des EuGH aus dem Jahr 1991: „Im Rahmen des Wettbewerbsrechts umfasst der Begriff des Unternehmens jede eine wirtschaftliche Tätigkeit ausübende Einheit, unabhängig von ihrer Rechtsform und der Art ihrer Finanzierung" (EuGH, Rs. C-41/90, Slg. 1991, I-1979, Rn. 21).

Wenn Krankenkassen jedoch als Wirtschaftsunternehmen eingestuft werden, stellt ihre Rechtsform als Körperschaft des öffentlichen Rechts bei genauerer Betrachtung eine inhaltlich nicht zu rechtfertigende Behinderung für die vollständige und umfassende Anwendung des Wettbewerbs- und letztlich des gesamten Wirtschaftsrechts dar. Da das EU-Wettbewerbsrecht gegenüber dem deutschen Sozialrecht als höherrangig gilt, muss diese Rechtsauffassung früher oder später zur Forderung führen, die formale organisatorische Hülle der Krankenkassen ihrem tatsächlichen Inhalt anzupassen und sie in eine private Rechtsform zu überführen. Zumal erst dann vollständige Wettbewerbsgleichheit mit privaten Versicherungsunternehmen hergestellt werden kann, beispielsweise indem auch die Krankenkassen dann ebenfalls wie private Versicherungsunternehmen Steuern zahlen müssen und keinen Wettbewerbsvorteil mehr durch ihre Steuerfreiheit genießen. Da die Bestimmungen des europäischen Wettbewerbsrechts und Entscheidungen des EuGH unmittelbar bindend für die Nationalstaaten sind, würde ein solches Vorgehen höherrangigem Recht folgen.

Um die Unterstellung der Krankenkassen unter das Kartellrecht gibt es sehr kontroverse Diskussionen, die der allgemeinen Öffentlichkeit jedoch weitgehend unbekannt sind. Dies gilt auch für die von der schwarz-gelben Koalition beschlossenen Änderungen. Der ursprüngliche Gesetzentwurf für die Anfang 2013 beschlossene Achte GWB-Novelle sah eine noch weitergehende Anwendung des Kartellrechts auf die Krankenkassen vor (BT-Drs. 17/9852 vom 31.05.2012).

Der Gesetzesbeschluss war offensichtlich ein Kompromiss innerhalb der Regierungskoalition, denn Kritik an der Anwendung gab es nicht nur von Seiten der Krankenkassen, sondern auch von Gesundheitspolitikern der Koalition. So sprach sich der damalige Sozial- und Gesundheitsminister des Saarlandes und turnusmäßige Vorsitzende der Gesundheitsministerkonferenz der Länder, Andreas Storm (CDU), öffentlichen gegen die Anwendung des Kartellrechts aus:

> „Krankenkassen sind keine Unternehmen (...) Ich habe als GMK-Vorsitzender das Bundesministerium für Gesundheit ebenso wie das Bundesministerium für Wirtschaft und Technologie unterrichtet, dass das Kartellrecht aus Ländersicht für das Recht der Gesetzlichen Krankenversicherungen völlig fremd ist und daher keine Anwendung finden darf" (Storm 2012).

Johannes Singhammer, Mitglied der CSU-Landesgruppe sowie stellvertretender Vorsitzender der CDU/CSU-Fraktion im Bundestag und damals einer der führenden Gesundheitspolitiker der Union wies der Presse gegenüber auf einen kurz zuvor von Bundesgerichtshof beschlossenen Vorlagebeschluss für den EuGH hin und forderte:

„Wir sollten nicht ausgerechnet in der anstehenden Prüfphase mit einer Regelung kommen, die die Kassen noch mehr zu Unternehmen macht" (Singhammer, zit. n. Süddeutsche Zeitung, 26.09.2012: 5).

Die Äußerung Singhammers zeigt sehr deutlich, dass den damaligen Akteuren die weitreichende Bedeutung einer Anwendung des allgemeinen Kartellrechts auf die Krankenkassen sehr wohl bewusst war und insbesondere auch damit gerechnet wurde, dass der EuGH dadurch zu einer Änderung seiner Auffassung über den Charakter der deutschen Krankenkassen veranlasst werden könnte. Singhammer wies auf einige der Konsequenzen hin, die eine Einstufung der Krankenkassen als Unternehmen im Sinne des funktionalen Unternehmensbegriffs des EU-Wettbewerbsrecht hätte: Die deutsche Politik würde nach seiner Eischätzung die Gestaltungshoheit über das deutsche Gesundheitssystem verlieren, Krankenkassen müssten Umsatzsteuer, Körperschaftssteuer und Gewerbesteuer zahlen und staatliche Zuschüsse wie der jährliche Bundeszuschuss würden zu einer nach EU-Recht unzulässigen staatlichen Subvention für Unternehmen, da dann das Beihilfeverbot der EU auch für Krankenkassen gelten würde (Singhammer, zit. n. Handelsblatt, 26.09.2012: 17).

In Singhammers Aufzählung fehlt jedoch die mit Abstand wichtigste Konsequenz: Krankenkassen könnten nicht mehr Träger der GKV als staatlicher Sozialversicherung sein, ihre Rechtsform als Körperschaft des öffentlichen Rechts wäre obsolet, die Umwandlung in Versicherungsunternehmen mit privater Rechtsform stünde auf der Agenda, und damit das Ende der gesetzlichen Krankenversicherung als staatlicher Sozialversicherung.

Die Frage nach der Anwendung des allgemeinen Wettbewerbsrechts auf die Krankenkassen war keineswegs eine, die lediglich innerhalb der Union auf Zustimmung stieß. Da auch SPD und GRÜNE für den GKV-Wettbewerb waren, hätte mit hoher Wahrscheinlichkeit auch eine Regierung mit ihrer Beteiligung Maßnahmen zur Anwendung des Kartellrechts auf die Krankenkassen beschlossen. Bezeichnend für die damalige Stimmungslage war es, dass auch aus den Reihen der Krankenkassen die Forderung nach Anwendung des Kartellrechts auf die GKV erhoben wurde. Dabei waren es vor allem kleinere Krankenkassen, die sich durch Strategien der Mitgliederabwerbung großer Kassen bedroht sahen und die Politik aufforderten, zu intervenieren. So plädierte beispielsweise die Siemens BKK in öffentlichen Statements mehrfach für die Anwendung des Kartellrechts und eine Kontrolle der Krankenkassen durch das Bundeskartellamt (SBK 2012a,

2012b, 2012c).[14] Eine weitere kleinere Krankenkasse, die sich ausdrücklich für die Anwendung des Kartellrechts aussprach, war die Handelskrankenkasse (hkk) Bremen (Die Welt 18.07.2012: 10). Auch Kassenverbände, vor allem aus dem Bereich der BKKn und IKKn, forderten die Anwendung des Kartellrechts, damit sie vor ‚unlauteren' Wettbewerbsstrategien größerer Kassen geschützt werden.[15]

Akteure der neoliberalen Politikberatung intervenierten ebenfalls, um die Anwendung des Kartellrechts auf die Krankenkassen zu erreichen. In einem Anfang 2012 vorgelegten Sondergutachten forderte die Monopolkommission, Krankenkassen sollten als Unternehmen im Sinne des europäischen Wettbewerbsrechts gelten und dementsprechend auch kartellrechtlich so behandelt werden (Monopolkommission 2012). Der damalige Vorsitzende der Monopolkommission, Andreas Mundt, begründete die Forderung nach Anwendung des Kartellrechts auf Krankenkassen damit, dass sie untereinander im Wettbewerb stünden und in diesem Wettbewerb „unternehmerische Entscheidungen" treffen. Folglich sei es erforderlich, sie auch dem Wettbewerbsrecht und der Kontrolle des Bundeskartellamtes zu unterstellen (Mundt 2012).

An den Argumenten für die Anwendung des Kartellrechts auf Krankenkassen zeigt sich, dass die 1992 getroffene Entscheidung für die Einführung des GKV-Wettbewerbs eine Eigendynamik und ‚Sachzwänge' zu immer weiteren Schritten in Richtung Umwandlung des GKV-Systems in ein PKV-System nach sich zieht.

- Krankenkassen werden in einen Wettbewerb gegeneinander gebracht, begreifen sich zunehmend als ‚Unternehmen', die auf einem ‚Markt' agieren und ihre einzelwirtschaftlichen Interessen gegen Konkurrenten und ‚Zulieferern' (Leistungserbringern) versuchen durchzusetzen.
- Es kommt zu aggressiven ‚Geschäftspraktiken' sowohl gegenüber ‚Mittbewerbern' auf dem ‚GKV-Markt' als auch gegenüber Leistungserbringern.
- Die davon betroffenen Kassen und Leistungserbringer fordern von der Politik Schutz vor ‚unfairen' Wettbewerbsstrategien und setzen ihre Hoffnung auf das allgemeine Wettbewerbsrecht und ein starkes Bundeskartellamt.
- Die Politik reagiert darauf jedoch nicht in der Art, dass sie dieser Entwicklung durch Beendigung des GKV-Wettbewerbs Einhalt gebietet, sondern durch Maßnahmen, die die Krankenkassen immer weiter in Richtung Wirtschaftsunternehmen drängen.

---

[14] Siemens BKK wandte sich am 15.06.2012 mit einer Pressemitteilung sogar direkt an die Bundestagsfraktionen und erklärte ihre Zustimmung zur geplanten Änderung des GWB und zur Anwendung des Kartellrechts (SBK 2012c).

[15] So beispielsweise der BKK-Landesverband Rheinland-Pfalz und der IKK-Bundesverband (Handelsblatt 02.09.2010: 15).

In komprimierter Form wurde dieser Zusammenhang und die hinter der Forderung nach Anwendung des Wettbewerbsrechts auf die Krankenkassen stehenden Überzeugungen im Bericht des Bundesversicherungsamtes für das Jahr 2010 deutlich. In seinem Vorwort zum Tätigkeitsbericht des BVA kritisierte der damalige Präsident des BVA, Maximilian Gaßner, in sehr scharfer Form das Wettbewerbsverhalten von Krankenkassen, das in zunehmendem Maße auf Strategien der Risikoselektion ausgerichtet war und auch vor eindeutig rechtswidrigen Handlungen nicht zurückschreckte.

Von besonderer Bedeutung waren dabei Entwicklungen im Gefolge der insolvenzbedingten Schließung der City BKK.[16] Das BVA hatte die City BKK zum 1. Juli 2010 geschlossen und ca. 200.000 Versicherte brauchten in eine neue Krankenkasse. Der Wechsel zu einer anderen Krankenkasse bedarf der Entscheidung des jeweiligen Mitglieds. Folglich musste jedes einzelne Mitglied eine andere Krankenkasse wählen. Anders als im Fall der privaten Krankenversicherungen ist für den Beitritt zu einer Krankenkasse kein Abschluss eines privatrechtlichen Vertrages erforderlich, der von der Versicherung auch abgelehnt werden kann. In der GKV gibt es eine durch Gesetz statuierte Mitgliedschaft und für Mitglieder der GKV die Wahl zwischen allen allgemein geöffneten Krankenkassen. Der Wechsel zu einer anderen Krankenkasse erfolgt durch einfache Willenserklärung des Mitglieds. Das Mitglied erklärt einer Krankenkasse gegenüber seinen Beitritt, und soweit diese Kasse geöffnet ist, hat sie dieses Mitglied aufzunehmen. Geöffnete Krankenkassen dürfen Mitglieder nicht ablehnen, sie sind gesetzlich zur Aufnahme verpflichtet.

Diese rechtliche Regelung der GKV-Mitgliedschaft war – und ist sicherlich auch heute noch – weder der Mehrheit der GKV-Mitglieder noch den meisten Fachjournalisten bekannt. Dieses Unwissen machten sich zahlreiche Krankenkassen zunutze und praktizierten verschiedenste Strategien der Risikoselektion, um ,schlechte Risiken' wie beispielsweise alte und chronisch kranke Mitglieder vom Beitritt abzuhalten. Da ca. 200.000 Versicherte der City-BKK innerhalb kurzer Zeit eine neue Krankenkasse suchten, wurde die Insolvenz und Schließung der City BKK und die anschließenden Erfahrungen von GKV-Mitgliedern bei der Suche nach einer neuen Krankenkasse in der Medienberichterstattung breit thematisiert, dabei wurde auch über zahlreiche Maßnahmen offener und verdeckter

---

[16] Die City BKK war aus dem Zusammenschluss der BKK Berlin und der BKK Hamburg hervorgegangen, bei denen es sich nicht um ,echte' Betriebskrankenkassen handelte, sondern um eher den AOKn ähnliche Krankenkassen, die allgemein geöffnet waren. Sie wiesen einen vergleichsweise hohen Anteil älterer Versicherter mit unterdurchschnittlichen Einkommen und überdurchschnittlicher Morbidität auf (vgl. dazu u. a. DIE WELT 15.06.2010: 29; Süddeutsche Zeitung 18.06.2010: 20; Tagesspiegel 18.06.2010: 16).

Risikoselektion von Krankenkassen berichtet. Das BVA sah sich in zahlreichen Fällen gezwungen zu intervenieren und GKV-Mitglieder vor rechtswidrigem Handeln von Krankenkassen zu schützen (BVA 2011).

Der Präsident des BVA kritisierte das Verhalten der Krankenkassen in scharfer Form. Das „dreiste und zynische Vorgehen der betroffenen Kassen – verbunden mit der Demontage des ‚Sozialen‘ in der Gesetzlichen Krankenversicherung" habe „schonungslos die Schattenseite des Kassenwettbewerbs offengelegt" (BVA 2011: 3). Allerdings sah er die Ursache für das „Drama der Diskriminierung der City BKK-Mitglieder" (ebd.) nicht im GKV-Wettbewerb, sondern allein im „Verhalten der Verantwortlichen dieser Kassen", darin, dass „Führungskräfte sich primär an betriebswirtschaftlichen Parametern orientieren" (ebd.). Entsprechend zog er aus diesen Vorkommnissen, ebenso wie aus den anderen im Bericht des BVA dokumentierten kritikwürdigen ‚Unternehmensstrategien‘ von Krankenkassen nicht die Konsequenz, die Abschaffung des GKV-Wettbewerbs zu fordern.

Bei den von ihm kritisierten Verhaltensweisen handele es sich – so Gaßner – um einen „Anschlag auf das System, auf den Kern des Wettbewerbs in der Gesetzlichen Krankenversicherung" (ebd.), der zeige, „dass die Mittel der Aufsicht zur Bekämpfung der Diskriminierung der Versicherten nicht ausreichend sind. Sie stammen aus der Welt des 20. Jahrhunderts und nicht aus der realen Kassenwelt des 21. Jahrhunderts" (ebd.). Notwendig sei darum eine Anpassung der „Befugnisse und Sanktionen der Aufsichten an die reale Welt (…) wie dies in anderen Rechtsbereichen z. B. im Kartellrecht schon vor Jahrzehnten erfolgt ist" (ebd.). Ein „erster Aufschlag" sei mit dem Entwurf des GKV-VStG gemacht, der allerdings „nicht reiche. Es dürfe nicht bei einer punktuellen Anwendung des Kartellrechts bleiben, notwendig sei eine generelle Anwendung (ebd.).

Sehr bezeichnend für die Argumentationslogik ist der Vorwurf, bei den beanstandeten Strategien der Risikoselektion handele es sich um einen „Anschlag auf das System". Damit war allerdings nicht das System der GKV gemeint, sondern das System des GKV-Wettbewerbs. Dem liegt eine Argumentationslogik zugrunde, in der die Auswirkungen des Wettbewerbs umgedeutet werden in Maßnahmen, die darauf gerichtet sind, einen ‚reinen‘ oder ‚fairen‘ Wettbewerb zu verhindern. Diese Argumentationslogik ist zentral und tragend für alle bisherigen politischen Interventionen zur Regulierung des GKV-Wettbewerbs seit dem Gesundheitsstrukturgesetz 1992. Sie basiert auf der Ideologie des Ordoliberalismus, in der die Herstellung und Verteidigung eines ‚vollständigen‘ Wettbewerbs durch Setzung eines „ordnungspolitischen Rahmens" als zentrale Aufgabe staatlicher „Ordnungspolitik" gilt (vgl. u. a. Eucken 1952; Miksch 1947).

Auch für die Zukunft des Risikostrukturausgleichs zog Gaßner dieselben Schlussfolgerungen. Nicht der RSA sei das Problem, sondern seine technische Unzulänglichkeit. Nicht die Abschaffung des bestehenden Systems aus RSA und Gesundheitsfonds sei notwendig, sondern es ginge „allein um die technische Frage der Verbesserung der Zielgenauigkeit der Zuweisungen aus dem Gesundheitsfonds" (ebd.).

In der vom Ordoliberalismus geprägten Vorstellungswelt steht nicht der Schutz der staatlichen Sozialversicherung an erster Stelle, sondern das Festhalten an der neoliberalen Wettbewerbsideologie, die getragen ist vom Glauben an die grundsätzliche Überlegenheit des Wettbewerbs gegenüber allen anderen Mechanismen zur Organisation des Wirtschaftssystems, zu dem in dieser Logik auch die ‚Unternehmenstätigkeit' von Krankenkassen gezählt wird. Dieser Glaube an die Überlegenheit von Wettbewerb gegenüber staatlicher Steuerung war auch Grundlage der Anwendung des Wettbewerbsrechts auf die Krankenkassen. Der Koalitionsvertrag machte dies unter anderem in den folgenden Passagen deutlich:

> „Wettbewerb um Leistungen, Preise und Qualität ermöglicht eine an den Bedürfnissen der Versicherten ausgerichtete Krankenversicherung sowie eine gute medizinische Versorgung. Auf der Versicherungs-, Nachfrage- und Angebotsseite werden die Voraussetzungen für einen funktionsfähigen Wettbewerb um innovative und effiziente Lösungen geschaffen, der den Versicherten und Patienten zugute kommt, sie in den Mittelpunkt stellt und ihnen Entscheidungsspielräume ermöglicht" (CDU/CSU/FDP 2009: 87).

> „Wettbewerb der Krankenversicherungen wirkt als ordnendes Prinzip mit den Zielen der Vielfalt, der Effizienz und der Qualität der Versorgung" (CDU/CSU/FDP 2009: 85).

Problematische Entwicklungen werden in dieser, auf ordoliberalen Grundüberzeugungen basierenden Sichtweise nicht als Folge des Wettbewerbs gesehen, sondern im Gegenteil, sie gelten in dieser Vorstellungswelt als Folge von zu wenig Wettbewerb und wettbewerbswidrigen Handlungen einzelner Marktakteure. Folglich darf es kein Weniger an Wettbewerb geben, sondern nur ein Mehr davon. Aufgabe der Politik darf es nicht sein, Wettbewerb zu unterbinden, sondern vielmehr durch Setzung eines geeigneten ‚ordnungspolitischen Rahmens' für einen „funktionsfähigen Wettbewerb" (CDU/CSU/FDP 2009: 87) zu sorgen. Da dies die zentrale Aufgabe des allgemeinen Wettbewerbsrechts ist, liegt es nahe, das allgemeine Wettbewerbsrecht auch auf die Krankenkassen anzuwenden und sie der Aufsicht eines starken Kartellamtes zu unterwerfen.

Zwar hat es seit Eröffnung des GKV-Wettbewerbs vor mehr als 25 Jahren eine Vielzahl von Problemen und Fehlentwicklungen gegeben, die eindeutig darauf zurückzuführen sind, dass die Krankenkassen in einem Wettbewerb zueinander stehen, dies führte bislang jedoch nicht dazu, dass der GKV-Wettbewerb infrage gestellt wurde. Aus all diesen Fehlentwicklungen wurde immer nur die Konsequenz gezogen, dass es mehr und noch detaillierterer Rechtsvorschriften bedarf, und dass noch mehr Kontrolle durch staatliche Behörden notwendig sei. Und so ist die Geschichte des GKV-Wettbewerbs vor allem auch die Geschichte eines immer weiter voranschreitenden Ausbaus von Rechtsvorschriften zur Regulierung dieses Wettbewerbs.

Der GKV-Wettbewerb als eines der zentralen neoliberalen Projekte für einen marktwirtschaftlichen Umbau des deutschen Gesundheitswesens zeigt exemplarisch, dass es ein Irrtum ist, Neoliberalismus primär mit Deregulierung gleichzusetzen. Wie eingangs dieses Buches aufgezeigt wurde, zeichnet sich der Neoliberalismus gerade dadurch aus, dass er eben nicht wie der klassische Wirtschaftsliberalismus auf einen Staat des ‚Laissez-faire' setzt. Der Staat des Neoliberalismus soll ein starker und regulierender Staat sein, der seine Macht einsetzt, um die Regeln von Markt und Wettbewerb durchzusetzen und vor Angriffen zu schützen. Im Fall der Krankenkassen bedeutet dies, sie in einen immer umfassenderen Wettbewerb zu zwingen.

Versuche der Einhegung des GKV-Wettbewerbs

Der GKV-Wettbewerb hat zu einer Vielzahl von kritikwürdigen Entwicklungen in den Krankenkassen und im Verhalten der Krankenkassen untereinander, gegenüber ihren Mitgliedern und Versicherten sowie gegenüber den Leistungserbringern geführt, auf die hier nicht im Einzelnen eingegangen werden kann (vgl. dazu u. a. den Sonderbericht des BVA zu 25 Jahren GKV-Wettbewerb BVA 2018). Ein Teil davon wurde durch mediale Berichterstattung öffentlich und war so gravierend, dass die Politik darauf reagieren musste.

Die schwarz-gelbe Koalition der Jahre 2009 bis 2013 reagierte auf öffentlich gewordene ‚Skandale' mit einzelnen Rechtsänderungen und der Verschärfung von Sanktionen gegenüber Krankenkassen oder einzelnen Führungskräften der GKV. In Reaktion auf die Vorkommnisse nach Schließung der City-BKK wurden beispielsweise im Rahmen des *GKV-Versorgungsstrukturgesetzes* (GKV-VStG) Sanktionsandrohungen gegen Krankenkassen verschärft und Sanktionen gegen einzelne Vorstandsmitglieder in das Gesetz aufgenommen.[17] Seitdem gilt: Liegen der zuständigen Aufsichtsbehörde Anhaltspunkte dafür vor, dass eine Krankenkasse nicht zur Aufnahme eines Mitglieds bereit ist oder die Erklärung des Beitritts (Wechsel) verhindert oder erschwert, so hat die zuständige Aufsichtsbehörde die Kasse zur Unterlassung dieses rechtswidrigen Verhaltens zu verpflichten (§ 175 Abs. 2a SGB V). Die Weisung der Aufsichtsbehörde ist mit der Androhung eines Zwangsgeldes von bis zu 50.000 € für jeden Fall der Zuwiderhandlung zu verbinden (§ 175 Abs. 2a SGB V). Verstößt ein Vorstandsmitglied in grober Weise gegen seine Amtspflichten und wird nicht durch den Verwaltungsrat abgesetzt, hat ihn die zuständige Aufsichtsbehörde seines Amtes zu entheben (§ 35a Abs. 7 SGB IV).

An diesem Beispiel zeigt sich eine fast schon schizophrene Ambivalenz. Einerseits sollen Krankenkassen als Unternehmen wettbewerblich handeln und dem allgemeinen Wettbewerbsrecht unterstellt werden, andererseits werden sie an den Maßstäben des Sozialrechts gemessen und wird von ihnen verlangt, dass sie nicht wie gewinnorientierte Unternehmen, sondern wie Träger einer staatlichen Sozialversicherung handeln. Diese zweite Forderung durchzusetzen, wäre das allgemeine Wettbewerbsrecht nicht in der Lage, und folglich wird einfach auf die Rechtsinstrumente zurückgegriffen, die das Sozialrecht und Verwaltungsrecht bieten. Dazu gehören unter anderem Anordnungen zuständiger Aufsichtsbehörden und auch die Absetzung von Vorständen.

Ein weiteres Phänomen infolge der schleichenden Umwandlung der Krankenkassen in Versicherungsunternehmen ist die Entwicklung der Vorstandsbezüge. Entsprechend der Orientierung der Krankenkassen an privaten Versicherungsunternehmen näherten sich die Vorstandsbezüge immer mehr den in der Versicherungswirtschaft üblichen an und stiegen kontinuierlich. Als diese Entwicklung zunehmend durch Medienberichte thematisiert wurde, reagierte die Koalition darauf mit einer Vorschrift, die die Krankenkassen, den Medizinischen Dienst und die Kassenärztlichen Vereinigungen verpflichtete, Vorstandsverträge vor Vertragsabschluss der zuständigen Aufsichtsbehörde zur Genehmigung vorzulegen (§ 35a Abs. 6).[18] Begründet wurde die neue Vorschrift damit, dass es „Fehlentwicklungen" bei der Höhe der Bezüge und Intransparenz beim Zustandekommen der Verträge gegeben habe.

---

[17] Gesetz zur Verbesserung der Versorgungsstrukturen in der gesetzlichen Krankenversicherung (GKV-Versorgungsstrukturgesetz – GKV-VStG) vom 22. Dezember 2011 (BGBl. I, S. 2983).

[18] Artikel 2a des Dritten Gesetzes zur Änderung arzneimittelrechtlicher und anderer Vorschriften vom 7.08.2013 (BGBl. I S. 3108).

„Nicht nachvollziehbare Erhöhungen der Vorstandsvergütungen und das intransparente Zustandekommen der Vorstandsdienstverträge waren in der Vergangenheit immer wieder Anlass zu Kritik in der Öffentlichkeit. Die Selbstverwaltung, insbesondere die Kontrolle des Vorstandes durch die Selbstverwaltungsorgane, hat solche Fehlentwicklungen nicht effektiv verhindern können. Um dem zu begegnen, unterliegen die Verträge zukünftig einem Zustimmungsvorbehalt" (BT-Drs. 17/13770: 21).

Ziel dieser Regelung war keineswegs, die Vorstandsbezüge abzusenken, sondern lediglich gewisse ‚Fehlentwicklungen' einzuhegen. Dementsprechend stiegen die Vorstandsbezüge der Krankenkassen weiter und bewegen sich mittlerweile überwiegend im Bereich von 200.000 bis mehr als 350.000 € jährlich. Spitzenverdiener waren 2020 die Vorstände großer Krankenkassen wie der Techniker (ca. 359.000 €), der DAK (ca. 324.000 €) der IKK Classic (ca. 323.000 €) oder der AOK Niedersachsen (ca. 315.000 €).[19] Zum Vergleich: Die Amtsbezüge der Bundeskanzlerin lagen 2020 bei ca. 255.000 € pro Jahr (Wissenschaftliche Dienste 2020).

Die Anpassung der Krankenkassen an das Geschäftsmodell privater Versicherungsunternehmen ist offensichtlich durchaus lohnenswert für das Führungspersonal der Krankenkassen. Bislang wirkt die Unterstellung unter das Sozialrecht und die für die GKV zuständigen Aufsichtsbehörden noch begrenzend. Würde diese Begrenzung wegfallen, stünde der Weg zu weiteren deutlichen Steigerungen der Vorstandsbezüge offen, lediglich noch begrenzt durch die je nach privater Rechtsform zuständigen Aufsichtsräte oder privaten Eigentümer.

Staatliche Förderung privater Pflegezusatzversicherungen

Im Koalitionsvertrag hatten sich CDU/CSU und FDP darauf geeinigt, für die soziale Pflegeversicherung eine Pflicht zur individuellen ergänzenden Kapitaldeckung einzuführen.

„In der Form der Umlagefinanzierung kann die Pflegeversicherung jedoch ihre Aufgabe, allen Bürgern eine verlässliche Teilabsicherung der Pflegekosten zu garantieren, auf Dauer nicht erfüllen. Daher brauchen wir neben dem bestehenden Umlageverfahren eine Ergänzung durch Kapitaldeckung, die verpflichtend, individualisiert und generationengerecht ausgestaltet sein muss" (CDU/CSU/FDP 2009: 93).

Die Koalition hatte somit geplant, alle Versicherten zum Abschluss einer privaten Pflegezusatzversicherung zu verpflichten, deren Zweck der Aufbau einer

---

[19] Die Vorstandsbezüge sind jedes Jahr im Bundesanzeiger zu veröffentlichen.

individuellen Alterungsrückstellung sein sollte. Die Verpflichtung hätte nicht nur alle Mitglieder gelten müssen, sondern für alle Versicherten, da die auf-zubauende Alterungsrückstellung „individualisiert" sein sollte. Die Pflegekassen können eine solche kapitalgedeckte individualisierte Alterungsrückstellung nicht anbieten, folglich implizierte die Formulierung im Koalitionsvertrag die Einfüh-rung einer gesetzlichen Pflicht zum Abschluss einer privaten Versicherung. Dieser eine Satz enthielt somit die Ankündigung, ein gigantisches neues Geschäftsfeld für die Unternehmen der privaten Krankenversicherung mit insgesamt ca. 80 Mio. Neukunden zu schaffen. Das Finanzvolumen läge gegenwärtig bei grob geschätzt mehr als 30 Mrd. € pro Jahr.[20]

Das im Koalitionsvertrag vereinbarte Vorhaben ließ sich jedoch koali-tionsintern nicht durchsetzen. Durchsetzbar war lediglich die Einführung einer staatlichen Förderung für freiwillige Pflegezusatzversicherungen, die bestimmte, im Gesetz definiertet Anforderungen erfüllen. Im Rahmen des *Pflege-Neuausrichtungs-Gesetzes* (PNG)[21] wurde 2012 beschlossen, dass Versicherte einen steuerfinanzierten Zuschuss in Höhe von monatlich fünf Euro erhalten, sofern sie eine private Pflege-Zusatzversicherung abschließen, die bestimmte gesetzliche Anforderungen erfüllt, und die Prämie mindestens 10 € im Monat beträgt (§ 127 SGB XI). Der Zuschuss wird aus Mitteln des Bundes finanziert, auf Antrag gewährt und über die Deutsche Rentenversicherung Bund ausgezahlt. Bei Abschluss einer Pflege-Zusatzversicherung ist das Versicherungsunterneh-men bevollmächtigt, die staatliche Zulage zu beantragen (§ 128 SGB XI). Förderungswürdig sind nur Pflege-Zusatzversicherungen, die gesetzlich festge-legte Voraussetzungen erfüllen (§ 127 Abs. 2 SGB XI). Zu den Voraussetzungen gehört insbesondere, dass das Versicherungsunternehmen alle Antragsteller auf-nimmt und auf das ordentliche Kündigungsrecht sowie auf eine Risikoprüfung, die Vereinbarung von Risikozuschlägen und Leistungsausschlüsse verzichtet.

Im Jahr 2018 gab es insgesamt ca. 2,78 Mio. Verträge über eine private Pflegezusatzversicherung, darunter ca. 850.000 Verträge über eine staatlich geför-derte Pflegezusatzversicherung, die sogenannte ‚Pflege-Bahr' Versicherung.[22] Bei

---

[20] Die Schätzung basiert auf den Daten der PKV für das Jahr 2018, wonach die durchschnitt-lichen Beitragseinnahmen je Versicherte in der Pflegezusatzversicherung 2018 bei ca. 400 € pro Jahr liegen. Daraus ergeben sich für ca. 80 Mio. Versicherungsverträge Beitragseinnah-men von ungefähr 32 Mrd. € pro Jahr.

[21] Gesetz zur Neuausrichtung der Pflegeversicherung (Pflege-Neuausrichtungs-Gesetz – PNG) vom 23. Oktober 2012 (BGBl. I, S. 2246).

[22] In Anlehnung an die sogenannte ‚Riester-Rente' wird die 2012 eingeführte staatlich geför-derte private Pflegezusatzversicherung in der medialen Berichterstattung häufig nach dem damaligen Gesundheitsminister, Daniel Bahr, als ‚Pflege-Bahr' bezeichnet.

diesen Angaben ist allerdings zu beachten, dass es sich um die Zahl der Versicherungsverträge handelt, nicht der versicherten Personen. Da eine Person mehrere Zusatzversicherungen abschließen kann, liegt die Zahl der versicherten Personen unter der Zahl der Verträge. Die genaue Zahl der versicherten Personen mit einer Pflegezusatzversicherung ist jedoch unbekannt, da sie vom PKV-Verband nicht erfasst wird (PKV 2020).

Unabhängig davon kann aber festgestellt werden, dass die 2012 beschlossene staatliche Förderung privater Pflegezusatzversicherungen den PKV-Unternehmen zwar ein einträgliches Zusatzgeschäft verschafft hat, das Volumen jedoch weit hinter dem zurückblieb, das im Koalitionsvertrag ursprünglich geplant war.

Wie oben bereits erwähnt, beschränkte sich die gesundheitspolitische Gesetzgebung der schwarz-gelben Koalition der Jahre 2009 bis 2013 keineswegs auf die hier vorgestellten Maßnahmen. Hier wurden nur die für das vorliegende Buch wichtigsten kurz vorgestellt. Sicher enthielten auch die übrigen Gesetze und Verordnungen eine Reihe von Regelungen, die dazu beitrugen, das GKV-System weiter in Richtung eines PKV-Systems umzubauen, um so dem Ziel näher kommen zu können, die GKV als staatliche Sozialversicherung abzuschaffen. Es würde jedoch den Rahmen sprengen und die ohnehin bereits erreichte Komplexität der Darstellung unnötig weiter erhöhen, ohne dass dies einen nennenswerten Erkenntniszugewinn bewirken würde.

Als zentrales Ergebnis der Rekonstruktion der gesundheitspolitischen Beschlüsse der Legislaturperiode 2009 bis 2013 kann festgehalten werden, dass die Entwicklung hin zu einem marktwirtschaftlichen Umbau der GKV zwar weiter vorangetrieben wurde, der von vielen Protagonisten des neoliberalen Reformmodells erhoffte Durchbruch fand jedoch nicht statt. Das zentrale Vorhaben, die Umstellung des allgemeinen GKV-Beitrags in einkommensunabhängige Beitragspauschalen wurde auf einen eher zögerlichen Einstieg in einkommensunabhängige Zusatzbeiträge ‚geschrumpft‘. Und das nicht aufgrund externer Widerstände, sondern vor allem aufgrund erheblicher koalitionsinterner Kontroversen. Kurzfristig konnten sich die Protagonisten des ‚Kopfpauschalenmodells‘ zwar weitgehend durchsetzen, der Erfolg währte jedoch nicht lange. Bereits nach der Bundestagswahl 2013 und Bildung einer erneuen Großen Koalition wurden die Zusatzbeiträge in einkommensabhängige Beiträge umgewandelt. Und – um die weitere Entwicklung bereits anzusprechen – nach der Bundestagswahl 2017 setzte die SPD in der erneuten Großen Koalition durch, auch die Zusatzbeiträge paritätisch von Arbeitgebern und Mitgliedern zu tragen sind. Das ‚Gesundheitsprämienmodell‘ spielt zudem seit der Regierungszeit der schwarz-gelben Koalition auch in der parteiinternen Diskussion der CDU offenbar keine Rolle mehr. Allerdings bleibt abzuwarten, wie sich die CDU nach der Ära Merkel weiter entwickeln wird. Der Abschied vom ‚Gesundheitsprämienmodell' war bis zum Ende der Regierungszeit Merkels kein ‚offizieller', sondern nur ein ‚im Stillen' und ohne ausdrückliche Abkehr vollzogener. Solange dies so bleibt, hält sich die CDU die Option offen, das Modell jederzeit wiederzubeleben und auf die Agenda zu setzen.

Die Diskussion über die Zukunft der gesetzlichen Krankenversicherung in den Jahren 2009 bis 2013

Die bisherige Darstellung der Legislaturperiode 2009 bis 2013 beschränkte sich auf Entwicklungen innerhalb der Regierungskoalition und beschlossene Gesetzesänderungen. Die vier Jahre der schwarz-gelben Koalition waren jedoch auch eine Zeit sehr lebhafter gesundheitspolitischer Diskussionen über die Zukunft der gesetzlichen Krankenversicherung, in der sehr wichtige und auch für die nachfolgende Zeit relevante Entwicklungen zu verzeichnen sind. Auf sie soll im Folgenden näher eingegangen werden.

Zunächst wird der Blick auf die wichtigsten Diskussionsbeiträge der Protagonisten des neoliberalen Reformmodells gerichtet. Daran anschließend werden die Diskussionsbeiträge SPD-naher Ökonomen zur Ausgestaltung des rot-grünen Bürgerversicherungsmodells betrachtet.

In den Jahren 2009 bis 2013 begannen sich auch zunehmend mehr Führungskräfte der GKV in die Diskussion einzuschalten, nachdem sie offensichtlich das Modell des ‚einheitlichen Krankenversicherungsmarktes' für sich entdeckt und festgestellt hatten, dass es für große Krankenkassen nach deren Privatisierung erhebliche Entwicklungspotenziale bietet. Immer deutlicher plädierten führende Vertreter der GKV für dieses Modell, und einige sprachen sich dabei auch offen für die Privatisierung der Krankenkassen aus. Auf die Beiträge besonders einflussreicher Führungskräfte der GKV wird deshalb in einem eigenen Abschnitt eingegangen.

Daran schließt sich ein Kapitel an, in dem auf Interventionen aus dem Bereich der Rechtswissenschaften eingegangen wird. In der Legislaturperiode 2009 bis 2013 begann eine Reihe von Juristen, vor allem Sozialrechtler, damit, neoliberale Positionen mit rechtswissenschaftlichem Sachverstand zu unterstützen. Die Beschäftigung mit den Beiträgen führender Rechtswissenschaftler zur Weiterentwicklung des neoliberalen Reformmodells ist insofern von besonderer Bedeutung, als die rechtswissenschaftliche Diskussion Einfluss auf die Rechtsprechung hat, bis hin zu höchstrichterlichen Entscheidungen auf nationaler Ebene und darüber hinaus auch bis zur Rechtsprechung des Europäischen Gerichtshofes (EuGH). Da Entscheidungen des Bundesverfassungsgerichts und des EuGH die Gesetzgebung binden und zu bestimmen Entscheidungen zwingen kann, erscheint es unerlässlich, den kritischen Blick auch auf den juristischen Diskurs und die höchstrichterliche Rechtsprechung zu richten. In einem gesonderten Exkurs wird darum auch auf einen oben bereits erwähnten Vorlagebeschluss des Bundesgerichtshofes aus dem Jahr 2012 und die dazu erfolgte Entscheidung des EuGH näher eingegangen.

Wortmeldungen der ‚alten Garde' neoliberaler Ökonomen und ihrer jüngeren Nachfolger

In den Jahren 2009 bis 2013 waren viele der professoralen Vordenker des neoliberalen Modells bereits im Ruhestand und beteiligten sich nicht mehr an der Diskussion. Nur wenige der ‚alten Garde' griffen noch in die Diskussion ein. Ihre Beiträge blieben jedoch ohne nennenswerte Resonanz. Mittlerweile hatten neoliberale Ökonomen der nachfolgenden Generation das neoliberale Modell aufgegriffen und leicht modifiziert – wie beispielsweise im Fall des Kopfpauschalenmodells oder des pseudo-linken Modells eines ‚integrierten Krankenversicherungssystems'. Oder es wurde dem neoliberalen Modell einfach nur ein neues Namensschild aufgeklebt und es als eigene Neuschöpfung in die Diskussion eingebracht.

Zu den wenigen der ersten Generation neoliberaler Gesundheitsökonomen, die sich gelegentlich noch mit einem eigenen Beitrag zu Wort meldeten, gehörte *Peter Oberender*. Nach Abschluss des Koalitionsvertrages von CDU/CSU und FDP vermeldete er in einem Beitrag für die Financial Times Deutschland Anfang Dezember 2009 „Die Richtung stimmt" (Oberender 2009), mahnte aber zugleich an:

> „Die Kopfpauschale kann nur ein Zwischenschritt auf dem Weg zur Erhebung risikoäquivalenter Prämien sein, also Beiträge, die sich etwa nach Alter und Gesundheitszustand richten. Ein zukunftsfähiges System ist nur durch eine Privatisierung der gesetzlichen Kassen möglich, die dann mit den schon heute privaten Versicherungen als gewinnorientierte Unternehmen in Wettbewerb treten können. Risikoäquivalente Prämien sind dafür ebenso Voraussetzung wie eine stärkere Eigenbeteiligung der Versicherten, um Fehlanreize zu beseitigen" (Oberender 2009).

Die Passage ist insofern interessant, als sie zeigt, dass neoliberale Ökonomen wie Oberender das ‚Kopfpauschalenmodell' lediglich als einen Zwischenschritt hin zu einem reinen PKV-System mit risikoäquivalenten Prämien ansahen. Als die schwarz-gelbe Koalition auch nach einem Jahr noch nicht bei der Privatisierung der Krankenkassen vorangekommen war, erneuerte Oberender seine Forderung und bestärkte sie durch ein „endlich":

„Die gesetzlichen Kassen müssen endlich privatisiert werden" (Oberender 2010).

Wie die Rekonstruktion der gesundheitspolitischen Entwicklung der Jahre 2009 und 2013 zeigte, half aber auch diese energische Mahnung nicht. Die Koalition konnte sich lediglich zu einer teilweisen Anwendung des Kartellrechts auf die Krankenkassen entschließen.

Im Unterschied zu den meisten anderen neoliberalen Gesundheitsökonomen war Oberender bereit, auch einmal offen auszusprechen, was andere vorzogen zu verschweigen. So stellte er beispielsweise klar, dass soziale Ungleichheit aus seiner Sicht etwas vollkommen Normales sei, und dass dies auch für die medizinische Versorgung zu gelten habe.

„Es wird auch im Gesundheitswesen eine Mehr-Klassen-Gesellschaft geben. In anderen Bereichen ist das ja auch so. Nicht jeder kann Kaviar zum Frühstück essen. Ein Toastbrot tut es auch" (Oberender 2010).

Auch der *Kronberger Kreis* meldete sich 2010 nach längerer Zeit wieder einmal mit einem gesundheitspolitischen Statement zu Wort, mit dem offenbar als Aufmunterung an die Adresse der neuen schwarz-gelben Regierung gemeinten Titel „Mut zum Neuanfang' (Kronberger Kreis 2010). Verglichen mit der Radikalität früherer Schriften war diese jedoch vergleichsweise zurückhaltend, was vermutlich einer veränderten personellen Besetzung und vor allem auch veränderten politischen Rahmenbedingungen geschuldet war. Statt einen radikalen Systemwechsel zu fordern, begnügte sich der Kreis damit, den geplanten Einstieg in ein Kopfpauschalenmodell mit steuerfinanzierten Beitragszuschüssen für Geringverdiener zu loben. Auch diese Intervention wurde in der Debatte kaum wahrgenommen.

Bleibt noch der *Wissenschaftliche Beirat des Wirtschaftsministeriums* zu erwähnen. Da die Berufung auf Lebenszeit erfolgte, hatten sich dort zahlreiche ‚alte Kämpfer' der neoliberalen Bewegung, aus den 1980er Jahren angesammelt, die auch noch nach ihrer aktiven Wissenschaftszeit bis zu ihrem Tod Mitglied blieben und sich von Zeit zu Zeit zu Wort meldeten. Unter Führung von Friedrich Breyer

erstellte der Beirat Anfang 2010 ein Papier „Zur Reform der Gesetzlichen Krankenversicherung", das er Gutachten nannte und das aus nichts anderem bestand
als einem Neuaufguss des alten neoliberalen Reformmodells, etwas angereichert
mit einer Prise Kopfpauschalenmodell (BMWi-Beirat 2010).

Auf die Inhalte dieses ‚Gutachtens' soll hier nicht weiter eingegangen werden, da zu allen darin enthaltenen Vorschlägen bereits an früherer Stelle dieses
Buches das Notwendige angemerkt wurde. Es sollen hier nur die Namen derjenigen genannt werden, die bereits in den 1970er und 1980er Jahren als Mitglieder
des Wirtschaftssachverständigenrates und des Kronberger Kreises in der Politikberatung aktiv waren und denen der Beirat auch noch 2010 eine Plattform bot,
ihre Überzeugungen und Vorschläge in die Öffentlichkeit zu tragen. Dazu gehörten unter anderem *Wernhard Möschel, Manfred Neumann, Manfred J.M. Neumann,
Olaf Sievert* und *Hans Werner Sinn.*

Gremien wie der BMWi-Beirat oder der BMF-Beirat lieferten somit nicht nur
einen wichtigen Beitrag zur Entstehung und Pflege neoliberaler Netzwerke, sie
boten ihren Mitgliedern zudem eine Plattform, um sich als Mitglied eines Gremiums der offiziellen Politikberatung auch noch bis ins hohe Alter hinein in
politische Debatten einzuschalten.

Dies kann ihnen auch insofern als notwendig erschienen sein, als es an
Nachfolgern mangelte, die das Projekt eines marktwirtschaftlichen Umbaus des
deutschen Gesundheitswesens mit der gleichen Energie und Radikalität weiter-
führten wie die Vordenker und ihre Schüler in den 1980er, 1990er und Anfang
der 2000er Jahre.

Insgesamt ist die Dominanz der Neoklassik und einer neoliberalen politischen Ausrichtung in den deutschen Wirtschaftswissenschaften in den letzten
beiden Jahrzehnten nicht nur von Außen, sondern zunehmend auch innerhalb
der Wirtschaftswissenschaften in die Kritik geraten (vgl. u. a. Beckenbach et al.
2016). Dies dürfte auch dazu beigetragen haben, dass nach der zweiten Generation neoliberaler Gesundheitsökonomen, die das neoliberale Projekt ab 1998
übernommen hatten, kaum noch jüngere Gesundheitsökonomen nachrückten, die
deren Nachfolge antraten.

Zu den wenigen jüngeren neoliberalen Gesundheitsökonomen, die sich in der
wissenschaftlichen Beratung der Gesundheitspolitik etablieren konnten, gehört
Boris Augurzky vom Rheinisch Westfälischen Institut für Wirtschaftsforschung
(RWI). Augurzky promovierte 2001 in Heidelberg bei Christoph M. Schmidt, der
2002 Präsident des RWI wurde.[23] Ein Jahr später wurde Augurzky Leiter des
„Kompetenzbereichs Gesundheit" im RWI. Augurzky profilierte sich vor allem

---

[23] Das RWI ist eines der führenden Wirtschaftsforschungsinstitute und Christoph M.
Schmidt einer der führenden Vertreter neoliberaler Ökonomie in Deutschland. Er wurde

mit Sekundäranalysen und Publikationen zum Krankenhausbereich, beteiligte sich aber auch an der Diskussion über die Zukunft der gesetzlichen Krankenversicherung. So veröffentlichte er im September 2010 gemeinsam mit *Jürgen Wasem* und *Stefan Felder* von der Universität Duisburg-Essen ein RWI-Papier mit dem Titel „Ein gesundheitspolitisches Programm", in dem sie für die Einführung eines ‚einheitlichen Krankenversicherungsmarktes' mit ‚Kopfpauschalen' warben (Augurzky et al. 2010).

In ihrem Papier forderten sie, „die bisherige Dualität des Krankenversicherungsmarktes" müsse überwunden und eine „Vereinheitlichung des Versicherungsmarktes" angestrebt werden (Augurzky et al. 2010: 8, 9). Es solle für „alle Bürger eine solidarisch finanzierte Grundversicherung und darüber hinaus einen freien Markt für private Zusatzversicherungen" geben (Augurzky et al. 2010: 10). Die Finanzierung solle auf eine „Gesundheitsprämie mit Sozialausgleich" umgestellt werden. Diese Art der Finanzierung würde es auch „erleichtern, die kostenlose Mitversicherung von Ehepartnern abzuschaffen" (Augurzky et al. 2010: 10).

Das Papier bot nichts Originelles oder Neues, sondern war lediglich ein Neuaufguss bekannter und bereits vielfach eingebrachter Vorschläge. In der Folgezeit beteiligte sich Augurzky auch nicht mehr mit relevanten Beiträgen an der Diskussion über die Zukunft der GKV und beschränkte sich weitgehend auf den Bereich der Krankenhausversorgung. Erwähnenswert ist das Papier aber dennoch, da es zeigt, dass sich *Jürgen Wasem* mittlerweile dem neoliberalen Originalmodell angenähert hatte. In den Jahren zuvor war er in gemeinsamen Publikationen mit seinen Mitarbeitern, vor allem mit Stefan Greß, als Kritiker des Kopfpauschalenmodells in Erscheinung getreten. In dem Papier von 2010 zeigte er sich nun als Befürworter des Kopfpauschalenmodells.

Die Kooperation zwischen Wasem, Felder und Augurzky wurde auch in den folgenden Jahren fortgesetzt, und 2016 verlieh der Lehrstuhl Gesundheitsmanagement, Lehrstuhlinhaber Jürgen Wasem, Boris Augurzky schließlich auch den Professorentitel, allerdings nur eine ‚außerplanmäßige' Professur, ein Ehrentitel ohne Anstellung an einer Hochschule, der auf Antrag verliehen wird. Für die Reputation im Geschäft der Politikberatung ist dies jedoch unerheblich, dort kommt es vor allem auf den Titel an, den auch ein außerplanmäßiger Professor tragen darf.

Die Bedeutung der Verleihung eines Professorentitels für den Erfolg in der Politikberatung, selbst wenn es sich nur um einen ‚apl. Prof.' handelt, sollte

---

2009 in den Wirtschaftssachverständigenrat berufen, dem er bis 2020 angehörte und dessen Vorsitzender der 2013 bis 2020 war.

nicht geringgeschätzt werden, denn außerhalb des Hochschulbereiches ist die Bedeutung des Zusatzes ‚apl.' weitgehend unbekannt, sofern er von außerplanmäßigen Professoren denn überhaupt verwendet wurde. Augurzky jedenfalls lässt ihn in seinen Publikationen in der Regel weg. Insofern dürfte es kaum jemandem bekannt sein, dass er den Titel ‚Professor' nur ehrenhalber tragen darf.

Kritik an der ‚Marktmacht' von Krankenkassen und die Forderung nach Anwendung des Kartellrechts

Wie bereits angesprochen, hatte die ‚alte Garde' neoliberaler Ökonomen den Zenit ihres politischen Einflusses überschritten. Sie spielten in der tagespolitischen Debatte keine oder nur noch eine sehr randständige Rolle. Die politische und mediale Aufmerksamkeit richtete sich nach 2009 auf andere Akteure. Dazu gehörten insbesondere das Bundeskartellamt und die Monopolkommission. Wie im Rahmen der Rekonstruktion der politischen Entwicklung bereits herausgearbeitet, war die Frage nach der ‚Unternehmenseigenschaft' von Krankenkassen zunehmend in den Mittelpunkt des Interesses gerückt. Hervorgerufen wurde dies vor allem durch ein zunehmend aggressiveres Verhalten von Krankenkassen und Kassenvorständen sowohl untereinander als auch gegenüber Leistungserbringern. Führungskräfte von Krankenkassen sahen sich zunehmend als Manager und ihre Kassen als ein Wirtschaftsunternehmen, das seine eigenwirtschaftlichen Interessen zur Not auch mit Einsatz von ‚Marktmacht' entweder gegen ‚Konkurrenten' (andere Kassen) oder gegen ‚Zulieferer' (Leistungserbringer) durchsetzen muss, um ‚am Markt' überleben zu können.

Die von der Politik beschlossene Ausweitung des Kartellrechts auf Krankenkassen war insofern einerseits Umsetzung einer langfristig angelegten Strategie der Umwandlung von Krankenkassen in Wirtschaftsunternehmen, andererseits aber auch Reaktion auf vermehrt vorgetragene Beschwerden aus dem Kassenbereich und vor allem auch vonseiten der Leistungserbringer, wie beispielsweise der niedergelassenen Ärzte.

So kritisierte beispielsweise im Jahr 2012 der damalige Präsident der Bundesärztekammer die Weigerung der Krankenkassen, den Orientierungspunktwert für die ärztlichen Honorare um mehr als 0,9 % zu erhöhen:

> „Wir haben es längst mit einem verantwortungslosen Machtkartell zu tun, dass monopolartig versucht, uns unter seine Knute zu zwingen (...) Wir müssen der Öffentlichkeit klar machen, dass wir in erster Linie auf die Kassen zielen und in zweiter Linie

auf die Politik. Denn sie ist aufgefordert, das Machtkartell der Kassen zu brechen"
(Montgomery, zit. n. Pressemitteilung der Bundesärztekammer vom 1.09.2012).

Ohne Zweifel war die Ärztekammer als Interessenvertretung der Ärzteschaft Teil
der Konfliktparteien, es soll hier auch nicht Partei ergriffen werden für eine
stärkere Erhöhung des Punktwertes. Der Blick soll vielmehr auf die Kritik der
Krankenkassen als „Machtkartell" gerichtet werden. In die gleiche Richtung ging
auch die Kritik des damaligen Vorsitzenden des Hartmannbundes der niedergelassenen Ärzte, die der Hartmannbund im Jahr 2012 als Pressemeldung unter
der Überschrift verbreitete: „Reinhardt fordert politische Grundsatzdebatte über
künftigen Status der Gesetzlichen Krankenkassen"

> „Der Vorsitzende des Hartmannbundes, Dr. Klaus Reinhardt, hat die Rolle der Gesetz-
> lichen Krankenkassen als Körperschaft des öffentlichen Rechts in der Gemeinsamen
> Selbstverwaltung politisch infrage gestellt. Das Verhalten der Kassen, die immer
> mehr wie gewinnorientierte Wirtschaftsunternehmen agierten, statt die Versorgung
> von Patientinnen und Patienten im Fokus zu haben, erzwinge geradezu eine solche
> Debatte" (Hartmannbund 2012).

Nicht nur in der Erfahrung und Wahrnehmung niedergelassener Ärzte ver-
hielten sich Krankenkassen zunehmend wie rücksichtslose, gewinnorientiert
Wirtschaftsunternehmen. Allerdings zielte die Kritik des Vorsitzenden des Hartmannbundes nicht darauf, die Kassen an ihre sozialen Verpflichtungen zu
erinnern, die sich aus ihrer Aufgabe als Träger einer staatlichen Sozialversicherung ergeben. Im Gegenteil: Reinhardt sprach sich stattdessen für eine möglichst
schnelle Privatisierung der Krankenkassen aus.

> „Ich bin ja grundsätzlich der Auffassung, dass wir ein System mit einer Versiche-
> rungspflicht statt einer Pflichtversicherung brauchen und dass die Kassen morgen zu
> Privatunternehmen umgewandelt werden könnten. Allerdings innerhalb eines versi-
> cherungsrechtlichen Ordnungsrahmens der allen sehr klare, faire und gleiche Spielre-
> geln verschafft. Darunter könnte man die privaten Krankenversicherungsunternehmen
> gleich subsumieren Ich würde allen Anbietern einen Kontrahierungszwang für Versi-
> cherte ins Gesetz schreiben. Und dann wäre es Aufgabe der Versicherungsbranche,
> damit zurechtzukommen. Das hielte ich für einen guten Weg, zu dem auch Kostener-
> stattung und Transparenz in Kostenfragen gehörten" (Reinhardt 2012: 445)

Wie die zitierte Passage zeigt, war das Reformmodell des ‚einheitlichen Krankenversicherungsmarktes' inzwischen auch in den Ärzteverbänden nicht nur
bekannt, es hatte auch vehemente Befürworter. Die Forderung nach einer bal-
digen Privatisierung der Krankenkassen wiederum dürfte in diesem Fall weniger

grundsätzlichen ‚ordnungspolitischen' Erwägungen folgen, sondern vielmehr vor allem durch die Aussicht auf eine zukünftig steigende Zahl an Privatpatienten und der Abrechnung aller Leistungen über Kostenerstattung motiviert gewesen sein.

An diesem Beispiel wird insofern auch deutlich, dass das neoliberale Reformmodell eines ‚einheitlichen Krankenversicherungsmarktes' viele Anknüpfungspunkte für die verschiedensten Akteure des Gesundheitswesens bietet. Einer davon sind die wirtschaftlichen Interessen niedergelassener Ärzte.

Die 2012 beschlossene Anwendung des Kartellrechts auf die Krankenkassen war insofern nicht nur Reaktion auf Kritik am Verhalten von Krankenkassen, sie war zugleich auch ein Schritt, durch den Krankenkassen per Gesetz zumindest in Teilbereichen ein Unternehmenscharakter im Sinne des europäischen Wettbewerbsrechts bescheinigt wurde. Das wiederum war ein Schritt in Richtung Privatisierung von Krankenkassen.

Diese Entwicklung, sowohl das zunehmend ‚unternehmerische' Verhalten von Krankenkassen als auch die schrittweise Überführung der Krankenkassen in das allgemeine Wirtschafts- und Wettbewerbsrecht, wie sie auch bereits im GKV-WSG 2007 enthalten war, rief zwei relativ neue Akteure auf das Feld der gesundheitspolitischen Diskussion über die Zukunft der gesetzlichen Krankenversicherung: Das Bundeskartellamt und die Monopolkommission.

Das *Bundeskartellamt* stieg mit einer Provokation in die Diskussionsarena ein. Als Anfang 2010 neun Ersatzkassen gemeinsam vor die Presse traten und die Erhebung eines pauschalen Zusatzbeitrags in Höhe von acht Euro ankündigten, gab das Bundeskartellamt bekannt, dass es den Anfangsverdacht einer wettbewerbsrechtlich unzulässigen ‚Preisabsprache' habe und erließ einen Auskunftsbescheid gegen die betreffenden Krankenkassen (Bundeskartellamt 2010). Dies war insofern eine Provokation, als das Bundeskartellamt damals nicht für die GKV zuständig war. Die betroffenen Krankenkassen reichten Klage vor dem Hessischen Landessozialgericht gegen das Bundeskartellamt ein. Das Bundeskartellamt wiederum rügte die Anrufung des Sozialgerichts und verlangte die Verweisung der Klage an ein Zivilgericht, das für wettbewerbsrechtliche Streitigkeiten zuständig ist. Nachdem das LSG Hessen dies abgelehnt und sich für zuständig erklärt hatte und das Kartellamt dies bestritt, landete die Klage vor dem Bundessozialgericht. Das Bundessozialgericht bestätigte die Zuständigkeit der Sozialgerichte und rügte das Kartellamt wegen Kompetenzüberschreitung (BSGE B 1 SF 1/10 R).

Dieser Rechtsstreit wird hier insofern angesprochen, als das Bundeskartellamt mit seiner Provokation damals zwar scheiterte, auf längere Sicht jedoch erfolgreich war. In der Auseinandersetzung 2010 ging es nur vordergründig um eine

Absprache über Zusatzbeiträge. Im Mittelpunkt stand die Frage nach dem Rechtsweg und letztlich, ob die Krankenkassen dem Sozialrecht unterliegen oder dem allgemeinen Wirtschaftsrecht. Das wiederum führt zur Frage nach dem Charakter der Krankenkassen. Sind sie mittelbare Staatsverwaltung oder Wirtschaftsunternehmen. Da diese Frage durch das Sozialrecht und auch durch Art. 74 Nr. 12 GG eindeutig beantwortet ist, kann es folglich nur um die Frage gehen, was Krankenkassen zukünftig sein sollen. Die Auffassung des Kartellamtes war eindeutig: Wirtschaftsunternehmen, die dem Kartellrecht und damit der Aufsicht des Kartellamtes unterliegen (vgl. dazu u. a. Mundt 2010, 2012).

Die gleiche Grundsatzposition vertrat damals auch die *Monopolkommission*. Die Monopolkommission erstellt in mehrjährigem Abstand Gutachten für die Bundesregierung. Bis 2008 äußerte sie sich dabei nicht zur gesetzlichen Krankenversicherung. In ihrem Mitte 2010 erschienenen 18. Hauptgutachten befasste sie sich erstmals mit der GKV und widmete ihr ein eigenes Kapitel (Monopolkommission 2010: Kapitel VI).

In ihrem GKV-Kapitel sprach sich die Kommission an mehreren Stellen ausdrücklich und sehr entschieden für die Anwendung des allgemeinen deutschen und europäischen Wettbewerbsrechts auf die Krankenkassen aus und vertrat die Auffassung, dass eine Unternehmenseigenschaft der Krankenkassen zu bejahen sei.

„Die Monopolkommission (…) spricht sich dafür aus, dass die Tätigkeit der Krankenkassen im Rahmen ihrer individuellen Handlungsoptionen auf sämtlichen Märkten als wirtschaftliche Tätigkeit im Sinne des Unternehmensbegriffs des GWB zu bewerten ist" (Monopolkommission 2010: 488).

„Die Monopolkommission hält es deshalb für angebracht, heute von der gegebenen Unternehmenseigenschaft der gesetzlichen Krankenkassen nach europäischem Recht auszugehen" (ebd.: 489)

„Die Monopolkommission sieht es zudem als gerechtfertigt an, auch auf dem Versicherungsmarkt eine geschäftliche Tätigkeit der Krankenkassen anzunehmen und ihre Unternehmenseigenschaft zu bejahen. Dies folgt bereits aus dem Zweck der Reformmaßnahmen, die seit der Einführung der freien Kassenwahl erfolgt sind" (ebd.: 488)

„Das Kartellrecht muss nach Auffassung der Monopolkommission deshalb umfassend gelten" (ebd.: 485)

„Die Monopolkommission empfiehlt deshalb, die allgemeine Kooperationspflicht nach § 4 Abs. 3 SGB V zu streichen" (ebd.: 501)

Mit der Forderung nach einer ‚umfassenden‘ Geltung des Kartellrechts ging die Kommission deutlich über die damaligen Pläne der Regierung hinaus. Auch für die von der Kommission vertretene Auffassung, es müsse von einer Unternehmenseigenschaft der Krankenkassen ausgegangen werden, gab es in der schwarz-gelben Regierungskoalition damals keine Mehrheit, wie oben gezeigt.

Mit ihrer Forderung, nicht nur den Grundsatz des ‚gemeinsam und einheitlich‘ zu streichen, sondern sogar das in § 4 Abs. 3 SGB V allen Krankenkassen verpflichtend vorgegebene allgemeine Kooperationsgebot, ging die Kommission deutlich über den allgemeinen Diskussionsstand hinaus. Durch den genannten Paragraphen werden alle Krankenkassen und ihr Verbände verpflichtet, innerhalb einer Kassenart und kassenartenübergreifend eng miteinander und mit allen anderen Einrichtungen des Gesundheitswesens zusammen zu arbeiten.

In der Empfehlung, diesen Grundsatz zu streichen, tritt die Gefährlichkeit eines vom Wettbewerb beherrschten Gesundheitswesens in seltener Deutlichkeit zutage. Nicht Kooperation und ein Miteinander im Interesse einer möglichst guten Versorgung der Patienten soll an erster Stelle stehen, sondern ein umfassendes ‚jeder gegen jeden‘. Dies ist in der Logik eines ordoliberalen Wettbewerbsrechts auch insofern notwendig, als es auf Wettbewerbsmärkten keine Absprachen zwischen Konkurrenten geben darf, damit umfassender Wettbewerb herrschen kann. Wenn also die GKV ein ‚Markt‘ sein soll und Krankenkassen als ‚Unternehmen‘ agieren sollen, dann darf es zwischen ihnen keinerlei Absprachen über ein gemeinsames Handeln geben. Eine bedarfsgerechte Patientenversorgung kann in einer solchen Vorstellungswelt nur Ergebnis eines freien und ungesteuerten Marktwettbewerbs sein, für den der Staat lediglich einen Wettbewerbsrahmen vorgibt.

Aus den oben vorgestellten Beiträgen zur Diskussion über die Zukunft der gesetzlichen Krankenversicherung wird bereits ersichtlich, dass während der Regierungszeit der schwarz-gelben Koalition die Frage des Charakters der Krankenkassen in den Mittelpunkt des Interesses rückte. Damit verbunden war die Frage nach der zukünftigen Rechtsform. Vorschläge für die optionale Zulassung privater Rechtsformen oder sogar die Forderung nach einer generellen Privatisierung der Krankenkassen wurden zunehmend offen diskutiert. Diese Ausrichtung der Diskussion wurde insbesondere auch von Führungskräften der GKV vorangetrieben. Sei es, dass sie sich explizit für eine formale Privatisierung durch Zulassung privater Rechtsformen aussprachen oder sei es, dass sie wissenschaftliche Gutachten in Auftrag gaben, die mögliche private Rechtsformen für Krankenkassen aufzeigen sollten. Solche Gutachten gaben die Techniker Krankenkasse und die AOK-Baden-Württemberg in Auftrag (Kingreen/Kühling 2013; Wille/Schulenburg/et al. 2012). Auf beide Gutachten sowie auf die Vorstöße von Krankenkassenvorständen für eine Privatisierung der Krankenkassen wird an späterer Stelle eingegangen.

Zusammenfassend kann für die Legislaturperiode 2009 bis 2013 festgehalten werden, dass es keine relevanten neuen Publikationen gab, in denen das neoliberale Originalmodell erneut eingebracht und gegebenenfalls an neue politische Verhältnisse angepasst wurde. Dies war auch nicht notwendig. Das neoliberale Modell und sein Kern, die Einführung eines ,einheitlichen Krankenversicherungsmarktes' war etabliert und das vorherrschende Reformmodell geworden. Entweder als neoliberales Originalmodell oder als ,einheitlicher Krankenversicherungsmarkt' mit ,Bürgerversicherungstarif' und versehen mit dem Etikett ,Bürgerversicherung'.

Auch der Wirtschaftssachverständigenrat unternahm keine neue Intervention in die Gesundheitspolitik, sondern erinnerte nur eher beiläufig an seine Variante des ,einheitlichen Krankenversicherungsmarktes', die er „Bürgerpauschale" nannte (SVR-W 2012: 360).

Die Weiterführung der Diskussion über das Modell einer ,Bürgerversicherung' als ,einheitlicher Krankenversicherungsmarkt'

Nach dem Wahlsieg der Koalition aus CDU/CSU und FDP ließ die Publikationstätigkeit der Protagonisten des neoliberalen Bürgerversicherungsmodells aus naheliegenden Gründen deutlich nach. Bis zur nächsten Wahl waren von der neuen Regierung keine Schritte in Richtung des rot-grünen Bürgerversicherungsmodells zu erwarten. Insofern konnte es nur darauf ankommen, das Modell nicht in Vergessenheit geraten zu lassen und gelegentlich durch kleinere Publikationen in Erinnerung zu halten. Es bestand auch keine Notwendigkeit für eine Weiterentwicklung oder Änderung des Modells, da sowohl SPD als auch GRÜNE an ihrem bisherigen Modell festhielten.

Klaus Jacobs stellte erneut klar, dass es sich bei dem von ihm vertretenen Bürgerversicherungsmodell um einen ,einheitlichen Krankenversicherungsmarkt' handelt, auf dem alle Bürger zwischen allen Arten von Krankenversicherungen die freie Wahl haben sollen. Denn die „Bürgerversicherung, also die Schaffung eines einheitlichen Krankenversicherungssystems" (Jacobs 2013b: 49) bedeute vor allem eine „möglichst uneingeschränkte individuelle Wahl- und Wechselmöglichkeiten aller Versicherten" (Jacobs 2013a: 26).

Zu den neueren Diskussionen über die Frage der Rechtsform vertrat er die Auffassung, dass nichts gegen private Rechtsformen spräche, es sich dabei aber um eine nachrangige Frage handele.

„Von eindeutig nachgeordneter Bedeutung ist die Frage der organisationsrechtlichen Verfasstheit der Krankenversicherungen. In den Niederlanden sind sie privatrechtlich organisiert, aber öffentlich-rechtliche Institutionen waren sie dort auch nie. Wenn es der Schaffung eines einheitlichen Krankenversicherungsmarktes diente, spräche letztlich nichts gegen privatrechtliche Krankenversicherungen – etwa als Versicherungsvereine auf Gegenseitigkeit. Den Reformprozess damit isoliert zu beginnen, wäre allerdings genauso falsch" (Jacobs 2012: 655).

Die Rechtsform sei letztlich nur „in Bezug auf faire Wettbewerbsbedingungen von Bedeutung" (Jacobs 2013a: 26). Dass Art. 87 Grundgesetz für die Träger der Sozialversicherung nur die Rechtsform der Anstalt oder Körperschaft des öffentlichen Rechts zulässt, war ihm keine Erörterung wert. Seine Sicht als Ökonom war eine rein ökonomische. Freier Wettbewerb auf freien Märkten erfordert nun einmal private Rechtsformen. Allerdings – und da schimmerten die warnenden Hinweise des Kronberger Kreises und der Wissenschaftlichen Arbeitsgruppe der 1980er Jahre durch – man solle nicht mit der Privatisierung beginnen.

Was er nicht ausführte, worauf aber seine Vorbilder hingewiesen hatten: Die Privatisierung der Krankenkassen wird absehbar auf erhebliche politische Widerstände stoßen. Besser sei es deshalb, so die Logik der neoliberalen Vordenker der 1980er Jahre, das System durch Einführung und Verschärfung des Wettbewerbs immer weiter zu einem Punkt zu treiben, an dem die Privatisierung der Krankenkassen als eine Art ,Befreiung' von den ,Machtkartellen' der Krankenkassen durch ihre Unterstellung unter das allgemeine Wettbewerbsrecht und ein im Grunde längst überfälliger Schritt erscheint. Diesem Punkt war man Ende der schwarz-gelben Legislaturperiode einen deutlichen Schritt nähergekommen.

Auch *Stefan Greß* warb weiter für seine Variante des neoliberalen Bürgerversicherungsmodells, für das er nach 2009 in der Regel den vom IGES geprägten Leitbegriff ,integriertes Krankenversicherungssystem' verwendete. Gemeinsam mit *Heinz Rothgang* plädierte er Ende 2010 in einem für die Friedrich-Ebert-Stiftung erstellten Papier für die „Einführung eines integrierten Versicherungssystems mit einheitlicher Wettbewerbsordnung" (Greß/Rothgang 2010: 4). Ihr Modell eines „integrierten Versicherungssystems" setzen sie darin ausdrücklich gleich mit dem Modell der rot-grünen ,Bürgerversicherung' (ebd.: 11). Im Zentrum ihres Reformmodells stand eine ,einheitliche Wettbewerbsordnung', die für alle „Krankenversicherer" gelten und die folgenden zentrale Elemente enthalten soltel:

„Zentrale Elemente einer solchen Wettbewerbsordnung wären eine umfassende Versicherungspflicht der Bevölkerung einschließlich von Selbstständigen und Beamten,

Kontrahierungszwang für die Krankenversicherer, Vertragsverhandlungen mit Leistungsanbietern und Arzneimittel- sowie Medizingeräteherstellern, ein morbiditätsorientierter Risikostrukturausgleich und die Kalkulation von einkommensabhängigen Beiträgen" (Greß/Rothgang 2010: 4).

„Bis zur Entscheidung über eine einheitliche Wettbewerbsordnung könnten Probleme des Nebeneinanders zwischen gesetzlicher Krankenversicherung und privater Krankenvollversicherung durch zwei Maßnahmen wesentlich abgemildert werden. Erstens könnte ein Einbezug der privat krankenversicherten Personen in den Risikostrukturausgleich der GKV die finanziellen Konsequenzen der Risikoselektion zu Gunsten der privaten Krankenversicherung kompensieren. Konzeptionelle Vorarbeiten zur Einführung eines systemübergreifenden Risikostrukturausgleichs liegen vor. Danach müssten privat krankenversicherte Personen einkommensabhängige Beiträge auf ihre beitragspflichtigen Einnahmen in den Gesundheitsfonds einzahlen und würden dafür einen Beitragszuschuss des Arbeitgebers bzw. des gesetzlichen Rentenversicherungsträgers erhalten. Im Gegenzug erhielten diese Versicherten für sich selbst und ihre nicht erwerbstätigen Familienmitglieder standardisierte Prämienzahlungen, die auf den Leistungskatalog der GKV bezogen sind. In der PKV zu entrichtende Risikozuschläge würden in diesen Zahlungen ebenfalls berücksichtigt (Sehlen/Schräder 2010). Die standardisierten Prämienzahlungen aus dem Gesundheitsfonds könnten die Versicherten für die Versicherungsprämien in der PKV verwenden. Prämien, die ein Leistungsniveau über dem der gesetzlichen Krankenversicherung finanzieren, werden durch die Zahlungen aus dem Fonds nicht finanziert" (Greß/Rothgang 2010: 11).

Ausgangspunkt der oben zitieren sowie manch anderer ähnlicher Publikationen ist die Frage nach der Zukunft der privaten Krankenvollversicherung nach Einführung einer ‚Bürgerversicherung'. Eine Abschaffung der PKV durch gesetzliches Verbot ihres Geschäftsmodells dürfte angesichts der in Art. 12 GG festgeschriebenen Berufsfreiheit wenig Aussicht auf Erfolg haben. Insofern muss die Frage beantwortet werden, wie das rot-grüne Bürgerversicherungsmodell eine auch zukünftig weiter bestehende PKV ‚integrieren' könnte.

Die oben zitierte Vorstellung von Greß und Rothgang geht davon aus, dass es auch nach Einführung einer rot-grünen ‚Bürgerversicherung' und Schaffung eines ‚einheitlichen Krankenversicherungsmarktes' mit einer einheitlichen Wettbewerbsordnung weiterhin eine private Krankenvollversicherung geben wird. Das von ihnen skizzierte Modell soll allerdings dazu dienen, die PKV-Versicherten in den ‚Solidarausgleich' der GKV einzubeziehen.

Zunächst einmal ist festzuhalten, dass es sich um das Modell eines ‚einheitlichen Krankenversicherungsmarktes' handelt. Folgerichtig werden denn auch alle zukünftigen Anbieter auf diesem ‚Krankenversicherungsmarkt' als „Krankenversicherer" bezeichnet. Wie an früheren Stellen des vorliegenden Buches bereits mehrfach angemerkt, ist dies die Bezeichnung für private Krankenversicherungen. Krankenkassen sind keine ‚Versicherer'. Nun mag man einwenden, dass es sich nur um ein Wort handelt, und dieses möglicherweise versehentlich benutzt wurde. Wie oben nachgewiesen, impliziert die Vorstellung eines ‚einheitlichen Krankenversicherungsmarktes' mit einheitlicher Wettbewerbsordnung zwingend einheitliche Rechtsformen, und das können in diesem Fall nur private sein. Aber dieses Problem soll hier nur am Rande angesprochen werden, denn in dem Beitrag von Greß und Rothgang wird die Frage der Rechtsform nicht thematisiert.

Der Blick soll hier vielmehr auf die angedachte Einbeziehung der PKV-Versicherten in den Risikostrukturausgleich der GKV gerichtet werden. Zunächst einmal erscheint es angebracht, daran zu erinnern, dass auch das neoliberale Originalmodell der 1980er Jahre einen Risikostrukturausgleich vorsah. Es war auch den damaligen Vordenkern dieses Modells klar, dass es einen Risikostruktur-ausgleich geben muss, solange die einkommensabhängigen GKV-Beiträge noch nicht durch risikoäquivalente Prämien ersetzt werden können. Insofern gehört auch ein übergreifender Risikostrukturausgleich zum neoliberalen Originalmodell und ist kein Merkmal, das als entscheidende Abweichung vom neoliberalen Reformmodell eines ‚einheitlichen Krankenversicherungsmarktes' gelten kann.

Das Modell von Greß und Rothgang sah folgende Funktionsweise eines auf die PKV-Versicherten ausgeweiteten Risikostrukturausgleichs vor:

- Die PKV-Versicherten zahlen jeden Monat einen einkommensabhängigen Beitrag an den Gesundheitsfonds.
- Aus dem Gesundheitsfonds erhalten sie im Gegenzug eine standardisierte risikoäquivalente Zuweisung, die auf Grundlage der durchschnittlichen Kosten je Risikogruppe berechnet wird.
- Diese Zuweisung können sie verwenden, um damit ihre PKV-Versicherungsprämie zu bezahlen.

Bei diesem Modell handelt es sich um eine Variante des Vorschlags von Wolfram Richter, den der Wissenschaftliche Beirat des Bundesfinanzministeriums aufge-griffen hatte und der Ausgangspunkt für die Konstruktion des 2009 eingeführten Gesundheitsfonds war (Richter 2005). Anders als bei Greß und Rothgang war es bei Richter jedoch kein Vorschlag nur für PKV-Versicherte, sondern für das Gesamtsystem aus GKV und PKV. Auch Richters Modell sah in der Anfangs-phase zunächst einkommensabhängige Beiträge, die in einem weiteren Schritt in einkommensunabhängige Beitragspauschalen umgewandelt werden sollten.

Wie oben bereits bei der Analyse der Konstruktion des Gesundheitsfonds aufgezeigt, hat das 2009 eingeführte System aus Gesundheitsfonds und ‚risikoad-justierten' Zuweisungen je Versicherten wichtige Voraussetzungen geschaffen für die Abschaffung der GKV als staatlicher Sozialversicherung und Umwandlung des Gesamtsystems in ein reines PKV-System, in dem aus öffentlich-rechtlich verfassten Krankenkassen private Versicherungsunternehmen werden. Was Greß und Rothgang in der oben zitierten Passage als System für die Einbeziehung der PKV-Versicherten beschrieben, war letztlich die Beschreibung eines zukünftigen Gesamtsystems, in dem alle – PKV-Versicherte und GKV-Versicherte – einen einkommensabhängigen Beitrag in den Gesundheitsfonds einzahlen und aus dem Gesundheitsfonds eine individuelle risikoäquivalente Zuweisung erhalten.

Zwar beschreiben Greß und Rothgang das neue System nur als eines, das lediglich für PKV-Versicherte gelten soll. Wenn dieses System aber als ‚einheitlicher Krankenversicherungsmarkt' mit einheitlichen Wettbewerbsbedingungen konstruiert sein soll, folgt daraus, dass alle „Krankenversicherer" die gleiche, also eine private Rechtsform haben müssen. Ansonsten herrschen in einem zentralen und entscheidenden Bereich ungleiche Wettbewerbsbedingung.

Solange es in einem solchen System weiterhin öffentlich-rechtliche Krankenkassen gibt, würden die Arbeitgeber den GKV-Beitrag einbehalten, an die Krankenkassen überweisen, die ihn an den Gesundheitsfonds weiterleiten und aus dem Gesundheitsfonds die risikoäquivalenten Zuweisungen erhalten. Sowie aber die Krankenkassen in privatrechtlich verfasste Unternehmen umgewandelt werden, ‚kippt' das System und wird zu einem reinen PKV-System. Es gibt nur noch private Krankenversicherungen.

Da es in einem solchen System keine öffentlich-rechtlichen Krankenkassen mehr gibt, gibt es folglich auch keine öffentlich-rechtlichen Mitgliedschaftsverhältnisse in Krankenkassen mehr. Millionen von ehemaligen GKV-Versicherten müssen ihren einkommensabhängigen Beitrag dann an den Gesundheitsfonds überweisen, erhalten vom Gesundheitsfonds eine risikoäquivalente Zuweisung und müssen sich mittels privatrechtlichem Versicherungsvertrag bei einem privaten Versicherungsunternehmen krankenversichern. Anbieter solcher privatrechtlichen Krankenversicherungsverträge werden die bisherigen PKV-Unternehmen und – als neue ‚Marktteilnehmer' – die nun privatrechtlich verfassten ehemaligen öffentlich-rechtlichen Krankenkassen sein.

Laut Greß und Rothgang soll ein solches System in der Lage sein, Risikoselektion zu vermeiden. Das Gegenteil ist zu erwarten. Die Risikoselektion wird Ausmaße erreichen, gegen die sich die bisherigen einiger Krankenkassen harmlos ausnehmen. Und zwar aus den nachfolgenden Gründen. Um die Höhe der jeweiligen individuellen risikoäquivalenten Zuweisung berechnen zu können, braucht der Gesundheitsfonds die aktuellen Diagnose-, Leistungs- und Kostendaten jedes einzelnen Versicherten. Im gegenwärtigen System erheben die Krankenkassen diese Daten und melden sie an das zuständige Bundesamt für Soziale Sicherung (BAS), das den Risikostrukturausgleich durchführt und ihnen aufgrund dieser

Daten die risikoadjustierten Zuweisungen überweist. In einem System, wie es in der oben zitierten Passage skizziert wird, müssten die privaten Krankenversicherungen diese Diagnose-, Leistungs- und Kostendaten erheben und an das BAS übermitteln. Die Versicherungsunternehmen hätten somit immer einen aktuellen Überblick darüber, ob einzelne Versicherte mehr kosten als sie an Prämien einbringen oder ob sie ein ‚Verlustgeschäft' sind, ob es sich um ein ‚gutes Risiko' oder ein ‚schlechtes Risiko' handelt.

Im gegenwärtigen PKV-System ist eine solche Rechnung auch möglich, allerdings insofern weitgehend irrelevant, als der Versicherer nicht kündigen darf, denn zur GKV-subsituierenden privaten Krankenvollversicherung sind nur Unternehmen zugelassen, die auf ihr reguläres Kündigungsrecht verzichten. PKV-Versicherte wiederum kündigen bis auf sehr wenige Ausnahmen nicht, um zu einer anderen PKV zu wechseln, da sie nur einen Teil ihrer Alterungsrückstellungen mitnehmen können und für den neuen Versicherungsvertrag eine umso höhere Prämie zahlen müssen, je älter sie sind.

In dem System, für das Protagonisten einer neoliberalen ‚Bürgerversicherung' in der Regel werben, soll es jedoch eine jederzeitige Wechselmöglichkeit geben und alle PKV-Versicherten sollen ihre volle Alterungsrückstellung mitnehmen können. An früherer Stelle dieses Buches wurde bereits auf die Folgen hingewiesen. In einem solchen System ist es ökonomisch rational für eine private Krankenversicherung, verlustbringende Versicherte dazu zu bringen, dass sie kündigen und zu einer anderen PKV wechseln. In den dadurch ausgelösten Wanderungsbewegungen wird es ‚schlechte Risiken' geben, deren mitgegebene Alterungsrückstellung die zu erwartenden Kosten nicht decken wird, und ‚gute Risiken', deren portable Alterungsrückstellung höher ist als die zu erwartenden Kosten. Die zu erwartende Risikoselektion wird darum um ein Vielfaches höher sein als bisher in der GKV. Alle PKV-Unternehmen in dem zukünftigen System werden ihre finanzielle Lage durch Risikoselektion erheblich verbessern können. Es ist kein Grund denkbar, warum sie von dieser Möglichkeit nicht auch Gebrauch machen sollten.

Ein weiteres Problem in dem oben skizzierten System ist, dass die Zuweisungen des Gesundheitsfonds keine Alterungsrückstellungen enthalten. PKV-Versicherungsprämien müssen jedoch einen Zuschlag für Alterungsrückstellungen enthalten und werden folglich höher sein als die Zuweisungen des Gesundheitsfonds. Die Differenz wird zudem umso größer sein, je älter die Versicherten sind. Aus den Reihen neoliberaler Ökonomen gab es dazu den Vorschlag, zusätzliche private Versicherungen für die Bildung von Alterungsrückstellungen einzuführen. Deren Prämien müssten allerdings von den betroffenen Versicherten getragen werden und wären umso höher, je älter die Versicherten sind.

Wie auch immer die Folgeprobleme eines solchen System aussehen mögen, hier bleibt festzuhalten, dass an der oben zitierten Passage ein weiteres Mal deutlich wird, wie nah beieinander die Reformvorschläge der Protagonisten des neoliberalen Originalmodells und der Befürworter einer ‚Bürgerversicherung' als ‚einheitlicher Krankenversicherungsmarkt' liegen.

Bei einigen der Protagonisten des neoliberalen Bürgerversicherungsmodells handelt es sich offensichtlich um erklärte Anhänger des neoliberalen Originalmodells, so beispielsweise bei Klaus Jacobs, der immer wieder ausdrücklich das neoliberale Originalmodell und dessen Vertreter als seine maßgeblichen Referenzen angab. Die bisherige Publikationstätigkeit von Greß und Rothgang vermittelt nicht den Eindruck, dass sie Befürworter eines reinen PKV-Systems waren oder sind. Es scheint eher so zu sein, dass sie sich der Konsequenzen ihrer Vorschläge nicht bewusst sind. Das Kernproblem dürfte eine rein ökonomische Sichtweise sein, die sich vom Einfluss neoklassischer Grundüberzeugungen und einer grundsätzlichen Wettbewerbsorientierung nicht befreien kann.

Im Fall von *Heinz Rothgang*, der ab 2010 zunehmend mit Gutachten und Publikationen zum rot-grünen Bürgerversicherungsmodell in Erscheinung trat, scheint sich dies auch mit einer gewissen Naivität oder Unbedarftheit zu mischen. Als Beispiel sei hier auf ein Interview verwiesen, dass er im Frühjahr 2010 der gewerkschaftsnahen Zeitschrift *Soziale Sicherheit* gab. Darin lobte er das Kopfpauschalenmodell, weil Kopfpauschalen die Beitragspflicht nicht auf eine Einkommensart und eine Einkommenshöhe beschränken und nennt die Niederlande als Vorbild. Dort habe man 2006

> „ein integriertes System geschaffen, welches ich durchaus als Sozialversicherung bezeichnen würde, was dann von privaten Versicherungen betrieben wird. Das finde ich auch für uns interessant! Warum soll man nicht nach gemeinsamen Spielregeln private Versicherungsunternehmen und Krankenkassen – die sind ja so etwas wie selbstverwaltete Unternehmen – gegeneinander antreten lassen?" (Rothgang 2010: 145).

Auf das niederländische Modell wurde oben bereits eingegangen, hier soll nur daran erinnert werden, dass es dort vor der Reform keine staatliche Sozialversicherung mit Krankenkassen als mittelbarer Staatsverwaltung gab. Die dortigen Krankenkassen waren privatrechtliche Organisationen. Eine staatliche Sozialversicherung wie in Deutschland kann auch nicht durch private Versicherungen durchgeführt werden. Das Grundgesetz schreibt ausdrücklich öffentlich-rechtliche Anstalten oder Körperschaften vor. Die Passage wurde hier allerdings nicht wegen ihres Sachgehaltes zitiert, sondern um zu zeigen, welche Vorstellungen für Rothgang offenbar leitend waren, und wahrscheinlich noch sind. Im Zentrum steht offenbar die Vorstellung, die bisherige gesetzliche Krankenversicherung durch private Versicherungsunternehmen ‚betreiben' zu lassen, zu denen er in der zitierten Passage bereits auch die Krankenkassen zählte.

Auf die Frage „Bürgerversicherung oder Kopfpauschale?" antwortete Rothgang:

> „Wir sollten uns vom Denken in solchen Schlagworten ein bisschen befreien und auf die einzelnen Elemente der Modelle schauen. Ein wichtiger Bestandteil ist zweifellos, alle Bürger in das System mit einzubeziehen. Die Bürgerversicherung hat das ja schon im Namen drin, aber auch Kopfpauschalmodelle sind als ‚Bürgerpauschale' denkbar und vorgeschlagen worden" (Rothgang 2010: 144).

Im Grunde seien Bürgerversicherung und Kopfpauschale

> „vom Ergebnis her plötzlich wieder ganz ähnlich: Die Bürgerversicherung wll alle Einkommen direkt einbeziehen, indem sie beitragspflichtig gemacht werden. Die Pauschalprämienmodelle versuchen das auf indirektem Weg, indem nämlich nicht mehr berücksichtigt wird, von welchen Quellen das Einkommen kommt" (Rothgang 2010: 144).

In einer solchen Vorstellungswelt handelt es sich bei den zentralen Begriffen wie ‚Bürgerversicherung' nur um ein ‚Schlagwort', das letztlich austauschbar ist. Entscheidend sei, so seine Argumentation, dass alle Einkommen bei der Berechnung der Beiträge einbezogen werden. Dass dies auch durch einen einkommensunabhängigen Pauschalbeitrag der Fall sein soll, ist allerdings schlichtweg Unsinn. Was allein bereits auf der rein sprachlichen Ebene erkennbar ist. Denn wie kann ein ‚einkommensunabhängiger' Beitrag Einkommen berücksichtigen? Dieser Unsinn wurde allerdings von vielen neoliberalen Ökonomen seit den 1980er Jahren immer wieder reproduziert. Bei all dem sollte nicht vergessen werden, dass es sich bei den neoliberalen Vordenkern und Protagonisten des neoliberalen Reformmodells um innerhalb der deutschen Wirtschaftswissenschaften zumeist hochangesehene Vertreter der Disziplin handelte, deren Namen offenbar über die politischen Grenzen hinweg auch vielen politisch eher linksstehenden Ökonomen Ehrfurcht einflößte. Nicht von Ungefähr wurde beispielsweise der Wirtschaftssachverständigenrat immer wieder auch von Protagonisten des rot-grünen Bürgerversicherungsmodells als Referenz angegeben, so wie beispielsweise auch von Rothgang, wenn er den Begriff ‚Bürgerpauschale' verwendet und damit implizit auf das Kopfpauschalenmodell des SVR-W verweist.

Behält man die oben zitierten Interviewäußerungen in Erinnerung und schaut auf Rothgangs Publikationen und Studien der folgenden Jahre, so zeigt sich dort in der Regel eine gewisse Doppeldeutigkeit und Uneindeutigkeit bei der Verwendung zentraler Begriffe und der Beschreibung dessen, was jeweils als ‚Bürgerversicherung' oder ‚integrierte Krankenversicherung' etc. bezeichnet wird (Rothgang 2011; Rothgang/Arnold 2011, 2013; Rothgang et al. 2010a, 2010b). Dies ist insofern ein sehr ernstzunehmendes Problem, als er bei vielen Organisationen und Akteuren, die eine ‚echte' Bürgerversicherung im Sinne einer Ausweitung der GKV auf die gesamte Bevölkerung wollen, als Befürworter einer solchen echten Bürgerversicherung gilt und deshalb mit Gutachten beauftragt wurde. Mit seinen Gutachten und Publikationen trägt er dazu bei, dass auch diese Akteure dazu gebracht werden, ihre Vorstellung von ‚Bürgerversicherung' mit dem Modell eines ‚einheitlichen Krankenversicherungsmarktes' gleichzusetzen.

Das Beispiel des „10-Punkt-Plans" der Bertelsmann Stiftung für eine „Integrierte Krankenversicherung"

Unternehmensstiftungen spielen seit Jahrzehnten eine nicht zu unterschätzende Rolle in der Politikberatung und einige von ihnen haben in der Vergangenheit sehr wesentlich zur Entwicklung und Verbreitung neoliberaler Ideen und Reformvorschläge beigetragen. Im Bereich der Gesundheitspolitik war dies in den 1970er und 1980er Jahren die *Robert-Bosch-Stiftung*, in den 1980er Jahren die *Stiftung Marktwirtschaft* als Finanzier des Kronberger Kreises und ab dem Jahr 2000 beispielsweise die *Initiative Neue Soziale Marktwirtschaft*.

In den letzten zehn bis zwanzig Jahren wurde die *Bertelsmannstiftung* zu einer der führenden und einflussreichsten Organisationen der Politikberatung insgesamt und auch im Bereich der Gesundheitspolitik. Am Beispiel einer 2013 gestarteten und langfristig angelegten gesundheitspolitischen Initiative der Bertelsmann Stiftung soll nachfolgend exemplarisch auf das Zusammenspiel zwischen Akteuren der wissenschaftlichen Politikberatung, politisch agierenden Stiftungen und Medienberichterstattung eingegangen werden. Dabei soll der Blick vor allem auch auf den Einsatz von Sprache gerichtet werden, einer Sprache, die an zentralen Stellen nicht der Aufklärung dient, sondern vielmehr die wahren Inhalte und tatsächlichen Ziele mehr verdeckt als dass sie sie sichtbar macht. Ein solcher Einsatz von Sprache ist dazu geeignet, Missverständnisse entstehen zu lassen über den Inhalt von Reformvorschlägen, und Akteure sowohl des Mediensystems als auch der Gesundheitspolitik über den Inhalt von Reformvorschlägen zu täuschen.

Im Mai 2013, wenige Monate vor der anstehenden Bundestagswahl, traten die *Bertelsmann Stiftung* und der *Bundesverband der Verbraucherzentralen* mit der Forderung an die Öffentlichkeit, das bestehende System aus GKV und PKV solle zu einer „integrierten Krankenversicherung" zusammengeführt werden (Bertelsmann Stiftung 2013). Sie legten einen gemeinsamen „10-Punkte-Plan" für eine solche „integrierte Krankenversicherung" (Bertelsmann Stiftung/vzbv 2013) vor und präsentierten die Ergebnisse einer in ihrem Auftrag erstellten Studie des IGES. Die Studie enthielt mehrere Modellrechnungen zu den finanziellen Dimensionen einer solchen „integrierten Krankenversicherung" (IGES 2013).

Vergleicht man den „10-Punkte-Plan" und die Pressemitteilung der Bertelsmann Stiftung und des Verbraucherzentrale Bundesverbandes mit den früheren Veröffentlichungen des IGES zum Modell einer „integrierten Krankenversicherung", so kann wohl davon ausgegangen werden, dass die Bertelsmann Stiftung – vermutlich mit Blick auf die anstehende Bundestagswahl – das IGES mit der Studie beauftragt hat, weil man sich dieses Modell zu Eigen machen und damit in den anstehenden Wahlkampf eingreifen wollte.

Die Studie des IGES bestand fast ausschließlich nur aus der Beschreibung verschiedener Modellrechnungen zu verschiedenen Varianten einer ‚integrierten Krankenversicherung'. Was eine solche ‚integrierte Krankenversicherung' ist oder sein soll, wurde nur in wenigen Sätzen skizziert.

„Unter dem Konzept der ‚Integrierten Krankenversicherung' wird im Rahmen dieser Studie ein Krankenversicherungssystem verstanden, das allen Versicherungsnehmern gleiche Wahlmöglichkeiten einräumt und in dem für alle Versicherungsanbieter dieselben Wettbewerbsbedingungen gelten" (IGES 2013: 11).

„Im Unterschied zur gegenwärtigen Situation agieren nach diesem Konzept sämtliche Versicherungsanbieter – unabhängig von ihrer Rechtsform – auf einem einzigen Krankenversicherungsmarkt unter identischen gesetzlichen und regulatorischen Rahmenbedingungen. Die Regeln der Finanzierung des Krankenversicherungssystems gelten entsprechend für alle Anbieter und Nachfrager gleichermaßen, d. h. die Beiträge werden für alle Versicherten nach denselben Maßstäben bemessen" (ebd.).

Die zitierten Passagen zeigen sehr deutlich, dass es sich bei dem Modell einer „Integrierten Krankenversicherung" um eine Variante des neoliberalen ‚einheitlichen Krankenversicherungsmarktes' handelt. Der Begriff „Krankenversicherungsmarkt" wird auch genannt, wenngleich eher beiläufig.

Das Modell des IGES sah auch einen Risikostrukturausgleich vor, der allerdings nicht – wie oben im Modell von Greß und Rothgang – zwischen den Versicherten, sondern zwischen den „Versicherungsanbietern" erfolgen sollte (IGES 2013: 15). Zudem solle es ein „Verbot der Beitragsdifferenzierung nach individuellem Gesundheitsrisiko" geben (IGES 2013: 15). Die Rede war ausdrücklich nicht von einkommensabhängigen Beiträgen, sodass die Formulierung auch einkommensunabhängige Kopfpauschalen zuließ, denn Kopfpauschalen differenzieren nicht nach Krankheitsrisiko. Was allerdings in der nachfolgenden medialen Rezeption und Diskussion offenbar niemandem auffiel. Dies ist insofern nicht überraschend, als Journalisten Studien, über die sie berichten, in der Regel nicht vollständig lesen. Sie übernehmen nur die jeweilige Pressemitteilung wörtlich oder in leicht abgeänderter Fassung oder beschränken sich auf die Lektüre einer Zusammenfassung, sofern es eine solche am Anfang der Studie gibt.[24]

Wie an den beiden zitierten Passagen zu erkennen, beinhaltete das IGES-Modell einer ,Integrierten Krankenversicherung' auch in der Version von 2013 nicht die organisatorische Zusammenführung von GKV und PKV oder gar die Abschaffung der PKV und Ausweitung der Mitgliedschaftspflicht in einer Krankenkasse auf die gesamte Bevölkerung. Dies erschließt sich jedoch erst, wenn man genauer hinschaut, die ,Feinheiten' der Sprache beachtet und um die Bedeutung zentraler Begriffe weiß, die weder in der Studie erklärt oder definiert, noch von der Bertelsmann Stiftung in ihrer Pressemitteilung offengelegt wurde.

Dazu ist allerdings im journalistischen Alltag eher selten die Zeit, wenn auf eine brandheiße Pressemitteilung einer so einflussreichen Organisation wie der Bertelsmann Stiftung möglichst noch am selben Tag mit einer eigenen Meldung oder einem kurzen Artikel reagiert werden soll, und nur wenige Stunden zur Abfassung der Meldung bleiben.

Der Vorstoß der Bertelsmann Stiftung wurde in der Medienberichterstattung denn auch als Initiative zur organisatorischen Zusammenlegung von Krankenkassen und privaten Krankenversicherungen oder gar als Vorschlag zur Abschaffung der PKV interpretiert (vgl. u. a. aerzteblatt.de vom 13.05.2013, stern.de vom 13.05.2013). Der PKV-Verband wies einen solchen Vorstoß umgehend in scharfer Form zurück und betonte den unverzichtbaren Beitrag der PKV für die Finanzierung des deutschen Gesundheitswesens (PKV 2013). Die damalige Generalsekretärin der SPD, Andrea Nahles, nutzte die Gelegenheit, für das SPD-Bürgerversicherungsmodell zu werben und erklärte, die IGES-Studie bestätige „die Notwendigkeit der Einführung einer Bürgerversicherung" (SPD 2013).

Wie die Analyse des Bürgerversicherungsmodells der SPD an früherer Stelle des vorliegenden Buches zeigte, war die Vereinnahmung der IGES-Studie für das Modell der SPD inhaltlich insofern vertretbar, als beide Varianten eines ,einheitlichen Krankenversicherungsmarktes' sind. In der medialen Wahrnehmung

---

[24] Diese Einschätzung stützt sich auf zahlreiche Hintergrundgespräche mit Journalistinnen und Journalisten der letzten gut zehn Jahre und insbesondere auch auf meine Erfahrungen mit der Berichterstattung über meine eigenen Studien.

wurde ‚Bürgerversicherung' in der Regel jedoch immer noch mit dem ursprünglichen Modell verbunden, wie es im Abschlussbericht der Rürup-Kommission beschrieben ist. Eine solche ‚Bürgerversicherung' meint jedoch den Erhalt der bestehenden gesetzlichen Krankenversicherung als staatlicher Sozialversicherung und die Ausweitung der Pflichtmitgliedschaft in einer Krankenkasse auf die gesamte Bevölkerung. Die Beschreibung des Systems einer „Integrierten Krankenversicherung" war hingegen die Beschreibung eines reinen PKV-Systems. Die GKV-Versicherten wurden darin zu ‚Versicherungsnehmern' und die Krankenkassen zu ‚Versicherungsanbietern', die alle unter den gleichen Wettbewerbsbedingungen auf einem einheitlichen Markt um alle ‚Versicherungsnehmer' konkurrieren. In einem solchen System gibt es keine öffentlich-rechtlichen Krankenkassen mehr, sondern nur noch private Versicherungsunternehmen.

Da sich das IGES-Modell im Fall des darin vorgesehenen gemeinsamen Risikostrukturausgleichs von anderen Modellen wie beispielsweise dem von Greß und Rothgang unterschied, soll darauf noch kurz eingegangen werden, vor allem um zu zeigen, wie wenig durchdacht auch dieses Modell war.

Wie dargelegt sah das Modell von Greß und Rothgang einen Risikostrukturausgleich zwischen allen ‚Versicherungsnehmern' vor. Das IGES schlug hingegen einen Risikostrukturausgleich zwischen ‚Versicherungsanbietern' vor. Erläuterungen dazu, wie ein solcher Risikostrukturausgleich konstruiert werden sollte und wie er funktionieren könnte, sucht man in der Studie vergebens, ebenso in dem 10-Punkte-Plan der Bertelsmann Stiftung.

Die Vorstellung eines Risikostrukturausgleichs zwischen privaten Unternehmen wirft allerdings zahlreiche Fragen auf, darunter auch die, ob er überhaupt verfassungsrechtlich zulässig wäre. In dem IGES-Modell einer ‚Integrierten Krankenversicherung' würden die PKV-Unternehmen privatrechtliche Verträge mit ihren Versicherungsnehmern abschließen, von ihnen die Versicherungsprämien erhalten, die sie jedoch direkt an eine staatliche Behörde weiterleiten, um von dieser Behörde im Anschluss risikoadjustierte Zuweisungen zu erhalten, so wie seit 2009 die gesetzlichen Krankenkassen.

Im gegenwärtigen Risikostrukturausgleich der GKV ist dies kein Problem, denn es handelt sich um Finanztransfers zwischen staatlichen Behörden und Haushalten. Bei den Prämieneinnahmen der Versicherungsunternehmen handelt es sich jedoch um das Eigentum privater Unternehmen. Wenn diese ihr Eigentum nicht freiwillig hergeben würden, könnte die Teilnahme am RSA nur durch gesetzlichen Zwang erreicht werden, und das wäre nichts anders als eine Enteignung. Es erscheint sehr zweifelhaft, dass sich dies mit dem Grundgesetz vereinbaren ließe.

Zudem würde sich ein weiteres schwerwiegendes Problem ergeben. Wie bereits erwähnt, enthielt die IGES-Studie keine eindeutige Aussage zur Art der Beitragsbemessung, sondern nur die Feststellung, es solle ein „Verbot der Beitragsdifferenzierung nach individuellem Gesundheitsrisiko" geben (IGES 2013: 15). Folglich wären alle Arten von Beitragsbemessung zulässig, die nicht nach individuellem Gesundheitsrisiko differenzieren. Das wäre entweder eine einkommensabhängige Beitragsbemessung oder die Erhebung von einkommensunabhängigen Pauschalbeiträgen. Somit müsste auch die PKV solche Art von Versicherungsprämien erheben. Das Versicherungsrecht verlangt von der PKV jedoch eindeutig die Kalkulation risikoäquivalenter Prämien. Folglich müsste das VAG entsprechend geändert werden.

Sollten einkommensabhängige Beiträge erhoben werden, bräuchte das PKV-Unternehmen die Kenntnis der jeweiligen individuellen Einkommensverhältnisse. Darüber verfügt die PKV nicht. Somit könnte sie keine einkommensabhängigen Beiträge erheben. Folglich müssten – um einheitliche Bedingungen sicherzustellen – alle Anbieter der ‚Integrierten Krankenversicherung' einkommensunabhängige Beitragspauschalen erheben, auch die Krankenkassen.

Dadurch würden jedoch chronisch kranke Versicherungsnehmer zu einem finanziellen Risiko sowohl für Krankenkassen und PKV-Unternehmen. Dem würde dadurch begegnet, dass die Beitragspauschalen nur ein durchlaufender Posten für die Unternehmen sind, da die Einnahmen direkt und in voller Höhe an den Ausgleichsfonds weitergeleitet werden. Von dem Fonds würden die privaten Krankenversicherungen schließlich risikoäquivalente Zuweisungen erhalten.

Damit aber wäre der staatliche Ausgleichsfonds der eigentliche Vertragspartner der PKV-Unternehmen, nicht jedoch die einzelnen Versicherungsnehmer. Folglich könnte es auch keine privatrechtlichen Versicherungsverträge mehr geben. Die PKV-Unternehmen würden zu Auftragnehmern des Staates, die vom Staat ihr Geld erhalten und dafür Versicherungsleistungen für bestimmte Personen erbringen, die ihre Versicherungsnehmer sind. Aber: Um Versicherungsnehmer zu werden, bedarf es eines privatrechtlichen Versicherungsvertrages. Die gäbe es aber nicht mehr.

Um noch eine weitere Ungereimtheit im IGES-Konzept anzusprechen: Es sollte ein Verbot der Beitragsdifferenzierung nach Gesundheitsrisiko geben. Die Zuweisungen aus dem Ausgleichsfond müssten jedoch risikoäquivalent oder risikoadjustiert sein. Würde das Verbot auch für den Ausgleichsfonds gelten., würden die PKV-Unternehmen aus dem Fonds Pauschalen erhalten, die für alle Versicherten gleich sind. Das hätte massive Anreize zur Risikoselektion zur Folge, wie oben bereits an anderer Stelle dargelegt. Ein solches System würde binnen kürzester Zeit zusammenbrechen.

Die Erörterung soll an dieser Stelle nicht weitergeführt werden. Die Ausführungen sollten nur veranschaulichen, dass es sich bei dem Reformmodell einer ‚Integrierten Krankenversicherung' um ein noch nicht einmal ansatzweise durchdachtes Konzept handelte. Was jedoch die Bertelsmann Stiftung und den Verbraucherzentrale Bundesverband nicht hinderte, darauf aufbauend zu fordern, in der nächsten Legislaturperiode müsse die politische Grundsatzentscheidung für die Einführung eines solchen Systems getroffen werden (Bertelsmann Stiftung/vzbv 2013).

Die Privatisierung der Krankenkassen wird versucht auf die Agenda zu setzen

In den vorhergehenden Abschnitten wurde bereits an mehreren Stellen erkennbar, dass während der Legislaturperiode 2009 bis 2013 eine Forderung aussprechbar und diskussionsfähig wurde, die bis dahin nur von einigen der radikalen Protagonisten des neoliberalen Reformmodells offen erhoben wurde. Erstmals in der Geschichte der Bundesrepublik wurde offen die Privatisierung der Krankenkassen gefordert, befürwortet oder zumindest als akzeptable und mögliche Option der Weiterentwicklung diskutiert.

Zu entsprechenden Diskussionsbeiträgen und Forderungen konnten sich Akteure der Gesundheitspolitik durch die Ausrichtung der neuen Bundesregierung ermuntert fühlen. Insbesondere die im Koalitionsvertrag enthaltene Ankündigung, dass „das allgemeine Wettbewerbsrecht als Ordnungsrahmen grundsätzlich auch im Bereich der gesetzlichen Krankenversicherung" Anwendung finden solle (CDU/CSU/FDP 2009: 87), konnte als Signal gedeutet werden, dass von der neuen Regierung Schritte in Richtung einer Umwandlung der Krankenkassen in Wirtschaftsunternehmen zu erwarten seien.

In Vorfeld der Vorlage eines Gesetzentwurfes zur Novellierung des Wettbewerbsrechts verstärkten sich diese Signale Anfang 2012. In einem Interview wurde der damalige Gesundheitsminister *Daniel Bahr* (FDP)[25] Ende Februar 2012 darauf angesprochen, dass er im Bundestagswahlkampf 2009 die Abschaffung der GKV gefordert habe, was er bestritt. Worauf der Interviewer nachsetzte:

„Doch, Sie wollten sie in eine private Versicherung umwandeln."

---

[25] Daniel Bahr war von Ende Oktober 2009 an zunächst Parlamentarischer Staatssekretär im BMG und trat Mitte Mai 2011 die Nachfolge von Philipp Rösler an, der Wirtschaftsminister wurde.

Daraufhin Bahr:

„Das ist etwas anderes. Ich dachte an ein Modell wie in den Niederlanden. Auch dort ist die Krankenversicherung Pflicht – aber sie ist flexibler organisiert, in privater Rechtsform als Verein, Genossenschaft oder Gesellschaft" (Bahr 2012).

Offensichtlich war die Darstellung des niederländischen Systems wie sie insbesondere von Greß und anderen in Publikationen verbreitet worden war, auch in der FDP und im BMG wahrgenommen worden. Es war damals zunehmend verbreitet, das niederländische System anzuführen, um eine Privatisierung der Krankenkassen denkbar und harmlos erscheinen zu lassen, Im Zentrum stand dabei die Behauptung, die privatrechtlichen niederländischen ‚Ziekenfondsen' seien den deutschen Krankenkassen vergleichbar. Wie bereits erläutert handelte es sich bei den Ziekenfondsen jedoch um nicht gewinnorientierte privatrechtlich verfasste Organisationen, die ihren Ursprung in der Zeit der deutschen Besatzung während des Zweiten Weltkrieges haben. Die deutschen Besatzer hatten sich bei ihrer Errichtung zwar am Vorbild der deutschen Krankenkassen orientiert, jedoch kein System eingeführt, dass der deutschen GKV entsprach, in der die Krankenkassen als Körperschaften des öffentlichen Rechts Aufgaben der mittelbaren Staatsverwaltung erfüllen.

Aber auch vollkommen unabhängig von der Frage, ob die niederländischen Ziekenfondsen überhaupt mit den deutschen Krankenkassen vergleichbar sind, bleibt festzuhalten, dass es sich bei der von Bahr befürworteten Änderung der Rechtsform um eine Privatisierung handelt. Indem Bahr bestritt, dass es sich bei Krankenkassen in privatrechtlicher Rechtsform um private Unternehmen handele, griff er implizit auf eine – im Interview nicht thematisierte – Unterscheidung zwischen ‚formaler' und ‚materieller' Privatisierung zurück.

Bei einer *formalen Privatisierung* erhält die betreffende öffentliche Einrichtung eine private Rechtsform und wird dadurch von der Trägerinstitution – der Kommune, dem Land oder dem Bund – unabhängiger in ihren Entscheidungen. Eine weitverbreitete private Rechtsform bei einer formalen Privatisierung ist beispielsweise die GmbH oder gemeinnützige GmbH. Bei einer solchen Privatisierung bleibt die formal privatisierte Einrichtung weiterhin im Eigentum des öffentlichen Trägers. Bei einer *materiellen Privatisierung* wird die betroffene Einrichtung an einen privaten Eigentümer verkauft.

Die formale Privatisierung öffentlicher Einrichtungen ist häufig nur der erste Schritt hin zu einer materiellen Privatisierung. Die formale Privatisierung bietet dabei den Vorteil, dass Kritik an der Privatisierung mit dem Hinweis zurückgewiesen werden kann, die Einrichtung bleibe doch in öffentlichem Eigentum und die Maßnahme diene nur einer Stärkung der Eigenständigkeit und Flexibilität der formal privatisierten Einrichtung, da sie von der kommunalen oder staatlichen ‚Bürokratie' unabhängiger wird.

Im Fall der Diskussion über eine Privatisierung der Krankenkassen wurde – wie bereits bei Bahr – als eine für Krankenkassen gut geeignete private Rechtsform vielfach die Rechtsform des ‚Versicherungsvereins auf Gegenseitigkeit' (VVaG) genannt. Dabei wurde auch gern darauf verwiesen, dass auch die Ersatzkassen VVaG waren bevor sie in die gesetzliche Krankenversicherung eingefügt und zu Körperschaften des öffentlichen Rechts wurden.

Verschwiegen wird dabei, dass es sich bei der gesetzlichen Krankenversicherung um eine *staatliche* Institution handelt, die Aufgaben wahrnimmt, die nicht durch private Vereine wahrgenommen werden können. Darum ist der Vorschlag, private Rechtsform für Krankenkassen zuzulassen oder einzuführen, nichts anderes als der Vorschlag, die gesetzliche Krankenversicherung als staatliche Sozialversicherung abzuschaffen. Daran ändert auch der Versuch einer Verharmlosung nichts, indem doch ‚nur' die Rechtsform geändert werden solle. Bei einer Umwandlung der Krankenkassen in Versicherungsvereine auf Gegenseitigkeit würde es sich zudem auch nicht um eine formale Privatisierung handeln, sondern um eine materielle. Eigentümer der neuen Krankenkassen wären private Vereine und nicht mehr der Staat.

Ein weiteres Signal in Richtung Rechtsformfreigabe sendete der damalige gesundheitspolitische Sprecher der CDU/CSU-Bundestagsfraktion, *Jens Spahn*, als er in einem Interview Mitte März 2012 feststellte, es sei „nicht gottgegeben, dass Krankenkassen nur in der Rechtsform einer Körperschaft des öffentlichen Rechts existieren dürfen" (Spahn 2012). In der Tat, Gott hat mit der Rechtsform der deutschen Krankenkassen überhaupt nichts zu tun. Wohl aber das Grundgesetz. Artikel 87 Abs. 2 GG gibt eindeutig vor, dass die Träger der Sozialversicherung nur als Anstalten oder Körperschaften des öffentlichen Rechts geführt werden dürfen.

Angesichts dieser Entwicklungen erschien es einigen Krankenkassenvorständen offenbar an der Zeit, die Diskussion über eine Privatisierung der Krankenkassen zu forcieren und auf die politische Tagesordnung zu setzen. Eine Vorreiterrolle spielte dabei die TechnIker Krankenkasse und ihr langjähriger Vorstandsvorsitzender Norbert Klusen. In mehreren Interviews sprach er sich während der Legislaturperiode 2009 bis 2013 explizit für die Privatisierung der Krankenkassen aus.

„Deswegen plädiere ich persönlich für die Privatisierung der gesetzlichen Kranken-versicherung. Aus öffentlich-rechtlichen Körperschaften sollten private Non-Profit-Unternehmen, zum Beispiel Versicherungsvereine auf Gegenseitigkeit, werden" (Klu-sen 2010).

„In allen Parteien gibt es junge Politiker, die endlich alte Tabus infrage stellen, zum Beispiel, dass eine Krankenkasse eine Körperschaft öffentlichen Rechts sein muss. Eine Kasse sollte stattdessen so wirtschaften, bilanzieren, Quartalszahlen und Bilan-zen veröffentlichen wie jedes andere Unternehmen" (Klusen 2012e).

„Ich will die Systeme angleichen. Die gesetzlichen Krankenkassen sollen in eine private Rechtsform überführt werden"(Klusen 2012c).

„Ich will die Privaten nicht abschaffen, sie sind ja sogar durch das Grundgesetz geschützt. Aber wir sollten langfristig nur noch ein System haben. Warum können die gesetzlichen Kassen nicht eine private Rechtsform haben?" (Klusen 2012a).

„Wir müssen langfristig die beiden Versicherungssysteme zusammenbringen. Das geht nur, indem wir den gesetzlichen Kassen eine private Rechtsform geben – aller-dings ohne Gewinnstreben. Beide hätten dann die gleichen Rechte. Ich halte wenig von Forderungen, die private Krankenversicherung abzuschaffen. Ich bevorzuge einen Wettbewerb zu gleichen Bedingungen" (Klusen 2012b),

Dass der Vorstandsvorsitzende einer großen Krankenkasse die Privatisierung der Krankenkassen forderte, führte bei einigen Interviewern durchaus zu Irritationen und der Nachfrage, ob sie ihn richtig verstanden hatten. So beispielsweise in einem Interview mit der Zeitschrift „Focus":

Klusen: „Wir könnten den Kassen eine andere Rechtsform geben. Ich denke an gemeinnützige GmbHs wie in der Schweiz, Genossenschaften oder Versicherungs-vereine auf Gegenseitigkeit, bei denen die Krankenversicherung dann letztlich den Versicherten gehört" (Klusen 2011).

Frage: „Herr Klusen, mal ganz ehrlich: Sie wollen im Grunde also die gesetzlichen Krankenkassen privatisieren?"

Klusen: „Sie können es so nennen" (Klusen 2011)

Daraufhin gefragt, was seine Aufsichtsgremien davon halten, antwortete er, dies sei nur seine „Privatmeinung" (Klusen 2011). Interviewt wurde er allerdings nicht als unbedeutende Privatperson, sondern als Vorstandsvorsitzender der TK. Keines seiner Interviews, in denen er sich für die Privatisierung der Krankenkassen aus-sprach, zog aufsichtsrechtliche Sanktionen nach sich. Er blieb bis zum Erreichen der Altersgrenze Vorstandsvorsitzender der TK.

Die zitierten Passagen zeigen sehr deutlich, dass Klusen sein Plädoyer für eine Privatisierung der Krankenkassen aus dem Konzept eines ‚einheitlichen Krankenversicherungsmarktes' ableitete. Sein Ziel war ein

> „konvergenter, einheitlicher Krankenversicherungsmarkt" (Klusen 2011).

> „Jeder soll wählen dürfen, wie er versichert sein möchte und ob er mit seiner Kranken-
> versicherung wie bei den Privaten dann Kapital ansparen möchte oder nicht" (Klusen
> 2011).

Die Krankenkassen und das Gesundheitswesen insgesamt sollten aus der Abhängigkeit vom Staat „heraustreten".

> „Ich möchte gerne eine möglichst große Staatsferne" (Klusen 2012c).

> „Ich meine, dass das Gesundheitssystem aus der Abhängigkeit des Staates heraustre-
> ten sollte" (Klusen 2010).

Als absehbar war, dass im Rahmen einer Novellierung des allgemeinen Wettbewerbsrechts das Kartellrecht über den Bereich der Rabattverträge hinaus auf die Tätigkeit der Krankenkassen ausgeweitet werden sollte, gab der Vorstand der TK ein Gutachten in Auftrag, das die Bedeutung der Rechtsform der Krankenkassen für die Einführung eines ‚einheitlichen Krankenversicherungsmarktes' klären sollte. Der TK-Vorstand bat die Gutachter um die Beantwortung der Frage

> „ob die Überführung der gesetzlichen Krankenkassen in eine private Rechtsform zur
> Konvergenz der beiden bestehenden Systeme beitragen kann. Die Wissenschaftler
> sollten klären, welchen Nutzen eine privatrechtliche Organisation der Krankenkassen
> aus ökonomischer Sicht erzielen kann und welche Handlungsoptionen innerhalb der
> verfassungsrechtlichen Grenzen überhaupt bestehen" (TK 2012: 1)

Das Gutachten wurde von der TK Mitte April 2012 der Presse vorgestellt und die darin enthaltenen Vorschläge wurden als „erste pragmatische Schritte in Richtung eines einheitlichen Krankenversicherungsmarktes" bezeichnet (TK 2012: 2). Der Gutachtentext wurde kurz danach als Buchveröffentlichung publiziert, die auch einen Teil zum Krankenversicherungssystem der Niederlande enthielt (Wille/Hamilton/et al. 2012a).

Da es das erste Mal in der Geschichte der Bundesrepublik war, dass von einer Krankenkasse ein Gutachten in Auftrag gegeben wurde, das erklärtermaßen dazu dienen sollte die Privatisierung der Krankenkassen argumentativ vorzubereiten und Optionen für die Privatisierung von Krankenkassen aufzuzeigen, soll hier näher auf dieses Gutachten eingegangen werden.

Zwar gelang es weder der Techniker noch anderen Protagonisten einer Privatisierung der Krankenkassen, dieses Thema 2012 oder in den nachfolgenden Jahren auf die gesundheitspolitische Agenda zu setzen und politische Entscheidungen für die Einleitung von Rechtsformänderungen zu initiieren. Es muss jedoch damit gerechnet werden, dass die Forderung nach Zulassung privater Rechtsformen für Krankenkassen jederzeit wieder auftauchen kann. Sowie sich politische Mehrheitsverhältnisse dahingehend ändern, dass eine solche Forderung Aussicht auf Verwirklichung haben könnte, wird es mit sehr hoher Wahrscheinlichkeit Akteure geben, die sich an entsprechende Forderungen und Argumentationen der Vergangenheit erinnern und sie wieder aufgreifen. Zudem ist damit zu rechnen, dass von Entscheidungen des EuGH ein Impuls ausgehen kann, die Änderung der Rechtsform von Krankenkassen auf die politische Tagesordnung zu setzen. Insofern erscheint es ratsam, sich mit bereits bekannten Argumentationen zu befassen, um sich auf zukünftige Diskussion vorbereiten zu können. Die nachfolgenden Ausführungen zum Gutachten von Wille, Schulenburg und Thüsing sowie zu einem weiteren ähnlich ausgerichteten Gutachten von Kingreen und Kühling aus dem Jahr 2013 sollen einen Beitrag dazu leisten.

Gutachten von Wille, Schulenburg und Thüsing über die Vorzüge privatrechtlicher Rechtsformen für Krankenkassen

Die Techniker Krankenkasse hatte die Gesundheitsökonomen *Eberhard Wille* und *Matthias Graf von der Schulenburg* sowie den Sozialrechtler *Gregor Thüsing* mit dem Gutachen beauftragt. Der niederländische Jurist *Gert Jan Hamilton* trug einen Gutachtenteil zur privatrechtlichen Organisation der Krankenversicherung in den Niederlanden bei. Wille war damals Vorsitzender und Thüsing Mitglied des Gesundheitssachverständigenrates. Das Gutachten enthielt eine der üblichen neoliberalen Sichtweise folgende Darstellung des Gesundheitssystem und plädierte für die Umstellung auf einen ‚einheitlichen Krankenversicherungsmarkt‘.

Während bisherige Gutachten und andere Publikationen zum neoliberalen Reformmodell fast ausschließlich nur von Ökonomen verfasst worden waren und dementsprechend auch nur ökonomische Fragen aufgeworfen und behandelt hatten, stellte dieses Gutachten erstmals die Frage der Rechtsform der Krankenkassen und deren Bedeutung für die Einführung eines ‚einheitlichen Krankenversicherungsmarktes‘ in den Mittelpunkt.

Ausgangspunkt und zentraler Bezugspunkt des Gutachtens war die These, dass es ‚zwei Märkte‘ für Krankenversicherungen gibt, dass Krankenkassen

„Finanzdienstler" seien und ein ‚einheitlicher Krankenversicherungsmarkt' wünschenswert wäre.

> „Aus theoretischer Sicht besteht das optimale Modell eines Krankenversicherungsmarktes aus einem System, in dem alle Bürger hinsichtlich der Versorgungsformen die gleichen Wahlmöglichkeiten besitzen und die einzelnen Krankenkassen bzw. -versicherungen unter den gleichen Rahmenbedingungen miteinander konkurrieren" (Wille et al. 2012a: 117).

> „Krankenkassen gehören aus wirtschaftswissenschaftlicher Sicht zu der Branche der Finanzdienstleister" (ebd.: 19).[26]

> „In mittelfristiger Perspektive liegt es dann unter Wettbewerbsaspekten nahe, jeweils unter gleichen gesetzlichen Konditionen den GKV-Markt auch für die privaten Krankenversicherungen und vice versa den PKV-Markt ebenfalls für die gesetzlichen Krankenkassen zu öffnen" (ebd.).

Da Krankenkassen weder Finanzdienstleister sind noch die gesetzliche Krankenversicherung ein ‚Markt', können entsprechende Aussagen nicht als ‚Abbildungen' einer existierenden Wirklichkeit gelten, sondern nur als Aussagen über eine anzustrebende Zukunft, in diesem Fall die Umwandlung der Krankenkassen in Finanzdienstleister und Überführung der gesetzlichen Krankenversicherung in einen einheitlichen Markt für private Krankenversicherungen. Dies legt auch die dritte zitierte Passage offen. Die darin enthaltenen Vorschläge zielten darauf, den „GKV-Markt" für private Unternehmen zu „öffnen". Wenn es aber keinen bestehenden ‚GKV-Markt' gibt, kann auch kein ‚Markt' geöffnet werden. Folglich geht es um die *Schaffung* eines neuen Marktes, eines ‚einheitlichen Krankenversicherungsmarktes'.

Wie oben bereits dargelegt, entsprach das überhaupt nicht den Vorstellungen und Wünschen der bestehenden PKV-Unternehmen. Die lehnten die Einführung eines solchen einheitlichen Marktes strikt ab, da sie ihn als Bedrohung ihres bisherigen Geschäftsmodells und ihrer Existenz als Unternehmen ansahen. Bei dem Gutachten von Wille, Schulenburg und Thüsing handelte es sich nicht von Ungefähr um eines, das im Auftrag einer großen Krankenkasse erstellt worden war. Denn das Reformmodell eines ‚einheitlichen Krankenversicherungsmarktes' mit privatisierten Krankenkassen bietet vor allem großen Krankenkassen aufgrund ihrer Versichertenzahlen und Beitragseinnahmen die Chance, zum Gewinner einer solchen Umstellung zu werden.

---

[26] Als ‚Beweis' für diese abenteuerliche Behauptung erweisen sie u. a. auf ein Lehrbuch von Schulenburg.

Voraussetzung für die Einführung eines ‚einheitlichen Krankenversicherungsmarktes' ist allerdings die Umwandlung der Krankenkassen in private Unternehmen, was die Änderung ihrer Rechtsform erfordert. Das stellten die Gutachter
auch eindeutig fest.

> „Eine Transformation der gesetzlichen Krankenkassen in private Unternehmensfor-
> men stellt, wie bereits oben unter 3.6 konstatiert, somit eine notwendige, aber –
> da zusätzliche Änderungen erforderlich sind (...) – keine hinreichende Bedingung
> zur Schaffung eines einheitlichen Krankenversicherungsmarktes in Deutschland dar"
> (Wille et al. 2012a: 128).

Die Feststellung, dass die Rechtsformänderung eine notwendige aber keine hin-
reichende Voraussetzung für einen ‚einheitlicher Krankenversicherungsmarkt' ist,
verwies darauf, dass noch weitere Änderungen erforderlich sind, beispielsweise
bei der Frage der Besteuerung.

> „Unbeschadet der immer noch verbleibenden beiden Teilmärkte stellt das Reform-
> konzept über eine Harmonisierung der Rechtsform, der Aufsicht und der Besteue-
> rung von gesetzlichen und privaten Krankenversicherungen einen Schritt in Richtung
> eines einheitlichen Krankenversicherungsmarktes dar. Darüber hinaus besitzt es den
> Vorzug, alle darüber hinausgehenden Modelle, z.B. hinsichtlich des Versicherten-
> kreises und/oder der Finanzierungsmodalitäten, als weitere Schritte zu ermöglichen"
> (Wille et al. 2012a: 19).

Über diese eher vagen Andeutungen hinaus finden sich in dem Gutachten keine
näheren Ausführungen dazu, welche weiteren Änderungen noch notwendig sind,
wenn die Krankenkassen in eine private Rechtsform überführt werden. Dies
dürfte wohl kaum darauf zurückzuführen sein, dass diese weiteren Änderungen den Autoren nicht bekannt waren, Es dürfte eher darin begründet gewesen
sein, dass zu genaue Beschreibungen der Gesamtheit aller Konsequenzen eines
‚einheitlichen Krankenversicherungsmarktes' die politische Akzeptanz für ein
solches Reformmodell und die Bereitschaft zu seiner politischen Umsetzung
beeinträchtigen würden.

So blieb es unerwähnt, dass eine „Harmonisierung" der Besteuerung dazu
führen muss, dass auch die Krankenkassen – wie die PKV-Unternehmen – in
vollem Umfang der Unternehmensbesteuerung unterworfen werden, also Körperschaftssteuer, Umsatzsteuer, Gewerbesteuer, Versicherungssteuer etc. zahlen
müssen. Um dies ‚refinanzieren' zu können, bliebe ihnen nichts anderes übrig, als
ihre Beiträge entsprechend zu erhöhen. In solche ‚Details' vorzudringen, wurde

nicht nur in diesem Gutachten, sondern generell von den Protagonisten eines ‚einheitlichen Krankenversicherungsmarktes' vermieden.

Auch auf die Konsequenzen der Einführung eines ‚einheitlichen Krankenversicherungsmarktes' für das Gesamtsystem der halbstaatlichen Regulierung des deutschen Gesundheitswesens wurde in dem Gutachten an keiner Stelle hingewiesen. Ebenso wurden Fragen zur Art der Finanzierung mit der Bemerkung beiseitegeschoben, sie könnten „zunächst noch offenbleiben".

> „Dabei können die Finanzierungsform, d.h. die Frage ob es sich um Steuerfinanzierung, risikoäquivalente Prämien, einkommensabhängige Beiträge oder krankenkassenspezifische Pauschalen handelt, und die zur Auswahl stehenden Behandlungsformen zunächst noch offenbleiben" (Wille et al. 2012a: 117).

Da das von Wille, Schulenburg und Thüsing in dem Gutachten vorgeschlagene System keinen Risikostrukturausgleich vorsah, war die Antwort auf die Frage nach der Finanzierung jedoch keineswegs ‚offen'. Ihr Modell war nur mit risikoäquivalenten Prämien funktionsfähig. Dies offenzulegen, war jedoch politisch nicht opportun.

Die bisherigen Ausführungen bezogen sich auf Teile des Gutachtens, die so und in ähnlicher Form auch bereits in zahlreichen anderen Publikationen zum ‚einheitlichen Krankenversicherungsmarktes' enthalten waren. Wie oben erwähnt, zeichnete sich dieses Gutachten jedoch dadurch aus, dass es auch eine juristische Sichtweise und Argumentation in die Diskussion einführte, und zwar als zentralen Bestandteil des Gutachtens. Hier soll der Blick auf ein Argumentationselement gerichtet werden, das für zukünftige Diskussionen von nicht zu unterschätzender Bedeutung sein könnte.

Die Privatisierung der Krankenkassen ist von Anfang an zentrales Element des neoliberalen Reformmodells eines ‚einheitlichen Krankenversicherungsmarktes'. In der Regel und zumeist wurde dies jedoch nicht offengelegt, sondern blieb unerwähnt oder wurde hinter nebulösen Formulierungen versteckt. Die Forderung nach einem allein von privaten Unternehmen versorgten Krankenversicherungsmarkt und die darin enthaltene Forderung nach Umwandlung der Krankenkassen in privatrechtliche Organisationen ist in wirtschaftswissenschaftlicher Perspektive, wie sie die Protagonisten eines ‚einheitlichen Krankenversicherungsmarktes' vertraten, aus der ökonomischen Theorie abzuleiten und so selbstverständlich, dass sie keiner näheren Prüfung ihrer Realisierbarkeit bedarf. Zudem sind Marktwirtschaft, Märkte und Privateigentum im neoliberalen Weltbild untrennbar miteinander verbunden. Insofern wurde auch nicht die Frage gestellt, ob es rechtlich überhaupt zulässig und möglich ist, Krankenkassen zu privatisieren.

Aus rechtswissenschaftlicher Sicht ist diese Frage allerdings nicht nur berechtigt, sondern auch zwingend zu stellen und zu beantworten, denn eine Privatisierung von Trägern einer staatlichen Sozialversicherung wirft unausweichlich die Frage nach deren verfassungsrechtlicher Zulässigkeit auf.

Das Grundgesetz enthält Aussagen zu dieser Frage in zwei Artikeln. In Artikel 74 Nr. 12 GG wird die Gesetzgebung zur Sozialversicherung dem Bereich der konkurrierenden Gesetzgebung und damit dem Bund zugewiesen. Die Länder dürfen zu den Bereichen der konkurrierenden Gesetzgebung eigene Gesetze nur dann beschließen, sofern und solange der Bund von seiner Gesetzgebungskompetenz keinen Gebrauch gemacht hat. Im Fall der GKV hat der Bund von seiner Gesetzgebungskompetenz Gebrauch gemacht. Daraus ergibt sich für die Frage der verfassungsrechtlichen Zulässigkeit einer Privatisierung der Krankenkassen, dass der Bund kompetenzrechtlich dafür zuständig wäre.

Das bedeutet allerdings nicht, dass der Bund Träger der Sozialversicherung wie die Krankenkassen ohne weiteres privatisieren kann. In Artikel 87 Abs. 2 GG ist festgeschrieben, dass alle Träger der Sozialversicherungsträger als Körperschaften des öffentlichen Rechts zu führen sind. Der Bund hat nach Art. 87 Abs. 3 GG zwar das Recht, neue Organisationseinheiten im Bereich der Sozialversicherung zu schaffen, diese dürfen jedoch nur als Körperschaft oder Anstalt des öffentlichen Rechts eingerichtet werden.

Die Führung von Trägern der staatlichen Sozialversicherung in privater Rechtsform ist somit im Grundgesetz nicht vorgesehen. Darauf wurde auch im Gutachten ausdrücklich hingewiesen:

> „Hinsichtlich einer Umwandlung der gesetzlichen Krankenkassen in eine private Rechtsform gilt es vor allem die Vorgaben des Grundgesetzes zu beachten. Das Recht zur Sozialversicherung unterliegt gemäß Art. 74 Abs. 1 Nr. 12 GG der konkurrierenden Gesetzgebung. Danach besitzt der Bund das Recht zur Gesetzgebung, solange und soweit es die Sozialversicherung im Sinne des Grundgesetzes betrifft. Zu den Wesensmerkmalen der Sozialversicherung zählt nach verschiedenen Entscheidungen des Bundesverfassungsgerichts die staatliche Organisation. Eine Auslagerung der Aufgabe Krankenversicherung auf die private Wirtschaft könnte sich daher nicht auf das Grundgesetz stützen. Es entstünde auch ein Konflikt mit Art. 87 Abs. 2 GG, der von den Sozialversicherungsträgern als ‚Körperschaften des öffentlichen Rechts‘ spricht, was eine materielle Privatisierung der Aufgabe Krankenversicherung nicht zulässt" (Wille et al. 2012a: 20 f.).

Nun könnte man annehmen, dass damit die Frage nach der Möglichkeit privater Rechtsformen für Krankenkassen abschließend beantwortet ist. Dann hätte der Gutachtenauftrag allerdings entweder gar nicht übernommen werden dürfen oder er hätte mit diesem kurzen Hinweis zurückgegeben werden müssen. Die zitierte Passage endet jedoch mit einem Nebensatz, der andeutet, warum eine formale Privatisierung der Krankenkassen als verfassungsrechtlich zulässig dargestellt werden könnte. Zwar sei eine materielle Privatisierung der Krankenkassen, also der Verkauf an private Investoren, verfassungsrechtlich als nicht zulässig einzustufen, eine formale Privatisierung könne jedoch durchaus mit dem Grundgesetz vereinbar sein. Denn, so die Argumentation, der Staat dürfe sich aus der ihm übertragenen Aufgabe „nicht völlig zurückziehen".

> „Bei der Wahrnehmung dieser Zielbestimmung kommt dem Staat zwar ein weiter Gestaltungsspielraum zu, er darf sich hier jedoch nicht völlig zurückziehen und diese Aufgabe privaten Akteuren überlassen. Eine materielle Privatisierung der GKV erscheint daher als nur schwer mit dem Grundgesetz in Einklang zu bringen. Hierzu würde es umfangreicher flankierender gesetzlicher Regelungen bedürfen, die in diesem Segment die privaten Aktivitäten steuern und lenken" (Wille et al. 2012a: 20 f.).

Die entscheidenden Winkelzüge in der – vermutlich von Thüsing formulierten – Passage sind hinter bestimmten Formulierungen versteckt. Wenn aus dem Grundgesetz abgeleitet wird, der Staat dürfe sich „nicht völlig zurückziehen", dann impliziert dies, dass er sich sehr wohl zurückziehen darf, allerdings nicht „völlig". Diese Anforderung ist auch erfüllt, wenn er sich fast völlig zurückzieht. Zudem beinhaltet die Passage eine argumentative ‚Hintertür', um auch eine materielle Privatisierung für verfassungsrechtlich zulässig zu erklären. Wenn eine materielle Privatisierung „nur schwer mit dem Grundgesetz in Einklang zu bringen" ist, dann ist sie mit dem Grundgesetz in Einklang zu bringen, auch wenn dies schwerfällt.

Das Gutachten enthält zudem einen weiteren ernstzunehmenden argumentativen Winkelzug. Es wird unterschieden zwischen der gesetzlichen Krankenversicherung als ‚öffentlich-rechtlichem Ordnungsrahmen' und den Krankenkassen als Organisationen.

> „Der in diesem Gutachten diskutierte Vorschlag einer privatrechtlichen Organisation der gesetzlichen Krankenkassen zielt nicht darauf ab, die GKV mit ihrem öffentlich-rechtlichen Ordnungsrahmen und mit ihren bestehenden sozialen Elementen sowie die mit ihnen einhergehenden distributiven Effekte abzubauen oder gar zu beseitigen. Die GKV kann und soll vielmehr insgesamt eine öffentlich-rechtliche, gelenkte und kontrollierte Institution bleiben. Dies bedeutet jedoch nicht – und hier setzt dieses Gutachten an –, dass die im Wettbewerb stehenden Krankenkassen auch Körperschaften des öffentlichen Rechts sein müssen" (Wille et al. 2012a: 63).

Eine solche Unterscheidung soll es offensichtlich ermöglichen zu behaupten, durch die Privatisierung der Krankenkassen würde die gesetzliche Krankenversicherung nicht abgeschafft. In der Tat sind die ‚gesetzliche Krankenversicherung' und die Krankenkassen nicht ein und dasselbe. Krankenkassen sind Träger der gesetzlichen Krankenversicherung, sie sind nicht *die* gesetzliche Krankenversicherung. Krankenkassen führen die Rechtsvorschriften aus, die in ihrer Gesamtheit das ausmachen, was gemeinhin als ‚gesetzliche Krankenversicherung' bezeichnet wird.

Der in dem Gutachten enthaltene Winkelzug könnte sogar eine materielle Privatisierung legitimieren helfen, indem behauptet wird, der gesetzliche Leistungskatalog bliebe bestehen, die Leistungen würden nach der Privatisierung der Krankenkassen nur eben nicht von Körperschaften des öffentlichen Rechts, sondern privaten Unternehmen gewährt. Das Gutachten bietet dafür auch zugleich einen Vorschlag, wie diese neue Konstruktion als vereinbar mit den Vorgaben des Grundgesetzes dargestellt werden könnte. Man könne die Durchführung der staatlichen Sozialversicherung mit Hilfe des Rechtsinstituts der Beleihung grundgesetzkompatibel ausgestalten.

> „Es erscheint daher aus Sicht der Gutachter aussichtsreicher, die privatrechtliche Organisationsform der Krankenkassen mit Hilfe des Instruments der Beleihung zu implementieren. Der Beliehene bleibt von seinem Status her Privater, erhält aber die Kompetenz zur selbstständigen Wahrnehmung bestimmter hoheitlicher Aufgaben übertragen und wird in diesem Umfang selbst zum Verwaltungsträger. Der Staat kann sich durch die Beleihung die Mittel und Möglichkeiten privater Wirtschaftsunternehmen nutzbar machen, ohne die Aufgabe vollständig auf Private zu übertragen. Die staatliche Organisation der GKV bleibt bestehen, der Staat setzt lediglich zur Aufgabenwahrnehmung Private ein, die in diesem Bereich zur mittelbaren Staatsverwaltung gehören" (Wille et al. 2012a: 22).

Das Mittel der Beleihung Privater mit hoheitlicher Macht ist im Bereich der Krankenversicherung keineswegs neu. Die Einführung des Basistarifs und des Notlagentarifs in der privaten Krankenversicherung wurde verbunden mit einer Beleihung des PKV-Verbandes. Dem PKV-Verband wurde die Kompetenz verliehen, verbindliche Vorgaben zur Ausgestaltung dieser beiden Tarife festzusetzen (§ 158 Abs. 2 VAG).

Allerdings löst eine Beleihung nicht das Problem der verfassungsrechtlichen Zulässigkeit privater Rechtsformen für Krankenkassen. Insofern war ein weiterer Winkelzug notwendig. Im Gutachten wurde zwischen einem ‚engen' und einen ‚weiten' Körperschaftsbegriff unterschieden und die Privatisierung unter Verweis auf einen ‚weiten Körperschaftsbegriff' in Verbindung mit einer Beleihung für verfassungsgemäß erklärt.

> „Nach dem hier vertretenen weiten Körperschaftsbegriff ist auch ein Beliehener als Körperschaft im Sinne des § 87 Abs. 2 GG anzusehen. Eine derartige Beleihung privater Versicherungsunternehmen steht daher mit den Vorgaben des Grundgesetzes zur Sozialversicherung in Einklang" (Wille et al. 2012a: 22).

In der Tat gibt es auch private Körperschaften, private Unternehmen gelten als Körperschaften und haben beispielsweise eine Körperschaftssteuer zu zahlen. Das Grundgesetz spricht jedoch nicht von Körperschaften, sondern eindeutig von „Körperschaften des öffentlichen Rechts". Das wurde im Gutachten kurzerhand weggelassen. Die Argumentation baut nur auf dem Begriff der ‚Körperschaft' auf, so als enthielte das Grundgesetz für die Träger der Sozialversicherung nicht die Vorgabe, dass es sich um ‚Körperschaften des öffentlichen Rechts" handeln muss.

Nachdem die Hürden des Grundgesetzes argumentativ beiseite geräumt wurden, kommt das Gutachten zu der Schlussfolgerung:

> „Festzuhalten bleibt somit, dass Art. 87 Abs. 2 GG sowohl einer materiellen Privatisierung nicht entgegensteht, da er keine institutionelle Garantie für die Sozialversicherung enthält, als auch eine Beleihung Privater zulässt, da von einem weiten Körperschaftsbegriff auszugehen ist" (Wille et al. 2012a: 140).

Die abschließende „Empfehlung" lautete:

> „Eine Privatisierung der Krankenkassen ist mit dem Grundgesetz grundsätzlich vereinbar" (Wille et al. 2012a: 146).

Die Gutachter hielten sich nicht mehr mit der formalen Privatisierung durch Änderung der Rechtsform auf, sondern plädierten klar und deutlich für die materielle Privatisierung. Auch der Verkauf der Krankenkassen an private Investoren wäre – so die Auffassung des Gutachtens – mit dem Grundgesetz vereinbar.

Dieses Ergebnis entsprach offensichtlich den Erwartungen und Wünschen des Auftraggebers, des Vorstandes der TK und insbesondere des Vorstandsvorsitzenden Klusen. Die TK ging mit dem Gutachten an die Öffentlichkeit und warb dafür. Der Vorstandsvorsitzende Nobert Klusen steuerte zur Buchveröffentlichung ein lobendes Geleitwort bei, in dem er feststellte, die aus seiner Sicht notwendige „Diskussion um die privatrechtliche Organisation der Krankenkassen" stünde noch am Anfang. Das Gutachten sei aber „eine Aufforderung an die Wissenschaft und Fachwelt, sich mit dem Thema auseinanderzusetzen und weitere Erkenntnisse und Einsichten zu generieren" (Klusen 2012d: 9).

In der medialen Berichterstattung sowie der öffentlichen und gesundheits-politischen Diskussion fand der ‚Diskussionsanstoß' keine oder nur eine sehr randständige Beachtung. In der engeren Fachdiskussion hingegen wurde das Gutachten sehr wohl zur Kenntnis genommen und aufmerksam gelesen. Da der Vorstoß für eine Privatisierung der Krankenkassen nicht zu einer empörten Reaktion von Seiten der Medien und der Politik führte, sondern in der enge-ren Fachdiskussion als diskussionswürdig behandelt wurde, konnten sich weitere Akteure, die für einen marktwirtschaftlichen Umbau der GKV waren, ermuntert fühlen, mit ähnlichen Vorschlägen an die Öffentlichkeit zu gehen. Insbesondere im rechtswissenschaftlichen Bereich führte dies zu einer zunehmend offeneren Diskussion über Optionen eines marktwirtschaftlichen Umbaus des Gesundheits-wesens und insbesondere der gesetzlichen Krankenversicherung. Ein wichtiger Kulminationspunkt war der 69. Deutsche Juristentag im September 2012. Die Vorträge der ‚Abteilung Sozialrecht' standen unter dem Leitthema „Wettbe-werb im Gesundheitswesen – Welche gesetzlichen Regelungen empfehlen sich zur Verbesserung eines Wettbewerbs der Versicherer und Leistungserbringer im Gesundheitswesen?" (Deutscher Juristentag 2012: 20).

In einem zur Vorbereitung auf die Veranstaltung der Abteilung Sozial-recht erstellten Gutachten wurde der Stand der Gesetzgebung zur Regulierung von Wettbewerb im Gesundheitswesen insgesamt und vor allem zum GKV-Wettbewerb aufbereitet und wurden mögliche Optionen der Weiterentwicklung genannt (Becker/Schweitzer 2012). In dem Gutachten wird die GKV sprach-lich zum ‚Markt' und Krankenkassen werden zu ‚Unternehmen' erklärt, die GKV wird zum „Versicherungsmarkt" und „Krankenkassenmarkt", und die Gründung und Schließung von Krankenkassen werden als „Markteintritt" und „Marktaustritt" bezeichnet (ebd.: B35, B61, B73).

Das Gutachten war von Ulrich Becker und Heike Schweitzer verfasst wor-den. *Ulrich Becker* ist einer der führenden Sozialrechtler und leitet seit 2011 gemeinsam mit *Axel Börsch-Supan*, einem vor allem auf dem Feld der Renten-politik aktiven neoliberalen Ökonomen, das Max-Planck-Institut für Sozialrecht und Sozialpolitik an der Universität München ist. *Heike Schweizer* war 2012 Professorin für deutsches und europäisches Wirtschafts-, Wettbewerbs- und Regu-lierungsrecht an der Universität Mannheim (seit 2018 hat sie eine Professur an der Humboldt Universität). Sie ist seit 2014 Mitglied des Kronberger Kreises, war 2018 bis 2019 Beraterin der EU-Wettbewerbskommissarin Vestager und ist Mitherausgeberin eines führenden Standardwerks zum EU-Wettbewerbsrecht.

Die Sitzung der Abteilung Sozialrecht wurde von *Gregor Thüsing* geleitet, zwei der drei Vorträge hielten *Eberhard Wille* und der Regenburger Sozialrechtler *Thorsten Kingreen*. Kingreen war Mitglied einer gesundheitspolitischen Kommission des DGB gewesen und stand im Ruf, tendenziell ein Befürworter des Bürgerversicherungsmodells zu sein. Er stellte auf dem Juristentag ein von ihm entwickeltes Reformmodell unter dem Leitbegriff „monistische Einwohnerversicherung" vor, in dessen Zentrum der Vorschlag stand, die GKV als staatliche Sozialversicherung abzuschaffen und die Krankenkassen zu privatisieren (Kingreen 2012b). Sein Modell wies deutlich erkennbare Übereinstimmungen zu dem von Wille, Schulenburg und Thüsing vorgelegten Gutachten auf.

Offensichtlich war die neoliberale Netzwerkbildung mittlerweile auch in den Bereich der Rechtswissenschaften vorgedrungen. Sowohl das Gutachten von Becker und Schweitzer als auch der Vortrag von Kingreen folgten in zentralen Punkten neoliberalen Grundüberzeugungen und zielten deutlich erkennbar darauf, das Gesundheitswesen möglichst weitgehend in einen Markt und die Krankenkassen in private Versicherungsunternehmen umzuwandeln.

Das Gutachten von Kingreen und Kühling für die AOK Baden-Württemberg

Kingreens Vortrag auf dem Juristentag 2012 bildete die Grundlage für ein Gutachten, das er 2013 gemeinsam mit Jürgen Kühling, einem Kollegen seiner Fakultät, im Auftrag der AOK Baden-Württemberg erstellte. *Jürgen Kühling* ist seit 2007 Professor für Öffentliches Recht, Immobilienrecht, Infrastrukturrecht und Informationsrecht an der Universität Regensburg, seit 2016 Mitglied der Monopolkommission und seit September 2020 deren Vorsitzender. Anders als Kingreen ist er somit kein ausgewiesener Rechtsexperte für Sozialrecht. Der inhaltliche Bezug zum Kernthema des Gutachtens besteht darin, dass es einen engen Zusammenhang gibt zwischen Vorschlägen zur Privatisierung der Krankenkassen und der in den 1980er begonnenen Privatisierung zentraler ‚Infrastrukturen' wie der Post (Telekommunikation), der Energieversorgung oder der ehemaligen Bundesbahn (die allerdings noch nicht abgeschlossen ist). Vor allem in der juristischen Diskussion werden Parallelen zwischen der Privatisierung beispielsweise der Telekommunikation (Post/Telekom) und der Privatisierung von Krankenkassen gezogen. So weist beispielsweise Kingreen in seinen Veröffentlichungen darauf hin, dass privatisierte Krankenkassen nicht mehr unter das Sozialrecht fallen würden, eine Regulierung aber notwendig sei. Sie könne analog zum Regulierungsrecht für Infrastrukturen wie die Telekommunikation durch ein „Gesundheitsregulierungsrecht" erfolgen (vgl. u. a. Kingreen 2012b: 12 ff.).

Die AOK Baden-Württemberg präsentierte das Gutachten der Presse Ende Juli 2013 und ihr Vorstandsvorsitzender, Christopher Hermann, verband die Präsentation mit der Forderung nach Einführung eines ‚einheitlichen Krankenversicherungsmarktes‘.

> „Die Politik ist somit aufgefordert, die Zeichen der Zeit richtig zu interpretieren und endlich zu handeln. Ein gemeinsamer Krankenversicherungsmarkt ist überfällig und nun nachweislich auch rechtlich möglich" (AOK Baden-Württemberg 2013a).

Zwar handelte es sich auch bei Kingreens Modell um eine Variante des ‚einheitlichen Krankenversicherungsmarktes‘, im Mittelpunkt seines Vorschlags und auch des Gutachtens stand jedoch, ebenso wie bei Wille, Schulenburg und Thüsing und anders als bei den übrigen Modellen, die Forderung nach Privatisierung der Krankenkassen. Das ließ die AOK in ihrer Pressemitteilung jedoch unerwähnt. Allerdings wohl kaum, weil ihnen diese Ausrichtung unangenehm gewesen wäre oder sie diese Forderung entschieden ablehnten. Dass Kingreens Modell einer „monistischen Einwohnerversicherung" ein rein privatwirtschaftliches war, hatte er bereits in seinem Vortrag auf dem Juristentag unmissverständlich klar gemacht. Insofern war es den Auftraggebern nicht nur bekannt, es muss davon ausgegangen werden, dass Kingreen genau deshalb mit einem Gutachten beauftragt wurde. Ein Krankenkassenvorstand, der strikt gegen private Rechtsformen für Krankenkassen ist, hätte jemanden wie Kingreen nicht beauftragt. Insofern ist davon auszugehen, dass der Vorstand der AOK Baden-Württemberg ein Gutachten haben wollte, das juristische Argumente für die Privatisierung der Krankenkassen liefert. So wie es bereits im Fall der Techniker Krankenkasse der Fall gewesen war.

Das Gutachten von Kingreen und Kühling enthielt auch die üblichen ‚Sprachspiele‘, wie sie in Publikationen neoliberaler Autoren bei der Benennung von Reformmodellen zu diesem Thema vielfach anzutreffen sind. Leitbegriff ist zwar „monistische Einwohnerversicherung", das Modell wurde aber auch als „integriertes Krankenversicherungssystem" (Kingreen/Kühling 2013: 11), „integrierte Krankenversicherungsordnung" (Kingreen/Kühling 2013: 33 f.) und „einheitlicher Markt für Krankenversicherungsanbieter" (Kingreen/Kühling 2013: 70) bezeichnet, oder es war von einem „einheitlichen Versicherungsmarkt" (Kingreen/Kühling 2013: 86) die Rede.

Anders als zumeist in solchen Vorschlägen üblich, stellten Kingreen und Kühling jedoch sehr eindeutig klar, dass ihr Modell ein rein privatwirtschaftliches Modell ist. Ihre ‚monistische Einwohnerversicherung‘ sollte ausschließlich von privatrechtlichen Versicherungen angeboten werden und die Krankenkassen sollten deshalb in privatrechtliche Unternehmen umgewandelt werden.

„Vorgeschlagen wird insoweit, dass die monistische Krankenversicherungsordnung von privatrechtlichen, im Wettbewerb stehenden Anbietern getragen" wird (Kingreen/Kühling 2013: 22).

„Es wird daher vorgeschlagen, die gesetzlichen Krankenkassen in privatrechtliche Versicherungsvereine auf Gegenseitigkeit zu überführen und auch diejenigen schon bislang privaten Krankenversicherungsunternehmen, die die Krankenversicherung in dieser Rechtsform anbieten, in die monistische Einwohnerversicherung zu integrieren, soweit sie dies wünschen" (Kingreen/Kühling 2013: 30).

Als „Einwohnerversicherung" bezeichneten sie ihr Modell, da es am Wohnsitz anknüpft. Alle Personen mit Wohnsitz in Deutschland sollten einer gesetzlichen Pflicht zum Abschluss einer solchen privatrechtlichen ‚Einwohnerversicherung' verpflichtet sein. Auch wenn die Autoren damit den Eindruck erweckten, es handele sich um ein ‚neues' Modell, es war nichts anderes als ein Neuaufguss des seit den 1980er Jahren unzählige Male bereits reproduzierten neoliberalen Reformmodells.

Dies galt auch für den Leistungsumfang, bei dem sie sich deutlich erkennbar an den radikalen neoliberalen Modellvarianten orientierten, denn ihr Vorschlag sah vor, dass die zukünftigen „regulatorischen Sicherungsmechanismen" lediglich „das medizinische Existenzminimum gewährleisten" sollen (Kingreen/Kühling 2013: 51).

Im Zentrum ihres Modells stand die Privatisierung der Krankenkassen. Wie aus den oben zitierten Passagen ersichtlich ist, sprachen sie sich eindeutig für die „Überführung" der Krankenkassen in privatrechtliche Unternehmen aus. Auch die von Kingreen und Kühling vorgeschlagenen Versicherungsvereine auf Gegenseitigkeit (VVaG) sind private Unternehmen. Ungefähr die Hälfte der PKV-Unternehmen sind VVaG. Der Vorschlag, die Krankenkassen in VVaG umzuwandeln, sollte offensichtlich dazu dienen, den Schritt der Privatisierung als ‚harmlos' erscheinen zu lassen, denn VVaG seien – so die Argumentation – nicht gewinnorientiert und ihrem Charakter nach den Krankenkassen im Grunde sehr ähnlich.

Natürlich mussten auch Kingreen und Kühling auf die Frage eingehen, ob eine solche formale Privatisierung mit dem Grundgesetz vereinbar wäre. Sie beantworteten die Frage mit einem klaren JA. Art. 87 Abs. 2 Grundgesetz sei so zu verstehen,

„dass er eine Organisationsprivatisierung, also die bloß privatrechtliche Organisationsform der Versicherungsträger unter Beteiligung der öffentlichen Hand und eine

entsprechende Wahrnehmung von Verwaltungsaufgaben verbietet, eine Aufgabenpri-
vatisierung in dem Sinne des monistischen Modells, das eine Regulierung privatrechtlich organisierter Krankenkassen ohne Beteiligung der öffentlichen Hand vorsieht,
hingegen zulässt" (Kingreen/Kühling 2013: 45).

> „Als Zwischenergebnis kann daher festgehalten werden, dass Art. 87 Abs. 2 GG die
> hier vorgeschlagene Aufgabenprivatisierung, also die Verlagerung der Aufgabener-
> füllung in die Privatwirtschaft, nicht verbietet. Eine bloße Beteiligung der öffentli-
> chen Hand an den privaten Entitäten, verbietet die Bestimmung hingegen. Auch eine
> Beleihung ist dann nur schwerlich mit Art. 87 Abs. 2 GG in Einklang zu bringen"
> (Kingreen/Kühling 2013: 47).

Nach ihrer Auffassung wäre eine Privatisierung der Krankenkassen, bei der die
öffentliche Hand die Anteilsmehrheit hält und darüber Einfluss auf die Krankenkassen ausübt nicht mit dem Grundgesetz vereinbar, wohl aber eine solche
Privatisierung, bei der die Krankenkassen vollständig vom Einfluss des Staates
abgelöst und verselbständigt werden. Dieses Modell sieht somit eine materielle
Privatisierung aller Krankenkassen vor, bei der die Krankenkassen in privates
Eigentum übergehen. Wie oben bereits angesprochen, schlugen Kingreen und
Kühling vor, alle Krankenkassen in VVaG umzuwandeln. Dadurch würden – so
ihre Argumentation – die Kassenmitglieder zu Vereinsmitgliedern und zugleich
neue Eigentümer der Krankenkassen. Dies ändert jedoch nichts daran, dass ihr
Modell einer „monistischen Einwohnerversicherung" ein reines PKV-System ist.

Wie an früheren Stellen des vorliegenden Buches bereits mehrfach angesprochen, hätte eine Privatisierung der Krankenkassen weitreichende Konsequenzen
für das gesamte Gesundheitssystem. Anders als Wille, Schulenburg und Thüsing sprachen Kingreen und Kühling diese Folgen auch an. Allerdings sahen
sie darin weder ein Problem noch Gefahren, sondern ein „Reformpotenzial", da
durch die Privatisierung der Krankenkassen eine Vielzahl anderer Veränderungen gleichsam mit erledigt werden könnte. Diese weitreichenden Konsequenzen
im Einzelnen aufzuzeigen, vermeiden sie jedoch, weil dies die Chancen der
„politischen Durchsetzbarkeit des Vorschlags in Frage stellen würde".

> „Für alle anzusprechenden Punkte gilt, dass die Umstellung auf eine monistische
> Einwohnerversicherung zwar ein über die eigentliche Integration der beiden Sys-
> teme hinausgehendes Reformpotenzial aufweist, das gleichsam ‚mit erledigt' werden
> könne. Allerdings besteht latent die Gefahr einer Überfrachtung, was den Anspruch
> der Praktikabilität und politischen Durchsetzbarkeit des Vorschlags in Frage stellen
> würde" (Kingreen/Kühling 2013: 87)

Wie weitreichend die Auswirkungen der von ihnen vorgeschlagenen Privatisierung der Krankenkassen wären, lässt sich daran ablesen, dass im Fall

der Umsetzung ihres Reformmodells das bisherige Sozialrechtssystem für den Bereich der gesetzlichen Krankenversicherung hinfällig wäre und es eines vollkommen neuen Rechtssystems bedürfte, das sie „Gesundheitsregulierungsrecht" (Kingreen/Kühling 2013: 32) nennen. Dies ist insofern naheliegend und nachvollziehbar, als mit der Privatisierung der Krankenkassen der Regelungsgegenstand des Sozialrechts für die gesetzliche Krankenversicherung entfällt. Notwendig ist in dieser Weltsicht dann nur noch ein Wettbewerbsregulierungsrecht. Nach Abschaffung der GKV als Sozialversicherung gäbe es kein ‚gemeinsam und einheitliches' Handeln von Krankenkassen mehr und alle kollektivvertraglichen Beziehungen würden entfallen. Übrig blieben nur noch einzelwirtschaftlich agierende Versicherungsunternehmen und Leistungserbringer, die untereinander im Wettbewerb stehen und nur noch privatrechtliche Verträge abschließen. Das neue „Gesundheitsregulierungsrechts" habe deshalb vor allem die Aufgabe der Wettbewerbsregulierung. Es habe dem Wettbewerb „zur Durchsetzung zu verhelfen" (Kingreen/Kühling 2013: 32) und nur dort staatliche Interventionen vorzusehen, wo Markt und Wettbewerb keine ausreichende Gesundheitsversorgung sichern.

Bezeichnenderweise äußerten sich Kingreen und Kühling denn auch nicht explizit zur Frage der Finanzierung ihrer ‚monistischen Einwohnerversicherung', wohl aber indirekt. Ihr Modell sah im Unterschied zu den meisten anderen bis dahin publizierten Modellen keinen Risikostrukturausgleich vor. Dies war auch gar nicht notwendig, denn in einem reinen PKV-System kann es nur eine Form der Finanzierung geben: risikoäquivalente Prämien. Dies lassen sie auch eher beiläufig in der nachfolgenden Passage erkennen.

> „Der notwendige Risikostrukturausgleich zwischen den in der PKV verbliebenen Bestandsversicherten und den Versicherten in der Einwohnerversicherung kann durch eine alters-, geschlechts- und risikoadjustierte Verteilung der individualisierten Alterungsrückstellungen erfolgen" (Kingreen/Kühling 2013: 125).

Die Formulierung „risikoadjustierte Verteilung der individualisierten Alterungsrückstellungen" ist nichts anderes als die Umschreibung eines Systems risikoäquivalenter Versicherungsprämien.

Das Modell von Kingreen und Kühling ist der Vorschlag für einen radikalen marktwirtschaftlichen Umbau, der in seiner Radikalität sogar noch über die meisten Varianten des neoliberalen Originalmodells hinausgeht. Die gesetzliche Krankenversicherung als staatliche Sozialversicherung soll vollständig abgeschafft werden und durch ein reines Marktsystem ersetzt werden, in dem es nur noch private Krankenversicherungsunternehmen gibt, die privatrechtliche Krankenversicherungsverträge anbieten und risikoäquivalente Prämien verlangen. Es ist im Grunde ein ausgesprochen simples Modell: Die GKV wird ersatzlos abgeschafft und das bestehende PKV-System bleibt als einziges weiter bestehen.

> „Im Übrigen bietet es sich an, die PKV-Regulierung insbesondere für die Regulierung der Krankenkassen zugrunde zu legen" (Kingreen/Kühling 2013: 113).

Es bestehe

> „keinerlei Grund, die diesbezüglichen Regelungen substantiell zu modifizieren. Sie können vielmehr auf sämtliche Versicherer erstreckt werden" (Kingreen/Kühling 2013: 113).

Das Modell sieht noch nicht einmal staatliche Unterstützungszahlungen für diejenigen vor, die aufgrund chronischer Krankheit oder geringem Einkommen die geforderten Versicherungsprämien nicht aufbringen können. Ihnen bliebe in einem solchen System nur die Sozialhilfe als letztes Auffangnetz der sozialen Sicherung, so wie im geltenden PKV-Recht im Fall der Zahlungsunfähigkeit.

Das Modell der ‚monistischen Einwohnerversicherung' strebt ein Gesundheitssystem an, in dem umfassender Wettbewerb herrscht und jeder gegen jeden agiert. Dem Staat kommt darin nur die Aufgabe zu, irgendwie ein ‚medizinisches Existenzminimum' zu sichern. Hinweise darauf, wie er das in einem solchen System erreichen soll, sucht man im Gutachten vergeblich. Das Modell lebt von einem unerschütterlichen und rücksichtslosen Glauben an die heilsame Kraft von Markt und Wettbewerb.

Die ideologischen Wurzeln dieses Denkens werden an mehreren Stellen des Gutachtens auch angesprochen, allerdings nur indirekt. Wenn beispielsweise die Rede davon ist, dass sich ohne Abschaffung der GKV „die Funktion des Wettbewerbs als Entdeckungs- und Entmachtungsverfahren nicht entfalten" könne (Kingreen/Kühling 2013: 18), dann beinhaltet dies einen impliziten Verweis auf führende Vordenker des Neoliberalismus. Die Behauptung, Wettbewerb sei ein ‚Entdeckungs- und Entmachtungsverfahren' zitiert Franz Böhm und Friedrich A. von Hayek. Franz Böhm, einer der Begründer des Ordoliberalismus der Freiburger Schule, lobte den marktwirtschaftlichen Wettbewerb als „das großartigste und genialste Entmachtungsinstrument der Geschichte" (Böhm 1961: 22) und Friedrich A. von Hayek überschrieb einen seiner wichtigsten Aufsätze mit: „Der Wettbewerb als Entdeckungsverfahren" (Hayek 1962: 249). Somit zitierten Kingreen und Kühling in dieser Passage Böhm und Hayek, auch wenn sie dies nicht mit einer Quellenangabe kenntlich machten.

Kingreen warb auch in den folgenden Jahren in zahlreichen Veröffentlichungen, Interviews und Vorträgen für sein Modell. Allerdings verwendete er je nach Adressatenkreis unterschiedliche Namen für sein Modell. Zudem ‚justierte' er seine Argumentation und ‚dosierte' seine neoliberale Wettbewerbsideologie in Abhängigkeit von der jeweiligen Adressatengruppe. Da er 2010 Mitglied einer gesundheitspolitischen Kommission des DGB war und in diesem Zusammenhang die damaligen Pläne der schwarz-gelben Koalition zur Anwendung des Kartellrechts auf die Krankenkassen kritisiert hatte (Kingreen 2010a, 2010b), galt er vielen im linken gesundheitspolitischen Spektrum als ‚kritischer' Jurist und Befürworter einer ‚Bürgerversicherung'.

Dementsprechend wurde er beispielsweise 2012 von der gewerkschaftsnahen Hans Böckler Stiftung als Referent zu einem Workshop über das Thema ‚Bürgerversicherung' eingeladen oder 2017 von den Grünen als Referent zu einer öffentlichen Veranstaltung über ihr Bürgerversicherungsmodell (Kingreen 2012a, 2017b). Auf beiden Veranstaltungen warb er allerdings nicht für eine ‚Bürgerversicherung', sondern verwendete stattdessen Begriffe wie „einheitliche Krankenversicherungsordnung" oder „integrierte Krankenversicherungsordnung" (ebd.).

Die Tatsache, dass er von den Veranstaltern als Referent eingeladen worden war, konnte jedoch als Hinweis gedeutet werden, dass diese ihn für einen Befürworter der ‚Bürgerversicherung' hielten. Betrachtet man seine Formulierungen in diesen Vorträgen, so drängt sich der Eindruck auf, dass er eine solche Deutung auch nicht korrigieren wollte.

In Publikationen, die absehbar nur von Juristen wahrgenommen werden, vertrat er dagegen offen seine neoliberale Wettbewerbsorientierung, warb für sein Modell eines reinen PKV-Systems und machte sich teilweise auch über die Befürworter einer ‚Bürgerversicherung' lustig (u. a. Kingreen 2013b, 2014b, 2017a). In einem Beitrag für die „Neue Zeitschrift für Sozialrecht" finden sich beispielsweise die nachfolgenden Passagen:

> „Die Bürgerversicherung ist zu einer Untoten geworden. Obwohl bereits gestorben, kehrt sie regelmäßig als Wiedergängerin zu uns Lebenden zurück, um uns unerfüllte Forderungen und noch nicht empfangene Botschaften zu überbringen. Dies geschieht alle vier Jahre oder genauer: wenn Wahlkampf ist" (Kingreen 2017a: 841).

> „Seitdem die Rürup-Kommission 2002 ein erstes Konzept einer Bürgerversicherung ausgearbeitet hatte, fehlt sie in keinem Wahlprogramm – sei es als Vorstufe zum gerechten Paradies oder zur sozialistischen Hölle, je nach Perspektive. Alle vier Jahre sprießen dann Workshops, Kick-Off-Meetings und Reflexionsrunden aus dem Boden,

in denen beide Seiten ihre Positionen austauschen und verabreden können, sich spätestens in vier Jahren mit den gleichen Präsentationen und Argumenten wiederzuse-
hen" (Kingreen 2017a: 841).

„Aber der wesentliche Grund für die Abdrängung der Debatte in kleine Zirkel von
Krankenversicherungs-Nerds liegt tiefer: Es ist den Protagonisten der Bürgerversicherung nicht gelungen, Texte unter die Überschriften ihrer Schlagworte zu schreiben
und sich mit den vielfältigen Problemen einer Systemtransformation substantiiert
auseinanderzusetzen" (Kingreen 2017a: 842).

Wie die Analyse des rot-grünen Bürgerversicherungsmodells an früherer Stelle
des vorliegenden Buches zeigte, sind sich Kingreens Modell und das rot-grüne
Bürgerversicherungsmodell deutlich näher, als es seine ironischen Anmerkungen vermuten lassen. Beide Modelle sollen dazu dienen, einen ‚gespaltenen,
dualen Krankenversicherungsmarkt' zu einem ‚einheitlichen Krankenversicherungsmarkt' zusammenzuführen. Worüber sich Kingreen in den zitierten Passagen
lustig macht, ist auch nicht das rot-grüne Modell einer ‚Bürgerversicherung'
als ‚einheitlichen Krankenversicherungsmarktes', sondern die Anhänger eines
Bürgerversicherungsmodells wie es im Abschlussbericht der Rürup-Kommission
vorgestellt wurde. Es ist die Vorstellung einer Bürgerversicherung, bei der alle
Bürger in die bestehende gesetzliche Krankenversicherung als staatliche Sozialversicherung einbezogen und Mitglied einer öffentlich-rechtlichen Krankenkasse
werden. Das wäre auf mittlere Sicht das Ende der privaten Krankenvollversicherung, und es würde Phantasien von einem reinen PKV-System, denen Kingreen
und andere anhängen, zerplatzen lassen.

Zwischenbetrachtung

Die Darstellung der Entwicklung während der Legislaturperiode 2009 bis 2013
erfolgte auch deshalb relativ ausführlich, weil dieser Zeitraum in mehrfacher
Hinsicht von besonderer Bedeutung für das zentrale Thema der vorliegenden
Untersuchung war. Zum einen kam nach gut zehn Jahren wieder eine Koalition
aus CDU/CSU und FDP an die Macht. Die Erwartungen an eine solche Koalition waren auf allen Seiten hoch. Protagonisten des neoliberalen Originalmodells
konnten darauf hoffen, dass nun erhebliche und schnelle Schritte in Richtung
einer vollständigen Umsetzung ihres Reformmodells beschlossen werden. Insbesondere war zu Beginn der Legislaturperiode zu erwarten, dass die CDU in der
Koalition mit der FDP nun ihr ‚Kopfpauschalenmodell' zügig umsetzt.

Die sehr bald sichtbar werdenden Konflikte innerhalb der Koalition, vor allem zwischen CSU-Führung und FDP, und die damit einhergehende längere Blockade, zeigten jedoch, dass die Konstruktion ‚idealtypischer' Reformmodelle noch lange keine Garantie für deren politische Durchsetzung ist. Betrachtet man das gesundheitspolitische Gesamtergebnis der schwarz-gelben Legislaturperiode 2009 bis 2013, dann fällt es bei der Transformation der gesetzlichen Krankenversicherung in ein marktwirtschaftliches PKV-System ausgesprochen mager aus. Zwar wurde der Einstieg in die Umstellung des GKV-Beitrags auf einkommensunabhängige Pauschalen beschlossen, seine quantitative Relevanz war jedoch sehr gering. Zudem scheute die Koalition angesichts schwindender Zustimmung bei Landtagswahlen vor einer konsequenten Umsetzung und Weiterführung zurück und verhinderte ein schnelles Ansteigen des Anteils einkommensunabhängiger Zusatzbeiträge durch Bundeszuschüsse. Auch die im Koalitionsvertrag angekündigte umfassende Anwendung des Kartellrechts auf die Krankenkassen wurde deutlich reduziert, nicht zuletzt auch aufgrund koalitionsinterner Konflikte und der Ablehnung sowohl von Seiten der CSU als auch Teilen der CDU gegen eine Umwandlung der Krankenkassen in Unternehmen.

SPD und GRÜNE sowie die Anhänger des rot-grünen Bürgerversicherungsmodells konnten ihre Hoffnungen nur auf die nächsten Bundestagswahlen richten und mussten vor allem dafür sorgen, dass ihr Reformmodell nicht in Vergessenheit gerät. Zudem konnte es sinnvoll erscheinen, sowohl nach Möglichkeiten einer Kompatibilität von ‚Bürgerversicherung' und ‚Kopfpauschalen' zu suchen als auch nach Wegen, wie das Bürgerversicherungsmodell so ‚weiterentwickelt' werden könnte, dass es breitere Akzeptanz im gesundheitspolitischen Raum erreichen kann.

Dies wurde beispielsweise durch eine sprachliche ‚Glättung' vorgenommen, indem nicht mehr oder nur noch am Rande von ‚Bürgerversicherung' die Rede war und stattdessen eher ‚neutrale' Begriffe wie ‚integriertes Krankenversicherungssystem' oder ähnliches verwendet wurden.

In der gesundheitspolitischen Fachdiskussion setzte sich in den Jahren 2009 bis 2013 der Begriff es ‚einheitlichen Krankenversicherungsmarktes' zunehmend als zentraler Leitbegriff durch, sowohl für die Protagonisten des neoliberalem Reformmodells, einschließlich des Kopfpauschalenmodells, als auch für die Befürworter des rot-grünen Bürgerversicherungsmodells. Wie dargelegt war dies auch inhaltlich zutreffend, da auch das rot-grüne Bürgerversicherungsmodell als Variante eines ‚einheitlichen Krankenversicherungsmarktes' konstruiert ist.

Während die PKV weiterhin die Einführung eines ‚einheitlichen Krankenversicherungsmarktes' strikt ablehnte, sprachen sich immer mehr Führungskräfte der

GKV für einen ‚einheitlichen Krankenversicherungsmarktes' aus (AOK Baden-Württemberg 2013b; Baas 2013b; Deh 2013; Graalmann 2012, 2013; Hermann 2012).

Offenbar hatte sich innerhalb des GKV-Führungspersonals die Einschätzung durchgesetzt, dass dieses Modell für die Krankenkassen mit erheblichen Vorteilen verbunden wäre. Wie oben bereits erläutert, würden die großen Krankenkassen aufgrund ihrer Versichertenzahlen und ihrer Finanzkraft zu unumschränkten ‚Marktführern' in einem solchen ‚Versicherungsmarkt'. Voraussetzung wäre allerdings, dass sie nicht mehr Körperschaften des öffentlichen Rechts und mittelbare Staatsverwaltung sind, sondern privatrechtlich verfasste Versicherungsunternehmen. Insofern war es naheliegend, dass einzelne Krankenkassen die Initiative ergriffen und Gutachten in Auftrag gaben, um sich wissenschaftliche Legitimation für die Forderung nach Zulassung privatrechtlicher Rechtsformen für Krankenkassen zu beschaffen.

Die Frage der Zulässigkeit privatrechtlicher Rechtsformen für Krankenkassen konnten die bisher in der Politikberatung aktiven Gesundheitsökonomen jedoch nicht mit der notwendigen Sachkompetenz beantworten. Dazu bedurfte es juristischer Expertise. Die oben vorgestellten beiden Gutachten lieferten diese Expertise und auch das gewünschte Ergebnis, wonach die Privatisierung der Krankenkassen – nach Auffassung der Gutachter – mit dem Grundgesetz vereinbar wäre.

In der Legislaturperiode 2009 bis 2013 betrat somit eine neue Gruppe von Akteuren die Arena der neoliberalen wissenschaftlichen Beratung der Gesundheitspolitik zu Fragen der Zukunft der gesetzlichen Krankenversicherung. Innerhalb der deutschen Rechtswissenschaften gab es von jeher Juristen, die zu Fragen der Gesundheitspolitik neoliberale Grundüberzeugungen vertraten und neoliberale Forderungen und Argumentationen mit juristischer Expertise unterstützten (vgl. u. a. Gitter/Oberender 1987; Isensee 1973). Wie am Beispiel des Juristentages 2012 gezeigt, erhielten neoliberale Sichtweisen und Grundüberzeugungen während der Zeit der schwarz-gelben Koalition neuen Auftrieb. Einführung, Förderung und Schutz von Wettbewerb und Markt wurden zu Leitzielen auch des Sozialrechts erklärt und die offene Forderung nach Privatisierung der Krankenkassen wurde diskussionsfähig (Becker/Schweitzer 2012; Kingreen 2013b).

Es blieb keineswegs nur bei ‚akademischen' Beiträgen von Rechtswissenschaftlern, die neoliberale Sicht auf die GKV war auch bereits in die höchstrichterliche Rechtsprechung vorgedrungen. Anfang 2012 wandte sich der Bundesgerichtshof mit einem Vorlagebeschluss an den Europäischen Gerichtshof (EuGH) und bat um die Beantwortung der Frage, ob die EU-Richtlinie über unlautere Geschäftspraktiken auch auf die deutschen Krankenkassen anwendbar ist (BGH 2012). Die Richtlinie regelt den „binnenmarktinternen Geschäftsverkehr zwischen Unternehmen und Verbrauchern" (Richtlinie 2005/29/EG).

Die Frage des BGH bezog sich darauf, ob es sich bei irreführenden Angaben einer Krankenkasse gegenüber ihren Mitgliedern auch um „unlautere Geschäftspraktiken" handelt. Dies setzt voraus, dass Krankenkassen als „Unternehmen", Krankenkassenmitglieder als „Verbraucher" und das Handeln einer Krankenkasse als „Geschäftspraktiken" eingestuft werden.

Der zuständige Senat des BGH war der Auffassung, dass die Voraussetzungen für die Anwendung der EU-Richtlinie gegeben sind und die Werbemaßnahme der beklagten Betriebskrankenkasse nach den Vorschriften des deutschen Gesetzes gegen unlauteren Wettbewerb (UWG) beurteilt werden kann (BGH 2012: Rdn. 6). Vor einer Entscheidung wollte er jedoch zunächst die Rechtsauffassung des EuGH hierzu erfragen.

Der EuGH entschied 2013, dass die Richtlinie 2005/29/EG auch auf die deutschen Krankenkassen anzuwenden sei, da es sich bei ihnen um Unternehmen und „Gewerbetreibende" im Sinne der Richtlinie und des UWG handele, die eine „entgeltliche Tätigkeit" ausüben (EuGH 2013). Für die Auslegung der Richtlinie sei es „unerheblich, wie die Einordnung, die Rechtsstellung und die spezifischen Merkmale der fraglichen Einrichtung nach nationalem Recht ausgestaltet sind" (ebd.: Rdn. 26).

Der zuständige Senat des BGH entschied daraufhin, die beklagte Krankenkasse sei „als „Unternehmer" im Sinne von § 2 Abs. 1 Nr. 6 UWG anzusehen und die beanstandete Handlung ist als „geschäftliche Handlung im Sinne von § 2 Abs. 1 Nr. 1 UWG einzustufen" (BGH 2016).

Die höchstrichterliche Rechtsprechung sowohl auf nationaler als auch europäischer Ebene behandelt die Krankenkassen somit bereits als ‚Unternehmen', unbeeindruckt davon, dass es sich immer noch um Einrichtungen der mittelbaren Staatsverwaltung und Träger einer staatlichen Sozialversicherung handelt.

Weder die Entscheidung des BGH noch die des EuGH hatte direkte Auswirkungen auf die deutsche Gesundheitspolitik in dem Sinne, dass daraus Konsequenzen für die Rechtsform der Krankenkassen gezogen wurden. Dennoch sollten Gerichtsentscheidungen wie die hier angesprochenen in ihrer Bedeutung nicht unterschätzt werden. In ihrem tatsächlichen Handeln nähern sich die deutschen Krankenkassen immer mehr der ‚Geschäftstätigkeit' privater gewinnorientierter Unternehmen an, die Gesetzgebung unterstellt sie zunehmend dem allgemeinen Wettbewerbsrecht und die Rechtsprechung behandelt sie immer häufiger als ‚Unternehmen' in dem Sinne, wie der Begriff für privatwirtschaftliche Unternehmen verwendet wird. Irgendwann wird der Punkt erreicht sein, dass der

‚Inhalt' der Krankenkassen nicht mehr mit der ‚formalen Gestalt' als Körperschaft des öffentlichen Rechts und Träger einer staatlichen Sozialversicherung vereinbar ist, und der privatwirtschaftliche ‚Inhalt' unausweichlich und zwingend eine ‚Anpassung' der formalen Gestalt erfordert. Läuft die Entwicklung weiter wie bisher, werden dann ausreichend viele und von renommierten Rechtswissenschaftlern verfasste Gutachten und Publikationen sowie zahlreiche höchstrichterliche Entscheidungen vorliegen, sodass die Privatisierung der Krankenkassen nur noch als letzter Akt einer Entwicklung erscheinen kann, die ‚endlich' auch gesetzlich nachvollzogen wird.

Natürlich wird dies der Öffentlichkeit gegenüber schwer vermittelbar sein, aber auch dafür wurde bereits vorgesorgt. Wenn die Krankenkassen zunächst in nicht gewinnorientierte Versicherungsvereine auf Gegenseitigkeit umgewandelt werden, könnte Bedenken und Widerständen mit dem Argument begegnet werden, es würde sich doch eigentlich gar nichts ändern. Zum einen würden Krankenkassen doch ohnehin bereits wie private Unternehmen handeln, und zum anderen seien solche Vereine im Grunde nichts anderes als die bisherigen Körperschaften, da auch die Vereine sich selbst verwalten können. Und da Eigentümer dieser neuen Vereine die Mitglieder würden, sei dies sogar ein Weg, wie ihre Macht und ihr Einfluss gegenüber den vorherigen, der direkten Staatsaufsicht unterstellten Körperschaften noch gestärkt werden kann.

Betrachtet man die Legislaturperiode 2009 bis 2013 unter diesem Blickwinkel, so hat sie zwar in der Gesetzgebung nur relativ geringe Veränderungen mit sich gebracht, in der Diskussion hingegen wurden wichtige und in ihrer Bedeutung weit über das Jahr 2013 hinausreichende Entwicklungen vollzogen. Dies hier anzusprechen ist auch deshalb wichtig, weil es in den nachfolgenden Jahren zu einem weitgehenden Stillstand der Diskussion kam, da von der 2013 bis 2021 regierenden Großen Koalition keine Entscheidungen in Richtung eines ‚einheitlichen Krankenversicherungsmarktes' und einer Privatisierung der Krankenkassen zu erwarten waren. Auch von der ab 2021 regierenden Koalition aus SPD, GRÜNEN und FDP sind aller Voraussicht nach keine Entscheidungen in dieser Richtung zu erwarten. Sowie danach jedoch entweder erneut eine schwarz-gelbe oder eine rot-grüne Koalition regieren sollte, muss damit gerechnet werden, dass die begonnene Entwicklung wieder aufgenommen und energischer als zuvor weitergeführt wird. Entweder in Richtung eines reinen PKV-Systems oder in Richtung einer neoliberalen ‚Bürgerversicherung' als ‚einheitlicher Krankenversicherungsmarkt'. In beiden Fällen, das hat die bisherige Rekonstruktion gezeigt, würde es zu einer Privatisierung der Krankenkassen und damit zum Ende der gesetzlichen Krankenversicherung als staatlicher Sozialversicherung kommen.

Die Zeit der Großen Koalition von 2013 bis 2021

Das folgende Kapitel befasst sich mit den beiden Legislaturperioden der großen Koalition von 2013 bis 2017 und 2017 bis 2021. Zunächst werden die für das Thema der vorliegenden Untersuchung relevanten gesundheitspolitischen Entscheidungen beider Legislaturperioden vorgestellt und diskutiert. Daran schließt sich eine Darstellung der Diskussion innerhalb der wissenschaftlichen Politikberatung der Jahre 2013 bis 2021 zur Frage der Weiterentwicklung der gesetzlichen Krankenversicherung an. Dass zunächst auf die politischen Entscheidungen eingegangen wird und erst danach auf die Diskussion innerhalb der Gruppe politikberatender Wissenschaftler, ist – wie im vorhergehenden Abschnitt zur Zeit von 2009 bis 2013 vor allem darin begründet, dass sowohl das neoliberale Reformmodell als auch das Modell einer daran orientierten ‚Bürgerversicherung‘ vorlagen und es nicht mehr um deren Vervollkommnung oder Weiterentwicklung ging, sondern um die Frage der politischen Umsetzung. Insofern ist es in erster Linie interessant zu schauen, ob die Umsetzung weitergeführt wurde und – wenn ja – mit welchen Rechtsänderungen.

Zudem ließ die Publikationstätigkeit zu beiden Modellen nach 2013 deutlich nach und verstummte ab 2017 fast vollständig. Dies war vor allem darin begründet, dass von einer Koalition aus CDU/CSU und SPD keinerlei Richtungsentscheidung zur Zukunft der gesetzlichen Krankenversicherung zu erwarten war, weder in Richtung eines Kopfpauschalenmodells noch in Richtung einer Bürgerversicherung.

© Der/die Autor(en), exklusiv lizenziert an Springer Fachmedien Wiesbaden GmbH, ein Teil von Springer Nature 2023
M. Simon, *Der Einfluss des Neoliberalismus auf die deutsche Gesundheitspolitik*, Gesundheit. Politik – Gesellschaft – Wirtschaft, https://doi.org/10.1007/978-3-658-41099-5_10

Die Legislaturperiode 2013 bis 2017

Die Bundestagswahl 2013 erbrachte Zugewinne für die CDU/CSU und die Union verpasste nur knapp die absolute Mehrheit der Sitze im Bundestag. Dieser Erfolg wurde jedoch dadurch geschmälert, dass die FDP nicht mehr im Bundestag vertreten war. Nachdem sie 2009 mit 14,6 % ihr historisch bestes Wahlergebnis erzielt hatte, scheiterte sie 2009 an der Fünf-Prozent-Hürde. Insofern musste die Union, um weiter regieren zu können, eine Koalition entweder mit den GRÜNEN oder der SPD eingehen.

Die Union führte daraufhin Sondierungsgespräche mit den GRÜNEN und der SPD. Obwohl die CDU/CSU den GRÜNEN relativ weit entgegenkam und beide Seiten feststellten, dass es mehr Gemeinsamkeiten zwischen ihnen gab, als zuvor angenommen, kam es nicht zu einer schwarz-grünen Koalition, da die GRÜNEN bei der Frage einer Koalition mit der Union tief gespalten waren und der linke Flügel dies entschieden ablehnte.

Daraufhin nahmen Union und SPD Koalitionsverhandlungen auf, die relativ schnell zu einer Einigung führten. Ende November 2013 lag ein Koalitionsvertrag vor, der Mitte Dezember 2013 nach dem positiven Votum einer Mitgliederbefragung der SPD unterzeichnet werden konnte.

Die „Arbeitsgruppe Gesundheit und Pflege" der Koalitionsverhandlungen hatte sich ohne größere Kontroversen ‚geräuschlos' und zügig auf Eckpunkte einigen können. Angesichts der weit auseinanderliegenden Vorstellungen zur Zukunft der gesetzlichen Krankenversicherung war bereits zu Beginn der Verhandlungen abzusehen, dass es weder weitere Schritte in Richtung des Kopfpauschalen-modells noch solche in Richtung einer rot-grünen ‚Bürgerversicherung' geben würde. Die CDU hatte ihr Gesundheitsprämienmodell ohnehin sang und klanglos beiseitegelegt, es tauchte weder im Wahlprogramm 2009 noch in den Programmen für die Bundestagswahlen 2013 und 2017 auf. Auch eine Bereitschaft zur Verteidigung der gemeinsam mit der FDP beschlossenen Schritte in Richtung einkommensunabhängiger GKV-Beiträge war in den Statements der CDU nicht feststellbar. Es hätte auch wenig Aussicht auf Erfolg gehabt. Denn die Abschaffung des einkommensunabhängigen Zusatzbeitrages war für die SPD unverzichtbar und der CSU-Vorsitzende Horst Seehofer, der das Kopfpauscha-lenmodell der CDU immer noch strikt ablehnte, befand sich Ende 2013 auf dem Höhepunkt seiner Macht. Unter seiner Führung hatte die CSU bei der Landtagswahl 2013 die absolute Mehrheit wiedergewonnen und er war mit 95 % zum CSU-Vorsitzenden wiedergewählt worden.

Um die Zukunft des einkommensunabhängigen Zusatzbeitrages war es somit ausgesprochen schlecht bestellt. Der Koalitionsvertrag sah zwar keine

Abschaffung des Zusatzbeitrags vor, aber die SPD setzte durch, dass er nicht mehr einkommensunabhängig, sondern einkommensabhängig erhoben wird (CDU/CSU/SPD 2013: 82). Mit der Umwandlung des Zusatzbeitrags in einen einkommensabhängigen Beitrag entfiel auch die Grundlage für den steuerfinanzierten „Sozialausgleich", man einigte sich auf seine Abschaffung (ebd.: 83).

Nach dem Abschluss der Koalitionsverhandlungen verkündete der gesundheitspolitische Verhandlungsführer der SPD: „Das ist heute das historische Ende der Kopfpauschalen" (Lauterbach, zit. n. aerzteblatt.de vom 22.11.2013). In einer Nebenabsprache zum Koalitionsvertrag wurde zudem vereinbart, dass der Arbeitgeberbeitrag zwar weiterhin festgeschrieben bleibt, der nur von den Mitgliedern zu zahlende Zusatzbeitrag jedoch nicht unbegrenzt steigen dürfe (Berliner Zeitung 30.11.2013: 6). Wenn die Ausgaben stärker als die Einnahmen steigen, aber weder der Arbeitgeberbeitrag steigen soll, noch der Zusatzbeitrag der Mitglieder eine bestimmte Grenze überschreiten darf, bleibt als Option zur Deckung steigender Ausgaben nur ein Ausgleich durch Steuermittel. Insofern implizierte diese Einigung die Ankündigung, gegebenenfalls den Bundeszuschuss zu erhöhen.

Die Umsetzung der Einigung über den Zusatzbeitrag erfolgte 2014 im Rahmen des „GKV-Finanzstruktur- und Qualitäts-Weiterentwicklungsgesetzes" (GKV-FQWG).[1] Der bisherige nur von den Mitgliedern zu tragende Sonderbeitrag in Höhe von 0,9 % wurde abgeschafft und der einkommensunabhängige Zusatzbeitrag wurde in einen einkommensabhängigen Zusatzbeitrag umgewandelt, der weiterhin nur von den Mitgliedern zu tragen war (§§ 242 Abs. 1 und 249 SGB V). Die Regelungen zum Sozialausgleich wurden gestrichen (Aufhebung des § 242b SGB V).

Weitere, auf eine grundsätzliche Änderung der GKV-Beitragsfinanzierung zielende Beschlüsse wurden in der Legislaturperiode 2013 bis 2017 nicht gefasst. Allerdings gab es mehrere Änderungen, die die Krankenkassen weiter der PKV annäherten. So wurde ein außerordentliches Kündigungsrecht im Fall der Erhebung oder Erhöhung des Zusatzbeitrages beschlossen. Die Neuregelung sah vor, dass ein Mitglied bis zum Ablauf des Monats kündigen kann, für den der Zusatzbeitrag erstmals erhoben oder eine Anhebung wirksam wird (§ 175 Abs. 4 SGB V). Eine Annäherung an die PKV war dies insofern, als auch private Versicherungsverträge in der Regel ein Kündigungsrecht im Fall einer Prämienerhöhung

---

[1] Gesetz zur Weiterentwicklung der Finanzstruktur und der Qualität in der gesetzlichen Krankenversicherung (GKV-Finanzstruktur- und Qualitäts-Weiterentwicklungsgesetz – GKV-FQWG), vom 21.07.2014 (BGBl. I, S. 1133).

vorsehen. Diese – wie viele andere Änderungen davor und auch danach – folgen der seit den 1990er Jahren zunehmend um sich greifenden Vorstellung, dass es sich bei den Krankenkassen um Versicherungsunternehmen und den GKV-Mitgliedern beziehungsweise Versicherten um ‚Verbraucher' handelt, die vor den ‚Geschäftspraktiken' von Krankenkassen geschützt werden müssten. Die dafür geeigneten Rechtsinstrumente werden entweder dem allgemeinen Wettbewerbsrecht oder dem Verbraucherschutzrecht entnommen beziehungsweise durch Anwendung dieses Rechts eingesetzt.

Eine weitere relevante, allerdings nicht grundsätzliche Änderung des Finanzierungsrechts war die Einführung eines vollständigen Einkommensausgleichs zwischen den Krankenkassen. Dieser Ausgleich erfolgt seit dem GKV-FQWG über die Verrechnung des Zusatzbeitrages. Die einzelne Krankenkasse erhält von den Einnahmen aus ihrem Zusatzbeitrag soviel, wie sie erhalten würde, „wenn die beitragspflichtigen Einnahmen ihrer Mitglieder dem Durchschnitt in der gesetzlichen Krankenversicherung entsprechen würden" (Bundesregierung 2014: 49). Die Änderung wurde damit begründet, dass ansonsten unterschiedliche Einkommen der Mitglieder zu unterschiedlichen Zusatzbeiträgen führen würden (ebd.). Krankenkassen mit überdurchschnittlich einkommensstarken Mitgliedern kämen mit einem niedrigeren Zusatzbeitrag aus, als Krankenkassen mit einem unterdurchschnittlichen Einkommensniveau ihrer Mitglieder.

Zwar gab es in der Legislaturperiode 2013 bis 2017 keine weitreichenden Änderungen des GKV-Rechts, insgesamt jedoch eine Vielzahl an gesundheitspolitischen Gesetzen und Verordnungen. Sie dienten weit überwiegend der Pflege und Weiterentwicklung des bestehenden GKV-Systems. Einen Schwerpunkt dieser Gesetzgebung bildeten zahlreiche Verbesserungen von Leistungen der gesetzlichen Krankenversicherung und der sozialen Pflegeversicherung (zum Überblick vgl. Simon 2017: 52–56).

Dies mag angesichts der Programmatik der Union überraschen, dabei sollte jedoch bedacht werden, dass sich bereits während der schwarz-gelben Legislaturperiode 2009 bis 2013 ein Wandel der sozialpolitischen Orientierung der CDU vollzogen hatte. Sie wandte sich zunehmend von einer offensiv neoliberalen Ausrichtung ab, die in den Beschlüssen des Leipziger Parteitags 2003 zum „Gesundheitsprämienmodell" ihren Höhepunkt hatte.

Verglichen mit den massiven öffentlich ausgetragenen Konflikten der vorhergehenden Legislaturperiode, vor allem zwischen CSU und FDP um die Frage der Umstellung auf einen einkommensunabhängigen GKV-Beitrag, funktionierte die

Gesundheitspolitik der Großen Koalition der Jahre 2013 bis 2017 ausgesprochen
‚geräuschlos'.[2] Ende 2014 resümierte die FAZ:

> „Gesundheitspolitik findet zwar statt, aber kaum einer nimmt sie wahr. Noch weniger
> wird darüber gestritten" (FAZ 03.12.2014: 15).

Lediglich Mitte 2015 wurde es innerhalb der Koalition vorübergehend etwas ‚lebendiger'.
Als mehrere Krankenkassen einen Zusatzbeitrag erheben oder ihren
bisherigen erhöhen mussten, wurde aus den Reihen der SPD und der Gewerkschaften
die Forderung nach Rückkehr zur paritätischen Finanzierung der GKV
und Abschaffung des Zusatzbeitrags erhoben. Es entwickelte sich eine über mehrere
Monate anhaltende mediale und gesundheitspolitische Diskussion über diese
Forderung. Während SPD-Politiker wie Karl Lauterbach anmahnten, es sei „nicht
gerecht", wenn nur die GKV-Mitglieder die Kostensteigerungen tragen und SPD-
Fraktionschef Thomas Oppermann die Rückkehr zur vollständigen Parität des
GKV-Beitrags forderten, wiesen Unionspolitiker wie der gesundheitspolitische
Sprecher der Bundestagsfraktion, Georg Nüßlein, die Forderung zurück und stellten
fest, es gebe dazu „keinen Diskussionsbedarf" (Nüßlein, zit.n. Tagesspiegel
26.08.2014).

In dieser Frage zeigte sich die Union jedoch gespalten. So forderte beispielsweise
der Vorsitzende der CDU-Arbeitnehmerschaft, Karl-Josef Laumann,
„mittelfristig" eine paritätische Finanzierung des Zusatzbeitrags (Laumann,
zit.n. SPIEGEL 02.01.2016: 22). Allerdings, so ergänzte er, sei ihm der Zusatzbeitrag
„lieber als die seinerzeit angedachte Gesundheitsprämie" (ebd.). Die
kontroverse Diskussion zog sich noch bis in das Jahr 2016 hin, allerdings ohne
dass sie zu einer Gesetzesänderung und Rückkehr zur vollständig paritätischen
Finanzierung der GKV führte. Es sei aber bereits an dieser Stelle darauf hingewiesen,
dass dies dann doch in der nachfolgenden Legislaturperiode zwischen
CDU/CSU und SPD vereinbart und beschlossen wurde.

Die Frage nach der Zukunft der gesetzlichen Krankenversicherung wurde erst
wieder im Vorfeld der Bundestagswahl 2017 virulent. Wie auch bereits vor früheren
Bundestagswahlen, traten in den Monaten vor der Wahl die verschiedensten
Akteure mit Statements zur Zukunft der GKV an die Öffentlichkeit, um ihre
Forderungen und Vorstellungen zu platzieren oder in Erinnerung zu bringen und
sowohl die parteiinterne Willensbildung, beispielsweise bei der Abfassung des
Wahlprogramms, als auch die Wahlentscheidung der Bürger zu beeinflussen.

---

[2] Zur Bilanz der Großen Koalition der Jahre 2013 bis 2017 vgl. die Beiträge in Zohlnhöfer
(2019).

In den Monaten vor der Bundestagswahl 2017 kreiste die Diskussion vor allem um die Frage der Einführung einer Bürgerversicherung'. Kopfpauschalen oder das Gesundheitsprämienmodell der CDU waren kein Thema mehr für die mediale Diskussion. Aktiv waren vor allem Akteure, die die Einführung einer Bürgerversicherung ablehnten. Dabei reichte das Spektrum von neoliberalen Ökonomen und erklärten Befürwortern des Kopfpauschalenmodells wie Bert Rürup bis hin zu Betriebsräten privater Krankenversicherungsunternehmen (PKV-Betriebsräte 2017; Rürup 2017; Steiner 2017). Die Diskussion über eine Bürgerversicherung flammte vor allem auch deshalb auf, weil eine führende Vertreterin des linken Flügels in der SPD Anfang Januar 2017 erklärte, die Einführung einer Bürgerversicherung solle nach der Bundestagswahl Grundbedingung für eine Koalition sein (Tagesspiegel 03.01.2017). Zudem entschieden sich mehrere SPD-geführte Bundesländer, die Möglichkeit eines Zugangs ihrer Beamten zur GKV-Mitgliedschaft zu prüfen, so beispielsweise Berlin, Hamburg und Schleswig–Holstein (Tagesspiegel 19.08.2017).

Da Beamte und ihre Familienangehörigen ungefähr die Hälfte der PKV-Versicherten ausmachen, musste dies die PKV alarmieren. Für die größte mediale Aufmerksamkeit sorgten jedoch nicht offizielle Statements des PKV-Verbandes, sondern Initiativen eines Zusammenschlusses von Betriebsräten mehrerer großer PKV-Unternehmen. Unter dem Leitmotto „Bürgerversicherung? Nein danke!" sind sie seit 2013 jeweils vor allem im Vorfeld von Bundestagswahlen politisch und medial aktiv, um die Einführung einer Bürgerversicherung zu verhindern.[3] Eines ihrer zentralen Argumente ist dabei die Behauptung, die Umsetzung des rot-grünen Bürgerversicherungsmodells würde ca. 400.000 Arbeitsplätze in PKV-Unternehmen und Gesundheitswesen vernichten.

Eine weitere regelmäßig vor Bundestagswahlen zu diesem Thema aktive Gruppe von Akteuren sind Interessenvertretungen der niedergelassenen Ärzteschaft, die den Verlust von Einnahmen aus der Behandlung von PKV-Versicherten befürchten. So meldete beispielsweise die Vereinigung der privatärztlichen Abrechnungsstellen Mitte Mai 2017, die Einführung der rot-grünen ‚Bürgerversicherung' würde zu Umsatzverlusten der niedergelassenen Ärzte in Höhe von sechs Milliarden Euro pro Jahr führen (artezeitung.de 22.05.2017).

Den Kontrapunkt zu diesen Aktivitäten bilden Bevölkerungsbefragungen, die regelmäßig eine breite Zustimmung zur Einführung einer Bürgerversicherung ergeben. So auch in Fall einer Anfang Juli 2017 veröffentlichten INSA-Umfrage, die eine Zustimmung von gut 60 % der Befragten zur Einführung einer

---

[3] Vgl. dazu ihren Internetauftritt unter: http://www.buergerversicherung-nein-danke.de.

,Bürgerversicherung' ergab (manager-magazin.de 12.07.2017; aerztzeitung.de 12.07.2017).

Betrachtet man die erwähnten Diskussionsbeiträge und Statements genauer, zeigt sich, dass die betreffenden Akteure bis auf sehr wenige Ausnahmen unter ,Bürgerversicherung' das ursprüngliche Bürgerversicherungsmodell verstanden, wie es beispielsweise von der Rürup-Kommission in ihrem Abschlussbericht 2003 vorgestellt worden war. Für sie bedeutete ,Bürgerversicherung' die Ausweitung der Versicherungspflicht in der bestehenden GKV und Mitgliedschaftspflicht in einer Krankenkasse auf die gesamte Bevölkerung. Dass das rot-grüne Bürgerversicherungsmodell dies gar nicht vorsieht, sondern stattdessen die Abschaffung der GKV als staatlicher Sozialversicherung und ihre Umwandlung in einen Versicherungstarif war und ist offensichtlich kaum bekannt.

- So berichtete die Wochenzeitung DIE ZEIT beispielsweise, nach dem Konzept der ,Bürgerversicherung' würden „auf die Dauer sämtliche Bürger Mitglied einer gesetzlichen Krankenkasse" (DIE ZEIT 21.09.2017: 24).
- Die FAZ meldete, das Konzept einer Bürgerversicherung' sehe die Einführung einer „einheitlichen Gesundheitskasse für alle Bürger" vor (FAZ 12.06.2017).
- Laut Stuttgarter Nachrichten bedeute die Einführung einer Bürgerversicherung: „Alle Bürger sollen in eine gemeinsame Krankenversicherung einzahlen" (Stuttgarter Nachrichten 31.08.2017: 4).
- Auch Bert Rürup behauptete in einem Beitrag für das Handelsblatt, ,Bürgerversicherung' bedeute: „Alle Einwohner sollten in einer gesetzlichen Einheitskasse versichert sein" (Rürup 2017).
- Und der ehemalige Verfassungsrichter Udo Steiner behauptete in einem Zeitungsbeitrag, das Modell einer ,Bürgerversicherung' sehe die „Zusammenführung von GKV und PKV in einer Einheitsversicherung Bürgerversicherung, monistisches Modell der Krankenversicherung" vor (Steiner 2017).

Insgesamt herrschte ein Durcheinander an Vorstellungen darüber, was eine ,Bürgerversicherung' ist oder sein soll beziehungsweise was das rot-grüne Bürgerversicherungsmodell vorsieht. Außerhalb der von wenigen Ökonomen und Juristen geführten Diskussion über das Modell eines ,einheitlichen Krankenversicherungsmarktes' war offensichtlich nicht bekannt, was es mit diesem Modell auf sich hat und was es bedeutet, wenn es eine ,Bürgerversicherung' geben soll, die als ,einheitlicher Krankenversicherungsmarkt' konstruiert ist. Dies gilt keineswegs nur für das Jahr 2017, sondern auch heute noch. Es bedarf nicht nur einer genauen Analyse der Texte, in denen dieses Modell beschrieben wird, sondern darüber hinaus auch tiefergehender Fachkenntnisse über die Konstruktion und Funktionsweise von GKV und PKV, um die vielfältigen sprachlichen Täuschungsversuche erkennen und einordnen zu können, die dazu dienen, den wahren Inhalt des Reformmodells einer ‚Bürgerversicherung‘ als ‚einheitlichen Krankenversicherungsmarktes‘ zu verdecken.

Zudem sorgen die Protagonisten dieses Modells mit ihren Aussagen auch immer wieder eher für Verwirrung als dass sie über den Inhalt aufklären. So beschrieb beispielsweise Karl Lauterbach das Bürgerversicherungsmodell der SPD in einem Interview Ende 2017 mit den Worten:

> „Wir wollen, dass alle Privatversicherten in die Bürgerversicherung wechseln können. Und dass jeder, der sich neu versichern muss, etwa durch Berufseinstieg, automatisch Mitglied wird. Es ist ein geregelter Übergang, bei dem keiner benachteiligt wird.“ (Lauterbach 2017).

Diese Beschreibung kann nur so verstanden werden, dass die SPD eine ‚Bürgerversicherung‘ einführen will, die eine Mitgliedschaftspflicht aller Bürger in dieser ‚Versicherung‘ vorsieht. Mitglied kann man nur in einer Organisation werden, nicht jedoch in einem Versicherungstarif. Da Versicherungsnehmer eines privaten Versicherungsunternehmens nicht ‚Mitglied‘ dieses Unternehmens werden, wohl aber Bürger, die der Versicherungspflicht in einer Krankenkasse unterliegen, legt Lauterbachs Formulierung eindeutig die Schlussfolgerung nahe, dass das Bürgerversicherungsmodell der SPD für alle Bürger die Einführung einer Mitgliedschaftspflicht in einer Krankenkasse vorsieht.

Wie oben aufgezeigt, sieht das SPD-Modell einer ‚Bürgerversicherung‘ jedoch keine Pflichtmitgliedschaft aller Bürger in einer der bestehenden öffentlich-rechtlichen Krankenkassen vor, sondern stattdessen eine gesetzliche Pflicht zum Abschluss eines Versicherungsvertrags für einen „Bürgerversicherungstarif“. Insofern ist die oben zitierte Darstellung Lauterbachs sachlich falsch und irreführend. Angesicht solcher Aussagen ist es nur zu verständlich, dass es eine Vielzahl von Missverständnissen und Irrtümern darüber gab – und auch heute noch gibt – was unter einer ‚Bürgerversicherung‘ zu verstehen ist und was das rot-grüne Bürgerversicherungsmodell tatsächlich beinhaltet.

Die Legislaturperiode 2017 bis 2021

Die Bundestagswahl im September 2017 erbrachte für die Union deutliche Verluste, ihr Stimmenanteil fiel von 41,5 % im Jahr 2013 auf 33,0 %. Auch die SPD verlor und fiel von 25,7 % im Jahr 2013 auf 20,5 %. Der FDP gelang mit 10,7 % der Wiedereinzug in den Bundestag und die GRÜNEN verbesserten sich leicht von 8,4 % (2013) auf 8,9 %. Gewinner der Wahl war die AfD, die ihren Stimmenanteil von 4,7 % (2013) auf 12,6 % steigern und somit erstmals in den Bundestag einziehen konnte und zugleich drittstärkste Fraktion wurde.

Union und FDP hatten somit keine Mehrheit, und die Union musste, um regieren zu können, entweder eine Koalition mit FDP und GRÜNEN eingehen oder eine erneute Große Koalition bilden. Da sich die SPD-Führung bereits vor der Wahl darauf festgelegt hatte, dass sie keine erneute Große Koalition eingehen wolle, musste die Union versuchen eine sogenannte ‚Jamaika-Koalition' zustande zu bringen.

Die daraufhin begonnenen Sondierungsgespräche zwischen CDU/CSU, FDP und GRÜNEN führten jedoch zu keinem Erfolg. Am 19. November erklärte die FDP-Führung die Gespräche für gescheitert. Da die Union eine Minderheitsregierung ausschloss, blieb nur die Möglichkeit einer erneuten Großen Koalition, wenn Neuwahlen vermieden werden sollten. Daraufhin setzte in der SPD ein Diskussionsprozess ein, ob sie entgegen ihrer Ankündigung doch eine erneute Koalition mit der CDU/CSU eingehen solle. Nachdem sich die SPD-Führung dafür entschieden hatte, wurden Anfang Januar 2018 Sondierungsgespräche begonnen und nach deren positivem Verlauf Ende Januar 2018 offizielle Koalitionsverhandlungen aufgenommen. Bereits zwei Wochen später waren sie abgeschlossen, und am 7. Februar 2018 wurde ein Koalitionsvertrag vorgelegt. Dessen Unterzeichnung machte die SPD-Führung jedoch von einem positiven Mitgliedervotum abhängig. Nachdem die Mehrheit der SPD-Mitglieder dem Koalitionsvertrag zugestimmt hatte, wurde er am 12. März unterzeichnet, und am 14. März konnte die Wahl von Angela Merkel zur neuen Bundeskanzlerin erfolgen. Die neue Bundesregierung konnte ihre Arbeit somit erst ein halbes Jahr nach der Bundestagswahl aufnehmen.

Der Koalitionsvertrag enthielt für den Bereich „Gesundheit und Pflege" ein ausgesprochen umfangreiches Kapitel (CDU/CSU/SPD 2018: 96–103). Auf die gesetzliche Krankenversicherung wurde jedoch erst gegen Ende des Kapitels in einem kurzen Abschnitt eingegangen. Im Zentrum dieses Abschnitts stand die Ankündigung zweier Vorhaben (ebd.: 102 f.):

- Der Zusatzbeitrag sollte ab dem 1. Januar 2019 je zur Hälfte von Arbeitgebern und Beschäftigten zu zahlen sein und
- es sollte eine erneute Reform des Risikostrukturausgleichs erfolgen.

Bei den Koalitionsverhandlungen 2013 hatte die SPD erreicht, dass der zuvor einkommensunabhängige Zusatzbeitrag in einen einkommensabhängigen umgewandelt wurde. Nun konnte sie durchsetzen, dass er auch paritätisch finanziert wird.

Der Risikostrukturausgleich war bereits seit längerem in der Kritik, insbesondere weil er nur maximal 80 Krankheitsarten berücksichtigte und dadurch viel Raum für Strategien der ‚Risikoselektion' zuließ. Zudem hatten sich Meldungen gehäuft, dass eine Reihe von Krankenkassen verschiedene Strategien entwickelt hatten und praktizierten, um möglichst hohe Zuweisungen aus dem Gesundheitsfonds zu erreichen. So wurden beispielsweise niedergelassene Ärzte durch zusätzliche Zahlungen belohnt, wenn sie durch ihre Diagnosestellung dafür sorgten, dass Versicherte der betreffenden Krankenkasse in eine aufwendigere RSA-Gruppe kamen und die Kasse dadurch höhere Zuweisungen aus dem Gesundheitsfonds erhielt. Teilweise änderten sogar Beschäftigte der Krankenkassen nachträglich die Diagnosen dahingehend, dass dies zu höheren Zuweisungen führte.

Bereits seit 2013 waren immer wieder Meldungen über solche Strategien in den Medien aufgetaucht. So wies beispielsweise der Vorstandsvorsitzende der Siemens BKK im September 2013 darauf hin, dass zahlreiche Kassen Arztpraxen mit Software ausstatteten, die dazu diente, ihre Versicherten in höhere Morbiditätsgruppen einzustufen (sogenanntes ‚Upcoding'). Das Bundesversicherungsamt bestätigte daraufhin, dass es solche ‚Auffälligkeiten' bei fast 60 Krankenkassen gab (Rheinische Post 04.09.2013). Anfang 2016 kritisierte der Vorstandsvorsitzende der Techniker Krankenkasse, Jens Baas, dass das System des RSA Anreize setze, bei der Kodierung die Versicherten kränker zu machen als sie tatsächlich sind (Ärztezeitung 18.01.2016). Im Juni 2016 mahnte das Bundesversicherungsamt in einem Schreiben an alle Krankenkassen, dass Verträge von Krankenkassen mit niedergelassenen Ärzten, in denen den Ärzten zusätzlichen Vergütungen für bestimmte Diagnosen zugesagt werden, unzulässig seien (Ärztezeitung 12.06.2016).

Anfang Oktober 2016 wies Baas in einem Interview erneut auf die Problematik hin und forderte eine baldige Reform des RSA mit der Begründung, dass „er laufend manipuliert wird" (Baas 2016). Auf die Frage, wie diese Manipulationen funktionieren, gab er einen Einblick in die entsprechenden Strategien:

„Die Kassen bezahlen zum Beispiel Prämien von zehn Euro je Fall für Ärzte, wenn sie den Patienten auf dem Papier kränker machen. Sie bitten dabei um ‚Optimierung' der Codierung. Und es gibt Verträge mit Ärztevereinigungen, die mehr und schwerwiegendere Diagnosen zum Ziel haben. Zudem lassen sich die Kassen in diese Richtung beraten. Dafür fallen Honorare an. Für all das haben die Kassen seit 2014 eine Milliarde Euro ausgegeben. Die fehlt für die Behandlung der Patienten. Das ist der Skandal!" (Baas 2016).

Ergebnisse daraufhin durchgeführter unabhängiger wissenschaftlicher Analysen von Daten des RSA legten die Annahme nahe, dass vor allem Ortskrankenkassen nach Einführung des morbiditätsorientierten RSA Strategien des Upcoding betrieben (Bauhoff et al. 2017). Ende 2016 verhängte das Bundesversicherungsamt einen ersten Strafbescheid, der gegen eine AOK gerichtet war, weil deren Mitarbeiter Diagnosen niedergelassener Ärzte nachträglich geändert hatten (FAZ 11.11.2016).

Da sich die übrigen Kassenarten durch offensives Upcoding der AOKn benachteiligt sahen, wandten sich Mitte Juni 2017 insgesamt 91 Ersatz-, Innungs- und Betriebskrankenkassen mit einer gemeinsamen Erklärung an die Öffentlichkeit, in der sie die Manipulationsanfälligkeit des geltenden RSA kritisierten und eine rasche Reform forderten, damit der RSA „manipulationsresistenter" werde (vdek et al. 2017).

Für Kassen waren erfolgreiche Strategien des Upcoding durch andere Kassen insofern eine Bedrohung, als sie Auswirkungen auf die Notwendigkeit zur Erhebung oder Erhöhung eines Zusatzbeitrags haben. Wenn eine Kasse durch Upcoding der Diagnosen höhere Zuweisungen des RSA erreichen kann, führt dies zur Umverteilung des verfügbaren Finanzvolumens. Die betreffende Kasse kann ihren Anteil am Gesundheitsfonds erhöhen. Da das Finanzvolumen des Gesundheitsfonds feststeht, werden dadurch die Zuweisungen an andere Krankenkassen gemindert. Dies hat auch Auswirkungen auf die Erhebung von Zusatzbeiträgen. Strategien des Upcoding erhöhen die Wahrscheinlichkeit, dass die betreffende Kasse ohne Zusatzbeitrag oder mit einem niedrigen Zusatzbeitrag auskommt. Kassen die dadurch Anteile am Gesundheitsfonds verlieren, müssen dann möglicherweise einen Zusatzbeitrag erheben oder einen bestehenden erhöhen. Dadurch wiederum steigt das Risiko von Mitgliederabwanderungen, die wiederum zu sinkenden Einnahmen und niedrigeren Zuweisungen aus dem Gesundheitsfonds führen und im schlimmsten Fall die Insolvenz zur Folge haben können.

Das finanzielle Volumen des Upcodings wurde auf mehrere Hundert Millionen Euro jährlich geschätzt und war insofern von ernstzunehmender Relevanz für die Frage der Erhebung oder Anhebung von Zusatzbeiträgen. Mit der Ankündigung einer Reform des RSA reagierte die Große Koalition Anfang 2018 somit auf nicht mehr zu übergehende Problemanzeigen.

Die Umstellung des Zusatzbeitrags auf eine hälftige Zahlung durch Arbeitgeber und Beschäftigte wurde Ende 2018 im Rahmen des GKV-Versichertenentlastungsgesetzes (GKV-VEG) beschlossen (§ 249 SGB V).[4] Der Beschluss für eine erneute Reform des Risikostrukturausgleichs erfolgte 2020 im Rahmen des Fairer-Kassenwettbewerb-Gesetzes (GKV-FKG).[5]

Das GKV-FKG enthielt Vorgaben für die Umstellung des RSA auf ein „Krankheits-Vollmodell" (Bundesregierung 2019: 57). Die §§ 266, 267, 268 SGB V sowie die Risikostruktur-Ausgleichsverordnung (RSAV) wurden entsprechend geändert. Statt lediglich 80 Krankheitsarten zu berücksichtigen, hat der neue RSA das gesamte Krankheitsspektrum abzubilden. Die Zuweisungen des Gesundheitsfonds haben ab dem Ausgleichsjahr 2021 nach den neuen Vorgaben zu erfolgen (§ 266 Abs. 11 SGB V).

Durch die Umstellung auf ein „Krankheits-Vollmodell" sollen die vom RSA ausgehenden „Risikoselektionsanreize" (Bundesregierung 2019: 57) verringert werden. Zugleich wurden Regelungen beschlossen, um die „Manipulationsresistenz des RSA" zu stärken (ebd.: 58). So wurden beispielsweise Morbiditätsgruppen, die bei einer Krankenkasse eine bestimmte jährliche Steigerungsrate übersteigen von der Berechnung der Risikozuschläge ausgeschlossen, ein bestehendes Verbot sogenannter „Diagnosevergütungen" wurde verschärft, Prüfungen durch die Aufsichtsbehörden wurden vereinfacht, und den Krankenkassen wurde ein Klagerecht gegen wettbewerbswidriges Verhalten anderer Kassen eingeräumt.

Die Ursache der nicht mehr zu leugnenden Fehlentwicklungen wurde jedoch nicht angetastet. Solange sich die Zuweisungen des RSA an den ‚standardisierten' also durchschnittlichen Kosten definierter Fallgruppen orientieren, wird es sich für Krankenkassen weiterhin lohnen, nach Versichertenmerkmalen zu suchen, die mit unterdurchschnittlichen oder überdurchschnittlichen Kosten in den verschiedenen Fallgruppen korrelieren. Ein solches auf Durchschnittskosten aufbauendes Verteilungssystem setzt somit systematisch und gesetzmäßig ‚Anreize' zur Risikoselektion, weil es sie finanziell belohnt. Krankenkassen die darauf verzichten, laufen in einem solchen System Gefahr, aufgrund nicht selektierter Versichertenstrukturen Verluste zu erleiden und letzten Endes in der Insolvenz zu landen und schließen zu müssen.

---

[4] Gesetz zur Beitragsentlastung der Versicherten in der gesetzlichen Krankenversicherung (GKV-Versichertenentlastungsgesetz – GKV-VEG) vom 11.12.2018 (BGBl. I S. 2387).

[5] Gesetz für einen fairen Kassenwettbewerb in der gesetzlichen Krankenversicherung (Fairer-Kassenwettbewerb-Gesetz – GKV-FKG). Vom 22. März 2020 (BGBl. I S. 604).

Es ist bestenfalls ein naiver Irrglaube, zu meinen, diese Wirkungen könnten durch ein ‚Krankheits-Vollmodell‘ neutralisiert werden. Selbst ein Fallgruppensystem mit 1000 unterschiedlichen Morbiditätsgruppen ergibt bei einer Zahl von insgesamt ca. 70 Mio. GKV-Versicherten eine durchschnittliche Zahl von 70.000 Versicherten je Morbiditätsgruppe. Niemand wird ernsthaft behaupten können, dass es innerhalb einer so großen Fallkohorte keine relevanten Kostenvarianzen gibt. Selbst wenn sie in absoluter Höhe relativ gering wären, so ergibt allein die absolute Zahl der Versicherten ein erhebliches finanzielles Volumen an Kostenüber- oder -unterdeckungen und somit ein erhebliches Potenzial für strategisches Handeln zur ‚Optimierung‘ der kassenspezifischen ‚Risikostrukturen‘, sei es durch ‚Optimierung‘ der Versichertenprofile oder ‚Optimierung‘ von Kodierstrategien. Das Gleiche gilt für alle Strategien zur Beeinflussung der ärztlichen Diagnosestellung in der ambulanten Versorgung.

Der Kreislauf aus gesetzlichen Neuregelungen und neuen Kassenstrategien zur Umgehung restriktiver Vorgaben wird erst dann zu einem Ende kommen, wenn das System aus RSA und Gesundheitsfonds aufgegeben und alle Krankenkassen zu einer bundesweiten Einheitskasse zusammengelegt sind oder wenn die GKV abgeschafft und in ein reines PKV-System überführt ist. Wenn die Krankenkassen privatisiert sind und ihre risikoäquivalenten Prämien selbst kalkulieren, braucht es weder einen RSA noch einen Gesundheitsfonds und folglich auch keine Kodierstrategien zur ‚Optimierung‘ von Versichertenstrukturen und Diagnosen.

Auch die Umstellung des RSA auf ein „Krankheits-Vollmodell" ist hoch problematisch. Mit diesem Schritt wurde die Finanzierung der Krankenkassen in einem bis dahin nicht gekannten Ausmaß an das Geschäftsmodell der PKV angeglichen. Darauf wurde bereits an früherer Stelle dieses Buches hingewiesen, es soll hier aber dennoch kurz in Erinnerung gebracht werden.

Bei den „risikoadjustierten Zuweisungen" des Gesundheitsfonds an die einzelnen Krankenkassen handelt es sich nun um sehr fein justierte Simulationen risikoäquivalenter Prämien. Faktisch erhalten die Krankenkassen seit 2021 versichertenbezogene Zuweisungen, die so differenziert kalkuliert sind, dass sie als risikoäquivalente Prämien in einem PKV-System nutzbar wären. Allerdings sah das bis 2020 geltende System noch vor, dass die Versicherten einkommensabhängige GKV-Beiträge zahlen. Diese werden vom Gesundheitsfonds – als einer Art ‚Umtauschstelle‘ – in risikoäquivalente Zuweisungen umgewandelt, die an die Krankenkassen ausgezahlt werden. Wenn zu einem zukünftigen Zeitpunkt die politischen Mehrheiten und der politische Wille vorhanden sein sollte, den Schritt zur Abschaffung der gesetzlichen Krankenversicherung und Umstellung auf ein reines PKV-System zu vollziehen, steht mit diesem RSA bereits das versicherungsmathematische Instrumentarium zur Verfügung, mit dem die in private Versicherungen umgewandelten Krankenkassen individualisierte risikoäquivalente Prämien kalkulieren können.

Ein Problem ist allerdings noch nicht gelöst. Die risikoadjustierten Zuweisungen des RSA enthalten keine Alterungsrückstellungen. Sie sind für einzelne Alterskohorten berechnet und steigen von daher mit zunehmendem Alter an. Um das GKV-System in ein reines PKV-System umwandeln zu können, bedürfte es einer Lösung dieses Problems. Würde ein System risikoäquivalenter Prämien ohne Alterungsrückstellungen eingeführt, hätte dies massive Prämiensteigerungen im Alter zur Folge, die der weit überwiegende Teil der Menschen im Ruhestand aufgrund ihrer geringeren Alterseinkünfte nicht zu zahlen in der Lage wäre. Zudem müssten in einem PKV-System auch nicht erwerbstätige Familienangehörige eine Versicherungsprämie zahlen, was die finanziellen Möglichkeiten der meisten Familien übersteigen dürfte.

Insofern wäre eine Umwandlung des GKV-Systems in ein reines PKV-System politisch nicht realisierbar ohne umfangreiche Sicherungen, die finanzielle Überforderungen vermeiden oder zumindest abmildern könnten. Auf diese Problematik soll hier jedoch nicht näher eingegangen werden. Es soll der Hinweis genügen, dass die Erörterung dieser Problematik Anfang der 2000er Jahre Bestandteil dessen war, was unter dem Sammelbegriff „Kopfpauschalenmodell" diskutiert wurde. Die damals favorisierte Lösung waren steuerfinanzierte staatliche Prämienzuschüsse für Geringverdiener. Eine Lösung für das Problem der fehlenden Alterungsrückstellungen gab es jedoch nicht.

Um keine Missverständnisse entstehen zu lassen: Es soll hier nicht die These vertreten werden, dass irgendwo in einer Partei oder einem Ministerium ‚im Geheimen' die Umwandlung des bestehenden GKV-Systems in ein PKV-System betrieben wird. Dies ist – wie an früheren Stellen dieses Buches bereits angesprochen – gar nicht notwendig. Die Krankenkassen sind seit Eröffnung des GKV-Wettbewerbs im Jahr 1996 immer mehr in Richtung privater Versicherungsunternehmen gedrängt und umgewandelt worden. Diese Entwicklung hat bereits eine Eigendynamik entwickelt, die zunehmend dahin treibt, dass die Privatisierung der Krankenkassen irgendwann auf die Tagesordnung gesetzt und in einer Art zwangsläufigem Mechanismus vollzogen werden muss.

Ist dieser Punkt erreicht, werden die dann politisch verantwortlichen Akteure die auftretenden Probleme lösen müssen und werden sie letztlich nicht anders lösen können, als dass sie ein Übergangsmodell beschließen, um unter anderem auch das Problem der fehlenden Alterungsrückstellungen zu lösen. Da sich die gegenwärtigen Akteure der Gesundheitspolitik der langfristigen Konsequenzen ihrer Entscheidungen mit hoher Wahrscheinlichkeit weit überwiegend nicht bewusst sind, sondern sich vermutlich in der Regel nur als ‚Getriebene‘ der verschiedenen Entwicklungen erleben, wäre es auch zu viel erwartet, von ihnen bereits Lösungen für diese zukünftigen Probleme zu verlangen. Zumal diese zukünftigen Probleme in einem zeitlichen Horizont auftreten werden, der wahrscheinlich weit nach dem Ende ihrer Wahlperiode liegt.

Auch die Entscheidung über die Umstellung des RSA auf ein „Krankheits-Vollmodell" war im politischen Alltag nur eine von sehr vielen anderen, die zudem von den Ministerialbeamten akribisch vorbereitet und detailliert im Gesetzentwurf ausformuliert vorgelegt wurde. Deshalb war es für die in die Beschlussfassung eingebundenen Fachpolitikerinnen und -politiker nicht notwendig, sich ausgiebig mit der Bedeutung dieser Entscheidung zu befassen.

Der gesundheitspolitische Alltag der Großen Koalition der Jahre 2017 bis 2021 war – wie auch in den vorhergehenden Legislaturperioden üblich – beherrscht von einer Vielzahl an Einzelproblemen, die ad hoc zu lösen waren, und darüber hinaus auch von einer Vielzahl an Reformvorhaben, die sich die Koalition in ihrem Koalitionsvertrag vorgenommen hatte. Wie bereits erwähnt, enthielt der Vertrag ein relativ umfangreiches Kapitel zum Thema „Gesundheit und Pflege" mit einer ganzen Reihe von Reformvorhaben. Und schließlich – was Anfang 2018 noch überhaupt nicht absehbar war – sollte sich herausstellen, dass es eine Legislaturperiode werden würde, die von einem außerordentlichen Ereignis beherrscht war. In Frühjahr 2020 erreichte die COVID-19 Pandemie Deutschland und wurde bis zum Ende der Legislaturperiode zu *dem* alles andere in den Hintergrund drängenden Problem.

Insgesamt betrachtet war die Legislaturperiode gesundheitspolitisch trotz dieser Ausnahmesituation außerordentlich produktiv. Allein von Anfang 2018 bis Ende 2020 wurden im Zuständigkeitsbereich des Gesundheitsministeriums insgesamt fast 30 Gesetze und mehr als 60 Verordnungen beschlossen (zum Überblick über die wichtigsten vgl. Simon 2021: 57–64). Eine große Reform der GKV befand sich nicht darunter. Aber die war angesichts der Differenzen zwischen Union und SPD auch nicht zu erwarten gewesen.

Die Diskussion über ‚einheitlichen Krankenversicherungsmarkt', ‚integriertes Krankenversicherungssystem' und ‚Bürgerversicherung'

Da von der Großen Koalition keine grundlegenden Entscheidungen über die Zukunft der gesetzlichen Krankenversicherung zu erwarten waren, weder in Richtung einer ‚Bürgerversicherung' noch in Richtung Kopfpauschalenmodell oder Umwandlung in ein reines PKV-System, ließen die Publikationsaktivitäten zu den verschiedenen Reformmodellen in der Legislaturperiode 2013 bis 2017 deutlich nach, und in der darauffolgenden Legislaturperiode verstummten sie fast vollständig.

Das *Kopfpauschalenmodell* spielte in der Diskussion ab 2013 keine nennenswerte Rolle mehr. Nur noch einige der ‚alten Kämpfer' wie beispielsweise Klaus-Dirk Henke, Wolfram Richter oder Friedrich Breyer meldeten sich mit kleineren Beiträgen zu Wort, die allerdings belanglos waren und ohne Wirkung blieben (Breyer 2016; Henke/Richter 2009; Richter 2013). Der Wirtschaftssachverständigenrat mahnte Ende 2018 wieder einmal an, dass nun endlich sein 2004 vorgestelltes Reformmodell der „Bürgerpauschale" umgesetzt werden müsse (SVR-W 2018: 406 f.). Politische Resonanz gab es darauf, wie auch bei seinen Mahnungen in den Vorjahren, nicht.

Weiterhin aktiv waren Protagonisten des neoliberalen Modells einer ‚Bürgerversicherung' als ‚Bürgerversicherungstarif' in einem ‚einheitlichen Krankenversicherungsmarkt' (vgl. u. a. Greß 2018; Greß/Bieback 2013; Rothgang/Domhoff 2017). Allerdings waren ihre Veröffentlichungen in der Regel in einem zentralen Punkt uneindeutig. Sie legten nicht offen, dass sie mit ‚Bürgerversicherung' nicht die Ausweitung der Versicherungspflicht in der bestehenden GKV und Mitgliedschaftspflicht in einer öffentlich-rechtlichen Krankenkasse meinten. Die verwendeten Formulierungen waren geeignet, den Eindruck zu erwecken, dass mit „Versicherung" – sei es nun als ‚Bürgerversicherung' oder ‚integrierte Krankenversicherung' oder ‚solidarische Krankenversicherung' – eine Organisation gemeint ist. Dies trug entscheidend dazu bei, dass das neoliberale Bürgerversicherungsmodell immer noch zumeist als Modell verstanden wird, das eine allgemeine Versicherungspflicht in der bestehenden GKV und den öffentlich-rechtlichen Krankenkassen vorsieht.

Ähnlich verhielt es sich mit den Protagonisten des Reformmodells einer *integrierten Krankenversicherung* oder eines *integrierten Krankenversicherungssystems*. An früherer Stelle dieses Buches wurde bereits darauf eingegangen, dass das IGES 2006 eine eigene Modellvariante des ‚einheitlichen Krankenversicherungsmarktes' entwickelt und in die Diskussion eingebracht hatte, und die Bertelsmann Stiftung sich dieses Modell 2013 zu eigen gemacht und als eigenes Reformkonzept gemeinsam mit dem Bundesverband der Verbraucherzentralen in die Öffentlichkeit getragen hatte (Bertelsmann Stiftung 2013; Bertelsmann Stiftung/vzbv 2013; IGES 2013).

Insgesamt blieb es um die Frage der Zukunft der GKV und PKV jedoch vergleichsweise ruhig, sowohl in den Foren der wissenschaftlichen Politikberatung als auch in den Medien. Erst als die Bundestagswahl 2017 näher rückte, wurde die Diskussion wiederbelebt, allerdings ohne so kontrovers zu werden wie vor der Bundestagswahl 2013. Wie oben erwähnt, standen im Mittelpunkt der öffentlichen Diskussion mittlerweile nur noch das rot-grüne Bürgerversicherungsmodell und das Modell einer ‚integrierten Krankenversicherung‘, wobei beide Begriffe in der Regel synonym verwendet wurden. Obwohl das Bürgerversicherungsmodell der SPD und der GRÜNEN und auch das IGES-Modell nicht dem ursprünglichen Modell einer ‚Bürgerversicherung‘ entsprachen, wie es im Abschlussbericht der Rürup-Kommission beschrieben war, wurden alle drei Modelle in der medialen Berichterstattung dennoch als ‚Bürgerversicherung‘ im ursprünglichen Sinn begriffen. Da dies ein ernstzunehmendes Problem vor allem auch für zukünftige Diskussionen und politische Entscheidungen ist, soll hier etwas näher darauf eingegangen werden.

In den vorhergehenden Kapiteln wurde bereits mehrfach darauf hingewiesen, dass sich diese irrtümliche Annahme über das rot-grüne Bürgerversicherungsmodell vor allem deshalb verbreiten und halten konnte, weil die Protagonisten des neoliberalen Modells einer ‚Bürgerversicherung‘ in ihrer Sprache und den von ihnen verwendeten Begriffen und Formulierungen dieses Missverständnis entweder bewusst förderten oder zumindest bestehen ließen. Ein solcher Umgang mit Sprache führt zur Täuschung über den wahren Inhalt dieses Reformmodells. Ob dies intendiert ist oder Ergebnis eigener Unklarheit der jeweiligen Protagonisten, lässt sich an den betreffenden Texten selbst nicht erkennen. Die Frage können letztlich nur die jeweiligen Autoren beantworten. Allerdings steht auch dieser Weg der Klärung vor einem Problem. Wer mit Sprache täuschen will, wird die Frage nach einer Täuschungsabsicht wohl kaum ehrlich beantworten wollen. Insofern bleibt nur die Möglichkeit, auf die Missverständlichkeit und Uneindeutigkeit zentraler Formulierungen und des Einsatzes zentraler Begriffe hinzuweisen.

Die hier angesprochene Problematik der Diskussion über die Einführung und Ausgestaltung einer ‚Bürgerversicherung‘ soll nachfolgend am Beispiel zweier Interventionen aus den Jahren 2016 und 2017 veranschaulicht werden. Mitte Dezember 2016 veröffentlichte die Friedrich-Ebert-Stiftung ein Positionspapier zur ‚Bürgerversicherung‘ und Mitte Juni 2017 führte die Bundestagsfraktion

688 Die Zeit der Großen Koalition von 2013 bis 2021

der GRÜNEN eine Vortrags- und Diskussionsveranstaltung zu ihrem Bürgerversicherungsmodell durch, zu der sie als Referenten Marin Albrecht vom
IGES, Klaus Jacobs vom WIdO und den Sozialrechtler Thorsten Kingreen
eingeladen hatte. Beide Ereignisse erscheinen gut geeignet, die oben angesprochenen ,Eigentümlichkeiten' der Diskussion über eine ,Bürgerversicherung' zu
veranschaulichen.

Die Abteilung Wirtschafts- und Sozialpolitik der SPD-nahen Friedrich-
Ebert-Stiftung legte 2016 ein Positionspapier mit dem Titel „Der Weg zur
Bürgerversicherung" vor. Das Papier hatte ein Arbeitskreis erarbeitet, der mit
hochrangigen Vertreterinnen und Vertretern von SPD und Gewerkschaften sowie
den Ökonomen Stefan Greß, Markus Lüngen und Hartmut Reiners besetzt war.
Zu den Mitgliedern des Arbeitskreises gehörten unter anderem die damalige
gesundheitspolitische Sprecherin der SPD-Bundestagsfraktion, Hilde Mattheis,
der Referatsleiter Gesundheitspolitik beim DGB-Bundesvorstand, ein Vorstandsmitglied der Arbeitsgemeinschaft Sozialdemokratinnen und Sozialdemokraten im
Gesundheitswesen und die Abteilungsleiterin Politik beim BKK-Bundesverband
(FES 2016: 16). Hartmut Reiners war seit Ende der 1980er Jahre bis zu seiner Pensionierung als Ministerialbeamter in den Sozialministerien zunächst des
Landes Nordrhein-Westfalen und ab Anfang der 1990er Jahre des Landes Bran-
denburg aktiv an der Ausgestaltung der Gesundheitspolitik auch auf Bundesebene
beteiligt. Markus Lüngen war 1999 bis 2005 wissenschaftlicher Mitarbeiter von
Karl Lauterbach an der Universität Köln und vertrat Lauterbachs Professur von
2005 bis 2011.

In dem vom Arbeitskreis vorgelegten Papier wird der Begriff ,Bürgerversiche-
rung' wie folgt definiert:

> „Der Begriff „Bürgerversicherung" steht für eine Versicherung aller Bürger_innen"
> (FES 2016: 5, Fußnote 1).

Die Bezeichnung als „Versicherung aller Bürger_innen" kann sowohl als Bezeichnung für eine Organisation verstanden als auch als Umschreibung eines Versicherungstarifs. Im alltagssprachlichen Gebrauch wird der Begriff allerdings in
der Regel als Bezeichnung für eine Organisation verwendet (DWDS 2022). Das
Papier enthält keine umfassende Darstellung eines Bürgerversicherungsmodells,
sondern nur Angaben zu dessen Merkmalen. Dazu gehören:

- Freie Wahl einer Krankenversicherung
- Finanzierung durch Beiträge auf Grundlage der finanziellen Leistungsfähigkeit
- Arbeitgeber und Rentenversicherung zahlen die Hälfte des Beitrags

• Anhebung der Beitragsbemessungsgrenze auf das Niveau der Rentenversicherung.

Ein solches Bürgerversicherungsmodell ist folglich nicht deckungsgleich mit dem Bürgerversicherungsmodell der SPD, was auch insofern nachvollziehbar ist, als es sich um einen Arbeitskreis handelte, der nicht nur mit Funktionsträgern der SPD besetzt war. Folglich reicht hier auch nicht der Verweis auf die an früherer Stelle dieses Buches bereits vorgenommene Analyse und Kritik des Bürgerversicherungsmodells der SPD. Es ist eine eigenständige kurze Analyse notwendig.

Das Papier enthält an keiner Stelle einen Hinweis darauf, dass mit ,Bürgerversicherung' lediglich ein ,Bürgerversicherungstarif' gemeint sein könnte. Im Gegenteil, es finden sich Textstellen, die nur so gedeutet werden können, dass mit ,Bürgerversicherung' eine Organisationsform und die Ausweitung der Mitgliedschaft in einer gesetzlichen Krankenkasse gemeint ist. So beispielsweise in der folgenden Passage:

> „Regelungsbedürftig ist insbesondere die Mitnahme der Alterungsrückstellungen der PKV-Versicherten beim Wechsel in eine GKV-Kasse. Dabei ist zum einen auf eine verfassungsrechtlich konforme Ausgestaltung zu achten und zum anderen ist politisch klärungsbedürftig, wie die Rückstellungen in die Finanzausgleichsmechanismen der GKV einbezogen werden" (FES 2016: 10).

Wenn die PKV-Versicherten ihre Alterungsrückstellungen in eine neue ,Bürgerversicherung' mitnehmen sollen und diese Mitnahme in eine „GKV-Kasse" erfolgen soll, so legt dies nahe, dass es sich bei der ,Bürgerversicherung' um eine Versicherung handeln soll, die von den bestehenden Krankenkassen angeboten wird. Allerdings – und hier greift die oben formulierte Kritik an sprachlicher Mehrdeutigkeit in den Publikationen von Protagonisten des neoliberalen Bürgerversicherungsmodells – könnte mit „GKV-Kasse" auch eine ,Kasse' ähnlich dem Gesundheitsfonds gemeint sein. In dieser Formulierung kann somit auch der Hinweis auf die Durchführung eines Risikostrukturausgleichs für den ,Bürgerversicherungstarif' versteckt sein. Denn die Rede ist nicht von einer ,GKV-Krankenkasse', sondern nur von einer ,Kasse'. Eine solche ,Spitzfindigkeit' erfordert allerdings entsprechende Kenntnisse der Fachdiskussion über Probleme der Einführung einer ,Bürgerversicherung' als ,einheitlichen Krankenversicherungsmarktes', die von Akteuren der praktischen Politik und der Gewerkschaften eher nicht zu erwarten ist. Von Wissenschaftlern, die sich seit

Jahren mit dieser Thematik beschäftigen, kann sie allerdings sehr wohl erwartet werden.

Betrachtet man die in den genannten Elementen einer ‚Bürgerversicherung' enthaltene – oder besser: implizit enthaltene – Gesamtkonstruktion, so ist die allgemeine Wahlfreiheit für eine „Krankenversicherung" von zentraler Bedeutung. Dabei kann es sich nicht um die Freiheit der Wahl eines Versicherungstarifs handeln, sondern nur um die Freiheit der Wahl des ‚Anbieters' eines ‚Bürgerversicherungstarifs'. Darin ist wiederum impliziert, dass ein solcher Tarif auch von privaten Versicherungsunternehmen angeboten werden kann. Allerdings wird auch dieser Aspekt in dem Papier nicht thematisiert. Er ist jedoch in mehreren Passagen enthalten, so beispielsweise in der folgenden Passage zu den gegenwärtig unterschiedlichen Möglichkeiten einer Wahl zwischen GKV und PKV:

> „Es ist erforderlich, im Rahmen der Einführung der Bürgerversicherung diese Wahlrechte anzugleichen. Dabei sind Übergangsmöglichkeiten auch für die bisher bereits Versicherten vorzusehen" (FES 2016: 15).

Eine ‚Angleichung' der Wahlrechte impliziert, dass es eine Wahlmöglichkeit zwischen Krankenkassen und privaten Krankenversicherungen geben soll. Und da sich diese Wahlmöglichkeit nicht auf Zusatzversicherungen bezieht, sondern auf Krankenvollversicherungen, ist in der Formulierung enthalten, dass auch PKV-Unternehmen die zukünftige ‚Bürgerversicherung' anbieten können oder sollen.

Wenn aber sowohl Krankenkassen als auch PKV-Unternehmen eine solche ‚Bürgerversicherung' anbieten, dann müssen für alle Anbieter dieses Versicherungstarifs dieselben Rahmenbedingungen gelten. Dies wird in dem Papier allerdings nicht in der Klarheit formuliert, wie es in Publikationen beispielsweise von Stefan Greß und anderen Ökonomen der Fall war. Stattdessen findet sich in dem Papier die folgende Passage:

> „Die umfassende Versicherungspflicht in einer gesetzlichen Krankenkasse mit einheitlichen Rahmenbedingungen wird unter den geschilderten Problemen immer attraktiver" (FES 2016: 6).

Wenn es nach Einführung einer ‚Bürgerversicherung' für alle Bürger gleiche Wahlmöglichkeiten zwischen Krankenkassen und PKV-Unternehmen geben soll, dann ist das etwas vollkommen anderes als eine „umfassende Versicherungspflicht in einer gesetzlichen Krankenkasse". Nimmt man diese Formulierung ernst, dann bedeutet ‚Bürgerversicherung', dass alle Bürger in einer öffentlich-rechtlichen Krankenkasse versichert sein sollen. Dies widerspricht jedoch den anderen, oben bereits erwähnten oder zitierten Passagen.

Wie auch immer diese und weitere irritierende, weil einander widersprechende Aussagen des Papiers zustande gekommen sind und wie sie zu deuten sind, ist jedoch nachrangig. Entscheidend ist das Ergebnis. Dieses Papier ist so formuliert, dass der Eindruck entstehen kann, mit ‚Bürgerversicherung' sei nicht ein ‚einheitlicher Krankenversicherungsmarkt' mit einem sowohl von Krankenkassen und PKV-Unternehmen angebotenem ‚Bürgerversicherungstarif' gemeint, sondern die Einbeziehung aller Bürger in die bestehende GKV.

Dieser Eindruck wird auch dadurch erweckt, dass die Beiträge für eine ‚Bürgerversicherung' auf Grundlage der finanziellen Leistungsfähigkeit als Beitragssatz erhoben und zur Hälfte von den Arbeitgebern getragen werden sollen. Auch die in dem Papier enthaltene Forderung nach Anhebung der Beitragsbemessungsgrenze auf das Niveau der Rentenversicherung macht nur Sinn, wenn eine ‚Bürgerversicherung' nur von öffentlich-rechtlichen Krankenkassen durchgeführt wird.

Wenn eine ‚Bürgerversicherung' nur von Krankenkassen durchgeführt werden soll, gibt es jedoch keine Wahlfreiheit zwischen Krankenkassen und PKV-Unternehmen, und schon gar keine „umfassende".

Dass es sich bei der Frage nach einer umfassenden Wahlfreiheit zwischen Krankenkassen und privaten Krankenversicherungen um eine Frage von zentraler Bedeutung handelt, wurde bereits an früheren Stellen dieses Buches dargelegt. Es sei hier nur daran erinnert, dass eine solche Wahlfreiheit das Ende der gesetzlichen Krankenversicherung bedeuten würde. Alle bisherigen GKV-Versicherten könnten zu privaten Versicherungsunternehmen wechseln, es müssten für alle Anbieter gleiche Wettbewerbsbedingungen gelten und die wären nur durch eine Privatisierung der Krankenkassen erreichbar. Eine Thematisierung dieser Folgen sucht man in dem Positionspapier vergeblich.

Dass eine allgemeine Wahlfreiheit zu massiven Problemen führen würde, war aber offenbar sehr wohl Gegenstand der internen Beratungen, denn es findet sich der Hinweis darauf, dass eine solche Wahlfreiheit einen – wie es euphemistisch formuliert wurde – „Selektionseffekt bei der Ausübung des Wahlrechts" (FES 2016: 10) zur Folge hätte. Wechseln würde „nur wer sich einen Vorteil verspricht" (ebd). Dass dies zu höheren Beitragsbelastungen der anderen Versicherten führt, wurde zwar festgestellt, eine Lösung jedoch nicht vorgestellt.

Insgesamt betrachtet bietet das Positionspapier nur rudimentäre Erklärungen dafür, was mit dem Begriff ‚Bürgerversicherung' gemeint war, und es weist an mehreren zentralen Stellen innere Widersprüche und Unklarheiten auf. Angesichts der Zusammensetzung des Arbeitskreises drängt sich der Eindruck auf, dass diese Widersprüche, Mehrdeutigkeiten und Unklarheiten Ausdruck eines zentralen Problems des rot-grünen Bürgerversicherungsmodells sind. In der Mitgliedschaft der Partei und der allgemeinen Öffentlichkeit wie auch in den Gewerkschaften wird unter ‚Bürgerversicherung' immer noch das verstanden, was im Abschlussbericht der Rürup-Kommission als ‚Bürgerversicherung' vorgestellt wurde: Die Ausweitung der Versicherungspflicht in der bestehenden gesetzlichen Krankenversicherung als staatlicher Sozialversicherung und damit verbundenen Pflichtmitgliedschaft in einer Krankenkasse auf alle Bürger. Das Bürgerversicherungsmodell von SPD und GRÜNEN wie auch alle Modellvarianten SPD-naher Ökonomen meinen mit ‚Bürgerversicherung' jedoch die Einführung eines ‚einheitlichen Krankenversicherungsmarktes' mit einem ‚Bürgerversicherungstarif', den Krankenkassen und PKV-Unternehmen zu gleichen Wettbewerbsbedingungen anbieten. In diesem Modell sollen alle Bürger die freie Wahl haben zwischen allen Anbietern dieses Tarifs.

Wie in den vorhergehenden Kapiteln aufgezeigt, würde ein solches Modell das Ende der gesetzlichen Krankenversicherung als staatlicher Sozialversicherung und den Übergang in ein reines PKV-System zur Folge haben. Dass das rot-grüne Bürgerversicherungsmodell darauf hinausläuft, dürfte jedoch nur sehr wenigen Akteuren der Politik bewusst sein und bei der weit überwiegenden Mehrheit der Mitgliedschaft und Funktionsträger von SPD und GRÜNEN auf entschiedene Ablehnung stoßen. Insofern wäre es für die Protagonisten einer ‚Bürgerversicherung' als ‚einheitlichen Krankenversicherungsmarktes' sehr riskant, die Konsequenzen einer Umsetzung dieses Reformmodells offenzulegen. Sie müssten damit rechnen, dass sie den Zugang zu Akteuren der Politik verlieren.

Für Akteure der wissenschaftlichen Politikberatung ist der Verlust des Zugangs zu einflussreichen Akteuren der Politik jedoch essenziell. Er ist entscheidend, um Einfluss auf politische Entscheidungen nehmen zu können. Angesichts dieses Risikos kann es strategisch hilfreich erscheinen, Sprache so einzusetzen, dass Bedeutung und Konsequenzen von Reformvorschlägen zwar nicht verschwiegen, jedoch so formuliert werden, dass sie ohne entsprechendes Hintergrundwissen nicht erkennbar sind. Ideal sind solche Formulierungen, die für ‚nicht eingeweihte' Adressaten nebensächlich oder belanglos erscheinen, oder den Eindruck erwecken, der betreffende Vorschlag entspreche den politischen Vorstellungen und Zielen der angesprochenen Adressaten, obwohl er diesen tatsächlich diametral entgegengesetzt ist.

Ein solcher Blick auf wissenschaftliche Politikberatung zeigt, dass es sich bei wissenschaftlicher Politikberatung nicht um eine wissenschaftliche, sondern um eine politische Tätigkeit handelt. ‚Wissenschaftlich' meint in dieser Wortkombination nur, dass sie von Wissenschaftlern ausgeübt wird. Dabei müssen auch nicht zwingend Standards wissenschaftlichen Arbeitens eingehalten werden, wie die zahlreichen Texte und ‚Studien' belegen, die keine oder nur hoch selektive Quellennachweise enthalten und den Stand der wissenschaftlichen Diskussion und Forschung ignorieren.

Auf langfristige Ziele ausgerichtete wissenschaftliche Politikberatung muss folglich darauf achten, Bündnispartner zu gewinnen und vorhandene Bündnispartner nicht zu verlieren. Akteure der wissenschaftlichen Politikberatung agieren nicht als Wissenschaftler, sondern ‚politische Unternehmer', die für ihre politischen Überzeugungen werben und ein politisches Projekt voranbringen wollen.

Sofern auch finanzielle Interessen eine Rolle spielen, beispielsweise in Form von Honoraren, erscheint es auch deshalb angemessen, von politischen Unternehmern zu sprechen, als eigene ‚Produkte' oder ‚Dienstleistungen' angeboten und verkauft werden, sei in Form von Auftragsgutachten, durch Stiftungen geförderte Studien oder honorierte Mitarbeit in Gremien der Politikberatung.

Diese Zusammenhänge gelten nicht nur für die Aktivitäten von Protagonisten des neoliberalen Originalmodells, wie es in den 1980er Jahren entwickelt und Anfang der 2000er Jahre von der nachfolgenden Generation neoliberaler Ökonomen weiterentwickelt wurde. Sie gelten auch für Protagonisten einer ‚Bürgerversicherung' als ‚einheitlicher Krankenversicherungsmarktes', die beratend für SPD, GRÜNE und Gewerkschaften aktiv sind.

Insgesamt betrachtet ist seit 2013 ein Abflauen sowohl der politischen Diskussion als auch der Aktivitäten der wissenschaftlichen Politikberatung zum Thema ‚Bürgerversicherung' zu verzeichnen. Wenn es Interventionen und Diskussionen gab, so waren sie weitgehend auf das gesundheitspolitisch interessierte Fachpublikum beschränkt und befassten sich mit Teilaspekten. Dazu gehörte beispielsweise der Frage einer Angleichung der ärztlichen Gebührenordnungen für GKV- und PKV-Versicherte, die Möglichkeit einer Einbeziehung der Alterungsrückstellungen der PKV in einen gemeinsamen Risikostrukturausgleich für GKV und PKV, die Frage der Einbeziehung von Beamten in die GKV oder Fragen einer Reform der Pflegeversicherung, durch die der Eigenanteil der Pflegebedürftigen gesenkt werden könnte (IGES 2014, 2017b; KOMV 2019; Rothgang/Domhoff 2017, 2019; Rothgang/Kalwitzki 2017; Walendzik/Wasem 2019).

Nach dem Ausbruch der COVID-19 Pandemie im Frühjahr 2020 verlagerte sich der Schwerpunkt der gesundheitspolitischen Diskussion schließlich auf Fragen und Maßnahmen zur Bewältigung der Pandemie. Im Gefolge der Pandemie richtete sich das Augenmerk der gesundheitspolitischen Diskussion auch im

Bundestagswahlkampf 2021 weniger auf Grundsatzfragen zur Zukunft der gesetzlichen Krankenversicherung als vielmehr auf die Pandemie und ihre Bewältigung. Insofern gab es auch kein erneutes Aufflackern der Diskussion über die Einführung einer ‚Bürgerversicherung‘, wie dies noch 2013 und 2017 der Fall war.

Nachdem sich SPD, GRÜNE und FDP Ende 2021 auf eine Regierungskoalition geeinigt hatten, war zudem absehbar, dass auch von der neuen Regierungskoalition keine Entscheidungen in Richtung einer rot-grünen ‚Bürgerversicherung‘ zu erwarten waren. In einem Interview Ende 2021 stellte der neue Gesundheitsminister, Karl Lauterbach (SDP), klar:

> „Eine langfristige Krankenkassenreform ist ein Projekt, das zwar ansteht, das wir aber jetzt nicht durchführen können, selbst wenn die FDP darum gebeten hätte (…) Wir werden in dieser Legislaturperiode die private Krankenversicherung nicht anfassen. Das steht so im Koalitionsvertrag" (Lauterbach 2021: 36).

Auch wenn es seit 2013 ein deutliches Abflauen der Diskussion über die Zukunft der gesetzlichen Krankenversicherung und der PKV gegeben hat und bis zum Ende der Legislaturperiode 2021 bis 2025 keine grundlegenden Entscheidungen zu erwarten sind, so bedeutet dies nicht, dass es ab 2013 einen Stillstand der Entwicklung gab oder in den Jahren bis 2025 geben wird. Wie die Darstellung der gesundheitspolitischen Entscheidungen der letzten Jahrzehnte und auch der Jahre 2013 bis 2021 zeigte, findet unterhalb grundsätzlicher Richtungsentscheidungen seit langem ein kontinuierlicher und für die Öffentlichkeit kaum wahrnehmbarer ‚schleichender‘ Umbau der gesetzlichen Krankenversicherung in Richtung eines PKV-Systems statt. Da bislang keine Anzeichen einer Abkehr von dieser Ausrichtung erkennbar sind, ist damit zu rechnen, dass es auch in Zukunft weitere Schritte in diese Richtung geben wird.

Schlussbetrachtung: Perspektiven für die Weiterentwicklung der gesetzlichen Krankenversicherung

Die vorliegende Untersuchung war dem Einfluss des Neoliberalismus auf die Gesundheitspolitik der Bundesrepublik gewidmet. Betrachtet wurde der Zeitraum von 1945 bis zur Bundestagswahl 2021, und im Mittelpunkt des Interesses stand die Diskussion über die Ausgestaltung der gesetzlichen Krankenversicherung als der zentralen Institution des deutschen Gesundheitswesens. Die Rekonstruktion der historischen Entwicklung bezog auch die gesundheitspolitische Gesetzgebung mit ein, um die Frage beantworten zu können, ob die Ideen und Vorschläge neoliberaler Akteure der wissenschaftlichen Politikberatung Eingang in die gesundheitspolitische Gesetzgebung gefunden haben, und wenn ja, in welcher Form.

Wie gezeigt, wurden bereits in den 1950er Jahren argumentative Grundlagen gelegt, die in den 1980er Jahren von neoliberalen Ökonomen aufgegriffen und zu einem neoliberalen Reformmodell weiterentwickelt wurden, das einen umfassenden marktwirtschaftlichen Umbau des deutschen Gesundheitswesens zum Ziel hat. Im Zentrum dieses Reformmodells steht die Abschaffung der gesetzlichen Krankenversicherung und Umwandlung der Krankenkassen in private Versicherungsunternehmen.

Zwar liegt die Entwicklung dieses Reformmodells mittlerweile gut vierzig Jahre zurück, es hat jedoch auch heute noch Relevanz. Die Rekonstruktion der historischen Entwicklung ergab, dass es seit Anfang der 1990er Jahre bis in die neuere Zeit zahlreiche gesetzliche Änderungen gab, mit denen die Krankenkassen der privaten Krankenversicherung immer weiter angenähert wurden. Der entscheidende letzte Schritt, die Umwandlung der Krankenkassen in private Versicherungsunternehmen, wurde jedoch noch nicht vollzogen. Vor etwa zehn Jahren war die gesundheitspolitische Diskussion während der Zeit der schwarzgelben Koalition aus CDU/CSU und FDP allerdings bereits an dem Punkt, dass

M. Simon, *Der Einfluss des Neoliberalismus auf die deutsche Gesundheitspolitik*, Gesundheit. Politik – Gesellschaft – Wirtschaft, https://doi.org/10.1007/978-3-658-41099-5_11

die Forderung nach einer Privatisierung der Krankenkassen öffentlich erhoben und diskutiert wurde, ohne dass dies einen breiten Sturm der Entrüstung in der Gesundheitspolitik auslöste.

Zwar verstummte diese Diskussion nach Bildung einer erneuten Großen Koalition im Jahr 2013, die Annäherung der Krankenkassen an die PKV wurde jedoch weitergeführt, beispielsweise durch Fortsetzung der bereits eingeleiteten Ausweitung des Geltungsbereichs des allgemeinen Wettbewerbsrechts auf die Krankenkassen.

Es wäre an der Zeit, eine breite gesellschaftliche Diskussion über die Zukunft der gesetzlichen Krankenversicherung zu führen. Wird diese Diskussion nicht geführt, ist zu erwarten, dass die bereits stattfindende schleichende Umwandlung der Krankenkassen in Versicherungsunternehmen weiterläuft und in absehbarer Zeit einen Punkt erreicht, an dem aufgrund von ‚Sachzwängen' die Frage nach der Rechtsform der Krankenkassen auf die Tagesordnung gesetzt und die Zulassung privater Rechtsformen beschlossen wird.

Entsprechende Vorstöße gab es bereits, an denen auch mögliche zukünftige Argumentationsmuster erkennbar wurden. Ein solches Muster könnte beispielsweise sein, dass vorgeschlagen wird, die Krankenkassen in Versicherungsvereine auf Gegenseitigkeit (VVaG) umzuwandeln. Das sei zwar – so die damalige Argumentation – eine private Rechtsform, allerdings nicht gewinnorientiert. Ob gewinnorientiert oder nicht, ob als VVaG oder als Aktiengesellschaft, die Zulassung privater Rechtsformen für Krankenkassen würde das Ende der gesetzlichen Krankenversicherung als staatliche Sozialversicherung und den Übergang in ein reines PKV-System bedeuten.

Wie gezeigt, gibt es mit dem rot-grünen Bürgerversicherungsmodell eine weitere Gefahr für die Zukunft der gesetzlichen Krankenversicherung als staatlicher Sozialversicherung. Das rot-grüne Modell einer ‚Bürgerversicherung' sieht nicht, wie vielfach angenommen, die Ausweitung der Versicherungspflicht in der bestehenden GKV auf alle Bürger vor, sondern stattdessen die Einführung eines ‚Bürgerversicherungstarifs', der sowohl von Krankenkassen als auch PKV-Unternehmen angeboten wird. Ziel ist die Einführung eines ‚einheitlichen Krankenversicherungsmarktes', auf dem Krankenkassen und private Krankenversicherungen unter gleichen Wettbewerbsbedingungen um alle Versicherten konkurrieren.

Auch das würde das Ende der bestehenden GKV bedeuten, denn einheitliche Wettbewerbsbedingungen erfordern vor allem einheitliche Rechtsformen. Da das rot-grüne Bürgerversicherungsmodell keine Verstaatlichung der PKV-Unternehmen vorsieht, die verfassungsrechtlich auch kaum vorstellbar wäre, bliebe nur die Privatisierung der Krankenkassen.

Insofern ist ein Szenario denkbar, an dem sich beide Entwicklungsstränge treffen. Die Verwirklichung des rot-grünen Bürgerversicherungsmodells würde die Grundlage dafür schaffen, dass der letzte Schritt zur Verwirklichung des neoliberalen Reformmodells vollzogen werden kann, die Privatisierung der Krankenkassen.

Eine solche Entwicklung hätte jedoch eine ‚Ironie der Geschichte' zur Folge, denn die weit überwiegende Mehrzahl der Befürworter einer ‚Bürgerversicherung', sicher auch bei SPD und GRÜNEN, will eigentlich das genaue Gegenteil: Den Erhalt und Ausbau der bestehenden gesetzlichen Krankenversicherung zu einer staatlichen Sozialversicherung, die alle Einwohner der Bundesrepublik einschließt.

Angesichts dieser Aussichten stellt sich die Frage, wie die Abschaffung der gesetzlichen Krankenversicherung und Umwandlung des bestehenden Systems in ein reines PKV-System verhindert werden kann. Es wäre jedoch unzureichend allein bei der Verhinderung einer Privatisierung der Krankenkassen stehen zu bleiben. Notwendig ist die Entwicklung eines Gegenentwurfes zum neoliberalen Reformmodell, denn dass neoliberale Vorstellungen in den letzten drei Jahrzehnten so erfolgreich waren, liegt vor allem auch in der bestehenden Konstruktion der gesetzlichen Krankenversicherung und den diese Konstruktion tragenden Vorstellungen begründet. Solange die gesetzliche Krankenversicherung als ‚Versicherung' gedacht wird und die Krankenkassen als mitgliedschaftlich organisierte ‚Versicherungsträger', die von ihren Mitgliedern selbst verwaltet werden, so wie ihre Vorläufer die freien Hilfskassen des 19. Jahrhunderts, bleibt die gesetzliche Krankenversicherung anfällig für die Forderung nach einer Umwandlung in eine ‚echte' Versicherung.

Nachfolgend sollen beide Fragen erörtert und mögliche Antworten vorgestellt werden. Zunächst wird der Frage nachgegangen, wie im Rahmen der traditionellen Vorstellung von Sozialversicherung eine kurz- oder mittelfristige Privatisierung der Krankenkassen wirksam verhindert werden könnte. Im Mittelpunkt steht dabei als zentrale Maßnahme die Zusammenlegung aller Krankenkassen zu einer einzigen bundesweiten Krankenkasse. Im Anschluss daran wird darauf eingegangen, wie die traditionelle Vorstellung der GKV als Sozialversicherung zu einem System sozialer Rechte für alle Bürger weiterentwickelt werden könnte.

Zusammenführung aller Krankenkassen zu einer einzigen Bundeskrankenkasse

Wie im Buch aufgezeigt, steht im Zentrum des neoliberalen Reformmodells die Abschaffung der gesetzlichen Krankenversicherung als staatlicher Sozialversicherung und Umwandlung der Krankenkassen in private Versicherungsunternehmen. Der Privatisierung der Krankenkassen kommt insofern eine zentrale Bedeutung zu, als dadurch die für den Charakter des deutschen Gesundheitswesens zentrale Institution beseitigt würde. Die Krankenkassen sind als Körperschaften des öffentlichen Rechts Träger der gesetzlichen Krankenversicherung und nehmen Aufgaben der mittelbaren Staatsverwaltung wahr. Ohne die Krankenkassen als Verwaltungseinheiten hört die gesetzliche Krankenversicherung als Organisation auf zu existieren. An ihre Stelle soll nach neoliberaler Vorstellung ein Versicherungstarif treten, der von Krankenkassen und privaten Krankenversicherungen angeboten wird. So soll ein ‚einheitlicher Krankenversicherungsmarkt‘ geschaffen werden, auf dem alle ‚Anbieter‘ dieses GKV-Tarifs unter einheitlichen Wettbewerbsbedingungen um alle Versicherten konkurrieren. Wie gezeigt, impliziert ein solches Modell, dass es nur noch Anbieter mit privater Rechtsform geben kann, denn ohne private Rechtsformen kann es keine einheitlichen Wettbewerbsbedingungen auf dem zu schaffenden ‚Versicherungsmarkt‘ geben.

Dem GKV-Wettbewerb kommt dabei eine zentrale Bedeutung zu. Leitgedanke der neoliberalen Vordenker dieses Reformmodells war, dass durch die Eröffnung eines Wettbewerbs zwischen den Krankenkassen diese veranlasst werden, sich wie private gewinnorientierte Unternehmen auf einem Markt zu verhalten. Wettbewerb zwischen Krankenkassen kann es allerdings nur geben, wenn es mehr als eine Krankenkasse gibt. Würden alle Krankenkassen zu einer einzigen Krankenkasse zusammengefasst, wäre dem GKV-Wettbewerb der Boden entzogen.

Die Gliederung der gesetzlichen Krankenversicherung in eine Vielzahl einzelner Krankenkassen ist nur historisch zu erklären. Bei der Gründung der gesetzlichen Krankenversicherung durch das Krankenversicherungsgesetz 1883 wurde auf dem damals bestehenden Hilfskassensystem aufgebaut. Dies beruhte nicht darauf, dass die damalige Reichsregierung dieses System für besonders geeignet hielt, es folgte allein Zweckmäßigkeitserwägungen.

Durch die Integration von Hilfskassen in das neu geschaffene System konnten deren Erfahrungen genutzt werden. Zudem konnte der Eindruck vermittelt werden, dass es sich bei der Einführung einer GKV als staatlicher Sozialversicherung nicht um einen radikalen Bruch mit der Tradition genossenschaftlicher Selbsthilfe handelte, sondern diese Tradition im neuen System fortgeführt werde. Allerdings wurden die bestehenden Hilfskassen dabei in öffentlich-rechtliche Körperschaften umgewandelt und in die staatliche Verwaltung eingegliedert. Dabei wurde den ehemaligen Hilfskassen jedoch ein Recht auf Selbstverwaltung eingeräumt, sodass die Mitglieder – wie zuvor – die Leitung wählen und die Satzung gestalten konnten, allerdings nur innerhalb des vorgegebenen gesetzlichen Rahmens.

Die Einbeziehung eines Großteils der bestehenden Hilfskassen hatte jedoch eine erhebliche Fragmentierung der GKV zur Folge. Bei Einführung der gesetzlichen Krankenversicherung gab es insgesamt fast 19.000 einzelne Kassen (Frerich/Frey 1996a: 102). Durch die Einbeziehung weiterer bestehender und Gründung neuer Einzelkassen stieg deren Zahl bis 1910 auf etwa 23.000 an.

Die Fragmentierung brachte es mit sich, dass viele Kassen nur über eine geringe Mitgliederzahl verfügten und dadurch wirtschaftlich instabil waren. Sie konnten bereits durch wenige Fälle schwerer Krankheit in finanzielle Probleme geraten. In den folgenden Jahrzehnten wurden darum immer mehr Kassen zusammengelegt. Mittlerweile liegt die Zahl der Krankenkassen bei unter 100, und weitere Zusammenschlüsse werden mit hoher Wahrscheinlichkeit folgen.

Betrachtet man die Arbeitslosen- und die Rentenversicherung, so zeigt sich ein deutlich anderes organisatorisches Bild. Die Arbeitslosenversicherung ist seit ihrer Einführung im Jahr 1927 als eine einzige Behörde organisiert, die lediglich regionale Untergliederung aufweist. Die gesetzliche Rentenversicherung war früher in eine Arbeiter- und eine Angestelltenrentenversicherung aufgeteilt, und Träger der Arbeiterrentenversicherung waren Landesversicherungsanstalten, für jedes Bundesland eine eigene. Die Unterteilung in eine Rentenversicherung für Arbeiter und eine für Angestellte wurde 1989 aufgehoben, und 2005 wurden beide Zweige zu einer einzigen Rentenversicherung Bund zusammengefasst.

Lediglich die gesetzliche Unfallversicherung weist noch eine Fragmentierung in verschiedene Trägerorganisationen auf wie die gewerblichen Berufsgenossenschaften, die landwirtschaftliche Berufsgenossenschaft sowie die Versicherungsträger der öffentlichen Hand (z. B. Unfallkassen, Landesunfallkassen, Gemeindeunfallversicherungsverbände).

Die Zusammenlegung aller Krankenkassen zu einer einzigen bundesweiten Krankenkasse wäre somit kein revolutionärer und grundlegender Umbau der GKV, sie würde nur den bereits in der Arbeitslosen- und Rentenversicherung bestehenden Organisationsstrukturen angepasst. Eine solche Zusammenlegung wäre auch kein verfassungsrechtliches Problem. In einer Grundsatzentscheidung aus dem Jahr 1975 stellte das Bundesverfassungsgericht fest:

> „Es wäre deshalb mit dem Grundgesetz zu vereinbaren, wenn z. B. der Gesetzgeber sämtliche Träger der gesetzlichen Krankenversicherung zusammenfasste und

in einem Bundesamt für Krankenversicherung als bundesunmittelbarer Körperschaft organisierte" (BVerfGE 39, 302 [315]).

Das Grundgesetz enthält zur Organisation der Sozialversicherung lediglich die Vorgabe, dass ihre Träger als Körperschaft oder Anstalt des öffentlichen Rechts zu führen sind (Art. 87 Abs. 2 GG). Darauf wies das Verfassungsgericht in der zitierten Entscheidung sowie auch in anderen Entscheidungen hin (so u. a. BVerfGE 113, 167 [201]). Der Gliederung der GKV in eine Vielzahl von Einzelkassen wohne auch „kein tiefergehender Gerechtigkeitsgehalt inne" (BVerfGE 113, 167 [202]), der eines besonderen Schutzes bedürfe.

In der 2005 ergangenen Entscheidung zum Risikostrukturausgleich knüpfte der damalige Zweite Senat an frühere Entscheidungen wie die von 1975 an und stellte klar, der einfache Gesetzgeber könne alle Krankenkassen auch zu einer „Bundeskrankenkasse" zusammenfassen.

> „Denn die Untergliederung der gesetzlichen Krankenversicherung in Krankenkassen stellt eine einfach-rechtliche, primär politisch (vgl. Nipperdey/Säcker, Zur verfassungsrechtlichen Problematik von Finanzausgleich und Gemeinlast in der Sozialversicherung, 1969, S. 1O, 22) und nicht rechtlich bestimmte Organisationsentscheidung des Gesetzgebers dar, der kein Verlassungsrang zukommt. Aus dem Grundgesetz folgt, was die Organisation der gesetzlichen Krankenversicherung angeht, weder ein Änderungsverbot noch ein bestimmtes Gestaltungsgebot (vgl. BVerfGE 36,383 [393]; 39 302 [315]; 89, 365 [377]). Der einfache Gesetzgeber wäre daher von Verfassungs wegen nicht gehindert, alle Träger der gesetzlichen Krankenversicherung zusammenzufassen und in einem Bundesamt für Krankenversicherung als bundesunmittelbare Körperschaft zu organisieren. Alle Mitglieder der gesetzlichen Krankenversicherung wären dann Teil einer einzigen großen „Bundeskrankenkasse", in der sich das Solidarprinzip ungehindert umfassend entfalten würde" (BVerfGE 113, 167 [223]).

Würde eine solche Zusammenführung zu einer einzigen Krankenkasse vollzogen, wäre nicht nur dem Wettbewerb der Boden entzogen, es würden auch alle Pläne für eine Privatisierung der Krankenkassen hinfällig. Zudem würde sein solcher Schritt den tatsächlichen Charakter der bestehenden gesetzlichen Krankenversicherung als staatlicher Institution der sozialen Sicherheit unzweifelhaft deutlich werden lassen, so wie dies bei der Renten- und Arbeitslosenversicherung seit jeher der Fall ist.

Die Zusammenlegung aller Einzelkassen zu einer einzigen Krankenkasse würde zwar zahlreiche Anpassungen des GKV-Rechts erfordern, jedoch keine grundlegenden Änderungen. Betroffen wären vor allen Rechtsvorschriften, die sich auf einzelne Kassenarten und Einzelkassen sowie das Verhältnis der Krankenkassen untereinander beziehen.

Bei der Zusammenführung zu einer einzigen Krankenkasse würde die Untergliederung in Einzelkassen entfallen, an ihre Stelle träte eine regionale Untergliederung. Auf der Bundesebene gibt es bereits seit 2008 einen Spitzenverband Bund der gesetzlichen Krankenversicherung, der verbindliche Vorgaben für alle Untergliederungen der gesetzlichen Krankenversicherung macht und Verträge mit Leistungserbringern auf Bundesebene schließt.

Auf der Landesebene gibt es in den Einzelkassen bereits entsprechende Organisationseinheiten, entweder Kassen, die nur in einem Bundesland tätig sind, oder Landesvertretungen bundesweit agierender Ersatzkassen. Auch unterhalb der Landesebene existieren bereits die erforderlichen Arbeitsebenen, bis hinunter zur kommunalen Ebene und gegebenenfalls auch noch darunter auf der Ebene der Geschäftsstellen in einzelnen Stadtteilen.

Die Zusammenlegung aller Krankenkassen zu einer einzigen Krankenkasse müsste auch keineswegs zu einem Arbeitsplatzabbau führen, denn die Arbeit in den Bereichen der Versichertenbetreuung sowie der Abwicklung von Verträgen, Kontrolle und Begleichung von Rechnungen etc. bliebe weitgehend dieselbe, da die Zahl der GKV-Mitglieder und Versicherten insgesamt gleich bliebe, ebenso wie die der Leistungserbringer.

Auch bei den Beziehungen zu Leistungserbringern wären keine grundlegenden Änderungen notwendig. Wie bereits an mehreren Stellen der vorliegenden Untersuchung angesprochen, gibt es traditionell den zentralen Grundsatz, dass Verträge mit Leistungserbringern ‚gemeinsam und einheitlich' zu vereinbaren sind. Auch selektivvertragliche Beziehungen könnten weiter bestehen, allerdings nicht mehr als Verträge über Leistungen, die nur die Versicherten einer bestimmten Einzelkasse in Anspruch nehmen dürfen, sondern als Verträge über Leistungen, die alle GKV-Versicherten von bestimmten einzelnen Leistungserbringern erhalten können.

Bei der Finanzierung der Krankenkassen gibt es im Grunde bereits die ‚Einheitskasse'. Die Beiträge werden von den bestehenden Krankenkassen als Einzugsstellen direkt an den Gesundheitsfonds weitergeleitet, der vom Bundesamt für Soziale Sicherung (BAS) verwaltet wird. Aus dem Gesundheitsfonds erhalten die Einzelkassen Zuweisungen zur Finanzierung der GKV-Leistungen und Verwaltungskosten. Würden alle Krankenkassen zu einer einzigen Krankenkasse Bund zusammengelegt, wären Adressaten der Zuweisungen aus dem Gesundheitsfonds dann die regionalen Untergliederungen, vor allem auf der Landesebene. Die Landesebene würde aus diesen Mitteln die Vergütungen zahlen, die auf Landesebene anfallen, beispielsweise die Gesamtvergütung für die ambulante vertragsärztliche Versorgung oder die Vergütungen für Krankenhäuser. Darüber hinaus würden aus dem Landesbudget die notwendigen Mittel für die Ausgaben der Verwaltungseinheiten unterhalb der Landesebene bestritten.

Für die Verteilung der Mittel wäre die Frage zu klären, nach welchen Kriterien sie erfolgen soll. Wie in der vorliegenden Untersuchung gezeigt, handelt es sich beim Risikostrukturausgleich um ein System, das der privaten Krankenversicherung entlehnt ist und das Prinzip risikoäquivalenter Prämien auf die gesetzliche Krankenversicherung überträgt. Sicher könnte man meinen, dass dieses System auch für die Verteilung der Mittel des Gesundheitsfonds auf die regionalen Untergliederungen der neuen Bundes-Krankenkasse verwendet werden könnte.

Dagegen spricht jedoch die Manipulationsanfälligkeit des Risikostrukturausgleich, für die es seit seiner Einführung eine Vielzahl an Belegen und Hinweisen gibt. Da sich die Organisationsstruktur der neuen gesetzlichen Krankenversicherung deutlich erkennbar am Aufbau der öffentlichen Verwaltung orientiert, liegt es nahe, das Verfahren zur Verteilung von Steuereinnahmen und die Kriterien des bundesweiten Finanzausgleichs auch für die Verteilung der Finanzmittel des Gesundheitsfonds zu nutzen. Damit würde nicht nur die Manipulationsanfälligkeit des RSA beseitigt, das System würde durch den Wegfall des RSA auch um ein Vielfaches einfacher.

Sicher werden sich bei einer solchen Umstellung noch zahlreiche Detailfragen und Probleme zeigen, auf die hier nicht eingegangen wurde. Es kann an dieser Stelle nicht Ziel der Ausführungen sein, eine umfassende und perfekte Darstellung eines solchen zukünftigen Systems der gesetzlichen Krankenversicherung zu bieten. Auch wenn es sich hier nur um eine grobe Skizze handeln kann, so dürfte doch deutlich geworden sein, dass eine solche Reform der gesetzlichen Krankenversicherung sowohl verfassungsrechtlich zulässig als auch rechtstechnisch machbar ist. Entscheidend ist der politische Wille.

Von der GKV zum allgemeinen sozialen Recht auf eine bedarfsgerechte medizinisch-pflegerische Versorgung

Die Zusammenlegung aller Krankenkassen zu einer einzigen bundesweiten Krankenkasse würde zwar die Gefahr einer Abschaffung der gesetzlichen Krankenversicherung durch Privatisierung der Krankenkassen bannen und vieles im GKV-System vereinfachen.[1] Damit würde jedoch weiter dem traditionellen Pfad

---

[1] Die nachfolgenden Ausführungen gelten in gleichem Maße auch für die soziale Pflegeversicherung, allerdings mit der Einschränkung, dass die Pflegeversicherung kein Recht auf eine

der Entwicklung der deutschen Sozialversicherung und auch der vorherrschenden Auffassung gefolgt, dass es sich bei der deutschen Sozialversicherung um eine ‚Versicherung' handelt, die sich von der Privatversicherung vor allem dadurch unterscheidet, dass sie auch soziale Gesichtspunkte berücksichtigt und durch Umverteilungen einen ‚sozialen Ausgleich' vornimmt.[2]

Wie im einleitenden Kapitel zur gesetzlichen Krankenversicherung gezeigt, handelt es sich bei der gesetzlichen Krankenversicherung jedoch nicht um eine Versicherung, sondern um eine grundsätzlich andere Konstruktion. Bei einer Versicherung handelt es sich um ein zweiseitiges Vertragsverhältnis, bei dem die Leistung der Versicherung in einem äquivalenten Verhältnis zur Gegenleistung des Versicherungsnehmers in Form der Versicherungsprämie steht. Ohne Zahlung der Versicherungsprämie besteht kein Anspruch auf Leistungen der Versicherung. Wie dargelegt, handelt es sich bei der Sozialversicherung und somit auch der gesetzlichen Krankenversicherung um zwei einseitige Rechtsverhältnisse. Der Staat gewährt den in die Sozialversicherung einbezogenen Personen einen Rechtsanspruch auf alle im Sozialrecht enthaltenen Leistungen, ohne dass ein direkter Zusammenhang zwischen dem Rechtsanspruch auf Leistungen und der Beitragszahlung besteht. Die Frage der Finanzierung der Sozialleistungen ist unabhängig von dem ersten in einem zweiten Rechtsverhältnis geregelt.

Wie dargelegt, wurde durch die Bismarck'sche Sozialgesetzgebung erstmals weltweit ein System sozialer Rechte für bestimmte Bereiche der sozialen Sicherheit eingeführt. Im Unterschied zu den in der Menschrechtserklärung der WHO enthaltenen sozialen Rechten gewährt das unter Bismarck eingeführte System soziale Rechte allerdings nicht allen Bürgern, sondern nur bestimmten Personengruppen. Nur wer durch Gesetz in die Sozialversicherung einbezogen ist, hat ein Recht auf jene Leistungen der sozialen Sicherung, die von den Zweigen der Sozialversicherung gewährt werden.

Diese Grundsatzentscheidung gilt auch heute noch. In § 2 SGB I wird zwar der Begriff „Soziale Rechte" eingeführt und es wird auch klargestellt, dass es sich um Rechtsansprüche von Personen handelt, die von den zuständigen staatlichen Behörden zu verwirklichen sind. Es folgt in den §§ 3 bis 10 SGB I eine Aufzählung aller sozialen Rechte. Dazu gehören das Recht auf Bildungs- und Arbeitsförderung (§ 3 SGB I), das Recht auf soziale Entschädigung (§ 5 SGB I), das Recht auf Minderung des Familienaufwandes (§ 6 SGB I), das Recht auf

---

bedarfsgerechte Versorgung gewährt, sondern nur eine Basisversorgung sicherstellen soll. Darauf wurde bereits an früherer Stelle des Buches näher eingegangen.

[2] Vgl. dazu die Rechtsprechung des Bundesverfassungsgerichts (u. a. BVerfGE 11, 105; 17, 1).

Zuschuss für eine angemessene Wohnung (§ 7 SGB I), das Recht auf Kinder- und Jugendhilfe (§ 8 SGB I), das Recht auf Sozialhilfe (§ 9 SGB I) und das Recht auf Teilhabe behinderter Menschen (§ 10 SGB I).

Während diese Rechte als direkte Rechte auf bestimmte, im Sozialrecht definierte Leistungen gewährt werden, sieht § 4 SGB I für die Leistungen der Sozialversicherung eine andere Konstruktion vor.

§ 4 Sozialversicherung

(1) Jeder hat im Rahmen dieses Gesetzbuchs ein Recht auf Zugang zur Sozialversicherung.

(2) Wer in der Sozialversicherung versichert ist, hat im Rahmen der gesetzlichen Kranken-, Pflege-, Unfall- und Rentenversicherung einschließlich der Alterssicherung der Landwirte ein Recht auf

1. die notwendigen Maßnahmen zum Schutz, zur Erhaltung, zur Besserung und zur Wiederherstellung der Gesundheit und der Leistungsfähigkeit und
2. wirtschaftliche Sicherung bei Krankheit, Mutterschaft, Minderung der Erwerbsfähigkeit und Alter.

Ein Recht auf wirtschaftliche Sicherung haben auch die Hinterbliebenen eines Versicherten.

Es gibt somit kein für alle Staatsbürger gleiches Recht auf „die notwendigen Maßnahmen zum Schutz, zur Erhaltung, zur Besserung und zur Wiederherstellung der Gesundheit und der Leistungsfähigkeit und wirtschaftliche Sicherung bei Krankheit, Mutterschaft, Minderung der Erwerbsfähigkeit und Alter", sondern nur für diejenigen, denen das geltende Sozialrecht ein „Recht auf Zugang zur Sozialversicherung" gewährt.

Nach mehr als einem Jahrhundert Sozialversicherung und einer in dieser Zeit vollzogenen schrittweisen Ausweitung der Einbeziehung in die verschiedenen Zweige der Sozialversicherung wäre es an der Zeit, endlich den letzten Schritt zu vollziehen, und das Recht auf Zugang zur Sozialversicherung durch ein allgemeines soziales Recht auf die in den Zweigen der Sozialversicherung enthaltenen Leistungen zu ersetzen. Im Fall der gesetzlichen Krankenversicherung wäre dies ein Recht auf alle Arten von Leistungen, auf die gemäß SGB V bisher nur die Versicherten der GKV einen Rechtsanspruch haben. Aus dem Recht auf Zugang würde so ein allgemeines soziales Recht auf die im SGB V vorgesehenen Leistungen. Gleiches würde für das SGB XI und die Leistungen der Sozialen Pflegeversicherung gelten.

Damit würde endlich auch den Anforderungen der Menschenrechtserklärung der Vereinten Nationen aus dem Jahr 1948 genüge getan. Denn die Menschenrechtserklärung versteht soziale Rechte als Rechte aller Menschen, nicht nur eines Teils der Bevölkerung eines Staates. Artikel 22 der Menschenrechtserklärung von 1948 stellt dazu fest:

> „Jeder hat als Mitglied der Gesellschaft das Recht auf soziale Sicherheit und Anspruch darauf, durch innerstaatliche Maßnahmen und internationale Zusammenarbeit sowie unter Berücksichtigung der Organisation und der Mittel jedes Staates in den Genuß der wirtschaftlichen, sozialen und kulturellen Rechte zu gelangen, die für seine Würde und die freie Entwicklung seiner Persönlichkeit unentbehrlich sind."

Die Forderung nach gleichen sozialen Rechten für alle Mitglieder einer Gesellschaft wurde im UN-Sozialpakt von 1966 erneuert und konkretisiert.[3] Der Pakt baut laut Präambel auf der Erkenntnis auf,

> „dass nach der Allgemeinen Erklärung der Menschenrechte das Ideal vom freien Menschen, der frei von Furcht und Not lebt, nur verwirklicht werden kann, wenn Verhältnisse geschaffen werden, in denen jeder seine wirtschaftlichen, sozialen und kulturellen Rechte ebenso wie seine bürgerlichen und politischen Rechte genießen kann".

Zu den sozialen Rechten wird ausdrücklich auch die medizinische Versorgung gezählt (Art. 12 Sozialpakt). Zudem wird festgestellt, dass das Recht jedes einzelnen Menschen auf soziale Sicherheit auch die Sozialversicherung einschließt.

> „Die Vertragsstaaten erkennen das Recht eines jeden auf Soziale Sicherheit an; diese schließt die Sozialversicherung ein" (Artikel 9 UN-Sozialpakt).

Zu den Unterzeichnerstaaten des Sozialpakts gehört auch die Bundesrepublik Deutschland. Der Sozialpakt trat 1976 in Kraft, dem Jahr, in dem auch das SGB I in Kraft trat. Dass die Kodifikation des Sozialrechts im ersten Buch eines neuen Sozialgesetzbuches mit der Nennung Sozialer Rechte begann, ist insofern in direktem Zusammenhang zum UN-Sozialpakt und letztlich auch der UN-Menschenrechtserklärung von 1948 zu sehen.

---

[3] Informationen über den Sozialpakt und der Vertragstext in deutscher Sprache sind verfügbar unter https://www.sozialpakt.info.

Aus der oben zitierten Feststellung, dass das Recht eines jeden auf soziale Sicherheit auch die Sozialversicherung einschließt, lässt sich – so die hier vertretene Auffassung – die Forderung nach einem Recht aller Mitglieder der Gesellschaft auf alle Leistungen der sozialen Sicherheit ableiten, auch die der Sozialversicherung.

Angesichts der geltenden Rechtslage könnte dies in Deutschland grundsätzlich auf zwei Wegen verwirklicht werden: Entweder erhalten alle Einwohner das Recht auf Zugang zur Sozialversicherung, in dem Sinne, dass sie Mitglied werden, oder die Leistungen der Sozialversicherung stehen allen Einwohnern zur Verfügung, ohne dass eine gesonderte Mitgliedschaft notwendig ist. Die letztendliche Wirkung wäre in beiden Fällen dieselbe. Alle Einwohner hätten ein Recht auf die Leistungen der Sozialversicherung. Beide Optionen sollen im Folgenden am Beispiel der gesetzlichen Krankenversicherung erörtert werden.

Versteht man „Zugang zur Sozialversicherung" als Zugang zur Mitgliedschaft, dann ergibt sich aus dem Vertragstext des UN-Sozialpakts, dass alle Einwohner mit der Geburt zugleich auch den Status eines GKV-Mitglieds erhalten müssen. Die bisherige Unterscheidung in Mitglieder und Versicherte der GKV genügt der Forderung nach einem für alle gleichen Recht auf Zugang zur Sozialversicherung nicht, denn beitragsfrei mitversicherte Familienangehörige sind keine Mitglieder. Sie sind lediglich über ein GKV-Mitglied ‚mitversichert' und haben keine eigenständigen Rechtsansprüche auf die Leistungen der GKV. Sie erhalten Leistungen der GKV nur deshalb, weil sie als Familienangehörige eines Mitglieds gelten.

Um die Forderung nach einem für alle Einwohner allgemeinen und gleichen Recht auf Zugang zur Sozialversicherung zu erfüllen, müsste die Unterscheidung in Mitglieder und Versicherte folglich entfallen. Das widerspräche jedoch der vorherrschenden Vorstellung und auch Rechtsauffassung, dass es sich bei der gesetzlichen Krankenversicherung im Allgemeinen und den Krankenkassen im Besonderen um mitgliedschaftlich verfasste Organisationen handelt, in denen – analog zu privaten Vereinen – nur bestimmte Personengruppen Mitglied sein können, und der Status des Mitglieds an eine abhängige Beschäftigung gebunden ist.

Diese Vorstellung ist jedoch bereits seit langem obsolet, da zahlreiche Personengruppen zu ‚Mitgliedern' der GKV wurden, die sich nicht in einem abhängigen Beschäftigungsverhältnis befinden, so beispielsweise Studenten, Behinderte in Werkstätten, selbständige Landwirte, selbständig tätige Künstler und Publizisten etc.

Wenn aber alle Staatsbürger ein Recht auf Zugang zur gesetzlichen Krankenversicherung haben, dann bedeutet dies das Ende der traditionellen Vorstellung von der gesetzlichen Krankenversicherung als mitgliedschaftlich verfasster

Institution. Es würde auch das Ende der traditionellen Vorstellung von Selbstverwaltung bedeuten. Eine Selbstverwaltung der GKV könnte weiter bestehen, allerdings wären dann alle wahlberechtigten Staatsbürger Mitglied und hätten das Wahlrecht.

Die Frage nach dem Sinn einer solchen Konstruktion bedürfte einer vertieften Diskussion, die hier nicht geleistet werden kann. Ein möglicher Nutzen einer solchen Selbstverwaltung könnte darin bestehen, dass dieser Zweig der staatlichen Verwaltung in besonderem Maße an die Bedürfnisse der Bürger angebunden werden sollte, da es um existenzielle Sozialleistungen geht, auf die die Bürger innerhalb des vorgegebenen gesetzlichen Rahmens auch direkten Einfluss erhalten sollten. Da es in einer solchen zukünftigen GKV keine Einzelkassen mehr gäbe, sondern nur noch eine bundesweite Krankenkasse mit regionalen Untergliederungen, könnten beispielsweise auf der kommunalen Ebene Gremien eingerichtet werden, die durch allgemeine und demokratische Wahlen legitimiert sind und besondere Mitspracherechte bei der kommunalen Gesundheitspolitik erhalten. Ob solche Strukturen gebildet werden und wie sie aufgebaut sein sollten und funktionieren könnten, kann und soll hier nicht beantwortet werden. Die Frage wäre im Rahmen eines breiten gesellschaftlichen Diskussionsprozesses zu klären.

Von größerer politischer Relevanz und sicher auch mit mehr politischem Konfliktstoff versehen, ist die Frage nach der Finanzierung eines solchen zukünftigen Systems. Wenn es ein allen zustehendes Recht auf Zugang zu den Leistungen der gesetzlichen Krankenversicherung als staatlicher Sozialversicherung gibt, dann ist es naheliegend, dass auch alle für die Finanzierung dieser Leistungen aufkommen sollten. Wer mit ‚alle‘ gemeint sein soll, wäre im Rahmen des Sozialrechts zu klären. Es dürfte jedoch unzweifelhaft sein, dass – sofern es bei einer Beitragsfinanzierung bleibt – auch Personen mit einer privaten Krankenvollversicherung an der Finanzierung zu beteiligen wären. Und wenn es weiter einen einkommensbezogenen GKV-Beitrag geben sollte, dann hätten auch sie einen solchen zu zahlen. Die Frage wäre dann zu klären, ob es weiter eine Beitragsbemessungsgrenze geben soll oder nicht. Die Gesamtkonstruktion eines solchen neuen Systems legt es allerdings nahe, dass es aus Gründen der sozialen Gerechtigkeit in diesem zukünftigen GKV-System keine Beitragsbemessungsgrenze geben sollte.

Eine solche Neuregelung hätte zur Folge, dass PKV-Versicherte bei Inkrafttreten entsprechender Neuregelungen sowohl ihre PKV-Prämie zahlen müssten, als auch den allgemeinen GKV-Beitrag. Eine solche Doppelbelastung wäre jedoch nicht zwingend und unvermeidbar. Verträge über eine private Krankenvollversicherung können wie alle privaten Versicherungsverträge von den

Versicherungsnehmern jederzeit und unter Einhaltung der vertraglich vereinbarten Kündigungsfrist gekündigt werden. Insofern hätte eine solche Neuregelung mit sehr hoher Wahrscheinlichkeit zur Folge, dass ein Großteil – vermutlich fast alle – PKV-Vollversicherungen von den Versicherungsnehmern gekündigt werden. Denn warum sollte jemand eine private Krankenvollversicherung aufrechterhalten, wenn es einen allgemeinen freien Zugang zu allen Leistungen der GKV gibt?

Lediglich Zusatzversicherungen wären noch von Interesse für diejenigen Personen, die Leistungen der medizinischen Versorgung erhalten wollen, die über die der gesetzlichen Krankenversicherung hinausgehen. Insofern wäre damit zu rechnen, dass ein Großteil der Krankenvollversicherungsverträge in Zusatzversicherungsverträge umgewandelt wird.

Ein Thema von besonderer Relevanz ist sicher die Frage, wie bei einer solchen Umstellung mit den angesammelten Alterungsrückstellungen der PKV umgegangen werden soll. Insgesamt verfügt die PKV mittlerweile über etwa 300 Mrd. Euro an Alterungsrückstellungen. Im Rahmen der Diskussion über das rot-grüne Bürgerversicherungsmodell gab es eine Diskussion über diese Frage (Albrecht/Schräder/et al. 2006a; Kingreen 2014a; Kingreen/Schramm 2013; Sehlen et al. 2005). Ziel der Befürworter des rot-grünen Modells war es zu erreichen, dass bei einem Wechsel von PKV-Versicherten deren Alterungsrückstellungen in voller Höhe in das GKV-System übertragen werden.

Von zentraler Bedeutung für die Realisierbarkeit einer solchen Vorstellung ist die Frage, ob es sich bei den Alterungsrückstellungen um individuelles Eigentum der einzelnen PKV-Versicherten, um Eigentum der Versichertengemeinschaft der jeweiligen PKV oder um Eigentum des PKV-Unternehmens handelt. Diese Frage ist rechtlich letztlich nicht zu klären, bevor es keine endgültige gerichtliche Entscheidung gibt. Da ein entsprechender Rechtsstreit mit hoher Wahrscheinlichkeit beim Bundesverfassungsgericht landen wird, wäre es letztlich von dessen Entscheidung abhängig, ob die Milliardenbeträge der Alterungsrückstellungen der PKV verbleiben oder in den Haushalt der GKV überführt werden.

Wie auch immer eine solche Entscheidung ausfallen würde, sie wäre nicht von grundlegender Bedeutung für die Systemumstellung. Sollte das Bundesverfassungsgericht entscheiden, dass es sich bei den Alterungsrückstellungen um Eigentum der PKV-Unternehmen handelt, könnte dies als eine Art ‚Entschädigung' für den nach der Umstellung vermutlich erfolgenden vollständigen Wegfall des Geschäftsfeldes der privaten Krankenvollversicherung angesehen werden. Sozusagen der ‚Preis' der Umstellung.

Eine Frage von weitaus größerer Bedeutung ist die nach der Verfassungsmäßigkeit der oben vorgestellten Umstellung. Diese Umstellung kommt dem Modell einer ‚Bürgerversicherung' sehr nahe, das eine Mitgliedschaft aller Einwohner in der bestehenden GKV als staatlicher Sozialversicherung vorsieht. Die bisherige sehr kontroverse Diskussion über die Frage, ob eine solche ‚Bürgerversicherung' mit der Verfassung vereinbar sei, basierte auf der traditionellen Vorstellung der gesetzlichen Krankenversicherung als einer mitgliedschaftlich verfassten Organisation. Die Einführung einer ‚Bürgerversicherung' ist nach dieser Vorstellung nur möglich, wenn alle Bürger durch Gesetz gezwungen werden, Mitglied der GKV zu werden, indem die ‚Versicherungspflichtgrenze' aufgehoben und so alle Einwohner der ‚Versicherungspflicht' in der GKV unterworfen werden. Dies ist ein Eingriff in die Freiheitsrechte und bedarf insofern einer Begründung, die diesen Eingriff verfassungsrechtlich legitimieren kann. Wäre die Ausübung staatlichen Zwangs zur Mitgliedschaft in der GKV aus Sicht des Verfassungsgerichts nicht mit dem Grundgesetz vereinbar, hätte dies zur Folge, dass ein entsprechendes Gesetz in diesen Punkt als verfassungswidrig gilt und entsprechende Regelungen aufzuheben wären.

Wenn die GKV jedoch keine mitgliedschaftliche Organisation mehr ist, sondern alle Bürger freien Zugang zu allen Leistungen der GKV haben, dann übt der Staat damit keinen Zwang zu Mitgliedschaft aus und schränkt keinerlei Freiheitsrechte ein. In Gegenteil: Eine entsprechende Neuregelung würde neue Rechte gewähren statt bestehende einzuschränken.

Anders verhält es sich hingegen bei der Frage einer Neuregelung der Finanzierung der GKV. Allerdings ließe sich die Ausweitung der Beitragspflicht damit legitimieren, dass durch die Neuregelungen nun auch alle, die bisher nicht in die GKV eingeschlossen sind, in den Genuss der Leistungen der GKV kommen.

Es bliebe somit letztlich nur die Frage, ob ein solcher Eingriff die Rechte der PKV-Unternehmen auf ihr angestammtes Geschäftsfeld der Krankenvollversicherung verletzt und deshalb als verfassungswidrig zu gelten hat. Eine entsprechende Klage von PKV-Unternehmen wäre allerdings mit einem gravierenden Problem verbunden, denn es würde keinem PKV-Unternehmen verboten, eine private Krankenvollversicherung anzubieten. Private Krankenvollversicherungen könnten weiter angeboten und – sofern es noch interessierte Versicherungsnehmer geben sollte – auch abgeschlossen werden. Das Geschäft der PKV mit Zusatzversicherung würde hingegen sicher deutlich zulegen, da ein erheblicher Teil der Versicherungsnehmer ihre bisherige Krankenvollversicherung in eine oder mehrere Zusatzversicherungen umwandeln würden, beispielsweise für zusätzliche Leistungen der ambulanten ärztlichen Behandlung, für besondere Krankenhausleistungen etc.

Die Umwandlung des bisherigen nur bestimmten Personengruppen zustehenden Rechts auf Zugang zur gesetzlichen Krankenversicherung in ein allgemeines, allen Einwohnern zustehendes Recht auf alle Leistungen der GKV wäre nicht nur ein Akt zur Verwirklichung sozialer Rechte, wie sie in der Menschenrechtserklärung von 1948 und dem UN-Sozialpakt von 1966 gefordert werden. Es wäre auch ein längst überfälliger Schritt zur ,Vollendung' der durch die Bismarck'sche Sozialgesetzgebung eingeführten Sozialversicherung. Wie im einführenden Kapitel zur gesetzlichen Krankenversicherung erwähnt, hatte Bismarck die drei Zweige der Arbeiterversicherung mit dem erklärten Ziel eingeführt, sie Zug um Zug auf immer mehr Teile der Bevölkerung auszuweiten.

Dieser Intention folgte auch die weitere Entwicklung nach dem Ende des Kaiserreichs, bis hin zu der letzten großen Ausweitung der GKV, wie sie von der sozialliberalen Koalition in der ersten Hälfte der 1970er Jahre und mit der 1981 beschlossenen Einführung der Künstlersozialversicherung vollzogen wurde. Seitdem wurde die Ausweitung jedoch nicht fortgeführt. Seit Anfang der 1980er Jahre herrscht weitgehend Stillstand. Auch dies kann als Folge des Einflusses neoliberaler Ökonomen und neoliberalen Denkens angesehen werden.

Es wäre nun an der Zeit, diese ursprüngliche Intention und über Jahrzehnte vorangetriebene Entwicklung zu ihrem Abschluss zu bringen, indem das Recht auf Zugang zu den Leistungen der gesetzlichen Krankenversicherung und letztlich auch der anderen Zeige der Sozialversicherung allen Einwohnern gewährt wird.

Literatur

Achinger, Hans; Bogs, Walter; Meinhold, Helmut; Neundörfer, Ludwig; Schreiber, Wilfried (1966): Soziale Sicherung in der Bundesrepublik Deutschland. Bericht der Sozialenquête-Kommission. Stuttgart: Kohlhammer.

Achinger, Hans; Höffner, Joseph; Muthesius, Hans; Neundörfer, Ludwig (1955): Neuordnung der sozialen Leistungen. Denkschrift auf Anregung des Herrn Bundeskanzlers. Köln: Greven.

Adam, Dietrich; Zweifel, Peter (Hrsg.) (1985): Preisbildung im Gesundheitswesen. Robert-Bosch-Stiftung. Beiträge zur Gesundheitsökonomie. Band 9. Stuttgart: Bleicher Verlag.

Adenauer, Konrad (1957): Regierungserklärung vom 29.10.1957. In: Deutscher Bundestag (Hrsg.) (Plenarprotokoll III/003 vom 29.10.1957. Bonn: Deutscher Bundestag, S. 17–26.

Adorno, Theodor W.; Horkheimer, Max (Hrsg.) (1972): Der Positivismusstreit in der deutschen Soziologie. Darmstadt: Luchterhand.

Alber, Jens (1989): Der Sozialstaat in der Bundesrepublik 1950–1983. Frankfurt; New York: Campus.

Alber, Jens; Bernhardi-Schenkluhn, Brigitte (1992): Westeuropäische Gesundheitssysteme im Vergleich. Bundesrepublik Deutschland, Schweiz, Frankreich, Italien, Großbritannien. Frankfurt: Campus.

Albrecht, Martin (2017): Optionen für eine integrierte Krankenversicherung. Vortrag im Rahmen des Fachgesprächs der Bundestagsfraktion der Grünen „Gerecht. Bezahlbar. Solidarisch. Die grüne Bürgerversicherung" Berlin, 12. Juni 2017. Online verfügbar unter: https://www.researchgate.net/publication/317822667_Optionen_fur_eine_integrierte_Krankenversicherung (14.11.2022).

© Der/die Herausgeber bzw. der/die Autor(en), exklusiv lizenziert an Springer Fachmedien Wiesbaden GmbH, ein Teil von Springer Nature 2023
M. Simon, *Der Einfluss des Neoliberalismus auf die deutsche Gesundheitspolitik*, Gesundheit. Politik – Gesellschaft – Wirtschaft,
https://doi.org/10.1007/978-3-658-41099-5

Albrecht, Martin; Hofmann, Jürgen; Reschke, Peter; Schiffhorst, Guido; Sehlen, Stefanie (2006): Stabilisierung der Finanzierungsbasis und umfassender Wettbewerb in einem integrierten Krankenversicherungssystem. Forschungsprojekt im Auftrag der Hans-Böckler-Stiftung. Online verfügbar unter: https://www.iges.com/sites/iges.de/myzms/content/e6/e1621/e10211/e6061/e6577/e6597/e9918/e9920/attr_objs9929/Gesamt_060209_ger.pdf (14.11.2022).

Albrecht, Martin; Reschke, Peter (2006): Grundtypen einer integrierten Krankenversicherung. In: Albrecht, Martin; Hofmann, Jürgen; Reschke, Peter; Schiffhorst, Guido; Sehlen, Stefanie (Hrsg.) (Stabilisierung der Finanzierungsbasis und umfassender Wettbewerb in einem integrierten Krankenversicherungssystem. Forschungsprojekt im Auftrag der Hans-Böckler-Stiftung. Berlin: IGES Institut für Gesundheits- und Sozialforschung GmbH, S. 3–49.

Albrecht, Martin; Reschke, Peter; Schiffhorst, Guido (2006): Finanzierungseffekte der Grundtypen im Vergleich. In: Albrecht, Martin; Hofmann, Jürgen; Reschke, Peter; Schiffhorst, Guido; Sehlen, Stefanie (Hrsg.) (Stabilisierung der Finanzierungsbasis und umfassender Wettbewerb in einem integrierten Krankenversicherungssystem. Forschungsprojekt im Auftrag der Hans-Böckler-Stiftung. Berlin: IGES Institut für Gesundheits- und Sozialforschung GmbH, S. 51–84.

Albrecht, Martin; Reschke, Peter; Schräder, Wilhelm F. (2006): Grundtypen einer integrierten Krankenversicherung. In: Albrecht, Martin; Schräder, Wilhelm F.; Sehlen, Stefanie (Hrsg.) (Modelle einer integrierten Krankenversicherung. Finanzierungseffekte, Verteilungswirkungen, Umsetzung. Berlin: edition sigma, S. 13–56.

Albrecht, Martin; Schräder, Wilhelm F.; Sehlen, Stefanie (2006a): Stabilisierung der Finanzierungsbasis und umfassender Wettbewerb in einem integrierten Krankenversicherungssystem. Vorwort der Herausgeber. In: Albrecht, Martin; Schräder, Wilhelm F.; Sehlen, Stefanie (Hrsg.) (Modelle einer integrierten Krankenversicherung. Finanzierungseffekte, Verteilungswirkungen, Umsetzung. Berlin: edition sigma, S. 7–12.

Albrecht, Martin; Schräder, Wilhelm F.; Sehlen, Stefanie (Hrsg.) (2006b): Modelle einer integrierten Krankenversicherung. Finanzierungseffekte, Verteilungswirkungen, Umsetzung. Berlin: edition sigma.

Andersen, Hanfried; Henke, Klaus-Dirk; Schulenburg, J.-Matthias Graf von der (1992): Basiswissen Gesundheitsökonomie. Band 2. Kommentierte Bibliographie. Berlin: edition sigma.

Andersen, Hanfried; Schulenburg, J.-Matthias Graf von der (1987): Kommentierte Bibliographie zur Gesundheitsökonomie. Berlin: edition sigma.

Andersen, Hanfried; Schwarze, Johannes (1998): GKV 97: Komt Bewegung in die Landschaft? Eine empirische Analyse der Kassenwahlentscheidungen. In: Arbeit und Sozialpolitik, Jg. 52, Heft 9–10, S. 11–23.

Andersen, Hanfried; Schwarze, Johannes (1999): Kassenwahlentscheidungen in der GKV. Eine empirische Analyse. In: Arbeit und Sozialpolitik, Jg. 53, Heft 5–6, S. 10–23.

AOK Baden-Württemberg (2013a): AOK Baden-Württemberg und renommierte Wissenschaftler plädieren für einen gemeinsamen Krankenversicherungsmarkt. Pressemitteilung vom 31.07.2013.

AOK Baden-Württemberg (2013b): Einheitlicher Krankenversicherungsmarkt ist kein „Einheitsbrei". Pressemitteilung vom 23.04.2013.

ARD (2010): ARD-DeutschlandTREND EXTRA Juni 2010. Online verfügbar unter: http://www.tagesschau.de/inland/deutschlandtrend1116.pdf (14.11.2022).

Arnold, Michael (1993): Solidarität 2000. Die medizinische Versorgung und ihre Finanzierung nach der Jahrtausendwende. Stuttgart: Ferdinand Enke.

Ärzte Zeitung (2012): Zukunft von PKV und GKV. Spahns Strategie gegen die Bürgerversicherung. Der einheitliche Versicherungsmarkt ist für den CDU-Politiker Jens Spahn der Weg zur Rettung der PKV. Ärztezeitung vom 22.08.2012. Online verfügbar unter: http://www.aerztezeitung.de/politik_gesellschaft/krankenkassen/article/820204/zukunft-pkv-gkv-spahns-strategie-buergerversicherung.html?sh=1&h=819885156 (14.11.2022).

Audier, Serge; Reinhoudt, Jurgen (2019): Neoliberalismus. Wie alles anfing: Das Walter Lippmann Kolloquium. Hamburg: kursbuch.edition.

Augurzky, Boris; Felder, Stefan; Krolop, Sebastian; Schmidt, Christoph M.; Wasem, Jürgen (2010): Ein gesundheitspolitisches Reformprogramm. RWI Positionen Nr. 38 vom 24. September 2010. Essen: RWI.

Baas, Jens (2013a): „Ich schraube gern an allem rum". Interview mit Jens Baas. In: Welt am Sonntag, 1.09.2013, S. 13.

Baas, Jens (2013b): „Promovierte sind seltener krank". Interview mit Jens Baas. In: Frankfurter Allgemeine Sonntagszeitung, 7.07.2013, S. 31.

Baas, Jens (2016): „Wir Krankenkassen schummeln ständig". Interview mit dem Vorstandsvorsitzenden der TechnIker Krankenkasse. In: Frankfurter Allgemeine Sonntagszeitung, 09.10.2016, S. 35.

BAG, Bundesamt für Gesundheit (2018): Die obligatorische Krankenversicherung kurz erklärt. Bern: Schweizer Eidgenossenschaft. Bundesamt für Gesundheit.

Bahr, Daniel (2012): „Es gibt Ärzte, die sehr gut verdienen". Interview mit Gesundheitsminister Daniel Bahr. In: Frankfurter Allgemeine Sonntagszeitung, 26.02.2012, S. 37.

BASYS, Beratungsgesellschaft für angewandte Systemforschung (1995): Gesundheitssysteme im internationalen Vergleich. Ausgabe 1994. Laufende Berichterstattung zu ausländischen Gesundheitssystemen. Augsburg: BASYS.

Bauhoff, Sebastian; Fischer, Lisa; Göpffarth, Dirk; Wuppermann, Amelie C. (2017): Plan Responses to Diagnosis- Based Payment: Evidence from Germany's Morbidity-Based Risk Adjustment. CESifo Working Paper No. 6507.

BDA, Bundesvereinigung der Deutschen Arbeitgeberverbände (2004): BDA-Finanzierungskonzept für das Gesundheitsprämienmodell. Berlin: BDA.

Beckenbach, Frank; Daskalakis, Maria; Hofmann, David (2016): Zur Pluralität der volkswirtschaftlichen Lehre in Deutschland. Eine empirische Untersuchung des Lehrangebotes in den Grundlagenfächern und der Einstellung der Lehrenden. Marburg: Metropolis-Verlag.

Becker, Ulrich; Schweitzer, Heike (2012): Wettbewerb im Gesundheitswesen – Welche gesetzlichen Regelungen empfehlen sich zur Verbesserung eines Wettbewerbs der Versicherer und Leistungserbringer im Gesundheitswesen? Gutachten B zum 69. Deutschen Juristentag. München: C. H. Beck.

Berg, Heinz (1986a): Bilanz der Kostendämpfungspolitik im Gesundheitswesen 1977–1984. Sankt Augustin: Asgard.

Berg, Heinz (1986b): Bilanz der Kostendämpfungspolitik im Gesundheitswesen seit 1977. In: Soziale Sicherheit, Jg. 35, Heft 5, S. 148–155.

Bertelsmann Stiftung (2003): Reform der sozialen Sicherung. Halbierung der Sozialabgaben keine politische Utopie. Pressemitteilung vom 14. November 2003.

Bertelsmann Stiftung (2013): Bertelsmann Stiftung und Verbraucherzentrale Bundesverband fordern integrierte Krankenversicherung. Pressemitteilung vom 13.05.2013. Online verfügbar unter: http://www.bertelsmann-stiftung.de/cps/rde/xchg/SID-19CFABC8-85E 2F15E/bst/hs.xsl/nachrichten_116309.htm?drucken=true& (14.05.2013).

Bertelsmann Stiftung; vzbv, Verbraucherzentrale Bundesverband (2013): Gerecht, effizient und nachhaltig. Zehn-Punkte-Plan zur integrierten Krankenversicherung. Online verfügbar unter: https://www.bertelsmann-stiftung.de/fileadmin/files/Projekte/Integrierte_Kra nkenversicherung/Download-IntKV-10Punkte-Plan.pdf (15.11.2022).

Bethusy-Huc, Viola Gräfin von (1976): Das Sozialleistungssystem der Bundesrepublik Deutschland. 2., neubearb. Auflage. Tübingen: Mohr.

Beveridge, Sir William (1942): Social Insurance and Allied Services. Summary of Report by Sir William Beveridge. 25. November 1942. Online verfügbar unter: http://filestore. nationalarchives.gov.uk/pdfs/small/cab-66-31-wp-42-547-27.pdf (15.11.2022).

BGH, Bundesgerichtshof (2012): BGH Beschluss vom 18.01.2012 – I ZR 170/10 vom 18. Januar 2012.

BGH, Bundesgerichtshof (2016): Bundesgerichtshof zur Notifizierungspflicht von Zuwendungen eines Landkreises an eine Kreisklinik bei der Europäischen Kommission. Urteil vom 24. März 2016 – I ZR 263/14. Mitteilung der Pressestelle Nr. 63/2016.

Bieback, Karl-Jürgen (1992a): Regulierungskonzepte und Regulierungsprobleme des Gesundheits-Reformgesetzes. In: Bieback, Karl-Jürgen (Hrsg.) (1992): Das Gesundheits-Reformgesetz – Eine gescheiterte Reform der Gesetzlichen Krankenversicherung? Sankt Augustin: Asgard, S. 21–36.

Bieback, Karl-Jürgen (2006a): Die Einbeziehung der Alterungsrückstellungen der PKV in die erweiterte GKV – Rechtsgutachten zur Verwendung der Alterungsrückstellungen in einem Bürgerversicherungsmodell. In: Albrecht, Martin; Hofmann, Jürgen; Reschke, Peter; Schiffhorst, Guido; Sehlen, Stefanie (Hrsg.) (2006): Stabilisierung der Finanzierungsbasis und umfassender Wettbewerb in einem integrierten Krankenversicherungssystem. Forschungsprojekt im Auftrag der Hans-Böckler-Stiftung. Berlin: IGES Institut für Gesundheits- und Sozialforschung GmbH, S. 151–221.

Bieback, Karl-Jürgen (2006b): Die Einbeziehung der Alterungsrückstellungen der PKV in die erweiterte GKV. Rechtsgutachten zur Verwendung der Alterungsrückstellungen in einem Modell der ‚Integrierten Krankenversicherung‘. In: Albrecht, Martin; Schräder, Wilhelm F.; Sehlen, Stefanie (Hrsg.) (2006): Modelle einer integrierten Krankenversicherung. Finanzierungseffekte, Verteilungswirkungen, Umsetzung. Berlin: edition sigma, S. 143–206.

Bieback, Karl-Jürgen (Hrsg.) (1992b): Das Gesundheits-Reformgesetz: Eine gescheiterte Reform der Gesetzlichen Krankenversicherung? Sankt Augustin: Asgard.

Biebricher, Thomas (2018): Neoliberalismus zur Einführung. 3., überarbeitete Auflage. Hambug: Junius.

Biebricher, Thomas (2021): Die politische Theorie des Neoliberalismus. Berlin: Suhrkamp.

Biebricher, Thomas (Hrsg.) (2016): Der Staat des Neoliberalismus. Baden-Baden: Nomos.

Biebricher, Thomas; Ptak, Ralf (2020): Soziale Marktwirtschaft und Ordoliberalismus zur Einführung. Hamburg: Junius.

Blüm, Norbert (1984): Im Dialog mit der Wissenschaft. Vorwort zum Schwerpunktheft „Ordnungspolitische Alternativen der Gesundheitspolitik". In: Bundesarbeitsblatt, Jg. 34, Heft 12, S. 1.

BMA, Bundesministerium für Arbeit und Sozialordnung (1982): Symposium Strukturreform der gesetzlichen Karnkenversicherung vom 23. bis 25. Juni 1982, veranstaltet vom Bundesministerium für Arbeit und Sozialordnung. Bonn: BMA.

BMA, Bundesministerium für Arbeit und Sozialordnung (1989): Erfahrungsbericht über die Auswirkungen der Krankenhaus-Neuordnung 1984. Bonn.

BMF-Beirat (2004): Nachhaltige Finanzierung der Renten- und Krankenversicherung. Berlin: BMF.

BMF-Beirat (2005): Zur Reform der Gesetzlichen Krankenversicherung: Ein Konsensmodell. 08.10.2005. Berlin: BMF.

BMG, Bundesministerium für Gesundheit (1993): Daten des Gesundheitswesens. Ausgabe 1993. Baden-Baden: Nomos.

BMG, Bundesministerium für Gesundheit (Hrsg.) (2001): Zukunftsmarkt Gesundheit. Tagungsband der Veranstaltung des Bundesministeriums für Gesundheit und des Bundesministeriums für Wirtschaft und Technologie. 6.12.2001. Baden-Baden: Nomos.

BMWi-Beirat, Beirat beim Bundesministerium für Wirtschaft und Energie (2006): Mehr Wettbewerb im System der Gesetzlichen Krankenversicherung. Stellungnahme des Wissenschaftlichen Beirates bei Bundesministerium für Wirtschaft und Technologie. Berlin: Bundesministerium für Wirtschaft und Technologie.

BMWi-Beirat, Wissenschaftlicher Beirat beim Bundesministerium für Wirtschaft und Technologie (2010): Zur Reform der Finanzierung der Gesetzlichen Krankenversicherung. Gutachten des Wissenschaftlichen Beirats beim Bundesministerium für Wirtschaft und Technologie, Mai 2010. Berlin: Bundesministerium für Wirtschaft und Technologie.

Boetticher, Karl Heinrich von (1881): Denkschrift des Staatssekretärs des Innern Karl Heinrich Boetticher für den Reichskanzler Otto Fürst von Bismarck. 31. Oktober 1881. In: Tennstedt, Florian; Winter, Heidi; Roeder, Elmar; Schmitz, Christian (Hrsg.) (1999): Quellensammlung zur Geschichte der deutschen Sozialpolitik 1867 bis 1914. Abteilung 1: Von der Reichsgründungszeit bis zur Kaiserllichen Sozialbotschaft (1867–1881). 5. Band. Die Krankenversicherung für gewerbliche Arbeitnehmer zwischen Selbsthilfe udn Staatshilfe. Darmstadt: Wissenschaftliche Buchgesellschaft, S. 622–633.

Bogs, Walter (1955): Grundfragen des Rechts der sozialen Sicherheit und seiner Reform. Berlin: Dunker & Humblot.

Böhm, Franz (1961): Demokratie und ökonomische Macht. In: Institut für ausländisches und internationales Wirtschaftsrecht (Hrsg.) (1961): Kartelle und Monopole im modernen Recht. Band I. Karlsruhe: C.F. Müller, S. 3–24.

Botzem, Sebastian; Hesselmann, Judith (2018): Gralshüter des Ordoliberalismus? Der Sachverständigenrat zur Begutachtung der gesamtwirtschaftlichen Entwicklung als ordnungspolitischer Fluchtpunkt bundesrepublikanischer Politikberatung. In: Leviathan, Jg. 46, Heft 3, S. 402–431.

Breyer, Friedrich (2012): Legale und illegale Wege zu einer Bürgerversicherung. In: Wirtschaftsdienst – Zeitschrift für Wirtschaftspolitik, Jg. 92, Heft 10, S. 655–658.

Breyer, Friedrich (2016): Das Missverständnis. Gerade linke Parteien bekämpfen die Kopfpauschale – dabei würde mit ihrer Hilfe eine bessere Krankenversicherung entstehen. In: Süddeutsche Zeitung, 15.12.2016, S. 2.

Breyer, Friedrich; Franz, Wolfgang; Homburg, Stefan; Schnabel, Reinhold; Wille, Eberhard (2004): Reform der sozialen Sicherung. Studie im Auftrag der Gemeinschaftsinitiative Soziale Marktwirtschaft. Berlin: Springer.

Breyer, Friedrich; Grabka, Markus; Jacobs, Klaus; Meinhardt, Volker; Ryll, Andreas; Schulz, Erika; Spieß, Katharina; Wagner, Gert G. (2001): Wirtschatliche Aspekte der Märkte für Gesundheitsdienstleistungen. Ökonomische Chancen unter sich verändernden demographischen und wettbewerblichen Bedingungen in der Europäischen Union. Gutachten im Auftrag des Bundesministeriums für Wirtschaft und Technologie. Online verfügbar unter: http://www.diw.de/sixcms/detail.php/38789 (13.09.2021).

Breyer, Friedrich; Grabka, Markus; Spieß, Katharina; Wagner, Gert G. (2001): Reformmöglichkeiten unter besonderer Berücksichtigung von Finanzierungsalternativen. In: Breyer, Friedrich; Grabka, Markus; Jacobs, Klaus; Meinhardt, Volker; Ryll, Andreas; Schulz, Erika; Spieß, Katharina; Wagner, Gert G. (Hrsg.) (2001): Wirtschatliche Aspekte der Märkte für Gesundheitsdienstleistungen. Ökonomische Chancen unter sich verändernden demographischen und wettbewerblichen Bedingungen in der Europäischen Union. Gutachten im Auftrag des Bundesministeriums für Wirtschaft und Technologie. Berlin: DIW, S. 160–194.

Breyer, Friedrich; Zweifel, Peter; Kifmann, Mathias (2005): Gesundheitsökonomik. 5. Auflage. Berlin: Springer.

Buchholz, Wolfgang; Edener, Birgit; Grabka, Markus; Henke, Klaus-Dirk; Huber, Monika; Ribhegge, Hermann; Ryll, Andreas; Wagener, Hans-Jürgen; Wagner, Gert G. (2001): Wettbewerb aller Krankenversicherungen kann Qualität verbessern und Kosten im Gesundheitswesen senken. DIW-Diskussionspapier Nr. 247. Berlin: DIW.

Bundeskartellamt (2010): Bundeskartellamt leitet Kartellverfahren gegen Krankenkassen ein. Pressemitteilung vom 22.02.2010.

Bundesregierung (1992): Entwurf eines Gesetzes zur Sicherung und Strukturverbesserung der Gesetzlichen Krankenversicherung (Gesundheits-Strukturgesetz 1993). Bundestags-Drucksache 12/3209 vom 07.09.1992.

Bundesregierung (2014): Entwurf eines Gesetzes zur Weiterentwicklung der Finanzstruktur und der Qualität in der gesetzlichen Krankenversicherung (GKV-Finanzstruktur- und Qualitäts-Weiterentwicklungsgesetz – GKV-FQWG). Bundestagsdrucksache 18/1307 vom 5.05.2014.

Bundesregierung (2019): Entwurf eines Gesetzes für einen fairen Kassenwettbewerb in der gesetzlichen Krankenversicherung (Fairer-Kassenwettbewerb-Gesetz – GKV-FKG). Bundestags-Drucksache 19/15662 vom 03.12.2019.

BÜNDNIS 90/DIE GRÜNEN (2002): Die Zukunft ist grün. Grundsatzprogramm von BÜNDNIS 90/DIE GRÜNEN – beschlossen auf der Bundesdelegiertenkonferenz am 15.–17. März 2002.

BÜNDNIS 90/DIE GRÜNEN (2003a): Grüne Bürgerversicherung. Beschluss des Parteirates vom 15.09.2003.

BÜNDNIS 90/DIE GRÜNEN (2003b): Grüne Reformpolitik und Agenda 2010: Sozialstaat reformieren – Gerechtigkeit erneuern – Zukunft gestalten. Beschluss der außerordentlichen Bundesdelegiertenkonferenz vom 14./15. Juni in Cottbus.

BÜNDNIS 90/DIE GRÜNEN (2004): Leistungsfähig – solidarisch – modern. Die grüne Bürgerversicherung. Beschluss der 23. ordentlichen Bundesdelegiertenkonferenz vom 2./3. Oktober 2003.

BÜNDNIS 90/DIE GRÜNEN (2010): Zugang, Teilhabe, Prävention: Grüne Gesundheitspolitik erhält und stärkt die Solidarität. Beschluss der 32. Ordentlichen Bundesdelegiertenkonferenz, 19.–21. November 2010.

BÜNDNIS 90/DIE GRÜNEN (2013): Zeit für den grünen Wandel. Teilhaben. Einmischen. Zukunft. Schaffen. Bundestagswahlprogramm 2013.

BÜNDNIS 90/DIE GRÜNEN (2017): Zukunft wird aus Mut gemacht. Bundestagswahlprogramm 2017. Beschlossen auf der 41. Bundesdelegiertenkonferenz vom 16. bis 18. Juni 2017.

BÜNDNIS 90/DIE GRÜNEN (2020): „... zu achten und zu schützen..." Veränderung schafft Halt. Grundsatzprogramm. BÜNDNIS 90/DIE GRÜNEN. Beschlossen am 22.11.2020.

BÜNDNIS 90/DIE GRÜNEN (2021): Themenseite Gesundheit. Online verfügbar unter: https://www.gruene.de/themen/gesund (10.12.2021).

Busse, Reinhard; Drösler, Saskia; Glaeske, Gerd; Greiner, Wolfgang; Schäfer, Thomas; Schrappe, Matthias (2007): Wissenschaftliches Gutachten für die Auswahl von 50 bis 80 Krankheiten zur Berücksichtigung im morbiditätsorientierten Risikostrukturausgleich.

Butler, Eamonn (2014): A Short History of the Mont Pelerin Society. Online verfügbar unter: https://www.montpelerin.org/about-mps/ (15.06.2022).

Butterwegge, Christoph (2005): Bürgerversicherung – Alternative zum neoliberalen Umbau des Sozialstaates? In: Strengmann-Kuhn, Wolfgang (Hrsg.) (2005): Das Prinzip Bürgerversicherung. Die Zukunft im Sozialstaat. Wiesbaden: VS Verlag, S. 29–50.

Butterwegge, Christoph; Lösch, Bettina; Ptak, Ralf (Hrsg.) (2017): Kritik des Neoliberalismus. 3., aktualisierte Auflage. Wiesbaden.

Butzer, Hermann (2001): Fremdlasten in der Sozialversicherung. Tübingen: Mohr Siebeck.

BVA, Bundesversicherungsamt (2008): So funktioniert der neue Risikostrukturausgleich im Gesundheitsfonds. Online verfügbar unter: https://www.bundesversicherungsamt. de/fileadmin/redaktion/Risikostrukturausgleich/Wie_funktioniert_Morbi_RSA.pdf (15.04.2020).

BVA, Bundesversicherungsamt (2011): Tätigkeitsbericht 2010. Bonn: BVA.

BVA, Bundesversicherungsamt (2018): Sonderbericht zum Wettbewerb in der gesetzlichen Krankenversicherung. Bonn: BVA.

BVA, Bundesversicherungsamt (2019): Festlegungen nach § 31 Absatz 4 RSAV für das Ausgleichsjahr 2020. Bonn: BVA.

BVerfG, Bundesverfassungsgericht (2001): Urteil des Ersten Senats vom 3. April 2001. Beiträge Kinderloser zur sozialen Pflegeversicherung (1 BvR 1629/94).

Caspari, Volker (2009): John Maynard Keynes. In: Kurz, Heinz D. (Hrsg.) (2009): Klassiker des ökonomischen Denkens. Band 2. München: Beck, S. 161–204.

Cassel, Dieter (1984): Möglichkeiten und Grenzen. In: Bundesarbeitsblatt, Jg. 34, Heft 12, S. 31–33.

Cassel, Dieter (2001): Demographischer Wandel – Folgen für die Gesetzliche Krankenversicherung. In: Wirtschaftsdienst, Jg. 81, Heft 2, S. 87–91.

Cassel, Dieter (2003): Optionen einer nachhaltigen Finanzierung des Gesundheitswesens. In: Wirtschaftsdienst, Jg. 83, Heft 2, S. 75–80.

CDU (1947): Ahlener Programm. Online verfügbar unter: https://www.kas.de/c/document_library/get_file?uuid=76a77614-6803-0750-c7a7-5d3ff7c46206&groupId=252038 (15.11.2022).

CDU (2003): Deutschland fair ändern. Beschluss des 17. Parteitages der CDU Deutschlands vom 1./2.12.2003.

CDU (2004a): Reform der gesetzlichen Krankenversicherung – Solidarisches Gesundheitsprämienmodell von CDU und CSU. Beschluss C33 des 18. Parteitags der CDU Deutschlands vom 6./7.12.2004. Online verfügbar unter: https://www.kas.de/upload/ACDP/CDU/Programme_Beschluesse/2004_2_Krankenversicherung.pdf (15.11.2022).

CDU (2004b): Wachstum – Arbeit – Wohlstand. Wachstumsstrategien für die Wissensgesellschaft. Antrag des Bundesvorstandes der CDU Deutschlands an den 18. Parteitag vom 6./7.12.2004, Berlin 4. Oktober 2004.

CDU (2007): Freiheit und Sicherheit. Grundsätze für Deutschland. Das Grundsatzprogramm. Beschluss des 21. Parteitags der CDU Deutschlands vom 3./4.12.2007.

CDU (2018): Fahrplan Grundsatzprogramm-Prozess. Online verfügbar unter: https://www.cdu.de/artikel/unser-weg-zum-neuen-grundsatzprogramm (17.12.2019).

CDU; CSU; SPD (2005): Gemeinsam für Deutschland – mit Mut und Menschlichkeit. Koalitionsvertrag zwischen CDU, CSU und SPD. Online verfügbar unter: https://www.cdu.de/sites/default/files/media/dokumente/05_11_11_Koalitionsvertrag_Langfassung_navigierbar_0.pdf (15.11.2022).

CDU-Bundesvorstand (2003): Deutschland fair ändern. Ein neuer Generationenvertrag für unser Land. Antrag des Bundesvorstandes der CDU Deutschlands an den 17. Parteitag am 1./2. Dezember 2003 in Leipzig. Online verfügbar unter: http://www.cdu-gera.de/attachments/125_Deutschland_fair_aendern.pdf (10.12.2009).

CDU/CSU (2005): Deutschlands Chancen nutzen. Wachstum. Arbeit. Sicherheit. Regierungsprogramm 2005–2009. Verabschiedet in einer gemeinsamen Sitzung des Bundesvorstandes der CDU und des Parteivorstandes der CSU, Berlin, 11. Juli 2005. Online verfügbar unter: https://www.kas.de/upload/ACDP/CDU/Programme_Bundestag/2005-2009_Regierungsprogramm_Deutschlands-Chancen-nutzen_Wachstum-Arbeit-Sicherheit.pdf (15.11.2022).

CDU/CSU (2009): Wir haben die Kraft – Gemeinsam für unser Land. Regierungsprogramm 2009–2013. Online verfügbar unter: https://archiv.cdu.de/artikel/wir-haben-die-kraft-gemeinsam-fuer-unser-land-regierungsprogramm-2009-2013 (15.11.2022).

CDU/CSU (2013): Gemeinsam erfolgreich für Deutschland: Regierungsprogramm 2013–2017. Online verfügbar unter: https://www.cdu.de/sites/default/files/media/dokumente/regierungsprogramm-2013-2017-langfassung-20130911.pdf (15.11.2022).

CDU/CSU (2017): Für ein Deutschland, in dem wir gut und gerne leben. Regierungsprogramm 2017–2021.

CDU/CSU (2021): Das Programm für Stabilität und Erneuerung. Gemeinsam für ein modernes Deutschland. Online verfügbar unter: https://www.csu.de/common/download/Regierungsprogramm.pdf (10.11.2022).

CDU/CSU; FDP (1988): Entwurf eines Gesetzes zur Strukturreform im Gesundheitswesen (Gesundheits-Reformgesetz — GRG). Bundestagsdrucksache 11/2237 vom 03.05.1988.

CDU/CSU; SPD (2006): Entwurf eines Gesetzes zur Stärkung des Wettbewerbs in der gesetzlichen Krankenversicherung (GKV-Wettbewerbsstärkungsgesetz – GKV-WSG). Bundestags-Drucksache 16/3100 vom 24.10.2006.

CDU/CSU; SPD; FDP (1992): Entwurf eines Gesetzes zur Sicherung und Strukturverbesserung der gesetzlichen Krankenversicherung (Gesundheits-Strukturgesetz). Bundestagsdrucksache 12/3608 vom 05.11.1992.

CDU/CSU-Bundestagsfraktion (2003a): Beschluss des Vorstandes der CDU/CSU-Bundestagsfraktion zur Zukunft der gesetzlichen Krankenversicherung. In: Union in Deutschland – Informationsdienst der Christlich Demokratischen Union Deutschlands, Jg. 56, Heft 5, S. 9–11.

CDU/CSU-Bundestagsfraktion (2003b): Für ein freiheitliches, humanes Gesundheitswesen – Gesundheitspolitik neu denken und gestalten. Antrag an den Deutschen Bundestag. Bundestagsdrucksache 15/1174 vom 17.06.2003.

CDU/CSU/FDP (2009): Wachstum. Bildung. Zusammenhalt. Der Koalitionsvertrag zwischen CDU, CSU und FDP.

CDU/CSU/SPD (2013): Deutschlands Zukunft gestalten. Koalitionsvertrag zwischen CDU, CSU und SPD. 18. Legislaturperiode. Online verfügbar unter: https://www.cdu.de/sites/default/files/media/dokumente/koalitionsvertrag.pdf (28.11.2013).

CDU/CSU/SPD (2018): Ein neuer Aufbruch für Europa. Eine neue Dynamik für Deutschland. Ein neuer Zusammenhalt für unser Land. Koalitionsvertrag zwischen CDU, CSU und SPD. Online verfügbar unter: https://www.cdu.de/system/tdf/media/dokumente/koalitionsvertrag_2018.pdf (15.11.2022).

Crouch, Colin (2011): Das befremdliche Überleben des Neoliberalismus. Berlin: Suhrkamp.

Decker, Frank (2009): Koalitionsaussagen und Koalitionsbildung. In: Aus Politik und Zeitgeschichte, Jg. 56, Heft 51, S. 20–26.

Deh, Uwe (2013): „Wir wollen Zusatzbeiträge vermeiden". Interview mit Uwe Deh. In: Tagesspiegel, 8.09.2013, S. 4.

Deutscher Ärztetag (2016a): Ärzteschaft lehnt rein ökonomisch ausgerichtete Bonusklauseln in Chefarztverträgen strikt ab. Pressemitteilung des Deutschen Ärztetages vom 26.05.2016.

Deutscher Ärztetag (2016b): Unabhängigkeit der ärztlichen Entscheidung stärken – Qualitätsverluste durch Ökonomisierung beenden. Entschließung des 119. Deutschen Ärztetages. In: Deutscher Ärztetag (Hrsg.) (2016): 119. Deuscher Ärztetag. Beschlussprotokoll. Erfurt: Deutscher Ärztetag, S. 41.

Deutscher Ärztetag (2019): Medizin vor Ökonomie – Ärzte-Kodex als Wegweiser ärztlichen Handelns – Patienten sind keine Kunden!. Beschluss des 122. Deutschen Ärztetages. In: Deutscher Ärztetag (Hrsg.) (2019): 122. Deuscher Ärztetag. Beschlussprotokoll. Münster: Deutscher Ärztetag, S. 146 f.

Deutscher Bundestag (1986): Bericht des Parlamentarischen Untersuchungsausschusses zur Flick-Spenden-Affaire. Bundestagsdrucksache 10/5079 vom 21.02.1986.

Deutscher Juristentag (2012): Thesen der Gutachter und Referenten. Bonn: Deutscher Juristentag e. V.

DIE LINKE (2009): Konsequent sozial. Für Demokratie und Frieden. Bundestagswahlprogramm 2009. Online verfügbar unter: https://archiv2017.die-linke.de/die-linke/wahlen/archiv/archiv-fruehere-wahlprogramme/ (15.11.2022).

DIE LINKE (2011): Programm der Partei DIE LINKE. Beschluss des Parteitages der Partei DIE LINKE vom 21. bis 23. Oktober 2011 in Erfurt. Online verfügbar unter: https://www.die-linke.de/partei/programm/ (28.04.2017).

DIE LINKE (2013): Wahlprogramm zur Bundestagswahl 2013. Online verfügbar unter: https://archiv2017.die-linke.de/die-linke/wahlen/archiv/archiv-fruehere-wahlprogramme/ (15.11.2022).

DIE LINKE (2017a): Gesundheit und Pflege gerecht finanzieren. Beschluss der Bundestags-fraktion DIE LINKE vom 20.06.2017. Online verfügbar unter: https://www.linksfrak tion.de/fileadmin/user_upload/Positionspapiere/2017/Positionspapier_FraktionSolGPV_ nach_FraSi.pdf (15.11.2022).

DIE LINKE (2017b): Solidarische und gerechte Finanzierung von Gesundheit und Pflege. Antrag der Bundestagsfraktion DIE LINKE. Bundestags-Drucksache 18/11722 vom 28.03.2017.

DIE LINKE (2017c): Wahlprogramm der Partei DIE LINKE zur Bundestagswahl 2017. Online verfügbar unter: https://www.die-linke.de/fileadmin/download/wahlen2017/wah lprogramm2017/die_linke_wahlprogramm_2017.pdf (30.09.2021).

DIE LINKE (2019): Ein System für alle – Privatversicherte in gesetzliche Krankenversi-cherung überführen. Antrag der Bundestagsfraktion DIE LINKE. Bundestagsdrucksache 19/9229 vom 09.04.2019.

Dreßler, Rudolf (1992): Rede vor dem Deutschen Bundestag In: Deutscher Bundestag (Hrsg.) (1992): Plenarprotokoll 12/117 vom 5. November 1992. Bonn: Deutscher Bun-destag, S. 9920–9924.

DWDS, Digitales Wörterbuch der deutschen Sprache (2019): Risiko/Etymologie. Online verfügbar unter: https://www.dwds.de/wb/Risiko (15.11.2022).

DWDS, Digitales Wörterbuch der deutschen Sprache (2022): Versicherung. Online verfügbar unter: https://www.dwds.de/wb/Versicherung (15.11.2022).

Eekhoff, Johann; Bünnagel, Vera; Kochskämper, Susanna; Menzel, Kai (2008): Bürgerpri-vatversicherung. Tübingen: Mohr Siebeck.

Eekhoff, Johann; Bünnagel, Vera; Kochskämper, Susanna; Menzel, Kai (2008): Nachhaltig-keit und Effizienz für das deutsche Gesundheitssystem. Otto-Wolff-Institut Discussion Paper 1/2008. Online verfügbar unter: https://iwp.uni-koeln.de/sites/iwp/Dokumente/04_ Publikationen/iwp_Policy_Paper/OWIWO_DP_01_2008.pdf (15.11.2022).

Egle, Christoph (2007): In der Regierung erstarrt? Die Entwicklung von Bündnis 90/Die Grünen 2002–2005. In: Egle, Christoph; Zohlnhöfer, Reimut (Hrsg.) (2007): Ende des rot-grünen Projektes. Eine Bilanz der Regierung Schröder 2002–2005, S. 98–123.

Egle, Christoph; Ostheim, Tobias; Zohlnhöfer, Reimut (2003a): Einführung: Eine Topogra-phie des rot-grünen Projekts. In: Egle, Christoph; Ostheim, Tobias; Zohlnhöfer, Reimut (Hrsg.) (2003): Das rot-grüne Projekt. Eine Bilanz der Regierung Schröder 1998–2002. Wiesbaden: Westdeutscher Verlag, S. 9–25.

Egle, Christoph; Ostheim, Tobias; Zohlnhöfer, Reimut (Hrsg.) (2003b): Das rot-grüne Pro-jekt. Eine Bilanz der Regierung Schröder 1998–2002. Wiesbade: Westdeutscher Verlag.

Eichenhofer, Eberhard (2021): Sozialrecht. 12. Auflage. Tübingen: Mohr Siebeck.

Engelen-Kefer, Ursula (Hrsg.) (2004): Reformoption Bürgerversicherung. Hamburg: VSA.

Engels, Wolfram (1984): Arbeitslosigkeit. Woher sie kommt und wie man sie beheben kann. Bad Homburg: Frankfurter Institut für wirtschaftspolitische Forschung e. V.

EU-Kommission, Kommission der Europäischen Gemeinschaften (1996): Leistungen der Daseinsvorsorge in Europa. Mitteilung der Kommission der Europäischen Gemeinschaf-ten (ABl. C 281 vom 26.09.1996, S. 3).

Eucken, Walter (1952): Grundsätze der Wirtschaftspolitik. Bern/Tübingen: A. Francke Ver-lag/J.C.B. Mohr.

Eucken, Walter (1999): Ordnungspolitik. Herausgegeben von Walter Oswald. Münster: LIT Verlag.

EuGH, Europäischer Gerichtshof (1991): Urteil des Gerichtshofs vom 23. April 1991 in der Rechtssache C-41/90 (Höfner und Elser).

EuGH, Europäischer Gerichtshof (1993): Urteil des Gerichtshofs vom 17. November 1993 in den verbundenen Rechtssachen C-159/91 und C-160/91 (Poucet und Pistre).

EuGH, Europäischer Gerichtshof (2003a): Urteil des Gerichtshofs vom 4. März 2003 in der Rechtssache T-319/99 (FENIN).

EuGH, Europäischer Gerichtshof (2003b): Urteil des Gerichtshofs vom 24. Juli 2003 in der Rechtssache C-280/00 (Altmark Trans).

EuGH, Europäischer Gerichtshof (2009): Urteil des Gerichtshofs vom 5. März 2009 in der Rechtssache C-350/07 (Kattner Stahlbau).

EuGH, Europäischer Gerichtshof (2011): Urteil des Gerichtshofes vom 1. März 2011 in der Rechtssache C-236-09.

EuGH, Europäischer Gerichtshof (2013): Urteil des Gerichtshofes vom 3. Oktober 2013 – C-59/12, GRUR 2013, 1159 (BKK Mobil Oil/Zentrale zur Bekämpfung unlauteren Wettbewerbs).

FAZ, Frankfurter Allgemeine Zeitung (2008a): Krankenversicherer erwägen die Selbstabschaffung. FAZ.net vom 10.06.2008. Online verfügbar unter: https://www.faz.net/aktuell/wirtschaft/wirtschaftspolitik/flucht-aus-der-krise-krankenversicherer-erwaegen-selbstabschaffung-1545224.html (15.11.2022).

FAZ, Frankfurter Allgemeine Zeitung (2008b): Versicherer wollen „Rückbau der Sozialsysteme". FAZ.net vom 12.06.2008. Online verfügbar unter: https://www.faz.net/aktuell/wirtschaft/wirtschaftspolitik/weitreichende-reformueberlegungen-versicherer-wollen-rueckbau-der-sozialsysteme-1543910.html (15.11.2022).

FDP (1971): Liberale Demokraten – die Sozialliberalen. Freiburger Thesen zur Gesellschaftspolitik. Beschlossen auf dem Bundesparteitag der Freien Demokratischen Partei in Freiburg vom 25./27. Oktober 1971.

FDP (1977): Kieler Thesen der Freien Demokratischen Partei. Beschlossen auf dem Bundesparteitag in Kiel vom 6.–8. November 1977. Online verfügbar unter: https://www.freiheit.org/de/grundsatzprogramme-und-dokumente (15.11.2022).

FDP (2001): Für ein liberales Gesundheitssystem mit Eigenverantwortung, Wettbewerb, Wahlfreiheit und Transparenz – gegen Budgetierung, Dirigismus und Bevormundung. Beschluss des 52. Ordentlichen Bundesparteitages der FDP, Düsseldorf, 4.–6. Mai 2001.

FDP (2003): Wir schaffen das moderne Deutschland. Beschluss des 54. Ord. Bundesparteitages der FDP, Bremen 16.–18. Mai 2003.

FDP (2004): Privater Krankenversicherungsschutz mit sozialer Absicherung für alle – die auf Wettbewerb begründete liberale Alternative. Beschluss des 55. Bundesparteitages der FDP, Dresden 5. und 6. Juni 2004.

FDP (2009): Die Mitte stärken. Deutschlandprogramm 2009. Programm der Freien Demokratischen Partei zur Bundestagswahl 2009.

FDP (2013): Bürgerprogramm 2013. Programm der Freien Demokratischen Partei zur Bundestagswahl 2013, beschlossen auf dem Bundesparteitag vom 4. bis 5. Mai 2013 in Nürnberg. Online verfügbar unter: https://www.freiheit.org/de/deutschland/wahlprogramme-der-fdp-zu-den-bundestagswahlen (15.11.2022).

FDP (2017): Denken wir neu. Das Programm der Freien Demokraten zur Bundestagswahl 2017. Online verfügbar unter: https://www.fdp.de/sites/default/files/uploads/2017/08/07/20170807-wahlprogramm-wp-2017-v16.pdf (16.12.2019).

FDP (2021): Nie gab es mehr zu tun. Das Programm der Freien Demokraten zur Bundestagswahl 2021. Beschluss des 72. Ord. Bundesparteitag der Freien Demokraten vom 14.–16. Mai 2021. Online verfügbar unter: https://www.freiheit.org/de/deutschland/wahlprogramme-der-fdp-zu-den-bundestagswahlen (15.11.2022).

FDP-Bundestagsfraktion (2009): Für ein einfaches, transparentes und leistungsfähiges Gesundheitswesen. Antrag. Bundestagsdrucksache 16/11879 vom 11.02.2009.

Feld, Lars P. (2013): Zur Bedeutung des Manifests der Marktwirtschaft oder: Das Lambsdorff-Papier im 31. Jahr. Freiburger Diskussionspapiere zur Ordnungsökonomik 13/9. Online verfügbar unter: https://www.eucken.de/wp-content/uploads/Diskussionspapier_1309.pdf (15.11.2022).

FES, Friedrich Ebert Stiftung (2002): Reform für die Zukunft. Eckpunkte einer neuen Gesundheitspolitik. Vorgelegt zur Tagung der Friedrich-Ebert-Stiftung, Gesprächskreis Arbeit und Soziales, „Gesundheitssysteme im internationalen Vergleich" am 11. April 2002 in Berlin. Online verfügbar unter: http://library.fes.de/fulltext/asfo/01232.htm#E10E1 (15.11.2022).

FES, Friedrich Ebert Stiftung (2016): Der Weg zur Bürgerversicherung. Solidarität stärken und Parität durchsetzen. Positionspapier der Abteilung Wirtschafts- und Sozialpolitik der Friedrich-Ebert-Stiftung. Online verfügbar unter: http://library.fes.de/pdf-files/wiso/12990-20161214.pdf (15.11.2022).

Firnkorn, Hans-Jürgen (2006): Unabhängige wissenschaftliche Politikberatung bei gesundheitsökonomischen Fragestellungen – Hinweise auf ihr Entstehen in der Bundesrepublik. In: Rebscher, Herbert (Hrsg.) (2006): Gesundheitsökonomie und Gesundheitspolitik im Spannungsfeld zwischen Wissenschaft und Politikberatung. Festschrift für Günter Neubauer. Heidelberg: Economica, S. 35–49.

Foucault, Michel (2006): Die Geburt der Biopolitik. Geschichte der Goovernementalität II. Vorlesungen am College de France 1978–1979. Frankfurt/M.: Suhrkamp.

Frerich, Johannes; Frey, Martin (1996a): Handbuch der Geschichte der Sozialpolitik in Deutschland. Band 1: Von der vorindustriellen Zeit bis zum Ende des Dritten Reiches, 2. Aufl. München: Oldenbourg.

Frerich, Johannes; Frey, Martin (1996b): Handbuch der Geschichte der Sozialpolitik in Deutschland. Band 3: Sozialpolitik in der Bundesrepublik Deutschland bis zur Herstellung der Deutschen Einheit, 2. Aufl. München: Oldenbourg.

Friedman, Milton (1962/2004): Kapitalismus und Freiheit (amerikanische Erstausgabe: 1962). München: Piper 2004.

Fromme, Herbert (2008): 10-seitige Kriegserklärung. Wachsender Frust in den Konzernzentralen über private Krankenversicherung. Steit um Zukunftpapier. In: Financial Times Deutschland, 10.06.2008, S. 18.

Fromme, Herbert; Schlingensiepen, Ilse (2008): Versicherer spielen Streit herunter. In: Financial Times Deutschland, 11.06.2008, S. 19.

FTD, Financial Times Deutschland (2008): Krieg der Krankenversicherer. FTD.de vom 09.06.2008. Online verfügbar unter: http://www.ftd.de/unternehmen/versicherungen/:krieg-der-krankenversicherer/369877.html?mode=print (15.11.2022).

Gabriel, Karl; Große Kracht, Hermann-Josef (Hrsg.) (2006): Josef Höffner (1906–1987) Soziallehre und Sozialpolitik. Der personale Faktor. Paderborn: Schöningh.

Gäfgen, Gérard (1984): Ordnungspolitik im Krankenhausbereich. Sparen durch Gestalten. In: Bundesarbeitsblatt, Jg. 34, Heft 12, S. 19–22.

Gäfgen, Gérard; Lampert, Heinz (Hrsg.) (1982): Betrieb, Markt und Kontrolle im Gesundheitswesen. Robert-Bosch-Stiftung. Beiträge zur Gesundheitsökonomie. Band 3. Stuttgart: Bleicher Verlag.

GDV, Gesamtverband der deutschen Versicherungswirtschaft (2008): Soziale Sicherung 2020. Angebote der deutschen Versicherungswirtschaft. Positionspapier der deutschen Versicherungswirtschaft zur Zukunft der sozialen Sicherung in Deutschland. Entwurf vom 1.04.2008. Online verfügbar unter: http://www.initiative-mehr-gesundheit.de/_GDV-PKV_Papier-ENTWURF4'08GKV+SPV-Reformfin+Cuntze27.5.09Anregungen+Anlagen.pdf (15.11.2022).

Geigant, Friedrich; Oberender, Peter (Hrsg.) (1985): Marktsteuerung im Gesundheitswesen. Robert-Bosch-Stiftung. Beiträge zur Gesundheitsökonomie, Band 8. Stuttgart: Bleicher Verlag.

Gellner, Winand; Schmöller, Michael (Hrsg.) (2009): Solidarität und Wettbewerb. Gesetzliche Krankenversicherungen auf dem Weg zu profitorientierten Versicherungsunternehmen – Zukunftsoptionen und Probleme. Baden-Baden: Nomos.

Genett, Tim (2013): Die Illusion vom einheitlichen Krankenversicherungsmarkt. Die Dualität von GKV und PKV bringt mehr Wettbewerb als eine GKV für alle. In: gpk – Gesellschaftspolitische Kommentare, Jg., Heft 2–3, S. 4–11.

Gerlinger, Thomas (2003): Rot-grüne Gesundheitspolitik 1998–2003. In: Aus Politik und Zeitgeschichte, Jg. 50, Heft 33–34, S. 6–13.

Gerste, Betina; Rehbein, Isabel (1998): Der Pflegemarkt in Deutschland. Ein statistischer Überblick. Bonn: Wissenschaftliches Institut der AOK.

Geyer, Martin H. (2008): Rahmenbedingungen: Unsicherheit als Normalität. In: Geyer, Martin H. (Hrsg.) (2008): Geschichte der Sozialpolitik in Deutschland seit 1945. Band 6. 1974–1982. Bundesrepublik Deutschland – Neue Herausforderungen, wachsende Unsicherheiten. Baden-Baden: Nomos, S. 1–110.

Gitter, Wolfgang; Hauser, Heinz; Henke, Klaus-Dirk; Knappe, Eckhard; Männer, Leonhard; Neubauer, Günter; Oberender, Peter; Sieben, Günter (1988): Vorschläge zur Strukturreform der Gesetzlichen Krankenversicherung. Wissenschaftliche Arbeitsgruppe „Krankenversicherung". Gerlingen: Bleicher.

Gitter, Wolfgang; Oberender, Peter (1987): Möglichkeiten und Grenzen des Wettbewerbs in der Gesetzlichen Krankenversicherung. Eine ökonomische und juristische Untersuchung zur Strukturreform der GKV. Baden-Baden: Nomos.

GKV, Arbeitsgemeinschaft der Spitzenverbände der gesetzlichen Krankenkassen (2006): Gemeinsame Stellungnahme. AOK-Bundesverband, BKK Bundesverband, IKK-Bundesverband, See-Krankenkasse, Bundesverband der landwirtschaftlichen Krankenkassen, Verband der Angestellten-Krankenkassen e. V., AEV – Arbeiter-Ersatzkassen-Verband e. V. zum Entwurf eines Gesetzes zur Stärkung des Wettbewerbs in der Gesetzlichen Krankenversicherung (GKV-Wettbewerbsstärkungsgesetz – GKV-WSG). Bundestags-Drucksache 16/3100 – vom 24.10.2006.

GKV-Enquêtekommission (1990a): Endbericht der Enquête-Kommission des 11. Deutschen Bundestages „Strukturreform der gesetzlichen Krankenversicherung". Band 1. Bonn: Deutscher Bundestag, Referat Öffentlichkeitsarbeit.

GKV-Enquêtekommission (1990b): Endbericht der Enquête-Kommission des 11. Deutschen Bundestages „Strukturreform der gesetzlichen Krankenversicherung". Band 2 (Anhang). Bonn: Deutscher Bundestag, Referat Öffentlichkeitsarbeit.

GKV-Enquêtekommission (1990c): Endbericht der Enquête-Kommission des 11. Deutschen Bundestages „Strukturreform der gesetzlichen Krankenversicherung". Bundestags-Drucksache 11/6380 vom 12.02.1990.

GKV-SV, GKV-Spitzenverband (2017): Positionspapier des GKV-Spitzenverbandes für die 19. Legislaturperiode 2017–2021. Berlin, den 28. Juni 2017. Online verfügbar unter: https://www.gkv-spitzenverband.de/media/dokumente/service_1/publikationen/Positi onspapier_neue_Legislaturperiode_2017-2021_barrierefrei_a.pdf (13.07.2022).

Glaeske, Gerd; Lauterbach, Karl W.; Rürup, Bert; Wasem, Jürgen (2001): Weichenstellung für die Zukunft – Elemente einer neuen Gesundheitspolitik; vorlegt zur Tagung der Friedrich-Ebert-Stiftung, Gesprächskreis Arbeit und Soziales, „Mittel- und langfristige Gestaltung des deutschen Gesundheitswesens" am 5. Dezember 2001 in Berlin. Online verfügbar unter: https://library.fes.de/fulltext/asfo/01160.htm (15.11.2022).

Glanz, Alexander (2000): Der Risikostrukturausgleich auf dem Prüfstand. Die Entwicklung des Verfahrens im Spannungsfeld zwischen Genauigkeit, Transparenz und Planbarkeit. In: Arbeit und Sozialpolitik, Jg. 54, Heft 5–6, S. 35–47.

Goldschmidt, Andreas J.W.; Hilbert, Josef (Hrsg.) (2009): Gesundheitswirtschaft in Deutschland. Die Zukunftsbranche. Wegscheid: WIKOM.

Graalmann, Jürgen (2012): „Ich will mehr Wettbewerb". Interview mit Jürgen Graalmann. In: Tagesspiegel, 2.07.2012, S. 14.

Graalmann, Jürgen (2013): „Jeder Dritte will zurück". Interview mit Jürgen Graalmann. In: Stern, Jg. 65, Heft 13.06.2013, S. 28.

Greß, Stefan (2002): Krankenversicherung und Wettbewerb. Das Beispiel Niederlande. Frankfurt/M.: Campus.

Greß, Stefan (2009): Mit gleichen Rahmenbedingungen zu einem fairen Wettbewerb im Gesundheitssystem. Zur Notwendigkeit einer einheitlichen Wettbewerbsordnung auf dem deutschen Krankenversicherungsmarkt. Berlin: Abteilung Wirtschafts- und Sozialpolitik der Friedrich-Ebert-Stiftung.

Greß, Stefan (2018): Bürgerversicherung: Auf lange Sicht ohne Alternative. In: Ifo Schnelldienst, Jg. 71, Heft 5, S. 11–14.

Greß, Stefan; Bieback, Karl-Jürgen (2013): Zur Umsetzbarkeit einer Bürgerversicherung bei Krankheit und Pflegebedürftigkeit. Gutachten für den Arbeiterwohlfahrt Bundesverband. Vorgelegt im Mai 2013. Online verfügbar unter: https://www.sozialpolitik-aktuell.de/pfl ege-pflegeversicherung-847.html (15.11.2022).

Greß, Stefan; Leiber, Simone; Manouguian, Maral (2009): Integration von privater und gesetzlicher Krankenversicherung vor dem Hintergrund internationaler Erfahrungen. In: WSI Mitteilungen, Jg. 62, Heft 7, S. 369–375.

Greß, Stefan; Manouguian, Maral; Wasem, Jürgen (2006a): Deutsche und niederländische Krankenversicherungsreform im Vergleich. Lernen vom Nachbarn? In: Soziale Sicherheit, Jg. 54, Heft 12, S. 412–417.

Greß, Stefan; Manouguian, Maral; Wasem, Jürgen (2006b): Krankenversicherungsreform in den Niederlanden. Vorbild für einen Kompromiss zwischen Bürgerversicherung und Pauschalprämie in Deutschland? Studie im Auftrag der Hans Böckler Stiftung. Düsseldorf: Hans-Böckler-Stiftung.

Greß, Stefan; Rothgang, Heinz (2010): Finanzierungsreform der Krankenversicherung in Deutschland. Vorschläge für ein Maßnahmebündel jenseits der Kopfpauschale. Expertise im Auftrag der Abteilung Wirtschafts- und Sozialpolitik der Friedrich-Ebert-Stiftung. Bonn: Friedrich Ebert Stiftung. Gesprächskreis Sozialpoiltik.

Greß, Stefan; Walendzik, Anke; Wasem, Jürgen (2005): Nichtversicherte Personen im Krankenversicherungssystem der Bundesrepublik Deutschland – Bestandsaufnahme und Lösungsmöglichkeiten. Expertise für die Hans-Böckler-Stiftung. Online verfügbar unter: https://www.boeckler.de/pdf_fof/97099.pdf (15.11.2022).

Greß, Stefan; Wasem, Jürgen; Rothgang, Heinz (2003): Kopfprämien in der GKV – Keine Perspektive für die Zukunft. In: Gesundheits- und Sozialpolitik, Jg. 57, Heft 9–10, S. 18–25.

Grunow, Dieter; Hegner, Friedhart; Lempert, Jürgen (1979): Sozialstationen. Analysen und Materialien zur Neuorganisation ambulanter Sozial- und Gesundheitsdienste. Bielefeld: B. Kleine Verlag.

GVG, Gesellschaft für Versicherungswissenschaft und -gestaltung (2021a): Startseite. Online verfügbar unter: https://gvg.org (15.11.2022).

GVG, Gesellschaft für Versicherungswissenschaft und -gestaltung (2021b): Ziele und Aufgaben. Online verfügbar 15.11.2021.

Hamilton, Geerd Jan (2006): Die Niederländische Gesundheitsreform 2006 – ein Modell für Deutschland? In: Recht und Politik im Gesundheitswesen, Jg. 12, Heft 1, S. 3–13.

Hamilton, Geerd Jan (2012): Die privatrechtliche Organisation der Krankenversicherung in den Niederlanden. In: Wille, Eberhard; Hamilton, Geerd Jan; Schulenburg, J.-Matthias Graf von der; Thüsing, Gregor (Hrsg.) (2012): Privatrechtliche Organisation der gesetzlichen Kranenkassen. Reformperspektiven für Deutschland, Erfahrungen aus den Niederlanden. Baden-Baden: Nomos, S. 187–255.

Hamm, Walter; Neubauer, Günter (Hrsg.) (1985): Wettbewerb im deutschen und US-amerikanischen Gesundheitswesen. Robert-Bosch-Stiftung. Beiträge zur Gesundheitsökonomie. Band 7. Stuttgart: Bleicher Verlag.

Hartmann, Anja (2010): Die Gesundheitsreform der Großen Koalition: Kleinster gemeinsamer Nenner oder offenes Hintertürchen? In: Egle, Christoph; Zohlnhöfer, Reimut (Hrsg.) (2010): Die zweite große Koalition: Eine Bilanz der Regierung Merkel 2005–2009. Wiesbaden: VS Verlag, S. 327–349.

Hartmannbund (2012): Reinhardt fordert politische Grundsatzdebatte über künftigen Status der Gesetzlichen Krankenkassen. Pressemitteilung des Hartmannbundes vom 12.09.2012. Online verfügbar unter: https://www.hartmannbund.de/presse-media/presse/reinhardt-fordert-grundlegende-reform-des-honorarsystems-in-der-gesetzlichen-krankenversicherung/ (15.11.2022).

Hase, Friedhelm (2000): Versicherungsprinzip und sozialer Ausgleich. Tübingen: Mohr Siebeck.

Hauser, Heinz; Schulenburg, J.-Matthias Graf von der (Hrsg.) (1988): Health Maintenance Organizations. Eine Reformkonzeption für die Gesetzliche Krankenversicherung in der Bundesrepublik Deutschland. Robert-Bosch-Stiftung. Beiträge zur Gesundheitsökonomie. Band 19. Stuttgart: Bleicher Verlag.

Hayek, Friedrich August von (1944/1952): Der Weg zur Knechtschaft. Dritte Auflage (Erstauflage: 1944). Zürich: Eugen Rentsch Verlag.

Hayek, Friedrich August von (1960): Freiheit im Wohlfahrtsstat. In: Hohmann, Karl; Schön-
w008witz, Dietrich; Weber, Hans-Jürgen; Wünsche, Horst Friedrich (Hrsg.) (1988): Grund-
008texte zur Sozialen Marktwirtschaft. Stuttgart: Gustav Fischer Verlag, S. 387–409.

Hayek, Friedrich August von (1962): Wirtschaft, Wissenschaft und Politik. In: Hayek, Fried-
008rich August von (Hrsg.) (1969): Freiburger Studien. Gesammelte Aufsätze von F. A. von
008Hayek. Tübingen: Mohr Siebeck, S. 1–17.

Hayek, Friedrich August von (1963): Recht, Gesetz und Wirtschaftsfreiheit. In: Hayek,
008Friedrich August von (Hrsg.) (1969): Freiburger Studien. Gesammelte Aufsätze von F.
008A. von Hayek. Tübingen: Mohr Siebeck, S. 47–55.

Hayek, Friedrich August von (1965): Die Anschauungen der Mehrheit und die zeitgenössi-
008sche Demokratie. In: Hayek, Friedrich August von (Hrsg.) (1969): Freiburger Studien.
008Gesammelte Aufsätze von F. A. von Hayek. Tübingen: Mohr Siebeck, S. 56–74.

Hayek, Friedrich August von (1966): Grundsätze einer liberalen Gesellschaftsordnung. In:
008Hayek, Friedrich August von (Hrsg.) (1969): Freiburger Studien. Gesammelte Aufsätze
008von F. A. von Hayek. Tübingen: Mohr Siebeck, S. 108–125.

Hayek, Friedrich August von (1976): „Freie Wirtschaft" und Wettbewerbsordnung. In:
008Hayek, Friedrich August von (Hrsg.) (1976): Individualismus und wirtschaftliche Ord-
008nung. Salzburg: Wolfgang Neugebauer, S. 141–155.

Hayek-Gesellschaft (2022): Friedrich A. von Hayek. Online verfügbar unter: https://hayek.
008de/friedrich-a-von-hayek/ (15.11.2022).

HBS, Hans Böckler Stiftung (2006): Beitragssenkung mit integriertem Krankenversiche-
008rungssystem möglich. Pressemitteilung vom 10.02.2006.

Henke, Klaus-Dirk (1984): Ergebnisorientierung. In: Bundesarbeitsblatt, Jg. 34, Heft 12, S.
00811–13.

Henke, Klaus-Dirk (2003): Finanzierung und Vergütung von Gesundheitsleistungen – Ein
008Buch mit sieben Siegeln. In: Wirtschaftsdienst, Jg. 83, Heft 2, S. 80–85.

Henke, Klaus-Dirk (2009): Private Krankenversicherung für alle. In: Frankfurter Allgemeine
008Zeitung, 6.05.2009, S. 12.

Henke, Klaus-Dirk; Reinhardt, Uwe (Hrsg.) (1983): Steuerung im Gesundheitswesen.
008Robert-Bosch-Stiftung. Beiträge zur Gesundheitsökonomie. Band 4. Stuttgart: Bleicher
008Verlag.

Henke, Klaus-Dirk; Richter, Wolfram F. (2009): Zur Zukunft des Gesundheitsfonds. In:
008Wirtschaftsdienst, Jg. 91, Heft 11, S. 727–732.

Hentschel, Volker (1983): Geschichte der deutschen Sozialpolitik (1880–1980). Frank-
008furt/M.: Suhrkamp.

Herder-Dornreich, Philipp (1977): Kostenexplosion im Gesundheitswesen. In: Külp, Bern-
008hard; Hass, Heinz-Dieter (Hrsg.) (1977): Soziale Probleme der modernen Industriegesell-
008schaft. Berlin: Duncker & Humblot, S. 577–597.

Herder-Dornreich, Philipp (1984): Zwischen Utopie und Pragmatik. In: Bundesarbeitsblatt,
008Jg. 34, Heft 12, S. 5–8.

Hermann, Christopher (2012): Vom Bohren dicker Bretter. Interview mit Christopher Her-
008mann. In: Badisches Tageblatt, 28.11.2012, S. 2.

Herzog-Kommission (2003): Bericht der Kommission „Soziale Sicherheit" zur Reform der
008sozialen Sicherungssysteme. Online verfügbar unter: https://www.sozialpolitik-aktuell.
008de/files/sozialpolitik-aktuell/_Politikfelder/Sozialstaat/Dokumente/herzogkommission.
008pdf (14.11.2022).

Historisches Lexikon der Schweiz (2019): Startseite. Online verfügbar unter: http://www.hls-dhs-dss.ch (15.11.2022).

Hockerts, Hans Günter (1977): Sozialpolitische Reformbestrebungen in der frühen Bundes-republik. Zur Sozialreform-Diskussion und Rentengesetzgebung 1953–1957. In: Viertel-jahrshefte für Zeitgeschichte, Jg. 25, Heft 3, S. 541–572.

Hockerts, Hans Günter (1985): Bürgerliche Sozialreform nach 1945. In: Bruch, Rüdiger vom (Hrsg.) (1985): „Weder Kommunismus noch Kapitalismus". Bürgerliche Sozialreform in Deutschland vom Vormärz bis zur Ära Adenauer. München: C.H. Beck, S. 245–273.

Hockerts, Hans Günter (2006a): Rahmenbedingungen: Das Profil der Reformära. In: Hockerts, Hans Günter (Hrsg.) (2006): Geschichte der Sozialpolitik in Deutschland seit 1945. Band 5. 1966–1974. Bundesrepublik Deutschland. Eine Zeit vielfältigen Auf-bruchs. Baden-Baden: Nomos, S. 1–156.

Hockerts, Hans Günter (2011): Der deutsche Sozialstaat. Entfaltung und Gefährdung seit 1945. Göttingen: Vandenhoeck & Ruprecht.

Hockerts, Hans Günter (Hrsg.) (2006b): Bundesrepublik Deutschland 1966–1974. Eine Zeit vielfältigen Aufbruchs. Geschichte der Sozialpolitik in Deutschland seit 1945. Band 5. Baden-Baden: Nomos.

Hockerts, Hans-Günter (1980): Sozialpolitische Entscheidungen im Nachkriegsdeutschland: Alliierte und deutsche Sozialversicherungspolitik 1945 bis 1957. Stuttgart: Klett-Cotta.

Hockerts, Hans-Günter (1982): Deutsche Nachkriegssozialpolitik vor dem Hintergrund des Beveridge-Plans. In: Mommsen, Wolfgang J.; Mock, Wolfgang (Hrsg.) (1982): Die Ent-stehung des Wohlfahrtsstaates in Großbritannien und Deutschland 1850–1950. Stuttgart: Klett-Cotta, S. 325–350.

Höffner, Joseph (1952): Eigenverantwortung und Wohlfahrtsstaat. In: Gabriel, Karl; Große Kracht, Hermann-Josef (Hrsg.) (2006): Josef Höffner (1906–1987) Soziallehre und Sozialpolitik. Der personale Faktor. Paderborn: Schöningh, S. 129–138.

Höffner, Joseph (1953): Soziale Sicherheit und Eigenverantwortung. Der personale Faktor in der Sozialpolitik. In: Gabriel, Karl; Große Kracht, Hermann-Josef (Hrsg.) (2006): Joseph Höffner (1906–1987) Soziallehre und Sozialpolitik. Der personale Faktor. Paderborn: Schöningh 2006, S. 139–155.

Höffner, Joseph (1961): Kapitulation vor dem Versorgungsstaat? In: Gabriel, Karl; Große Kracht, Hermann-Josef (Hrsg.) (2006): Joseph Höffner (1906–1987) Soziallehre und Sozialpolitik. Der personale Faktor. Paderborn: Schöningh, S. 213–222.

Hohmann, Karl; Schönwitz, Dietrich; Weber, Hans-Jürgen; Wünsche, Horst Friedrich (Hrsg.) (1988): Grundtexte zur Sozialen Marktwirtschaft. Band 2: Das Soziale in der Sozialen Marktwirtschaft. Stuttgart: Gustav Fischer Verlag.

IGES, Institut für Gesundheits- und Sozialforschung (2013): Gerecht, nachhaltig, effizi-ent. Studie zur Finanzierung einer integrierten Krankenversicherung. Im Auftrag der Bertelsmann-Stiftung und des Verbraucherzentrale Bundesverbandes. Online verfügbar unter: http://www.bertelsmann-stiftung.de/cps/rde/xbcr/SID-19CFABC8-85E2F15E/bst/xcms_bst_dms_37846__2.pdf (14.08.2013).

IGES, Institut für Gesundheits- und Sozialforschung (2014): Reform der ärztlichen Vergü-tung im ambulanten Sektor. Gutachten für die Techniker Krankenkasse. Online verfügbar unter: https://www.iges.com/e6/e1621/e10211/e8885/e9536/e9537/e9539/attr_objs9540/IGES_Gutachten_Aerztliche_Verguetung_Langfassung_WEB_ger.pdf (15.11.2022).

IGES, Institut für Gesundheits- und Sozialforschung (2017a): GKV-Beiträge der Bezieher von ALG II. Forschungsgutachten zur Berechnung kostendeckender Beiträge für gesetzlich krankenversicherte Bezieher von Arbeitslosengeld II bzw. Sozialgeld im SGB II. Ergebnisbericht für das Bundesministerium für Gesundheit. Berlin, 6. Dezember 2017. Online verfügbar unter: https://www.bundesgesundheitsministerium.de/fileadmin/Dat eien/5_Publikationen/Gesundheit/Berichte/IGES_Publik_GKV-Beitraege_Dez2017.pdf (11.15.2022).

IGES, Institut für Gesundheits- und Sozialforschung (2017b): Krankenversicherungspflicht für Beamte und Selbstständige. Teilbericht Beamte. Online verfügbar unter: https://www.bertelsmann-stiftung.de/fileadmin/files/BSt/Publikationen/GrauePublikationen/Studie_VV_KrankenversPflicht_Beamte_Selbststaendige_Teilbericht-Beamte_final.pdf (15.11.2022).

IGES, Institut für Gesundheits- und Sozialforschung (2020): Investorenbetriebene MVZ in der vertragszahnärztlichen Versorgung. Entwicklung und Auswirkungen. Gutachten für die Kassenzahnärztliche Bundesvereinigung Berlin, Oktober 2020. Berlin: IGES.

IGES, Institut für Gesundheits- und Sozialforschung (2022): Versorgungsanalysen zu MVZ im Bereich der KV Bayerns mit besonderem Augenmerk auf MVZ im Eigentum von Finanzinvestoren. Kurzfassung des Gutachtens für die Kassenärztliche Vereinigung Bayerns. März 2022. Berlin: IGES.

Isensee, Josef (1973): Umverteilung durch Sozialversicherungsbeiträge. Eine finanzverfassungsrechtliche Studie über den Solidarausgleich in der Gesetzlichen Krankenversicherung. Berlin: Duncker & Humblot.

Isensee, Josef (1995): Sozialversicherung über Privatversicherer – Rechtsprobleme der privaten Pflegeversicherung. In: Heinze, Meinhard; Schmitt, Jochen (Hrsg.) (1995): Festschrift für Wolfgang Gitter. Wiesbaden: Verlag Chmielorz, S. 401–416.

Jacobs, Klaus (2003): Weiterentwicklung der gesetzlichen Krankenversicherung zu einer Bürgerversicherung. In: Jacobs, Klaus; Langer, Bernhard; Pfaff, Anita B.; Pfaff, Martin (Hrsg.) (2003): Bürgerversicherung versus Kopfpauschale. Alternative Finanzierungsgrundlagen für die Gesetzliche Krankenversicherung. Bonn: Friedrich Ebert Stiftung, S. 7–19.

Jacobs, Klaus (2004): Bürgerpauschale. Der Weisen letzter Schluss? In: Gesundheit und Gesellschaft, Jg. 7, Heft 12, S. 14–15.

Jacobs, Klaus (2006): Auf dem Weg zu einem integrierten Krankenversicherungsmarkt. In: Häussler, Bertram; Nolting, Hans-Dieter; Reschke, Peter (Hrsg.) (2006): Wissenschaftlich fundierte Weiterentwicklung des Gesundheitssystems in Deutschland. der Beitrag von Wilhelm F. Schräder. Berlin: IGES, S. 151–155.

Jacobs, Klaus (2012): Dualität aus gesetzlicher und privater Krankenversicherung überholt? In: Wirtschaftsdienst – Zeitschrift für Wirtschaftspolitik, Jg. 92, Heft 10, S. 651–655.

Jacobs, Klaus (2013a): Vom dualen System zum einheitlichen Krankenversicherungsmarkt. In: Gesundheits- und Sozialpolitik, Jg. 67, Heft 2–3, S. 21–27.

Jacobs, Klaus (2013b): Wettbewerb im dualen Krankenversicherungssystem in Deutschland – Fiktion und Realität. In: Jacobs, Klaus; Schulze, Sabine (Hrsg.) (2013): Die Krankenversicherung der Zukunft. Anforderungen an ein leistungsfähiges System. Berlin: KomPart, S. 47–73.

Jacobs, Klaus; Reschke, Peter; Bohm, Steffen (1996): Notwendigkeit und Möglichkeiten eines Umbaus der Finanzierung in der gesetzlichen Krankenversicherung. Konzeptionelle und empirische Analysen in wettbewerblicher Perspektive. Studie im Auftrag der Hans Böckler Stiftung. Berlin: IGES Institut für Gesundheits- und Sozialforschung GmbH.

Jacobs, Klaus; Schellschmidt, Henner (2002): Äquivalenz, Leistungsfähigkeit und Solidarität – Konturen einer GKV-Finanzierungsreform. In: G+G Wissenschaft, Jg. 2, Heft 3, S. 15–22.

Jacobs, Klaus; Schulze, Sabine (2004): Bürgerversicherung in wettbewerblicher Sicht. In: Engelen-Kefer, Ursula (Hrsg.) (Reformoption Bürgerversicherung. Wie das Gesundheitssystem solidarisch finanziert werden kann. Hamburg: VSA, S. 85–109.

Jacobs, Klaus; Schulze, Sabine (2006): Der segmentierte Krankenversicherungsmarkt in Deutschland. In: Jacobs, Klaus; Klauber, Jürgen; Leinert, Johannes (Hrsg.) (2006): Fairer Wettbewerb oder Risikoselektion? Analysen zur gesetzlichen und privaten Krankenversicherung. Bonn: Wissenschaftliches Institut der AOK (WIdO), S. 11–29.

Jun, Uwe (2009): Wandel des Parteien- und Verbändesystems. In: Aus Politik und Zeitgeschichte, Jg. 56, Heft 28, S. 28–34.

Jung, Karl (1988): Strukturreform im Gesundheitswesen aus Sicht des Bundesministeriums für Arbeit und Sozialordnung. In: Oberender, Peter (Hrsg.) (1988): Neuorientierung im Gesundheitswesen. Bayreuth: Verlag P.C.O., S. 33–62.

Käsbauer, Anna (2015): Die Neuordnung der Rechtsbeziehungen zwischen Ärzten und Krankenkassen durch das Berliner Abkommen vom 23.12.1913. Eine Untersuchung der Zusammenarbeit von Ärzten und Krankenkassen im frühen 20. Jahrhundert und ihrer Bedeutung für das heutige Recht. Baden-Baden: Nomos.

Kaskel, Walter; Sitzler, Fritz (1912): Grundriß des sozialen Versicherungsrechts. Systematische Darstellung auf Grund der Reichsversicherungsordnung und des Versicherungsgesetzes fur Angestellte. Berlin: Verlag Julius Springer.

KBV, Kassenärztliche Bundesvereinigung (2020): Kapitalinteressen in der Gesundheitsversorgung. Stellungnahme der Kassenärztlichen Bundesvereinigung zur öffentlichen Anhörung „Kapitalinteressen in der Gesundheitsversorgung" am 4. März 2020. Köln: KBV.

Kilz, Hans Werner (1983): Die gekaufte Republik. Reinbeck: Rowohlt.

Kingreen, Thorsten (2010a): Kartellrechtliche Fragen der aktuellen Regierungspläne. Input für die 4. Sitzung der Reform-Kommission „Für ein solidarisches Gesundheitssystem der Zukunft".

Kingreen, Thorsten (2010b): Zur Bindung der Krankenkassen an das Kartellrecht. In: Soziale Sicherheit, Jg. 59, Heft 11, S. 391–396.

Kingreen, Thorsten (2012a): Perspektiven für eine einheitliche Krankenversicherungsordnung. Vortrag auf dem Workshop „Bürgerversicherung" der Hans-Böckler-Stiftung am 26.10.2012 in Berlin.

Kingreen, Thorsten (2012b): Welche gesetzlichen Regelungen empfehlen sich zur Verbesserung eines Wettbewerbs zwischen gesetzlicher und privater Krankenversicherung? Referat auf dem 69. Deutschen Juristentag am 19. 9. 2012 in München.

Kingreen, Thorsten (2013a): „Viele Akteure haben Angst, Verlierer zu sein". Interview mit Thorsten Kingreen. In: Badische Zeitung, 8.08.2013, S. 6.

Kingreen, Thorsten (2013b): Wettbewerb im Gesundheitswesen – Welche gesetzlichen Regelungen empfehlen sich zur Verbesserung eines Wettbewerbs der Versicherer und Leistungserbringer im Gesundheitswesen? Referat auf dem 69. Deutschen Juristentag. München 2012. Abteilung Sozialrecht. In: Ständige Deputation des Deutschen Juristentages

(Hrsg.) (2013): Verhandlungen des 69. Deutschen Juristentages. München 2012. München: C.H. Beck, S. K9–K62.

Kingreen, Thorsten (2014a): Niemals geht man so ganz: Die Alterungsrückstellungen in der PKV. In: G+G Wissenschaft, Jg. 14, Heft 1, S. 16–22.

Kingreen, Thorsten (2014b): Wandel durch Annäherung: Perspektiven für eine integrierte Krankenversicherungsordnung. In: Wallrabenstein, Astrid; Ebsen, Ingwer (Hrsg.) (2014): Stand und Perspektiven der Gesundheitsversorgung: Optionen und Probleme rechtlicher Gestaltung. Frankfurt am Main: Peter Lang, S. 13–35.

Kingreen, Thorsten (2017a): Perspektiven für eine „Jamaika-Krankenversicherungsordnung". In: Neue Zeitschrift für Sozialrecht, Jg. 26, Heft 22, S. 841–847.

Kingreen, Thorsten (2017b): Perspektiven für eine einheitliche Krankenversicherungsordnung. Vortrag auf der Veranstaltung der Bundestagsfraktion von BÜNDNIS 90 DIE GRÜNEN „Gerecht. Bezahlbar. Solidarisch. Die grüne Bürgerversicherung". 12 Juni 2017 im Deutschen Bundestag (Paul-Löbe-Haus).

Kingreen, Thorsten; Kühling, Jürgen (2013): Monistische Einwohnerversicherung. Konzeptionelle und rechtliche Fragen der Transformation der dualen in eine integrierte Krankenversicherungsordnung. Baden-Baden: Nomos.

Kingreen, Thorsten; Schramm, Peter (2013): Fraglicher Wettbewerb. In: Süddeutsche Zeitung, 3.06.2013, S. 18.

Klusen, Norbert (2010): „Weltmeister in Gesundheitsreformen". Interview mit Norbert Klusen. In: Berliner Zeitung, 9.07.2010, S. 16.

Klusen, Norbert (2011): „Jeder darf wechseln". Interview mit Norbert Klusen. In: Focus, 24.10.2011, S. 166 f.

Klusen, Norbert (2012a): „Die Krankenkassen sollten privatisiert werden" Interview mit Norbert Klusen, Vorstandsvorsitzender der TK. In: Frankfurter Allgemeine Sonntagszeitung, 10.06.2012, S. 37.

Klusen, Norbert (2012b): „Gesundheitsfonds führt zu Planwirtschaft". Interview mit Norbert Klusen, Vorstandsvorsitzender der TK. In: Münchner Merkur, 16.06.2012, S. 9.

Klusen, Norbert (2012c): „Mein zweites Leben lebt sich gut". Interview mit Norbert Klusen. In: Handelsblatt, 1.06.2012, S. 84.

Klusen, Norbert (2012d): Vorwort. In: Wille, Eberhard; Hamilton, Geerd Jan; Schulenburg, J.-Matthias Graf von der; Thüsing, Gregor (Hrsg.) (2012): Privatrechtliche Organisation der gesetzlichen Kranenkassen. Reformperspektiven für Deutschland, Erfahrungen aus den Niederlanden. Baden-Baden: Nomos, S. 5–9.

Klusen, Norbert (2012e): „Wir brauchen einen Gorbatschow der Gesundheitspolitik". Interview mit Norbert Klusen, Vorstandsvorsitzender der Techniker Krankenkasse. In: Wirtschaftswoche, 6.02.2012, S. 64–65.

Knappe, Eckhard (2000): GKV braucht eine neue Finanzbasis mit monistischer Individualprämie, Pflicht zur Grundsicherung, Vertragsfreiheit und mehr Wettbewerb. In: Der Gelbe Dienst, Jg. 4, Heft 15, S. 6–8.

Knappe, Eckhard; Arnold, Robert (2002): Pauschalprämie in der Krankenversicherung – Ein Weg zu mehr Effizienz und mehr Gerechtigkeit. Gutachten im Auftrag des Verbandes der bayerischen Wirtschaft. München: Verband der bayerischen Wirtschaft (vbw).

Knieps, Franz (2007): Hitler, Honecker und die Gesundheitsreform. Zur Entstehungsgeschichte der GKV-Wettbewerbsstärkungsgesetzes. In: Ulrich, Volker; Ried, Walter (Hrsg.) (2007): Effizienz, Qualität und Nachhaltigkeit im Gesundheitswesen. Theorie und Politik öffentlichen Handelns, insbesondere in der Krankenversicherung – Festschrift zum 65. Geburtstag von Eberhard Wille. Baden-Baden: Nomos, S. 871–879.

Knieps, Franz (2008): Zur Krankenversicherung der Zukunft. Eine Skizze mit 5 Kernbotschaften. In: OPG – Operation Gesundheitswesen, Jg. 5, Heft 21, S. 14–18.

Kohl, Helmut (1982): Regierungserklärung vom 13. Oktober 1982. In: Deutscher Bundestag (Hrsg.) (Plenarprotokoll 9/121 vom 13.10.1982. Bonn: Deutscher Bundestag, S. 7213–7229.

Kokemoor, Axel (2020): Sozialrecht. Lernbuch – Strukturen – Übersichten. 9. Auflage. München: Vahlen.

Kommission Krankenhausfinanzierung (1987): Krankenhausfinanzierung in Selbstverwaltung. Kommissionsbericht. Vorschläge zu einer Neuordnung der Organisation und Finanzierung der Krankenhausversorgung. Teil I. Bericht der Kommission Krankenhausfinanzierung der Robert Bosch Stiftung. Robert-Bosch-Stiftung. Beiträge zur Gesundheitsökonomie. Band 20. Gerlingen: Bleicher.

KOMV, Wissenschaftliche Kommission für ein modernes Vergütungssystem (2019): Empfehlungen für ein modernes Vergütungssystem in der ambulanten ärztlichen Versorgung. Bericht der Wissenschaftlichen Kommission für ein modernes Vergütungssystem – KOMV. Im Auftrag des Bundesministeriums für Gesundheit. Online verfügbar unter: https://www.bundesgesundheitsministerium.de/presse/pressemitteilungen/2020/1-quartal/bericht-komv.html (15.11.2022).

Korzilius, Heike (2018): Investoren auf Einkaufstour. In: Deutsches Ärzteblatt, Jg. 115, Heft 39, S. A1688–1692.

Kronberger Kreis (1983): Mehr Mut zum Markt. Schriftenreihe des Kronberger Kreises: Band 1. Frankfurt: Frankfurter Institut für wirtschaftspolitische Forschung e. V.

Kronberger Kreis (1984a): Mehr Markt im Verkehr. Reformen der Verkehrspolitik. Bad Homburg: Frankfurter Institut für wirtschaftspolitische Forschung e. V.

Kronberger Kreis (1984b): Mehr Markt in der Wohnungswirtschaft. Bad Homburg: Frankfurter Institut für wirtschaftspolitische Forschung e. V.

Kronberger Kreis (1986a): Bürgersteuer – Entwurf einer Neuordnung von direkten Steuern und Sozialleistungen. Bad Homburg: Frankfurter Institut für wirtschaftspolitische Forschung.

Kronberger Kreis (1986b): Mehr Markt im Arbeitsrecht. Bad Homburg: Frankfurter Institut für wirtschaftspolitische Forschung e. V.

Kronberger Kreis (1987a): Mehr Markt im Gesundheitswesen. Bad Homburg: Frankfurter Institut für wirtschaftspolitische Forschung.

Kronberger Kreis (1987b): Mehr Markt in der Telekommunikation. Bad Homburg: Frankfurter Institut für wirtschaftspolitische Forschung e. V.

Kronberger Kreis (1987c): Reform der Alterssicherung. Bad Homburg: Frankfurter Institut für wirtschaftspolitische Forschung e. V.

Kronberger Kreis (1988a): Das soziale Netz reißt. Vorschläge zur Rettung des Systems der sozialen Sicherheit. Frankfurt/M.: Frankfurter Institut für wirtschaftspolitische Forschung.

Kronberger Kreis (1988b): Mehr Markt in der Energiewirtschaft. Bad Homburg: Frankfurter Institut – Stiftung Marktwirtschaft und Politik.

Kronberger Kreis (1989a): Mehr Markt in Hörfunk und Fernsehen. Bad Homburg: Frankfurter Institut – Stiftung Marktwirtschaft und Politik.

Kronberger Kreis (1989b): Zur Reform der Hochschulen. Bad Homburg: Frankfurter Institut – Stiftung Marktwirtschaft und Politik.

Kronberger Kreis (1991): Reform der öffentlichen Verwaltung. Mehr Wirtschaftlichkeit beim Management staatlicher Einrichtungen. Bad Homburg: Frankfurter Institut – Stiftung Marktwirtschaft und Politik.

Kronberger Kreis (2001): Privatisierung von Landesbanken und Sparkassen. Bad Homburg: Frankfurter Institut – Stiftung Marktwirtschaft und Politik.

Kronberger Kreis (2002): Mehr Eigenverantwortung und Wettbewerb im Gesundheitswesen. Berlin: Stiftung Marktwirtschaft.

Kronberger Kreis (2010): Mehr Mut zum Neuanfang. Berlin: Stiftung Marktwirtschaft.

Kroneman, Madelon; Boerma, Wienke; Berg, Michael van den; Groenewegen, Peter; Jong, Judith de; Ginneken, Ewout van (2016): Netherlands Health system review. Health Systems in Transition Vol. 18 No. 2. Online verfügbar unter: http://www.euro.who.int/__data/assets/pdf_file/0016/314404/HIT_Netherlands.pdf?ua=1 (15.11.2022).

Kühn, Hagen (1995): Zwanzig Jahre „Kostenexplosion". Anmerkungen zur Makroökonomie einer Gesundheitsreform. In: Jahrbuch für kritische Medizin, Jg. 24, S. 145–160.

Laband, Paul (1901): Das Staatsrecht des Deutschen Reiches. Vierte neubearbeitete Auflage. Tübingen und Leipzig: Verlag Mohr.

Laband, Paul (1919): Deutsches Reichsstaatsrecht. 7. Auflage, bearbeitet von Otto Mayer. Aalen: Scientia Verlag (1969).

Lambsdorff, Otto Graf (1982): Konzept für eine Politik zur Überwindung der Wachstumsschwäche und zur Bekämpfung der Arbeitslosigkeit. Online verfügbar unter: http://www.1000dokumente.de/index.html?c=dokument_de&dokument=0079_lam&object=translation&st=&l=de (15.11.2022).

Lambsdorff, Otto Graf (2007): Rückenwind für Reformen nutzen. In: Stiftung Marktwirtschaft (Hrsg.) (2007): 25 Jahre Stiftung Marktwirtschaft und Kronberger Kreis. Berlin: Informedia-Stiftung, S. 38–45.

Langer, Bernhard; Pfaff, Anita B.; Wasem, Jürgen; Rothgang, Heinz; Greß, Stefan (2005): Ausgestaltung und sozialpolitische Auswirkungen des Kopfpauschalensystems in der Schweiz. In: Greß, Stefan; Pfaff, Anita B.; Wagner, Gert G. (Hrsg.) (2005): Zwischen Kopfpauschale und Bürgerprämie. Expertisen zur Finanzierungsreform der gesetzlichen Krankenversicherung, S. 187–208.

Lauterbach, Karl W. (2004): Das Prinzip Bürgerversicherung. In: Engelen-Kefer, Ursula (Hrsg.) (2004): Reformoption Bürgerversicherung. Wie das Gesundheitssystem solidarisch finanziert werden kann. Hamburg: VSA, S. 48–63.

Lauterbach, Karl W. (2017): „Die Bürgerversicherung hat für uns sehr hohe Priorität". Interview. 25.07.2017, S. 6.

Lauterbach, Karl W. (2021): „Ins Gefängnis muss niemand". Interview mit Karl Lauterbach. In: Der Spiegel, Jg. 75, Heft 50, S. 34–36.

Lauterbach, Karl W. (Hrsg.) (2001): Gesundheitsökonomie, Qualitätsmanagement und Evidence-based-Medicine. Eine systematische Einführung. Stuttgart: Schattauer.

Lauterbach, Karl W.; Gerber, Andreas; Lüngen, Markus; Stollenwerk, Björn; Klever-Deichert, Gabriele (2005): Bürgerversicherung und Gesundheit. In: Strengmann-Kuhn, Wolfgang (Hrsg.) (2005): Das Prinzip Bürgerversicherung. Die Zukunft im Sozialstaat. Wiesbaden: VS Verlag, S. 67–82.

Lauterbach, Karl W.; Lüngen, Markus; Büscher, G. (2009): Anmerkungen zur geplanten Einführung von einkommensunabhängigen Arbeitnehmerbeiträgen in der Krankenversicherung. Forschungsberichte des Instituts für Gesundheitsökonomie und Klinische Epidemiologie der Unversität Köln. Nr. 07/2009 vom 17.11.2009. Köln: Institut für Gesundheitsökonomie und Klinische Epidemiologie der Unversität Köln.

Lauterbach, Karl W.; Lüngen, Markus; Klever-Deichert, Gabriele; Gerber, Andreas (2004): Brennpunkt Gesundheitswesen: Die Bürgerversicherung. In: Gewerkschaftliche Monatshefte, Jg. 55, Heft 10, S. 594–604.

Lauterbach, Karl W.; Stock, Stephanie; Brunner, Helmut (Hrsg.) (2006): Gesundheitsökonomie. Lehrbuch für Mediziner und andere Gesundheitsberufe. Bern: Hans Huber.

Leiber, Simone; Zwiener, Rudolf (2005): Reformperspektiven für die Finanzierung der sozialen Sicherung. In: WSI Mitteilungen, Jg. 58, Heft 8, S. 446–453.

Leiber, Simone; Zwiener, Rudolf (2006): Zwischen Bürgerversicherung und Kopfpauschale: Vorschläge für eine tragfähige Kompromisslösung. WSI-Diskussionspapier Nr. 146. Überarbeitete Fassung vom Juli 2006. Online verfügbar unter: http://www.boeckler.de/pdf/p_wsi_diskp_146.pdf (15.11.2022).

Leinert, Johannes; Grabka, Markus M.; Wagner, Gert G. (2004): Bürgerprämien für die Krankenversicherungen als Alternative zu den Reformvorschlägen Kopfpauschale und Bürgerversicherung. Eine von der Hans-Böckler-Stiftung geförderte Studie. Online verfügbar unter: https://www.boeckler.de/pdf/thema_gesundheit_2004_12_wagner_lang.pdf (15.11.2022).

Leyendecker, Hans; Prantl, Heribert; Stiller, Michael (2000): Helmut Kohl, die Macht und das Geld. Göttingen: Steidl.

Lippmann, Walter (1937/1945): Die Gesellschaft freier Menschen (engl. Erstauflage 1937). Bern: Francke.

Lüdendonk, Heinrich (1953a): Soziale Sicherung in England (Teil 1). In: Soziale Sicherheit, Jg. 2, Heft 3, S. 59–63.

Lüdendonk, Heinrich (1953b): Soziale Sicherung in England (Teil 2). In: Soziale Sicherheit, Jg. 2, Heft 4, S. 85–88.

Manes, Alfred (1905): Versicherungswesen. Leipzig: Teubner.

Manes, Alfred (1924): Versicherungswesen. Erster Band. Allgemeine Versicherungslehre. 4., neu durchgesehene Auflage. Leipzig: Teubner.

Manes, Alfred (1928): Sozialversicherung. Siebte, ergänzte Auflage. Berlin: Sammlung Göschen.

Manes, Alfred (1932): Grundzüge des Versicherungswesens. Fünfte veränderte und erweiterte Auflage. Leipzig und Berlin: Teubner.

Manouguian, Maral; Greß, Stefan; Wasem, Jürgen (2006): Die niederländische Krankenversicherungsreform – ein Vorbild für das deutsche GKV-WSG? In: Gesundheits- und Sozialpolitik, Jg. 60, Heft 11–12, S. 30–34.

Miksch, Leonhard (1947): Wettbewerb als Aufgabe. Grundsätze einer Wettbewerbsordnung. Zweite erweiterte Auflage (Erstauflage 1937). Godesberg: Verlag Helmut Küpper.

Mirowski, Philip (2009): Defining Neoliberalism. In: Mirowski, Philip; Plehwe, Dieter (Hrsg.) (2009): The Road From Mont Pèlerin. The Making of the Neoliberal Thought Collective. Cambridge (Massachusetts): Harvard University Press, S. 417–455.

Mirowski, Philip (2019): Untote leben länger. Berlin: Matthes & Seitz.

Mirowski, Philip; Plehwe, Dieter (Hrsg.) (2009): The Road From Mont Pèlerin. The Making of the Neoliberal Thought Collective. Cambridge, Massachusetts: Havard University Press.

Monopolkommission (2010): Mehr Wettbewerb, wenig Ausnahmen. Achtzehntes Hauptgutachten der Monopolkommission gemäß § 44 Abs. 1 Satz 1 GWB Online verfügbar unter: https://monopolkommission.de/index.php/de/them/post/90 (15.11.2022).

Monopolkommission (2012): Die 8. GWB-Novelle aus wettbewerbspolitischer Sicht. Sondergutachten der Monopolkommission gemäß § 44 Abs. 1 Satz 4 GWB. Online verfügbar unter: https://www.monopolkommission.de/images/PDF/SG/s63_volltext.pdf (30.11.2012).

Muckel, Stefan; Ogorek, Stefan; Rixen, Stephan (2019): Sozialrecht. 5., neu bearbeitete Auflage. München: C.H.Beck.

Müller, Joachim; Schneider, Werner (1997): Mitgliederbewegungen und Beitragssätze in Zeiten des Kassenwettbewerbs. Ein erster empirischer Befund nach Inkrafttreten der Wahlfreiheit. In: Arbeit und Sozialpolitik, Jg. 51, Heft 3–4, S. 11–24.

Müller, Joachim; Schneider, Werner (1998): Entwicklung der Mitgliederzahlen, Beitagssätze, Versichertenstrukturen und RSA-Transfers in zeiten des Kassenwettbewerbs. Empirische Befunde im zweiten Jahr der Kassenwahlfreiheit. In: Arbeit und Sozialpolitik, Jg. 52, Heft 3–4, S. 10–23.

Müller, Joachim; Schneider, Werner (1999): Entwicklung der Mitgliederzahlen, Beitagssätze, Versichertenstrukturen und RSA-Transfers in zeiten des Kassenwettbewerbs – empirische Befunde im dritten Jahr der Kassenwahlrechte. In: Arbeit und Sozialpolitik, Jg. 53, Heft 3–4, S. 20–39.

Müller, Ulrich; Giegold, Sven; Arhelger, Malte (Hrsg.) (2004): Gesteuerte Demokratie? Wie neoliberale Eliten Politik und Öffentlichkeit beeinflussen. Hamburg: VSA.

Mundt, Andreas (2010): „Wir brauchen Abschreckung". Interview mit Andreas Mundt, Präsident des Bundeskartellamtes. In: Handelsblatt, 29.03.2010, S. 4.

Mundt, Andreas (2012): „Krankenkassen dürfen nicht zu mächtig werden". Interview mit dem Präsidenten des Bundeskartellamtes, Andreas Mundt. In: Frankfurter Allgemeine Zeitung, 25.06.2012, S. 11.

Münnich, Frank E. (1984): Mehr Markt. In: Bundesarbeitsblatt, Jg. 34, Heft 12, S. 8–11.

Münnich, Frank E.; Cassel, Dieter; Engels, Wolfram; Gäfgen, Gérard; Knappe, Eckhard; Neumann, Manfred; Oberender, Peter; Streit, Manfred; Stützel, Wolfgang; Willgerodt, Hans; et al. (1984): Appell. In: Die Welt vom 22.02.1984.

Nachtwey, Oliver (2009): Marktsozialdemokratie. Die Transformation von SPD und Labour Party. Wiesbaden: VS Verlag.

Nahles-Kommission (2004): Modell einer solidarischen Bürgerversicherung. Bericht der Projektgruppe Bürgerversicherung des SPD-Parteivorstandes. Online verfügbar unter: http://www.boeckler.de/pdf/thema_gesundheit_2004_08_26_spd_projektgruppe.pdf (15.11.2022).

Naschold, Frieder (1967): Kassenärzte und Krankenversicherungsreform. Zu einer Theorie der Statuspolitik. Freiburg: Rombach.

Nawroth, Egon Edgar (1962): Die Sozial- und Wirtschaftsphilosopie des Neoliberalismus. Zweite Auflage. Heidelberg: Kerle Verlag.

Neubauer, Günter; Demmler, Gertrud (1987): Ausschreibungen als Grundlage für ein Ein-kaufsmodell im Krankenhausbereich. In: führen und wirtschaften im Krankenhaus, Jg. 5, Heft 6, S. 52–54.

Nullmeier, Frank (2005): Leistungsfähigkeitsprinzip und Generationengerechtigkeit als Legitimation der Bürgerversicherung. In: Strengmann-Kuhn, Wolfgang (Hrsg.) (2005): Das Prinzip Bürgerversicherung. Die Zukunft im Sozialstaat. Wiesbaden: VS Verlag, S. 51–66.

Oberender, Peter (1984): Für Marktwirtschaft. In: Bundesarbeitsblatt, Jg. 34, Heft 12, S. 27–30.

Oberender, Peter (2009): Die Richtung stimmt. In: Financial Times Deutschland, 3.12.2009, S. B14.

Oberender, Peter (2010): Ist Gesundheit noch bezahlbar? Ein Streitgespräch mit Prof. Dr. Peter Oberender. HörZu Online vom 08.01.2010.

Oberender, Peter; Felder, Stefan; Ulrich, Volker; Schneider, Udo; Werblow, Andreas; Zerth, Jürgen (2006): Bayreuther Manifest. Bayreuther Versichertenmodell – Der Weg in ein freiheitliches Gesundheitswesen. Bayreuth: P.C.O.

Oberender, Peter; Zerth, Jürgen (2009): Der Gesundheitsfonds und die Implikationen für den Kassenwettbewerb. In: Wirtschaftsdienst, Jg. 89, Heft 5, S. 329–333.

Orlowski, Ulrich; Wasem, Jürgen (2007): Gesundheitsreform 2007 (GKV-WSG). Änderun-gen und Auswirkungen auf einen Blick. München: C.F. Müller.

Ötsch, Walter Otto; Pühringer, Stephan (2015): Marktradikalismus als Politische Ökonomie Wirtschaftswissenschaften und ihre Netzwerke in Deutschland ab 1945. ICAE Working Paper Series, No. 38. Online verfügbar unter: https://www.econstor.eu/bitstream/10419/171414/1/icae-wp38.pdf (15.11.2022).

Ötsch, Walter Otto; Pühringer, Stephan; Hirte, Katrin (2017): Netzwerke des Marktes. Ordo-liberalismus als Politische Ökonomie. Wiesbaden: Springer VS.

Ötsch, Walter Otto; Thomasberger, Claus (2009a): Neoliberale Denkformen, neoliberale Dis-kurse, neoliberale Hegemonie. In: Ötsch, Walter Otto; Thomasberger, Claus (Hrsg.) (Der neoliberale Markt-Diskurs. Ursprünge, Geschichte, Wirkungen. Marburg: Metropolis-Verlag, S. 7–18.

Ötsch, Walter Otto; Thomasberger, Claus (Hrsg.) (2009b): Der neoliberale Markt-Diskurs. Ursprünge, Geschichte, Wirkungen. Marburg: Metropolis.

Paffrath, Dieter; Reiners, Hartmuth (1987): 10 Jahre Kostendämpfungspolitik. Eine empiri-sche Bilanz. In: Die Ortskrankenkasse, Jg. 69, Heft 13, S. 369–372.

PDS, Partei des Demokratischen Sozialismus (2005): Wahlprogramm zu den Bundestags-wahlen 2005. Beschluss der 2. Tagung des 9. Parteitages Berlin, 27. August 2005. Online verfügbar unter: https://archiv2017.die-linke.de/die-linke/wahlen/archiv/archiv-fruehere-wahlprogramme/ (15.11.2022).

Perschke-Hartmann, Christiane (1994): Die doppelte Reform. Gesundheitspolitik von Blüm zu Seehofer. Opladen: Leske + Budrich.

Peters, Horst (1974): Die Geschichte der sozialen Versicherung. Bonn: Asgard.

Petersen, Tim (2008): Wilhelm Röpke und die Katholische Soziallehre. HWWI Research Paper Hamburgisches WeltWirtschaftsInstitut (HWWI). Zweigniederlassung Thüringen. Mai 2008. Online verfügbar unter: http://www.hwwi.org/uploads/tx_wilpubdb/HWWI_Research_Paper_5-5_01.pdf (17.12.2018).

Pfaff, Anita B.; Pfaff, Martin; Kern, Axel Olaf; Langer, Bernhard (2003). Auswirkungen verschiedener Modell-Varianten von Kopfpauschalen auf die Finanzierung von Krankenversicherungsleistungen in Deutschland. Projekt gefördert von der Hans Böckler Stiftung.
Augsburg-Stadtbergen: Inifes.

Pfaff, Anita; Rindsfüßer, Christian; Busch, Susanne (1996): Die Finanzierung der gesetzlichen Krankenversicherung – Möglichkeiten zur Umgestaltung und Ergebnisse ausgewählter Modellrechnungen. Endbericht an die Hans Böckler Stiftung. Düsseldorf: Hans
Böckler Stiftung.

PKV (2013): 10-Punkte-Planspiel: Mach kaputt, was Dich gesund macht? Pressemitteilung
des PKV-Verbandes vom 13.05.2013.

PKV, Verband der privaten Krankenversicherung (2004): Wirtschaftsweise verbinden Nachteile der Bürgerversicherung mit Nachteilen des Prämienmodells. Pressemitteilung vom
17. November 2004.

PKV, Verband der privaten Krankenversicherung (2005): „Bürgerprämie" vereint Nachteile
von Bürgerversicherung und Gesundheitsprämie. Pressemitteilung vom 29. Dezember
2005.

PKV, Verband der privaten Krankenversicherung (2010): Gesundheitssysteme im Vergleich.
Die Gesundheitsreformen in den Niederlanden und in der Schweiz als Vorbild für
Deutschland? PKV Dokumentation Nr. 29. Köln: PKV-Verband.

PKV, Verband der privaten Krankenversicherung (2012): Eine kritische Auseinandersetzung
mit der Gesundheitsprämie. Online verfügbar unter: https://web.archive.org/web/201201
31004145/http://www.private-krankenversicherung.de/downloads/gesundheitspraemie.
pdf (14.01.2020).

PKV, Verband der privaten Krankenversicherung (2019): Musterbedingungen 2009 für die
Krankenkosten- und Krankenhaustagegeldversicherung (MB/KK 2009). Stand: Februar
2019. Köln: PKV-Verband.

PKV, Verband der privaten Krankenversicherung (2020): Zahlenbericht 2019. Köln: PKV-
Verband.

PKV-Betriebsräte (2017): Bürgerversicherung bedroht 300.000 Arbeitsplätze im Gesundheitswesen! Pressemittteilung vom 15.03.2017.

Plehwe, Dieter; Slobodian, Quinn (2019): Landscapes of Unrest: Herbert Giersch and the
Origins of Neoliberal Economic Geography. In: Modern Intellectual History, Jg. 16, Heft
1, S. 185–215.

Plehwe, Dieter; Walpen, Berhard (1999): Wissenschaftliche und wissenschaftspolitische Pro-
duktionsweisen im Neoliberalismus. Beiträge der Mont Pèlerin Society und marktradika-
ler Think Tanks zur Hegemoniegewinnung und -erhaltung. In: Prokla, Jg. 29, Heft 115,
S. 203–235.

Polanyi, Karl (1944/1978): The Great Transformation. Politische und ökonomische
Ursprünge von Gesellschaften und Wirtschaftssystemen (Originalausgabe 1944).
Frankfurt/M.: Suhrkamp.

Prasad, Monica (2006): The Politics of Free Markets: the rise of neoliberal economic policies
in Britain, France, Germany and the United States. Chicago: University of Chicago Press.

Pressel, Holger (2012): Der Gesundheitsfonds. Entstehung. Einführung – Weiterentwicklung – Folgen. Wiesbaden: VS Verlag.

Ptak, Ralf (2004): Vom Ordoliberalismus zur Sozialen Marktwirtschaft. Stationen des Neoliberalismus in Deutschland. Wiesbaden: Springer VS.

Ptak, Ralf (2017): Grundlagen des Neoliberalismus. In: Butterwegge, Christoph; Lösch, Bettina; Ptak, Ralf (Hrsg.) (Kritik des Neoliberalismus. 3., aktualisierte Auflage. Wiesbaden: Springer VS, S. 13–78.

Quentin, Wilm; Wittenbecher, Friedrich; Spranger, Anne; Edwards-Garavoglia, Suzanne (2015): Switzerland Health system review. Health Systems in Transition Vol. 17 No. 4 2015. Online verfügbar unter: https://eurohealthobservatory.who.int/countries/switzerland/ (15.11.2022).

Raffelhüschen, Bernd; Fetzer, Stefan; Mevis, Dirk (2002): Zur Zukunftsfähigkeit des Gesundheitswesens. Eine Nachhaltigkeitsstudie zur marktorientierten Reform des deutschen Gesundheitssystems. Gutachten im Auftrag des Verbands Forschender Arzneimittelhersteller (VFA) e. V. Online verfügbar unter: https://www.econstor.eu/bitstream/10419/56404/1/68928943X.pdf (15.11.2022).

Raffelhüschen, Bernd; Moog, Stefan (2010): Ehrbarer Staat? Die Generationenbilanz. Update 2010: Handlungsoptionen der Gesundheitspolitik. Stiftung Marktwirtschaft: Argumente zu Marktwirtschaft und Politik Nr. 111, Oktober 2010. Berlin: Stiftung Marktwirtschaft.

Reichsregierung (1881): Entwurf eines Gesetzes, betreffend die Unfallversicherung der Arbeiter. Gesetzentwurf vom 8. März 1881. In: Reichstag (Hrsg.) (1883): Stenographische Berichte über die Verhandlungen des Reichstags. 4. Legislaturperiode. IV. Session 1881. Dritter Band. Anlagen zu den Verhandlungen des Reichstags. Nr. 1 bis 101, S. 222–245.

Reichsregierung (1882): Entwurf eines Gesetzes, betreffend die Krankenversicherung der Arbeiter. Gesetzentwurf vom 29. April 1882. In: Reichstag (Hrsg.) (1883): Stenographische Berichte über die Verhandlungen des Reichstags. 5. Legislaturperiode. II. Session 1882/83. Fünfter Band. Anlagen zu den Verhandlungen des Reichstags. Nr. 1 bis 195, S. 124–152.

Reiners, Harmut (1993): Das Gesundheitsstrukturgesetz „Ein Hauch von Sozialgeschichte"? Werkstattbericht über eine gesundheitspolitische Weichenstellung. Berlin: Wissenschaftszentrum für Sozialforschung Berlin. Veröffentlichungsreihe der Forschungsgruppe Gesundheitsrisiken und Präventionspolitik, P93–210.

Reinhardt, Klaus (2012): Interview mit Dr. med. Klaus Reinhardt, Vorsitzender des Hartmannbundes. In: Deutsches Ärzteblatt, Jg. 142, Heft 10, S. 444–445.

Richter, Wolfram F. (2005): Gesundheitsprämie oder Bürgerversicherung? Ein Kompromissvorschlag. In: Wirtschaftsdienst, Jg. 85, Heft 11, S. 693–697.

Richter, Wolfram F. (2013): Fehler im System. Gastkommentar. In: Handelsblatt, 18.03.2013, S. 15.

Ritter, Gerhard A. (1991): Der Sozlalstaat. Entstehung und Entwicklung im internationalen Vergleich. 2., überarbeitete und erheblich erweiterte Auflage. München: Oldenbourg.

Robert Bosch Stiftung (2017): Von der Vermögensverwaltung zur Robert Bosch Stiftung. Online verfügbar unter: https://www.bosch.com/de/stories/ursprung-robert-bosch-stiftung/ (15.11.2022).

Rolfs, Christian (2000): Das Versicherungsprinzip im Sozialversicherungsrecht. München: C.H. Beck.

Röpke, Wilhelm (1942/1948): Die Gesellschaftskrisis der Gegenwart. Fünfte (durchgesehene) Auflage (Erstauflage: 1942). Zürich: Eugen Rentsch Verlag 1948.

Röpke, Wilhelm (1958/1966): Jenseits von Angebot und Nachfrage. 4. Auflage (Erstauflage: 1958). Stuttgart: Eugen Rentsch Verlag 1966.

Rosin, Heinrich (1893): Das Recht der Arbeiterversicherung. Band 1. Die reichsrechtlichen Grundlagen der Arbeiterversicherung. Berlin: Guttentag Verlagsbuchhandlung.

Rosin, Heinrich (1905): Das Recht der Arbeiterversicherung. Band 2. Das Recht der Invaliden- und Altersversicherung. Berlin: Guttentag Verlagsbuchhandlung.

Rosin, Heinrich (1908): Die Rechtsnatur der Arbeiterversicherung. In: Calker, Wilhelm van (Hrsg.) (1908): Staatsrechtliche Abhandlungen. Band 2. Festgabe für Paul Laband. Tübingen: Mohr, S. 41–134.

Rothgang, Heinz (2010): „Alle Bürger einbeziehen". Interview mit Prof. Heinz Rothgang zur künftigen Finanzierung der Krankenversicherung. In: Soziale Sicherheit, Jg. 59, Heft 4, S. 143–146.

Rothgang, Heinz (2011): Berechnungen zur Finanzierung der Pflege über eine Bürgerversicherung – im Auftrag des Arbeiterwohlfahrt Bundesverband. Online verfügbar unter: https://www.sozialpolitik-aktuell.de/files/sozialpolitik-aktuell/_Politikfelder/Ges undheitswesen/Dokumente/AWO_Rothgang_Endbericht_1_2012%20%282%29.pdf (15.11.2022).

Rothgang, Heinz; Arnold, Robert (2011): Berechnungen der finanziellen Wirkungen und Verteilungswirkungen für eine integrierte Krankenversicherung mit einem zusätzlichen Solidarbeitrag. WSI-Diskussionspapier Nr. 176. Online verfügbar unter: http://www.boe ckler.de/pdf/p_wsi_diskp_176.pdf (15.11.2022).

Rothgang, Heinz; Arnold, Robert (2013): Berechnungen der finanziellen Wirkungen und Verteilungswirkungen für eine integrierte Krankenversicherung mit einem progressiven Beitragssatz. WSI-Diskussionspapier Nr. 187. Online verfügbar unter: http://www.boe ckler.de/pdf/p_wsi_disp_187.pdf (15.11.2022).

Rothgang, Heinz; Arnold, Robert; Unger, Rainer (2010a): Berechnungen der finanziellen Wirkungen verschiedener Varianten einer Bürgerversicherung in der Gesetzlichen Krankenversicherung. Gutachten im Auftrag der Bundestagsfraktion Bündnis 90 / Die Grünen. Online verfügbar unter: https://www.researchgate.net/publication/261992423_ Berechnungen_der_finanziellen_Wirkungen_verschiedener_Varianten_einer_Burgerver sicherung_in_der_Gesetzlichen_Krankenversicherung_Gutachten_im_Auftrag_der_Bun destagsfraktion_Bundnis_90_Die_Grunen (12.11.2022).

Rothgang, Heinz; Arnold, Robert; Unger, Rainer (2010b): Bürgerversicherung als Alternative zu den aktuellen Regierungsplänen. In: GGW – G+G Wissenschaft, Jg. 10, Heft 4, S. 27–35.

Rothgang, Heinz; Domhoff, Dominik (2017): Beitragssatzeffekte und Verteilngswirkungen der Einführung einer ‚solidarischen Gesundheits- und Pflegeversicherung'. Gutachten im Auftrag der Bundestagsfraktion DIE LINKE und der Rosa-Luxemburg-Stiftung. Online verfügbar unter: https://www.linksfraktion.de/fileadmin/user_upload/Publikati onen/Sonstiges/Solidarische_Gesundheits-_und_Pflegeversicherung__Mai_2017.pdf (12.11.2022).

Rothgang, Heinz; Domhoff, Dominik (2019): Die Pflegebürgerversicherung als Vollversicherung. Beitragssatz- und Verteilungseffekte bei Umwandlung der Pflegeversicherung in eine Bürgerversicherung mit Vollversicherung. Working Paper Forschungsförderung der Hans Böckler Stiftung. Nummer 150, September 2019. Online verfügbar unter: https:// www.boeckler.de/de/faust-detail.htm?sync_id=HBS-007293 (12.11.2022).

Rothgang, Heinz; Götze, Ralf (2013): Perspektiven der solidarischen Finanzierung. In: Jacobs, Klaus; Schulze, Sabine (Hrsg.) (2013): Die Krankenversicherung der Zukunft. Anforderungen an ein leistungsfähiges System. Berlin: KomPart-Verlag, S. 125–173.

Rothgang, Heinz; Kalwitzki, Thomas (2017): Alternative Ausgestaltung der Pflegeversicherung – Abbau der Sektorengrenzen und bedarfsgerechte Leistungsstruktur. Gutachten im Auftrag der Initiative Pro-Pflegereform. Online verfügbar unter: https://www.pro-pfl egereform.de/fileadmin/default/user_upload/Gutachten_Rothgang_Kalwitzki_-_Altern ative_Ausgestaltung_der_Pflegeversicherung.pdf (12.11.2022).

Rürup, Bert (2017): Die Fassade glänzt – noch! In: Handelsblatt, 04.09.2017, S. 12.

Rürup, Bert; Wille, Eberhard (2004): Finanzierungsreform in der Krankenversicherung. 15. Juli 2004. Gutachten im Auftrag der PKV.

Rürup-Kommission (2003): Nachhaltigkeit in der Finanzierung der sozialen Sicherungssysteme. Bericht der Kommission. Online verfügbar unter: https://www.sozialpolitik-akt uell.de/files/sozialpolitik-aktuell/_Politikfelder/Sozialstaat/Dokumente/ruerup_kommis sion.pdf (12.11.2022).

Saalfeld, Thomas; Zohlnhöfer, Reimut (2015): Von der Wunschkoalition zur Krisengemeinschaft? Eine Einleitung. In: Zohlnhöfer, Reimut; Saalfeld, Thomas (Hrsg.) (2015): Politik im Schatten der Krise. Eine Bilanz der Regierung Merkel 2009–2013. Wiesbaden: Springer VS, S. 9–24.

Sachße, Christoph; Tennstedt, Florian (1998): Geschichte der Armenfürsorge in Deutschland. Band 1. Vom Spätmittelalter bis zum 1. Weltkrieg. 2., erweiterte und verbesserte Auflage. Stuttgart: Kohlhammer.

SBK, Siemens-Betriebskrankenkasse (2012a): Kartellrecht: SBK wendet sich an Fraktionen. Pressemitteilung vom 13.06.2012.

SBK, Siemens-Betriebskrankenkasse (2012b): SBK will Kartellrecht auch für Krankenkassen. Pressemitteilung vom 11.05.2012.

SBK, Siemens-Betriebskrankenkasse (2012c): Umfrage: Deutsche haben Angst vor Monopolen und wollen strengere Aufsicht für gesetzliche Krankenkassen. Pressemitteilung vom 16.05.2012.

Schewe, Dieter (1987): Die Entwicklung der Sozialen Sicherung in drei Jahrzehnten – ein Rückblick auf die sozialpolitischen Ansätze von Detlev Zöllner. In: Sozialer Fortschritt, Jg. 36, Heft 12, S. 269.

Schewe, Dieter (2000): Geschichte der sozialen und privaten Versicherung im Mittelalter in den Gilden Europas. Berlin: Duncker & Humblot.

Schewe, Dieter (2005): Zum Tode von Prof. Dr. Detlev Zöllner. In: Sozialer Fortschritt, Jg. 54, Heft 5/6, S. 154.

Schmidt, Manfred G. (2005a): Rahmenbedingungen. In: Schmidt, Manfred G. (Hrsg.) (2005): Geschichte der Sozialpolitik in Deutschland seit 1945. Band 7. 1982–1989. Bundesrepublik Deutschland – Finanzielle Konsolidierung und institutionelle Reform. Baden-Baden: Nomos, S. 1–60.

Schmidt, Manfred G. (2005b): Sozialpolitische Denk- und Handlungsfelder. In: Schmidt, Manfred G. (Hrsg.) (2005): Geschichte der Sozialpolitik in Deutschland seit 1945. Band 7. 1982–1989. Bundesrepublik Deutschland – Finanzielle Konsolidierung und institutionelle Reform. Baden-Baden: Nomos, S. 61–154.

Schmidt, Manfred G. (2010): Die Sozialpolitik der zweiten Großen Koalition (2005 bis 2009). In: Egle, Christoph; Zohlnhöfer, Reimut (Hrsg.) (Die zweite große Koalition: Eine Bilanz der Regierung Merkel 2005–2009. Wiesbaden: VS Verlag, S. 302–326.

Schmoller, Gustav (1904): Grundriss der allgemeinen Volkswirtschaftslehre. Teil II. Berlin: Duncker & Humblot.

Schräder, Wilhelm F.; Sehlen, Stefanie; Hofmann, Jürgen (2004): Gesetzlicher Krankenversicherungsschutz für alle Bürger. In: Engelen-Kefer, Ursula (Hrsg.) (2004): Reformoption Bürgerversicherung. Wie das Gesundheitssystem solidarisch finanziert werden kann. Hamburg: VSA, S. 64–77.

Schreiber, Wilfried (1955): Existenzsicherheit in der industriellen Gesellschaft. Unveränderter Nachdruck des „Schreiber-Planes" zur dynamischen Rente aus dem Jahr 1955. Köln: Bund Katholischer Unternehmer.

Schröder, Gerhard (1998): Regierungserklärung des Bundeskanzlers. In: Deutscher Bundestag (Hrsg.) (1998): Plenarprotokoll 14/3 vom 10. November 1998. Berlin: Deutscher Bundestag, S. 47–67.

Schröder, Gerhard (2003): Regierungserklärung. In: Deutscher Bundestag (Hrsg.) (Plenarprotokoll 15/32 vom 14.03.2003. Berlin: Deutscher Bundestag, S. 2479–2493.

Schröder, Gerhard; Blair, Tony (1999): Der Weg nach vorne für Europas Sozialdemokraten. Ein Vorschlag von Gerhard Schröder und Tony Blair (London, 8. Juni 1999). Online verfügbar unter: https://www.kuwi.europa-uni.de/de/lehrstuhl/vs/politik3/Lehre_WS_11_12/Schroeder_Blair.pdf (12.11.2022).

Schroeder, Wolfgang; Paquet, Robert (Hrsg.) (2009): Gesundheitsreform 2007. Nach der Reform ist vor der Reform. Wiesbaden: VS Verlag.

Schui, Herbert; Blankenburg, Stephanie (2002): Neoliberalismus: Theorie, Gegner, Praxis. Hamburg: VSA-Verlag.

Schulenburg, J.-Matthias Graf von der (2012): Die Entwicklung der Gesundheitsökonomie und ihre methodischen Ansätze. In: Schöffski, Oliver; Schulenburg, J.-Matthias Graf von der (Hrsg.) (Gesundheitsökonomische Evaluationen. Berlin: Springer, S. 13–21.

Seehofer, Horst (2018): „Sie ist die Beste". Interview mit dem Spiegel. In: Der Spiegel, Jg. 72, Heft 50, S. 20–23.

Sehlen, Stefanie; Hofmann, Jürgen; Reschke, Peter (2005): Private Krankenversicherung und Bürgerversicherung. Zwei Verfahren zur Berücksichtigung von PKV-Versicherten für die Finanzierungsgrundlage einer Bürgerversicherung. In: Gesundheits- und Sozialpolitik, Jg. 60, Heft 5–6, S. 52–60.

Sehlen, Stefanie; Hofmann, Jürgen; Reschke, Peter (2006a): Möglichkeiten zur Einbeziehung von gesetzlich und privat Krankenversicherten in eine integrierte Krankenversicherung. In: Albrecht, Martin; Schräder, Wilhelm F.; Sehlen, Stefanie (Hrsg.) (2006): Modelle einer integrierten Krankenversicherung. Finanzierungseffekte, Verteilungswirkungen, Umsetzung. Berlin: edition sigma, S. 89–142.

Sehlen, Stefanie; Hofmann, Jürgen; Reschke, Peter (2006b): Möglichkeiten zur Einbeziehung von gesetzlich und privat Krankenversicherten in eine integrierte Krankenversicherung. In: Albrecht, Martin; Hofmann, Jürgen; Reschke, Peter; Schiffhorst, Guido; Sehlen, Stefanie (Hrsg.) (2006): Stabilisierung der Finanzierungsbasis und umfassender Wettbewerb in einem integrierten Krankenversicherungssystem. Forschungsprojekt im Auftrag der Hans-Böckler-Stiftung. Berlin: IGES Institut für Gesundheits- und Sozialforschung GmbH, S. 85–150.

Sehlen, Stefanie; Schräder, Wilhelm F.; Schiffhorst, Gı (2004): Bürgerversicherung Gesundheit – Grünes Modell. Simulationsrechnungen Ausgestaltungsmöglichkeiten. Online verfügbar unter: https://www.iges.com/sites∆.de/myzms/content/e6/e1621/ e10211/e6061/e6577/e6597/e9918/e9920/attr_objs993utachten_BVer-Grne-end_ger. pdf (12.11.2022).

Seim, Carsten (2016): Nachruf auf Hans Tietmeyer. Ein \chter der Sozialen Marktwirtschaft. Online verfügbar unter: https://www.insm.de/inΓhemen/Soziale-Marktwirtsch aft/Nachruf-Hans-Tietmeyer.html (12.11.2022).

Sievert, Olaf (2003): Vom Keynesianismus zur Angebotsʃik. In: Entwicklung, Sachverständigenrat zur Begutachtung der gesamtwirtschaftlic(Hrsg.) (2003): Vierzig Jahre Sachverständigenrat 1963–2003. Wiesbaden: Sachver⊣igenrat zur Begutachtung der gesamtwirtschaftlichen Entwicklung, S. 34–46.

Simon, Michael (2000): Krankenhauspolitik in der Bundesblik Deutschland. Historische Entwicklung und Probleme der politischen Steuerun₁tionärer Krankenversorgung. Wiesbaden: Springer VS.

Simon, Michael (2013): Das Gesundheitssystem in Deutsıd. Eine Einführung in Struktur und Funktionsweise. 4., vollständig überarb. und ₁lisierte Auflage. Bern: Hans Huber.

Simon, Michael (2016): Die ökonomischen und strukturel∕eränderungen des Krankenhausbereichs seit den 1970er Jahren. In: Bode, Ingo; VoWerner (Hrsg.) (2016): Mutationen des Krankenhauses. Soziologische Diagnosen ıanisations- und gesellschaftstheoretischer Perspektive. Wiesbaden: Springer VS, S45.

Simon, Michael (2017): Das Gesundheitssystem in Deutsıd. Eine Einführung in Struktur und Funktionsweise. 6., vollständig aktualisierte überarbeitete Auflage. Bern: Hogrefe.

Simon, Michael (2018): Kommunen als Krankenhaustr Historischer Rückblick und neuere Entwicklungen. In: Jahrbuch für Kritische Meαnd Gesundheitswissenschaften, Jg. 52, S. 82–102.

Simon, Michael (2019): Das deutsche DRG-System: Vchichte und Entwicklung seit seiner Einführung. In: Dieterich, Anja; Braun, Beı Gerlinger, Thomas; Simon, Michael (Hrsg.) (2019): Geld im Krankenhaus. Eiнische Bestandsaufnahme des DRG-Systems. Wiesbaden: Springer VS, S. 3–27.

Simon, Michael (2020): Das DRG-Fallpauschalensystür Krankenhäuser. Kritische Bestandsaufnahme und Eckpunkte für eine Reform deιkenhausfinanzierung jenseits des DRG-Systems. Working Paper Forschungsförderer Hans Böckler Stiftung. Nr. 196, November 2020. Düsseldorf: Hans Böckler Stift

Simon, Michael (2021): Das Gesundheitssystem in Deutsıd. Eine Einführung in Struktur und Funktionsweise. 7., überarbeitete und erweiterte ge. Bern: Hogrefe.

Slobodian, Quinn (2019): Globalisten. Das Ende der Imı und die Geburt des Neoliberalismus. Berlin: Suhrkamp.

Spahn, Jens (2012): „Private Kassen haben existentiebbleme". Interview mit Jens Spahn, gesundheitspolitischer Sprecher der CDU/CSℓdestagsfraktion. In: Die Welt (überregional), 15.03.2012.

SPD (1989): Berliner Programm. GrundsatzprogrammSozialdemokratischen Partei Deutschlands. Beschlossen vom Programm-Parteita₁Sozialdemokratischen Partei Deutschlands am 20. Dezember 1989 in Berlin geäauf dem Parteitag in Leipzig

am 17.04.1998 Online verfügunter: https://www.spd.de/fileadmin/Dokumente/Beschl
uesse/Grundsatzprogramme/iner_programm.pdf (12.11.2022).

SPD (1992): Positionspapier der ministerInnen und SentorInnen für Gesundheit und Soziales in den Ländern der SPD1derminister und der SPD-Bundestags-Fraktion. Stand:
11.08.1992. In: Reiners, Hat (Hrsg.) (1992): Das Gesundheitsstrukturgesetz – Ein
‚Hauch von Sozialgeschicht Werkstattbericht über eine gesundheitspolitische Weichenstellung. Veröffentlichureihe der Forschungsgruppe Gesundheitsrisiken und Präventionspolitik am Wissenscszentrum Berlin, P93–210, S. Anhang 4.

SPD (2003): Parteitag der SPI Bochum, 17. bis 19. Novermber 2003. Beschlüsse.
Online verfügbar unter: httpvww.spd.de/fileadmin/Dokumente/Beschluesse/Bundes
parteitag/2003_bpt_bochum_okoll.pdf (18.10.2013).

SPD (2004): Eckpunkte für eisolidarische Bürgerversicherung. Beschluss des SPD-
Parteivorstandes vom 28./29!004. Online verfügbar unter: http://www.sozialpolitik-
aktuell.de/tl_files/sozialpolitituell/_Kontrovers/GesundheitsreformGesundheitsfo
nds/eckpunktespd_buergerveerung.pdf (12.11.2022).

SPD (2007): Hamburger Progr. Grundsatzprogramm der Sozialdemokratischen Partei Deutschlands. Beschlossuf dem Hamburger Bundesparteitag der SPD am 28.
Oktober 2007. Online verfügnter: https://www.spd.de/fileadmin/Dokumente/Beschl
uesse/Grundsatzprogramme/burger_programm.pdf (21.02.2013).

SPD (2010): Sozialer Fortschritt nur gemeinsam: Die Bürgerversicherung. Beschluss
des SPD-Präsidiums vom 8.]10.

SPD (2011a): Die Bürgerversiclg – solidarisch, gerecht und leistungsfähig. Beschluss
des SPD-Präsidiums vom 1 kril 2011. Online verfügbar unter: https://www.spd-boc
hum.de/2011/04/14/beschlus-spd-prasidiums-die-burgerversicherung-solidarisch-
gerecht-und-leistungsfahig/ (2.2013).

SPD (2011b): Solidarische Gesundheitspolitik für alle Bürgerinnen und Bürger. Beschluss
des SPD-Bundesparteitages rlin vom 4.–6. Dezember 2011.

SPD (2011c): Solidarische Gesundheitspolitik für alle Bürgerinnen und Bürger. Beschluss
des SPD-Parteivorstandes vo. September 2011.

SPD (2013): SPD-Bürgerversiclg ist gerecht und entlastet die Mitte. Pressemitteilung
vom 12. Mai 2013.

SPD (2017): Es ist Zeit für mberechtigkeit: Zukunft sichern, Europa stärken. Das
Regierungsprogramm 2017 2021. Online verfügbar unter: https://www.spd.
de/fileadmin/Dokumente/Regsprogramm/SPD_Regierungsprogramm_BTW_
2017_A5_RZ_WEB.pdf (12.22).

SPD (2021): Das Zukunftsprogrder SPD. Online verfügbar unter: https://www.spd.de/
zukunftsprogramm/ (12.11.2(

SPD; BÜNDNIS 90/Die Grüne98): Aufbruch und Erneuerung – Deutschlands Weg
ins 21. Jahrhundert. Koalitionsvereinbarung zwischen der Sozialdemokratischen Partei
Deutschlands und Bündnis 9(GRÜNEN. Bonn, 20. Oktober 1998.

SPD; BÜNDNIS 90/DIE GRÜN999): Entwurf eines Gesetzes zur Reform der gesetzlichen Krankenversicherung a Jahr 2000 (GKV-Gesundheitsreform 2000). Bundestagsdrucksache 14/1245 vom.1999.

SPD; BÜNDNIS 90/DIE GRÜN003): Entwurf eines Gesetzes zur Modernisierung des
Gesundheitssystems (Gesundcystemmodernisierungsgesetz – GMG). Bundestags-
Drucksache 15/1170 vom 1603.

SPD; BÜNDNIS 90/DIE GRÜNEN; CDU/CSU (2003a)ckpunkte der Konsensverhand-
lungen zur Gesundheitsreform. Berlin 22. Juli 2003.

SPD; BÜNDNIS 90/DIE GRÜNEN; CDU/CSU (2003b): wurf eines Gesetzes zur Modernisierung der gesetzlichen Krankenversicherung (GK'odernisierungsgesetz – GMG).
Bundestagsdrucksache 15/1525 vom 8.09.2003.

Speth, Rudolf (2004): Die politischen Strategien der ltive Neue Soziale Marktwirtschaft. Online verfügbar unter: https://www.boecklepdf/fof_insm_studie_09_2004.
pdf (12.11.2022).

Speth, Rudolf (2006): Advokatorische Think Tanks die Politisierung des Markt-
platzes der Ideen. Online verfügbar unter: https://lit.fes.de/pdf-files/kug/03818.pdf
(12.11.2022).

Spree, Reinhard (2011): Die Finanzierung von Krankenern in Deutschland im 19. Jh.
Online verfügbar unter: https://rspree.wordpress.con 1/05/07/die-finanzierung-von-
krankenhausern-in-deutschland-im-19-jh-2/ (12.11.2(

StBA, Statistisches Bundesamt (2001). Kurzbericht: Pfletistik 1999. Pflege im Rahmen
der Pflegeversicherung. Deutschlandergebnisse. Bonttistisches Bundesamt.

Stedman Jones, Daniel (2014): Masters of the Universe.ek, Friedman, and the Birth of
Neoliberal Politics. Princeton, Oxford: Princeton Unity Press.

Steiner, Udo (2017): Bürgerversicherung contra Grundz. In: Frankfurter Allgemeine
Zeitung, 31.08.2017, S. 7.

STERN (2008): Krieg der Krankenversicherer. STERN.m 10.06.2008.

Stolleis, Michael (2003): Geschichte des Sozialrechts itschland. Stuttgart: Lucius &
Lucius.

Storm, Andreas (2012): „Krankenkassen sind keine nehmen". Interview Andreas
Storm, Vorsitzender der Gesundheitsministerkonfere: fakten&aspekte – Mitteilungen des BKK Landesverbandes Mitte, Jg. 2012, S. 3

Storm, Andreas; Widmann-Mauz, Annette (2003): Für rundlegende Neuordnung der
Finanzierungsstruktur der gesetzlichen Krankenverung. Positionspapier vom 3.
Februar 2003.

Strätling, Ansgar (2001): Sachverständiger Rat im Waber theoretische Argumentati-
onshingergrund des Sachverständigenrates zur Begung der gesamtwirtschaftlichen
Entwicklung zur Beschäftigungspolitik von 1964 bis Marburg: Metropolis-Verlag.

Streek, Wolfgang (2013): Gekaufte Zeit. Die vertagte lles demokratischen Kapitalismus. Berlin: Suhrkamp.

Strengmann-Kuhn, Wolfgang (2005a): Das Modell Bersicherung zur Reform der
sozialen Sicherung in Deutschland. In: Strengmann-Wolfgang (Hrsg.) (Das Prinzip
Bürgerversicherung). Die Zukunft im Sozialstaat. Wen: VS Verlag, S. 7–27.

Strengmann-Kuhn, Wolfgang (Hrsg.) (2005b): Das Prin?gerversicherung: Die Zukunft
im Sozialstaat. Wiesbaden: VS Verlag.

SVR-W, Sachverständigenrat zur Begutachtung der gwirtschaftlichen Entwicklung
(1975): Jahresgutachten 1975/76 des Sachverstärates zur Begutachtung der
gesamtwirtschaftlichen Entwicklung. Bundestags-Dche 7/4326 vom 24.11.1975.

SVR-W, Sachverständigenrat zur Begutachtung der gwirtschaftlichen Entwicklung
(1982): Jahresgutachten 1982/83 des Sachverstärates zur Begutachtung der
gesamtwirtschaftlichen Entwicklung. Bundestags-Dche 9/2118 vom 23.11.1982.

SVR-W, Sachverständigenrat zuegutachtung der gesamtwirtschaftlichen Entwicklung
(1983): Jahresgutachten 1984 des Sachverständigenrates zur Begutachtung der
gesamtwirtschaftlichen Entwiing. Bundestags-Drucksache 10/669 vom 24.11.1983.

SVR-W, Sachverständigenrat zuegutachtung der gesamtwirtschaftlichen Entwicklung
(1985): Jahresgutachten 1985 des Sachverständigenrates zur Begutachtung der
gesamtwirtschaftlichen Entwiy. Bundestags-Drucksache 10/4295 vom 22.11.1985.

SVR-W, Sachverständigenrat zuegutachtung der gesamtwirtschaftlichen Entwicklung
(1986): Jahresgutachten 198? des Sachverständigenrates zur Begutachtung der
gesamtwirtschaftlichen Entwing. Bundestags-Drucksache 10/6562 vom 25.11.1986.

SVR-W, Sachverständigenrat zuegutachtung der gesamtwirtschaftlichen Entwicklung
(1991): Jahresgutachten 199? des Sachverständigenrates zur Begutachtung der
gesamtwirtschaftlichen Entwing. Bundestags-Drucksache 12/1618 vom 18.11.1991.

SVR-W, Sachverständigenrat zugutachtung der gesamtwirtschaftlichen Entwicklung
(1992): Jahresgutachten 199? des Sachverständigenrates zur Begutachtung der
gesamtwirtschaftlichen Entwing. Bundestags-Drucksache 12/3774 vom 19.11.1992.

SVR-W, Sachverständigenrat zugutachtung der gesamtwirtschaftlichen Entwicklung
(1996): Jahresgutachten 199? des Sachverständigenrates zur Begutachtung der
gesamtwirtschaftlichen Entwig. Bundestags-Drucksache 13/6200 vom 18.11.1996.

SVR-W, Sachverständigenrat zugutachtung der gesamtwirtschaftlichen Entwicklung
(1998): Jahresgutachten 199? des Sachverständigenrates zur Begutachtung der
gesamtwirtschaftlichen Entwig. BT-Drs. 14/73 vom 20.11.1998.

SVR-W, Sachverständigenrat zugutachtung der gesamtwirtschaftlichen Entwicklung
(2002): Zwanzig Punkte für läftigung und Wachstum. Jahresgutachen 2002/2003.
Online verfügbar unter: httpvw.sachverstaendigenrat-wirtschaft.de/publikationen/
jahresgutachten.html (12.11.2

SVR-W, Sachverständigenrat zugutachtung der gesamtwirtschaftlichen Entwicklung
(2003): Staatsfinanzen konsren – Steuersystem reformieren. Jahresgutachten
2003/2004. Online verfügbar: https://www.sachverstaendigenrat-wirtschaft.de/pub
likationen/jahresgutachten.htr.11.2022).

SVR-W, Sachverständigenrat zugutachtung der gesamtwirtschaftlichen Entwicklung
(2004): Erfolge im Ausland – isforderungen im Inland. Jahresgutachten 2004/2005.
Online verfügbar unter: httpvw.sachverstaendigenrat-wirtschaft.de/publikationen/
jahresgutachten.html (12.11.2

SVR-W, Sachverständigenrat zuutachtung der gesamtwirtschaftlichen Entwicklung
(2006): Widerstreitende Inte – ungenutzte Chancen. Jahresgutachten 2006/07.
Online verfügbar unter: httpw.sachverstaendigenrat-wirtschaft.de/publikationen/
jahresgutachten.html (12.11.2

SVR-W, Sachverständigenrat zuutachtung der gesamtwirtschaftlichen Entwicklung
(2007): Das Erreichte nichtielen. Jahresgutachten 2007/08. Online verfügbar
unter: https://www.sachverigenrat-wirtschaft.de/publikationen/jahresgutachten.
html (12.11.2022).

SVR-W, Sachverständigenrat zuutachtung der gesamtwirtschaftlichen Entwicklung
(2008): Die Finanzkrise meisWachstumskräfte stärken. Jahresgutachten 2008/09.
Online verfügbar unter: httpw.sachverstaendigenrat-wirtschaft.de/publikationen/
jahresgutachten.html (12.11.2

SVR-W, Sachverständigenrat zur Begutachtung der gesamtwirtschaftlichen Entwicklung (2012): Stabile Architektur für Europa – Handlungsbedarf im Inland. Jahresgutachten 2012/13. Online verfügbar unter: https://www.sachverstaendigenrat-wirtschaft.de/publikationen/jahresgutachten.html (12.11.2022).

SVR-W, Sachverständigenrat zur Begutachtung der gesamtwirtschaftlichen Entwicklung (2018): Vor wichtigen wirtschaftspolitische Weichenstellungen. Jahresgutachten 18/19. Online verfügbar unter: https://www.sachverstaendigenrat-wirtschaft.de/publikationen/jahresgutachten.html (12.11.2022).

SVR-W, Sachverständigenrat zur Begutachtung der gesamtwirtschaftlichen Entwicklung (2019): Ehemalige Ratsmitglieder. Online verfügbar unter: https://www.sachverstaendigenrat-wirtschaft.de/ueber-uns/ratsmitglieder/ehemalige-ratsmitglieder.html (12.11.2022).

SVRKAiG, Sachverständigenrat für die Konzertierte Aktion im Gesundheitswesen (1995): Gesundheitsversorgung und Krankenversicherung 2000. Sondergutachten 1995. Mehr Ergebnisorientierung, mehr Qualität und mehr Wirtschaftlichkeit. Baden-Baden: Nomos.

SVRKAiG, Sachverständigenrat für die Konzertierte Aktion im Gesundheitswesen (1987): Medizinische und ökonomische Orientierung. Jahresgutachten 1987. Baden-Baden: Nomos.

SVRKAiG, Sachverständigenrat für die Konzertierte Aktion im Gesundheitswesen (1988): Medizinische und ökonomische Orientierung. Jahresgutachten 1988. Baden-Baden: Nomos.

SVRKAiG, Sachverständigenrat für die Konzertierte Aktion im Gesundheitswesen (1989): Qualität, Wirtschaftlichkeit und Perspektiven der Gesundheitsversorgung. Jahresgutachten 1989. Baden-Baden: Nomos.

SVRKAiG, Sachverständigenrat für die Konzertierte Aktion im Gesundheitswesen (1994): Gesundheitsversorgung und Krankenversicherung 2000. Sachstandsbericht. Eigenverantwortung, Subsidiarität und Solidarität bei sich verändernden Rahmenbedingungen. Baden-Baden: Nomos.

SVRKAiG, Sachverständigenrat für die Konzertierte Aktion im Gesundheitswesen (2001a): Bedarfsgerechtigkeit und Wirtschaftlichkeit. Band I. Zielbildung, Prävention, Nutzerorientierung und Partizipation. Gutachten 2000/2001 des Sachverständigenrates für die Konzertierte Aktion im Gesundheitswesen. Bundestags-Drucksache 14/5660 vom 21.03.2001.

SVRKAiG, Sachverständigenrat für die Konzertierte Aktion im Gesundheitswesen (2001b): Bedarfsgerechtigkeit und Wirtschaftlichkeit. Band II. Qualitätsentwicklung in Medizin und Pflege. Gutachten 2000/2001 des Sachverständigenrates für die Konzertierte Aktion im Gesundheitswesen. Bundestags-Drucksache 14/5661 vom 21.03.2001.

SVRKAiG, Sachverständigenrat für die Konzertierte Aktion im Gesundheitswesen (2001c): Bedarfsgerechtigkeit und Wirtschaftlichkeit. Band III. ‚ber-, Unter- und Fehlversorgung'. Gutachten 2000/2001 des Sachverständigenrates für die Konzertierte Aktion im Gesundheitswesen. Bundestags-Drucksache 14/6871 vom 21.03.2001.

SVRKAiG, Sachverständigenrat für die Konzertierte Aktion im Gesundheitswesen (2002a): Gutachten 2000/2001 des Sachverständigenrates für die Konzertierte Aktion im Gesundheitswesen. Bedarfsgerechtigkeit und Wirtschaftlichkeit. Adendum: Zur Steigerung von Effizienz und Effektivität der Arzneimittelversorgung in der gesetzlichen Krankenversicherung (GKV). Baden-Baden: Nomos.

SVRKAiG, Sachverständigenrat für die Konzertierte Aktion im Gesundheitswesen (2002b): Gutachten 2000/2001 des Sachverständigenrates für die Konzertierte Aktion im Gesundheitswesen. Bedarfsgerechtigkeit und Wirtschaftlichkeit. Band II: Qualitätsentwicklung in Medizin und Pflege. Baden-Baden: Nomos.

SVRKAiG, Sachverständigenrat für die Konzertierte Aktion im Gesundheitswesen (2002c): Gutachten 2000/2001 des Sachverständigenrates für die Konzertierte Aktion im Gesundheitswesen. Bedarfsgerechtigkeit und Wirtschaftlichkeit. Band III: Über-, Unter- und Fehlversorgung. III.1: Grundlagen, Übersichten, Versorgung chronisch Kranker. Baden-Baden: Nomos.

SVRKAiG, Sachverständigenrat für die Konzertierte Aktion im Gesundheitswesen (2002d): Gutachten 2000/2001 des Sachverständigenrates für die Konzertierte Aktion im Gesundheitswesen. Bedarfsgerechtigkeit und Wirtschaftlichkeit. Band III: Über-, Unter- und Fehlversorgung. III.2: Ausgewählte Erkrankungen: ischämische Herkrankheiten, Schlaganfall und chronische, obstruktive Lundenkrankheiten. Baden-Baden: Nomos.

SVRKAiG, Sachverständigenrat für die Konzertierte Aktion im Gesundheitswesen (2002e): Gutachten 2000/2001 des Sachverständigenrates für die Konzertierte Aktion im Gesundheitswesen. Bedarfsgerechtigkeit und Wirtschaftlichkeit. Band III: Über-, Unter- und Fehlversorgung. III.3: Ausgewählte Erkrankungen: Rückenleiden, Krebserkrankungen und depressive Störungen. Baden-Baden: Nomos.

SVRKAiG, Sachverständigenrat für die Konzertierte Aktion im Gesundheitswesen (2002f): Gutachten 2000/2001 des Sachverständigenrates für die Konzertierte Aktion im Gesundheitswesen. Bedarfsgerechtigkeit und Wirtschaftlichkeit. Band III: Über-, Unter- und Fehlversorgung. III.4: Ausgewählte Erkrankungen: Zahn-. Mund- und Kieferkrankheiten. Baden-Baden: Nomos.

Szabados, Tibor (2009): Krankenhäuser als Leistungserbringer in der gesetzlichen Krankenversicherung. Berlin: Springer.

Tambert, Martina (1977): Heinrich Rosin und die Anfänge des Sozialversicherungsrechts. Inaugural-Dissertation zur Erlangung der Doktorwürde der Hohen Rechtswissenschaftlichen Fakultät der Albert-Ludwigs-Universität zu Freiburg i.Br. Freiburg: Universität Freiburg.

Tennstedt, Florian (1976): Die Sozialgeschichte der Sozialversicherung. In: Blohmke, Maria; von, Ferber; Christian; Kisker, Karl Peter; Schaefer, Hans (Hrsg.) (1976): Handbuch der Sozialmedizin. Band 3. Stuttgart: Enke Verlag, S. 385–492.

Tennstedt, Florian (1981): Sozialgeschichte der Sozialpolitik in Deutschland. Göttingen: Vandenhoeck & Ruprecht.

Tennstedt, Florian; Winter, Heidi; Ayass, Wolfgang; Nickel, Karl-Heinz (1994): Einleitung. In: Tennstedt, Florian; Winter, Heidi; Ayass, Wolfgang; Nickel, Karl-Heinz (Hrsg.) (1994): Quellensammlung zur Geschichte der deutschen Sozialpolitik 1867 bis 1914. Abteilung 1: Von der Reichsgründungszeit bis zur Kaiserllichen Sozialbotschaft (1867–1881). 1. Band. Grundfragen staatlicher Sozialpolitik. Die Diskussion der Arbeiterfrage auf Regierugnsseite vom Preußischen Verfassungskonflikt bis zur Reichstagswahl von 1881. Darmstadt: Wissenschaftliche Buchgesellschaft, S. XXI–LXII.

Ther, Philipp (2016): Die neue Ordnung auf dem alten Kontinent. Eine Geschichte des neoliberalen Europa. Aktualisierte Fassung. Berlin: Suhrkamp.

Thomasberger, Claus (2012): Das neoliberale Credo. Ursprünge, Entwicklung, Kritik. Marburg: Metropolis-Verlag.

TK, Techniker Krankenkasse (2012): Begleittext zum Gutachten „Privatrechtliche Organisation der gesetzlichen Krankenkassen".

TK, Techniker Krankenkasse (2013): Techniker Krankenkasse zahlt Mitgliedern auch für 2014 mehr als eine halbe Milliarde Euro Dividende. Pressemitteilung vom 13.09.2013.

Ulrich, Volker; Schneider, Udo (2004): Ausgestaltung und Finanzierung des sozialen Ausgleichs im Rahmen des Steuersystems – Baustein für einen wettbewerblichen Systemwechsel in der Krankenversicherung Kurzgutachten im Auftrag des Verbandes Forschender Arzneimittelhersteller e. V. (VFA). Online verfügbar unter: http://www.vfa.de/de/download-manager/_ulrich-gutachten.pdf (12.11.2022).

Ulrich, Volker; Wille, Eberhard (2008): Weiterentwicklung des Gesundheitssystems. In: Wille, Eberhard; Cassel, Dieter; Ulrich, Volker (Hrsg.) (2008): Weiterentwicklung des Gesundheitssystems und des Arzneimittelmarktes. Gutachten für den Verband Forschender Arzneimittelhersteller e. V. Berlin: VFA, S. 15–89.

vdek, Verband der Ersatzkassen; BKK-Dachverband; IKK-Bundesverband (2017): Gemeinsame Erklärung „Morbi-RSA für einen fairen Wettbewerb zügig weiterentwickeln". Berlin, den 15. Juni 2017. Online verfügbar unter: https://www.vdek.com/presse/pressemitteilungen/2017/RSA-Reformen-von-Bundesregierung-gefordert.html (15.11.2022).

Vereinte Nationen (1948): Allgemeine Erklärung der Menschenrechte. 10. Dezember 1948. New York: Vereinte Nationen.

Vereinte Nationen (1966): UN-Sozialpakt. Vertragstext. New York: Vereinte Nationen.

VFA, Verband Forschender Arzneimittelhersteller (2002): VFA legt Konzept für eine grundlegende Gesundheitsreform vor. Pressemitteilung des VFA vom 12.06.2002. Online verfügbar unter: http://www.vfa.de/print/de/presse/pressemitteilungen/pm-012-2002-vfa-legt-konzept-fuer-eine-grundlegende-gesundheitsreform-vor.html (12.11.2022).

VFA, Verband Forschender Arzneimittelhersteller. (2008). Reform des Gesundheitssystems und des Arzneimittelmarktes. Positionen des VFA (Stand: 29.10.2008).

Vincenti, Aurelio (2008): Gesundheitswesen und Sicherung bei Krankheit und im Pflegefall. In: Geyer, Martin H. (Hrsg.) (Geschichte der Sozialpolitik in Deutschland seit 1945. Band 6. 1974–1982. Bundesrepublik Deutschland – Neue Herausforderungen, wachsende Unsicherheiten. Baden-Baden: Nomos, S. 515–564.

Vogl, Joseph (2010): Das Gespenst des Kapitals. Zürich: Diaphanes.

Vogl, Joseph (2011): „Das System geht nicht zugrunde". Interview mit der Zeitschrift „Christ & Welt", Ausgabe 46/2011.

Wagner, Gert G. (2003): Pauschalprämien setzen das Konzept der Bürgerversicherung am besten um. In: Ifo Schnelldienst, Jg. 56, Heft 17, S. 3–6.

Wagner, Gert G. (2005): Eine Bürgerversicherung für die Gesundheitsversorgung – Pauschalprämie hat gegenüber einem Beitragssatz-System mehrere Vorteile. In: Strengmann-Kuhn, Wolfgang (Hrsg.) (2005): Das Prinzip Bürgerversicherung. Die Zukunft im Sozialstaat. Wiesbaden: VS Verlag, S. 83–98.

Walendzik, Anke (2009): Finanzierungsalternativen im Gesundheitswesen. Kurzgutachten im Auftrag der Abteilung Wirtschafts- und Sozialpolitik der Friedrich-Ebert-Stiftung. Online verfügbar unter: http://library.fes.de/pdf-files/wiso/06491-20090812.pdf (12.11.2022).

Walendzik, Anke; Wasem, Jürgen (2019): Vergütung ambulanter und ambulant erbringbarer Leistungen Gesundheitspolitisch zielgerechte Integrationsmodelle über sektorale Leistungsträger und Finanzierungssysteme. Gutachten für die Bertelsmann Stiftung. Online verfügbar unter: https://www.bertelsmann-stiftung.de/de/publikationen/publikation/did/aerztliche-verguetung-ambulanter-und-ambulant-erbringbarer-leistungen/ (12.11.2022).

Wallrabenstein, Astrid (2009): Versicherung im Sozialstaat. Tübingen: Mohr Siebeck.

Wallrabenstein, Astrid (2014): Gestaltungs- und Verfassungsfragen eines Übergang zu einem einheitlichen Krankenversicherungsmarkt im Hinblick auf die PKV. In: Wallrabenstein, Astrid; Ebsen, Ingwer (Hrsg.) (2014): Stand und Perspektiven der Gesundheitsversorgung. Optionen und Probleme rechtlicher Gestaltung. Beiträge zum Symposium des Instituts für europäische Gesundheitspolitik und Sozialrecht am 26. April 2013 an der Goethe-Universität Frankfurt am Main. Lousanne: Peter Lang, S. 37–94.

Walpen, Bernhard (2000): Von Igeln und Hasen oder: Ein Blick auf den Neoliberalismus. In: Utopie kreativ, Jg. 10, Heft 121/122, S. 1066–1079.

Walpen, Bernhard (2004): Die offenen Feinde und ihre Gesellschaft. Eine hegemonietheoretische Studie zur Mont Pèlerin Society. Hamburg: VSA.

Walser, Christina (2006): Die Reform der Krankenversicherung in den Niederlanden – ein Modell für Deutschland? In: ZESAR – Zeitschrift für Europäisches Sozial- und Arbeitsrecht, Jg. 5, Heft 9, S. 333–340.

Waltermann, Raimund (2020): Sozialrecht. 14. Auflage. Heidelberg: C.F. Müller.

Wasem, Jürgen; Greß, Stefan (2004): Zur Integration der Privaten Krankenversicherung in den Risikostrukturausgleich der Gesetzlichen Krankenversicherung. In: Engelen-Kefer, Ursula (Hrsg.) (2004): Reformoption Bürgerversicherung. Wie das Gesundheitssystem solidarisch finanziert werden kann. Hamburg: VSA, S. 78–84.

Wasem, Jürgen; Greß, Stefan; Rothgang, Heinz (2003). Kopfprämien in der Gesetzlichen Krankenversicherung. Eine Perspektive für die Zukunft? Expertise für die Hans-Böckler-Stiftung. Essen/Bremen: Lehrstuhl für Medizinmanagement an der Universtität Duisburg-Essen; Zentrum für Sozialpolitik der Universität Bremen.

Wasem, Jürgen; Greß, Stefan; Rothgang, Heinz (2004): Kopfprämien in der Gesetzlichen Krankenversicherung. Eine Perspektive für die Zukunft? Aktualisierte und erweiterte Expertise für die Hans-Böckler-Stiftung. Online verfügbar unter: https://www.mm.wiwi.uni-due.de/fileadmin/fileupload/BWL-MEDMAN/Forschung/Kopfpraemien_Update_Endfassung_BEARBEITET.pdf (12.11.2022).

Wasem, Jürgen; Greß, Stefan; Rothgang, Heinz (2005): Kopfpauschalen in der gesetzlichen Krankenversicherung – lohnt sich ein Systemwechsel. In: Greß, Stefan; Pfaff, Anita B.; Wagner, Gert G. (Hrsg.) (2005): Zwischen Kopfpauschale und Bürgerprämie. Expertisen zur Finanzierungsreform der gesetzlichen Krankenversicherung. Düsseldorf: Hans Böckler Stiftung, S. 21–132.

Wasem, Jürgen; Greß, Stefan; Vincenti, Aurelio; Behringer, Angelika; Igl, Gerhard (2005): Gesundheitswesen und Sicherung bei Krankheit und im Pflegefall. In: Schmidt, Manfred G. (Hrsg.) (2005): Geschichte der Sozialpolitik in Deutschland seit 1945. Band 7. 1982–1989. Bundesrepublik Deutschland. Finanzielle Konsolidierung und institutionelle Reform. Baden-Baden: Nomos, S. 389–415.

Wasem, Jürgen; Vincenti, Aurelio; Behringer, Angelika; Igl, Gerhard (2005): Gesundheitswesen und Sicherung bei Krankheit und im Pflegefall. In: Schulz, Günther (Hrsg.) (2005): Geschichte der Sozialpolitik in Deutschland seit 1945. Band 3. 1949–1957. Bundesrepublik Deutschland. Bewältigung der Kriegsfolgen, Rückkehr zur sozialpolitischen Normalität. Baden-Baden: Nomos, S. 439–487.

Webber, Douglas (1988): Krankheit, Geld und Politik: Zur Geschichte der Gesundh. men in Deutschland. In: Leviathan, Jg. 16, Heft 2, S. 156–203.

Weiland, Severin (2004): Seehofer zur Gesundheitsreform: „Kompromiss ist zu schlecht, u. ihn mitzutragen". Spiegel Online vom 16.11.2004.

Weiss, Ulrich (2007): Mehr Mut zu Freiheit und Markt. 25 Jahre Stiftung Marktwirtschaft und Kronberger Kreis. Festschrift 25 Jahre Kronberger Kreis. Berlin: Bloch & Co.

Westerwelle, Guido (2010): HARTZ-IV-Debatte: An die deutsche Mittelschicht denkt niemand. In: DIE WELT, 11.02.2010.

Wilhelm I. (1881): Kaiserliche Botschaft vom 17. November 1881. In: Reichstag (Hrsg.) (1882): Stenographische Berichte über die Verhandlungen des Reichstages, 5. Legislaturperiode, I. Session 1881/82, Bd. 1, S. 1–3.

Wille, Eberhard; Cassel, Dieter; Ulrich, Volker (2008): Weiterentwicklung des Gesundheitssystems und des Arzneimittelmarktes. Gutachten für den Verband Forschender Arzneimittelhersteller e. V. Online verfügbar unter: http://www.vfa.de/de/download-manager/_gutachten-wille-cassel-ulrich.pdf (12.11.2022).

Wille, Eberhard; Cassel, Dieter; Ulrich, Volker (Hrsg.) (2009): Weiterentwicklung des Gesundheitssystems und des Arzneimittelmarktes. Baden-Baden: Nomos.

Wille, Eberhard; Hamilton, Geert Jan; Schulenburg, J.-Matthias Graf von der; Thüsing, Gregor (2012a): Privatrechtliche Organisation der gesetzlichen Krankenkassen: Reformperspektiven für Deutschland, Erfahrungen aus den Niederlanden. Baden-Baden: Nomos.

Wille, Eberhard; Hamilton, Geert Jan; Schulenburg, J.-Matthias Graf von der; Thüsing, Gregor (2012b): Zusammenfassung Teil 1. In: Wille, Eberhard; Hamilton, Geert Jan; Schulenburg, J.-Matthias Graf von der; Thüsing, Gregor (Hrsg.) (2012): Privatrechtliche Organisation der gesetzlichen Krankenkassen: Reformperspektiven für Deutschland, Erfahrungen aus den Niederlanden. Baden-Baden: Nomos, S. 13–25.

Wille, Eberhard; Schulenburg, J.-Matthias Graf von der; Thüsing, Gregor (2012): Privatrechtliche Organisationsformen der gesetzlichen Krankenkassen für mehr Wettbewerb, Effizienz der Versorgung und Wahlfreiheit der Bürger. In: Wille, Eberhard; Hamilton, Geerd Jan; Schulenburg, J.-Matthias Graf von der; Thüsing, Gregor (Hrsg.) (2012): Privatrechtliche Organisation der gesetzlichen Kranenkassen. Reformperspektiven für Deutschland, Erfahrungen aus den Niederlanden. Baden-Baden: Nomos, S. 57–185.

Williamson, John (1990): What Washington Means by Policy Reform. Online verfügbar unter: https://piie.com/commentary/speeches-papers/what-washington-means-policy-reform (12.11.2022).

Williamson, John (2004): A Short History of the Washington Consensus. Online verfügbar unter: https://www.researchgate.net/publication/245061531_A_Short_History_of_the_Washington_Consensus (12.11.2022).

Wissenschaftliche Dienste, Wissenschaftliche Dienste des Deutschen Bundestages (2020): Das Amt des Bundeskanzlers. Einzelfragen zur Vergütung und weiteren Leistungen. WD 3-3000-177/20. Online verfügbar unter: https://www.bundestag.de/resource/blob/724148/2a9ee1b4947ff02b8f8b0a7dbf61eb05/WD-3-177-20-pdf-data.pdf (20.11.2022).

Wohlleber, Claudia; Frank-Winter, Adelheid; Kellmeyer, Marlies (1991): Leistungen und Kosten von Sozialstationen. Gerlingen: Bleicher.

Wolfrum, Edgar (2013): Rot-Grün an der Macht. Deutschland 1998–2005. München: C.H. Beck.

gebeutelte Sozialstaat in der wirtschaftlichen Krise. In: Sozialer ...eft 1, S. 1–12.

...50 (1987): Das soziale Staatsziel. In: Isensee, Josef; Kirchhof, Paul (Hrsg.) ...andbuch des Staatsrechts. Band I. Grundlagen von Staat und Verfassung. Hei-...erg: C-F. Müller, S. 1045–1111.

...ner, Hans F. (1989): Walter Bogs – 90 Jahre alt. In: Zeitschrift für ausländisches und internationales Arbeits- und Sozialrecht, Jg. 3, S. 69–72.

Zohlnhöfer, Reimut; Egle, Christoph (2007): Der Episode zweiter Teil – ein Überblick über die 15. Legislaturperiode. In: Egle, Christoph; Zohlnhöfer, Reimut (Hrsg.) (2007): Ende des rot-grünen Projektes. Eine Bilanz der Regierung Schröder 2002–2005, S. 11–25.

Zohlnhöfer, Reimut; Egle, Christoph (2010): Zwischen Reform und Blockade – die Bilanz der Großen Koalition 2005–2009. In: Egle, Christoph; Zohlnhöfer, Reimut (Hrsg.) (2010): Die zweite große Koalition: Eine Bilanz der Regierung Merkel 2005–2009. Wiesbaden: VS Verlag, S. 578–596.

Zohlnhöfer, Reimut; Saalfeld, Thomas (Hrsg.) (2019): Zwischen Stillstand, Politikwandel und Krisenmanagement. Eine Bilanz der Regierung Merkel 2013–2017. Wiesbaden: Springer VS.

Zolleis, Udo; Bartz, Julia (2010): Die CDU in der Großen Koalition – Unbestimmt erfolgreich. In: Egle, Christoph; Zohlnhöfer, Reimut (Hrsg.) (2010): Die zweite große Koalition: Eine Bilanz der Regierung Merkel 2005–2009. Wiesbaden: VS Verlag, S. 51–68.

Zweifel, Peter; Breuer, Michael (2002): Weiterentwicklung des deutschen Gesundheitssystems. Gutachten im Auftrag des Verbands Forschender Arzneimittelhersteller. Online verfügbar unter: www.vfa.de/download/studiezuerichermodell.pdf (12.11.2022).